Lesen lernen. Eine literaturwissenschaftliche Einführung

Oliver Lubrich · Thomas Nehrlich

Lesen lernen.
Eine literaturwissen-
schaftliche Einführung

J.B. METZLER

Oliver Lubrich
Institut für Germanistik
Universität Bern
Bern, Schweiz

Thomas Nehrlich
Institut für Germanistik
Universität Bern
Bern, Schweiz

ISBN 978-3-662-71669-4   ISBN 978-3-662-71670-0 (eBook)
https://doi.org/10.1007/978-3-662-71670-0

Die Deutsche Nationalbibliothek verzeichnet diese Publikation in der Deutschen Nationalbibliografie; detaillierte bibliografische Daten sind im Internet über https://dnb.d-nb.de abrufbar.

© Der/die Herausgeber bzw. der/die Autor(en), exklusiv lizenziert an Springer-Verlag GmbH, DE, ein Teil von Springer Nature 2026

Das Werk einschließlich aller seiner Teile ist urheberrechtlich geschützt. Jede Verwertung, die nicht ausdrücklich vom Urheberrechtsgesetz zugelassen ist, bedarf der vorherigen Zustimmung des Verlags. Das gilt insbesondere für Vervielfältigungen, Bearbeitungen, Übersetzungen, Mikroverfilmungen und die Einspeicherung und Verarbeitung in elektronischen Systemen.
Die Wiedergabe von allgemein beschreibenden Bezeichnungen, Marken, Unternehmensnamen etc. in diesem Werk bedeutet nicht, dass diese frei durch jede Person benutzt werden dürfen. Die Berechtigung zur Benutzung unterliegt, auch ohne gesonderten Hinweis hierzu, den Regeln des Markenrechts. Die Rechte des/der jeweiligen Zeicheninhaber*in sind zu beachten.
Der Verlag, die Autor*innen und die Herausgeber*innen gehen davon aus, dass die Angaben und Informationen in diesem Werk zum Zeitpunkt der Veröffentlichung vollständig und korrekt sind. Weder der Verlag noch die Autor*innen oder die Herausgeber*innen übernehmen, ausdrücklich oder implizit, Gewähr für den Inhalt des Werkes, etwaige Fehler oder Äußerungen. Der Verlag bleibt im Hinblick auf geografische Zuordnungen und Gebietsbezeichnungen in veröffentlichten Karten und Institutionsadressen neutral.

Einbandabbildung: Andrés Fischer unter Verwendung von Abbildungen von Eve Arnold/Magnum Photos, Verso, Wikimedia Commons, Oliver Lubrich, pxhere.com, Adobe Stock

J.B. Metzler ist ein Imprint der eingetragenen Gesellschaft Springer-Verlag GmbH, DE und ist ein Teil von Springer Nature.
Die Anschrift der Gesellschaft ist: Heidelberger Platz 3, 14197 Berlin, Germany

Wenn Sie dieses Produkt entsorgen, geben Sie das Papier bitte zum Recycling.

*„Wo nehme ich nur all die Zeit her,
so viel nicht zu lesen?"*
Karl Kraus

Einleitung – Plurale Lektüren

Lesen lernen?

Natürlich können Sie bereits lesen. Dieses Buch ist keine Fibel, kein Abc-Heft für Kinder. Wenn der Titel verspricht, dass Sie damit *lesen lernen*, sind vielmehr Fähigkeiten gemeint, die in der Schule kaum vermittelt wurden, weil sie über ein alltägliches oder herkömmliches Lesen hinausgehen. Die Theorien und Methoden, die wir hier vorstellen, ermöglichen es, sich anspruchsvoller mit Literatur zu beschäftigen, und zwar auf unterschiedliche Weisen. Sie eröffnen verschiedene Zugänge zu literarischen Kunstwerken und vertiefen so deren Verständnis. Sie sind eine Grundlage für das Studium der Literaturwissenschaft und eine Voraussetzung für die wissenschaftliche Beschäftigung mit Dichtung. Sie bieten aber auch das Werkzeug für das Lesen außerhalb von Schule und Hochschule sowie für die Auseinandersetzung mit nicht-literarischen Texten, zum Beispiel in gesellschaftlichen Zusammenhängen.

Denn auch in anderen Fächern und Feldern ist es entscheidend, Texte verstehen und in ihren formalen Eigenschaften beschreiben zu können. Lese- und Deutungsfertigkeiten sind wichtig für Theater- und Filmwissenschaft, Geschichte und Ethnologie, Rhetorik und Politik, Rechtsprechung und Psychiatrie. Dialoge auf der Bühne und Dramaturgien auf der Leinwand oder am Bildschirm, Erzählungen historischer Ereignisse und Darstellungen fremder Kulturen, Techniken der Debatte und der Überredung, Gesetze, Verträge, Plädoyers und Zeugenaussagen, sprachliche Auffälligkeiten eines Patienten ebenso wie die wohlgesetzten Worte der Therapeutin – sie alle können wir mit den Modellen und Methoden erfassen, die von der Literaturwissenschaft entwickelt wurden.

Fähigkeiten der Lektüre und der Interpretation haben darüber hinaus einen praktischen Nutzen. Denn wir sind alltäglich umgeben von Texten, die wir aufnehmen oder mit denen wir uns mitteilen. Beruflich und privat haben wir andauernd mit Texten zu tun, sei es im Internet oder in E-Mails, in Behördenschreiben oder in Politikerreden, in der Werbung oder in Konzepten, die wir entwickeln und in unseren Berufen präsentieren. Wir lesen wissenschaftlich, *literatur*wissenschaftlich, aber auch geschäftlich und alltagspraktisch – in unserem beruflichen, privaten und kulturellen Leben.

In der Wirtschaft und in der Öffentlichkeit setzt sich dabei häufig nicht das schlüssigere Argument durch, sondern die bessere Erzählung, die mit narrativen Strategien und rhetorischen Tricks am geschicktesten vermittelt wird. Bei Diskussionen in der Presse, im Fernsehen oder in den Sozialen Medien geht es darum, wer seine Interessen und seine Interpretation nicht unbedingt wahrhaftiger, sondern wirkungsvoller vertreten kann.

Literarische, rhetorische, narrative Techniken zu kennen, ist daher in vielen Kontexten von Vorteil – in gesellschaftlichen, wirtschaftlichen und politischen sowie in historischen. Denn auch die Geschichtsschreibung ist keine neutrale Wiedergabe der Vergangenheit, sondern sie bedient sich aus einer Vielzahl unterschiedlicher Darstellungsverfahren und zeigt stets nur einen Ausschnitt aus einem begrenzten Blickwinkel. Um das durchschauen zu können, müssen wir wissen, wie sich Daten und Fakten in eine erzählerische Form bringen lassen und wie diese Form jeweils eine bestimmte Deutung vermittelt.

All dies gehört zu einer Lektüre- und Deutungsmündigkeit, einer höheren Form der Alphabetisierung, der interpretativen und rhetorischen *literacy*. Deshalb erfahren Sie hier, welche Gattungen und Erzählverfahren es gibt und was der modische Begriff des ‚Narrativs' bedeutet, wie rhetorische Manipulation funktioniert und was Figuren und Tropen sind, welche Dramaturgie emotional am wirksamsten ist und was der Begriff des ‚Tragischen' eigentlich bedeutet, der in den Nachrichten ebenso wie in der Umgangssprache oft sinnwidrig verwendet wird. Sie brauchen dafür das Lesen nicht neu zu erlernen. Aber Sie werden dabei neu *lesen lernen*.

Vielfalt der Möglichkeiten

Die Zeit der großen Schulen und Lehren in der Literaturwissenschaft ist vorbei. Das Fach ist nicht mehr gespalten in unversöhnliche Lager, die ihre jeweils eigene Art, Literatur zu verstehen, als allein maßgeblich ansehen, während sie andere Ansätze nicht gelten lassen oder sogar bekämpfen – Philologie gegen Kulturwissenschaft, Dekonstruktion gegen Historisierung, qualitative gegen quantitative Methoden. Heute wird Literaturwissenschaft auf unterschiedliche Weisen praktiziert, mithilfe diverser Ansätze, die voneinander abweichen, einander aber auch ergänzen und überschneiden; die jeweils bestimmte Elemente von Texten in den Blick nehmen, verschiedene Dimensionen ihrer Bedeutung erschließen und so zu alternativen Befunden gelangen. In methodischer Vielfalt stehen sie gleichberechtigt nebeneinander. Sie rechtfertigen ihren Einsatz nicht mehr durch ein Bekenntnis zu akademischen Dogmen oder gar politischen Ideologien, sondern durch ihre Fragestellungen, ihre Erkenntnisinteressen und, vor allem, ihren Deutungsertrag.

Diese Diversität zeichnet das Fach aus. In der Literaturwissenschaft herrscht eine größere Freiheit bei der Wahl der Werkzeuge als in vielen anderen Fächern, in denen sich bestimmte Verfahren bewährt und durchgesetzt haben. Diese Offenheit kann aber auch eine Schwierigkeit darstellen. Denn sie verlangt die Kenntnis mehrerer Theorien und Methoden, ihrer Voraussetzungen und Zwecke, ihrer Vor- und Nachteile. Wenn eine Methode nicht von vornherein als bestmögliche feststeht, müssen ihre Eignung und Anwendung stets von neuem erwogen und begründet werden. Unterschiedliche Ansätze können miteinander verbunden werden, aber auch ein solcher Zusammenschluss muss auf den jeweiligen Fall abgestimmt sein und dem Interesse der Untersuchung gerecht werden. Methodenvielfalt bedeutet nicht Methodenwillkür.

Seit die großen Schulen an Verbindlichkeit eingebüßt haben, ist weniger vorgegeben, aus welcher Perspektive wir auf Literatur blicken, welche Eigenschaften uns an ihr ansprechen und welche Erkenntnisse wir in der Lektüre gewinnen können und wollen. Jeder Text stellt uns erneut vor die Frage, wie wir ihn am besten zu lesen haben. Wenn uns verschiedene Verfahren zur Verfügung stehen, ist die Frage ausschlaggebend, mit der wir einem Text begegnen, unser Interesse, unsere Neugier, unsere Perspektive. Oder umgekehrt formuliert: Der Ansatz, den wir wählen, ergibt sich aus dem Problem, vor das uns ein Text stellt. Das vorliegende Buch soll eine Orientierung bieten und dabei die jeweiligen Stärken, aber auch die Schwächen und Grenzen der einzelnen Theorien und Methoden unvoreingenommen zur Diskussion stellen.

Die Kunst der Auslegung

Als Lehre der Interpretation wurde die Hermeneutik, die Kunst der Auslegung, seit der Antike zunächst vor allem auf religiöse und rechtliche Texte angewandt. Im 19. Jahrhundert entwickelte sie sich zu einer literarischen Hermeneutik, die nach der Absicht der Autoren fragte und entsprechend versuchte, den einen, einzigen Sinn eines Texts zu erschließen. Die Auswahl an Methoden, die uns heute zur Verfügung stehen, hat sich von einer solchen Festlegung gelöst und lässt unterschiedliche Deutungen zu. Ein Text bedeutet mehr, als seine Autorin oder sein Autor im Sinn hatte.

Das Spektrum unterschiedlicher Theorien und Methoden ist heute sehr weit. Die Möglichkeiten der Lektüre lassen sich ganz allgemein in vier Gruppen unterteilen: je nachdem, ob sie (1.) den Text selbst unter die Lupe nehmen, ihn (2.) auf das Umfeld seiner Entstehung beziehen, sich (3.) für seine Autorinnen und Autoren interessieren oder (4.) die Frage nach seiner Wirkung auf die Lesenden stellen. Formalismus, Strukturalismus, Poststrukturalismus und Dekonstruktion konzentrieren sich auf den Text selbst, Marxismus, Diskursanalyse, Systemtheorie und *New Historicism* betrachten ihn in seinem gesellschaftlichen Kontext, die Psychoanalyse im Hinblick auf seinen Autor, Rezeptionsästhetik, empirische Literaturwissenschaft und experimentelle Rhetorik auf seine Leserinnen.

Texte werden gelesen, seit sie niedergeschrieben werden – seit drei Jahrtausenden. Wir gehen daher möglichst weit zurück, zu den Anfängen, indem wir antike Theorien der Rhetorik und Poetik als Modelle der Wirkung von Sprache und Theater betrachten; als Prototypen der Theoriebildung, von denen alle weiteren Überlegungen der Literatur- und Textwissenschaft ausgehen. Und wir gehen sogar noch weiter zurück, indem wir fragen, warum Menschen überhaupt erzählen und dichten, Reden halten und Theater spielen, welche anthropologischen Bedürfnisse und Voraussetzungen also den Theorien des Erzählens und Dichtens, der Redekunst und des Dramas zugrunde liegen.

Bereits im antiken Athen und in Rom entwickelten sich die Rhetorik und die Poetik als Lehren der wirkungsvollen Gestaltung von Reden und Texten beziehungsweise von Schauspielen. Bis heute sind diese Modelle maßgeblich geblieben. Moderne Ansätze wie der Strukturalismus und die Diskursanalyse haben sie im 20. Jahrhundert weitergeführt. Hinzu kommen neue Perspektiven identitätspolitischer, kolonialismuskritischer und umweltbezogener Studien. Im Unterschied zu den meisten bisherigen Einführungen werden hier auch neueste Ansätze behandelt, die aus dem Feld der Literatur im engeren Sinn auf den ersten Blick hinauszuführen scheinen: einerseits quantitative, computerphilologische und andererseits empirische, experimentelle Methoden. Lesen lernen bedeutet heute auch, sich zu fragen, welche Rolle unsere Computer und unsere Gehirne bei der Lektüre spielen und was wir mit digitalen und neurowissenschaftlichen Neuerungen lernen können.

Theoriekurs und Lesewerkstatt

Jede der 13 Lektionen dieses Buchs besteht aus zwei Teilen: einem Theoriekurs, der eine Theorie und Methode vorstellt, und einer Lesewerkstatt, die sie an einem Beispiel veranschaulicht. Lernen und Lesen, Theorie und Praxis, Kenntnisse und Anwendungen werden aufeinander bezogen.

Das Buch hat einführenden Charakter, aber es ist nicht nur für Studienanfängerinnen und für junge Forschende gedacht, sondern auch für ihre Eltern und Freunde, die etwas über die Literaturwissenschaft erfahren und für sich selbst nutzen wollen. Es richtet sich darüber hinaus an Lehrpersonen und an Menschen, die beruflich mit Texten zu tun haben und ihren Umgang mit ihnen gerne professionalisieren möchten. Und schließlich ist es für Interessierte geschrieben, die Literatur lieben und sich vielleicht in privaten Lesezirkeln über sie austauschen.

Das Buch ist daher möglichst allgemein verständlich und leicht lesbar gehalten. Auf Fußnoten wird verzichtet, die Quellen finden sich in den Literaturangaben. Die wichtigsten Fachbegriffe, die wir als Werkzeuge benötigen, werden eingeführt und erklärt und zur weiteren Übersicht in einem Glossar am Ende des Buchs zusammengestellt. Ein unnötiger Jargon, der sich zu verselbständigen droht, soll vermieden werden.

Die einzelnen Lektionen folgen dabei nicht streng demselben festen Muster. Denn die verschiedenen Gegenstände verlangen auch verschiedene Herangehensweisen. Unterschiedliche Theorien und Methoden entsprechen unterschiedlichen Denkstilen. Ihre Vielfalt bildet sich auch in der Darstellung ab. Eine psychoanalytische Traumdeutung ist anders zu vermitteln als eine computerphilologische Datenauswertung. Die Schilderung soll dabei erzählerisch und flüssig sein, ohne Hervorhebungs-, Kästchen- und Tabellen-Didaktik, ohne Diagramme, Begriffe am Rand und Übungsaufgaben. Unser Angebot ist, das Lesen von Literatur nicht infographisch oder in Merksätzen, sondern *lesend* zu lernen.

Der Vielfalt der Gegenstände entspricht eine vielfältige Sprache. Entsprechend werden wir auch undogmatisch und plural *gendern* und nicht durchweg eine einzige Sprachregelung umsetzen. Im Sinn der Diversität werden unterschiedliche Formen geschlechtergerechter und -sensibler Sprache verwendet, zum Beispiel neutrale Partizipien, die abwechselnde Nennung beider Geschlechter und der Gender-Asterisk. Die *Gender Studies* selbst wiederum werden nicht als eine gesonderte Schule behandelt, weil ihre Anliegen und Erkenntnisse denkbar viele Gegenstände betreffen und daher überall Berücksichtigung verdienen: von der Darstellung von Frauen in der antiken Tragödie und der diskursiven Prägung geschlechtlicher Rollen über Draculas Sexualpolitik und die Dynamiken des Begehrens in Kleists Erzählungen bis hin zur Statistik der Romane, die von Männern und Frauen veröffentlicht wurden.

Dank

Dieses Buch entstand aus einer Vorlesung zur *Einführung in die Literaturwissenschaft* an der Universität Bern. Begleitend fanden Propädeutika statt, welche die Möglichkeit boten, die Theorien und Methoden in gemeinsamen Lektüren in kleineren Gruppen zu erproben. Die Konzeption wurde von Oliver Lubrich entwickelt, der die Vorlesungen hielt und regelmäßig an den Propädeutika teilnahm. Diese hat federführend Thomas Nehrlich unterrichtet, der auch die Idee zu diesem Buch hatte. Über die Jahre wurden einige Sitzungen gemeinsam mit Nina Peter, Anita Martin und Roland Spalinger durchgeführt. Das Buch selbst, die Konzeption und der Entwurf des Manuskripts, war Gegenstand eines Projektseminars im Herbstsemester 2023, an dem Benita Dietsche, Luana Ferrarini, Kassandra Frey, Silas Ganz, Luana Genge, Hanna Häusler, Ilja Loutsenko, Lena Prajer, Noah Schibli, Lea Schütz und Isabel Sulger Büel teilnahmen. Das Konzept des Lehrbuchs haben wir vorgestellt in einem Colloquium am Institut für Germanistik der Universität Bern. Wir danken Aglaia Kister für ihre wichtigen Hinweise, Sophie Odermatt für ihre Hilfe bei der Fertigstellung des Manuskripts, Isabel Sulger Büel für die Unterstützung bei der Bildredaktion und Andrés Fischer für den Entwurf der Umschlaggestaltung. Bernd Blaschke danken wir für sein Fachlektorat und die Faktenprüfung, Ferdinand Pöhlmann für sein gründliches Lektorat im Verlag. Wichtige Anregungen waren die früheren Einführungen in die Literaturwissenschaft von Winfried Menninghaus an der Freien Universität Berlin und von Yahya Elsaghe an der Universität Bern. Erste kritische Leserinnen des Manuskripts waren unsere Mütter, Heidi Lubrich und Helma Nehrlich. Von ihnen, von unseren Lehrern und von unseren Kolleginnen haben wir selbst lesen gelernt – nun möchten wir unsererseits ein Angebot machen, Literatur und andere Texte in unserer Zeit neu lesen zu lernen.

Bern
2026

Oliver Lubrich
Thomas Nehrlich

Inhaltsverzeichnis

Erster Theoriekurs – Literarisch lesen 1

Erste Lesewerkstatt – Was ist ein Text, ein Buch, eine Edition? 23

Zweiter Theoriekurs – Literaturgeschichtlich lesen 39

Zweite Lesewerkstatt – Wie geschieht Literaturgeschichte? 67

Dritter Theoriekurs – Tragisch lesen 81

Dritte Lesewerkstatt – Wie inszeniert Aischylos die Entstehung
der Demokratie? 101

Vierter Theoriekurs – Dramatisch lesen 121

Vierte Lesewerkstatt – Was ist episch an Brechts *Dreigroschenoper?* . . . 139

Fünfter Theoriekurs – Rhetorisch lesen 159

Fünfte Lesewerkstatt – Wie manipulieren uns Gorgias und St. Just? . . . 181

Sechster Theoriekurs – Formal lesen 203

Sechste Lesewerkstatt – In welchen Metaphern beschreibt Ernst Jünger
den Krieg? 217

Siebenter Theoriekurs – Erzählerisch lesen 237

Siebente Lesewerkstatt – Wie erzählt Odysseus? 255

Achter Theoriekurs – Psychologisch lesen 287

Achte Lesewerkstatt – Warum träumt Jonathan Harker
von einem Vampir? 309

Neunter Theoriekurs – Historisch lesen 331

Neunte Lesewerkstatt – Wie lässt sich Dracula historisch besiegen? 351

Zehnter Theoriekurs – Postkolonial lesen 369

Zehnte Lesewerkstatt – Wie kolonialistisch ist „Die Verlobung
in St. Domingo"? 387

Elfter Theoriekurs – Lyrisch lesen 407

Elfte Lesewerkstatt – Wie interpretieren wir Gedichte? 425

Zwölfter Theoriekurs – Quantitativ lesen 459

Zwölfte Lesewerkstatt – Wie interpunktiert Kleist? 489

Dreizehnter Theoriekurs – Empirisch lesen 515

Dreizehnte Lesewerkstatt – Wie wirken Wunder? 535

Ausblick – Lesemündigkeit 555

Abbildungsverzeichnis 557

Ausführliche Inhaltsübersicht 565

Glossar 571

Literatur 587

Erster Theoriekurs – Literarisch lesen

Unsere *Einführung in die Literaturwissenschaft* beginnt mit einer Einführung in die Einführung. In der ersten Lektion wollen wir uns über grundlegende Fragen verständigen, und zwar zuerst über unseren Gegenstand. Wir wollen versuchen zu klären: Was ist Literatur? Und entsprechend verständigen wir uns über unseren Umgang mit diesem Gegenstand: Was ist Literatur*wissenschaft*? In der zweiten Lektion wollen wir dann eine historische Perspektive einnehmen und fragen: Was ist Literatur*geschichte*? Wie können wir die Geschichte unseres Gegenstands nachvollziehen?

Alles, was man über Literaturwissenschaft wissen möchte, in einem guten Dutzend Lektionen – das klingt vermessen. Aber es wäre ein noch intensiveres Programm denkbar. Georg Philipp Harsdörffer hat im Titel einer barocken Poetik sein Vorhaben wie folgt angekündigt: *Poetischer Trichter, die Teutsche Dicht- und Reimkunst ohne Behuf der lateinischen Sprache in sechs Stunden einzugießen* (1647). In nur sechs Stunden – wir haben in diesem Buch etwas mehr Zeit und werden uns die Literaturwissenschaft hoffentlich nicht nur „eintrichtern".

In diesem ersten Theoriekurs wollen wir nun der Frage nachgehen: Was verstehen wir unter Literatur? Das heißt, wir werden den Literaturbegriff klären, von dem wir ausgehen. Und wir wollen uns darüber verständigen, wie wir wissenschaftlich mit Literatur umgehen: Was also ist Literatur*wissenschaft* – im Unterschied zur privaten Lektüre oder zum Unterricht an der Schule?

Dabei müssen wir über die Grenzen unserer Disziplin hinausschauen. Wir werden uns fragen, wie sich unser Fach zu anderen Fächern verhält. Wie können wir mit Kolleginnen aus anderen Feldern interdisziplinär ins Gespräch kommen?

Schließlich wollen wir einige Voraussetzungen für das Studium der Literatur klären, die man gewöhnlich, wenn man sich *nicht* wissenschaftlich mit diesem Gegenstand beschäftigt, für naturgegeben oder selbstverständlich halten könnte. Dabei werden wir einige Fragen beantworten, die so grundlegend sind, dass viele sie sich noch nie gestellt haben. Was zum Beispiel geht eigentlich in unseren Körpern und Gehirnen vor sich, wenn wir Texte lesen? Wie hat sich die Kulturtechnik des Lesens entwickelt? Welche Rolle spielt die Sprache beziehungsweise spielen verschiedene Sprachen, in denen wir Texte lesen? Welche Bedeutung hat Schrift beziehungsweise haben die unterschiedlichen Schriften dieser Texte? Was ist ein Buch? Und was sind Editionen? In welcher Form nehmen wir Literatur wahr, sofern wir sie nicht online lesen? Und in welchem gesellschaftlichen Kontext findet all dies statt, in welchem ‚Literaturbetrieb'?

Im nächsten Theoriekurs soll es dann um die Frage gehen: Was ist *deutsche* Literatur? Beziehungsweise deutschsprachige? Und wie verhält sich Literatur in deutscher Sprache zu Literaturen in anderen Sprachen? Welche Rolle spielen dabei die zuständigen Disziplinen? Was ist und wie entstand die Germanistik, die sich auf die deutsche Literatur konzentriert? Und welchen Beitrag leistet die Komparatistik, die über den Bereich einer einzigen Literatur beziehungsweise Sprache hinausgeht? Vor allem aber soll es um die Frage gehen: Was ist Literatur*geschichte*? Wie hat sich unser Gegenstand in den letzten zweieinhalbtausend Jahren verändert? Wie können wir die Entwicklung der Literatur nachvollziehen? Und wie können wir eine Geschichte der deutschen Literatur schreiben?

Die ersten beiden Lektionen haben also vorbereitenden Charakter. Es geht zunächst um die Verständigung über unseren Gegenstand und über dessen Geschichte, bevor wir uns den wichtigsten Möglichkeiten zuwenden, uns mit ihm auseinanderzusetzen.

Ab der dritten Lektion soll es dann darum gehen, Theorien der Literatur und Methoden der Literaturwissenschaft zu erarbeiten. Welche unterschiedlichen Modelle von Literatur gibt es? Und welche entsprechenden Techniken zur Analyse stehen uns zur Verfügung?

Was ist Literatur?

Der österreichische Literaturnobelpreisträger Peter Handke hat in einem Gedichtband mit dem Titel *Die Innenwelt der Außenwelt der Innenwelt* (1974) einen Text mit einem unerwarteten Titel veröffentlicht: „Die Aufstellung des 1. FC Nürnberg vom 27. 1. 1968". Der Text lautet vollständig wie folgt: „Wabra Leupold Popp Ludwig Müller Wenauer Blankenburg Starek Strehl Brungs Heinz Müller Volkert. Spielbeginn: 15 Uhr." (Siehe Abb. 1) Ist das Literatur? Ist das ein Gedicht? Oder was ist es sonst? Und wenn es Literatur ist: Wie lesen wir sie?

Was Peter Handke hier macht, kennen wir aus der Kunst der klassischen Moderne. Marcel Duchamps berühmte *Fontaine*, ein gewöhnliches Urinal, das er mit dem Pseudonym „R. Mutt" signierte, wurde damals, wenig überraschend, von der Society of Independent Artists in New York als Kunstwerk abgelehnt; später jedoch wurde eine Kopie von der Tate Modern in London erworben, ein Exemplar wird im Centre Pompidou und im Musée Picasso in Paris ausgestellt (siehe Abb. 2). Das Urinal wurde also als Kunst akzeptiert und kanonisiert, es wurde in den Rang eines bedeutenden Werks aufgenommen. Aber warum ist es Kunst? Und wer entscheidet über diese Frage?

Um noch ein neueres Beispiel anzuführen: Damien Hirsts Werk mit dem Titel *The Physical Impossibility of Death in the Mind of Someone Living* (1991) ist ein in Formaldehyd eingelegter Tigerhai. Es wurde unter anderem im Metropolitan Museum of Art in New York ausgestellt. Ein konserviertes Tier wurde zum Kunstobjekt.

Abb. 1 Peter Handke, „Die Aufstellung des 1. FC Nürnberg vom 27. 1. 1968", in: *Die Innenwelt der Außenwelt der Innenwelt*, Frankfurt am Main: Suhrkamp 1974

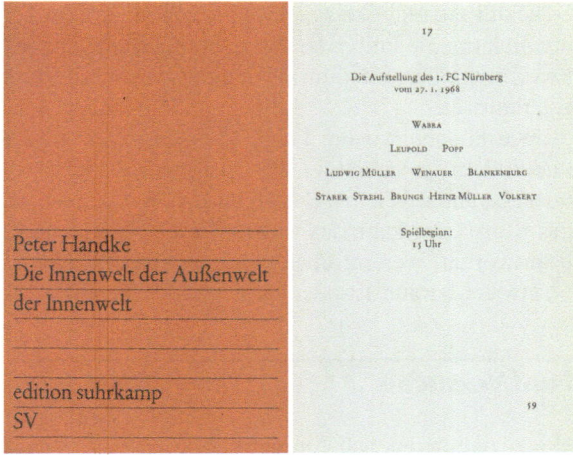

Abb. 2 Marcel Duchamp, *Fontaine* (1917), Musée Picasso, Paris

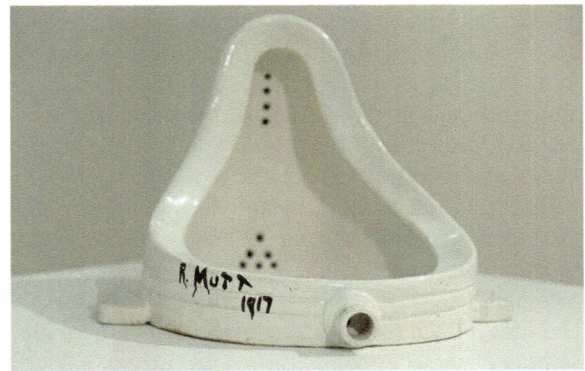

Womit wir es hier zu tun haben (oder zu tun zu haben scheinen), sind sogenannte Readymades, *objets trouvés*: Objekte oder Elemente aus der Alltagswelt, die zu Kunst oder zu Literatur gemacht werden. Die Frage ist: Wie geschieht das? Welche Faktoren sind entscheidend? Woran erkennen wir, dass Duchamps Urinal Kunst ist oder dass Handkes Text ein Gedicht ist, obwohl er aussieht wie eine Mannschaftsaufstellung?

Wenn wir genauer hinschauen, können wir feststellen, dass der Text in einem Stadionheft oder in einer Sportzeitung kaum so erschienen sein wird, nämlich rückblickend, „Die Aufstellung des 1. FC Nürnberg *vom* 27. 1. 1968", und zugleich vorausschauend, „Spielbeginn: 15 Uhr", als würde die Partie angekündigt werden. Überdies stimmt die Mannschaftsaufstellung sachlich nicht, denn neben Popp verteidigte in der Startelf eigentlich Hilpert, und Leupold wurde erst in der 76. Minute eingewechselt. Es handelt sich also um etwas, das aussehen *soll* wie ein Readymade, wie etwas, das man aus dem Alltag übernommen hat und in einen Kunstkontext stellt, aber genau genommen ist es keines. Und wir können sogar bemerken, dass es keines ist. Handke scheint es genau darum zu gehen, was uns hier beschäftigt, nämlich um die Frage: Ist das Literatur, und wenn ja, warum? Er spielt mit unseren Erwartungen an Literatur beziehungsweise mit unseren Vorstellungen davon, was Literatur sei.

Wie können wir die Frage, die dieses provokative Beispiel aufwirft, nun also klären: Was ist Literatur? Was ist Kunst? Kann alles Literatur oder Kunst sein, und wenn ja, unter welchen Bedingungen? Wir denken an den scherzhaften Spruch: „Ist das Kunst oder kann das weg?" Diese Frage ist im Einzelfall gar nicht so leicht zu beantworten. Wer entscheidet das eigentlich? Wer hat die Autorität zu bestimmen, ob etwas Literatur ist oder nicht?

Fünf Versuche

Um zu definieren, was Literatur ist, können wir von fünf Anhaltspunkten ausgehen: erstens vom Autor, zweitens von der Leserin, drittens vom Kontext, viertens von den Paratexten und fünftens vom Text selbst, und zwar sowohl von seinem Inhalt wie auch von seiner Form. Gehen wir diese fünf Möglichkeiten einer Definition durch:

1. Literatur ist, was ein Literat als Literatur deklariert. Wer einen Text schreibt, kann entscheiden, dass dieser Text Literatur sei. Im vorliegenden Fall wäre es ganz einfach: Peter Handke ist Schriftsteller, Dichter, Literaturnobelpreisträger – was Handke schreibt und so bezeichnet, nehmen wir als Literatur ernst. Und analog: Was Künstler wie Marcel Duchamp oder Damien Hirst als Kunst ausstellen, ist Kunst. Das wäre eine sehr einfache Definition – aber keine ganz hinreichende. Denn wäre jede Notiz von Handke, die er scherzhaft als Literatur ausgibt, auch tatsächlich Literatur? Und müssen wir seiner Vorgabe zwangsläufig folgen?

2. Warum sollten wir Leserinnen dabei nicht ein Wort mitzureden haben? Wir selbst können die Definitionsmacht für uns beanspruchen. Erst das, was wir als Literatur wahrnehmen, wäre Literatur. Wir Rezipientinnen entscheiden über den Kunststatus eines Objekts, als Leser beziehungsweise als Besucherinnen einer Galerie oder eines Museums. Auch Texte, die von ihren Autorinnen gar nicht als Literatur beabsichtigt oder hergestellt wurden, können wir aus unserer Sicht sehr wohl als Literatur lesen. So können wir religiöse Erzählungen, zum Beispiel griechische oder christliche Mythen, die nicht als Literatur konzipiert waren, als Literatur lesen, sobald wir aus ihrem Glaubenszusammenhang heraustreten. Auch Reiseberichte, Politikerreden oder Popsongs können wir *als* Literatur lesen. Überhaupt können wir jedweden Text *wie* Literatur lesen, als ob es sich um Literatur handeln würde; indem wir unser Wissen, unsere Verfahren, unsere philologischen Methoden im Sinn einer allgemeinen Textwissenschaft auf ihn anwenden, zum Beispiel auf Fernsehserien, Drehbücher, Werbeslogans, eine Bedienungsanleitung oder eben auch eine Mannschaftsaufstellung.

3. Ein drittes Kriterium der Literarizität ist der Kontext. Literatur ist, was von einer autorisierten Institution als Literatur veröffentlicht oder vermittelt wird. Was in einem Buch des Suhrkamp Verlags als Gedicht publiziert wird, ist demnach auch

tatsächlich ein Gedicht. Was wir im Literaturunterricht an der Universität als Literatur lesen, ist Literatur – unabhängig davon, ob die Produzentinnen das so gewollt haben. Was ein Museum als Kunst ausstellt, ist Kunst.

4. Hinzu kommt eine vierte Möglichkeit, und es wird allmählich anspruchsvoller: Wir können anhand der Paratexte eines Texts feststellen, um welche Gattung es sich handelt – und ob wir es entsprechend mit Literatur zu tun haben. Paratexte sind die Elemente, die einen Text rahmen: der Titel, ein Untertitel, eine Gattungsangabe, eine Widmung, ein Klappentext und so weiter. Wenn durch solche Elemente etwas zu Literatur erklärt wird, hat dies eine gewisse Geltung. Literatur ist, was paratextuell als Literatur ausgewiesen wird.

Die Theorie der Paratexte hat der französische Literaturwissenschaftler Gérard Genette unter dem Titel *Seuils*, „Schwellen", vorgelegt (1987). (Die deutsche Ausgabe hat schlicht den Titel *Paratexte*.) Die Idee ist: Wenn wir einen Text lesen, überschreiten wir zunächst eine Schwelle, wir passieren, bevor wir zum eigentlichen Haupttext gelangen, eine Übergangszone, in der wir gewisse Zugangsinformationen erhalten. Paratexte, die den Haupttext in dieser Zone umgeben, vermitteln Lektüreanweisungen, die uns signalisieren, *wie* wir das Werk zu lesen haben. Vereinfacht gesagt: Wo „Gedicht" draufsteht, ist auch ein Gedicht drin. Sobald wir diesen Paratext wahrnehmen, wissen wir, dass wir den Text auf eine bestimmte Weise zu lesen haben, selbst wenn er nicht in Strophen, Versen und Reimform daherkommt. Paratexte eröffnen einen Spielraum, und sie benennen die Spielregeln, die in ihm gelten sollen. Sie können das Realitätsprinzip aufheben und einen Kunstmodus einrichten. Wenn wir einen „Roman" lesen, wissen wir von vornherein: Hier geht es nicht um belegbare Tatsachen. Wir betreten eine Welt der Fiktion, einen Raum der Kunst, in dem andere Gesetze gelten. Entsprechend lesen wir den Text mit einer bestimmten Haltung.

Um diese Annahme empirisch zu prüfen, haben wir zusammen mit Neurowissenschaftlerinnen an der Freien Universität Berlin eine experimentelle Studie durchgeführt. In einem Laborversuch im Magnetresonanztomographen (fMRT), im sogenannten *Brain Scanner*, gaben wir zwei Gruppen von Probanden dieselben Texte zu lesen, die aber jeweils mit einem anderen paratextuellen *Label* versehen waren. Die eine Gruppe bekam die Information, es handele sich um einen Ausschnitt aus einer Zeitungsmeldung, also um „Fakten". Die andere Gruppe bekam die Informationen, es handele sich um einen Auszug aus einem Roman, also um „Fiktionen". *Fact versus Fiction*. Die Gehirnaktivität während der Lektüre wurde für die beiden Gruppen ausgewertet und visualisiert (im Bildgebungsverfahren, *functional Magnetic Resonance Imaging* – fMRI). Das Ergebnis: Derselbe Text wird in Abhängigkeit von der paratextuellen Rahmung verschieden verarbeitet, in teilweise verschiedenen Arealen unseres Gehirns. Die Bereiche, die für die beiden Gruppen von Probandinnen jeweils spezifisch aktiviert wurden, werden als farbig markierte Stellen im *brain scan* hervorgehoben (siehe Abb. 3). Derselbe Text wird also biologisch, physiologisch, neuronal von unseren Gehirnen unterschiedlich prozessiert, je nachdem, welches paratextuelle Rahmenprogramm ihm vorangestellt wird. Und das ist nicht selbstverständlich, das war nicht unbedingt zu erwarten. Man hätte ebenso

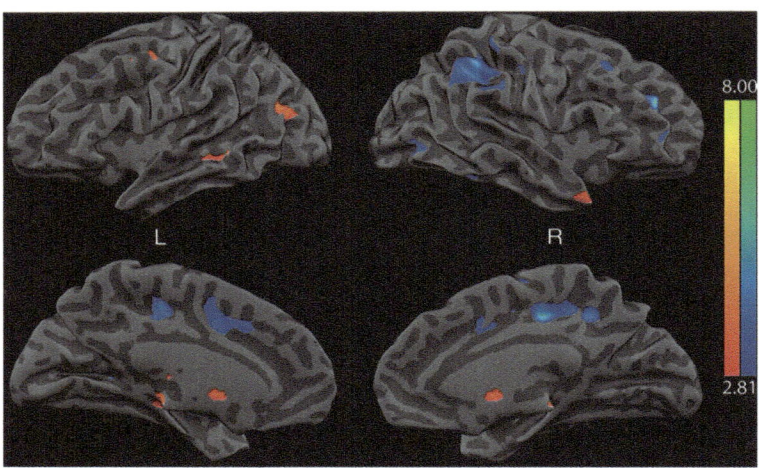

Abb. 3 „Brain areas activated when comparing reading facts with reading fiction". (Ulrike Altmann, Isabel Bohrn, Oliver Lubrich, Winfried Menninghaus und Arthur Jacobs, „Fact versus Fiction – How paratextual information shapes our reading processes", in: *Social Cognitive and Affective Neuroscience* 2012.)

gut annehmen können, es würde sich der gegenteilige Befund ergeben. Denn die Eigenschaften des Texts hätten selbst bestimmen können, wie wir ihn verarbeiten – sei es aufgrund inhaltlicher oder formaler Merkmale, die für beide Gruppen die gleichen waren.

5. Das führt uns zum letzten und kompliziertesten unserer fünf Kriterien für die Bestimmung von Literatur, nämlich zur Frage, inwiefern nicht die Autoren, die Leserinnen, der institutionelle Kontext und auch nicht nur der paratextuelle Rahmen, sondern Eigenschaften des Texts selbst darüber entscheiden, ob wir diesen als literarisch wahrnehmen. Mit anderen Worten: Gibt es Merkmale der Literarizität oder Poetizität, die wir an einem Text ausmachen können, ohne dass wir wüssten, von wem er geschrieben wurde, wo er veröffentlicht wurde und mit welchen Paratexten er versehen ist? Wir können diese Frage in zwei Schritten beantworten: erst inhaltlich und dann formal.

Zunächst können wir anhand des Inhalts zu entscheiden versuchen, ob ein Text literarisch sei oder nicht. Eine grundsätzliche Unterscheidung treffen wir bei sprachlichen Aussagen zwischen „Fakt" und „Fiktion". Die lateinische Etymologie geht zurück auf einerseits *facere*, etwas machen, *factum*, die Tatsache; andererseits *fingere*, etwas gestalten, erdichten oder sich einbilden, und entsprechend *fictio*, die Erfindung.

Diesen Gegensatz zwischen Fakt und Fiktion können wir jeweils noch ausdifferenzieren, indem wir ‚faktisch' von ‚faktual' und ‚fiktiv' von ‚fiktional' unterscheiden. Die Differenz von ‚faktisch' und ‚fiktiv' ist eine ontologische. Die Ontologie ist die Lehre des ‚Seins', also dessen, was in der Wirklichkeit existiert (oder nicht existiert). Angewendet auf die Literatur geht es also um die Frage, ob das Dargestellte der Wirklichkeit entspricht oder nicht. Mit anderen Worten: Es geht um die Wahrheit des Dargestellten. Fiktiv ist etwas Erfundenes, faktisch etwas Wahrheitsgemäßes. Erfundene Fakten, *alternative facts*, sind ein Paradox. Das Problem ist: Literarische Texte können sowohl fiktiv als auch faktisch sein, sie haben sowohl fiktive als auch faktische Anteile. Ob ein Roman von Ereignissen handelt, die frei erfunden sind oder der Wahrheit entsprechen, hat nichts mit der Frage zu tun, ob es sich um Literatur handelt.

Neben der Wahrhaftigkeit des Wirklichkeitsbezugs muss eine weitere Ebene hinzukommen. Eine ästhetische oder poetologische Unterscheidung, welche die Art und Weise, den Modus der Darstellung betrifft, treffen wir zwischen ‚fiktional' und ‚faktual': Wenn etwas ‚fiktional' ist, bedeutet dies, dass es in seiner Form künstlich, künstlerisch, spielerisch gestaltet wurde. Wenn dagegen etwas ‚faktual' ist, bedeutet dies, dass es in seiner Darstellung gerade nicht künstlerisch gestaltet wurde, sondern durch seine (vermeintlich) kunstlose Form einen Wahrheitsanspruch zu erheben scheint – wie das vorliegende Buch.

Diese beiden Gegensätze können wir durchspielen, so dass sich vier Kombinationen ergeben.

a) Ein Text kann sowohl fiktiv in der Sache wie auch fiktional in der Form sein. Ein Märchen zum Beispiel handelt von erfundenen Inhalten in einer Form, die als künstlerischer Märchenmodus zu erkennen ist. („Es war einmal ..." – „Und wenn sie nicht gestorben sind ...")

b) Ein literarischer Text kann aber auch in der Sache faktisch, in der Form jedoch fiktional sein. In einem historischen Roman zum Beispiel können die Tatsachen stimmen, und trotzdem bleibt es ein Roman, der künstlerisch gestaltet ist. Das Dokumentartheater kann, wie bei Peter Weiss, den Verlauf des Vietnamkriegs abbilden, aber in einer theatralischen Inszenierung. Ähnlich verhält es sich mit einem Lehrgedicht, das naturwissenschaftliche Tatsachen mit den Mitteln der Poesie wiedergibt.

c) Ein Polizeibericht, eine Zeitungsnachricht und eine Reportage oder eine Vorlesung wiederum sind faktisch und faktual. Sie haben den Anspruch, Fakten zu vermitteln, und sie tun dies in einer undichterischen Form, der man den Wahrheitsanspruch ablesen kann. Die faktuale Darstellung entspricht einem Anspruch auf Faktizität in der Sache. (Wobei gerade bei einer Reportage, die sich literarischer Mittel bedient, die Grenzen auch fließend werden.)

d) Aber zuweilen verbindet sich eine faktuale Form auch mit fiktiven Inhalten, zum Beispiel in den Aussagen von Psychiatriepatienten oder in ihrer Kunst, *Art brut*, in der Propaganda oder in Verschwörungserzählungen. Etwas kann ernst gemeint sein und entsprechend dargestellt werden und in der Sache dennoch erfunden oder erlogen sein.

Mit den Unterscheidungen und Verbindungen der Begriffe ‚fiktiv' und ‚faktisch', ‚fiktional' und ‚faktual' können wir literarische und andere Texte beschreiben. Aber wir scheitern bei dem Versuch, auf der Inhaltsebene allein zu entscheiden, ob ein Text literarisch ist oder nicht. Denn wir sehen ihm seine Fiktivität oder Faktizität nicht unbedingt an.

Die Form der Literatur

Es bleibt das letzte und interessanteste Kriterium, nämlich die Form. Wenn schon inhaltliche Kriterien nicht ausreichen, gibt es dann wenigstens formale Kriterien der Literarizität? Können wir einen literarischen Text an seiner ‚fiktionalen' Gestaltung erkennen?

Es hat verschiedene Versuche gegeben, diese Fragen zu beantworten. Die russischen Formalisten gingen davon aus, dass Literatur mit Mitteln der „Verfremdung" operiert. Die verfremdende Abweichung von der alltäglichen Sprache diene dazu, unsere Wahrnehmung zu verunsichern, zu erschweren, zu „entautomatisieren". Das sei das Ziel und der Zweck der Kunst. Entsprechend können wir feststellen, dass ein literarischer Text zum Beispiel einen höheren Grad der Rhetorizität aufweist als unsere Alltagssprache, er hat besonders viele rhetorische Merkmale, eine auffällige Dichte an Figuren oder Tropen: mehr Gleichklänge, mehr Metaphern, mehr stilistische Eigenheiten.

Eine der bekanntesten Definitionen formaler Literarizität läuft auf den Befund hinaus, dass sich literarische Texte durch eine Häufung von Ähnlichkeitsbeziehungen auszeichnen. Im Aufsatz „Linguistik und Poetik" (1960) definiert Roman Jakobson die „poetische Funktion" der Sprache, welche die Botschaft um ihrer selbst willen gestaltet und in literarischen Texten besonders stark ausgeprägt ist, wie folgt:

> „Die poetische Funktion projiziert das Prinzip der Äquivalenz von der Achse der Selektion auf die Achse der Kombination."

Das klingt kompliziert, aber der Gedanke ist einfach. Wenn wir einen Text schreiben, kommen zwei Grundoperationen zusammen, Selektion und Kombination, Auswählen und Zusammenfügen. Wenn wir unter verschiedenen möglichen Wörtern eines auswählen und mit weiteren zu einem Satz zusammenfügen, handelt es sich um eine Selektion von Elementen aus gegebenen Paradigmen und die Kombination dieser Elemente zu neu zusammengestellten Syntagmen. Mit anderen Worten: Aus einer Gruppe von Vokabeln, die einer gemeinsamen Kategorie angehören (Paradigmen), wird eine ausgewählt und in eine andere Verbindung von Wörtern eingefügt (Syntagmen), in der neue Gemeinsamkeiten entstehen (Äquivalenzen). Wenn sich diese nicht nur zufällig und vereinzelt ergeben, sondern absichtsvoll und in großer Zahl, handelt es sich um einen poetischen Text.

Wenn wir zum Beispiel schreiben wollen, dass jemand ein Sitzmöbel nahm, treffen wir eine Auswahl aus einer Gruppe von Wörtern, die als Synonyme durch Äquivalenz- oder Ähnlichkeitsbeziehungen untereinander verbunden sind: Stuhl, Schemel, Sessel, Sitz, Hocker und so weiter. Das ist das Prinzip der Äquivalenz auf der Achse der Selektion. Und dann fügen wir dieses ausgewählte Wort in den Satz, den wir schreiben, ein, und zwar so, dass wir dabei neue Ähnlichkeitsbeziehungen erzeugen, zum Beispiel klangliche Entsprechungen zu den benachbarten Wörtern. „Sie *hob* den *Hocker*." Das ist das Prinzip der Äquivalenz auf der Achse der Kombination.

Wir können auch ein entsprechendes Beispiel aus einem anderen Bereich wählen. Die gleichen Operationen führen wir aus, wenn wir unsere Kleidung zusammenstellen. Wir besitzen mehrere Hosen, mehrere Hemden, mehrere Jacken und wählen jeweils ein Element aus. Und wir kombinieren die ausgewählten Elemente dann nicht beliebig, sondern so, dass neue, ästhetische Ähnlichkeitsbeziehungen entstehen, das, was wir einen ‚Stil' nennen. Die einzelnen Kleidungsstücke ‚passen' zueinander, indem sie farblich aufeinander abgestimmt sind oder einem bestimmten modischen Code folgen.

„Die poetische Funktion projiziert das Prinzip der Äquivalenz von der Achse der Selektion auf die Achse der Kombination." Oder mit einfacheren Worten: Es ist poetisch, Ähnlichkeiten zu erzeugen. Und solche poetischen Ähnlichkeiten finden wir sogar in dem „Gedicht" von Handke: „Wabra, Leupold, Popp..." Würde man die Sprache nicht verstehen, könnte man spontan denken, das ist Poesie, vielleicht eine Beschwörungsformel, jedenfalls gibt es hier wiederholte A- und O-Laute, als klangliche Ähnlichkeiten, und auch einen gewissen Rhythmus, beinahe ein Metrum, das heißt: Ähnlichkeiten und Entsprechungen in der Betonung.

Literarische Texte haben ein besonders hohes Maß an Selbstähnlichkeit, an internen Äquivalenzbeziehungen, seien es rhythmische, phonetische, sprachbildliche oder semantische. Die Reime in einem Gedicht sind Ähnlichkeitsbeziehungen. Assonanzen und Alliterationen (vokalische Gleichklänge und gleiche Anlaute benachbarter Wörter) bilden klangliche Äquivalenzen. Wörter, die aus demselben Begriffsfeld kommen, Metaphern, die demselben Bildbereich entstammen, stehen zueinander in einem Verhältnis der semantischen Ähnlichkeit. Sie bilden Netzwerke von Äquivalenzen. Und unsere Aufgabe als Philologinnen besteht darin, diese Beziehungen in einem literarischen Text zu erkennen, zu beschreiben und zu deuten. Literatur ist die Produktion sprachlicher Äquivalenz. Literaturwissenschaftler sind Detektive der Ähnlichkeiten.

Den Grad an Literarizität könnten wir sogar empirisch messen, indem wir das Maß der Äquivalenzen ermitteln. Wir werden uns in den beiden letzten Lektionen mit quantitativen und experimentellen Methoden beschäftigen.

Literatur, Text, Poetik

Wir haben nun versucht, uns einer Definition der Literatur mit Hilfe von fünf Kriterien anzunähern: gemäß dem Autor, dem Leser, dem Kontext, dem Paratext oder dem Text selbst, sei es in inhaltlicher oder in formaler Hinsicht. Wir können aber auch etymologisch fragen, was bedeutet eigentlich das Wort ‚Literatur'?

Der Begriff ‚Literatur' kommt von lateinisch *littera*, der Buchstabe, *litterae*, im Plural, die zusammengesetzten Buchstaben, sind das Geschriebene. *Belles lettres*, im Französischen, wären das ‚Schöne Geschriebene'. Studiert man in Frankreich Literatur, heißt das Fach „Lettres".

Der Begriff ‚Text' hat eine Etymologie, die auf eine bestimmte Stofflichkeit verweist. Das lateinische Wort *texere*, weben, *textilis*, gewebt, führt uns zu der

Vorstellung, dass ein Text ein Gewebe ist, ein Netzwerk, eine Verknüpfung zusammenhängender Elemente. Das passt zur Definition von Roman Jakobson, der zufolge ein literarischer Text ein Netzwerk von Ähnlichkeitsbeziehungen darstellt.

Die Begriffe ‚Poesie' und ‚Poetik' wiederum kommen vom griechischen Substantiv *poiesis* (ποίησις), vom Verb *poiein* (ποιεῖν), was zunächst einfach nur ‚machen, herstellen' bedeutet. Dichtung wäre demnach die Verfertigung von etwas, eine – handwerkliche beziehungsweise künstlerische – Produktion nach bestimmten Regeln.

Literarische Texte gibt es in Europa seit mehr als zweieinhalbtausend Jahren, seit Homers Epen. (Das babylonische beziehungsweise sumerische *Gilgamesch*-Epos ist noch älter – es entstand ein Jahrtausend früher.) Was wir heute unter Literatur verstehen, bildete sich jedoch eigentlich erst im 18. Jahrhundert als literarische Kultur heraus, als ein gesellschaftliches System mit Autoren, Vereinigungen, Rezensenten, Zeitschriften, Buchmessen und so weiter. Das Verständnis dessen, was Literatur ist, hat sich seitdem verändert und verändert sich weiter. ‚Literatur' bedeutet heute nicht mehr das Gleiche wie etwa zur Zeit Lessings, in der Epoche der Aufklärung.

Wozu Literatur?

Warum gibt es Literatur? Was ist ihr Zweck? Wozu dient sie? Welche Funktionen hat sie – für unsere Psychologie und Identität, für unsere Geschichte und Gesellschaft, für unsere Biologie und Evolution?

1. Literatur bereitet zunächst einmal Genuss, ein ästhetisches Lesevergnügen.

Sie bietet darüber hinaus Affektregulation. Texte lösen Gefühle aus – Spannung oder Entspannung, Erheiterung oder Schwermut. Ohne ernsthafte Folgen in der Wirklichkeit regen sie unseren Emotionshaushalt an.

2. Dabei können wir uns sensibilisieren und insbesondere unsere Empathie schulen, anhand der dargestellten Figuren und ihres Verhaltens lernen wir andere Perspektiven besser nachzuvollziehen. Wir können ein unverbindliches ‚Probehandeln' durchspielen in Situationen, die wir real nicht erleben müssen.

Der Philosoph Richard Rorty hielt die Literatur, nicht die Philosophie, für die Hauptinstanz moralischer Bildung.

3. Literatur vermittelt zudem Informationen, Erfahrungen, Sichtweisen. Ernst Jünger berichtet vom Ersten Weltkrieg. Jean Genet erzählt vom Leben als homosexueller Außenseiter. Gabriel García Márquez führt uns nach Lateinamerika. Literatur dient der historischen, sozialen und kulturellen Verständigung.

4. Die Literatur ermöglicht uns, gleichsam mit den Toten zu reden. Sie erlaubt uns, uns mit Menschen früherer Epochen auseinanderzusetzen. Literarische Texte sind Zeugnisse der Vergangenheit. Sie gehen ein in unser kulturelles Gedächtnis.

5. In der Literatur können wir Wirklichkeitsmodelle von sehr hoher Komplexität beobachten und dadurch unsere Wahrnehmung verfeinern. Literatur fordert uns dazu heraus, Uneindeutigkeit zu ertragen, Ambivalenz auszuhalten.

6. Literatur ist ein Labor der Sprache. Durch die Analyse ausgefeilter Texte schulen wir unser Sprachvermögen. Sprachbeherrschung ermöglicht gesellschaftliche Teilhabe, demokratische Souveränität.

7. Schließlich ist Literatur Politik. Sie bietet eine Möglichkeit des Engagements, als *littérature engagée*, aber auch der Vermittlung von Ideologien, die wir erkennen sollten, um nicht auf sie hereinzufallen.

8. Literatur und Kunst müssen sogar eine evolutionäre Funktion haben (oder gehabt haben), sonst wären sie gar nicht entstanden oder längst wieder verschwunden. Worin aber besteht diese Funktion? In seiner Studie *Wozu Kunst? Ästhetik nach Darwin* gibt Winfried Menninghaus Antworten auf diese Frage. Als *costly signal*, vermeintlich unnützer Aufwand, sind Kunst und Literatur dem Rad der Pfauen vergleichbar, das im Kampf und auf der Flucht hinderlich ist, als zwar schöne, aber scheinbar sinnlose Verausgabung jedoch eine evolutionäre Funktion erfüllt: Vitalität und Attraktivität auszustrahlen, die sich in der „sexuellen Selektion" auszahlen. Auch Kunst und Literatur haben (oder hatten) einen Mehrwert als Statussymbol, als symbolisches Kapital, als Zeichen von Luxus, Prestige und Bildung, das bei der Partnerwahl zur Geltung kommt, so dass sie einen evolutionären Vorteil bedeuten.

Literatur*wissenschaft*

Wenn sich bereits die Frage *Was ist Literatur?* nicht leicht beantworten lässt, so gilt dies erst recht für die Frage nach der wissenschaftlichen Beschäftigung mit ihr: Was ist Literatur*wissenschaft*?

International betrachtet, ist der Begriff ‚Literaturwissenschaft' auffällig. Ihn gibt es eigentlich nur im deutschen Sprachraum. Im Englischen zum Beispiel kennt man keine *Science of Literature* oder im Französischen keine *science littéraire*. Man unterscheidet Forscher von Gelehrten. Ein *(natural) scientist* ist etwas anderes als ein *(literary) scholar*. Im deutschsprachigen Raum jedoch herrscht die Vorstellung, dass nicht nur Biologie, Physik oder Chemie, sondern auch die Philologie eine Wissenschaft sei, eine Geisteswissenschaft. Im Englischen spricht man von den *Humanities*.

Wir unterscheiden in den akademischen Disziplinen „zwei Kulturen", nach C. P. Snow, *The Two Cultures*, Geistes- und Naturwissenschaften, oder vielleicht noch eine dritte, die Sozialwissenschaften. Die Literaturwissenschaft wird generell den Geisteswissenschaften zugerechnet. Sie hat aber durchaus auch Anteile einer Sozialwissenschaft, wenn wir Texte als Werkzeuge und Symptome ihrer jeweiligen Gesellschaft lesen, im Verhältnis zu ihrer Gesellschaftsordnung zu begreifen versuchen und eine Sozialgeschichte der Literatur schreiben. Und sie hat sogar Berührungspunkte mit den Naturwissenschaften, wenn wir eine Biologie, Physiologie oder Neurologie des Lesens anerkennen oder empirische Lesestudien durchführen.

Literaturwissenschaft ist in jedem Fall die sachliche, systematische, methodische, professionelle Erforschung von Literatur – und gerade nicht das, was man sich landläufig darunter vorstellt, nämlich dass man gerne Romane liest und Geschmacksurteile über sie abgibt. Wenn wir einen Joghurt essen und sagen, „das schmeckt mir", macht uns das noch lange nicht zur Molekularbiologin oder zum Enzymforscher. Genauso verhält es sich mit der Literatur. Daher werden manche der Ansätze, die diese Einführung in die Literaturwissenschaft vorstellt, zunächst unvertraut sein und auf den ersten Blick überraschend erscheinen, nicht zuletzt vor dem Hintergrund des Literaturunterrichts, wie man ihn von der Schule kennt, wo weniger die Vermittlung von Methoden im Vordergrund steht (Rhetorik, Poetik, Narratologie etc.) als die Erörterung von Meinungen. Es soll hier darum gehen, erprobte wissenschaftliche Zugänge zur Literatur zu beschreiben und keine privaten, laienhaften, genießerischen oder schulischen.

Interdisziplinarität

Die Literaturwissenschaft steht in einem Verhältnis des Austauschs mit anderen Fächern. Wenn wir uns mit Kolleginnen unterhalten, die vielleicht Anthropologie oder Psychologie studiert haben, ergeben sich zum Teil ganz unverhoffte Anschlüsse. Die Anregung geht dabei in beide Richtungen.

Viele der theoretischen Konzepte, mit denen Literaturwissenschaftlerinnen arbeiten, wurden aus anderen Fächern übernommen, zum Beispiel aus der Anthropologie oder der Psychologie. Das Konzept der *Mimesis*, zum Beispiel, der menschliche Trieb zur Nachahmung, ist eigentlich eine anthropologische Idee. Die aristotelische *Katharsis*, die reinigende Wirkung der Tragödie, ist eigentlich eine medizinische Kategorie. Diverse Konzepte, mit denen wir arbeiten, kommen aus der Psychologie oder aus der Psychoanalyse, etwa das „Unheimliche" bei Sigmund Freud für die Schauerliteratur. Verschiedene Begriffe, Fragestellungen und Vorgehensweisen übernehmen wir aus den Sozialwissenschaften, aus der Geschichte, aus der Kunstgeschichte, neuerdings auch aus der Informatik oder aus der Neurowissenschaft. Unsere Disziplin operiert nicht für sich allein, sondern sie interagiert mit anderen Disziplinen.

Dabei haben wir nicht nur fremde Konzepte importiert und uns angeeignet, sondern umgekehrt auch eigene Konzepte in andere Fächer exportiert, wo sie neu fruchtbar gemacht wurden. Die Literaturwissenschaft verfügt über ein Wissen, das sie in anderen Fächern einbringen kann. So gibt es in der Geschichtswissenschaft seit einigen Jahrzehnten ein zunehmendes Bewusstsein dafür, dass auch die Historiographie nicht einfach die neutrale Aufzeichnung von Tatsachen ist, sondern ihrerseits eine Erzählung, für die man unterschiedliche Gattungskonventionen befolgen kann, die also eine eigene Rhetorik und Poetik hat. Der Historiker Hayden White gab seiner Studie zur Literarizität der Geschichtsschreibung den Titel *The Content of the Form*. Welche Rolle spielt die Art und Weise, fragt White, *wie* wir Geschichte erzählen, für die Bedeutung dessen, *was* wir als Geschichte erzählen? Worin liegt die Bedeutung der historiographischen Form, der narrativen Gestaltung (die White „emplotment" nennt)?

Eine entsprechende Erkenntnis hat sich in der Sozialanthropologie seit der sogenannten *Writing Culture*-Debatte in den 1980er Jahren durchgesetzt, nämlich das selbstkritische Bewusstsein, dass auch die Ethnologie keine objektive Wissenschaft ist, die Ethnographie keine neutrale Praxis, sondern dass sie sich literarischer Strategien bedient, dass fremde Kulturen in ihrem Diskurs rhetorisch inszeniert werden. Die Frage, aus welcher Perspektive, mit welchen Mitteln eine fremde Kultur dargestellt wird, ist entscheidend, wenn wir die ideologischen Voraussetzungen ihrer Vermittlung beurteilen wollen. Wie kommen dabei die Anderen zur Sprache – und, wenn überhaupt, zu Wort? Solche Fragen sind keineswegs nur äußerlich oder oberflächlich, sondern sie betreffen den Kern der Sache. Und es sind Fragen, für welche die Literaturwissenschaft die Expertise bereitstellt.

Sogar eine „erzählerische Wirtschaftswissenschaft", *Narrative Economics*, wurde (von Deirdre [Donald] McCloskey und Robert Shiller) vorgeschlagen: Populäre Erzählungen, die sich über Soziale Medien ‚viral' verbreiten, beeinflussen ökonomisches Handeln.

Wenn die experimentelle Psychologie mit sprachlichen Stimuli arbeitet, ist auch sie angewiesen auf philologische Kenntnisse, um dieses Material mit großer Genauigkeit und Regelmäßigkeit herzustellen. In der Psychotherapie gibt es Ansätze, die Art und Weise, wie Patientinnen sich artikulieren, diagnostisch zu lesen. Bestimmte rhetorische Merkmale geben Aufschluss über ein entsprechendes Krankheitsbild. Und auch die Sprache der Therapeutinnen hat auf ihre rhetorische Wirkung bedacht zu sein. In all diesen Hinsichten kann die Literaturwissenschaft im Austausch mit anderen Fächern einen Beitrag leisten.

Theorien und Methoden

Literaturtheorien sind modellhafte Annahmen davon, was Texte sind und was sie bedeuten. Methoden sind systematische Ansätze, wie man sie erforschen kann. Wörtlich, nach der griechischen Etymologie, meint der Begriff: einem Weg auf etwas hin (μέθοδος, *methodos*) folgen, einen geregelten Ablauf wählen. Schon in der Antike und in der Frühen Neuzeit wurden Theorien sprachlicher Kunst entwickelt, die noch immer maßgeblich sind, vor allem die Poetik und die Rhetorik sowie die Ästhetik. Diverse neue Literaturtheorien entstanden im 20. Jahrhundert, etwa Strukturalismus, Postkolonialismus oder Diskursanalyse.

Grob können wir, wie eingangs angedeutet, vier Gruppen von Literaturtheorien unterscheiden (und in beliebiger Reihenfolge anordnen), nämlich erstens solche, die sich vor allem für den Autor eines Texts interessieren, zum Beispiel die Psychoanalyse, die vom Werk zurückschließt auf dessen Urheber und seine Phantasien, Begierden und Traumata.

Andere Theorien legen, zweitens, den Fokus auf die Lesenden. Sie fragen, wie Literatur wahrgenommen wird, was sie in uns auslöst, etwa die Rezeptionsästhetik oder die empirische Literaturwissenschaft.

Es gibt drittens Theorien, die sich auf den Text selbst konzentrieren und sich weniger dafür interessieren, wer ihn geschrieben hat, noch wer ihn liest, sondern die ihn als Phänomen selbst unter die Lupe nehmen, so wie man ein Gestein analysieren würde oder einen anderen Gegenstand der Naturwissenschaft. Solche ‚immanenten' Analysen unternehmen zum Beispiel Strukturalisten und Dekonstruktivistinnen oder auch schon der New Criticism mit seinen sogenannten *close readings*.

Wir haben viertens die Möglichkeit, einen literarischen Text in Beziehung zu seinem gesellschaftlichen oder historischen Kontext zu setzen. Beispielsweise können wir Shakespeare lesen, um einen Zugang zu seiner Epoche und zur Elisabethanischen Gesellschaft zu erhalten; oder die griechische Tragödie, um etwas über die attische Demokratie zu erfahren. Für diese Fragerichtung stehen die Diskursanalyse oder der *New Historicism*.

Während es praktisch unmöglich ist, im Studium der Literaturwissenschaft auch nur annähernd alle kanonischen Werke der Literatur zu lesen, ist es durchaus realistisch, sich einen eigenen Theorienkanon zu erarbeiten, indem wir etwa Aristoteles lesen, Horaz, Boileau, Lessing, Nietzsche, Walter Benjamin, Roland Barthes, Michel Foucault, Jacques Derrida, Stephen Greenblatt, Homi Bhabha und andere.

Den Theorien entsprechen Methoden. Den Annahmen, was Literatur sei, entsprechen jeweils Vorstellungen davon, mit welchen Verfahren wir sie begreifen können. Wenn wir zum Beispiel eine strukturalistische Vorstellung von Literatur haben, bedienen wir uns der Techniken des *close reading*. Wir schauen uns den Text selbst mikroskopisch genau an. Wenn wir hingegen große Mengen von Texten in den Blick nehmen wollen, um Aufschluss über historische Entwicklungen zu erhalten, Tausende digitalisierter Romane auf einmal, als *Big Data*, benötigen wir ganz andere Methoden, nämlich nicht *mikro*skopische, sondern *makro*skopische, wir unternehmen kein *close reading*, sondern ein *distant reading*. Wir speisen die digitalen Texte in einen Computer ein und arbeiten ganz anders, als wenn wir sie ‚per Hand' selbst auswerten würden.

Die Wahl der Methoden ist in jedem Fall entscheidend. Sie hängt ab vom Erkenntnisinteresse beziehungsweise von dem Problem, vor das uns die Texte stellen. Die entsprechende Frage, die wir an sie stellen und die wir durch unsere Analyse beantworten möchten, führt uns zu der Entscheidung, welcher Methode wir uns bedienen wollen. Interessieren wir uns vor allem für den Autor, für den historischen Entstehungszusammenhang, für die Leser oder für den Text selbst? Haben wir einen eher philologischen oder einen eher kulturwissenschaftlichen Ansatz? Lesen wir einen Text historisch, psychologisch, erzähltheoretisch oder wirkungsbezogen? Es macht einen Unterschied aufs Ganze, ob wir einen Text geschichtlich verorten oder psychoanalytisch deuten wollen. Wir bedienen uns aus dem Werkzeugkasten der Theorien und Methoden und treffen jeweils eine bestimmte Wahl. Umgekehrt ist es wichtig, das Panorama der Theorien und Methoden zu kennen, um sich im Feld orientieren und vorliegende Studien in ihrer je eigenen Anlage besser einschätzen zu können. Ein dekonstruktivistischer Beitrag hat andere Voraussetzungen als ein rezeptionsästhetischer, und er führt zwangsläufig zu anderen Ergebnissen. Die Entscheidung, die wir am Anfang treffen, nimmt zu einem guten Teil bereits vorweg, was am Ende ‚herauskommt'. Die Wahl der Methode bedingt die Ergebnisse. Das veranschaulichen die Sammlungen von Musterlektüren kanonischer Texte: dasselbe Werk gelesen mit verschiedenen Werkzeugen.

Hierin liegt eine Besonderheit der Philologie, im Unterschied beispielsweise zu Ingenieurswissenschaften oder Medizin, eine gewisse Stärke des Fachs, die man zugleich als seine Schwäche ansehen könnte. Es gibt nicht das *eine* Verfahren, das sich zum *state of the art* entwickelt oder als *best practice* durchgesetzt hat, sondern eine Pluralität von Theorien und Methoden. Wir haben ein Panorama unterschiedlicher Möglichkeiten zur Verfügung, uns steht eine Vielzahl legitimer Verfahren zur Auswahl, zwischen denen wir wählen können – nach individuellen Vorlieben oder von Fall zu Fall. Wir setzen nicht dogmatisch auf eine bestimmte Schule, der wir blind folgen, unabhängig von den Gegenständen und Fragestellungen. Verschiedene Probleme erfordern unterschiedliche Ansätze. Das ist anspruchsvoll, weil man sich innerhalb dieses Arsenals von Möglichkeiten orientieren muss, aber es gibt uns eine gewisse Freiheit und Flexibilität.

Voraussetzungen

Einige Voraussetzungen der Literatur, die man für selbstverständlich halten könnte, sind durchaus erklärungsbedürftig, und sie eröffnen ihrerseits Forschungsfelder für eine interdisziplinär anschlussfähige Literaturwissenschaft: der Körper und das Lesen, Sprache und Schrift, Bücher und Editionen sowie der Literaturbetrieb. Mit ihnen wollen wir diese Einführung in die Einführung abschließen.

1. Was geschieht in unseren Sehorganen, in unseren Gehirnen, in unserem Nervensystem, in unseren Körpern, wenn wir einen Roman lesen, ein Gedicht hören oder einer Theateraufführung beiwohnen? Und was sagen diese Reaktionen über das literarische Kunstwerk aus, das sie hervorgerufen hat? Welche textlichen Phänomene lösen welche affektiven, ästhetischen, biophysischen Effekte in uns aus? Seit wann allein schon gibt es Lesebrillen, und wie verbreitet waren sie? Bereits solche Fragen zu stellen, verändert unseren Blick auf die Literatur. Das Lesen ist keine ideelle, immaterielle Handlung in einem Vakuum, sondern eine physiologische, biologische, neuronale Tätigkeit. Es gibt eine Physiologie, eine Biologie, eine Neurologie des Lesens. Literatur löst nicht nur kognitive, intellektuelle Prozesse in uns aus. Es ergeben sich ästhetische Phänomene des Eintauchens, des Erschauerns oder des Genusses. Und je nach Genre kommt es zu unterschiedlichen Reaktionsmustern.

Warum und wie bewegen uns literarische Texte? Warum finden wir etwas schön oder traurig, spannend oder ergreifend? Welche Wirkung haben beispielsweise rhetorische Figuren wie Chiasmen oder Parallelismen? Wie verarbeitet unser Gehirn Sprachbilder? Wie geraten wir beim Lesen von Epen oder Gedichten in einen Sog, zuweilen geradezu in eine Art Trance? Welche Effekte haben Metrum, Rhythmus und Reim? Warum haben Verse eine bestimmte Länge? Hat das etwas mit dem ‚Arbeitsspeicher', mit der Kapazität unseres Kurzzeitgedächtnisses zu tun oder mit der Atmung und unserem Lungenvolumen? Solche Fragen kennzeichnen eine Forschungsrichtung, die uns von der Tragödientheorie des Aristoteles bis zu neuester empirischer und experimenteller Literaturwissenschaft führt.

2. Das Lesen ist eine sehr alte Kulturtechnik, die eine eigene Kulturgeschichte hat. Die längste Zeit in der Geschichte haben Menschen anders gelesen, als wir es heute tun. Dass man sich zurückzieht, ein Buch aufschlägt und für sich allein

stumm liest, ist eine relativ neue Praxis. Es gibt eine *History of Reading*, wie sie Alberto Manguel rekonstruiert hat: vom lauten zum leisen Lesen, vom öffentlichen zum privaten Lesen, vom Salon ins Schlafzimmer. Wenn wir einen Text aus einer vergangenen Epoche lesen, fragt sich: Wie wurde er in seiner Zeit gelesen? Wer konnte damals überhaupt lesen? Wer war alphabetisiert? Für wen wurde ein Text geschrieben? Für Männer oder für Frauen? Für welche gesellschaftlichen Gruppen? Wer konnte sich Bücher oder Zeitungen oder wenigstens ihre kostenpflichtige Ausleihe leisten? Was *sollte* man lesen, etwa in der Schule? Was *durfte* man lesen, und was durfte man *nicht* lesen, weil die Kirche oder die Regierung einen Text verboten hatte? Welche Bibliotheken gab es, und welche Leihbüchereien? Was ändert sich heute, wenn wir Bücher nicht mehr physisch lesen, sondern digital, auf dem E-reader oder online am Bildschirm? Oder doch öffentlich in einem Literaturhaus oder einer kubanischen Zigarrenfabrik? Inwiefern werden dieselben Texte dann anders verarbeitet? Welchen Einfluss hat die jeweilige Technologie auf uns und unsere Leseerfahrung?

3. Um Literatur lesen zu können, muss man in der Regel die Sprache verstehen, in der sie geschrieben ist, oder die Sprach*en*, denn häufig sind Texte in mehr als nur einer Sprache geschrieben. Mehrsprachigkeit ist in der Literatur eine durchaus verbreitete Ausnahme. Texte wurden zum Beispiel auf Persisch und Arabisch verfasst, auf Deutsch mit lateinischen Zitaten oder sogar mit Elementen in verschiedenen Sprachen wie in der modernen Lyrik bei Ezra Pound oder T. S. Eliot. Manche Autoren schreiben in mehreren Sprachen, Vladimir Nabokov zum Beispiel auf Russisch und Englisch, Samuel Beckett auf Englisch, Französisch und Deutsch. Shakespeares *Henry V* und Thomas Manns *Zauberberg* enthalten ganze Dialoge in französischer Sprache.

Sprachen durchdringen einander wechselseitig. Das Deutsche wurde und wird beeinflusst vom Griechischen und Lateinischen, vom Französischen und Englischen. Die Herkunft von Wörtern, ihre Etymologie, kann versteckte Bedeutungen transportieren, die wir entschlüsseln können. Sprachen verändern sich überdies historisch. Wenn wir deutsche Texte aus dem 17. Jahrhundert lesen, müssen wir einen zeitlichen Abstand überwinden und den Bedeutungswandel bestimmter Wörter im Verlauf der Sprachgeschichte berücksichtigen.

4. Auch die Schrift, in der ein literarischer Text verfasst ist, hat eine Geschichte. Unsere lateinische Schrift kam ursprünglich aus dem Nahen Osten, aus Phönizien, über Griechenland und die Etrusker zu den Römern. Die ersten Texte unserer Literatur, die in dieser Alphabetschrift verfasst wurden, sind die griechischen Epen Homers, die *Ilias* und die *Odyssee*.

Sprache wurde vor zweieinhalbtausend Jahren anders aufgeschrieben als heute. Zunächst haben wir es mit Handschriften zu tun. Das stellt uns vor Schwierigkeiten der Überlieferung. Hinzu kommt mit dem Buchdruck in der deutschen Literatur ein Phänomen, das wir in anderen Sprachen und Literaturen nicht kennen, nämlich die sogenannte Zweischriftigkeit. Wir haben historisch bei deutschen Texten zwei Arten von Druckschriften, nämlich einerseits Antiqua, ‚antike', klare, einfache, runde Lettern, so wie wir sie heute verwenden; andererseits gab es lange Zeit noch eine weitere Schrift, in der bis ins 20. Jahrhundert viele Texte gedruckt und gelesen wurden, nämlich Fraktur. Das Wort kommt von *frangere*, zerbrechen, *fractura*, der Bruch, und bedeutet ‚gebrochene' Lettern. (Umgangssprachlich, aber historisch unzutreffend ist auch die Rede von „gotischer" Schrift.) Wenn wir historische Texte, die in Frakturschrift gedruckt sind, lesen, stellt uns das vor andere Herausforderungen und erzeugt andere Haltungen, als wenn wir einen Text in ‚antiker' Schrift wahrnehmen. Dabei ist die Fraktur, die uns heute eher veraltet vorkommt, erst um 1500 entstanden und eigentlich jünger als die Antiqua. Die Wahl der Schrift hat eine semantische Dimension: Die Frage, was es bedeutet, dass ein Text, ein Buch, ein literarischer Text in einer bestimmten Schrift gedruckt war, ist nicht nur eine formale, sondern die Art der Schrift wird zu einem Teil der Botschaft. *The medium is the message.* Ein Druck in Fraktur sagt immer auch: „Dies ist ein besonders deutscher, ein volkstümlicher Text." Während ein Druck in Antiqua seinen Leserinnen vermittelt: „Dies ist ein internationaler, ein eher sachlicher Text." Wenn Alexander von Humboldt seine *Ansichten der Natur* 1808, während der französischen Besatzung, in Antiqua setzen ließ, konnte dies eine frankophile, eine internationalistische Geste sein; hätte er ihn in Fraktur drucken lassen, wäre dies eine eher preußisch-patriotische oder deutschnationale Botschaft gewesen. Die Wahl der Schrift ist Teil der Semiotik eines Texts – seiner Zeichenhaftigkeit, seiner Aussage und seiner Politik. Wenn wir historische Texte lesen, tun wir daher gut daran, uns ihre Erstausgaben anzuschauen und uns mit ihrer Schrift auseinanderzusetzen.

Weil wir sie für besonders ‚deutsch' halten, mag es umso mehr überraschen, dass ausgerechnet die Nationalsozialisten die Frakturschrift verboten haben. Im „Bormann-Erlass" vom 3. Januar 1941 wurde die Verwendung der Frakturschrift untersagt und zwar, wie so oft, wenn Nazis etwas verbieten, indem sie diese als eine Erfindung von Juden bezeichneten, als „Judenlettern". (Das ist auch insofern Unsinn, als die lateinische Alphabetschrift aufgrund ihrer Herkunft aus dem Phönizischen generell einen semitischen Ursprung hat, egal, wie man die Buchstaben gestaltet. Und konsequent waren die Nazis selbst auch nicht: Der Erlass ist auf Briefpapier verfasst, das den Namen der Partei noch in Fraktur wiedergibt.) (Siehe Abb. 4.)

Aber warum haben die Nationalsozialisten die Frakturschrift verboten? Und warum im Januar 1941? Deutschland hatte damals große Teile von Europa besetzt und schickte sich an, die Sowjetunion zu überfallen. Man war darauf angewiesen, dass die eigene Propaganda auch im Ausland gelesen werden konnte. Deshalb mussten die Publikationen auf die international lesbare Antiqua umgestellt werden. Zugleich wollte man sich als Vorkämpfer des ‚Abendlandes' gegen den sogenannten Bolschewismus ausgeben und eine paneuropäische Neuordnung gegen Russland herbeiführen. Primär war das ideologische und strategische Ziel, das politische und militärische Interesse, und daraus wurde dann ein entsprechender Schriftgebrauch abgeleitet und antisemitisch begründet. Für politische Erlasse, aber auch für die Literatur gilt: Schrift ist politisch.

Schriftgestaltung, Typographie und Buchgestaltung sind bedeutende Faktoren in der Geschichte der Literatur. Aber wir übersehen sie allzu oft als vermeintliche Äußerlichkeiten. Auch heute haben verschiedene Schriften verschiedene Konnotationen. Wenn wir einen Text in Helvetica schreiben, mag das ein besonders helvetischer sein. Die Schrift ist Teil des Programms. Und Schriften lösen Wirkungen aus.

Abb. 4 Die Nazis verbieten eine Schrift, die sie selbst verwenden: Der sogenannte Bormann-Erlass vom 3. Januar 1941

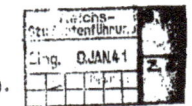

Wenn heute Menschen auf einer Demonstration Hemden mit Frakturschrift tragen, handelt es sich nicht selten um Neonazis, die nicht wissen, dass Adolf Hitler die Frakturschrift verboten hat. Bei uns ruft diese Schrift dann Angst oder Ablehnung hervor. Schriften haben rhetorische Effekte. Sie spielen eine wichtige Rolle in der visuellen Kommunikation, etwa im *corporate design* oder in der Werbung.

Auch in der Literatur hat die Schrift nicht nur ästhetische Funktionen. Es gibt eine Semantik der Schrift und der Typographie, wie sie Thomas Nehrlich am Beispiel von Heinrich von Kleists Erzählungen untersucht hat. Nehrlich schaut sich an, wie Anführungszeichen, Gedankenstriche und Sperrungen eingesetzt werden. Er achtet auf das, was normalerweise niemanden (mehr) interessiert. Und er stellt fest: Die Art und Weise, wie in den Erstausgaben Anführungszeichen eingesetzt werden, ob sie seriell am Zeilenanfang wiederholt werden, ob bestimmte Dialogbeiträge in Anführungszeichen stehen oder nicht, moduliert die Lautstärke, die Emotionalität und deutet Machtverschiebungen an.

Gedankenstriche können eine einfache Auslassung, eine Erregung oder auch eine Vermeidung anzeigen. Das berühmteste Beispiel ist der Gedankenstrich in der *Marquise von O....* (1808), der die Tatsache, dass es zu einer Schwängerung kommt und sich um eine Vergewaltigung handeln könnte, verdeckt und zugleich subtil als Verdrängung kenntlich macht.

Wenn die Namen von Figuren, die in die Handlung eingeführt werden, jeweils im Sperrdruck erscheinen, also die Buchstaben mit größerem Abstand gesetzt werden, ist die Figur, bei der diese Auszeichnung fehlt, hervorgehoben und womöglich stigmatisiert. Es gibt also Unterschiede in der Bewertung der Figuren, je nachdem, in welcher Schriftform ihr Name erscheint.

Genau diese Merkmale werden von neueren Editionen häufig wegnormalisiert. Wenn wir eine einfache Reclam-Ausgabe lesen, verschwinden häufig diese Details, die Kleists Erstausgabe auszeichneten, sie sind der Edition zum Opfer gefallen. Schriftarten (nicht nur generell Fraktur oder Antiqua, sondern die zahlreichen spezifischen Schrifttypen), Satzzeichen und Sonderzeichen (zum Beispiel Anführungszeichen, Schmuckzeichen), Hervorhebungen (kursiv, fett, gesperrt), Layout und Ausstattung eines Texts (Überschriften, Seitenspiegel, Randbreite, ‚Grauwert', wie großzügig oder eng ist der Text gesetzt, wie klassisch oder wie schlicht kommt er daher?) sowie auch die Materialität (Papiersorte, Umschlag, Bindung) – all das können wir anhand historischer Ausgaben in die Analyse einbeziehen.

5. Damit gelangen wir zu der Frage, in welcher materiellen Form wir überhaupt literarische Texte lesen? Was ist ein Buch? Und was ist eine Edition?

Ein Buch, lateinisch *liber*, bezeichnete in der Antike nur einen Teil eines Werks. Heute verstehen wir darunter, gemäß der Definition der UNESCO, eine selbständige Druckveröffentlichung, die mindestens 49 Seiten hat.

Physisch konnten Bücher beziehungsweise Texte früher (in der Antike), auf Papyrus, also auf pflanzliches Material, geschrieben sein, auf Pergament, also auf Tierhaut, oder später (in Europa seit dem Mittelalter) auf Papier, also einen Werkstoff aus Fasern. Sie wurden handschriftlich verfasst und dann abgeschrieben. Gutenbergs Erfindung des Buchdrucks mit beweglichen Lettern Mitte des 15. Jahrhunderts machte es möglich, Bücher günstig und in großen Auflagen herzustellen, durch die technische Reproduktion wurde Literatur zu einem Massenmedium, und Texte, die zuvor von Hand zu Hand überliefert wurden und dabei verlorengehen konnten, wurden in den Druck ‚gerettet'.

Mit dieser technischen Revolution ist heute die Digitalisierung vergleichbar, welche die Herstellung, Speicherung und Verbreitung von Schrift ihrerseits grundlegend verändert. Das Buch als materieller Datenträger bekommt Konkurrenz. Welche neuen Möglichkeiten eröffnet die digitale Verfügbarkeit von Texten für die Philologie? Damit werden wir uns in der vorletzten Lektion beschäftigen, wenn es um Computerphilologie, um digitalphilologische Methoden der Analyse geht.

Wir können uns dem Phänomen des Buches nähern, indem wir einer Teildisziplin unseres Fachs folgen, die man als *Book History* bezeichnet. Franco Moretti, zum Beispiel, hat nicht nur individuelle Bücher, die wir einzeln lesen, untersucht, sondern große Mengen von Büchern, wie sie aus den Katalogen von Bibliotheken oder in digitalen Corpora verfügbar sind, um zu beobachten, wie sich die Publikation unterschiedlicher Gruppen von Texten, etwa verschiedener Gattungen, entwickelte. Literarische Gattungen haben ihre Marktzyklen und Konjunkturen, die jeweils dem Zeitraum einer Generation zu entsprechen scheinen, im 18. und 19. Jahrhundert zum Beispiel *Epistolary Novels*, Briefromane, *Gothic Novels*, Schauerromane, oder *Historical Novels*, historische Romane. Vor diesem Hintergrund können wir dann erkennen, in welchem Marktumfeld ein bestimmter Text entstand und erschien. Wenn wir Goethes *Werther* lesen, macht es einen Unterschied zu wissen, ob Anfang der 1770er Jahre der Briefroman gerade in Mode war oder nicht. Es geht um die Geschichte von Büchern als Waren, um Konventionen und Innovationen.

6. Fast nie lesen wir Texte so, wie ihre Autoren sie geschrieben haben. Nur selten lesen wir Handschriften, wir gehen kaum ins Archiv, auch wenn es sich ganz in der Nähe befindet. Wer in Bern Friedrich Dürrenmatt, Robert Walser oder Annemarie Schwarzenbach studiert, begibt sich dennoch nicht unbedingt ins nahegelegene Schweizerische Literaturarchiv, um dort im Nachlass die Handschriften einzusehen. Wenn wir klassische Erzählungen lesen, greifen wir in der Regel zu einer neueren Buchausgabe, wir machen uns nicht die Mühe, in die Bibliothek zu gehen, um die Erstausgabe zu verwenden. Manche nehmen gleich einen kostenlosen Text aus dem Internet, ohne darüber nachzudenken, wie tauglich er für wissenschaftliche Zwecke überhaupt ist.

Dabei sollten wir editionsphilologisch fragen: Wer hat die Texte jeweils herausgegeben und nach welchen Maßgaben? Eigentlich müssten wir die ganze Herkunftsgeschichte, die ‚Provenienz' des Texts berücksichtigen: Zunächst wird er geschrieben, sei es per Hand, mit der Schreibmaschine oder am Computer; dann erscheint er als Erstausgabe, gegebenenfalls noch in weiteren Ausgaben; irgendwann wird eine dieser Fassungen dann neu herausgegeben, vielleicht sogar in einer historisch-kritischen Ausgabe, die jede Veränderung nachvollzieht; oder in einer Reclam-Ausgabe, die den Text vereinfacht und heutigen Regeln der Interpunktion, Orthographie und Typographie anpasst; und am Ende folgt womöglich noch eine digitale Edition, die online verfügbar ist. Wir haben es mit unterschiedlichen Phasen, Varianten, Erscheinungsformen desselben Texts zu tun. Zu dieser Überlieferungsgeschichte sollten wir uns vorsichtig verhalten und ‚Textkritik' üben. Wollen wir uns wissenschaftlich mit einem Text auseinandersetzen, können wir nicht einfach irgendeine Datei aus dem Internet herunterladen oder einen beliebigen Billigdruck nehmen und auf dieser unzuverlässigen Grundlage dann unsere Analyse durchführen. Wir müssen zuerst klären, wo es sich um gekürzte, bearbeitete oder übersetzte Texte handelt, die wir eigentlich nicht gebrauchen können. Die Editionswissenschaft unterscheidet verschiedene Typen und Konzeptionen von Ausgaben, die jeweils auch andere Apparate und Kommentierungen enthalten und sich in unterschiedlicher Weise für wissenschaftliche Zwecke eignen.

Zahlreiche Beispiele können uns vor Augen führen, wie sehr wir aufpassen müssen, mit welcher Ausgabe wir es zu tun haben. Alexander von Humboldts Bericht seiner amerikanischen Forschungsreise etwa ist im Original französisch und umfasst 2000 Seiten. Die deutsche Feldpostausgabe von 1942 hingegen hat lediglich

66 Seiten und verliert kein Wort darüber, dass es sich um eine Übersetzung und eine Kürzung handelt. Ernst Jünger hat sein Kriegsbuch *In Stahlgewittern* (1920), das er kurz nach dem Ersten Weltkrieg veröffentlichte, in den folgenden Jahrzehnten mehrfach umgeschrieben und dabei in sieben Fassungen bis zu 40 Prozent des Texts verändert und die ideologische Tendenz neu ausgerichtet. War die erste Fassung nüchtern und vergleichsweise unideologisch, wurden die Ausgaben in den 1920er Jahren nationalistisch aufgeladen, aber als die Nazis an die Macht kamen, nahm Jünger diese nationalistische Tendenz wieder zurück, er bereinigte seinen Text und verschob seine Darstellung ins Zeitlose. Dass es sich um unterschiedliche Fassungen handelt, wird in den einzelnen Ausgaben aber nicht angezeigt. Greifen wir heute einfach irgendeine Ausgabe heraus, kann es sein, dass wir einen nationalistischen und kriegsverherrlichenden oder aber einen nüchternen und kriegskritischen Text lesen – unter demselben Titel, vom selben Autor. Unsere Deutung steht oder fällt mit der Frage, mit welcher Fassung wir es zu tun haben. Je nach Ausgabe lesen oder erforschen wir einen anderen Text.

7. Literatur wird in gesellschaftlichen und wirtschaftlichen Zusammenhängen hergestellt, verbreitet und konsumiert. Sie ist eingebettet in soziale und ökonomische Praktiken, sie findet statt in einem Literaturbetrieb. Wer sind ihre Akteure? Welche Rolle spielen neben den Autorinnen die Agentinnen, Verleger, Lektorinnen, Journalisten und Übersetzerinnen? Und welche Beiträge leisten Institutionen wie Schriftstellervereinigungen, Literaturhäuser, Verlage, Buchmessen, Literaturpreise, Festivals, Radiosender und Literaturzeitschriften? Wie werden Autoren vermarktet? Wie inszenieren sie sich in Lesungen? Wie kommunizieren sie über klassische und Soziale Medien? Wie wird ein ‚Image' geschaffen? Literatur ereignet sich innerhalb eines ‚literarischen Feldes', wie es der Soziologe Pierre Bourdieu beschrieben hat. Und dieses Umfeld beeinflusst sie.

Erste Lesewerkstatt – Was ist ein Text, ein Buch, eine Edition?

Buch, Text, Werk, Ausgabe – einige Grundlagen der literaturwissenschaftlichen Terminologie

Beginnen wir mit einem kleinen Gedankenspiel: Stellen wir uns vor, wir gehen durch eine Bibliothek. Wir greifen nach einem Exemplar aus dem Regal, doch es rutscht uns aus der Hand und fällt zu Boden. Die Frage ist: Was haben wir fallen lassen? Was ist hinabgestürzt und liegt nun zu unseren Füßen? Ist es ein Text? Oder ein Buch? Eine Ausgabe? Ein Werk? Oder alles zusammen?

Diese Frage ist gar nicht so leicht zu beantworten. In unserer Umgangssprache unterscheiden wir diese Begriffe häufig nicht klar. Tatsächlich bedeuten sie aber keineswegs dasselbe, und ihre Unterscheidung ist fundamental für eine wissenschaftliche Auseinandersetzung mit Literatur. Sie zu beherrschen, ist Voraussetzung für die korrekte Anwendung der philologischen Terminologie. Um sie zu erlernen, ist es zunächst notwendig zu verstehen, dass all die genannten Begriffe zwar mit dem Gegenstand, der uns in unserem Gedankenspiel aus den Händen geglitten ist, etwas zu tun haben, aber jeweils andere Aspekte oder Komponenten bezeichnen.

Buch

Die literaturwissenschaftlichen Begriffe, die als Antwort auf unser Gedankenspiel infrage kommen und die wir hier erläutern wollen, entsprechen verschiedenen Dimensionen des Gegenstands – sogar zum Teil ganz wörtlich. Denn auf das dingliche Objekt, das aus unseren Händen zu Boden gefallen ist, trifft nur eine Bezeichnung exakt zu: Es ist ein Buch. Nur das Buch existiert im Raum und kann sich darin bewegen. Nur das Buch können wir greifen und versehentlich fallen lassen. Nur das Buch steht im Regal. Denn der Begriff ‚Buch' bezeichnet ein materielles Objekt mit physischen Eigenschaften. Heutzutage besteht es in aller Regel aus Papier und Karton und umfasst eine Anzahl gebundener Seiten, auf denen Schriftzeichen oder Abbildungen abgedruckt sind. Ein Buch können wir sehen und anfassen, wir können das Rascheln der Seiten hören und vielleicht das abgestandene Papier oder die frische Druckerschwärze riechen. Wir können es mit unseren Sinnen wahrnehmen, weil es ein stoffliches Ding ist, das aus Materie besteht. Als solches unterliegt es den physikalischen Naturgesetzen, etwa der Schwerkraft. Deswegen fällt es hinab, wenn es uns aus der Hand rutscht.

Text

Das, was in unserem Gedankenspiel zu Fall kommt, bezeichnen wir also als Buch. Oder anders gesagt: Der Aspekt des Gegenstands, der zu Fall kommt, ist das, was man ein ‚Buch' nennt. Das klingt umständlich, soll aber darauf hinweisen, dass der Gegenstand *nicht nur* ein materieller ist, dass er nicht nur physische Eigenschaften besitzt. Er enthält auch etwas anderes. Diesen Inhalt bezeichnen wir als ‚Text'. Für den Text gilt alles das nicht, was wir über das Buch gesagt haben. Einen Text können wir nicht fallen lassen. Wir können ihn nicht greifen. Genau genommen können wir ihn nicht einmal sehen. Denn der Text ist nicht materiell, er existiert nicht im Raum, er ist nicht sinnlich wahrnehmbar, wir können ihn nicht bewegen. Text ist immateriell. Der einfachste Beleg dafür ist die Tatsache, dass wir in unseren Köpfen Sprache zu Text formen können. Solange wir diesen Text nicht aussprechen, niederschreiben oder auf irgendeine andere Weise veräußerlichen, existiert er nur in unseren Gedanken. Text ist ein geistiger Gegenstand. Vielleicht verbleibt letztlich sogar der meiste Text, den wir Menschen produzieren, für immer in unseren Gehirnen. Wie viele sprachförmige Gedanken haben wir täglich, die wir nie in gesprochener Rede zum Ausdruck oder in geschriebener Form zu Papier bringen? Selbst das schönste Gedicht existiert so lange nur als rein immaterieller Text, wie es nicht in eine äußere Gestalt gebracht wird. Es wäre schade darum, aber es würde mit dem Bewusstsein des Menschen verschwinden, der es erdacht, aber nie hervorgebracht hat. Wer weiß, welche Texte uns auf diese Weise entgangen sind?

Nicht jeder Text, den wir in unserem Geist entwerfen, ist es wert, aufbewahrt und anderen mitgeteilt zu werden. Wenn dies aber der Fall ist und wir einen Text kommunizieren oder überliefern wollen, müssen wir ihm eine materielle Form geben, wir müssen ihn in ein physisches, sinnliches Objekt übertragen, ihn in etwas Wahrnehmbares umwandeln. Die längste Zeit der Menschheitsgeschichte war dieser materielle Träger allein die Luft, die beim Reden die Schallwellen unserer Stimmen zu den angesprochenen Ohren transportiert. Jahrtausende lang hat der sprachfähige Mensch gar kein anderes Mittel gekannt, um Text zu verstofflichen, also Text von einem geistigen in einen physischen Gegenstand zu überführen.

Seit der Entwicklung der Schrift stehen uns viele weitere Möglichkeiten und Techniken zur Verfügung. Neben der gesprochenen Rede geben wir Text heute ganz selbstverständlich durch Verschriftlichung eine physische Gestalt, in der er dauerhaft gespeichert, an andere vermittelt und durch Raum und Zeit bewegt werden kann. Neben unserer angeborenen Sprechfähigkeit ist die Schrift die wichtigste Technik zur Materialisierung von Text. Schrift ist, um auf unser Gedankenspiel und unsere Ausgangsfrage zurückzukommen, das, was Text und Buch verbindet. Schrift sorgt dafür, dass nur das Buch zu Boden fallen kann, während es trotzdem einen

Text enthalten kann. Wenn das Buch fällt, fällt der Text nicht mit. Dennoch enthält das Buch den Text, wenn es im Regal steht, und noch immer, wenn es zu Boden gefallen ist. Selbst wenn es beim Sturz Schaden nimmt, leidet darunter nur das Buch, das materielle Behältnis, nicht aber der Text, der immaterielle Inhalt. Umgekehrt heißt dies auch, dass ein Text nicht zerstört werden kann, indem das Buch zerstört wird, in welchem er enthalten ist. Solange ein Text noch in einem physischen Exemplar oder aber im Gedächtnis eines Menschen existiert, lebt er fort und kann erneut reproduziert werden. Verbote und Bücherverbrennungen haben daher bei der Bekämpfung unliebsamer Texte nur eine begrenzte Wirkung. Gerade Texte, gegen die eine Autorität vorzugehen versucht, erweisen sich oft als erstaunlich widerstandsfähig und langlebig.

Medium

Nun können wir das Verhältnis von ‚Text' und ‚Buch' zueinander bestimmen. Wir haben bereits festgestellt, dass das Buch den Text enthält. Der Text wird vom Buch also gespeichert, er kann von ihm transportiert und kommuniziert werden. Anders gesagt: Das Buch ist das Medium des Textes. Medien sind, ganz allgemein gesprochen, Vermittler von Informationen, also konkrete, stoffliche Vehikel abstrakter, ideeller Inhalte. Diese Inhalte müssen nicht textförmig sein; eine Schallplatte ist ein Medium für klangliche Informationen, Film und Photographie sind Medien bildlicher Informationen. Als Medium sprachlicher Daten ist das Buch ein Text- beziehungsweise Schriftträger unter vielen. Schrift kann in eine Wachstafel geritzt, in Stein gemeißelt, auf eine Hauswand gesprüht oder eben auf Papier gedruckt werden. Von allen anderen Neben- und Vorformen – von der Papyrusrolle über den Pergamentcodex bis zum Computer – ist das Buch historisch gesehen das erfolgreichste und bedeutendste Textmedium. Selbst gegenüber modernen digitalen Medien hat es Vorteile, etwa in Hinsicht auf den Bedarf an Geräten und Ressourcen (Elektrizität) sowie in Hinsicht auf seine Langlebigkeit. Gedruckte Bücher gibt es seit Erfindung des modernen Buchdrucks durch Johannes Gutenberg vor fast 600 Jahren. Bücher aus dieser Zeit haben an ihrer Fähigkeit, Inhalte zu überliefern und zu vermitteln, bis heute nichts eingebüßt. Ob elektronische Medien solch eine Dauerhaftigkeit je erreichen werden, ist unklar.

Werk

Dass das Buch ein Medium textlicher Informationen ist, heißt freilich nicht, dass die Texte, die in Büchern enthalten sind, rein informativen Charakter haben müssen. Im Gegenteil: Das Buch ist vor allem auch ein Vehikel der Literatur. Es ist nach wie vor die wichtigste Grundlage für die Vermittlung, Verbreitung und Überlieferung sprachlicher Kunstwerke. Mit diesem Begriff – dem des ‚Werks' – gelangen wir, wenn wir an unsere terminologische Ausgangsfrage zurückdenken, zu einer weiteren Grundunterscheidung: ‚Werk' bezieht sich neben dem materiellen

‚Buch' und dem immateriellen ‚Text' auf einen dritten Aspekt unseres literaturwissenschaftlichen Gegenstands. Die Abgrenzung zum ‚Buch' fällt nach den vorangehenden Erläuterungen nun leicht, weil auch ‚Werk' kein physisches Objekt bezeichnet, sondern nur immateriell existiert. Die Unterscheidung vom ‚Text' ist etwas schwieriger. Im Bereich der Literatur sind alle Werke zugleich Texte. Aber nicht alle Texte sind Werke. ‚Werk' ist so gesehen eine Unterkategorie oder Teilmenge von ‚Text'. Der entscheidende Unterschied ist der künstlerische Anspruch, mit dem ein Werk produziert, also erschaffen, und rezipiert, also aufgenommen wird – als Kunstwerk. Selbst eine berühmte Dichterin schreibt einmal eine Einkaufsliste oder notiert sich eine Adresse. Unzweifelhaft handelt es sich bei diesen Notizen um Text. Und sie werden womöglich einmal in einem Archiv aufbewahrt werden und historische Bedeutung erlangen als Zeugnisse für die Biographie der Autorin. Aber als Kunstwerke im engeren Sinn betrachten wir sie nicht, weder sind sie mit dieser Absicht verfasst worden noch fassen wir sie bei der Lektüre so auf. Selbst Vorarbeiten etwa zu einem Theaterstück oder einem Roman werden eher als Entwürfe oder Skizzen eingestuft, denen man keinen eigentlichen Werkcharakter zuspricht. Das Werk entsteht durch eine Setzung: Ein Werk beruht auf der Entscheidung, es als solches zu schaffen oder wahrzunehmen. Diese Entscheidung macht einen Text zum Werk. Und sie hat Folgen. Ein Werk behandeln wir anders als einen bloßen Text, einem Werk unterstellen wir andere Eigenschaften. Wir betrachten es als Ergebnis eines künstlerischen Produktionsakts. Der Begriff ‚Werk' sagt dabei im Übrigen nichts über die Qualität aus, ein Groschenroman am Bahnhofskiosk ist *de facto* genauso ein Werk wie ein mit einem Literaturpreis ausgezeichneter Welterfolg, ein Gelegenheitsgedicht genauso wie ein über Jahrhunderte überliefertes Epos. Als kreative Schöpfung hat ein Werk eine Urheberin oder einen Urheber (auch wenn sie uns nicht bekannt, also anonym sind). Es hat außerdem in aller Regel einen Titel, mit dem wir es als Ganzes benennen. Es kann einer literarischen Gattung angehören und in einer literaturgeschichtlichen Tradition stehen. Es kann intertextuelle Bezüge zu anderen Werken aufweisen oder eine Strömung begründen. Es kann ästhetisch auf uns wirken, also Vergnügen und Genuss bereiten. Und es kann einem Verlag einen wirtschaftlichen Verkaufserfolg eintragen. Als geistiges Eigentum unterliegt es nicht zuletzt dem Urheberrecht, ist also juristisch geschützt und konstituiert ein Original, dessen unerlaubte Vervielfältigung oder unausgewiesene Nachahmung geahndet wird. Kurz gesagt: Ein Werk ist Teil der Kunst. An unserem literaturwissenschaftlichen Gegenstand ist das ‚Werk' dasjenige, was ihn mit der Literatur als Kunstform verbindet. Der Begriff ‚Werk' ist insofern enger als der Begriff ‚Text', als dieser nicht notwendigerweise mit Kunst und Literatur zu tun hat. Zugleich ist der Werkbegriff weiter, da er sich nicht nur auf sprachliche Kunstwerke bezieht, sondern alle aufgezählten Eigenschaften selbstverständlich auch für andere Künste gelten. Ein Gemälde kann ebenso ein Werk sein wie ein Film, ein Musikstück oder eine Skulptur.

In einer verallgemeinerten Form kann ‚Werk' außerdem das vollständige Schaffen eines Autors oder einer Künstlerin bezeichnen, also das Gesamtwerk (Goethes Werk, das Werk Else Lasker-Schülers). In dieser Bedeutung benutzt man häufig auch das französische ‚Œuvre', während das lateinische ‚Opus' (bekannt aus Werkverzeichnissen von Komponistinnen und Komponisten) sich eher auf ein Einzelwerk bezieht.

Als ‚Werke' kann man schließlich auch Texte der Philosophie, der Geschichtsschreibung oder anderer Wissenschaften bezeichnen, also Sachbücher, die nicht primär zu ästhetischen Zwecken geschrieben wurden, aber mitunter durchaus literarische Qualitäten haben. Jean-Jacques Rousseaus *Du contrat social* (1762), Charles Darwins *On the Origin of Species* (1859), Albert Einsteins *Über die spezielle und die allgemeine Relativitätstheorie* (1917) und Simone de Beauvoirs *Le deuxième sexe* (1949) sind Werke von herausragender Bedeutung für die Wissenschafts- und Geistesgeschichte. Als literarische Kunstwerke gelten sie hingegen weniger. Der Werkbegriff kann sich also auf verschiedene geistige Erzeugnisse beziehen und braucht mitunter eine Präzisierung, um ganz eindeutig verwendet werden zu können.

Ausgabe

Eine letzte terminologische Unterscheidung bleibt noch zu klären. Denn was wir in unserem Gedankenspiel in die Hand genommen und aus Versehen fallen lassen haben, hat noch einen weiteren Aspekt, eine vierte Komponente. Um sie zu erläutern, kommen wir noch einmal auf die Unterscheidung zwischen ‚Buch' und ‚Text' zurück. Bisher noch nicht angesprochen haben wir die Tatsache, dass sich diese Differenz allein schon dadurch ergibt, dass ein Buch mehrere verschiedene Texte (und Werke) enthalten kann. ‚Text' und ‚Buch' sind also nicht fest miteinander verbunden und nie identisch. Umgekehrt kann derselbe Text in mehreren Büchern enthalten sein. Das ist sogar der Normalfall: Wenn ein Verlag ein Buch publiziert, stellt er in der Regel viele Exemplare her, die alle denselben Text enthalten. Die Gesamtheit dieser Exemplare bezeichnet man als ‚Auflage'. Ist eine Auflage ausverkauft, kann der Verlag sich entscheiden, eine weitere nachzudrucken. In der Antike und im Mittelalter war es hingegen nicht unüblich, dass Texte nur ein einziges Mal aufgeschrieben wurden und nur in Gestalt eines einzigen Textträgers existierten.

Neben diesem einfachen Fall, dass ein Text in den verschiedenen Exemplaren einer Auflage mehrfach, aber in derselben Form enthalten ist, gibt es noch eine etwas komplexere Variante des Verhältnisses zwischen ‚Buch' und ‚Text'. Derselbe Text kann nämlich nicht nur in unterschiedlichen Buchexemplaren enthalten sein, sondern darüber hinaus auch noch in unterschiedlicher Gestalt. Wir kennen das alle von der Bibel, von Grimms Märchen, von Goethes *Faust* oder von anderen berühmten Werken, die wir schon in unterschiedlichsten Varianten in Buchform gesehen haben. Dabei kommt zu der simplen Unterscheidung zwischen einzelnen konkreten Buchexemplaren, die physisch voneinander verschieden, textlich und inhaltlich aber identisch sind, noch eine zusätzliche Unterscheidung hinzu, die nun auch den Inhalt beziehungsweise die Wort- und Zeichengestalt betrifft. Dadurch unterscheidet sich das, was wir in unterschiedlichen Büchern lesen, obwohl sie denselben Titel tragen, vom selben Autor stammen und womöglich sogar im selben Verlag erschienen sind. Diese Differenz nennen wir ‚Ausgabe'. Eine Ausgabe ist die konkrete Realisierung eines Texts (beziehungsweise Werks) in einer Buchpublikation. In jeder Ausgabe tritt uns der Text in mehr oder weniger unterschiedlicher Form entgegen, zum Beispiel: in Großformat oder im Taschenbuch, in großen Lettern auf Hunderten Seiten oder klein gesetzt in einem schmalen Büchlein, vollständig oder gekürzt, in der Originalsprache oder in Übersetzung, in einer historischen Erst- oder hunderte Jahre später in einer aktuellen Neuausgabe, in diesem oder jenem Verlag, an diesem oder jenem Ort, mit grünem Einband oder mit rotem Umschlag, illustriert oder mit Lesebändchen, mit Zierelementen oder schmucklos, als reine Textausgabe oder mit ergänzenden Dokumenten.

Überlieferung

Die Erstausgabe ist die erste Veröffentlichung eines Texts. Ihr können weitere Ausgaben folgen, die sich in ihrer materiellen Ausstattung in der Regel deutlich unterscheiden. Doch nicht nur die äußere Gestalt eines Texts kann sich von einer Ausgabe zur anderen ändern. Auch der Inhalt kann sich wandeln, zum Beispiel durch Eingriffe in den Wortlaut. Manche Schriftstellerinnen und Schriftsteller sind bekannt dafür, ihre einmal veröffentlichten Werke über lange Zeiträume überarbeitet zu haben. Ernst Jünger etwa hat seinen Frontbericht vom Ersten Weltkrieg, *In Stahlgewittern* (zuerst 1920), über einen Zeitraum von fast 60 Jahren immer wieder grundlegend umgestaltet. (Wir werden uns den Text in der sechsten Lesewerkstatt genauer anschauen.) Dadurch entstehen unterschiedliche Fassungen eines Texts, die wiederum in unterschiedlichen Ausgaben publiziert werden können. Solange die Autorinnen und Autoren noch leben, sind sie selbst oder ihre Verlage für neue oder veränderte Ausgaben ihrer Werke zuständig. Seit Mitte des 20. Jahrhunderts gilt in vielen Staaten: Bis zum Ablauf des Urheberrechtsschutzes 70 Jahre nach dem Tod entscheiden die Rechteinhaber über weitere Ausgaben. Anschließend werden die Werke gemeinfrei, und Ausgaben können uneingeschränkt von jedem hergestellt werden. Ausgaben sind das entscheidende Mittel, um die Nachfrage nach Werken zu bedienen, über die Zeit aufrechtzuerhalten oder sogar wieder zu wecken. Jede Auflage, also das vom Verlag hergestellte Kontingent einer Ausgabe, ist irgendwann einmal ausverkauft oder eingestampft (Makulatur). Gibt es keine weitere Ausgabe, bleibt das Werk vergriffen und wird immer schwerer zugänglich. Ohne regelmäßig erneuerte Ausgaben wird ein Werk nicht mehr gelesen. Ein Werk, von dem nicht immer wieder neue Ausgaben entstehen, wird irgendwann vergessen. Ausgaben sind deshalb die maßgebliche Grundlage für die Überlieferung eines Werks, also die Weitergabe von literarischen Kunstwerken durch die Zeit. Ohne Ausgaben keine Überlieferung.

Bei berühmten Texten, die noch Jahrhunderte nach ihrer Erstveröffentlichung gelesen werden und mit denen sich die Literaturwissenschaft auseinandersetzt, werden diese Textausgaben von Forschenden hergestellt, die sich auf das Werk, seine Autorin beziehungsweise seinen Autor, auf die Entstehungszeit oder auf das Thema spezialisiert haben. Dies sind die Herausgeberinnen und Herausgeber einer Ausgabe. Sie werden auch ‚Editorinnen' und ‚Editoren' genannt, und wissenschaftliche

Ausgaben werden auch als ‚Edition' bezeichnet. Die entsprechende Tätigkeit, das Herstellen wissenschaftlicher Ausgaben, ist das Edieren. Das Fachgebiet, in dem Ausgaben erarbeitet werden und das Edieren erforscht wird, heißt Editorik, Editionswissenschaft oder Editionsphilologie. Ihm ist der nächste Abschnitt gewidmet.

Zuvor kommen wir aber noch einmal zusammenfassend auf unser Gedankenspiel zurück. Wir können nun die unterschiedlichen Aspekte unseres literaturwissenschaftlichen Gegenstands klar unterscheiden. Im Bibliotheksregal steht er in der physischen Form eines materiellen Buchs. Als Schriftträger oder Medium enthält dieses Buch einen immateriellen Text. Sofern dieser literarischer Natur ist und als sprachliches Kunstwerk erschaffen und wahrgenommen wird, handelt es sich um ein Werk. Wird dieses Werk in unterschiedlicher Weise publiziert, liegt es in verschiedenen Ausgaben vor. Schauen Sie doch einmal in Ihrer nächsten Bibliothek, wie viele unterschiedliche Ausgaben Ihres Lieblingswerks Sie dort finden.

Was ist Edition?

Edition ist eine Tätigkeit – das Edieren als Arbeit von Editorinnen und Editoren. Und sie ist das Resultat dieser Tätigkeit – eine Edition oder Textausgabe als das Produkt des Edierens, das publiziert und gelesen werden kann. Weil die Herausgabe von Texten häufig die Basis legt für deren Erforschung, gehört Edition zur literaturwissenschaftlichen Grundlagenforschung. Neben der Interpretation und der Literaturgeschichtsschreibung konstituiert die Edition eines der drei grundlegenden Aufgaben- und Arbeitsgebiete der Philologie. (Dieses Fachgebiet kann in spezialisierten Master-Studiengängen einzeln oder in Kombination mit anderen Fächern studiert werden.) Edition umfasst den gesamten Prozess, der zur Herstellung und Verfügbarmachung von Ausgaben für ein Lese- und/oder Fachpublikum führt und auf der Grundlage von wissenschaftlichen Kriterien durchgeführt wird. Neben der praktischen Arbeit an Editionen wird in der Editorik außerdem über diese Kriterien nachgedacht: Zur Erarbeitung von Editionen gehört die theoretische Reflexion über die Methoden, Prinzipien und Regeln des Edierens, über verschiedene Arten und Funktionen von Editionen und über die Geschichte des Edierens.

Zwecke der Edition

Das Ziel der Edition ist, ganz allgemein gesprochen, die Erschließung eines Werks oder einer Anzahl von Werken. Die Erschließung umfasst allerdings diverse Anliegen und Interessen, und so dient Edition einer Vielzahl unterschiedlicher Zwecke. Schon angesprochen haben wir das kulturgeschichtliche Ziel der Überlieferung, also den Transport eines Texts durch die Zeit, damit er nicht verloren und vergessen geht. Edition ist damit ein Instrument zur Bewahrung unseres literarischen Kulturerbes. Sie hat so auch eine politische Bedeutung und kann Gegenstand nationaler und nationalistischer sowie anderer Gruppeninteressen sein (etwa der Wiederentdeckung weiblicher, queerer oder nicht-weißer Autorinnen).

Edition beginnt mit der Definition des zu edierenden Werks oder der zu edierenden Werke, also mit der Bestimmung dessen, was überhaupt herausgegeben, bewahrt, überliefert und für eine aktuelle Lektüre erschlossen werden soll. Dazu gehört die genaue Lokalisierung (oftmals in Archiven) und Dokumentation des Werks und seiner Textzeugen, Fassungen und Vorstufen. Der Text der Originalquellen muss in verlässlicher Form erfasst werden, mitunter muss er dafür zunächst entziffert oder aus unterschiedlichen Fragmenten zusammengesetzt werden. Bei dieser Konstitution des Texts sind Überarbeitungen durch die Autorin oder den Autor und entsprechend abweichende Fassungen ebenso zu berücksichtigen wie Eingriffe durch Dritte. Der edierte Text muss anschließend in geeigneter Form wiedergegeben werden. Diese Präsentation erfolgt traditionell im analogen Medium des Buchs, inzwischen aber vermehrt auch digital im Netz. Zur Verfügbarmachung einer Edition gehört neben der reinen Publikation und dem Vertrieb (in der Regel durch einen Verlag) zuletzt außerdem die Bekanntmachung (durch Werbung, Rezensionen in der Presse und Vorstellungen in Veranstaltungen sowie auf Konferenzen) und die Verzeichnung in geeigneten Suchwerkzeugen (zum Beispiel in Buchhandels- und Bibliothekskatalogen). Was nützt die beste Edition, wenn man nicht weiß, dass es sie gibt oder wo man sie finden kann?

Editorische Arbeitsschritte

Edition erfolgt im Wesentlichen in zwei Arbeitsphasen. Die erste umfasst eine Reihe von Verfahren, die dazu dienen, dass ein edierter Text entsteht, den wir lesen können. Die zweite umfasst Maßnahmen, die Hilfsmittel herstellen, damit wir den edierten Text verstehen können. Der erste Bereich ist die Textkonstitution, der zweite ist die Apparatierung und Kommentierung.

Textkonstitution

Ziel der Textkonstitution ist die Herstellung eines edierten Texts. Dieser stellt den Hauptbestandteil der Edition dar. Die Textkonstitution beginnt mit der Recherche und Besorgung der Überlieferungsträger (Textzeugen) des zu edierenden Werks. Wenn dieses nur in Form einer einzigen Quelle existiert, zum Beispiel als singuläre Abschrift oder als gedruckte Erstausgabe, fällt die Recherche nicht schwer. Wenn das zu edierende Werk allerdings in handschriftlichen Skizzen, Entwürfen, Manuskripten und Reinschriften durch die Autorin oder den Autor (sogenannte Autographen) oder in Kopien durch andere Schreiberhände (sogenannte Allographen), in unterschiedlichen publizierten oder unpublizierten Fassungen sowie in mehreren Ausgaben vorliegt, die außerdem über lange Zeiträume an verschiedenen Orten entstanden sind, kann allein die Identifikation, Lokalisierung und Sammlung aller Textzeugen erheblichen Aufwand verursachen. Soll die Edition nicht nur ein einzelnes Werk umfassen, sondern zum Beispiel ein Gesamtwerk oder eine Sammlung von Texten, spricht man nicht von ‚Textkonstitution', sondern von ‚Corpuskonstitution'. Das Corpus umfasst alle zu edierenden Werke und ihre jeweiligen Textzeugen.

Auf die Text- beziehungsweise Corpuskonstitution folgen je nach Quellenlage weitere, zum Teil miteinander verknüpfte und wechselseitig voneinander abhängige Arbeitsschritte. Bei der Transkription werden die aufgefundenen Textzeugen in ihrer Textgestalt erfasst (Wortlaut, Interpunktion, graphische Merkmale), damit sie in der Edition wiedergegeben werden können. Traditionell erfolgt dieser Arbeitsschritt durch händisches Abschreiben oder Abtippen, inzwischen kann dafür teilweise auch Schrifterkennungssoftware eingesetzt werden, die gedruckte und zunehmend auch handschriftliche Quellen automatisch einliest und in einen maschinenlesbaren Text umwandelt. Je nach Art der geplanten Ausgabe (als gedruckte Buchausgabe oder als digitale Online-Ausgabe) muss der transkribierte Text zusätzlich für den Schriftsatz in der Druckerei oder für die Wiedergabe im Internet vorbereitet werden. Bei einer elektronischen Textfassung etwa müssen bestimmte Textmerkmale – zum Beispiel ein Zeilenumbruch oder eine Kursivierung – so codiert werden, dass sie vom Computer interpretiert und dargestellt werden können. Um den Nutzerinnen und Nutzern die Möglichkeit zu geben, die Transkription selbst nachzuvollziehen und insbesondere bei schwer lesbaren Textstellen in Handschriften die Entzifferung zu überprüfen, bieten manche Editionen neben der Transkription (auch Umschrift genannt) zusätzlich Reproduktionen der historischen Textzeugen (digital häufig sogar mit Zoom-Funktion), so dass man das Original und den edierten Text direkt nebeneinander stellen und vergleichen kann.

Vor oder während der Transkription ist außerdem zu entscheiden, ob die Quellen und Textzeugen in ihrer Gesamtheit wiedergegeben werden oder eine Auswahl getroffen wird. Das ist nicht zuletzt eine Frage des Aufwands und des zur Verfügung stehenden Platzes – der in einer Buchausgabe eher begrenzt ist als online. Die Wahl der Textgrundlage orientiert sich am Gegenstand und an den Zwecken der Edition. Liegt der Text in mehreren Versionen vor, fällt die Wahl oft auf die sogenannte Fassung letzter Hand, also auf die jüngste von der Autorin oder dem Autor selbst hergestellte Textfassung, von der unterstellt wird, dass sie den künstlerischen Absichten am besten oder am vollständigsten entspricht. Alternativ oder ergänzend können auch andere Textversionen als edierter Text zugrunde gelegt werden, etwa die Fassung erster Hand, zum Beispiel wenn die älteste Textfassung im Vergleich zu einer späteren noch besonders avantgardistisch oder radikal war.

Von ‚Fassungen' spricht man, wenn die Unterschiede zwischen Textversionen einen gewissen Umfang überschreiten und es sich nicht nur um punktuelle Abweichungen handelt. Fassungen können sich so stark unterscheiden, dass die Bedeutung des Gesamttexts eine völlig andere ist. Kleine lokale Differenzen zwischen Textversionen werden als Lesarten und Varianten bezeichnet, sie betreffen unter Umständen nur ein Komma oder einzelne Textpassagen.

Um die Unterschiede zwischen Textversionen zunächst überhaupt identifizieren und in ihrem Ausmaß bemessen zu können, werden alle Quellen eines Werks untereinander kollationiert. Bei der Kollation handelt es sich um einen präzisen Textabgleich, der neben der Identität zueinander beziehungsweise zu einem Werk gehöriger Textzeugen eben auch deren individuelle Abweichungen feststellt. Insbesondere bei nicht von der Autorin oder dem Autor selbst hergestellten, sogenannten autographen Textzeugen kann die Kollation außerdem Eingriffe durch Dritte, sogenannte allographe Textänderungen identifizieren. Kollationiert werden müssen außerdem die im Rahmen der Edition selbst hergestellten Transkriptionen, um sicherzustellen, dass sie den zugrundeliegenden Originaltextzeugen vollständig entsprechen.

Kollation, Fassungsvergleiche und – bei schwieriger Quellenlage – die Erstellung eines Stammbaums (Stemmas) voneinander abhängiger, aufeinander aufbauender Textversionen sind Teil der sogenannten Textkritik. Dieser Begriff bedeutet nicht, dass die Herausgeberinnen und Herausgeber hier kritisch gegen den Inhalt des Texts vorgehen oder – wie in der Literaturkritik – die ästhetische Qualität eines Werks bewerten. Die ‚kritische' Herangehensweise besteht vielmehr in einer wissenschaftlich-skeptischen Haltung, die ihren Gegenstand nicht unhinterfragt akzeptiert oder gar verehrt, sondern einer sachlichen und minutiösen Überprüfung unterzieht. Denn auch originale, von den Urheberinnen und Urhebern autorisierte, publizierte und über lange Zeiträume überlieferte Texte können Textfehler aufweisen, also Stellen, an denen der Text defizitär oder sogar unverständlich hergestellt wurde (zum Beispiel durch Fehler im Produktionsprozess beim Schriftsatz oder im Druck). An solchen Stellen kann es nötig sein, editorisch einzugreifen, um den Text verständlich oder überhaupt lesbar zu machen. So gab es bei der Erstausgabe von Adelbert von Chamissos Erzählung *Peter Schlemihl's wundersame Geschichte*, die 1814 im Nürnberger Verlag Schrag erschien, in einigen frühen Exemplaren einen Satzfehler an prominenter Stelle, in der ersten Zeile des Vorworts: Statt „Eduard" (bezogen auf den Verleger Julius Eduard Hitzig, den der Herausgeber des Buchs, Friedrich de la Motte Fouqué, hier anspricht) steht dort fälschlicherweise „Ednard" (siehe Abb. 1). Der Fehler wurde in der restlichen Auflage rasch korrigiert, aber wenn man eine sehr genaue Edition der Erstausgabe herstellt, muss man die Stelle ausweisen und emendieren (durch einen editorischen Eingriff korrigieren).

Die Identifikation und Korrektur solcher Stellen ist Teil der Textkritik. In der früheren Editionsgeschichte hat man mitunter selbst in Fällen, die sprachlich und semantisch korrekt waren, womöglich aber stilistisch als suboptimal eingeschätzt wurden, mutmaßliche Verbesserungen, sogenannte Konjekturen, vorgenommen, selbst wenn diese keine Entsprechung in den vorliegenden Textzeugen haben. Ohne konkrete historische Zeugnisse, welche die Änderungs- oder Verbesserungsabsicht der Autorin oder des Autors bei der Formulierung und Gestaltung solcher Stellen unzweifelhaft dokumentiert, fehlt für solche Eingriffe aus heutiger Sicht jedoch die Berechtigung. Denn inzwischen ist man mit editorischen Eingriffen sehr viel vorsichtiger und zurückhaltender und nimmt Emendationen nur vor, wenn eine Textstelle objektiv sprachlich inkorrekt ist oder eindeutig kein Verständnis zulässt. Vermutungen werden nur akzeptiert, wenn es darum geht, verlorene oder verderbte Passagen zu rekonstruieren, zum Beispiel in einer beschädigten Handschrift. In jedem Fall müssen Emendationen und Konjekturen als solche ausgewiesen werden, damit ersichtlich ist, wo Eingriffe vorgenommen wurden. Das Resultat all dieser Maßnahmen der Textkonstitution ist der edierte Text, der von der Edition wiedergegeben wird.

Abb. 1 Der Satzfehler „Ednard" (erste Textzeile) im Vorwort eines Teils der Erstauflage von Adelbert von Chamissos *Peter Schlemihl* (1814)

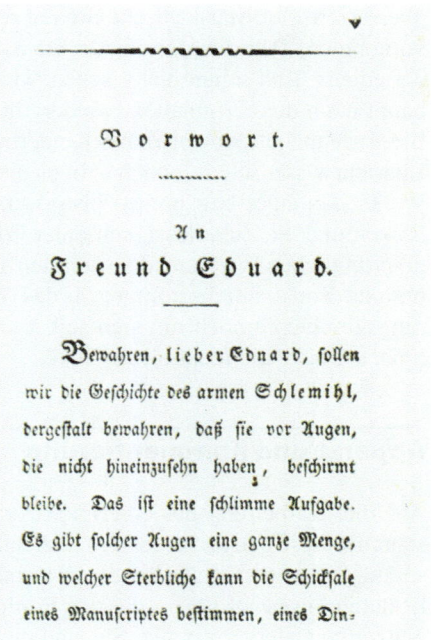

Bei der Textkonstitution geht es letztlich um die Frage, was einen Text ausmacht, worin er im Kern besteht. Wer bei einer Edition Eingriffe in einen Text vornimmt, läuft Gefahr, ihn so weit zu verändern oder gar zu verfälschen, dass wir ihn nicht mehr als den ursprünglichen Text erkennen oder anerkennen. Zahlreiche Editionen zum Beispiel übertragen historische Texte in die aktuelle Rechtschreibung oder ebnen Uneinheitlichkeiten der Zeichensetzung ein, damit sie ein heutiges Publikum leichter lesen kann. In solchen Ausgaben heißt es häufig, der Text sei ‚behutsam' an die geltende Orthographie angepasst worden. Aus philologischer Sicht können selbst solche vermeintlich kleinen Eingriffe bereits heikel sein und die Bedeutung eines Texts verändern. Vielen Lesenden erscheinen sie aber nicht so einschneidend, dass sie den Text als Ganzen infrage stellen würden. Wie aber sähe es mit Änderungen aus, die durch Geschmack, Moral oder Politik motiviert wären? Auch solche Gesichtspunkte können bei Ausgaben ausschlaggebend sein. Als Konsequenz solcher Tendenzen wären Editionen denkbar, die ihre Texte nicht in ihrer ursprünglichen Gestalt und Bedeutung bewahren, sondern an unsere gegenwärtigen Maßstäbe anpassen wollen. Wir könnten einen Text eines Autors nehmen – das Urheberrecht erlaubt das –, der seit mindestens 70 Jahren verstorben ist, und ihn neu herausgeben, indem wir ihn nach unserem Belieben verändern – beispielsweise Kleist, Keller oder Kafka. Bei der Textkonstitution könnten wir eine stilistische Überarbeitung durchführen, Drastisches und Vulgäres entfernen, gewaltsame oder sexuelle Inhalte mit *trigger warnings* versehen, geschlechtergerechte Schreibweisen einfügen, unliebsame oder politisch unkorrekte Begriffe streichen, anspruchsvolle Passagen in leichte Sprache übersetzen, autoritätskritische Stellen zensieren oder eine ideologische Umdeutung vornehmen. Derart tiefgreifende Eingriffe würden die Frage aufwerfen, inwiefern der edierte Text seiner historischen Vorlage gerecht wird, und ob die Edition überhaupt noch den Originaltext wiedergibt. In manchen Kontexten lassen sich solche Eingriffe diskutieren, etwa bei Kinderbüchern oder für didaktische Zwecke. In der Literaturwissenschaft jedoch geht es um die möglichst getreue Überlieferung eines Werks, das unter bestimmten historischen Umständen entstanden ist. Die Brauchbarkeit und die Zuverlässigkeit einer Edition hängen davon ab, dass zwischen dem ursprünglichen Werk und dem edierten Text eine möglichst große Übereinstimmung besteht. Sonst stünde infrage, ob das Werk im Ergebnis einer solchen Überlieferungsgeschichte noch mit sich selbst identisch bleibt. Was beim Edieren auf dem Spiel steht, ist die Identität des Texts.

Apparat und Kommentierung

Auf die Erarbeitung des edierten Texts können Maßnahmen folgen, die das Verständnis dieses Texts verbessern beziehungsweise Deutungsmöglichkeiten anbieten sollen. Sie dienen in der Regel zur Herstellung einer Reihe von Erschließungs- und Erläuterungswerkzeugen, die der Edition als Hilfsmittel für die Nutzerinnen und Nutzer beigegeben werden. Sie sind nicht Teil des edierten Werks, sondern des sogenannten editorischen Apparats. Dieser Apparat kann je nach Art der Ausgabe einen sehr unterschiedlichen Umfang haben und verschiedene Elemente umfassen. Die Erarbeitung dieser Elemente wird als ‚Apparatierung' bezeichnet oder – im engeren Sinn – als ‚Kommentierung', da die so entstehenden Werkzeuge als Kommentar oder Erläuterungen zum Text dienen. Die häufigsten Apparatbestandteile werden im Folgenden vorgestellt.

Eine Einführung, zum Beispiel in Form eines Vor- oder Nachworts, kann allgemeine Informationen zum edierten Werk, seiner Autorin oder seinem Autor, seiner Entstehungszeit und seiner Deutung enthalten. Ein editorischer Bericht (oder eine editorische Notiz) gibt Auskunft über die Quellenlage, erläutert die Grundsätze der Edition und begründet die editorischen Verfahren und textkritischen Entscheidungen, welche die Textkonstitution und die Apparatierung geleitet haben.

Verschiedene Kommentarformate können vertiefte oder spezifischere Informationen zu einzelnen Aspekten des Texts bieten. Bei der Edition mehrerer Werke (zum Beispiel in einer Gesamtausgabe) kann ein Einzel-, Einführungs- oder Werkkommentar jeden einzelnen Text kontextualisieren und interpretativ aufschlüsseln. Besonderes Augenmerk kann dabei auf die Textentstehung gelegt werden, die sogenannte Genese, die mitunter auch in eigenen Kommentarabschnitten von den ersten konzeptionellen und textuellen Entwürfen der Autorin oder des Autors bis zu unterschiedlichen veröffentlichten Fassungen nachvollzogen wird. Diese Vorarbeiten können auch selbst Teil der Edition sein und (im Apparat) als edierte Texte zur Verfügung gestellt werden. Auch die Überlieferungsgeschichte – nicht zuletzt in vorangehenden Ausgaben und Editionen – und die Rezeption eines Werks beim

Publikum und in der Literaturkritik können auf diese Weise dargestellt und – ggf. unter Einbezug weiterer Quellen und Textzeugnisse – dokumentiert werden.

Unter den Kommentarformaten am bekanntesten und in der Regel am umfangreichsten sind Stellenkommentare, die systematisch und sukzessive jede Stelle oder Passage des Texts (zum Beispiel auf Ebene des Satzes oder des Verses) mit Erklärungen und Hintergrundinformationen versehen. Wort- und Sacherläuterungen bieten Informationen zu einzelnen Begriffen und können ebenfalls dem Verlauf des Texts folgen oder aber zum Beispiel alphabetisch organisiert sein. Thematische oder terminologische Erläuterungen werden häufig in Form eines Glossars angeboten. Was bei solchen Wort- und Stellenerklärungen als kommentarwürdig und -bedürftig aufgefasst wird, hängt von Zweck, Aufwand und Zielgruppe der Edition ab – und kann sich durch die Zeiten hindurch ändern.

Neben solchen ausformulierten Fließtext-Formaten kann der Apparat eine Reihe von Verzeichnissen und Listen enthalten. Das Verzeichnis der Varianten und Lesarten enthält sämtliche punktuellen Textabweichungen, die keine eigene Fassung darstellen und daher nicht in einem eigenen edierten Text wiedergegeben werden. Das Emendationsverzeichnis macht alle editorischen Eingriffe erkennbar, indem es neben der korrigierten Stelle aus dem edierten Text auch das fehlerhafte Äquivalent aus dem historischen Originaltextzeugen wiedergibt. Eine Zeittafel kann in tabellarischer Form wichtige Daten aus der Biographie der Autorin oder des Autors, Stationen der Werkgenese oder historische Ereignisse aus der Entstehungszeit auflisten. In Registern werden typischerweise sämtliche Personen oder Orte verzeichnet, die im edierten Text oder Corpus vorkommen, und mit erläuternden Informationen angereichert (zum Beispiel Lebensdaten, geographische Lage etc.). Sachregister geben einen Überblick über die Themen und Gegenstände eines Texts. Zu den einzelnen Einträgen der Register werden jeweils die Fundstellen angegeben (zum Beispiel anhand der Seitenzahlen der Edition), so dass die Nutzerinnen und Nutzer bei bestimmten Interessen alle Vorkommnisse einzelner Begriffe und Namen finden können.

In Digitaleditionen können solche Register durch eine Volltextsuche ergänzt werden, mit deren Hilfe man alle edierten Texte durchsuchen und sich die Fundstellen anzeigen lassen kann. Digitale Editionen können außerdem eine Reihe elektronischer Erschließungs- und Analysewerkzeuge anbieten, welche die Möglichkeiten computerphilologischer Textverarbeitung nutzen, darunter Funktionen zur Berechnung von Worthäufigkeiten oder zur Ermittlung von Kookkurrenzen oder Kollokationen (gemeinsames Auftreten verschiedener Begriffe), automatische Wortartenerkennung und Lemmatisierung (Rückführung gebeugter Wortformen auf ihre Stammform), Tools zur statistischen Auswertung und Visualisierung sowie Links und Verknüpfungen zu anderen digitalen Ressourcen. (Wir lernen diese Verfahren in der zwölften Textwerkstatt genauer kennen.)

Zuletzt kann eine Bibliographie die Quellenangaben der edierten Texte verzeichnen und die in der Edition verwendeten und zitierten Texte nachweisen. Weiterführende Literaturhinweise können Forschungen und Recherchen über die Edition hinaus anregen.

Arten von Ausgaben

Editionen verfolgen nicht nur unterschiedliche Zwecke und müssen auf sehr unterschiedliche Quellenlagen reagieren. Auch die Ressourcen, die in eine Edition investiert werden, unterscheiden sich stark. Nicht zuletzt wollen Editionen unterschiedliche Zielgruppen erreichen. Aus diesem Grund haben sich verschiedene Typen von Editionen herausgebildet, die sich in ihrem wissenschaftlichen Anspruch und in ihrem Aufwand unterscheiden. Starke Unterschiede im Umfang ergeben sich insbesondere durch das Ausmaß der Apparatierung. Die Abgrenzung zwischen den Editionstypen ist gleichwohl nicht ganz trennscharf, die Übergänge sind fließend.

Dem Begriff nach am bekanntesten ist wohl der Typus der ‚historisch-kritischen' Ausgabe. Dabei handelt es sich um von Expertinnen und Experten herausgegebene Editionen, die einen Anspruch auf Vollständigkeit haben und höchsten editionsphilologischen Standards verpflichtet sind. Die Bezeichnung ‚historisch-kritisch' leitet sich von einer doppelten Zielsetzung ab: erstens sämtliche Textzeugen und Entstehungsstufen eines Werks sowie seine Wirkungsgeschichte vollständig abzubilden, also neben seinen veröffentlichten Fassungen auch alle Vorarbeiten etwa in Nachlässen und Archiven zu edieren, die Aufnahme durch die Leserschaft und die Literaturkritik nachzuzeichnen und auf diese Weise die ganze Texthistorie von der ersten Konzeption bis zur Rezeption in der Gegenwart nachzuzeichnen; und zweitens alle Quellen einer besonders präzisen, objektiven und gründlichen Textkritik zu unterziehen. Damit verknüpft sind höchste Ansprüche an die Reflexion und Begründung der eigenen editorischen Methoden und die Dokumentation des edierten Quellenmaterials, zum Beispiel im Editorischen Bericht und im Quellenverzeichnis. Dies führt ebenso zu sehr umfangreichen Apparaten wie das Anliegen, den Nutzenden möglichst umfassende Erschließungs- und Erläuterungsformate in Form von Kommentaren, Registern, Indizes etc. zur Verfügung zu stellen. Historisch-kritische Ausgaben sind, mit wissenschaftlichen Standards gemessen, die anspruchsvollsten Editionen, die an Relevanz und Nutzwert häufig über Jahrzehnte nichts einbüßen.

Weil historisch-kritische Ausgaben die Möglichkeiten der Textkonstitution und der Apparatierung weitestgehend ausschöpfen, sind sie im Ergebnis in aller Regel sehr voluminös und umfassen häufig zahlreiche Bände. Da sie nur mit enormem Aufwand zu bewerkstelligen sind und entsprechend viel Zeit und materielle sowie personelle Ressourcen erfordern, werden sie nur von wenigen Autorinnen und Autoren beziehungsweise Werken überhaupt hergestellt. Selbst zu Friedrich Schiller, einem der bekanntesten Schriftsteller der deutschen Literatur, gibt es keine historisch-kritische Ausgabe. Sofern solche aber vorliegen, sind sie die philologischen Referenzausgaben, die in der Forschung zugrunde gelegt werden. Neben dem schieren Platzbedarf vielbändiger Ausgaben sind mit ihrer Anschaffung hohe Kosten verbunden, so dass sie in den seltensten Fällen von Privatpersonen erworben werden und eher in Bibliotheken zur Verfügung stehen.

Um die Zugänglichkeit und Nutzbarkeit von Editionen zu erhöhen, ohne große Einbußen in der wissenschaftlichen Qualität hinzunehmen, hat sich der Typus der ‚kritischen' oder ‚Studienausgabe' etabliert. Solche Editionen nehmen am ehesten

Abstriche in der Kommentierung und Apparatierung hin, um schlank und handhabbar zu bleiben. Statt umfangreicher Erläuterungen umfassen sie eher einfache Erschließungswerkzeuge, die grundlegende Informationen enthalten, während inhaltliche Verständnishilfen in anderen Formaten angeboten werden. Keine Kompromisse werden auch in Studienausgaben bei der Textkritik gemacht. Kritische Ausgaben wenden in der Regel – daher die Bezeichnung – dieselben textkritischen Verfahren an wie historisch-kritische Editionen, mitunter beruhen sie auch auf ihnen und übernehmen ihre edierten Texte.

Einfachere, in Hinsicht auf die Kommentierung und Apparatierung, oft aber auch in Hinsicht auf die Textkritik weniger anspruchsvolle Ausgaben werden als ‚Leseausgaben' bezeichnet. Sie dienen vor allem dazu, einen Text auf möglichst zugängliche Weise zur Verfügung zu stellen, ohne höchsten Wert auf philologische Nachvollziehbarkeit, Präzision und Verlässlichkeit zu legen. Die Ansprüche an editorische Originaltreue sind in solchen Ausgaben niedriger, Fassungsunterschiede und Textvarianten werden meist außer Acht gelassen, mitunter werden korrigierende Eingriffe stillschweigend vorgenommen und nicht ausgewiesen. Erschließungswerkzeuge fehlen häufig ganz, gelegentlich bietet ein Nachwort eine grundlegende Orientierung. Regelmäßig werden Leseausgaben von einem Verlag hergestellt, ohne dass eine Herausgeberin oder ein Herausgeber beteiligt wäre und die Verantwortung für die editionsphilologische Verlässlichkeit übernehmen würde. Der Vorteil solcher Leseausgaben ist ihr geringer Preis, ihre hohe Verbreitung (oft in großen Auflagen) und ihre niedrigschwellige Zugänglichkeit; ihr Nachteil ist ihre eingeschränkte Nutzbarkeit für die Forschung, aber auch für anspruchsvollere Seminardiskussionen und studentische Prüfungsarbeiten.

Ein editorischer Sondertypus ist die sogenannte Faksimile-Ausgabe (von lateinisch *facere* – machen und *simile* – ähnlich). Faksimiles sind originalgetreue Reproduktionen historischer Textzeugen, zum Beispiel als Photographien oder Scans. Vor dem Internet und der ortsunabhängigen Zugänglichkeit großer digitalisierter Quellbestände wurden Faksimile-Editionen in aller Regel in Buchausgaben zur Verfügung gestellt und dienten der Verfügbarmachung seltener oder sogar einzigartiger Textzeugen – seien sie handschriftlich oder gedruckt (zum Beispiel Shakespeares ‚First Folio', die erste Gesamtausgabe seiner Werke von 1623) – und der Erforschung materieller, insbesondere graphischer Textmerkmale. Neben reinen Faksimile-Ausgaben sind (ausgewählte) Reproduktionen häufig Bestandteil von historisch-kritischen oder Studienausgaben, wo sie den Abgleich zwischen Transkription und Originalquellen erlauben. Hochauflösende Scans werden inzwischen von zahlreichen Digitaleditionen zur Verfügung gestellt. Für Archive und Bibliotheken sind sie auch unabhängig von Editionsprojekten ein Mittel, wertvolle Bestände digital verfügbar zu machen und zugleich in ihrer materiellen Existenz zu schonen.

Zweiter Theoriekurs – Literaturgeschichtlich lesen

In der ersten Lektion sind wir zwei grundlegenden Fragen nachgegangen, nämlich zum einen: *Was ist Literatur?* Entscheidet darüber der Autor, die Leserin oder der Kontext? Sind es Merkmale der Paratexte oder der Texte selbst? Und zum anderen: *Was ist Literaturwissenschaft?* Inwiefern ist das Fach überhaupt eine Wissenschaft, und wie verhält sie sich zu anderen Wissenschaften? Über welche Theorien und welche Methoden verfügt sie? Das Besondere an der Literaturwissenschaft, so konnten wir feststellen, ist ihr Pluralismus, die Diversität ihrer möglichen Ansätze.

An diese beiden Fragen wollen wir nun anknüpfen, indem wir fragen: Was ist *deutsche* Literatur? Und was ist *deutsche* Literaturwissenschaft beziehungsweise die sogenannte Germanistik? Bevor wir dann die Frage stellen: Wie können wir die Geschichte der Literatur nachvollziehen, der deutschen wie der internationalen? Nachdem wir uns über unseren Gegenstand verständigt haben, wollen wir also dessen Entwicklung in den Blick nehmen.

Wir haben in diesem Theoriekurs drei Ziele: 1. die Germanistik als Fach von ihrer Entstehung her zu betrachten, 2. die Wechselbeziehungen deutscher Literatur zu anderen Literaturen zu berücksichtigen, indem wir die Germanistik zu einer vergleichenden Literaturwissenschaft, Komparatistik, erweitern, und 3. die Literaturgeschichte als Herausforderung zu erörtern, wichtige Faktoren der deutschen Literaturgeschichte nachzuzeichnen und versuchsweise eine Übersicht der deutschen sowie der internationalen Literaturgeschichte zu skizzieren.

Germanistik

Was ist und seit wann gibt es Germanistik? Weit ausgreifend könnten wir sagen, bereits der römische Historiker Tacitus sei Germanist gewesen, weil er ein Buch über die Sitten der Germanen geschrieben hat, das wir unter dem Titel *Germania* kennen. Die wissenschaftliche Auseinandersetzung mit deutscher Literatur und Sprache als Fach, das an Universitäten gelehrt wird, geht indes erst auf den Beginn des 19. Jahrhunderts zurück.

Warum gerade auf diese Zeit? Das hat politische Gründe. Die Germanistik ist eine Reaktion auf die napoleonische Besetzung Deutschlands (1806). Unter der französischen Besatzung entstand ein patriotisches Bedürfnis nach nationaler Identitätsbildung als Bedingung für die Unabhängigkeit, wie sie dann in den „Befreiungskriegen" (ab 1813) militärisch erreicht wurde. In diesem Zusammenhang machten sich Gelehrte daran, eine kulturelle und insbesondere auch eine literarische Tradition zu entwerfen, indem man Zeugnisse aus der deutschen Geistes- und Literaturgeschichte sammelte, herausbrachte und kommentierte. Die Erfindung einer ‚Kulturnation' als Voraussetzung und Vorwegnahme nationaler Selbstbesinnung und Selbstbestimmung – dies ist das Projekt, an dem die Germanistik in den französisch besetzten Staaten in Deutschland teilhatte.

Der erste Inhaber eines Lehrstuhls für Germanistik an der 1810 gegründeten Berliner Universität, Friedrich Heinrich von der Hagen (1780–1856), hat das *Nibelungenlied* übersetzt und herausgegeben (1810) (siehe Abb. 1). Der Text, wie es in der Vorrede heißt, „des alten vaterländischen Heldenlieds" musste überhaupt erst konstruiert, konstituiert, ins Neuhochdeutsche übertragen und zugänglich gemacht werden. Die germanistische Philologie hat einen politischen Impuls, der sich gegen

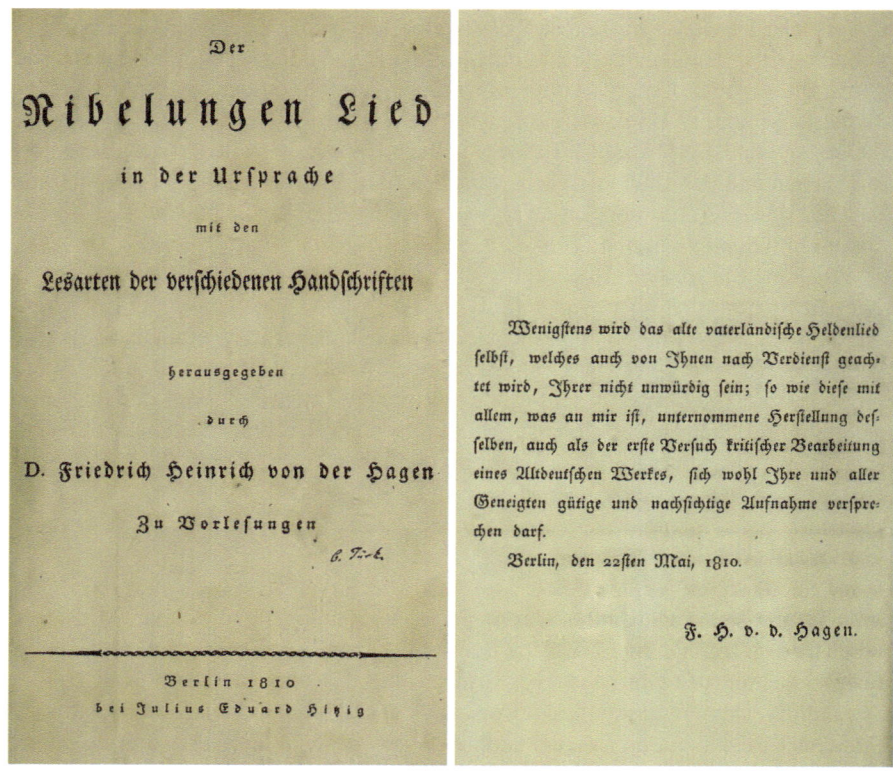

Abb. 1 *Der Nibelungen Lied* (1810), Titelblatt und Vorbemerkung

die französische Fremdherrschaft richtete und für eine erst noch zu bildende deutsche Nation nutzen ließ. Die verdeckte Agenda der Germanistik war die politische und militärische Mobilisierung durch Rückbesinnung auf verschüttete Traditionen: eine geistige Mobilmachung.

Zu weiteren Akteuren der frühen deutschen Philologie wurden die Brüder Grimm, die *Kinder- und Hausmärchen* (1812) sammelten und herausgaben und damit zur Vorstellung einer deutschen Volkskultur beitrugen, obwohl ihre bis dahin nur mündlich überlieferten Märchen vielfach Vorläufer insbesondere im französischsprachigen Raum hatten. Später begannen Jacob und Wilhelm Grimm ein *Deutsches Wörterbuch*, gleichsam als sprachliches Fundament der Nation. Die Fachgeschichte der Germanistik hat – ebenso wie die anderer Nationalphilologien – einen politischen, einen ideologischen Hintergrund.

Was ist deutsche Literatur?

Auch der Inhalt des Fachs Germanistik ist durchaus fragwürdig. Denn was ist überhaupt ‚deutsche Literatur'? Ist sie die Literatur von Deutschen? Offensichtlich nicht, denn immer schon war der deutschsprachige Raum multinational, er umfasste früher die verschiedenen deutschen Fürstentümer und Staaten, Preußen, Österreich-Ungarn und die Eidgenossenschaft, das Deutsche Reich, die Weimarer Republik, das ‚Dritte Reich', die DDR, die BRD, die Republik Österreich und die Schweiz sowie Luxemburg, Südtirol und die deutschsprachigen Teile von Belgien.

Handelt es sich bei der ‚deutschen Literatur' also um die Literatur von Deutschen, Österreichern und Schweizern? Auch das nicht, denn immer schon wurde die Literatur im deutschsprachigen Raum von transnationalen Phänomenen wie Migration und Exil bestimmt. Zahlreiche Autorinnen und Autoren, die deutsche Literatur schreiben, sind nicht deutschsprachig aufgewachsen, die deutsche Sprache, in der sie schreiben, ist nicht ihre Muttersprache. Zwischen 1985 und 2017 wurde der Adelbert-von-Chamisso-Preis an deutsch schreibende Autorinnen und Autoren nicht-deutscher Muttersprache beziehungsweise nicht-deutschsprachiger Herkunft verliehen: zum Beispiel an Feridun Zaimoglu (Türkei), Ilija Trojanow (Bulgarien) oder Olga Grjasnowa (Aserbaidschan). Dann wurde der Preis eingestellt – das Phänomen literarischer Anderssprachigkeit oder Exophonie ist zur Normalität geworden. Ein ‚Migrationshintergrund' ist auch in der Literatur nichts Außergewöhnliches mehr.

Adelbert von Chamisso war französischer Herkunft. Franz Kafka lebte in Prag. Elias Canetti stammte aus Bulgarien, Paul Celan aus Czernowitz. Wladimir Kaminer kam aus Russland, Asfa Wossen Asserate aus Äthiopien, Maxim Biller aus Tschechien, Herta Müller aus Rumänien. Was wir deutsche Literatur nennen, geht über Deutschland, Österreich und die Schweiz weit hinaus.

Handelt es sich bei deutscher Literatur immerhin um Literatur, die in Deutschland, Österreich und der Schweiz entsteht? Auch das nicht, wenn wir bedenken, dass wichtige Autoren im Exil geschrieben haben – etwa Heinrich Heine in Paris, Peter Weiss in Stockholm oder Thomas Mann in Kalifornien. Bertolt Brecht verbrachte auf der Flucht vor den Nazis einige Jahre im dänischen Svendborg, Anna Seghers in Mexiko. W. G. Sebald lebte in England. Zu den Hauptstädten der deutschen Literatur gehören nicht nur Berlin, Wien und Zürich, sondern auch Prag, Paris, Rom und Los Angeles.

Selbst wenn wir das einfachste Kriterium wählen und davon ausgehen, deutsche Literatur sei Literatur in deutscher Sprache, ist das so einfach nicht, denn viele deutsche Autoren schreiben oder schrieben in anderen Sprachen. Alexander von Humboldt verfasste seine Texte nicht nur auf Deutsch, sondern insbesondere auf Französisch und zum Teil in Latein.

Außerdem ist gar nicht so klar, was wir unter deutscher Sprache zu verstehen haben, nicht nur historisch in der Abfolge von Alt-, Mittel- und Neuhochdeutsch, sondern auch insofern, als die Literatur die Grenzen der Sprachen häufig in Frage stellt. Sind Hugo Balls dadaistische Lautgedichte ‚deutsche Literatur'? Zum Beispiel das Gedicht „Karawane", das er 1916 im Cabaret Voltaire in Zürich vortrug: „jolifanto bambla o falli bambla / großiga m'pfa habla horem ..." Das mag zwar irgendwie deutsche Literatur sein, aber sie ist nicht wirklich in deutscher Sprache verfasst.

Die Konkrete Poesie behandelt Sprache als Rohstoff, die Visuelle Poesie bringt ihre Zeichen in eine graphische Anordnung, die vom herkömmlichen Gebrauch der Sprache mehr oder weniger stark abweichen kann. In Heimrad Bäckers hier abgebildetem Text „dokumente zur geschichte der frankfurter juden 1933–1945, kapitel I 1–XIV 15" (1989) erschließt sich die Bedeutung erst ganz am Ende, als drei deutsche Wörter auftauchen und andeuten, dass er sich auf die Schoa bezieht (siehe Abb. 2).

Darüber hinaus gibt es Kunstsprachen wie Matthias Koeppels parodistisches „Starckdeutsch" (1972), Zé do Rocks „Ultradoitsh" (1995) in intuitiver ‚Links-

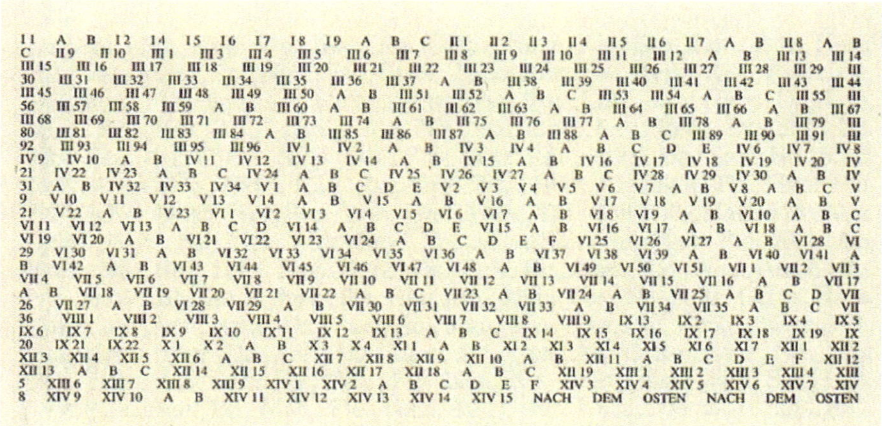

I 1 A B I 2 I 4 I 5 I 6 I 7 I 8 I 9 A B C II 1 II 2 II 3 II 4 II 5 II 6 II 7 A B II 8 A B
C II 9 II 10 III 1 III 3 III 4 III 5 III 6 III 7 III 8 III 9 III 10 III 11 III 12 A B III 13 III 14
III 15 III 16 III 17 III 18 III 19 III 20 III 21 III 22 III 23 III 24 III 25 III 26 III 27 III 28 III 29 III
30 III 31 III 32 III 33 III 34 III 35 III 36 III 37 A B III 38 III 39 III 40 III 41 III 42 III 43 III 44
III 45 III 46 III 47 III 48 III 49 III 50 A B III 51 III 52 A B C III 53 III 54 A B C III 55 III
56 III 57 III 58 III 59 A B III 60 A B III 61 III 62 III 63 A B III 64 III 65 III 66 A B III 67
III 68 III 69 III 70 III 71 III 72 III 73 III 74 A B III 75 III 76 III 77 A B III 78 A B III 79 III
80 III 81 III 82 III 83 III 84 A B III 85 III 86 III 87 A B III 88 A B C III 89 III 90 III 91 III
92 III 93 III 94 III 95 III 96 IV 1 IV 2 A B IV 3 IV 4 A B C D E IV 6 IV 7 IV 8
IV 9 IV 10 A B IV 11 IV 12 IV 13 IV 14 A B IV 15 A B IV 16 IV 17 IV 18 IV 19 IV 20 IV
21 IV 22 IV 23 A B C IV 24 A B C IV 25 IV 26 IV 27 A B C IV 28 IV 29 IV 30 A B IV
31 A B IV 32 IV 33 IV 34 V 1 A B C D E V 2 V 3 V 4 V 5 V 6 V 7 A B V 8 A B C V
9 V 10 V 11 V 12 V 13 V 14 A B V 15 A B V 16 A B V 17 V 18 V 19 V 20 A B V
21 V 22 A B V 23 VI 1 VI 2 VI 3 VI 4 VI 5 VI 6 VI 7 A B VI 8 VI 9 A B VI 10 A B C
VI 11 VI 12 VI 13 A B C D VI 14 A B C D E VI 15 A B VI 16 VI 17 A B VI 18 A B C
VI 19 VI 20 A B VI 21 VI 22 VI 23 VI 24 A B C D E F VI 25 VI 26 VI 27 A B VI 28 VI
29 VI 30 VI 31 A B VI 32 VI 33 VI 34 VI 35 VI 36 A B VI 37 VI 38 VI 39 A B VI 40 VI 41 A
B VI 42 A B VI 43 VI 44 VI 45 VI 46 VI 47 VI 48 A B VI 49 VI 50 VI 51 VII 1 VII 2 VII 3
VII 4 VII 5 VII 6 VII 7 VII 8 VII 9 VII 10 VII 11 VII 12 VII 13 VII 14 VII 15 VII 16 A B VII 17
A B VII 18 VII 19 VII 20 VII 21 VII 22 A B C VII 23 A B VII 24 A B VII 25 A B C D VII
26 VII 27 A B VI 28 VII 29 A B VII 30 VII 31 VII 32 VII 33 A B VII 34 VII 35 A B C VII
36 VIII 1 VIII 2 VIII 3 VIII 4 VIII 5 VIII 6 VIII 7 VIII 8 VIII 9 IX 13 IX 2 IX 3 IX 4 IX 5
IX 6 IX 7 IX 8 IX 9 IX 10 IX 11 IX 12 IX 13 A B C IX 14 IX 15 IX 16 IX 17 IX 18 IX 19 IX
20 IX 21 IX 22 X 1 X 2 A B X 3 X 4 XI 1 A B XI 2 XI 3 XI 4 XI 5 XI 6 XI 7 XII 1 XII 2
XII 3 XII 4 XII 5 XII 6 A B C XII 7 XII 8 XII 9 XII 10 A B XII 11 A B C D E F XII 12
XII 13 A B C XII 14 XII 15 XII 16 XII 17 XII 18 A B C XII 19 XIII 1 XIII 2 XIII 3 XIII 4 XIII
5 XIII 6 XIII 7 XIII 8 XIII 9 XIV 1 XIV 2 A B C D E F XIV 3 XIV 4 XIV 5 XIV 6 XIV 7 XIV
8 XIV 9 XIV 10 A B XIV 11 XIV 12 XIV 13 XIV 14 XIV 15 NACH DEM OSTEN NACH DEM OSTEN

Abb. 2 Heimrad Bäcker, „dokumente zur geschichte der frankfurter juden 1933–1945, kapitel I 1–XIV 15" (1989) schreibung' oder Rafael Horzons „redesign-deutsch", das eine radikale Vereinfachung ohne Konjugation und Deklination anstrebt: „Ich lieben du." „Dies grammatik sein nein kompliziert." (*Das weisse Buch*, 2010) Auch Feridun Zaimoglus *Kanak Sprak* (1995) bildet nicht einfach eine tatsächliche Redeweise von Migrantinnen ab. Der österreichische Schriftsteller Clemens J. Setz veröffentlichte 2020 das Buch *Die Bienen und das Unsichtbare* über erfundene und konstruierte Sprachen, darunter die Plansprache „Volapük", von einem deutschen Pfarrer 1879 entworfen und ebenso für literarische Kunstwerke verwendet wie das 1887 eingeführte Esperanto. Auch Literatur in und über Konzeptsprachen kann deutsche Literatur sein.

Nicht erst seit Gerhart Hauptmanns *Die Weber* (1892) sind Soziolekte in die Literatur eingegangen, die Redeweisen gesellschaftlicher Gruppen. In der Schweiz entwickelt sich eine Dialektliteratur, die kein orthographisches Regelwerk kennt und für die etwa Pedro Lenz' *Der Goalie bin ig* steht (2010, ins Deutsche übersetzt als *Der Keeper bin ich*).

Sprachen sind historisch veränderlich, sie werden künstlerisch bearbeitet, und sie durchdringen einander. Viele Texte sind in mehr als nur einer Sprache verfasst. Literatur ist grenzüberschreitend. Nur ‚deutsche' Texte lesen zu wollen, wäre eine Absurdität.

Komparatistik

Keine Literatur ist aus sich selbst heraus zu begreifen. Das gilt für die deutsche Literatur ganz besonders, weil sie in der Mitte Europas jahrhundertelang Einflüsse vor allem von den benachbarten Literaturen empfing und ihrerseits erst spät zur Blüte kam. Anstatt uns auf deutsche Literatur zu beschränken, sollten wir daher verschiedene Literaturen in ihren Wechselbeziehungen wahrnehmen – als Vergleichende Literaturwissenschaft oder Komparatistik.

Fast jeder Autor, der im deutschsprachigen Raum Literatur schrieb oder schreibt, bezieht sich direkt oder indirekt auf die griechische und römische Antike. Ihre Klassiker müssen wir als ein Reservoir von Stoffen und Formen, Motiven und Figuren mitdenken, aus dem jüngere Autorinnen schöpfen. Ohne Homer und Ovid, zum Beispiel, versteht man viele Texte, und seien sie noch so deutschsprachig, nur sehr bedingt.

Hinzu kommen vor allem die englischen, französischen, spanischen und italienischen Literaturen, die ihre Blütezeit früher erlebten als die deutsche, so dass sie auf diese ausstrahlen konnten, nämlich bereits im Mittelalter, in der Renaissance und im Barock: Dantes *Göttliche Komödie*, Petrarcas Sonette, Christopher Marlowes *Doctor Faustus*, Cervantes' *Don Quixote*, Corneille, Racine und Molière.

Etwas später erlebten seit dem 18. Jahrhundert andere europäische Literaturen ihre klassischen Phasen, etwa die russische mit Tschechow, Tolstoi und Dostojewski oder die skandinavischen mit Ibsen und Strindberg. Hinzu kommen Beiträge aus den ehemaligen Kolonien, sei es aus den USA, zum Beispiel Edgar Allan Poe, Herman Melville, Ernest Hemingway und William Faulkner, oder aus Lateinamerika, etwa Mário de Andrade, Jorge Luis Borges, Alejo Carpentier und Octavio Paz, oder aus Indien, beispielsweise Salman Rushdie oder Arundhati Roy. Wenn wir diese Einflüsse ausblenden, entgeht uns sehr viel. Bedeutende Literatur entsteht nie nur provinziell innerhalb einer Sprache. Literatur ist global.

Wir können die Einflüsse aus anderen Literaturen an zahllosen Beispielen veranschaulichen. Nicht denkbar wäre Goethes *Iphigenie auf Tauris* ohne die Iphigenie-Dramen von Euripides, Kleists *Amphitryon* ohne den *Amphitruo* von Plautus und den wiederum auf diesem beruhenden *Amphitryon* von Molière. Schillers *Räuber* entzünden sich, etwas weniger offensichtlich, an Shakespeares *King Lear*.

Überhaupt Shakespeare. Shakespeare wurde im deutschsprachigen Raum dermaßen wichtig, dass man versuchte, ihn als ‚dritten deutschen Klassiker' neben Goethe und Schiller einzugemeinden: ‚unser Shakespeare'. Die Bedeutung Shakespeares für die Geschichte der deutschen Literatur kann man kaum überschätzen: poetologisch als Leitbild für eine Mischung der Gattungen und eine Befreiung der Form von den strengen Regeln des französischen Klassizismus, kulturpolitisch als Gegenmodell zu einer kulturellen Vorherrschaft Frankreichs und theatergeschichtlich als meistgespielter Autor auf deutschen Bühnen. Wir haben dermaßen viele Übertragungen, Adaptionen, Überschreibungen von deutschsprachigen Autoren, dass es fast leichter wäre zu bestimmen, wer sich *nicht* mit Shakespeare auseinandergesetzt hätte. Von Goethe gibt es eine *Romeo und Julia*-Fassung, von Schiller einen *Macbeth*, von Brecht ein „Studium des ersten Auftritts in Shakespeares *Coriolan*", von Günter Grass ebenfalls ein Coriolan-Drama, *Die Plebejer proben den Aufstand*, von Friedrich Dürrenmatt einen *König Johann*, von Heiner Müller eine *Hamletmaschine*, ebenfalls von Heiner Müller, von Botho Strauß sowie von Albert Ostermaier jeweils *Titus Andronicus*-Varianten (*Anatomie Titus Fall of Rome, Schändung, Tatar Titus*), darüber hinaus in der erzählenden Literatur Gottfried Kellers *Romeo und Julia auf dem Dorfe* und so weiter und so fort. Wir könnten geradezu eine Geschichte der deutschen Literatur entlang der Auseinandersetzung mit Shakespeare schreiben. (Und Shakespeare wiederum hat seine Stoffe bekanntlich auch nicht erfunden, sondern sich durchweg aus Quellen bedient – von Plutarchs Caesar-Biographie bis zu Reiseberichten aus der Neuen Welt.)

Literarische Texte erzeugen *immer* Bedeutungen, indem sie sich *intertextuell* auf andere Texte beziehen. Aber auch wo keine beabsichtigten Bezüge vorliegen mögen, trägt der Vergleich, die Beobachtung von Gemeinsamkeiten und Unterschieden, zum Verständnis bei. Verstehen bedeutet Vergleichen. Ein Sprach- und Literatur-Nationalismus wäre vollkommen unsinnig. Wer nur Texte von ‚biodeutschen' Autoren lesen wollte, die in nichts anderem als in deutscher Sprache verfasst wären und keinerlei Einflüsse aus anderen Kulturen empfangen hätten, müsste dieses Vorhaben schnell wieder aufgeben. So etwas gibt es nicht, und wenn es das gäbe, wäre es unbedeutend.

Das gilt überdies nicht nur für die Literatur selbst, die immer empfänglich ist für auswärtige Einflüsse, sondern auch für die Literaturtheorie und die Literaturwissenschaft. Denn nicht nur Motive, Figuren und Formen, sondern auch Konzepte des Fachs haben wir aus anderen Kulturen übernommen – etwa aus dem Griechischen ‚Mimesis', Nachahmung, ‚Katharsis', Reinigung, sowie Gattungsbegriffe wie ‚Tragödie' und ‚Ode'; aus dem Lateinischen die *tragicomoedia* und die Satire, *satura*;

aus dem Englischen *suspension of disbelief*, *negotiation* oder *hybridity*; aus dem Französischen *discours* oder *différence*; aus dem Spanischen den *pícaro* und daher die ‚Pikareske' und aus dem Italienischen das *sonetto*, ‚Sonett'. All dies sind Importe, ohne die wir die deutsche Literatur kaum denken könnten. Sie wurden als ästhetische Konzepte in der Literatur selbst produktiv und dienen uns in der Literaturwissenschaft zur Bezeichnung formaler und inhaltlicher Merkmale.

Umgekehrt wurden einige Ideen, die im deutschsprachigen Raum entstanden, in andere Kulturen übertragen: insbesondere der Marxismus, die Psychoanalyse und die Rezeptionsästhetik. Künste und Ideen stehen zueinander in einem Verhältnis des interkulturellen und zwischensprachlichen Austauschs, der gegenseitigen Beeinflussung und Befruchtung.

Literatur ist nie provinziell oder zumindest Literatur, die es wert ist, heute noch gelesen zu werden. Sie ist immer international. Literatur ist – in Goethes Worten – „Weltliteratur". Gegenüber seinem Sekretär Eckermann erklärte Goethe am 31. Januar 1827 in einer vielzitierten Passage:

> „Ich sehe immer mehr, [...] daß die Poesie ein Gemeingut der Menschheit ist, und daß sie überall und zu allen Zeiten in hunderten und aber hunderten von Menschen hervortritt. [...] Aber freilich wenn wir Deutschen nicht aus dem engen Kreise unserer eigenen Umgebung hinausblicken, so kommen wir gar zu leicht in diesen pedantischen Dünkel. Ich sehe mich daher gern bei fremden Nationen um und rate jedem, es auch seinerseits zu tun. National-Literatur will jetzt nicht viel sagen, die Epoche der Welt-Literatur ist an der Zeit und jeder muß jetzt dazu wirken, diese Epoche zu beschleunigen."

Wir können diese Aussage von Goethe als eine polemische Stellungnahme gegen die nationalistische Germanistik verstehen, von der wir ausgegangen sind. Wenn wir die deutsche Literatur und ihre Geschichte studieren wollen, tun wir jedenfalls gut daran, dies vor einem internationalen Horizont zu tun – das heißt: komparatistisch.

Literaturgeschichte

Bevor wir uns einen Überblick über die Geschichte der Literatur erarbeiten, sind einige Vorüberlegungen erforderlich. Denn Literaturgeschichtsschreibung ist keine Selbstverständlichkeit, im Gegenteil: Sie ist ein Problem. Sie bringt konzeptionelle und politische Schwierigkeiten mit sich, die wir zu bedenken haben.

Literaturgeschichtsschreibung ist zunächst insofern eine Herausforderung, als sie die Frage aufwirft, was und wer es überhaupt wert sei, in ihr vorzukommen, welche Texte und Werke, welche Autoren und Autorinnen. Wer wird aufgenommen, und wer wird ausgeschlossen? Wer wird erwähnt und wer nicht? Wer gehört zum Kanon? Wer ist ein Klassiker? Und wen vergessen wir?

Wer gehört beispielsweise zum Kanon der Schweizer Literatur? Friedrich Dürrenmatt? Max Frisch? Conrad Ferdinand Meyer? Gottfried Keller? Jeremias Gotthelf? Albrecht von Haller? Heutzutage Peter Stamm? Lukas Bärfuss? Was fällt uns auf, wenn wir diese Namen versammeln? Unter ihnen ist keine einzige Frau. Wir können versuchen, Annemarie Schwarzenbach zu kanonisieren. Aber das ändert

Abb. 3 Tillmann Severin, „My white male bookshelf" (2019)

nicht grundsätzlich etwas am Ungleichgewicht der Geschlechter, das sich in patriarchalen Gesellschaften über viele Jahrhunderte herausgebildet hat. Jeder kann dieses Missverhältnis in der eigenen Bibliothek zu Hause nachvollziehen. Wenn wir wie der Literaturwissenschaftler, Lyriker und Übersetzer Tillmann Severin alle Bücher in unseren Regalen umdrehen, die von Männern verfasst wurden, sehen wir anstelle farbiger Buchrücken sehr viel weißes Papier (siehe Abb. 3).

Aber das ist nicht das einzige Problem. Zu dem fiktiven Schweizer Kanon, den wir uns vorgestellt haben, würde auch kein einziger Jude gehören. Albert Cohen zum Beispiel fehlt. Und es fehlen Menschen mit sogenanntem „Migrationshintergrund". Der Kanon ist ein Club ganz überwiegend weißer Männer – keine Frau, kein Jude, keine Migrantin.

Ein Kanon ist jedoch nie eine demographisch faire Vertretung. Stets dominieren exklusive Merkmale. Wer ihm angehört, ist in der Regel *Dead*, *White*, *European* und *Male* – und man könnte noch ergänzen: ein Angehöriger mindestens der *middle class*. Nach den Kategorien von *race, class* und *gender* ist kein Kanon repräsentativ.

Aber was können wir tun? Wir können dieses Problem nicht einfach per Dekret oder durch Quotierung beheben und alle Geschlechter, Orientierungen, Schichten und Ethnien ab sofort gleichberechtigt zur Geltung bringen. Wenn wir die Geschichte der griechischen Tragödie, zum Beispiel, studieren, können wir nun einmal keine Autorin berücksichtigen, weil alle ihre Autoren männlich waren: Aischylos, Sophokles, Euripides. Und sie wurden in der Literaturgeschichte wirksam. Viele Texte, die frühere, aber auch heutige Autorinnen beeinflusst haben, wurden lange Zeit als vorbildhaft überliefert und verwendet. Deshalb sollten wir sie kennen. Auch Sarah Kane verstehen wir nicht ohne Euripides. Es gibt gewissermaßen eine formative Kraft des Kanonischen. Wir können die Literaturgeschichte umschreiben, aber wir können sie nicht vollständig neu schreiben. Wenn wir Geschichte studieren, können wir auch nicht alle Ereignisse oder Akteure ausblenden, die unseren politischen Erwartungen *heute* nicht entsprechen. Die Weltgeschichte ist voll von Aristokraten und Autokraten. Auch sie müssen wir kennen.

Wir stehen also vor einem Dilemma. Wie gehen wir um mit der Kanonizität von Autoren, die sich politisch und ideologisch unter anderen Bedingungen durchgesetzt hat, aber in unsere demokratische Kultur hineinwirkt? Wie können wir den Kanon allmählich verändern, ergänzen, erneuern, ohne ‚das Kind mit dem Bad auszuschütten'? Immerhin ist kein Kanon eine ewig gültige Setzung. Autoren konnten immer schon nachträglich kanonisiert oder entkanonisiert werden – einerseits zum Beispiel Hölderlin, Kleist oder Kafka und andererseits der einzige Schweizer Nobelpreisträger für Literatur, Carl Spitteler, den heute kaum jemand mehr liest.

Der Begriff ‚Kanon' selbst ist problematisch, wenn wir bedenken, was das griechische Wort (κανών) bedeutet: Es bezeichnet zunächst den Messstab im Handwerk oder im übertragenen Sinn den Maßstab, nach dem Texte in die Bibel aufgenommen, also ‚kanonisiert' wurden. Es handelt sich also um eine theologische Metapher.

Noch deutlicher wird die Problematik der literarischen Wertung im Begriff der ‚Klassik'. Denn das lateinische Wort *classis* bezeichnet die Flotte. Ein *civis classicus* war ein Bürger der obersten Steuerklasse, dessen Beiträge dazu dienten, die Kriegsmarine zu finanzieren. Erst im übertragenen Sinn wurde ein Schriftsteller zu einem *scriptor classicus*. Es handelt sich also um eine soziale und militärische Kategorie.

Wenn wir eine Geschichte der Literatur schreiben und dabei wohl oder übel, empirisch oder heuristisch, einen Kanon voraussetzen, nehmen wir indes nicht nur eine qualitative Selektion vor, sondern auch eine quantitative. Denn wie viele Bücher können wir lesen – während des Studiums, in unserem Leben? Um manche Leselisten, die an Universitäten empfohlen wurden, abzuarbeiten, müssten wir hunderte von Jahren alt werden. Von allen Büchern, die veröffentlicht wurden, können wir nur einen sehr geringen Anteil zur Kenntnis nehmen, viel weniger als ein Prozent dessen, was in Frage käme. Die Mehrheit bleibt ungelesen: „The Great Unread" nannte das die Literaturwissenschaftlerin Margaret Cohen. Was wir lesen, ist nur die Spitze des Eisbergs, darunter befinden sich Tausende und Abertausende von Texten, die wir niemals wahrnehmen werden.

Aber wie schreiben wir die Geschichte von etwas, dessen allergrößten Teil wir nicht kennen? Wir könnten uns kollektiv aufteilen, aber dann hätten wir das Problem der Synthese, wir müssten unsere einzelnen Lektüren zusammenführen. Franco Moretti hat das Problem zu lösen versucht, indem er auf technische Hilfsmittel zurückgriff. Texte, die digitalisiert vorliegen, können wir in beliebigem Umfang von Computern lesen beziehungsweise auswerten lassen. Wir können 10.000 digitalisierte Romane nach der Chronologie ihres Erscheinens computerphilologisch analysieren und historische Entwicklungen statistisch erfassen, ohne dass wir die Bücher auf herkömmliche Weise selbst lesen müssten.

Wie nun erzählen wir unter diesen kanonpolitisch und mengenpragmatisch erschwerten Bedingungen, trotz allem, eine Geschichte der Literatur? Wir können uns an der politischen Geschichte und ihren großen Zäsuren orientieren: 1618–1648 – Dreißigjähriger Krieg, 1789 – Französische Revolution, 1914–1918 – Erster Weltkrieg, 1939–1945 – Zweiter Weltkrieg, 1989 – Ende des Kalten Kriegs.

Des Weiteren können wir davon ausgehen, dass es auch in der Literatur generationelle Dynamiken gibt. Auf eine Generation, die einer bestimmten Form anhängt, folgt eine jüngere Generation, die eine andere Form bevorzugt, so dass ein Wechsel im Rhythmus von 20 bis 30 Jahren zu beobachten wäre, in dessen Verlauf sich die Literatur verändert.

Wir können uns darüber hinaus fragen, welche Gattungen zu bestimmten Zeiten jeweils in Mode waren. Dominiert in politisch brisanten Zeiten das Drama, werden also Konflikte auf die Bühne gebracht, während in ruhigeren Zeiten epische Formen vorherrschen, die ‚mit langem Atem' ruhig und distanzierter beschreiben?

Literarische Erinnerungsorte

Eine Literaturgeschichte ist immer auch politisch. Sie ist nie nur eine Sache der akademischen Literaturwissenschaft. Wie wir es bei der Entstehung der Germanistik beobachten konnten, leisten Literaturgeschichten einen Beitrag zur Identitätsbildung von Nationen. Literarische Klassiker haben im kollektiven Gedächtnis die Funktion, als historische Mythen eine nationale Gemeinschaft zu formen, zu bestätigen, zu verfestigen.

Der französische Historiker Pierre Nora hat das Konzept der *lieux de mémoire*, der ‚Erinnerungsorte', entwickelt. Damit sind nicht Orte im räumlichen Sinn gemeint, sondern im übertragenen: symbolische Topoi, die zur kollektiven Identitätsbildung beitragen. Ein dreibändiges Kompendium *Deutsche Erinnerungsorte* (2001), herausgegeben von Etienne François und Hagen Schulze, enthält 120 Kapitel zu Motiven, die für die Selbstverständigung der Deutschen eine wichtige Rolle spielen: Deutscher Wald, Stalingrad, Stasi, Neuschwanstein, Berliner Mauer, Reichstag, Führerbunker, Beethovens Neunte, Marlene Dietrich, Volkswagen, die Bundesliga ... Und von diesen 120 deutschen Erinnerungsorten sind immerhin 15 Einträge im engeren Sinn literarisch. Der Anteil der Literatur an der nationalen Identität der Deutschen betrüge demnach 12,5 Prozent. Diese 15 Einträge betreffen zum einen Autoren: Goethe, Schiller, Heine, Fontane, Nietzsche, Karl May, die Brüder Humboldt und die Familie Mann; des weiteren Werke: das *Nibelungenlied*, Grimms Märchen, *Faust*, *Struwwelpeter* und *Professor Unrat*. Hinzu kommen zwei auswärtige Texte, nämlich Tacitus' *Germania* und Madame de Staëls *De l'Allemagne*.

Ein analoges Projekt *Schweizer Erinnerungsorte* (2010) von Georg Kreis ist mit 26 Einträgen weniger umfangreich. Es enthält Motive wie Rütli, Winkelried, Bourbaki-Panorama, Rösti, Toblerone oder Bankgeheimnis. Nur zwei dieser 26 Topoi beziehen sich auf Literatur: *Wilhelm Tell* von Friedrich Schiller (1804) und *Heidi* von Johanna Spyri (1880). Auch hier ist es ein Ausländer, dessen Beitrag für die Identitätsbildung einer Nation wesentlich wurde.

Literaturgeschichten

Literaturgeschichten werden immer auch bestimmt von Interessen und Ideologien, von politischen Anliegen und kollektiven Phantasien. Entsprechend unterschiedlich kann man eine Literaturgeschichtsschreibung angehen. Eine *Sozialgeschichte der deutschen Literatur* (1980–2004) zum Beispiel versucht, literarische Texte vor dem Hintergrund der jeweiligen Gesellschaftsordnung zu begreifen und die wirtschaftlichen Bedingungen von Literatur bei ihrer Historisierung zu berücksichtigen.

A New History of German Literature (2004) verfolgt einen anderen Ansatz, indem sie davon Abschied nimmt, kontinuierliche Entwicklungen zu erzählen, und stattdessen für einzelne Jahre nur punktuell ‚Probebohrungen' durchführt. Man will keine ‚großen Erzählungen' mehr bieten, sondern wirft nur noch Schlaglichter. Wenn wir uns zum Beispiel die Zeit um 1800 anschauen, finden wir folgende Einträge: 1790 – Kant veröffentlicht die *Kritik der Urteilskraft*; 1791 – Mozarts *Zauberflöte* hat ihre Premiere in Wien; 1796 – August Wilhelm Schlegel fordert eine Shakespeare-Übersetzung; 1799 – Alexander von Humboldt bricht auf in die Neue Welt; 1800 – Novalis veröffentlicht die *Hymnen an die Nacht*; 1806 – Kleist entwickelt in der *Hermannsschlacht* das Konzept des Guerillakriegs. Hier wird der Versuch unternommen, Historie gerade nicht mehr als Geschichte nach einem bestimmten Modell zu erzählen, sondern als Mosaik einzelner Ereignisse abzubilden.

Eine wieder ganz andere, eher kompakte, synthetische Darstellung bietet Heinz Schlaffer in *Die kurze Geschichte der deutschen Literatur* (2002). Der Titel lautet nicht nur so, weil das Buch selbst kurz ist, sondern weil er die Hauptthese auf den Punkt bringt, nämlich dass die Geschichte der deutschen Literatur tatsächlich kurz sei, da es eine deutsche Literatur, die lebendig überliefert und gelesen wird, eigentlich erst etwa seit 1750 gebe. Die Geschichte der deutschen Literatur wäre also sehr viel kürzer als die Geschichte der englischen, französischen oder italienischen Literatur, sie umfasste lediglich 270 Jahre. Alles, was davor liegt, vor 1750, hätten erst die Germanisten ausgegraben, und es würde auch nur in Klassenräumen studiert, nämlich in der Schule oder an Universitäten. Polemisch pointiert bedeutet das: Cervantes wird mit Vergnügen gelesen, Shakespeare wird andauernd aufgeführt, und diese Texte stammen aus der Zeit um 1600. Aber wer liest Gryphius oder Lohenstein? Wer liest freiwillig deutsche Literatur des Mittelalters oder aus dem Barock? Ihre Wiederentdeckung stand von vornherein im Dienst eines Projekts nationaler Identitätsbildung. Es handelt sich um eine künstliche Überlieferung, um eine *invented tradition*.

Die Besonderheiten der ‚kurzen' deutschen Literaturgeschichte beschreibt Heinz Schlaffer anhand von acht Merkmalen oder Faktoren:

1. Das erste Merkmal ist die Verspätung. Erst Mitte des 18. Jahrhunderts entstand eine lebendige Literaturtradition. Helmuth Plessner sprach von Deutschland als „verspäteter Nation", weil die staatliche Einigung erst 1870/71 erfolgte. Etwas Vergleichbares beobachten wir in der Sprachgeschichte, dass nämlich das Deutsche später standardisiert wurde als das Französische, Spanische oder Italienische. Französische Texte aus dem 17. Jahrhundert zu lesen, ist nicht besonders schwierig, aber

wenn wir deutsche Texte aus dem gleichen Zeitraum lesen, finden wir diese stärker gealtert.

2. Daraus ergibt sich die Empfänglichkeit der deutschen Literatur. Lange Zeit nahm Literatur, die in Deutschland entstand, Einflüsse aus den Nachbarliteraturen auf, die bereits ausgebildet waren und ihre Blüte erlebt hatten. (Das Wort ‚deutsch' ist sogar sprachgeschichtlich verwandt mit dem Wort ‚deuten', mittelhochdeutsch ‚diuten', im Sinne von dem Volk verständlich machen, vermitteln, übersetzen.) Umgekehrt beginnt die deutsche Literatur spät, auf die Nachbarliteraturen auszustrahlen, in Sturm und Drang, Klassik und Romantik.

3. Ein drittes Merkmal ist der Partikularismus. Es gab in den deutschen Gebieten keine zentrale höfische Kultur wie etwa in Frankreich mit Paris beziehungsweise Versailles. Jedes kleine Fürstentum hatte seinen eigenen Hof, fast jede Kleinstadt ihr eigenes Theater. Deshalb gibt es noch heute in Deutschland besonders viele Schauspiel- und Opernhäuser. Angeblich findet weltweit jede dritte Operninszenierung in Deutschland statt. Die politische Uneinigkeit wurde kompensiert durch die Konstruktion einer ‚Kulturnation'. Politisch waren die Deutschen ab 1806 zunächst sogar fremdbeherrscht und auch nach 1815, nach dem Ende der napoleonischen Kriege und dem Wiener Kongress, noch nicht geeint. Aber kulturell konnten sie sich jenseits aller Zersplitterung mit einer gemeinsamen Literatur als imaginäre Nation fühlen.

4. Ein weiterer wichtiger Faktor ist der Protestantismus. Weil die Reformation durch Luther sich vor allem in Deutschland durchsetzte, befördert durch die Übersetzung der Bibel ins Deutsche und die Verbreitung gedruckter Flugschriften, waren später viele der Klassiker Protestanten: Goethe, Schiller, Hölderlin; und viele stammten sogar aus einem Pfarrhaus: Gottsched, Lessing, Wieland, Lichtenberg, Bürger, Lenz, Jean Paul und die Schlegels oder später auch Nietzsche und Benn. Vor diesem Hintergrund können wir Goethes *Werther* beinahe als einen theologischen Text lesen, nämlich als eine Passionsgeschichte.

5. Eine wichtige Rolle spielen die Universitäten in den verschiedenen Städten und Fürstentümern – Heidelberg, Tübingen, Göttingen, Leipzig, Jena. Goethes *Faust* beispielsweise ist auch ein Hochschuldrama: Es handelt von einem Gelehrten, der einen Assistenten hat, aber den Teufel braucht, um tiefere und lebensnähere Erkenntnis zu gewinnen.

6. Hinzu kommt eine eigentümliche Fixierung der Deutschen und Österreicher auf Tiefe. Zahlreiche Autoren waren Bergbaufachleute: Novalis, Eichendorff, Brentano, Goethe und Alexander von Humboldt. Dem entspricht die Faszination für Ausgrabungen in der Archäologie, etwa bei Heinrich Schliemann oder auch bei Sigmund Freud. Die Psychoanalyse ist, metaphorisch betrachtet, der Versuch, in die Tiefe des eigenen Unbewussten vorzudringen.

7. Neben dieser Phantasie der Tiefe spielt die Medizin eine auffällige Rolle. Bekannte Schriftsteller waren Ärzte, etwa Friedrich Schiller, Arthur Schnitzler, Alfred Döblin oder Gottfried Benn. Georg Büchner hielt in Zürich eine Vorlesung über Schädelnerven. Zahlreiche Werke haben einen medizinischen Fokus. Thomas Manns *Zauberberg* spielt in einem Schweizer Sanatorium.

8. Schließlich sind jüdische Autoren in der deutschen Literatur von Bedeutung: Heinrich Heine, Arthur Schnitzler, Walter Benjamin, Lion Feuchtwanger, Stefan Zweig, Kurt Tucholsky, Franz Kafka. In Deutschland und Österreich allerdings nur bis 1933 – und nach der Schoa ab 1945 unter gänzlich anderen Voraussetzungen.

Würden wir das Kriterium des Erfolgs nach Auszeichnungen oder nach Verkaufszahlen anlegen, könnten wir deutsche Literatur entlang der Nobelpreise oder nach der Zahl ihrer Übersetzungen studieren. Nobelpreise erhielten: der Historiker Theodor Mommsen, der Philosoph Rudolf Eucken, Paul Heyse, Gerhart Hauptmann, Thomas Mann, Hermann Hesse, Nelly Sachs (in Schweden), Heinrich Böll, Günter Grass, Herta Müller (aus Rumänien), Elias Canetti (aus Bulgarien), Carl Spitteler (Schweiz), Elfriede Jelinek und Peter Handke (Österreich). Hermann Hesses *Der Steppenwolf* (1927), Erich Maria Remarques *Im Westen nichts Neues* (1929), Patrick Süskinds *Das Parfum* (1985), Bernhard Schlinks *Der Vorleser* (1995) und Daniel Kehlmanns *Die Vermessung der Welt* (2005) wurden internationale Bestseller.

Überblick der Epochen

Wenn wir uns einen ersten Überblick über die Entwicklung der deutschen Literatur in ihrer Beziehung zu anderen Literaturen erarbeiten wollen, tun wir dies in dem Wissen, dass es eigentlich nicht möglich ist, auf nur wenigen Seiten eine Art ‚Schnelldurchgang' durch die deutsche Literaturgeschichte zu unternehmen. Es geht um Orientierung. Wenn wir im Studium einen beliebigen Text lesen, ist es wichtig zu wissen, vor welchem Hintergrund und im Verhältnis zu welchen anderen Texten wir ihn verstehen können. Eine Einteilung von Epochen ist immer auch eine Setzung, die man auch anders vornehmen könnte. Epochen lösen einander häufig nicht trennscharf ab, sondern sie gehen ineinander über. Es gibt alternative Möglichkeiten der Periodisierung.

In einem ersten Schritt können wir die Literatur seit der griechischen und römischen Antike in fünf Großepochen unterteilen. Die mittelalterliche Literatur bildet den Gegenstand der Älteren deutschen Literatur beziehungsweise der Mediävistik. Um 1500 gibt es eine historische Zäsur, und es beginnt das, was wir ‚Neuere Deutsche Literatur' nennen. Diese Zäsur hat mindestens drei Begründungen. Sie ist eine sprachgeschichtliche, denn hier geht die deutsche Sprache über ins Neuhochdeutsche. Das bedeutet: Für ältere Texte müssen wir die Sprache erlernen oder benötigen eine Übersetzung, für jüngere nicht. Sie ist außerdem eine religionsgeschichtliche, denn sie fällt zusammen mit der Reformation. Und sie ist eine mediengeschichtliche, denn infolge des Buchdrucks werden Texte seither gedruckt verbreitet und gelesen und nicht mehr ausschließlich als Handschriften. Die anschließende Epoche, vom 16. bis ins 18. Jahrhundert, bezeichnen wir als ‚Frühe Neuzeit'. Auf sie folgt, im 18. und 19. Jahrhundert, die Epoche von der Aufklärung bis zum Naturalismus. Und schließlich die Moderne und die postmoderne Gegenwart, das 20. und 21. Jahrhundert.

5 Großepochen

1. Antike (Griechenland, Rom)
2. Mittelalter (Latein, Althochdeutsch, Mittelhochdeutsch)
   – Zäsur 1500 –
3. Frühe Neuzeit, 16.–18. Jahrhundert (bis 1750)
4. Aufklärung bis Naturalismus, 18.–19. Jahrhundert (ab 1750)
5. Moderne und Postmoderne, 20.–21. Jahrhundert

Um die Literaturgeschichte feiner auszudifferenzieren, können wir für die neuere deutsche Literatur 15 Epochen unterscheiden – mit Bezeichnungen, die zum Teil nachträglich geprägt wurden. (Die Jahreszahlen stellen vor allem in den früheren Epochen nur Näherungswerte dar.)

15 Epochen

1. Reformation, 1500–1600
2. Barock, 1600–1720
3. Aufklärung, 1720–1785
4. Sturm und Drang, 1765–1785
5. Klassik, 1786–1805
6. Romantik, 1793–1830
7. Biedermeier und Vormärz, 1815–1848
8. Realismus, 1848–1890
9. Naturalismus, 1880–1900
10. Jahrhundertwende (*Fin de siècle*), 1890–1910
11. Avantgarden, Klassische Moderne, 1910–1933
12. ‚Drittes Reich' und Exil, 1933–1945
13. Nachkriegszeit, 1945–1968
14. DDR, 1949–1990
15. Postmoderne, Gegenwart, 1968–

Wenn wir diese Literaturgeschichte nun chronologisch durchgehen, können wir uns zwar auf das konzentrieren, was man im weiteren Sinne als deutsche Literatur bezeichnen, wir sollten aber jederzeit auch die Entwicklungen in den anderen Literaturen mitdenken, die für die deutsche Literatur wichtig waren. Wir denken gewissermaßen in zwei ‚Spalten', in einer Logik der Parallelität und der Wechselwirkungen – germanistisch und komparatistisch zugleich.

Eine sehr kurze Geschichte der deutschen und nicht-deutschen Literatur

Die griechische Antike bildet für alle spätere Literatur in Europa die Grundlage. Die Klassiker konnten nicht nur Latein, sie konnten auch Griechisch. Sie waren mit den griechischen Texten vertraut und haben aus diesem Fundus an Geschichten und Formen geschöpft. Wollen wir uns wissenschaftlich mit Literatur beschäftigen, ist es daher unumgänglich, dass wir uns mit der griechischen Tradition auseinandersetzen.

Besonders einflussreich sind die homerischen Epen, die *Ilias* und die *Odyssee*, aber auch Hesiods *Theogonie* und *Werke und Tage*. Das sind die großen mythologischen Erzählungen. Auf der anderen Seite gibt es die kleinen Formen der Lyrik in Sapphos erotischen Gedichten und Pindars olympischen Oden. In Griechenland sehen wir die Erfindung des Theaters: die drei Tragiker Aischylos, Sophokles und Euripides sowie den Komödienautor Aristophanes. Und wir haben den Beginn der Geschichtsschreibung mit Herodot und Thukydides.

In der römischen Antike schließt Vergil an Homers Epen an, indem er in der *Aeneis*, der Erzählung vom Überlebenden Aeneas, die Geschichte Roms auf den Untergang Trojas zurückführt. Im Theater setzen Plautus und Terenz die Komödie, Seneca die Tragödie fort. Die Lyrik hat ihre klassische Zeit mit Vergil, Horaz, Catull und Ovid. Ohne die *Metamorphosen* wären viele spätere Texte kaum denkbar. Phaedrus schreibt Fabeln – wie vor ihm auf Griechisch Aesop. Für die römische Geschichtsschreibung stehen Livius, Sallust, Sueton und Tacitus. Das System der Rhetorik entwickelten in Griechenland Aristoteles und in Rom Cicero und Quintilian.

Im Mittelalter lohnt es sich, einen ersten Blick in die benachbarten Kulturen zu werfen und zum Beispiel zu schauen, was etwa im 14. Jahrhundert fast zeitgleich in Italien geschrieben wurde: Dantes Erzählgedicht *Divina Commedia*, Boccaccios Novellenzyklus *Decamerone* und Petrarcas Gedichtsammlung *Canzoniere*.

Es folgt die Geschichte der ‚neueren' (deutschen) Literatur in 15 Etappen.

1. Während der Reformationszeit spielen theologische Texte und Übersetzungen eine wichtige Rolle. Luthers Bibelübertragung (1522, 1534) beeinflusst maßgeblich die Entwicklung der deutschen Sprache.

2. Für den sogenannten ‚Barock', ursprünglich ein Schmähwort, das die Schwülstigkeit dieser Literatur bezeichnet, ist der Dreißigjährige Krieg (1618–1648) das traumatische Ereignis. In seiner Folge entstehen Texte, welche die *vanitas*, die Vergänglichkeit, Zerbrechlichkeit, Sinnlosigkeit des Lebens beschreiben. Etwa in der Lyrik bei Andreas Gryphius: „Es ist alles eitel." (1637) Das Symbol dieser Weltsicht ist der Totenschädel. Über das deutsche Trauerspiel dieser Zeit schrieb Walter Benjamin eine philosophische Monographie (1928).

Eine andere Reaktion ist der Humor: Hans Jakob Christoffel von Grimmelshausens *Simplicissimus* (1668) oder Christian Reuters *Schelmuffsky* (1696–1697) – die Bewältigung des Grauens im Schelmenroman. Im Ausland schreiben im 16. und 17. Jahrhundert Montaigne, Cervantes und Shakespeare.

Die deutsche Literatur des Barock orientiert sich an der absolutistischen Repräsentation des Hofes. Ihr ‚Gesetzbuch' ist die Regelpoetik von Martin Opitz, das *Buch von der Deutschen Poeterey* (1624). Zum Vorbild wurde der französische Klassizismus (Racine, Corneille und Molière), die Hofkultur von Versailles.

3. Die Aufklärung kritisiert die Ideologien des Adels und der Kirche, das mittelalterlich-feudale Weltbild und die entsprechende Gesellschaftsordnung. Sie fördert das Wagnis, den eigenen Verstand zu gebrauchen und gegen die Autoritäten einzusetzen. Kant erklärt: „Aufklärung ist der Ausgang des Menschen aus seiner selbstverschuldeten Unmündigkeit." (1784) Die Metaphorik deutet die Vorstellung an, ‚Licht' ins Dunkel zu bringen. Im Französischen spricht man vom *Siècle des Lumières*, vom ‚Zeitalter des Lichts'. Sein Antrieb ist ein bürgerlicher Optimismus des Fortschritts.

Die politische Kritik geht einher mit einer poetologischen Kritik an den literarischen Vorlieben der alten Ordnung. Die Dichtungstheorie ist politisch: Um die Gesellschaft zu befreien, muss man die Literatur befreien. Indem sie die autoritäre Regelpoetik kritisieren, kritisieren die Aufklärer die aristokratische Herrschaft und die hinter ihr stehende Kirche. Exemplarisch für diesen Konflikt ist die Auseinandersetzung zwischen dem Vertreter der Regelpoetik, Johann Christoph Gottsched (*Versuch einer critischen Dichtkunst vor die Deutschen*, 1729), der den französischen Vorgaben – mit dem Dogma der drei ‚Einheiten' des Ortes, der Zeit und der Handlung – folgt, und dem Vertreter einer Erneuerung, Gotthard Ephraim Lessing, der die deutsche Literatur vom französischen Vorbild und von einer autoritären Poetik, die sich am höfischen Ideal orientiert, emanzipieren will. Sein Gewährsmann ist Shakespeare, der antiautoritäre Dichter, den er gegen die Franzosen und ihre deutschen Nachahmer ins Feld führt.

Eine der alten Regeln besagte, dass in Tragödien oder Trauerspielen nur Aristokraten als Helden auftreten dürfen. Das ist eine Vorschrift der sogenannten ‚Ständeklausel'. Gegen diese Doktrin setzt Lessing – wie in Frankreich die *comédie larmoyante* und das *drame bourgeois* (Diderot, Marivaux, Beaumarchais) – das Konzept des ‚Bürgerlichen Trauerspiels', in dem auch nichtadelige Protagonisten auftreten. In *Miss Sara Sampson* (1755) oder *Emilia Galotti* (1772) sind es nicht mehr Könige und Fürsten, die im Mittelpunkt stehen, sondern Bürgerliche. Und in *Nathan der Weise* (1779) ist es ein Jude.

4. Das Narrativ der deutschen Literaturgeschichte beschreibt für gewöhnlich eine Pendelbewegung zwischen vernunftorientierten und gefühlsbetonten Tendenzen: Aufklärung, Sturm und Drang, Klassik, Romantik. Auf die vernunftgeleitete Kritik der Aufklärung an den Autoritäten folgt der ‚Sturm und Drang' als Jugendbewegung mit emotionalen Triebkräften. Goethes „Prometheus"-Gedicht (1773) ist der selbstbewusste Protest gegen den herrschenden Gott. In *Götz von Berlichingen* (1773) sagt eine gefühlsgeleitete Heldenfigur, was man bei Hof nicht aussprechen dürfte. *Werther* (1774) führt die Emotion ins selbstzerstörerische Extrem. Schillers *Kabale und Liebe* (1784) formuliert die Kritik am Absolutismus, und *Die Räuber* (1781) sind ein Drama der Rebellion, in dem die Figuren ihren Affekten durch Ausrufe wie „Ha!" oder „Ach!" Ausdruck verleihen.

5. Danach schwenkt das Pendel zurück zu einer Literatur, die auf Ordnung, Maß, Harmonie und überzeitliche Themen setzt und sich wieder stärker vor allem an der griechischen Antike orientiert. Das Zeitalter der ‚Klassik' wird in der Regel von Goethes Reise nach Italien (1786), wo er die Monumente des Altertums besichtigen kann, bis zu Schillers Tod (1805) angesetzt. Eine theoretische Grundlage bilden Johann Joachim Winckelmanns programmatische *Gedanken über die Nachahmung der Griechischen Werke in der Malerey und Bildhauerkunst* (1756). Griechenland dient als Vorbild, man übernimmt antike Motive und Muster in der Literatur wie in der Kunst, beispielsweise Goethe in seiner *Iphigenie auf Tauris* (1787). Ein wichtiges Zentrum wird Weimar, Wohnort Goethes, Schillers und Herders, weshalb man auch von ‚Weimarer Klassik' spricht. Goethe schreibt den Bildungsroman *Wilhelm Meisters Lehrjahre* (1795), den ersten Teil des *Faust* (1808) und nach einem Modell aus der Chemie den Beziehungsroman *Die Wahlverwandtschaften* (1809), Schiller den *Wilhelm Tell* (1804). Beide ‚Klassiker' verfassen Balladen: Goethe den „Zauberlehrling" (1797) und Schiller die „Bürgschaft" (1797). Schillers Ode „An die Freude" (1786) vertont später Beethoven im Finale seiner Neunten Sinfonie (1824), einem Hauptwerk der musikalischen Klassik, das zugleich über diese hinausweist. Es ist die erste große Zeit der deutschen Literatur.

Nicht vergessen dürfen wir Autoren, die nicht ganz in diese Zeit passen: Friedrich Hölderlin (*Hyperion*, 1797–1799), Jean Paul (*Siebenkäs*, 1796–1797) und Heinrich von Kleist. Kleist verfasst Theaterstücke in sämtlichen Gattungen: eine Komödie, *Der zerbrochne Krug* (1803–1806), eine Tragödie, *Penthesilea* (1808), und eine Tragikomödie, *Amphitryon* (1807). Alexander von Humboldt, der die Natur der Tropen wissenschaftlich erforscht und ästhetisch vermittelt (*Ansichten der Natur*, 1808), ist Aufklärer und Romantiker zugleich.

6. Als Gegenbewegung zur Ordnung der Klassik und zum rationalistischen Weltbild der Aufklärung können wir die Romantik auffassen, die wieder stärker das Irrationale, Dunkle, Sinnliche betont. Literaturhistorisch lässt sich diese Wende begründen durch die Erfahrung des Terrors der Französischen Revolution, durch die Enttäuschung darüber, dass eine progressive, emanzipatorische, vernunftorientierte Befreiungsbewegung ihrerseits Gewalt und Schrecken, die Guillotine und den Krieg brachte. Wir denken an Adornos und Horkheimers *Dialektik der Aufklärung* (1944): Wenn sie zu einseitig ist oder zu weit getrieben wird, bringt die Aufklärung ihr eigenes Gegenteil hervor. Im Namen der Vernunft und der Tugend wird der Terror verübt. Max Weber sprach von einer „Entzauberung der Welt" (1917) durch die Vernunft. Aber was bleibt, wenn alles entzaubert ist? Welche Kunst ist dann noch möglich? Eine Kunst, die unsere Welt von Neuem verzaubern will?

Die Epoche der Romantik lässt sich entlang der politischen Geschichte in drei Unterepochen periodisieren: nach der Hinrichtung des Königs, Ludwig XVI., im Jahr 1793 zunächst die ‚Frühromantik' mit Friedrich Schlegels Konzept einer „progressiven Universalpoesie" (1798), Novalis' *Hymnen an die Nacht* (1800) oder *Heinrich von Ofterdingen* (1802) mit dem mystischen Motiv der „blauen Blume". Nach der Auflösung des Heiligen Römischen Reiches deutscher Nation 1806 die ‚Hochromantik' mit Achim von Arnims und Clemens von Brentanos *Des*

Knaben Wunderhorn (1806–1808) oder den *Kinder- und Hausmärchen* der Gebrüder Grimm (1812). Die Germanistik, die in dieser Zeit entstand, ist eine Gründung dieser Romantik. Und schließlich folgt im Zuge der Befreiungskriege gegen Napoleon ab 1813 die ‚Spätromantik' mit E. T. A. Hoffmanns „Der Sandmann" (1816), der für Sigmund Freud so wichtig wurde, Joseph von Eichendorffs *Aus dem Leben eines Taugenichts* (1826) oder Wilhelm Hauffs Kunstmärchen (1826–1828). Gerade die Literatur der deutschen Romantik wurde in anderen Ländern wahrgenommen und bestimmte dort lange das Deutschlandbild.

7. Nach dem Sieg über Napoleon stellen die europäischen Monarchien auf dem Wiener Kongress 1815 die alte Ordnung weitgehend wieder her. Die „Karlsbader Beschlüsse" (1819) verschärfen die Repression. Auf diese politische Restauration reagierten Schriftsteller auf zwei gegensätzliche Weisen: entweder durch eine politische Kritik, die in der ‚Märzrevolution' von 1848 kulminierte, daher die Bezeichnung ‚Vormärz', oder durch den Rückzug ins Private, ein Ausweichen ins Unpolitische, das nennen wir ‚Biedermeier'. Biedermeier versus Vormärz – Entpolitisierung oder Politisierung der Literatur nach 1815.

Zum Biedermeier werden Eduard Mörike (*Maler Nolten*, 1832), Annette von Droste-Hülshoff (*Die Judenbuche*, 1842) oder Jeremias Gotthelf (*Ueli der Knecht*, 1841) gerechnet. Zu den politischen Autoren des Vormärz zählt Georg Büchner mit seinem *Hessischen Landboten* (1834): „Friede den Hütten, Krieg den Palästen!" Eine revolutionäre Literatur – und Büchner schreibt mit *Dantons Tod* (1835) auch ein Revolutionsdrama. Außerdem bricht er mit einer weiteren Vorschrift der ‚Ständeklausel', indem er in seiner satirischen Komödie *Leonce und Lena* (1836) adelige Hauptfiguren zum Gegenstand des Gelächters macht. In Heinrich Heines „Weberlied" (1844) heißt es: „Deutschland, wir weben dein Leichentuch". Und in Heines *Nachtgedanken* (1844): „Denk ich an Deutschland in der Nacht, / Dann bin ich um den Schlaf gebracht." Den historischen Hintergrund der Epoche schildert Christian Dietrich Grabbes Drama *Napoleon oder die hundert Tage* (1838).

8. Nach der Revolution von 1848 macht es sich die Literatur des Realismus zunehmend zur Aufgabe, die Wirklichkeit des Lebens abzubilden. Einschränkend muss man sagen, dass damit die Lebenswirklichkeit des Bürgertums gemeint ist und noch nicht die Lebenswirklichkeit dessen, was Marx und Engels das ‚Proletariat' nennen. Die kanonischen Autoren sind Gottfried Keller (*Der grüne Heinrich*, 1854, 1879), Gustav Freytag (*Soll und Haben*, 1855), Adalbert Stifter (*Nachsommer*, 1857), Wilhelm Raabe (*Der Hungerpastor*, 1864), Theodor Storm (*Der Schimmelreiter*, 1888) und Theodor Fontane (*Irrungen Wirrungen*, 1888; *Effi Briest*, 1895). International wären zu nennen: Balzac, Flaubert, Hugo, Melville, Tolstoi, Dostojewski.

9. Der Naturalismus hat den Realismus weitergeführt. Die Wirklichkeit einer industrialisierten Welt soll noch genauer, mit geradezu wissenschaftlicher Präzision wiedergegeben werden. Der Schriftsteller Arno Holz hat die Formel aufgestellt: „Kunst = Natur – X" (*Die Kunst*, 1891). Und X, das die Kunst von der Natur trennt, soll möglichst klein sein. In einem sogenannten ‚Sekundenstil' wird versucht, alles, was geschieht, exakt aufzuzeichnen, mit möglichst geringer künstlerischer Abweichung.

Dabei wird auch der Wirklichkeitsbereich, den die Literatur erfasst, erweitert und enttabuiert. Neben dem Bürgertum geraten nun auch Menschen aus dem Proletariat beziehungsweise Prekariat in den Blick. Dazu passt die Veröffentlichung des Fragments von Georg Büchners Sozialdrama *Woyzeck* (1879) aus dem Jahr 1836, in dem erstmals kein Adeliger oder Bürgerlicher mehr im Mittelpunkt steht, sondern ein Angehöriger der Unterschicht. Gerhart Hauptmann macht in *Vor Sonnenaufgang* (1889) das Problem des Alkoholismus zum Thema, in *Bahnwärter Thiel* die Gewalt in der Familie (1887–1888) und in *Die Weber* (1892) einen Arbeiteraufstand. In Frankreich schreibt Émile Zola, in Norwegen Knut Hamsun, in Russland Maxim Gorki.

Dieser Entgrenzung dessen, was in der Literatur darstellbar ist, entspricht eine Erweiterung der Literatursprache. Es werden Soziolekte und Dialekte einbezogen. Die Figuren sprechen, wie es für ihre soziale Position und ihre regionale Herkunft angemessen erscheint.

10. Als Reaktion auf den Naturalismus kommen gegen Ende des Jahrhunderts, zum *Fin de siècle*, Bewegungen auf, die sich nicht damit zufrieden geben, möglichst naturgetreu die Wirklichkeit abzubilden, und wieder den Eigenwert der Kunst betonen: Neuromantik, Jugendstil, Impressionismus, Dekadenz, Symbolismus. Friedrich Nietzsche erklärt die Kategorien der Moral, ‚gut' und ‚böse', für interessengeleitet und historisch veränderlich (*Jenseits von Gut und Böse*, 1886; *Genealogie der Moral*, 1887). Die entscheidenden Kategorien seien dagegen ästhetisch, ‚schön' oder ‚hässlich'. Diese Maxime eines amoralischen Ästhetizismus – mit einer Wendung von Théophile Gautier einer Kunst um ihrer selbst willen, *l'art pour l'art* – treiben Autoren wie Stefan George und Oscar Wilde auf die Spitze (*The Picture of Dorian Gray*, 1891).

Ein wichtiger Einfluss ist Darwin und der sogenannte Darwinismus, die Theorie der Evolution oder ihr Gegenteil, die Vorstellung der Degeneration. Motive der Dekadenz, des Verfalls und der Morbidität spielen eine zentrale Rolle bei Thomas Mann. Die *Buddenbrooks* (1901) handeln vom Abstieg einer Familie, *Tod in Venedig* (1912) von Krankheit und Untergang. Hugo von Hofmannsthals berühmter *Chandos-Brief* (1902) ist der Ausdruck eines modernen Sprachzweifels: Wie kann Sprache überhaupt das Leben abbilden? Wie ungenau, wie missverständlich, wie unzuverlässig ist sie?

Neben Nietzsche und Darwin geht eine weitere epochale Anregung von Sigmund Freud und der Psychoanalyse aus, insbesondere von Freuds Buch über *Die Traumdeutung* (1900) und von der Idee, dass uns unsere Motivationen selbst nicht ersichtlich sind, sondern aus unserem Unbewussten wirksam werden und allenfalls in künstlerischer Verfremdung oder in Form von Symbolen in Träumen zutage treten. Zur gleichen Zeit entwickelte Arthur Schnitzler in *Lieutenant Gustl* (1900) eine Technik des inneren Monologs, der die Gedankengänge einer Figur zu Papier bringt, so dass wir gleichsam in ihr Bewusstsein, in ihre Wahrnehmung eintauchen und ihre Perspektive einnehmen. Der Symbolismus verschlüsselt tiefere Bedeutungen, etwa in Rilkes Gedicht „Der Panther" (1902), die ihrerseits wie die Bilder eines Traums zu deuten sind.

11. In der Epoche, die wir als ‚Klassische Moderne' bezeichnen (‚High Modernism'), treten Bewegungen der Avantgarde auf, die mit provokativen Darstellungsformen experimentieren und sich in rascher Frequenz überbieten. Die Idee ist eigentlich eine militärische. Eine *avant-garde* ist eine ‚Vorhut', also jener Teil einer Truppe, der vorausgeht (*avant*), besonders wagemutig, unerwartet und schlagkräftig ist. In diesem Sinn verstanden sich im frühen 20. Jahrhundert viele im Rückblick bedeutende Künstler als Angehörige einer ganz neuen Kunst, die über alles bisher Dagewesene hinausgeht, als Eliteeinheit, die einer Mission dient und sich visionär in Manifesten äußert. Die Kunst ist zu verändern! Man muss eine ganz neue Kunst schaffen! *Tabula rasa* mit allem Vorherigen! Auf zu einer mutigen Erneuerung!

Die Avantgarde-Bewegungen tragen das Programmatische in ihren Selbstbezeichnungen als Suffix, als *-ismus*: Futurismus, Dadaismus, Surrealismus, Expressionismus. Dabei sind diese Bewegungen, die neben der Literatur jeweils auch andere Künste umfassen, zum Teil nicht nur sendungsbewusst, sondern auch tatsächlich gewaltbegeistert. Der Futurismus eines Filippo Tommaso Marinetti zum Beispiel ist fasziniert von Technik und Krieg. Die Dadaisten dagegen machen sich lustig über das Pathos des Kriegs. Sie verwenden die Sprache als Material, um die Absurdität der Welt auszustellen.

Im Surrealismus (nach André Breton) geht die Kunst über die Wirklichkeit hinaus, indem sie, psychoanalytisch gedacht, der Logik des Traums folgt und in Verfahren des ‚automatischen Schreibens', *écriture automatique*, das Unbewusste zum Sprechen bringt. Ein Vorläufer sind die symbolreichen *Chants de Maldoror* (1868–1874) von Lautréamont. Der Surrealismus führt uns zu Salvador Dalís zerfließenden Uhren (*La persistencia de la memoria*, 1931) und zu Kafkas Gregor Samsa, der eines Tages als Ungeziefer erwacht (*Die Verwandlung*, 1915). In alltäglicher Sprache wird hier ein außergewöhnlicher Vorgang beschrieben, der über die Wirklichkeit hinausweist und symbolische Bedeutung hat – nicht zuletzt als Figuration des antisemitischen Hasses, der die Juden zu ‚Ungeziefer' macht, das er ‚ausrotten' will.

Der Expressionismus will der Literatur eine neue Kraft geben, eine Gewalt, welche die Sprache im Krieg erfasst. Er arbeitet mit Verknappungen und Neuschöpfungen. Expressionistische Dichter geben die verstörende Erfahrung des Kriegs in einer verstörten Sprache wieder, beispielsweise August Stramm in seinen Frontgedichten (1914): „Blut marschiert." „Fleische schleimen." „Die Steine feinden. / Fenster grinst Verrat." Viele expressionistische Dichter haben den Ersten Weltkrieg nicht überlebt. Ernst Toller bringt die Versehrten und Verstörten in *Hinkemann* (1923) und *Masse Mensch* (1920) auf die Bühne. Gottfried Benn beschreibt die Menschen in *Morgue* (1912) mit medizinischer Schonungslosigkeit.

Nach dem Krieg kommt die große Ernüchterung. Helmut Lethen sprach mit Blick auf die Zwanziger Jahre von *Verhaltenslehren der Kälte* (1994). Siegfried Kracauer beschrieb in seiner Studie *Die Angestellten* (1930) einen von sozialem Abstieg bedrohten Typus. Die Neue Sachlichkeit, eine reporterhafte Beobachtung, löst die expressionistische Schärfe und Gewalt der Sprache ab – etwa bei Bertolt Brecht oder Erich Kästner. Eine Literatur wie die Architektur des Bauhauses.

Die ‚goldenen' 1920er Jahre sind die zweite klassische Epoche der deutschen Literatur nach der ‚Weimarer Klassik' mit Goethe und Schiller: die ‚Klassische Moderne' mit Thomas Manns morbidem Anti-Idyll *Der Zauberberg* (1924), Brechts epischem Welterfolg *Die Dreigroschenoper* (1928), die er zusammen mit dem Komponisten Kurt Weill als „Stück mit Musik" konzipierte, Alfred Döblins urbanem Montage-Roman *Berlin Alexanderplatz* (1929) und Robert Musils Essay-Roman *Der Mann ohne Eigenschaften* (ab 1930).

12. Während der Herrschaft der Nationalsozialisten in Deutschland und Österreich hatten Schriftsteller eine Wahl zu treffen: Sie konnten ins Exil gehen. Das taten die bekannten und bedeutenden Autoren und Autorinnen wie Bertolt Brecht, Stefan Zweig, Anna Seghers oder Thomas Mann, die im Ausland weiterschrieben: *Der aufhaltsame Aufstieg des Arturo Ui* (1941), *Schachnovelle* (1942), *Das siebte Kreuz* (1942), *Doktor Faustus* (1943–1947). Sie konnten in die ‚innere Immigration' gehen, sich aufs Land zurückziehen, für die Schublade schreiben oder mit verdeckten Anspielungen publizieren und auf diese Weise versuchen, subversive Botschaften mit ihren Texten in die Öffentlichkeit zu schmuggeln: etwa Hans Carossa, Hans Fallada oder Ernst Jünger (*Auf den Marmorklippen*, 1939) – Grenzgänger zwischen einer Vereinnahmung durch das Regime und dem Versuch, außerhalb dieser Vereinnahmung künstlerisch tätig zu sein. Die offizielle Literatur Nazi-Deutschlands – als dritte Möglichkeit – ist dagegen im Rückblick künstlerisch unbedeutend – anders als im Fall einiger Sympathisanten aus anderen Ländern, die sich als Antisemiten und Kollaborateure positionierten, wie Louis-Ferdinand Céline, der nach wie vor als einer der großen Schriftsteller der französischen Moderne gilt. Und schließlich gibt es die Verfolgten, die Ermordeten und die Überlebenden – wie Paul Celan, dessen Gedicht „Todesfuge" (entstanden 1944–1945) von den Vernichtungslagern handelt: „Schwarze Milch der Frühe [...] / wir schaufeln ein Grab in den Lüften [...] / der Tod ist ein Meister aus Deutschland [...]". Fremdsprachige Darstellungen der Konzentrationslager stammen von Primo Levi, Jorge Semprún und Imre Kertész.

13. Nach dem Krieg versucht die ‚Gruppe 47' einen literarischen Neuanfang. Autoren, die den Krieg erlebt hatten, aber zu jung waren, um für den Nationalsozialismus hauptverantwortlich zu sein, schrieben eine engagierte ‚Trümmerliteratur', gleichwohl mit gewissen Kontinuitäten zum Denken und Schreiben vor 1945. Exemplarisch ist Wolfgang Borcherts spätexpressionistisches Heimkehrerdrama *Draußen vor der Tür* (1947). Prominent sind Heinrich Bölls Kurzgeschichten, Günter Grass' Groteske *Die Blechtrommel* (1959), die von einem unzuverlässigen Erzähler in einer ‚Irrenanstalt' erzählt wird, oder Siegfried Lenz' *Deutschstunde* (1968). Nach Brechts Tod (1956) dominieren auf deutschen Bühnen die Schweizer Dramatiker Friedrich Dürrenmatt (*Besuch der alten Dame*, 1956) und Max Frisch (*Biedermann und die Brandstifter*, 1958; *Andorra*, 1961).

In den 1960er und 1970er Jahren versucht Dokumentarliteratur, noch radikaler als der Naturalismus, gelebte Wirklichkeit abzubilden, etwa Günter Wallraffs *Industriereportagen* (1970). In *Der Stellvertreter* (1963) fragt Rolf Hochhuth nach der schweigenden Mitverantwortung des Papstes am Holocaust. In *Die Ermittlung* (1965) verhandelt Peter Weiss anhand von Gerichtsakten und Zeugenaussagen den

Frankfurter Auschwitz-Prozess, in *Viet Nam Diskurs* (1968) bringt er den Vietnamkrieg auf die Bühne.

Nach 1968 folgt auf die Politisierung eine ‚Neue Subjektivität', etwa bei Peter Handke, in Peter Schneiders *Lenz* (1973) oder in Max Frischs *Montauk* (1975).

14. In der Bundesrepublik und in der DDR entwickeln sich zwei unterschiedliche Literaturtraditionen. In der DDR war lange Zeit der ‚Sozialistische Realismus' verbindlich, ein Dogma, das im ‚Bitterfelder Weg' (1959, so benannt nach dem Versammlungsort) gelockert wurde. Prominente Autorinnen schreiben Klassiker-Variationen, die in der Adaption alter Motive aktuelle Bezüge erkennen lassen: Ulrich Plenzdorf, *Die neuen Leiden des jungen W.* (1973), Stefan Heym, *Ahasver* (1981), Christa Wolf, *Kassandra* (1983). Heiner Müller inszeniert 1990 in Berlin, zur ‚Wende', seine *Hamletmaschine* (1977) zusammen mit ihrer Vorlage von Shakespeare und macht *Hamlet* als Drama der Überwachung lesbar. Die moderne geht in eine postmoderne Literatur über.

15. Nach dem Fall der Berliner Mauer am 9. November 1989, nach dem Ende des Kalten Kriegs schien die Geschichte der Gewalt im 20. Jahrhundert einen glücklichen Abschluss gefunden zu haben. Man sprach sogar vom „Ende der Geschichte" (Francis Fukuyama 1992). Die ‚großen Erzählungen' der Moderne, Aufklärung, Marxismus, Faschismus, schienen ausgedient zu haben (Jean-François Lyotard 1979). Der Glaube an Fortschritt und Innovation wurde verabschiedet.

An die Stelle großer Entwürfe treten in der Literatur Zitat, Montage, Parodie, Ironie, Anachronismus, Selbstreflexion und Autofiktion. In Christoph Ransmayrs *Die letzte Welt* (1988), einem Roman über den römischen Dichter Ovid in seiner Verbannung am Schwarzen Meer, tauchen Lastwagen auf, verschiedene Zeitebenen überlagern sich. Autofiktion bedeutet, der Autor taucht in seinem Text auf, und wir wissen nicht mehr, was erfunden ist und was autobiographisch sein soll. Die postmoderne Literatur spielt mit der Grenze zwischen Fakt und Fiktion.

Aber die Geschichte ist nicht zu Ende. Mit den Terroranschlägen vom 11. September 2001 und spätestens mit dem russischen Überfall auf die Ukraine vom 24. Februar 2022 wird deutlich: Die Wirklichkeit bricht ein in die Illusion ihrer Überwindung. *Irony is over.* Die Gewalt kehrt zurück.

Selbstverständlich wird man vieles in diesem Abriss vermissen. Jede von uns würde ihre eigene Literaturgeschichte anders erzählen. Es ging darum, uns einen ersten Überblick zu verschaffen, eine Orientierungshilfe anzubieten und dabei auf die Schwierigkeiten hinzuweisen, die mit einem solchen Unterfangen unvermeidlich verbunden sind.

Es gäbe viele weitere Möglichkeiten, die Geschichte der Literatur zu erzählen, etwa entlang des Wandels der Medien, indem wir nicht nur die Bedingungen des Theaters und den Buchdruck berücksichtigen, sondern auch Rundfunk und Hörspiel, Filme und Fernsehserien, Internettexte und Videospiele, die ihrerseits erzähltheoretisch zu betrachten wären; oder nach der Entwicklung der Gattungen und Genres, zu denen zum Beispiel nicht nur Science Fiction und Krimis gehören, sondern auch Kinder- und Jugendliteratur oder neuerdings die trivialen Formen von „New Adult", die auf dem Buchmarkt eine immer größere Rolle spielen. Die Vielfalt der Literatur entsteht nicht nur durch die unterschiedlichen Sprachen und Kulturen, sondern auch durch die Veränderungen ihrer medialen, gesellschaftlichen und wirtschaftlichen Bedingungen. Literaturgeschichtsschreibung gibt es nur im Plural.

Versuch einer tabellarischen Übersicht: deutsche und vergleichende Literaturgeschichte

Mittelalter (bis 1500)

Hildebrandslied (8. Jahrhundert)	*La chanson de Roland* (1100)
Walther von der Vogelweide (1190–1230)	*El Cid* (12. Jahrhundert)
Nibelungenlied (1200)	Dante, *Divina Commedia* (1307–1321)
Wolfram von Eschenbach, *Parzival* (1210)	Petrarca, *Canzoniere* (1336–1369)
Gottfried von Straßburg, *Tristan und Isolde* (1210)	Boccaccio, *Decameron* (1348–1353)
	Chaucer, *Canterbury Tales* (ab 1380)

Reformation (1500–1600) / Barock (1600–1720)

Sebastian Brant, *Das Narrenschiff* (1494)	Rabelais, *Gargantua et Pantagruel* (1564)
Martin Luther, *Bibel* (1522, 1534)	Montaigne, *Essais* (1580)
Faust-Buch (1587)	Shakespeare (1590–1613)
Andreas Gryphius	Cervantes, *Don Quijote* (1605, 1615)
Daniel Casper von Lohenstein	Tirso de Molina, *Don Juan* (1624)
Grimmelshausen, *Simplicissimus* (1668)	Calderón, Lope de Vega
Christian Reuter, *Schelmuffsky* (1696–1697)	Corneille, Racine, Molière

Aufklärung (1720–1785)

Albrecht von Haller, „Die Alpen" (1729)	Defoe, *Robinson Crusoe* (1719)
Lessing, *Miß Sara Sampson* (1755), *Emilia Galotti* (1772), *Nathan der Weise* (1779)	Montesquieu, *Lettres persanes* (1721)
	Swift, *Gulliver's Travels* (1726)
Wieland, *Agathon* (1766–1767)	Fielding, *Tom Jones* (1749)
Klopstock, *Oden* (1771), *Messias* (1773)	Voltaire, *Candide* (1759)
Forster, *Reise um die Welt* (1778–1780)	Sterne, *Tristram Shandy* (1759–1767)
	Encyclopédie (1747–1766)

Sturm und Drang (1765–1785)

Goethe, „Prometheus" (1773), *Götz von Berlichingen* (1773), *Werther* (1774)	Rousseau, *Julie* (1761), *Émile* (1762), *Confessions* (1765–1770; 1782–1788)
Lenz, *Der Hofmeister* (1774)	Walpole, *Castle of Otranto* (1764)
Schiller, *Die Räuber* (1781), *Kabale und Liebe* (1784)	Diderot, *Jacques le fataliste et son maître* (1773–1775; 1796)
Bürger, *Münchhausen* (1786)	Beaumarchais, *Le barbier de Séville* (1775),
Moritz, *Anton Reiser* (1785–1786)	*Le mariage de Figaro* (1778–1783)

Klassik (1786–1805)

Goethe, *Iphigenie auf Tauris* (1787), *Wilhelm Meisters Lehrjahre* (1795–1796), „Zauberlehrling" (1797), *Faust* (1808)
Schiller, „Bürgschaft" (1797),
Wilhelm Tell (1804)
Kleist, *Der zerbrochne Krug* (1803–1806),
Penthesilea (1808),
„Michael Kohlhaas" (1810)
Hölderlin

Romantik (1793–1830)

Friedrich und August-Wilhelm Schlegel Jean Paul, *Siebenkäs* (1796–1797) Novalis, *Hymnen an die Nacht* (1800), *Heinrich von Ofterdingen* (1802) Alexander von Humboldt, *Ansichten der Natur* (1808), *Vues des Cordillères* (1810–1813) Grimm, *Kinder- und Hausmärchen* (1812) Adelbert von Chamisso, *Peter Schlemihl* (1814) E. T. A. Hoffmann, „Der Sandmann" (1816) Joseph von Eichendorff, *Taugenichts* (1826)	Coleridge, *Ancient Mariner* (1798) Byron John Keats Percy Shelley Chateaubriand, *Atala* (1801), *René* (1802) Jane Austen, *Pride and Prejudice* (1813) Mary Shelley, *Frankenstein* (1818) Scott, *Ivanhoe* (1819) Victor Hugo, *Cromwell* (1827), *Notre Dame de Paris* (1831)

Biedermeier und Vormärz (1815–1848)

Jeremias Gotthelf, *Ueli der Knecht* (1841), *Die schwarze Spinne* (1842) Annette von Droste-Hülshoff, *Die Judenbuche* (1842) Eduard Mörike Georg Büchner, *Dantons Tod* (1835), *Woyzeck* (1836–1837, 1879), *Leonce und Lena* (1838) Christian Dietrich Grabbe, *Napoleon* (1831) Heinrich Heine, „Weberlied" (1844)	James F. Cooper, *Last of the Mohicans* (1826) Stendhal, *Le rouge et le noir* (1830) Alexander Puschkin, *Eugen Onegin* (1833) Nikolai Gogol, *Die Nase* (1836) Charles Dickens, *Oliver Twist* (1838) Edgar Allan Poe, *The Purloined Letter* (1844) Prosper Mérimée, *Carmen* (1845) Emily Brontë, *Wuthering Heights* (1847) Charlotte Brontë, *Jane Eyre* (1847) Nathaniel Hawthorne, *The Scarlet Letter* (1850)

Realismus (1848–1890)

Gottfried Keller, *Der grüne Heinrich* (1854, 1879)
Gustav Freytag, *Soll und Haben* (1855)
Wilhelm Raabe, *Chronik der Sperlingsgasse* (1856)
Adelbert Stifter, *Der Nachsommer* (1857)
Wilhelm Busch, *Max und Moritz* (1865)
Theodor Storm, *Der Schimmelreiter* (1888)
Theodor Fontane, *Irrungen Wirrungen* (1887), *Effi Briest* (1894–1895)

Balzac, *Comédie humaine* (1829–1850)
Melville, *Moby Dick* (1851)
Flaubert, *Madame Bovary* (1856)
Baudelaire, *Fleurs du mal* (1857)
Gontscharow, *Oblomow* (1859)
Victor Hugo, *Les misérables* (1862)
Lewis Carroll, *Alice in Wonderland* (1865)
Dostojewski, *Schuld und Sühne* (1866)
Tolstoi, *Krieg und Frieden* (1868–1869)
Lautréamont, *Chants de Maldoror* (1869)

Naturalismus (1880–1900)

Arno Holz und Johannes Schlaf, *Papa Hamlet* (1889)
Gerhart Hauptmann, *Vor Sonnenaufgang* (1889), *Die Weber* (1892), *Der Biberpelz* (1893)
Frank Wedekind, *Lulu* (1895, 1902)
– Außerdem: –
Karl May, *Winnetou* (1893)
Friedrich Nietzsche, *Also sprach Zarathustra* (1883–1885)

Émile Zola, *Le roman experimental* (1879), *Germinal* (1885)
Robert Louis Stevenson, *Dr. Jekyll and Mr. Hyde* (1886)
Henrik Ibsen, *Ein Volksfeind* (1882), *Hedda Gabler* (1890)
Knut Hamsun, *Hunger* (1890)
Arthur Conan Doyle, *Sherlock Holmes* (1891–1927)
Edmond Rostand, *Cyrano de Bergerac* (1897)
Maxim Gorki, *Nachtasyl* (1902)

Fin de Siècle (1890–1910)

Arthur Schnitzler, *Lieutenant Gustl* (1900)
Thomas Mann, *Buddenbrooks* (1901), *Tod in Venedig* (1912)
Hofmannsthal, „Ein Brief" (1902), *Jedermann* (1911)
Heinrich Mann, *Professor Unrat* (1905)
Robert Musil, *Zögling Törleß* (1906)
Robert Walser, *Der Gehülfe* (1908)
Rainer Maria Rilke, *Malte Laurids Brigge* (1910)

Oscar Wilde, *Dorian Gray* (1891)
Rudyard Kipling, *Jungle Books* (1894–1895)
Alfred Jarry, *Ubu roi* (1896)
H. G. Wells, *The Island of Dr. Moreau* (1896)
Bram Stoker, *Dracula* (1897)
Joseph Conrad, *Heart of Darkness* (1899)
Anton Tschechow, *Onkel Wanja* (1897), *Der Kirschgarten* (1904)
August Strindberg, *Totentanz* (1901)
George Bernhard Shaw, *Pygmalion* (1913)

Avantgarden / Klassische Moderne (1910–1933)

Georg Heym, *Der ewige Tag* (1911)
Gottfried Benn, *Morgue* (1912),
Gehirne (1916)
Franz Kafka, *Die Verwandlung* (1915), *Der Proceß* (1925), *Das Schloß* (1926)
Ernst Jünger, *In Stahlgewittern* (1920)
Hermann Hesse, *Der Steppenwolf* (1927)
Bertolt Brecht, *Dreigroschenoper* (1928)
Erich Maria Remarque, *Im Westen nichts Neues* (1928)
Alfred Döblin, *Berlin Alexanderplatz* (1929)
Robert Musil, *Der Mann ohne Eigenschaften* (1930–1932)

Marcel Proust, *À la recherche du temps perdu* (1913–1927)
James Joyce, *Ulysses* (1922)
T. S. Eliot, *The Waste Land* (1922)
Virginia Woolf, *Mrs. Dalloway* (1925)
John Dos Passos, *Manhattan Transfer* (1925)
F. Scott Fitzgerald, *The Great Gatsby* (1925)
André Gide, *Les faux-monnayeurs* (1925)
William Faulkner, *As I Lay Dying* (1930)
Louis Ferdinand Céline, *Voyage au bout de la nuit* (1932)
Ezra Pound, *Cantos* (ab 1915)

‚Drittes Reich' / Exil (1933–1945)

Exil:
Bertolt Brecht, *Mutter Courage* (1941)
Stefan Zweig, *Schachnovelle* (1942)
Thomas Mann, *Doktor Faustus* (1943–1947)
‚Drittes Reich':
Hans Fallada, *Der eiserne Gustav* (1938)
Hans Carossa, *Ungleiche Welten* (1951)
Ernst Jünger, *Auf den Marmorklippen* (1939)

Federico García Lorca, *Yerma* (1934)
John Steinbeck, *Grapes of Wrath* (1939)
Ernest Hemingway, *For Whom the Bell Tolls* (1940)
Jean Anouilh, *Antigone* (1942)
Albert Camus, *L'étranger* (1942), *Le Mythe de Sisyphe* (1942)
Jean-Paul Sartre, *Huis clos* (1944)
Jean Genet, *Notre-Dame-des-Fleurs* (1942–1948)

Nach 1945

Wolfgang Borchert, *Draußen vor der Tür* (1947)
Heinrich Böll
Siegfried Lenz
Wolfgang Koeppen
Günter Grass, *Die Blechtrommel* (1959)
Paul Celan
Max Frisch, Friedrich Dürrenmatt
Rolf Hochhuth, *Der Stellvertreter* (1963)
DDR:
Stefan Heym
Bruno Apitz, *Nackt unter Wölfen* (1958)
Christa Wolf, *Der geteilte Himmel* (1963)
Hermann Kant, *Die Aula* (1965)
Jurek Becker, *Jakob der Lügner* (1969)

George Orwell, *1984* (1949)
Alejo Carpentier, *El reino de este mundo* (1949)
Jorge Luis Borges, *El aleph* (1949)
Arthur Miller, *Death of a Salesman* (1949)
Octavio Paz, *El laberinto de la soledad* (1950)
Eugène Ionesco, *La Cantatrice chauve* (1950)
J. D. Salinger, *Catcher in the Rye* (1951)
Samuel Beckett, *En attendant Godot* (1952)
Juan Rulfo, *El llano en llamas* (1953), *Pedro Páramo* (1955)
Vladimir Nabokov, *Lolita* (1955)
Jack Kerouac, *On the Road* (1957)
Julio Cortázar, *Rayuela* (1963)
Mario Vargas Llosa, *La casa verde* (1965)

Nach 1968

Thomas Bernhard
Hans Magnus Enzensberger
Arno Schmidt, *Zettel's Traum* (1970)
Peter Handke, *Der kurze Brief...* (1972)
Franz Xaver Kroetz, *Stallerhof* (1972)
Peter Schneider, *Lenz* (1973)
Uwe Johnson, *Jahrestage* (1970–1983)
Heiner Müller, *Hamletmaschine* (1977)
Elfriede Jelinek, *Die Klavierspielerin* (1983)
Patrick Süskind, *Das Parfum* (1985)
Christoph Ransmayr, *Die letzte Welt* (1988)

Gabriel García Márquez, *Cien años de soledad* (1967), *El amor en los tiempos del cólera* (1985)
Warlam Schalamow, *Erzählungen aus Kolyma* (1954–1973)
Alexander Solschenizyn, *Archipel Gulag* (1973)
Thomas Pynchon, *Gravity's Rainbow* (1973)
Imre Kertész, *Roman eines Schicksallosen* (1975)
Umberto Eco, *Il nome della rosa* (1980)
J. M. Coetzee, *Disgrace* (1980)
V. S. Naipaul, *The Enigma of Arrival* (1987)
Salman Rushdie, *The Satanic Verses* (1988)

Nach 1989

Durs Grünbein, *Schädelbasislektion* (1991)
Bernhard Schlink, *Der Vorleser* (1995)
Feridun Zaimoglu, *Kanak Sprak* (1995)
Christian Kracht, *Faserland* (1995)
Raoul Schrott, *Finis Terrae* (1995)
W. G. Sebald, *Austerlitz* (2001)
Walter Kempowski, *Echolot* (1993–2005)
Daniel Kehlmann, *Die Vermessung der Welt* (2005)
Lukas Bärfuss, *Hundert Tage* (2008)
Herta Müller, *Atemschaukel* (2009)
Lutz Seiler, *Kruso* (2014)
Elfriede Jelinek, *Die Schutzbefohlenen* (2014)

Derek Walcott, *Omeros* (1990)
Javier Marías, *Corazón tan blanco* (1992)
Yasmina Reza, *Art* (1995)
Michel Houellebecq, *Particules élémentaires* (1998)
Philip Roth, *The Human Stain* (2000)
Jonathan Safran Foer, *Everything Is Illuminated* (2002)
Cormac McCarthy, *No Country for Old Men* (2005)
Jonathan Littell, *Les Bienveillantes* (2006)
Mathias Énard, *Zone* (2008)
Juan Gabriel Vásquez, *El ruido de las cosas al caer* (2010)
Elena Ferrante, *L'amica geniale* (2011–2014)

Zweite Lesewerkstatt – Wie geschieht Literaturgeschichte?

Nach der Erörterung der Schwierigkeiten, die uns bei der Literaturgeschichtsschreibung begegnen, und der Übersicht über ihren Verlauf wollen wir uns im Folgenden fragen, wie sich Literaturgeschichte eigentlich vollzieht. Wie werden einzelne literarische Werke zu einem Teil dieser Geschichte? Wie bewegen sie sich durch die Zeit? Wie bilden sie einen literarhistorischen Zusammenhang? Wie wird aus getrennten Schriftstellerbiographien ein Netzwerk? Wie entstehen literaturgeschichtlich bedeutsame Merkmale von Texten? Und wie verbreiten sie sich so, dass sie zum Kennzeichen ganzer Epochen werden? Wie wandern Texte, wie überbrücken sie zeitliche und räumliche Abstände? Was genau ist an Texten eigentlich mobil?

Im ungünstigsten Fall wandert ein Text gar nicht. Er geht nicht in die Geschichte ein und wird nicht zu einem literarhistorischen Gegenstand. Das geschieht, wohlbemerkt, mit der überwältigenden Mehrheit der Literaturproduktion zu allen Zeiten. Der Übergang in die große Sphäre des ‚Great Unread', des nicht oder nicht mehr Gelesenen und daher Vergessenen, mit dem sich oft schon nach kurzer Zeit niemand mehr beschäftigt, ist das Schicksal der allermeisten Texte. Es mag einem am Beginn eines Studiums so vorkommen, dass der literaturgeschichtliche Kanon sehr viele Werke und Autor*innen umfasst. Die Übersicht bedeutender Vertreter*innen der deutschen und internationalen Literatur, die wir im vorangehenden Theoriekurs zur Diskussion gestellt haben, scheint umfangreich. Wie viel länger aber wäre die Liste, wenn auch nur ansatzweise das gesamte literarische Schaffen verzeichnet werden sollte! Selbst wenn wir uns nur auf die relativ kurze deutsche Literaturgeschichte seit 1750 konzentrieren würden und aus jedem Jahrgang nur ein Werk auswählen könnten, wäre die Menge überwältigend. Tatsächlich aber wurden im Laufe der Zeit in jedem Jahr hunderte, tausende, zehntausende Neuerscheinungen veröffentlicht. Laut Börsenverein des Deutschen Buchhandels sind allein in der Bundesrepublik im Jahr 2021 rund 64.000 Titel in Erstauflage erschienen. 2007 waren es sogar über 86.000. Das sind mehr als 235 Bücher pro Tag. Seit Beginn der statistischen Erhebung 1951 waren es insgesamt rund 1,7 Millionen. Freilich sind darunter auch Sachbücher, die nicht im engeren Sinn der Literatur zuzurechnen sind. Dennoch vermitteln diese Zahlen einen Eindruck davon, wie viele literarische Werke ununterbrochen auf den Markt gebracht werden – und wie wenige wir kennen. Wenige Texte werden dauerhaft wahrgenommen; schon Jahrzehnte im Bewusstsein der breiteren Öffentlichkeit zu verbleiben, ist eine Ausnahme, geschweige denn Jahrhunderte.

Die Qualität eines Texts ist keineswegs ein sicherer Garant für sein Überleben, für seine lebendige Fortexistenz als regelmäßig gelesener. Sie können sich ja einmal fragen, welchen zeitgenössischen Autor*innen Sie zutrauen – oder wünschen –, dass sie in 100 Jahren noch gelesen werden, und sei es auch nur mit einem einzigen Text. Oder Sie machen die Gegenprobe und überlegen sich, wie viele Texte von vor 100 Jahren Ihnen spontan einfallen, die Sie gelesen haben oder wenigstens schon immer lesen wollten.

Arno Schmidt, ein Autor des 20. Jahrhunderts, der selbst womöglich in nicht allzu ferner Zukunft weitgehend vergessen sein wird, hat diese Fragen zu einer scherzhaften Geschichte über literarischen Nachruhm ausgearbeitet: „Tina oder über die Unsterblichkeit" (1955). Sie handelt von einem Schriftsteller, einem Alter Ego des Autors, der eines Tages von einem mysteriösen Mann in eine Art Unterwelt geführt wird. Der Begleiter erklärt dem Schriftsteller, dass er dieses „Elysium" ausnahmsweise bereits als Lebender für einen kurzen Besuch betreten darf. Es handelt sich aber keineswegs um ein Land der Seligen, sondern um eine Vorhölle, einen Limbus, in dem alle Menschen nach ihrem Tod auf unbestimmte Zeit ihr Dasein fristen, solange ihr Name unter den Lebenden noch bekannt ist: „*Jeder ist so lange zum Leben hier unten verdammt*, wie sein Name noch akustisch oder optisch auf Erden oben erscheint. Oder, planer gesprochen: bis er weder genannt wird noch irgendwo mehr gedruckt oder geschrieben vorkommt – dann ist jede Möglichkeit einer Rekonstruktion verschwunden." (174) Die Bewohner dieses „Elysiums", vor allem Schriftsteller*innen, sehnen sich nach einem Ende dieses langwierigen Zwischenzustands. Sie bereuen ihre Veröffentlichungen, ärgern sich über ihre Leser*innen und verfluchen ihre Biographinnen und Literaturhistoriker. Ungeduldig erwarten sie den Moment, in dem sie in Vergessenheit geraten: „*Also* wenn oben ein Name endgültig erlischt, darf sich hier unten der Besitzer ‚auflösen': was meinen Sie, wie der jauchzt? Mit welcher Spannung er am Fernseher verfolgt, wenn der Augenblick naht, wo sein letzter Leser das Buch zuschlägt, mit ‚Na, so ein alter Bockmist!'; und es für nächsten Morgen zum Feueranmachen klein reißt!" (184) Erst dann dürfe man ganz ins Nichts eingehen. Für manche scheint diese Erlösung nie erreichbar. Mit maliziöser Genauigkeit wird aufgezählt, wie häufig etwa Goethes Name an einem einzigen Tag in der Oberwelt erwähnt wird: „141 Zitationen in Zeitschriften", „46 Zitationen in Büchern", „1411 mal in Schulaufsätzen vorgekommen", „460 mal Verszeilen ohne Namensnennung zitiert (davon 458 mal fehlerhaft)" (172). Goethes Aussichten auf Entlassung aus der Unterwelt stehen schlecht: „*Ja, der hat gar keine Chancen.*" (Ebd.) Was wie eine Verdammung für die Ewigkeit scheint, relativiert sich nach einiger Zeit aber doch. Dem Gast wird der übliche Verlauf im Elysium erläutert: „Dann fangen sie meist an zu saufen; toben und lästern: auf die Unsterblichkeit; die ganzen Einrichtungen hier unten. Danach verfallen sie in ein bockiges Dösen; auch ein ganz paar Jahre – und dann werden sie allmählich wieder normal. Nehmen Stellen an. Kümmern sich um Arbeit. Und trösten sich mit dem Gedanken, daß ‚ewig' eben schließlich doch nichts währt: schon Zweitausendjährige sind ja nicht allzu häufig bei uns." (179)

Die Erzählung ist natürlich ironisch. In aller Regel streben Autor*innen literarischen Erfolg und Wertschätzung an, die sich im Verkauf ihrer Bücher und in der Menge ihrer Erwähnungen abzeichnen. Für die allermeisten unter ihnen, die Mühe haben, überhaupt veröffentlicht zu werden und ihren Lebensunterhalt mit dem Schreiben zu verdienen, besteht das Problem nicht in einem Zuviel an Ruhm, sondern in einem Zuwenig. Viele sind schon zu Lebzeiten beinahe vergessen, Nachruhm werden sie nie erlangen.

Das wusste auch Arno Schmidt. Er musste selbst lebenslang um Anerkennung und finanzielle Absicherung kämpfen. Er schrieb zahlreiche großartige Werke und hat bis heute eine treue, aber kleine Anhängerschaft. Sicher hätte er sich nicht weniger, sondern mehr Erfolg und Breitenwirkung gewünscht. Seine Erzählung „Tina oder über die Unsterblichkeit" kann als selbstironisches Nachdenken über die eigene Stellung zur und in der Literaturgeschichte gelesen werden, als ein Versuch, dem drohenden Vergessenwerden etwas Produktives abzugewinnen und es in Form von Literatur selbst fruchtbar zu machen. Vielleicht möchten Sie einmal etwas von Arno Schmidt lesen? Er hätte bestimmt nichts dagegen gehabt. Seine Erzählung einer literaturhistorischen Vorhölle ist ja zum Glück nur eine Fiktion.

Erinnern und Vergessen

Wenden wir uns wieder der literaturgeschichtlichen Wirklichkeit zu. Vergessen, also der Ausschluss aus der Geschichte, ist der Regelfall. Wie dieses Vergessen sich vollzieht, ist nicht schwer zu verstehen. Der Vorgang heute unterscheidet sich nicht wesentlich von früheren Epochen. Und er führt im Umkehrschluss vor, was nötig ist, um in Erinnerung zu bleiben und einen Platz in der Literaturgeschichte zu erringen.

Damit ein Text überhaupt von einer nennenswerten Anzahl Menschen gelesen werden kann, muss er zunächst veröffentlicht werden. Schon daran scheitert es häufig, etwa wenn sich kein Verlag findet. In diesem Fall endet der Text bereits in der Schublade. Es gibt heute zwar Möglichkeiten des Self-Publishing ohne einen Verlag, aber dann fallen dessen Vertriebs- und Marketingmaßnahmen weg, die für die Verbreitung und den Verkauf eines Werks häufig eine große Rolle spielen.

Doch auch wenn eine Publikation zustande kommt, ist damit nur die erste Hürde genommen. Literarische Debüts werden selten in hohen Auflagen produziert. Die Anzahl der potenziellen Leser*innen ist also zu Beginn sehr begrenzt. Ein Publikum muss überhaupt erst erreicht werden. Ob dies gelingt, hängt von Eigenschaften des Texts ab, etwa von seiner literarischen Qualität, aber auch von äußeren Faktoren, die außerhalb der Kontrolle ihrer Autor*innen liegen, zum Beispiel von Ereignissen in der Wirklichkeit, welche die Aktualität und Anschlussfähigkeit eines Texts steigern oder senken können, von den Werbebemühungen des Verlags, von Rezensionen und dem Votum der Literaturkritik, von der Konkurrenz auf dem Buchmarkt und vom Selbstvermarktungsgeschick der Schriftsteller*innen. Nach dem Verkaufserfolg entscheidet der Verlag über eine weitere Auflage. Den vielen Texten, die diese Hürde nicht nehmen, droht noch immer, rasch vergessen zu werden. Denn bleibende literaturgeschichtliche Bedeutung ist durchaus auch eine Frage der Menge, ein *numbers game*. Durch Quantität entsteht Präsenz – auf dem Markt, im Diskurs, im Bewusstsein, später auch in Bibliotheken und Archiven. Literaturgeschichte ist auch eine Frage der Statistik. Und sie beruht zum Teil schlicht auf dem physischen Fortbestehen. Der Zahn der Zeit nagt auch an Medien der Literatur. Textträger können beschädigt oder entsorgt werden. Ein gedrucktes Buch übersteht die Zeit in aller Regel besser als ein Manuskript. Und ein Werk in vielen Exemplaren überlebt eher als eines in wenigen.

Der Erfolg eines literarischen Erstlings entscheidet auch darüber, ob ein*e Autor*in die Gelegenheit für weitere Veröffentlichungen erhält. Nur so lässt sich ein umfangreicheres Œuvre hervorbringen – eine weitere wichtige Voraussetzung, um nicht in Vergessenheit zu geraten. Wer schreibt, der bleibt. Schriftsteller*innen, die nicht wenigstens ein paar Bücher veröffentlicht haben, haben wenig Aussicht auf anhaltende Erinnerung. Literarhistorische *one-hit-wonders* sind rar.

Überlieferung

Die höchste Hürde folgt in der Regel aber erst mit einigem Abstand zur Erstveröffentlichung – und nach dem Lebensende der Autor*innen. Das schmalste Nadelöhr auf dem Weg in die Literaturgeschichte ist die postume Überlieferung. Die Weitergabe eines Werks über den Tod hinaus ist das eigentliche Hindernis, das kurzfristiges Vergessen von langfristigem Erinnern scheidet. Wir haben bereits in der ersten Lesewerkstatt die bedeutende Rolle angesprochen, welche die Editorik und immer wieder neue Textausgaben bei der Bewahrung des kulturellen Erbes spielen. Das gilt natürlich ganz besonders für die Erinnerung an Autor*innen und ihre Texte, die auf diese Weise verfügbar und lesbar gehalten werden. Editionen sind das entscheidende Mittel, um Literatur in der individuellen Erinnerung der Leser*innen und der kollektiven Erinnerung eines Kulturraums zu bewahren. Editionen tradieren Texte, sie transportieren sie durch die Zeit. Tradition heißt Überlieferung. Textausgaben sind deshalb eine unabdingbare Grundlage der Literaturgeschichte. Sie sind das Vehikel für die Weitergabe von Literatur. Zugespitzt kann man daher sagen: Literaturgeschichte vollzieht sich wesentlich im Medium der editorischen Überlieferung.

Überlieferung ist freilich keineswegs selbstverständlich. Neben der Frage, ob sich Verlage und Herausgeber*innen finden, die neue Ausgaben herstellen, hängt sie von zahlreichen Einflüssen ab, die wir nun beleuchten wollen.

Überlieferung ist das Medium von Literaturgeschichte – und sie hängt selbst von Medien ab. So stellen große Verschiebungen in der Nutzung und Herstellung von Texten und technische Innovationen bei ihrer Verbreitung die Kontinuität von Überlieferungen grundsätzlich infrage. Die Revolution des Buchdrucks um 1450 etwa stellte für alle zuvor in Handschriften weitergegebenen Texte eine Chance auf massenhafte Verbreitung dar, aber auch eine neue Hürde. Schnell wurden frische

Texte verfasst, die zu den Bedingungen des jungen Mediums passten, während ältere Texte erst auf ihre Eignung für den Druck und das neue Format hin geprüft werden mussten. Viele Handschriftentexte haben diese Schwelle zum Buchdruck nicht überwunden. Veränderungen des wirtschaftlichen Umfelds, in dem Bücher erscheinen, können die Überlieferung zusätzlich erschweren, zum Beispiel durch eine erhebliche Zunahme an Veröffentlichungen, die miteinander konkurrieren, oder durch einen abrupten Absatzeinbruch.

Überlieferung setzt voraus, dass es weiterhin eine Nachfrage und ein Interesse an zu überliefernden Texten gibt. Neue literarische Moden und Strömungen aber können Texte ästhetisch veralten und unattraktiv wirken lassen. Durch historischen Wandel können sie unzeitgemäß, befremdlich, empörend, langweilig, altmodisch oder verächtlich wirken. Mitunter werden sie als unzumutbar oder ‚politisch inkorrekt' angesehen. Sie entsprechen nicht mehr der herrschenden Ideologie. Denn Überlieferung ist auch eine Machtfrage. Das Spreng- und Störpotenzial von Texten kann zu ihrem Verbot führen. Im Mittelalter und im Absolutismus etwa bestimmten vor allem Fürsten und Kleriker, welche Texte veröffentlicht und überliefert wurden. Heute bestimmen nicht zuletzt die kapitalistischen Regeln des Markts.

Die Weitergabe von Texten kann sogar mit Lebensgefahr einhergehen. Der Schriftsteller, Literaturwissenschaftler und Kulturphilosoph Walter Benjamin zum Beispiel musste als Jude vor der Verfolgung durch die Nazis fliehen. Als er Paris, wo er bereits einige Jahre im Exil gelebt hatte, wegen des Einmarschs der Wehrmacht 1940 verlassen musste, übergab er einem Freund, dem Autor und Philosophen Georges Bataille, große Teile seiner literarischen Hinterlassenschaft, darunter das umfangreiche Manuskript eines unfertigen Buchentwurfs. Bataille war Bibliothekar in der französischen Nationalbibliothek und versteckte Benjamins Nachlass dort vor den Nazis. Auf diese Weise überstand er den Krieg und kam auf Umwegen und zunächst nur in Teilen wieder nach Deutschland, wo sich der Philosoph und Soziologe Theodor W. Adorno darum kümmerte. Erst als Jahrzehnte später weitere Manuskriptteile in Paris ausfindig gemacht wurden, konnte Benjamins letztes, unvollendetes, durch Gefahren und politische Wirren überliefertes Buchprojekt 1982 als Fragment veröffentlicht werden, unter dem Titel *Das Passagen-Werk*. Benjamin selbst war zu diesem Zeitpunkt bereits lange tot. In aussichtsloser Lage hatte er sich auf der Flucht, an der Grenze zwischen Frankreich und Spanien, 1940 das Leben genommen. Sein Freund Bertolt Brecht verfasste ein Abschiedsgedicht, „Zum Freitod des Flüchtlings W. B.", dessen erste Strophe lautet:

> Ich höre, daß du die Hand gegen dich erhoben hast
> Dem Schlächter zuvorkommend.
> Acht Jahre verbannt, den Aufstieg des Feindes beobachtend
> Zuletzt an eine unüberschreitbare Grenze getrieben
> Hast du, heißt es, eine überschreitbare überschritten.

Auch Brechts literarische Erinnerung an Walter Benjamin ist eine Form der Überlieferung.

Eine weitere Schwierigkeit der Überlieferung ergibt sich schlicht durch die Zeit. Die Überlieferung von Texten dient der Überwindung von Zeit. Durch zeitlichen Abstand werden Texte aber zwangsläufig unverständlicher. In dem Maß, wie sich die Welt gegenüber der Entstehungszeit verändert, werden auch Elemente dieser Vergangenheit in den Texten obsolet und bedürfen der Erläuterung. Dasselbe gilt für den Sprachstand. Wortbedeutungen verschieben sich, Begriffe geraten außer Gebrauch, Terminologien wandeln sich. Selbst Grammatik und Syntax sind nicht dauerhaft stabil. Über kurz oder lang verändern sich dadurch ganze Sprachen, und frühere Sprachstufen werden nicht mehr ohne Weiteres verstanden. Sprachen können sogar aussterben. Dadurch büßen alte Texte an Zugänglichkeit und an Aktualität ein – zwei erhebliche Hindernisse für ihre Überlieferung, die nur mithilfe von Übersetzungen oder Erläuterungen zu umgehen sind. Selbst wenn Sprachkompetenzen erlernt werden können, wird der Kreis der Rezipient*innen, die antike oder mittelalterliche Texte im Original lesen, stetig kleiner. Zu den ältesten literarischen Texten, die wir heute noch – meist in Übersetzung – überliefern, gehören das babylonische *Gilgamesch*-Epos in sumerischer Sprache, das rund 4000 Jahre alt ist, und die homerischen Epen, die *Ilias* und die *Odyssee*, die vor gut 2700 Jahren auf Griechisch niedergeschrieben wurden. Sie stellen die Ausnahmen dar, gleichsam literaturgeschichtliche Altersrekorde. Wie es in Arno Schmidts Erzählung heißt: „[S]chon Zweitausendjährige sind ja nicht allzu häufig bei uns." Diese außergewöhnlich langlebigen Texte markieren eine Grenze für die Dauer von Textüberlieferung – und damit für literarische Geschichtsschreibung überhaupt. Bei ihnen beginnt unsere Literaturgeschichte. Und umgekehrt endet sie auch dort. Unser literarisches Gedächtnis reicht über diese Texte nicht hinaus. Wie lange wir sie in der Zukunft weiterhin überliefern werden, ist nicht absehbar. Aber angesichts ihrer Seltenheit und der Hindernisse, die ihre Überlieferung über Jahrtausende überwinden musste, ist davon auszugehen, dass die gewöhnliche Halbwertszeit für die Tradierbarkeit von Texten und das literarhistorische Gedächtnis üblicherweise wesentlich kürzer sind.

Zuletzt ist Überlieferung auch schlicht dem Zufall unterworfen. Diese Kontingenz kann sich im Weltgeschehen zeigen, durch Kriege, Machtwechsel, Seuchen oder Naturkatastrophen, die Menschen und Texte gleichermaßen betreffen. Wenn Reiche oder Dynastien untergehen, verschwindet mitunter auch ihre Literatur – und wird ersetzt von ihren Nachfolgern. Der Zufall kann sich aber auch im Kleinen auswirken, etwa durch einen unverhofften Dachbodenfund, der ein unbekanntes Manuskript zu Tage fördert. Vor Kurzem erst hat sich solch ein Fall ereignet, ideologisch geradezu ein Gegenstück zu Benjamins versteckten Schriften in der französischen Nationalbibliothek. Der Fund, dessen Umstände teilweise noch ungeklärt sind, ereignete sich 2019 ebenfalls in Paris. Es handelt sich um umfangreiche Papiere des französischen Schriftstellers Louis-Ferdinand Céline (1894–1961), offenbar tausende von Seiten, denen die Lagerung in einem Keller bereits zugesetzt hat. Céline gilt als moderner Klassiker der französischen Literatur, er hat aber, wie es im zweiten Theoriekurs schon angesprochen wurde, faschistische Positionen vertreten, antisemitische und rassistische Texte veröffentlicht und im Zweiten Weltkrieg während der Besatzung Frankreichs kulturpolitisch mit den Nazis kollaboriert. Den Verlust der verschollenen und nun aufgetauchten Dokumente hatte Céline nach Kriegsende bekanntgegeben. Möglicherweise waren sie, als Vergeltung für seine Kollaboration, von einem Mitglied der Résistance entwendet worden. Auf unbekannten Wegen sind sie zu einem Journalisten gelangt, der sie nach jahrzehntelangem Warten erst veröffentlichte, als Célines Witwe, welche die Ansichten ihres Ehemanns teilte, hochbetagt gestorben war und von den Texten nicht mehr finanziell profitieren konnte. Nun können diese Texte ausgewertet und herausgegeben werden. In angemessenen Textausgaben, die ihre politische Problematik reflektieren sollten, können sie für die Öffentlichkeit verfügbar und für das Publikum lesbar gemacht werden. Und sie könnten überliefert und auf verschiedenen Ebenen in die Literaturgeschichte integriert werden – in die Historie antisemitischer Diskurse, in Gedächtnisinstitutionen wie Bibliotheken und Archive und womöglich in den kulturellen Kanon. Inwieweit dies geschieht, wird sich zeigen.

Durch Zufälle kann die Überlieferung aber nicht nur gewinnen, sondern auch schmerzhafte Verluste erleiden, selbst wenn Texte bereits sicher verwahrt scheinen. So kam es, ausgelöst womöglich durch ein defektes Kabel, 2004 zu einem Brand in mehreren Stockwerken der Herzogin-Anna-Amalia-Bibliothek in Weimar, bei dem rund 50.000 Bücher vollständig zerstört und weitere 62.000 Bände erheblich beschädigt wurden. Betroffen waren großenteils die Bestände bis 1850, die zu den kulturgeschichtlich bedeutendsten in ganz Deutschland gehören. Denn in der Zeit um 1800 hatte Weimar eine kulturelle Blütezeit erlebt, welche die Stadt für einige Jahrzehnte zu einem literarischen Zentrum Europas und zum Hauptort der deutschen Klassik werden ließ – die deshalb auch als ‚Weimarer Klassik' bezeichnet wird. Ihre wichtigsten Vertreter – Goethe, Schiller, Wieland und Herder – lebten hier in unmittelbarer Nähe zueinander und pflegten einen Austausch, der sie gegenseitig in ihrem literarischen Schaffen und zu einigen ihrer bedeutendsten Werke anregte. Die Weimarer Fürstenbibliothek wurde zu dieser Zeit auf Initiative der Herzogin, nach der sie heute benannt ist, als eine der ersten in Deutschland öffentlich zugänglich gemacht und so zu einer wichtigen Ressource für die ansässigen Schriftsteller. Goethe war 35 Jahre lang ihr Leiter. Noch heute lässt sich anhand von Leihzetteln nachvollziehen, welche Texte er und andere Klassiker lasen. In und mithilfe der Herzogin-Anna-Amalia-Bibliothek wurde Literaturgeschichte geschrieben. Seit 1998 gehört sie zum UNESCO-Weltkulturerbe. Dennoch konnte der zerstörerische Zufall, der einen Teil ihrer Bestände vernichtete, nicht verhindert werden. Mit großem Aufwand konnten viele der beschädigten Texte aber auch gerettet und wiederhergestellt werden. Die Bibliothek erhielt zahlreiche Spenden für die Restaurierung, viele Menschen nahmen Anteil am Schicksal der betroffenen Bücher. Ironischerweise hatte das Unglück so auch positive Effekte für die Instandsetzung und künftige Sicherung dieser bedeutenden Gedächtnisinstitution und ihrer Kulturgüter.

Selbst in Institutionen also, die ihrer dauerhaften Aufbewahrung gewidmet sind, können wertvolle Originale und maßgebliche Textzeugen verloren gehen. Sie sind der literaturgeschichtlichen Überlieferung für immer entzogen. Es ist zu befürchten, dass solche Verluste außerhalb von Archiven und Bibliotheken, insbesondere in Privathaushalten, noch viel häufiger vorkommen. Die materiellen Grundlagen kultureller und literarischer Erinnerung sind weniger solide, als man annehmen mag. Die Verknüpfung mit äußeren Ereignissen und die Abhängigkeit von außerliterarischen Faktoren sind Grundmerkmale der literarischen Überlieferung. Texte bewegen sich nicht in einem isolierten Kanal durch die Zeit, sondern sind auf materielle Textträger und menschliche Akteur*innen angewiesen. Literaturgeschichte ist deshalb immer auch Welt-, Real- und Sozialgeschichte.

Der Inhalt der Überlieferung

Bisher haben wir darüber gesprochen, wie sich Literaturgeschichte in Überlieferung vollzieht und welchen äußeren Einflüssen sie dabei unterliegt. Die Frage, die sich daran anschließt, lautet: Was genau wird eigentlich überliefert?

Zu antworten, dass Texte überliefert werden, ist schon deswegen unvollständig, weil, wie wir in der ersten Lesewerkstatt gesehen haben, immaterieller Text allein sich nicht durch Zeit und Raum bewegen kann. Überliefert werden also zuallererst Textträger: Bücher, Manuskripte, Papyrusrollen, sogar Tontafeln und ganze Steinblöcke, wenn sie, wie der Rosetta-Stein, der zur Entzifferung der ägyptischen Hieroglyphen beigetragen hat, bedeutende Texte – und Schriften – tragen. Heutzutage werden Texte außerdem in elektronischer Form überliefert, also auf Festplatten oder anderen digitalen Speichermedien.

Texte und Textträger werden nicht nur überliefert, sie überliefern auch selbst – und zwar wesentlich mehr als ihren reinen Wortlaut. So transportieren sie zum Beispiel historische Informationen über ihre eigene Entstehung und Herstellung. Sobald sich im Zuge des Buchdrucks Titelblätter etablierten, kann man ihnen in der Regel ein Erscheinungsjahr, einen Verlag, womöglich auch eine Setzerei und Druckerei entnehmen. Diese Informationen sind in den Paratexten enthalten, die, wie wir im ersten Theoriekurs erfahren haben, veröffentlichte Texte begleiten und rahmen. Zu ihnen gehört auch der Name der Autorin oder des Autors. Die Urheber*innen eines Texts sind ebenfalls Teil seiner Überlieferung, freilich nicht körperlich und auch nicht vorrangig als historische Person, sondern als Eigenschaften des literarischen Werks.

Falls ein Text nicht datiert ist, kann man sein Alter anhand physischer Eigenschaften des Trägermediums bestimmen, zum Beispiel an der chemischen Zusammensetzung der Tinte oder an den zu bestimmten Zeiten in bestimmten Regionen verwendeten Wasserzeichen im Papier. Auch diese materiellen Informationen überliefern die Textträger.

Mithilfe ihrer Paratexte überliefern Texte also historische Daten zu Akteur*innen und Institutionen des Literaturbetriebs. Aber es lassen sich auch subtilere Informationen entnehmen. Die Zuordnung zur Literatur oder zu bestimmten literarischen Gattungen, die in einem Untertitel erfolgen kann, sagt etwas aus über das – durchaus historisch wandelbare – Verständnis von Literarizität, Fiktionalität und Faktualität zur Entstehungszeit. Ob der Text bei seiner Veröffentlichung für literarisch hochwertig gehalten wurde und ob er sich gut verkauft hat, kann man an Prestigemerkmalen seiner typographischen Präsentation (Großformat, verschwenderischer, prachtvoller Satz, Farbdruck etc.), an der historischen Bedeutung des Verlags und an der Auflagenhöhe erkennen. Die zeitgenössische Berühmtheit von Autor*innen kann man häufig daran ablesen, mit welcher Prominenz sie auf dem Titelblatt genannt werden. All diese Indizien geben auch einen Hinweis auf die Kanonizität des Texts, also auf seinen kulturellen Rang zur Zeit seiner Veröffentlichung, die sich zudem mithilfe von Rezensionen und zeitgenössischen Zeugnissen rekonstruieren lassen. Auch diese Texte über den Text gehören – gleichsam als angelagerte Dokumente – zu seiner Überlieferung.

In vielerlei Hinsicht interessiert uns freilich am meisten, dass Texte neben diesen äußerlichen und paratextuellen Informationen auch Inhalte überliefern. Dazu gehören die offensichtlichen Merkmale wie die Sprache und das Wortmaterial selbst, die Themen und die Handlung, Figurennamen und Schauplätze. Etwas weniger augenfällig ist die Tatsache, dass Texte auch außerliterarisches Wissen über die Welt überliefern, in der sie entstanden sind. Was Autor*innen über ihre Wirklichkeit wussten oder zu wissen glaubten, spiegelt sich in ihren Texten wider. Europäische Texte aus der Zeit vor dem 16. Jahrhundert haben keine Kenntnis von Amerika, weil der Kontinent erst 1492 durch Kolumbus entdeckt wurde und seinen Namen sogar erst ein paar Jahre später erhielt. Dafür kommt in mittelalterlichen Texten vielleicht die Vorstellung zum Ausdruck, es gebe tatsächlich Drachen oder Dämonen, die wir heute für Fabelwesen halten. Texte transportieren das Wissen ihrer Zeit – zum Beispiel aus dem Bereich der Medizin, des Rechts, der Astronomie oder der Klimawissenschaft –, aber auch mythologische Erzählungen und religiöse Überzeugungen. Sie vermitteln außerdem Informationen über die Gesellschaften und die sozialen Bedingungen ihrer Entstehungszeit, etwa über das politische Herrschaftssystem oder die gesellschaftliche Schichtung. Selbst das Fehlen von Inhalten kann *ex negativo* Informationen vermitteln: Tabus oder direkte Zensureingriffe geben Hinweise darauf, was in der Zeit und in der Gesellschaft in Lesetexten oder auf der Bühne erlaubt war. Auf diese Weise überliefern Texte nicht nur historische Gegenstände und Kenntnisse, sondern auch Darstellungsvorschriften und Sagbarkeitsgrenzen. Diese impliziten Regeln darüber, wie in der Literatur über die Welt gesprochen werden darf, sind Teil dessen, was als ‚Diskurs' bezeichnet wird. Für die historischen Informationen von Texten und die Diskurse, an denen sie teilhaben, interessieren sich verschiedene literaturwissenschaftliche Ansätze, zum Beispiel die Diskursanalyse und der *New Historicism*, die wir im neunten Theoriekurs genauer kennenlernen werden.

Stoffe und Motive

Ebenfalls zu den inhaltlichen, im engeren Sinn aber literarischen Überlieferungsbestandteilen von Texten gehören ihre Stoffe und Motive. Stoffe sind vorgeprägte Darstellungsinhalte und Erzählmuster, die schon sehr lange Zeit, häufig seit der Antike, existieren und zum Beispiel einen Handlungsverlauf und beteiligtes Personal vorgeben. Ein berühmter literarischer Stoff ist der Trojanische Krieg samt den Lebensgeschichten der darin verwickelten Figuren wie Achilles, Helena oder Agamemnon. Die Geschichte eines der Überlebenden, Odysseus, kommt, wie wir in der dritten (und der siebenten) Lesewerkstatt noch sehen werden, zum Beispiel in Homers *Odyssee* vor, aber in abgewandelter Form auch in *Hamlet* (1604), Shakespeares berühmtestem Theaterstück, und in James Joyces modernem Roman *Ulysses* (1922).

Während Stoffe ganze Geschichten umfassen können, sind Motive kleinere Einheiten, also Elemente in größeren Handlungszusammenhängen oder Eigenschaften von Figuren. Ein Motiv kann zum Beispiel ein sprechendes Tier sein, das im Mythos, im Märchen und in Ludwig Tiecks Theaterstück *Der gestiefelte Kater* (1797) vorkommt, oder die blaue Blume, die in etlichen Texten der Romantik, zum Beispiel in Novalis' *Heinrich von Ofterdingen* (1800), eine Rolle spielt.

Die Überlieferungs- und Wanderbewegungen von Stoffen lassen sich am bedeutendsten Drama der deutschen Literaturgeschichte veranschaulichen, Goethes *Faust*. Goethe hat weder die Figur des gelehrten Faust noch dessen Pakt mit dem Teufel erfunden, sondern aus anderen Texten aufgegriffen. Der Faust-Stoff wurde schon lange vor Goethe überliefert, zunächst mündlich, bevor er 1587 erstmals im sogenannten *Faustbuch* in schriftlicher Form anonym veröffentlicht wurde. Er verbreitete sich rasch über Deutschland hinaus und kam in Übersetzung nach England, wo Shakespeares Zeitgenosse Christopher Marlowe ihn als Theaterstück adaptierte, *The Tragical History of Doctor Faustus* (1589). Durch englische Schauspieltruppen kam der so dramatisierte, also für die Aufführung bearbeitete Stoff wieder zurück nach Deutschland und wurde auf Wanderbühnen in volkstümlicher, oft komödiantischer Art dargeboten, mitunter auch als Pantomime ohne Text. Vor Goethe beschäftigte sich etwa Lessing bereits mit dem Faust-Stoff. Goethe selbst kam mit ihm wahrscheinlich als Kind in Berührung, in den Aufführungen eines Puppenspiels. Mit welchen literarischen Gestaltungen des Stoffs in Buchform er sich später auseinandersetzte, kann nicht zuletzt anhand seiner Leihzettel aus der Herzoglichen Bibliothek in Weimar nachvollzogen werden. Goethes Faust-Tragödie in zwei Teilen (veröffentlicht 1808 und 1832) ist die berühmteste Fassung, sie hat den Stoff weiter popularisiert und spätere Darstellungen angeregt, im 20. Jahrhundert unter anderem Michail Bulgakows Roman *Der Meister und Margarita* (1940) oder Thomas Manns *Doktor Faustus* (1947).

Literarische Formen

Stoffe und Motive stellen Vorlagen bereit, an denen Autor*innen sich orientieren können, und Grundbausteine, aus denen Literatur konstruiert werden kann. Indem sie Verlaufsmuster für Handlungen zur Verfügung stellen, verknüpfen sie Form und Inhalt. Damit ist die Brücke geschlagen zur literarischen Form, die neben den historischen und paratextuellen Informationen und neben den verhandelten Inhalten ein weiterer wichtiger Gegenstand von Überlieferung ist. Aus poetischer Sicht macht die Form vielleicht sogar den wichtigsten Teil der Überlieferung aus. Denn sie umfasst literarische Texte auf einer makroskopischen Ebene in ihrer Gänze: Alle Theaterstücke der Welt überliefern die Gattung des Dramas, und innerhalb dieser Gattung alle Tragödien einen Handlungsverlauf mit unglücklichem Ausgang. Alle Sonette überliefern eine Gedichtstruktur mit 14 Versen und bestimmten Regeln für das Reimschema.

Form kann aber auch mikroskopisch im kleinsten Detail überliefert werden, wie zahllose Beispiele zeigen: Alliterationen als Gleichklang zweier aufeinanderfolgender Wortanfänge sind ein rhetorisches Mittel in der Literatur der Antike genauso wie heute. (Und mit Roman Jakobson haben wir im ersten Theoriekurs gelernt, dass sie Ähnlichkeiten herstellen und der poetischen Funktion von Sprachen dienen.) Der Adoneus zum Beispiel ist ein uraltes Versmaß, eine kleine rhythmische Einheit, bestehend aus zwei betonten Silben, die erste gefolgt von zwei unbetonten, die zweite von lediglich einer (—⏑⏑ —⏑). Er kommt in der Lyrik der antiken griechischen Dichterin Sappho vor, aber auch in einem bekannten Gedicht von Hölderlin, das ihn formal bereits im Titel trägt: „Hälfte des Lebens" (1804). Ausgehend von Shakespeare hat sich in der deutschen Dramatik ein Versmaß durchgesetzt, das aus fünf Jamben besteht (einer Abfolge von unbetonter und betonter Silbe) und das alexandrinische Versmaß französischen Vorbilds (in sechs Jamben) verdrängte. Seit Lessing diesem Versmaß, genannt ‚Blankvers', mit seinem Drama *Nathan der Weise* (1779) zum Durchbruch verhalf, wird es von allen Stücken, die es aufweisen, durch die deutsche Literaturgeschichte hindurch überliefert. Auch in der Metrik also vollziehen sich Überlieferung und literaturhistorischer Wandel.

Zur literarischen Form gehören alle gestalterischen, poetischen Merkmale von der Gattung über die Rhetorik und den Stil bis zu konkreten Darstellungsverfahren, der Formulierung eines Texts, seinem Klang und seiner visuellen Gestalt. Dass Formmerkmale tatsächlich überliefert werden und nicht nur in einem abstrakten Repertoire außerhalb literarischer Werke existieren, belegt die Tatsache, dass Formen auch aussterben können. Heute schreibt und liest kaum noch jemand Madrigale, ihre Hochzeit hatte diese lyrische Textsorte bei Petrarca im 14. Jahrhundert. Asklepiadeische und Alkäische Strophen, benannt nach antiken Dichtern und unter anderem in der Odendichtung eingesetzt, waren jahrhundertelang sehr verbreitet, werden heute aber nicht mehr verwendet, nicht zuletzt weil die altgriechische Metrik sich in modernen Sprachen nicht vollständig umsetzen lässt. Aber auch jüngere Formen können ungebräuchlich werden. Bürgerliche Trauerspiele werden heute nicht mehr verfasst, weil sie auf den politischen Bedingungen des 18. Jahrhunderts beruhen – Absolutismus und Ständegesellschaft –, die wir seither (weitgehend) überwunden haben. Gelesen und aufgeführt werden die Stücke zum Teil noch, besonders jene von Lessing, aber ihre soziale Aktualität nimmt ab. All diese literarischen Formen waren in ihrer Zeit sehr erfolgreich. Doch wenn sie nicht mehr überliefert werden, geraten sie in Vergessenheit.

Umgekehrt entstehen neue Formen. Mit dem Aufkommen des Postwesens und einer Briefkultur entwickelte sich im 17. Jahrhundert die Gattung des Briefromans. Die Literatur reagiert auf ein mediales und soziales Phänomen und schafft dafür eine narrative Form, die innovativ ist, weil sie keine übergeordnete Erzählinstanz aufweist, sondern aus einer Reihe fiktiver Schreiben besteht. Der Briefroman ist im 18. Jahrhundert in ganz Europa populär, in England zum Beispiel Samuel Richardsons *Clarissa* (1740), in Frankreich Montesquieus *Lettres persanes* (1721), Jean-Jacques Rousseaus *Julie ou la Nouvelle Héloïse* (1761) oder Choderlos de Laclos' *Les liaisons dangereuses* (1782). In der deutschen Literaturgeschichte ist Goethes *Die Leiden des jungen Werthers* (1774) der berühmteste Vertreter der Gattung. Mit der Zeit hat sie sich weiterentwickelt und neue Kommunikationstechniken in der Form des SMS- und des E-Mail-Romans aufgegriffen. Ein Ende dieser literarischen Formtradition ist nicht in Sicht.

Literaturgeschichte durch Rezeption

Wir haben nun über die Voraussetzungen von Literaturgeschichte und die Gegenstände literarischer Überlieferung gesprochen und damit zu klären versucht, wie Texte, ihre Inhalte und ihre Formen durch die Zeit wandern. Aber wir haben noch nicht erörtert, wie diese einzelnen Wanderungen und Überlieferungen sich zueinander verhalten, wie sie sich wechselseitig beeinflussen und, vor allem, wie Merkmale von einem Text in andere Texte ein- und übergehen und auf diese Weise literarische Netzwerke und Strömungen, ja sogar literaturgeschichtliche Epochen bilden können.

Die Übertragung von Merkmalen zwischen literarischen Werken erfolgt durch Autor*innen. Sie entsteht durch Rezeption. Rezeption ist die Wahrnehmung und Aufnahme eines Kunstwerks. Es ist der Vorgang, durch den wir Kunstwerke sinnlich und kognitiv verarbeiten. Literatur wird durch Lektüre rezipiert, ein Gemälde durch Betrachten, ein Musikstück durch Hören. Es gibt zwei Arten – oder Stufen – von Rezeption. Die erste vollzieht sich grundsätzlich. Das Kunstwerk kann eine Person kalt lassen und bald aus ihrem Gedächtnis gelöscht sein. Oder es kann ihr großen Genuss bereiten, sie emotional bewegen oder zum Nachdenken anregen, es kann sie womöglich sogar verändern. Abgesehen von dieser inneren Wirkung aber folgt aus der Rezeption keine nach außen gerichtete Handlung. Die Rezeption bleibt passiv. Sie kann aber anschließend – auf der zweiten Stufe – durchaus eine produktive Handlung stimulieren und als Inspiration zu einem künstlerischen Akt beitragen. Autor*innen können durch die Lektüre eines Texts zu einem eigenen angeregt werden. Diese aktive, kreative Rezeption ist häufig die Grundlage neuer Kunstwerke. Und in aller Regel finden sich Merkmale des rezipierten, inspirierenden Werks in dem neu geschaffenen, sie werden im Prozess der künstlerischen, produktiven Rezeption von einem Text in den anderen übertragen. Das kann bewusst geschehen, etwa wenn es eine bestimmte Eigenschaft eines Texts ist, welche die Neuschöpfung veranlasst. Die Übertragung kann sich aber auch unwillkürlich vollziehen. Das ist wahrscheinlich sogar der Regelfall. Autor*innen greifen beim Schreiben ihrer Werke immer auf ihre Lektüren zurück und lassen Merkmale rezipierter Texte in ihr eigenes Schaffen einfließen. Die Quellen solcher Übernahmen sind den Schriftsteller*innen beim Schreiben möglicherweise gar nicht bewusst, und ihre Rezeption kann lange zurückliegen. Was sie dabei aufgreifen, ist individuell und kann alle Elemente umfassen, die Texte aufweisen und enthalten beziehungsweise die in und mit Texten überliefert werden – von einem einzelnen Gedankenstrich bis zum literarischen Stoff, vom Versmaß bis zum gesellschaftlichen Diskurs, vom einzelnen Begriff bis zum Handlungsgerüst, von einem Figurennamen bis zum Schreibstil.

Die kreative Rezeption vorangegangener Kunstwerke muss sich freilich nicht unbedingt in einer zustimmenden Übernahme oder gar einer Nachschöpfung vollziehen, sondern kann umgekehrt auch gerade in Distanzierung, Zurückweisung oder gar Ablehnung bestehen. Neben einem positiven, affirmativen gibt es gleichsam einen negativen Rezeptionsmodus, der dem Vorangegangenen eine Absage erteilt. Die Gründe für diese Abwendung können vielfältig sein und sich wiederum mehr oder weniger bewusst auswirken. Die rezipierten Werke können als überkommen, altmodisch, unzeitgemäß empfunden werden. Die politischen Bedingungen, unter denen sie entstanden sind, oder die ethische Haltung, die in ihnen zum Ausdruck kommt, können verurteilt werden. Mitunter geht es Schriftsteller*innen auch schlicht darum, sich vom Alten abzugrenzen und etwas entschieden Neues zu schöpfen, ganz anders zu schreiben als ihre Vorgänger*innen. Die ablehnende Rezeption ist für die Literaturgeschichte genauso wichtig wie die bejahende, sie kann für kreative Neuerungen und ästhetischen Wandel sorgen. Häufig spielt sie eine Rolle bei Epochenumbrüchen, wenn eine ausreichend große Anzahl von Autor*innen sich vom herrschenden Stil abwendet und gerade dadurch neue Strömungen begründet.

Die Vorlagen, aus denen sich Schriftsteller*innen für ihre Texte bedienen, müssen dabei nicht zwangsläufig literarischer Natur sein. Als Georg Büchner seine Erzählung *Lenz* (1836) verfasste, informierte er sich über die Biographie des Titelhelden, des Schriftstellers Jakob Michael Reinhold Lenz, aus dem Bericht des Pfarrers und Pädagogen Johann Friedrich Oberlin, der Lenz während einer psychischen Krise betreut hatte, ohne ihm dauerhaft helfen zu können. Diese Rezeption lässt sich aus Briefen Büchners und Entwürfen zu seiner Erzählung rekonstruieren. Der sogenannte Oberlin-Bericht, den der Pfarrer ursprünglich für Freunde und Bekannte verfasst hatte und den Büchner durch persönliche Kontakte aus dessen Nachlass erhielt, ist die wichtigste Quelle für die Erzählung *Lenz* und wird deshalb in manchen Editionen auch eigens mit-überliefert.

Dieses Geflecht an Bezügen und Entlehnungen zwischen Texten wird als ‚Intertextualität' bezeichnet. Wenn die Übernahmen auch aus anderen Künsten oder Medien stammen, spricht man von ‚Intermedialität'. So hat Richard Wagner in seiner Oper *Parsifal* (1882) den literarischen Stoff des Ritters der Tafelrunde zu einem Libretto umgeschrieben und vertont und dabei Elemente aus dem fast 700 Jahre älteren, mittelhochdeutschen Versroman *Parzival* (ca. 1210) Wolframs von Eschenbach rezipiert. Intertextualität und -medialität sind die Resultate von Rezeption und deren sichtbare Spuren. Auf der Grundlage von intertextuellen Bezügen kann also auf produktive literarische Rezeptionsprozesse geschlossen werden. Rezipiert werden kann allerdings nur, was zuvor überliefert wurde. Texte, die nicht mehr überliefert werden, sind dem Kreislauf kreativer Befruchtung entzogen. Überlieferung ist also eine Voraussetzung für Rezeption und literarisches Schaffen überhaupt.

Wenn wechselseitige Rezeption und Beeinflussung sich in einer hinreichend großen Gruppe von Autor*innen über eine gewisse Zeitspanne verdichten, ergeben sich Übereinstimmungen zwischen ihren Werken, die zu Kennzeichen einer Epoche werden können. Formale und inhaltliche Merkmale werden durch die gegenseitige Anregung von Autor*innen und Texten auf andere übertragen und verbreiten und verstärken sich innerhalb eines sich herausbildenden Netzwerks. Im Barock etwa etablierte sich durch solche Einwirkungen und Aneignungen die *Vanitas*-Motivik als Darstellung irdischer Vergänglichkeit. In der Aufklärung nahmen viele literarische Texte am philosophischen Vernunftdiskurs teil und bildeten zusammen ein rationalistisches Textgeflecht, in dem zum Beispiel Metaphern des Lichts eine große Rolle spielen. In der Klassik wurde die Orientierung am griechisch-römischen Altertum, die selbst ein Rezeptionsphänomen darstellt, zu einem Merkmal von Texten, das zeitgenössisch ein breites Echo in der Literatur und den Künsten fand und durch zahlreiche von der Antike inspirierte Kunstwerke verbreitet wurde.

Solche gemeinschaftsstiftenden Bezugnahmen und Analogien können bereits von den beteiligten Autor*innen als Verbindungsstücke eines gemeinsamen ästhetischen Programms aktiv befördert werden, etwa in den poetologischen Entwürfen der Romantik oder in den Manifesten der modernen Avantgarden wie Dada, Surrealismus und Futurismus. Und in der Retroperspektive können sie selbst nach Jahrhunderten noch als Identifikationsmerkmale einer Epoche beschrieben werden. So wird aus Rezeption Literaturgeschichte.

Dritter Theoriekurs – Tragisch lesen

Die Poetik der Tragödie

Wie kam es dazu, dass Menschen Theater einrichteten und dramatische Literatur dichteten? Wie wurde diese frühe Literatur des Theaters von Aristoteles theoretisch konzeptualisiert, was bedeutet dabei vor allem der Begriff des ‚Tragischen'? Und wie können wir uns die Aufführungen im antiken Theater der Tragödie vorstellen?

Es geht um die Anfänge einer der drei großen Gattungen der Literatur. Bevor wir uns der Epik und der Lyrik zuwenden, soll die Dramatik im Zentrum stehen. Indem wir uns mit der *Poetik* des Aristoteles beschäftigen, werden wir uns mit der ersten Theorie des Theaters, mit der Theorie der Tragödie auseinandersetzen, und damit, *avant la lettre*, mit der ältesten Literaturtheorie überhaupt.

Vorspiel am Schwarzen Meer

Um unsere Fragen zu beantworten, gehen wir sehr weit zurück: in die demokratische Polis, den Stadtstaat Athen im 5. Jahrhundert vor Christus, als das Theater der Tragödie zur Blüte kam, auf das Aristoteles sich bezieht. Und wir gehen zunächst sogar noch weiter zurück: in das archaische Griechenland, in dem die Ursprünge dieses Theaters zu finden sind. Diese Ursprünge sind allerdings grausam.

Der italienische Dichter und Regisseur Pier Paolo Pasolini hat zwei griechische Tragödien verfilmt, die er in einem primitiven Altertum spielen lässt: *König Ödipus* von Sophokles (*Edipo Re*, 1967) und *Medea* von Euripides (1969). Ihre Welt hat Pasolini nahezu dokumentarisch in Szene gesetzt – mit dem Blick eines Ethnologen. In *Medea* (mit der Opernsängerin Maria Callas in der Hauptrolle) unternehmen wir eine Reise in die Ferne und in die Fremde, nach Kolchis am Schwarzen Meer, in die Heimat der Titelfigur; wir begeben uns zugleich auf eine Zeitreise in die Vergangenheit, zu den archaischen Anfängen der antiken Kultur und zu den primitiven Vorläufern ihres Theaters.

Die Geschichte der Medea beginnt in dieser Verfilmung mit einem Menschenopfer. Die Szene dauert fast eine Viertelstunde. Pasolini gibt dem gewaltsamen

Abb. 1 Pier Paolo Pasolini, *Medea* (1969): Das Menschenopfer in Kolchis

Ursprung der Tragödie in seiner Inszenierung ein großes Gewicht. Im Zentrum dieses filmischen Prologs sehen wir die Vorbereitung des Rituals, die Tötung des Opfers und die Reaktion der Zuschauer (siehe Abb. 1).

Eine Gruppe bildet unter freiem Himmel einen Halbkreis. Einem gefesselten Mann wird das Haupt geschmückt und der Körper bemalt, man führt ihn herein und bindet ihn an einen hölzernen Pfahl, während die Gemeinde einen rhythmischen Gesang anstimmt. Ein Mann mit einer Axt kommt hinzu und erschlägt ihn. Die Umstehenden heulen schrill auf. Sie nähern sich dem Leichnam und baden ihre Hände in seinem Blut.

Der Film ist für uns aus drei Gründen aufschlussreich: erstens, um uns die rituellen Grundlagen der Tragödie, von denen Pasolini hier ausgeht, zu veranschaulichen; zweitens, um deren schockierende Wirkung nachvollziehbar zu machen, die im Zentrum der aristotelischen Tragödientheorie stehen wird; und drittens, um eine neue Perspektive auf das griechische Altertum einzunehmen, nicht mehr im Sinn eines idealisierten ‚Gipsbüsten-Klassizismus', mit dem wir es seit dem 18. Jahrhundert (und trotz Friedrich Nietzsche) immer noch identifizieren, sondern anthropologisch. Es geht um die Natur des Menschen – und die Grundlagen unserer Kultur.

Die Anthropologie der Tragödie

Wie können aus der schauerlichen Tötung eines Menschen Theater, Literatur und Kultur hervorgehen? Welche Bedeutung soll archaische Gewalt für die Entstehung klassischer Kunst haben? Welche Rolle spielt das Opferritual für die Tragödie?

Wir können uns die Herkunft der Tragödie aus dem Opferritual zunächst sprachlich plausibel machen, indem wir uns die Etymologie anschauen. Was bedeutet das Wort ‚Tragödie'? Es hat im Griechischen zwei Bestandteile: einerseits *trágos* (τράγος), der Bock, und andererseits *oidía, oidé* (ᾠδή), der Gesang; ihre Verbindung, *tragoidía* (τραγῳδία), ist folglich der ‚Bocksgesang'. Aber was soll das bedeuten? Eine schlüssige Erklärung lautet: ‚der Gesang beim Bocksopfer', das heißt: der künstlerische Ausdruck bei einer rituellen Tötung.

In der Inszenierung von Pasolini, die mit einem Menschenopfer beginnt, um dann in eine Tragödie überzugehen, ist zu Beginn ein Ziegenbock zu sehen. Das goldene Vlies, das Jason und die Argonauten aus Kolchis holen sollen, ist das Fell eines mythischen Widders. Immer wieder tauchten in den griechischen Mythen und Tragödien symbolische Opfertiere auf. Was aber hat ein Ziegenbock, was hat ein Opfertier mit der Tragödie zu tun?

In seinem Gespräch „Über Gedichte" (1904) hat Hugo von Hofmannsthal die Dichtung *an sich* aus dem Tieropfer abgeleitet. Indem der Opfernde ein stellvertretendes „Schlachtopfer" als „symbolische Handlung" vollzieht, stirbt das Tier für den Menschen einen „symbolischen Opfertod". Das poetische Symbol entsteht so im Opferritual. Und das Opferritual wird zum Symbol der Dichtung. „Das ist die Wurzel aller Poesie."

Auf der Grundlage archäologischer und textlicher Zeugnisse hat der Altphilologe Walter Burkert eine Theorie vom Ursprung der Tragödie in der Gewalt des Opferritus begründet. Der Mensch entwickelt seine Kultur nicht intellektuell, als *Homo sapiens*, sondern gewalttätig, als *Homo necans*, wie der Titel von Burkerts Studie aus dem Jahr 1972 lautet. Das heißt: als eine Spezies, die tötet. Kultur entsteht aus Gewalt.

Burkert beschreibt eine kulturanthropologische Entwicklung, indem er die klassische Zivilisation aus ihren archaischen Vorläufern herleitet. Sein Ausgangspunkt ist die Jagd als gemeinschaftliche Erfahrung von Gefahr und Gewalt. Gemeinsam zu jagen und zu töten, bedeutet, Aggressionen kollektiv auf ein äußeres Objekt zu richten. Dadurch geschieht zweierlei: Emotionen, die schädlich wären, wenn sie innerhalb der Gruppe ausbrächen, werden nach außen abgeführt; und durch die gemeinsame Erfahrung von Angst, Rausch und Tod wird der affektive Zusammenhalt der Gemeinschaft gestärkt.

Was aber geschieht, wenn die Menschen nicht mehr auf die Jagd gehen, sondern sesshaft werden, wenn sie, anstatt zu jagen, Ackerbau und Viehzucht betreiben? Sie können die Erlebnisse, die ihre Vorfahren bei der Jagd naturgemäß hatten, künstlich herbeiführen, indem sie die Gewalt ritualisieren: indem sie nach einem vorgeschriebenen Ablauf, in einer bestimmten Art und Weise, regelmäßig töten – in Opferhandlungen. Sie jagen nicht mehr, aber sie opfern, und indem sie opfern, machen sie die gleiche Erfahrung, die ihre Vorfahren bei der Jagd machten, und sie ziehen daraus den gleichen affektiven Gewinn: Die gemeinsame Aggression erfährt eine gemeinsame Entladung in der Gewalt. Sie töten ein Tier oder, noch primitiver, noch ursprünglicher – so wie Pasolini seine Tragödie beginnen lässt – einen Menschen.

Alles verläuft nach einem vorgegebenen Muster. Im Tier- wie im Menschenopfer gibt es jeweils einen Priester, der die Tötung vollzieht, weil er von der Gemeinschaft dazu ausersehen ist und stellvertretend die Aufgabe hat, ausnahmsweise das zu tun, was normalerweise und für alle anderen verboten ist, nämlich Gewalt auszuüben, und zwar hochgradig kontrolliert. Neben dem Priester gibt es einen Chor, der die Opferung bezeugt und auf sie reagiert, indem er bestimmte Gesänge anstimmt, die im Zusammenhang des Kults eine Bedeutung haben, während sich die Affekte bei der Tötung entladen. Es gibt also das Opfer, es gibt den Opferpriester, und es gibt die Gemeinde, die als Chor bei der Opferung singt.

Pasolini zeigt das Entsetzen, das Erschaudern in den Blicken derer, die der Opferhandlung beiwohnen und genau wissen, was kommt, und dennoch darüber erschrecken, dass die Gewalt im regulierten Rahmen hier zugelassen und ausgeübt wird. Sie erleben den gleichen Schauder wie ihre Vorfahren, die bei der Jagd gemeinsam ein Tier töteten. Anthropologisch entsprechen solche Rituale dem Bedürfnis des Menschen nach Handlungen, die seine Aggressionen abführen, ehe sie sich aufstauen und spontan ausbrechen können.

In der Mythologie, in religiösen Erzählungen begegnen uns überall Opferhandlungen. Die Bibel, zum Beispiel, ist voll von Opfermythen. Im Alten Testament erteilt der jüdische Gott den Befehl, Abraham solle seinen Sohn Isaak töten, also ein Menschenopfer vollbringen, um seine Gottesfurcht zu beweisen. Im Neuen Testament opfert der christliche Gott seinen eigenen Sohn, Jesus, damit dieser die Sünden der Gemeinschaft auf sich nimmt und die Menschen von diesen Sünden befreit. Wenn wir unter den „Sünden", die Jesus auf sich nahm, nun Aggression und Gewalt verstehen, beschreibt das sehr genau die Logik des rituellen Menschenopfers. Deshalb wird Jesus als „Lamm Gottes", als *Agnus Dei*, verklärt, als ein geopferter Mensch (oder „Gott") beziehungsweise im übertragenen Sinn als ein Opfertier, das der Gemeinschaft die gleiche Reinigungserfahrung ermöglicht. Dieser Ablauf macht ihn zum Heilsbringer, der als Messias gefeiert wird. Der Mythos (in den Evangelien) ist die religiöse Erzählung vom Opferritual, seine ideologische Ausschmückung, welche die Tötungshandlung verklärt.

So ist es auch kein Zufall, dass in der biblischen Geschichte der Ackerbauer Kain den Viehzüchter Abel tötet und nicht umgekehrt. Derjenige also, der mit Tieren Umgang hat, diese regelmäßig schlachten und dadurch Aggression kontrolliert ableiten kann, fällt demjenigen zum Opfer, der diese Gelegenheit nicht hat, der mangels Schlachtung und Ritual einen unkontrollierten Ausbruch von Aggression und Gewalt erlebt und seinen eigenen Bruder umbringt. In solchen religiösen Geschichten steckt ein anthropologisches Wissen von der Funktion ritualisierter Gewalt.

Das Ritual entspricht einem christlichen Gottesdienst, in dessen Zentrum ebenfalls ein Menschenopfer steht. Der Geopferte, Jesus Christus, hängt über dem Altar am Kreuz. Die gemeinsame Kulthandlung leitet der Priester im Wechselspiel mit dem Chor der Anwesenden. Es werden Lieder gesungen, die Gemeinde antwortet auf das, was auf der Bühne, am Altar aufgeführt wird. Beim katholischen Abendmahl wird der Leib des Geopferten sogar verzehrt und sein Blut getrunken.

Der entscheidende Schritt in der Kulturentwicklung besteht nun darin, dass man irgendwann nicht mehr nur keine Menschen mehr opfert, sondern auch keine Tiere. Anstelle von Opfern werden symbolische Handlungen ausgeführt, künstliche Inszenierungen, künstlerische Aufführungen, die ohne Blutvergießen auskommen. Die Tragödie entsteht als symbolische Ersatzhandlung. Sie ist Simulation und Sublimation, Nachahmung und Umwandlung ritualisierter Gewalt. Die Funktionen bleiben die gleichen, und auch das Muster der Handlung bleibt gleich, aber es wird kein Blut mehr vergossen. Das ist ein erstaunlicher zivilisatorischer Fortschritt: die gleichen Effekte zu ermöglichen, ohne dass tatsächlich Gewalt ausgeübt wird. Darin liegt die Leistung der griechischen Zivilisation und die Bedeutung der Tragödie, wenn wir sie vor ihrem rituellen Hintergrund verstehen.

Die Tragödien bewahren die Struktur des Rituals. Es gibt einen tragischen Helden, der geopfert wird. Es gibt denjenigen, der ihn tötet und damit die Funktion des Opferpriesters einnimmt. Das sind die beiden wesentlichen Akteure der Tragödie, Protagonist und Antagonist. Und es gibt den Chor, der auf das Geschehen reagiert und es durch Gesänge, durch Lieder, durch Lyrik kommentiert – durch seinen „Gesang beim Bocksopfer".

Die Tragödie übernimmt die psychologischen, physiologischen und sozialen Funktionen des Opferrituals, ohne wirkliche Gewalt auszuüben, indem sie eine nur noch symbolische Tötung künstlerisch inszeniert. Es geht nach wie vor um Todeserfahrung, Aggressionsabfuhr und den Zusammenhalt derer, die dabei Täter und Zeugen sind. Hieraus wird Aristoteles seine Theorie der tragischen Katharsis entwickeln, der Reinigung von Affekten in der Erfahrung der tragischen Handlung.

Wir können uns fragen, welche Rituale in unserer Kultur diese Funktion heute übernehmen, inwiefern zum Beispiel Fußballspiele oder Rockkonzerte es ermöglichen, kollektiv starke Emotionen zu erleben und dadurch Spannungen abzubauen, so dass – im Normalfall – die Teilnehmer ‚gereinigt' und geeint werden.

In ihrem Aufbau hat die Tragödie wie das Opferritual drei Teile. Erstens die Vorbereitung: Der Platz wird geschmückt, das Opfer wird präpariert, der Chor zieht ein. Ganz wichtig ist dabei, auch für Aristoteles' Theorie, was Walter Burkert die „Unschuldskomödie" nennt. Es wird nicht direkt getötet, sondern zunächst ein Vergehen inszeniert, das die Opferung rechtfertigt. So ist es noch heute im Stierkampf. Das Tier wird nicht einfach hinterrücks umgebracht, sondern zunächst provoziert, damit es den Torero angreift und seine Tötung herausfordert. Auch der tragische Held im Theater muss einen Fehler begehen, der seinen Untergang erklärt und herbeiführt. Das Opferritual beginnt mit dieser „Unschuldskomödie", die den Fehler des Opfers beziehungsweise des tragischen Helden anschaulich macht. Erst dann folgt die eigentliche Opferhandlung. Und die Gemeinde reagiert auf die Gewalt mit Schaudern, mit Schrecken. Schließlich gibt es einen versöhnlichen Abschluss. Man kehrt aus dem sakralen, außergewöhnlichen Modus des Opferns – an einem besonderen Ort in einem besonderen Zustand – wieder in den Alltag zurück, etwa durch ein Festmahl und die Stiftung von Denkmälern.

In den erhaltenen Tragödien können wir den rituellen Ablauf nachvollziehen. Das Opfer als Inhalt und das Ritual als Form waren den griechischen Zuschauern vertraut und durchschaubar. Sie verstanden das Theater als symbolische Handlung vor dem Hintergrund ihrer kultischen Vorläufer. Und auch wir können nachvollziehen, dass die Tragödien jeweils eine rituelle Opferung abbilden, indem wir die Handlungen auf ihren kultischen Kern zurückführen. Immer wieder geht es ausdrücklich um Opfer. In Euripides' *Iphigenie in Aulis* soll Agamemnon seine Tochter opfern – wie im Alten Testament Abraham Isaak. In *Iphigenie bei den Taurern* wiederum soll Iphigenie – nachdem sie, wie Isaak in der Bibel, göttlich gerettet worden ist – ihren flüchtigen Bruder Orest opfern. Medea opfert ihre eigenen Kinder. Die Griechen opfern in den *Troerinnen* die Königstochter Polyxena für Achilles. In den *Phönizierinnen* muss das Opfer des Menoikeus die Stadt retten. In den *Bakchen* wird Pentheus zum Opfer einer besonders grausamen Form des Rituals, als ihn die Mänaden, die Anhängerinnen von Bakchos, Dionysos, dem Gott des Theaters, mit bloßen Händen zerreißen – ein sogenannter *sparagmós*. In Sophokles' *König Ödipus* nimmt der Held die Schuld der Gemeinschaft auf sich, indem er sich selbst opfert – wie Jesus Christus. Indem er sich blendet und in die Verbannung geht, befreit er die Menschen von allem Übel, er reinigt und rettet sie und verwandelt sich dadurch von einem Sündenbock in einen Messias, den sie verehren – in *Ödipus auf Kolonos*.

Aber auch wo es nicht so offensichtlich erscheint, ist der Tod des tragischen Helden in der Tragödie in der Regel als Opfer zu verstehen und das Schauspiel als symbolische Übersetzung des Rituals zu begreifen. Simon Critchley spricht von der Tragödie als „Meta-Ritual".

Das kulturelle Wissen von der Ritualität der Tragödie findet sich noch zweitausend Jahre später in den Tragödien von Shakespeare. „Lasst uns Opferpriester sein und keine Schlächter", sagt Brutus, bevor die Verschwörer Julius Caesar ermorden, als handele es sich nicht um einen politischen Mord, sondern um ein rechtmäßiges Ritual: „Let us be sacrificers, not butchers."

Die *Orestie* des Aischylos

Die opferrituelle Form der Tragödie können wir an einem Beispiel genauer betrachten. Die einzige erhaltene Trilogie der attischen Tragödie ist die *Orestie* des Aischylos (458 v. Chr.). Der erste Teil, *Agamemnon*, gestaltet den Konflikt zwischen Agamemnon und Klytaimestra als ein (vermeintliches) Opferritual, in dem die Täterin ihren Mann wie eine Priesterin das Opfertier erschlägt. In der *Odyssee* sagt der Schatten des Agamemnon zu Odysseus im Hades: „So erschlägt man den Stier an der Krippe!" (4. Gesang, Vers 535) Der Chor der Argiver bildet die Gemeinde derer, die diesem Opferritual beiwohnen.

Als der Sieger von Troja, König Agamemnon, nach Argos zurückkehrt, hat seine Frau, Klytaimestra, inzwischen ein Verhältnis mit seinem Vetter, Aigisthos. Sie erwartet ihn, um ihn ‚wie einen Stier' zu erschlagen. Entscheidend ist, dass sie diese Tötung wie eine Opferpriesterin vollzieht, indem sie ihn dazu verleitet, wie ein Opfer einen Fehler zu begehen, als Zeichen seiner Verfehlung, seiner Hybris, denn nur so könnte sie straffrei ausgehen. Dann wäre es kein Mord, sondern legitime Gewalt in Form eines Ritus: das perfekte Verbrechen. Entsprechend gewinnt das Stück seine Spannung aus der Frage, ob es Klytaimestra gelingen wird, ihren Ehemann zum Opfer in einem Ritual zu machen, oder ob ihre Tat als Verbrechen durchschaubar wird.

Im zweiten Teil, *Choephoren*, sieht sich Orest vor die Aufgabe gestellt, die Ermordung des Vaters an der Mutter zu rächen. Diejenige, die eben noch Täterin war, wird nunmehr ihrerseits zum Opfer. (Das ist das Muster der *Hamlet*-Handlung.)

Im dritten Teil, *Eumeniden*, scheint, nachdem Orest den Muttermord vollbracht hat, die Blutrache zunächst weiterzugehen. Die Fluchgeister der Mutter, die Erinyen, verfolgen ihn, und er droht nun seinerseits vom Täter zum Opfer zu werden. Da erscheint Athene, und die Göttin gebietet den Rachedämoninnen Einhalt. Es wird in Athen ein juristisches Verfahren eingerichtet, das über den Fall entscheidet. Dies ist der kulturgeschichtliche Sprung, von dem das Stück handelt, eine potentiell endlose Eskalation rechtlich zu schlichten, die archaische Gewalt durch ein demokratisches Gericht zu ersetzen – so wie das ästhetische Schauspiel das blutige Opfer ersetzt. Das Stück endet mit einem Prozess, man könnte auch sagen, mit einer Inszenierung – und mit einem Freispruch. So werden Jahrhunderte der Kulturgeschichte wie im Zeitraffer in kürzester Zeit und auf engstem Raum zusammengefasst.

Strukturell entspricht Aischylos' *Orestie* also einem dreifachen Opferritual. Aber im letzten Teil wird dieses Ritual transzendiert, es wird überwunden und auf eine neue Ebene gebracht. Die Tragödie handelt selbstreflexiv von der Geschichte der Gattung, nämlich davon, wie blutige Gewalt durch ein bürgerliches Verfahren ersetzt wird – wie Gericht, Demokratie und Theater an die Stelle von Gewalt, Terror und Opferung treten.

René Girard und die Imitation

Eine analoge Deutung des Zusammenhangs von Opferritual und Kulturentstehung hat der französische Literaturwissenschaftler und Religionsphilosoph René Girard entwickelt. Anders als Walter Burkert geht Girard nicht von der Jagd aus, sondern er wählt einen eigenen Ausgangspunkt, nämlich, anthropologisch oder psychologisch betrachtet, die Mimesis. Er betrachtet die Imitation als menschlichen Grundtrieb. Was uns antreibt, ist unsere Neigung, uns gegenseitig nachzuahmen. Wir begehren stets das, was ein anderer begehrt. So entstehen Konflikte. Ein Objekt wird erst dadurch wertvoll, dass jemand anderes ihm einen Wert beizumessen scheint. Was aber geschieht, wenn auf diese Weise, durch die Mimesis, eine Rivalität entsteht? Es kann zu Ausbrüchen von Gewalt kommen. Aber wenn Spannungen gewaltsam auszubrechen drohen, kann die Gewalt auch auf ein einzelnes Opfer gelenkt werden, so dass die Gruppe wieder geeint und für eine gewisse Zeit befriedet wird. Die Menschen reagieren sich ab, indem sie ihre Aggression auf ein Objekt richten – in einem Sündenbock-Ritual. Diese ‚reinigende' Gewalt wird als göttliche Einwirkung verklärt, so dass das Heilige gewaltsam und die Gewalt heilig erscheint. Seiner Studie gab Girard den Titel: *La violence et le sacré – Das Heilige und die Gewalt* (1972).

Wenn die Menschen diese Erfahrung machen, so Girards These, kommen sie auf den Gedanken, diese reinigende Erfahrung institutionalisieren zu können. Regelmäßige Opfer sollen künftig den Fortbestand der Gemeinschaft sichern, indem sie die spontane Tötung kontrolliert wiederholen. Sie töten dann einen Kriegsgefangenen, einen Stier oder einen Bock. Der Effekt jedoch bleibt der gleiche.

Anders als Walter Burkert geht René Girard also nicht von der Jagd, sondern von der Nachahmung aus. Das Ritual aber ist in jedem Fall ein Fundament der Religion und der Kultur. In den Tragödien lässt sich diese Logik nachvollziehen. Die Pest, die – wie zuletzt die Corona-Pandemie – auf dem Gemeinwesen lastet, symbolisiert eine Krise der Gemeinschaft in Theben; da kommt Ödipus, er entschlüsselt das Rätsel der Sphinx und befreit die Thebaner von ihr, aber vor allem erlöst er sie, indem er sich nach Vatermord und Inzest selbst zum Sündenbock macht. Die Pest verschwindet, und Ödipus verwandelt sich vom Schuldigen, der sich opfert, in einen Retter, in einen Messias – wie Jesus Christus.

Kultur entsteht durch das Management von Aggression, durch die Inszenierung von Gewalt. Walter Benjamin schrieb im *Ursprung des deutschen Trauerspiels* (1928): „Die tragische Dichtung ruht auf der Opferidee."

Die Kritik des Schauspiels

Der Zusammenhang zwischen ritueller Gewalt und tragischer Inszenierung wurde auch von den antiken Kritikern der Tragödie gesehen. Tertullian, ein christlicher Fundamentalist, begründet in einem Buch über die Spiele, *De spectaculis* (2. Jahrhundert), warum alle Spiele zu verbieten seien – Theateraufführungen ebenso wie Sportveranstaltungen. Denn auch Theater und Wettkämpfe seien eigentlich ein heidnischer Kult. Dieses Spieleverbot hat aus heutiger Sicht etwas Talibaneskes, die Argumentation enthält aber auch eine anthropologische Wahrheit. Denn Tertullian erkennt – aus seiner Sicht als radikaler Christ – die vorchristliche Ritualität des Theaters. Und er meint, dass die Emotionen, die im Theater ausgelöst werden, gefährlich seien, weil es sich im Prinzip um die gleichen Emotionen handele, wie sie das Opferritual hervorgerufen hat. Der einzig zulässige Kultakt sei der christliche Gottesdienst – und im Jenseits das Jüngste Gericht. Der christliche Gegner der Spiele bestätigt so *ex negativo* die rituaItheoretische Begründung des Theaters.

Auch Platon, der Lehrer von Aristoteles, hatte eine negative Auffassung vom Schauspiel, vom Theater, von der Kunst, und zwar nicht nur, weil die Kunst aus der Perspektive seiner idealistischen Philosophie lediglich ein Abbild zweiten Grades sei – die Wirklichkeit wäre das Abbild der Ideen, und die Kunst wiederum das Abbild der Wirklichkeit (wie Sokrates in der *Politeia* erkenntniskritisch erklärt). In seinem Dialog mit dem Titel *Ion* (ca. 395 v. Chr.) führt Platon weiterhin aus, die Affekte, welche durch eine künstlerische Darbietung ausgelöst werden, seien ihrerseits problematisch. Die Begriffe, die er verwendet, sind ohne Weiteres auch im Griechischen verständlich: *manía, ékstasis, enthousiasmós*. Ion ist ein Rhapsode, ein Vortragskünstler, ein Schauspieler, der erklärt, dass er sich in die Rollen, die er verkörpere, in den Text, den er vortrage, hineinversetze, und zwar nicht intellektuell, sondern emotional, als sei er beteiligt, besessen, und diese Emotionen übertragen sich dann auf das Publikum. Der Schauspieler ist also eine Art Medium der Kunst, und durch seine Vermittlung löst er vernunftwidrige Zustände aus, einen Rausch, man ist wie von Sinnen. Deshalb war die Kunst, die Literatur, das Theater für Platon verdächtig.

Beide, der griechische Philosoph, Platon, wie der frühchristliche Fundamentalist, Tertullian, nehmen die Kunst buchstäblich ernst und verkennen ihre symbolische

Leistung. Sie betrachten die Affekte, welche die Kunst auslöst, als derart gefährlich, als würden sie unvermittelt in der alltäglichen Wirklichkeit vorkommen – außerhalb des Theaters.

Platons Schüler Aristoteles dagegen verfolgt in seiner *Poetik*, als er sich mit der Tragödie auseinandersetzt, einen ganz anderen Ansatz, indem er die nur noch symbolische und keineswegs schädliche, sondern im Gegenteil heilsame Wirkung der Affekte, die eine Tragödie auslöst, erkennt.

Auf vergleichbare Weise stellt sich heute in Diskussionen um Medienwirkung und Jugendschutz die Frage, ob zum Beispiel Videospiele oder Horrorfilme gefährlich seien, weil sie Emotionen auslösen, die im Alltag gefährlich wären, oder ob das Gegenteil der Fall ist, weil sie Emotionen auslösen, die für die Wirklichkeit ungefährlich werden, aber durch die Kunst entschärft werden. Die Frage ist: Regt Gewaltdarstellung in der Kunst zur Gewalt an, oder führt sie die Gewalt im Gegenteil spielerisch ab?

Aristoteles

Die klassische Theorie der Tragödie entwickelte Aristoteles in seiner *Poetik*, seinem Werk von der Dichtkunst (um 335 v. Chr.) – beziehungsweise wörtlich verstanden von der Kunst des Machens oder Erzeugens einer solchen: *Perí poietikés* (Περὶ ποιητικῆς, von ποιεῖν, machen). (Das zweite Buch galt wahrscheinlich der Komödie und ist verloren gegangen. Davon handelt Umberto Ecos Roman *Der Name der Rose* [1980], in dem es um die Frage geht: Was wäre, wenn Aristoteles' Schrift über die Komödie wieder aufgefunden würde? Könnte das die Ehrwürdigkeit des Philosophen aus der Sicht fanatischer Christen in Frage stellen?)

Was uns erhalten blieb, ist der Teil über die Tragödie. Hier hebt Aristoteles das strenge Urteil seines Lehrers Platon gegen die Kunst auf, indem er sie nicht mehr wörtlich, also faktisch und faktual, sondern symbolisch versteht, als etwas fiktiv und fiktional Inszeniertes, und indem er den Anspruch der Kunst auf ihre befreiende Wirkung bezieht. Er gelangt zu dem Schluss, dass der affektive Effekt einer Tragödie nicht mehr ansteckend sei, sondern im Gegenteil heilsam. Mit anderen Worten und medizinisch gedacht: Dichtung infiziert nicht, sondern sie impft. Sie reinigt uns, sie bewirkt eine Katharsis.

Die Tragödie definiert Aristoteles wie folgt: Dichtung (*poíesis*, ποίησις) ist Nachahmung (*mímesis*, μίμησις). Die Tragödie ahmt das Handeln von Menschen nach. Das Wort ‚Drama' (δρᾶμα) leitet sich her vom griechischen Verb *drān* (δρᾶν), ‚handeln'. Handeln aber bedeutet Verantwortlichkeit. Wir sind verantwortlich für unsere Handlungen. Wer handelt, kann Fehler machen – die Folgen haben.

Im Mittelpunkt der Handlung steht ein tragischer Held. Und dieser Held ist nicht makellos – das ist zentral für Aristoteles und widerspricht unserer naiven Vorstellung von einem Helden. Er mag überdurchschnittlich sein, aber er ist keine Idealfigur. Denn er hat einen Fehler. Dieser Fehler äußert sich meistens in einer Verkennung, einer Fehleinschätzung, einer Selbstüberschätzung: in einer Hybris (ὕβρις). Der Fehler, den der Held *hat*, wird in vielen Fällen auch symbolisch sichtbar gemacht durch ein körperliches Zeichen, durch einen Makel, der häufig eine Wunde oder Narbe ist. Ein tragischer Held ist nicht einfach gut, schön und gesund. Der Name ‚Oidipus', zum Beispiel, bedeutet ‚Schwellfuß', denn Ödipus hat, seit er als Kind ausgesetzt wurde, einen beschädigten Fuß. Philoktet leidet unter einer nie heilenden Wunde. Elektra erkennt ihren Bruder Orestes, als er aus der Verbannung zurückkehrt, an seiner Narbe auf der Stirn (bei Euripides). Und schon der homerische Odysseus, der bei Sophokles oder Euripides die Bühne der Tragödie betritt, kann seine Identität anhand einer Verletzung unter Beweis stellen, als er nach zwanzigjähriger Abwesenheit in Ithaka heimkehrt. Seine Amme erkennt ihn an einer Narbe am Bein, die durch einen Unfall bei der Jagd entstanden war. Es sind unsere Wunden, unsere Verletzungen, die unseren Charakter ausmachen, die uns einzigartig, zu Individuen machen.

Der tragische Held ist also nicht ideal. Denn er hat einen Fehler. Dieser Fehler kann für das Publikum als Zeichen sichtbar gemacht werden. Und aufgrund des Fehlers, den er *hat* und den wir erkennen, *begeht* er einen Fehler. Diesen Fehler, den der Held handelnd begeht, nennt Aristoteles die *hamartía* (ἁμαρτία). Sie ergibt sich nicht einfach so, sondern in einer schwierigen, oft dilemmatischen Situation, aber der Held *muss* einen Fehler machen, der verhängnisvoll seinen Untergang herbeiführt. Dies entspricht der „Unschuldskomödie" beim Opferritual. Durch den Fehler, den der tragische Held begeht, führt er seinen Glücksumschwung herbei, seinen Sturz vom Glück ins Unglück. Er fällt von seiner anfänglichen ‚Fallhöhe'. Sein Leiden – und das Mitleiden der Zuschauer – ist die Konsequenz seines Handelns.

Wir sehen also einen Protagonisten im Vollbesitz seiner Macht, und von dieser Höhe stürzt er durch einen Fehler in den Untergang. Wir müssen uns fragen: Worin, zum Beispiel, besteht Agamemnons Fehler, der seinen Untergang herbeiführt? Warum wird er zum Opfer, indem ihn seine eigene Frau erschlägt? Das Ergebnis des Glücksumschwungs, des selbst herbeigeführten Unglücks, ist das Leid des tragischen Helden (*páthos*).

Aristoteles dekliniert verschiedene Varianten von Glücksumschwüngen und entsprechenden Handlungsverläufen sowie ihre Affektwirkung auf das Publikum durch. Wenn ein Makelloser in den Untergang gerissen wird, ohne dass er etwas falsch gemacht hätte, wäre das traurig, aber nicht tragisch. Wenn ein Schurke Glück hat, wäre das empörend und abstoßend. Wenn ein Schurke bestraft wird, würde uns das nicht erschüttern, sondern unser Gerechtigkeitsgefühl befriedigen. Und wir können ergänzen: Wenn eine ideale Figur Glück hat, ist das erfreulich, aber langweilig. So bleibt nur der eine Fall, um den es Aristoteles geht, dass ein tragischer Held als mittlerer Mann, überdurchschnittlich, aber nicht perfekt, durch einen eigenen Fehler zu Fall kommt.

Im Hinblick auf den Verlauf der Handlung spricht Aristoteles von einer Verknüpfung und einer Auflösung, *desis* (δέσις) und *lysis* (λύσις). Am Wendepunkt der Geschichte, *metabasis* (μετάβασις), wir sprechen auch von ‚Peripetie', *peripeteia* (περιπέτεια), nimmt die Handlung einen neuen Verlauf aufgrund eines Erkenntnisgewinns, einer ‚Anagnorisis' (ἀναγνώρισις). Diese wird oft durch eine Wiedererkennung zwischen den Figuren ausgelöst. Zum Beispiel: Elektra erkennt ihren

Bruder Orestes wieder, an besagter Narbe, und gemeinsam machen sie sich daran, die Mutter für die Ermordung des Vaters zu bestrafen.

Für die griechische Tragödie ist entscheidend, dass es sich nicht um einen Zufall oder Unfall handelt, wie es im alltäglichen Sprachgebrauch häufig zu hören ist, wenn von einem ‚tragischen' Unfall die Rede ist, obwohl eigentlich gemeint ist, dass etwas Schlimmes, Schreckliches oder Trauriges geschehen sei. Diese triviale Verwendung des Begriffs ist ganz *un*aristotelisch, da sie das eigene Verschulden, den ‚Fehler', außer Acht lässt. Tragisch wäre nach Aristoteles etwas nur dann, wenn derjenige, der einen Glücksumschwung erlebt, seinen Absturz ins Unglück selbst herbeiführt – aufgrund einer bestimmten Veranlagung, aber ausgelöst durch eine eigene Handlung. Tragisch ist nie einfach nur ein Unglück, das unschuldig erlitten wird, oder ein gottgesandtes Verhängnis.

Warum ist es so wichtig, dass es sich bei einem tragischen Helden nicht um eine Idealfigur handelt? Weil wir uns als Publikum mit einer solchen Figur besser identifizieren können. Das verstärkt die emotionale Wirkung der Tragödie, weil wir die tragische Handlung umso besser auf uns selbst beziehen können. Wenn *sogar* Ödipus, der, als er ihr Rätsel löst, die Sphinx besiegt, sich durch Verkennung und Selbstüberschätzung in den Untergang reißt, um wie viel eher, sollen wir denken, könnte uns das passieren? Die Tragödie führt so zu einer existenziellen Selbsterkenntnis der Zuschauer, nämlich zu einer Erkenntnis der Begrenztheit unserer Existenz, unserer Anfälligkeit für Fehler, zu einer Einsicht in die *conditio humana*.

Entsprechend definiert Aristoteles den tragischen Glücksumschwung, indem er schreibt, der tragische Held erlebt „nicht trotz seiner sittlichen Größe und seines hervorragenden Gerechtigkeitsstrebens, aber auch nicht wegen seiner Schlechtigkeit und Gemeinheit einen Umschlag ins Unglück, sondern wegen eines Fehlers."

Daraus folgt: Nicht das grausamste Geschehen wirkt auf uns am stärksten, nicht der schrecklichste *splatter*, keine Gewaltpornographie, sondern eine konkrete Handlung mit einer bestimmten Figur in einer spezifischen Konstellation nach einem erprobten Modell geregelter Affektökonomie. Es gilt nicht einfach der Grundsatz: je mehr Blut, desto stärker die Wirkung. Sondern es wird genauestens dosiert, wie die Gewalt vorgestellt werden soll, damit sich der gewünschte Effekt auf das Publikum einstellt.

Um diese Wirkung der tragischen Handlung zu beschreiben, gebraucht Aristoteles drei Begriffe, die wir ebenfalls vor dem Hintergrund des Opferritauls verstehen können: *éleos*, *phóbos* und *kátharsis* – Jammer und Schaudern sowie eine daraus folgende Reinigung. (So übersetzt Manfred Fuhrmann. Lessing spricht von „Mitleid" und „Furcht", wobei auch diese als ein Mitleid zu verstehen ist, das wir „auf uns selbst" beziehen.) Das sind die Affekte, welche die Menschen bei einem Opferritual erlebt haben müssen. Und die gleichen Affekte hatten sie weiterhin, als dieser Zusammenhang noch lebendig war, in der Tragödie – auch wenn wir sie in dieser Intensität als Zuschauer im Theater heute nicht mehr erfahren.

Entsprechend kann Aristoteles definieren: „Die Tragödie ist Nachahmung (*mímesis*, μίμησις) einer guten und in sich geschlossenen Handlung von bestimmter Größe, in anziehend geformter Sprache [...], die Jammer (*éleos*, ἔλεος) [Lessing:

„Mitleid"] und Schaudern (*phóbos*, φόβος) [Lessing: „Furcht"] hervorruft und hierdurch eine Reinigung (*kátharsis*, κάθαρσις) von derartigen Erregungszuständen herbeiführt." Beziehungsweise, da der Genitiv mehrdeutig ist – wie wir gleich noch genauer betrachten werden: „eine Reinigung derartiger Erregungszustände."

Warum aber soll das Ergebnis einer Theateraufführung eine Reinigung sein? Ein solches Ergebnis einer Kunsterfahrung ist keineswegs selbstverständlich. Aristoteles denkt die Wirkung der Tragödie physiologisch und medizinisch. In uns gibt es etwas, das gefährlich ist und entschärft oder ausgesondert werden soll, das wir loswerden müssen, von dem wir uns zu reinigen haben. Wir können es ‚toxisch' nennen, Aggression und Gewaltpotential oder darunter allgemein Affekte verstehen, die für die Gemeinschaft schädlich werden können. Diese Affekte gilt es abzureagieren. Die Tragödie wirkt nach der Logik der Impfung, indem sie ein Übel kontrolliert hervorruft, um es unschädlich zu machen, um es gefahrlos loszuwerden.

Dabei kann man sich fragen, warum wir ausgerechnet von Mitleid und Furcht, Jammer und Schaudern „gereinigt" werden sollten. Das Pronomen, *tón toioúton* (τῶν τοιούτων), „dieser" oder „derartiger", bezieht sich indes nicht allein auf die genannten Affekte („dieser"), sondern allgemeiner auf weitere, vergleichbare Gemütszustände („derartiger"). Und wir können es zudem so verstehen, dass damit auch ästhetische Emotionen gemeint sind, also solche, die wir aufgrund einer Kunsterfahrung erleben, die dabei jedoch jenen entsprechen, wie wir sie im wirklichen Leben angesichts einer tatsächlichen Gewalthandlung hätten.

Darüber hinaus ist der Genitiv im Griechischen nicht eindeutig, denn im Original heißt es: *tèn tón toioúton pathemáton kátharsin* (τὴν τῶν τοιούτων παθημάτων κάθαρσιν). Die Stelle ist zweifach lesbar. Die erste Möglichkeit ist der *genitivus objectivus* – eine Reinigung „dieser" oder „derartiger" Affekte. Die Affekte, die wir haben, werden gleichsam veredelt, aber sie bleiben vorhanden. Die zweite Möglichkeit ist der *genitivus separativus*, eine Reinigung „von diesen" oder „von derartigen" Affekten. Das heißt, vorher hatten wir sie, und hinterher sind wir sie los. Vielleicht ist aber auch beides zugleich gemeint: eine Reinigung als Abfuhr und Läuterung.

Fassen wir also zusammen, was Aristoteles' Tragödientheorie ausmacht: Eine im Prinzip gute, überdurchschnittliche, aber nicht perfekte, sondern fehlerhafte Figur, die sich insofern für die Zuschauer zur Identifikation eignet, erleidet in einer schwierigen, dilemmatischen Situation, aber entscheidend ausgelöst durch einen eigenen Fehler (*hamartía*), der ihrem charakterlichen Fehler entspricht (Hybris), einen Glücksumschwung, einen Fall vom Glück ins Unglück, der beim Publikum die tragischen Affekte auslöst, nämlich *éleos*, Mitleiden, und *phóbos*, Erschaudern, was zu einer Reinigung, *kátharsis*, „dieser" beziehungsweise „derartiger" Affekte oder „von diesen" beziehungsweise „von derartigen" Affekten führt.

Oder noch einfacher ausgedrückt: Die Tragödie stellt das Verhalten von – überdurchschnittlichen, aber nicht vollkommenen – Menschen dar, die aufgrund eines Fehlers zugrunde gehen. Dieses Geschehen reinigt – indem es bei uns Jammer und Schaudern auslöst – unseren Gefühlshaushalt.

Das Theater der Tragödie

In welchem Theater wurden die Tragödien aufgeführt, die sich aus dem Opferritual entwickelt hatten und die Aristoteles in seiner *Poetik* analysiert hat? Sowohl die Architektur des Theaters wie auch die Struktur der Stücke, also Szenographie und Dramaturgie, können wir vor dem Hintergrund der Ritualtheorie von Walter Burkert oder René Girard wie auch der Tragödientheorie von Aristoteles verstehen.

Alles an diesem Theater ist symbolisch. Wenn man seine Räumlichkeit in ihrer Zeichenhaftigkeit versteht, wird bedeutsam, woher die Figuren auftreten, wohin sie abtreten, woher der Bote kommt, wer wann ins Haus geht oder wieder heraustritt.

Was ist an den Bauten der Theater bemerkenswert? Auf den ersten Blick fällt auf, dass die Aufführungen unter freiem Himmel stattfanden: *open air*. Allein dies trägt zur existenziellen Botschaft der Stücke bei. Denn wenn wir in einem Halbkreis im Zuschauerraum sitzen, sehen wir, obwohl die Akustik sehr gut ist und wir die Figuren entsprechend verstehen können, die Schauspieler nur klein, aus großem Abstand, und dahinter können wir über die Bühne hinausschauen in die Natur. Ein winziger Mensch ist einer weiten Natur und höheren Gewalten ausgesetzt und begeht dann auch noch einen verhängnisvollen, tragischen Fehler. Das ist etwas ganz anderes, als vor einer modernen ‚Guckkastenbühne' zu sitzen. Und weil es bei Tag hell ist, sehen wir jeweils die anderen Zuschauer. Wir blenden sie nicht aus, wie wenn wir heute auf eine Bühne schauen, als wäre sie eine Kinoprojektion. Sitzen wir seitlich, sehen wir andere Zuschauer gegenüber. Das Publikum der Tragödie als Nachfolger der Opfergemeinde nimmt sich selbst als Kollektiv wahr, das der Opferung des tragischen Helden beiwohnt.

Die Zuschauer sitzen im *theatron*, der Chor spricht, singt und tanzt in der *orchestra*, unten in der Mitte, und man sieht auf die *skene* (σκηνή, daher unser Begriff ‚Szene' oder ‚Szenographie'), vor der die Akteure, die Figuren als Schauspieler, auf einem ‚Proskenion' auftreten und die symbolische Opferhandlung vollziehen. Die Tragödie spielt gleichsam auf zwei Ebenen: Es gibt die Ebene, auf welcher der Chor tanzt und seine Chorlyrik singt, so wie die Gemeinde in einem Gottesdienst singt, und es gibt die Ebene, auf welcher Protagonist und Antagonist, also Opfer und Opferpriester, den Konflikt austragen, der zur Opferung führt. Diese Doppelstruktur finden wir in den Texten der Tragödie wieder. Wer zum ersten Mal eine Tragödie liest, wird feststellen, dass die Passagen, die zwischen den Figuren spielen, viel leichter zu verstehen sind als die Passagen, die der Chor vorträgt. Das liegt daran, dass die Lyrik des Chores archaischer ist, kultischer, anspielungs- und voraussetzungsreicher. Der Chor ist nicht nur im Theater gleichsam eine Ebene tiefer verortet, sondern auch kulturgeschichtlich älter. Denn er steht für die Gemeinschaft der Gemeinde beim Gottesdienst beziehungsweise im Opferritual.

Vom Dionysos-Theater in Athen sind nur noch Ruinen erhalten (siehe Abb. 2). Wir können uns vorstellen, dass auf der *skene*, an einer Art Bühnenaufbau, ein Haus angedeutet war und dieses Haus in der Mitte eine Tür hatte, durch welche die Figuren hineingehen konnten. Das wird in Aischylos' *Agamemnon* sehr wichtig, denn Klytaimestra kann ihren Mann nicht auf offener Bühne umbringen. Es darf keine

Abb. 2 Das Dionysos-Theater an der Akropolis in Athen

Gewalt vor den Augen des Publikums gezeigt werden. Sie muss ihn in das Haus führen, an den verdeckten Tatort, dort ist der eigentliche Tötungsakt unseren Blicken entzogen. Aber wir wissen, dass er kommen wird, wir hören den Schrei aus dem Haus, und erst im Nachhinein wird uns die Leiche vor Augen geführt. Nicht nur übersetzt die Tragödie die Tötung im Opferritual in eine nur noch symbolische Handlung in der Kunst; sie zeigt sie nicht einmal mehr, sie deutet sie nur noch an. Gewalt darf nicht vorgeführt, sondern nur beschrieben oder berichtet werden. Die Tötung wird verborgen und vermittelt, den Blicken entzogen und bloß akustisch dargestellt, von einem Boten geschildert oder nachträglich vor Augen geführt. Der eigentliche dramatische Höhepunkt findet entweder außerhalb des Bühnenraums statt, so dass er nur beschrieben werden kann, oder innerhalb des Hauses, so dass erst nachträglich sein Ergebnis gezeigt werden kann. So kann Ödipus, nachdem er sich geblendet hat, heraustreten; oder die Leichen können mit technischen Mitteln zum Vorschein gebracht werden.

Um etwas, das unseren Blicken entzogen ist, zu vermitteln, hat die Tragödie verschiedene Möglichkeiten, insbesondere den Botenbericht und die Mauerschau. Mit einer Mauerschau beginnt Aischylos' *Agamemnon*. Ein Späher liegt auf dem Dach des Hauses und schaut in die Ferne. Er berichtet *live*, was er dort beobachtet, nämlich das Feuersignal, das die Rückkehr der Griechen aus Troja ankündigt (und vielleicht sogar als Spezialeffekt inszeniert wurde). In simultaner Berichterstattung wird uns erzählt, was wir nicht sehen können, weil es sich außerhalb des Bühnenbereichs abspielt. Die zweite Möglichkeit, etwas Abwesendes zu vergegenwärtigen, besteht in einem Botenbericht: Es kommt ein Herold herein und erzählt, was er abseits des Bühnenraums beobachtet hat. So wird in den *Bakchen* des Euripides geschildert, dass die Mänaden König Pentheus zerrissen haben.

In jedem Fall wird die entscheidende Tat tabuiert. Der eigentliche Gewaltakt ist nicht visuell darstellbar und wirkt gerade deshalb umso stärker. Nicht die schlimmstmögliche Gewaltdarstellung ruft den größten Schauder hervor, sondern die weitestmöglich abgemilderte. Je mehr sie in die Vorstellung verwiesen wird, desto stärker kann sie dort wirken, desto mehr Jammern und Schaudern löst sie im Publikum aus. Die spannungsvolle Dramaturgie von Erwartung, Ereignis und Ergebnis ist besonders eindrucksvoll. Lessing sprach von einem „fruchtbaren" und zugleich furchtbaren Augenblick (*Laokoon*, Kapitel III).

Technisch konnten zwei Theatermaschinen zum Einsatz kommen. Das *ekkyklema* ist eine Rollbühne, die, was im Haus unseren Blicken entzogen war, nachträglich vor Augen führt, also zum Beispiel die Leichen von Agamemnon und Kassandra. Dass eine solche Tricktechnik eingesetzt worden sein muss, um das Innere des Hauses nach außen zu kehren, ergibt sich aus dem Text, denn sonst wäre nicht zu verstehen, warum Klytaimestra, nachdem sie Agamemnon im Haus umgebracht hat, heraustreten und sagen kann: „Hier liegt der Mann, der seine Frau schwer beleidigt hat" (in der Fassung von Peter Stein, S. 82), „dies hier ist Agamemnon, mein Mann, vielmehr seine Leiche" (S. 82).

Die andere Maschine ist eine Art Kran, eine Maschine, *mechané*, die eine Gottheit auf die Bühne herabführen kann. So hat Athene ihre Epiphanie, ihre eindrucksvolle Erscheinung, wenn sie im dritten Teil der *Orestie* den Erinyen Einhalt gebietet (Verse 397 ff.). Daher kommt der Begriff *deus ex machina* (beziehungsweise hier weiblich: *dea ex machina*), eine Gottheit aus der Maschine. Das bedeutet im übertragenen Sinn, dass eine Handlung nicht aus sich selbst heraus zum Abschluss gebracht wird, sondern es eines höheren, künstlichen Einwirkens bedarf.

Auch auf die *mechané* wird im Text der *Orestie* angespielt, wenn Apollon Orestes in Aussicht stellt, man werde schon ein „Mittel" finden, ihn vor der Rache der Erinyen zu bewahren und von der Schuld zu befreien (Vers 81). Denn das Wort für dieses „Mittel" lautet nicht von ungefähr *mechané* (μηχανή) – was zugleich die Theatermaschine bezeichnet.

Die Komödie parodiert diesen Vorgang. Sie macht ihn transparent und damit lächerlich. So lässt Aristophanes in *Der Friede* (412 v. Chr.) nicht mehr die Götter mit einer Maschine herabkommen, sondern den Winzer Trygaios auf einem Mistkäfer hinauf zum Olymp fliegen. Dabei ermahnt der Winzer den Bühnenmeister, die Theatermaschine vorsichtig zu bedienen. („Maschinenmeister, habe wohl Acht auf mich!") Als man später die Göttin des Friedens hervorholt, klemmt das *ekkyklema*. Das Theater weist auf seine Theaterhaftigkeit hin. Es macht seine Inszenierung für die Zuschauer durchsichtig – fast schon so, als wären wir bereits in Brechts ‚Epischem' Theater.

Neben den textlichen oder technischen Möglichkeiten, äußeres Geschehen ins Theater einzubeziehen, durch Botenbericht oder Mauerschau, Flugmaschine oder Rollbühne, gibt es verschiedene Arten der Auseinandersetzung zwischen den Figuren auf der Bühne, zwischen Protagonist und Antagonist. Die eine ist das Rede-Duell, ein sogenannter Rede-Agon. Wie vor Gericht treten die beiden Gegenspieler auf und halten jeweils eine Rede, ein Plädoyer und ein Gegenplädoyer. So sagt Agamemnon schön böse zu seiner Frau, nachdem sie ihn mit einer langen Rede empfangen hat: „Der Zeit der Trennung glichst du deine Rede an." (Vers 915, in der Übersetzung von Emil Staiger)

Das Gegenstück zum langen Rede-Agon ist die kurze Wechselrede. Jede Figur spricht abwechselnd nur einen Vers. Auf jede These folgt eine Antithese, auf jede Replik eine Gegenreplik. Das nennt man ‚Stichomythie', das Hin und Her, in dem sich ein Konflikt zuspitzt. So pointiert der Schlagabtausch zwischen Orestes und Klytaimestra, bevor der Sohn seine Mutter tötet, das Dilemma dieser Konfrontation:

> KLYTAIMESTRA: Du willst die Mutter töten, ich erkenn es, Kind.
> ORESTES: Nicht ich, du selbst bist es, die den Tod dir bringt.
> KLYTAIMESTRA: Vor deiner Mutter Rachehunden hüte dich.
> ORESTES: Und tu ich's nicht, wie des Vaters Hunden fliehen?
> (Verse 922–925, in der Übersetzung von Emil Staiger)

Zwei Ebenen

Den beiden Ebenen der *orchestra* und der *skene* entspricht die Struktur der Stücke mit ihrem mehrfachen Wechsel zwischen Chor und Drama. Die *Orestie* beginnt mit einem Prolog auf der *skene*, mit der Figur des Wächters auf dem Dach des Hauses, der in die Ferne blickt. Es folgt die sogenannte *parodos*, das Einzugslied des Chores. Der Chor ist nicht am Anfang bereits im Theater zugegen, sondern er kommt erst herein – mit Musik und Gesang. Und am Ende zieht er wieder aus, das ist die *exodos*. Zwischen *parodos* und *exodos*, Einzug und Auszug des Chores, entfaltet sich eine Dialektik, ein Wechselspiel zwischen den Chorpartien und der Bühnenhandlung. Auf ein Standlied des Chores (*stásimon*) folgt jeweils ein Auftritt der Figuren (*epeisódion*, das ‚Hinzutreten' – daher der Begriff ‚Episode'). Der Chor reagiert auf die dargestellte Handlung und kommentiert das Geschehen. Wo wir die Lieder des Chores zwischen den Epeisodien als Einschnitte wahrnehmen, werden im modernen Theater, wenn der Chor entfällt, Akte unterteilt.

Hinzu kommen noch weitere technische Bedingungen beziehungsweise Möglichkeiten des Theaters. Zum Beispiel tragen die Schauspieler für ihre Rollen unterschiedliche Masken, das heißt: sie werden nicht als Individuen, sondern als Typen vorgeführt. Auch dies entspricht der kultischen Dimension der Aufführung. Das Theater der Tragödie wirkt – nach der aristotelischen Konzeption – emotional besonders stark, obwohl die Zuschauer sich nicht der Illusion hingeben können, sie sähen wirkliche Menschen, die tatsächlich leiden. Sie konnten sich nicht in eine Figur einfühlen, wie wir es im Kino tun, sondern sie wussten zu jedem Zeitpunkt, auch weil die anderen Zuschauer sichtbar waren: Es handelt sich ‚nur' um eine symbolische Inszenierung. Aber weil man, was an Gewalt dahinter stand, mitdenken und mitfühlen konnte, wirkte diese Künstlichkeit dennoch so stark. Die Tragödie war so überwältigend, obwohl oder gerade weil man ihre Darstellung nicht mit der Wirklichkeit verwechseln konnte.

Das Theater der Tragödie ist also alles andere als naturalistisch. Wenn Brecht dennoch später mit dem Gestus auftreten wird, endlich Schluss zu machen mit dem „aristotelischen" Theater der „Einfühlung", um ein „anti-aristotelisches" Theater zu schaffen, dann meint er damit womöglich eher ein anti-*naturalistisches*, da er sich vom Theater des Naturalismus ganz unmittelbar absetzt.

Wettbewerb und Politik

Die Aufführungen waren staatlich reglementiert. Es handelte sich nicht um ein kommerzielles Theater, in dem jeder inszenieren konnte, wie er wollte, sondern um öffentliche Angelegenheiten der gesamten Gesellschaft. Die Tragödien wurden einmal im Jahr im Rahmen von Festspielen inszeniert, die einen Wettbewerbscharakter hatten. Und damit dieser Wettbewerb funktionieren konnte, mussten die Voraussetzungen für alle Teilnehmer gleich sein. Jeder Autor und Regisseur brachte eine Tragödien-Trilogie zur Aufführung, und zwar mit den gleichen Mitteln. So wurde die Zahl der Schauspieler zunächst auf zwei und dann (mit Sophokles) auf drei begrenzt, es war also nur ein bestimmter Einsatz von Rollen, zumindest ein gleichzeitiger Einsatz von sprechenden Rollen möglich. (Ergänzt wurden die Trilogien jeweils durch ein Satyrspiel, eine komische bis groteske Variation der Tragödie, in der triebhafte Fabelwesen den Chor bilden.)

Die allermeisten der mehr als tausend Tragödien sind verloren oder nur fragmentarisch, in Form von Zitaten übrig geblieben. Aber die 31 Stücke, die bewahrt wurden, sind nicht zuletzt deshalb erhalten, weil sie erfolgreich waren, einen Preis bekamen, häufig kopiert und daher gut überliefert wurden. Die Tradierung ist kein reiner Zufall, sondern auch das Ergebnis von literaturgeschichtlichen Vorgängen der Selektion.

Neben dem rituellen Kontext und dem institutionalisierten Wettbewerb hatten die Tragödien und ihre Aufführungen eine politische Bedeutung, und zwar eine doppelte, nämlich eine innenpolitische und eine außenpolitische. Darüber hat der Historiker Christian Meier ein Standardwerk geschrieben, *Die politische Kunst der griechischen Tragödie* (1988, 2022).

Was bedeutete die Inszenierung der Tragödien mit all ihrer emotionalen Eindringlichkeit, wie Aristoteles sie beschrieben hat, zunächst innenpolitisch für die Athener selbst? Man vergewisserte sich in ihnen, so Meiers These, der eigenen Identität und der eigenen Geschichte, indem man den Prozess der Zivilisation von archaischer Gewalt zum demokratischen Verfahren und zur künstlerischen Symbolisierung nachvollzog. Und man fragte sich dabei: Ging dieser Fortschrittsprozess womöglich zu weit? Begingen die Athener selbst eine Hybris wie ihre tragischen Helden, wenn sie ihre Götter vom Olymp herabholten und auf die Bühne brachten, als Figuren in einem Schauspiel, so dass sie diese Götter womöglich nur noch halb ernst nehmen konnten? Mussten sie sich nicht rückbesinnen auf die Ursprünge ihrer Religion, nach denen die Götter ihnen die Regeln gaben? Waren die Mythen neu zu deuten, zu demokratisieren? Wenn in der demokratischen Polis das Theater und mit ihm der Gottesdienst zu einer Art Volksversammlung wurde, war das ein Frevel? Wie verhält sich das, was sie im Theater und in der Politik taten, zur Tradition, zur Religion, zu ihren Ursprüngen?

Während die Inszenierung der Tragödien also einerseits als eine Art Vollversammlung, eine Volksversammlung der attischen Polis zu verstehen war (an der wohl auch Frauen teilnahmen, die von der Politik ausgeschlossen waren), so waren sie andererseits eine nach außen gerichtete Selbstdarstellung. Indem Athens Bundesgenossen mit Abgesandten an den Festspielen teilnahmen und sogar ihren Tribut im Theater entrichteten, wurde Athens imperiale Vormachtstellung manifestiert. Sie wurde im Glanz der Inszenierung der Tragödien gefeiert und den anderen Griechen vor Augen geführt.

Die Tragödien-Festspiele waren kulturell, religiös und politisch das zentrale Ereignis in Athen – wie Fußballweltmeisterschaft, Oscarverleihung, Ostermesse und Parlamentssitzung in einem.

Rausch, Tod und Wiedergeburt

Für das moderne Verständnis der Tragödie ist ein Text epochal: Friedrich Nietzsches *Geburt der Tragödie aus dem Geiste der Musik* (1872). Über die Musik, den Gesang und den Tanz im antiken Theater wissen wir wenig, aber Nietzsche begreift sie in einem grundlegenden Sinn als Elemente eines opernhaften Gesamtkunstwerks. Im Zusammenspiel der Sinne versetzte die Tragödie ihre Zuschauer in eine rauschhafte Ergriffenheit.

Schon der Titel deutet es an: Nietzsche entwirft einen kulturgeschichtlichen Dreischritt. Auf die Geburt folgt der Tod und dann die Wiedergeburt. Nietzsche fragt: Wie ist die Tragödie entstanden? Woran ist sie zugrunde gegangen? Und besteht die Aussicht, dass sie in der Moderne wiederbelebt wird?

1. Die Entstehung der Tragödie beschreibt Nietzsche im Einklang mit der aristotelischen Theorie ihrer überwältigenden Wirkung. Die Tragiker haben einen Ausgleich zwischen zwei Prinzipien hergestellt, die er das „Dionysische" und das „Apollinische" nennt. Das ‚Dionysische' ist das rauschhafte Erlebnis unserer grauenhaften Existenz. Das ‚Apollinische' ist der schöne Schleier der Kunst, der sie erträglich macht. Wir sehen, wie Helden durch eigene Fehler zugrunde gehen; aber wir sehen diese schauerliche Handlung ästhetisch vermittelt. In der Tragödie befinden sich beide Prinzipien, das Dionysische und das Apollinische, im Gleichgewicht – zumindest für eine gewisse Zeit.

2. Dann kommt Euripides, den Nietzsche für den Untergang der Tragödie verantwortlich macht. Der letzte der drei Tragiker habe die Stücke zu rationalistisch, zu realistisch gestaltet und ihnen so ihren kultischen, religiösen Zauber genommen. Der Zuschauer, den Euripides dabei im Blick gehabt habe, sei der Philosoph Sokrates gewesen. Euripides habe also nicht mehr für eine ergriffene Gemeinde geschrieben, sondern für einen Philosophen – und er habe die Tragödie so ruiniert.

3. Gibt es in unserer Kultur noch Tragödien? Werden Tragödien in der Moderne wieder denkbar? Nietzsche hatte zunächst die Vorstellung, das moderne Pendant der Tragödie wäre die Oper Richard Wagners als sinnliches Gesamtkunstwerk. Später kommt er von dieser Idee wieder ab. Aber ist das Modell der Tragödie nicht tatsächlich hochaktuell? Was könnte moderner, dringlicher sein als eine Kunst, die uns vor Augen führt, wie sich die Menschen in ihrer Verblendung selbst den Untergang bereiten?

Nach Aristoteles

Wir haben drei Fragen diskutiert: Wie entstand das Theater der Tragödie aus der Gewalt des Opferrituals? Wie entwarf Aristoteles in seiner *Poetik* die Theorie der Tragödie im Hinblick auf ihre affektiven Wirkungen? Und in welcher Form fanden die Aufführungen statt? Im nächsten Theoriekurs werden wir fortfahren, indem wir die weitere Geschichte des Theaters verfolgen, bis in unsere Zeit, und die weitere Geschichte der Theatertheorien, ausgehend von Aristoteles. Wir werden zwei Linien folgen, nämlich einerseits einer klassizistischen Linie von Theorien, die sich auf die Autorität von Aristoteles berufen, mit Autoren wie Boileau, Opitz und Gottsched; und andererseits einer gegenläufigen Linie von Theorien, die versuchen, das Theater und die Literatur von diesen autoritären Vorgaben zu befreien, mit Autoren von Lessing über Goethe bis Brecht.

Dritte Lesewerkstatt – Wie inszeniert Aischylos die Entstehung der Demokratie?

Die griechische Tragödie

Die *Orestie* von Aischylos ist ein Grundlagentext der europäischen Literatur – als einzige vollständig erhaltene Trilogie der griechischen Tragödie. Ihre drei Teile sind: *Agamemnon*, *Choephoren* und *Eumeniden*. Die *Orestie* wurde im Jahr 458 v. Chr. uraufgeführt und gehört damit zu den ältesten Werken der Literatur, die wir heute noch lesen und im Theater aufführen. Ihre lange Überlieferung ist ein Beleg für ihre literaturgeschichtliche Bedeutung. Und bereits zu ihrer Entstehungszeit war sie ein Publikumserfolg: Bei den Dionysien erhielt sie den Siegerpreis. Die Dionysien waren alljährliche Festspiele in Athen zu Ehren des Dionysos, des Gottes des Rausches und des Weins sowie des Theaters, bei denen neben Opferriten, kultischen Tänzen und Gesängen auch ein Theaterwettstreit veranstaltet wurde. Einige der erhaltenen Siegerstücke dieses Wettbewerbs gehören zu den berühmtesten der Weltliteratur. Neben Aischylos (mit seinen weiteren Stücken *Die Perser*, *Sieben gegen Theben* und *Die Schutzflehenden*) wurden auch Sophokles (*Antigone*, *König Ödipus*, *Elektra*) und Euripides (*Medea*, *Iphigenie auf Aulis*, *Elektra*, *Die Bakchen*) mehrfach ausgezeichnet. Alle drei Tragödiendichter waren sehr produktiv, sie schufen insgesamt wohl rund 300 Stücke, von denen sich aber nur 31 über 2500 Jahre bis heute vollständig erhalten haben. (Angesichts der Schwierigkeiten der literarischen Textüberlieferung, die wir der zweiten Lesewerkstatt besprochen haben, kann man durchaus auch sagen: immerhin 31.)

Die Werke von Aischylos (525–456 v. Chr.) und seinen jüngeren Zeitgenossen Sophokles (ca. 497–405 v. Chr.) und Euripides (ca. 480–406 v. Chr.) bilden die Blütezeit des antiken griechischen Dramas oder, genauer gesagt, der attischen Tragödie, benannt nach Attika, der Region um Athen, wo sie entstanden und uraufgeführt wurden. Trotz ihrer Kürze von nicht einmal 90 Jahren war diese Hochphase des Theaters im 5. Jahrhundert v. Chr. für alle folgenden Epochen überaus wirkungsvoll. Die griechischen Tragödien handeln vor allem von mythischen Stoffen und haben zahlreiche Bearbeitungen und Bezugnahmen angeregt. Ihre Bedeutung als Gattung hat die attische Tragödie auch durch Aristoteles erfahren, der ihre Merkmale, ihre Funktion und ihre Wirkung in seiner *Poetik* beschrieben hat. Diese theoretische Abhandlung über die antike Dichtkunst entstand um 335 v. Chr., also fast ein Jahrhundert nach dem Ende des großen Tragödienzeitalters. Das attische Theater war bereits für Aristoteles ein historischer Gegenstand.

Raumsymbolik

Wie die Topographie des griechischen Theaters, also seine räumliche Aufteilung, sich auf den Aufbau und die Aufführung einer Tragödie auswirkt, können wir uns anhand der *Orestie* vergegenwärtigen.

Keiner der antiken Theaterbauten hat die Zeit unbeschadet überstanden. Aber anhand von Aufnahmen ihres heutigen Zustands gewinnen wir immerhin einen Eindruck ihrer ursprünglichen Anlage. Das Dionysos-Theater, in dem die griechischen Dramen zu den Dionysien zuerst aufgeführt wurden, kann am Hang der Akropolis in Athen als Ruine besichtigt werden; besser erhalten hat sich das etwas jüngere Theater in Epidauros aus dem 4. Jahrhundert v. Chr., in dem noch heute mitunter Stücke aufgeführt werden (siehe Abb. 1); oder das ursprünglich überdachte Odeon des Herodes Atticus aus römischer Zeit, das sich ebenfalls am Hang der Akropolis befindet (siehe Abb. 2).

Abb. 1 Das Theater in Epidauros

Ursprünglich waren die griechischen Theater Freiluftbühnen. Die handelnden Figuren waren buchstäblich Wind und Wetter ausgesetzt – elementaren Mächten, die unsere Existenz bestimmen. Die Aufführungen fanden tagsüber statt, so dass der Stand der Sonne, Licht und Schatten für die Symbolik der Inszenierung berücksichtigt werden konnten.

Die Theater besaßen durch ihre halbrunde Trichterform eine ausgezeichnete Akustik und übertrugen, was auf der Bühne gesprochen wurde, gut hörbar an Tausende Zuschauer. Der Chor betrat seinen Tanzplatz durch zwei seitliche Zugänge, die *parodoi*. Den Chor und die *orchestra* gibt es in neuzeitlichen Stücken und in der modernen Theaterarchitektur nicht mehr, aber beide haben sich in veränderter Form in Opern und Opernhäusern erhalten, wo Chöre auf der Bühne auftreten und die Musik aus einem Orchestergraben ertönt.

Die *skene*, ursprünglich ein provisorischer Bau, der die Bühne nach hinten wie eine Kulisse begrenzte, symbolisierte in der Regel ein Gebäude, ein Haus, in der *Orestie* zum Beispiel Agamemnons Palast. Sie hatte mindestens einen Durchlass, der den Eingang darstellte. Auf dem Dach des Hauses konnte, wie im Prolog der *Orestie*, ein Schauspieler stehen oder liegen und über die Bühne hinaus blicken, um von einem Geschehen in der Ferne zu berichten. Diese Mauerschau, oder *Teichoskopie*, ist im Theater bis heute ein Mittel, Vorgänge darzustellen, die nicht auf der Bühne gezeigt werden können. Eine vergleichbare Technik, mit der nicht zeitgleich Geschehendes, sondern bereits Geschehenes geschildert werden kann, ist der Botenbericht.

Vor der *skene* hielten sich die Schauspieler auf, wahrscheinlich auf einer leicht erhöhten Bretterbühne. Dort befanden sie sich im Austausch untereinander oder

Abb. 2 Das Odeon des Herodes Atticus in Athen

mit dem Chor in der *orchestra*. Zu Beginn der attischen Tragödie, bei Aischylos, waren lediglich zwei Darsteller zugelassen, die mit Hilfe von Masken alle Rollen des Stücks übernahmen; abgesehen von stummen Rollen, die von Komparsen gespielt werden konnten. Da also immer nur zwei Sprechrollen zugleich auf der Bühne präsent sein durften, lässt sich ermitteln, welche Rollen derselbe Schauspieler verkörpert haben musste – in Aischylos' *Persern* zum Beispiel zunächst Atossa und dann Xerxes, Mutter und Sohn, die nie zur gleichen Zeit ihre Auftritte haben. Bei Sophokles wurde später ein dritter Schauspieler eingeführt, der die dramatischen Möglichkeiten erweiterte.

Kostenlosen Zutritt hatten die stimmberechtigten Bürger der *polis* (Stadt), also alle freien Männer. Ob auch Frauen und Sklaven zu den Aufführungen zugelassen waren, ist umstritten. Von der Bühne waren sie in jedem Fall ausgeschlossen, selbst weibliche Rollen wurden von männlichen Schauspielern dargestellt. So kommen im Theater die politischen und sozialen Machtverhältnisse zum Ausdruck, selbst in der Epoche der griechischen Demokratie, die zur Zeit der attischen Tragödie in Athen das Gesellschaftssystem bildete.

Dramaturgie

Die Dramaturgie der griechischen Tragödie, also ihre Struktur und ihr Verlauf, folgt einem festen Schema. Die Stücke beginnen oft mit einem Prolog auf der Bühne, gefolgt vom Einzugslied des Chores, also einem wahrscheinlich gesungenen und getanzten Vortrag, mit dem der Chor die *orchestra* betritt. Wie der Zugang, den er dabei passiert, heißt das Einzugslied *parodos*. Entsprechend enden die Stücke in aller Regel mit einem Auszugslied, *exodos*, bei dem der Chor die *orchestra* wieder verlässt. Dazwischen wechselt sich das Geschehen vor der *skene* mit weiteren Chorpartien ab. Die Handlungsabschnitte auf der Bühne, die wir heute als ‚Szenen' oder ‚Auftritte' bezeichnen würden, heißen im Griechischen *epeisodia* (Einzahl *epeisodion*, daher das Wort ‚Episode'). Die Lieder des Chores, die nicht den Aus- oder Eintritt begleiten, sondern zwischen die Bühnenhandlung eingeschaltet sind, heißen *stasima* (Einzahl *stasimon*, das Standlied).

Diese dramaturgische Architektur der Dramen entspricht der räumlichen Architektur der Theater. Zwischen dem Prolog und den *epeisodia* auf der einen Seite, *parodos*, *exodos* und den *stasima* auf der anderen Seite wechselt das Geschehen zwischen *skene* und *orchestra* hin und her. Schauspieler und Chor können zwar miteinander interagieren, bleiben aber auf ihrer Ebene, in ihrem Bereich. Wir kennen dieses Wechselspiel im modernen Theater nicht mehr. Abgesehen von wenigen Ausnahmen, etwa Schillers *Die Braut von Messina* (1803), die in klassizistischem Rückgriff Elemente der griechischen Tragödie übernimmt, gibt es den Chor im neuzeitlichen Sprechtheater kaum mehr. Man kann sich diesen Wegfall durchaus auch räumlich vorstellen: Die Ebene des Chores verschwindet aus dem Theater – sowohl architektonisch in Form der *orchestra* als auch dramaturgisch in Form der Tanz- und Liedpartien im Stück. Was übrigbleibt, ist das Geschehen auf der Bühne, die *epeisodia*. Aus ihrer Abfolge wurden im modernen Drama die Akte und Szenen.

Weitere Entwicklungen, die das antike Theater noch nicht kennt, sind: die unbegrenzte Zahl an Schauspielern, die ohne Masken spielen und auch weiblich besetzt werden – noch nicht in Shakespeares Theater, aber bereits zuvor in Italien und etwa ab Mitte des 17. Jahrhunderts auch in England; der Bühnenvorhang, der zwischen den Akten die Bühne verdeckt; und das überdachte, längliche Theaterhaus mit ebenem Parkett und nach drei Seiten abgegrenzter, nur vorn geöffneter Guckkastenbühne, vor welcher der Zuschauerraum frontal ausgerichtet und dunkel ist.

Ausgangsfragen zur *Orestie*

Wir haben im letzten Theoriekurs Aristoteles' Theorie der *katharsis* kennengelernt, einer kollektiven Affektreinigung, die sich durch die Tragödie in sublimierter Weise anhand nur noch symbolischer, gewaltloser, theatralischer Opferungen vollzieht. Mit Walter Burkert haben wir die antike Tragödie als den Endpunkt einer kulturgeschichtlichen Entwicklung aufgefasst, in deren Verlauf die Anwendung von Gewalt von der Jagd über das Opfer bis hin zum Theater immer stärker abgemildert und sozial eingehegt wurde. Auf diese Weise ist die Tragödie ein Mittel zum Abbau von Aggressionen und schädlichen Emotionen, sie fungiert als nachahmender, mimetischer Stellvertreter für eine ehemals blutige Opferung. Die in der Tragödienhandlung zu Tode kommenden Figuren können demnach als symbolisch dargebrachte Opfer verstanden werden.

Diese Theorien wollen wir nun am Beispiel der *Orestie* nachvollziehen, insbesondere anhand ihres ersten Teils, der Tragödie *Agamemnon*. Unsere Analyse wird sich dabei an drei Leitfragen orientieren:

1) Wie wird der Mord an Agamemnon als Opferritual inszeniert?
2) Wie spielt Aischylos auf die rituellen Hintergründe der Tragödie an?
3) Was ist der Fehler von Agamemnon? Inwiefern ist er ein ‚tragischer' Held?

Die Handlung von *Agamemnon*

Die *Orestie* ist im Original auf Altgriechisch und in Versen verfasst. Es gibt verschiedene Übertragungen ins Deutsche, u. a. von dem Schweizer Germanisten Emil Staiger im Reclam-Verlag. Wir legen unserer Lektüre eine jüngere deutsche Prosaübersetzung von Peter Stein zugrunde, einem bedeutenden Regisseur, der die *Orestie* 1980 an der Berliner Schaubühne inszeniert hat. (Zitate aus dieser Ausgabe werden durch Seitenzahlen in Klammern nachgewiesen.)

Idealerweise lesen Sie Aischylos' Stück, bevor Sie hier fortfahren. Sie werden die Analyse dann umso besser nachvollziehen können. Die wichtigsten Handlungselemente sollen im Folgenden zusammengefasst werden.

Prolog: Das Stück spielt in Argos, der Hauptstadt Mykenes, das von Agamemnon regiert wird, einem Abkömmling der Familie der Atriden, benannt nach seinem Vater Atreus. Die Bühne stellt den Platz vor seinem Palast dar. Ein Wächter auf dem Dach des Palasts hält Ausschau, er wartet auf Botschaft aus Troja. Die *Orestie* schließt hier an den Mythos vom Trojanischen Krieg an, in dem die Griechen zehn Jahre lang die befestigte Stadt belagern, weil der trojanische Prinz Paris die schöne Helena entführt hat und ihr Ehemann Menelaos, griechischer Fürst und Bruder Agamemnons, sich dafür rächen will, unter anderem mit Achilles' und Odysseus' Hilfe. Der Trojanische Krieg ist Gegenstand der *Ilias*, eines der homerischen Epen. Das andere, die *Odyssee*, erzählt von der langwierigen Heimkehr eines der griechischen Helden, Odysseus, erschwert durch seine mehrjährigen Irrfahrten. Die *Orestie* schildert ihrerseits, wie der siegreiche Heerführer Agamemnon aus Troja zurückkehrt und welche Konflikte sich daraus ergeben. *Odyssee* und *Orestie* entwerfen also zwei unterschiedliche Fortsetzungen nach den mythischen Geschehnissen des Trojanischen Kriegs. In einer Mauerschau berichtet der Wächter, wie er in der Ferne einen Feuerschein ausmacht. Diese Feuerpost kündigt den Sieg über Troja und die Ankunft des Triumphators Agamemnon an. Etwas beklommen deutet der Wächter Vorgänge im Haus der Atriden an, die dem heimkehrenden König nicht gefallen werden.

Parodos: Der Chor, der im attischen Theater in jedem Stück eine andere Bevölkerungsgruppe repräsentieren kann, besteht hier aus Greisen, die zehn Jahre zuvor bereits zu alt waren, um in den Krieg zu ziehen. Er tritt in die *orchestra* ein. Er weiß noch nicht von Agamemnons Rückkehr und wundert sich, dass Klytaimestra, Agamemnons Frau, die während seiner langen Abwesenheit in Mykene regiert hat, auf den Altären aller Götter Ölopfer darbringt. Offenbar hat sie die Nachricht vom Wächter bereits erhalten und bereitet Agamemnons Ankunft vor. Der Chor erinnert sich an den Beginn des Trojanischen Kriegs und schildert so im Rückblick die Vorgeschichte der *Orestie*. Als man ein Orakel zu den Erfolgsaussichten befragte, wurde beobachtet, wie zwei Adler eine trächtige Häsin reißen. Der Seher Kalchas deutete dies als Zeichen, dass Troja, in Gestalt der Häsin, von Agamemnon und Menelaos, den Adlern, besiegt werden würde. Die beiden griechischen Könige zogen damit aber, wie der Chor erläutert, auch den Zorn von Artemis, der Göttin der Jagd, auf sich, die ungeborene Jungtiere schützt und den symbolischen Jagdfrevel der Griechen – und damit ihren Kampf gegen Troja – nicht duldete. Kalchas sagte daher Unheil für die Griechen voraus. Tatsächlich geriet die Flotte bei der Insel Aulis in eine anhaltende Flaute, welche die Weiterfahrt nach Troja verhinderte. Um Artemis' Widerstand zu besänftigen, entschied sich Agamemnon im Sinn des Orakels zu einem drastischen Mittel: Er opferte der Göttin die eigene Tochter Iphigenie. Unverblümt schildert der Chor dieses Menschenopfer, das der griechischen Streitmacht endlich die Fahrt in den Krieg ermöglichte.

1. *epeisodion*: Klytaimestra tritt auf und wird vom Chor als Herrscherin begrüßt. Sie berichtet vom eingangs gesichteten Feuerzeichen und verkündet den Sieg über Troja. Noch bevor sie Agamemnon, ihrem Mann, wiederbegegnet ist, fürchtet sie, dass die Sieger in Troja gesetzwidrig geplündert und gottlos gefrevelt haben könnten, wodurch sie erneut den Zorn der Götter auf sich gezogen haben könnten.

1. *stasimon*: Wieder allein, kritisiert der Chor den hochmütigen Paris, der durch den Raub der Helena aus dem Haus des Menelaos das von Zeus geschützte Gastrecht verletzte und dadurch seinen Untergang heraufbeschwor. Er beklagt das

Schicksal des entehrten, von Helena und Paris betrogenen Menelaos. Er übt aber auch Kritik am Krieg, der aus diesem unzureichenden Anlass geführt wurde und Leid über ganze Völker brachte. Neben den Kriegstoten erwähnt der Chor die innenpolitischen Folgen des Konflikts – Unruhe und Unmut in der mykenischen Bevölkerung – und den Vergeltungswunsch der Götter, insbesondere der Erinyen, der uralten Rachegöttinnen.

2. *epeisodion*: Ein Herold trifft in Argos ein und kündigt Agamemnons Ankunft an. Er berichtet vom vernichtenden Sieg gegen Troja und von der erfüllten Rache an Paris. Er prangert die Sorge und Zurückhaltung des Chors an und ruft stattdessen zu Freude über den Sieg und zu Erleichterung über die überstandenen Leiden auf. Klytaimestra heißt den Boten willkommen und trägt ihm auf, Agamemnon auszurichten, dass sie treu und ohne Verfehlung auf ihn warte und dass sie ihn gebührend empfangen werde. Nachdem Klytaimestra sich wieder in den Palast zurückzieht, fragt der Chor den Herold nach Menelaos' Schicksal. Der Bote will die Freude des Sieges nicht trüben, berichtet dann aber, wie die Griechen bei der Heimfahrt aus Troja in einen Sturm gerieten und das Schiff von Menelaos verloren ging. Menelaos ist noch nicht zurückgekehrt und wird weiterhin vermisst.

2. *stasimon*: Der Chor spricht über die Folgen unheilvoller Taten und über die Konsequenzen von Hybris, also Hochmut, über Generationen hinweg, so dass ganze Geschlechter von Leid betroffen sind. Nur rechtmäßiges Verhalten bewahre vor Frevel und vor der Rache der Götter.

3. *epeisodion*: Agamemnon trifft auf einem Wagen ein. Mit sich führt er, zunächst versteckt, Kassandra, eine trojanische Prinzessin und Priesterin, die er gefangen genommen und gewaltsam zu seiner Geliebten gemacht hat. Der Chor heißt Agamemnon willkommen. Er wiederholt zunächst seine Kritik am Krieg und besonders am Opfer der Iphigenie, würdigt den König schließlich aber als Sieger über Troja. Agamemnon dankt den Göttern für seine Heimkehr und rühmt sich als erfolgreichen Kriegsherrn. Klytaimestra tritt aus dem Palast und begrüßt Agamemnon. Sie berichtet von ihrem Leid während seiner Abwesenheit und erklärt, dass der gemeinsame Sohn Orestes aus Furcht vor einer Rebellion außerhalb von Argos aufgezogen wird. Sie bereitet Agamemnon mit einem kostbaren Purpurteppich einen Empfang, doch er weigert sich zunächst demütig, diese den Göttern vorbehaltene Ehre anzunehmen und die Prunkgewänder zu betreten. Ein Streit entbrennt. Indem sie ihn umschmeichelt und bei seiner Ehre packt, bringt sie ihn letztlich dazu, den roten Teppich zu beschreiten. Nachdem er ihr befohlen hat, Kassandra als seine Sklavin und Begleiterin aufzunehmen, betritt er den Purpur und anschließend mit Klytaimestra den Palast.

3. *stasimon*: Der Chor äußert eine dunkle Vorahnung und befürchtet nach diesem konfliktträchtigen Empfang, dass die ruhmreiche Heimkehr des Siegers von Troja leidvoll enden wird.

4. *epeisodion*: Klytaimestra versucht, auch Kassandra zum Eintritt ins Haus zu bewegen. Sie schmeichelt ihr und lockt sie mit der Teilnahme an Opferritualen. Auch der Chor redet ihr zu. Kassandra aber bleibt stumm und stellt sich unverständig. Erst als Klytaimestra von ihr abläsßt und wieder in den Palast geht, äußert sich Kassandra. Sie klagt den Gott Apollon an, der ihr die Seherfähigkeit verlieh und

sie zugleich dazu verdammte, dass niemand ihren Prophezeiungen glauben sollte. Sie ahnt, dass auf Agamemnons Familie, dem Geschlecht der Atriden, ein Fluch lastet und dass Klytaimestra Böses vorhat. Der Chor versteht ihre Weissagungen zuerst nicht und hält sie für wahnsinnig, doch immer klarer sieht Kassandra vor ihrem inneren Auge, wie Klytaimestra Agamemnon töten wird. Sie sagt den Hergang des Mordes voraus und erkennt, dass auch sie selbst erschlagen werden wird. Schließlich sieht sie den Ursprung des Atriden-Fluchs: Agamemnons Vater Atreus wurde von seiner Frau mit seinem Bruder Thyestes betrogen. Aus Rache tötete er daraufhin Thyestes' Söhne und setzte sie diesem als Mahl vor. Kassandra erkennt, dass Aigisthos, den Thyestes später mit seiner eigenen Tochter zeugte, den Vater rächen will. Sie sieht das erneuerte Leid, die wiederholte Gewalt, die sich von Generation zu Generation fortsetzt und die Atriden ins Verderben stürzen wird. Denn nach dem Mord an Agamemnon, so weissagt sie, wird auch sein Sohn Orestes sich rächen müssen. Unfähig, ihrer eigenen Prophezeiung zu entfliehen, klagt Kassandra eindringlich, schließlich fügt sie sich aber und tritt in den Palast.

4. *stasimon*: Der Chor ist allein vor dem Haus zurückgeblieben. Plötzlich ertönen Todesschreie aus dem Inneren, und der Chor erkennt, dass Agamemnon und Kassandra umgebracht wurden. Er beratschlagt, was zu tun sei. Nachdem er zuvor stets mit einer Stimme gesprochen hat, ist er sich nun uneins und strebt auseinander.

5. *epeisodion*: Klytaimestra tritt triumphierend vor den Palast und führt die beiden Leichen von Agamemnon und Kassandra vor, die auf dem *ekkyklema*, der Rollbühne, aus dem Bühnenhaus gefahren werden. Klytaimestra verstellt sich nun nicht mehr und gibt offen zu, wie sie sich über den Mord an Agamemnon freut. Sie berichtet den Hergang des Mords, der sich mit Kassandras Weissagung deckt, und prahlt mit ihrer geschickten Täuschung. Der Chor verurteilt ihr Verhalten, doch sie rechtfertigt sich mit der Rache für die Tötung ihrer Tochter Iphigenie. Sie klagt den Chor an, der das Opfer von Iphigenie zugelassen und den Opferer, Agamemnon, nicht verurteilt habe. Sie behauptet, dadurch sei ihre Tat legitim gewesen, und hofft, dass damit die Schuld gesühnt und die Rache beendet sei. Doch der Chor wirft ihr Blutrausch und Mordlust vor und fordert Vergeltung für ihre Verbrechen. Schließlich tritt auch Aigisthos, Klytaimestras heimlicher Geliebter, der das ganze Stück über im Hintergrund geblieben war, aus dem Palast. Er bekennt seine Mittäterschaft und erklärt sein Rachemotiv mit Atreus' Frevel gegen seinen Vater Thyestes. Der Chor verurteilt Aigisthos' Handeln und beschimpft ihn als heimtückischen Meuchelmörder. Dieser rechtfertigt sich mit seiner altbekannten Feindschaft, die ein offenes Vorgehen verunmöglicht habe, während Klytaimestra durch Verstellung und List ihren Gatten habe täuschen können. Aigisthos erklärt seinen Herrschaftsanspruch über Argos, der Chor lehnt diesen entschieden ab. Der Streit eskaliert, ein Gewaltausbruch steht bevor. Mit dem Einschreiten Klytaimestras, die Aigisthos beipflichtet und eine gemeinsame Herrschaft ankündigt, endet *Agamemnon*, der erste Teil der Trilogie.

Nachdem wir den Inhalt des Stücks nun in groben Zügen nachvollzogen haben, können wir die Fragen angehen, die sich ausgehend von Aristoteles' und Walter Burkerts Tragödientheorien ergeben.

Wie wird der Mord an Agamemnon als Opferritual inszeniert?

Die erste Ebene, auf der Opfer in *Agamemnon* ins Spiel kommen, ist die motivische. Durch zahllose Erwähnungen werden Opfer und Opferungen als Motiv des Stücks etabliert, also als Element des Texts, der Handlung und der Aufführung. Schon in seinem Einzugslied am Anfang erklärt der Chor, dass den Trojanischen Krieg kein Opfer wiedergutmachen könne: „Kein Blutopfer, kein Opfergruß [...] beschwichtigt den rasenden Zorn der Götter." (17) Und im anschließenden ersten Gespräch mit Klytaimestra fragt der Chor, warum sie auf den Altären des Palasts Ölopfer darbringt (vgl. 18). Der Riss der Häsin durch die Adler wird ebenso als Opfer bezeichnet wie Iphigenies Tötung (vgl. 21 und 24 f.). Klytaimestra behauptet, der Purpurteppich sei ein „Dankopfer an die Götter" (57), doch Kassandra erkennt, dass die Königin in Wirklichkeit den König opfern will (vgl. 66). Der Palast werde dadurch zum „Menschenschlachthaus" (64). Sie erinnert sich, dass ihr Vater Priamos, König von Troja, die Stadt durch Rinderopfer vergeblich zu schützen versuchte (68). Zuletzt akzeptiert sie ihre Rolle als „Voropfer" (74), das Agamemnons Tötung vorausgeht. Sie riecht den Blutgeruch von Tieropfern und ekelt sich, weil er vom bevorstehenden Mord ununterscheidbar sei: „[E]s riecht nach Mord." (76) Klytaimestra prahlt später, ihr Axthieb gegen Agamemnon sei eine „Dankspende" für den Gott der Unterwelt gewesen (vgl. 80). Sie wirft ihrem Mann vor, dass er seine eigene Tochter „schlachtete" (83): „Wie ein Stück Vieh hat er sie geopfert." (80) Sie hingegen habe die Kinderopfer, die Atreus im Streit mit Thyestes tötete, nun durch das Opfer eines erwachsenen Mannes gesühnt (vgl. 88). Das ganze Stück ist also durchzogen von einem dichten Geflecht an Anspielungen und Bezugnahmen auf Opferungen und Opferrituale.

Dieser Ritualcharakter zeigt sich – auf einer zweiten Ebene – auch in der Struktur des Stücks, die den Phasen einer Opferung entspricht. Zunächst wird das Opfer – Agamemnon – von Klytaimestra ausgewählt, (trügerisch) gepriesen und mit dem kostbaren Purpur (zum Schein) geschmückt. Anschließend wird die Opferung im Palast vorbereitet und durch das Voropfer einiger Tiere sowie Kassandras eingeleitet. Besiegelt durch den Eintritt ins Haus, erfolgt dann die eigentliche Opfertötung, die sich wegen des Verbots der Gewaltdarstellung in der Tragödie und zugunsten ihres sublimierten Symbolismus hinter der Bühne, außer Sicht des Publikums vollzieht. Zuletzt versucht Klytaimestra, eine rechtfertigende Deutung des Opfers in ihrem Sinn durchzusetzen, damit es für die Stadt sinnstiftend und reinigend wirke.

Dass dies nicht gelingt und das Opfer nicht angenommen wird – weder von den Göttern noch von der Bevölkerung –, hängt zusammen mit der dritten Ebene, auf der Opfer im Stück eingebunden werden – nämlich als Antrieb und Schlüsselelement der Handlung. Denn das Opfer wird nicht nur als formales, textliches Motiv fruchtbar gemacht, sondern auch als psychologisches, ja kriminelles. Klytaimestras Plan ist es von Beginn an, sich am verhassten Agamemnon zu rächen, den sie für den Mord an der geliebten Tochter verabscheut. Mithilfe ihres Geliebten, Aigisthos, hat sie dafür einen Plan ersonnen, der es nicht nur ermöglicht, dass sie den Sieger von Troja und körperlich überlegenen Agamemnon töten kann, sondern der es auch erlauben soll, dass sie mit dem Mord straffrei davonkommt. Sie möchte das perfekte Verbrechen begehen – vor aller Augen, aber ohne Konsequenzen. Die Inszenierung eines Opferrituals ist dabei von entscheidender Bedeutung, denn ein Opfer stellt eine Möglichkeit dar, eine Tötung legitim und unschuldig zu begehen. Klytaimestras Erfolg – und ihr Schicksal – hängt also davon ab, ob es ihr gelingt, Agamemnon im Rahmen eines Opferrituals zu töten, das von allen Beteiligten akzeptiert wird. Dafür betreibt sie großen Inszenierungsaufwand. Besonders die Szene, in der sie Agamemnon überredet, den Purpurteppich zu betreten, ist nur so zu verstehen. Ihr Ziel ist es, ihn vor Publikum in eine Opferungshandlung einzubinden, der er sich nicht mehr entziehen kann. Das Be- und Zertreten des kostbaren Purpurs ist Teil der von Klytaimestra orchestrierten „Unschuldskomödie" (wie Burkert diese Phase des Opfers beschrieben hat). So nichtig sie erscheinen mag, diese Übertretung soll – in der Logik des Opferrituals – einen Grund liefern, den zu Opfernden zu töten, indem dieser Schuld auf sich lädt und den Opferer – also Klytaimestra – damit entlastet und entschuldigt. Deshalb ist dies ein Schlüsselmoment der Handlung. Ab dem Moment, in dem Agamemnon auf den Schmuckteppich tritt, ist er dem Untergang geweiht. Der Frevel gegen die Götter, denen allein die Ehre des Purpurs gebührt und die er mit dieser Handlung erzürnt, lässt sich, so Klytaimestras implizite Unterstellung, erst durch sein Opfer wiedergutmachen. So kann sie behaupten, die Tötung sei notwendig, um Menschen und Götter zu versöhnen.

Klytaimestras Plan schlägt jedoch fehl. Ihr Opfer wird nicht anerkannt, an ihrer Schuld besteht für niemanden ein Zweifel, sie wird einer Strafe nicht entgehen. Ersichtlich wird dies vor allem an der Reaktion des Chors. Er stellt innerhalb des Stücks eine Art Publikum dar, welches das Geschehen beobachtet und seinerseits vom Theaterpublikum beobachtet wird. Die Reaktionen des Chors formen die Reaktionen der Zuschauenden vor. Bei einem legitimen und gelungenen Opfer wäre zu erwarten, dass sich, gemäß der kathartischen Funktion dieser sozialen Handlung, die Gemeinschaft der Umstehenden stärkt und eint, aggressive Emotionen abgeführt und Konflikte bereinigt werden. Statt Vergemeinschaftung geschieht aber das Gegenteil: Individualisierung, Partikularisierung, Desintegration. Der Chor fällt auseinander, einzelne Mitglieder äußern sich allein und mit widerstreitenden Ansichten. Die Schockwirkung des Mords sprengt den Chor, Sinnstiftung, Spannungsabbau und Versöhnung finden nicht statt. Der Chor ist keineswegs von der Unschuld der Täterin überzeugt, sondern durchschaut ihre Vermischung von Ritual und Verbrechen: Er wirft ihr ein „mörderisches Opfer" (83) vor. Die Ungeheuerlichkeit des Geschehens wird sogar in die räumliche Dimension des Theaters übersetzt. Denn in seiner ersten Empörung droht der Chor, die Bühne zu stürmen und die Mörderin zur Verantwortung zu ziehen: „Ich bin dafür, so schnell wie möglich in das Haus zu dringen, um mit gezücktem Schwert die Sache selbst zu überprüfen." (78 f.) Beinahe wird hier also die Schwelle zwischen *skene* und *orchestra* überwunden, die ansonsten die Bereiche der Bühnenhandlung und des Chors räumlich und dramaturgisch voneinander trennt.

Dass Klytaimestras Opferritual als nur vorgetäuschtes nicht akzeptiert wird, liegt auch an ihr selbst. In ihrer Inszenierung hat sie für sich selbst die Rolle der Opferpriesterin vorgesehen, die allein straffrei töten darf. Als wahre Opferpriesterin müsste sie aber überparteilich sein, sie dürfte keine über das Ritual hinausgehenden Interessen haben, vor allem dürfte sie nicht das Ziel verfolgen, aus niederen Beweggründen eine bestimmte Person zu töten. All dies trifft auf Klytaimestra nicht zu. Sie hat mindestens fünf Gründe für ihr Verbrechen, also fünf Mordmotive: Sie will Rache für die Opferung ihrer Tochter Iphigenie. Sie will die Herrschaft in Argos nicht aufgeben, das sie während des Trojanischen Kriegs zehn Jahre regiert hat. Sie will ihre Beziehung mit ihrem Geliebten, Aigisthos, weiterführen. Sie unterstützt dessen Rache für Atreus' Frevel an Thyestes. Und sie verabscheut Agamemnon für dessen Untreue mit Kassandra. Als interesselose Priesterin ist Klytaimestra von Anfang an eine Fehlbesetzung – deshalb scheitert ihre Inszenierung.

Wie spielt Aischylos auf die rituellen Hintergründe der Tragödie an?

Nach der kulturgeschichtlichen Rekonstruktion in Walter Burkerts *Homo Necans* (1972) gehen dem nur noch symbolischen Opfer in der Tragödie zwei Zivilisationsstufen voraus. Auf der ersten, der archaischsten, erfuhren die Menschen die kathartische, aggressionsregulierende Wirkung gemeinsam ausgeübter Gewalt bei der Jagd. Später wurde die Gewalt weiter eingegrenzt und nur noch zu bestimmten Zeitpunkten und im Rahmen eines vorgeschriebenen Rituals zugelassen, beim Opfer. Dieses wurde erst noch an Menschen und anschließend, nach einem weiteren Schritt der Abmilderung, an Tieren vollzogen. Diese beiden Vorstufen der Tragödie werden in Aischylos' *Agamemnon* selbstreflexiv thematisiert: in Form des Jagdmotivs und durch Tier-Mensch-Vergleiche.

Das Thema der Jagd wird, wie wir gesehen haben, erstmals beim Vogelschau-Orakel eingeführt, bei dem zwei Adler Jagd auf eine trächtige Häsin machen und damit den Zorn von Artemis, der Göttin der Jagd, auf sich ziehen. Damit ist das Motiv aber längst nicht ausgeschöpft. Im weiteren Verlauf des Stücks wird immer wieder auf die Jagd angespielt. So wird die geraubte Helena als Beute beschrieben, welche die Griechen hetzen wie „Jagdhunde" (47). Besonders Klytaimestra wird mit dem Jagdmotiv verbunden und selbst als Jägerin dargestellt, unter anderem indem sie auf Agamemnon lauert und ihn in ihr Fangnetz einspinnt wie eine „Spinne" (87 f.). Tatsächlich bindet Klytaimestra Agamemnon vor dem Mord in Tücher und Gewänder, also in „Gewebe" (87 f.), und macht ihn so wehrlos. Ihre Jagd mit Netzen wird auch als Fischfang metaphorisiert. Schon Kassandra sieht in Klytaimestras unheilvoller Verführung ein „Fischnetz des Todes" (65). Später beschreibt Klytaimestra selbst ihre Täuschung als ein „undurchdringliches, unendliches Fangnetz, wie zum Fischfang" (80). Im weiteren Verlauf der *Orestie*, in den *Choephoren* und den *Eumeniden*, wird die Jagd noch grundlegender zum Handlungsmuster. Wie von Klytaimestra und dem Chor am Ende des *Agamemnon* befürchtet, wird sich die Blutrache fortsetzen. Orestes, der Sohn von Agememnon und Klytaimestra, wird die Mutter töten, um sich für den Mord am Vater zu rächen. Er wird daraufhin von furchtbaren Rachegöttinnen, den Erinyen, verfolgt. Sie machen gleichsam Jagd auf ihn und hetzen ihn beinahe in den Untergang, bevor am Schluss der Trilogie ein Gerichtsprozess über seine Tat urteilt.

Wie an der Gleichsetzung Klytaimestras mit einer Spinne ersichtlich, sind mit dem Jagdmotiv Vergleiche zwischen Menschen und Tieren verknüpft. Der Wächter wird am Beginn des Stücks als wartender „Hund" (13) bezeichnet, die hellsehende Kassandra als „Nachtigall" (67) und später als „Schwan", der „vor dem Tod ein letztes Trauerlied sang" (84), Aigisthos als „feiger Löwe" (72) und als eitel krähender „Hahn" (98). Besonders häufig und bezeichnend sind die Analogien mit Opfertieren. Als der Chor die unheilvolle Vorgeschichte auf Aulis erzählt, berichtet er, Iphigenie sei bei ihrer Opferung „wie eine Ziege hoch über den Blutstein" (25) gehalten worden. Ihre Mutter greift dieses Bild auf und wirft Agamemnon vor, Iphigenie „wie ein Stück Vieh" aus einer seiner „Schafherden" (83) geschlachtet zu haben. Als Kassandra sich in ihr unausweichliches Schicksal fügt und vor dem Eintritt in den Palast steht, wo der Tod auf sie wartet, fragt der Chor verwundert: „Aber wenn du wirklich dein Schicksal kennst, warum gehst du dann freiwillig zum Blutstein wie ein gottgetriebenes Rind?" (75) Kassandra antwortet knapp: „Es gibt kein Entkommen, Fremde, kein Entrinnen, nein, die Zeit ist um." (75) Und schließlich wird auch Agamemnon, dessen inszenierte Opfertötung im Zentrum des Stücks steht, mit Opfertieren in Verbindung gebracht. Als Klytaimestra ihn bereits in den Palast gelockt hat, es ihr aber zunächst nicht gelingt, auch Kassandra zu überreden, wendet sie sich ab mit den Worten: „Denn schon stehen am Altar im Innersten des Hauses die Lämmer bereit und warten auf die Schlachtung [...]." (62) Dass sie auch Agamemnon wie eines dieser Lämmer zur Opferung vorgesehen hat, bleibt hier noch unausgesprochen. Doch wenig später ist es wieder Kassandra, welche die Täuschung durchschaut und Agamemnons Tod durch Klytaimestra in einer Tiermetapher ausdrückt: „Halt, halt, schützt den Stier vor der Kuh! In Gewändern gefangen, trifft ihn das schwarze Horn, ihr tückisches Werkzeug." (66) Hier wird Agamemnon mit dem mächtigsten Opfertier, dem Stier, gleichgesetzt.

Durch die Jagdmotivik und die zahlreichen Vergleiche mit Tieren, insbesondere Opfertieren, spielt Aischylos durchgehend auf die zivilisationsgeschichtlichen Ursprünge der Tragödie an. Die literarische Gattung reflektiert damit ihre eigene Entstehung. Durch die Gleichsetzung der geopferten Figuren – Iphigenie, Kassandra und Agamemnon – mit Opfertieren deutet sie sogar an, dass ihr mythischer Inhalt, der aus den homerischen Epen bekannte Stoff um den Trojanischen Krieg, bereits archaisch geworden ist. Denn dass Klytaimestras Plan scheitert, liegt auch daran, dass sie bei allen Versuchen, ihre Verbrechen mit Tiervergleichen zu verschleiern, Menschen tötet und damit aus Sicht der progressiven Tragödie die eigentlich überwundenen grausamen Blutopfer darbringt. Tatsächlich waren die *Ilias* und die *Odyssee* bereits im 8. oder 7. Jahrhundert v. Chr. niedergeschrieben worden, gegenüber Aischylos' Tragödie also 200 bis 300 Jahre älter. Indem sie Klytaimestras verbrecherisches Menschenopfer verurteilt, führt sich die Tragödie, die das Blutopfer abgelöst hat, indem sie es ins Symbolische verlagert, als die fortschrittliche, zivilisiertere Gattung vor.

Die Tragödie als Kulturgeschichte

Damit ist eine zivilisationsgeschichtliche Perspektive eröffnet. Denn die *Orestie* erzählt nicht nur den kulturellen Wandel von der Jagd über das Opfer hin zur Tragödie, sondern vollzieht in ihrer Handlung noch weitere Entwicklungen nach. Um sie zu rekonstruieren, müssen wir uns den Ausgang der Trilogie am Schluss des dritten Teils, der *Eumeniden*, vergegenwärtigen. Nachdem Orestes seine Mutter getötet hat, um den Mord am Vater zu rächen, und nachdem er daraufhin von den Rachegöttinnen verfolgt worden ist, wird ein Gericht eingesetzt, das in der Sache urteilen soll. In dieses Geschworenengericht, nach dem historischen Vorbild des Areopag in Athen, werden verschiedene Götter eingebunden. Die Erinyen sind die Anklägerinnen, die Orestes des Muttermords beschuldigen. Als sein Verteidiger tritt Apollon auf, der Gott der Künste und des Lichts, der ihm im zweiten Teil der Trilogie die Rache befohlen hatte. Als Vorsitzende des Gerichts amtiert Athene, die Göttin der Weisheit und Schutzgöttin Athens. Als die demokratische Abstimmung der Geschworenen in einem Patt zwischen Schuld und Unschuld mündet, ist es Athenes Stimme, ihr oberster Schiedsspruch, der im Stichentscheid den Ausschlag für Orestes' Freispruch gibt. Die Trilogie endet damit, dass die Erinyen, die dank der neu eingerichteten Institution des Rechts ausgedient haben, sich in „Eumeniden" – wörtlich: ‚Wohlgesinnte' – verwandeln und als Schutz- und Segensgöttinnen friedlich in Athen ihren Wohnsitz nehmen.

Die *Orestie* erzählt damit eine kulturelle, politische und soziale Fortschrittsgeschichte auf fünf Ebenen:
1. Anthropologisch handelt sie vom Übergang vom Matriarchat (Gynaikokratie) zum Patriarchat oder – um es in den Begriffen des Schweizer Altertumsforschers Johann Jakob Bachofen (1815–1887) zu sagen – vom Mutterrecht zum Vaterrecht. Aus heutiger Sicht erscheint uns das Patriarchat keineswegs als progressiv, sondern als archaisch. Vor 2500 Jahren aber war das anders. Ablesen lässt sich dies am Freispruch für Orestes. Er wird für den Mord an der Mutter nicht verurteilt, weil er im Auftrag eines männlichen Gotts gehandelt und den eigenen Vater gerächt hat. Der Mord an der Mutter wird als weniger gravierend bewertet als der Mord am Vater. Es wird also eine Rechtsvorstellung etabliert, bei der die Bindung an die Mutter gegenüber jener an den Vater als zweitrangig angesehen wird. Der Unterschied ist der, dass die Blutsverwandtschaft mit der Mutter bei der Geburt unmittelbar evident ist, während die Abstammung vom Vater – jedenfalls so lange es keine Vaterschaftstests gab – eine rechtliche Konvention darstellt: *Paternitas semper incerta*, die Vaterschaft ist immer ungewiss. Beziehungen, die auf Übereinkünften und Recht (und auf Macht und Gewalt) beruhen, gegenüber organischen Verbindungen zu privilegieren, war tatsächlich ein wichtiger Schritt der antiken Kulturen, um alte Vorstellungen von Blutsbanden und Blutsrache zurückzudrängen. Genau davon handelt die *Orestie*. Dass dabei eine weibliche Göttin das finale Urteil zugunsten des Muttermörders spricht, mag zunächst paradox wirken. Dass ausgerechnet Athene nicht das Mutterrecht verteidigt, hat aber einen einfachen Grund: Sie wurde nicht von einer Mutter geboren. Athene ist gemäß mythischer Vorstellung

direkt dem Haupt ihres Vaters Zeus entsprungen – eine Kopfgeburt des obersten olympischen Gottes. (Aus heutiger Perspektive lässt sich die *Orestie* als misogyne Legitimationsgeschichte kritisieren, die dem Zweck diente, die Unterdrückung von Frauen durchzusetzen. Solch eine Deutung legt moderne Maßstäbe an, die sich von den Vorstellungen unterscheiden, die das antike Athen mit Aischylos' Stücken verknüpfte. Auf die Frage, inwieweit man aktuelle politische und ethische Haltungen auf historische Texte anwenden soll, gehen wir unter anderem in der zehnten Lesewerkstatt genauer ein.)

2. Die religiöse Entwicklung, die sich Mitte des ersten Jahrtausends v. Chr. vollzog und von der die *Orestie* handelt, verläuft ähnlich. Die Erinyen werden am Schluss als Eumeniden umgewertet und integriert. Das ist beispielhaft zu verstehen. In einem weiteren Sinn werden damit alle archaischen, vor allem weiblichen, mit der Erde verbundenen, sogenannten chthonischen Elementargottheiten, zu denen außerdem die Titanen, die Muttergöttin Gaia, Demeter, die Nymphen und die Moiren gehören, verdrängt, entschärft oder ins System der neueren olympischen Gottheiten aufgenommen, das von einem Gottvater regiert wird.

3. Außerdem stellt die *Orestie* einen Prozess der Säkularisierung, also der Verweltlichung dar, in dessen Verlauf die Religion grundsätzlich an Bedeutung verliert. Die auftretenden Gottheiten werden nicht verklärt, sondern versachlicht. Ihre eindrucksvollen Theaterauftritte verdanken sie nicht mystischen Kräften, sondern den physischen Kräften der *mechané*, des Bühnenkrans. Und ihre Autorität haben sie nicht mehr vorrangig als übernatürliche Wesen, sondern als rechtliche Funktionsträger im Gerichtsprozess: die Erinyen gleichsam als Anklägerinnen und Staatsanwältinnen, Apollon als Strafverteidiger, Athene als Richterin. Selbst aus heutiger Sicht wirkt diese Entbindung aus religiösen Funktionen überaus modern.

4. Die politische Fortschrittsgeschichte der *Orestie* betrifft vor allem die Staatsform. Athen hatte im Jahr 510 v. Chr. die letzte Tyrannis, die autokratische Herrschaft, abgeschafft. In den folgenden Jahren führten Reformen in der attischen Polis eine Volksherrschaft mit Partizipationsmöglichkeiten für alle Bürger ein – die erste Demokratie der Weltgeschichte. Von der Alleinherrschaft Agamemnons und Klytaimestras in Argos bis zum Geschworenengericht in Athen durchläuft die *Orestie* einen ähnlichen Prozess. Als sie 458 v. Chr. bei den Dionysien in Athen uraufgeführt wurde, war diese demokratische Revolution gerade ein halbes Jahrhundert alt. Die Tragödie ist ein Medium für die Darstellung und Reflexion politischer Entwicklungen. Der Areopag, der am Schluss der Trilogie von Athene gestiftet und als erstes demokratisches Gericht eingesetzt wird, war auch in der historischen Wirklichkeit das Athener Gericht. Er lag auf einem Hügel neben der Akropolis, unweit des Dionysostheaters.

5. Ganz allgemein schildert die *Orestie* eine Entwicklung von einer ungeregelten, von Fehden und Willkür geprägten Lebensform, in der Gewaltexzesse kaum eingedämmt waren, hin zu einer regulierten, von Vernunft und Verfahren bestimmten Gesellschaft. Verbrechen wurden nicht mehr nach dem Prinzip der Blutsrache vergolten und in Selbstjustiz bestraft, sondern in geordneten Gerichtsverhandlungen so gerecht wie möglich beurteilt. Macht und körperliche Stärke spielten in diesen

Auseinandersetzungen eine geringere Rolle als rechtskundliche und rhetorische Fähigkeiten.

Die *Orestie* zeigt, dass die attische Tragödie zur kulturellen und politischen Selbstverständigung der athenischen Gesellschaft beitrug. In historischer Nähe zu den Modernisierungs- und Fortschrittsschüben der Blütezeit um 500 v. Chr. und in örtlicher Nähe zu den dadurch entstehenden Institutionen war die Tragödie in einer Weise in die Lebenswelt der Griechen eingebunden, die für uns heute nicht mehr leicht nachzuempfinden ist. Nur so lässt sich die enorme Bedeutung erklären, die Aristoteles ihr in seiner Poetik zurechnet – in sozialer, psychischer und kultureller Hinsicht. Das Theater war die wichtigste Kunstgattung und das Leitmedium der attischen Polis.

Ist Agamemnon ein ‚tragischer' Held?

Es gibt in der Tragödie zwei Arten von Fehlern: einen charakterlichen und einen praktischen. Der Persönlichkeitsfehler des Helden ist seine *hybris*, seine Überheblichkeit, sein Hochmut, seine Vermessenheit. Dieser schädliche Charakterzug führt zu einem Handlungsfehler, einem Frevel, einer Verfehlung oder auch nur einem Fehltritt oder Missgeschick. Diesen praktischen Fehler nennt Aristoteles die *hamartia*. Zusammen verursachen sie den Untergang des tragischen Helden. Das heißt aber auch: Ohne diese Fehler wäre ein Untergang nicht tragisch – und würde beim Publikum keine *katharsis* auslösen. Denn wenn jemand ohne Fehl und Tadel ins Unglück stürzt, finden wir das empörend; und wenn ein durch und durch schlechter Mensch zu Fall kommt, finden wir das folgerichtig. Tragik hingegen folgt aus der Fehlerhaftigkeit eines mittleren Charakters, der durchaus gut, aber nicht ideal ist.

Agamemnon entspricht diesem Profil. Durch seine Herkunft und Machtstellung ist er privilegiert. Im Krieg hat er sich bewiesen und durchgesetzt. Zugleich war dieser Krieg motiviert aus gekränkter Eitelkeit, weil Paris den Griechen die schönste Frau der Welt entführt hatte. In der Vorgeschichte der *Orestie* hat Agamemnon, indem er seine Tochter Iphigenie tötete, Schuld auf sich geladen. Dass er mit Kassandra als Sklavin heimkehrt, wirft kein gutes Licht auf ihn. All das kennzeichnet ihn als einen mächtigen, durchaus fähigen Mann, der gleichwohl anmaßende Züge hat. An welcher Stelle des Stücks führt diese *hybris* nun zur *hamartia*? Worin besteht sein tragischer Fehler?

Agamemnons Verfehlungen der Vergangenheit dienen seiner Charakterzeichnung, aber die *hamartia* selbst muss im Stück für das Publikum sichtbar werden, um tragische Wirkung zu entfalten. Der maßgebliche Fehltritt ist innerhalb der Handlung zu suchen. Dabei fällt auf, dass Agamemnon, obwohl der erste Teil der *Orestie* nach ihm benannt ist, die Handlung keineswegs dominiert. Die Titelfigur spielt eine bemerkenswert kleine Rolle. Er wird am Beginn des Stücks umständlich angekündigt, und kaum erscheint er tatsächlich, verschwindet er wieder im Bühnenhaus und kehrt nicht mehr lebendig zurück. Sein Fehler muss also in der Szene vor dem Palast zutage treten, beim Empfang durch seine Frau Klytaimestra.

Dort versucht sie, ihn dazu zu verleiten, auf den Purpurteppich zu treten, um ihn in ihre Inszenierung eines Opfers zu verwickeln. Zunächst lehnt er dies instinktiv ab: „Ich will nicht, daß du Neid auf mich lenkst, indem du mir Gewänder auf den Weg breitest, Götter werden so verherrlicht. Als Sterblicher auf diese bunte Pracht zu treten, weckt in mir tiefe Furcht. Also, behandle mich wie einen Mann und verehre mich nicht wie einen Gott. Prachtgewänder sind doch keine Fußabtreter. Bescheidenheit ist die größte Göttergabe, und lobpreisen soll man ein Leben erst, wenn es auch glücklich zuende ging." (56 f.) Hier zeigt sich zunächst Agamemnons guter, vorbildlicher Charakter. Er weiß, dass ihm diese Ehre nicht zusteht, egal wie groß seine Macht ist. Intuitiv ahnt er, dass es richtig wäre, vom Triumphwagen hinabzusteigen, sich auf die Heimaterde fallen zu lassen und den Göttern für die glückliche Heimkehr aus dem Krieg demütig zu danken. Doch Klytaimestra kennt ihren Mann, sie weiß um seine Anfälligkeit für Schmeicheleien. Sie umgarnt ihn mit Worten, wie sie ihn später mit Gewändern in ihr tödliches Netz einspinnen wird. Sie appelliert an seine Eitelkeit, an seine *hybris*. Dass er nachgibt, liegt daran, dass er mit einem Teil seiner Persönlichkeit doch glaubt, die göttliche Ehrung zu verdienen. Diese Schwäche führt zur *hamartia*. Mit dem Schritt auf den Purpur begeht er eine fatale Übertretung, er macht sich des tragischen Fehlers schuldig, der seinem Charakterfehler entspricht und der ihn vor den Augen des Publikums verdammt. Für Klytaimestra ist der Schritt auf den Teppich zugleich die ersehnte Verfehlung des auserkorenen Opfers, das so seine eigene Opferung zu legitimieren scheint. Agamemnons Fehler erlaubt ihr, den Rachemord als göttlich sanktioniertes und sozial legitimiertes Ritual zu tarnen – zumindest dem Anschein nach. Aischylos' Raffinesse besteht darin, in einem einzigen Handlungselement den ganzen Konflikt seines Stücks zu bündeln. Das Betreten des Purpurteppichs verknüpft Klytaimestras Opferinszenierung und Unschuldskomödie mit Agamemnons Hochmut und tragischem Fehler, der wiederum die Grundlage für die kathartische Wirkung der ganzen Tragödie ist: ein kleiner Fehltritt für Agamemnon, ein großer Schritt für die Kunst.

Die *Orestie* als Muster in der Literaturgeschichte

Am Ende dieser Lesewerkstatt können wir einen Bogen zu unserem letzten Thema schlagen, der Literaturgeschichte. Als einzige erhaltene Tragödientrilogie hat Aischylos' *Orestie* literarhistorisch einen singulären Status. Sie hat ihre Wirkung über 2500 Jahre hinweg bis heute immer wieder neu unter Beweis gestellt. So einzigartig diese Leistung wirkt, so ist die *Orestie* durch die Vielzahl der von ihr inspirierten Kunstwerke doch zugleich in ein intertextuelles Geflecht eingewoben und steht als Kunstwerk keineswegs isoliert da. Zwei dieser literaturgeschichtlichen Beziehungen wollen wir näher betrachten, eine zu einem noch älteren Werk, eine andere zu einem neuzeitlichen.

Dass die *Orestie* stofflich mit der rund 250 Jahre älteren *Odyssee* verbunden ist, haben wir schon angesprochen. Und wir werden dieses homerische Epos in der siebenten Lesewerkstatt noch genauer behandeln, wenn wir uns mit der Erzähltheo-

Tab. 1 Die Figurenkonstellation von *Odyssee*, *Orestie* und *Hamlet*

	Vater	Mutter	Geliebter der Mutter	Sohn	Schwester/ Freundin	Freund
Odyssee Epos ca. 700 v. Chr.	Odysseus	Penelope	Freier (v. a. Antinoos)	Telemachos	–	–
Orestie Antike Tragödie 458 v. Chr.	Agamemnon	Klytaimestra	Aigisthos	Orestes	Elektra	Pylades
Hamlet Moderne Tragödie 1602	König Hamlet	Gertrude	Claudius	Prinz Hamlet	Ophelia	Horatio

rie auseinandersetzen. *Orestie* und *Odyssee* handeln beide von Überlebenden und Heimkehrern des Trojanischen Kriegs, Agamemnon und Odysseus. Abgesehen von ihrer unterschiedlichen Gattung – Drama und Epos – und der unterschiedlichen Geschwindigkeit, mit der die Helden heimkehren – Agamemnon gelingt die Überfahrt ohne Schwierigkeiten, Odysseus irrt zehn Jahre umher –, weisen die Texte erstaunliche Parallelen auf. Besonders die Figurenkonstellation ist ähnlich (siehe Tab. 1). Der Kriegsüberlebende (Agamemnon, Odysseus) kehrt zurück in seine griechische Heimat (Mykene, Ithaka) zu seiner Frau (Klytaimestra, Penelope). Diese wurde während des langen Kriegs von anderen Männern umworben. Klytaimestra hat sich dabei mit Aigisthos zusammengetan. Penelope hingegen wurde von einer Vielzahl von Bewerbern bedrängt, den sogenannten Freiern, die durch die Verbindung mit ihr die Herrschaft über Ithaka erlangen wollten. Im Gegensatz zu Klytaimestra ist Penelope ihrem Mann aber treu geblieben. (Und Odysseus hatte auch nicht ihr Kind geopfert und brachte keine Geliebte mit nach Hause.) Während Agamemnon bei seiner Heimkehr von seiner Frau umgebracht wird, wird Odysseus mit seiner Frau wieder vereint. Diese Schicksalsdifferenz setzt sich in der nächsten Generation fort. Während Orestes gezwungen ist, den Mord am Vater an der Mutter zu rächen, kann Telemachos sich mit seinem Vater zusammentun, um die Freier in Ithaka zu bezwingen. Agamemnons Familie, Herrschaft und Leben sind zerstört, Odysseus hingegen kann seine frühere Stellung zurückerlangen. Die *Odyssee* ist gewissermaßen die Happy-End-Variante der katastrophalen *Orestie*.

Da beide Texte einem gemeinsamen literarisch-mythologischen Stoffkreis entstammen, gibt es intertextuelle Bezüge. Denn dass Odysseus seine Rückkehr überlebt, hat er auch der Tatsache zu verdanken, dass er Agamemnons Schicksal bereits kennt. Weil er viel später zu Hause ankommt, hat er gleichsam einen historischen Vorsprung. Agamemnon ist da bereits zehn Jahre tot, und sein Verhängnis hat sich in der mythischen Erzählwelt herumgesprochen. Im Totenreich, das Odysseus auf seinen Irrfahrten besucht hat, ist er Agamemnons Seele sogar begegnet, sie warnte ihn aus eigener Erfahrung vor den Gefahren der Rückkehr. Endlich in Ithaka angelangt, geht Odysseus deshalb vorsichtig vor und gibt sich zunächst nicht zu erkennen. Er sondiert die Lage und geht der Konfrontation mit den Freiern aus dem Weg, bis er mit Telemachos zusammentrifft, der Agamemnons Geschichte ebenfalls bereits kennt, seit er sich auf die Suche nach seinem Vater gemacht hat.

Neben dieser literaturgeschichtlichen Verwandtschaft mit der *Odyssee* teilt die *Orestie* das Handlungsmuster mit einem viel jüngeren Drama. Als eines der bedeutendsten Kunstwerke des Altertums ist die *Orestie* Vorbild für eines der wichtigsten Dramen der Neuzeit: William Shakespeares *Hamlet*. Diese wahrscheinlich 1602 uraufgeführte *Tragedy* ist rund 2150 Jahre nach Aischylos' Trilogie entstanden und stimmt doch in ihrer Grundstruktur – mit leichten Verschiebungen – verblüffend genau mit dieser überein. Wieder lässt sich dies an der Figurenkonstellation nachvollziehen (siehe Tab. 1): Wie Agamemnon von Klytaimestra getötet wird, stirbt auch der dänische König, Hamlet der Ältere, durch den Willen seiner Frau, Gertrude. Den eigentlichen Mord führt hier nicht sie selbst aus, sondern ihr Geliebter, Claudius. Wie in der *Orestie* ist Claudius mit dem alten Hamlet verwandt, anstelle eines Vetters ist er hier sogar der Bruder. Claudius heiratet Gertrude und besteigt den Thron, während dem Prinzen Hamlet, dem Sohn des alten Königs, dessen verstorbener Geist erscheint und ihn auffordert, seine Ermordung zu rächen. Wie Orestes steht der junge Hamlet vor der Wahl, die Mutter zu töten oder den Mord am Vater ungesühnt zu lassen. Im Gegensatz zu seinem antiken Vorbild kann er sich aber nicht auf göttliche Weisung verlassen. Denn ihm erscheint nicht Apollon, sondern ein Gespenst. Hamlet ist sich keineswegs sicher, ob er dem Geist seines toten Vaters vertrauen kann. Wie er sich auch entscheidet – die Folgen drohen fatal zu sein. Das verheerende Ende, das kaum eine der Hauptfiguren überlebt, zeigt: Hamlets Handlungsoptionen sind gleichermaßen verhängnisvoll, ob er nun aktiv wird oder passiv bleibt. Es ist diese Zerrissenheit zwischen gewaltsamem Konflikt und leidender Duldung, der er im berühmtesten Monolog der Weltliteratur Ausdruck verleiht:

> To be, or not to be, that is the question:
> Whether 'tis nobler in the mind to suffer
> The slings and arrows of outrageous fortune,
> Or to take arms against a sea of troubles
> And by opposing end them? (*Hamlet*, III.1)
>
> Sein oder Nichtsein, das ist hier die Frage:
> Ob's edler im Gemüt, die Pfeil' und Schleudern
> Des wütenden Geschicks erdulden, oder,
> Sich waffnend gegen eine See von Plagen,
> Durch Widerstand sie enden.
> (Übersetzung von August Wilhelm Schlegel)

Hamlet wird in seinem moralischen Ringen von einer Freundin und einem Freund begleitet, Ophelia und Horatio. Auch sie haben eine Entsprechung in der *Orestie*: Orestes erhält in den *Choephoren* Hilfe von seiner Schwester Elektra und von dem Freund Pylades. Bis zu den Nebenfiguren reichen die Übereinstimmungen.

An der Rolle des Pylades lässt sich aber eine bedeutende Differenz zwischen der *Orestie* und *Hamlet* erläutern. Pylades steht Orestes stumm beiseite – mit einer Ausnahme im entscheidenden Moment. Bevor er sich endgültig entschließt, Klytaimestra zu töten, hadert Orestes einen kurzen Augenblick und fragt: „Pylades, was soll ich tun? Soll ich mich scheuen, die Mutter zu töten?" (146) Hier bricht Pylades sein Schweigen, indem er an den Befehl des Apollon erinnert und Orestes zur

Tat auffordert: „Hast du vergessen, was du geschworen hast? Mach dir die ganze Welt zum Feind, doch nicht die Götter." (146) In *Hamlet* fehlt die göttliche Instanz, der man gehorchen muss, es gibt keine metaphysische Gewissheit mehr. Auch der Freund Horatio weiß keinen Rat. In seiner Entscheidung ist Hamlet auf sich allein gestellt. Das kurze Zögern des Orestes, das Pylades mit seiner ebenso knappen wie klaren Mahnung unterbindet, weitet sich für Hamlet zu einer fast unüberwindlichen Blockade aus. Der antike Held zögert vier Verse, der moderne Held vier Akte. Orestes' Zweifel ist punktuell, Hamlets Zweifel existenziell. Hamlet ist kein mythischer Held mehr, kein von Göttern gelenktes Objekt, sondern ein modernes Subjekt.

Vierter Theoriekurs – Dramatisch lesen

Theater

Im letzten Theoriekurs haben wir uns mit den Anfängen des Theaters und seiner Theorie beschäftigt. Wir haben die griechische Tragödie vor dem Hintergrund des Opferrituals betrachtet – nach Walter Burkert ausgehend von der Jagd und mit René Girard ausgehend vom Trieb der wechselseitigen Nachahmung, die zur Gewalt führt. Wir haben den Ablauf, den Helden und die Wirkung der Tragödie beschrieben, wie sie Aristoteles in der *Poetik* modellhaft entwickelt hat. Der Umschwung ins Unglück, den die Hauptfigur durch einen eigenen Fehler herbeiführt, hat eine ‚kathartische', für den Zuschauer eine medizinische, für das Publikum insgesamt eine ‚gruppentherapeutische' Funktion.

Jetzt wollen wir unsere Beschäftigung mit der ersten der drei großen Gattungen – Drama, Epos und Lyrik – fortsetzen, indem wir den Versuch unternehmen, von der antiken Tragödie aus durch die weitere Theater- und Theoriegeschichte bis in die Gegenwart zu gelangen, und zwar in drei Schritten: Wir wollen, erstens, die Geschichte der Poetik *nach* Aristoteles in den Blick nehmen. Wir wollen, zweitens, die Entwicklung vom klassischen Drama zum modernen Theater nachvollziehen – mit Peter Szondis *Theorie des modernen Dramas*. Und wir wollen, drittens, das Epische Theater, das Bertolt Brecht als *nicht mehr* ‚aristotelisches' Theater entworfen hat, als programmatische Konzeption im 20. Jahrhundert behandeln.

Klassizismus und Kritik

Von Aristoteles aus können wir eine Vielzahl theatertheoretischer Positionen in lateinischer, französischer, italienischer, spanischer und deutscher Sprache begreifen und einordnen. Dabei lassen sich zwei Linien unterscheiden: zunächst eine Tradition des Klassizismus, die normativ an Aristoteles anknüpft, über Horaz, mit Opitz, Corneille, Boileau und Gottsched, und in der Folge eine Kritik dieses Klassizismus, die das Theater deregulieren und modernisieren wollte, mit Lessing, Herder, Goethe und Stendhal.

Ein erster Versuch, sich in diesem Feld zu orientieren, könnte folgendermaßen aussehen:

1. Klassizismus
   - Horaz, *Ars poetica* (14 v. Chr.)
   - Julius Caesar Scaliger, *Poetices libri septem* (1561)
   - Lodovico Castelvetro, *La poetica d'Aristotele vulgarizzata e sposta* (1570)
   - Martin Opitz, *Buch von der Deutschen Poeterey* (1624)
   - Georg Philipp Harsdörffer, *Poetischer Trichter* (1647)
   - Pierre Corneille, *Trois Discours sur la poésie dramatique* (1660)
   - Nicolas Boileau, *L'Art Poétique* (1674)
   - Johann Christoph Gottsched, *Versuch einer Critischen Dichtkunst vor die Deutschen* (1729)
2. Kritik des Klassizismus
   - Gotthold Ephraim Lessing, *17. Brief, die neueste Literatur betreffend* (1759), *Laokoon* (1766), *Hamburgische Dramaturgie* (1767–1769)
   - Johann Gottfried Herder, „Shakespeare" (1773)
   - Johann Wolfgang von Goethe, „Zum Schäkespears Tag" (1777), „Shakespeare und kein Ende" (1813)
   - Stendhal, *Racine et Shakespeare* (1823–1825)
   - Walter Benjamin, *Ursprung des deutschen Trauerspiels* (1928)
   - Bertolt Brecht, *Kleines Organon für das Theater* (1948, 1949)
   - Peter Szondi, *Theorie des modernen Dramas* (1956)

Aristoteles als Ausgangspunkt

Die Geschichte der Poetiken des Theaters beginnt mit Aristoteles. Er war, soweit wir wissen, der Diskursbegründer. Aristoteles bezieht sich auf keine Vorgänger. Seine *Poetik* war wahrscheinlich die erste Poetik überhaupt.

In der Folge wurde Aristoteles zunächst indirekt vermittelt über Horaz und vor allem ab dem 16. Jahrhundert dann direkt rezipiert. Es gab in der Antike eine aristotelische philosophische Schule, im 10. Jahrhundert eine arabische Übersetzung der *Poetik*, im 13. Jahrhundert eine lateinische, 1508 schließlich die erste Druckausgabe eines griechischen Manuskripts, die *Editio princeps*. Der erste Versuch einer deutschen Übersetzung erschien 1753. Aristoteles hatte einen kaum zu überschätzenden Einfluss, vor allem in der Renaissance und im Klassizismus, vom 16. bis 18. Jahrhundert in Italien, Frankreich und Deutschland. Auf welche Weise aber wirkte sich dieser Einfluss aus?

Deskription und Präskription

Die *Poetik* des Aristoteles beginnt wie folgt:

> „Von der Dichtkunst selbst und von ihren Gattungen, welche Wirkung eine jede *hat* und wie man die Handlungen zusammenfügen *muß*, wenn die Dichtung gut sein *soll*, ferner aus wie vielen und was für Teilen eine Dichtung *besteht* [...], wollen wir hier handeln [...]."

Aus diesem ersten Satz ergeben sich zwei Ambivalenzen. Erstens ist die Rede von „Dichtkunst" im Allgemeinen, aber auch von „Gattungen" im Besonderen. Die *Poetik* ist sowohl Literaturtheorie als auch Gattungslehre. Der erhaltene Text handelt im Wesentlichen vom Drama, nicht von Epik und Lyrik. Aristoteles skizziert eine mögliche Entwicklung zum einen vom Rügelied über das Spottgedicht zur Komödie und zum anderen vom Dithyrambos, dem chorlyrischen Preislied für Dionysos, über das Epos zur Tragödie.

Zweitens formuliert Aristoteles Feststellungen („hat", „besteht"), aber auch Forderungen („muß", „soll"). Sein Text ist sowohl analytisch als auch normativ, einerseits Befund und andererseits Regelwerk, er ist *be*schreibend und *vor*schreibend, *De*skription wie *Prä*skription. Insgesamt ist Aristoteles eher deskriptiv – er veranschaulicht seine Beobachtungen allerdings anhand beispielhafter Meisterwerke (insbesondere *König Ödipus*), die eine Vorbildfunktion haben. Nach Aristoteles wurden die Poetiken autoritärer.

Die Annahme, dass sich für literarische Qualität überhaupt Vorschriften machen und dann umsetzen lassen, hat zwei Implikationen: eine anthropologische und eine politische. Anthropologisch geht es um die Frage: Ist Dichtung, ist Kunst überhaupt lehrbar und lernbar? Auf dem Spiel steht dabei das Menschenbild zwischen Veranlagung und Ausbildung, Genetik und Pädagogik, *physis* und *téchne*, *ingenium* und *ars*, *nature* und *nurture*. Heute kann man „Literarisches Schreiben" am Deutschen Literaturinstitut in Leipzig oder am Schweizerischen Literaturinstitut in Biel studieren. In den USA bieten viele Universitäten Kurse in „Creative Writing" an.

Politisch spiegelt die Dichtungstheorie ihre Gesellschaft. Autoritäre Poetiken entsprechen autoritären Herrschaftsformen: etwa dem augusteischen Kaisertum im antiken Rom oder dem französischen Absolutismus im 17. Jahrhundert. Theoretiker wie Horaz, Opitz und Boileau schreiben vor, sie verordnen. Im Zeitalter der Aufklärung wird der Kampf gegen die Regelpoetik dann zum Kampf gegen den Absolutismus und gegen die französische Vormachtstellung.

Rom

Der Theoretiker der augusteischen Klassik ist Horaz. Seine *Ars poetica* (*De arte poetica*, *Von der Dichtkunst*) (14 v. Chr.) beruht wahrscheinlich auf einer indirekten Aristoteles-Rezeption. Formal handelt es sich um einen Brief in 476 Versen an die Pisonen, Angehörige einer aristokratischen Familie: *Epistula ad Pisones*. Im Unterschied zu Aristoteles' Prosaschrift handelt es sich um eine Poetik in poetischer Form.

Den literarischen Hintergrund der lateinischen Poetik bilden theatergeschichtlich die Komödien des Plautus (zum Beispiel die Verwechslungskomödie *Menaechmi*, ca. 200 v. Chr., oder *Amphitruo*, eine „tragicomoedia", ca. 190–185 v. Chr.) und die des Terenz (zum Beispiel *Eunuchus*, 161 v. Chr.) sowie kulturpolitisch die Werke der ‚augusteischen Klassik' wie Vergils *Aeneis* (29–19 v. Chr.) und Livius' Geschichtsschreibung, *Ab urbe condita* (ab ca. 27 v. Chr.).

Horaz spricht in seiner *Ars poetica* vom Ursprung des Theaters: Die *tragoidía* sei der ‚Gesang um den Bock', „carmine [...] tragico certavit ob hircum" [der Dichter „stritt mit tragischem Gesang [...] um einen Bock"] (Vers 220). Ihre Wirkung beschreibt er anders als Aristoteles in der Katharsis-Theorie. Es geht nicht mehr um Mitleid und Furcht, sondern um Nutzen und Gefallen: „aut prodesse volunt aut delectare poetae" (Vers 333). Angenehm („süß") und nützlich soll die Dichtung sein: „qui miscuit utile dulci" (Vers 343). Das Tabu der Gewaltdarstellung auf der Bühne wird auf den Punkt gebracht: Medea soll ihre Kinder nicht öffentlich töten, „ne pueros coram populo Medea trucidet" (Vers 185). Neu ist dagegen die Gliederung in fünf Akte (Vers 189–190), von der bei Aristoteles keine Rede war.

Insgesamt handelt es sich um eine sehr römische Kunstauffassung. Der Dichter soll rational vorgehen, als *poeta doctus*, wie ein Handwerker, als *poeta faber*, und wie ein Maler, *poeta pictor*. In einer der meistzitierten Aussagen seiner *Poetik* erklärt Horaz, die Dichtung sei „wie Malerei", „ut pictura poesis" (Vers 361). Neben dem Handwerk und der Malerei beschreibt Horaz die Dichtung metaphorisch als Sittencodex und Strafgesetzbuch. Seine Poetik geht über von der *De*skription zur *Prä*skription. Hier werden Ordnung und Maß gefordert, Regeln und Normen aufgestellt. Die leitende Fragestellung lautet: Was hat ein Dichter zu tun, um ein vollkommenes Kunstwerk zu schaffen? Satirisch macht sich Horaz lustig über das genialische Gebaren gewisser Poeten, die stattdessen vorgeben, ihre Kunst beruhe auf unerklärlicher Eingebung. Darin liegt eine Paradoxie der Poetik, die sich in den kommenden Jahrhunderten fortsetzen wird: Regelpoetiken machen Vorgaben und Einschränkungen und stehen daher in der Kritik bei denjenigen, die einen möglichst freien Kunstausdruck anstreben. Zugleich bieten Regelpoetiken Anleitung und Orientierung und vermitteln künstlerische Kenntnisse nicht nur an ‚Originalgenies', die ohnehin keine Richtlinien zu benötigen scheinen, und sie öffnen damit die Kunst.

Im Klassizismus des 16., 17. und 18. Jahrhunderts wurde Horaz in Italien, Frankreich und Deutschland als Autorität gelesen. Martin Opitz stellt seinem *Buch von der Deutschen Poeterey* (1624) ein lateinisches Zitat von Horaz aus der *Ars poetica* als Motto voran, das den vorschriftshaften Charakter seiner Poetik deutlich macht: „Wenn ich die festgelegten Unterschiede und den Stil einer Gattung nicht zu beachten vermag und nicht kenne, was laß ich als Dichter mich grüßen? Warum will ich, auf schlechte Art mich bescheidend, lieber unwissend sein als was lernen?" (Verse 86–88) Johann Christoph Gottsched beginnt seinen *Versuch einer Critischen Dichtkunst vor die Deutschen* (1729) sogar mit einer vollständigen Übersetzung der *Ars poetica*: „Horatius von der Dicht-Kunst, übersetzt und mit Anmerckungen erläutert" (lateinischer Text und deutsche Übersetzung, mit „Vorbericht" und Kommentar in Fußnoten, S. 1–64).

Wie bekannt und kanonisch Horaz' Text lange Zeit war, zeigt sich auch darin, wie viele seiner Formulierungen zu stehenden Wendungen wurden: „in medias res"

(Vers 148), „ab ovo" (Vers 148), „Der Berg kreißt und gebärt ein Mäuschen" („parturient montes, nascetur ridiculus mus") (Vers 139).

Exkurs über Laokoon

Horaz hat Literatur und Malerei gleichgesetzt: *ut pictura poesis*. In seiner kunsttheoretischen Studie *Laokoon oder über die Grenzen der Mahlerey und Poesie* (1766) fragt Lessing, wie sie sich unterscheiden. Gelten für die Künste nicht doch unterschiedliche Regeln? Als Beispiel wählt er die Darstellung von Laokoons Tod. Wie die gottgesandten Schlangen den trojanischen Priester zerreißen, hat Vergil in der *Aeneis* in epischer Form anschaulich beschrieben, aber die Skulptur der ‚Laokoon-Gruppe' im Vatikanischen Museum zeigt ihn und seine Söhne, *bevor* der grauenvollste Augenblick eintritt (siehe Abb. 1). Warum, fragt Lessing, sind der bildenden Kunst offenbar engere Grenzen gesetzt als der Literatur? Warum muss Laokoon in der Plastik einen maßvollen Ausdruck bewahren und darf den Mund

Abb. 1 Die Laokoon-Gruppe in den Vatikanischen Museen

nicht voll zum Schrei öffnen, während im Epos sein Todeskampf und seine Schmerzenslaute sehr eindrücklich dargestellt werden?

Schönes und Hässliches können wir ästhetisch wahrnehmen, Ekelhaftes dagegen nicht – zum Beispiel wie ein Mann mit seinen Kindern von Schlangen getötet wird. Die Grenzen der Ästhetik sind in der Literatur weiter als in der bildenden Kunst. Das Theater jedoch ist eine Mischform, in der Sprache und Schauspiel zusammenkommen, Text und Bild, Akustik und Optik. Körperliche Gewalt wird in der Tragödie nie auf der Bühne gezeigt, sie wird nur vermittelt: durch Schreie aus dem Bühnenhaus, durch Mauerschau oder Botenbericht. Die Tragödie funktioniert über eine Dramaturgie des „fruchtbaren Augenblicks" und ist darin, wie Lessing im *Laokoon* erläutert, der Malerei vergleichbar, die einen solchen Augenblick bildlich fixiert: Vorher wird eine Erwartung aufgebaut, nachher sehen wir das Ergebnis, aber im entscheidenden Augenblick selbst ist die Gewalttat nicht sichtbar, unsere Einbildungskraft hat freies Spiel.

Frankreich

Ein weiteres Werk gleichen Titels wie Aristoteles und Horaz schrieb Nicolas Boileau für den französischen Klassizismus, ebenfalls in Versen: *L'Art poétique* (1674). Den Text durchzieht als ideologischer Subtext das Vokabular des Absolutismus, die Sprache von Gesetz, Ordnung und Pflicht: „loix", „règles du devoir", „un mot mis à sa place". Die Gesetze der Regelpoetik entsprechen der Herrschaft des *roi-soleil*, Louis XIV (1643–1715). Im Zeitalter des ‚Sonnenkönigs' wird die Macht der Vernunft zugleich als „Licht" („jour de la Raison", I.149) und als „Joch" („joug de la Raison", I.33) verklärt. Boileau reimt die Regel von den drei Einheiten als eingängigen Merksatz: „Qu'en un Lieu, qu'en un jour, un seul Fait accompli / Tienne jusqu'à la fin le Théâtre rempli." (Dass an einem Ort, an einem Tag, eine einzige vollbrachte Tat / Das Theater bis zum Ende gefüllt halte.) Die Dichtung soll dem Geschmack der Elite in Versailles, dem Sprachgebrauch des Hofes entsprechen („*bienseance*") [sic] (III.123).

Im Hintergrund stehen die klassischen *tragédies* von Pierre Corneille (1629–1674, zum Beispiel *Horace*, 1640) und Jean Racine (1664–1691, zum Beispiel *Britannicus*, 1669) sowie die *comédies* von Molière (1645–1673, zum Beispiel *L'Avare*, 1668, *Der Geizige*).

An die Stelle des aristotelischen ‚eleos' und ‚phobos' oder des horazschen „prodesse" und „delectare" setzt Boileau das „Gefallen" und „Berühren" („de plaire et de toucher", III.25). Die Tragödie als *tragédie* wird zum ‚Rührstück'. Sie ruft Furcht und Mitleid allenfalls als ‚gemischte Gefühle' hervor, als Ambivalenzen oder Paradoxien: „douce *Terreur*" (III.18), „*Pitié* charmante" (III.19). Die Liebe wird zu ihrem beherrschenden *sujet*: und zwar als Schwäche im Widerstreit der Vernunft mit der Leidenschaft. Ausgerechnet der Verfasser einer Regelpoetik räumt an anderer Stelle jedoch ein, dass die Poesie das „gewisse Etwas" habe, das letztlich doch nicht zu fassen und auch nicht zu lehren sei: „un je ne sçay quoy" (in der „Préface" zur Ausgabe seiner Werke von 1701).

Spanien und Italien

Abseits der französischen Klassik könnten wir uns dem ‚Goldenen Zeitalter', dem *Siglo de Oro* der spanischen Literatur zuwenden mit den Stücken von Lope de Vega (*Fuenteovejuna*, 1619), Calderón de la Barca (*La vida es sueño*, 1635, *Das Leben ist Traum*) und Tirso de Molina (etwa dem Don Juan-Drama *El burlador de Sevilla*, 1619, *Der Spötter von Sevilla*). Von Lope de Vega haben wir eine Poetik, die nicht von der Tragödie ausgeht, *Arte nuevo de hacer comedias en este tiempo* (1609), eine *Neue Kunst, heute Komödien zu schreiben*. Der Titel macht deutlich, dass es um eine Erneuerung geht („arte *nuevo*"), um die Gegenwart („en este tiempo") und um das spanische Theater („comedias"). Es handelt sich um ein populäres Theater mit lustigen Figurentypen – *dama, criada, galán, gracioso, padre, rey* – und um eine Orientierung am Geschmack des Volkes.

Vergleichbar ist die italienische *Commedia dell'arte* (16.–18. Jahrhundert) mit ihren Typen wie dem Arlecchino (der französische Vorläufer hat und als Harlekin oder Hanswurst auf deutsche Bühnen gelangte). Carlo Goldoni entwickelte sie weiter zur Charakter- und Sittenkomödie nach dem Vorbild Molières, zum Beispiel in *Diener zweier Herren* (*Il servitore di due padroni*, 1745).

England

Historisch *früher* als die barocken Schauspiele in Frankreich und Spanien, aber in Deutschland *später* wirksam war das englische Theater der elisabethanischen und jakobinischen Epoche. Die Stücke von Christopher Marlowe (*Doctor Faustus*, 1589; *The Jew of Malta*, 1592) und vor allem William Shakespeare (37 Dramen, 1590–1613) folgen keiner maßgeblichen Doktrin, sondern den Anforderungen einer kommerziellen Praxis, in der sie gleichzeitig *mehrere* Publika ansprechen müssen. Das erklärt die formale Freiheit, die regelmäßige Mischung der Gattungen und die abgründige Mehrdeutigkeit der Texte. Shakespeare hatte ab dem 18. Jahrhundert eine außerordentliche Wirkung auf die deutsche Literatur der Aufklärung, des Sturm und Drang, der Klassik, der Romantik und der Moderne – nicht zuletzt als Gegenmodell gegen die autoritären Regelpoetiken.

Das deutsche Trauerspiel

Das deutsche Barockdrama von Andreas Gryphius (zum Beispiel das Trauerspiel *Catharina von Georgien*, 1657) und Daniel Casper von Lohenstein (zum Beispiel das Trauerspiel *Cleopatra*, 1661) erscheint gerade aufgrund seiner formalen Überregulierung heute weniger lesbar und spielbar und weniger anregend als die modernistische Studie, die Walter Benjamin ihm gut 250 Jahre später gewidmet hat: *Ursprung des deutschen Trauerspiels* (1928). Benjamin entwirft hier eine Kunstphilosophie des barocken Trauerspiels, in der ihn Fragen von Geschichte und Staatsrecht, Souveränität und Ausnahmezustand, Entscheidung und Entscheidungsunfähigkeit interessieren, der Fürst als Tyrann, Märtyrer und Kreatur, die Melancholie und die Allegorie der Ruine.

Aufklärung

Die Kampfansage gegen die klassizistische Normpoetik formulierte Lessing im siebzehnten *Brief, die neueste Literatur betreffend* (1759) an die Adresse ihres Exponenten Gottsched:

> „‚Niemand‘, sagen die Verfasser der Bibliothek, ‚wird leugnen, daß die deutsche Schaubühne einen großen Teil ihrer ersten Verbesserung dem Herrn Professor *Gottsched* zu danken habe.‘
> Ich bin dieser Niemand; ich leugne es gerade zu. Es wäre zu wünschen, daß sich Herr *Gottsched* niemals mit dem Theater vermengt hätte."

Es geht Lessing um eine Befreiung der Kunst von überkommenen Vorschriften und um die Abkehr vom französischen Klassizismus (als ‚Diktat‘). Eine neue Orientierung bietet dagegen Shakespeare (als ‚Befreier‘). In der *Hamburgischen Dramaturgie* (1767–1769) entwirft Lessing das entsprechende Programm für ein deutsches Nationaltheater, das die Einheit Deutschlands als ‚Kulturnation‘ vorwegnimmt.

Ähnlich polemisch wie Lessing wendet sich Goethe in seiner Rede „Zum Schäkespears Tag" (1777) gegen den französischen Klassizismus: „Französchen, was willst du mit der griechischen Rüstung, sie ist dir zu groß und zu schwer. Drum sind auch alle französischen Trauerspiele Parodien von sich selbst." Und er bekennt sich pathetisch zu Shakespeare als neuem Vorbild: „Shakespear, mein Freund! wenn Du noch unter uns wärest, ich könnte nirgends leben als mit dir; wie gern wollt ich die Nebenrolle eines Pylades spielen, wenn du Orest wärest." Goethes emphatischer Text aus der Zeit des Sturm und Drang ist geradezu das Manifest einer anti-klassizistischen Poetik, die den künstlichen Formen die Natürlichkeit des ungezwungenen Genies entgegensetzt: „Und ich rufe: Natur! Natur! nichts so Natur als Shakespeares Menschen."

Das klassische (nicht klassizistische) Zeitalter des deutschen Theaters, von der Mitte des 18. bis zur Mitte des 19. Jahrhunderts, können wir unter diesem Gesichtspunkt betrachten: Überwindung der Normpoetik, Abwendung vom französischen Klassizismus, Bewunderung Shakespeares. Es umfasst die Stücke von Lessing (zum Beispiel *Emilia Galotti*, 1772; *Nathan der Weise*, 1779), Lenz (*Der Hofmeister*, 1774; *Die Soldaten*, 1776), Goethe (*Götz von Berlichingen*, 1773; *Faust*, 1790, 1808, 1832), Schiller (*Die Räuber*, 1781; *Wallenstein*, 1799; *Wilhelm Tell*, 1804), Kleist (*Amphitryon*, 1807; *Der zerbrochene Krug*, 1808; *Penthesilea*, 1808) und Büchner (*Dantons Tod*, 1835; *Leonce und Lena*, 1836; *Woyzeck*, 1837).

Mit gewisser Verspätung vollzog in Frankreich Stendhal die Abkehr vom französischen Klassizismus und die Hinwendung zu Shakespeare in seinem programmatischen Essay *Racine et Shakespeare* (1823–1825). Seine Perspektive ist die eines romantischen Realismus: Zeitgemäßheit, Wirklichkeitstreue, Geschichtsbewusstsein. Stendhal kritisiert die Regeln des Klassizismus als unglaubwürdig, da die Einheit des Ortes zum Beispiel dazu zwingt, auch Intrigen direkt im Palast zu planen. Die Sprache des Klassizismus karikiert er als lächerlich unangemessen. Anstatt zu sagen: „Es ist zwölf Uhr", schreibe ein Klassizist gekünstelt und wortreich: „La tour de Saint-Marcos, près de cette demeure, / A, comme vous passiez, sonné la douzième heure." Und der klassizistische Soldat rufe seinen Gegnern zu: „Meine Herren, bitte schießen Sie zuerst!"

Die klassizistische Dramenlehre

Was waren die Devisen der klassizistischen Doktrin, die vor allem in Frankreich so nachhaltig wirkte und von Theoretikern wie Boileau oder Gottsched mit so viel Nachdruck vertreten wurden? Und wie wurden sie nach und nach abgebaut?

Aristoteles wurde als Lehrautorität überliefert, obwohl seine *Poetik* sich hierfür kaum eignet. Unter seinem Namen wurde vieles codifiziert, das sich bei ihm *gar nicht* oder *so nicht* findet, teilweise vermengt mit Horaz.

Im Zentrum der klassizistischen Poetik stehen drei Regeln, die sich nur bedingt mit Aristoteles rechtfertigen lassen: die ‚Ständeklausel' bezüglich des Personals, das ‚Fünf-Akte-Schema' für die Gliederung und die drei ‚Einheiten' des Ortes, der Zeit und der Handlung.

1. Ständeklausel Die erste Regel betrifft das dramatische Personal. Die Ständeklausel besagt, in einer Tragödie dürfen als Hauptfiguren *nur* Adelige auftreten und in der Komödie umgekehrt *keine* (wie Martin Opitz es fordert). Diese Vorschrift geriet in eine Krise spätestens 1789 mit der Französischen Revolution, welche die Ständeschranken sprengte und die Vormachtstellung des Adels beendete. Aristoteles sprach indes, als er den tragischen Helden bestimmte, nicht von *sozial*, sondern von *moralisch* „Besseren" und „Schlechteren", „was ihren Charakter betrifft" (*Poetik*, Abschnitt 2). Insofern war es immer schon eine ideologische Umdeutung im Zeichen des Absolutismus, wenn Regelpoetiken soziopolitische Einschränkungen der Theaterfiguren verlangten und sich dabei auf Aristoteles beriefen.

Gegen den poetologischen Aristokratismus setzte Lessing die neue Gattung des ‚Bürgerlichen Trauerspiels'. Das erste war seine *Miss Sara Sampson* (1755), das bekannteste seine *Emilia Galotti* (1772). Hier konnten nun sehr wohl Bürgerinnen und Bürger im Mittelpunkt stehen. Diese Verbürgerlichung bedeutete zugleich: Das Personal konnte fiktiv sein, was bei bekannten Fürsten nicht möglich war. Und es konnten persönliche, familiäre Konflikte verhandelt werden anstelle öffentlicher Staatsaktionen.

Die Ständeklausel hat Lessing indes nicht gänzlich abgeschafft, sondern nur verschoben beziehungsweise erweitert: auf das Bürgertum, noch nicht auf das Proletariat; und auf die Tragödie, noch nicht auf die Komödie. Diese zweite Entgrenzung vollzog zwei Generationen später Georg Büchner: Im Sozialdrama *Woyzeck* (1837) wurde auch das Proletariat tragödienfähig. Und im Lustspiel *Leonce und Lena* (1836) wurde der Adel komödienfähig.

Zwischen Tragödie und Komödie beziehungsweise Trauerspiel und Lustspiel bewegen sich zwei Mischformen: Eine *Tragi*komödie beginnt tragisch oder traurig, endet jedoch komisch. Das erste Beispiel, in dem der Begriff *tragicomoedia* eingeführt wurde, ist Plautus' *Amphitruo*, den Heinrich von Kleist adaptierte. Eine *Komiko*tragödie dagegen beginnt komisch, endet aber tragisch beziehungsweise traurig. Ein neueres Beispiel ist Roberto Benignis Film *La vita è bella* von 1997, der von einer heiteren italienischen Kleinstadt in ein Konzentrationslager führt.

2. Fünf Akte Die zweite Regel bezieht sich auf die Dramaturgie der Stücke. Aristoteles unterscheidet zwei, drei und sechs Teile oder Elemente einer Tragödie. Eine Zweiteilung ergibt sich durch den Glücksumschwung, die Wende, die Peripetie (*peripeteía*, *metabolé*, *metábasis*), die mit einer Erkenntnis, Anagnorisis, zusammenfallen kann und dies idealerweise auch tut. Eine Komplikation geht hier über in ihre Auflösung, *desis* in *lysis*, wörtlich: das Knüpfen in das Lösen eines Knotens. In einem ‚Analytischen Drama' wie *König Ödipus* liegt die Verknotung, die *desis*, in der Vergangenheit. Aristoteles beschreibt die Dramaturgie der Tragödie aber auch dreiteilig: schlicht als Anfang, Mitte und Schluss. Und er spricht von sechs qualitativen Teilen, von sechs Elementen: Handlung (*mythos*), Charaktere (*ethos*), sprachliche Form (*lexis*), Gedankenführung (*dianoia*), Inszenierung (*opsis*) und Melodik (*melopoiia*).

Auch die Einteilung in fünf Akte stammt also nicht von Aristoteles. Ebenso wenig ist sie eindeutig in der antiken Theaterpraxis begründet. Die attische Tragödie ist ein Wechselspiel zwischen zwei Ebenen, zwischen Bühnenhandlung und Chor. Ihre Bauformen sind der Prolog (vor dem Einzug des Chores), das Einzugslied des Chores (*parodos*), die Auftritte der Figuren (*epeisodion*) im Wechsel mit den Standliedern des Chores (*stasimon*) und schließlich der Auszug (*exodos*). Die Zahl der *epeisodia* und *stasima* beträgt in den antiken Stücken aber keineswegs immer fünf, so dass sie grundsätzlich eine Fünf-Akt-Gliederung bilden würden. Erst in der ‚Neuen Komödie', bei Menander (4.–3. Jahrhundert v. Chr.), wurden dann Akte und Szenen angegeben.

Horaz fordert in seiner Poetik ganz unvermittelt als Erster: „Ein Stück bleibe nicht unter dem fünften Akt noch gehe darüber" (Vers 189). Der normative Konjunktiv (lateinisch: „sit") macht den Vorschriftscharakter deutlich. Gustav Freytag baute auf dieser Struktur auf und beschrieb in *Die Technik des Dramas* (1863) einen fünfteiligen ‚pyramidalen Aufbau': Exposition, steigende Handlung, Höhe- und Wendepunkt, fallende Handlung und Katastrophe.

3. Drei Einheiten Die dritte Regel richtet sich auf die Handlung des Dramas. Die sogenannten drei Einheiten, wie sie Lodovico Castelvetro (1570) bestimmte und zum Beispiel Johann Christoph Gottsched vertrat, sind abermals nur teilweise mit Aristoteles und der attischen Tragödie begründbar. Die Einheit des Ortes bedeutet, dass es nur einen Schauplatz geben darf; die Einheit der Zeit, dass das dargestellte Geschehen nur einen Tag umfassen soll; und die Einheit der Handlung, dass nur ein Handlungsstrang zulässig ist. Bei Aristoteles ist jedoch nirgends von einer Einheit des Ortes die Rede. Ortswechsel kommen in der griechischen Tragödie durchaus vor, etwa in Aischylos' *Eumeniden*, dem dritten Teil der *Orestie*, die zunächst in

Delphi und dann in Athen spielen. Was die Zeit betrifft, schreibt Aristoteles, „nach Möglichkeit" finde die Handlung „innerhalb eines Umlaufs der Sonne" statt (Abschnitt 5). Es wird also ein Tag im Theater auf zwei bis drei Stunden verdichtet.

Eine „in sich geschlossene Handlung", schreibt Aristoteles unter anderem, habe Anfang, Mitte und Schluss (Abschnitt 6). Diese Dramaturgie kommt uns ‚natürlich' vor. Alternative Handlungsmodelle, etwa ein episodisches ‚Stationendrama' oder ein parallelistisches ‚Zopfstrangmuster', kommen in der griechischen Tragödie nicht vor.

Im Verlauf der Theatergeschichte wurden die drei Einheiten nach und nach aufgehoben. In Goethes *Götz von Berlichingen* (1773) etwa gibt es keine Einheit der Zeit und des Ortes, das Stück umfasst Jahrzehnte und Dutzende Handlungsorte im ganzen Schwabenland; in Brechts *Furcht und Elend des Dritten Reiches* (1938) gibt es keine Einheit der Handlung mehr. Für Shakespeare galten die klassizistischen Regeln ohnehin nie. *Antony and Cleopatra* (1606/1607) hat Schauplätze im gesamten Mittelmeerraum. Mitten in *The Winter's Tale* (1610/1611) vergehen sechzehn Jahre, und ein Kind wird erwachsen. In *Hamlet* (1600/1601) werden, anders als in der *Orestie*, mehrere Rachehandlungen zusammengeführt: die von Hamlet, Laertes und Fortinbras.

Die Theorie des modernen Dramas

Wir haben gelernt, die drei ‚Einheiten' als überholte Einschränkungen, vielleicht sogar von vornherein als sinn*los* anzusehen. Aber wir können versuchen, sie unter bestimmten Bedingungen durchaus als sinn*voll* nachzuvollziehen.

Peter Szondi hat eine *Theorie des modernen Dramas* (1956) geschrieben, die originell und prägnant drei Jahrhunderte europäischer Theatergeschichte modellhaft zusammenfasst und die Erscheinungsformen der Gattung dabei jeweils aus ihrer Zeit zu verstehen versucht. Szondi kritisiert eine zeitlose Normpoetik. Der Klassizismus entsprach historisch dem Absolutismus. Warum sollte er über diesen hinaus gültig bleiben? Literarische Formen haben eine Geschichte. Welche historische Erfahrung ist in sie eingegangen? Inwiefern waren sie *in ihrer Zeit* sinnvoll? Entsprechend haben sie eine Semantik. Welchen Sinn hat eine bestimmte Form? Was bedeutet eine Gattung – und ihre Veränderung? Szondi beschreibt eine Dialektik von Form und Inhalt. Er fragt: Wie entwickeln sich Formen und Inhalte im Verhältnis zueinander? Unter welchen Umständen treten sie auseinander, zueinander in Widerspruch?

Die historische Dialektik von Form und Inhalt des Theaters schildert Szondi in drei Phasen. Sein Ausgangspunkt ist ihre Entsprechung im klassischen Drama des 17. und 18. Jahrhunderts. Im 19. Jahrhundert verschieben sich dann die Inhalte, während man an der alten Form festhält. Das bedeutet: Neuer Inhalt und alte Form geraten in einen Widerspruch. Im 20. Jahrhundert werden für die neuen Inhalte dann neue Formen entwickelt. Der Widerspruch löst sich auf, Form und Inhalt finden eine neue Entsprechung.

In der ersten Phase entsprechen einander ein *dramatischer* Inhalt und eine *dramatische* Form. Was in einem Theaterstück mitgeteilt werden sollte, ließ sich mit den ureigenen Mitteln des Theaters darstellen. Dieses Interesse ist historisch nachvollziehbar: Im klassischen Drama der Neuzeit stehen Menschen im Mittelpunkt. Es geht aber nicht um ihre Innerlichkeit, sondern um zwischenmenschliche Verhältnisse, Interaktionen, Konflikte. Das Medium dieser Interaktionen und Konflikte ist der Dialog. Worte werden als ‚Waffen' eingesetzt. Was dieses Theater nicht braucht, sind Selbstgespräche der Figuren, Ansprachen ans Publikum oder Einmischungen des Autors.

In diesem Zusammenhang sind die drei ‚Einheiten' dramaturgisch sinnvoll. Die Handlung wird aus sich selbst motiviert, begründet aus der Auseinandersetzung (‚Einheit der Handlung'). Es gibt keine äußeren Einwirkungen durch Zufälle oder Vorherbestimmungen, keinen erzählerischen Zusammenhang, der über die dargestellte Handlung hinausginge. Die Zeit ist reine, lineare Gegenwart (‚Einheit der Zeit'). Weder Vergangenheit noch Zukunft spielen hinein. Der Raum ist geschlossen (‚Einheit des Ortes'). Es gibt keine Umgebung und keinen Ausweg. Man kann nicht entkommen. Das Drama ist absolut. Guckkasten und Rampe trennen es vom Publikum und vom Autor. Die Schauspieler scheinen in ihren Rollen aufzugehen.

So können wir die ‚drei Einheiten' durchaus ernst nehmen. Sie dienen der Zuspitzung einer ausweglosen Konfliktsituation – wie bei einem Stierkampf oder bei einem Boxkampf, die ebenfalls an einem fest umgrenzten Ort, der absolut ist, stattfinden – bis zum bitteren Ende. Beispiele für das klassische Drama wären Corneilles *Horace* (1640) (mit dem Kampf der Horatier und Curatier) oder Racines *Britannicus* (1669) (mit dem Konflikt der Stiefbrüder Britannicus und Nero).

In der zweiten von Szondi beschriebenen Phase ergibt sich ein Widerspruch zwischen der alten *dramatischen* Form und neuen *epischen* Inhalten. Was die Stücke in dieser Epoche vermitteln sollten, ließ sich nun nicht mehr ohne Weiteres mit dramatischen Verfahren zum Ausdruck bringen. Denn an die Stelle zwischenmenschlicher Konflikte tritt allmählich ein Interesse an inneren und äußeren Vorgängen, an psychischen Problemen und sozialen Zusammenhängen. Für beides würden sich erzählende, epische Formen eigentlich besser eignen, aber sie werden in die Form des alten Dramas pseudo-dramatisch übersetzt. Die Figuren schildern, sie erinnern sich, sie denken nach, aber sie tun dies im Rahmen von Dialogen mit anderen Figuren. An die Stelle von Handlungen treten Einflüsse von *innen* wie Gedanken und Gefühle sowie von *außen* in Form gesellschaftlicher Umstände oder als existentielle *conditio humana*. Die Gegenwart öffnet sich für die Vergangenheit und für die Zukunft: für Erinnerungen und Lebensgeschichten, für Träume und Hoffnungen. Die Absolutheit des Raumes wird aufgebrochen durch Bezüge auf andere Orte, die Schauplätze der Rückblicke oder Sehnsüchte sind.

Dramaturgische ‚Notlösungen' innerhalb der alten Form findet in dieser Phase zum Beispiel Henrik Ibsen, indem er analytische Dramen schreibt, deren Handlung in der Vergangenheit liegt, aber in der Gegenwart aufgedeckt wird. Eine eigentlich epische Geschichte wird dramatisch vermittelt. So kommt in *John Gabriel Borkman* (1896) die private und berufliche Vorgeschichte eines Bankiers und mit ihr eine „Lebenslüge" ans Licht.

In Anton Tschechows *Drei Schwestern* (1901) erinnern sich die Figuren nostalgisch an die Vergangenheit, und sie richten ihre Hoffnungen in die Zukunft, sie träumen von einem besseren Leben in Moskau. Um diese eigentlich undramatischen, nicht mehr nur zwischenmenschlichen, in Dialogen vermittelbaren Inhalte in eine dramatische Form zu bringen, wählt Tschechow einen Kunstgriff: den Auftritt eines Schwerhörigen, mit dem kaum ein Gespräch möglich ist, so dass die Figuren in einem Scheindialog aneinander vorbei eigentlich Monologe führen. Im folgenden Textausschnitt ist fett hervorgehoben, was im Rahmen dieses Scheindialogs eigentlich ein ganz undramatisches Selbstgespräch darstellt:

> ANDREJ. Guten Abend, alter Freund. Was gibt's?
> FERAPONT. Der Vorsteher schickt das Buch hier und die Akten...
> *Reicht ihm das Buch und das Paket.*
> ANDREJ. Ich danke dir. 's ist gut. Sag' mal – warum bist du so spät gekommen? [...]
> FERAPONT. Was?
> ANDREJ *lauter:* Warum du so spät gekommen bist, frag' ich.
> FERAPONT. Ach so! Na... ich war doch schon hier, wie's noch hell war, aber man hat mich nicht vorgelassen. [...] *Glaubt, daß Andrej ihn etwas frage.* Was?
> ANDREJ. Nichts. **Blättert in dem Buche. Morgen ist Freitag, da ist keine Sitzung, aber ich komme doch hin... Hab' wenigstens was zu tun... Zu Hause ist's langweilig... Pause. Ja, mein lieber Alter, so ändern sich die Dinge! So betrügt uns das Leben! Aus Langerweile hab' ich heut mal dieses Buch herausgeholt – ein altes Kollegienheft... und ich mußte lachen... Du lieber Gott, ich bin Sekretär beim Landschaftsamt! Bei demselben Landschaftsamt, dessen Vorsitzender Herr Protopopow ist! Sekretär bin ich – und der höchste Rang, den ich erlangen kann, ist der eines Mitglieds der Landschaftsverwaltung! Ich, der ich jede Nacht davon träume, daß ich Professor der Moskauer Universität, daß ich ein berühmter Gelehrter bin, auf den das Vaterland stolz ist!**
> FERAPONT. Kann wirklich nichts dazu sagen... bin schwerhörig...
> ANDREJ. Wenn du nicht schwerhörig wärest, würde ich wahrscheinlich mit dir nicht so reden. **Reden muß ich mit jemandem – meine Frau versteht mich nicht, vor meinen Schwestern fürcht' ich mich, sie würden sich über mich nur lustig machen... Ich liebe die Kneipen wahrhaftig nicht – aber wie froh wär' ich, wenn ich jetzt so in Moskau säße, bei Tjestow oder in sonst einem netten Restaurant...** ja, mein Lieber!

Diese von Szondi diagnostizierte Krisenphase des modernen Dramas hat durchaus bekannte Stücke hervorgebracht, trotz ihrer Diskrepanz zwischen Inhalt und Form. August Strindberg (*Nach Damaskus*, 1898–1904; *Ein Traumspiel*, 1902; *Gespenstersonate*, 1908) reiht in Stationendramen Szenen aneinander, zwischen denen die Zeit vergeht, als Ausschnitte aus einer Geschichte. So kann das Leben einer Figur aus deren Einzelsicht biographisch dargestellt werden (‚Einheit des Ich'). Andere Figuren erscheinen als Projektionen dieses Ich, die in einer Art von zweistimmigem Monolog gezeigt werden.

Soziale und politische Entwicklungen darzustellen – etwa die Industrialisierung, die Emanzipation des Bürgertums, die Verarmung der Massen, den Klassenkampf

–, erweist sich im Theater als schwierig, weil die Bühne und die mögliche Anzahl der Rollen begrenzt sind. Gerhart Hauptmann schildert in *Vor Sonnenaufgang* (1889) oder *Die Weber* (1892) soziale Zustände anhand eines Ausschnitts wie in einer Milieustudie, die *pars pro toto* für ein gesellschaftliches Problem steht. Faktoren jenseits des dramatischen Raums spielen in diesen hinein. Als episches Subjekt tritt ein Sozialforscher auf.

In der dritten Phase von Szondis Dialektik wird der Widerspruch zwischen *epischen* Inhalten und *dramatischer* Form schließlich aufgelöst, indem für die *epischen* Inhalte nunmehr auch neue *epische* Formen entwickelt werden. Dialektisch schlagen epische Inhalte um in epische Formen. Dies geschieht zum Beispiel im lyrischen Drama (Hugo von Hofmannsthal, *Der Tor und der Tod*, 1894) oder in Konversationsstücken ohne dramatische Handlung (Hugo von Hofmannsthal, *Der Schwierige*, 1921); in einer sozialen Enge, welche die Figuren zum Reden zwingt (Federico García Lorca, *La casa de Bernarda Alba*, 1936), oder in einem existentialistischen Labor, in dem sie sich selbst verwirklichen sollen (Jean-Paul Sartre, *Huis clos*, 1944).

Zahlreiche formale Lösungen wurden entwickelt, um die epischen Inhalte des Theaters nunmehr auch mit epischen Mitteln umsetzen zu können. Die Montage zerlegt ein Geschehen in Fragmente. Auf einer Simultanbühne werden mehrere Handlungen parallel gespielt. Im Expressionismus werden Stationen eines anonymen Ich in einer entfremdeten Welt ausgestellt (Ernst Toller). Die politische Revue wird zum Massentheater (Erwin Piscator). Mit Hilfe des Films können Einstellungen gewechselt oder Nahaufnahmen durchgeführt werden. Die Figur eines Spielleiters arrangiert eine szenische Erzählung (Thornton Wilder). Zeitraffer oder Zeitlupe und Wiederholungen lösen die Linearität und die Einheit der Zeit auf. Der innere Monolog ermöglicht einen psychologischen Bericht (Eugene O'Neill, *Strange Interlude*, 1928). Eine unwillkürliche Erinnerung – *mémoire involontaire*, *flash back* – wird als ‚Theater im Theater' aufgeführt, indem sich eine Szene nur für eine Figur sichtbar vergegenwärtigt (Arthur Miller, *Death of a Salesman*, 1949). Die Unmöglichkeit eines realistischen Schauspiels verhandelt Luigi Pirandello in *Sechs Personen suchen einen Autor* (1921, *Sei personaggi in cerca d'autore*).

Episches Theater

Eine besonders bekannte Neuerung dieser Phase des modernen Theaters ist das ‚Epische Theater'. Bertolt Brecht hat es zum Programm erklärt und theoretisch begründet – insbesondere in seinem *Kleinen Organon für das Theater* (1949). Nicht mehr *dramatisch* soll das Theater sein, sondern *episch*, das heißt: erzählend statt handelnd; nicht mehr einfühlend, sondern beobachtend; nicht mehr „aristotelisch", ‚kathartisch', sondern rational, ‚wissenschaftlich'. Diesem Selbstverständnis eines „nicht-aristotelischen" Theaters entspricht auch der Titel seiner Programmschrift. Denn der Begriff ‚Organon' bezeichnet die logischen Schriften des Aristoteles, und er verweist zugleich auf Francis Bacons *Novum Organon Scientiarum* (1620), die Begründung der modernen Naturwissenschaften aus der Empirie. Wie Bacon naturwissenschaftlich über Aristoteles hinausgegangen war, wollte Brecht es nun dramaturgisch tun.

Zentral für Brechts Konzeption ist die Kritik der Mimesis, der Nachahmung, der Illusion und der Einfühlung. Dahinter steht ein marxistischer Kunstbegriff. Die Identifikation mit einem Helden setzt ein konservatives Weltbild voraus: ‚Große Männer' machen Geschichte. Aber der Mensch ist ein Produkt veränderlicher Umstände. Und er kann seine Situation selbst verändern. Das Einfühlungstheater jedoch stabilisiert die herrschenden Verhältnisse. Brecht gebraucht dafür polemische Vokabeln: „Rauschmittel", „Rauschgifthandel", „Linderungsmittel", „Hypnose", „Magie", „Ansteckung" und „Kulinarismus". Die Einfühlung entlastet die Menschen von Frustrationen, sie verdrängt die Probleme – im Theater des 19. Jahrhunderts ebenso wie in der Konsum- und Kulturindustrie des 20. und 21.

Brechts Frage lautet: Wie kann man die Illusion durchbrechen, die Einfühlung verhindern? Er fasst die Methoden, die er zu diesem Zweck übernimmt und entwickelt, unter dem Begriff „Verfremdungseffekt" – „V-Effekt" – zusammen (nach Viktor Schklowski [Šklovskij], 1916). Die wichtigsten dieser Verfahren sind folgende:

Die Darstellenden sollen *aus der Rolle* fallen, eine kritische Distanz zu ihrer Rolle einnehmen, „die Schauspieler nehmen Stellung zu ihren Figuren". Sie haben dabei einen „beratende[n] Gestus", wie ein „Demonstrant", ein „Forscher" oder ein „Lehrer". Wenn sie ein Pronomen aussprechen („*ich sage*"), ist das stets mehrdeutig, denn es kann sich sowohl auf die Figur beziehen wie auch auf den Schauspieler selbst.

Die Schauspieler sollen die Figuren ‚zeigen', nicht verkörpern. Als Beispiel nennt Brecht eine „Straßenszene", die jemand wiedergibt, einen „Unfall", von dem jemand berichtet, indem er zwischen einer erzählenden Haltung und gestischer Andeutung wechselt. Dabei entsteht eine Differenz zwischen Mimik und Gestik. Die Mimik kann zeitweise nachahmen, während die Gestik nüchtern bleibt – oder umgekehrt. Brecht spricht von einem „Sich-selber-Zusehen" der Schauspielenden.

Die Schauspieler wenden sich an die Zuschauer und durchbrechen so die imaginäre ‚vierte Wand', die das Publikum von der Bühne trennt. Auch die Zuschauer sollen eine distanzierte Haltung einnehmen, nicht emotional beteiligt, sondern nachdenkend, genießend oder, wie Brecht es sich vorstellte: „rauchend". Der Zuschauerraum wird nicht abgedunkelt. Licht macht das Publikum sichtbar – wie im antiken Theater.

Die Lichtquellen für die Bühne sind ebenfalls sichtbar. Auch das Orchester ist zu sehen. Lieder werden bei besonderer Songbeleuchtung gesungen. Dadurch wird der Übergang zwischen Text und Musik hervorgehoben.

Die technischen Mittel werden grundsätzlich nicht versteckt, sondern gezeigt. Medien kommen zum Einsatz: Projektionen, Photographie, Film. Zwischentitel werden auf Schildern ‚eingeblendet', so dass die ‚Kapitel' der ‚Erzählung' als solche zur Geltung kommen. Ein Chor kommentiert das Geschehen – wie eine „Fußnote" oder „das vergleichende Blättern" in einem Text.

Das Bühnenbild ist nicht naturalistisch, sondern nur angedeutet. Auch die Requisiten sind nicht ‚echt', sondern symbolisch. Ein halbhoher Vorhang, die sogenannte „Brecht-Gardine", bildet keine ‚vierte Wand', sondern erlaubt den Blick auf die Bühne, schon bevor das Schauspiel beginnt. Der Umbau zwischen den Szenen wird vor aller Augen durchgeführt.

Tab. 1 Bertolt Brecht, „Das moderne Theater ist das epische Theater"

Dramatische Form des Theaters	Epische Form des Theaters
handelnd	erzählend
verwickelt den Zuschauer in eine Bühnenaktion	macht den Zuschauer zum Betrachter, aber
verbraucht seine Aktivität	weckt seine Aktivität
ermöglicht ihm Gefühle	erzwingt von ihm Entscheidungen
Erlebnis	Weltbild
Der Zuschauer wird in etwas hineinversetzt	er wird gegenübergesetzt
Suggestion	Argument
Die Empfindungen werden konserviert	werden bis zu Erkenntnissen getrieben
Der Zuschauer steht mittendrin, miterlebt	Der Zuschauer steht gegenüber, studiert
Der Mensch als bekannt vorausgesetzt	Der Mensch ist Gegenstand der Untersuchung
Der unveränderliche Mensch	Der veränderliche und verändernde Mensch
Spannung auf den Ausgang	Spannung auf den Gang
Eine Szene für die andere	Jede Szene für sich
Wachstum	Montage
Geschehen linear	in Kurven
evolutionäre Zwangsläufigkeit	Sprünge
Der Mensch als Fixum	Der Mensch als Prozeß
Das Denken bestimmt das Sein	Das gesellschaftliche Sein bestimmt das Denken
Gefühl	Ratio

Brecht hat sein Programm in einer Tabelle zusammengefasst, die das dramatische und das epische Theater einander antithetisch gegenüberstellt (Tab. 1).

Das Epische Theater blieb in der Massenkultur und im Kino ein marginales Phänomen. Ausnahmen sind Brechts eigener Film *Kuhle Wampe* (1931), Rainer Werner Fassbinders *Effi Briest* (1974), Lars von Triers *Dogville* (2003) und *Manderlay* (2005), Adam McKays *The Big Short* (2015) oder die vier Kurzfilme Wes Andersons nach Erzählungen von Roald Dahl (2023). *Dogville* zum Beispiel erzählt eine Geschichte auf einem abstrakten, beschrifteten Spielfeld mit einer Erzählerstimme aus dem *Off*, Kapiteltitel werden eingeblendet, die Figuren bewegen sich mit wenigen Requisiten in angedeuteten Kulissen (siehe Abb. 2).

Vom vor-dramatischen Opferkult, wie ihn Pier Paolo Pasolini in seiner *Medea* inszeniert hatte, sind wir im vorherigen und in diesem Theoriekurs bis zu Lars von Triers neo-epischem Spielfilm *Dogville* gelangt. Wir haben dabei sechs Stationen der Praxis und der Poetik des Theaters nachzuvollziehen versucht: 1. das Ritual (und die Ritualtheorie), 2. die Tragödie (und die aristotelische Poetik), 3. das klassische Drama (und die klassizistische Doktrin nach Horaz, Boileau, Opitz, Gottsched), 4. seine Deregulierung (mit Lessing, Goethe, Stendhal), 5. die Krise des Dramas im 19. Jahrhundert (nach Peter Szondi) und 6. das Epische Theater (mit Bertolt Brecht).

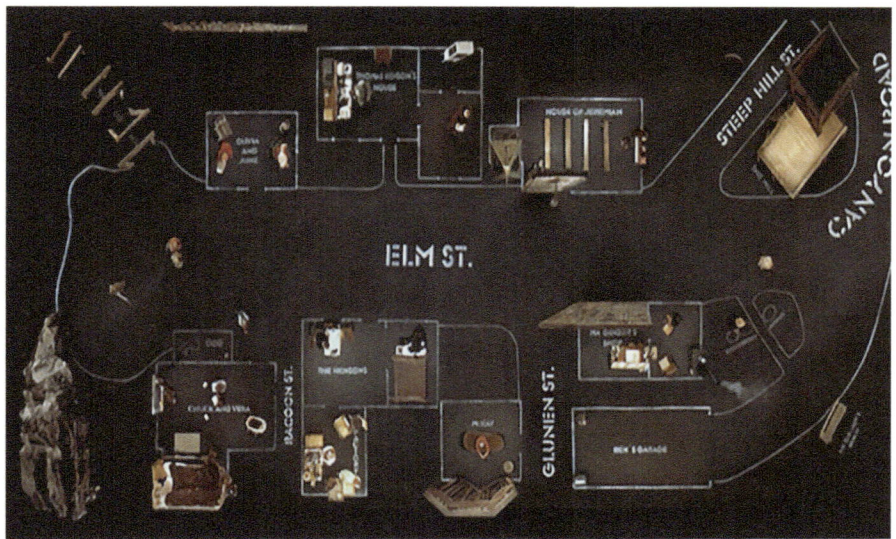

Abb. 2 Lars von Trier, *Dogville* (2003): Das Spielfeld aus der Draufsicht

Der Anspruch der Avantgarde

Brecht begründete sein Programm mit dem Gestus der Avantgarde, die über alles Dagewesene hinausgeht, die reinen Tisch macht, *tabula rasa*, und eine neue Kunst eröffnet. Dabei stellt sich die Frage, ob mit dem Begriff ‚aristotelisch' das Theater vor Brecht wirklich angemessen bezeichnet ist, insbesondere wenn darunter die Simulation von Wirklichkeit zum Zweck der Versenkung zu verstehen ist. Denn aristotelisch und illusionistisch ist nicht das Gleiche. Die griechische Tragödie, auf die Aristoteles seine *Poetik* bezog, war keineswegs illusionistisch, indem sie den Schein von Realität erzeugt hätte. Das Publikum war im Halbrund bei Tageslicht sichtbar, jeder Zuschauer wusste jederzeit, dass er sich zusammen mit einigen tausend Anderen im Theater befand. Die Schauspieler trugen Masken. Männer spielten Frauenrollen. Es tanzte und sang ein archaischer Chor. Götter hatten ihre Epiphanie mit Hilfe von Bühnenmaschinen. Bei Aristoteles geht es nicht um eine wirklichkeitsgetreue Abbildung, sondern um das ‚Mögliche', ‚Wahrscheinliche', ‚Notwendige'.

Auch auf Shakespeare trifft Brechts Kritik eines ‚aristotelischen' Theaters überhaupt nicht zu. Im Globe Theatre („this wooden O") gibt es nur zeichenhafte Bühnenbilder. Es treten Prologsprecher auf, die das Publikum anreden. Die Stücke sind voller Selbstreferenzen, die es fortgesetzt daran hindern, sich einer ‚Illusion' hinzugeben („can this cockpit hold / The vasty fields of France?"). Episches Theater *avant la lettre*.

Hatte Brecht nicht eher den Naturalismus im Blick, also die historisch vorangegangene Praxis? Hier sollte tatsächlich eine Illusion erzeugt, die Einfühlung ermöglicht werden, mit realistischen Kostümen und einer naturgetreuen Szenographie, so dass die Zuschauer bei einer Guckkastenbühne die vierte Wand vergaßen. Nicht für alles vorherige Theater ist Brechts Urteil angemessen, sondern hauptsächlich für das *unmittelbar* überholte.

Nach Brecht

Wenn wir die Theatergeschichte von Brecht bis in die Gegenwart weiterverfolgen, begegnen uns neue Formen, die mit der Kategorie der Einfühlung ebenfalls nicht zu fassen sind, wie das Absurde Theater (Samuel Beckett, *Endspiel*, 1957) oder das Dokumentartheater (Peter Weiss, *Die Ermittlung*, 1965, *Viet Nam Diskurs*, 1968), andererseits aber auch ein radikaler Neonaturalismus (Franz Xaver Kroetz, *Heimarbeit*, 1971) und eine neue Subjektivität (Botho Strauß, *Trilogie des Wiedersehens*, 1977).

Beeinflusst vom Poststrukturalismus, der Wahrheiten und Identitäten in Frage stellt, und von der Postmoderne, die sich von großen Erzählungen verabschiedet, wurde das „Postdramatische Theater" (Elfriede Jelinek, *Die Kontrakte des Kaufmanns*, 2009). Dieses Theater, das auf Handlung, Figuren und Dialoge verzichtet, wäre in Peter Szondis Kategorien zugleich ein postepisches, weil hier auch nicht mehr erzählt wird.

Vierte Lesewerkstatt – Was ist episch an Brechts *Dreigroschenoper?*

Das absolute Drama

In der dritten Lesewerkstatt haben wir uns mit einem Drama beschäftigt, das 2500 Jahre alt ist. Trotz einiger Elemente, die uns inzwischen ungewohnt vorkommen, können wir die *Orestie* als Theaterstück auch heute noch gut nachvollziehen und als Lesetext oder in einer Aufführung rezipieren. Der Konflikt zwischen Agamemnon und Klytaimestra im ersten Teil der Trilogie ist uns als eine Art Ehekrise oder als Mordfall im Grunde vertraut. Die Bühnenhandlung des *Agamemnon*, das Geschehen vor der *skene*, stellt uns vor keine grundsätzlichen Rezeptionshindernisse. Das liegt daran, dass unser neuzeitliches Theater im Wesentlichen noch immer aus denselben Grundelementen aufgebaut ist. Peter Szondi führt diese Ähnlichkeit in seiner einflussreichen *Theorie des modernen Dramas* (1956) auf einen Reduktionsprozess zurück. (Zitate werden durch Seitenzahlen in Klammern nachgewiesen.) Der Übergang vom antiken zum neuzeitlichen Theater habe sich in der Renaissance vollzogen, also nach dem Mittelalter, in der Zeit ungefähr zwischen 1400 und 1600. Und er habe vor allem in einem Wegfall bestanden, in der „Ausschaltung von Prolog, Chor, Epilog" (15), also jener archaischen Elemente, die uns, wie im Theoriekurs besprochen, in antiken Dramen fremd erscheinen und die uns aus den Theaterstücken, mit denen wir heute aufwachsen, nicht mehr bekannt vorkommen. Was bei dieser Verschlankung des Theaters auf die Bühnenhandlung ebenfalls wegfiel, war die Einbettung der Stücke in eine mythische Welt, repräsentiert durch den Chor, der aus der alten Kultgemeinde im Opferritual hervorgegangen war. Ohne den Chor sind die Figuren auf der Bühne die einzigen Handlungsträger. Die neuzeitlichen Theaterstücke bestehen ausschließlich aus dem Geschehen zwischen diesen Figuren, aus ihrem Verhältnis untereinander, aus ihren Konflikten. Diese Konzentration auf den „zwischenmenschlichen Bezug[]" (14) ist für Szondi das entscheidende Merkmal des neuzeitlichen Theaters, das entsprechend ausschließlich in der ‚Sphäre des Zwischen' spielt: „Der Mensch ging ins Drama gleichsam nur als Mitmensch ein. Die Sphäre des ‚Zwischen' schien ihm die wesentliche seines Daseins." (14) Das heißt nichts anderes, als dass der Mensch, wenn er als Figur im neuzeitlichen Theater auf die Bühne tritt, nicht primär als Individuum oder als Gegenstand eines göttlichen Einflusses auftritt, sondern zuvorderst in seiner Beziehung zu anderen Menschen, anderen Figuren. Was lediglich den einzelnen Menschen oder aber sein metaphysisches Wesen betrifft, wäre, so gesehen, nicht Gegenstand des Dramas: „Alle dramatische Thematik formulierte sich in dieser Sphäre des ‚Zwischen'." (14) Diese Fokussierung auf das Figurengeschehen führt nicht nur positiv zur Konzentration auf eine zwischenmenschliche Handlung, sondern auch negativ zum Ausschluss aller möglichen anderen Themen, die Szondi, weil sie sich nicht für eine reine Bühnendarstellung eignen, als ‚undramatisch' bezeichnet. Für solche Inhalte stehen andere literarische Gattungen und Ausdrucksformen zur Verfügung, besonders die Epik (Erzählliteratur) und die Lyrik (Gedichte). Das Drama hingegen stellt sich Szondi als abgeschlossene Welt vor, ohne Beziehung zum Außen und losgelöst von allem, was außerhalb seiner selbst liegt. Er spricht von der ‚Absolutheit' des Theaters: „Das Drama ist absolut. Um reiner Bezug, das heißt: dramatisch sein zu können, muß es von allem ihm Äußerlichen abgelöst sein. Es kennt nichts außer sich." Diese Loslösung gilt für die zeitliche wie für die räumliche Dimension. Die Zeit des Theaters sei „je die Gegenwart" (17), das Drama behandelt seine Handlung stets als gegenwärtig – und zwar ausschließlich, ohne Bezug zu einer außerdramatischen Vergangenheit oder Zukunft. Alles, was das Drama zeige, der ganze Verlauf eines Stücks, ergebe sich allein und unweigerlich aus dem, was auf der Bühne im Moment der Aufführung geschieht. Das schließt auch aus, dass die Handlung sich aus bloßem Zufall entwickle. Kontingenz, also Zufälligkeit, ist aus dem Drama ausgesperrt, denn „[d]as Zufällige fällt dem Drama von außen zu" (18). Einflüsse von außen aber kommen im absoluten Drama nicht vor. „Die räumliche Umgebung muß (wie die zeitliche) aus dem Bewußtsein des Zuschauers ausgeschieden werden. Nur so entsteht eine absolute, das ist dramatische Szene." (18)

Diese absolute Sphäre des reinen Austauschs zwischen anwesenden Figuren findet im Theater ihren Ausdruck in der mündlichen Kommunikation: „Das sprachliche Medium dieser zwischenmenschlichen Welt aber war der Dialog." (14 f.) Umgekehrt gilt dadurch auch, dass kein klassisches Theater ohne Dialog möglich ist. Oder anders gesagt: Wenn die Möglichkeit zur Kommunikation zwischen den Menschen – und den Figuren auf der Bühne als ihren Vertretern – nicht mehr gegeben ist, gibt es kein klassisches Drama mehr. Szondi fasst das in die prägnante Formel: „Von der Möglichkeit des Dialogs hängt die Möglichkeit des Dramas ab." (19)

Szondi ist sich bewusst, dass er mit dieser sehr engen, eingegrenzten Bestimmung des neuzeitlichen Dramas ein Modell beschreibt, das in absoluter Reinform vielleicht nie existiert hat und in keinem einzigen Stück zur Gänze umgesetzt wurde. Shakespeares Historiendramen, die Ereignisse und Personen der (britischen) Geschichte zum Gegenstand haben, nennt Szondi selbst als Ausnahme, die seinem Muster nicht entsprechen (vgl. S. 13). Auch einige der berühmtesten Stücke der deutschen Literatur widersetzen sich Szondis Definition, zum Beispiel Goethes weltumfassendes Großwerk *Faust* (1808/1832), das in allen nur denkbaren Weisen über den engen Theaterraum hinausgreift und Bezüge nach außen eingeht, oder Schillers *Wilhelm Tell* (1804), der ohne den nationalmythischen Hintergrund der Schweizer Unabhängigkeit nicht vorstellbar ist. Szondi konstruiert das Modell des absoluten Theaters denn auch nicht, um einzelne Stücke zu analysieren, sondern weil er damit ein literaturgeschichtliches Argument verbindet und eine Epochenthese untermauern will. Es geht ihm darum, die Phase des klassischen, neuzeitlichen Theaters einerseits von der Antike abzugrenzen, in der es noch Chor und Mythos gab, andererseits – und vor allem – von dem, was er das „moderne" Drama nennt. Damit bezeichnet er das Theater zwischen dem Ende des 19. Jahrhunderts und seiner eigenen Gegenwart, als er seine Theorie Mitte der 1950er Jahre verfasste. Denn das Theater sei um 1880, so Szondis Diagnose, in eine „Krise" geraten, in der es sich von der „klassischen Dramenform" (21) entfernt habe. Er meint das gar nicht als Werturteil über die Qualität und den Rang dieser Epoche und ihres Theaters. Schließlich gehören zu ihr, wie Szondi ausführt, weltberühmte Autoren wie Henrik Ibsen (1828–1906), Anton Tschechow (1860–1904), August Strindberg (1849–1912), Maurice Maeterlinck (1862–1949) und Gerhart Hauptmann (1862–1946). Ihre Stücke sind keineswegs vergessen oder aus der Mode geraten, sondern werden nach wie vor vielfach aufgeführt. Szondis Theorie geht in ihrer Modellhaftigkeit vielmehr vom Wesen des Dramas, von seiner Form aus. Insofern die Handlung wesentlich aus ihrer Absolutheit und Abgelöstheit von allen äußeren Einflüssen besteht, insofern das eigentliche, klassische Drama sich ganz nur aus sich heraus entwickle und auf sich selbst beziehe, stelle das Theater der Zeit um 1880 eine Abweichung dar. Diese Veränderung weg vom klassischen Theater kann als Innovation angesehen werden. Oder sie kann als Hinweis auf eine in dieser Epoche entstehende Unvereinbarkeit beurteilt werden, als das Symptom einer Inkompatibilität. Was Szondi anhand dieser Stücke feststellt, ist eine abnehmende oder ganz fehlende Passung zwischen dem Inhalt und der Form des Theaters, zwischen dem, *was* das Theater Ende des 19. Jahrhunderts zum Ausdruck bringen will, und der Art, *wie* dies im klassischen Theater geschieht. Die Frage ist also, ob die überkommenen formalen Mittel des Theaters noch zu seinen neuen Ausdrucksabsichten passen.

Dieser Gegensatz zwischen alter Form und neuen Inhalten ist der Grund für Szondis Krisendiagnose. Über die alte Form, das absolute Drama, haben wir gesprochen. Aber was sind die neuen Inhalte des modernen Dramas? Was ist es, was das Theater darstellen will, wozu aber die hergebrachten Mittel nicht geeignet sind? Um darauf eine Antwort zu finden, muss man sich den historischen Hintergrund des späten 19. Jahrhunderts vergegenwärtigen. Allein das ist schon ein Teil von Szondis Argument, denn Einflüsse von außen oder gar durch eine außerliterarische Wirklichkeit sind in seinem Modell ja aus dem klassischen, absoluten Theater dramaturgisch ausgeschlossen. Tatsächlich aber waren die Veränderungen, die das 19. Jahrhundert mit sich brachte, immens. Die Industrialisierung wandelte grundlegend die Art und Weise, wie der Mensch arbeitet. Politische Reform- und Revolutionsbewegungen stellten bisherige Herrschaftsformen infrage. Durch den Marxismus wurde insbesondere die soziale Stellung der Unterschicht zum Politikum, das Proletariat strebte nach Emanzipation. Zugleich verfestigte der zunehmende Nationalismus Vorstellungen nationaler Unterschiede, die sich im Kolonialismus als rassistische Überlegenheitsideologien gewaltsam auswirkten. In der Wissenschaft erschütterte Darwins Evolutionstheorie sicher geglaubte Dogmen und veränderte die Art, wie wir über den Menschen und seine Abstammung denken. Die Säkularisierung drängte den Einfluss der Kirchen zurück, religiöse Lehren und Praktiken verloren an Bedeutung. Stattdessen erschlossen die aufkommende Psychologie und insbesondere Freuds Psychoanalyse tiefere Dimensionen des menschlichen Verhaltens, seines Begehrens und seiner Ängste.

Wie aber sollte dieser soziale, politische und intellektuelle Wandel mit den klassischen Mitteln des Theaters auf eine Bühne gebracht werden, die absolut und losgelöst wäre und jenseits der zwischenmenschlichen Auseinandersetzung keine Bezüge zuließe? Wie wäre zum Beispiel das rein individuelle, innerliche Geschehen in der menschlichen Psyche darzustellen? Wie sollten nachwirkende Erinnerungen und Traumata aus der Vergangenheit oder aber Wünsche für die Zukunft im abgeschlossenen Bühnenraum als rein zwischenmenschliches Dialoggeschehen zum Ausdruck gebracht werden? Und wie, andererseits, sollten soziale und politische Bewegungen wie der Kommunismus oder koloniale Unabhängigkeitskämpfe inszeniert werden? Wie könnte eine politische Revolution in einem Figurendialog stattfinden? Wie sollten all diese nicht dramatischen Stoffe mit den damals üblichen theatralen Verfahren vermittelt werden? Wie wären „Innermenschliches" (74) und „die politisch-ökonomischen Verhältnisse" (75) in einer Literaturgattung zu vermitteln, die beides zuvor ausgeschlossen hatte und keine geeigneten Darstellungsmittel dafür kennt?

Szondi zufolge war es diese Unvereinbarkeit von dramatischer Form und undramatischen Inhalten, die zu einer Krise der Dramatik führte. Und zugleich hat sich die Gattung in dieser Krise als widerstandsfähig und flexibel genug erwiesen, um daraus Innovationen zu schöpfen, sich dem Gang der Geschichte anzupassen und ‚modern' zu werden. Szondis Theorie erzählt keine Verfallsgeschichte, nicht den Abstieg einer Gattung, sondern deren Erneuerung im Zeichen einer gewandelten Wirklichkeit. Der Hauptteil von Szondis Studie über das moderne Drama ist daher „Rettungsversuchen" und „Lösungsversuchen" zur Überwindung der Formkrise gewidmet – vom Konversationsstück, dem existenzialistischen Drama und dem Einakter über die politische Revue, Montagetechniken und Erinnerungsstücke bis hin zu inszenierten Spielen und innerem Monolog. All diesen innovativen Formen ist gemein, dass sie eine „Antwort auf die Krise des Dramas" (105) zu geben versuchen und dabei ihrerseits eine erstaunliche Bandbreite unterschiedlicher Ansätze entwickeln. Am Schluss seines kurzen, gut lesbaren Buchs kommt Szondi zu einem zuversichtlichen Fazit: „Die Geschichte der modernen Dramatik hat keinen letzten Akt, noch ist kein Vorhang über sie gefallen." (162) Szondis Theorie hat ein offenes Ende, das letzte Kapitel heißt deswegen auch „Statt eines Schlußwortes".

Für einen Abgesang aufs Theater gibt es auch heute keinen Anlass. Wir sind inzwischen etwa so weit von dem Zeitpunkt entfernt, an dem Szondi seine Theorie veröffentlichte (Mitte der 1950er Jahre), wie er damals entfernt war von den frühesten Stücken, die er untersucht (1880er Jahre). Und noch immer ist das Theater nicht wegzudenken aus der Kultur unserer Gegenwart, vielleicht sogar in einer zuvor nie dagewesenen institutionellen Vielfalt, vom Laienschauspiel in Schul- und Volkstheatern über Off- und Privatbühnen bis hin zu staatlich subventionierten Prestigehäusern.

Episches Theater – ein Paradox?

Wir wollen uns im Folgenden genauer mit einem Theaterstück des Dramatikers Bertolt Brecht beschäftigen, das zu seinen erfolgreichsten und bekanntesten Werken gehört: *Die Dreigroschenoper* (1928). Sie ist ein Beispiel für die neuen Formen moderner Dramatik, die Szondi als krisenbedingte Innovationen beschreibt. Brecht hat sie selbst maßgeblich entwickelt und ihre Gattungsbezeichnung geprägt: das ‚Epische Theater'.

Diese Theaterform hat inzwischen selbst eine rund 100-jährige Tradition und ist für unser zeitgenössisches Theater weiterhin einflussreich. Im Theoriekurs haben wir gehört, dass ihre Verfahren unter anderem im Film aufgegriffen und so in anderen Medien und Künsten fruchtbar gemacht wurden. Den Begriff ‚Episches Theater' haben Sie sicher schon gehört, wahrscheinlich schon im Schulunterricht. Er hat sich so stark eingebürgert, dass wir sein ursprüngliches Irritationspotenzial, die Provokation, die in ihm steckt, vielleicht gar nicht mehr wahrnehmen. Tatsächlich aber ist der Begriff eine absichtliche Paradoxie, er vereint Unvereinbares, um nicht zu sagen: Gegensätzliches. Denn die Bezeichnung setzt sich zusammen aus zwei ganz unterschiedlichen Gattungsbezügen. Das Epische, die Epik, ist die Gattung der erzählenden Literatur, also unter anderem Romane, Novellen, Kurzgeschichten, Legenden, Schwänken und – daher der Name – Epen. Das Theater aber gehört zur Gattung der Dramatik, zur performativen Literatur, die für eine Bühnenaufführung konzipiert ist. Epik und Dramatik sind als zwei der drei großen literarischen Gattungen insgesamt deutlich voneinander unterschieden und funktionieren ganz unterschiedlich. Andernfalls hätte die jahrtausendealte Unterscheidung zwischen den Gattungen ja gar keinen Sinn. Wie Brecht mit seinem Epischen Theater zu behaupten, etwas wäre episch und dramatisch zugleich, ist daher erst einmal ein Widerspruch – oder zumindest erklärungsbedürftig. Die wichtigsten Differenzen zwischen diesen beiden Gattungen wollen wir uns daher erst einmal veranschaulichen. (Die dritte Gattung, die Lyrik, klammern wir dabei vorläufig aus. Wir werden sie genauer in der elften Lektion behandeln.)

Um die unterschiedlichen Merkmale von Epik und Dramatik zu beschreiben, gehen wir wieder von der literarischen Form aus und begreifen sie als Summe der Verfahren, die zur Vermittlung eines Inhalts dienen. Wir haben darüber bereits gesprochen, als es um die neuen Formen ging, die das moderne Theater entwickelt, um neue Gegenstände, neue Sujets, neue Themen verhandeln zu können. In einem ganz allgemeinen Sinn können wir die Vermittlung eines Inhalts durch Form als ‚Darstellung' bezeichnen. Die Epik hat ihre eigenen Darstellungsverfahren, die sich von denen der Dramatik grundsätzlich unterscheiden. Daraus ergeben sich Stärken und Schwächen in der Vermittlung unterschiedlicher Inhalte. Nicht jedes Sujet eignet sich für eine Dramatisierung, und die Epik ist ihrerseits nicht für jedes Thema die angemessene Ausdrucksform. Über einige Darstellungsschwierigkeiten des Dramas haben wir bereits gesprochen, zum Beispiel was das Innenleben von Figuren oder komplexe politische Vorgänge angeht. Aber das Drama hat in anderen Bereichen auch ausgesprochene Vorteile. Dasselbe gilt für die Epik.

Einer der offensichtlichsten Unterschiede zwischen epischer und dramatischer Darstellung betrifft die Zeit. In einem Roman ist es ein Leichtes, Zeitsprünge in die Vergangenheit oder in die Zukunft zu unternehmen: „Drei Tage zuvor ...", „Sechs Jahre später ...", mehr braucht es nicht. Die Zeit kann in einer Erzählung gedehnt werden, wenn zum Beispiel eine rasante Handlung in allen Details beschrieben wird, und sie kann gerafft werden, wenn ein langwieriger Prozess in einem Satz zusammengefasst wird. Für all diese Verfahren gibt es berühmte Beispiele. James Joyce' *Ulysses* (1922) spielt an einem einzigen Tag, aber wir lesen den umfangreichen Roman meist über einen deutlich längeren Zeitraum hinweg. Thomas Manns *Buddenbrooks* (1901) hingegen schildert eine Familiengeschichte über vier Generationen und mehr als 40 Jahre. In manchen Science-Fiction-Romanen wie Isaac Asimovs *Foundation*-Zyklus (ab 1951) oder David Mitchells *Cloud Atlas* (2004) vergehen Jahrhunderte oder gar Jahrtausende. Die Epik kann sehr frei mit der Zeit ihrer Erzählwelt umgehen. Die Dramatik ist in dieser Hinsicht viel eingeschränkter. Wie soll zum Beispiel ein Zeitsprung sich auf der Bühne vollziehen? Wie spielt man eine Zeitraffung? Wie dehnt man eine Handlung mit den Mitteln des Dialogs? Natürlich gibt es für all diese Herausforderungen Mittel und Wege auch auf der Bühne. Ein Zeitsprung kann zwischen Szenen oder Akten stattfinden, aber er wird dann eben nicht wirklich auf der Bühne dargestellt. Was auf der Bühne inszeniert wird, kann sich im Grunde nicht anders als in Echtzeit vollziehen. Es ist an die Live-Performance, an die gegenwärtige Aufführung durch Schauspielende vor Publikum gebunden. Nicht umsonst vergeht in vielen klassischen Dramen nicht mehr als ein Tag. Diese übliche Dauer ist schlicht eine Konsequenz der zeitlichen Darstellungsbedingungen der Dramatik, die dann in der Regelpoetik als Vorschrift, als Einheit der Zeit, festgeschrieben wurde.

Ähnlich verhält es sich mit der räumlichen Darstellung. Auch hier ist das Theater weniger flexibel. Szondi spricht von der Absolutheit und Abgeschlossenheit des Dramas, seiner Abgelöstheit von äußeren Einflüssen. Das Theater ist abgeschottet gegen den Außenraum. Und auch innerhalb seiner Handlung ist es schwieriger als in der Epik, den Ort zu wechseln. Wir haben dies in Aischylos' Stück *Agamemnon* bereits gesehen, das durchgehend am selben Platz vor dem Königshaus spielt. Aus der Tatsache, dass viele antike Theaterstücke den Schauplatz nicht wechseln, hat sich ebenfalls eine Vorschrift herausgebildet, die Einheit des Ortes, die Schauplatzwechsel untersagt. Zwar können Szenen- und Kulissenwechsel eine räumliche Veränderung vermitteln. Und in modernen Theaterbauten gibt es heute Drehbühnen, Parallelbühnen, aufwändige Bühnenbilder und Video-Einspielungen. Doch diese technischen Mittel führen letztlich vor allem vor Augen, wie viel Aufwand nötig ist, um im Theater mit der Dimension des Raums kreativ umzugehen. Die Epik hingegen hat auch damit keinerlei Schwierigkeit. Orte können völlig beliebig von einem Satz zum anderen gewechselt werden, es reicht ein erzählerischer Hinweis: „In Paris ...", „Auf dem Dach ...", „Drei Straßen weiter ...", „Unterwegs Richtung Mond ...". Viele Erzähltexte zeichnen sich deshalb durch eine große Vielfalt der Schauplätze aus, die man als ‚Multilokalität' bezeichnen kann.

Dass der freiere Umgang mit Zeit und Ort der Epik einen grundsätzlichen Darstellungsvorteil gegenüber der Dramatik verschaffen würde, wäre jedoch ein Trugschluss. Gerade die Konzentration auf ein gegenwärtiges Bühnengeschehen, das sich vor den Augen des Publikums in räumlicher Nähe abspielt, trägt viel zur intensiven Wirkung des Theaters bei. Das Drama kann viel unmittelbarer auf seine Zuschauenden wirken, auf einer physiologisch-emotionalen Ebene. Diese direkte körperliche Einwirkung ist der Grund, wieso dem griechischem Drama eine so bedeutende soziale Funktion bei der affektiven Reinigung, beim Aggressionsabbau und bei der Regulierung von Gewalt zukommt. Sie verbindet, wie wir gesehen haben, das Theater mit seinen Ursprüngen im Opferritual, wo die Zuschauenden als Gemeinde eine intensive emotionale Erfahrung durchleben, die wir heute womöglich im Stadion auf dem Höhepunkt einer Sportveranstaltung nachempfinden. Von epischen Texten geht keine gleichrangige Unmittelbarkeitswirkung aus, weil ihre Handlung nicht aufgeführt wird, sondern immer erst durch eine Erzählinstanz vermittelt, also übertragen werden muss. Epische Texte werden heute in der Regel nicht performativ aufgeführt, sondern erzählt beziehungsweise gelesen. Die Erzählerstimme steht zwischen der Erzählwelt und den Lesenden und schafft eine gewisse Distanz. Selbst wenn in einem Roman ein Dialog wiedergegeben wird, erleben wir diesen nicht als Gespräch zweier Figuren unmittelbar mit, sondern bekommen ihn erzählt, berichtet, gleichsam zitiert.

Die unterschiedliche Wirkung von Epik und Dramatik liegt an ihren jeweiligen aisthetischen Bedingungen, also den Bedingungen ihrer sinnlichen Wahrnehmung. Das Geschehen des Dramas wird uns unmittelbar vor Augen gestellt, wir nehmen es mit unseren Sinnen ungefiltert auf, wir sehen und hören es und befinden uns mit ihm im selben Raum zur selben Zeit. Einen Erzähltext nehmen wir zwar auch mit den Augen auf, indem wir ihn lesen, aber der eigentliche Inhalt wird unsinnlich dargestellt, wird von einer Erzählinstanz so vermittelt, dass wir ihn uns erst durch unsere Einbildungskraft vorstellen, ihn gleichsam erst mental erschaffen müssen. Die Wahrnehmung eines Dramas ist ein sinnlicher Vorgang, die eines Erzähltexts zwar durchaus auch affektiv und ästhetisch, insgesamt doch eher ein kognitiver.

Worin sich Epik und Dramatik also grundsätzlich unterscheiden, ist der Rezeptionsmodus. Ein Drama rezipieren wir durch das sinnlich-konkrete Erleben einer Aufführung. Mit einer etwas altmodischen Formulierung können wir sagen: Wir wohnen einer Aufführung bei. Darin drückt sich die Tatsache aus, dass wir uns mit dem Drama auf derselben Ebene befinden. Die Lektüre eines epischen Texts ist ein gänzlich anderer Rezeptionsmodus, der weniger auf sinnlicher Teilhabe beruht als auf intellektueller Verarbeitung und kreativer Ausgestaltung des Gelesenen in der eigenen geistigen Vorstellung. Daraus ergibt sich auch eine soziale Differenz. Die Lektüre vollzieht sich in aller Regel isoliert durch ein Individuum, tendenziell suchen wir beim Lesen sogar Abschottung und Einsamkeit, um uns ungestört in die Erzählwelt vertiefen zu können. Die Lektüre kann dadurch freilich durchaus einen starken Eindruck auf uns machen, eine Sogwirkung und einen immersiven Effekt erzielen, den wir aber immer nur einzeln empfinden. Im Theater hingegen sind wir Teil eines Kollektivs, eines Publikums. Wir reagieren gemeinsam auf die Aufführung, nehmen die Reaktionen der uns Umgebenden wahr und beeinflussen durch unsere Reaktion wiederum die anderen Zuschauenden. Das Drama zeichnet sich aus durch die soziale, intersubjektive Wechselwirkung zwischen dem Publikum und der Bühne sowie innerhalb des Kollektivs der Zuschauenden.

Diese unterschiedliche soziale Situation der Rezipierenden setzt sich im Inhalt von Epik und Dramatik fort. Szondi hat auf den Dialog als Grundelement des Theaters hingewiesen und die Menschen innerhalb des Dramas, also die Figuren, als ‚Mitmenschen' aufgefasst. Der Mensch im Drama ist zuvorderst ein soziales Beziehungswesen, das im Verhältnis steht zu anderen Menschen und durch dieses Verhältnis maßgeblich bestimmt ist. Das Zwischenmenschliche ist der eigentliche Gegenstand des klassischen Dramas. Auch in der Epik können Beziehungen zwischen Menschen eine wichtige Rolle spielen. Der Mensch ist hier aber nicht ausschließlich oder primär ein soziales Wesen. Er kann dargestellt werden in seinem Bezug ganz auf sich selbst, als selbstreflexives Wesen, zum Beispiel in Jean-Jacques Rousseaus *Les rêveries du promeneur solitaire* (1782), oder in seinem Bezug zur physischen Welt der Dinge, etwa in Naturschilderungen und Landschaftsbeschreibungen, oder im Bezug zur metaphysischen Welt, insbesondere in religiösen Erzählungen oder in der Phantastik. Für Erzählungen sind menschliche Akteure nicht einmal unbedingt erforderlich. Die Epik weist mitunter auch nicht-menschliche Protagonisten auf, etwa in George Orwells *Animal Farm* (1945), Rudyard Kiplings *The Jungle Book* (1894/1895), in Goethes Versepos *Reinecke Fuchs* (1794) oder in der Gattung der Fabel. Freilich agieren diese Tiere wie Menschen und stehen gleichnishaft für menschliche Verhaltensweisen. Aber sie zeigen eben auch die Autonomie der Epik bei der Wahl ihrer Figuren. Es gibt sogar Erzähltexte, in denen gar keine Lebewesen auftreten, zum Beispiel in Raoul Schrotts Epos *Erste Erde* (2016), in dem zu Beginn kosmische Vorgänge, chemische Reaktionen und geologische Prozesse bei der Entstehung des Universums und der Erde geschildert werden.

Dass die Epik im Zweifelsfall gar keine menschlichen Figuren benötigt und aus rein äußerlichen Beschreibungen bestehen kann, zugleich aber auch in die Innenwelt und das psychische Erleben ihrer Protagonisten eintauchen kann, offenbart einen letzten wichtigen Unterschied zur Dramatik. Die Epik kann die Perspektiven auf ihre Gegenstände frei wählen, kann von der Ferne und nur von außen auf Figuren blicken oder nah an sie herantreten, in ihre Köpfe schauen und uns ihre Gedanken vermitteln. Diese Erzählhaltungen wirken sich ähnlich wie unterschiedliche Brennweiten oder Zoomstufen eines Kameraobjektivs aus, sie werden daher auch als ‚Fokalisierung' bezeichnet. (Die Eigenschaften und Funktionsweisen des Erzählens beleuchten wir näher in der siebenten Lektion zur Erzähltheorie.) Das Drama hingegen kennt nur eine Sichtweise auf seine Figuren: den externen Blick des Publikums. Im klassischen Drama kann eigentlich nur dargestellt werden, was man der Gestik und Mimik ansehen kann und was in Dialogen mündlich zum Ausdruck gebracht wird (außer durch Techniken der Videoeinspielung oder mit einer Erzählerstimme). Das muss kein Nachteil sein. Auch Erzähltexte entscheiden sich häufig, Figuren nur äußerlich zu schildern, zum Beispiel um Spannung zu erzeugen oder Gedankengänge absichtlich im Unklaren zu lassen. Die Gattungsgeschichte des Dramas belegt, wie viel sich mit diesen Mitteln darstellen lässt und wie wirkungsvoll sie eingesetzt werden können.

Das Verhältnis zwischen Epik und Dramatik ist kein Wettstreit. Es geht nicht darum, eine überlegene Gattung zu küren, sondern sich der fundamentalen Unterschiede bewusst zu werden, die sich aus der jeweiligen Form ergeben. Nun können wir besser ermessen, was für eine ungewöhnliche, kühne Bezeichnung Brecht seinem neuen, epischen Theater gegeben hat. Allerdings zeigt schon der literaturgeschichtliche Blick auf das antike Theater, dass Epik und Dramatik nie ganz voneinander getrennt waren und dass es im Drama immer schon epische Anteile gibt, sobald die uralten Techniken der Mauerschau und des Botenberichts oder auch des Chorlieds verwendet werden. Die Berichte von Figuren über Geschehnisse vor oder außerhalb der Bühnenhandlung stellen nichts anderes dar als Erzählungen innerhalb des Stücks, also eine epische Form innerhalb der dramatischen. Brechts Theater geht in der Integration epischer Verfahren in die Bühnendarstellung jedoch noch viel weiter. Wie dieser Brückenschlag zwischen den Gattungen sich vollzieht, können wir nun anhand seiner *Dreigroschenoper* untersuchen.

Brechts *Dreigroschenoper*

Die Dreigroschenoper wurde 1928, vor rund 100 Jahren, in Berlin uraufgeführt und schnell ein großer Erfolg sowohl beim Publikum als auch in der progressiven Theaterkritik. (Für die Lektüre in einer zuverlässigen und gut kommentierten Textausgabe empfiehlt sich die Edition der Suhrkamp Basisbibliothek, Band 48.) Es folgten Inszenierungen an zahlreichen weiteren Orten und Übersetzungen in andere Sprachen. Nach der Machtergreifung der Nazis wurde das Stück 1933 als ‚entartete Kunst' verboten. Brechts Versuche, es im US-amerikanischen Exil zu inszenieren, trugen erst mit einiger Verzögerung Früchte, 1954 wurde es in New York aufgeführt und international berühmt. Bereits 1931 gab es eine erste Verfilmung des Stücks, außerdem erschienen etliche Schallplattenaufnahmen. Denn Bertolt Brecht (1898–1956) ist nicht der alleinige Autor des Stücks, das nicht umsonst als ‚Oper' betitelt ist. Unverzichtbarer Teil des Werks sind die Musikstücke und „Songs", wie Brecht sie nennt, komponiert von Kurt Weill (1900–1950). Wie Brecht wurde der jüdische Komponist von den Nazis verfolgt und schuf große Teile seines erfolgreichen Œuvres in den USA. Seine eingängige Musik zur *Dreigroschenoper* gewann auch unabhängig von Theateraufführungen an Popularität. Einige Songs verselbständigten sich und wurden zu Jazz-Standards, besonders die „Moritat von Mackie Messer" (in der englischen Übersetzung als „Mack the Knife"), gesungen von Frank Sinatra, Bing Crosby und Ella Fitzgerald, aber auch Sting, Nick Cave und Robbie Williams.

Mit Brecht und Weill ist die Liste der Urheber des Stücks noch nicht zu Ende. Es beruht auf der 1728 erstmals in London aufgeführten *Beggar's Opera* von John Gay (1685–1732), die Elisabeth Hauptmann (1897–1973) für Brecht übersetzt hatte. Die Vorlage der *Dreigroschenoper*, aus der sich auch der Londoner Schauplatz des Stücks erklärt, war also eine 200 Jahre alte komische *Ballad Opera*, eine Mischung aus textlichen Szenen und populären Straßenliedern. Dass Brecht ausgerechnet aus einem alten Stoff das moderne Epische Theater schuf, belegt die Bedeutung formaler Mittel für die literaturgeschichtliche Entwicklung der Gattungen. Und es zeigt, dass der von ihm konzipierte ‚V-Effekt' (Verfremdungseffekt) nicht nur auf die Gestaltung einzelner Theaterstücke und die Rezeptionsgewohnheiten des Publikums, sondern auch auf die Gattungsgeschichte insgesamt zielt.

Epische Inhalte

Bevor wir analysieren, welche epischen Formen die *Dreigroschenoper* integrierte, können wir uns zunächst mit Szondi fragen, was denn die neuen, epischen Inhalte waren, die Brecht in seinem Theater darstellen wollte und für die er neue Ausdrucksmittel benötigte. Brecht greift zahlreiche Elemente seiner historischen Wirklichkeit, der Weimarer Zeit, auf und bezieht sich damit auf die Veränderungen der industrialisierten Moderne, die Szondi als Auslöser für den Formenwandel der Dramatik identifiziert hatte. Einen ersten Anhaltspunkt für die politisch-soziale Stoßrichtung seines Stücks gibt der Titel, der auf eine bestimmte Gesellschaftsschicht verweist. Die Zielgruppe ist jener Teil des Publikums, der sich – symbolisch – den Eintritt ins Theater nur für einen geringen Preis, drei Groschen, leisten konnte. Die erste Bühnenanweisung des Texts erklärt diesen Anspruch: „*Sie werden heute abend eine Oper für Bettler sehen. Weil diese Oper so prunkvoll gedacht war, wie nur Bettler sie erträumen können, und weil sie doch so billig sein sollte, daß Bettler sie bezahlen können, heißt sie ‚Die Dreigroschenoper'.*" (9)

Gemäß seiner kommunistischen Überzeugung verband Brecht mit dem Stück das Ziel, die Lebensbedingungen der unteren Klassen, der Entrechteten, Ausgebeuteten und Unterprivilegierten darzustellen, die in der Kunst ansonsten selten thematisiert werden. Für ihn war das epische Theater „*materialistisch eingestellt*" (103). Entsprechend verhandelt die *Dreigroschenoper* zahlreiche Aspekte der gesellschaftlichen Wirklichkeit in den 1920er Jahren: Armut, Elend, Kriminalität, Krieg und Kriegsversehrte, Verbrechensbekämpfung und Polizeikorruption, Behördenwillkür und oppressive Politik.

Welchen Ausschnitt der Gesellschaft das Stück repräsentiert, verdeutlicht sein Personal. Die Handlung spielt sich unter Verbrechern und Schurken, Polizisten, Prostituierten und Bettlern ab. Die Akteure machen sich über ihre soziale und moralische Stellung keine Illusionen. Schon die erste Figur, die wir auf der Bühne sehen, der Bettlerbandenführer Peachum, stellt sich unverhohlen als „Schurke", „Schuft" und „Wicht" (12) vor. Die Schauplätze der Handlung passen zur Klientel. Neben Peachums Bettlerladen gibt es Szenen im Pferdestall, im Bordell, im Gefängnis und auf dem Henkersplatz. Epischer, prosaischer könnten die Inhalte kaum sein, die Brecht zur Schau stellen will.

Epische Formen

Bei der Analyse der Formen, die Brecht für diese epischen Inhalte entwickelt, fallen zunächst der Stil und das Sprachregister der Dialoge auf. Die Figurenrede ist keineswegs gehoben, ästhetisiert oder sogar in Versen verfasst, wie es im klassischen Theater und zumal in der Oper häufig der Fall ist. Stattdessen entspricht die Diktion der Figuren ihrer sozialen Schicht, sie ist voll von Derbheit und Kraftausdrücken („Halt die Fresse", 29), Dialektwörtern und Ganoven-Jargon („Platte" für Diebesbande, „Polente" für Polizei), Obszönitäten und sexuellen Anspielungen (z. B. im „Hochzeitslied", 29). Die Integration von Soziolekten, also dem Sprachgebrauch unterschiedlicher sozialer Gruppen, in die Bühnensprache war bereits in der Epoche des Naturalismus am Beginn des modernen Dramas unternommen worden und zählt zu den frühen Verfahren der Episierung des Dramas.

Auch dass Brecht zwischen seine zeitgenössischen Gaunerdialoge Adaptionen des spätmittelalterlichen französischen Balladendichters François Villon (1431–1463) einstreut – zum Beispiel „Die Zuhälterballade" (55), „Salomon-Song" (76 f.) und „Ballade, in der Macheath jedermann Abbitte leistet" (85) –, hat keineswegs einen lyrisch-erhabenen Effekt, sondern ruft eine weitere Tradition volkstümlicher Literatur auf. Die Wirkung dieser verfremdeten und verfremdenden Lyrikversatzstücke ist genauso parodistisch wie die der Bibel-Zitate in Peachums Bettlerladen (11), die nicht zur moralischen Orientierung dienen, sondern als Anleitung zum Ganovenleben verwendet werden. Mackie Messer, Hauptverbrecher und -figur des Stücks, erklärt freimütig: „Den Trick habe ich aus der Bibel." (58)

Sprache ist nicht nur in Form von Figurendialogen auf der Bühne des Epischen Theaters präsent, sondern auch in Form von Schrift. Von Beginn an fallen die Tafeln und Schilder auf, die regelmäßig vorn auf der Bühne gezeigt werden (zum Beispiel durch Herablassen an Seilen, durch Einblendungen oder durch tragbare Transparente) oder im Hintergrund Teil der Kulissen sind. Ihre Funktion hat Brecht in seinen *Anmerkungen zur „Dreigroschenoper"* (93–106) dargelegt, einer Reihe von Erläuterungen zur Aufführung und Interpretation des Stücks. Die Einbindung von Schrift in das Bühnengeschehen sei ein „Anlauf zur *Literarisierung des Theaters*" (94). Die Schilder werden von den Figuren auf der Bühne nicht gesprochen, sondern gehören gleichsam zu einer epischen Stimme, zu einer Erzählinstanz innerhalb des Dramas. Der Verfremdungseffekt zielt dabei auf die Rezeptionshaltung der Zuschauenden, die gestört und entautomatisiert werden soll, um die Routinen und Konventionen reinen Illusions- und Unterhaltungstheaters aufzubrechen. Indem die Bühne beschriftet wird, ist das Publikum gezwungen, sich von passiven Zuschauenden in aktive Lesende zu verwandeln. Es geht nicht um die Verschmelzung des Publikums mit einer Handlung, die doch nur so tut, als vollziehe sie sich gerade tatsächlich, sondern um die distanzierte Beobachtung eines von vornherein als literarisch und fiktiv gekennzeichneten Geschehens.

Die Tafeleinblendungen zu Beginn der einzelnen Szenen wirken sich auf die gesamte Dramaturgie der *Dreigroschenoper* aus. Denn auf diesen Titeltafeln ist absichtlich jeweils schon zu lesen, was in der folgenden Szene geschieht. So wird zum Beispiel schon im Voraus offenbart, dass Mac von den Prostituierten, bei denen er Schutz vor der Polizei sucht, verraten und ausgeliefert werden wird: „*Die Krönungsglocken waren noch nicht verklungen und Mackie Messer saß bei den Huren von Turnbridge. Die Huren verraten ihn.*" (52) Dasselbe wiederholt sich gegen Ende des Stücks, und die entsprechende Titeltafel gibt nicht nur erneut den Handlungsverlauf bekannt, sondern macht auch auf die Wiederholung aufmerksam: „*Mackie Messer, der abermals zu Huren gegangen ist, ist abermals von Huren verraten worden. Er wird nunmehr gehenkt.*" (77) Selbst das Wort „abermals" taucht doppelt auf und betont damit die Repetition.

Der ständige Vorausgriff auf den Ausgang der anschließenden Handlung lässt Spannung gar nicht erst aufkommen. Das Publikum wird ununterbrochen *gespoi-*

lert. Aus Sicht eines klassischen Dramas muss es die Zuschauenden frustrieren, wenn ihnen dauernd verraten wird, wie die Handlung fortgesetzt wird. Brecht hingegen beabsichtigt genau diesen Verfremdungseffekt, durch den er das Publikum von einer rein rezipierenden oder gar konsumierenden Haltung in eine analytische versetzen will. Mit dem Wissen um den Fortgang des Geschehens soll es umso aufmerksamer untersuchen, *wie* es dazu kommt. Daraus ergibt sich auch eine ganz neue Herausforderung an das Schauspiel, wie Brecht in seinen *Anmerkungen* erläutert: „Der Schauspieler müßte jene Vorgänge, die durch die Titel schon angezeigt, also ihrer stofflichen Sensation schon beraubt sind, ganz anders auffällig machen." (95) Die Inszenierung ist darauf ausgelegt, die Neugier und Reflexion der Zuschauenden von der reinen Handlung wegzulenken und auf deren Ursachen, Folgen, sozialen Bedingungen und Parallelen zur historischen Wirklichkeit zu richten.

Die Strukturierung und Vorausdeutung der Handlung durch die Schrifttafeln weist noch auf eine weitere Eigenheit des Epischen Theaters hin. Denn die Tafeln stehen jeweils am Beginn dessen, was Brecht „Bild" nennt: Die drei Akte des Stücks sind nicht in Szenen untergliedert, sondern in Bilder. Szenen sind, wie das deutsche Synonym „Auftritt" schon andeutet, gemeinhin durch den Auf- oder Abtritt von Figuren definiert: Sobald sich die Figurenkonstellation auf der Bühne ändert, beginnt eine neue Szene. Bei Brecht ist das Gliederungsprinzip ein anderes. Innerhalb seiner Bilder treten ständig Figuren auf und ab. Der Wechsel der Bilder ist allein durch die zahlreichen Änderungen des Schauplatzes bestimmt, durch einen Austausch der Kulissen und der Szenerie. Die Gliederung des Stücks orientiert sich also an den Bühnenbildern, nicht an den Figuren.

Das bringt uns zum Bühnenraum und zur Bühnengestaltung von Brechts Epischem Theater, die sich ebenfalls vom klassischen Drama abheben. Wenn nämlich beim Wechsel zwischen den Bildern die Kulissen und die Bühnenrequisiten ausgetauscht werden, geschieht das nicht, wie traditionell üblich, hinter verschlossenem Vorhang, sondern für das Publikum sichtbar auf offener Bühne. Verantwortlich dafür ist der halbhohe, oft auch halbdurchsichtige, *„kleine Zwischenvorhang"* (9), den Brecht in seinen Bühnenanweisungen vorsieht – und der die Bühne kaum verdeckt, sondern das Geschehen dahinter ersichtlich macht. Nach seinem Erfinder wird dieser Vorhang auch scherzhaft als ‚Brecht-Gardine' bezeichnet. Darüber hinaus wird die Möblierung der Bühne auch mitten in den Bildern geändert, als Element der Handlung. Bei Macs und Pollys Hochzeitsfeier (2. Bild), die standesgemäß in einem Pferdestall stattfindet, bringen Bandenmitglieder während der laufenden Szene Einrichtungsgegenstände auf die Bühne und dekorieren die Kulissen um. Die Bühnenanweisung erläutert diesen Vorgang im Detail: *„Mac eilt heraus, man hört große Lastwagen anfahren, ein halbes Dutzend Individuen kommen herein, die Teppiche, Möbel, Geschirr usw. schleppen, womit sie den Stall in ein übertrieben feines Lokal verwandeln."* (20) Als zum herbeigetragenen Cembalo ein Stuhl fehlt, werden dem Instrument kurzerhand die Beine abgesägt, damit man auf dem Boden sitzend spielen kann (22). Mitunter ziehen sich die Figuren sogar auf offener Bühne um, etwa in Peachums Laden, wo sie für ihre Rolle als Bettler ausstaffiert werden (15), oder wiederum in der Hochzeitsszene, wo sich Macs Ganoven für die Feier herausputzen. Die Bühnenanweisung schreibt auch hier vor, dass sich der Vorgang unverdeckt abspielt: „*Die Herren ziehen sich – sichtbar – um.*" (23) Diese sichtbaren Eingriffe in die Ordnung der Bühne und die Kostümierung der Figuren verstoßen absichtlich gegen die fiktive Abgeschlossenheit des Theaters. Sie stören das, was Szondi als das „Absolute" des klassischen Dramas bezeichnet hat. Ihr Zweck besteht darin, den Illusionscharakter des Theaters zu offenbaren und zu durchbrechen. Brechts Kalkül setzt darauf, dass, wer die Veränderung der Bühnenbedingungen und den Umsturz der Theaterordnung erlebt, womöglich auch die Veränderung der Lebensbedingungen und den Umsturz der Machtverhältnisse ins Auge fassen wird. Die symbolische Veränderlichkeit der Bühne steht für die historische und politische Veränderlichkeit der Welt.

Dass Theater Spiel ist, zeigt Brecht auch dann, wenn die Figuren auf der Bühne gerade nicht spielen. In einer unscheinbaren Bühnenanweisung am Beginn des Stücks wird erläutert, wie die Darstellerinnen und Darsteller sich verhalten sollen, während sie nicht an der Reihe sind: „*Nach der Ouvertüre schließt sich der kleine Vorhang. Wenn er wieder aufgeht, stehen die Schauspieler, wie jedesmal, schon auf ihren Plätzen, sind aber nicht beleuchtet, damit man die Schrift auf der Tafel sehen kann.*" (9) Alle zu einem Bild gehörenden Figuren sind also zu Beginn der Bilder und während der Bilderwechsel immer schon auf der Bühne und treten nur, sobald sie Teil der Handlung werden, mehr oder weniger deutlich zum Geschehen hinzu. In vielen Inszenierungen wird diese Anweisung so umgesetzt, dass selbst Schauspielerinnen und Schauspieler, die an den aktuellen Szenen gar nicht beteiligt sind, sich im Hintergrund auf der Bühne aufhalten, so dass die gesamte Besetzung jederzeit präsent ist. Inaktive Rollen können Pause machen und sich auf ihre kommenden Einsätze vorbereiten, verschwinden dabei aber eben nicht hinter der Bühne in den Garderoben, sondern bleiben für das Publikum sichtbar.

Die Bilderwechsel bringen neben den Schrifttafeln und dem Bruch der Theaterillusion noch ein weiteres episches Element mit sich. Denn zur Überbrückung der hinter der Brecht-Gardine sichtbaren Umbauarbeiten und Bühnenbildänderungen im Hintergrund der Bühne werden im Vordergrund jene Songs aufgeführt, die das Stück zu einer „Oper" machen. Wieder erläutern die Bühnenanweisungen den Ablauf, zum Beispiel: „*Vor den Vorhang treten Herr und Frau Peachum und singen. Songbeleuchtung: goldenes Licht. An einer Stange kommen von oben drei Lampen herunter und auf den Tafeln steht: ‚der Anstatt daß-Song'.*" (18) Vom Rest des Stücks abgesetzt durch Beleuchtungswechsel und Verlagerung des Geschehens auf das Proszenium, die Vorbühne vor dem Vorhang, stellen die Songs eine Zäsur im Ablauf dar. Sie unterbrechen die Handlung, als würde in einem epischen Text ein Erzähler abschweifen und vorübergehend von seinem Thema abkommen. Der Handlungsfluss, der sich im klassischen Drama durch unerbittliche Konsequenz und kausale Zwangsläufigkeit auszeichnet, gerät ins Stocken, das Publikum wird aus jedem Anflug von mitfiebernder Immersion herausgerissen. Außerdem erzwingen die Songs bei den Darstellerinnen und Darstellern einen Fach- und Funktionswechsel vom Schauspiel zum Gesang. Dieser Bruch soll spürbar sein. In vielen Inszenierungen werden die Partien daher nicht von ausgebildeten Sängerinnen und Sängern gespielt. Die musikalische Aufführung soll absichtlich unperfekt und laienhaft wirken. Brecht verstärkt diesen Verfremdungseffekt, der das Einfühlen in die Musik verunmöglichen soll, sogar dadurch, dass er in seinen Aufführungsanmerkungen unrhythmisches, unmusikalisches Singen vorschreibt: „Was die Melodie betrifft, so folgt er [i.e. der Schauspieler] ihr nicht blindlings: es gibt ein Gegen-die-Musik-Sprechen, welches große Wirkungen haben kann, die von einer hartnäckigen, von Musik und Rhythmus unabhängigen und unbestechlichen Nüchternheit ausgehen." (103) Die Abweichung vom Schauspiel soll ein Heraustreten aus der Rolle bewirken – oder ein Sichtbarwerden der Rolle. Grundsätzlich verlangt Brecht von seinen Schauspielerinnen und Schauspielern, dass sie in ihren Figuren nicht aufgehen und eine perfekte Illusion anstreben, sondern beim Schauspielen kenntlich machen, *dass* sie schauspielen, und so die Illusion absichtlich brechen. Die Songs spielen bei dieser Demonstration der Theatralität eine zentrale Rolle: „Der Schauspieler muss nicht nur singen, sondern auch einen Singenden zeigen." (102) Gerade durch den plötzlichen und sprunghaften Wechsel zum Gesang sollen die Schauspielenden das Illusorische ihres Tuns zur Schau stellen: „Besonders beim Lied ist es wichtig, daß ‚der Zeigende gezeigt wird'." (103)

Den Rollenbruch inszeniert Brecht an entscheidender Stelle, am Schluss der *Dreigroschenoper*, auch in Form einer Parabase, der direkten Adressierung des Publikums durch eine Figur auf der Bühne. Als Mackie Messer schon am Galgen steht, wendet sich Peachum an die Zuschauenden und verkündet: „Verehrtes Publikum, wir sind so weit. Und Herr Macheath wird aufgehängt." (87) Mit dieser Anrede durchbricht die Figur die sogenannte ‚Vierte Wand' des Theaters, also die gedachte, unsichtbare Trennung zwischen Bühne und Zuschauerraum, die im klassischen Theater keine Interaktion zwischen Figuren und Publikum zulässt und eine wesentliche Komponente der Theaterillusion ist. Erst wenn die Zuschauenden akzeptieren, dass sich das Bühnengeschehen unabhängig und räumlich getrennt von ihnen vollzieht, obwohl es sich in Wirklichkeit um denselben Raum handelt, kann das klassische Theater den Anschein von Echtheit und Authentizität erzielen. Diesem Anschein wird durch Peachums Parabase die Grundlage entzogen. Heute kennen wir den Bruch der Vierten Wand aus Kinofilmen und TV-Serien. Er kommt auch bereits im klassischen und antiken Drama vor, zum Beispiel als ein ‚Beiseite-Sprechen', bei dem sich eine Figur an den anderen Figuren vorbei heimlich an die Zuschauenden wendet, besonders in Komödien. Dort dient die direkte Ansprache aber eher einem komplizenhaften, immersiven Einbezug der Zuschauenden, während Brecht sie gegenteilig einsetzt.

Peachums Parabase ist nur eines von etlichen formalen Verfahren, mit denen die *Dreigroschenoper* sich selbst demonstrativ als Theaterstück entlarvt. Brecht macht das Theater selbst zum Gegenstand des Theaters und erschafft dadurch eine Beobachterposition – wie die der Lesenden in der Epik –, von der aus man das Schauspiel als Schauspiel reflektieren kann. So bittet Mac bei seiner Hochzeitsfeier um Unterhaltung und fragt: „Kann nicht einer mal was singen? Was Ergötzliches?" (26) Als sich seine Bandenmitglieder zieren, erklärt Mac: „Ich verlange ja keine Oper hier" (27) – und verweist damit selbstreferenziell auf das Stück, in dem er diese Dialogzeile gerade spricht. Seine Braut Polly führt schließlich eine kleine Theaterszene auf, ein Stück im Stück, in dem sie in die Rolle einer verwegenen Piratin schlüpft, als ihre eigene Regisseurin die anderen Figuren instruiert, wie sie zu spielen haben, und schließlich den Song der Seeräuber-Jenny zum Besten gibt. Als im Anschluss einer der Ganoven mit den Worten „Sehr nett, ulkig, was?" applaudiert, erwidert Mac erzürnt: „Was heißt das, nett? Ist doch nicht nett, du Idiot! Das ist doch Kunst und nicht nett." (32) Macs Empörung über die dilettantische, verniedlichende und rein aufs Vergnügen ausgerichtete Rezeption seines Kumpans kann man als Kommentar zum Kunstcharakter – und zur Künstlichkeit – der *Dreigroschenoper* selbst verstehen. Darüber hinaus kommen darin das Selbstverständnis der Epischen Dramatik und ein Anspruch ans Theater an sich zum Ausdruck, das nicht „nett" sein und seinem Publikum möglichst harmlos und artig entgegenkommen, sondern als Kunst eine ästhetische Herausforderung darstellen soll.

Selbstironisch unterlaufen wird Macs Kritikergehabe, wenn er Polly anschließend unter vier Augen für ihre Inszenierung rügt: „Übrigens, ich mag das gar nicht bei dir, diese Verstellerei, laß das gefälligst in Zukunft." (32) Nicht nur offenbart Mac damit seine vorherige Unaufrichtigkeit und seine „Verstellerei" beim öffentlichen Lob für Pollys „Kunst", sondern seine Äußerung lässt sich abermals als Selbstaussage über das Theater verstehen. Brecht formuliert darin eine Kritik am klassischen Illusionstheater, das ganz wesentlich auf „Verstellerei", auf der Simulation eines vorgeblichen Geschehens, beruht.

Die *Dreigroschenoper* ist durchzogen von einem Geflecht solcher Selbstbezüge. Wenn Mac am Schluss seinen eigenen Untergang beschreibt – „Das Zusammentreffen einiger unglücklicher Umstände hat mich zu Fall gebracht." (85) – und sich in sein Schicksal fügt, dann klingt das nach der Selbstcharakterisierung eines tragischen Helden, der Mac freilich gar nicht ist: „Gut – ich falle." (85) Die Figur weiß, dass sie eine Figur ist. Auch Peachum gibt den Zuschauenden in der bereits erwähnten Publikumsansprache zu verstehen, dass er weiß, dass er Teil eines Theaterstücks ist: „Damit ihr wenigstens in der Oper seht, / Wie Gnade vor Recht ergeht." (87)

Peachum ist es auch, der mit seinem Bettlergeschäft die Selbstreferenzialität der *Dreigroschenoper* auf die Spitze treibt. Sein Geschäftsmodell besteht darin, Menschen mit Lumpen und falschen Prothesen zu Bettlerfiguren auszustaffieren und sie auf öffentlichen Plätzen eine larmoyante Bettelrevue aufführen zu lassen, um damit Almosen einzukassieren. Als Oberhaupt einer ganzen Bettelmafia streicht er den Löwenanteil ein und zahlt den Bettlerdarstellern einen kargen Lohn. Unzweideutig lassen sich in Peachums Illusionsverkauf die Praktiken und Prinzipien des Theaters in der kapitalistischen Gesellschaft erkennen. Peachum ist selbst ein Theatermacher – und seine Figur eine Karikatur der Dramatik als Wirtschaftszweig. Welches Theater Brecht damit besonders im Auge hat, geht aus Peachums Eingangsmonolog hervor, in dem er seinen Bettlerbetrug beschreibt: „[M]ein Geschäft ist es, das menschliche Mitleid zu erwecken." Das Schlagwort des ‚Mitleids' verweist auf Gotthold Ephraim Lessing (1729–1781), der in seiner *Hamburgischen Dramaturgie* (1767–1769) eine für die deutsche Theatergeschichte sehr einflussreiche Neuinterpretation der aristotelischen Tragödientheorie unternommen hatte. Dass er die kathartischen Affekte *eleos* und *phobos* dabei in eine Poetik des Mitleids überführte, hatte zunächst den aufklärerischen Zweck, die menschlichen Tugenden zu fördern. In ihren unbeabsichtigten Auswüchsen hatte Lessings *Dramaturgie* aber auch ein tränenreiches Mitleidstheater zur Folge. Vom rationalen, materialistischen Standpunkt des epischen Theaters aus betrachtet, ist diese auf Affekte zielende Dramatik nicht nur eine Ausbeutung der emotionalen Ressourcen des Publikums, sondern auf Dauer wirkungslos. Brecht lässt Peachum erläutern: „Es gibt einige wenige Dinge, die den Menschen erschüttern, einige wenige, aber das Schlimme ist, daß sie, mehrmals angewendet, schon nicht mehr wirken. Denn der Mensch hat die furchtbare Fähigkeit, sich gleichsam nach eigenem Belieben gefühllos zu machen." (12) In dieser Absage an das Mitleidstheater steckt eine Selbstrechtfertigung des epischen Dramatikers, der gerade nicht auf die kurzfristige Immersion in eine Gefühlswelt setzt, sondern auf die kühle und nüchtern reflektierende Beobachtung einer zum Denken anregenden Theaterhandlung, die ihre Fiktionalität nicht verhehlt. Das Epische Theater kann dadurch, so Brechts implizites Argument, eine größere anthropologische Nachhaltigkeit für sich beanspruchen, weil es nicht von einer schnell sich abnutzenden Empfindungsfähigkeit des Menschen abhängig ist. Am Beispiel Peachums zeigt er, dass das Geschäft des Mitleidtheaters rasch in eine Sackgasse führt: „Was kann ich dafür, daß die Leute ein Herz haben wie ein Kieselstein. [...] Was kann ich dafür, wenn ein Mensch nicht weint!" (41 f.)

Peachums Ökonomie des Mitleids scheitert an der Wiederholung der immer gleichen Szenen. Gerade deshalb macht Brecht sie zum Prinzip seines Stücks. Episodik und Repetetivität sind Grundeigenschaften der *Dreigroschenoper*. Statt eines linearen, folgerichtigen Verlaufs kehrt die Handlung zyklisch immer wieder an dieselben Ausgangspunkte zurück. Das Motiv des Verrats durch die Prostituierten haben wir bereits angesprochen: Einschließlich Vorspiel wird Mackie Messer dreimal enttarnt (11, 55 f. und 77). Seine Frau Polly verleugnet er gegenüber seiner Geliebten Lucy zweimal (60 und 63). Ebenfalls zweimal wird er verhaftet und kommt wieder frei (64 und 87). Selbst die Songs werden wiederholt, das „Hochzeitslied" erklingt insgesamt dreimal (22, 29 und 36). Durch Songtitel wie „Reminiszenz (Nr. 16)" (75) und Bühnenanweisungen wie „Wiederholung von Nr. 7 für Orchester" (37) wird dieses Recycling explizit gemacht. Dass die scheinbar streng mathematische Abfolge der durchgehend nummerierten Songs durch die Wiederholungen durcheinandergerät, bestätigt die Alinearität des Stücks: Zwischen Song Nr. 7 und Nr. 8 wird Nr. 5 erneut gespielt, nach Nr. 8 folgt nochmals Nr. 7, nach Nr. 11a nochmals Nr. 8 und nach Nr. 17 nochmals Nr. 2. Wie beim iterativen, mehrmaligen Erzählen in der Epik kehren hier in der *Dreigroschenoper* Elemente des Stücks unablässig zurück und stören den Eindruck von Zwangsläufigkeit und Stringenz, den das klassische Drama für sich beanspruchte.

Es kann daher nicht verwundern, dass Brecht diesen Verfremdungseffekt zum Bruch traditioneller dramatischer Strukturkonventionen auch am Schluss seines Stücks einsetzt. Dem abschließenden „Dritte[n] Dreigroschen-Finale" (87) waren – abermals in einer wiederholenden Reihung – bereits zwei Dreigroschen-Finale vorangegangen (44 und 66). In seiner absichtlichen Absurdität spottet das unsinnige Ende mit der Parodie eines *deus ex machina* jedem Anspruch an dramatische Motivierung, die im klassischen Theater den folgerichtigen und natürlichen Ablauf der Handlung gewährleisten soll. Selbst die Figuren sind sich des logischen

Fehlschlusses bewusst, den sie mit ihrem abstrusen Finale präsentieren. So legt Peachum in seiner auch deshalb so wichtigen Publikumsansprache den Mangel an Kausalität unverhohlen bloß, sie lautet vollständig:

> Verehrtes Publikum, wir sind so weit
> Und Herr Macheath wird aufgehängt.
> Denn in der ganzen Christenheit,
> Da wird dem Menschen nichts geschenkt.
>
> Damit ihr aber nun nicht denkt,
> Das wird von uns auch mitgemacht,
> Wird Herr Macheath nicht aufgehängt,
> Sondern wir haben uns einen anderen Schluß ausgedacht,
>
> Damit ihr wenigstens in der Oper seht,
> Wie einmal Gnade vor Recht ergeht.
> Und darum wird, weil wirs gut mit euch meinen,
> Jetzt der reitende Bote des Königs erscheinen. (87)

Statt den Befehl zur Hinrichtung überbringt dieser Bote die Nachricht, dass Mac nicht nur freigelassen und begnadigt, sondern sogar „in den erblichen Adelstand erhoben" (87) wird „und ihm das Schloß Marmarel sowie eine Rente von zehntausend Pfund bis zu seinem Lebensende überreicht" (87) werden. Diese völlig übertriebene Belohnung hat Mackie Messer mit seinem vorherigen Verhalten keineswegs verdient. Es ist ein utopisches, opernhaftes Nonsens-Ende, das die Fiktionalität des ganzen Stücks explizit („ausgedacht") zur Schau stellt.

Epische Gesellschaftskritik in der *Dreigroschenoper*

Dass der Schluss der *Dreigroschenoper* unsinnig ist, heißt nicht, dass er keinen Sinn hat. Neben der Irritation und Verfremdung der Publikumserwartung verknüpft Brecht mit dieser finalen Provokation eine gesellschafskritische Botschaft. Wenn Brecht in seinem Stück die unteren Gesellschaftsschichten darstellt, dann nicht, um sie zu denunzieren oder um sich über sie lustig zu machen, sondern um die Umstände zu zeigen, in denen sie leben und überleben, in denen sie unfrei sind und dennoch Entscheidungen treffen müssen, in denen sie ihre Vorstellungen verwirklichen wollen und an der unerbittlichen Wirklichkeit scheitern. Dies sind, um mit Peter Szondi zu sprechen, die epischen Inhalte, die gesellschaftlichen Bedingungen des Kapitalismus, die Brecht auf die Theaterbühne bringen wollte. Dass Brechts Stück eine politische Perspektive auf die *conditio humana*, das menschliche Dasein, einnimmt, zeigt sich unter anderem an den Songs, die zum Beispiel von der „Unsicherheit menschlicher Verhältnisse" (44) handeln. In der „Ballade vom angenehmen Leben" (59 f.) kommt Mac zu der ernüchternden Einsicht: „Was hilft da Freiheit? Es ist nicht bequem, / Nur wer im Wohlstand lebt, lebt angenehm." Und das „Lied von der Unzulänglichkeit menschlichen Strebens" (73 f.), endet mit der pessimistischen Strophe: „Denn für dieses Leben / Ist der Mensch nicht anspruchslos genug, /

Drum ist all sein Streben / Nur ein Selbstbetrug." Das ganze Stück ist durchzogen von prägnanten, eingängigen Formulierungen, welche die Lebensbedingungen der Unprivilegierten auf den Punkt bringen: „Geld regiert die Welt" (43); „Doch die Verhältnisse, sie sind nicht so" (45); „Erst kommt das Fressen, dann kommt die Moral" (66); „Der Mensch lebt nur von Missetat allein!" (67). In diesen Sentenzen, die zu geflügelten Worten geworden sind, drückt sich Brechts marxistisch-materialistische Überzeugung aus, der zufolge das Sein das Bewusstsein bestimmt. Die materiellen Bedingungen und die pure Substistenz – das organische Überleben, das „Fressen" – bestimmen, welche Entscheidungen der Mensch trifft, welche Möglichkeiten der Selbstverwirklichung ihm zur Verfügung stehen und ganz grundsätzlich wie der Mensch denkt – seine Ideologien, seine „Moral". Dass manche Menschen sich nicht anders zu helfen wissen als durch Kriminalität, durch „Missetat", ist ihnen, so gesehen, nur zum Teil zuzurechnen, zum anderen Teil die Folge unzureichender sozialer und materieller Teilhabe.

Die gesellschaftliche Ungerechtigkeit führt Peachum auf die ungleich verteilten Eigentumsverhältnisse in der kapitalistischen Wirtschaftsordnung zurück, wenn er erklärt, dass „die Besitzenden der Erde das Elend zwar anstiften können, aber sehen können sie es nicht" (70) – weil sie wegschauen. Dass Peachum aus diesem Elend „auf seine originelle Weise Kapital" schlägt, beschreibt Brecht selbst als soziale „Notwehr" (148). Wegen dieser ökonomischen Grundlagen unserer Gesellschaft wählt er als Personal seines Stücks Bettler, Verbrecher und Prostituierte, denen allen gemein ist, dass sie keine Produktionsmittel besitzen und dass sie nicht nur ihre Arbeitskraft verkaufen, sondern ihre Körper. Dass der Verbrecher, Zuhälter und Bandenführer Mackie Messer als „Gentleman" (70) auftritt und „Glacéhandschuhe", „einen Stock mit Elfenbeingriff", „Gamaschen" und „Lackschuhe" (17 f.) trägt, um eine „bürgerliche Erscheinung" (96) vorzuspiegeln, entlarvt die sozialen Gegensätze in doppelter Hinsicht. Mac will durch Staffage mehr scheinen, als er ist. Und zugleich wird das Bild des angesehenen, im buchstäblichen Sinn gut betuchten Bürgertums infrage gestellt. Hinter der Fassade der Bourgeoisie können jederzeit auch Kriminalität und Elend aufscheinen. Und weil das „menschliche Streben" nach einem „angenehmen Leben" alle Schichten verbindet, kann auch das „Hurenhaus in Turnbridge" ein „bürgerliches Idyll" (52) darstellen. Diese Verähnlichung zwischen den sozialen Klassen, zwischen Arm und Reich, zwischen Geächteten und Geachteten, ist eines der Anliegen der *Dreigroschenoper*, wie Brecht in einem Selbstinterview festhielt: „Ich hatte zu zeigen versucht, dass die Ideenwelt und das Gefühlsleben der Straßenbanditen ungemein viel Ähnlichkeit mit der Ideenwelt und dem Gefühlsleben des soliden Bürgers haben." (123)

Dass in und an dieser Weltordnung letztlich vor allem die Armen leiden und dass an dieser Tatsache noch das absurdeste, ausgedachteste Opernende nichts ändert, ist auch dem klarsichtigen Peachum in seiner letzten Replik am Ende des Stücks bewusst: Die „Ärmsten der Armen" haben ein „schwieriges Leben", denn „in Wirklichkeit ist gerade ihr Ende schlimm" (88). Allen komödiantischen Versuchen zum Trotz endet ihr Leben in der Realität wie im Theater: in der Katastrophe, als Trauerspiel.

Ein zwiespältiger Erfolg

Brechts *Dreigroschenoper* hat durch die Episierung des Theaters dazu beigetragen, die Form des Dramas zu modernisieren, so dass neue, zeitgemäße Inhalte mit angepassten Darstellungsverfahren zum Ausdruck gebracht werden konnten. Ihre Stellung in der Literaturgeschichte ist dadurch gesichert. Der Erfolg des Stücks aber war Fluch und Segen zugleich. Zu einem nicht geringen Anteil beruhte Brechts Karriere als Theaterautor darauf, viele seiner bekanntesten Stücke veröffentlichte er in der Folgezeit (*Mutter Courage und ihre Kinder*, uraufgeführt 1941, *Leben des Galilei* 1943, *Der kaukasische Kreidekreis* 1951, *Der aufhaltsame Aufstieg des Arturo Ui* 1958). Die gesellschaftskritischen Absichten, die er mit der *Dreigroschenoper* verfolgte, wurden durch deren Beliebtheit aber teilweise konterkariert. In seinem Selbstinterview zieht er eine ernüchternde Bilanz: Auf seine eigene Frage „Was, meinen Sie, macht den Erfolg der ‚Dreigroschenoper' aus?" antwortet er: „Ich fürchte, all das, worauf es mir nicht ankam: die romantische Handlung, die Liebesgeschichte, das Musikalische." (123) Dass die *Dreigroschenoper* auch bald 100 Jahre nach ihrem Entstehen einen festen Platz im Repertoire des deutschsprachigen und internationalen Theaters hat und dass seine epische Dramatik die Erneuerung der Gattung entschieden vorangetrieben hat, mag für Brecht nachträglich ein Trost sein.

Fünfter Theoriekurs – Rhetorisch lesen

Die zweite antike Vorform von Literaturwissenschaft ist neben der Poetik die Rhetorik – als Theorie und Methode zur wirksamen Gestaltung von Sprache. Geht es in der Poetik ganz wesentlich um die Regulation von Affekten im Theater, so geht es in der Rhetorik um die Manipulation von Affekten in Reden beziehungsweise in Texten.

Rhetorik (griechisch: *téchne rhetoriké*) ist die Kunst wirkungsvoller Sprache, die Kunst erfolgreichen Sprechens und Schreibens. Sie lehrt, Sprache gezielt einzusetzen, um bestimmte Effekte zu erzielen. Sie wird – wie die Poetik – im Hinblick auf ihr Ergebnis gedacht.

Zahlreiche Verfahren haben sich in der Praxis bewährt und in der langen Geschichte der Rhetorik evolutionär ausdifferenziert. Sie wurden zu einer Theorie und einer Methodik zusammengefasst – von Gorgias, Platon, Aristoteles, Cicero, Quintilian und anderen: als System zur Herstellung von Texten und entsprechend als System zur Beschreibung von Texten.

Voraussetzungen

Beginnen wir – wie bei der Poetik – auch für die Rhetorik mit einigen anthropologischen Vorüberlegungen und kulturgeschichtlichen Herleitungen. Wie entstand vor zweieinhalbtausend Jahren ein Bedarf an einer systematischen Lehre des wirkungsvollen Sprechens?

Anthropologisch betrachtet, hatten die Menschen feststellen können, dass sich in einer Gruppe nicht unbedingt immer der körperlich Stärkere durchsetzte, sondern oft derjenige, der am besten zu beeinflussen wusste. Historisch mochte sich das in Versammlungen eines Clans, im Rat der Ältesten oder bei anderen Gelegenheiten erwiesen haben. Ein wirksamer Ansporn war für die Bildung, den Zusammenhalt und das Überleben einer Gruppe entscheidend. Das zeigte sich im Jagdverband oder bei den Ansprachen von Heerführern. Im Kampf siegten häufig die Motivierteren. Mit wohlgesetzten Worten konnte man darüber hinaus religiöse Wünsche zum Ausdruck bringen – in Gebeten, Hymnen und Ritualen; Ängste mildern und Trost spenden – in Grab- und Gefallenenreden; Freude teilen und Siege feiern – in der Ehrung von Kämpfern oder von Sportlern bei den Olympischen Spielen. Redegewandtheit gab den Ausschlag in Verhandlungen, in Konflikten, vor Gericht, zum Beispiel bei Besitzstreitigkeiten.

Aus solchen Anlässen entstand in der Mitte des 5. Jahrhunderts v. Chr. die Urform der Rhetorik in der griechischen Kolonie Sizilien, weil hier nach dem Sturz der Willkürherrschaft Fragen des Grundbesitzes zu klären waren. Und von dort gelangte die neue Erfindung ins attische Mutterland.

Die gesellschaftlichen Anwendungsfelder für eine Kunst des wirksamen Sprechens waren die Justiz, vor allem in Geschworenengerichten, das demokratische Gemeinwesen, vor allem in der Volksversammlung, oder politische Institutionen, etwa der Areopag, der Rat, der Senat, ein Parlament oder eine Kommission.

Wollen wir uns zur Einführung auf wenige Autoren konzentrieren, bietet es sich an, mit folgenden fünf zu beginnen: mit Gorgias und seinem *Enkomion auf Helena*, in dem er die Rhetorik sophistisch als Verführung und Gewalt beschreibt; mit Platon und seinen Dialogen *Gorgias* und *Phaidros*, die eine Kritik der Rhetorik und ein philosophisches Gegenprogramm vortragen; mit Aristoteles, der seine *Rhetorik* anschließend als Theorie und Methode in ihrer klassischen Form vorlegt; mit Cicero, dessen *De oratore* die Rhetorik romanisiert und radikalisiert; und schließlich mit Quintilian, dessen *Institutio oratoria* ihre umfassende Systematik bildet.

Warum Rhetorik?

Die Rhetorik reagiert auf folgende Fragen: Welche Wirkungen hat die Sprache? Wie können wir sie einsetzen, um andere Menschen zu überzeugen? Welche Formulierungen werden als besonders schön wahrgenommen? Welche Formen erweisen sich als besonders eingängig und einprägsam? Wie können wir Sprache gebrauchen, um Emotionen hervorzurufen? Wie können wir Emotionen angemessen zum Ausdruck bringen? Wie können wir vorhandene Emotionen durch Sprache verändern? Wie kann man seine eigenen Emotionen mit Hilfe der Sprache regulieren? Wie können wir Menschen anhand ihrer Zeichen verstehen? Welche Verfahren sind dabei besonders effektiv? Wovon hängen die Wirkungen sprachlicher Zeichen ab? Und welche nicht-sprachlichen Zeichen, zum Beispiel mimische oder gestische, tragen zur Wirkung bei?

Disziplinen

Die antike Rhetorik ist, *avant la lettre*, transdisziplinär. Es handelt sich um die frühe Form beziehungsweise *Vor*form mehrerer Disziplinen – in heutigen Begriffen: Sprachwissenschaft, Literaturtheorie, Psychologie und Emotionsforschung. Darüber hinaus bezieht sie sich auf beziehungsweise ist sie anschlussfähig für weitere Wissensgebiete: Poetik, Semiotik, Pädagogik, Schauspiel, Kommunikationsforschung, Politik, Justiz, Anthropologie, Soziologie und Medizin (analog zur tragischen Katharsis).

Manipulation

Dabei war die Rhetorik von Anfang an umstritten. Neben allen schönen und nützlichen Möglichkeiten, die sie eröffnet, als kunstvolle Sprache und als eingängige Vermittlung, ließ sie sich schon immer missbrauchen. Ihre problematischen Anwendungen zum Zweck der Manipulation sind heute nach wie vor erkennbar. Rhetorik spielt eine wichtige Rolle bei heiklen Fragen, die für uns von großer Bedeutung sind: Warum kaufen wir etwas? Wie werden Gerichte beeinflusst? Und wie treffen wir unsere Wahlentscheidungen?

In der Werbung beeinflussen uns kalkuliert formulierte Slogans, in denen sich rhetorische Merkmale verdichten („Mars macht mobil – bei Arbeit, Sport und Spiel"), sowie weitere rhetorische Tricks, die sich auf die klangliche oder sprachbildliche oder auch auf die visuelle Gestaltung der Botschaft beziehen.

Vom rhetorischen Geschick einer Strafverteidigung kann die Frage abhängen, ob ein Angeklagter verurteilt oder freigesprochen wird. So sprach der Star-Verteidiger Johnnie Cochran im Prozess gegen den ehemaligen Football-Spieler O. J. Simpson, als dieser 1995 des Mordes an seiner Frau angeklagt war, aber ein Handschuh als wichtiges Indiz ihm nicht zu passen schien, vor Gericht den eingängigen Satz: „If it doesn't fit, you must acquit." („Sollte es nicht passen, muss man ihn entlassen.") Wäre Simpson womöglich verurteilt worden, wenn sein Anwalt nicht derart prägnant, rhythmisch, gereimt und einprägsam formuliert hätte?

In der Politik ist Rhetorik besonders gefährlich. Sie kann schreckliche Folgen haben. Adolf Hitler widmet der Rhetorik und der Propaganda in *Mein Kampf* (1925, 1926) große Aufmerksamkeit. Er spricht über „Kriegspropaganda" (Band I, 6. Kapitel, S. 185–196), „Die Bedeutung der Rede" (Band II, 6. Kapitel, S. 104–122) und „die Zauberkraft des gesprochenen Wortes" (Band I, S. 110). Er erinnert sich, wie er nach seinem ersten Auftritt feststellte: „Ich konnte reden." (Band I, S. 377) Der erste Band endet mit einer Rede als Höhe- und Wendepunkt: „Ein Feuer war entzündet [...]. Die Bewegung nahm ihren Lauf." (S. 392) Hitler behauptet: „alle gewaltigen weltumwälzenden Ereignisse [wurden] durch das gesprochene Wort herbeigeführt" (Band II, S. 111). Und er empfiehlt bestimmte Richtlinien für eine erfolgreiche Agitation: „sich auf wenig zu beschränken und dieses ewig zu wiederholen." (S. 194) Seine Posen als Redner übte er ein wie ein Schauspieler, davon zeugt eine Photo-Serie von Heinrich Hoffmann (siehe Abb. 1).

Wenn Hitler die Juden mit Tiermetaphern bezeichnet, und zwar als ‚Schädlinge', dann soll dies bei seinen Zuhörern die Tötungshemmung abschwächen. Denn was macht man mit ‚Schädlingen'? Man löscht sie aus mit chemischen Mitteln. Der Genozid wird in der Rhetorik vorbereitet. Agitation wirkt psychisch und physisch – und mörderisch.

Die Wirkungen rhetorischer Manipulation waren auch bei der völkermörderischen Hetze zu erleben, die in Ruanda im Radio übertragen wurde, und bei anderen

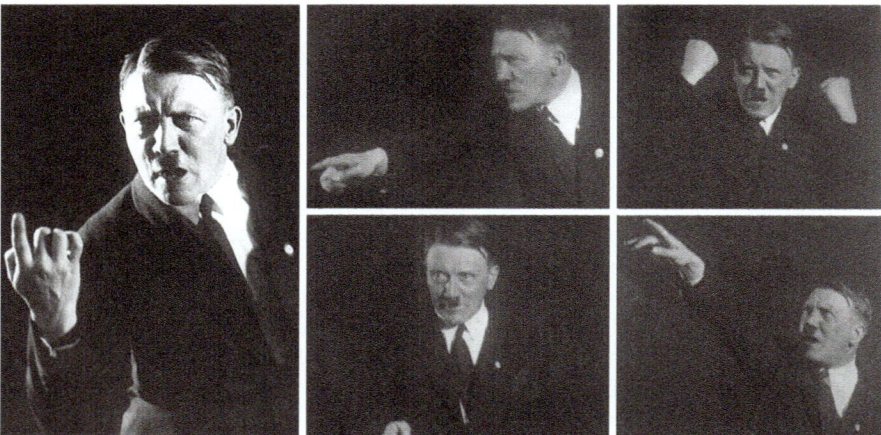

Abb. 1 Adolf Hitler bei Rhetorik-Übungen (Aufnahmen von Heinrich Hoffmann, 1925)

Formen von *Hate speech*, bei Islamisten, Neonazis, Verschwörungsideologen und im Rechtspopulismus – von Björn Höcke bis Donald Trump.

System

Wir müssen die Rhetorik ernst nehmen. Warum ist sie so wirkungsvoll? Wie ist ihr System aufgebaut? Es gibt innerhalb der Theorie (von Aristoteles über Cicero bis zu Quintilian) verschiedene Ansätze zu ihrer Systematisierung – nach 1. Stilen, 2. Gattungen, 3. Teilen einer Rede, 4. Arbeitsschritten des Redners und 5. Wirkungen auf das Publikum.

1. Stile Die Rhetorik kennt drei Stile beziehungsweise Stilhöhen: das *genus humile* als niedrigstes Register bei Gesprächen im Alltag, das *genus medium* als mittlere Stilebene zum Beispiel in einer Vorlesung und das *genus sublime* als höchstes, anspruchsvollstes Niveau insbesondere in der Dichtung. Der Stil muss dem Anlass angemessen sein (*aptum*).

2. Gattungen Die Rhetorik unterscheidet drei Gattungen von Reden: die politische Rede (*genus deliberativum*), etwa als Volks- oder Senatsrede; die juristische Rede (*genus iudicale*), zur Anklage oder Verteidigung; und die artistische Rede (*genus demonstrativum*) für Lob, Tadel oder Trauer.

3. Teile Innerhalb einer Rede wird eine Gliederung in vier Teile vorgenommen: *exordium* (die Einleitung), *narratio* (die Schilderung des Sachverhalts), *argumentatio* (die Beweisführung) und *peroratio* (der Schluss).

4. Arbeitsschritte Das Vorgehen des Redners gliedert sich in fünf Arbeitsschritte (*officia oratoris*): 1. das Finden (*inventio*) des Inhalts (Ideen, Material, Argumente, anhand einer Topik, einer Art ‚Check List': Wer? Was? Wo? Wann? etc.), 2. das Gliedern (*dispositio*), die Anordnung, der Aufbau des zurechtgelegten Materials (wie beim ‚Wissenschaftlichen Schreiben'), 3. das Gestalten (*elocutio*), die sprachliche Ausformulierung und Ausführung in der Form (mit Stilmitteln, Tropen und Figuren), 4. das Auswendiglernen (*memoria*, mnemotechnisch verstanden) für das freie Sprechen und schließlich 5. das Vortragen (*actio*) als Performance nach den Regeln des Schauspiels. Das rhetorische Vorgehen findet bis heute Anwendung im Studium: beim Verfassen einer Hausarbeit, bei der Vorbereitung eines Referats oder bei der Formulierung mündlicher Seminarbeiträge. Es bietet sich darüber hinaus für alle möglichen öffentlichen Auftritte und strukturierten Arbeitsabläufe an: bei einer Geburtstagsrede, einer Geschäftspräsentation oder einer Pressekonferenz.

Der letzte Arbeitsschritt des Redners ist die *actio* oder *praesentatio*. Um zu überzeugen, ist der Vortrag wesentlich. Sein Paradigma ist das Schauspiel. Quintilian beschreibt die Haltungen des Kopfes, die Bewegungen der Lider, Brauen und Lippen, von Nase, Nacken und Armen, das Erröten oder Erbleichen, Erregung und Schweiß, Ordnung oder Unordnung der Haare als Zeichen in einer ausgeklügelten Semiotik, in einem System, in dem alles Bedeutungen und Wirkungen hat. Sprache und Körper, Mimik und Gestik sollen zusammenwirken. Stimme, Tonlage, Prosodie vermitteln das Anliegen des Redners als „Anzeichen des Geistes" („mentis index") ebenso wie seine Blicke: „Der Geist scheint durch." („animus elucet.") Dabei stellt sich die Frage nach der Universalität der Affektzeichen. Gibt es eine kulturunabhängige Körpersprache?

Aristoteles rät in seiner *Rhetorik*: „Sprich emotionsgeleitet!" Diese Devise hat Konsequenzen für den Stil. Denn eine emotionale Sprache erfordert eine natürliche Diktion. Mit Bezug auf das Publikum entwirft Quintilian eine Infektionslehre. Seinerseits von Emotionen ergriffen, kann sie ein Redner umso besser auf das Publikum übertragen, gleichsam durch Ansteckung. Affekte werden induziert, herbeigeführt, jemandem ‚angetan': „*adfectus*".

Unterschieden werden dabei erlebte von gespielten Emotionen. Der Redner soll die Affekte, die er vermitteln will, selbst *empfinden* oder zu empfinden *scheinen*. (Quintilian: „Emotionen lassen sich nicht delegieren." „Nur Feuer brennt.") Die Rhetorik ist auch eine Technik der Selbstaffizierung. Quintilian empfiehlt die *prosopopoiia* (die Personifizierung) als Übung zur Simulation von Gefühlen anderer. Besonders wirksame Techniken der Selbsterregung sind Verfahren imaginärer Veranschaulichung, bildlicher Vergegenwärtigung: griechisch *phantasíai* oder *enárgeia*, lateinisch *visiones* oder *evidentia*. Wenn wir eine Szene visuell heraufbeschwören, wirkt sie emotional umso stärker: „Die Emotionen werden sich einstellen, *als ob* wir bei dem Ereignis zugegen wären." Dies entspricht der naturalistischen Schauspieltechnik nach Konstantin Stanislawski (1863–1938) oder dem psychologischen *Method Acting* nach Lee Strasberg (1901–1982).

5. Wirkungen Für die Wirkung einer Rede hat die Rhetorik verschiedene Faktoren beschrieben. Aristoteles unterscheidet drei Überzeugungsmittel: die Argumentation in der Sache, um Überzeugendes darzulegen (*lógos*), die Affekte der Zuhörer, um Emotionen hervorzurufen (*páthos*), und den Charakter des Redners, um Glaubwürdigkeit darzustellen (*éthos*).

Mit Cicero und Quintilian können wir diese Überzeugungsmittel auf fünf Wirkungsziele erweitern: Belehren, was dem aristotelischen *lógos* entspricht (*docere*, *probare*); Bewegen, was dem aristotelischen *páthos* entspricht (*movere*); Gefallen, was dem aristotelischen *éthos* entspricht (*conciliare*, Einnehmen für den Redner), hinzu kommt nun aber noch der Genuss an der Rede selbst (*delectare*, nach Horaz, als Ästhetik der Sprache, Vergnügen am Vortrag beziehungsweise am Text) und schließlich das Einprägen (*memoria*, nach Quintilian, aber nicht auf den Redner bezogen, sondern auf die Zuhörer). Die Wirkung, um die es insgesamt geht, mit allen möglichen Mitteln, ist das Überzeugen (*persuadere*).

Mit anderen Worten: Von den drei „Mitteln der Überzeugung" (*písteis*), die Aristoteles unterschied (*Rhetorik*, I.2.2–7), sind zwei affektiv und ästhetisch, nämlich das *páthos*, die durch die Rede hervorgerufenen Emotionen der Zuhörer; und das *éthos*, die durch die Rede projizierte Persönlichkeit des Redners, die Sympathien auf sich zieht; gegenüber dem *lógos* (beziehungsweise *prágma*), der durch die Rede vermittelten Argumentation zur Sache. Analog verhält es sich, in lateinischer Terminologie, mit den drei Wirkungen, wie sie Cicero konzeptualisiert hat (*De oratore*, II.115–121). Dem Ziel der Überredung (*persuadere*) dienen das Hervorrufen von Emotionen (*movere*, auch *permovere* oder *concitare*), das Einnehmen für den Redner (*conciliare*) und das Argumentieren in der Sache (*docere*, auch *probare*).

Hinzu kommt ein gewisses Wohlgefallen nicht nur an der Person des Redners, wie sie die Rede ausstellt, sondern auch an der Rede selbst, ein ästhetisches Vergnügen am Text, das sich nicht ohne Weiteres den Kategorien des *páthos* (beziehungsweise *movere*) oder des *éthos* (beziehungsweise *conciliare*) zuweisen lässt. Dieser Genuss (*delectare*) kann auch in der Lektüre zur Geltung kommen, die zum Vergnügen unternommen wird, wie es bei Cicero heißt: „delectationis causa" (*De oratore*, II.59). Horaz unterschied für die Dichtung, wie wir uns im vierten Theoriekurs erinnert haben, zwei Absichten, die er auf einen pragmatischen und einen ästhetischen Begriff brachte: „aut *prodesse* volunt aut *delectare* poetae", nützen oder gefallen (*Ars poetica*, Vers 333).

Eine weitere Funktion rhetorisch gestalteter Sprache liegt darin, möglichst einprägsam zu sein, inhaltlich wie wörtlich, und zwar sowohl für den Redner selbst, der ohne Manuskript zu sprechen hatte; wie auch für die Zuhörer, die das Gesagte im Gedächtnis behalten sollten. Die Rhetorik verfügt über die Kategorie der *memoria*, die als *ars memorativa* vom Redner her intransitiv konzipiert wurde, sich aber auch transitiv, als einprägende Einwirkung auf das Publikum denken lässt.

Die antike Rhetorik hat als früheste Lehre, die verschiedene Wissensgebiete vereint, die Effekte der Sprache analysiert. Ihre klassische Konzeption, wie sie Gorgias und Aristoteles, Cicero und Quintilian theoretisch und methodisch entwickelt haben, beruht auf der Annahme, dass die Wirkungen rhetorischer Worte nicht allein kognitiv, sondern ganz wesentlich affektiv und ästhetisch sind; und dass sie durch rednerische Techniken maximiert werden, die sich klassifizieren lassen.

Psychologie

Rhetorik ist wesentlich Psychologie. Gorgias fasst sie als psychoaktive Wirkung der Sprache, die jener von Drogen gleichkommt. Platon spricht von einer „Psychagogie", einer „Seelenlenkung mit Worten".

Die Redekunst beruht auf einer Affekttheorie, wie sie Aristoteles im zweiten Buch seiner *Rhetorik* ausgeführt hat. Er definiert: „Unter ‚Affekte' [*tá páthe*] verstehen wir das, durch dessen Wechselspiel sich die Menschen *in ihren Urteilen unterscheiden*". Denn: „Nicht vollkommen gleich *erscheint einem etwas*, ob man nun liebt oder haßt, zornig oder gutmütig ist." Die leitende Annahme ist: Emotionen führen zur Überzeugung. In Quintilians Worten: „Durch Vergnügen wird man zum Glauben gebracht." („voluptate ad fidem ducitur.")

Hieraus ergibt sich für den Redner die doppelte Fragestellung (bei Aristoteles): „*Wodurch* Affekte entfacht und gemildert werden und *woraus* Mittel zu überzeugen gewonnen werden können".

Emotionen

Der Katalog der Emotionen, den Aristoteles entwickelt, ist differenziert. Aristoteles diskutiert Emotionen im Verhältnis zu ihrem jeweiligen Gegenteil: Zorn und Verachtung gegenüber Sanftmut und Besänftigung, Feindschaft und Hass gegenüber Freundschaft und Liebe, Furcht versus Zuversicht, des weiteren Mitleid, Scham, Entrüstung (als gerechten Unwillen über unverdientes Glück), Neid, Eifersucht und Rivalität.

Aristoteles' Emotionstheorie beruht auf Grundannahmen, die Folgen für die rhetorische Praxis haben. Er geht von einer Rationalität der Emotionen aus, von ihrer Versteh-, Herstell- und Beeinflussbarkeit. Zueinander verhalten sie sich in Wechselwirkungen: Sie können sich überlagern und verstärken oder wechselseitig dämpfen und auslöschen – beispielsweise der Zorn die Furcht. Emotionen treten nicht nur für sich allein auf, sondern in bisweilen paradoxen Verbindungen, als gemischte Gefühle: angenehmer Zorn, schmerzvolle Liebe, süße Rache.

Der Aufbau einer Rede (*táxis*, *dispositio*) folgt einer affektökonomischen Dramaturgie. Am Anfang muss der Redner die Aufmerksamkeit des Publikums gewinnen, es für sich einnehmen und gewogen stimmen. Dies erreicht er mit einer *captatio benevolentiae*, durch das ‚Haschen nach Wohlwollen'. Am Schluss empfiehlt es sich, die Affekte des Publikums auf einen Höhepunkt zu steigern, in einem finalen *crescendo*. Eine besondere Rolle bei der Sympathielenkung können Humor und Witz spielen, über den Cicero in *De oratore* einen Exkurs verfasste (II.216–290; vgl. Aristoteles, *Rhetorik*, III.18).

Kunst ohne Kunst

Eine scheinbar widersprüchliche Regel besagt, dass die rhetorische Kunst den Anschein der Kunstlosigkeit erzeugen soll. Das Publikum darf die Kunst nicht erkennen, sie kann nur unbemert wirken (*dissimulatio artis*). Aristoteles verlangte, „dass man es nicht merkt", damit man keine Täuschungsabsichten vermutet und sich vor Manipulation in Acht nimmt. Quintilian warnte: „Es ist keine Kunst mehr, sobald es als solche erkannt ist." Und Cicero erklärte: „Ein Redner wirkt sympathischer und überzeugender, der erstens möglichst wenig Kunstfertigkeit und zweitens keinerlei griechische Bildung zu erkennen gibt." Ein antiker Redner musste wie ein moderner Politiker, um volkstümlich zu wirken, seine Kompetenz verbergen.

Elocutio

Auf welche Gestaltungsmittel kann ein Redner zurückgreifen? Der literaturwissenschaftlich ergiebigste Bereich der Rhetorik ist die *elocutio*, der dritte Arbeitsschritt des Redners: die sprachliche Ausgestaltung der Rede. Hierzu gehört wesentlich der Schmuck (*ornatus*), das Repertoire möglicher Stilmittel.

Die Rhetorik unterscheidet Tropen von Figuren. Tropen sind ‚Wendungen' (griechisch *trépein*: wenden, lateinisch *tropus*: Wendung), Verfahren der Ersetzung und des uneigentlichen Sprechens. Das Gesagte und das Gemeinte fallen auseinander. Figuren hingegen sind ‚Muster' (griechisch *schema*, lateinisch *figura*), Verfahren der Verfremdung und des choreographierten Sprechens. Die Sprache fügt sich in kunstvolle Vorlagen. Figuren sind entweder inhaltliche ‚Tricks' oder formale Mittel der Gestaltung. In jedem Fall sind sie Abweichungen von einer gedachten Nullstufe schmuckloser und entsprechend weniger wirksamer Rede.

Die Unterscheidung von Tropen und Figuren können wir auf den Punkt bringen, indem wir festhalten: Tropen ersetzen etwas durch etwas anderes; Figuren bringen etwas in eine bestimmte Form. Von beiden stehen zahlreiche Varianten zur Verfügung.

Tropen

Ein Dutzend Tropen können wir auf vier Basistropen zurückführen. Sie lassen sich danach bestimmen, wie sich Gesagtes und Gemeintes zueinander verhalten: die Metapher als Übertragung (nach einem gemeinsamen Merkmal), die Synekdoche als Überschneidung (*pars pro toto* oder *totum pro parte*), die Metonymie als Berührung (im Raum, in der Zeit, in der Kausalität) und die Ironie als Verkehrung (ins Gegenteil).

1. Eine Metapher ist eine Übertragung, ein Transfer (griechisch μεταφέρειν, *metaphérein*, lateinisch *transferre*). Auf griechischen Umzugswagen steht heute das Wort *Metaphoriké*.

Durch eine Metapher wird etwas auf etwas anderes ‚übertragen': ein ‚Bildspender' auf einen ‚Bildempfänger'. Die Metapher ist ein verkürzter Vergleich, ohne die Vergleichspartikel ‚wie'. Der Adressat muss die Gemeinsamkeit, das *tertium comparationis*, erschließen. Ein klassisches Beispiel (nach Aristoteles) lautet: ‚Achill *ist* in der Schlacht ein Löwe.' Als Vergleich hieße das: ‚Achill ist in der Schlacht *wie* ein Löwe.' Die gemeinsame Eigenschaft, die vom Löwen auf Achill übertragen wird, ist die Wildheit oder Tapferkeit.

Zahlreiche weitere Beispiele finden wir in der Sprache der Liebe (zum Beispiel das Kosewort ‚Schatz' zur Übertragung der Idee von sehr hohem Wert) oder in der Sprache des Fluchens (das Schmähwort ‚Schwein' zur Übertragung der Idee von niedriger, tierischer, schmutziger Primitivität).

Das Problem ist: Tropen sind heikel, man kann sie missverstehen. Metaphern können sogar teuer werden. Red Bull wurde 2014 in den USA verklagt und zahlte 13 Millionen Dollar, weil das Versprechen des Getränks nicht wörtlich, sondern nur metaphorisch zutrifft: „Red Bull verleiht Flügel" („Red Bull gives you wings").

Mehrere Metaphern gleicher Art, die sich zusammenfügen, bilden eine Allegorie. (Eine weitere Form Jakobsonscher Äquivalenzbeziehungen, wie wir sie in der ersten Lektion diskutiert haben.) Eine Katachrese dagegen ist eine Metapher, für die es keinen buchstäblichen Ausdruck gibt, deren Bildlichkeit man daher kaum mehr mitdenkt – zum Beispiel: ‚Tisch*bein*' oder ‚Flaschen*hals*'.

2. Eine Synekdoche ist eine Überschneidung (συνεκδέχεσθαι, *synekdéchesthai*, etwas mitverstehen). Sie setzt einen Teil für ein Ganzes, *pars pro toto* – zum Beispiel ‚Holland' für die Niederlande; oder umgekehrt ein Ganzes für einen Teil, *totum pro parte*, zum Beispiel ‚Amerika' für die USA.

3. Eine Metonymie ist eine Berührung (μετονομάζειν, *metonomázein*, umbenennen). Sie funktioniert zum einen räumlich, indem sie einen Ort nennt für das, was sich an diesem Ort befindet – zum Beispiel die Gebäude der Machtzentralen für die Regierungen selbst: ‚das Weiße Haus', ‚der Kreml'; oder auch trivialer, das Gefäß für den Inhalt: ‚Ein Glas trinken'. Sie funktioniert zum anderen zeitlich, indem sie eine Handlung durch das, was vorher oder nachher geschieht, zum Ausdruck bringt – zum Beispiel ‚miteinander schlafen' oder ‚sich die Hände waschen'. Oder sie funktioniert zum Dritten kausal, indem sie die Ursache für die Wirkung einsetzt – zum Beispiel den Autor für sein Werk wie in der Formulierung ‚Goethe lesen'.

4. Eine Ironie ist eine Verkehrung (εἰρωνεύεσθαι, *eironeúesthai*, sich verstellen). Es ist besonders schwer, sie eindeutig zu bestimmen, weil sie von der Situation und vom Kontext sowie von *para*sprachlichen Faktoren wie Intonation oder Mimik abhängig ist. Wo gibt es schon *unmissverständliche* Ironie? Gleichwohl kann man sie nicht beliebig geltend machen, gewissermaßen als *ironia ex machina*, um problematische Aussagen zu uneigentlichen Aussagen zu machen oder Texte als ‚nicht so gemeint' zu entschuldigen – etwa indem man Hitlers *Mein Kampf* zur Parodie eines faschistischen Diskurses erklären würde.

Eine Ironie ist in der Regel die Ersetzung durchs Gegenteil. Ein Sonderfall ist die *tragische Ironie*. Hier ergibt sich ein Unterschied zwischen Gesagtem und Gemeintem, der vom Sprecher nicht beabsichtigt ist, den das Publikum aber versteht. So sagt Ödipus mehr, als er glaubt, wenn er ausspricht: „Wer den alten König schlug, erhebt wohl bald die gleiche Mordhand gegen mich." Ein weiterer Sonderfall ist die *romantische Ironie*: Das Kunstwerk wird in seiner eigenen Künstlichkeit entlarvt – als Selbstreferenz, Selbstreflexion, Verfremdungseffekt.

Zwölf Tropen

Die Tropen funktionieren also als Ersetzungen nach verschiedenen Prinzipien: die Metapher nach Ähnlichkeiten, die Synekdoche nach Überschneidungen, die Metonymie nach Berührungen, die Ironie nach Umkehrungen, als Aussage des Gegenteils; die Allegorie als ausgebaute Metapher, die Katachrese als unvermeidliche, abgenutzte Metapher (‚Tischbein'), die Periphrase als Umschreibung (‚das Heilige Land'), die Antonomasie als Ersetzung eines Eigennamens (‚der King of Rock 'n Roll'), die Hyperbel als Übertreibung (‚tausendmal besser') und die Emphase als Hervorhebung durch Untertreibung („Er war ein Mensch."), eine Metalepse ist die Ersetzung durch ein unpassendes (Teil-)Synonym, das ‚weithergeholt' wirkt (zum Beispiel ‚Geschickter' statt ‚Gesandter'), und die Litotes ist eine Negation des Gegenteils (‚nicht unangenehm' statt ‚angenehm').

Figuren

Es gibt viel mehr Figuren als Tropen. Im *Handbuch der literarischen Rhetorik* von Heinrich Lausberg (vierte Auflage, Stuttgart 2008, §§ 600–910) sind 310 Paragraphen den Figuren gewidmet. Sie bilden eine extrem differenzierte Taxonomie (siehe Abb. 2).

Schemata

Eine rhetorische Figur, lateinisch *figura*, ist griechisch ein *schema*. Wir unterscheiden inhaltliche Figuren (*figurae sententiae*), das sind ‚Tricks', die sich auf die Sache, das Publikum oder die Affekte beziehen, und formale Figuren (*figurae elocutionis*), die durch Hinzufügung, Auslassung oder Umstellung des Wortmaterials Effekte der Wiederholung, der Anordnung oder des Klangs erzeugen und dadurch Äquivalenzen (im Sinn Roman Jakobsons) herstellen.

Führen wir uns zunächst einige inhaltliche Figuren (*figurae sententiae*) vor Augen:

Eine *Apostrophe* ist die Hinwendung zu einem bestimmten Adressaten. (Bei Homer wird eingangs die Muse angerufen: „Muse, nenne mir den Mann ...")

Eine *Licentia* ist ein scheinbar freimütiger Vorwurf an das Publikum. (Wenn Demosthenes am Beginn der dritten Philippika sagt, die Lage sei schlecht, und das Beste daran sei, dass die Athener das selbst verschuldet hätten, provoziert er seine Zuhörer und wirkt gerade deshalb ehrlich und sachkundig: „Was das Schlimmste war, wird das Beste sein.")

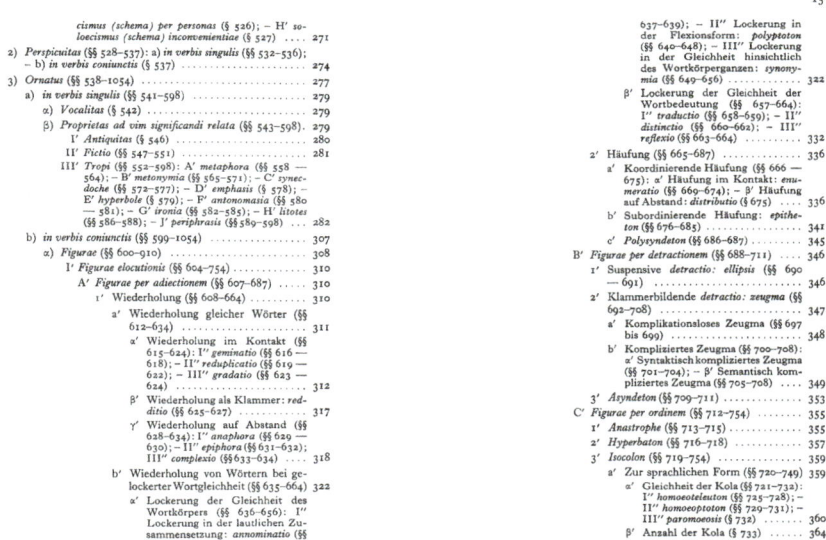

Abb. 2 Heinrich Lausberg, *Handbuch der literarischen Rhetorik*: 310 Paragraphen (Auszug aus dem Inhaltsverzeichnis)

Eine *Erotesis* ist eine ‚rhetorische Frage', eine Scheinfrage, die keine Antwort erfordert oder ermöglicht. (So fragt Cicero im Senat den Verschwörer Catilina: „Wie lange noch, Catilina, willst Du unsere Geduld missbrauchen?")

Eine *Hypophora* dagegen ist eine Frage, die der Redner gleich selbst beantwortet. („Und was erkläre ich Ihnen als nächstes? Die *Subiectio*.")

Eine *Subiectio* ist die Simulation eines Dialogs mit der Gegenseite. (So als würde ich jetzt Ihre möglichen Einwände vorwegnehmen: „Sie sagen jetzt bestimmt gleich: Das wird aber ganz schön umständlich mit so vielen Figuren." Aber es geht noch weiter ...)

Eine *Sermocinatio* ist die Simulation wörtlicher Rede. („Und dann sagt eine von Ihnen: ‚Ach, komm, lass 'mal gut sein.'")

Eine *Exclamatio* ist ein Ausruf. („Genug!")

Evidentia ist die lebhafte Schilderung, das szenische Sich-Hineinversetzen beziehungsweise Vor-Augen-Stellen. (So beschreibt Cicero anschaulich, wie Catilina als Attentäter mit dem Dolch gelauert habe ...)

Praeteritio ist das scheinbar großzügige ‚Übergehen' von Informationen, die gerade dadurch aufgerufen werden. (Etwa wenn Cicero sagt, er ‚schweige' von Catilinas weiteren Vergehen ...)

Concessio ist ein Eingeständnis, das die Gegenseite entwaffnet. („Ich gebe zu, mein Mandant mag hier einen Fehler gemacht haben, aber das ist nicht strafbar.")

Correctio ist eine Selbstverbesserung, die sympathisch und ehrlich wirken soll. („Das ist ganz hübsch, nein, wirklich sehr schön.")

Dubitatio ist die gespielte rednerische Hilflosigkeit. („Mir fehlen die Worte. Ich bin eigentlich kein Redner." Mit einer solchen Geste der Bescheidenheit beginnt Perikles seine berühmte Gefallenenrede, den *Epitaphios*.)

Prosopopoiia ist die Einführung unpersönlicher Dinge als sprechende Personen. (Cicero sagt, das ‚Vaterland' selbst, die *patria*, spreche gegen Catilina eine Mahnung aus.)

Sententia ist eine allgemeingültige Aussage, der man kaum widersprechen kann. (Gorgias beginnt seine Verteidigung der Helena mit dem Satz: „Schmuck für die Stadt sind gute Männer." Wer würde da nicht zustimmen? In seiner Rede erklärt und demonstriert er zugleich: „Die Rede hat eine große Macht.")

Klimax ist eine Steigerung. (Für die Anordnung der Argumente zum Beispiel empfiehlt es sich, vom weniger Gewichtigen zum immer Gewichtigeren vorzugehen.)

Antithesis ist die Gegenüberstellung von Gegensätzen. (Barack Obama stellte sich als Kandidat mit dem Satz vor: „I am the son of a black man from Kenya and a white woman from Kansas." Die Gegensätze zwischen Mann und Frau, Schwarz und Weiß, Kenia und Kansas werden dabei klanglich überbrückt, „*K*enya" und „*K*ansas", so wie Obama es für sein Land als Politiker vorhatte.)

Nachdem wir uns damit die wichtigsten inhaltlichen Figuren vor Augen geführt haben, können wir nunmehr Äquivalenzen auf Wort- oder Klangebene als formale Figuren (*figurae elocutionis*) beschreiben.

Die *Duplicatio* ist eine einfache Wiederholung (aa), die gleichsam zur sprachmagischen Verstärkung dienen kann. (In Goethes „Zauberlehrling" lautet der Zauberspruch: „Walle, walle, manche Strecke ...")

Die *Anadiplosis* ist eine Entsprechung von Ende und Anfang aufeinander folgender Einheiten (ab, bc), das heißt: eine *Duplicatio* über die Einheitsgrenze hinweg. (In der Bibel steht: „Du willst mir ein Freund sein? Ein Freund sein in guten und in schlechten Zeiten?")

Ein *Polyptoton* ist eine flektierte Wiederholung (aa'). („Es ist der *Mensch* dem *Menschen* ein Wolf.")

Eine *figura etymologica* dagegen verbindet ein Verb und ein Substantiv des gleichen Wortstamms. (Zum Beispiel: „einen Kampf kämpfen", „eine Tat tun".)

Eine *Onomatopoesie* ist eine lautmalerische Wortbildung. (So geht das griechische Wort ‚Barbar' auf die Nachahmung unverständlicher Sprache zurück: „Barbarbar ...")

Eine *Alliteration* und ein *Homoioteleuton* sind ein gleicher *An*laut beziehungsweise ein gleicher *Aus*laut, ein sogenannter ‚Reim'. („Milch macht müde Männer munter." – „veni, vidi, vici.")

Eine *Anapher* und eine *Epipher* sind analog die Wiederholung des Anfangs (ab, ac) beziehungsweise des Endes (ab, cb) aufeinander folgender Einheiten, zum Beispiel wenn mehrere aufeinander folgende Sätze mit demselben Wort beginnen beziehungsweise enden. (Letzteres ist in der neueren deutschen Literatur selten, da sich der Endreim durchgesetzt hat, während die Wiederholung identischer Wörter als unelegant gilt.)

Eine *Symploké* ist die Wiederholung des Anfangs *und* des Endes aufeinander folgender Einheiten (ab, ab), also eine Anapher und eine Epipher zusammen. (In Goethes Gedicht zum Beispiel: „<u>Alles</u> geben die Götter, die <u>unendlichen</u>, / Ihren Lieblingen <u>ganz</u>, / <u>Alle</u> Freuden, die <u>unendlichen</u>, / Alle Schmerzen, die unendlichen, <u>ganz</u>.")

Ein *Kyklos* ist die Identität von Anfang und Ende einer Einheit (abca). („Entbehren sollst du! sollst entbehren!" – Goethe, *Faust* I, Vers 1549.)

Ein *Isokolon* (Parallelismus) ist die Strukturgleichheit aufeinander folgender Einheiten (ab, ab). („Tod, wo ist dein Stachel? Hölle, wo ist dein Sieg?" – Paulus an die Korinther.)

Ein *Chiasmus* ist eine Überkreuzstellung von vier aufeinander folgenden Elementen (abba). (John F. Kennedy: „Ask not what *your country* can do for *you*; ask what *you* can do for *your country*.")

Asyndeton und *Polysyndeton* sind Reihungen ohne Konjunktion beziehungsweise mit Wiederholung derselben Konjunktion. (Barack Obama: „The men *and* women who serve in our battlefields may be Democrats *and* Republicans *and* independents, but they have fought together *and* bled together *and* some died together under the same proud flag.")

Ein *Hendiadyoin* („eines durch zwei") ist die eigentlich überflüssige Verwendung zweier Synonyme oder ähnlicher Begriffe, die der Aussage mehr Nachdruck verleiht. („Feuer und Flamme", „Mord und Totschlag".)

Ein *Hyperbaton* ist das Auseinanderziehen zusammengehöriger Satzglieder durch eine ungewöhnliche Umstellung. („Der Worte sind genug gewechselt", statt: „Es sind genug Worte gewechselt.")

Ein *Zeugma* ist die Beziehung eines gemeinsamen Verbs auf mehrere Satzteile zugleich. („Der See kann sich, der Landvogt nicht erbarmen." – Schiller, *Wilhelm Tell*.)

Eine *Ellipse* ist die auffällige Auslassung von Satzteilen. („Je später der Abend [ist], desto lustiger [sind] die Gäste.")

Rhetorische Dichte

Eine Beispielanalyse soll die extreme rhetorische Dichte vor Augen führen, die Reden, zumal literarische Reden aufweisen können. In Gorgias' Verteidigung der Helena, die wir in der Lesewerkstatt genauer untersuchen werden, erkennen wir ein Dutzend Figuren im ersten Satz. In einer Rede Barack Obamas von einer Dreiviertelstunde Länge finden sich ohne Weiteres mehrere hundert Tropen und Figuren. In der griechischen Tragödie kommen regelmäßig Agone (Rededuelle) mit kunstvoll gestalteten Ansprachen vor. Im Folgenden handelt es sich um die Rede von Mark Antony in Shakespeares *Julius Caesar* (III.ii.75–254). Die rhetorischen Merkmale sind im folgenden Text farbig markiert – hier zunächst nur als analytischer Befund, so dass Sie sich selbst überlegen können, um welche Technik es sich jeweils handelt und welchen Zwecken sie dienen soll.

Friends, Romans, countrymen, lend me your ears;
I come to bury Caesar, not to praise him.
The evil that men do lives after them;
The good is oft interrèd with their bones;
So let it be with Caesar. The noble Brutus
Hath told you Caesar was ambitious:
If it were so, it was a grievous fault,
And grievously hath Caesar answer'd it.
Here, under leave of Brutus and the rest--
For *Brutus is an honourable man*;
So are they all, all honourable men--
Come I to speak in Caesar's funeral.
He was my friend, faithful and just to me:
But Brutus says he was ambitious;
And *Brutus is an honourable man*.
He hath brought many captives home to Rome
Whose ransoms did the general coffers fill:
Did this in Caesar seem ambitious?
When that the poor have cried, Caesar hath wept:
Ambition should be made of sterner stuff:
Yet Brutus says he was ambitious;
And *Brutus is an honourable man*.
You all did see that on the Lupercal
I thrice presented him a kingly crown,
Which he did thrice refuse: was this ambition?
Yet Brutus says he was ambitious;
And, sure, *he is an honourable man*.
I speak not to disprove what Brutus spoke,
But here I am to speak what I do know.
You all did love him once, not without cause:
What cause withholds you then, to mourn for him?
O judgment! thou art fled to brutish beasts,
And men have lost their reason. Bear with me;
My heart is in the coffin there with Caesar,
And I must pause till it come back to me. […]
But yesterday the word of Caesar might
Have stood against the world; now lies he there.
And none so poor to do him reverence.
O masters, if I were disposed to stir
Your hearts and minds to mutiny and rage,
I should do Brutus wrong, and Cassius wrong,
Who, you all know, are honourable men:
I will not do them wrong; I rather choose
To wrong the dead, to wrong myself and you,
Than I will wrong such honourable men. […]
You are not wood, you are not stones, but men;
And, being men, bearing the will of Caesar,
It will inflame you, it will make you mad:
'Tis good you know not that you are his heirs;
For, if you should, O, what would come of it! […]
Will you be patient? will you stay awhile?

Rhetorische Dichte

> I have o'ershot myself to tell you of it:
> I fear I wrong the honourable men
> Whose daggers have stabb'd Caesar; I do fear it. […]
> You will compel me, then, to read the will? […]
> Look, in this place ran Cassius' dagger through:
> See what a rent the envious Casca made:
> Through this the well-beloved Brutus stabb'd; […]
> Judge, O you gods, how dearly Caesar loved him!
> This was the most unkindest cut of all;
> For when the noble Caesar saw him stab,
> Ingratitude, more strong than traitors' arms,
> Quite vanquish'd him: then burst his mighty heart;
> And, in his mantle muffling up his face,
> Even at the base of Pompey's statue,
> (Which all the while ran blood) great Caesar fell.
> O, what a fall was there, my countrymen!
> Then I, and you, and all of us fell down,
> Whilst bloody treason flourish'd over us.
> O, now you weep; and, I perceive, you feel
> The dint of pity: these are gracious drops.
> Kind souls, what, weep you when you but behold
> Our Caesar's vesture wounded? Look you here,
> Here is himself, marr'd, as you see, with traitors. […]
> Good friends, sweet friends, let me not stir you up
> To such a sudden flood of mutiny.
> They that have done this deed are honourable:
> What private griefs they have, alas, I know not,
> That made them do it: they are wise and honourable,
> And will, no doubt, with reasons answer you.
> I come not, friends, to steal away your hearts:
> I am no ORATOR, as Brutus is;
> But, as you know me all, a plain blunt man,
> That love my friend; and that they know full well
> That gave me public leave to SPEAK of him:
> For I have neither wit, nor words, nor worth,
> Action, nor utterance, nor the power of speech,
> To stir men's blood: I only speak right on;
> I tell you that which you yourselves do know;
> Show you sweet Caesar's wounds, poor poor dumb mouths,
> And bid them speak for me: but were I Brutus,
> And Brutus Antony, there were an Antony
> Would ruffle up your spirits and put a tongue
> In every wound of Caesar that should move
> The stones of Rome to rise and mutiny. […]
> Why, friends, you go to do you know not what: […]
> Here was a Caesar! when comes such another?

Aus dem Befund der rhetorischen Dichte ergeben sich zwei Fragen: Wie absichtsvoll hat ein Redner die rhetorischen Mittel eingesetzt? Und wie erkennbar sind sie für die Adressaten – oder entstehen und wirken sie unbewusst?

Abb. 3 Giovanni Trapattoni während seiner Rede vom 10. März 1998

Das Trapattoni-Experiment

Ein Beispiel, bei dem Spontaneität und Kalkulation ineinander übergehen, dessen Rhetorik aber in jedem Fall höchst wirksam ist, lieferte der italienische Fußballtrainer Giovanni Trapattoni in seiner berühmten Ansprache auf einer Pressekonferenz des FC Bayern München am 10. März 1998, die als eine der ersten von den Medien als „Wutrede" bezeichnet wurde (siehe Abb. 3). Den historischen Kontext bildet eine 0:1-Niederlage auf Schalke, nach der Trapattoni in holpriger, aber wirkungsvoller Rede vor allem die Spieler Mehmet Scholl und Thomas Strunz öffentlich kritisierte.

Wenn wir die Aufzeichnung von dreieinhalb Minuten Länge anschauen, vielleicht sogar mit Untertiteln, wie viele Figuren werden uns auffallen? Und was erkennen wir erst nachträglich in genauer Analyse *am Text*?

Wenn wir in der zweiseitigen Transkription die rhetorischen Verfahren hervorheben, wird sichtbar, dass die Rede 50 bis 60 Figuren und Tropen enthält, das bedeutet: durchschnittlich alle dreieinhalb Sekunden eine. Aber nur einen Bruchteil davon nehmen wir bewusst wahr in der Live-Situation.

Giovanni Trapattoni, Rede vom 10. März 1998

Es gibt Momente in diese Mannschaft, oh!	*In medias res – Interiectio*
Einige Spieler vergessen ihnen Profi, was sie sind.	*Anakoluth*
Ich lese nicht sehr viele Zeitungen.	*Isokolon*
Aber ich habe gehört viele Situationen.	*Wiederholung*
Erstens: Wir haben nicht offensiv gespielt.	*Occupatio*
Es gibt keine deutsche Mannschaft spiel offensiv und	*Wiederholung – Klimax*

dynam offensiv wie Bayern. Letzte Spiel hatten wir im Platz drei Spitzen. Elber, Jancker und dann Zickler. Wir muussen nicht vergessen Zickler. Zickler ist eine Spitzen mehr Mehmet, eh, mehr, eh, Basler. – Is klar diese Wörter, is möglich versteh, was ich gesagt?
Dann: Offensiv. Offensiv is wie maken wir in Platz. Zweite: Ich habe erklärt mit diese zwei Spieler nach Dortmund brauch' vielleicht Halbzeitpause. Ich habe auch andere Mannschaft geseh in Europa nach diese Mittwoch. Ich habe geseh auch zwei Tage de Training.
Ein Trainer ist nicht ein Idiot. Ein Trainer seh, was passieren in Platz. In diese Spiel, es waren zwei, drei, diese Spieler waren schwach wie eine Flasche leer! Habe Sie gesehen Mittwoch? Welche Mannschaft hat gespielt Mittwoch? Hat gespielt Mehmet, or hat gespielt Basler, or hat gespielt Trapattoni? Diese Spieler beklagen mehr als Spiel!
Wissen Sie, warum die Italien-Mannschaften kaufen nicht diese Spieler? Weil wir haben gesehen viele Male dumme Spiel. Haben gesagt: ‚Sind nicht Spieler für die italienisch, eh, Meisters.'
Struunz! Struunz is zwei Jahre hier und hat gespielt seine Spiel. Is immer verletzt. Was erlauben Struunz? Letzte Jahr Meister geworden mit Hamann, eh, Nerlinger. Diese Spieler waren Spieler! Waren Meister geworden! Ist immer verletzt! Hat gespielt 25 Spiele in dieser Mannschaft, in diese Verein. Muussen respektieren die anderen Kollega! Haben viel nett Kollegen. Stellen Sie die Kollegen die Frage! Haben keine Mut an Worten! Weil ich, weiss, was denken über diese Spieler! Muussen zeigen jetzt. Ich will Samstag, diese Spieler muussen zeigen mich, eh zeigen de Fans. Muussen alleine die Spiel

Anadiplosis
Concessio

Anadiplosis – Barbarismus
Anapher

Chiasmus

Sentenz – Anapher
Klimax
Vergleich – Anastrophe
Rhetorische Fragen
Anapher – 1. = 3. Person
Hyperbel – Polyptoton /
Figura etymologica.

Hypophora
Sermocinatio

Exclamatio – Repetitio
Onomatopoesie – Erotesis
Ellipse – Exemplum
Tautologie – Emphase

Exclamatio – Hyperbel –
Wiederholung – Epiphrase –
Epipher – Polyptoton –
Apostrophe – Imperativ
Allusion – Präteritio
Wiederholung
Parallelismus
Anapher

gewinnen! Muussen alleine Spiel gewinnen!	*Wiederholung*
Ich bin müde jetzt der Vater dieser Spieler – eh der	*Metaphern (familial, juristisch)*
Verteidiger dieser Spieler! Ich habe immer die	*Anapher – Epipher –* Ellipse
Schulde über diese Spieler! Einer is Mario, einer	
andere is Mehmet! Strunz dagegen, egal. Hat nur	*Symploke – Aposiopese*
gespielt 25 Prozent diese Spiel!	*Wiederholung*
Ich habe fertig.	*Brevitas –* Solözismus

Welche Effekte können wir insgesamt feststellen? Die Rede wirkt komisch. Sie ist einprägsam. Einige Formulierungen wurden zu geflügelten Worten: „Was erlauben Strunz", „Flasche leer", „Ich habe fertig." Als Genre der Wutrede gibt sie dem Redner die Möglichkeit, Emotionen zu vermitteln.

Drei affektive Mechanismen scheinen am Werk zu sein: Die Figuren sind ein Ausdruck der Emotionen des Redners (als Symptom). Sie emotionalisieren den Redner aber auch zusätzlich (als Stimulantien). Und sie emotionalisieren die Zuhörer (als Mittel) – allerdings wohl anders als von Trapattoni geplant.

Dabei hat sich der Redner offenbar vorbereitet. Manches ist kalkuliert. Er hat einen rednerischen Gestus (die Bewegungen der Hände, die Blicke ins Publikum, das Sprechen ins Mikrophon). Er hält ein Manuskript in der Hand. Und er sagt zum Schluss, er könne daraus zitieren: „kann Worte wiederholen".

Die zwei Blütezeiten der Rhetorik

Wenn sich mithilfe der Rhetorik sogar eine Traineransprache analysieren lässt, wann und wie ist dieses sehr alte Wissen entstanden? Die antike Rhetorik hatte zwei Blütephasen. Die klassische Epoche der griechischen Rhetorik, zwischen 460 und 330 v. Chr., von Gorgias und Perikles über Lysias bis zu Demosthenes, geht einher mit der Entstehung einer demokratischen Öffentlichkeit. Die klassische Periode der römischen Rhetorik reicht von etwa 100 v. Chr. bis 100 n. Chr., von der späten Republik ins frühe Kaiserreich, von Cicero bis zu Seneca d. Ä. und Quintilian.

Im Verlauf dieser Geschichte nahm die Rhetorik verschiedene Formen an. Sie erschien zunächst als Sophistik, etwa bei Gorgias, als beliebig einsetzbare neue Technologie. Als Reaktion auf ihre Missbräuchlichkeit trat die Philosophie, vor allem bei Platon, als Anti-Rhetorik in Erscheinung. Schließlich wurde, gewissermaßen als Ausgleich, vor allem von Aristoteles und Quintilian, eine wissenschaftliche Theorie ausgearbeitet.

Griechenland

Als die Ur-Rhetorik nach dem Ende der dortigen Alleinherrschaft, 467 v. Chr., aus Sizilien ins griechische Mutterland kam, wurde sie als spektakuläre neue Technologie aufgenommen. Als ‚erster Rhetor' soll Korax *politische* Reden gehalten haben.

Teisias soll das erste Lehrbuch (das nicht erhalten ist) verfasst und *juristische* Reden vorgetragen haben. Gorgias kam als Wanderlehrer nach Attika, um die neue, fremdartige Kunst in *artistischen* Reden vorzustellen. Figurenreich brachte er die formalen Aspekte der Sprache zur Geltung (Perioden, Parallelismen, Wiederholungen, Antithesen), die sinnlichen Dimensionen (Rhythmus, Klang, Bildlichkeit) und die irrationalen Wirkungen: als spielerische Manipulation.

Von Gorgias erhalten sind zwei Musterreden: die „Verteidigung des Palamedes" (der die List des Odysseus durchschaute, als dieser sich vor dem Krieg drücken wollte) und das „Enkomion auf Helena" (die meistgescholtene Frau des Altertums, die durch ihren Ehebruch schuld sei am Trojanischen Krieg). Im *Enkomion* (ca. 415 v. Chr.) behandelt Gorgias einen Fall von besonders geringem Vertretbarkeitsgrad. Er tut dies, indem er die Rhetorik zugleich vorstellt und vorführt: in einer Präsentation der Theorie der Redekunst durch Redekunst. In seiner brillianten Demonstrationsrede argumentiert Gorgias, Helena sei aus vier Gründen freizusprechen: Als sie Menelaos mit Paris verließ, handelte sie wie unter dem Einfluss einer „Droge", erotisch verführt, verhext durch „Magie", unter physischem „Zwang". Um ihre unwiderstehlichen Wirkungen zu veranschaulichen, beschreibt Gorgias die Rhetorik in genau diesen Paradigmen: als Rauschmittel (*phármakon*), als Erotik (*éros*), als Zauberei (*mageía*, *goeteía*) und als Gewalt (*bía*, *anánke*). Helena sei freizusprechen, weil sie unter dem Einfluss der Rhetorik stand und deshalb wegen Unzurechnungsfähigkeit nicht schuldfähig sei. Weil Paris sie seiner Rhetorik aussetzte, war sie ihm so hilflos ausgeliefert, als hätte er sie vergiftet, verführt, verzaubert oder vergewaltigt. Ein guter Rhetor kann die Psyche seiner Zuhörerin nach Belieben beeinflussen. Gorgias' Rhetorik wirkt als verbale Psychopharmakologie.

Die Rhetorik war eine Disziplin der sophistischen Aufklärung, die auf Skeptizismus, Relativismus und Amoralismus beruht. Ihr Ausgangspunkt ist der *Homomensura*-Satz des Protagoras: „Das Maß aller Dinge ist der Mensch." Es gibt keine absolute Wahrheit, sondern zu allem nur gegenläufige Aussagen, *pro* und *contra*, ewige Ambivalenz. Der Anspruch der Rhetorik lautet vor diesem Hintergrund, über *jeden* Gegenstand wirkungsvoll sprechen und „die schwächere Sache zur stärkeren machen" zu können.

Es verwundert daher nicht, dass Gorgias der Lieblingsgegner des Sokrates ist. Platon lässt Sokrates im Dialog *Gorgias* (ca. 390 v. Chr.) mit dem Rhetor über Rhetorik diskutieren. Gorgias definiert sie wie folgt: Rhetorik sei die Kunst, die dazu befähige, vor Gericht oder in Volksversammlungen bei den Zuhörern einen auf Überredung, nicht auf Belehrung gegründeten Glauben in Wertefragen, besonders hinsichtlich von Recht und Unrecht, zu bewirken. Sokrates kritisiert diese Position: Rhetoren würden behaupten, sie verstünden sich auf Gerechtigkeit, ihre Kunst aber sei missbräuchlich, potentiell ungerecht. Ein Teilnehmer des Gesprächs, Kallikles, vertritt sogar offensiv die Amoralität eines Rechts des Stärkeren. Alles ist erlaubt.

Im Dialog *Phaidros* (ca. 360 v. Chr.) geht Platon über eine bloße Kritik der Rhetorik hinaus. Er bestimmt sie hier als eine Hilfsdisziplin der Dialektik. Sie leiste eine ‚sprachliche Seelenlenkung' (*psychagogía*). „Die Rhetorik [...] ist die Kunst der Seelenlenkung mit Worten." [he rhetorikè [...] téchne psychagogía tis dià lógon.] (*Phaidros*, 261a; vgl. 271c.) Dies ist der Ansatz zu einer Philosophie der Rhetorik.

Die wissenschaftliche Theorie der Rhetorik hat dann Aristoteles entwickelt. Von einer Auseinandersetzung mit den Positionen Platons zeugt bereits der erste Satz seiner *Rhetorik* (ca. 350 v. Chr.): „Die Rhetorik ist ein Seitenstück der Dialektik." (Bei Platon hatte es im *Gorgias* polemisch geheißen, sie sei „ein Seitenstück [*antístrophon*] zur Kochkunst.") Aristoteles definiert: „Die Rhetorik ist das Vermögen, für jeden einzelnen Fall das in ihm liegende Überzeugende zu erkennen." Ihm geht es nicht um die Wahrheit einer Ideenlehre, sondern um die Wahrscheinlichkeit beziehungsweise Plausibilität in gegebenen Situationen.

Die aristotelische Rhetorik beruht auf einem Studium der Psychologie: als Charakterologie (*ethos*) und Affektenlehre (*pathos*). In einer kognitiven Ästhetik beschreibt Aristoteles die Freude an der Nachahmung als Vergnügen an der Deutung des Nachgeahmten. Dem entspricht die Psychologie der Metapher als ‚Prozessierungs- oder Entschlüsselungslust'. Denn es bereitet Vergnügen, die Ähnlichkeiten, auf denen ihre Übertragung beruht, zu erkennen. Die Kategorie der Fremdheit (*xenikón*) moderiert dabei das Verhältnis zwischen Bildspender und Bildempfänger, damit deren Beziehung weder zu naheliegend noch zu weithergeholt wirkt und die Erkenntnis weder zu einfach noch zu schwierig wird.

Rom

Ciceros anthropologische Ausgangsannahme lautet: Menschen entscheiden vor allem aufgrund ihrer Affekte. Die Affekte sind daher das Hauptziel beziehungsweise das Hauptmittel der Rhetorik. Die Rhetorik ist imstande, *sämtliche* Emotionen und Stimmungen entweder *hervorzurufen* oder auch *einzudämmen*. Sie geht deshalb von empirischen Beobachtungen aus: von einer Psychologie, Soziologie und Ethnologie des Publikums. Der Anspruch ist radikal: Ein guter Redner kann seine Zuhörer beliebig manipulieren. „Bei wem erschauern die Menschen?", fragt Cicero. „Wer ist in ihren Augen sozusagen *ein Gott unter Menschen*?" Die Missbräuchlichkeit einer solchen Technologie liegt auf der Hand. Der Germanist Karl-Heinz Göttert nannte Ciceros Rhetorik „die gefährlichste Rhetorik, die je formuliert wurde".

In seinem Dialog über den Redner, *De oratore* (55 v. Chr.), nimmt Cicero den Anspruch der sophistischen Rhetorik auf, über alles Mögliche sprechen zu können, *quacumque de re*. Die These vom Vorrang der Affekte und von ihrer psychagogischen Manipulierbarkeit wird durch die Idee der Rhetorik als Bildungsprogramm und das Ideal des tugendhaften Redners, des *orator perfectus* als *vir bonus dicendi peritus*, abgemildert. Doch was geschieht, wenn jemand ein guter Redner, aber skrupellos ist?

Zu Ciceros weiteren rhetorischen Werken gehören die unvollendete Jugendschrift *De inventione* (ca. 91–81 v. Chr.) über das Recherchieren des Materials (das erste Arbeitsstadium des Redners); die *Topica* (44 v. Chr.), die Lehre vom Auffinden der Argumente; *Brutus* (46 v. Chr.) zur Geschichte der Beredsamkeit; *Orator* (46 v. Chr.) mit der Lehre vom „attischen" und „asiatischen" Stil und dem Anspruch, sämtliche Stilregister zu beherrschen und in jeder Rede alle Affekte ansprechen zu können.

In der Kaiserzeit wurde die Rhetorik entpolitisiert. Man deklamierte Übungsreden künstlichen Inhalts. Seneca d. Ä. (55 v. Chr. – 40 n. Chr.) überlieferte *Controversiae*, Anklagen oder Verteidigungen in fiktiven Gerichtsfällen, sowie *Suasoriae*, Erörterungen zu mythischen Entscheidungssituationen. Diagnosen des Niedergangs der Rhetorik stammen von Sueton, *De viris illustribus* (ca. 110 n. Chr., nur fragmentarisch erhalten), Tacitus, *Dialogus de oratoribus* (ca. 100 n. Chr.), und Quintilian, *De causis corruptae eloquentiae* (ein verlorenes Frühwerk).

Als erster ‚Professor' für Rhetorik gibt Quintilian in zwölf Büchern einen Überblick der gesamten Theorie. Seine *Institutio oratoria* (ca. 95 n. Chr.) ist die Summe der antiken Rhetorik.

Ausblick

Die Rhetorik eröffnet Perspektiven auf weitere Forschungsfelder.

Die Metaphorologie beschreibt, wie wir mit Metaphern, eher als mit Begriffen, unsere Welt beherrschen. Sprachbilder prägen unsere Kultur- und Wissensgeschichte: zum Beispiel die Vorstellungen vom ‚Licht' der Vernunft oder vom ‚Buch' der Natur (Hans Blumenberg, *Paradigmen zu einer Metaphorologie*, 1960; *Die Lesbarkeit der Welt*, 1979; *Schiffbruch mit Zuschauer*, 1979).

Die kognitive Metapherntheorie beschreibt die Bedeutung von Sprachbildern aus der Perspektive der Kognitionsforschung. Wir denken in Bildern. So ist im Verb ‚be*greifen*' die bildliche Vorstellung enthalten, dass wir etwas mit den Händen ‚er*fassen*'. Bildliche Vokabeln wie ‚oben' und ‚unten', ‚hell' und ‚dunkel' transportieren mehr als nur buchstäbliche Bedeutungen. Indem wir etwas bildlich einordnen (*framing*), vermitteln wir Interpretationen und Ideologien (George Lakoff und Mark Johnson, *Metaphors We Live By*, 1980).

Die Ethnologie erforscht magische Praktiken und religiöse Objekte, die wie die Metapher auf einer Ähnlichkeit beruhen (zum Beispiel das Kreuz als Symbol für Jesus Christus), wie die Metonymie auf einer Berührung (zum Beispiel das Grabtuch, in dem der Körper von Jesus Christus einen Abdruck hinterlassen haben soll) oder wie die Synekdoche auf einer Teilmengenbeziehung (zum Beispiel eine Reliquie, etwa der Zahn oder ein Splitter vom Knochen eines Heiligen). Solche Verhältnisse von „similarity" oder „contiguity" betrachtete James George Frazer in seiner mehrbändigen Arbeit *The Golden Bough*: *A Study in Magic and Religion* (1890–1915).

Der *New Historicism* hat in europäischen Reiseberichten eine metonymische und eine metaphorische Haltung zu kultureller Fremdheit ausgemacht: die Angleichung des Fremden an das Eigene und die gleichzeitige Wahrnehmung von Gemeinsamkeit und Unterschied (Stephen Greenblatt, *Marvelous Possessions*, 1991).

Die Semiotik unterscheidet – nach Charles Sanders Peirce (1839–1914) – drei Arten von Zeichen, die ihrerseits der Metapher, der Synekdoche oder der Metonymie entsprechen: ikonische (abbildende), indexikalische (kausale) und symbolische (arbiträre). Die Photographie ist ikonisch und indexikalisch, weil sie etwas abbildet, indem sie einen Belichtungseffekt aufzeichnet; sie entspricht damit der Metapher, die auf einer Ähnlichkeitsbeziehung beruht, beziehungsweise einer Metonymie, die einer Berührungslogik folgt. Eine medizinische Diagnose ist die Deutung indexikalischer Zeichen, die der Synekdoche entsprechen, wenn man das Symptom als *Teil* der Krankheit versteht, oder der Metonymie, wenn man es als *Folge* der Krankheit betrachtet. Dass symbolische Zeichen auf Vereinbarungen beruhen, scheint auf unsere Buchstaben zuzutreffen, die sich aber durchaus (auch) aus einfachen Abbildungen und mithin aus ikonischen Zeichen entwickelt haben können.

Aus der Perspektive der Psychoanalyse wiederum können wir feststellen: Was wir tabuieren, umschreiben wir, weil wir unbewusst noch der Sprachmagie anhängen, häufig in Tropen. Die Mechanismen der Traumarbeit (Symbolbildung, Verdichtung, Verschiebung, Verkehrung) entsprechen der Metapher, der Synekdoche, der Metonymie oder der Ironie (Sigmund Freud, Jacques Lacan).

Die experimentelle Rhetorik schließlich bedient sich naturwissenschaftlicher Methoden, um die kognitiven, neuronalen, physiologischen, biologischen Wirkungen rhetorischer Verfahren empirisch zu untersuchen und weiterzudenken (Winfried Menninghaus, *Wozu Kunst? Ästhetik nach Darwin*, 2011).

Offene Fragen

Das System der antiken Rhetorik wurde über zweieinhalbtausend Jahre vermittelt und verfeinert, aber seine wesentlichen Annahmen gelten unverändert. Rhetorische Beeinflussung wirkte in Athen im Jahr 450 v. Chr. wahrscheinlich nicht grundsätzlich anders als in Washington im Jahr 2020.

Dabei konnten zahlreiche theoretische Annahmen, die sich in der Praxis zu bewähren schienen, empirisch kaum überprüft werden, weil geeignete Verfahren der psychologischen Beobachtung und physiologischen Messung nicht zur Verfügung standen. Fragen blieben offen, denen nun die neuere Forschung nachgehen kann.

Was bewirken rhetorische Stilmittel, Tropen und Figuren, eigentlich genau? Wie stark hängt der persuasive Effekt der Sprache von Verfahren formaler Gestaltung der Oberfläche ab? Wirken alle Figuren als Katalysatoren? Verhalten sich die verschiedenen Wirkungen (überzeugen, bewegen, einnehmen, gefallen, einprägen) kongruent zueinander? Haben sie einen kumulativen Effekt? Eignen sich bestimmte Figuren besonders zur Emotionalisierung? (Zum Beispiel: Hyperbel, Hyperbaton, Anapher, Anadiplosis, Apostrophe.) Inwiefern sind Figuren Symptome? Bilden sie eine Sprache der Passion? (Zum Beispiel: Ellipse, Exclamatio.) Sind Figuren ideologisch neutral? Oder sind bestimmte Figuren charakteristisch für bestimmte Diskurse? (So verwendete Hitler häufig die Prosopopoiia – ‚Volk', ‚Gefallene', ‚Schicksal' –, das Hendiadyoin – „immer und ewig", „unsterblich und unvergänglich" – oder suggestive Fragen – Erotesis, Hypophora.) Haben bestimmte Arten von Figuren besondere Effekte? Steigert rhetorische Elaboration die Wirkungen einer Rede auch bei politischen Gegnern? Oder hat sie bei ihnen einen kontraproduktiven Effekt? Wirkt Rhetorik auf Frauen anders als auf Männer, auf Alte anders als auf Junge, auf Gebildete anders als auf Bildungsferne? Diesen und weiteren Fragen können wir uns – in Zusammenarbeit mit kognitiven Psychologen und Neurowissenschaftlerinnen – in einer experimentellen Rhetorik zuwenden, die das Thema des dreizehnten Theoriekurses sein wird.

Fünfte Lesewerkstatt – Wie manipulieren uns Gorgias und St. Just?

Rhetorik heißt, mit einem etwas altmodischen deutschen Begriff, ‚Beredsamkeit'. Beredt ist, wer gut reden kann, wer redegewandt ist, wer die Kunst der Rede beherrscht. Diese Redekunst analysiert und erlernt man am besten am Beispiel großer Reden und Redner*innen. In diesem Abschnitt wollen wir daher exemplarisch zwei berühmte und äußerst kunstfertige Reden untersuchen. Wir verfolgen dabei drei Ziele: Erstens verwenden wir die Rhetorik als Werkzeug, als Instrumentarium, um wirkungsvolle Elemente von Texten zu identifizieren, zu benennen und zu beschreiben. Zweitens kann uns die Rhetorik als Technik dabei helfen, unsere eigene Redegewandtheit zu verbessern und die Wirkung unserer geschriebenen und gesprochenen Texte zu steigern. Drittens verhindert die Rhetorik als Kompetenz, dass wir uns durch die Beredsamkeit anderer allzu leicht beeinflussen lassen, und immunisiert uns so gegen sprachliche Manipulation.

Die beiden Texte, die wir betrachten wollen, sind einander in ihrer rhetorischen Kunstfertigkeit ähnlich, entstammen aber ganz unterschiedlichen Kontexten. Das erste Beispiel, Gorgias' „Enkomion auf Helena", ist eine 2500 Jahre alte Rede, die tatsächlich gehalten wurde, wahrscheinlich zu ganz materiellen Zwecken. Sie ist im Original auf Altgriechisch verfasst, wir lesen sie in einer Übersetzung. Die zweite Rede entstammt einem Theaterstück, Georg Büchners *Dantons Tod* (1835), und wurde von ihrem Autor für dramatische Zwecke erfunden. Diese Hintergründe spielen, wie wir sehen werden, zum Verständnis beider Texte eine große Rolle. Aber ihre Wirkung entfalten sie zum großen Teil unabhängig davon – und selbst nach Jahrtausenden beziehungsweise Jahrhunderten auch auf ein heutiges Publikum. So mächtig ist die Rhetorik.

Gorgias oder die Erfindung der Rhetorik

Gorgias, der nach seinem Geburtsort auch Gorgias von Leontinoi genannt wurde, war ein Rhetor (also ein öffentlicher Redner), Philosoph und Rhetoriklehrer der griechischen Antike. Bekannt ist er heute noch durch den gleichnamigen Dialog des Philosophen Platon (*Gorgias*, um 390 v. Chr.), der ein fiktives Gespräch zwischen

Gorgias und Sokrates schildert, in dem sie über den Sinn und die Gefahren der Redekunst diskutieren. Außerdem kennen wir Gorgias von seinen eigenen Schriften und Reden, die sich zum Teil bis heute überliefert haben. Gelebt hat Gorgias im 5. vorchristlichen Jahrhundert, ungefähr zwischen 485 und 380 v. Chr. Er hat also ein sehr hohes Alter erreicht, wahrscheinlich über einhundert Jahre. Aufgewachsen ist er in Leontinoi, einer griechischen Kolonie auf Sizilien, von wo aus er im Laufe seines Lebens Griechenland bereiste und vor allem in Athen, dem kulturellen und politischen Zentrum, tätig wurde. Seinen Lebensunterhalt verdiente er als Diplomat, also als Rhetor in staatlichem Auftrag, als Honorarredner für Privatleute, die seine Dienste in politischen oder juristischen Auseinandersetzungen in Anspruch nehmen konnten, und als Rhetoriklehrer. Er wurde damit so berühmt und wohlhabend, dass er, wenn die antiken Berichte zutreffen, eine Statue von sich selbst in einem Tempel in Delphi errichten lassen konnte, womöglich sogar eine vergoldete.

Gorgias' Reichtum zeigt, dass Rhetorik zu seiner Zeit ein gutes Geschäft war – und Gorgias wahrscheinlich ihr frühester Meister. Sein persönlicher Erfolg und die Wirksamkeit der Rhetorik insgesamt beruhten auf einem sozialen und politischen Wandel, den wir im Zusammenhang mit der attischen Tragödie in der dritten Lektion schon einmal berührt haben, die ihre Blütephase im selben Zeitraum wie die Rhetorik erlebte. Nach der Abschaffung der Alleinherrschaft (Tyrannis) entwickelte sich im 5. Jahrhundert v. Chr. in einigen Teilen von Griechenland und den griechisch beherrschten Gebieten eine demokratische Gesellschaftsordnung. Politische und rechtliche Entschlüsse wurden nun nicht mehr willkürlich von einem Machthaber getroffen und gewaltsam durchgesetzt, sondern im öffentlichen Diskurs, in Debatten und Gerichtsverhandlungen, vor Publikum ausgehandelt. Wer hier überzeugte, hatte im Entscheidungsprozess bessere Aussichten. Anders gesagt: Wer sein Anliegen wirksamer vortrug, wer die bessere Rede hielt, konnte seine Interessen verwirklichen. Rhetorik bedeutete Macht. Und wer rhetorische Kompetenz besaß und an andere zu vermitteln wusste, war ein gefragter Dienstleister. In dieser Hinsicht unterscheidet sich die Bedeutung öffentlicher Redekunst in der Antike nicht von ihrer Bedeutung in unseren heutigen Demokratien. Auch in unserer Gegenwart spielt wirkungsvolle und situationsgerechte Kommunikation eine zentrale Rolle in der Politik, in der Geschäftswelt, in der Werbung, vor Gericht. Noch heute durchlaufen Menschen, deren Erfolg von öffentlichen Vorträgen abhängt, häufig eine Rhetorikausbildung, seien es politische Amtsträger*innen, Vorstandsvorsitzende, Marketing-Expert*innen oder Strafverteidiger*innen. Auch das Medientraining für Journalist*innen und Sportler*innen, die im Rampenlicht stehen, umfasst rhetorische Fertigkeiten.

Neben anderen Rhetoriklehrern in Sizilien, von denen er wahrscheinlich beeinflusst wurde, war Gorgias einer der frühesten Redner, die Theorie und Praxis verbanden und die Rhetorik als umfassende Denk-, Redaktions- und Vortragsmethode entwickelten. Gorgias war an der Erfindung der Rhetorik maßgeblich beteiligt. Und er wusste, was für ein effizientes Werkzeug er damit geschaffen hatte. In einem modernen Sinn können wir die Rhetorik als eine Technologie verstehen – und Gorgias als visionären Tech-Pionier. Nicht nur hat er ein nachgefragtes und gut vermarktbares Produkt erschaffen, sondern er hat auch selbst immer wieder dessen überlegene

Wirksamkeit praktisch vorgeführt. Und er hat gewissermaßen seine Technologie an eine zahlende Klientel vermarktet. Es ist nur geringfügig zugespitzt zu behaupten, Gorgias wäre eine Art Steve Jobs, Bill Gates oder Elon Musk seiner Zeit gewesen.

Rhetorische Höchstschwierigkeit: Ein Loblied auf Helena

Das Beispiel für Gorgias' Redekunst, das wir uns näher anschauen wollen, ist sein „Enkomion auf Helena". Diese Rede wurde schon seit ihrer Entstehungszeit im letzten Viertel des 5. Jahrhunderts v. Chr. für so bedeutend erachtet, dass sie als eine von nur zwei von Gorgias bis heute vollständig überliefert worden ist. Auch textliches Überleben kann man sich also mit Rhetorik sichern.

‚Enkomion' ist die griechische Bezeichnung für ein Loblied. Und der Gegenstand dieses Loblieds ist niemand anderes als die berühmte, aber auch berüchtigte mythische Helena, deren Entführung durch Paris am Beginn des Trojanischen Kriegs steht. Mit seiner Rede lobt und rühmt Gorgias also die griechische Helena, die der Antike als schönste Frau der Welt galt. Was aber bezweckte Gorgias damit, eine Laudatio auf eine mythische Figur zu halten, von der schon seine Zeitgenossen wussten, dass sie zwar in den homerischen Epen vorkommt, aber entweder längst nicht mehr lebte oder von vornherein eine fiktive Gestalt war? Um dies zu verstehen, müssen wir uns vergegenwärtigen, was für einen Ruf Helena bei den Griechen hatte. Trotz ihrer sagenhaften Schönheit war Helenas Reputation denkbar schlecht. In einseitig patriarchaler Schuldzuweisung wurde sie verantwortlich gemacht für einen der schwersten Kriege des Altertums, weil sie sich von einem Trojaner hatte verführen lassen und so den Griechen Leid und Tod verursacht habe. Helena galt als meistgeschmähte Frau der Antike. Ausgerechnet auf sie ein Loblied vorzutragen, war also nicht nur unerwartet, sondern musste auf den ersten Blick ein schier absurdes und hoffnungsloses Unterfangen scheinen.

Gerade deswegen wählt Gorgias diese Herausforderung. Eine derart kontraintuitive und paradoxale Aufgabe ist ihm gerade recht, denn er will mit seiner Rede die Wirkung seiner Rhetorik unter Beweis stellen. Wenn es ihm gelingt, sein Publikum durch eine Rede von Helenas Tugendhaftigkeit und Unschuld zu überzeugen, kann niemand an der Kraft der Redekunst zweifeln. Gorgias' Rede ist daher gleichsam eine Produktpräsentation, bei der er die Leistungsfähigkeit seiner Technologie vorführt. Indem er eine Aufgabe von möglichst geringer Plausibilität wählt, erhöht er die Schwierigkeit seines Vorhabens. Er will damit beweisen, dass Rhetorik eine schwer vertretbare Sache zu einer sehr überzeugenden machen kann. Eine vergleichbare Herausforderung heute bestünde darin, Osama bin Laden in einer Rede für den Friedensnobelpreis vorzuschlagen, Donald Trump als Feministen zu würdigen oder die Ölindustrie als Vorreiter der Klimaschutzbewegung zu verteidigen.

Gorgias wirbt damit, dass es für die Technik der Rhetorik im Grunde unerheblich ist, welcher Gegenstand vorgestellt wird und welche Interessen vertreten werden, dass sie also auch für amoralische Ziele eingesetzt werden kann. Diese Haltung ist durchaus zynisch und wurde in einer langen Tradition der Rhetorikskepsis, angefangen mit Platons *Gorgias*-Dialog, vehement kritisiert. Doch die Verheißung der Rhetorik ist groß. Was Gorgias mit seiner Technologie anbietet, ist ein Versprechen fast magischer Fähigkeiten: durch Reden das Schwache ins Starke zu verwandeln. Und sein Erfolg und seine Berühmtheit schon zu Lebzeiten geben ihm Recht. Offenbar ließ sich sein Publikum überzeugen und kaufte ihm seine Reden ab – wortwörtlich.

Gattungsmischung und Theorie-Manifest

Auf der Suche nach den Mitteln, die Gorgias gebraucht, um sein Publikum von einem derart abwegigen Vorhaben wie einem Loblied auf Helena zu überzeugen, können wir uns zunächst fragen, welcher Gattung seine Rede eigentlich angehört. Denn der Zweck und der Kontext einer Rede legen, wie wir im Theoriekurs gelernt haben, gewisse rhetorische Mittel nahe und lassen andere unangemessen erscheinen.

Die Strategie von Gorgias' „Enkomion" besteht insgesamt darin, Helena vor den Anschuldigungen, die über sie im Umlauf sind, in Schutz zu nehmen und die Vorwürfe zu widerlegen. Die Grundtendenz seiner Rede ist apologetisch, also entschuldigend, rechtfertigend. Weil Gorgias als Helenas Verteidiger auftritt und wie vor Gericht ihre Unschuld beweisen will, entspricht seine Haltung einer juristischen Rede (*genus iudicale*). Helenas Gerichtsverfahren, das Gorgias hier rhetorisch inszeniert, ist freilich fiktiv – und entspricht dem seinerseits fiktiven Prozess gegen Helena in Euripides' Tragödie *Die Troerinnen* (415 v. Chr.). In der tatsächlichen Vortragssituation vor Publikum dient Gorgias' Rede daher zusätzlich seinen eigenen Vermarktungs- und Demonstrationszwecken, sie führt seine meisterhafte Beredsamkeit vor. Insofern gehört sie auch zur Gattung der artistischen Rede (*genus demonstrativum*), mit der traditionell eben Lob und Tadel ausgesprochen werden. Zu Übungszwecken wurden solche Festreden in Rhetorikschulen regelmäßig ausgearbeitet, und je fortgeschrittener das Unterrichtsniveau und je höher der Schwierigkeitsgrad waren, desto niedriger musste ihr Vertretbarkeitsgrad gewählt sein. Es ist gut möglich, dass das „Enkomion" aus solch einem schulischen Kontext heraus entstanden ist und Gorgias seinen Schülern seine überlegene Beherrschung der Redekunst und seine Vortragsvirtuosität vorführen wollte.

Der demonstrative Charakter bezieht sich hier aber nicht nur auf den Gegenstand der Rede, sondern auch auf die Rede selbst. Gorgias' „Enkomion" handelt als Kunstrede von ihrer eigenen Kunstfertigkeit. Nicht nur hat es also Anteile an verschiedenen Redegattungen, wodurch es seine rhetorischen Mittel sehr frei und variabel wählen kann, sondern es zielt auch darauf ab, diese Verfahren selbst auszustellen und zu unterstreichen. Gorgias nutzt diese Selbstbezüglichkeit, um mit seinem „Enkomion" nicht nur ein wirkungsvolles Loblied auf Helena zu halten und nicht nur praktisch seine Könnerschaft unter Beweis zu stellen, sondern außerdem um die Wirkweise der Rhetorik selbst zu erläutern. Seine Rede ist zugleich ein Theorie-Manifest, eine konzeptionelle Erörterung darüber, was Rhetorik eigentlich ist. Gorgias entwirft darin ein Modell zur Wirkung und Funktionsweise von Sprache im Allgemeinen und zur Beeinflussung durch rhetorische Manipulation im Besonderen.

Die Argumentation

Ein wichtiger Teil rhetorischer Überzeugungsarbeit besteht in der Entwicklung und Anordnung stichhaltiger Argumente. Gemäß der Lehre von den *officia oratoris*, den Aufgaben eines Rhetors, entsprechen diese Schritte den ersten beiden Erarbeitungsphasen einer Rede: *inventio* und *dispositio*. Versuchen wir also zunächst, Gorgias' Gedankengang und seine Begründungen nachzuvollziehen. Seine Taktik besteht grundsätzlich darin, äußerliche Ursachen für Helenas Verhalten anzugeben, die als Gründe für ihre Unschuld gewertet werden können. Weil sie Helenas Handlungen bestimmten, können wir diese Gründe als ‚Determinanten' bezeichnen. Gorgias identifiziert insgesamt vier solche Faktoren, die er im Hauptteil seiner Rede systematisch darlegt.

Als ersten Entschuldigungsgrund führt Gorgias an (in Absatz 6, S. 81–83), dass Helena „dem Willen des Schicksals und dem Ratschluß der Götter" unterlegen sei und „dem Stimmstein der Notwendigkeit" habe folgen müssen: „Den Entschluß Gottes durch menschlichen Vorbedacht zu hindern ist unmöglich." Gorgias beruft sich an diesem ersten Punkt seiner Verteidigung schlicht auf höhere Mächte, die Helena gezwungen hätten, so dass sie keine eigene Entscheidungsgewalt besessen hätte und demnach auch nicht verantwortlich zu machen sei: „Der Gott aber ist stärker als der Mensch, in seiner Kraft, Weisheit und auch sonst. Wenn nun dem Schicksal und dem Gott die Sache zuzuschreiben ist, muß man Helena von ihrem schlechten Ruf lossprechen."

Mit seinem zweiten Argument (in Absatz 7, S. 83) verweist Gorgias darauf, dass Helena durch Paris Gewalt angetan worden sei und sie nicht etwa freiwillig mit ihm nach Troja gegangen, sondern durch körperlichen Zwang handlungsunfähig gemacht und entführt worden sei: „Wenn sie aber gewaltsam geraubt wurde und gesetzwidrig überwältigt und ungerechterweise an ihr gefrevelt wurde, ist es offenbar, daß, der sie raubte, als Frevler Unrecht tat, die Geraubte aber als Mißhandelte ins Unglück gestürzt wurde." Ihr Sturz ins Unglück – und damit der ganz Griechenlands – sei also nicht Helena selbst anzulasten, sondern ihrem Entführer, Paris. Durch eine Umkehr des unter seinen Zeitgenossen verbreiteten – und misogynen – Täterin-Opfer-Schemas macht Gorgias aus der geschmähten Verführerin eine Leidtragende, ein Vergewaltigungsopfer: „Der eine tat Furchtbares, die aber erlitt es. Gerecht wäre es nun, die eine zu bemitleiden, den anderen zu hassen."

Der dritte Grund ist für unser Interesse an der Rhetorik der einschlägigste, denn er bezieht sich auf die Rede selbst (Absatz 8–14, S. 83–87). Gorgias erklärt nämlich, dass Helena unter dem Einfluss rhetorischer Manipulation gestanden habe, dem sie sich nicht habe entziehen können und durch den ihr etwas vorgespiegelt worden sei: „Wenn aber die Rede es war, die überredete und die Seele täuschte, ist es auch in diesem Punkte nicht schwierig, zu verteidigen und die Schuld auf folgende Weise zu lösen: Die Rede ist eine große Bewirkerin, die mit dem kleinsten Körper die göttlichsten Werke vollbringt." Gorgias spricht der Rhetorik hier eine enorme Macht zu, die trotz ihrer unscheinbaren, rein sprachlichen Form sogar an ‚göttliche' Kräfte heranreiche. Sie wirke nicht durch körperlichen Zwang, sondern durch mentale Täuschung, sei deswegen aber nicht weniger unwiderstehlich. Diese

Illusionskraft veranschaulicht Gorgias anschließend durch eine Reihe von Vergleichen, die jeweils auch einen Bestandteil seiner Rhetorik-Theorie bilden und die wir uns deshalb im nächsten Abschnitt noch ausführlicher anschauen werden. Vorerst folgen wir weiter seiner Argumentation, die er in Hinsicht auf seinen dritten Rechtfertigungsgrund mit der Folgerung abschließt, dass Helena, „wenn sie von einer Rede überredet wurde, kein Unrecht beging, sondern ins Unglück geriet", also abermals als unschuldig zu betrachten sei.

Als vierte und letzte Determinante führt Gorgias Eros ins Feld, also die Überwältigung durch körperliche Anziehung und sinnliches Verlangen (Absatz 15–19, S. 87–89): „Wenn es nämlich Eros war, der dieses alles vollbrachte, wird Helena nicht schwer dem Vorwurf der ihr zugeschriebenen Schuld entgehen." Die Liebesbeziehung zwischen Paris und Helena habe gewirkt wie ein Zwang und gelte daher ebenfalls als Entschuldigungsgrund für ihr Verhalten. Aus heutiger Sicht mag bloßes erotisches Begehren nicht als gute Rechtfertigung für die Untreue gegenüber dem Ehepartner und das Auslösen eines Kriegs taugen. In der Antike aber hatte der Eros als übernatürliche Kraft einen höheren Stellenwert und war als personifizierte Gottheit in der mythischen Vorstellungswelt begründet.

Letztlich laufen Gorgias' Argumente alle auf dasselbe Ziel hinaus: Helena habe durch äußere Zwänge gehandelt und sich nicht anders verhalten können. Ihre Taten und deren verheerende Folgen seien ihr daher nicht zuzurechnen, und alle Vorwürfe, die gegen sie erhoben würden, müssten fallen gelassen werden. Als ihr Verteidiger führt Gorgias damit alle wichtigen Rechtfertigungsgründe auf, die Helena vor Gericht entlasten würden. Aus moderner juristischer Sicht plädiert er nacheinander auf höhere Gewalt (durch übermenschliche Mächte), auf Befehlsnotstand (durch göttliche Weisung), auf ihre Opferrolle (nach einem körperlichen Übergriff) und auf Unzurechnungsfähigkeit (aufgrund rhetorischer Manipulation oder erotischen Verlangens). Dass Gorgias dabei die sprachliche Überzeugung gleichberechtigt neben physische Gewalt und metaphysische Autorität stellt, belegt, welchen Rang er der Redekunst zurechnet – und damit seiner eigenen Tätigkeit. Wie er die Wirkung der Rhetorik im Einzelnen bestimmt, können wir nun im Folgenden nachvollziehen.

Die Wirkung der Rhetorik

In seinem zentralen Argument erklärt Gorgias, die Vorwürfe gegen Helena seien ungerechtfertigt, weil sie unter dem Einfluss rhetorischer Manipulation gestanden habe und für ihre Taten deshalb nicht verantwortlich zu machen sei. Dass er die Redekunst mit kraftvollen Zwangsmaßnahmen gleichsetzt, hat nicht nur den Zweck, Helena zu entschuldigen, sondern dient auch dazu, das Leistungsvermögen seiner eigenen Technik hervorzuheben. Um dieses Wirkpotenzial sprachlicher Manipulation für sein Publikum verständlich zu machen, wählt Gorgias das Mittel der Analogie. Er setzt die Beredsamkeit ins Verhältnis zu anderen psychischen und physischen Einflüssen auf den Menschen. Er geht dabei erneut sehr strukturiert vor und handelt systematisch fünf Vergleichsgrößen ab (Absatz 9–14, S. 83–87).

In der ersten Analogie erklärt er zunächst (Absatz 9), dass die Rede auf unsere Empfindungen einwirken und starke Emotionen hervorrufen kann: „Von dieser her beschleicht die Zuhörer angstvoller Schauder und tränenreiches Mitleid und schmerzensfrohes Verlangen. Wegen fremder Sachen und Körper Glück und Unglück leidet die Seele ein eigentümliches Widerfahrnis vermittels der Reden." In theoretischer Hinsicht beschreibt Gorgias damit die affektive Dimension der Rhetorik, also ihren Effekt auf unsere Gefühle. Die Rede affiziert uns emotional und kann uns in ähnlicher Weise ergreifen wie etwa Trauer, Zorn, Bewunderung oder Staunen. Gorgias verwendet dabei im griechischen Original unter anderem die Begriffe *éleos* (Jammer) und *phóbos* (Schauder), die wir bereits aus der Tragödientheorie kennen. In seiner *Poetik* bezeichnet Aristoteles damit die besonders erschütternden Affekte, die durch die tragische Theaterhandlung ausgelöst werden und eine kollektive Katharsis des Publikums bewirken können. In dieser tiefgreifenden emotionalen Erschütterung sieht Gorgias auch ein Vermögen der Rhetorik.

Die zweite Analogie (Absatz 10) setzt die Rede gleich mit der Magie: „Die durch Reden göttlich inspirierten Zaubergesänge sind Heraufführer von Freude, Hinwegführer von Trauer. Das Vermögen der Gesänge gesellt sich zur Meinung der Seele, bezirzt sie, überredet sie und bringt sie durch Zauber in andere Verfassung. Der Zauberei und Magie sind zwei Verfahren erfunden worden, die Verfehlungen der Seele und Täuschungen der Meinungen sind." Wer unter dem Einfluss rhetorischer Manipulation steht, so behauptet Gorgias hier, ist verzaubert, verhext. Und umgekehrt: Wer die Redekunst beherrscht, kann damit gleichsam zaubern, hexen, irreführende Empfindungen und Vorstellungen beschwören und seinem Publikum Sinneseindrücke vorgaukeln, die nicht der Wirklichkeit entsprechen.

Die dritte Analogie (Absatz 11) schließt daran direkt an und ordnet der Rhetorik die Täuschung und die Fiktion zu: „Wie viele welche über wie viele Dinge überredeten und überreden, indem sie eine trügerische Rede fingieren!" Weil wir als Menschen über begrenztes Wissen verfügen und nicht jederzeit vollkommene „Erinnerung an Vergangenes, Bedenken des Gegenwärtigen, Vorbedacht des Kommenden" haben, sind wir bei unserer Meinungsbildung auf Intuition und Impulse von außen angewiesen: „Daher gesellen die meisten über die meisten Dinge die Meinung der Seele als Ratgeber zu. Die Meinung aber ist schlüpfrig und unbeständig und bringt die sich auf sie einlassen in schlüpfriges und unbeständiges Glück." Besonders durch rhetorische Täuschung also lasse sich die Meinung des Publikums beeinflussen. In Zeiten von *fake news*, Verschwörungsnarrativen und postfaktischer Politik könnte diese Charakterisierung der Rhetorik aktueller nicht sein.

Mit der vierten Analogie (Absatz 12–13) knüpft Gorgias an seine Argumentation zur Rechtfertigung von Helenas Unschuld an. Dort hatte er erklärt, dass sie als Opfer von Paris' Überwältigung gleichermaßen seiner Körperkraft wie seiner Überredung ausgesetzt gewesen sei. Hier nun identifiziert er die Wirkung der Rhetorik noch klarer mit physischer Gewalt: „Welcher Grund hindert nun, daß nicht auch in gleicher Weise die Helena seiner Rede unterlag, zumal nicht aus freien Stücken, sondern gleichsam mit Gewalt geraubt. Die Überredung gleicht an Verfassung zwar nicht dem Zwang, sie hat aber dieselbe Kraft. Die Rede nämlich ist es, die die Seele überredet und sie zwingt, dem, was gesagt wird, zu gehorchen und dem, was geschieht, beizupflichten." Die Rede habe dieselbe Kraft wie körperlicher Zwang – das mag auf den ersten Blick übertrieben scheinen. Doch wer sich mit den Verletzungen und Traumata auseinandersetzt, die durch Hassrede, sprachliche Diskriminierung und verbale Gewalt ausgelöst werden können und mitunter sogar einschneidenderes und anhaltenderes Leid verursachen als physische Übergriffe, den wird diese Gleichsetzung kaum verwundern.

Die fünfte und letzte Analogie (Absatz 14) stammt aus dem Bereich der Medizin. Gorgias vergleicht die Rhetorik hier abschließend mit einer Arznei: „Auf diese Weise nämlich verhält sich die Macht der Rede hinsichtlich der Ordnung der Seele wie die Ordnung des Heilmittels hinsichtlich der Natur des Körpers." Im griechischen Ursprungstext verwendet Gorgias das Wort *pharmakon*, das wir heute aus Fremdwörtern wie ‚Pharmazeutik' und ‚Pharmakologie' kennen. Mehr als die hier gewählte Übersetzung ‚Heilmittel' schwankt das originale *pharmakon* zwischen einer positiven, heilsamen und einer negativen, schädlichen Wirkung, zwischen Medikament und Gift. Die Wirkung der Rhetorik hängt also, so Gorgias' Vorstellung, von Gebrauch und Dosierung ab und kann uns erheblich beeinflussen. Neben dem körperlichen steht dabei der seelische Effekt im Vordergrund, die Auswirkung auf die Psyche: „[E]inige Reden [betrüben], andere erfreuen, andere scheuchen auf, andere verleihen den Zuhörern Mut. Wieder andere setzen die Seele mit einer üblen Überredung unter Drogen und behexen sie." Die Redekunst versteht Gorgias als ein psychoaktives Rauschmittel, das aufputschen und betäuben kann. Seine Vorstellung der Rhetorik ist die einer Psychopharmakologie sprachlicher Manipulation.

Gorgias hält mit seinem „Enkomion" eine äußerst überzeugende Rede auf Helena, die sie zugleich lobt und entschuldigt. Die geradezu bezwingende Stichhaltigkeit seines Vortrags nutzt er dazu, die Rhetorik selbst als Bezwingerin, als geradezu allmächtige Manipulationstechnologie vorzustellen. Seine Rafinesse besteht darin, dass er den Beweis dieser Behauptung gleich selbst antritt. Seine Theorie von der Überzeugungskraft der Rhetorik wird untermauert von der Überzeugungskraft seiner eigenen Rede, von der sich alle Zuhörenden in ihrem performativen Vollzug selbst überzeugen (lassen) können. Zugleich erklärt Gorgias seinem Publikum, dass und wie Rhetorik wirkt, gleichsam als Funktionsbeschreibung und Gebrauchsanleitung seines Produkts. Eine effizienteres Verkaufsargument ist kaum denkbar als ein Werbeversprechen, das sich durch die Werbung selbst erfüllt. Gorgias' Theorie der Rhetorik bewahrheitet sich durch seine rhetorische Praxis.

Gorgias' rhetorische Mittel

Völlig ausgeblendet haben wir bisher, welche sprachlichen Mittel Gorgias nutzt, um seine Argumente und seine Theorie zu vertreten. Die Wahl dieser rhetorischen Verfahren und die Ausformulierung der Rede entsprechen dem Arbeitsschritt der *elocutio*. Sie ist – zwischen der Erfindung und Ordnung der Argumente einerseits und dem eigentlichen Vortrag der auswendig gelernten Rede andererseits – die zentrale kreative Aufgabe der Redekunst. Die Ausgestaltung einer Rede besteht allerdings keineswegs in einer beliebigen sprachlichen Ornamentierung und dem wahllosen Einfügen aller möglichen Stilmittel, sondern muss gezielt an den Inhalt und den Zweck der Rede sowie an das Publikum und die Vortragssituation angepasst werden. Und sie muss zu der oder dem Vortragenden passen. Die Kriterien für die Angemessenheit der rhetorischen Verfahren sind durch die Lehre des *aptum* geregelt.

Die geschickte Anwendung passender Tropen und Figuren lässt sich auch in Gorgias' „Enkomion" beobachten. Seine Rede ist so voll von kunstvollen sprachlichen Mitteln, dass wir hier nur exemplarisch einige besonders bedeutsame vom Anfang der Rede herausgreifen können, zumal manche Verfahren in der Übersetzung kaum oder gar nicht nachgebildet werden können, zum Beispiel Figuren, die auf dem Klang des griechischen Originals beruhen.

Der Einstieg in eine Rede ist immer ein besonders wichtiger Moment und ein heikler, neuralgischer Punkt, weil sich schon hier entscheiden kann, ob eine Rednerin oder ein Redner das Publikum für sich einnehmen wird. Der Beginn bestimmt nicht selten den Erfolg der ganzen Rede. Auch Gorgias hat die Eröffnung seines „Enkomions" daher besonders sorgfältig ausgestaltet. Um die Fülle rhetorischer Mittel zu untersuchen, die er darin einarbeitet, zitieren wir den ersten Absatz hier zunächst vollständig:

> Schmuck für die Stadt sind gute Männer, für den Körper Schönheit, für die Seele aber Wissen, für ein Ding seine bestmögliche Form, für die Rede Wahrheit. Das Gegenteil davon ist Schmucklosigkeit. Bei Mann und Weib und Rede und Werk und Stadt und Ding muss man mit Lob ehren, was des Lobes wert ist; dem, was des Lobes nicht wert ist, jedoch Tadel beilegen. Denn es ist gleiche Verfehlung und Unwissenheit, zu tadeln, was zu loben wäre, und zu loben, was zu tadeln wäre. (Absatz 1, S. 79)

Schon der allererste Satz weist zahlreiche rhetorische Mittel auf. In seinem Allgemeingültigkeitsanspruch ist er als *sententia*, als Merkspruch formuliert. Er enthält außerdem eine Aufzählung, *enumeratio*, von insgesamt fünf Elementen, die *asyndetisch*, also ohne verbindende Konjunktionen wie ‚und' gereiht sind. Die einzelnen Glieder des Satzes sind alle gleich strukturiert, nämlich nach dem Muster ‚Schmuck ist x für y', dadurch ist der Satz insgesamt als *Isokolon* (oder Parallelismus) aufgebaut. Indem er fünf Einheiten umfasst, können wir ihn als *Pentakolon* bezeichnen (von griech. ‚penta' für fünf). Indem die Aussage sich inhaltlich von guten Bürgern über körperliche und formale Schönheit und bis hin zu Wissen und Wahrheit steigert, ist sie überdies als *Klimax*, also als Steigerung aufgebaut. Durch eine *Inversion*, eine Umkehr des gewöhnlichen syntaktischen Satzbaus, wird das Wort ‚Schmuck' an den Anfang des Satzes gerückt und damit betont. (Die reguläre Satzstellung wäre: „Gute Männer sind Schmuck für die Stadt ...") Dass ‚gute Männer' eine Stadt schmücken, ist außerdem eine *Metapher*, da sie ja im übertragenen Sinne eher als Auszeichnung oder positive Eigenschaft gemeint sind, nicht buchstäblich als Dekor. (In der deutschen Übersetzung ergibt sich außerdem am Beginn des Satzes eine *Alliteration*, also ein Gleichklang zwischen aufeinanderfolgenden Wörtern, bei ‚Schmuck' und ‚Stadt'.)

Gorgias zündet hier also bereits zu Beginn seiner Rede ein Feuerwerk mit nicht weniger als sieben rhetorischen Mitteln in einem einzigen Satz. Was will er damit erreichen? Wozu dient der sprachkünstlerische Aufwand? Um das zu verstehen, müssen wir uns vergegenwärtigen, was Gorgias inhaltlich eigentlich sagt. Dass es einer Stadt gut zu Gesicht steht, wenn sie anständige Einwohner hat, versteht sich von selbst und ist eine völlig unstrittige Aussage. Auch dass attraktive Körper gefallen, ist ein Gemeinplatz und keine kontroverse Ansicht. Wir merken, Gorgias versucht, uns zu Beginn seiner Rede mit allgemeinen, unumstrittenen, wenig überraschenden und keinesfalls empörenden Äußerungen gewogen zu machen und einen Konsens herzustellen, der ihn und das Publikum miteinander verbindet. Diese Taktik setzt er in seiner gleichförmigen, sich sukzessive steigernden Aufzählung fort: Dass unser Geist von Kenntnissen profitiert, ist ebenso unbestreitbar wie die Tatsache, dass ein Gegenstand sich durch eine gefällige, zweckdienliche Form auszeichnet. In all diesen Fällen scheinen Gorgias' Aussagen begründet und sinnvoll und erst recht durch ihre Häufung untrüglich, unzweifelhaft und unanfechtbar. All die Selbstverständlichkeiten, die er hier aufzählt, sind sogar so bekannt und bewährt, dass sie an Banalitäten grenzen. Worauf Gorgias durch die Reihung monotoner und geläufiger Aussagen abzielt, ist die wiederholte Zustimmung seines Publikums. Mit zutreffenden Thesen bringt er seine Zuhörenden dazu, ein ums andere Mal innerlich beizupflichten und jede weitere Äußerung ebenfalls abzunicken. Die parallelistische Wiederholung fördert einen Automatismus, durch den wir, noch bevor die nächste These ganz ausgesprochen ist, gleichsam vorauseilend einstimmen. Mittels harmloser Aussagen, mit denen er bei niemandem Anstoß erregen kann, überwindet Gorgias jegliche Skepsis, die wir vor Beginn seiner Rede womöglich gehabt haben könnten, und gewinnt unsere Sympathie.

Gorgias' eigentliche Absicht aber ist keineswegs unschuldig. Seine Strategie ist vielmehr äußerst gerissen und geradezu hinterlistig. Tatsächlich nimmt Gorgias uns nicht nur für sich ein, er lullt uns ein. Mit sorgfältig erzeugter Monotonie schläfert er uns ein. Er macht uns zu unkritischen Jasagern, zwingt uns, ohne dass wir es merken, durch seine gleichförmigen Trivialitäten eine Gehorsamslogik auf. Mit einem Wort: Er schaltet uns gleich. Je länger die Aufzählung sich fortsetzt, umso schwerer können wir uns ihrem Zwang entziehen. Und je weiter die inhaltliche Steigerung voranschreitet, desto mehr erwarten wir an ihrem Ende die ultimative Weisheit.

Und da schnappt Gorgias' Falle zu. Denn was sagt er tatsächlich im fünften Glied seines Pentakolons, am Schluss seiner Aufzählung, auf dem Höhepunkt der Klimax? Haben Sie es gemerkt? Haben Sie überhaupt noch richtig aufgepasst? Oder waren Sie schon vollständig eingetaktet, haben mental nur noch quittiert und den Inhalt widerstandslos durchgewunken? Was Gorgias hier am Schluss des Satzes sagt, mag zunächst weiterhin sinnvoll und unauffällig klingen: Wahrheit sei Schmuck für die Rede. Sobald wir über diese Aussage aber, isoliert vom Rest des Satzes, genauer nachdenken, fällt uns auf, was er uns hier inhaltlich untergeschoben hat. Gorgias erklärt die Wahrheit zum bloßen Beiwerk, zum Ornament einer Rede. Sie bilde nicht die Substanz eines Kommunikationsakts, sondern könne bestenfalls zu dekorativen Zwecken hinzugefügt werden wie ein beiläufiges Accessoire. Eine Rede könne demzufolge auch ohne Wahrheit auskommen, so wie eine Stadt auch ohne gute Bürger fortbesteht, ein Gegenstand auch ohne ansprechende Form verwendet werden kann und ein Körper auch ohne schöne Gestalt Wert und Kraft haben kann. Wahrheit sei für eine Rede weder wesentlich noch erforderlich. Eine Rede halten könne man also auch, ohne die Wahrheit zu sagen. Würden Sie, so formuliert, noch immer zustimmen?

Wenn Ihnen diese hochproblematische, brisante und keineswegs konsensfähige Aussage nicht aufgefallen ist, wenn Ihre mentale Betrugsprüfung nicht Alarm geschlagen hat, dann hat Gorgias sein Ziel erreicht. Er hat Ihren *common sense* binnen kürzester Zeit am Beginn seines Texts anästhetisiert und Ihre kognitiven Schutzmechanismen umgangen. Mithilfe einer völlig unscheinbaren, aber raffiniert gestalteten Reihung von Banalitäten hat er eine unerhörte Aussage in das kollektive Bewusstsein seines Publikums eingeschleust: eine semantische Ungeheuerlichkeit – und eine rhetorische Meisterleistung.

Gorgias hat uns manipuliert – und zwar durch Rhetorik. Dass diese Manipulationstechnik hochgradig effizient ist und er sie virtuos beherrscht, erläutert er, wie wir gesehen haben, in seiner folgenden Rede ausführlich, hat uns dabei aber für logische Unstimmigkeiten, Nonsens und Kontraintuitives schon längst empfänglich gemacht. Denn dass seine kontroverse Aussage ausgerechnet die Wahrheit zum Gegenstand hat, ist natürlich kein Zufall, handelt seine Rede doch selbst vorgeblich von der Wahrheit über Helena. Wenn Gorgias nun aber die Wahrheit zur Option, zum Beiwerk erklärt, wirkt sich das auf seine gesamte Rede aus, und zwar in drei Hinsichten: Erstens steht dadurch der Wahrheitsgehalt seiner Aussagen insgesamt infrage, einschließlich seiner Ausführungen zur Funktionsweise der Redekunst. Womöglich trifft gar nicht zu, was er über die Macht der Rhetorik vorgibt, und der Allmachtsanspruch seiner Technologie ist nichts als Propaganda und Marketingschwindel. Zweitens entstehen Zweifel an seiner Aufrichtigkeit als Helenas Verteidiger. All seine Unschuldsbeteuerungen könnten bloß vorgeschoben und die Vorwürfe doch gerechtfertigt sein. Und drittens rückt die Enthüllung den Rhetor Gorgias selbst in ein schlechtes Licht. Er würde schlicht ein perfides Spiel mit seinem Publikum spielen und seine Falschheit als Manipulator und Demagoge würde darin gipfeln, dass er seinen Betrug sogar offen zugibt, aber so ummäntelt und rhetorisch verschleiert, dass wir ihn nicht erkennen. Denn all diese skeptischen Überlegungen stellen sich ja eben nicht im Moment der Rede ein, sondern erst nachträglich und bei genauer Untersuchung des Texts – oder gar nicht, falls wir uns diese Mühe nicht machen. Insofern können wir Gorgias' getarnten Wahrheitsverzicht auch als eine Warnung verstehen, auf sprachliche Manipulation nicht hereinzufallen und uns durch eigene rhetorische Kompetenzen dagegen zu wappnen.

Wir sehen, wie viel Gehalt und Effekt in einem einzigen Satz stecken können, wenn er gezielt und gekonnt mit rhetorischen Mitteln ausgestaltet wird, die auf die beabsichtigte Wirkung abgestimmt sind. Der Rest des ersten Absatzes enthält weitere solche Verfahren, die sich auf die Rede als Ganzes auswirken. Auf den allerersten Satz folgt eine Aussage – „Das Gegenteil davon ist Schmucklosigkeit." –, die abermals trivial und unstrittig wirkt. Der Gegensatz zu „Schmuck", dem allerersten Wort der Rede, ist für jeden offensichtlich und muss eigentlich nicht erläutert werden. Der Zweck des Satzes liegt daher auch weniger in seiner Aussage als in seiner Funktion. Denn dass eine Entgegensetzung, mittels der rhetorischen Figur der *Antithese*, vorgenommen wird, hat durchaus einen Zweck. Durch die klare begriffliche Opposition suggeriert Gorgias ein strukturiertes, logisches Vorgehen, bei dem

Konzepte und Thesen zunächst aufgestellt und dann antithetisch gegeneinander abgegrenzt werden, um eine konsistente und folgerichtige Argumentation aufzubauen. Diese Begriffsarbeit führt Gorgias im nächsten Satz fort und setzt auch hier wieder auf eine Antithese, diesmal zwischen Lob und Tadel: „Bei Mann und Weib und Rede und Werk und Stadt und Ding muss man mit Lob ehren, was des Lobes wert ist; dem, was des Lobes nicht wert ist, jedoch Tadel beilegen." Hier verknüpft er nun die Themen des ersten Satzes – in *syndetischer* Reihung und einschließlich der brisanten „Wahrheit" – mit dem Gesamtzweck seiner Rede, der gemäß der Gattung des Enkomions ja im Lob besteht, und grenzt diesen wiederum von seinem Gegenteil, dem Tadel, ab. Das klingt kompliziert – und das soll es auch. Gorgias betreibt großen rhetorischen Aufwand und formuliert absichtlich verschlungen, was sich bei näherem Hinsehen viel einfacher hätte ausdrücken lassen. Denn im Grunde sagt er nichts anderes, als dass zu loben ist, was Lob verdient, und zu tadeln, was Tadel verdient – eine weitere jener Banalitäten, die Gorgias am Beginn seiner Rede aneinanderreiht. Dass er diese schlichte Aussage nicht ebenso schlicht ausspricht, liegt daran, dass er es darauf gar nicht abgesehen hat. Nicht um den reinen Inhalt geht es ihm, sondern um dessen rhetorische Ausgestaltung und um die Wirkung, die er damit erzielen kann. Nachdem er den Eindruck argumentativer Stringenz erweckt hat, drückt er sich nun umständlicher aus als nötig. Er will damit absichtlich verundeutlichen und verwirren. Auf logische Klarheit folgt rhetorisches Blendwerk. Gorgias will uns davon überzeugen, dass er ein scharfsinniger Denker ist, der seinen Gegenstand souverän im Griff hat, und zugleich will er erreichen, dass wir seinen Aussagen vor lauter rhetorischer Schaumschlägerei nicht mehr ganz folgen können. Seine Redekunst soll uns beeindrucken und dazu verführen, ihm blindlings zu vertrauen. Wer derart gekonnt vom Loben und vom Tadeln spricht – so will er uns weismachen –, wird auch genau wissen, was tadelns- und was lobenswert ist. Und wir sollen seinem kompetenten Urteil vertrauen.

Auf diese Vorbereitung baut der letzte Satz des Abschnitts auf: „Denn es ist gleiche Verfehlung und Unwissenheit, zu tadeln, was zu loben wäre, und zu loben, was zu tadeln wäre." Diese Aussage führt nicht nur die sorgfältig aufgebaute Strategie des Textbeginns zu ihrem Höhepunkt, sondern sie bringt das Projekt der ganzen Rede in verdichteter Form zum Ausdruck. Inhaltlich haben wir es abermals mit einer Binsenweisheit zu tun: Man soll nicht loben, was Tadel verdient, und umgekehrt nicht tadeln, was Lob verdient. Die rhetorische Komposition der Aussage aber ist auffällig und keineswegs trivial. Sie hat die Form eines *Chiasmus*, also einer Figur, bei der das Wortmaterial wiederholt und überkreuzt wird, so dass sich eine Struktur nach dem Muster a-b-b-a ergibt: tadeln-loben-loben-tadeln. Im Wesentlichen geht es also nach wie vor um die Differenz zwischen Lob und Tadel. Durch die Überkreuzstellung wird diese Antithese aber verunklart. Gleich einem rhetorischen Hütchenspielertrick werden die scheinbar so unterschiedlichen Begriffe so lange verschoben, bis sie gleichsam ineinander verschwimmen und sich der klare Gegensatz aufzulösen beginnt. Ziel ist es, das Publikum durch rhetorische Täuschung benommen zu machen und durch sprachvirtuose Überdrehung geradezu in einen Schwindel zu versetzen. Was eben noch klar schien, soll plötzlich infrage stehen, was getrennt war, soll verschmelzen.

Der Chiasmus ist für den Zweck der Rede das ideale rhetorische Mittel, weil dem ganzen „Enkomion auf Helena" eine chiastische Operation zugrunde liegt. Gorgias will uns davon überzeugen, dass Helena, die alle für tadelnswert halten, tatsächlich zu loben ist, und erfindet Gründe für ihr Lob, wo zuvor nur Anlässe zum Tadeln gesehen wurden. Den ursprünglich eindeutigen Gegensatz – Helena ist zu tadeln, nicht zu loben – verkehrt er dabei in sein Gegenteil, wie auch der Chiasmus die entgegengesetzten Begriffe miteinander verschränkt. Im Ergebnis sind die Konzepte und die moralischen Maßstäbe derart verrückt und verkehrt, dass es Gorgias gelingt, uns zu überzeugen, dass Helena zu loben ist, obwohl wir zu Beginn seiner Rede noch vom Gegenteil ausgegangen sind.

Es zeigt sich hier besonders anschaulich, dass die Wahl der rhetorischen Mittel vom Zweck der Rede maßgeblich abhängt. Der Chiasmus ist für Gorgias' „Enkomion" die Meisterfigur, gleichsam der rhetorische Königsweg, weil er *in nuce*, im Kern, das ganze Unterfangen der Rede versinnbildlicht. Chiasmen kommen daher in der Rede immer wieder vor. In extremer, gesteigerter Form taucht die Figur etwa auf, wenn Gorgias auf das Verhältnis zwischen Menschen und Göttern zu sprechen kommt: „Von Natur nämlich wird nicht das Stärkere vom Schwächeren gehindert, sondern das Schwächere vom Starken beherrscht und gelenkt, und das Stärkere geht voran, das Schwächere folgt hinterher." (81) Hier handelt es sich sogar um einen doppelten Chiasmus, der die Begriffe nicht nur ein Mal überkreuzt, sondern gleich zwei Mal: a-b-b-a-a-b beziehungsweise Stärkeres-Schwächeres-Schwächeres-Starkes-Stärkeres-Schwächeres. Inhaltlich ist auch hier die Aussage banal – natürlich ist das Starke stärker als das Schwache. Aber die rhetorische Gestaltung macht aus dem Satz einen Kunstgriff, mit dem Gorgias die Gegensätze durcheinanderwirbelt.

Neben dem Chiasmus gibt es noch andere rhetorische Mittel, die sich dafür anbieten, Gegensätze zu verunklaren und in ihr Gegenteil zu verkehren, zum Beispiel die *Litotes*. Diese Trope besteht darin, etwas durch die Verneinung seines Gegenteils auszudrücken. Sie bedient sich also ebenfalls eines Spiels mit Entgegensetzungen, die rein semantisch nicht erforderlich sind und die Aussage komplizierter machen, als sie sein müsste. Auch dafür finden sich in Gorgias' Rede etliche Verwendungen, etwa wenn er „nicht verborgen" (81) und „nicht schwer" (87) sagt und damit ‚offenkundig' und ‚leicht' meint. Und abermals überbietet Gorgias die rhetorische Grundform in einer kunstvollen Verdopplung: Dass Helena zu den berühmtesten Griechen gehöre, so Gorgias, sei „nicht wenigen nicht undeutlich" (79). Die zweifach-zweifache Verneinung heißt nichts anderes als: Es ist allen klar. Alles klar?

Gorgias räumt offen ein, dass er sich in seinen Reden der Wahrheit nicht verpflichtet fühlt und dass die mächtige Technologie der Rhetorik für beliebige Manipulationszwecke eingesetzt werden kann. Er nimmt die Verwirrung und Blendung seines Publikums mit seinen raffinierten Sprachmanövern nicht nur in Kauf, sondern macht sie zum eigentlichen Zweck seiner eigennützigen Redekunst. Dass ihm dieses Vorgehen die Kritik der Moralphilosophie einbrachte, kümmerte ihn weniger als die Demonstration seiner Könnerschaft und der Erfolg seiner Rhetorikschule. Zu dieser Haltung – halb freigeistig, halb unethisch – passt das Ende seines „Enkomions auf Helena". Nach all der rhetorischen Überzeugungsarbeit erklärt Gorgias im letzten Satz seiner Rede freimütig: „[I]ch wollte eine Rede schreiben, die ein Loblied der Helena wäre und ein Spiel für mich." (89) Das griechische Wort *paignion*, Spiel, das im Original ganz am Ende der Rede steht, kann auch ‚Spielzeug', ‚Scherz' und ‚Spott' bedeuten: „für mich ein Spiel". Der Redner nimmt sich mit seiner Schlusswendung selbst nicht ernst – und auch seine Zuhörerschaft nicht. Gorgias' „Enkomion" endet in moralischer Beweglichkeit, im Unernst, im Kinderspiel.

Damit unterscheidet sich Gorgias' Rede fundamental von derjenigen in Georg Büchners Drama *Dantons Tod*, der wir uns abschließend zuwenden wollen. Ernster könnte die Lage dort nicht sein, denn es geht um Leben und Tod.

Büchners Revolutionsdrama

Dantons Tod, verfasst 1835 und damit fast ein halbes Jahrhundert nach den historischen Ereignissen, handelt von den Folgen der Französischen Revolution 1789, insbesondere von der *terreur*, der blutigen Schreckensherrschaft, die in den Folgejahren des politischen Umsturzes zur Unterdrückung von Gegenbewegungen ausgeübt worden war und der auch zahlreiche Freiheitskämpfer selbst zum Opfer fielen. Georg Büchner (1813–1837) präsentiert in seinem Drama eine Episode von wenigen Wochen im Frühjahr 1794, in der sich der politische Konflikt zwischen zwei revolutionären Fraktionen gewaltsam zuspitzte: den radikalen Jakobinern unter der Führung von Robespierre und St. Just auf der einen Seite und den gemäßigteren Anhängern von Danton auf der anderen. Danton fordert am Anfang des Stücks das Ende des drakonischen Revolutionsregimes und einen Übergang zu einer neuen gesellschaftlichen Normalität. Als Lebemann, neureicher Bürger und Revolutionsprofiteur verachtet er Robespierre, der in seiner Hingabe an die revolutionären Ziele einen Tugendextremismus praktiziert, der Hunger und die Guillotine als Werkzeuge politischer Gewalt einsetzt.

Im zweiten Akt des Stücks erreicht die Konfrontation zwischen den Parteien ihren Höhepunkt. Robespierre lässt Danton einsperren; ein Revolutionstribunal soll seine Hinrichtung beschließen. Dantons Anhänger fordern in der parlamentarischen Versammlung des Nationalkonvents, dass er wenigstens angehört werde und sich verteidigen könne. Robespierre hingegen drängt auf eine umgehende Verurteilung. Sein Gewährsmann, St. Just, ergreift das Wort und hält eine flammende Rede, mit der er die Abgeordneten überzeugt und Dantons Schicksal besiegelt. Am Ende des Stücks werden Danton, seine Frau und alle seine Vertrauten sterben. Nur angedeutet wird, dass auch Robespierre und St. Just sich mit ihrer ungezügelten Terrorherrschaft in der historischen Wirklichkeit nicht mehr lange halten sollten. Wenige Monate später wurden auch sie guillotiniert. Die Revolution fraß ihre Kinder.

Die Rhetorik der *terreur*

Büchner hat sich beim Verfassen des Stücks eng an historischen Quellen orientiert und in großen Teilen aus Originaldokumenten geschöpft, etwa aus den Protokollen des Nationalkonvents. Die Rede von St. Just in der siebenten Szene des zweiten

Akts allerdings ist nicht historisch verbürgt, sondern wurde von Büchner neu geschaffen. Sie ist gestaltet als spontane Wortmeldung in der Abgeordnetendebatte und dauert nur wenige Minuten. Aufgrund ihres Kontexts und der Vortragssituation im Revolutionsparlament lässt sie sich der Gattung der politischen Beratungsrede zuordnen (*genus deliberativum*). Ihre Stoßrichtung ist eindeutig: St. Just plädiert für Dantons Hinrichtung. Sein Ziel – die Mehrheit des Nationalkonvents zu überzeugen – erreicht er: Am Schluss seiner Rede applaudieren die Deputierten, erheben sich „im Enthusiasmus" (49), wie es in der Bühnenanweisung heißt, und stimmen triumphierend die *Marseillaise*, ihre Revolutionshymne, an. Die Argumentation, mit der St. Just Dantons Tod und die *terreur* insgesamt rechtfertigt, und die rhetorischen Mittel, die er zu diesem Zweck wohlbedacht einsetzt, wollen wir nun genauer untersuchen.

St. Just weiß, wie heikel sein Anliegen ist. Ein Todesurteil zu fällen, ohne dass der Angeklagte die Möglichkeit hat, sich zu verteidigen, ist auch unter Revolutionären keine gängige Praxis. Er vermeidet es daher wohlweislich, die Hinrichtung direkt zu fordern und die Tötung unverblümt anzusprechen. Er verzichtet darauf, Gründe gegen Danton und für seine Verurteilung zu nennen, da er weiß, dass er so nur Widerrede und Gegenargumente hervorrufen würde. Genau genommen spricht er überhaupt nicht explizit von Danton. Seine rhetorische Strategie besteht also in der Aussparung aller unmittelbaren Bezüge auf die Anklage und den Angeklagten sowie in der Vermeidung allzu heikler Äußerungen. Das lässt sich an der Wahl seiner rhetorischen Mittel beobachten. Denn anders als Gorgias, der mit rhetorischen Figuren das Wortmaterial durcheinanderbrachte und Gegensätze verwirrend in ihr Gegenteil verkehrte, setzt St. Just eher auf Tropen, also rhetorische Ersetzungsverfahren, die es ermöglichen, das eigentlich Gemeinte durch einen uneigentlichen, bildlichen oder übertragenen Ausdruck auszutauschen.

Der erste Satz der Rede, mit dem St. Just das Wort ergreift, enthält gleich zwei dieser rhetorischen Vermeidungsmittel: „Es scheint in dieser Versammlung einige empfindliche Ohren zu geben, die das Wort Blut nicht wohl vertragen können." (47) Was St. Just damit eigentlich meint, ist, dass Dantons Anhänger seine Hinrichtung nicht akzeptieren. Doch statt seine politischen Widersacher direkt zu benennen und zu konfrontieren, spricht er ausweichend nur von sensiblen „Ohren", ersetzt die gegnerische Zuhörerschaft also mithilfe eines *pars pro toto*, einer Unterart der *Synekdoche*, durch das bloße Sinnesorgan. In ähnlicher Weise verhehlt er die gewaltsame Hinrichtung Dantons, auf die seine Rede hinauslaufen soll, indem er weniger drastisch bloß allgemein und unpersönlich von „Blut" spricht. Statt eines Teil-Ganzes-Verhältnisses wie bei der Synekdoche erfolgt diese Ersetzung eher auf einer zeitlichen Ebene, insofern das Blut auf die Hinrichtung folgt, sie entspricht also der Trope der *Metonymie*. Beide Verfahren dienen dazu, das eigentlich Gemeinte nicht aussprechen zu müssen und es durch eine mildere, weniger anstößige Wendung camouflieren zu können. Insbesondere den tödlichen Hinrichtungsakt kann St. Just auf diese Weise aussparen. Das Verfahren der Metonymie verwendet St. Just daher in seiner Rede immer wieder: Er spricht davon, dass Naturkatastrophen Menschen „begraben" (47), meint damit aber eigentlich ‚töten'. Die Opfer der beschleunigten Geschichte würden „außer Atem kommen" (48), tatsächlich aber sterben sie. Mehrfach spricht er von „Leichen" (47 und 48), um nicht die vorangehende Tötung aussprechen zu müssen. Und er vermeidet es, die Gewalttaten der Revolution zu schildern, indem er nur auf die Daten verweist, an denen sie stattgefunden haben: „[d]er 14. Juli, der 10. August, der 31. Mai" (48). All diese Verfahren wirken zusammen als *Euphemismus*, also als beschönigende, verharmlosende Umschreibung.

Statt die Gewalttaten also bei ihrem grausamen Namen zu nennen, spricht St. Just sehr abstrakt und prinzipiell von der Revolution, seine Rede besteht, wie er eingangs selbst erklärt, aus „allgemeine[n] Betrachtungen" (47). Um die Gewalt zu rechtfertigen, die er in ihrem Namen fordert, setzt er die Revolution gleich mit einem natürlichen Prozess, mit einer Naturkatastrophe, der nun einmal Menschen zum Opfer fielen. Ergänzend zu seinen Vermeidungstechniken besteht St. Justs argumentative Strategie in einem zweiten Teil also darin, die Revolution zu naturalisieren. Er will damit drei Botschaften vermitteln: Indem die Revolution als ein natürliches Phänomen erscheint, wie „eine Seuche, ein vulkanischer Ausbruch, eine Überschwemmung" (47), wird erstens die Ursache für das Sterben in einen Bereich verschoben, den die Menschen nicht beeinflussen können. Als Naturgewalt geschieht die Revolution ohne menschliches Zutun. Das ist die Verlagerung, die Externalisierung der Kausalität. Diese naturalisierte Ursächlichkeit geht zweitens mit einer vermeintlichen Unaufhaltsamkeit und Folgerichtigkeit einher. Niemand kann sich einer Flutwelle oder einem Lavastrom entgegenstellen, und wer es doch tut, ist an seinem Untergang selbst schuld. Als Vorgang der Natur verstanden, ist für die Gewalt der Revolution drittens niemand verantwortlich zu machen, niemand ist schuld an ihr. Die *terreur* erscheint damit nicht als Frage der Moral, die von der Entscheidung einzelner politischer Akteure abhängt, sondern wird dem Zuständigkeitsbereich ethischen Handelns vollständig entzogen. Zurechenbarkeit und Verantwortung wird so eine Absage erteilt – und diejenigen, die Hinrichtungen fordern, waschen ihre Hände in Unschuld. Dantons Tod wäre so nicht die Folge menschlicher Willkür, sondern natürlicher Notwendigkeit.

Solch eine Argumentation ist zynisch. Aber sie ist effizient. Allerdings ist sie an eine Bedingung geknüpft: Um sie umsetzen zu können, muss es St. Just gelingen, uns von der Übereinstimmung zwischen den politischen Vorgängen im Nationalkonvent und den biologisch-physikalischen Prozessen in der Umwelt überzeugen, von der Äquivalenz zwischen Revolution und Natur. Er verwendet zu diesem Zweck eine ganze Reihe rhetorischer Verfahren der Gleichsetzung, der Analogiebildung, etwa den Vergleich (*simile*), die *Personifikation* und die *Metapher*. So stellt er nach der Einleitung seiner Rede, in der er Beispiele (*exempla*) für Naturkatastrophen gegeben hat, folgende entscheidenden Fragen, die zum Hauptteil seiner Argumentation überleiten: „[S]oll die moralische Natur in ihren Revolutionen mehr Rücksicht nehmen, als die physische? Soll eine Idee nicht ebenso gut wie ein Gesetz der Physik, vernichten dürfen, was sich ihr widersetzt? Soll überhaupt ein Ereignis, was die ganze Gestaltung der moralischen Natur d. h. der Menschheit umändert, nicht durch Blut gehen dürfen?" (47) Den offenkundigen Gegensatz (*Antithese*) zwischen „moralischer" und „physischer" Natur ebnet St. Just durch seine Analogie ein, und er überdeckt ihn durch zahlreiche Vergleichspartikel: „als", „ebenso", „wie". Das

Simile nivelliert die Differenz, der *Vergleich* behauptet Identität. Was in der Natur geschehe, dürfe auch die Revolution. Schon zu Beginn hatte St. Just in einem ähnlichen Vergleich erklärt, dass „wir nicht grausamer sind als die Natur und als die Zeit" (47). Das Prinzip, das der Natur und der Revolution gleichermaßen innewohne, personifiziert St. Just als „Weltgeist": „Der Weltgeist bedient sich in der geistigen Sphäre unserer Arme ebenso, wie er in der physischen Vulkane oder Wasserfluten gebraucht." (47 f.) Abermals als Vergleich formuliert, der einen Gegensatz überbrückt, unterstellt St. Just hier der natürlichen und der politischen Gewalt eine gleiche Berechtigung – und in Vorgriff auf Hegels dialektische Philosophie des „Weltgeistes" eine zielgerichtete Logik.

Das rhetorische Mittel, das St. Just am häufigsten für seine Gleichsetzungsstrategie verwendet, ist die Metapher. Auf diese Weise stellt er die Politik direkt als ein Element der Natur dar, etwa wenn er fragt: „Ist es da so zu verwundern, dass der Strom der Revolution bei jedem Absatz bei jeder neuen Krümmung seine Leichen ausstößt?" (48) Die Revolution wird hier als großes Gewässer metaphorisiert, das unaufhörlich und unaufhaltsam weiterfließt. Solche Metaphern der natürlichen Bewegung durchziehen den ganzen Text. Schon das Bild, dass die Revolution „durch Blut gehen" (47) würde, gehörte dazu. St. Just spricht außerdem vom „Wege", den die Natur nehme und auf dem „Leichen [...] lägen" (47); er behauptet, die Veränderungen der Natur seien „fast spurlos vorübergegangen" (47); über den allmählichen Fortschritt der Menschheit sagt er: „Die Schritte der Menschen sind langsam" (48); doch ihre Bewegung müsse sich beschleunigen, wenn „der Gang der Geschichte rascher" (48) werde. St. Justs ganze Rede ist durchzogen von einer Vielzahl solcher naturalisierenden Metaphern – unterstrichen durch die sechsfache *repetitio* des Wortes ‚Natur'. Durch ihr Zusammenwirken entsteht insgesamt sogar eine *Allegorie*, also ein Geflecht sich gegenseitig ergänzender Sprachbilder. St. Just allegorisiert die Revolution als Naturphänomen. (Die Begriffe des Gehens, des Wegs, der Spur, der Schritte könnten indes auch als Hinweise auf die Verursachung durch die Menschen hinweisen, die die Revolution führen. Insofern durchkreuzen sie St. Justs Naturalisierung. Wir kommen auf Elemente seiner Rede, die Widersprüche zu seiner oberflächlichen Aussage erzeugen, noch zurück.)

Neben den erwähnten Effekten vermittelt diese Allegorie noch eine weitere Botschaft, die St. Justs Argumentation unterstützt. Denn Metaphern und Allegorien beruhen auf einem gemeinsamen Vergleichsmerkmal, einem *tertium comparationis*, ohne das die Gleichsetzung keinen Sinn ergäbe. In St. Justs Bildern vom Gehen, Fließen, und Fortschreiten der Revolution wie der Natur besteht diese Gemeinsamkeit in der Gesetzmäßigkeit, mit der diese Bewegungen vor sich gehen. Schon zu Beginn seiner Rede erklärt er entsprechend: „Die Natur folgt ruhig und unwiderstehlich ihren Gesetzen [...]." (47) St. Just will also die unentrinnbare und unumkehrbare Kausalität der Naturgesetze auf die revolutionäre Gewalt übertragen. Die *terreur* soll naturgesetzlich erscheinen – und Dantons Tod alternativlos.

Natürlichkeit und Gesetzmäßigkeit sind auch die entscheidenden Vergleichsaspekte bei einer weiteren Allegorie, die St. Just im zweiten Teil seiner Rede entwickelt. Dabei setzt er die Revolution mit der Grammatik natürlicher Sprachen gleich und behauptet, sie folge ähnlichen Regeln wie der Satzbau: „Es darf daher jeder

Vorzüge und darf daher keiner Vorrechte haben, weder ein Einzelner, noch eine geringere oder größere Klasse von Individuen. Jedes Glied dieses in der Wirklichkeit angewandten Satzes hat seine Menschen getötet. Der 14. Juli, der 10. August, der 31. Mai sind seine Interpunktionszeichen. Er hatte vier Jahre Zeit nötig um in der Körperwelt durchgeführt zu werden, und unter gewöhnlichen Umständen hätte er Jahrhunderte dazu gebraucht und wäre mit Generationen interpunktiert worden." Auch auf diese Weise rechtfertigt und verharmlost St. Just die Schreckensherrschaft. Aus den Toten der Revolution wird hier die Zeichensetzung einer regelgeleiteten Syntax. Die Gewalt verfasst allegorisch einen Text, der die Botschaft der Revolution in die Welt trägt. Dass dieser Text mit Blut geschrieben ist, sagt St. Just wohlweislich nicht.

Neben einer Fülle weiterer rhetorischer Mittel im Detail fällt in St. Justs Rede ein letztes Verfahren durch seine Häufigkeit und seine Wirksamkeit auf. St. Just stellt dauernd rhetorische Fragen – einige davon haben wir bereits zitiert. Insgesamt nicht weniger als acht Mal richtet er sich fragend an die Zuhörenden. Er weckt damit Aufmerksamkeit und belebt das Publikum, das nicht bloß passiv aufnehmen, sondern aktiv mitgehen soll. Nur in einem Fall beantwortet St. Just seine Frage daher selbst: „Was ist das Resultat? Eine unbedeutende, im großen Ganzen kaum bemerkbare Veränderung der physischen Natur, die fast spurlos vorübergegangen sein würde, wenn nicht Leichen auf ihrem Wege lägen." (47) Hier behält St. Just mit seiner relativierenden und euphemistischen Erläuterung selbst die Kontrolle und spielt die Konsequenzen der von ihm propagierten Gewalt herunter. Es handelt sich daher genau genommen um eine *hypophora*, eine rhetorische Frage, die der Redner selbst beantwortet. All seine anderen Fragen entsprechen dem Muster der *erotesis*, auf die er gar keine Antwort zu geben braucht, weil ihr Kontext und ihre Formulierung die Antwort bereits implizieren: „[S]oll die moralische Natur in ihren Revolutionen mehr Rücksicht nehmen, als die physische?" (47) „Ist es denn nicht einfach, dass zu einer Zeit, wo der Gang der Geschichte rascher ist, auch mehr Menschen außer Atem kommen?" (48) „Wir werden unserem Satze noch einige Schlüsse hinzuzufügen haben, sollen einige hundert Leichen uns verhindern sie zu machen?" (48) In allen diesen Fällen liegt St. Justs eigene Meinung auf der Hand, er stellt uns die Frage nur, damit wir ihm zustimmen. Er gibt die Kontrolle über die Antwort nur zum Schein ab, delegiert die Entscheidung nur vorgeblich an die Zuhörenden. Die Raffinesse der rhetorischen Fragen besteht darin, dass ihre große Suggestionskraft das Publikum manipuliert, ohne dass der Redner seine Ansicht explizit auszusprechen braucht. Durch die wiederholte implizite Zustimmung, zu der St. Just die Zuhörenden verleitet, macht er sie zu Komplizen, die sich des eigentlichen Inhalts der Fragen kaum mehr recht bewusst werden. Ähnlich wie in Gorgias' monotonem Eingangssatz kann St. Just auf diese Weise hochproblematische Aussagen unwidersprochen vortragen. So fragt er mit Blick auf die Toten der *terreur*, die er mit Danton und seinen Anhängern noch vermehren will: „Was liegt daran, ob sie nun an einer Seuche oder an der Revolution sterben?" (48) Aus moralischer Sicht müsste man diese Gleichsetzung – wie St. Justs naturalisierende Allegorie insgesamt – empört zurückweisen und auf seinen Zynismus entschieden erwidern: „Alles!"

Doch vom Publikum kommt – durch seine unausgesprochene Komplizenschaft und sein vielsagendes Schweigen: nichts. Die eigentliche Frage, ob der Nationalkonvent Danton hinrichten lässt, muss St. Just schließlich gar nicht mehr stellen. Die Entscheidung ist durch seine Rede gefallen.

Ein widersprüchliches Ende

So schließt denn auch St. Just seine Rede gar nicht mit einer Aufforderung zur Abstimmung oder einem Aufruf zur Verurteilung, sondern mit drei Beispielen. Er beruft sich dabei auf die Bibel, auf die griechische Mythologie und auf die römische Geschichte, verwendet die *exempla* auf diese Weise also als Autoritätsargumente. Wie es früher und schon immer gemacht wurde, so lautet St. Justs Suggestion, so sollte es auch in der Revolution geschehen.

Unzweifelhaft ist der Schluss einer Rede – ähnlich wie der Beginn, wie wir ihn bei Gorgias ausführlich untersucht haben –, ein besonders wichtiger Abschnitt mit hohem rhetorischen Gewicht. Wie Büchner das Ende von St. Justs Rede gestaltet, ist aber nicht nur wegen der Position innerhalb des Texts von Bedeutung, sondern vor allem wegen des Einflusses, den der Abschluss rückwirkend auf die ganze Rede ausübt – wenn wir ihn richtig verstehen. Einschließlich der Bühnenanweisungen, die die leidenschaftliche Zustimmung der Zuhörenden im Nationalkonvent beschreibt, lautet das Finale von St. Justs Rede vollständig:

> Moses führte sein Volk durch das Rote Meer und in die Wüste, bis die alte verdorbne Generation sich aufgerieben hatte, eh er den neuen Staat gründete. Gesetzgeber! Wir haben weder das Rote Meer noch die Wüste aber wir haben den Krieg und die Guillotine.
> Die Revolution ist wie die Töchter des Pelias; sie zerstückt die Menschheit um sie zu verjüngen. Die Menschheit wird aus dem Blutkessel wie die Erde aus den Wellen der Sündflut mit urkräftigen Gliedern sich erheben, als wäre sie zum ersten Male geschaffen.
> *(Langer, anhaltender Beifall. Einige Mitglieder erheben sich im Enthusiasmus.)*
> Alle geheimen Feinde der Tyrannei, welche in Europa und auf dem ganzen Erdkreise den Dolch des Brutus unter ihren Gewändern tragen, fordern wir auf diesen erhabnen Augenblick mit uns zu teilen.
> *(Die Zuhörer und die Deputierten stimmen die Marseillaise an.)* (48 f.)

Das erste Exemplum verweist auf die alttestamentliche Geschichte des Propheten Moses, der das auserwählte Volk ins gelobte Land führt. Das zweite setzt die Revolution mit den Töchtern des griechischen Königs Pelias gleich, die laut antikem Mythos ihren Vater zerstückelten und kochten, um ihn zu regenerieren. Das dritte greift den politischen Tyrannenmord auf, mit dem die Verschwörer um Brutus den Machthaber Julius Cäsar umbrachten. Alle drei Beispiele werden von St. Just vorgebracht, weil sie vordergründig eine Verjüngungs- und Erneuerungsgeschichte erzählen. Das jüdische Volk sollte durch die Beschwernis der 40-jährigen Wüstenwanderung eine frische Generation hervorbringen; Pelias sollte seine Jugend wiedererlangen; Rom sollte nach dem Ende der Diktatur die Republik wiederherstellen. Insofern scheint es angemessen, dass St. Just diese altehrwürdigen Vorbilder aufruft, um die demokratische Verjüngung Frankreichs und die Beseitigung alter Herrschaftsstrukturen zu fordern – und implizit die Hinrichtung eines alten Revolutionärs wie Danton.

Bei genauerem Hinsehen allerdings stellen sich Zweifel ein, wie sinnvoll und geeignet St. Justs Autoritätsargumente sind. Innerhalb der Theaterhandlung entfalten sie ihre Wirkung und der Redner erreicht sein Ziel. Als mündiges Publikum und aufmerksame Leserschaft sollten wir uns mit dem ersten Eindruck aber nicht zufriedengeben, sonst laufen wir selbst Gefahr, auf St. Justs rhetorische Manipulation hereinzufallen. Wenn wir nur ein wenig über die zitierten mythisch-historischen Anekdoten hinausdenken, stellen wir fest, dass es sich um sehr kurzsichtige Momentaufnahmen handelt, welche die verheerenden Konsequenzen ausblenden. Denn was folgte jeweils auf die beschriebenen Episoden? Moses selbst starb als Teil der alten Generation; den Jordan konnte er nicht mehr überqueren, das Land der Verheißung hat er nicht betreten. Pelias' Töchter waren von der zornigen Zauberin Medea betrogen worden; ihr Vater, den sie zerstückelt und gekocht haben, ist aus dem Blutkessel gerade nicht wieder auferstanden, sondern blieb tot, sein Opfer war völlig sinnlos. Und Brutus wurde nach seiner Tat nicht als Freiheitsheld gefeiert, sondern in den anschließenden politischen Unruhen bald selbst umgebracht; auf den Cäsarenmord folgte nicht die Demokratie, sondern ein Bürgerkrieg, aus dem Octavius als erster Kaiser, Augustus, siegreich hervorging und damit eine noch drastischere Form der Alleinherrschaft durchsetzte. Statt Erfolgsgeschichten sind die drei Exempla in Wirklichkeit Erzählungen vom Scheitern, von nicht erfüllten Hoffnungen, von Täuschungen und Enttäuschungen. Wenn wir uns also nicht von St. Justs Fanatismus anstecken und zu einem vorschnellen Einverständnis verleiten lassen, sondern den Schluss seiner Rede wirklich begreifen, dann fällt seine Argumentation in sich zusammen. Der Sinn seiner Rede verkehrt sich in sein Gegenteil, und aus einem vermeintlichen Plädoyer für freiheitliche Demokratie wird eine Warnung vor sinnloser Gewalt. St. Just desavouiert sich selbst und offenbart Dantons Hinrichtung als das, was sie ist: ein Akt der *terreur* und ein politischer Mord.

Wie kann es sein, dass St. Just sich dermaßen entlarvt? Wie ist der Selbstwiderspruch am Ende seiner Rede zu erklären? Dafür gibt es mindestens vier Interpretationen, die einander ergänzen. Erstens könnte St. Just, mitgerissen von seinem blutrünstigen Wahn, sich nicht bewusst sein, was er am Schluss seiner Rede tatsächlich sagt und inwiefern er sich in Widersprüche verwickelt; dann wäre er verblendet und töricht. Zweitens könnte er in seiner demagogischen Hybris die Zuhörenden hintergehen und verspotten, indem er ihnen demonstriert, dass er sie selbst mit Widersprüchen überzeugen und ihnen die Wahrheit auftischen kann, ohne dass sie es merken; dann wäre er zynisch und verschlagen. Drittens könnte es sich um einen Fall tragischer Ironie handeln, bei der eine Figur auf der Bühne eine Wahrheit oder eine Prophezeiung ausspricht, die sich ihr selbst gar nicht erschließt, sondern die nur das Publikum entschlüsseln kann. St. Just sagt unbeabsichtigt das eigene Schicksal voraus, weil Robespierre und er bald ebenfalls scheitern und auf der Guillotine landen werden. Was er nicht ahnt, wir Zuschauenden aber aus der Geschichte wissen, ist, dass die Französische Revolution und die Erste Republik nach dem Übergang in die *terreur* nur noch wenige Jahre überdauern sollten. 1799 übernahm Napoléon Bonaparte durch einen Staatsstreich zunächst als Konsul die Macht, 1804 krönte er sich zum ersten Kaiser. Die Geschichte Roms wiederholte sich in Frankreich. In diesem Fall wäre St. Just naiv und geschichtsvergessen. Und viertens könnte der Schluss von St. Justs Rede, die Büchner nicht aus historischen Quellen entlehnt, sondern selbst erdichtet hat, ein Kommentar ihres Schöpfers zu den politischen Ereignissen sein, die sich wenige Jahrzehnte vor der Entstehungszeit des Stücks abgespielt hatten. Büchner, geboren 1813 mitten hinein in die Napoleonischen Kriege, hat die Französische Revolution nicht selbst erlebt, ihre Folgen aber zeitlebens zu spüren bekommen: durch die Neuordnung Europas auf dem Wiener Kongress, durch die Restauration und die konservative Politik, mit deren Zensur er wiederholt aneinandergeriet, aber auch durch das Vorbild der ersten europäischen Demokratie der Neuzeit, an dem er sich als progressiver Vertreter des ‚Vormärz' orientierte. In diesem Fall wäre St. Just ein Sprachrohr seines Autors und der Schluss seiner Rede eine Reflexion über revolutionäre Gewalt.

Dantons Tod handelt nicht nur von Politik, das Stück ist selbst politisch. Es ist Büchners einziges Drama, das zu Lebzeiten veröffentlicht werden konnte – allerdings nur in einer stark zensierten Fassung. Seine Inszenierung auf der Bühne wurde lange verhindert. Uraufgeführt wurde es erst 1902, rund ein Dreivierteljahrhundert nach seiner Entstehung und nach Büchners frühem Tod, in einem ganz anderen gesellschaftlichen Umfeld. Engagierte Literatur hat immer auch mächtige Gegner.

Ähnlich wie Gorgias' „Enkomion auf Helena" führt St. Justs Rede vor Augen, wie wichtig es ist, sich gegen rhetorische Manipulation zu wappnen. Selbst wenn wir das Wissen nicht auf Anhieb besitzen, um religiöse, mythologische oder historische Anspielungen, wie sie in Dantons Stück vorkommen, zu durchschauen, sind alle nötigen Informationen heutzutage nur zwei, drei Klicks entfernt im Internet zu finden. Oder man nutzt eine kommentierte Ausgabe, wie wir sie in der ersten Lesewerkstatt kennengelernt haben, und konsultiert die Stellenerläuterungen. Die Lehre, die wir aus den beiden rhetorischen Beispielen ziehen können, geht über die Literatur aber weit hinaus: Für mündige Bürgerinnen und Bürger gehört es zu den Aufgaben, aber auch zu den Herausforderungen in einer Demokratie, sich von Manipulatoren und Demagoginnen nicht hinters Licht führen zu lassen. Wenn wir uns schon im Theater von ihnen verführen lassen, wie viel wahrscheinlicher ist es dann, dass wir ihnen in der Wirklichkeit zum Opfer fallen, wo die politischen Kräfte noch viel stärker wirken?

Sechster Theoriekurs – Formal lesen

Strukturalismus und Poststrukturalismus

Die Rhetorik stellt uns ein ausdifferenziertes System zur Verfügung, mit dem wir die kalkulierten Wirkungen der Sprache praktisch steigern oder analytisch erfassen können. Von der Rhetorik ausgehend, können wir fragen, wie sich die Verfahren und Merkmale, die sie beschreibt, zum Beispiel Tropen und Figuren, in einem Text verteilen, welche ‚Struktur' sie bilden; darüber hinaus können wir aber auch weiterfragen, wie sie sich zueinander verhalten, welche Widersprüche zwischen ihnen womöglich festzustellen sind, welche Mehrdeutigkeiten, welche Untiefen sich in ihrer Struktur auftun, etwa durch doppeldeutige oder einander ausschließende Metaphern. Diese doppelte Fragestellung führt uns zu zwei Methoden der Lektüre, die im 20. Jahrhundert entwickelt wurden: Strukturalismus und Poststrukturalismus. Methodologisch haben beide gemeinsam, dass es sich um textzentrierte Ansätze handelt, mit denen wir ein literarisches Werk *für sich* unter die Lupe nehmen können, ohne uns weiter um seine Autorin, seine Leserinnen oder seinen historischen Kontext zu kümmern. Es geht darum, welche Strukturen in einem Text zu beobachten sind – und wie stimmig sie sind.

Mit anderen Worten: Die Rhetorik hat eine differenzierte Taxonomie sprachlicher Merkmale und Verfahren hervorgebracht. Der Strukturalismus untersucht, wie sich bedeutsame Elemente verteilen und zueinander verhalten und wie sie dabei Strukturen bilden. Der *Post*strukturalismus stellt solche Strukturen in Frage, indem er sich für ihre Widersprüchlichkeit interessiert – und für ihre Dekonstruktion.

Theoriegeschichte

Die Felder, die der Strukturalismus erforscht, sind die Sprache (Ferdinand de Saussure, Roman Jakobson), literarische Texte (Wladimir Propp, Roland Barthes), kulturelle Phänomene wie Mythen, die Mode und die Liebe (Roland Barthes) oder auch verschiedene Kulturen (Claude Lévi-Strauss). Die entsprechenden Disziplinen sind Linguistik, Semiotik, Ethnologie, Anthropologie, Kulturtheorie und Philosophie – und für den Poststrukturalismus beziehungsweise die Dekonstruktion (Paul de Man, Jacques Derrida) sind es vor allem Sprachphilosophie und Erkenntnistheorie. Impulse kamen aus dem Formalismus (Viktor Schklowski), dem *New Criticism* (William Empson) und der philosophischen Postmoderne (Jean-François Lyotard).

Linguistik und Semiotik

Der Diskursbegründer des Strukturalismus ist der Genfer Sprachwissenschaftler Ferdinand de Saussure (1857–1913). In seinem *Cours de linguistique générale* (1916, postum veröffentlicht) bricht Saussure mit der Vorstellung, um einen Gegenstand zu erforschen, habe man dessen Geschichte zu erzählen. Stattdessen gehe es darum, seine gegebene Struktur zu beschreiben. Saussures Metapher ist das Schachspiel: Für eine Stellung im Schach ist es unerheblich, wie sie zustande gekommen ist; entscheidend ist, in der gegebenen Situation zu verstehen, wie sich die Einheiten zueinander verhalten. Der Strukturalismus verlagert das Interesse von der Geschichte zur Gegenwart, von der Veränderung zum Zustand, von Diachronie zu Synchronie, von der Entwicklung der Sprache als historischem Phänomen zur Sprache als System. Sprachtheoretisch unterscheidet Saussure *langage* als grundsätzliches menschliches Sprach*vermögen*, *parole* als konkreten Sprech*akt* oder Sprach*gebrauch* und *langue* als regelgeleitetes und strukturiertes Sprach*system*, das den eigentlichen Gegenstand seines Interesses darstellt. Es geht ihm jedenfalls nicht um Sprach*geschichte*.

Ein sprachliches Zeichen definiert Saussure als Verbindung von zwei Aspekten: ‚Signifikant' (*signifiant*, das Bezeichnende, der Ausdruck, das Schrift- oder Lautbild) und ‚Signifikat' (*signifié*, das Bezeichnete, der Inhalt, die Vorstellung, der Sinn, die Bedeutung) (siehe Abb. 1). Das Verhältnis von Signifikant und Signifikat ist nicht naturgegeben, sondern arbiträr, willkürlich, konventionell. Es unterscheidet sich in verschiedenen Sprachen und verändert sich in der Zeit.

Einzelne Zeichen haben keinen Sinn an sich, sondern nehmen ihn erst im Verhältnis zu anderen Zeichen an. Ihre Bedeutung ist relativ, relational, differenziell. Sie beruht auf Verhältnissen, Beziehungen, Unterscheidungen. Ein Stuhl ist nicht natürlicherweise ein ‚Stuhl' oder ein ‚chair', sondern er unterscheidet sich vom ‚Stahl' oder vom ‚Sitz', vom ‚hair' oder vom ‚seat'. Entscheidend ist der Stellenwert eines Zeichens im System (*valeur*) beziehungsweise innerhalb einer Struktur.

In *Linguistik und Poetik* (1960) bestimmt Roman Jakobson die poetische Funktion der Sprache (die er von anderen Funktionen unterscheidet) als Erzeugung von Ähnlichkeiten, von rhythmischen, metrischen, klanglichen, syntaktischen, semantischen Äquivalenzen *innerhalb der Struktur eines Texts*. Die poetische Funktion ist die „Einstellung auf die Botschaft als solche", als Selbstzweck: „um ihrer selbst willen".

Jakobson beschreibt Selektion und Kombination als sprachliche Operationen in einem Paradigma beziehungsweise Syntagma. Ein Paradigma ist eine Auswahl austauschbarer Elemente, die einander ersetzen können – nach dem Prinzip der Similarität: wie eine Metapher. Ein Syntagma ist die Verbindung von Elementen, die aneinander anschließen – nach dem Prinzip der Kontiguität: wie eine Metonymie.

Abb. 1 Ferdinand de Saussure, *Cours de linguistique générale* (1916)

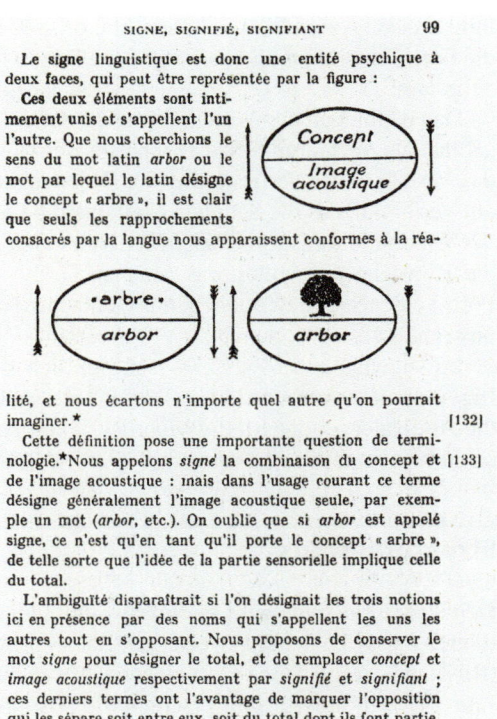

Die sprachphilosophischen Überlegungen zur Produktion von Bedeutung wurden auf literarische Texte übertragen und für deren Interpretation fruchtbar gemacht. In *Randbemerkungen zur Prosa des Dichters Pasternak* (1935) zum Beispiel bezog Jakobson die Metonymie generell auf die Prosa – und die Metapher dagegen auf die Poesie (bei Wladimir Majakowski). Konkrete Anwendungen im Formalismus und Strukturalismus werden wir bei Wladimir Propp und Roland Barthes etwas eingehender betrachten.

Formalismus und *New Criticism*

Ein Vorläufer des Strukturalismus ist der Formalismus, der sich, wie der Begriff besagt, seinerseits auf formale Eigenschaften des Kunstwerks konzentriert. Der russische Theoretiker Viktor Schklowski beschreibt im Aufsatz „Die Kunst als Verfahren" (1916) in der *Theorie der Prosa* (1925) ein Kunstwerk als die Summe seiner Verfahren. Insbesondere interessiert ihn das Verfahren der ‚Verfremdung' (russisch *ostranenie*, остранение), das für Brechts Konzeption des Epischen Theaters wesentlich wurde. Die Funktion der Literatur insgesamt ebenso wie ihrer Tropen jeweils für sich sei es, das Vertraute fremd zu machen, auf bekannte Gegenstände einen neuen Blick zu ermöglichen. Die Abweichung von herkömmlichen Darstellungsweisen – zum Beispiel durch rhetorische Figuren und Tropen – verkompliziert die Form, erschwert und verlängert die Rezeption und entautomatisiert so die Wahrnehmung.

Das Bloßlegen der Verfahren macht auf die Art der Darstellung aufmerksam. In „Kunst als Verfahren" (S. 15) schreibt Schklowski: „[D]as Verfahren der Kunst ist das Verfahren der Verfremdung der Dinge und das Verfahren der erschwerten Form, ein Verfahren, das die Schwierigkeit und die Länge der Wahrnehmung steigert, denn der Wahrnehmungsprozeß ist in der Kunst Selbstzweck und muß verlängert werden; die Kunst ist ein Mittel, das Machen [= die *Poiesis*, die Verfertigungsweise, die Form] einer Sache zu erleben; das Gemachte [= der Inhalt] hingegen ist in der Kunst unwichtig."

Im sogenannten *New Criticism*, der sich seinerseits textimmanent auf formale Eigenschaften konzentriert, erklärte William Empson nicht wie Roman Jakobson die Äquivalenz, sondern die Mehrdeutigkeit zum Merkmal der Poetizität. Er unterschied *Seven Types of Ambiguity* (1930), darunter die Metapher.

Strukturalismus

Der Strukturalismus geht hervor aus der Linguistik im frankophonen Sprachraum (Genf, Paris) beziehungsweise aus dem Formalismus im slawischen Sprachraum (Russland, Prag). Seine Geschichte führt uns in die Zeit des Ersten Weltkriegs, ins Jahr 1916. In diesem Jahr erschien die postume Publikation des Vorlesungsskripts von Ferdinand de Saussure; und es entstand Viktor Schklowskis Aufsatz „Kunst als Verfahren". Den Begriff ‚Strukturalismus' prägte Roman Jakobson 1929 in einer Prager Zeitschrift auf Tschechisch.

Der russische Formalismus entwickelte sich nach der Revolution in der Sowjetunion, die Prager Schule nach dem Ersten Weltkrieg in der Tschechoslowakei, der literatur- und kulturwissenschaftliche Strukturalismus hatte seine Blütezeit in Frankreich nach dem Zweiten Weltkrieg, in den 1960er und 1970er Jahren, und er wurde seitdem vom Poststrukturalismus abgelöst.

Wie ist die Entstehung des Strukturalismus in Genf vor dem Ersten Weltkrieg und in Russland während der Revolution zu erklären? Ein Erklärungsansatz besteht in der Staatsform. Die Schweiz war keine Standesgesellschaft, sondern republikanisch und egalitär (wenigstens für die männliche Bevölkerung). Während sich die Aristokratie durch ihre Herkunft, aus der Geschichte legitimiert, setzt die Demokratie die Individuen in ein gleichberechtigtes Verhältnis zueinander, gewissermaßen strukturalistisch. Es spielt keine Rolle, welchen Status einst ihre Vorfahren hatten. Funktional ausdifferenzierte Gesellschaften beruhen auf Beziehungen in der Gegenwart, nicht in der Geschichte. Die russische Revolution räumte ihrerseits mit den historischen Privilegien des Adels auf.

Seine Konjunktur nach 1945 wiederum mag damit zu erklären sein, dass der Strukturalismus eine wissenschaftlich präzise, nüchterne Alternative zur ideologisch belasteten Geistesgeschichte bot.

Die wichtigsten Begriffe des Strukturalismus können wir wie folgt definieren: Ein ‚Element' ist die kleinste Einheit eines Untersuchungsgegenstands – in der Metrik eine Silbe, in der Literaturgeschichte ein Werk, in einem Text ein Motiv, eine Figur oder ein Wort. Ein ‚System' ist die Gesamtmenge der Elemente eines Untersuchungsgegenstands. ‚Relation' ist die Beziehung zwischen Elementen. ‚Opposition' ist eine antithetische Beziehung zwischen Elementen. Eine ‚Homologie' ist eine Äquivalenz zweiten Grades, die Äquivalenz zwischen Relationen. ‚Struktur' ist die Gesamtmenge der Relationen eines Untersuchungsgegenstands. ‚Struktur*ell*' nennen wir, was zur Struktur gehört; ‚struktur*al*', was der Theorie der Strukturen, dem Strukturalismus, angehört.

Literatur

In seiner *Morphologie des Märchens* (1928) untersucht Wladimir Propp einhundert russische Zaubermärchen. Er identifiziert gattungstypische „Aktanten", Figuren und ihre Rollen (Held, Helfer, Gegenspieler etc.) sowie „Funktionen", regelmäßige Einheiten der Handlung (ein Verbot, die Übertretung eines Verbots, die

B^3	Auszug mit Einverständnis der Eltern	Z^3_4	auf Bestellung angefertigt
B^4	Informationen über das Unglück in verschiedenen Formen	Z^4	gefunden
B^5	Das Opfer wird fortgebracht	Z^5	taucht von selbst auf
B^6	Freilassung und Begnadigung	Z^{v7}	wächst aus dem Erdboden
B^7	Klagelied	Z^7	das Mittel wird getrunken oder gegessen
		Z^8	wird geraubt
C	Einsetzende Gegenhandlung (Načinajuščeesja protivodejstvie):	Z^9	angebotene Dienste, der künftige Helfer stellt sich zur Verfügung
↑	Abreise	z^9	dasselbe ohne die Formel, mit der das Zaubermittel herbeigerufen werden kann (»Einmal werde ich dir nützlich sein«)
Sch	Erste Funktion des Schenkers (Pervaja funkcija daritelja)	Z^s9	Begegnung mit dem Helfer, der seine Dienste anbietet
Sch^1	Prüfung		
Sch^2	Begrüßung, Befragung	W	Raumvermittlung, Wegweisung (Peremeščenie k mestu naznačenija, Putevoditel'stvo)
Sch^3	Bitte um einen Dienst nach dem Tode	W^1	Flug
Sch^4	Bitte eines Gefangenen um Freilassung	W^2	Fahrt, Beförderung
$*Sch^4$	dasselbe mit vorheriger Gefangennahme	W^3	Der Held wird geführt
Sch^5	Bitte um Gnade	W^4	ihm wird der Weg gewiesen
Sch^6	Bitte um Verteilung	W^5	er benutzt immobile Verbindungsmittel
sch^6	Streit ohne Bitte um Verteilung	W^6	eine Blutspur weist den Weg
Sch^7	andere Bitten		
$*Sch^7$	Bitten, wobei der Bittende vorher in einen Zustand der Hilflosigkeit versetzt wird	K	Kampf (Bor'ba)
		K^1	Kampf auf freiem Feld
sch^7	Hilflosigkeit des Schenkers ohne entsprechende Bitte, Möglichkeit für den Helden, einen Dienst zu leisten	K^2	Wettkampf
		K^3	Kartenspiel
Sch^8	Versuch, den Helden zu vernichten	K^4	Gewichtsvergleich (s. Märchen Nr. 93)
Sch^9	Zusammenstoß mit dem feindlich gesinnten Schenker		
Sch^{10}	Zaubermittel wird zum Tausch angeboten	M	Kennzeichnung (Klejmenie), Markierung (Otmetka)
		M^1	Anbringen eines Kennzeichens am Körper
H	Reaktion des Helden (Reakcija geroja):	M^2	Aushändigung eines Ringes oder Tuches
H^1	Bestehen der Prüfung	M^3	andere Formen
H^2	freundliche Antwort		
H^3	Dienst für den Toten	S	Sieg (Pobeda)
H^4	Freilassung des Gefangenen	S^1	Sieg im Kampf
H^5	Schonung des Bittenden	$*S^1$	Sieg in negativer Form (der falsche Held nimmt den Kampf nicht auf, verbirgt sich, der Held erringt den Sieg)
H^6	Versöhnung der Streitenden		
H^{v6}	Überlistung der Streitenden	S^2	Sieg oder Überlegenheit im friedlichen Kräftevergleich
H^7	Ausführung verschiedener anderer Dienste, Bitten oder guter Taten	S^3	Sieg beim Kartenspiel
H^8	Anschlag auf das Leben des Helden wird vereitelt u. a.	S^4	Überlegenheit beim Gewichtsvergleich
H^9	Sieg in der kämpferischen Begegnung	S^5	Tötung des Schadenstifters ohne Kampf
H^{10}	Überlistung beim Tausch	S^6	Vertreibung des Schadenstifters
Z	Empfang eines Zaubermittels (Ovladevanie volšebnym sredstvom)	L	Aufhebung des Unglücks oder Mangels (Likvidacija bedy ili nedostači):
Z^1	das Mittel wird ausgehändigt	L^1	direkte Erbeutung durch Anwendung von Körperkraft oder mit Hilfe einer List
z^1	Geschenk materiellen Charakters		
Z^2	das Mittel wird nachgewiesen	L'	dasselbe: eine Gestalt zwingt die andere, den Beuteakt auszuführen
Z^3	angefertigt		
Z^3	ver-, gekauft		

Abb. 2 Wladimir Propp, *Morphologie des Märchens* (1928): Taxonomie der Funktionen

Übergabe eines Zaubermittels, Suche, Kampf etc.). Für die einzelnen Märchen ergeben sich aus der Verbindung und Ausführung dieser Bestandteile unterschiedliche Sequenzen. Jedes Märchen hat seine strukturelle Signatur und kann mit anderen Märchen desselben Typs zusammengefasst werden. Aus der Vielzahl unterschiedlicher Märchen ergibt sich dadurch eine geringere Anzahl an Prototypen (siehe Abb. 2, 3 und 4). In ihrer Tiefenstruktur, so Propp, folgen alle russischen Zaubermärchen sogar demselben Muster oder Verlauf.

Wie bei jeder Methode können wir die Gegenprobe machen und fragen: Was interessiert hier gerade *nicht*? Es interessiert nicht, in welchem Kontext die Märchen entstanden, unter welchen sozialen Umständen; wer sie geschrieben und überliefert hat; wie sie aufgenommen wurden, wer sie las und liest.

Reihen wir jetzt sämtliche Funktionen aneinander, so ergibt sich folgende Formel:

$$i\, b^1 a^1 c^1 A^1 B^4 C \uparrow \begin{Bmatrix} Sch^1 H^1_{neg} Z^1_{neg} \\ sch^7 H^7 \quad Z^9 \end{Bmatrix} W^4 L^1 \downarrow V^1 [Sch^1 H^1 Z^9 = R^4] \times 3$$

Abb. 3 Wladimir Propp, *Morphologie des Märchens* (1928): Formel eines Märchens

Strukturformeln der Märchen

No.	Scb	H	Z	A	B	C	↑	Scb	H	Z	W	K P	M	S Lö	L	↓	V	– R	X U E Ü	T	St	H*
93 I				A^{XVII}	B^3		↑	sch^7	H^1_{neg}	Z_{neg}												
II				α^6	B^3	Z^1	↑	sch^7	H^7	Z^1												
III				A^{XVII}			↑					V^1		R^3			K^4	S^4				H^*
95 I				A^8	B^5		↑	Sch^1	H^1	Z^1						↓						
II				$[\alpha^6]$	B^5_2		↑	Sch^2	H_{neg}	Z_{contr}						↓						
97				A^9	B^6		↑	Sch^1	H^1	Z^1						↓						
98 I				A^9	B^5		↑	$\{Sch^7$ $\{Sch^1$	H^1 H^1	$Z^9\}$ $Z^1\}$						↓						
II				α^6	B^4_0		↑	$\{Sch^7$ $\{Sch^1$	H^1_{neg} H^1_{neg}	$Z^9_{neg}\}$ $Z_{contr}\}$						↓						
99 I				A^9	B^5		↑	Sch^1	H^1	$Z=T$						↓						
II				α^8	B^6		↑	Sch^1	H_{neg}	Z_{contr}						↓						
100				A^{II}				Sch^3	H^3	Z^{VI}		P		$Lö$					$Ü$		St	H^*
101 I				A^{II}						Z^6		P		$Lö$								H^*
II				A^{11}_{18}	B^7	C	↑				L^8	P		$Lö$							St	b^2
102 I				A^9	B^6		↑	Sch^7	H^1	Z^1						↓						
II				α	B^6		↑	Sch^7	H^1	Z_{contr}						↓						
104 I			Z^1	α^6	B^1		↑	Sch^1	H^1	Z^1						↓						
II				$[\alpha^1]$						$\{Z^3$ $\{Z^4$		P		$*Lö\}$ $*Lö\}$ $Lö\}$								H^*_*
105 I				A^3	B^4	C	↑			Z^3_4					L^7	↓						
II				α^1			↑	Sch^8	H^1	Z^8					L^6	↓	V^1	R^2				
106				A^1			↑	Sch^8	H^8							↓						
108				A^1			↑	Sch^8	H^6							↓	V^1	R^1				
112				A^1			↑	Sch^8	H^8							↓	V^7	R^6				
113				A^1	B^4	C	↑	$\{Sch^1$ $\{sch^7$	H^1_{neg} H^1	$Z^1_{neg}\}$ $Z^9\}$	W^4				L^1	↓	V^1	R^4				
114				A^{XVI}			↑	$\{sch^7$ $\{Sch^8$	H^7 H^8	$Z^2_3\}$ $Z^8\}$						↓	V	R^4				H^*
115 I				A^6			↑	Sch	H^7	Z^3					L^5							
II				A^{18}	B^4	C	↑	Sch^1	H^1	Z^1					L^5						St	H^*
125 I	Sch^4	H^4		A^9			↑												×			
II			Z^7_1	A^{16}	B^1		↑					K^1	M^1	S^1		↓	V^2	R^9	$U\ E\ Ü$		St	H^*
126 I				A^3	B^3	C	↑								L^1				U			
II	$\{Sch^4$	H^4	Z^9	A^9 A^{19}			↑ ↑			Z^1		K^1	M^1	S^1					×	T		H^{**}

Abb. 4 Wladimir Propp, *Morphologie des Märchens* (1928): Strukturformeln der Märchen

Roland Barthes

Den literatur- und kulturwissenschaftlichen Strukturalismus können wir am besten anhand der ebenso eleganten wie originellen Studien von Roland Barthes (1915–1980) veranschaulichen.

In *Mythologies* (1957, deutsch: *Mythen des Alltags*) analysiert Barthes 53 Phänomene seiner zeitgenössischen Alltagskultur – zum Beispiel die Frisur der Römer im Spielfilm, die Werbung für einen Citroën oder die *Tour de France* als Heldenepos. Seine Perspektive ist semiotisch, indem er die Mythen als Zeichensystem betrachtet. Dabei unterscheidet er ihre alltägliche von ihrer mythischen Bedeutung, also das, was sie vordergründig ‚denotieren', von dem, was sie hintersinnig ‚konnotieren', welche Begleitvorstellungen sie auslösen. Der Name des Citroën-Modells „D. S." zum Beispiel soll die Käufer an eine Göttin denken lassen, weil er klingt wie das französische Wort „déesse". Dabei übt Barthes Ideologiekritik: Mythen verklären bürgerliche Geschichte und kapitalistische Produkte, die eigentlich menschengemacht, interessengeleitet und zeitbedingt sind, zu etwas Natürlichem oder Übernatürlichem, in jedem Fall Geschichtsenthobenem, Ewigem.

In *Fragments d'un discours amoureux* (1977, deutsch: *Fragmente einer Sprache der Liebe*) zerlegt Barthes die Sprache der Liebe in achtzig Sprachfiguren, *Topoi* – zum Beispiel ‚Abhängigkeit', ‚Askese', ‚Eifersucht', ‚Geständnis', ‚Herz', ‚Tränen' und so weiter. Wie in einem Wörterbuch ordnet er sie in alphabetischer Reihenfolge an. Wie in Ferdinand de Saussures Theorie der Sprache geht es in Roland Barthes' Sprache der Liebe nicht um eine Geschichte, sondern um eine Bestandsaufnahme. In *Système de la mode* (1967, deutsch: *Die Sprache der Mode*) untersucht Barthes in vergleichbarer Weise die Sprache der Mode beziehungsweise das Sprechen über Mode in Modezeitschriften.

In *Sur Racine* (1963) identifiziert er für die elf Tragödien des dramatischen Gesamtwerks von Jean Racine neunzehn wiederkehrende Elemente: den geschlossenen Raum, das Zimmer und das Vorzimmer der Macht, den Vater als Gegenspieler, die Figur des Vertrauten etc. Hier wendet sich Barthes ausdrücklich gegen Biographismus und Historismus. Moderne Methoden zur Analyse historischer Texte

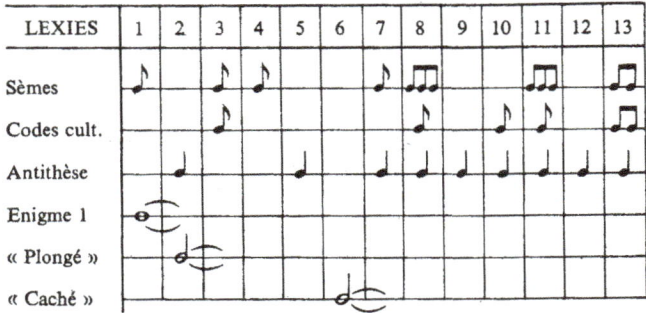

Abb. 5 Roland Barthes, *S / Z* (1970): Die Codes von Balzacs *Sarrasine*

einzusetzen, sei keineswegs ‚anachronistisch', ebenso wenig wie der Einsatz der Methode der Dendroklimatologie zur Untersuchung eines alten Baumes. Wir lesen immer ‚anachronistisch'. Sophokles' Ödipus können wir nicht mehr an Freud ‚vorbei' und Shakespeares Shylock nicht mehr ohne die historische Erfahrung der Schoa lesen.

In *S / Z* (1970) analysiert Barthes die Novelle *Sarrasine* (1830) von Honoré de Balzac über den Kastraten Zambinella, indem er sie in ‚Lexien' zerlegt, Fragmente, Sinneinheiten, Lesezonen, die er auf fünf ‚Codes' verteilt: 1. Aktion (die Handlung), 2. Hermeneutik (das Rätsel und seine Enthüllung), 3. Kultur (das Wissen der Zeit), 4. Seme (die Charakterisierung der Figuren) und 5. Symbolik (Körper, Sex). So entsteht eine Polyphonie von ‚Stimmen', die Barthes wie in einer musikalischen Notation als Partitur wiedergibt (siehe Abb. 5).

Die Auswahl der Codes ist kreativ, plural, offen. Es wird keine Hierarchie behauptet, kein einziger, finaler Sinn. Der Text erscheint nicht mehr als feste Struktur, sondern als bewegliche Struktur*ation*. Er ermöglicht ein offenes Spiel der Zeichen

Abb. 6 *Roland Barthes par Roland Barthes* (1975), Auszug aus dem Inhaltsverzeichnis

TABLE

Images 7

Fragments 49

Actif/réactif, 49. – L'adjectif, 49. – L'aise, 49. – Le démon de l'analogie, 50. – Au tableau noir, 50. – L'argent, 51. – Le vaisseau Argo, 52. – L'arrogance, 52. – Le geste de l'aruspice, 53. – L'assentiment, non le choix, 53. – Vérité et assertion, 53. – L'atopie, 54. – L'autonymie, 54.

La baladeuse, 54. – Quand je jouais aux barres, 55. – Noms propres, 55. – De la bêtise, je n'ai le droit..., 56. – L'amour d'une idée, 56. – La jeune fille bourgeoise, 56. – L'amateur, 56. – Reproche de Brecht à R. B., 57.

Le chantage à la théorie, 58. – Charlot, 58. – Le plein du cinéma, 58. – Clausules, 59. – La coïncidence, 59. – Comparaison est raison, 61. – Vérité et consistance, 61. – Éloge ambigu du contrat, 62. – Le contretemps, 62. – Mon corps n'existe..., 63. – Le corps pluriel, 63. – La côtelette, 63. – La courbe folle de l'imago, 64. – Couples de mots-valeurs, 64. – La double crudité, 65.

Décomposer/détruire, 65. – La déesse H., 66. – Les amis, 66. – La relation privilégiée, 67. – Transgression de la transgression, 67. – Le second degré et les autres, 67. – La dénotation comme vérité du langage, 68. – Sa voix, 68. – Détacher, 69. – Dialectiques 69. – Pluriel différence, conflit, 70. – Le goût de la division, 70. – Au piano, le doigte..., 70. – Le mauvais objet, 71. – Doxa/paradoxa, 71. – La Papillonne, 72. – Amphibologies, 72.

En écharpe, 73. – La chambre d'échos, 74. – L'écriture commence par le style, 74. – À quoi sert l'utopie, 76. – L'écrivain comme fantasme, 76. – Nouveau sujet, nouvelle science 77. – Est-ce toi, chère Élise..., 77. – L'ellipse, 78. – L'emblème, le gag, 78. – Une société d'émetteurs, 78. – Emploi du temps, 79. – Le privé : 80. – En fait..., 80. – Éros et le théâtre, 80. – Le discours esthétique, 81. – La tentation ethnologique, 81. – Étymologies, 82. – Violence, évidence, nature, 82. – L'exclusion, 82. – Céline et Flora, 83. – L'exemption de sens, 83.

Le fantasme, pas le rêve, 85. – Un fantasme vulgaire, 85. – Le retour comme farce, 85. – La fatigue et la fraîcheur, 86. – La fiction, 87. – La double figure, 87. – L'amour, la folie, 87. – Forgeries, 88. – Fourier ou Flaubert ?, 88. – Le cercle des fragments, 89. – Le fragment comme illusion, 90. – Du fragment au journal, 90. La fraisette, 91. – Français, 91. – Fautes de frappe, 92. – Le frisson du sens, 92.

L'induction galopante, 93. – Gaucher, 93. – Les gestes de l'idée, 93. – Abgrund, 94. – Le goût des algorithmes, 94.

und Bedeutungen. Eine Bewegung vom Strukturalismus zum *Post*strukturalismus deutet sich an.

Barthes formuliert in *S / Z* radikal seine Grundannahmen: Es gibt kein Text*ganzes*, keine Interpretation kann jemals abgeschlossen sein: „il n'y a jamais un *tout* du texte." Und es gibt kein Text*äußeres*, nichts spielt von außen in die Deutung hinein, aus der Geschichte oder vom Autor: „rien n'existe en dehors du texte" (S. 12).

Berühmt wurde Barthes' Begriff vom „Tod des Autors", „La mort de l'auteur" (1968). Wenn wir einen literarischen Text lesen, sollten wir von dessen Autor absehen. Der Autor ist unwichtig, gewissermaßen ‚tot', selbst wenn er noch lebt. Nicht die Autorin bestimmt die Bedeutung ihres Texts. Texte entfalten viel mehr Bedeutungen, als ihre Urheberinnen vermitteln wollten oder kontrollieren konnten.

Die strukturalistische Methode wendete Barthes schließlich sogar auf die Beschreibung seines eigenen Lebens an: *Roland Barthes par Roland Barthes* (1975, deutsch: *Über mich selbst*). Er schrieb eine Autobiographie als Antibiographie, in der dritten Person, in Fragmenten, die er nicht chronologisch, sondern alphabetisch anordnete. Ein Auszug aus dem Inhaltsverzeichnis macht das Programm deutlich (siehe Abb. 6).

Poststrukturalismus und Dekonstruktion

Der Poststrukturalismus setzt die Struktur in Bewegung. Die Struktur*ierung* eines Texts kommt niemals zum Stillstand, seine Deutung niemals zum Abschluss. Die Zeichen haben eine Eigendynamik. Die Grundfrage lautet: Inwiefern sind Texte mehrdeutig?

Literarische Beispiele, die wir in der fünften Lesewerkstatt angesprochen haben, können wir zur Veranschaulichung heranziehen. In Gorgias' Rede zur Verteidigung und zum ‚Lob' der Helena ist die Rhetorik ein *pharmakón*, das heißt: ein Heilmittel oder ein Gift, die Rede erscheint als Wahrheit oder als Schmuck, als Beweisführung oder als Spiel. In Büchners *Dantons Tod* ruft St. Just, um die revolutionäre Gewalt zu rechtfertigen, Moses, Brutus und Pelias auf, und er widerspricht sich damit fundamental selbst. Hinzu kommen weitere Beispiele, auf die wir in anderen Lektionen noch eingehen werden: In Shakespeares *Romeo and Juliet* ist die ‚wahre Liebe' zugleich ein literarischer Code, vermeintlich authentisch und doch eine Imitation (Theoriekurs 11). In Kleists „Verlobung in St. Domingo" scheint ein Gegensatz zwischen ‚Weißen' und ‚Schwarzen' rassistisch forciert zu werden, der dann aber doch in Frage gestellt wird (zehnte Lesewerkstatt). In seinem Werk *In Stahlgewittern* schreibt Ernst Jünger dem Krieg Bedeutungen zu, indem er ihn in Sprachbildern darstellt, aber da diese Sprachbilder sich widersprechen, wird sein und ihr Sinn fraglich (sechste Lesewerkstatt).

Aus poststrukturalistischer Perspektive werden Texte gerade dort interessant, wo sie *nicht* eindeutig sind, wo sie Bedeutungen zugleich erzeugen und infrage stellen. Diesen Prozess bezeichnet man als Dekonstruktion. Der Begriff ‚Dekonstruktion' ist ein Neologismus (geprägt von Jacques Derrida in der *Grammatologie*, 1967) und ein Oxymoron. Denn „De*kon*struktion" bedeutet *Kon*struktion und *De*struktion in einem. Ein Text *kon*struiert Bedeutungen, die er zugleich *de*struiert. *Dekon*struktion bedeutet nicht einfach nur *De*struktion.

Die Aufmerksamkeit dekonstruktivistischer Lektüren gilt den Widersprüchen von Texten, ihren Bruchstellen und Abgründen. Diese dürfen nicht überspielt, überdeckt, ignoriert werden, um eine Eindeutigkeit herzustellen, die gar nicht gegeben ist. Eine interpretative ‚Schließung' (*closure*) ist zu vermeiden.

Dieses Aushalten und Austragen von Uneindeutigkeit hat eine sprachphilosophische, erkenntnistheoretische Dimension: Ebenso wie ein literarischer Text ist die Sprache insgesamt uneindeutig. Sie ist immer rhetorisch, ästhetisch, eine Inszenierung. Sprache und Wirklichkeit sind nicht genau und widerspruchsfrei aufeinander bezogen. Essentialistische Begriffe wie ‚Wahrheit', ‚Identität' oder ‚Subjekt' stellt der Poststrukturalismus infrage. Binären Gegensätzen misstraut er: Körper und Geist, Stimme und Schrift, Mann und Frau. Ein Begriff werde jeweils gesetzt (der Mann als Mensch, *man* oder *homme*) und der andere dann auf ihn bezogen, von ihm als nachrangig abgeleitet – aus ideologischen Gründen.

Zeitlich entwickelte sich der „*Post*strukturalismus" *nach* dem Strukturalismus, aber auch sachlich als dessen Kritik – und zwar von innen, indem er ihn konsequent weiterdenkt. Wenn man den Strukturalismus ernst nimmt, wird Bedeutung prekär. Denn kein Wort hat *für sich* einen festen, eindeutigen Sinn. Es gewinnt ihn erst in – semantischer und phonetischer – Beziehung zu anderen. Bedeutungen sind Effekte von Differenzen, Relationen, Oppositionen. Signifikant und Signifikat gehören nicht beständig zueinander. Sie sind beweglich und beziehungsreich, sie eröffnen Verweise und erzeugen so Aufschübe – *ad infinitum*.

Voraussetzungen

Ein Vorläufer der Dekonstruktion ist Friedrich Nietzsche, der in „Über Wahrheit und Lüge im außermoralischen Sinne" (1873) aus der Rhetorizität der Sprache die Konsequenz zieht:

> „Was ist also Wahrheit? Ein bewegliches Heer von Metaphern, Metonymien, Anthropomorphismen, kurz eine Summe von menschlichen Relationen, die, poetisch und rhetorisch gesteigert, übertragen, geschmückt wurden, und die nach langem Gebrauch einem Volke fest, kanonisch und verbindlich dünken: die Wahrheiten sind Illusionen, von denen man vergessen hat, daß sie welche sind, Metaphern, die abgenutzt und sinnlich kraftlos geworden sind, Münzen, die ihr Bild verloren haben und nun als Metall, nicht mehr als Münzen, in Betracht kommen."

Jede Trope erzeugt eine Differenz, eine Unsicherheit, einen Bedeutungsüberschuss. Wenn wir zum Beispiel beim Fußball von einem ‚Stürmer' sprechen, denken wir nicht jedes Mal an einen ‚Sturm' als Unwetter oder an eine militärische Attacke als ‚Sturmangriff', weil wir vergessen haben, dass es sich um eine Metapher handelt.

Nietzsche betreibt eine Dekonstruktion *avant la lettre*. Seine Praxis, zum Beispiel in der *Genealogie der Moral* (1887), ist dekonstruktiv. Hier zeigt er, wie das Wort ‚gut' in sein Gegenteil umgewertet wurde – von ‚stark' im Gegensatz zu ‚schwach' (denn ‚gut' bedeutete in der griechischen Antike adelig, ‚Aristokraten', ἄριστοι, waren die ‚Besten', ihre Moral war eine Moral der ‚Starken', der Krieger) zu ‚gerecht' im Gegensatz zu ‚böse' (‚gut' bedeutete im Christentum duldsam, das ist aus Nietzsches Sicht eine Moral der ‚Schwachen', der Ohnmächtigen).

Nach der Rhetorik und der Philosophie Friedrich Nietzsches gehört die Psychoanalyse zu den Voraussetzungen des Poststrukturalismus. Sigmund Freud ‚dekonstruierte' den Gegensatz von ‚heimlich' und ‚*un*heimlich', indem er zeigte, dass das ‚Unheimliche' eigentlich das verdrängte und wiederkehrende ‚Heimliche' ist. In der Traumdeutung ebenso wie in der Analyse literarischer Werke beobachten wir, wie Texte verdrängen und verkehren. Was wir begehren oder fürchten, wird von unserer Psyche in sein Gegenteil überführt. Durch die Methode der „gleichschwebenden Aufmerksamkeit" wird die Unterscheidung von Haupt- und Nebensache aufgehoben, in einem Traum oder in einem Text kann das bedeutsame Detail scheinbar unscheinbar an den Rand verschoben sein.

Eine verwandte Strömung, die vorherrschende Deutungen hinterfragt, ist die philosophische Postmoderne. Jean-François Lyotard hat in *La condition postmoderne* (1979) die Postmoderne als das Ende der ‚großen Erzählungen' (*grands récits*) beschrieben. Die *master narratives* der Moderne vom Fortschritt der Gesellschaft und des Wissens schienen nach den Erfahrungen von Faschismus, Kolonialismus und Kommunismus ausgedient zu haben.

Paul de Man

Paul de Man (1919–1983) ist der ältere der beiden bekanntesten Dekonstruktivisten, dessen Bücher jedoch *nach* denen von Jacques Derrida (1930–2004) erschienen. Bei de Man wird die Anknüpfung an Nietzsches Verständnis von Rhetorik besonders deutlich.

In seinen *Allegories of Reading* (1979) übt de Man Sprachkritik und Erkenntniskritik, indem er die Sprache, wie Nietzsche, als grundsätzlich ‚rhetorisch' und damit uneindeutig beschreibt. Mehrdeutigkeit, Ambivalenz entsteht, indem zwischen buchstäblicher und rhetorischer Bedeutung („literal meaning" und „figural meaning") nicht sicher zu unterscheiden ist. Wann ist eine Formulierung metaphorisch oder ironisch zu verstehen?

Ein Beispiel, das de Man ausführt, ist Nietzsches *Geburt der Tragödie aus dem Geiste der Musik*. Einerseits polemisiere Nietzsche hier gegen die Vorstellung, das Theater der Tragödie leiste eine realistische Abbildung, statt eine sinnliche Erfahrung zu ermöglichen; andererseits erkläre er, die rauschhaft ‚dionysische' Wahrheit der schrecklichen Existenz werde in der Tragödie ‚apollinisch' vermittelt und damit gewissermaßen doch ästhetisch abgebildet.

Paul de Mans Lektüren führen regelmäßig in die Aporie: in eine Unabschließbarkeit des Verstehens, eine Unentscheidbarkeit der Bedeutung (*undecidability*). Dies ist der Sinn des Titels ‚Allegorien des Lesens': Literarische Texte sind Allegorien ihrer Unlesbarkeit (*unreadability*).

Jacques Derrida

Jacques Derrida entwickelte seine Lektüren und Überlegungen in seinen Hauptwerken *De la grammatologie* (1967), *L'écriture et la différence* (1967) und *La dissémination* (1972). Sein kreativer Denkstil kommt auch formal zum Ausdruck – etwa in der Gliederung seiner Monographie *Glas* (1974), in der er zwei Teiltexte auf den beiden gegenüberliegenden Seiten einerseits Hegel und anderseits Jean Genet widmet und über den Philosophen der idealistischen Dialektik und den Dichter der provokativen Verworfenheit parallel einen Doppeldiskurs führt.

Derrida geht von der Beobachtung aus, dass in der Geschichte der europäischen Philosophie die menschliche Stimme und die Schrift, das gesprochene und das geschriebene Wort einander entgegengesetzt wurden. Es herrschte die Annahme, die Stimme sei vorrangig und wahrhaftig, die Schrift dagegen abgeleitet und missverständlich – eine These, die etwa in Platons *Phaidros* ausgeführt wird. Wie ist dieser ‚Phonozentrismus' zu erklären? Warum haben so bedeutende Schulen wie der philosophische Idealismus und das Christentum keinen Text ihrer Gründerfiguren? Warum hat Sokrates seine Dialoge nicht aufgeschrieben und Jesus die Bergpredigt? Warum wertet unsere Kultur die Schrift ab, der sie so viel zu verdanken hat? Warum gehen wir davon aus, dass eine mündliche Mitteilung wahrhaftiger sei als eine schriftlich vermittelte?

Derrida richtet die Aufmerksamkeit daher weg von gesprochener Rede beziehungsweise der ‚Stimme', der die abendländische Philosophie eine ‚Metaphysik der Präsenz' unterstellt hat, hin zur Schrift, *écriture*, die keine Eindeutigkeit zulasse. Wodurch ergibt sich die Uneindeutigkeit geschriebener Texte?

Derrida erfindet das Wort *différance* als in Bewegung gesetzte *différence*. Es mobilisiert Saussures Sprach- und Bedeutungstheorie, nach der Zeichen keine eigene Bedeutung aus sich heraus haben, sondern nur in der Differenz zu anderen Zeichen Bedeutungen annehmen. Der Unterschied zwischen *différance* und *différence* ist in der gesprochenen Sprache im Französischen nicht hörbar, nur in der Schrift wird er sichtbar. *Différance* meint: Anstelle einer durch Unterscheidung festgestellten Bedeutung findet ein andauernder Aufschub statt, anstelle einer abgeschlossenen Abgrenzung ein unabschließbarer Verweis, anstelle einer festen Struktur oder Strukturiertheit eine bewegliche Strukturierung. Zeichen sind wie Lexikoneinträge, die jeweils auf andere Lexikoneinträge verweisen, die wiederum auf andere verweisen, in einer potenziell unendlichen Kette immer wieder neue Zusammenhänge eröffnender, wechselseitig abhängiger, nie im Wortsinn eindeutig bestimmbarer Bedeutungen. Ein Text ist ein Gewebe, ein Netzwerk. Was in ihm stattfindet, ist eine Streuung des Sinns, eine *dissémination*.

Kein Zeichen hat eine stabile Bedeutung. Seine bloße Wiederholung, *itération*, verändert den Sinn, weil sich der Zusammenhang wandelt, eine rhetorische Figur entsteht, vielleicht eine Ironie oder eine Parodie. Jede Wiederholung ist eine *repetition with a difference*.

Eine mustergültig dekonstruktivistische Lektüre entfaltet Jacques Derrida in „La pharmacie de Platon" (1968, deutsch: „Platons Pharmazie"). Der Ausgangspunkt ist die Schriftkritik: Im *Phaidros* kritisiert Platon die Schrift, weil sie missverständlich und deutungsbedürftig sei. Auch der Schlüsselbegriff in seinem eigenen Text, *pharmakon*, wird dabei mehrfach und mehrdeutig gebraucht (in „geregelter Polysemie") – wie bei Gorgias im *Enkomion*. Er bezeichnet ein „Spielzeug" (*pharmakeia*), rhetorische „Mittelchen" (*pharmakiois*), die Schriftrolle mit Lysias' Rede unter Phaidros' Mantel als „Mittel", Sokrates aus der Stadt herauszulocken (*pharmakon*), die Schrift im Mythos von der Erfindung der Schrift, wo sie dem Gott vorgelegt wird (als *pharmakon*), aber auch Sokrates als Wortzauberer (*pharmakeus*) und als Sündenbock (*pharmakos*) sowie schließlich das Gift, mit dem er sich selbst töten muss (*pharmakon*).

Es ergibt sich eine Kette von Zeichen, ein Netzwerk von Bedeutungen, die aufeinander verweisen und einander verundeutigen. Zwischen Reden und Schreiben, Stimme und Schrift tut sich eine Ambivalenz auf. Die Rhetorik ist Gift und Heilmittel. Die Schrift ist das Problem und die Lösung. Die Sophistik liefert das Gift des Skeptizismus, die Philosophie das Gegengift der Dialektik. Es konkurrieren zwei Auffassungen der Rhetorik und der Schrift, die einander widersprechen: eine ‚gute' und eine ‚schlechte' – im selben Werk. Platons Text ist ihr Konfliktfeld.

Kritik und Gegenkritik

Strukturalismus und Poststrukturalismus sind Methoden zur sehr genauen Lektüre von Texten. Der Strukturalismus erfasst *en détail* ihre Komposition. Die Dekonstruktion schärft die Aufmerksamkeit für ihre Unstimmigkeiten und Widersprüche. Dabei handelt es sich um eine Dekonstruktion von innen, eigentlich eine *Selbst*dekonstruktion des Texts, die wir in der Lektüre nur nachvollziehen. Sie ist „immer schon am Werk im Werk", „toujours déjà à l'œuvre dans l'œuvre".

Die Dekonstruktion bewahrt uns davor, in oberflächlichen Lektüren auf scheinbar schlüssige Aussagen ‚hereinzufallen', indem wir uns zu schnell mit einer naheliegenden Bedeutung zufriedengeben. Sie stellt vermeintlich selbstverständliche Hierarchien in Frage und zeigt auf, wie herrschende Ideologien operieren und auf welchen Oppositionen sie beruhen.

Die Unterscheidung fiktionaler und faktualer Texte erkennt sie nicht an. Philosophische Texte (Hegel) sind genauso dekonstruierbar beziehungsweise dekonstruieren sich ebenso wie poetische (Genet).

Biographisch lässt sich die Dekonstruktion sowohl begründen wie auch beanstanden – was den begrenzten Nutzen biographischer Erklärungen bestätigt. Der gebürtige Belgier Paul de Man hatte – bevor er in die Schweiz (Zürich) und dann in die USA (Yale) emigrierte – in seiner Heimat als junger Journalist 1940–1941 mit den Nazis kollaboriert und antisemitische Artikel verfasst. Hat seine dekonstruktivistische Annahme, Texte hätten keine feststellbare Bedeutung, etwas mit de Mans Vergangenheit zu tun? Sollte sie eine entlastende Funktion haben?

Geboren in Algerien als französischer Jude, gehörte Jacques Derrida einer Minderheit innerhalb von Unterdrückten an. Er lebte an der Peripherie eines Kolonialreiches und wurde 1942 vom Vichy-Régime ausgebürgert. Aus seiner biographischen Situation entwickelte Derrida später ‚postkoloniale' Überlegungen (*Le monolinguisme de l'autre*, 1996), die zugleich seine Philosophie erklären. Die eigene Identität ist instabil, der Bezug auf Herkunft, Nation, Geschichte, Sprache, Religion und auf ein kulturelles Zentrum prekär. Was für ihn selbst galt, entwickelte Derrida in seinen Texten mit Bezug auf die Sprache, die Schrift, die Kultur – als Dekonstruktion vermeintlicher Eigenheiten.

In der Sache wurde die Dekonstruktion philologisch, philosophisch und politisch kritisiert. Manche ihrer Ergebnisse sind in der Tat vorhersehbar. Jeder Text zeigt, was nach Paul de Man immer gilt: dass es keine objektive Bedeutung gibt. Er führt stets seine eigene ‚Unlesbarkeit' vor. Terry Eagleton scherzte, die Dekonstruktion würde „wie ein Langweiler an einer Bartheke" ständig über das eigene Versagen sprechen. Dass Aussagen in gewissem Maß uneindeutig sind, ist letztlich eine – pathetisch vorgetragene – kommunikationstheoretische Banalität: Signale gehen immer mit störendem Rauschen einher.

Festzustellen, dass Bedeutung nicht feststellbar sei, ist zudem eigentlich ein ‚performativer Selbstwiderspruch', so die Kritik des Philosophen Karl-Otto Apel im Sinn der von Jürgen Habermas und ihm selbst entwickelten Kommunikationstheorie der Diskursethik. Ein Satz wie „Ich sage nichts." oder „Sie können mich nicht verstehen." ist paradoxal. Mitteilung und Lesbarkeit sind offenbar doch möglich – sonst könnten wir dekonstruktivistische Aufsätze gar nicht lesen und diskutieren.

Besonders gut funktioniert Dekonstruktion bei bestimmten Texten, die ihrerseits mit poetischen Mitteln an der Auflösung eindeutiger Bedeutungen arbeiten, vor allem bei modernen oder hermetischen, etwa bei Franz Kafka oder Paul Celan.

Die Dekonstruktion wurde zu einer Mode, zu einer Spielerei. Sie prägte einen epigonalen Jargon, der häufig weniger elegant und aufschlussreich ist als in Derridas Texten und Erkenntnisse weniger eröffnet als vielmehr verschleiert.

In den letzten Jahren scheint der Poststrukturalismus auch politisch problematisch geworden zu sein. Stellen nicht auch ‚postfaktische' Ideologen die ‚Wahrheit' und die Wissenschaften in Frage? Wenn nichts mehr eindeutig ist, wer kann einem Demagogen, wenn er lügt, widersprechen? Hat die Dekonstruktion dem Rechtspopulismus ungewollt Vorschub geleistet?

Die Autorin, ihre Lebensgeschichte und ihre Absichten werden im Strukturalismus und Poststrukturalismus ebenso ausgeblendet wie der geschichtliche, gesellschaftliche Zusammenhang. Als Gegenbewegung dazu verstand sich der *New Historicism*, der den literarischen Text wieder in seinem historischen Kontext verortet.

Sechste Lesewerkstatt – In welchen Metaphern beschreibt Ernst Jünger den Krieg?

Der Strukturalismus und die Dekonstruktion können für sich beanspruchen, alle möglichen Arten von literarischen Texten untersuchen und interpretieren zu können. Aber nicht alle Werke bieten sich für eine Analyse mit diesen Methoden gleichermaßen an, zumal wenn wir im Folgenden beide Ansätze auf denselben Text anwenden wollen. Der Strukturalismus sucht, ganz allgemein gesprochen, nach Strukturen, nach Regelmäßigkeiten und wiederkehrenden Merkmalen. Die Dekonstruktion ist umgekehrt an Brüchen und Widersprüchen, Paradoxien und Singularitäten interessiert. Der Strukturalismus erfasst Differenzen, die Dekonstruktion Ambivalenzen. Der Strukturalismus beschreibt ein System, die Dekonstruktion löst es auf.

Ein literarischer Text, der mit beiden Methoden produktiv untersucht werden kann, weist daher hinreichend unterschiedliche Merkmale auf, die beiden Interessen entsprechen. Der Text, den wir unserer Lektüre zugrunde legen wollen, enthält beides: Ordnung und Unordnung. Ernst Jüngers *In Stahlgewittern* ist ein berühmter Kriegsbericht, der für seine zugleich authentische und ästhetische Darstellung gelobt wurde, die ihren schrecklichen Gegenstand, den Ersten Weltkrieg, literarisch nachvollziehbar macht. Er wurde für seine vermeintliche Eindeutigkeit ebenso kritisiert wie für seine Widersprüchlichkeit, die ganz unterschiedliche Deutungen erlaubt. Die Gründe dafür können wir uns im Folgenden methodisch veranschaulichen.

Ein kontroverses Werk eines kontroversen Autors

Ernst Jünger (1895–1998) nahm als junger Offizier von 1914 bis 1918 am Ersten Weltkrieg teil. Gemeldet hatte er sich als Freiwilliger (im Unterschied zum Zweiten Weltkrieg, zu dem er 35 Jahre später eingezogen wurde). Während seiner Fronteinsätze in Frankreich und Belgien führte er ein umfangreiches Tagebuch (rund 1800 Seiten), das er nach Kriegsende überarbeitete und 1920 in verdichteter Form unter dem Titel *In Stahlgewittern* veröffentlichte. Diese Erstpublikation machte Jünger auf Anhieb bekannt, legte aber auch den Grundstein für langanhaltende literaturkritische und politische Debatten. Jünger überarbeitete sein berühmtestes Werk lebenslang, insgesamt erstellte er über mehr als ein halbes Jahrhundert hinweg sieben Fassungen, die in mehr oder weniger großen Abständen bis 1978 sukzessive veröffentlicht wurden, ohne dass dies in den Neuauflagen jeweils gekennzeichnet worden wäre.

Nach dem Erfolg seines Debüts hat Jünger in seinem langen Leben ein umfangreiches Gesamtwerk publiziert. Neben weiteren Kriegsberichten und Tagebuchaufzeichnungen aus dem Ersten und später aus dem Zweiten Weltkrieg (insbesondere in *Strahlungen*, 1949) veröffentlichte er sechs Romane und einige Erzählungen, die mit ihren ungewöhnlichen, oftmals futuristischen und utopischen Sujets der Gattung der Phantastik oder dem Magischen Realismus zugeordnet werden können. Außerdem publizierte er zahlreiche Essays unter anderem zu militärischen, gesellschaftlichen, ideologischen, technologischen und persönlichen Themen. Bekanntheit haben darüber hinaus sehr unterschiedliche Interessen Jüngers erlangt: Seine Drogenexperimente unter anderem mit Opium und LSD hat er 1970 in *Annäherungen* beschrieben; aus seiner langjährigen Beschäftigung mit der Insektenkunde sind eine umfangreiche Käfersammlung sowie mehrere wissenschaftliche Aufsätze in entomologischen Fachzeitschriften hervorgegangen.

Jüngers politische Ansichten haben sich über seine bewegte Lebenszeit hinweg erheblich gewandelt, und er hat sie in seinen literarischen Werken und seiner Publizistik unterschiedlich deutlich zum Ausdruck gebracht. Noch im Kaiserreich aufgewachsen, stand er in der Weimarer Republik, im ‚Dritten Reich' und in der Bundesrepublik mit vielen Intellektuellen, Schriftstellerinnen und Philosophen sehr unterschiedlicher literarischer und politischer Prägung im Austausch; einige bedeutende Briefwechsel wurden postum veröffentlicht, zum Beispiel mit Martin Heidegger, Carl Schmitt, Gottfried Benn, Gretha Jünger, Luise Rinser und Gershom Scholem. Nicht zuletzt wegen seiner breiten internationalen Rezeption und der literaturkritischen Diskussionen um seine Werke gilt Ernst Jünger als einer der bedeutendsten deutschsprachigen Schriftsteller des 20. Jahrhunderts – und als einer der umstrittensten.

Die Kontroversen um die *Stahlgewitter* entzündeten sich an den unterschiedlichen ideologischen Tendenzen der Fassungen, die sich durch Jüngers anhaltende Bearbeitungen wandelten: Die Erstpublikation ist nicht auffällig politisch, sondern stellt die Vermittlung der Kriegserfahrung und den Kampfeinsatz des Autors in den Vordergrund. Schon 1924 erschien aber mit der dritten Fassung eine Textversion, der Jünger stärker eine politische, insbesondere antidemokratische, militaristische, nationalistische und sogar völkische Ausrichtung gab. Sie wurde zum Teil als kriegsverherrlichend und präfaschistisch beurteilt und gilt als literarischer Wegbereiter des Nationalsozialismus. Die im Jahr nach Hitlers Machtergreifung, 1934, erschienene vierte Fassung hingegen machte viele dieser ideologischen Zuspitzungen wieder rückgängig und entpolitisierte den Text. Sie wird, zusammen mit biographischen Zeugnissen und weiteren Werken aus den 1930er Jahren, als eine Distanzierung Jüngers vom ‚Dritten Reich' aufgefasst. Nach dem Zweiten Weltkrieg legte Jünger den Fokus auf die dichterische und stilistische Ausgestaltung der *Stahlgewitter*. Besonders die sechste Fassung von 1961, in der drastische Gewaltdarstellungen abgemildert und das Kriegsvokabular entschärft wurden, weist insgesamt eine größere Anzahl humanistischer, versöhnlicher, nachdenklicher Passagen auf, die sich pazifistisch deuten lassen. Diese qualitativen und quantitativen Fassungsunterschiede können anhand der von Helmuth Kiesel herausgegebenen historisch-kritischen Ausgabe nachvollzogen werden. Sie gibt im Paralleldruck nebeneinander die erste und die letzte Fassung wieder und macht die Veränderungen dazwischen durch farbige Hervorhebungen kenntlich.

Weil die Fassungen von *In Stahlgewittern* in ihren Darstellungsmitteln und Aussagen so uneinheitlich und zum Teil sogar gegenläufig sind, ist eine abschließende Bewertung des mehrdeutigen Werks schwierig. Unter mehr oder weniger ausgeprägter Berücksichtigung der Fassungsunterschiede haben sich vor allem drei Lesarten herausgebildet, die das Verhältnis zum Krieg, dem zentralen Gegenstand des Texts, je anders bestimmen: Jüngers Frontbericht wurde als Affirmation, sogar als Feier des Militärischen verstanden, aber auch als Kritik und Mahnmal der kriegerischen Grausamkeit. Und er wurde neutral als ästhetisierte, aber faktuale Beschreibung und als psychische Verarbeitung der Kriegserlebnisse ausgelegt. Je nach Interpretation ist der Text ein Kriegsmanifest, ein Antikriegsbuch oder zuvorderst ein literarisches Kunstwerk. Weil die erste Fassung von 1920 unter anderem in ästhetischer Hinsicht als maßgeblich gilt und als Grundlage in allen späteren Versionen enthalten bleibt, legen wir sie unserer Lektüre im Folgenden zugrunde. (Zitate werden durch Seitenzahlen in Klammern nachgewiesen.)

Krieg als Darstellungsproblem

In Stahlgewittern ist ein Kriegsbuch. Es kennt nur ein Thema: die Erlebnisse des erzählenden Ich im Ersten Weltkrieg. Wegen der autobiographischen Grundlage in Form der Tagebücher, in denen Jünger seine tatsächlichen Erfahrungen als Frontsoldat aufgezeichnet hat, scheinen wir dieses Erzähler-Ich mit dem Autor des Texts gleichsetzen zu dürfen. Sein Kriegsbericht gibt sich als faktualer Text, der den Anspruch erhebt, die historische Wirklichkeit und das Erleben seines Protagonisten getreu wiederzugeben. Er setzt ein, als der freiwillige Rekrut im August 1914, wenige Wochen nach Kriegsbeginn, den Befehl zur Mobilmachung erhält und bald darauf ins französische Orainville transportiert wird; und er endet im September 1918, als der inzwischen erfahrene Offizier, zum wiederholten Mal stark verwundet, im Lazarett seine höchste militärische Auszeichnung erhält. Das Ende des Kriegs, das Jünger zu Hause erlebte, wird ebenso wenig geschildert wie die Ereignisse, die zu seinem Ausbruch geführt hatten – oder überhaupt andere historische oder persönliche Geschehnisse. *In Stahlgewittern* ist ein monothematisches, ein monomanes Buch.

Diese thematische Verdichtung und Verengung wählt Jünger, um seine Kriegserfahrung zu vermitteln. Denn tatsächlich ist der Krieg zunächst einmal ein Darstellungsproblem, eine literarische und ästhetische Herausforderung. Zwar konnte Jünger bei der Veröffentlichung seines Erstlingswerks 1920 darauf zählen, dass unter seiner Leserschaft viele Veteranen waren, die den Krieg selbst erlebt hatten und seine Schilderung mit persönlichen Erinnerungen verknüpfen konnten. Aber für alle, die nie in einem militärischen Einsatz gewesen waren, stellten Beschuss, Bombardement, Stellungskampf im Schützengraben, Verwundung, der Wechsel zwischen frustrierendem, erschöpfendem Abwarten in behelfsmäßigen Unterständen und hochgefährlichen Kampfhandlungen in feindlichem Territorium und alle anderen Erscheinungsformen des Fronteinsatzes – zum Glück – völlig unbekannte und unvorstellbare Erlebnisse dar. Das Problem ist grundsätzlicher Art. Kriegserlebnisse sind derart unvereinbar mit dem Alltagsleben in Friedenszeiten, dass sich die Frage stellt, wie sie von Unbeteiligten und späteren Generationen überhaupt nachvollzogen und nachempfunden werden können und welche Mittel der Literatur dafür zur Verfügung stehen. Insofern einer seiner wesentlichen Zwecke darin besteht, Menschen zu töten, kann man sich sogar fragen, ob den Krieg je vollständig erlebt hat, wer ihn überlebt. Die Zerstörungswut des Kriegs ganz erfahren hieße darin umkommen. Insofern wäre ein Bericht, ein Zeugnis des Kriegs sogar vollständig unmöglich.

Der Fronteinsatz im Krieg ist ein fundamental anderer Zustand, eine fremde Welt, die mit der Existenz außerhalb des Kriegs kaum zu vergleichen ist. Diese Andersheit darzustellen, diese Fremdheitserfahrung zu vermitteln – das ist die Schwierigkeit, vor der jede literarische Kriegsdarstellung steht. Dass der Erste Weltkrieg mit einem beispiellosen Materialeinsatz, weltweit über 60 Millionen bewaffneten Beteiligten, fast 10 Millionen militärischen und einer kaum bestimmbaren Unzahl ziviler Opfer der bis dahin verheerendste Konflikt der Menschheitsgeschichte gewesen war, verschärfte dieses Problem für die *Stahlgewitter* nur noch.

Wie Jünger auf den ersten Seiten seines Berichts schildert, fiel ihm die Verarbeitung der schrecklichen Erlebnisse zu Beginn seines Einsatzes selbst noch schwer, obwohl er zuvor eine militärische Ausbildung durchlaufen hatte und freiwillig am Krieg teilnahm: „Was war das nur? Der Krieg hatte seine Krallen gezeigt und die gemütliche Maske abgeworfen. Das war so rätselhaft, so unpersönlich. Kaum daß man dabei an den Feind dachte, dies geheimnisvolle, tückische Wesen irgendwo dahinten. Das völlig außerhalb der Erfahrung liegende Ereignis machte einen so starken Eindruck, daß es Mühe kostete, die Zusammenhänge zu begreifen. Es war wie eine gespenstische Erscheinung, am hellen Mittag." (2 f.) Mehr noch als der Feind stellt hier der Krieg selbst eine Zumutung für die intellektuelle und emotionale Bewältigung dar. Das ‚Unpersönliche', die nicht mit der eigenen Person in Einklang zu bringende Fremdheit des Kriegs, macht ihn zu einer anderweltlichen, mystischen, spukhaften Erfahrung.

Für die Konfrontation mit der Alterität des Kriegs und ihre Vermittlung an eine mehr oder weniger unbeteiligte Leserschaft sind in der Literatur mindestens so viele Wege gewählt worden, wie es militärische Konflikte gegeben hat – zu viele. Bei Jünger lassen sich zahlreiche solche Verfahren zur Überbrückung des Abstands zwischen Krieg und Alltag feststellen, die sich außerdem im Laufe der Textfassungen veränderten. Mit steigendem Erfolg und wachsender Leserschaft hat er die Zugänglichkeit seiner Schilderungen für Zivilist*innen zum Beispiel allein schon dadurch erhöht, dass er bei den Überarbeitungen militärische Abkürzungen aufgelöst und technisches Vokabular durch gebräuchlichere Begriffe ersetzt hat.

Anspruch und Widerspruch

Dass Jünger das literarische Darstellungsproblem des Kriegs sehr bewusst war, geht aus dem Vorwort hervor, das er seinem Bericht voranstellte. Aus der Rückschau ordnet er darin seine Erlebnisse ein und erläutert die Darstellungsprinzipien seines Texts. Schon mit den ersten Sätzen bringt er die Schwierigkeiten zum Ausdruck, die ihm beim Bearbeiten seiner Tagebuchaufzeichnungen begegnet sind: „Noch wuchtet der Schatten des Ungeheuers über uns. Der gewaltigste aller Kriege ist uns noch zu nahe, als daß wir ihn ganz überblicken [...]." (V) Jünger versucht, diese mangelnde historische Distanz durch Versachlichung und möglichst neutrale Beschreibung zu kompensieren: „Der Zweck dieses Buches ist, dem Leser sachlich zu schildern, was ein Infanterist als Schütze und Führer während des großen Kriegs inmitten eines berühmten Regiments erlebt, und was er sich dabei gedacht hat. Es ist entstanden aus dem in Form gebrachten Inhalt meiner Kriegstagebücher. Ich habe mich bemüht, meine Impressionen möglichst unmittelbar zu Papier zu bringen, weil ich merkte, wie rasch sich die Eindrücke verwischen und wie sie schon nach wenigen Tagen eine andere Färbung annehmen." (VII) Dieser Färbung und Trübung der Erinnerung wie ihrer literarischen Schilderung sollen die unverzüglich niedergeschriebenen Feldnotizen entgegenwirken: „Ich habe mir die Frische der Erlebnisse gewahrt. Der Mensch neigt zur Idealisierung des Geleisteten, zur Vertuschung des Häßlichen, Kleinlichen und Alltäglichen. Unmerklich stempelt er sich zum ‚Helden'." (VII) Seinen Authentizitätsanspruch fasst Jünger in die bündige Formulierung: „Ich will nicht beschreiben, wie es hätte sein können, sondern wie es war." (VIII) An die Erfüllung dieser Anforderung knüpft Jünger sogar das Gelingen seines ganzen Berichts: „Der Grad der Sachlichkeit eines solchen Buches ist der Maßstab seines inneren Wertes." (VIII)

Insofern ließe sich von Jüngers Bericht eine unverfälschte, eindeutige, strukturierte Schilderung erwarten. Doch schon im Vorwort ergeben sich Widersprüche. Die Verwirklichung seines Objektivitätsanspruchs behindern könnte nicht nur die Tendenz der menschlichen Psyche zur Verdrängung und die Neigung des Soldaten zur Heroisierung, die Jünger hier selbst schon andeutet. Der vorgeblichen Sachlichkeit seines Berichts droht auch sein Anliegen zuwiderzulaufen, mit dem Bericht ein „Denkmal" (VIII) für die gefallenen Kameraden zu errichten und ein Zeugnis für ihre Taten abzulegen. So ist das ganze Werk „in Verehrung" dem Soldaten Hermann Stegemann gewidmet. Und das Ende des Berichts beschreibt eindringlich den Opfertod eines Gefreiten namens Hengstmann, der bei dem Versuch umkam, den verwundeten Jünger auf dem Schlachtfeld in Sicherheit zu bringen: „Als ich, die Arme um den Hals des Getreuen geschlungen, auf seinem Rücken saß, erklang mitten im Lauf ein feines metallisches Sirren. Hengstmann sank ganz sanft unter mir zusammen. Ich löste mich aus seinen Armen, die meine Schenkel noch fest umklammert hielten. Ein Geschoß hatte ihm Stahlhelm und Schläfen durchschlagen." (180) Jünger verdankte dem gefallenen Kameraden sein Leben. Wohl nicht zuletzt unter dem Eindruck dieser Schuld ist Jüngers Schilderung alles andere als sachlich, sondern sie nimmt erotische Züge an. Möglicherweise in einem unbewussten Versuch der Wiedergutmachung und der Kompensation wird das Zusammenfallen von Lebensrettung und Selbstopfer hier von Jünger als Liebesakt geschildert – die Penetration erfolgt durch die Gewehrkugel.

„[I]ch lege keine Helden-Kollektion vor" (VIII), erklärt Jünger entsprechend seiner Sachlichkeitsmaxime, nur um noch auf derselben Seite des Vorworts seinen gefallenen Kameraden einen pathetischen, feierlichen Heldennachruf zu widmen: „Und doch, wie viele habe ich kennen gelernt, die unter dem grauen Tuch ein Herz von Gold und einen Willen von Stahl bargen, eine Auslese der Tüchtigsten, die sich dem Tode in die Arme warf – mit stets gleichbleibender Freudigkeit. Ob ihr gefallen seid auf freiem Felde, das arme, vom Blut und Schmutz entstellte Gesicht dem Feinde zu, überrascht in dunklen Höhlen oder versunken im Schlamm endloser Ebenen, einsame, kreuzlose Schläfer; das ist mir Evangelium: Ihr seid nicht umsonst gefallen." (VIII) Der weihevolle Ton und der Verweis auf die religiöse Textsorte des Evangeliums (von griechisch ‚*eu-angélion*', frohe Botschaft) verleihen der Schilderung einen metaphysischen Charakter. So erscheint *In Stahlgewittern* als ein sakraler Heils- und Verkündigungstext im Namen der millionenfach Geopferten. Sachlicher Tatsachenbericht oder Passionsgeschichte – größer lässt sich der Widerspruch kaum denken, der sich hier bereits im Vorwort herausbildet.

Der Widerspruch zwischen dem von Jünger formulierten Anspruch und dem von ihm formulierten Text rührt von dem Umwandlungsprozess her, der sich zwischen dem persönlich-empirischen Erleben in der Wirklichkeit und der verarbeitenden Niederschrift vollzieht und den man, ganz allgemein gesprochen, als Literarisierung bezeichnen kann. Jünger hat sein Tagebuch durchaus bereits in Hinsicht auf eine mögliche spätere Publikation verfasst und für die tatsächliche Erstfassung formal überarbeitet. Schon die ursprüngliche Veröffentlichung war also Resultat einer zweifachen Formalisierung und Ästhetisierung. Wie bereits zitiert, spricht Jünger diesen Vorgang selbst an, wenn er erläutert, er habe seine Feldaufzeichnungen für die Buchfassung „in Form gebracht[]" (VII). Wie sehr diese Stilisierung – womöglich unbemerkt – die ursprüngliche Absicht des objektiven Berichts unterlaufen hat oder inwiefern dieser Anspruch ohnehin erst nachträglich im Vorwort ausformuliert wurde, um einen Text zu versachlichen, der von einem überall spürbaren, unbändigen Formwillen durchdrungen ist, bleibt dabei offen. Fest steht hingegen, dass *In Stahlgewittern* bestimmt ist von einem Gegensatz zwischen dem stabilisierenden, strukturierenden Vereindeutigungsbestreben des Sachberichts und der mehrdeutigen, unregulierten Offenheit der poetischen Form.

Paratexte und Titelblatt

Gegenläufige Tendenzen lassen sich bei genauerem Hinsehen bereits auf dem Titelblatt der *Stahlgewitter* beobachten (siehe Abb. 1). Die dort versammelten Paratexte rahmen das eigentliche Werk und haben durch ihre Voranstellung großen Einfluss auf die Lektürehaltung der Lesenden. Unter diesen Paratexten fallen zunächst jene auf, die wir nicht üblicherweise erwarten. So steht unterhalb des Autornamens eine Kurzbiographie, welche die wichtigsten Stationen von Jüngers militärischer

Abb. 1 Die Paratexte auf dem Titelblatt von Ernst Jüngers *In Stahlgewittern* (1920)

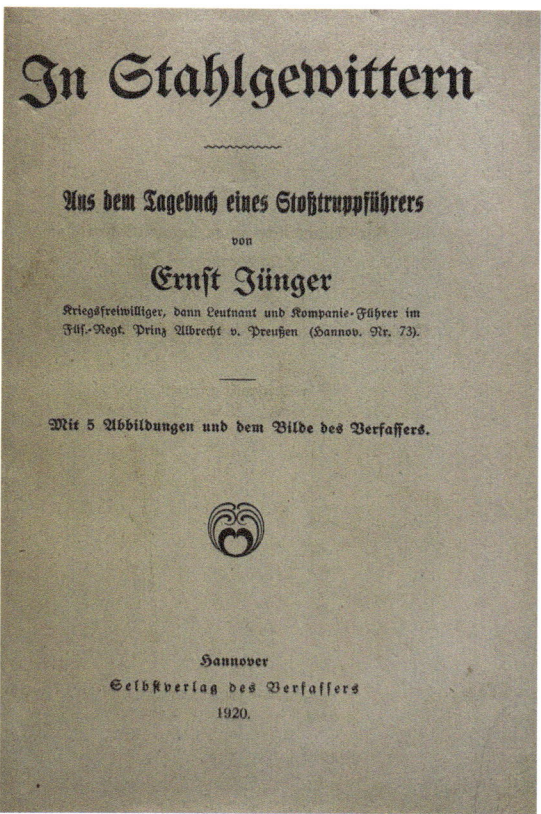

Karriere zusammenfasst. Diese Informationen sind sehr bewusst gewählt; sie beeinflussen unser Bild des Autors und des von ihm verfassten Texts. Dass Jünger sich etwa als Kriegsfreiwilliger ausweist, lässt eine Zustimmung zum Krieg und eine entsprechend affirmative Darstellung erwarten. Dass er vom Rekruten zum Offizier aufgestiegen ist und sogar seine eigene Kompanie in einem renommierten Regiment befehligt hat, belegt Jüngers militärische Kompetenz und zeigt den Autor des Kriegsberichts als Autorität. Zugleich dient der Lebenslauf allgemein zur Beglaubigung des Sachberichts, insofern dieser auf eigenen Erfahrungen und Erlebnissen beruht.

Dieselbe Authentifizierungsfunktion erfüllen die Abbildungen, die mitten auf dem Titelblatt angekündigt werden. Eingebettet in die entsprechenden Textkapitel, zeigen sie die Schauplätze der Kämpfe, die Jünger schildert, und Kameraden, die daran beteiligt waren. Ihre Visualität fügt dem Buch eine objektivierende, in ihrer Aussagekraft gleichsam unbestechliche Medienform hinzu, die seinen dokumentarischen Charakter zusätzlich bezeugt. Noch vor Beginn des eigentlichen Texts platziert Jünger außerdem ein Porträt von sich selbst. Es zeigt ihn am Ende des

Abb. 2 Ernst Jüngers Porträt in *In Stahlgewittern* (S. I)

Kriegs, mit 23 Jahren immer noch jung, stehend in winterlicher Offiziersuniform (siehe Abb. 2). Die Pose ist keineswegs zufällig gewählt, sondern erfüllt eine bildrhetorische Funktion: Die Leutnantsmütze hat Jünger demütig abgesetzt, aber der geöffnete Mantel gibt den Blick frei auf seine Abzeichen und Orden, darunter das Eiserne Kreuz erster Klasse an der Brust und der Orden ‚Pour le Mérite' am Kragen, zwei der höchsten militärischen Auszeichnungen der Zeit. Das Selbstbildnis, das auf dem Titelblatt eigens als „Bild[] des Verfassers" hervorgehoben wird, verbürgt die historische Person und trägt zum dokumentarischen Charakter des Werks bei. Zugleich dient es Jüngers militärischer Selbstaufwertung.

Eher ungewöhnlich ist zuletzt auch die Verlagsangabe am Fuß des Titelblatts. Der Tatsache, dass Jüngers literarisches Debüt im „Selbstverlag des Verfassers" erschien, haftet hier aber nicht der Makel an, dass die Veröffentlichung keine verlegerische Unterstützung gefunden hätte. Stattdessen scheint selbst die Eigenpublikation noch die Authentizität des Texts zu unterstreichen, insofern sie auf diese Weise unabhängig, unverfälscht und vor Fremdeingriffen geschützt erfolgte.

Dass die Glaubhaftigkeit des ganzen Werks stark von seinem Autor abhängt, macht sich auf dem Titelblatt durch dessen hervorstechende Präsenz bemerkbar. Nicht weniger als sieben Mal wird auf Jünger verwiesen: als Autor „Ernst Jünger", als Verleger („Selbstverlag des Verfassers"), als Porträtierter („und dem Bilde des Verfassers") und vierfach als Soldat, im Lebenslauf („Kriegsfreiwilliger", „Leutnant", „Kompanie-Führer") und im Untertitel („Stoßtruppführer[]"). Die Paratexte sind geradezu besessen von Jüngers Autorschaft. Fast kann man den Eindruck gewinnen, dass ihre dauernde Hervorhebung etwas kompensieren oder überdecken soll.

Der Untertitel „Aus dem Tagebuch eines Stoßtruppführers" gibt einen Hinweis darauf, was hier camoufliert wird. Denn die Präposition ,aus' ist mehrdeutig. Sie lässt offen, in welchem Ausmaß die ursprünglichen Aufzeichnungen in einer Auswahl von Auszügen wiedergegeben werden. Sie hält auch im Unklaren, ob der Bericht völlig unbearbeitet aus der handschriftlichen Vorlage übernommen oder, wie Jünger im Vorwort es ausdrückt, ,in Form gebracht' wurde. Außerdem ergibt sich eine Spannung zwischen den Urheberangaben „eines Stoßtruppführers" und „von Ernst Jünger". Es fragt sich, ob es sich überhaupt um dieselbe Person handelt. Denkbar wäre, dass Jünger ein aufgefundenes Tagebuch eines Dritten bearbeitet und publiziert hätte. Die Rolle des erlebenden Zeitzeugen ist jedenfalls nicht identisch mit der des literarischen Autors, Faktualitäts- und Fiktionalitätssignale überlagern einander. In welchem Verhältnis der publizierte Kriegsbericht also zu den originalen Tagebuchaufzeichnungen steht, ist ausgehend von den paratextuellen Angaben ungewiss. Sämtliche Beglaubigungsstrategien des Berichts beruhen aber auf der Behauptung, dass Tagebuch und Veröffentlichung übereinstimmen. Ihre textuelle Identität wird verbürgt durch die auf dem Titelblatt so vielfach betonte Identität ihres Autors. Und dessen Eignung als Berichterstatter beruht auf seiner biographisch dokumentierten und photographisch bebilderten eigenen Kriegsteilnahme. Ob diese Authentizitätsbehauptungen tatsächlich eine konsistente Kausalkette bilden und nahtlos ineinandergreifen, gerät durch den Untertitel in Zweifel.

Sprachbildlichkeit

Die Zweifel an der rein sachlichen Beschreibung von Jüngers Kriegsbericht werden schließlich auch vom Titel selbst genährt. Wegen seiner Einprägsamkeit und Neuartigkeit hat er über das Werk hinaus Bekanntheit erlangt. Er verdankt diese Prägnanz seiner dichterischen Verdichtung und dem hohen Maß an Sprachbildlichkeit. Die „Stahlgewitter" sind doppelt metaphorisch, binden sie doch zwei Bildbereiche zu einer unkonventionellen Neuschöpfung zusammen. Der Titel versinnbildlicht so zum einen den industriellen Charakter des Ersten Weltkriegs, der ihn von vorherigen Konflikten unterschied und den Jünger gleich am Anfang seines Vorworts erneut unterstreicht: „Eins hebt sich indeß immer klarer aus der Flut der Erscheinungen: Die überragende Bedeutung der Materie. Der Krieg gipfelte in der Materialschlacht; Maschinen, Eisen und Sprengstoff waren seine Faktoren. Selbst der Mensch wurde als Material gewertet." (V) Und zum anderen bringt der Titel den Krieg mit der Gewalt eines Unwetters oder einer Naturkatastrophe in Verbindung, die seinerzeit noch die größten vorstellbaren Zerstörungen darstellten.

Darin besteht eine entscheidende Funktion der Metaphern in Jüngers Kriegsbericht: Beide Komponenten des Titels sind den Lesenden bekannt und setzen das Kriegserlebnis in Verbindung zu Elementen aus ihrer alltäglichen Lebenswirklichkeit. Die Metaphern dienen also der Vertrautmachung, der Familiarisierung, und sind insofern eine Antwort auf die Schwierigkeit der Literatur, die Alterität des Kriegs zu vermitteln. Sie sind Deutungsangebote, das Unbegreifliche wird durch sie in verständliche Zusammenhänge übersetzt und übertragen (von griechisch *metaphorá*, Übertragung). Neben der Konzentration auf das rein militärische Geschehen sind die Sprachbilder Jüngers wichtigstes Mittel, um seine Erlebnisse für das Publikum nachvollziehbar und erfahrbar zu machen und um seine Beschreibungen anhand der Welt außerhalb des Kriegs zu strukturieren. Wie im Titel sind die Metaphern aber nicht immer einfach zu verstehen – gerade bei ungewöhnlichen Kombinationen heterogener Bildbereiche. Metaphern sind immer auch uneigentliche, bedeutungsoffene, interpretationsbedürftige Ausdrücke, die von der gewöhnlichen Semantik abweichen. Und sie sind alles andere als sachlich, nüchtern und neutral. Mit seinem metaphorischen Neologismus markiert der Titel eine literaturgeschichtliche Distanz von der Strömung der Neuen Sachlichkeit, die in der Weimarer Republik bedeutsam wurde, und bewahrt stattdessen eine Nähe zum Expressionismus der 1910er Jahre. Der Titel ist Programm – und zwar das einer avantgardistischen Ästhetik. Erneut entsteht hier also ein Widerspruch zwischen dem inhaltlichen Objektivitätsanspruch des Berichts und der Poetizität sowie Rhetorizität seiner formalen Gestaltung.

Wie aus etlichen zitierten Passagen bereits hervorgeht, sind Sprachbilder mittels Metaphern und Vergleichen keineswegs nur auf den Titel der *Stahlgewitter* beschränkt, sondern überhaupt das auffälligste formale Merkmal des ganzen Texts. Je nach Zählung und je nach Fassung finden sich hunderte, wenn nicht gar mehr als tausend bildliche Ausdrücke in dem Bericht. Schon unmittelbar ab dem Beginn des Texts lässt sich diese Fülle beobachten, allein auf der ersten Seite finden sich 28 metaphorische Wendungen (siehe Abb. 3).

Genau lässt sich hier der Moment beobachten, wo die Metaphern in den Text Einzug halten. Sie setzen ein, sobald Jünger nach seiner noch ganz sachlich beschriebenen Ausbildung tatsächlich in den Krieg zieht, metaphorisch „verladen" und „abtransportiert" wie das Kriegsmaterial, als welches er die Soldaten in seinem Vorwort beschreibt. Ab dem zweiten Absatz vergeht kein Satz ohne eine Metapher oder einen bildlichen Vergleich. Auch das Materialistische, Handwerkliche und Industrielle aus dem Titel setzt sich hier in den Sprachbildern weiter fort („Walzwerkes", „zusammengeschmolzen", „Träger", „wob"), ebenso wie die Naturanalogien („zerfloß", „Atem", „verschlungen", „Murren", „aufbrandete", „Donner", „Körper", „gepackt", „Regen", „blutbetaut"). Daneben gibt es Metaphern aus dem religiösen Bedeutungsfeld, die an das Konzept des ‚Evangeliums' aus dem Vorwort erinnern („ungläubiger", „Ehrfurcht", „begeisterten", „Geiste"), ergänzt durch Ver-

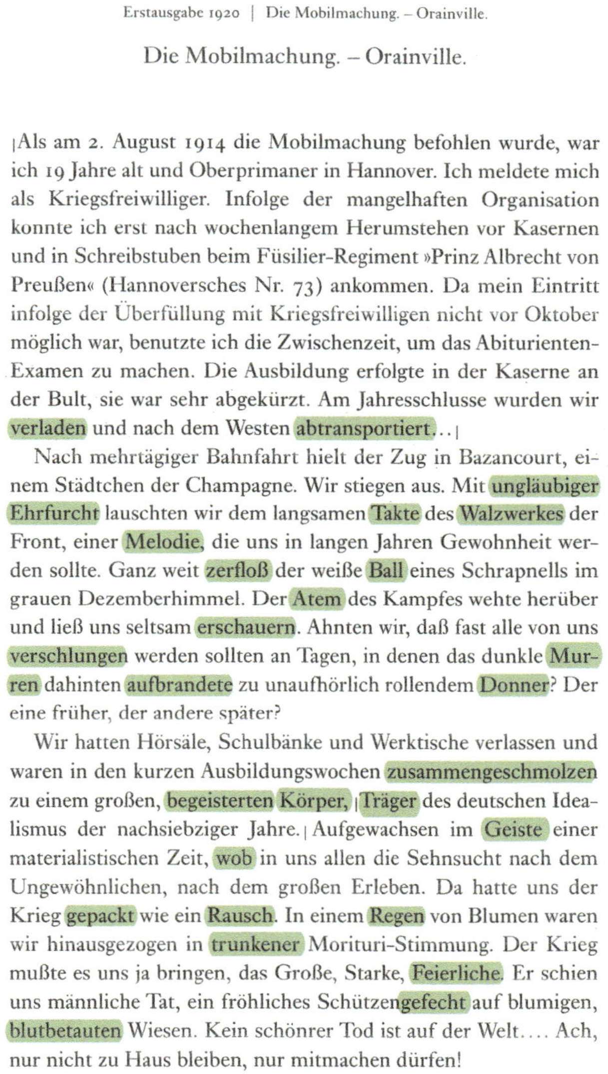

Erstausgabe 1920 | Die Mobilmachung. – Orainville.

Die Mobilmachung. – Orainville.

|Als am 2. August 1914 die Mobilmachung befohlen wurde, war ich 19 Jahre alt und Oberprimaner in Hannover. Ich meldete mich als Kriegsfreiwilliger. Infolge der mangelhaften Organisation konnte ich erst nach wochenlangem Herumstehen vor Kasernen und in Schreibstuben beim Füsilier-Regiment »Prinz Albrecht von Preußen« (Hannoversches Nr. 73) ankommen. Da mein Eintritt infolge der Überfüllung mit Kriegsfreiwilligen nicht vor Oktober möglich war, benutzte ich die Zwischenzeit, um das Abiturienten-Examen zu machen. Die Ausbildung erfolgte in der Kaserne an der Bult, sie war sehr abgekürzt. Am Jahresschlusse wurden wir verladen und nach dem Westen abtransportiert...|

Nach mehrtägiger Bahnfahrt hielt der Zug in Bazancourt, einem Städtchen der Champagne. Wir stiegen aus. Mit ungläubiger Ehrfurcht lauschten wir dem langsamen Takte des Walzwerkes der Front, einer Melodie, die uns in langen Jahren Gewohnheit werden sollte. Ganz weit zerfloß der weiße Ball eines Schrapnells im grauen Dezemberhimmel. Der Atem des Kampfes wehte herüber und ließ uns seltsam erschauern. Ahnten wir, daß fast alle von uns verschlungen werden sollten an Tagen, in denen das dunkle Murren dahinten aufbrandete zu unaufhörlich rollendem Donner? Der eine früher, der andere später?

Wir hatten Hörsäle, Schulbänke und Werktische verlassen und waren in den kurzen Ausbildungswochen zusammengeschmolzen zu einem großen, begeisterten Körper, |Träger des deutschen Idealismus der nachsiebziger Jahre.| Aufgewachsen im Geiste einer materialistischen Zeit, wob in uns allen die Sehnsucht nach dem Ungewöhnlichen, nach dem großen Erleben. Da hatte uns der Krieg gepackt wie ein Rausch. In einem Regen von Blumen waren wir hinausgezogen in trunkener Morituri-Stimmung. Der Krieg mußte es uns ja bringen, das Große, Starke, Feierliche. Er schien uns männliche Tat, ein fröhliches Schützengefecht auf blumigen, blutbetauten Wiesen. Kein schönrer Tod ist auf der Welt.... Ach, nur nicht zu Haus bleiben, nur mitmachen dürfen!

Abb. 3 Markierte Sprachbilder auf der ersten Seite von *In Stahlgewittern* (nach der historisch-kritischen Edition von Helmuth Kiesel)

gleiche mit der psychischen Reaktion auf metaphysische Erfahrungen („erschauerte", „Rausch", „trunkener"). Die Vorfreude des jungen, naiven Soldaten auf das Kräftemessen mit dem Feind kommt in Bildern des sportlich-spielerischen Wettkampfs zum Ausdruck („Ball", „[G]efecht"), sein Ästhetizismus wiederum in Vorstellungen von Kunst und Vergnügungen („Takte", „Melodie", „Feierliche").

Strukturen aus Bildern

Diese dichte Sprachbildlichkeit durchzieht den gesamten folgenden Text. Sie bildet eine durchgängige Ebene zur Darstellung und Deutung der autobiographischen Kriegserlebnisse. Wie schon auf der ersten Textseite zu sehen, setzt sie sich zusammen aus zahlreichen Bildbereichen, aus denen Jünger die einzelnen Metaphern und Vergleiche schöpft. Diese Bildbereiche sind untereinander verschieden, aus ihrer Unterschiedlichkeit ergibt sich ein System semantischer Differenzen, die den Text strukturieren. Wenn Jünger zum Beispiel den Feind als „Hund" (z. B. 148) metaphorisiert, werden damit bestimmte Bedeutungen aufgerufen und andere ausgeschlossen; das Verständnis des Feinds, das damit vermittelt wird, unterscheidet sich von anderen möglichen Interpretationen, die auf diese Weise unterbunden werden.

Die Verbildlichung bewirkt eine metaphorische Codierung des Texts, eine Strukturierung anhand in sich konsistenter und zusammenhängender, aber voneinander unterschiedener Deutungsansätze. Dieses System sprachbildlicher Differenzen können wir nun mithilfe einer strukturalistischen Analyse erfassen. Wenn wir die hunderte Metaphern und Vergleiche des Texts in detaillierter Detektivarbeit zunächst sämtlich identifizieren und anschließend ordnen, stellen wir fest, dass sie sich in insgesamt mindestens 32 Bildbereiche unterteilen lassen. Dies sind die Codes der *Stahlgewitter*, ihre sprachbildliche Struktur.

1. Wenn Jünger explodierende Geschosse als Sonne oder Planeten beschreibt oder eine Gefechtsstellung mit der Form des Halbmonds vergleicht, verwendet er astronomische Bilder und metaphorisiert den Krieg als Ereignis des *Kosmos*.

2. Meteorologische Bilder, die den Krieg als Phänomen des *Wetters* darstellen, finden sich im gesamten Text in großer Zahl, beginnend mit dem Titel: eine Schlacht als Unwetter, stürmische Angriffe, donnernde Kanonen, blitzende Explosionen, Wolken von Rauch und Blut, ein Hagel aus Granaten, ein Funkenregen.

3. Das Wogen des Kampfgeschehens und das Anbranden der Attacken gegen die Deiche der Befestigungsanlagen geben Anlass, den Krieg mit maritimen Bildern der *See* zu beschreiben, in denen das Schlachtfeld zum Meer, die Angriffswellen zu Gezeiten, die Offiziere zu Kapitänen und die nächtlichen Erkundungen zwischen den Küstenstreifen der Fronten zu Irrfahrten werden.

4. Zugleich wird das Kriegsgebiet als *Land* betrachtet und mit verschiedenen Landschaftsformen in Verbindung gebracht, etwa mit Wüste, Wald, Feld, Vulkan und Hügel.

5. Alle möglichen Akteure und Geräte des Kriegs werden als *Tiere* verbildlicht: Soldaten als Tiger, Hunde, Schweine, Igel, Maulwürfe und Ameisen, die im Fuchsloch der Gräben hocken oder sich Nester bauen, ihre Krallen zeigen, ausschwärmen, gezügelt werden müssen; heulende, fauchende, brüllende und verschlingende Artillerie; Granaten als Eier; Gräben als Schlangen; Flugzeuge als Vögel.

6. Wenn der Gegner als Tier erscheint, kann man *Jagd* auf ihn machen, ihn treiben und hetzen, ihm auflauern und eine Falle stellen; Jünger schildert die feindlichen Soldaten als Wild und als Beute, die eigenen als Waidmänner – mitunter auch umgekehrt.

7. Indem die Truppen als Herden vorgestellt werden, die vom Beschuss getrieben und schließlich zur Schlachtung geführt werden, ergibt sich das Bild einer *Viehzucht*.

8. In einer ähnlichen landwirtschaftlichen Vorstellung wird der Krieg als *Ackerbau* charakterisiert, bei dem das Schlachtfeld als Feld und Beet kultiviert und bebaut wird und die Geschosse den Boden furchen, pflügen und umwälzen, bevor er mit Toten besät wird und später die Feinde wie reife Früchte geerntet werden.

9. Ein weiterer stark ausgebauter Bildbereich ist der des Kriegs als eines *Handwerks*, das von den Soldaten meisterlich beherrscht wird. Sie bearbeiten einander mit diversen Kriegswerkzeugen und werden selbst von der Mühle des Kriegs zermahlen.

10. Das Ausheben von Gräben, Stollen und Bunkern im Stellungskrieg und das Soldatenleben gleichsam unter Tage wecken Assoziationen mit dem *Bergbau*.

11. Mit Bildern der *Industrie*, wie sie bereits im Titel anklingen, wird der Krieg beschrieben als Maschinerie, Fabrik, Getriebe, in denen die eisernen Soldaten Hebel und Geräte bedienen und selbst wie Materialien und Rohstoffe verarbeitet und transportiert werden.

12. Überhaupt erscheint der Krieg als *Arbeit*, als Wühlarbeit, Bautätigkeit und Tagewerk, bei denen die Kämpfer ihres Amtes walten und einem Beruf nachgehen, als Tagelöhner schuften, angestellt sind und ihren Feierabend genießen.

13. Mit Bildern aus der *Ökonomie* und aus dem Handel stellt Jünger das militärische Geschäft als ein wirtschaftliches dar, dessen Kosten und Preis in Menschenleben berechnet werden, in dem an Blutzoll nicht gespart wird und in dem Geschosse zwischen den Armeen ausgetauscht werden.

14. Jünger beschreibt das Schlachtfeld als wunderbaren Wallfahrtsort, zu dem die Soldaten ehrfurchtsvoll pilgern, und als Hölle, in der sie dem Teufel begegnen, und ähnelt den Krieg damit einem metaphysischen Geschehen der *Religion* an.

15. Durch zahlreiche Vergleiche mit Opfer- und Kulthandlungen wird der Krieg als *Ritual* vorgestellt.

16. Mit Bildern des Feierlichen, Karnevalesken, Orgiastischen gibt Jünger dem Kriegsgeschehen aber auch den Charakter eines weltlichen *Fests*.

17. In der Allegorie des *Theaters* wird der Krieg als Drama, Schauspiel oder Tragödie aufgefasst, die sich an Schauplätzen, in Kulissen und in Szenen abspielen. Der Krieg zeigt sein wahres Gesicht unter seiner Maske, während die Gasmaske der Soldaten zur Theater- und zur Totenmaske wird.

18. Mit Anleihen an der *Musik* wird das Kampfgeschehen als klangliches Kunstwerk beschrieben, das mit trommelnden, pfeifenden und läutenden Kriegsinstrumenten orchestriert wird und das Klänge, Gesänge und Melodien der Waffen begleiten, mit militärischem Takt dirigiert von den Kommandanten.

19. Wenn die Soldaten auf dem Parkett des Todes zusammentreffen und in ihrer angespannten Wahrnehmung alle Gegenstände um sie herum sich zu bewegen scheinen, wird die Schlacht zur Choreographie, zum militärischen *Tanz*.

20. Mit Versatzstücken aus Märchen, Schauergeschichten, Fabeln und Abenteuerromanen wird der Krieg zum Gegenstand der *Literatur*: samt spukenden Gespenstern und unheimlichen Phantomen, Cowboys und Indianern.

21. Indem die Soldaten durch den Krieg in Form gebracht, zu Kämpfern geschliffen und in eine Plastik gegossen werden, werden sie mit Skulpturen verglichen und zum Gegenstand der *Bildenden Kunst*.

22. Wo die Objekte auf dem Kampfplatz in ihren Konturen verwischen und sich in bestimmten Farben präsentieren, wo Landschaften mit malerischen Verzierungen versehen sind und sich Bilder des Grauens oder ganze Schlachtenpanoramen zeigen, ist *Malerei* das Vorbild der sprachbildlichen Darstellung.

23. Die Einschläge der Geschosse türmen die Erde zu Säulen auf, bilden Wölbungen und Bögen, Trichter und Brunnen, Wände und Riegel. Soldaten werden zu Baumeistern und der Krieg zu einem Vorgang der *Architektur*.

24. Die verfeindeten Armeen begegnen sich in Jüngers Schilderung wie in einem Wettkampf, sie scheinen miteinander zu ringen, zu boxen und zu fechten, sie teilen Schläge aus und werfen sich Granaten wie Bälle zu. Aus dem Kampf wird durch diese Sprachbilder ein *Sport*.

25. Alle möglichen Varianten des *Spiels* werden von Jünger in die Bildlichkeit seiner Beschreibungen eingewoben: Karten-, Würfel- und Glücksspiele, Lotterie, Schach, Kegeln und Schneeballwerfen. Durch die Gewalt der Waffen werden selbst Gebäude zerstört wie Kinderspielzeug, in ihrem kindischen Gehabe machen manche Soldaten das Schlachtfeld zum Rummelplatz.

26. Jünger beschreibt vor allem die Anfangszeit des Kriegs als Ausbildung in einer *Schule*, in der Lehrgeld bezahlt wird und rauflustige Soldaten gezüchtigt werden.

27. Immer wieder wird das Soldatendasein mit Elementen und Tätigkeiten des *zivilen Lebens* und des Alltags verknüpft, wenn etwa die Angriffe die Landschaft fegen, wischen, kämmen oder rasieren.

28. Der Krieg selbst erscheint als handelnde *Person*, als personifizierter Tod, der unter anderem als dämonischer Reiter oder als Ungeheuer auftritt, das mit dem Stampfen, Schlagen und Schmettern ganzer Armeen seine Opfer packt.

29. Als ein übergroßes Fressen und Gefressenwerden wird der Krieg zu einem Vorgang der Ernährung, des *Essens*, in welchem die Krieger mit Blutdurst die Kriegsschrecken kosten und selbst verschlungen werden.

30. Die Angriffe der Stoßtruppen werden sprachbildlich mit einem Geschlechtsakt gleichgesetzt, wenn auf spannungsvolle Erwartung und plänkelndes Vorspiel das erregte Eindringen in die feindliche Stellung und schließlich Ermattung und Entspannung folgen. Umschreibungen der Wollust, des Höhepunkts und der Befriedigung metaphorisieren den Krieg als *Sexualität*.

31. Wenn die Waffen sprechen oder schweigen, wenn Geschosse versandt werden und die Gegenseite antwortet, nimmt der Kampf die Form eines *Gesprächs* an.

32. In Jüngers Darstellung verschmelzen die Soldaten miteinander und mit ihrem Kriegsgerät zu einem halb menschlichen, halb mechanischen Mischwesen, einem *Cyborg* mit eisernem Rückgrat, der wie ein Automat agiert.

Damit ist das sprachbildliche Spektrum des Texts ausgeleuchtet. Aber die strukturalistische Analyse kann noch fortgesetzt werden. Die 32 Codes lassen sich weiter gliedern und bündeln, wenn sie als Bestandteile übergeordneter allegorischer Kategorien verstanden werden. Die Bildbereiche lassen sich dann größeren Bildfeldern zuordnen, in denen sie sich zusammenfügen und ineinandergreifen. So organisie-

NATUR	PRAXIS	KULTUR	PERSON
(1) Kosmos	(6) Jagd	(14) Religion	(28) Subjekt
(2) Wetter	(7) Viehzucht	(15) Ritual	(29) Essen
(3) See	(8) Ackerbau	(16) Fest	(30) Sex
(4) Land	(9) Handwerk	(17) Theater	(31) Gespräch
(5) Tiere	(10) Bergbau	(18) Musik	(32) Cyborg
	(11) Industrie	(19) Tanz	
	(12) Arbeit	(20) Literatur	
	(13) Ökonomie	(21) Bildende Kunst	
		(22) Malerei	
		(23) Architektur	
		(24) Sport	
		(25) Spiel	
		(26) Schule	
		(27) Ziviles Leben	

Abb. 4 Die Bildbereiche aus Jüngers *In Stahlgewittern* in metaphorischen Codes und Feldern

ren sich die metaphorischen Substrukturen zu semantischen Suprastrukturen. Die ersten fünf Codes (1–5) ergeben zusammen das Feld der *Natur*, in dem der Krieg naturalisiert und als Phänomen unter anderem der Witterung, der Geologie und der Tierwelt aufgefasst wird. Die folgenden acht Codes (6–13) bilden das Feld der *Praxis*, in dem das Kampfgeschehen nicht als Naturereignis, sondern als menschliche Tätigkeit dargestellt und insbesondere mit wirtschaftlichen Interessen verknüpft wird. Das mit 14 Codes (14–27) umfangreichste und differenzierteste Bildfeld ist das der *Kultur*, in dem der Krieg ästhetisch perspektiviert und als Kunstwerk, Bildungseinrichtungen und feierlich-kultische Handlung verbildlicht wird. Die fünf abschließenden Codes (28–32) gehören zum Feld der *Personifizierung*, also der Vermenschlichung des Kriegs, der selbst anthropomorphisiert wird. Eine Tabelle zeigt diese sprachbildliche Gesamtstruktur von Ernst Jüngers *In Stahlgewittern* (siehe Abb. 4).

Als Resultat dieser strukturalistischen Analyse lässt sich in Jüngers Kriegsbericht also ein umfassendes und feingliedriges System bildlicher und vergleichender Bedeutungszuschreibungen erkennen. Jeder einzelne Code, jeder Bildbereich stellt eine Facette der Kriegserfahrung dar, die Jünger vermitteln will. In ihrer Zusammenschau und ihrer Wechselwirkung formen sie eine äußerst komplexe literarische Gestalt, die jedoch dank ihrer konsistenten Strukturierung die Leserschaft nicht überfordert, sondern durch die Lektüre leitet. Die Sprachbilder erweisen sich dabei als bedeutungsstiftend und sinnstabilisierend, insofern sie in sich geschlossene, nach außen abgegrenzte semantische Einheiten bilden. Diese Einheiten werden verknüpft, um daraus den Bedeutungsgehalt des Gesamttexts zu konstruieren. Für Jüngers Anliegen, einen authentischen, umfassenden und verständlichen Bericht seiner

Kriegserlebnisse zu verfassen, sind die Sprachbilder daher ein entscheidender Faktor.

Widersprüche in Bildern

Dieses Ergebnis der strukturalistischen Analyse können wir nun anschließend aus einer dekonstruktivistischen, poststrukturalistischen Perspektive betrachten – und hinterfragen. Denn so konstruktiv sich die Sprachbilder zu einer Organisationsstruktur zusammenfügen, so fraglich ist doch, wie kohärent, eindeutig und widerspruchsfrei dieses Gesamtgefüge ist.

Mit Blick auf die vier übergeordneten Bildfelder etwa lässt sich fragen, ob es nicht für die Deutung des Kriegs einen entscheidenden Unterschied macht, ob man ihn naturalisiert, pragmatisiert, kulturalisiert oder personifiziert. Als Naturereignis erscheinen Krieg und Gewalt naturgesetzlich, notwendig, unausweichlich und der menschlichen Verantwortung entzogen. (Wie wir in der fünften Lesewerkstatt gesehen haben, nutzt St. Just dieses Argument in Büchners *Dantons Tod* zur Rechtfertigung revolutionärer Schreckensherrschaft.) Für die Vorstellung, Krieg sei eine menschliche, wirtschaftliche Praxis, gilt das Gegenteil. Dann wären die Kriegsparteien sehr wohl verantwortlich zu machen, und der Krieg wäre ein willkürlicher Vorgang, den man beeinflussen und beenden könnte. Als Gegenstand der Kultur gewinnt der Krieg an Prestige, er erhält künstlerischen, vielleicht sogar sakralen Wert. Diese Perspektive suggeriert aber auch, dass man die militärischen Schrecken aus einer distanzierten Beobachterposition betrachten und womöglich sogar ästhetisches Vergnügen daran empfinden kann. Die Personifizierung macht aus dem Krieg schließlich vollends ein eigenständiges Wesen, gegen dessen Macht und Willen der Mensch nicht ankommt. Unter Verlust seiner Identität und seiner Handlungsfähigkeit droht der einzelne Soldat mit dem Ungeheuer des Kriegs zu verschmelzen.

Auf der Ebene der vier Bildfelder ergeben sich also deutlich voneinander abweichende, konkurrierende Deutungsangebote. Sie vermitteln je eine eigene Sichtweise, sind untereinander aber inkompatibel. Ihre Koexistenz in Jüngers Kriegsbericht erzeugt unweigerlich Widersprüche, die sich mit konventioneller Semantik nicht auflösen lassen. Der Krieg kann nicht gleichzeitig der Natur und der Kultur entstammen; er kann nicht vom Menschen erschaffen und beherrscht sein und gleichzeitig eine übermenschliche Macht darstellen; er kann nicht grausam und genussvoll, nicht Subjekt und Objekt gleichzeitig sein. Das Nebeneinander dieser Gegensätze erzeugt lauter logische Unvereinbarkeiten.

Nicht nur zwischen den Metaphernfeldern, sondern auch innerhalb der von ihnen gebildeten Kategorien ergeben sich Paradoxien. Ist der Krieg ein Vorgang der unbelebten Natur, wie die Landschafts- und geologischen Metaphern nahelegen? Oder folgt er der Logik des organischen Überlebenskampfs zwischen Tieren? Spielt er sich im Erdreich ab, auf Höhe der Maulwürfe und Ameisen, oder in den luftigen Gefilden der Aasgeier? Findet er womöglich gar nicht auf der Erde statt, sondern in kosmischen Dimensionen? Und wenn der Krieg nicht als Naturereignis, sondern als menschliche Praxis vorgestellt wird, geht er dann notwendig mit Gewalt einher, wie die Jagd und die Viehzucht? Oder ist er eine eher unblutige Praxis wie der Ackerbau oder das Handwerk? Dient er der Profitmaximierung oder führt er in den wirtschaftlichen Bankrott? Gehört er zu den landwirtschaftlichen Ursprüngen archaischer Zivilisationen oder ist er ein Kennzeichen der arbeitsteiligen und industrialisierten Moderne? Hat der Krieg, als Element der Kultur verstanden, immer etwas Künstliches? Ist er Teil einer allumfassenden Inszenierung, die die ganze Welt als Theaterstück, als *theatrum mundi* begreift? Ist er ein bloßes Spiel? Oder ist er heilig und ein Gottesdienst? Ist er harmonisch wie Musik? Ist er gar nicht destruktiv, sondern konstruktiv und aufbauend wie die Architektur? Hält er eine Lehre bereit? Oder steht der Krieg, wenn er als Person vorgestellt wird, in einer sozialen Beziehung zum Menschen? Kann man mit ihm kommunizieren, ihn sogar begehren? Ist der Krieg ein Trieb? Ist er ein Monster, das uns verschlingt? Oder ist er eine Maschinerie, die sich den Menschen einverleiben will?

Diese Fragwürdigkeit der divergierenden Sprachbilder erweist ihre Sinngebung als Illusion. Ihre semantische Struktur ist bloß scheinbar stabil. Tatsächlich schafft die metaphorische Gestaltung nur oberflächlich Ordnung, bei näherem Hinsehen aber mindestens genauso viel Unordnung. Statt Strukturierung und Orientierung entstehen Widersprüche und Unstimmigkeiten. Der Text erzeugt letztlich nicht ordnende Eindeutigkeit, sondern verwirrende Vieldeutigkeit.

Die sprachbildliche Sinnstiftung in Jüngers *In Stahlgewittern* stößt spätestens an ihre Grenzen, wenn es um eine abschließende Bewertung des Kriegs geht. Je nach Perspektive und Gewichtung ergeben sich aus den zahlreichen Deutungsangeboten ganz unterschiedliche ideologische Schlussfolgerungen. Jüngers Text kann als reaktionär, autoritär, subversiv, pragmatisch, deterministisch, fatalistisch, relativierend, faschistisch oder moralisierend ausgelegt werden – und zwar nicht nur alternativ, sondern gleichzeitig. In dieser Bedeutungsoffenheit liegt die Ursache für die unterschiedlichen Interpretationen des Texts als kriegsverherrlichend, neutral oder pazifistisch. Selbst die Unterscheidung zwischen Freund und Feind, die für jede kriegerische Auseinandersetzung fundamental zu sein scheint, wird durch die einander überlagernden Bedeutungen aufgebrochen. Der Gegner erscheint als niederes Tier, Unmensch und Beute, zugleich aber auch als Spielkamerad, Gesprächspartner und sportlicher Rivale in einem fairen Wettkampf. Die Differenzen verschwimmen. Das semantische System, das die Sprachbilder errichten, dekonstruiert sich selbst.

Keine der beiden Herangehensweisen ist richtig oder falsch. Die strukturalistische und die dekonstruktivistische Methode kommen zu eigenen, je für sich genommen plausiblen Ergebnissen. Sie widersprechen und ergänzen einander. Ihr Einsatz und ihre Überzeugungskraft hängen vom Erkenntnisinteresse ab, also davon, was mit der Analyse untersucht und erreicht werden soll.

Das Fehlen der Bilder

Unabhängig von der Stabilisierung oder der Destabilisierung von Sinn und Bedeutungen lässt sich in Jüngers Kriegsbricht zuletzt noch eine weitere Funktion der Sprachbilder feststellen, und zwar *ex negativo* anhand ihres Fehlens. Im Kapitel

„Die große Schlacht", gegen Ende seines Berichts, schildert Jünger den Einschlag einer Granate mitten in seine Kompanie: „Aus dem großen Trichter strahlte unsere in Brand gesetzte Maschinengewehr-Munition ein intensives rosa Licht. Es beleuchtete den schwelenden Qualm des Einschlages, in dem sich schwarze Körper wälzten und die Schatten der nach allen Seiten auseinander stiebenden Überlebenden. Gleichzeitig ertönte ein vielfaches, grauenhaftes Gebrüll und Hilfegeschrei." (141) Viele von Jüngers Kameraden sind sofort tot oder schwer verwundet, die Truppe ist innerhalb eines Augenblicks dezimiert: „Vor einer halben Stunde noch an der Spitze einer kriegsstarken, ausgezeichneten Kompanie, irrte ich nun mit wenigen, seelisch vollkommen deprimierten durch das Grabengewirre." (ebd.) Jünger selbst kommt körperlich unversehrt davon, aber psychisch erleidet er durch die „furchtbare[] Nervenerregung" (ebd.) eine schwere Traumatisierung. Unverblümt schildert er seine erste Reaktion: „Ich will nicht verheimlichen, daß ich zunächst, wie alle anderen, nach einem Augenblick starren Entsetzens aufsprang und planlos in die Nacht rannte." (ebd.) Erst nach einiger Verzögerung wird Jünger „der Vorgang klar" (ebd.), und er begreift, was sich überhaupt ereignet hat – und mit welchen Folgen. Nachdem er einen kleinen Trupp Überlebender aus der unmittelbaren Gefahrenzone geführt hat, bricht Jünger schließlich zusammen: „Ich warf mich zu Boden und brach in ein krampfhaftes Schluchzen aus, während die Leute düster um mich herumstanden." (ebd.)

Die Episode erstreckt sich nur über eine knappe Buchseite, aber sie schildert eines der einschneidensten und tiefgreifendsten Kriegserlebnisse Jüngers, bei dem er nicht nur als Kompanieführer viele Soldaten verloren hat, sondern auch seine eigene völlige Machtlosigkeit, sein „Unvermögen zu helfen" (ebd.), einsehen muss. Im Kampf Mann gegen Mann und in den Schützengräben hatte Jünger ein ums andere Mal seinen Mut und seine Kraft bewiesen, gegen den unberechenbaren Granateinschlag aber ist er „ohnmächtig" (ebd.).

Was Jünger hier beschreibt, ist aus Berichten vom Ersten Weltkrieg als Granatschock oder *shell shock* bekannt. Heute würde in diesen Fällen wohl eine posttraumatische Belastungsstörung diagnostiziert. Was an Jüngers Darstellung des Ereignisses formal auffällt, ist das Aussetzen der Sprachbilder. Während der Bericht ansonsten vor Metaphern und Vergleichen strotzt, ist die Beschreibung hier plötzlich ganz trocken und unrhetorisch. Sachlich und nüchtern wird das Geschehen geschildert; seine Grausamkeit wird unbildlich durch Begriffe wie „grauenhaft[]", „Entsetzen", „schrecklich" (ebd.) vermittelt. Das Adjektiv ‚furchtbar' wird sogar drei Mal verwendet: „ihre furchtbaren Schreie", „aus der furchtbaren Szene", „infolge der furchtbaren Nervenerregung" (ebd.). Statt Sprachbildern verwendet Jünger hier also eindringliches Vokabular und das Betonungsmittel der Wiederholung, statt figural-bildlicher Bedeutungen setzt er ganz auf literal-wörtliche, statt uneigentlichen Übertragungen auf eigentliche Bezeichnungen.

Erst am nächsten Morgen findet Jünger wieder zu sich, und die Metaphern kehren zurück. Das Tageslicht „entschleiert[]" (142) ihm die Wahrnehmung, die Aufräumarbeiten kommen ihm vor wie „Jahrmarktstrubel", er fasst die Opfer des Vortags als teures „Lehrgeld" des Kriegs auf, und plündernde Soldaten verjagt er wie

„Hyänengelichter" (ebd.). So geht Jünger nach der Krise wieder zu seiner üblichen Darstellungsweise über.

Das Fehlen der Sprachbildlichkeit in der *Shell-shock*-Passage lässt sich als Symptom einer psychischen Traumatisierung deuten. Angesichts des unmittelbaren, tödlichen Schreckens, der einen Höhepunkt der Fremdheits- und Alteritätserfahrung darstellt, versagt die Umwandlung des Erlebten in Metaphern. Es gibt keine Vergleiche, weil das Geschehen unvergleichlich ist. Die metaphorischen Deutungsangebote bleiben aus, die Übersetzung in die vertrauten Lebensbereiche der Leserschaft bricht ab. Die Literarisierung dieses Kriegsgrauens ist Jünger nicht möglich, es gelingt ihm nicht, es in seiner erschütternden Wirkung nachvollziehbar zu machen. Schock und Trauma lassen sich nicht verbildlichen. Die ultimative existenzielle Not und die Todesnähe verhindern die rhetorische und ästhetische Distanzierung. Jünger ist psychisch nicht in der Lage, genügend Abstand zum Gegenstand zu gewinnen, um ihn sprachlich zu überformen. Jenseits aller strukturierenden und widersprüchlichen Effekte offenbart sich hier der psychologische Zweck der Sprachbilder: Sie sind ein Mittel der mentalen Verarbeitung, der Selbstvergewisserung nach gefährlichen Verunsicherungen. Ihr Ausbleiben ist ein Hinweis auf die Unmöglichkeit sprachlicher, poetischer Aufarbeitung der allerschlimmsten Kriegserfahrungen. Selbst der sonst unerschrockene Jünger muss einräumen: „Solche Augenblicke vergißt man nie." (141)

Siebenter Theoriekurs – Erzählerisch lesen

Erzähltheorie

Wie die Tragödie und wie die Rhetorik, so hat auch das Erzählen eine anthropologische Grundlage: Der *homo necans*, der Mensch, der opfert, und der *homo persuadens*, der Mensch, der überredet, ist auch ein *homo narrans*, ein Primat, der erzählt. Das Erzählen hat für uns existenzielle Bedeutungen – und mit ihm die Theorie des Erzählens, der Narration und der Narrative, die Narratologie.

Anthropologie

Anthropologisch betrachtet, gibt es im menschlichen Verhalten einfache Handlungsmuster, narrative Szenarien, die wir unabhängig voneinander in verschiedenen Kulturen finden – etwa jenes der ‚Futtersuche'. Ein Jäger oder Sammler zieht aus, um ein Tier zu töten oder Nahrung zu holen, er muss sich bewähren und kehrt mit seiner Beute dann wieder heim. Diese Dramaturgie wiederholt sich von der Fahrt der Argonauten und den Rittern der Tafelrunde, von der Suche nach dem goldenen Vlies oder dem heiligen Gral bis zu populären Kino- und Fernsehfilmen und den virtuellen Welten digitaler Spiele. Menschliche Grundsituationen spiegeln sich universell in ähnlichen Sagen, Mythen und Märchen. Es gibt schematische Grundregeln des *storytelling*.

Psychologie

Psychologisch bieten uns Erzählungen die Möglichkeit, Emotionen zu erfahren und gefahrlos durchzuspielen, weil sie im Reich der Vorstellungskraft verbleiben und wir Gefahren oder Konflikte auf diese Weise nicht in der Wirklichkeit erleben müssen. So regulieren wir unseren Gefühlshaushalt und schulen unsere Empathie. Wenn wir einer Geschichte und ihren Figuren folgen, tun wir dies nicht nur kognitiv, sondern auch affektiv und ästhetisch. Unsere Sinne und unser Körper sind physiologisch beteiligt, unser Gehirn und unser Nervensystem reagieren neuronal. Es gibt eine Psychologie, aber auch eine Biologie, eine Naturwissenschaft des Erzählens.

Identität

Mit Erzählungen versichern wir uns unserer Identität, als Einzelne wie als Gruppen. Wir erzählen uns gleichsam unser Leben und geben ihm so einen Sinn. Wir entwickeln unser Selbstverständnis durch Selbsterzählungen. Erinnerungen halten unser ‚Ich' zusammen (außer bei Roland Barthes, der seine Autobiographie fragmentierte).

Auch Gemeinschaften bilden sich durch Erzählungen. Sie handeln von einem gemeinsamen Ursprung, von überstandenen Gefahren und von äußeren Feinden. Nationen beruhen auf Na*rra*tionen. Sie sind Erzählkollektive. Der moderne Nationalismus entstand in Erzählgemeinschaften, welche die gleichen Romane und Zeitungen lasen. Benedict Anderson bezeichnete sie als *Imagined Communities* (1983), die sich über Lektüren verfestigen. Eine Nation entsteht als Lesepublikum in einem Buch- und Zeitungsmarkt. Das Musterbeispiel sind die ehemaligen Kolonien in Hispanoamerika, die sich nach der Unabhängigkeit in den 1820er Jahren als neue Nationen innerhalb der alten Grenzen der Kolonien herausbildeten, obwohl sie die gleiche Sprache wie ihre Nachbarn sprachen – die Sprache der ehemaligen Kolonialmacht.

Die Frage, von welchem Ereignis eine nationale Erzählung ausgeht, hat dabei ideologische Folgen für das kollektive Selbstverständnis: zum Beispiel für Deutschland, wenn man mit der *Hermannsschlacht* beginnt als Widerstand gegen die römische ‚Zivilisation', oder für die Schweiz mit dem *Rüetlischwur* als Rebellion gegen eine monarchische ‚Fremdherrschaft'.

Geschichte

Auch die Geschichtsschreibung greift auf vorgeformte Narrative zurück. Hayden White hat die These aufgestellt (*Metahistory*, 1973; *The Content of the Form*, 1987), sie stifte Sinn mittels erzählerischer Muster und Modelle, durch „emplotment". Die Bedeutung der Geschichte werde hergestellt durch die Art der Geschichte: „providing the ‚meaning' of a story by identifying the *kind of story*". White unterscheidet historiographische ‚Skripte': *romance*, *satire*, *tragedy*, *comedy* – die er mit verschiedenen Tropen und politischen Haltungen assoziiert. Während die Tragödie das Scheitern der Menschen beschreibt, feiert die Romanze, zum Beispiel, den Sieg des Guten nach der Überwindung von Widerständen. Der deutsche Historiker Karl Schlögel („Narrative der Gleichzeitigkeit oder Die Grenzen der Erzählbarkeit von Geschichte", 2011) diskutiert seinerseits die „Erzählbarkeit" von Geschichte und stellt dabei fest, dass die Linearität der Ereignisse in der Zeit bevorzugt und ihr Nebeneinander im Raum vernachlässigt werde.

Ethnologie

Nicht nur, wie wir uns selbst (als Individuen oder als Kollektive), sondern auch, wie wir Andere (Individuen oder Kollektive) verstehen, ist eine Frage des Erzählens. Wie können wir nicht nur unsere eigene Geschichte, sondern auch fremde Kulturen angemessen wahrnehmen und erzählerisch darstellen? Welche Perspektive nimmt eine Ethnologin ein – im Feld und am Schreibtisch? Berichtet sie entlang eigener Erfahrungen und Beobachtungen? Wie stellt sie in Rechnung, dass alles, was sie sieht, nur ein Ausschnitt einer komplexen Wirklichkeit von einem begrenzten Blickpunkt aus ist? In welchem Maß lässt sie andere Sichtweisen, andere Stimmen zur Geltung kommen? Welches Verhältnis entsteht dabei zwischen ‚Eigenem' und ‚Fremdem', zwischen ‚Reisenden' und ‚Bereisten', zwischen ‚Erzählenden' und ‚Erzählten'?

Die Einstellung einer Ethnographie entspricht in der Regel ihrer erzählerischen Anlage. Je linearer, zentralperspektivischer und monologischer sie erzählt wird, desto kolonialer, eurozentrischer ist ihre Haltung. Das Gleiche gilt für die Art und Weise, wie wir als Nicht-Ethnologinnen über fremde Kulturen sprechen, etwa über Migranten in den Medien.

Politik

Narratologie ist auch „eine *politische* Wissenschaft" (Albrecht Koschorke, *Wahrheit und Erfindung*, 2013, S. 245). *Wie* etwas erzählt wird, von welchem Anfang an, in welcher Reihenfolge, aus welcher Perspektive, kann gewaltsame Konsequenzen haben. Das gilt besonders für Konflikte, vor allem für Kriege und Bürgerkriege. Worauf beruht die Feindschaft? Welches Unrecht hat sie ausgelöst? Und was ist eine berechtigte Gegenwehr?

Wir können dieses narratologische Problem an allen möglichen Auseinandersetzungen diskutieren und jeweils fragen, wie politische Interessen dabei erzählerisch vermittelt werden: beim ‚Brexit', beim Sturm aufs Kapitol, beim russischen Angriff auf die Ukraine.

Wie erzählt man, beispielsweise, den Israel-Palästina-Konflikt? Wo soll man beginnen? In biblischen Zeiten – bei der Ankunft der Juden im gelobten Land? Im Altertum – bei ihrer Vertreibung durch die römischen Besatzer? Beim Antisemitismus in Europa – der die zionistische Bewegung auslöste? Mit der arabischen Expansion – oder dem englischen Kolonialismus? Mit der Schoa – und dem Trauma der Überlebenden? Mit der Gründung Israels (1948) – als rettendem Staat für die Juden? Mit dem Überfall durch die arabischen Nachbarn (1948) oder dem ‚Sechstagekrieg' (1967) – und Israels Sieg gegen Ägypten, Jordanien und Syrien? Oder mit der folgenden Besetzung des Westjordanlands – und der Vertreibung und Unterdrückung der Palästinenser? Mit der israelischen Besetzung des Gazastreifens – oder mit ihrem Ende (2005)? Mit dem Raketenbeschuss durch die Hamas? Mit dem Massaker, das sie am 7. Oktober 2023 verübte, und den Geiseln, die sie verschleppte? Oder mit dem israelischen Einmarsch und dem Krieg, der darauf folgte? Die

Unlösbarkeit politischer Konflikte ergibt sich aus der Unvereinbarkeit der Konfliktnarrative.

Auch politische Ideologien und Programme sind letztlich Erzählungen: vom Klassenkampf, von den Kräften des Marktes oder von der verlorenen ‚Größe' einer Nation, die zurückzugewinnen sei. Die Art und Weise, wie uns etwas erzählt wird, durchschauen zu können, ist eine wichtige Kompetenz mündiger Bürgerinnen und Bürger: *narratological literacy*. Wenn wir diese Fähigkeit ausbilden, sind wir imstande, Narrative einzuschätzen und uns gegen Propaganda zu immunisieren. Wir lernen, *fake news* von Fakten zu unterscheiden, Verschwörungsmythen von Reportagen. Diese Fähigkeit entscheidet, wie wir unsere Gesellschaften organisieren und ob wir unsere Umwelt bewahren werden. Das Erzählen ist tatsächlich eine Frage von Leben und Tod.

Die Irrfahrten des Erzählens

Bereits die frühesten Erzählungen unserer Literatur sind erzähl*technisch* nicht einfach zu beschreiben. An Homers *Odyssee* wird bereits oberflächlich sichtbar, dass dieses Epos klug konstruiert und komplex komponiert ist.

Die Erzählung ist gestaffelt auf mehreren Ebenen:

1. Der Text beginnt mit einem Musenanruf (rhetorisch: mit einer *Apostrophe*).

Ἄνδρα μοι ἔννεπε, Μοῦσα, πολύτροπον, ὃς μάλα πολλὰ
πλάγχθη, ἐπεὶ Τροίης ἱερὸν πτολίεθρον ἔπερσε·
„Sage mir, Muse, die Taten des vielgewanderten Mannes,
Welcher so weit geirrt, nach der heiligen Troja Zerstörung."
(Übersetzung von Johann Heinrich Voß)

Drei Instanzen spielen im ersten Vers eine Rolle, die erste, zweite und dritte Person: das Ich (μοι, „mir") des Erzählers; das Du, das er anspricht, die Muse (Μοῦσα); und der Mann (Ἄνδρα), von dem als Helden die Rede sein soll.

Der Sänger bittet die Muse, ihn anzuregen, ihm etwas einzugeben – beziehungsweise ihm etwas zu erzählen (ἔννεπε, „nenne mir", wörtlich: „erzähle mir"). Er wäre, so gesehen, ein Medium, das eine fremde Rede vermittelt: als Erzähler zweiten Grades. Der Musenanruf wäre eine Art Gebet an eine göttliche Instanz, die hier eigentlich erzählt und deren Erzählung wiedergegeben wird.

2. In der Folge singt das Ich die Geschichte als ‚epischer Erzähler'. Der erste Teil seiner epischen Erzählung handelt von der ‚Telemachie', der Suche des Telemachos nach seinem Vater, Odysseus, der längst aus Troja heimgekehrt sein müsste (Gesänge I bis IV). Im zweiten Teil folgt die eigentliche ‚Odyssee' (Gesänge V bis XII). Und im dritten Teil schließlich kehrt Odysseus nach Ithaka zurück (Gesänge XIII bis XXIV). Zunächst laufen also zwei Erzähl*stränge* parallel: die Suche des Sohnes und die Irrfahrt des Vaters. Am Ende werden beide in der Heimat zusammengeführt.

3. Nach dem Anruf der Muse und dem Anfang der Erzählung sprechen die Götter: in einem Götterrat, in dem das Schicksal des Odysseus verhandelt wird. Die Erzählung entwickelt sich zum Drama. Die dramatischen Stimmen der Figuren

lösen die epische Stimme des Erzählers ab. Überhaupt ist der Anteil direkter Rede in diesem Epos insgesamt hoch. Die *Odyssee* umfasst also eigentlich mehrere Gattungen: Gebet, Gesang, Drama, Abenteuerroman und Reiseliteratur.

4. In ihren zentralen Gesängen ist die *Odyssee* eine Autobiographie beziehungsweise ein autobiographischer Reisebericht, der nicht mehr vom epischen Erzähler, sondern vom Helden selbst erzählt wird, in der ersten Person Singular. Dieser zweite Teil des Epos handelt von der eigentlichen ‚Odyssee', aber seine Handlung beginnt erst an der vorletzten Station, als die ‚Irrfahrten' beinahe schon zu Ende sind. Odysseus verlässt Ogygía und die Nymphe Kalypso. Er gelangt nach Schería zum phäakischen König Alkinoos und dessen Tochter Nausikaa. Er bewegt sich dabei aus dem Mythos in die Wirklichkeit, aus einer phantastischen in eine realistische Erzählung. Die Geschichte wechselt die Modi. (Dabei stellt sich die Frage: Sind die Fabelwesen in Odysseus' Erzählung – Kirke, Kalypso – innerhalb der erzählten Welt wirklich oder phantasiert? Wir können sie mit dem Konzept des ‚Phantastischen' diskutieren, das im Theoriekurs zur Psychoanalyse vorgestellt wird.)

Ohne zu wissen, um wen es sich bei dem Schiffbrüchigen handelt, besingt am Hof der Phäaken der Sänger Demodokos dessen Taten vor Troja. Odysseus bricht in Tränen aus (VIII.521–522) und gibt sich zu erkennen (IX.19). Der Held reagiert auf die Erzählung seiner Geschichte. Und dann wird er selbst zum Erzähler. Es findet ein Wechsel der Perspektiven und der Erzählinstanzen statt.

Das bedeutet, in der narratologischen Terminologie, die wir im Folgenden erklären wollen: Der Text wechselt von der Rahmenerzählung zur Binnenerzählung, von der *extra*diegetischen zur *intra*diegetischen Ebene; und von einem *hetero*diegetischen über einen *homo*diegetischen zu einem *auto*diegetischen Erzähler. Die Erzählinstanz steht nun nicht mehr, als Sänger des Epos, außerhalb der erzählten Welt, sondern sie befindet sich, als Sänger Demodokos, innerhalb der erzählten Welt, und ist schließlich, als erzählender Odysseus, zugleich der Protagonist der Handlung. Die Erzählung wechselt dabei von der dritten in die erste Person. Der Abenteuerroman wird zur Autobiographie. Indem die lineare Rahmenerzählung durch eine Binnenerzählung unterbrochen wird, wird die Chronologie durch Anachronie abgelöst: durch eine längere Analepse. Im Ergebnis ist fast die gesamte Irrfahrt der *Odyssee* eigentlich eine Rückblende, in der ersten Person, aus der Sicht des Helden.

Odysseus erzählt also, auf Bitte seiner Gastgeber, seine Irrfahrten – bis zu Kalypso. Die Hauptfigur, die hier zum Erzähler wird, beginnt mit einer metanarrativen Selbstreflexion: „Aber was soll ich zuerst, was soll ich zuletzt dir erzählen?" (IX.14) Dann berichtet er von seinen Irrfahrten seit dem Aufbruch von Troja, das heißt: von ihren bisherigen elf von insgesamt zwölf Stationen.

Die Gesänge IX bis XII der *Odyssee* (die sogenannten ‚Apologe', von ἀπόλογος, fabelhafte Erzählung) sind die erste ‚Ich-Erzählung' der europäischen Literatur. Fast die gesamte eigentliche ‚Odyssee' ist nicht durch den auktorialen Erzähler (und indirekt durch die Muse) beglaubigt, sondern eine Erzählung aus der Sicht einer Figur, des einzigen Überlebenden. Ihr Status wird damit prekär. Womöglich ist alles nur eine Erfindung oder eine Beschönigung und jedenfalls eine Erinnerung des Odysseus.

Und tatsächlich gibt es Indizien dafür, dass Odysseus ein ‚unzuverlässiger' Erzähler sein könnte. In der Kyklopen-Episode (IX.106–566) zum Beispiel wird in der ersten Person ein Geschehen beschrieben, von dem der Ich-Erzähler eigentlich gar nichts wissen konnte, wenn es über den abwesenden Polyphem heißt: „Er trieb das fette Vieh auf die Weide." Wie will Odysseus das erfahren haben? Zwei Erzählperspektiven geraten hier durcheinander: die der Figur und die auktoriale. Im Anschluss an Odysseus' eigenen Bericht übernimmt wieder die Stimme des epischen Erzählers, und es geht in der dritten Person weiter – nach Ithaka.

Das Epos ist also erzählt aus der Sicht verschiedener Instanzen, auktorial und personal fokalisiert: indirekt aus jener der Muse, aus jener der Götter, vom epischen Sänger, von Odysseus und sogar vom Sänger Demodokos innerhalb der Erzählung. Erzählt wird in der dritten und in der ersten Person. Die Erzählinstanzen stehen außerhalb und innerhalb der erzählten Welt, an deren Rand oder in deren Zentrum.

Und die Geschichte des Odysseus weist, wenn wir sie heute lesen, weit über die *Odyssee* und über die griechische Antike hinaus. Wenn wir den Stoffen der antiken Epen durch die Literaturgeschichte folgen, stellen wir fest, wie sich Texte stets auf andere Texte beziehen, auf anderen Texten aufbauen, andere Texte umschreiben – in Verhältnissen der Intertextualität. So wandelt sich die Geschichte vom Irrweg und von der Heimkehr des Helden aus Homers *Odyssee* über Vergils *Aeneis* und Dantes *Divina Commedia* bis zu James Joyces *Ulysses* und Derek Walcotts *Omeros*. Bestimmte Narrative werden seit mehr als zweieinhalb Jahrtausenden immer wieder aufgegriffen und variiert, inhaltlich abgewandelt und auch formal neu erzählt.

Vorläufer und Ansätze

Konzeptualisierungen des Erzählens finden wir bereits in der Antike: in der Poetik und in der Rhetorik. Neue Ansätze entstehen in der Moderne: im Formalismus und im Strukturalismus.

In der Tragödie gibt es zwei Formen der dramatischen Bühnenhandlung, die eigentlich episch sind: die Mauerschau als gegenwärtige Schilderung und den Botenbericht als nachträgliche Übermittlung. Auch die Chorlieder dienen häufig dazu, eine Vorgeschichte mitzuteilen. Erzählerische Formen haben bereits im Theater ihren Platz und ihre Funktion.

In der Rhetorik ist die *Narratio* der zweite Teil einer Rede, zwischen *Prooemium* und *Argumentatio*. Die Schilderung des strittigen Sachverhalts geht – etwa in einer Gerichtsrede – den Schlüssen voraus, die der Redner aus ihr für die Entscheidung des Falls zieht. Und die Rhetorik gibt auch Ratschläge, wie eine solche Darstellung zu erfolgen habe, sei es hinsichtlich ihrer Kürze, Klarheit und Glaubwürdigkeit oder auch hinsichtlich ihrer Gliederung: in natürlicher Chronologie (*ordo naturalis*) oder abweichend davon (*ordo artificialis*).

Die moderne Narratologie beginnt in den 1920er Jahren im Formalismus. Die Formalisten und in ihrer Folge die Strukturalisten analysieren die Strukturen von Erzählungen, indem sie deren maßgebliche ‚Elemente', ‚Funktionen', ‚Rollen', ‚Lexien' und ‚Codes' bestimmen und zueinander ins Verhältnis setzen. So hat Roland Barthes Honoré de Balzacs Novelle *Sarrasine* (1830) in fünf Codes zerlegt, zum Beispiel den des Geheimnisses, um das es in der Geschichte geht (Barthes, *S/Z*, 1970). Wladimir Propp hat auf der Suche nach den Grundmustern volkstümlichen Erzählens für die russischen Märchen sieben Handlungs*träger* (Aktanten) und 31 Handlungs*elemente* (Funktionen) identifiziert – auf der Ebene der erzählten Handlung, nicht der erzählerischen Form.

Das System

Die Narratologie oder Erzähltheorie entwickelte ein System zur sehr genauen Beschreibung von Texten. Sie stellt uns eine feingliedrige Begrifflichkeit zur Verfügung, mit der wir die Formen literarischen Erzählens bestimmen können. Es gibt allerdings nicht durchweg eine verbindliche Terminologie. Maßgeblich soll im Folgenden die sehr weit verbreitete Systematik von Gérard Genette sein und die gängige *Einführung in die Erzähltheorie* von Matías Martínez und Michael Scheffel (1999, 9. Auflage 2012).

Wichtige Studien sind Eberhard Lämmerts *Bauformen des Erzählens* (1955), Käte Hamburgers *Die Logik der Dichtung* (1957), Roland Barthes' „Introduction à l'analyse structurale des récits" (1966), Franz K. Stanzels *Typische Formen des Romans* (1964) und *Theorie des Erzählens* (1979), Gérard Genettes *Discours du récit* (1972) und *Nouveau discours du récit* (1983), Mieke Bals *Narratology* (1985), Jürgen Petersens *Erzählsysteme* (1993) und Albrecht Koschorkes *Wahrheit und Erfindung* (2013).

Story und *plot*

Grundsätzlich unterscheiden wir zwei Dimensionen einer Erzählung: die *Ereignis*folge (*was* erzählt wird, das Geschehen, das erzählerische Rohmaterial) und die *Zeichen*folge (*wie* erzählt wird, die Anordnung der Handlungselemente in der Erzählung). Im Französischen unterscheiden wir entsprechend *histoire* und *discours*, im Englischen *story* und *plot* oder im Russischen, mit den Formalisten, *fabula* (фабула) und *syuzhet* (сюжет). Das deutsche Wort ‚Geschichte' ist doppeldeutig, es ebnet den Unterschied zwischen der Handlung auf der Ebene des Inhalts und der Darstellung auf der Ebene der Form ein.

Das Verhältnis von *story* und *plot* ist nicht trivial. Ein und dieselbe *story* kann die Gestalt verschiedener *plots* annehmen. Anfang und Ende, Auswahl, Reihenfolge, zeitliche und kausale Verknüpfung können sehr unterschiedlich organisiert werden. Dieser Unterschied zwischen *story* und *plot* spielt eine entscheidende Rolle bei der Schilderung von Streitigkeiten oder in der Erzählung einer Lebensgeschichte. Je nachdem, wem, von wem und wie eine Biographie erzählt wird, fällt sie unterschiedlich aus: zum Beispiel von einer Bewerberin, einer Gutachterin, einer Strafverteidigerin oder einer Totenrednerin.

Die wichtigsten Kategorien des Systems der Narratologie wollen wir im Folgenden ausführen.

Zeit und Tempo

Wir unterscheiden die ‚erzählte Zeit' (auf der Ebene der *histoire* oder *story* – was?) und die ‚Erzählzeit' (auf der Ebene des *discours* oder *plot* – wie?): Wie lange dauert das, wovon erzählt wird? Und wie lange dauert es, davon zu erzählen? Das Verhältnis zwischen diesen beiden Zeiten ist das ‚Erzähltempo', die Geschwindigkeit der Erzählung. Das Erzähltempo kann innerhalb eines Texts variieren. Mögliche Verhältnisse zwischen erzählter Zeit und Erzählzeit sind grundsätzlich folgende:

Beim zeit*raffenden* Erzählen ist die Erzählzeit kürzer als die erzählte Zeit. Einen Lebenslauf von 50 Jahren können wir in fünf Minuten erzählen. Thomas Manns Roman *Buddenbrooks* schildert Ereignisse von mehr als 40 Jahren, deren Lektüre sich etwa in einem Verhältnis von eins zu zehntausend vollzieht. Günter Grass' *Der Butt* beginnt in der Neusteinzeit, so dass sich ein Faktor von eins zu vier Millionen ergibt.

Beim zeit*deckenden* Erzählen sind die Erzählzeit und die erzählte Zeit annähernd gleich lang. Dies ist der Fall bei direkten Reden oder bei inneren Monologen (zum Beispiel Arthur Schnitzlers *Lieutenant Gustl* oder *Fräulein Else*), im szenischen Erzählen oder beim ‚Sekundenstil', für dessen Lektüre wir so viel Zeit brauchen, wie es der beschriebenen Handlung entspricht. James Joyces *Ulysses* handelt von gut einem Tag im Leben Leopold Blooms, dem sogenannten „Bloomsday" am 16. Juni 1904, und wenn wir den Roman in einem Zug lesen, dauert das etwa 30 Stunden.

Beim zeit*dehnenden* Erzählen ist die Erzählzeit länger als die erzählte Zeit. Dies kann bei Gedanken der Fall sein oder bei Beschreibungen. Die moderne Literatur, die zeitgleich mit dem Film entstand, entwickelte gleichsam Techniken der Zeitlupe. So beschreibt der Anfang von Marcel Prousts *À la recherche du temps perdu* das Einschlafen und Erwachen so, dass die Lektüre womöglich länger dauert als der dargestellte Vorgang.

Neben diesen drei Grundvarianten können wir zwei Sonderformen ergänzen: die Ellipse als explizite oder implizite, bestimmte oder unbestimmte Aussparung, die leer bleibt beziehungsweise einen Zeitabschnitt überspringt; und die Pause der Handlung als Unterbrechung, die mit Beschreibungen, Kommentaren oder Überlegungen ausgefüllt wird.

Für die Ordnung in der zeitlichen Abfolge des Erzählens unterscheiden wir Chronologie und Anachronie. Chronologie bedeutet: Die Reihenfolge des Erzählens entspricht der Reihenfolge der erzählten Ereignisse. Anachronie bedeutet: Die Reihenfolge des Erzählens weicht von der Reihenfolge der erzählten Ereignisse ab. Solche Abweichungen können in Form von Vorwegnahmen geschehen, als *Pro*lepse; oder in Form von Rückblicken, als *Ana*lepse. In einer ‚analytischen' Erzählung (etwa in einer Detektivgeschichte) oder in einem analytischen Drama (zum Beispiel Sophokles' *König Ödipus*) liegen sogar alle wesentlichen Ereignisse in der

Vergangenheit, und sie kommen im Verlauf der gegenwärtigen Handlung ans Licht. Eine dritte Form neben der Chronologie und der Anachronie ist die *Achronie*: die gänzliche Auflösung der zeitlichen Ordnung. Rein chronologisches Erzählen ohne Vor- oder Rückgriffe ist nicht so häufig, wie man annehmen könnte. Anachronie ist der erzählerische Regelfall.

Erzähler und Leser

Wer erzählt wem? Auch diese Frage ist nicht trivial.

Wer erzählt? Der Erzähler. Aber der Erzähler ist *nicht* der Autor. Ein Erzähler ist immer eine Funktion eines Texts, eine übergeordnete Instanz oder eine Figur. Sie kann zur Welt der Handlung dazugehören oder auch nicht. Roland Barthes pointiert: „*wer spricht* (in der Erzählung), ist nicht, *wer schreibt* (im Leben), und *wer schreibt*, ist nicht, *wer ist*." („*qui parle* (dans le récit) n'est pas *qui écrit* (dans la vie) et *qui écrit* n'est pas *qui est*.") („Introduction à l'analyse structurale des récits"). Die Identität „des Erzählers" muss dabei nicht männlich sein, sondern sie kann auch weiblich („sie") sein oder neutral („es") – als ‚Erzähl-Instanz': ‚Es erzählt.'

Wem wird erzählt? Dem Leser. Aber wer ist der Leser? Wird er oder sie im Text implizit vorausgesetzt oder explizit angesprochen? Ausdrückliche Anreden können schmeichlerisch sein („geneigter Leser"), nach der rhetorischen Strategie der *captatio benevolentiae*, um das Publikum gewogen zu stimmen. Aber auch das Gegenteil kann der Fall sein, wenn ein Erzähler seine Leser provoziert und gegen sich aufbringt, etwa bei Erzählerfiguren, die kriminell, dissident oder pathologisch sind wie bei Louis-Ferdinand Céline, Jean Genet oder Jonathan Littell. Martin von Koppenfels spricht von „Infamem Erzählen" und einer *captatio malevolentiae*.

Nach einem ungeschriebenen Gesetz beziehungsweise nach einem ‚Pakt', den wir mit ihm eingehen, ist ein Erzähler *eigentlich* glaubwürdig und widerspruchsfrei. Ein Sonderfall liegt dagegen vor, wenn wir einem Erzähler nicht vertrauen können, weil er sich als ein ‚unzuverlässiger' Erzähler erweist, als „unreliable narrator" (Wayne C. Booth, 1961). Ein unzuverlässiger Binnenerzähler (intradiegetisch) kommt, wie wir gesehen haben, in der *Odyssee* vor, ein unzuverlässiger Rahmenerzähler (extradiegetisch) im Schelmenroman oder zum Beispiel in Pedro Lenz' berndeutschem Roman *Der Goalie bin ig* (2010). Das mundartliche Verb „verzählen" („verzöue") anstelle des hochdeutschen „erzählen" würde sich dabei eignen, als narratologischer Terminus übernommen zu werden: für ein *Er*zählen, das eigentlich ein *Ver*zählen ist, eine fiktionale Verdrehung der Tatsachen.

Erzählerische Unzuverlässigkeit kann auch ohne Intention des Autors entstehen: aus Versehen, durch zweifelhafte Überlieferung oder durch editorische Entscheidungen. So wird in Heinrich von Kleists Novelle „Die Verlobung in St. Domingo" (1811) der Name Gustav (von der Ried) viermal als „August" geschrieben und daher meistens stillschweigend berichtet. Aber ist das wirklich ein Fehler oder vielleicht ein absichtsvolles Anagramm (wenn wir ein v mit einem u gleichsetzen)? Und was hätte das zu bedeuten?

Grammatik

Wie wird grammatisch erzählt? In der Regel in der dritten Person (Er- oder Sie-Form) oder in der ersten Person (Ich-Form), aber es gibt auch Erzählungen in der zweiten Person (Du-Form), zum Beispiel in Hans Christoph Buchs *Apokalypse Afrika* (2011), wo diese Form mehrere Funktionen hat: Selbstanrede und Anrede, Abstandnahme und Einbeziehung. Der Erzähler spricht sich selbst als „Du" an, als wolle er die traumatischen Erlebnisse in Ruanda oder Liberia von seinem „Ich" fernhalten; aber er spricht damit zugleich uns Lesende an, so dass wir in die Situation desto stärker hineinversetzt werden.

Der chilenische Schriftsteller Carlos Cerda (1942–2001) erzählt seinen Roman *Morir en Berlín* (1993, deutsch: *Sterben in Berlin*, deutsche Ausgabe: *Santiago-Berlin, einfach*) in der ersten Person Plural, und zwar aus der Sicht der Gemeinde seiner Landsleute, die nach dem Pinochet-Putsch 1973 im Exil in der DDR lebten. Ihr „Wir" ist als ein Chor zu verstehen, der die Trennung der Hauptfiguren als moderne Version der Medea-Tragödie kommentiert. Aber die ungewöhnliche Erzählform ermöglicht einen noch unheimlicheren Effekt: Als die, die hier erzählen, plötzlich ein Wissen haben, über das eigentlich nur eine auktoriale Instanz verfügen kann, fragt sich die Leserin, ob es sich um das Wissen einer anonymen Überwachungsinstanz handelt – der *Stasi*.

Ort

Eine Geschichte kann auf mehreren Ebenen erzählt werden. Wir unterscheiden *extra-*, *intra-* und *meta*diegetische Erzählungen. *Extra*diegetisch ist das Erzählen auf der ersten Ebene als Rahmenerzählung: Eine Geschichte wird erzählt. *Intra*diegetisch ist das erzählte Erzählen auf der zweiten Ebene als Binnenerzählung: In einer Geschichte wird erzählt. *Meta*diegetisch ist das *erzählte* erzählte Erzählen auf der dritten Ebene als Erzählung innerhalb der Binnenerzählung. Der homerische Sänger zum Beispiel ist ein *extra*diegetischer Erzähler; der Odysseus der Apologe ein *intra*diegetischer Erzähler; und Odysseus, der innerhalb dieser Binnenerzählung dem Kyklopen Polyphem eine listige Geschichte erzählt, der also erzählt, wie er etwas erzählt hat, wäre ein *meta*diegetischer Erzähler.

Lukas Bärfuss hat in seinem Ruanda-Roman *Hundert Tage* (2008) am Anfang eine Rahmenerzählung eröffnet, die am Ende nicht wieder geschlossen wird, so dass wir vergessen, dass die Binnenerzählung, die den Hauptteil des Romans ausmacht, nur indirekt von ihrem Ich-Erzähler erzählt wird; eine Technik, die Bärfuss von Gustave Flauberts *Madame Bovary* (1856, 1857) übernommen hat.

Es können zwei Sonderfälle vorkommen: die Metalepse und die *mise en abyme*. Wird der Rahmen der Erzählung durchbrochen, wird zwischen verschiedenen Ebenen gesprungen oder kommt es zu weiteren Überschreitungen der erzählerischen Logik, so sprechen wir von einer narrativen Metalepse (im Unterschied zur Metalepse als rhetorischer Trope, die wir im letzten Theoriekurs behandelt haben). Das ist etwa der Fall, wenn sich die Figuren über ihren Autor unterhalten, wenn die Leserin plötzlich zur Protagonistin wird oder wenn eine Figur aus einem Film von der Leinwand in die Wirklichkeit übergeht.

Wenn die Binnenerzählung die Rahmenerzählung *spiegelt* beziehungsweise *wiederholt*, wenn Rahmenerzählung und Binnenerzählung einander also wechselseitig enthalten, sprechen wir von einer *mise en abyme* – wie bei einem Bild, das sich selbst abbildet, oder bei einem Spiegel, der sich selbst spiegelt – eine Rekursion, potentiell ins Unendliche, hinein in einen unabsehbaren Abgrund (französisch *abyme* oder *abîme*). So stellte der argentinische Schriftsteller Jorge Luis Borges, der in seinen Texten selbst gerne mit Verschachtelungen und Ebenensprüngen arbeitete, die Frage: „Warum verunsichert es uns, wenn Don Quijote der Leser des *Quijote* ist und Hamlet der Zuschauer von *Hamlet*?" („¿Por qué nos inquieta que don Quijote sea lector del *Quijote*, y Hamlet espectador de *Hamlet*?") Wenn fiktive Figuren die Leser oder Zuschauer ihrer eigenen Fiktionen sein können, so nimmt Borges an, dann könnten auch wir, ihre Leserinnen oder Zuschauerinnen selbst nur Fiktionen sein. Ein aktuelles Beispiel für solche Konstruktionen, bei denen sich die Erzählebenen wechselseitig enthalten, ist der Kriminalroman *Wackelkontakt* (2025) von Wolf Haas. Der Klappentext fasst dessen Versuchsanordnung folgendermaßen zusammen: „Franz Escher wartet in seiner Wohnung auf den Elektriker. Um sich die Wartezeit zu vertreiben, liest er ein Buch. Es handelt von dem Mafia-Kronzeugen Elio Russo. Der sitzt im Gefängnis und wartet auf seine Entlassung. Um sich die Wartezeit zu vertreiben, liest er ein Buch. Es handelt von einem gewissen Franz Escher. Er wartet in seiner Wohnung auf den Elektriker. Seine Steckdose hat einen Wackelkontakt."

Stellung

Die Erzählinstanz und die Figuren können derselben erzählten ‚Welt' angehören oder auch nicht. Die Frage ist: Wo befindet sich die Erzählinstanz? Steht sie außerhalb und blickt unbeteiligt auf die Figuren? Oder ist der Erzähler beziehungsweise die Erzählerin eine Figur der erzählten Wirklichkeit und als solche möglicherweise an der Handlung beteiligt? Die erzählte Welt bezeichnen wir mit dem griechischen Begriff *Diegese*, sie wird hervorgebracht durch *Diegesis*, die Erzählung (analog zur *Mimesis* als Verfahren nachahmender Darstellung im Theater). Die Frage nach der Stellung der Erzählinstanz können wir also auch mit diesen beiden Begriffen formulieren: Wie verhält sich die *Diegesis* zur *Diegese*? Wie verortet sich das Erzählen im Verhältnis zur erzählten Wirklichkeit?

In narratologischen Begriffen unterscheiden wir *hetero*diegetische Erzählinstanzen, die außerhalb der erzählten Welt stehen, von *homo*- oder *auto*diegetischen Erzählinstanzen, die sich innerhalb der erzählten Welt befinden.

*Hetero*diegetisch ist ein Erzähler, der nicht zu den Figuren seiner Geschichte gehört, sondern außerhalb steht. Er erzählt von Anderen – wie zum Beispiel der Sänger der *Odyssee*, der in der Handlung der *Odyssee* keine Rolle spielt. Der Erzähler und die Figuren gehören in diesem Fall nicht derselben Welt an.

*Homo*diegetisch ist ein Erzähler, der zu den Figuren seiner Geschichte gehört, nicht aber die Hauptfigur ist. Er erzählt von Seinesgleichen – wie zum Beispiel Dr.

Watson in den Geschichten um Sherlock Holmes. Der Erzähler und die Figuren gehören in diesem Fall derselben Welt an.

*Auto*diegetisch ist ein Erzähler, der nicht nur zu den Figuren seiner Geschichte gehört, sondern sogar die Hauptfigur ist. Er erzählt wesentlich von sich selbst – wie zum Beispiel in einer Autobiographie oder in einem Roman, den dessen Protagonist (mindestens teilweise) selbst erzählt, wie Goethes *Werther* oder Max Frischs *Homo Faber*.

Ebene und Stellung

Aus der Kombination der Ebenen der Erzählung (*extra-*, *intra-*, *meta*diegetisch) und der Stellungen der Erzählinstanz (*hetero-*, *homo-*, *auto*diegetisch) ergeben sich neun verschiedene Typen. Und die Begrifflichkeit wird komplizierter.

*Extra-auto*diegetisch ist ein Erzähler erster Ebene, der in seiner eigenen Geschichte als Hauptfigur handelt (wie Daniel Defoes Robinson Crusoe). – Beispiel: Friedrich Merz erzählt, wie er zu einem Staatsbesuch in die USA reiste.

*Extra-homo*diegetisch ist ein Erzähler erster Ebene, der in seiner Erzählung vorkommt, aber nicht die Hauptfigur ist (wie Dr. Watson in Arthur Conan Doyles Sherlock Holmes-Romanen). – Beispiel: Eine Journalistin erzählt, wie Friedrich Merz zu einem Staatsbesuch in die USA reiste, an dem sie als Beobachterin teilgenommen hat.

*Extra-hetero*diegetisch ist ein Erzähler erster Ebene, der in seiner Geschichte nicht auftritt (wie der Erzähler in Georg Büchners *Lenz*). – Beispiel: Eine Journalistin erzählt, wie Friedrich Merz zu einem Staatsbesuch in die USA reiste, an dem sie selbst *nicht* teilgenommen hat.

*Intra-auto*diegetisch ist ein Erzähler zweiter Ebene, der seine eigene Geschichte erzählt (wie Odysseus in der *Odyssee*). – Beispiel: Ein Nachrichtensprecher berichtet, dass Friedrich Merz ihm erzählte, wie er zu einem Staatsbesuch in die USA reiste.

*Intra-homo*diegetisch ist ein Erzähler zweiter Ebene, der eine Geschichte erzählt, in der er selbst vorkommt, aber nicht die Hauptfigur ist (wie die Verfasser verschiedener Dokumente, die in Bram Stokers Roman *Dracula* zusammenmontiert werden, darunter das Logbuch des Schiffs, auf dem der Vampir nach England gelangt). – Beispiel: Ein Nachrichtensprecher moderiert eine Journalistin an, damit diese von der Reise berichtet, die Friedrich Merz in die USA unternahm, an der *sie selbst* als Beobachterin teilgenommen hat.

*Intra-hetero*diegetisch ist eine Erzählerin zweiter Ebene, die in ihrer Geschichte oder ihren Geschichten nicht auftritt (wie Scheherazade in *Tausendundeine Nacht*). – Beispiel: Ein Nachrichtensprecher moderiert eine Journalistin an, damit diese von der Reise berichtet, die Friedrich Merz in die USA unternahm, an der sie selbst aber *nicht* als Beobachterin teilgenommen hat.

Und so weiter, auf der nächsten Ebene, für *meta*diegetische Kombinationen ...

Fokalisierung

Aus welcher Sicht wird erzählt? Mit wessen Kenntnissen? Mit anderen Worten: Wer spricht? Und wer sieht? Oder anders gesagt: Wer erzählt? Und wer nimmt wahr, was erzählt wird? Denn das ist nicht das Gleiche. Bei der Frage der erzählerischen Perspektive geht es im Wesentlichen darum, welche Informationen der Leserschaft vermittelt werden. Wird so erzählt, dass die Lesenden nur erfahren, was einzelne Figuren wissen? Oder erhalten sie Einblick in alle Bereiche der Erzählwelt, unabhängig vom Kenntnisstand und der Sicht der Figuren? Oder werden die Informationen so begrenzt, dass die Lesenden nur erfahren, was ein unbeteiligter Beobachter oder eine Kamera von außen wahrnehmen würde?

‚Auktorial' nennen wir die ‚allwissende' Übersicht, die sogenannte ‚Null-Fokalisierung'. Die Erzählung ist nicht auf eine bestimmte Figur fokalisiert. Der Erzähler weiß mehr, als die Figuren wissen, und er gibt dieses Wissen preis, er lässt die Lesenden daran teilhaben. Der Erzähler kennt und kontrolliert alles. Und er kann aus dieser Position heraus alles kommentieren, er ordnet das Geschehen für die Leserschaft ein. In Goethes Roman *Die Wahlverwandtschaften* (1809) zum Beispiel verrät der Erzähler sofort, dass er alles eigenmächtig erfunden hat: „Eduard – *so nennen wir* einen reichen Baron im besten Mannesalter".

‚Aktorial' (personal) nennen wir die begrenzte Mitsicht, die sogenannte ‚Interne Fokalisierung'. Der Erzähler weiß (und offenbart), was die Figuren wissen. Der Erzähler sieht durch die Augen einer Figur oder auch wechselweise mehrerer Figuren: entweder als fixierte Fokalisation aus der Perspektive einer bestimmten Figur oder als flexible Fokalisation aus den Perspektiven verschiedener Figuren. Er gibt Einblick in das Innere der fokalisierten Figur(en), verfügt aber darüber hinaus nicht über weitergehendes Wissen und hat keinen Zugang zu einer übergeordneten Informationsquelle. Mit anderen Worten: Der Erzähler nimmt die Optik seiner Figur(en) ein. In dieser *Reflektorfigur* spiegelt sich das Geschehen, sie erzählt es aber nicht. Der Wechsel zwischen verschiedenen internen Fokalisierungen erzeugt Perspektivwechsel, Multiperspektivik.

‚Neutral' nennen wir die noch stärker begrenzte Außensicht, die sogenannte ‚Externe Fokalisierung'. Der Erzähler weiß (und sagt) weniger, als die Figuren wissen. Er beobachtet, aber nicht mit den Augen einer Figur, sondern als außenstehender Betrachter. Er sieht äußerlich. Die Informationen, die wir beim Lesen erhalten, beschränken sich dann auf von außen beobachtbare Handlungen, insbesondere erfahren wir nichts vom Innenleben der Figuren. Besonders bei Kriminalgeschichten findet sich diese Form der Perspektivierung, die ihre Spannung aus einem Missverhältnis zwischen dem Kenntnisstand der einzelnen Figuren und jenem der Leserschaft bezieht. Aber auch Gottfried Kellers Novelle *Romeo und Julia auf dem Dorfe* (1855/1856) zum Beispiel beginnt mit Formulierungen, die darauf hindeuten, dass hier ein Erzähler eine Szene beobachtet, der nicht allwissend ist, aber auch nicht das Wissen einer Figur hat: „der mittlere *schien*", „von *ungefähr* vierzig Jahren", „auf den *ersten Blick*", „scheinbar".

Distanz

Wie mittelbar wird dargestellt, was die Figuren sagen oder denken und fühlen? Wir können jeweils drei Möglichkeiten unterscheiden: erzählte, transponierte und zitierte Worte beziehungsweise Gedanken und Gefühle: Was Figuren sagen, kann als erzählte, zusammengefasste Rede wiedergegeben werden („Er erzählte vom Fußballspiel, das er spannend fand."), als transponierte, indirekte Rede („Er sagte, das Fußballspiel sei spannend gewesen.") oder als zitierte, direkte Rede („Er sagte: ‚Das Fußballspiel war spannend.'") beziehungsweise ohne *verbum dicendi* als autonome direkte Rede. („Das Fußballspiel war spannend.")

Analog kann, was Figuren denken oder fühlen, als erzählter, zusammengefasster Bewusstseins*bericht* (*psycho-narration*) wiedergegeben werden („Er fühlte sich schlecht."), als transponierte, indirekt wiedergegebene Gedanken oder Gefühle („Er fühlte, dass es ihm schlecht ging.") oder als zitiertes Selbstgespräch, Gedankenzitat, innerer Monolog, wie ein *Soliloquy* im Theater („Er dachte: ‚Ich fühle mich schlecht.'") – beziehungsweise ohne *verbum dicendi* als autonomer innerer Monolog („Ich fühle mich schlecht.").

In Arthur Schnitzlers „Lieutenant Gustl" (1900) ist der gesamte Text ein innerer Monolog. Der Anfang lautet: „Wie lange wird denn das noch dauern? Ich muß auf die Uhr schauen..." Wir befinden uns gewissermaßen im Kopf, im Bewusstsein der Figur. Noch radikaler als der innere Monolog ist der Bewusstseins*strom* (*stream of consciousness*), der Gedanken- und Gefühlsvorgänge in ihrer unkontrollierten Inkohärenz wiedergibt. So besteht das letzte Kapitel von James Joyces *Ulysses* aus Molly Blooms *stream of consciousness* – ohne Interpunktion. Der Schluss lautet: „and his heart was going like mad and yes I said yes I will yes."

Eine Sonderform der transponierten Gedanken oder Gefühle bildet die erlebte Rede (*free indirect speech*). Sie bewegt sich zwischen verschiedenen Arten und Weisen, das Innenleben einer Figur zu vermitteln, insbesondere zwischen Bericht und Selbstgespräch. Erzähler- und Figurenrede gehen dabei ineinander über. Tempus (das epische Präteritum), Modus (der Indikativ) und Pronomina (die dritte Person) schaffen narrative Distanz, während der Wortlaut der direkten Rede entspricht und damit Nähe zur Figur herstellt. So schildert Flaubert den Gedankengang der Emma Bovary, ohne ihn erzählend in seinen Worten zusammenzufassen oder zitierend in ihren eigenen Worten wiederzugeben: „Warum war ihr Gatte nicht wenigstens einer dieser stillen, aber ehrgeizigen Männer der Wissenschaft, die die ganze Nacht über ihren Büchern sitzen [...]?"

Erzählte Räume

Die Räume, die Erzähltexte entwerfen beziehungsweise in denen sie spielen, haben eigene Bedeutungen: topologisch (zum Beispiel: oben/unten), topographisch (zum Beispiel: Himmel/Hölle), semantisch (zum Beispiel: gut/böse, gefährlich/rettend). Gattungstypische Räume sind beispielsweise der *locus amoenus* (der ‚liebliche Ort') in der Idylle oder die einsame Insel in der Robinsonade.

Jurij Lotmans Raumtheorie beschreibt zwei Teilräume, ihre Grenze und deren Überschreitung, die gelingen oder scheitern kann. So entwirft Thomas Mann in *Der Tod in Venedig* einen Gegensatz zwischen zwei Orten, München und Venedig, die für Heimat und Fremde, Gesundheit und Krankheit, Hetero- und Homosexualität stehen, getrennt von Landesgrenzen, die überschritten werden – mit fatalen Folgen.

Zwei besondere Arten erzählter Räume sind sogenannte ‚Andere Orte' und ‚Nicht-Orte'. Michel Foucault beschreibt „Heterotopien" als Räume mit eigenen Gesetzen, zum Beispiel das Gefängnis oder die Psychiatrie. Marc Augé bestimmt „non-lieux" als Räume ohne Geschichte, die mit ihrer Umgebung in keinem erkennbaren kulturellen Zusammenhang stehen, zum Beispiel Einkaufszentren oder Flughäfen.

Historische Innenansichten

Damit haben die wichtigsten Begriffe der Erzähltheorie erläutert und an Beispielen veranschaulicht. Abschließend wollen wir die Narratologie historisch verorten und einen Blick auf die Gattungen des Erzählens werfen.

Die Versuche der modernen Literatur, die Psyche von Figuren abzubilden, gingen einher mit der zeitgenössischen Entwicklung der Psychoanalyse (um 1900). Tatsächliche Innenansichten des menschlichen Körpers wurden zur gleichen Zeit durch die Röntgentechnik (durch Wilhelm Conrad Röntgen 1895) ermöglicht. Vorausgegangen war die Praxis der Anatomie (ab Mitte des 16. Jahrhunderts), neue Einblicke in die Spuren unserer Gedanken in unseren Gehirnen bietet heute die Neurowissenschaft. Auffällig viele Autoren, die im frühen 20. Jahrhundert mit der Darstellung innerer Vorgänge experimentierten, hatten einen medizinischen Hintergrund: Arthur Schnitzler, Gottfried Benn, Alfred Döblin.

Unsere Vorstellungen von Fiktionalität sind geprägt durch den Film, der als neues Medium ebenfalls Ende des 19. Jahrhunderts entwickelt wurde. Und der Film bildet mitnichten einfach nur ab. Auch ungewöhnliche Formen des Erzählens finden wir im Kino, zum Beispiel das unzuverlässige Erzählen in Robert Wienes *Das Cabinet des Dr. Caligari* (1920), wo am Ende deutlich wird, dass die fokalisierte Figur psychisch gestört ist. In Tom Tykwers *Lola rennt* (1998) werden drei verschiedene Varianten einer Geschichte vorgeführt, von denen höchstens eine stimmen kann.

Die Narratologie ist jünger als der Film. Daher ist auch ihre Begrifflichkeit teilweise filmisch: ‚Fokalisierung', *point of view*, ‚Außensicht', ‚Zeitlupe', ‚Rückblende'. Umgekehrt können wir das Instrumentarium der Narratologie auf die Filmanalyse übertragen – worauf wir in der Lesewerkstatt näher eingehen werden.

Gattungen

Aristoteles unterscheidet in der *Poetik* zwei Formen der künstlerischen Repräsentation: das Darstellen (*mimesis*) und das Erzählen (*diegesis*). Goethe spricht als „Naturformen der Dichtung" (in *West-östlicher Divan*, 1819) von drei Gattungen:

Gattungssystematik

1. Lyrik
- Ballade
- Bildgedicht
- Dithyrambos
- Elegie
- Emblem
- Epigramm
- Epistel
- Figurengedicht
- Gebet
- Gedankenlyrik
- Gedicht
- Geistliches Lied
- Gelegenheitsgedicht
- Haiku
- Canzone
- Lied, Chanson, Song
- Limerick
- Minnesang
- Ode
- Prosagedicht
- Sestine
- Sonett

2. Drama
- Analytisches Drama
- Bürgerliches Trauerspiel
- Dokumentardrama
- Drehbuch
- Einakter
- Farce
- Fastnachtspiel
- Historisches Drama
- Hörspiel
- Komödie
- Libretto
- Lyrisches Drama
- Melodrama
- Nô
- Stationendrama
- Tragikomödie
- Tragödie
- Volksstück

3. Epik
- Abenteuerroman
- Anekdote
- Autobiografie
- Autofiktion
- Bildungsroman
- Biografie
- Briefroman
- Dorfgeschichte
- Epos
- Erziehungsroman
- Fabel
- Fantastische Literatur
- Historischer Roman
- Idylle
- Kalendergeschichte
- Kriminalroman
- Kunstmärchen
- Kurzgeschichte
- Märchen
- Nonfiction Novel
- Novelle
- Parabel
- Reportage
- Ritterroman
- Robinsonade
- Roman
- Sage
- Schauerroman
- Schelmenroman
- Science-Fiction
- Utopie

4. Mischformen und diskursive Texte
- Aphorismus
- Brief
- Comic
- Dialog
- Essay
- Feuilleton
- Fragment
- Gleichnis
- Glosse
- Groteske
- Hypertext
- Interview
- Kontrafaktur
- Parodie
- Predigt
- Reiseliteratur
- Rezension
- Satire
- Tagebuch

Abb. 1 Gattungssystematik, in: *Handbuch der literarischen Gattungen*, herausgegeben von Dieter Lamping (2009)

„Es giebt nur drey ächte Naturformen der Poesie: die klar erzählende, die enthusiastisch aufgeregte und die persönlich handelnde: *Epos, Lyrik* und *Drama*." Aber wir können noch viel genauer zahlreiche Subgenres ausdifferenzieren.

Das *Handbuch der literarischen Gattungen* (2009) von Dieter Lamping hat in vier Kategorien, Lyrik, Drama, Epik sowie „Mischformen und diskursive Texte", insgesamt 90 Genres klassifiziert, davon alleine 31 Erzählgattungen: Bildungsroman, Briefroman, Historischer Roman, Schelmenroman, Robinsonade, Science-Fiction, Fabel, Märchen, Novelle, Kurzgeschichte etc. (siehe Abb. 1).

Gattungen sind kognitive ‚Skripte', die unsere Wahrnehmung der Wirklichkeit bestimmen, vergleichbar mit konzeptuellen Metaphern. Sie bieten jeweils ein Deutungsmodell an. Wenn wir über die Universität eine Satire schreiben, über eine Reise nach Moskau einen Schauerroman oder über Nordkorea eine negative Utopie, also eine Dystopie, dann ist die Wahl des Genres bereits ein Teil der Botschaft. Es werden gewisse Vorentscheidungen darüber getroffen, welche Darstellungsformen und Handlungsmuster in Frage kommen, und wie wir von den gewählten Gegenständen erzählen können. In einer Idylle erwarten wir keine Ungeheuer, in einer

Anekdote keine generationenübergreifende Familiengeschichte, in einer Sage keinen Realismus.

Indem wir einen literarischen Text einer Gattung zuordnen, benennen wir die Spielregeln, nach denen er gelesen werden will beziehungsweise soll (zum Beispiel Goethes *Wilhelm Meister* als Bildungsroman). Einen Text zu verstehen, heißt nicht zuletzt, seine Form zu erkennen und die generischen Muster, nach denen er gelesen werden kann, abzurufen (zum Beispiel Kafkas *Verwandlung* als Albtraumerzählung). Wir ordnen ihn damit ein in eine bestimmte Gattungs*geschichte* (zum Beispiel Jean Genets *Journal du voleur*, das *Tagebuch des Diebes*, in die Tradition der Heiligenlegende.)

Gattungskonzepte dienen aber auch als heuristische Werkzeuge, mit denen wir bestimmte Aspekte eines Texts in den Blick nehmen und ‚scharf stellen' können (zum Beispiel *König Ödipus* als Detektivgeschichte).

Viele Texte allerdings sind Mischformen, die sich nicht auf ein Modell einschränken lassen. Wir beschreiben dann, inwiefern sie *mehreren* Gattungen angehören, die unterschiedliche Deutungen hervorrufen und auch zueinander in Konflikt geraten können. (Zum Beispiel hängt die Deutung von Shakespeares *Merchant of Venice* wesentlich davon ab, ob wir das Stück als Komödie lesen – dann wäre es antisemitisch – oder als Tragödie – dann wäre es antisemitismus*kritisch*.)

Die erfolgreichste erzählende Gattung der Neuzeit ist der Roman. Die Geschichte des Erzählens könnten wir als Geschichte seiner vorherrschenden Gattung erzählen. Prominente Positionen der Romantheorie sind Georg Lukács' *Theorie des Romans* (1916), Erich Auerbachs *Mimesis* (1946), Michail Bachtins *Probleme der Kunst Dostojewskis* (1929, 1963), worin er das Konzept der Polyphonie entwickelt, oder *Rabelais und seine Welt. Volkskultur als Gegenkultur* (1940, 1965), worin er die Karnevalisierung behandelt, René Girards *Mensonge romantique et vérité romanesque* (1961), Franco Morettis *Atlas of the European Novel* (1998) oder auch Jobst Welges *Genealogical Fictions* (2014) über nationale Identitätsbildung durch Romane der ‚Peripherie'.

Literarische Formen, verschiedene Erzählweisen haben dabei ihrerseits eine Geschichte, sie sind Teil der Literaturgeschichte, mit der wir uns im zweiten Theoriekurs beschäftigt haben. Leo Löwenthals Aufsatz über „Gottfried Keller – die bürgerliche Regression" (1971) können wir (mit Yahya Elsaghe) als Befund eines gewissen Rhythmus der Gattungsgeschichte lesen: In Zeiten der Krise oder der politischen Unruhe haben – konfliktive – Dramen Konjunktur, in Zeiten der Ruhe oder der Resignation eher – geduldige – Erzählprosa. Peter Szondi hat in seiner *Theorie des modernen Dramas* (1956) die Entwicklung der Gattung als Dialektik von Form und Inhalt beschrieben, die sich, wie wir es im vierten Theoriekurs nachzuvollziehen versucht haben, zwischen dramatischer und epischer Orientierung bewegen.

Autobiographie und Autofiktion

Die Erzählung des Odysseus im Epos haben wir als eigene Gattung beschrieben: als Reisebericht oder Autobiographie. Eine autobiographische Erzählung beruht normalerweise auf der Annahme, dass wir dem Erzähler vertrauen können, auch wenn dies – wie bei Odysseus – nicht immer gerechtfertigt ist. Aber nach Philippe Lejeune (*Le pacte autobiographique*, 1975) ist dabei noch eine andere Annahme leitend: Das Genre der Autobiographie beruht auf einem unausgesprochenen Abkommen, einem impliziten „Pakt" zwischen Autor und Leser, der besagt, dass wir Autor, Erzähler und Hauptfigur gleichsetzen können. In Wirklichkeit ist jedoch auch eine Autobiographie ein literarisches Werk, dessen Autorin weder mit der Erzählerin noch mit der Protagonistin verwechselt werden darf. Denn Erzählerinnen und Protagonistinnen sind stets Konstruktionen, Figuren literarischer Gestaltung.

Diese vermeintliche Einheit wird noch weiter in Frage gestellt, wenn fiktionale Texte ‚autofiktional' vom Leben der Autoren zu handeln scheinen, weil die Autoren beziehungsweise ihre Namen in ihnen vorkommen. So gibt es bei Hans Christoph Buch Figuren namens Buchmeier und Bachmeier, die den Autor selbst (ironisch) zu vertreten scheinen. Im Untertitel von Ernst Jüngers *In Stahlgewittern* werden, wie wir in der sechsten Lesewerkstatt gesehen haben, zugleich Signale der Autobiographie und der Fiktion gesetzt: „Aus dem Tagebuch eines Stoßtruppführers. Von Ernst Jünger".

Ausblick: Experimentelle Narratologie

Formale, grammatische, narratologische Details haben großen Einfluss darauf, wie wir eine Erzählung lesen. Und wir können dies auch empirisch untersuchen, zum Beispiel das Tempus oder die Person. Jean Genet hat in *Pompes funèbres* (1947) ästhetisiert, was in der französischen Gesellschaft seiner Zeit als ‚abseitig' galt: das Hässliche und Ekelhafte, Landstreicherei, Homosexualität, Kriminalität und Kollaboration. Aber er tat dies in einer hochgradig poetischen Sprache. Allein der Gebrauch des literarischen *passé simple* anstelle des gewöhnlichen *passé composé* mildert die abstoßende Wirkung wesentlich ab. Die gleichen Erzählungen erzeugen in unterschiedlichen Erzählweisen ganz verschiedene Wirkungen.

Peter Schneider erzählt in der Novelle *Vati* (1987), wie der Sohn des Arztes von Auschwitz, Josef Mengele, zum ersten Mal seinem Vater begegnet, der nach dem Krieg in Brasilien untergetaucht ist. Die Erzählung ist in der ersten Person verfasst, aus der Perspektive des Sohnes, und löste bereits vor der Veröffentlichung (bei einer Lesung in Berkeley) heftige Kritik aus. Daraufhin schrieb der Autor eine alternative Fassung mit zwei grammatischen Verschiebungen: Er übersetzte den Text in die dritte Person und in den Konjunktiv. Die Reaktionen bei einer weiteren Probelesung (in Princeton) waren dann positiv und ganz unkontrovers. Der gleiche Inhalt wurde nicht mehr als problematisch wahrgenommen. Veröffentlich hat Schneider letztlich die erste Fassung, die in der ersten Person verfasst war: die künstlerisch gewagtere.

Siebente Lesewerkstatt – Wie erzählt Odysseus?

Wir haben in den bisherigen Lektionen dieses Buchs schon ein paar Mal die Eigenschaften und Eigenheiten des Erzählens berührt. In der vierten Lesewerkstatt haben wir uns anlässlich von Brechts *Dreigroschenoper* über die wesentlichen Unterschiede zwischen Dramatik und Epik verständigt, besonders in Hinsicht auf die formale Darstellung der jeweiligen Inhalte. Novellen und Romane, um nur zwei der wichtigsten Gattungen der Erzählliteratur zu nennen, gehen ganz anders mit der zeitlichen und räumlichen Dimension ihrer Handlungen um als Dramen; sie haben zahlreiche Optionen, um ein Geschehen auf unterschiedliche Weise zu schildern, und sie können durch die Art, wie sie es erzählen, Einfluss auf unsere Rezeption nehmen. Dass aufzuführende, also dramatische Texte ganz anders funktionieren als erzählende, also epische, macht Brechts Begriffsneuschöpfung des ‚Epischen Theaters' so ungewöhnlich – und so innovativ.

Erzählen im Drama

Zugleich hatten wir uns am Beispiel von Brecht klargemacht, dass schon das antike Drama mit dem Botenbericht und der Mauerschau zwei epische Darstellungsverfahren auf der Bühne einsetzte. Auch längere Erzählungen sind innerhalb der Dramatik weder unzulässig noch inexistent. In einem Theaterstück kann jederzeit eine Figur anfangen zu erzählen. In Gotthold Ephraim Lessings (1729–1781) berühmtestem Drama zum Beispiel, *Nathan der Weise* (1779), reagiert der Titelheld auf diese Weise, als er an einer Schlüsselstelle im dritten Akt vom Sultan nach dem Wert der drei großen monotheistischen Religionen – Judentum, Christentum und Islam – gefragt wird: Er antwortet, indem er eine Geschichte erzählt. Nathan kündigt sie sogar entsprechend an, nämlich als „Geschichtchen" (Akt III, Szene 7). Und der Sultan, ganz gespannt auf den Inhalt, drängt ihn mit den Worten „Mach! erzähl, erzähle!" Lessing macht also gar keinen Hehl daraus, dass hier mitten im Theaterstück erzählt wird. Nathan beginnt denn auch seine Geschichte mit einem ganz gewöhnlichen Erzähleinstieg: „Vor grauen Jahren lebt' ein Mann in Osten, / Der einen Ring von unschätzbarem Wert / Aus lieber Hand besaß." (Akt III, Szene 7) So könnte ein beliebiges Märchen anheben. Und genau so, nämlich als „Märchen", bezeichnen sowohl Nathan als auch der Sultan die Erzählung.

Die Geschichte, die Nathan erzählt, handelt von einem Vater, der vor der Wahl steht, welchem seiner drei Söhne er einen kostbaren Ring vermachen will, ein wertvolles und über Generationen weitergegebenes Erbstück. Er liebt alle seine Söhne gleichermaßen und will keinen der drei bevorzugen. So lässt er zwei genaue Nachbildungen des Schmuckstücks anfertigen und schenkt jedem Sohn einen Ring. Am Ende der Geschichte gibt es also drei identische Ringe von gleichem Wert. Weder der Vater noch selbst ein Gericht, das die drei Söhne in ihrem Streit um die Echtheit der Ringe einschalten, können die Schmuckstücke unterscheiden. Möglicherweise ist sogar keiner der Ringe mehr echt, weil ihn der Vater oder schon einer seiner Vorfahren durch eine Kopie ersetzt hat. Der Jude Nathan, Ziehvater einer Tochter von Christen, will dem muslimischen Sultan auf diese Weise zu verstehen geben, dass auch unter den drei Religionen keine einen alleinigen Echtheits- und Wahrheitsanspruch behaupten kann und dass sie sich in ihrem Wert nicht unterscheiden. Wegen seines Gleichnischarakters ist dieses „Geschichtchen" weit über das Stück hinaus als sogenannte ‚Ringparabel' bekannt. Auch in dieser Bezeichnung kommt die epische Natur dieses Dramenabschnitts zum Ausdruck, denn Parabeln gehören, ähnlich wie Fabeln und Gleichnisse, zu den Erzählgattungen. Lessing hat sich die Ringparabel außerdem nicht allein ausgedacht, sondern zum Teil von literarischen Vorläufern übernommen, unter anderem aus dem *Decamerone* (um 1350) des italienischen Renaissance-Autors Giovanni Boccaccio (1313–1375). Bei dieser berühmten Novellensammlung handelt es sich durchgehend um epische Texte. Die Ringparabel ist in Lessings Nathan also eindeutig als Erzählung kenntlich: literaturgeschichtlich und intertextuell durch ihre literarische Quelle und ihre Gattungszugehörigkeit, formal und funktional durch ihre narrative Gestaltung und ihren gleichnishaften Einsatz innerhalb des Stücks sowie begrifflich durch die von den Figuren verwendeten Bezeichnungen.

Lessings *Nathan* ist nur eines von zahllosen Beispielen dafür, dass bereits lange vor dem Epischem Theater Dramen auch erzählerische Passagen aufweisen und Erzählverfahren verwenden konnten. Vielmehr wäre es umgekehrt wohl schwieriger, in der umfangreichen Geschichte des Theaters seit der Antike Stücke zu finden, die ganz ausschließlich dramatisch sind, also überhaupt keine erzählenden Elemente enthalten. Es ist nicht das Erzählen an sich beziehungsweise das Erzählen allein, wodurch sich Epik und Dramatik voneinander unterscheiden. Anders gesagt: Dramatik und Epik sind schon an den Anfängen der Gattungsgeschichte nie kategorial durch ihr Verhältnis zum Erzählen unterschieden. Ihre Differenz besteht vielmehr, wie wir in der vierten Lesewerkstatt gesehen haben, in einer Reihe weiterer, unter anderem medialer, formaler und poetischer, ästhetischer und aisthetischer, physiologischer und rezeptiver Merkmale, die sich aus der abweichenden Darstellungsform und dem unterschiedlichen Rezeptionsmodus ergeben.

All dies gilt in ganz ähnlicher Weise für die Versdichtung, die sich von der Epik nicht grundsätzlich durch die Abwesenheit alles Erzählerischen unterscheidet. Auch in Versen, in gebundener Sprache, kann man erzählen. Dass zum Beispiel die Ringparabel, wie der gesamte *Nathan*, in Blankversen verfasst ist, also in fünfhebigen

Jamben, ändert nichts an der Tatsache, dass sie etwas erzählt. Im Gegenteil: Historisch gesehen wurden Erzähltexte, wie Dramen und Gedichte, die längste Zeit in Versen geschrieben.

Erzählen in Epen

Auch die Epen, von denen die Gattung Epik ihren Namen hat, also die großen Vorläufer der modernen, in Prosa gehaltenen Erzählgattungen, standen ursprünglich in Versen: zu Beginn unserer Literatur bei den Babyloniern (*Gilgamesch*), den Griechen (u. a. Homers *Ilias* und *Odyssee* sowie Hesiods *Theogonie*) und den Römern (Vergils *Aeneis*), später im Mittelalter unter anderem in deutscher Sprache (etwa das *Nibelungenlied*, Wolfram von Eschenbachs *Parzival* und Gottfried von Straßburgs *Tristan und Isolde*), auf Französisch (u. a. Chrétien de Troyes' *Érec et Énide* und das *Chanson de Roland*), auf Italienisch (Dantes *Divina Commedia*), auf Spanisch (*Cantar de mio Cid*), auf Englisch (*Beowulf*) oder auch auf Isländisch (*Edda*). All diese umfangreichen Texte sind Versepen, Erzählungen in Versen. Mit einem davon, der *Odyssee*, werden wir uns gleich noch ausführlicher beschäftigen.

In der deutschsprachigen Literatur der Neuzeit, nachdem sich Roman, Novelle und andere Prosagattungen längst durchgesetzt hatten, wurde das Versepos immer wieder aufgegriffen, etwa von Friedrich Gottlieb Klopstock (*Messias*, 1749–1773), Christoph Martin Wieland (*Oberon*, 1780), Johann Wolfgang von Goethe (*Reinecke Fuchs*, 1794, *Hermann und Dorothea*, 1797) und Heinrich Heine (*Deutschland. Ein Wintermärchen*, 1844). Selbst in unserer Gegenwart entstehen noch Langerzählungen in Versen, zum Beispiel Raoul Schrotts *Erste Erde. Epos* (2016), Ann Cottens *Verbannt! Versepos* (2016) und Anne Webers *Anette, ein Heldinnenepos* (2020), die trotz ihrer althergebrachten Form sehr zeitgemäß sind.

Erzählen und kein Ende?

Daneben gibt es in slawischen und außereuropäischen Kulturen reiche epische Traditionen, etwa in Indien, China und Japan, in Kleinasien und im Nahen Osten, in Westafrika und im Maghreb sowie in den Amerikas. Episches Erzählen ist ein globales Phänomen. In Versen verfasst wurden diese Texte ursprünglich vor allem wegen ihrer jahrtausendelang nur mündlichen Überlieferung. Denn gebundene, rhythmisierte und in regelmäßigen syntaktischen Einheiten organisierte Rede lässt sich besser einprägen und vortragen als ungebundene, unregulierte Alltagssprache. Auf diese Weise können Epen enorme Ausmaße annehmen, sie gehören zu den umfangreichsten literarischen Texten überhaupt. Das Erzählen kennt dann fast kein Ende. Ein bekannter Kandidat für den Längenrekord ist das vor rund 2000 Jahren in Indien entstandene, in Sanskrit verfasste *Mahabharata*, das mehr als 200.000 Verse und fast 2 Millionen Wörter umfasst. Es ist damit rund zehn Mal so umfangreich wie *Odyssee* und *Ilias* zusammen. Noch einmal deutlich länger ist das kirgisische *Manas*-Epos, das erst im 19. Jahrhundert schriftlich festgehalten wurde.

Noch heute wird es, wie ursprünglich wohl alle Epen, bei festlichen Gelegenheiten von spezialisierten Sängern vorgetragen, die Teile des Texts über Stunden aus dem Gedächtnis rezitieren. Dem Erzählen sind in diesen Lang- und Längsttexten nahezu keine Grenzen gesetzt. Die Erzählfähigkeit des Menschen, sein episches Potential, ist fast endlos. Michael Endes berühmter Jugendroman heißt nicht umsonst *Die unendliche Geschichte* (1979). Unendliches Erzählen wäre zumindest denkbar, zum Beispiel als Performance-Kunst. Erzählungen sind nur begrenzt durch unsere Phantasie, unsere Aufmerksamkeit, unsere Ausdauer, unser Interesse. Die Grenzen unseres Erzählens sind die Grenzen unserer Gehirne.

Erzählende Gedichte

Das Gattungsspektrum des Erzählens geht über die Epik und die Dramatik sogar noch hinaus. Noch enger als im Epos ist die Verbindung zwischen Erzählen und Dichtung in der lyrischen Gattung der Ballade. In der deutschsprachigen Tradition wird unter einer Ballade schlicht ein erzählendes Gedicht verstanden, also ein in Versen verfasster, häufig mehrstrophiger Erzähltext, der eine Handlung darstellt beziehungsweise eine Geschichte schildert. Meist handelt es sich bei Balladen um verhältnismäßig umfangreiche lyrische Texte, der Übergang zum Epos ist fließend. Balladen haben als Mischform Teil an der Erzählliteratur und an der Poesie. Auch diese Textsorte haben viele berühmte Dichterinnen und Dichter bedient, neben Goethe, Schiller und Heine unter anderen Clemens Brentano, Ludwig Uhland, Annette von Droste-Hülshoff, Conrad Ferdinand Meyer und Theodor Fontane. Bis in die Mitte des letzten Jahrhunderts gehörten Balladen zum festen Repertoire des Deutschunterrichts in der Schule, als Prüfungsform für das Memorieren von Gedichten waren sie ein beliebter Stoff. Manche Großeltern beherrschen noch Texte, die sie als Kind auswendig gelernt haben – ein weiterer Beleg für die dauerhafte Wirkung, die vom Erzählen in Versen ausgehen kann. In dem Maß, wie bloßes Auswendiglernen didaktisch aus der Mode gekommen ist, scheinen heute allerdings auch Balladen an Relevanz verloren zu haben. Könnten Sie ein Erzählgedicht aufsagen, wenn Sie danach gefragt würden?

Dass die erzählende Verdichtung faszinierende Texte hervorgebracht hat, die auch heute noch starken Reiz ausüben können und die in ihrer Zeit keineswegs altbacken wirkten, sondern zum Teil brandaktuell auf gegenwärtige Ereignisse reagierten, können wir uns an drei Beispielen vergegenwärtigen.

1.
Friedrich Schiller
Der Handschuh
Erzählung

Vor seinem Löwengarten,
Das Kampfspiel zu erwarten,
Saß König Franz,
Und um ihn die Großen der Krone,
Und rings auf hohem Balkone
Die Damen in schönem Kranz.

Und wie er winkt mit dem Finger,
Auftut sich der weite Zwinger,
Und hinein mit bedächtigem Schritt
Ein Löwe tritt,
Und sieht sich stumm
Rings um,
Mit langem Gähnen,
Und schüttelt die Mähnen,
Und streckt die Glieder,
Und legt sich nieder.

Und der König winkt wieder,
Da öffnet sich behend,
Ein zweites Tor,
Daraus rennt
Mit wildem Sprunge
Ein Tiger hervor,
Wie der den Löwen erschaut,
Brüllt er laut,
Schlägt mit dem Schweif
Einen furchtbaren Reif,
Und recket die Zunge,
Und im Kreise scheu
Umgeht er den Leu
Grimmig schnurrend,
Drauf streckt er sich murrend
Zur Seite nieder.

Und der König winkt wieder,
Da speit das doppelt geöffnete Haus
Zwei Leoparden auf einmal aus,
Die stürzen mit mutiger Kampfbegier
Auf das Tigertier,
Das packt sie mit seinen grimmigen Tatzen,
Und der Leu mit Gebrüll
Richtet sich auf, da wird's still,
Und herum im Kreis,
Von Mordsucht heiß,
Lagern sich die greulichen Katzen.

Da fällt von des Altans Rand
Ein Handschuh von schöner Hand
Zwischen den Tiger und den Leu'n
Mitten hinein.

Und zu Ritter Delorges spottender Weis'
Wendet sich Fräulein Kunigund:
„Herr Ritter ist eure Lieb' so heiß
Wie ihr mir's schwört zu jeder Stund,
Ei so hebt mir den Handschuh auf."

Und der Ritter in schnellem Lauf
Steigt hinab in den furchtbar'n Zwinger
Mit festem Schritte,
Und aus der Ungeheuer Mitte
Nimmt er den Handschuh mit keckem Finger.

Und mit Erstaunen und mit Grauen
Sehens die Ritter und Edelfrauen,
Und gelassen bringt er den Handschuh zurück,
Da schallt ihm sein Lob aus jedem Munde,
Aber mit zärtlichem Liebesblick –
Er verheißt ihm sein nahes Glück –
Empfängt ihn Fräulein Kunigunde.
Und er wirft ihr den Handschuh ins Gesicht:
„Den Dank, Dame, begehr ich nicht,"
Und verläßt sie zur selben Stunde.

Schiller ist als Dichter besonders für seine Balladen bekannt, etwa für „Der Taucher", „Die Kraniche des Ibykus", „Ritter Toggenburg", „Die Bürgschaft", „Das Lied von der Glocke". Die meisten dieser Texte entstanden im Jahr 1797, das deshalb als Schillers ‚Balladenjahr' gilt. Seine Ballade „Der Handschuh" (ebenfalls 1797 verfasst) hat äußerlich alle Anzeichen eines Gedichts: die Vers- und Strophenform, die Reime am Versende, eine zwar nicht ganz regelmäßig metrische, aber doch durchgehend rhythmisierte Sprache. Und zugleich handelt es sich unverkennbar um einen Erzähltext, der eine Geschichte präsentiert und ein Geschehen schildert. Die „Erzählung", wie Schiller den Text im Untertitel selbst nennt, lässt sich grob in zwei Teile untergliedern, einen vorbereitenden Abschnitt, der das Fest und das sukzessive Auftreten der zum Tierkampf in die Arena stürmenden Großkatzen vorstellt, bevor im zweiten Abschnitt der Protagonist eingeführt wird, der einen unverhofften Auftrag erhält, eine ungeahnte Heldentat vollbringt und mit seiner unerwarteten Schlusswendung den Text zu einem unvorhergesehenen Ende führt. Nicht nur mit dem mehrteiligen Spannungsaufbau, der klimaktischen Steigerung der Handlung und der überraschenden Auflösung wendet Schiller bewährte Erzähltechniken an. Im Detail etwa treibt er die Handlung mit Zeitadverbien („da", „drauf"), einem nicht weniger als 24 Mal vorkommenden „und" (mit dem in der zweiten Strophe fast jeder Vers beginnt) und sich wiederholenden Elementen („winkt wieder", Öffnen der Zwinger) kontinuierlich voran. Insgesamt schildert er eine ‚unerhörte Begebenheit' – ein Merkmal, das Goethe drei Jahrzehnte später als Kennzeichen vor allem der Novelle, einer anderen Erzählgattung, berühmt gemacht hat. Obwohl Schiller mit der mittelalterlichen Szenerie einen Stoff wählt, der schon zu seiner Zeit alt und weit entfernt schien, kann „Der Handschuh" durch seine geschickten Erzählverfahren und seinen ironischen Schluss, der die überkommenen Vorstellungen von Ritterlichkeit und höfischer Ehre gerade nicht bestätigt, sondern infrage stellt, auch eine heutige Leserschaft unterhalten.

2.
Annette von Droste-Hülshoff
Der Knabe im Moor

O, schaurig ist's, übers Moor zu gehn,
Wenn es wimmelt vom Haiderauche,
Sich wie Phantome die Dünste drehn
Und die Ranke häkelt am Strauche,
Unter jedem Tritte ein Quellchen springt,
Wenn aus der Spalte es zischt und singt –
O, schaurig ist's, übers Moor zu gehn,
Wenn das Röhricht knistert im Hauche!

Fest hält die Fibel das zitternde Kind
Und rennt, als ob man es jage;
Hohl über die Fläche sauset der Wind –
Was raschelt drüben am Hage?
Das ist der gespenstige Gräberknecht,
Der dem Meister die besten Torfe verzecht;
Hu, hu, es bricht wie ein irres Rind!
Hinducket das Knäblein zage.

Vom Ufer starret Gestumpf hervor,
Unheimlich nicket die Föhre,
Der Knabe rennt, gespannt das Ohr,
Durch Riesenhalme wie Speere;
Und wie es rieselt und knittert darin!
Das ist die unselige Spinnerin,
Das ist die gebannte Spinnlenor',
Die den Haspel dreht im Geröhre!

Voran, voran, nur immer im Lauf,
Voran, als woll' es ihn holen;
Vor seinem Fuße brodelt es auf,
Es pfeift ihm unter den Sohlen
Wie eine gespenstige Melodei;
Das ist der Geigenmann ungetreu,
Das ist der diebische Fiedler Knauf,
Der den Hochzeitheller gestohlen!

Da birst das Moor, ein Seufzer geht
Hervor aus der klaffenden Höhle;
Weh, weh, da ruft die verdammte Margret:
„Ho, ho, meine arme Seele!"
Der Knabe springt wie ein wundes Reh,
Wär' nicht Schutzengel in seiner Näh',
Seine bleichenden Knöchelchen fände spät
Ein Gräber im Moorgeschwehle.

Da mählich gründet der Boden sich,
Und drüben, neben der Weide,
Die Lampe flimmert so heimathlich,
Der Knabe steht an der Scheide.
Tief athmet er auf, zum Moor zurück
Noch immer wirft er den scheuen Blick:
Ja, im Geröhre war's fürchterlich,
O, schaurig war's in der Haide!

Noch regelmäßiger durchkomponiert als Schillers „Handschuh" ist diese 1842 veröffentlichte Ballade von Annette von Droste-Hülshoff. Mit sechs Strophen zu je acht Versen mit abwechselnd vier und drei Hebungen und einem festen Reimschema (*ababccab*) vermittelt „Der Knabe im Moor" gleich auf den ersten Blick den Eindruck eines lyrischen Werks in streng gebundener Sprache. Inversionen und ungewöhnliche Wortstellungen („Wenn aus der Spalte es zischt und singt", „Fest hält die Fibel das zitternde Kind", „Hinducket das Knäblein zage"), onomatopoetische Klangspiele („Hu, hu", „Ho, ho"), ausgesuchtes Vokabular mit seltenen Begriffen und archaischen Wortformen („Gestumpf", „Melodei", „Moorgeschwele", „mählich") und zahlreiche dichterische Mittel (Sprachbilder, Wiederholungen,

Verlebendigungen) verstärken die poetische Wirkung. Zugleich macht der erste Vers von Beginn an deutlich, dass Unheil und Unheimliches drohen („O schaurig") und dass es nicht bei der Darstellung einer Stimmung in einer nächtlichen Landschaft („Moor") bleiben wird. Vielmehr stehen wir am Beginn eines schweren Gangs („gehn"), der sich durch die ganze Ballade hindurch ziehen wird – und erst am Schluss einen glücklichen Ausgang findet. Entsprechend dieser Handlungsstruktur eines stetigen Fortschreitens wird die Erzählung ganz mehrheitlich mittels Bewegungsverben vorangetrieben („wimmelt", „drehn", „springt", „rennt", „jage", „sauset", „brodelt" etc.), unweigerlich kennen die Ballade und der arme Knabe, von dem sie erzählt, nur eine Richtung: „voran, voran" durch alle Bedrohung, sei sie eingebildet oder real. Erst am Ende, in der letzten Strophe, nach bestandener Gefahr, erlaubt der Text dem Jungen und uns Lesenden einen Moment des Innehaltens, wortwörtlich des Stillstands („Der Knabe steht"). Die Ballade endet mit einem Blick „zurück" auf die überwundene Krise und wechselt vom drängend-dringenden Präsens, das den Großteil des Texts dominiert, in den letzten beiden Versen schließlich ins versöhnlich-tröstliche Präteritum: „Ja, im Geröhre war's fürchterlich, / O schaurig war's in der Heide."

Damit schließt sich der epische Bogen, die Handlung kommt zum Ende, das unheilvolle Ereignis ist glimpflich überstanden. Die „Phantome" und „gespenstische[n]" Schauerbilder vom „Gräberknecht", von der „unselige[n] Spinnerin", vom „Geigenmann ungetreu" und von der „verdammte[n] Margret" verblassen am Schluss zum Glück. Und doch deutet die personifizierende Metaphorik der Ballade an, dass es hier um mehr geht als eine holprige Wanderung im Finstern durch unsicheres Gelände. Die anthropomorphen Sprachbilder übersetzen die Naturwahrnehmungen in Schreckgestalten und vermenschlichen die unheimliche Moor- und Heidelandschaft, die durch ihre Sümpfe, ihre Unwegsamkeit und ihre Ödnis nicht von ungefähr zahlreiche Volkssagen und Schauermärchen hervorgebracht hat, auf die Droste-Hülshoff hier intertextuell anspielt. Historischer Hintergrund der Ballade ist die veränderte Wahrnehmung der Natur durch den modernen Menschen im Industriezeitalter Mitte des 19. Jahrhunderts, der sich durch Geräte und Mechaniken die Umwelt untertan zu machen glaubt und der doch gegen gewisse Naturgewalten machtlos ist und nur mit Glück davonkommt.

Fast ein halbes Jahrhundert später, 1888, hat Theodor Storm in seiner Novelle *Der Schimmelreiter* den Versuch des Menschen, die Natur durch Berechnung und Umwelteingriffe zu bändigen und zugleich den Volks- und Aberglauben der Landbevölkerung abzuschaffen, am Beispiel des Deichgrafen Hauke Haien vollends in die tödliche Katastrophe münden lassen. So weit kommt es bei Droste-Hülshoff nicht. Und doch lässt ihr Knabe im Moor noch an eine andere berühmte Ballade denken, die bedrohliches Naturempfinden in unheilvollen Gestalten und Sprachbildern zum Ausdruck bringt: Goethes „Erlkönig" (1782). Auch in diesem berühmten Vertreter der Balladendichtung, der ebenfalls auf volkstümlich-mythologischen Vorstellungen von Elfen und Albgestalten beruht, wird ein nächtliches Krisenereignis geschildert. Hier aber kann das Kind nicht gerettet werden, trotz aller verständigen Beschwichtigungen des Vaters, der die Fieberträume und naturmagischen Trugbilder des Sohnes wegzuerklären versucht, und trotz der Eile, mit der er dem sicheren Heim und der erhofften Rettung entgegen reitet. Nach dem stürmischen Präsens, welches das Gedicht weitestgehend bestimmt, endet auch bei Goethe der letzte Vers im Präteritum, nur diesmal nicht erleichternd, sondern verheerend: „In seinen Armen das Kind war tot." Mit ihren vorwärtstreibenden Handlungen, ihrem ähnlichen Erzählaufbau und ihrem Konflikt zwischen Spuk und Realität, Natur und Magie, Aufklärung und Aberglauben scheinen „Der Erlkönig" und „Der Knabe im Moor" wie zwei dichterische Alternativen mit unterschiedlichen Vorzeichen. Als berühmte, breit rezipierte Balladen belegen sie die Wirkmacht dieser erzählenden Gedichtgattung.

3.
Theodor Fontane
Die Brück' am Tay
(28. Dezember 1879)

> When shall we three meet again?
> *Macbeth*

„Wann treffen wir drei wieder zusamm?"
  „Um die siebente Stund', am Brückendamm."
    „Am Mittelpfeiler."
      „Ich lösche die Flamm."
„Ich mit."
        „Ich komme vom Norden her."
  „Und ich vom Süden."
          „Und ich vom Meer."

„Hei, das gibt einen Ringelreihn,
Und die Brücke muß in den Grund hinein."

„Und der Zug, der in die Brücke tritt
Um die siebente Stund'?"
          „Ei, der muß mit."
„Muß mit."

      „Tand, Tand
Ist das Gebilde von Menschenhand!"

Auf der *Norder*seite, das Brückenhaus –
Alle Fenster sehen nach Süden aus,
Und die Brücknersleut' ohne Rast und Ruh
Und in Bangen sehen nach Süden zu,
Sehen und warten, ob nicht ein Licht
Übers Wasser hin „Ich komme" spricht,
„Ich komme, trotz Nacht und Sturmesflug,
Ich, der Edinburger Zug."

Und der Brückner jetzt: „Ich seh' einen Schein
Am anderen Ufer. Das muß er sein.
Nun, Mutter, weg mit dem bangen Traum,
Unser Johnie kommt und will seinen Baum,
Und was noch am Baume von Lichtern ist,
Zünd' alles an wie zum heiligen Christ,
Der will heuer *zweimal* mit uns sein, –
Und in elf Minuten ist er herein."

Und es war der Zug. Am *Süder*turm
Keucht er vorbei jetzt gegen den Sturm,
Und Johnie spricht: „Die Brücke noch!
Aber was tut es, wir zwingen es doch.
Ein fester Kessel, ein doppelter Dampf,
Die bleiben Sieger in solchem Kampf.
Und wie's auch rast und ringt und rennt,
Wir kriegen es unter, das Element.

Und unser Stolz ist unsre Brück';
Ich lache, denk' ich an früher zurück,
An all den Jammer und all die Not
Mit dem elend alten Schifferboot;
Wie manche liebe Christfestnacht
Hab' ich im Fährhaus zugebracht
Und sah unsrer Fenster lichten Schein
Und zählte und konnte nicht drüben sein."

Auf der Norderseite, das Brückenhaus –
Alle Fenster sehen nach Süden aus,
Und die Brücknersleut' ohne Rast und Ruh
Und in Bangen sehen nach Süden zu;
Denn wütender wurde der Winde Spiel,
Und jetzt, als ob Feuer vom Himmel fiel',
Erglüht es in niederschießender Pracht
Überm Wasser unten ... Und wieder ist Nacht.

„Wann treffen wir drei wieder zusamm?"
   „Um Mitternacht, am Bergeskamm,"
   „Auf dem hohen Moor, am Erlenstamm."

„Ich komme."
   „Ich mit."
      „Ich nenn' euch die Zahl."
„Und ich die Namen."
      „Und ich die Qual."
„Hei!
   Wie Splitter brach das Gebälk entzwei."
      „Tand, Tand
Ist das Gebilde von Menschenhand."

Theodor Fontanes Ballade „Die Brück' am Tay" wirkt wie eine weitere Variation auf das Thema von Droste-Hülshoff und Storm, indem sie ebenfalls das Verhältnis zwischen Mensch und Natur und die Vergeblichkeit des industriellen Fortschritts behandelt. Das menschliche Streben wird hier ganz allgemein infrage gestellt. Gleichsam barocke Motive der *vanitas*, also der Vergänglichkeit, und des *memento mori*, des Bewusstseins der eigenen Sterblichkeit, werden in moderner Gestalt wieder aufgegriffen. Denn der Anlass für die Ballade war ein ganz aktueller – und verhängnisvoller. Am 28. Dezember 1879 – Fontane nennt das Datum in der Überschrift – war die titelgebende Brücke über den Firth-of-Tay, einen drei Kilometer breiten Meeresarm an der schottischen Ostküste, bei einem schweren Sturm zum Teil eingestürzt und hatte einen Zug aus Edinburgh mit sich gerissen. 75 Personen kamen ums Leben. Fontane, der Schottland bereist hatte, erfuhr von dem Unglück aus der Presse, in der sich die traurige Nachricht schnell verbreitete. Schon in den ersten Januartagen 1880, kaum eine Woche nach der Katastrophe, schrieb er die Ballade nieder, wenig später wurde sie veröffentlicht – als unmittelbare literarische Auseinandersetzung mit dem fast noch gegenwärtigen Unglück.

Fontanes Ballade ist als Gedicht weniger regelmäßig gegliedert als etwa „Der Knabe im Moor". Stürmisch verwehte Versfragmente zu Beginn und am Schluss wechseln sich mit einheitlicheren Strophenblöcken ab. Auch eine durchgehende, leitende Erzählstimme wie bei Schiller und Droste-Hülshoff ist weniger zu vernehmen, stattdessen werden Teile des Texts durch Anführungszeichen als Figurenrede kenntlich gemacht. Fast entsteht auf diese Weise eine dramatische Szenenfolge mit kurzen wechselnden Auftritten vor der Kulisse der schottischen Küstenlandschaft.

Am Anfang und am Ende des Gedichts gehört drei Hexen das Wort, die sich zum Einsturz der Brücke verabreden. Diese drei mythischen Wesen stammen, wie Fontane im Motto seiner Ballade ausweist, aus der Literaturgeschichte, genauer: aus Shakespeares Tragödie *Macbeth* (verfasst um 1606, veröffentlicht 1623). Deren Titelheld ermordet, unter dem Einfluss der Hexen und angestiftet von seiner Frau, den König Schottlands und nimmt dessen Platz ein, nur um schließlich an Reue und Schuldgefühlen und am Widerstand gegen seine Herrschaft zugrunde zu gehen. Shakespeares Stück eignet sich als intertextuelle Quelle nicht nur wegen des schottischen Stoffs und des Motivs der unheilstiftenden Hexen, die in das Schicksal der Figuren eingreifen. Es teilt mit Fontanes Ballade auch die Kritik an der menschlichen Hybris, an einem maßlosen Streben nach Macht, über Mitmenschen wie über die Natur. Entsprechend legt Fontane die schreckliche Bilanz des Brückeneinsturzes und die fortschrittskritische Hauptaussage seiner Ballade den Hexen in den Mund, sogar gleich zweimal eingangs und abschließend: „Tand, Tand / Ist das Gebilde von Menschenhand." Im Schriftbild wird dieser Leitsatz ausgedrückt durch *eingerückte* Verse, die den *verrückten* und zugleich hellsichtigen Geisteszustand der unheimlichen Sprecherinnen veranschaulichen.

Die mittleren Strophen der Ballade nehmen die menschliche Perspektive ein und sind dem Zugführer Johnie und seinen Eltern gewidmet, die im Brückenhaus nach seinem Zug Ausschau halten. Für sie sind Brücke und Eisenbahn anfänglich so staunenswert und ehrfurchtgebietend, dass sie ihnen wie Wunder, wie übernatürliche Erscheinungen vorkommen („ein Licht / Übers Wasser hin"). Um das technische Wunderwerk irgendwie zu verstehen, personifizieren und vermenschlichen sie es („Ich komme [...] / *Ich*, der Edinburger Zug"). Als Symbole ungeahnten Fortschritts überhöhen sie die Ankunft der Eisenbahn zu einer zweiten Erscheinung des Messias („wie zum heiligen Christ, / Der will heuer *zweimal* mit uns sein"). Die industriellen Errungenschaften werden von den Brücknern also zunächst geradezu religiös verehrt, gleichsam als ein Heiligtum. Umso größer ist ihr Entsetzen im Angesicht der Katastrophe. Statt erstrahlt vom Glanz des Wunders sind sie am Schluss zurückgeworfen in wort- und lichtloses Dunkel: „Und wieder ist Nacht."

Die Gedanken und Äußerungen der Figuren werden in direkter Rede wiedergegeben und rücken das Geschehen so näher an uns Lesende heran. Die Handlung entfaltet sich in Echtzeit – ein bewährtes erzählerisches Mittel zur Vermittlung von Informationen sowie zur Lenkung von Aufmerksamkeit und Empathie. Dass Johnies Vertrauen in die Technik und die Beherrschung der Natur – „Wir kriegen es unter, das Element" – sich als fataler Trugschluss erweisen wird, ahnen wir nach dem proleptischen, also vorausblickenden Prolog der Hexen bereits – und bangen umso mehr um die Protagonisten. Mit dem katastrophalen Untergang ihrer Illusion in der schottischen Nordsee stirbt auch unsere Hoffnung auf Johnies Heimkehr. Fontanes Ballade erreicht ihre Wirkung nicht durch eine strenge lineare Erzählordnung, sondern durch die Montage verschiedener epischer Darstellungsverfahren und dramatisch-szenischer Elemente in lyrischer Form. Dass bei aller Vermischung der literarischen Gattungen Fontanes Ballade im Kern eine Erzählung darstellt und eine im Wortsinn mitreißende Geschichte wiedergibt, steht außer Frage.

Alle drei Balladen führen uns vor Augen, dass nicht der Modus des Erzählens allein die literarische Form oder Gattung eines Texts vorgibt. Erzählen lässt sich in gebundener Sprache (in Versen) wie in ungebundener (in Prosa), in einem Gedicht wie auf der Bühne, in festen, durchkomponierten Ordnungen und in freieren Strukturen. Erzählen ist eine Grundoperation aller literarischen Gattungen.

Erzählstruktur als Narrativ

Die Beispiele aus der Dramatik, der Versepik und der Lyrik zeigen also, dass literarisches Erzählen, anders als man aufgrund der modernen Prosagattungen auf den ersten Blick annehmen könnte, keineswegs auf epische Texte beschränkt ist. Erzählungen sind, als ganzheitliche Darstellungsform oder als punktueller Bestandteil, ein Kernelement der Literatur. Es gibt literarische Texte, die nicht erzählen. Aber es gibt keine großen Gattungen oder einzelne Genres, die das Erzählen grundsätzlich ausschließen. Und selbst wenn, wie im Theater, Erzählungen im engeren Sinne, also als zusammenhängende Schilderung einer Erzählinstanz, meist nur vorübergehend vorkommen oder sogar ganz fehlen, so haben Dramatik und Epik doch auf einer ganz fundamentalen Darstellungsebene eine Strukturähnlichkeit, die man als erzählerisch bezeichnen kann. Im Drama und im Erzähltext werden jeweils Handlungen oder, noch allgemeiner gesagt, Geschehnisse dargestellt, die eine Abfolge haben. Aristoteles etwa definiert ein (tragisches) Theaterstück denkbar einfach als die „Nachahmung einer in sich geschlossenen und ganzen Handlung" (*Poetik*, 7) und ergänzt: „Ein Ganzes ist, was Anfang, Mitte und Ende hat." (Ebd.) Er bezieht sich damit auf die grundsätzliche Eigenschaft der Dramatik, dass ihre Geschehnisse einen (kausalen) Verlauf in der Zeit aufweisen. Diese Eigenschaft teilen alle im weitesten Sinne erzählerischen Darstellungsformen, neben der Epik und der Dramatik auch etliche Gattungen der Lyrik. Diese erzählerisch-temporale Grundstruktur vieler literarischer Texte können wir, selbst wenn sie nicht streng genommen durch eine Erzählinstanz und in Form einer Erzählung vermittelt wird, als ‚Narrativ' bezeichnen.

Dieser Begriff hat gerade in den letzten Jahren eine erstaunliche Konjunktur erfahren und wird unter anderem in den Medien in allen möglichen Kontexten verwendet. So wird ‚Narrativ' für den manipulativen Inhalt von Propaganda und Verschwörungsmythen ebenso verwendet wir für Parteiprogramme, Unternehmensphilosophien, Verteidigungsstrategien vor Gericht oder die Erklärungsmuster für langfristige Vorgänge in der Wirtschaft. Auch die Rechtfertigungsbehauptungen für politische Entscheidungen, vom Kampf gegen den Klimawandel bis hin zu Kriegserklärungen, werden als Narrativ bezeichnet. In unserem Fach ist das Konzept des ‚Narrativs' kein neues Modewort, sondern es beschreibt einen uralten Gegenstand. Für unsere Zwecke reicht es im Folgenden aus, ein Narrativ als die Darstellung eines in Zeit und Raum von Figuren ausgeführten Geschehens zu verstehen. In welcher Gattung diese Darstellung geschieht, ist für dieses Begriffsverständnis nachrangig.

Der Begriff ‚Narrativ' stammt aus dem Lateinischen, vom Substantiv *narratio* beziehungsweise vom Verb *narrare*, was nichts anderes bedeutet als ‚Erzählung' und ‚erzählen'. Die ‚Narratologie' hat denselben etymologischen Ursprung und bezeichnet entsprechend die wissenschaftliche Auseinandersetzung mit dem Erzählen, also die Erzähltheorie. Wie das Erzählen aber längst nicht nur auf Erzähltexte begrenzt ist, sondern eine viel umfassendere Grundtendenz von Literatur darstellt, so ist auch die Narratologie keineswegs auf die Analyse epischer Texte beschränkt – oder überhaupt auf literarische Werke.

Erzählen in den Künsten

Narrative treten nicht ausschließlich in der Erzählliteratur auf. In unserem weiten Verständnis sind sie noch nicht einmal ein exklusives Merkmal nur von Literatur, sondern kommen in einer ganzen Reihe weiterer Künste und Medien vor. Verstanden als ein anthropologisches Grundmuster, um ein Geschehen zur Vermittlung an Dritte zu organisieren und darzustellen, eint das Erzählen diverse künstlerische Praktiken und Produktionsformen. Zu diesen narrativen Künsten zählen zum Beispiel alle Bewegtbildmedien, darunter Kinofilm und Fernsehen, Zeichentrickfilm und Computeranimation.

Auch in der Musik kann erzählt werden. In intermedialen Kombinationen von Klang und Text ist das besonders augenfällig, und entsprechende Gattungen wie die Oper und das Oratorium sind regelrecht definiert durch ihre Fähigkeit, Narrative und Handlungen zu vermitteln. In der Regel verwenden sie dafür Textbücher, sogenannte Libretti, welche die literarische Grundlage für die Arien, Rezitative und Choräle liefern. Dass sich selbst mit reiner Instrumentalmusik, die keinen Text aufweist, zumindest in groben Zügen eine Geschichte und eine zeitliche Abfolge darstellen lassen, zeigt die sogenannte Programmmusik, zu der neben Antonio Vivaldis *Die vier Jahreszeiten* zum Beispiel Modest Mussorgskis *Bilder einer Ausstellung*, Nikolai Rimski-Korsakows *Hummelflug*, Bedrich Smetanas *Die Moldau*, Camille Saint-Saëns' *Der Karneval der Tiere*, Paul Dukas' *Der Zauberlehrling* (nach der Ballade von Goethe) und Richard Strauss' *Ein Heldenleben* gezählt werden können. Als meist von Musik begleitete Kunstform kann freilich auch der Tanz Handlungen darstellen, etwa im Ballett, zum Beispiel Pjotr Tschaikowskis *Schwanensee* und Igor Strawinskys *Der Feuervogel*.

Dass Bildergeschichten als serialisierte, aneinandergereihte Folgen von bildlichen Darstellungen ebenfalls Narrative vermitteln können, zeigen im deutschsprachigen Raum bekannte Beispiele wie Wilhelm Buschs *Max und Moritz* und Heinrich Hoffmanns *Struwwelpeter*. Besonders eindrucksvoll führt die globale Vielfalt der Comics diese narrative Kompetenz vor Augen. Einige Reihen des US-amerikanischen Superhelden-Genres (u. a. *Superman*, *Wonder Woman* und *Iron Man*), der frankobelgischen Comics (*Tim und Struppi*, *Asterix*, *Die Schlümpfe*) und der japanischen Manga (*Akira*, *Dragonball*, *One Piece*) sind mit hunderten oder gar tausenden Ausgaben über Jahrzehnte hinweg äußerst langlebig und bei der Darstellung ausgedehnter, verzweigter und vielfach variierter Handlungsmuster im Bereich der Populärkultur womöglich erfolgreicher als alle anderen Kunstformen.

Zu den jüngsten narrativen Medien gehören Computerspiele, die durch die Möglichkeit der Interaktion sogar besonders gut darin sind, die Rezipierenden in die dargestellten Narrative hineinzuversetzen und Immersionseffekte zu erzielen, den Spielenden also das Gefühl zu vermitteln, als Teil der Handlung in die Erzählwelt des Games einzutauchen.

Ob auch die Bildenden Künste, insbesondere die Malerei und die Bildhauerei, erzählen können, ist umstritten und Gegenstand einer berühmten medientheoretischen Abhandlung von Gotthold Ephraim Lessing, von der wir bereits im vierten Theoriekurs gesprochen haben: *Laokoon oder über die Grenzen der Mahlerey und Poesie* (1766). Darin argumentiert Lessing, dass Gemälde und Skulpturen ihre Gegenstände im Raum darstellten (nebeneinander), nicht in der Zeit (nacheinander beziehungsweise aufeinander folgend). Deshalb wären sie vornehmlich dazu geeignet, dingliche Objekte wiederzugeben, nicht aber Handlungen: „Gegenstände, die neben einander oder deren Teile neben einander existieren, heißen Körper. Folglich sind Körper mit ihren sichtbaren Eigenschaften, die eigentlichen Gegenstände der Malerei. Gegenstände, die auf einander, oder deren Teile auf einander folgen, heißen überhaupt Handlungen. Folglich sind Handlungen der eigentliche Gegenstand der Poesie." (*Laokoon*, Abschnitt XVI) Genau diese geringere Affinität der Bildkünste zum Erzählen gleichen Bildergeschichten und Comics aus, indem sie Bilder aneinanderreihen, also aufeinander folgen lassen, und so ihrer eigenen Darstellungsform eine zeitliche Dimension geben, mit der sich Handlungen vermitteln lassen.

Erzählen findet in unterschiedlichen Künsten und Medien statt. Die Narratologie als die Theorie des Erzählens bietet entsprechend das Instrumentarium, um nicht nur literarische Werke, sondern auch Artefakte aus anderen Bereichen der Ästhetik zu beschreiben und zu untersuchen, sofern sie eine narrative Grundstruktur aufweisen. Besonders eignen sich narratologische Konzepte zum Beispiel für die Analyse von Filmen.

Erzählen im Film

Filme arbeiten als audiovisuelle Erzählungen ganz selbstverständlich mit narrativen Verfahren. Ein Teil der narratologischen Terminologie stammt sogar eher aus dem Bereich des Visuellen und der Kameratechnik als aus dem genuin Literarischen, zum Beispiel ‚Vorausblick', ‚Rückblende', ‚Fokalisierung'. Auch wenn wir vom

‚Blickwinkel' oder der ‚Perspektive' literarischer Figuren sprechen, verwenden wir damit eigentlich visuelle Metaphern. Im Medium des Films erschließen sich diese bildlichen Ausdrücke unmittelbarer, weil sie seiner sinnlichen Wahrnehmungsweise entsprechen. Manche verbreitete Erzählverfahren, die sich zunächst in der Literatur als der älteren Kunst entwickelt haben, lassen sich durch die gedankliche Übertragung ins Filmische konzeptionell leichter nachvollziehen, etwa zeitdehnendes und zeitraffendes Erzählen als Zeitlupe und Vorspulen oder die deskriptive Pause als Anhalten des Bildes.

Die Verwandtschaft des Kinos mit dem Erzählen führt gelegentlich dazu, dass Filme narrative Techniken nicht nur anwenden, sondern geradezu demonstrieren. Mitunter beruhen ganze Filme wesentlich auf einem bestimmten Erzählverfahren. Der britische Hollywood-Regisseur Christopher Nolan etwa ist bekannt dafür, erzählerische Operationen in seinen Filmen derart auszustellen und ins Extrem zu treiben, dass sie zum Hauptelement und zum wesentlichen Strukturmerkmal werden. Indem sie weit über das übliche Maß eingesetzt werden, übernehmen diese Erzähltechniken, die man aufgrund ihrer Vertrautheit sonst häufig übersieht, gleichsam eine eigene Hauptrolle.

Es ist uns aus der Filmgeschichte völlig geläufig, dass Filme Rück- und Vorblenden einsetzen, sogenannte Ana- und Prolepsen, um vergangene oder künftige Geschehnisse in die gegenwärtige Handlung einzubetten. In seinem Film *Memento* (2000) steigert Nolan diesen narrativen Normalfall aber derart, dass er zur bestimmenden Erzähltechnik wird, die sogar die Geschichte beherrscht. Der Film schildert eine Handlung von drei Tagen Dauer, nimmt dabei aber ausschließlich Vor- und Rückgriffe vor, so dass es eine eigentliche Erzählgegenwart gar nicht gibt. Inhaltlich begründet ist diese außergewöhnliche Darstellungsweise durch den Zustand des Protagonisten, der an Amnesie leidet. Sein Gedächtnis ist beeinträchtigt, er kann sich keine neuen Ereignisse merken. Anhand von Photographien und anderen Indizien versucht er, zu rekonstruieren, wie es zu einer Tat gekommen ist, an deren Hergang er sich nicht erinnern kann. Der Film beginnt deshalb am Schluss der Handlung, wo die Tat bereits geschehen ist, und springt von dort aus immer wieder hin und her zwischen Beginn und Ausgang der Geschehnisse (siehe Abb. 1). Durch diese ungewöhnliche Erzählweise ergibt sich eine starke Diskrepanz zwischen der chronologischen Reihenfolge der Ereignisse auf der Handlungsebene einerseits (der *histoire*) und der sprunghaften, anachronischen Darstellung dieser Ereignisse im Film andererseits (auf der Ebene des *discours*).

Nolan unterscheidet die beiden Zeitstränge in *Memento* farblich: Die Szenen, in denen der Protagonist versucht, das Geschehen vom Ende aus rückwärts bis an den Beginn nachzuvollziehen, werden in Farbe gezeigt; die Szenen, in denen sich nach und nach die Vorgeschichte offenbart, sind schwarz-weiß gehalten. Durch die stetigen Zeitsprünge zwischen analeptischer Vorgeschichte und proleptischer Aufklärung wechselt der Film also dauernd die Farbe. Beide Erzählstränge nähern sich schließlich immer weiter an, die narrativen Sprünge werden kleiner – bis die Zeitebenen sich schließlich tatsächlich berühren und das Bild ohne Zwischenblende direkt von schwarz-weiß in Farbe übergeht. Wir wollen die Spannung nicht verderben und die Auflösung des Films verraten, aber in diesem Moment zeigt sich, dass

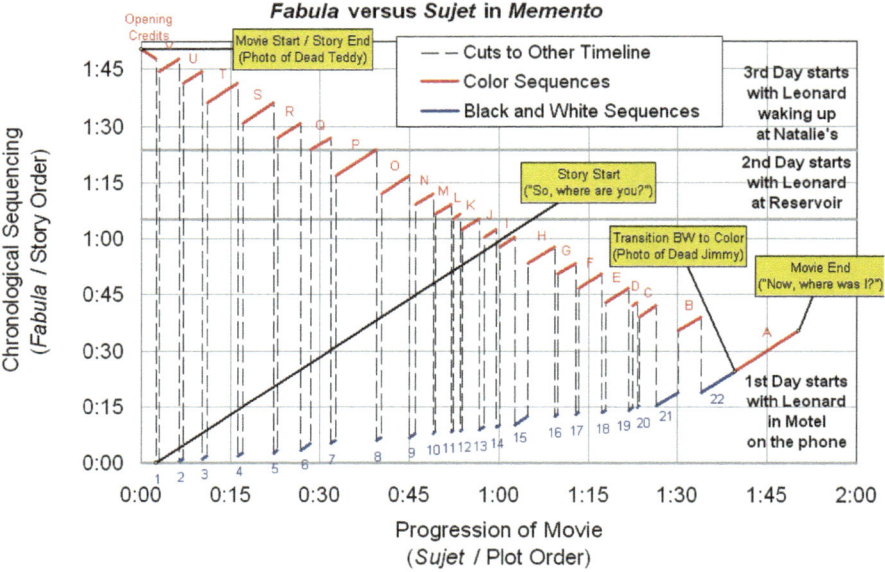

Abb. 1 Die Erzählstruktur von Christopher Nolans *Memento* (2001)

der Protagonist einem fatalen Irrtum unterlegen ist und sein Rekonstruktionsversuch letztlich scheitert.

Auch in späteren Filmen hat Christopher Nolan immer wieder mit Erzählverfahren experimentiert. In seinem Science-Fiction-Thriller *Inception* (2010) geht es um eine Technologie, mit deren Hilfe man Träume von Zielpersonen infiltrieren kann, um Informationen aus ihrem Unbewussten zu entlocken oder ihnen Gedanken einzupflanzen. Das Einbrechen in die Traumwelten wird dargestellt, indem die wachen, handelnden Personen als Figuren in die Träume der Schlafenden eindringen und diese kontrollieren und manipulieren können. Es bleibt allerdings nicht bei einer Traumebene. Nolan verschachtelt die Handlung seines Films, indem auch innerhalb von Träumen geträumt wird und sich die Suche nach Informationen durch mehrere Traumebenen hindurch fortsetzt. Immer tiefer tauchen die Protagonisten in Träume in Träumen in Träumen hinab (siehe Abb. 2). Im Finale des Films müssen sie mühsam durch all diese Traumebenen hindurch wieder aufsteigen, um die Oberfläche der Filmwirklichkeit zu erreichen – und es bleibt letztlich fraglich, ob ihnen dies gelingt.

Narratologisch gesprochen, sind die ineinander verschachtelten Traumwelten nichts anderes als Erzählebenen: Die Filmwirklichkeit bildet die Rahmenerzählung für die Binnenhandlung auf der ersten Traumebene, die wiederum den Rahmen für die Binnenhandlung des nächsten Traums darstellt und so weiter. Mit der Terminologie des Erzähltheoretikers Gérard Genette können wir die äußerste Rahmenhandlung als extradiegetische, die erste Binnenhandlung als intradiegetische und die nächste Schicht als metadiegetische Ebene bezeichnen. Auf der vierten Traumebene erreicht *Inception* schließlich die meta-meta-metadiegetische Ebene, die in Filmen

Erzählen im Film

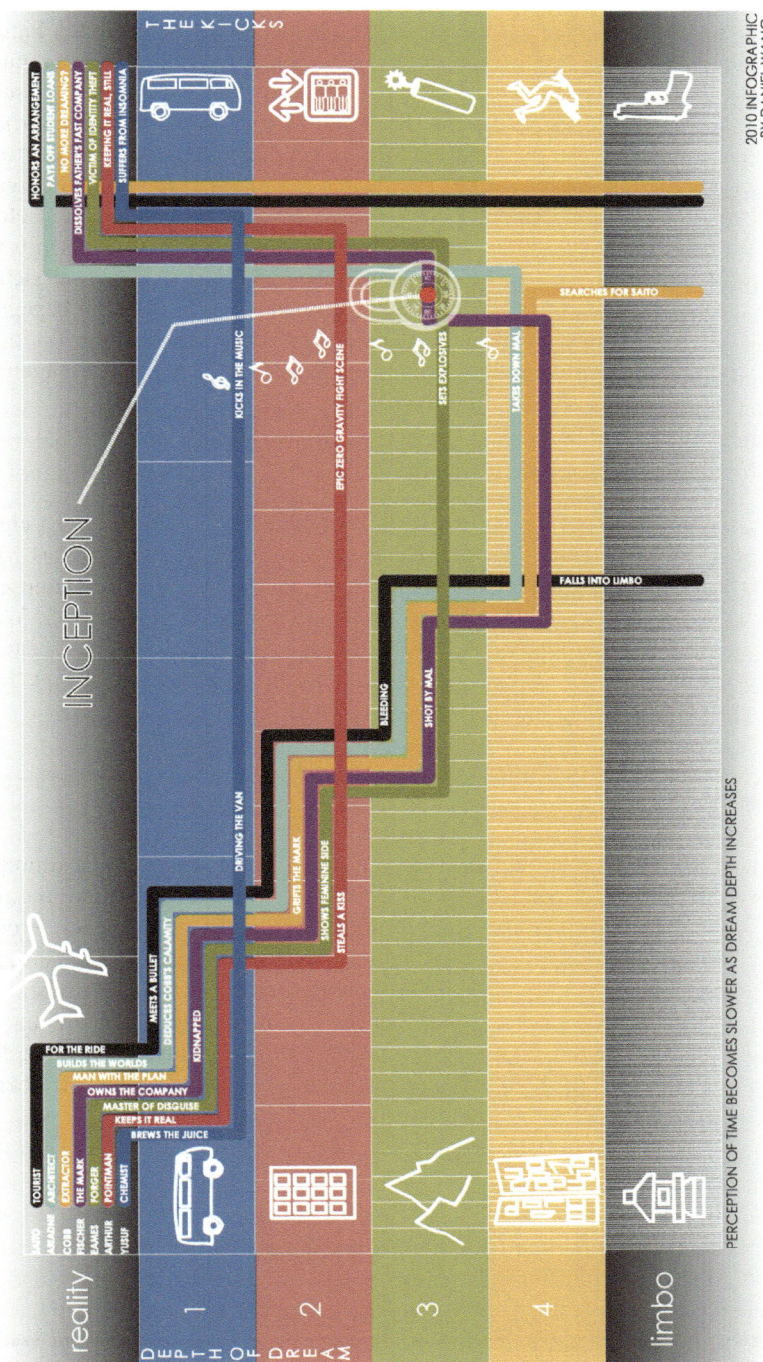

Abb. 2 Die Erzählebenen von Christopher Nolans *Inception* (2010)

und Erzähltexten sonst kaum je betreten wird. Und mit dem Limbus, einer bedrohlichen Schicht im untersten Unbewussten, die nach der lateinischen Bezeichnung der Vorhölle benannt ist und welche die Protagonisten zu vermeiden versuchen, kommt sogar noch eine zusätzliche Meta-Ebene hinzu. Auch hier also treibt Nolan seine Erzählung an die narrativen Grenzen.

In *Tenet* (2020), einem seiner jüngsten Filme, arbeitet Christopher Nolan erneut mit unterschiedlichen Erzählebenen, diesmal allerdings nicht getrennt durch eine Rahmen-Binnen-Struktur oder durch dauernde Zeitsprünge. Stattdessen kombiniert er die Verfahren seiner vorangehenden Filme. In *Tenet* geht es abermals um eine phantastische Zukunftstechnologie, die es hier ermöglicht, das physikalische Naturgesetz der Entropie umzukehren, so dass Personen und Dinge sich in umgekehrter Richtung durch die Zeit bewegen können. Bei dieser ‚temporalen Inversion‘ wird eine Handlung nicht einfach zurückgespult, sondern verläuft weiter vorwärts, aber nicht von der Gegenwart in die Zukunft, sondern in die Vergangenheit. Bei der Anwendung der Technologie handeln die Protagonisten also weiterhin ganz natürlich, während allerdings um sie herum die Zeit rückwärts verläuft. Nolan greift hier auf den Topos der Zeitreise zurück, den wir aus der Literatur (u. a. H. G. Wells' *The Time Machine*, 1895) und dem Kino (u. a. Robert Zemeckis' *Back to the Future*, 1985) kennen. Allerdings variiert er das Motiv auf eine ungewöhnliche Weise: Seine Figuren springen nicht einfach augenblicklich zu einem früheren Zeitpunkt, sondern wandern gleichsam in Echtzeit durch die invertierte Zeit, bis sie am gewünschten Zeitpunkt ankommen. Dadurch altern sie weiterhin während ihres Gangs in die Vergangenheit. Diese paradoxale Alterung ist als Motiv nicht ganz so bekannt wie das Thema der Zeitreise, hat aber ebenfalls Vorläufer, etwa in der Kurzgeschichte *The Curious Case of Benjamin Button* (1922) von F. Scott Fitzgerald, die 2008 von David Fincher mit Brad Pitt in der Hauptrolle verfilmt wurde. Sie erzählt von einem Mann, der mit der Erscheinung eines Greises zur Welt kommt und sich sein Leben lang immer mehr verjüngt, bis er scheinbar als Säugling stirbt. Anders als Benjamin Button können die Figuren in *Tenet* die Zeitumkehr aber steuern und zu ihren Zwecken einsetzen. Dadurch gewinnt der Film zusätzlich an erzählerischer Komplexität. Denn während die Figuren in umgekehrter Richtung durch die Zeit wandern, können sie ihren eigenen Ichs aus der Vergangenheit begegnen. Anders als in Zeitreisenarrativen üblich, befinden sich frühere und spätere Version einer Figur dann aber nicht in derselben Zeitordnung, sondern bewegen sich in der Zeit aneinander vorbei, in je unterschiedlicher Richtung durch den Fluss der Zeit. Das hört sich nicht nur kompliziert an, sondern ist auch im Film mitunter schwer nachzuvollziehen (siehe Abb. 3). Nolan verknüpft in *Tenet* die retrospektive Zeitlogik seines Films *Memento*, in dem rückwärts nach den Ursachen einer Tat geforscht wird, mit der Mehrebenenstruktur von *Inception*, in der dieselbe Figur gleichzeitig in mehreren Erzählsträngen erscheinen kann. Im Ergebnis wird auf diese Weise die fundamentale Verbindung von Chronologie und Kausalität hinterfragt. In überraschenden Wendungen führt uns der Film vor, dass die Ereignisse seiner Handlung ganz anders verursacht wurden, als wir zunächst angenommen hatten, und dass die Auslöser oft nachträglich manipuliert wurden oder der Ursache-Wirkung-Zusammenhang sich wegen der Zeitumkehr in ungewohnter Richtung vollzogen hat.

Erzählen im Film

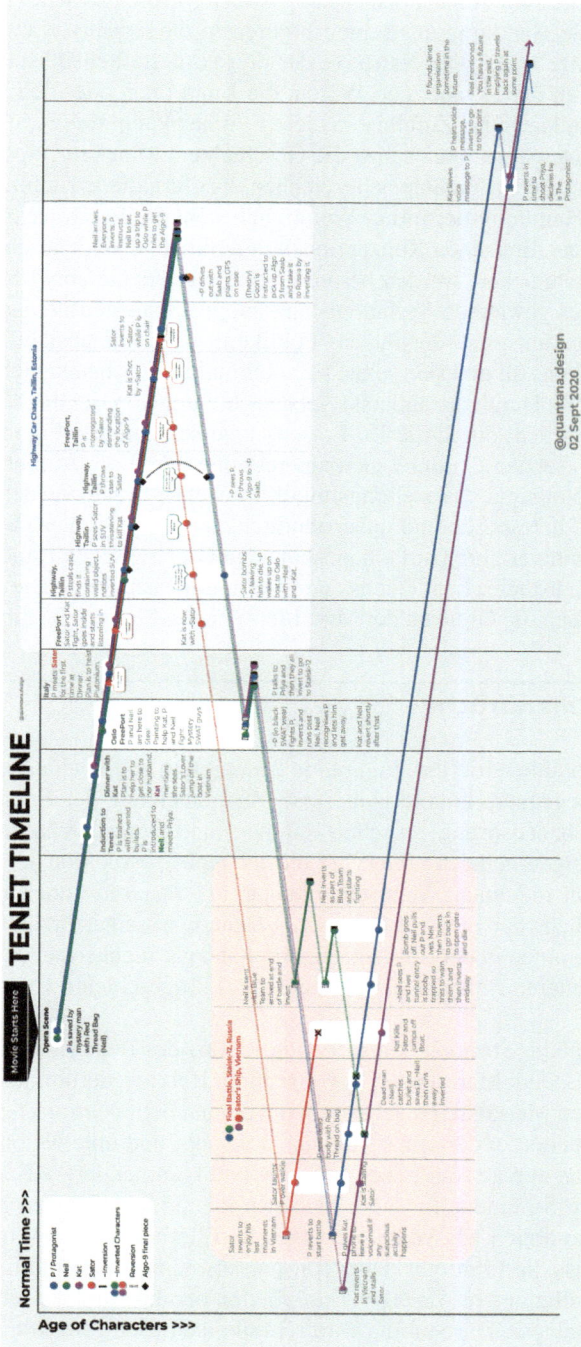

Abb. 3 Die Erzählstruktur von Christopher Nolans *Tenet* (2020)

Tenet ist erzählerisch Nolans bisher komplexester Film, der seine Neigung, die Motivation für die Handlung aus seinen Figuren in die Erzählverfahren zu verlagern, auf die Spitze treibt. Die Narrative der drei vorgestellten Beispiele entfalten sich weniger durch die Psyche, den Willen, die Emotionen oder den Verstand der Protagonisten. Und auch für Zufall ist in diesen Filmen kaum Raum. Stattdessen regieren die narrativen Techniken selbst die Geschichten. Man kann Nolans Kino als Extremfall methodischen Erzählens bezeichnen, insofern die Erzählmethode selbst den Verlauf der Handlung bestimmt. Womöglich steht die Erzähltechnik sogar am Beginn von Nolans filmischen Konzeptionen und bildet den eigentlichen Kern und Anlass seiner Drehbücher, um den herum er eine Geschichte entwirft, welche die Möglichkeiten des gewählten Verfahrens ausschöpft. Spätestens *Tenet* erreicht dabei einen Komplexitätsgrad, der für das Publikum wohl eine absichtliche Herausforderung darstellen soll und sich selbst bei mehrmaligem Schauen nicht mehr ohne Weiteres erschließt. Durch die äußerste Verschachtelung von Erzählebenen mit umgekehrten Zeitregimen, durch die Ko-Präsenz unterschiedlicher Figurenversionen, die in entgegengesetzten Chronologien agieren, und durch die Aufhebung linearer Kausalität reizt Nolan die Darstellungsmittel filmischen Erzählens derart aus, dass sie intransparent, hermetisch und unverständlich zu werden drohen. Bei Nolan balancieren die Erzählverfahren auf einem schmalen Grat zwischen Handlungstreiber und Selbstzweck, ästhetischem Genuss und Verständnishemmnis. Die Grenzen des Erzählens sind auch die Grenzen der Vermittel- und der Nachvollziehbarkeit.

Narrative Ebenenbrüche

Wenn die ‚temporal invertierten' Figuren in *Tenet* ihrem zeitlichen Original aus der Vergangenheit begegnen, könnte man diese Verschmelzung der Erzählordnungen auch als einen Ebenensprung zwischen Rahmen- und Binnenerzählung auffassen, eine Berührung eigentlich getrennter Stränge und eine Provokation der Sehgewohnheiten, die Nolan in seinem Mehrschichtennarrativ *Inception* noch nicht gewagt hatte. Solche Brüche der Erzählebenen nennt Genette in seiner Erzähltheorie „Metalepsen". Sie kommen in der Literatur und im Kino gar nicht so selten vor, wie wir uns an einem weiteren Beispiel aus der jüngeren Filmgeschichte veranschaulichen können.

Die Tragikomödie *Stranger Than Fiction* (2006) des deutsch-schweizerischen Hollywood-Regisseurs Marc Foster gewinnt ihren Reiz wiederum aus einem ganz eigenen narrativen Merkmal. Es geht darin um einen leicht neurotischen Angestellten einer Steuerbehörde, der eines Morgens aufwacht und eine weibliche Stimme vernimmt, die von nun an sein Leben begleitet und kommentiert. Als Zuschauende können wir diese Stimme sofort als Erzählerin identifizieren, deren Beschreibungen, wie im Kino üblich, als Voice-over über die Filmbilder gelegt sind. Unüblich ist allerdings, dass die Filmfigur diese Tonspur aus dem Off ebenfalls hören kann. Die Erzählkonstellation von *Stranger Than Fiction* beruht damit auf einem Ebenenbruch, einer Metalepse. Die Stimme wird rein filmtechnisch ganz konventionell als *Off-Camera*-Kommentar eingeführt und damit als heterodiegetische Erzählinstanz präsentiert. Aufgrund unserer Erfahrung mit zahlreichen Filmen, die ähnlich operieren, nehmen wir die Stimme also als die Äußerungen einer unsichtbaren Erzählerin wahr, die nicht als Figur in der Erzählwelt auftaucht und demnach auch keinen direkten physischen Zugang zur Handlung hat. Indem die Stimme aber doch von einer Figur gehört wird, wird sie, zumindest in auditiver Form, zu einem Teil der Handlung. Sie durchbricht die Trennung zwischen Erzählinstanz und Figurenwelt und wird punktuell homodiegetisch.

Dass der Steuerprüfer trotz zunehmend rabiater Suche keine körperliche oder maschinelle Quelle für die Stimme findet und er außerdem die einzige Figur bleibt, die sie vernimmt, ist Anlass für zahlreiche komische Situationen zu Beginn des Films. Spätestens aber als die Erzählstimme seinen baldigen Tod voraussagt, also als allwissende (nullfokalisierte) Erzählerin eine proleptische Vorausdeutung vornimmt, hat es mit der Komik ein Ende. Der Protagonist verzweifelt zunehmend und hält die Stimme für eine Einbildung, eine Halluzination, weshalb er eine Psychiaterin aufsucht. Ihre Diagnose lautet nicht überraschend: Schizophrenie. Das wäre eine innerhalb der Erzählwelt schlüssige Erklärung, die wir auch aus anderen Filmen kennen, in denen eigentümliche Wahrnehmungen oder ganze Figuren sich als psychotische Phantasien herausstellen, etwa David Finchers *Fight Club* (1999, basierend auf einem Roman von Chuck Palahniuk) und *A Beautiful Mind* von Ron Howard (2001, basierend auf der Biographie der Hauptfigur, des Nobelpreisträgers John Nash, von Sylvia Nasar).

Eine andere Erklärung hingegen gibt ein Literaturprofessor, den der Steuerprüfer in seiner Not ebenfalls aufsucht. Der Spezialist für Literaturtheorie fasst Interesse an dem kuriosen Fall und deutet ihn versuchsweise als ‚dramatische Ironie'. Dabei handelt es sich um eine vor allem aus dem Theater bekannte Technik, bei der eine Figur unwissentlich etwas ausspricht, wovon das Publikum bereits weiß, dass es sich bald bewahrheiten wird, gleichsam eine heimliche Prolepse, die der Figur selbst aber, darin liegt die Ironie, nicht bewusst ist. Der Literaturprofessor hält die unsichtbare Stimme also für eine Art inneren Monolog, mit dem sich der Steuerprüfer selbst etwas prophezeien würde, was er nur unbewusst ahnt. Die Stimme wäre damit eine autobiographische Selbsterzählung des Unbewussten.

Auch diese Erklärung trifft die eigentliche Lösung des Rätsels nicht, wie sich im weiteren Verlauf des Films zeigt, den wir hier nicht verraten wollen. Angedeutet sei nur, dass die Fährte in die Literatur und in die Fiktion, von der bereits der Titel des Films spricht, sich als richtig erweisen wird. *Stranger than Fiction* weist damit auf den literarischen Ursprung des metaleptischen Kunstgriffs, der in ungewöhnlicher Weise Erzählstimme und Figurenwelt verschmilzt, und unterstreicht abermals die narrative Verwandtschaft zwischen Literatur und Film.

Warum erzählt Odysseus?

Mit diesem Brückenschlag zum literarischen Erzählen kommen wir im letzten Teil dieser Lesewerkstatt noch einmal zur Literatur selbst zurück. Wir haben uns bisher mit den verschiedenen Möglichkeiten und Gattungen des Erzählens beschäftigt, mit dem Narrativen als Grundoperation zahlreicher Künste und Medien und mit einzelnen erzählerischen Verfahren, ihrer Funktionsweise und ihrer Wirkung. Eine Frage, die wir dabei bisher noch nicht beleuchtet haben, ist die nach dem Warum des Erzählens. Was sind die Gründe für das Erzählen? Und was bedeutet es, dass und auf welche Weise erzählt wird? Wir entfernen uns mit diesen Fragen vom Inhalt des Erzählens, der *histoire*, und von der konkreten Erzählweise, dem *discours*, und nähern uns einer dritten Dimension des Erzählens, wie Gérard Genette sie in der Einleitung zu seinem Grundlagenwerk unterschieden hat: dem Akt der *narration*. Mit dieser kommunikativen Handlung wird die Erzählung überhaupt erst erzeugt, und es stellt sich die Frage nach ihren Beweggründen und Zwecken.

Um diese Frage beispielhaft an einem Text zu veranschaulichen, kehren wir an den Beginn des überlieferten Erzählens zurück, zu jenem über zweieinhalb Jahrtausende alten Gründungstext der europäischen Epik, den wir auch im Theoriekurs eingangs bereits berührt haben: Homers *Odyssee*. Wir haben schon festgestellt, dass die Erzählweise dieses großen Epos sich am Übergang vom VIII. zum IX. Gesang radikal wandelt. Während das Vorangehende von einer auktorialen, allwissenden, in die Handlung nicht involvierten, also heterodiegetischen Erzählinstanz geschildert wurde, gleichsam von einem Sänger, der die *Odyssee* als Unbeteiligter nachträglich einem Publikum vorträgt, beginnt mit dem IX. Gesang Odysseus' eigene, autodiegetische Binnenerzählung aus seiner individuellen, intern fokalisierten Perspektive.

Odysseus wendet in seiner Schilderung zahlreiche narrative Verfahren an. Seine Erzählung dauert einen Abend lang, umfasst aber Ereignisse aus fast zehn Jahren, ist also stark gerafft; manche Zeitabschnitte wie den langen Aufenthalt bei Kirke komprimiert Odysseus besonders stark: „Und wir saßen ein ganzes Jahr von Tage zu Tage, / An der Fülle des Fleisches und süßen Weines uns labend." (X. Gesang, Vers 467 f.) Er schildert seine Irrfahrten weitgehend chronologisch vom Aufbruch im besiegten Troja bis zur Ankunft bei den Phäaken, die ihn als Schiffbrüchigen retten. Unbedeutende Zeiträume lässt er mithilfe von Ellipsen aus und springt zum nächsten relevanten Ereignis. Entlang der Stationen seiner Reise gliedert er seine Geschichte in Episoden. Hier und da durchbricht er den linearen Verlauf durch Analepsen, etwa wenn er von der Vorgeschichte des Weins berichtet, den er zum Kyklopen mitnimmt (IX, 195–211), oder mit Prolepsen, wenn er den Namen von Inselbewohnern bereits nennt, bevor er ihnen in seiner Schilderung begegnet ist (IX, 106–108). An einigen Stellen beschreibt er parallel zu den irdischen Ereignissen den Rat der Götter (XII, 376–388), von dessen Beschlüssen und Einflussnahme er eigentlich erst später von der Nymphe Kalypso erfährt. Wenn er einen Bericht seines Reisegefährten Eurylochos in dessen eigenen Worten wiedergibt (X, 250–260), wechselt seine Schilderung auf eine weitere, metadiegetische Erzählebene. Gelegentlich spricht Odysseus von sich beziehungsweise den Griechen in der dritten Person statt in der ersten (z. B. IX, 59), wechselt also von seiner autodiegetischen Wiedergabe zu einer scheinbar heterodiegetischen Erzählhaltung. Mit diesem erzählerischen Trick überschreitet er seine begrenzte, subjektive Perspektive als Betroffener und gibt seiner Darstellung den Anschein objektiver Übersicht.

Insgesamt verfügt Odysseus souverän über das Material seiner Geschichte und bereitet es dramaturgisch gekonnt zum Vortrag vor seinen phäakischen Gastgebern auf. Auf seine anfängliche Frage nach der richtigen narrativen Vermittlung – „Aber was soll ich zuerst, was soll ich zuletzt dir erzählen?" (IX, 14) – findet er im Verlauf seiner Schilderung eine äußerst überzeugende Antwort, die weit mehr als die Reihenfolge und Anordnung der Handlungselemente meistert. Nach allen Maßstäben der Kunst ist Odysseus ein sehr kompetenter Erzähler. Warum aber betreibt er diesen narrativen Aufwand? Was hängt überhaupt daran, ob und wie Odysseus erzählt? Wie ist die Erzählweise der von ihm geschilderten Gesänge zu verstehen, die sich so deutlich vom Rest des Epos unterscheidet? Welche Rolle spielt das Erzählen selbst?

Wir können mindestens sieben Gründe identifizieren, warum Odysseus in der Mitte der *Odyssee* seine eigene Geschichte erzählt.

1. Identität

Die erste Funktion von Odysseus' Schilderung besteht darin, seine Identität zu beglaubigen. Als Schiffbrüchiger auf der Insel der Phäaken gestrandet, kennt ihn dort niemand. Durch seine gefährlichen Abenteuer argwöhnisch gemacht, zieht Odysseus es vor, inkognito zu bleiben, und gibt selbst König Alkinoos, der ihn gastfreundlich aufnimmt, seinen Namen zunächst nicht preis. Später wird er sich selbst in seiner Heimat Ithaka, in die er mithilfe der Phäaken gelangt, auf dieselbe Weise zunächst bedeckt halten und seine Identität verschleiern, um seine Rückkehr in sein Heim und auf den Thron vorsichtig vorzubereiten. Auch am Hof von Alkinoos hätte er diese Anonymität womöglich durchgehend aufrechterhalten, wenn ihn nicht seine Emotionen übermannt hätten: Odysseus beginnt heftig zu weinen, als der phäakische Sänger Demodokos vom jahrelangen Kampf der Griechen gegen Troja und vom Untergang der berühmten Festungsstadt berichtet. Die Wehmut des Helden ist verständlich: Er denkt an den zehn Jahre zurückliegenden Triumph über Troja und zugleich an sein eigenes, trauriges Schicksal, seither aufgrund des Zorns des Meeresgotts Poseidon umherirren zu müssen. Das schöne Fest, das die Phäaken zu Ehren des Unbekannten ausrichten, führt ihm vor Augen, wovon ihn seine Irrfahrten fernhalten. Alkinoos ist freilich irritiert. Er kann die Reaktion seines namenlosen Gasts nicht einordnen: „Sage mir auch, was weinst du, und warum traurst du so herzlich [...]?" (VIII, 577) Odysseus sieht ein, dass es keinen Sinn mehr macht, seine Identität zu verbergen, und leitet seine Schilderung mit der Offenbarung ein: „Sagen will ich zuerst, wie ich heiße: damit ihr mich kennet [...]. / Ich bin Odysseus, Laertes Sohn [...]." (IX, 16–19) Am Beginn seiner Erzählung steht also ein Identitätsbekenntnis – das aus Sicht der Phäaken zunächst aber nur eine Behauptung ist. Immerhin erklärt der Unbekannte, den sie bei sich aufgenommen haben, hier Unerhörtes. Er sei einer der ruhmreichen Helden, die Troja besiegt haben. Er sei der verschollene König von Ithaka. Er sei eine jener Berühmtheiten, von denen der Sänger Demodokos ihnen gerade eben noch berichtet hat. Er gehöre wortwörtlich zu den besungenen Heroen ihrer Welt. Mehr Ruhm als Odysseus konnte man in der griechischen Antike nicht erringen. Umso ungeheuerlicher ist daher seine Bekundung. Odysseus ist sich über die Zweifelhaftigkeit seiner Namensangabe im Klaren, und seine autobiographische Erzählung ist sein Mittel, sie zu untermauern. Tatsächlich ist es sein einziges. Die Selbsterzählung ist gleichsam sein Ausweis, sein Identitätsdokument. Odysseus' Erzählen ist eine Beglaubigung, eine Beteuerung, eine Authentifizierung. Mit seiner Erzählung belegt Odysseus, wer er ist. Von ihr hängt ab, ob die Phäaken ihm Glauben schenken werden, ob sie ihm weiter freundlich gesinnt bleiben, ob sie ihm womöglich sogar zur Rückkehr nach Ithaka verhelfen werden. Für Odysseus könnte kaum mehr auf dem Spiel stehen. Selten war der Einsatz des Erzählens höher. Deswegen gibt er sich solche Mühe. Deswegen zieht er alle erzählerischen Register. Seine Erzählung muss überzeugen. Seine Identität ist an sie geknüpft. Und viel mehr hat der schiffbrüchige Odysseus nicht mehr zu verlieren.

2. Trauma

Seine verlustreichen Irrfahrten und seine emotionale Reaktion auf den fremden Bericht führen uns eine weitere Funktion des Erzählens vor Augen, die mit Odysseus' Persönlichkeit zu tun hat, allerdings weniger mit seiner Identität als mit seiner psychischen Konstitution. Als er am Hof von Alkinoos zu erzählen beginnt, ist seine traumatische Erfahrung noch denkbar frisch, gerade erst hat er den Schiffbruch überlebt, gerade noch drohte er umzukommen wie alle seine Kameraden. Der Aufenthalt bei den Phäaken erlaubt einen Moment des Innehaltens und der Ruhe nach zehn Jahren der Gefahr, der Orientierungslosigkeit und der Not. Hier hat Odysseus die Muße – und die Sicherheit –, sich zu sammeln und zu sortieren, die Geschehnisse Revue passieren zu lassen und mit ihrer Verarbeitung zu beginnen. Diese psychischen Prozesse sind zugleich erzählerische, sie produzieren eine Narration. Die Stressoren und Traumata werden umgewandelt, abgemildert und aufgearbeitet zu Elementen einer Erzählung. Die Schilderung dient zur und entsteht aus der Bewältigung, sie ist eine *Coping*-Strategie, wie sie nicht von ungefähr in der Psychotherapie und in der Psychoanalyse eingesetzt wird. Hier kann Odysseus sich über sich selbst äußern, sich öffnen, in einer Art *safe space*, vor einem wohlwollenden und verständnisvollen Publikum. Odysseus erzählt sich sein Leid von der Seele. Sein Narrationsakt ist zugleich ein Akt der Selbstfürsorge und der Psychohygiene.

3. Gemeinschaft

Odysseus' Erzählung verfehlt ihre Wirkung nicht. Am Ende seiner Schilderung sind alle Zuhörenden ergriffen und lauschen seiner kunstvollen Rede: „Also sprach er; und alle verstummten umher, und schwiegen, / Horchten noch, wie entzückt, im großen schattigen Saale." (XIII, 1 f.) Nur kurz währt zwischendurch die Unsicherheit über die Wahrheit seiner Schilderungen, wenn Arete, die phäakische Fürstin, fragt: „Sagt mir doch, ihr Phäaken, was haltet ihr von dem Manne?" (XI, 336) Noch fast im selben Atemzug aber erklärt sie: „Seht, das ist mein Gast! Doch jeder hat teil an der Ehre." (XI, 338) Sie begreift, wer da vor ihnen steht, und bringt die kollektive Ehrfurcht der Phäaken zum Ausdruck. Alkinoos, ihr Mann, bekräftigt: „Deine ganze Gestalt, Odysseus, kündet mit nichten, / Einen Betrüger uns an, noch losen Schwätzer [...]." (XI, 363 f.)

Dass Odysseus mit seiner Erzählung überzeugt, dass es ihm gelingt, mit seiner narrativ beglaubigten Identitätsbehauptung das Vertrauen und die künftige Unterstützung seiner Retter zu gewinnen, stellt die ganze Phäaken-Episode in einen starken Gegensatz zu einer anderen bekannten Station von Odysseus' Irrfahrten: der Begegnung mit Polyphem, dem Kyklopen. Dem einäugigen Riesen gegenüber, der seine Gefährten verspeist, gibt Odysseus sich nicht zu erkennen. Mit einer seiner gewitzten Täuschungen kann er ihn in die Irre führen: „Meinen berühmten Namen, Kyklop? Du sollst ihn erfahren. [...] / Niemand ist mein Name; denn Niemand nennen mich alle, / Meine Mutter, mein Vater, und alle meinen Gesellen." (IX, 364–367) Dieses „Niemand", auf griechisch Οὖτις (Oútis), ist eines der berühmtesten Inkognitos der Literaturgeschichte. Es sorgt dafür, dass sich Polyphem, als er von den Griechen in seiner Höhle angegriffen und geblendet wird, bei den anderen Kyklopen lächerlich macht, wenn er um Hilfe ruft: „Niemand würgt mich, ihr Freund', arglistig! und keiner gewaltsam!" (IX, 408) Als die anderen Kyklopen Polyphem im Kampf gegen ‚niemanden' im Stich lassen, ist Odysseus' Genugtuung groß: „Mir lachte die Seele vor Freude, / Daß sie mein falscher Name getäuscht und mein trefflicher Einfall." (IX, 413 f.) Erst als er mit den Gefährten dem Kyklopen entkommen und zurück auf dem Meer ist, löst er seine Täuschung auf und gibt seinen wahren Namen preis. Vom Schiff aus ruft er dem zürnenden, blinden Polyphem triumphal zu: „Hör, Kyklope! Sollte dich einst von den sterblichen Menschen / Jemand fragen, wer dir dein Auge so schändlich geblendet; / Sag ihm: Odysseus, der Sohn Laertes, der Städteverwüster, / Der in Ithaka wohnt, der hat mein Auge geblendet!" (IX, 502–505) Doch Odysseus' Arroganz rächt sich katastrophal: Dass der Kyklop mit einem blindwütigen Felswurf ihr Schiff leicht beschädigt, hält die Griechen nicht dauerhaft auf. Als viel nachhaltiger und schädlicher aber erweist sich Polyphems Fluch, mit dem er sich an seinen Vater, den meerbeherrschenden Poseidon richtet: „Gib, daß Odysseus, der Sohn Laertes, der Städteverwüster, / Der in Ithaka wohnt, nicht wiederkehre zur Heimat! / Oder ward ihm bestimmt, die Freunde wiederzusehen, / Und sein prächtiges Haus, und seiner Väter Gefilde; / Laß ihn spät, unglücklich, und ohne Gefährten, zur Heimat / Kehren auf fremdem Schiff', und Elend finden im Hause!" (IX, 530–535) Dieser Fluch, der am Beginn der Irrfahrten steht, wird sich verheerend bewahrheiten. Er ist ein maßgeblicher Grund für Odysseus' Qualen. Dass Polyphem in seinem Unheilsspruch Odysseus' überhebliche Worte genau zitiert, zeigt, dass es besonders die selbstherrliche, nachträgliche Offenbarung der Identität war, die seinen Zorn gereizt hat – und dass sein Fluch ohne Odysseus' Vermessenheit gar keinen Adressaten gehabt hätte. Hätte Polyphem auch Poseidon gegen einen „Niemand" aufhetzen können?

Die Erzählung der Apologe während Odysseus' Aufenthalt bei den Phäaken und die Episode bei den Kyklopen, die in sie eingebettet ist, schildern zwei Identitätsbekenntnisse mit entgegengesetztem Verlauf. Bei Polyphem endet die Namenspreisgabe fatal, bei den Phäaken glücklich. Innerhalb der groß angelegten Dramaturgie der *Odyssee* bietet die Identitätserzählung des Helden am Hof von Alkinoos eine positive Gegengeschichte zur Katastrophe der Irrfahrten und Polyphems Verfluchung des Odysseus. Das Epos, das im Kern eine Selbstverständigung über die Ethik und die Werte der griechischen Kultur enthält, zeigt damit, dass nicht nur List und Täuschung zum Ziel führen können, sondern auch Vertrauen und Mitteilung. Unter den richtigen Umständen und mit der richtigen Haltung lohnt sich die Offenbarung der Identität. Wenn Odysseus also bei den Phäaken zehn Jahre nach der Begegnung mit dem Kyklopen erneut seinen Namen ausspricht, tut er damit gewissermaßen Buße für seinen früheren Hochmut. Diesmal entscheidet er sich gegen den Antagonismus und wählt die Kooperation mit den Phäaken, die er narrativ vollzieht, durch seine Erzählung. Sein im Wortsinn identitätsstiftendes Erzählen stiftet damit zugleich eine Gemeinschaft.

4. Dank

In der Kommunikationssituation zwischen Odysseus und den Phäaken übernimmt seine Erzählung neben dem Identitätsnachweis und dem symbolischen Handschlag noch eine weitere soziale Funktion, die sie von der Auseinandersetzung mit Polyphem unterscheidet. Dem Kyklopen offenbarte Odysseus seinen Namen aus Trotz, aus Hybris, aus Überheblichkeit; den Phäaken nennt er ihn aus Demut, aus Anerkennung, aus einer Position der Schwäche. Odysseus erzählt zum Dank. Er zeigt sich dadurch erkenntlich. Die Phäaken haben ihn ohne Vorbehalt aufgenommen. Sie haben akzeptiert, dass er seine Identität zurückhalten wollte. Sie haben an ihm das von Zeus behütete Gastrecht geehrt, ihn gebadet, bekleidet, gepflegt, bewirtet und mit einem Fest unterhalten. Odysseus' Erzählung, mit der er die Phäaken bis tief in der Nacht in seinen Bann zieht, ist auch ein Lohn für ihre Mühen. Nichts anderes besitzt Odysseus mehr, womit er sie ihnen vergelten könnte.

Odysseus' Erzählung ist damit eingebunden in eine soziale Tauschbeziehung, die in antiken Zivilisationen das Zusammenleben und die Kommunikation insbesondere mit Fremden regelte. Nicht umsonst ist die Gastfreundschaft als ethisches Gebot im Werte- und Glaubenssystem der Griechen mit dem höchsten aller Götter assoziiert. Zeus garantiert mit dem Gastrecht das gesellschaftliche Fundament friedlichen Austauschs. Odysseus weiß, dass die Phäaken nach all den Wohltaten, die sie ihm bezeugt haben, ein gewisses Anrecht darauf haben zu erfahren, wer er ist. Er selbst stellt diese Verknüpfung zwischen Gastfreundschaft, Identität und Erzählung her, wenn er beginnt mit den Worten: „Aber was soll ich zuerst, was soll ich zuletzt dir erzählen? [...] / Sagen will ich zuerst, wie ich heiße: damit ihr mich kennet, / Und ich hinfort, so lange der grausame Tag mich verschonet, / Euer Gastfreund sei, so fern ich auch von hinnen wohne." (IX, 14–18) Der mittellose Odysseus erzählt, weil die Phäaken ihm – als erste und einzige auf seinen langen Irrfahrten – entsprechend dem Ideal griechischer Humanität begegnen – und er kein anderes Gastgeschenk hat als seine Geschichte.

5. Zeugnis und Gedenken

Ein weiterer Grund für Odysseus' Erzählen hat ebenfalls etwas mit sozialen Beziehungen und einer Gemeinschaft zu tun, allerdings nicht mit den Phäaken, sondern mit seinen Gefährten. Einer nach dem anderen sind sie umgekommen, sind ihrem Anführer während der Reise abhanden gekommen, wie Polyphem es in seinem Fluch vorausgesagt hatte. Odysseus' Schilderung ist auch eine Art Buchhaltung, mit der er die Anzahl seiner verbleibenden Kameraden dokumentiert. Und die Summe kennt nur eine Tendenz: abwärts. „Jedes der Schiffe verlor sechs wohlgeharnischte Männer" (IX, 60); „Packt' er [Polyphem] abermal Zween, und tischte die Stücke zum Schmaus auf" (IX, 311 und 344); „Aber mit einmal waren die anderen verschwunden, und keiner / Kehrte zurück" (X, 259 f.); „Neigte sich Skylla [das Ungeheuer] herab, und nahm aus dem Raume des Schiffes / Mir sechs Männer, die stärksten an Mut und nervichten Armen" (XII, 245 f.); „Und nun donnerte Zeus; der hochgeschleuderte Strahl schlug / Schmetternd ins Schiff: und es schwankte, vom Donner des Gottes erschüttert; / Alles war Schwefeldampf, und die Freund' entstürzten dem Boden." (XII, 415–417); etc. Odysseus' Erzählung liest sich wie eine Aufzählung von Verlusten, wie ein Sterberegister. Sie folgt einer Subtraktionslogik, bei der wir mitverfolgen können, wie die Anzahl der armen Reisegefährten, in Troja noch als triumphale Sieger in See gestochen, unaufhaltsam sinkt. Losgefahren war er mit zwölf Schiffen; zum Schluss, am Ende des XII. Gesangs, ist Odysseus, wie prophezeit, der einzige Überlebende: „Einsam durchwandelt' ich jetzo das Schiff" (XII, 420).

Seine Erzählung nimmt damit den Charakter eines Nachrufs an, einer vielfachen Todes- und Traueranzeige, mit der Odysseus der toten Gefährten gedenkt, deren Schicksal niemand sonst kennt und berichten kann. Wenn er nicht von ihnen erzählt, tut es niemand. Den eigentlichen Krieg gegen Troja hatten sie überlebt, heimgekehrt sind sie dennoch nicht. Odysseus legt Zeugnis ab für die Gefallenen.

Dass seine Erzählung ein Totendienst ist, zeigt sich daran, dass Odysseus nicht bei dem Gedenken an seine gestorbenen Freunde Halt macht. In einer Ausweitung vom persönlichen Schicksal und Sozialkreis des Helden hin zur Allgemeinheit der griechischen Kultur, die charakteristisch ist für den Ganzheitsanspruch der *Odyssee* und der griechischen Epik, führt ihn eine seiner Reiseepisoden im XI. Gesang an den Eingang zur Unterwelt. Dort opfert er und beschwört so die Seelen einer Vielzahl berühmter Toter. Anfangs trifft er am Hades die Seelen des kürzlich verstorbenen Kameraden Elpenor, des Sehers Teiresias, der ihm entscheidende Hinweise für seine Weiterfahrt gibt, und seiner Mutter, von deren Tod er noch gar nichts weiß. Auch ihre Geschichte wird auf diese Weise dokumentiert. Es folgt ein Katalog ruhmreicher Heldinnen (Tyro, Antiope, Alkmene, Epikaste, Chloris, Leda, Iphimedeia, Phädra, Prokris, Ariadne, Mära, Klymene und Eriphyle) und Helden (Agamemnon, Achilleus, Patroklos, Antilochos, Ajas). Jeder der verstorbenen Personen widmet Odysseus ein paar Verse, erläutert ihre Herkunft und ihre Heldentaten, wie in kleinen Nekrologen. Mit einigen wechselt er ein paar Worte, lässt sie ihre Geschichte erzählen und bringt ihnen Nachricht von der Oberwelt. Er stellt eine Verbindung her zwischen den Toten und den Zuhörerinnen und Zuhörern seiner

Erzählung. Und er bedauert, dass er seine Aufzählung nicht endlos fortsetzen kann: „Aber ich kann unmöglich sie alle beschreiben und nennen" (XI, 328).

Dass Odysseus' Erzählung dem Austausch zwischen epischer Gegenwart und mythischer Vergangenheit dient, wird vollends offensichtlich an dem Best-of der Halbgötter und Sagengestalten, das ihm abschließend aus der Unterwelt erscheint: Minos, Orion, Tityos, Tantalos, Sisyphos und schließlich Herakles, der berühmteste aller Heroen. All die menschlichen, mythischen und göttlichen Figuren sind damit in Odysseus' Erzählung aufgehoben und bewahrt. Solange die *Odyssee* überliefert wird, setzt sich auch ihr Vermächtnis fort. Nachhaltiger kann man nicht gedenken.

6. Ruhm

Mit dem mythologischen Who's who der Unterwelt geht Odysseus über die Nachruf- und Memorialfunktion seiner Erzählung hinaus. Er setzt sich damit selbst in Beziehung mit den berühmten Toten der griechischen Kultur- und Literaturgeschichte. Er reiht sich als epischer Held ein in die Reihe derer, von denen zu erzählen es wert ist. Wer den größten Figuren des Mythos auf Augenhöhe begegnet, zumal am Eingang zum Hades, vor dem eigenen Tod, kann etwas auf sich halten. Odysseus betreibt hier Selbstheroisierung und Selbstmythologisierung. Bescheiden ist das nicht. Schon in der Auseinandersetzung mit dem Kyklopen Polyphem haben wir Odysseus als vermessen kennengelernt. Immer wieder zeigt sich seine Hybris in seinem Erzählen. Schon wenn er sich zu Beginn selbst vorstellt, spart er nicht mit Eigenlob: „Ich bin Odysseus, Laertes Sohn, durch mancherlei Klugheit / Unter den Menschen bekannt; und mein Ruhm erreichet den Himmel." (IX, 19 f.) Odysseus erzählt auch deshalb von sich, weil er der Überzeugung ist, dass es er verdient. Auf diese Weise stellt er sicher, dass seine „schlauersonnenen Worte" (IX, 282) und manch „trefflicher Einfall" (IX, 414) für die Nachwelt erhalten bleiben.

Die meliorativen, aufwertenden Selbstzuschreibungen finden sich vor allem im ersten Teil seiner Erzählung, besonders im IX. Gesang. Mit zunehmender Dauer der Irrfahrten und steigenden Verlusten wird Odysseus' Darstellung weniger hochtrabend, am Schluss überwiegen Verzweiflung und blanker Überlebenswille. Odysseus' Eitelkeit wird von den Gefahren, die er schließlich eher mit Glück und mit höherem Beistand als durch intellektuelle oder körperliche Höchstleistungen überlebt, auf ein angemessenes Maß zurechtgestutzt. Odysseus erzählt auch die Geschichte seiner eigenen leidvollen Mäßigung. Durch das kreative Meisterstück des trojanischen Pferds, das den Sieg über Troja herbeiführte, ist Odysseus ein Platz in der Kollektivüberlieferung ohnehin sicher. Selbstüberhöhung hat er gar nicht nötig, im Gegenteil: Sie wird ihm zum Verhängnis. Seine Irrfahrten sind insofern auch als Prüfung zu verstehen, als Lektion in Demut (gegenüber dem Schicksal, den Göttern, den Rettern), Solidarität (mit den Gefallenen, mit den Daheimgebliebenen) und Selbstwahrnehmung (als kluger Anführer, als glücklich Überlebender, als ohnmächtiger Hilfsbedürftiger). Durch diese Bewährungsprobe qualifiziert sich Odysseus für die Heimkehr nach Ithaka, wo er in der Tat keineswegs als strahlender Triumphator auftreten wird, sondern als Bettler. Sein bis heute anhaltender Ruhm beruht nicht auf seiner Selbstglorifizierung. Wir lesen die *Odyssee* heute nicht nur, weil sie von Odysseus als Helden erzählt, sondern weil sie von ihm als Menschen erzählt.

7. Selbstbild

Seine eigene Geschichte zu erzählen, ist schließlich auch Odysseus' Versuch, die Herrschaft über das Bild, das die Welt sich von ihm macht, zu bewahren oder überhaupt erst wiederzuerringen. Dass dafür eine Notwendigkeit besteht, hat der phäakische Sänger Demodokos unwissentlich, aber anschaulich vorgeführt, indem er als Unbeteiligter, aufgrund von Hörensagen, vom Trojanischen Krieg berichtete – im unbekannten Angesicht eines seiner größten Helden. Odysseus war zehn Jahre lang auf Irrfahrt und währenddessen hat sich seine Geschichte weithin verbreitet und verselbständigt. Wenn er nicht mit einer eigenen Erzählung dagegenhält, droht ihm die narrative Kontrolle über seine eigene Biographie zu entgleiten. Odysseus' Erzählung betreibt daher nicht zuletzt Imagekontrolle und Kommunikationsmanagement. Und sie ist eine Chance. Seine Ankunft bei den Phäaken gleicht einer narrativen *tabula rasa*. Als namenloser Schiffbrüchiger kann er sein Selbstbild nach seinen Vorstellungen und Maßstäben formen – mithilfe des Erzählens. Er will sich nicht darauf verlassen, dass Dritte seine Geschichte authentisch überliefern, und schafft dafür selbst eine autorisierte Vorlage.

In Zeiten ubiquitärer Gelegenheiten und Anforderungen zur Selbstdarstellung und Selbsterfindung, aber auch des Persönlichkeitsdiebstahls und der Identitätsfälschung in den digitalen und Sozialen Medien haben wir für dieses Anliegen von Odysseus heute ein besonderes Verständnis. Die *Odyssee* führt uns vor Augen, dass das Erzählen die Kraft hat, eine Identität nicht nur zu behaupten und zu beglaubigen, sondern allererst zu begründen und herzustellen. Erzählend erzeugt Odysseus selbst das Bild, das wir von ihm haben und überliefern. Erzählung ist Identitätsstiftung.

Unzuverlässiges Erzählen

Wenn Odysseus das Erzählen nutzt, um sein Selbstbild zu gestalten, welchen Einschränkungen unterliegt er dabei? Oder kann er sein Image frei und nach Belieben zeichnen? Als einziger Überlebender und Zeuge der Ereignisse sind ihm narrative Manipulationen wie Auslassungen, Beschönigungen oder Übertreibungen kaum nachzuweisen. Gibt es Indizien dafür, dass Odysseus seine Geschichte nicht genau so wiedergibt, wie sie sich zugetragen haben müsste? Gibt es Stellen, die er absichtlich verfälscht? Oder unterlaufen ihm bei dem schwierigen Versuch, aus einer langen und von Göttern beeinflussten Ereigniskette eine sinnvolle und kohärente Geschichte zu spinnen, womöglich versehentlich Fehler? Ist Odysseus also, um einen Begriff zu benutzen, den der Erzähltheoretiker Wayne C. Booth eingeführt hat, ein ‚unzuverlässiger' Erzähler?

Ein erster Hinweis auf mögliche Überzeichnungen und Überhöhungen mag in Odysseus' Neigung zur großsprecherischen Selbstdarstellung liegen, die sich im Laufe seiner Erzählung aber abschwächt. Gleich zweimal wird Odysseus außerdem aufgefordert, sich mit seiner Erzählung streng an die Fakten zu halten, jeweils von Autoritäten und mit demselben Wortlaut. Alkinoos mahnt: „Aber verkündige mir, und sage die lautere Wahrheit" (XI, 370). Und auch Agamemnon aus der Unterwelt gebietet: „Aber verkündige mir, und sage die lautere Wahrheit" (XI, 457). Trauen sie Odysseus' Auskünften also nicht? Die Formelhaftigkeit ihrer gleichlautenden Anweisung könnte daher rühren, dass es sich bei ihren Äußerungen um textliche Versatzstücke handelt, die das Memorieren des Texts erleichtern und den Vortrag strukturieren. Diese Austauschbarkeit würde den Ernst ihres Misstrauens und ihres Wahrheitsgebots womöglich abmildern. Außerdem fordert Alkinoos ein paar Verse später in deutlichem Gegensatz zu seiner ersten Ermahnung: „Erzähle mir Wundergeschichten" (XI, 374). Wahrheit und Wunder zugleich also soll Odysseus liefern – und er richtet sich danach.

An einigen Stellen allerdings ergeben sich faktische Widersprüche in Odysseus' Schilderung, die sich kaum auflösen lassen. Wenn er Boten zu den Lästrygonen schickte, die von den Menschenfressern getötet wurden, wenn überhaupt alle Schiffe bis auf sein eigenes, das er aus Vorsicht außerhalb der Bucht geankert hat, den wütenden Angriffen der Lästrygonen zum Opfer fallen, wie kann Odysseus dann berichten, was sich am Hof von deren König Antiphates ereignet hat (X, 95–134)? Wenn er auch zu Kirke einen Spähtrupp entsandte, während er selbst zurückblieb, wie kann er dann beschreiben, was der Vorhut zustößt, wenn deren einziger Überlebender, Eurylochos, nichts dergleichen berichtet (X, 203–273)? Wenn er in der zehnten Nacht auf der Überfahrt von Äolia nach Ithaka, der Heimat schon ganz nah, übermüdet einschlief, wie kann er dann wissen, worüber sich seine Gefährten heimlich berieten und wie es dazu kam, dass sie Äolos' Schlauch mit allen ungünstigen Winden unvorsichtig öffneten und so ihr Schiff heillos vom Kurs abbrachten (X, 31–50)? Und wenn es stimmt, dass Odysseus ausgerechnet erneut schlummerte, als seine Gefährten gegen das ausdrückliche Verbot die Rinder des Helios schlachten und damit den Zorn der Götter und eine katastrophale Strafe auf sich ziehen, die alle Verbliebenen das Leben kostet, wie kann er dann minutiös darlegen, wie Eurylochos sie dazu angestachelt hat (XII, 338–366)? Ist es nicht recht bequem, dass Odysseus regelmäßig zu schlafen oder abwesend zu sein scheint, wenn etwas Schlimmes geschieht? Oder handelt es sich dabei um eine Schutzbehauptung, mit der Odysseus eine Mitschuld an den Ereignissen von sich zu weisen versucht?

Wie der Götterrat über den Frevel an den Rindern zu Gericht sitzt und zu seinem vernichtenden Urteil kommt, will Odysseus von Kalypso erfahren haben, der es der Götterbote Hermes mitgeteilt habe. Das wäre eine Erklärung dafür, dass er ein Geschehen beschreiben kann, bei dem er nicht zugegen war. Aber es wäre immer noch keine sehr zuverlässige Darstellung, sondern erzähltes (Odysseus) erzähltes (Kalypso) Erzählen (Hermes) – eher stille Post als Tatsachenbericht. Bei der Abfahrt von Kirkes Insel verschweigt Odysseus den Gefährten die Gefahr des sechsköpfigen Meeresungeheuers Skylla, weil er von der Zauberin weiß, dass sie ihm nicht entgehen können, ohne in den Strudel des Monsters Charybdis zu geraten und an einem Felsen zu zerschellen (XII, 223). Odysseus wählt ein Übel und unterschlägt das andere. Enthält er seinen Gefährten – und uns – auch andere wichtige Informationen vor?

Ein *Epitheton* ist in der Epik ein Beiwort, ein Attribut, das zur Charakterisierung einer Figur regelmäßig zusammen mit seinem Namen genannt wird. Odysseus' Epitheton ist ‚der Listenreiche', πολύτροπος (*polytropos*), und das bedeutet zugleich: ‚der Wendungsreiche', jemand, dessen Reise und dessen Erzählung viele Umwege nimmt und Wendungen hat, und der sich als Erzähler vieler Verfahren, vieler Tropen, buchstäblich ‚Wendungen', bedient. Seinen Erfindungsreichtum, seine Klugheit und seine Täuschungsfähigkeit stellt der listige Odysseus bei zahlreichen Gelegenheiten unter Beweis. Im Kampf mit den Kyklopen berichtet er: „Aber ich sann umher, das sicherste Mittel zu finden, / Wie ich meine Gefährten und mich vor dem schrecklichen Tode / Rettete. Tausend Entwürf' und Listen wurden ersonnen; / Denn es galt das Leben; und fürchterlich drang die Entscheidung!" (IX, 420–423) Wer sich unter Druck und Lebensgefahr eine Vielzahl an Optionen und rettenden Ideen ausdenken kann, der verfügt über einen klugen, kühlen Kopf und über Kreativität. So jemandem fällt ein gigantisches Holzpferd als Tarnung für Soldaten und eine begleitende Kolportage vom vermeintlichen Abzug der belagernden Griechen ein. So jemand besiegt Troja. So jemand verbreitet nach seiner Heimkehr in Ithaka zunächst sprichwörtlich gewordene Lügengeschichten, mit denen er seine Identität verschleiert, um sich einen Überblick über die Lage zu verschaffen, Loyalitäten zu prüfen und einen Plan zur Rückgewinnung der Herrschaft zu entwerfen. So jemand kann Geschichten erfinden und erzählen. Mit einem moderneren Begriff kann man Odysseus' ‚Listenreichtum' auch als Fiktionskompetenz bezeichnen. Sein Talent zur Simulation und zur Dissimulation, zur Erfindung und zur Überzeugung rettet Odysseus auf dem Schlachtfeld und in Kyklopenhöhlen. Und es macht ihn zu einem brillanten Erzähler.

Odysseus' Manipulationsfertigkeit weckt Zweifel an der Wahrhaftigkeit seiner Darstellung und damit am Wert seiner Erzählung als Beglaubigung seiner Identität. Zugleich kann man von einem Erzähler solchen Ranges von vornherein kein schnödes Ereignisprotokoll erwarten. Das wäre eine Verschwendung seiner Begabung. Darin besteht die Ambivalenz von Odysseus' Erzählen. Seine Fiktionskompetenz, die ihn vor allen griechischen Helden auszeichnet, ist genau der Grund, warum uns seine Geschichte interessiert, warum wir seiner gekonnten Erzählung folgen, warum wir die *Odyssee* bis heute lesen. Und sie ist der Grund für die eine oder andere faktische Freiheit in seiner Schilderung. Das eine bedingt das andere. Und das Urteil der Kulturgeschichte darüber, was beim Erfolg des Epos den Ausschlag gegeben hat, könnte eindeutiger nicht sein.

Erzählen ist etwas anderes als die Wirklichkeit wiederzugeben. Das Epos macht diese Differenz anhand von Odysseus' eigenem Erzählen sichtbar. Es lässt mitunter unentscheidbar, was authentisch und was unzuverlässig ist. Und es verwendet dafür eine Reihe narrativer Verfahren, die noch heute in der Literatur gang und gäbe sind und die Erzähltheorie beschäftigen. All das macht es zu einem ungeheuer aktuellen Text. Trotz ihres Alters von 2700 Jahren ist die *Odyssee* erstaunlich modern.

Achter Theoriekurs – Psychologisch lesen

Psychoanalyse

Wenn wir Fiktionen lesen, in denen Figuren handeln, denken und fühlen, liegt es nahe, sie *auch* psychologisch aufzufassen. Begrifflich unterscheiden wir Psycho*logie*, Psycho*pathologie*, Psych*iatrie*, Psycho*therapie* und Psycho*analyse*. Die Psychologie beschreibt das ‚normale' Erleben und Verhalten, die Psychopathologie das ‚krankhafte'. Psychiatrie ist die entsprechende medizinische Disziplin, der klinische Diskurs. Psychotherapie ist die Behandlung psychischer Erkrankungen. Weniger offensichtliche Aspekte des Erlebens und Verhaltens von Menschen oder Figuren können wir psychoanalytisch zu verstehen versuchen, im Hinblick auf unbewusste Faktoren. Die von Sigmund Freud begründete Psychoanalyse, von der wir hier ausgehen wollen, ist die Erforschung des Unbewussten und seiner Erscheinungsformen, seiner Manifestationen – gleichsam als ‚*Tiefen*psychologie'.

Wichtige Protagonisten der Psychoanalyse waren Sigmund Freud (1856–1939), Alfred Adler (1870–1937) und Carl Gustav Jung (1875–1961) und etwas später Melanie Klein (1882–1960), Donald Winnicott (1896–1971), Wilfred Bion (1897–1979) und Jacques Lacan (1901–1981). Aber auch der Psychiater und Rechtsmediziner Richard von Krafft-Ebing (1840–1902) prägte bereits einen fachlichen Begriff aus der Lektüre eines literarischen Texts, nämlich den des ‚Masochismus' nach dem Roman *Venus im Pelz* (1879) von Leopold von Sacher-Masoch.

Wenn wir uns auf die klassische Theorie von Sigmund Freud konzentrieren, werden wir diese anhand ihrer zentralen Begriffe nachzuvollziehen versuchen: Ich, Es und Über-Ich, Lustprinzip und Realitätsprinzip, das Unbewusste, die Verdrängung und die Wiederkehr des Verdrängten, die Traumarbeit, der Ödipuskomplex und die Urhorde.

Psychoanalyse und Literatur

In den bisherigen Theoriekursen haben wir bereits verschiedene Ansätze zu einem psychologischen Verständnis von Literatur angesprochen. In der Poetik der Tragödie wirkt die *Katharsis* für die Zuschauer als affektive ‚Reinigung', als Triebabfuhr und Aggressionsabbau im Theater. In der Rhetorik ist die *Psychagogie* eine affektive, sympathetische und ästhetische Einwirkung (*movere*, *conciliare* und *delectare*) durch Reden beziehungsweise durch Prosatexte. Die Narratologie unterscheidet erzählende, vermittelnde und zitierende Verfahren zur Darstellung des Bewusstseins von Figuren: darunter die erlebte Rede, den inneren Monolog und den Bewusstseinsstrom – die nicht zufällig in der Epoche der Psychoanalyse entwickelt wurden.

In der Gattungstheorie haben bestimmte Genres eine Affinität zur Psychologie, beziehungsweise sie eignen sich besonders für psychoanalytische Lektüren: beispielsweise die Schauerliteratur (wie E. T. A. Hoffmanns *Der Sandmann* oder Bram Stokers *Dracula*); wir können sie mit Hilfe der Konzepte des ‚Unheimlichen' und des ‚Phantastischen' deuten, die Sigmund Freud und Tzvetan Todorov (1939–2017) entwickelt haben – und die wir hier vorstellen wollen.

In der Literaturgeschichte finden wir im frühen 20. Jahrhundert zahlreiche Zeugnisse für eine Anregung durch die Psychoanalyse – insbesondere im Surrealismus. André Breton hat dessen Programm in seinem *Manifeste du Surréalisme* (1924) formuliert, ausdrücklich mit Bezug auf Freud. Er beschreibt darin die Technik des ‚automatischen Schreibens' (*écriture automatique*), die dazu dienen soll, Hemmungen durch das Bewusstsein abzubauen und das „Unbewußte" sprechen zu lassen: durch freie Assoziation, wie im Traum, wie unter Drogen, unter Ausschaltung moralischer Selbstzensur und der Kontrolle durch die Vernunft. Der Kreativität soll so freier Lauf gelassen werden.

Die Literatur der klassischen Moderne, die in Kenntnis von Freuds Theorie entstand, hat mit ihrem Interesse für das menschliche Bewusstsein und das Unbewusste, für Träume, Ängste und Krankheiten eine besondere Nähe zur Psychoanalyse – beispielsweise Arthur Schnitzler, Rainer Maria Rilke, Alfred Döblin oder Robert Musil. Hugo von Hofmannsthals Drama *Ödipus und die Sphinx* (1906) ist das erste Ödipus-Stück, das mit dem Wissen der Psychoanalyse entworfen wurde und das Schicksal der Hauptfigur entsprechend als *Trieb*schicksal auffasst. Thomas Manns Roman *Der Zauberberg* (1924) spielt in einem Sanatorium, in dem ein Dr. Edhin Krokowski Vorträge zur Psychoanalyse hält. In Manns Novelle *Der Tod in Venedig* (1911) ist die Reise in die Stadt der Kanäle lesbar als Abstieg ins Unbewusste, in die verdrängten Begierden und Phantasien des Protagonisten. Bei zahlreichen modernen Autoren geht es um Manifestationen des Unbewussten: um Träume, Kindheitserlebnisse, ödipale Figurenkonstellationen, Sexualsymbolik und Psychopathologien. Indem sie unbewusste Triebkräfte zur Geltung bringt, problematisiert die literarische Moderne ebenso wie die Psychoanalyse die Identität und die Autonomie des Subjekts, unsere Selbständigkeit und unser Selbstbewusstsein.

Die Psychoanalyse ist aber nicht nur durch die Literatur aufgegriffen worden, sondern Freud und andere Psychoanalytiker haben in der Deutung von Träumen und literarischen Texten umgekehrt auch selbst hermeneutisch gearbeitet. Freud hat die Psychoanalyse als Verfahren zur Deutung von Literatur entwickelt und angewandt. Daher kann die Psychoanalyse als Methode der Lektüre in ihrem eigenen Recht vorgestellt werden – und nicht nur weil sich Autoren und Literaturwissenschaftlerinnen an ihr orientiert haben.

Narzisstische Kränkungen

Um sich den Widerstand zu erklären, der seiner Theorie entgegenschlug, stellte Sigmund Freud die Psychoanalyse in eine Reihe mit anderen ‚narzisstischen Kränkungen', welche die Menschen nur widerstrebend hingenommen haben („Eine Schwierigkeit der Psychoanalyse", 1917). Die kosmologische Kränkung durch Nikolaus Kopernikus (*De revolutionibus orbium coelestium*, 1543) besagte, die Erde ist nicht das Zentrum des Universums, sondern lediglich ein Trabant der Sonne. Die biologische Kränkung durch Charles Darwin (*The Descent of Man*, 1871) bedeutete, der Mensch ist nicht das ‚Ebenbild Gottes', sondern verwandt mit anderen Primaten, er hat gemeinsame Vorfahren mit Affen. Die psychoanalytische Kränkung durch Sigmund Freud (*Traumdeutung*, 1900) zeigte nun, das ‚Ich' ist „nicht einmal Herr [...] im eigenen Hause" (1917), ein Großteil unserer Psyche entzieht sich unserer Kenntnis und unserem Zugriff. Hinzufügen könnten wir noch die soziologische Kränkung durch Karl Marx (*Der achtzehnte Brumaire des Louis Bonaparte*, 1852), der zufolge wir nicht die Herren und Helden unserer Geschichte sind. Denn nicht große Einzelne machen Geschichte, sondern die Geschichte vollzieht sich gleichsam naturgesetzlich, kollektiv und unbewusst nach einer materialistischen Dialektik. ‚Das Sein bestimmt das Bewußtsein.'

Das „Tor" zum Unbewussten

Warum entstand die Psychoanalyse um 1900 in Wien? Die moderne Großstadt schärfte die Sensibilität für nervliche, damals sogenannte ‚neurasthenische' Störungen. Der Wiener Schriftsteller Hugo von Hofmannsthal hat die Hauptstadt des österreichisch-ungarischen Vielvölkerstaats zudem in seinem zweiten Wiener Brief (1922) – in kolonialistischer Metaphorik – als ‚Tor zum Orient', als „porta Orientis für Europa" bezeichnet, aber nicht nur in einem geographischen Sinn, mit Blick auf den Osten oder den Balkan, sondern auch in einem psychologischen Sinn, mit ausdrücklichem Bezug auf Freud, als „porta Orientis auch für jenen geheimnisvollen Orient, das Reich des Unbewußten". In dieser Phantasie begegnen sich Europa als das rationale Bewusstsein (das ‚Ich') und der Orient als sein triebhaftes Unbewusstes (das ‚Es'), das geographisch äußere Fremde wird zur Metapher für das Fremde – und zugleich Vertraute – in uns.

Die Hinwendung des jüdischen Autors Freud zu Fragen der Sexualität und des Geschlechts hatte darüber hinaus, wie Sander Gilman annahm, eine entlastende Funktion. Denn folgenreicher als die Frage, ob jemand ein Mann oder eine Frau sei, war in Österreich damals die Frage, ob jemand ein Jude war. Im Feld der Geschlechtlichkeit und der allgemeinen Psychologie befand sich Freud nicht mehr auf der Seite der Stigmatisierten. Die Nationalsozialisten jedoch haben die Psychoanalyse als ‚jüdische Wissenschaft' bekämpft. Ihre Vertreter wurden vertrieben und setzten ihre Arbeit im Exil – in England und den USA – fort.

Sigmund Freud

Die wichtigsten Erkenntnisse Sigmund Freuds sind: der Einfluss kindlicher Prägungen auf den Charakter und die langfristige Auswirkung unverarbeiteter Traumata; die Existenz unbewusster Ängste und Wünsche, die verdrängt werden, aber wieder zum Vorschein kommen. Freud war promovierter Mediziner, der sich zu Beginn seiner Laufbahn mit Hirnanatomie und Neurophysiologie auseinandersetzte. Die Psychoanalyse hat natur-, sozial- und geisteswissenschaftliche Anteile. Sie versteht sich als medizinische, anthropologische und hermeneutische Disziplin.

Freud ging von einer Dreiteilung des psychischen Apparats aus, für die er zwei räumliche Modelle entwickelte. Zunächst (um 1900) unterteilte er die Psyche in Unbewusstes, Vorbewusstes und Bewusstes. (Unbewusst sind verdrängte Erinnerungen und Gedanken; vorbewusst sind Inhalte, die dem Bewusstsein ohne Weiteres zugänglich gemacht werden können, weil sie keiner Verdrängung unterliegen.) In seinem späteren Strukturmodell (1923) unterteilte er die Psyche dann in Es, Ich und Über-Ich. Unser Bewusstsein („Ich") vermittelt zwischen unseren Trieben („Es"), insbesondere der Libido, dem Sexualtrieb, und den sozialen Normen übergeordneter Instanzen wie Eltern und Lehrern, die wir als Forderungen verinnerlicht haben („Über-Ich"). Die Verdrängung teilt unsere Psyche in Bewusstes und Unbewusstes, in dem die verdrängten Wünsche und Ängste latent bleiben. Wir leben, indem wir das Verdrängte in unser Unbewusstes verlagern, in einer fortgesetzten Selbsttäuschung. (Der ältere und alltagssprachliche Begriff ‚*Unter*bewusstsein' wird von Freud und in psychoanalytischen Zusammenhängen nicht verwendet.)

Was wir für unser ‚Ich' halten, bildet sich in unserer Ontogenese heraus, in der Entwicklung des einzelnen Menschen zum Erwachsenen. Diese individuelle Ontogenese entspricht unserer kollektiven Phylogenese, also der Geschichte der Spezies Mensch, die sich von primitiver Archaik zu aufgeklärter Modernität entwickle wie das Kind zum erwachsenen Individuum.

Während wir heranwachsen, lernen wir, uns vom Lustprinzip, das unmittelbare Befriedigung unserer Triebe verlangt, zu lösen, unsere Begierden nicht mehr spontan auszuleben, sondern aufzuschieben oder umzuwandeln und durch Triebverzicht das Realitätsprinzip anzuerkennen. Mit anderen Worten: Wir sublimieren die Triebenergien des ‚Es' und passen unser ‚Ich' an die Normen des ‚Über-Ich' an.

Das Verdrängte bleibt jedoch verborgen im Unbewussten vorhanden und kehrt zwanghaft wieder – in entstellter, allerdings dechiffrierbarer Form. Das Verdrängte tritt immer wieder an die Oberfläche, das Latente wird manifest. Und es kann Symptome hervorbringen, Indizien für eine psychische Störung. Die wichtigsten Erscheinungsformen des Verdrängten sind: 1. Träume (*Die Traumdeutung*, 1900), 2. Pathologien, etwa Neurosen oder Psychosen (*Studien über Hysterie*, 1895),

Abb. 1 Johann Heinrich Füssli, Der Nachtmahr (1790–1791)

3. Fehlleistungen, zum Beispiel Versprecher, die sogenannten *Freudian slips* (*Zur Psychopathologie des Alltagslebens*, 1901), 4. Witze, das Lachen (*Der Witz und seine Beziehung zum Unbewußten*, 1905), 5. Tagträume beziehungsweise Phantasien („Der Dichter und das Phantasieren", 1907, 1908) sowie 6. Kunstwerke, die Freud in Analogie zu den anderen Manifestationen des Unbewussten denkt.

Die Kunst hat die Symbolik der Träume ästhetisiert, lange bevor sie psychoanalytisch verstanden wurde, und damit gewissermaßen bildliche Vorlagen für eine Freudsche Traumdeutung geliefert. Der Schweizer Johann Heinrich Füssli (1741–1825) zum Beispiel hat mehrere Bilder gemalt, in denen unheimliche Symbole die erotischen Träume einer schlafenden Frau auszumachen scheinen (siehe Abb. 1).

Der Spanier Francisco de Goya (1746–1828) gab seiner berühmten Radierung, die nächtliche Tiere über einer schlafenden Figur zeigen, einen mehrdeutigen Titel: „El sueño de la razón produce monstruos" (1799), was auf Deutsch sowohl „Der *Traum* der Vernunft" als auch „Der *Schlaf* der Vernunft bringt Monster hervor" heißen kann und entsprechend aufklärerisch oder aufklärungskritisch zu verstehen wäre (siehe Abb. 2).

Abb. 2 Francisco de Goya, El sueño de la razón produce monstruos (ca. 1797–1799)

Monster entstehen, wenn wir schlafen und träumen, während das vernünftige Bewusstsein ausgeschaltet ist, aber wir können diese Bilder unserer Träume entschlüsseln; oder sie entstehen im Gegenteil, wenn wir nicht schlafen und allzu einseitig von absoluter Vernunft träumen und das Andere der Vernunft verdrängen, das die Psychoanalyse zum Vorschein bringt. Füsslis Gemälde von 1790/1791 besaß Sigmund Freud als Druck, den er am Eingang zum Wartezimmer seiner Praxis in Wien aufhängte.

Das ‚Gründungsbuch' der Psychoanalyse ist *Die Traumdeutung* (1900). Den Traum bezeichnet Freud hier als ‚Königsweg zum Unbewussten': „die Via regia zur Kenntnis des Unbewussten im Seelenleben". Die zentrale These der *Traum-*

deutung lautet: Jeder Traum ist eine Wunscherfüllung. Während wir schlafen und die Kontrolle unseres Bewusstseins zeitweise aussetzt, manifestieren sich verdrängte Wünsche und entsprechende Ängste in einer Bildsprache, die für uns selbst zunächst rätselhaft, aber in einer Psychoanalyse entschlüsselbar ist. (Wofür, zum Beispiel, steht ein Vampir, vor dem es uns gruselt ... ?) Die hermeneutische Methode der Psychoanalyse ist deshalb sehr einschlägig für die Literaturwissenschaft.

Freud beschreibt den Vorgang als Modell mit drei Komponenten: Der „Traum*gedanke*" als das Verdrängte, das im Traum wiederkehrt, darf sich auch im Schlaf nicht unverhüllt zeigen, sonst würden wir erschrecken und erwachen. („Der Traum ist der Hüter des Schlafs.") Die „Traum*arbeit*" entstellt den latenten „Traum*gedanken*", den verdrängten Wunsch, daher zu einem manifesten „Traum*inhalt*", der uns im Schlaf vor Augen tritt, aber in seiner chiffrierten Form nicht ohne Weiteres verständlich ist. Diese Verschlüsselung geschieht in der nächtlichen Traumarbeit durch Mechanismen der Bearbeitung, insbesondere Verdichtung und Verschiebung. Der Vorgang verläuft in zwei Phasen: Die Motive des Traums werden entstellt und neu arrangiert, in einen nachvollziehbaren Zusammenhang gebracht. Was der Träumer zuvor erlebt hat, wird dabei als „Tagesrest" in den Traum aufgenommen, und an diese aktuellen Erinnerungsspuren haften sich die Bilder seiner verdrängten Wünsche und Ängste an.

Träume sind jedoch nicht völlig individuell. Es gibt „*typische Träume*", die biologisch vorgeprägt oder kulturell beeinflusst sind. Schon die frühesten literarischen Texte enthalten Beschreibungen von Träumen. Das Studium der Literatur hilft, Träume zu verstehen. Denn die Analyse der Symbolik von Träumen entspricht methodisch der Analyse von Texten.

Tropen und Tabu

Jacques Lacan hat die Formel geprägt: „*l'inconscient est structuré comme un langage.*" („Das Unbewusste ist strukturiert wie eine Sprache.") Diese Beobachtung hat er von dem Ethnologen Claude Lévi-Strauss übernommen, der in seiner *Strukturalen Anthropologie* die Sprache von Schamanen mit jener der Patienten in der Psychoanalyse verglich.

Lacan hat sich, wie Freud, aber in viel weniger zugänglicher Weise, seinerseits mit der Literatur auseinandergesetzt. In „Das Seminar über E. A. Poes *Der entwendete Brief*" (im französischen Original 1955, 1957) geht er den sprachtheoretischen Implikationen von Edgar Allan Poes Detektivgeschichte *The Purloined Letter* (1844) nach, in der ein Schreiben unauffindbar versteckt zu sein scheint, während es eigentlich die ganze Zeit für jedermann sichtbar ist. In *Das Drängen des Buchstabens im Unbewußten oder die Vernunft nach Freud* (1957) diskutiert Lacan Signifikant und Signifikat sehr eigenwillig im Verhältnis zu Metapher und Metonymie. In „Das Spiegelstadium als Bildner der Ichfunktion" (1936, 1949) beschreibt er, wie sich unser kindliches Ich entwickelt, wenn es vor dem Spiegel sich selbst gegenübertritt.

Wenn das Unbewusste wie eine Sprache verfasst ist, können wir es auch wie eine Sprache entziffern. Tatsächlich entsprechen Freuds Mechanismen der Traumarbeit den rhetorischen Tropen (ohne dass Freud selbst diese Analogie ausgeführt hat). Wenn die ‚Traum*arbeit*' den latenten ‚Traum*gedanken*' zu einem manifesten ‚Traum*inhalt*' entstellt, so geschieht dies durch Verfahren der Entstellung beziehungsweise Veruneigentlichung. Verdichtet werden mehrere latente Elemente in einem manifesten – wie in einer Metapher, die zweierlei miteinander verbindet, Bildspender und Bildempfänger. Verschoben wird Wichtiges an den Rand und weniger Wichtiges ins Zentrum des Traums – wie in einer Metonymie, die Vorausgehendes oder Späteres an die Stelle dessen verschiebt, das eigentlich gemeint ist. Des Weiteren kann bei der Symbolbildung („Rücksicht auf Darstellbarkeit") ein Teil für das Ganze eingesetzt werden – wie in einer Synekdoche. Und schließlich kann die Entstellung im Traum als Verkehrung erscheinen – wie in der Ironie.

Unsere Alltagserfahrung bestätigt die psychoanalytische Auffassung der rhetorischen Tropen. Sie dienen der Verdrängung. Was wir fürchten oder was uns beschämt, umgehen wir sprachlich, indem wir es rhetorisch umschreiben. Wir versuchen, es mit Hilfe von Tropen gleichsam zu ‚bannen' – insbesondere Sexualität, Körperfunktionen, Krankheiten, den Tod oder Geld (wie wir es im Theoriekurs zur Rhetorik bereits angedeutet haben). Wenn wir sagen, dass wir „miteinander schlafen", meinen wir eigentlich, dass wir Sex haben, aber wir sprechen metonymisch von dem, was *anschließend* geschieht. Wenn wir sagen, dass wir uns „die Hände waschen", meinen wir eigentlich, dass wir auf die Toilette gehen, aber wir sprechen ebenfalls metonymisch von dem, was wir *danach* tun. Wenn die Rede davon ist, Soldaten würden „fallen", dann bedeutet dies eigentlich, dass sie sterben, krepieren, verrecken, weil sie getötet werden, aber wir sprechen metonymisch oder metaphorisch von etwas, das harmloser klingt. Und Geld, über das man ‚nicht spricht', übersetzen wir metaphorisch in „Knete" oder „Kohle". Mit einem Wort: Tropen tabuieren. Die Rhetorik ist psychoanalytisch, die Psychoanalyse rhetorisch interpretierbar.

Traumdeutungen

Beispiele für literarische Träume finden wir bereits in der griechischen Tragödie. Ihre Figuren träumen regelmäßig in symbolischen Bildern. Dabei haben die Träume eine Bedeutung, die jener von Sehersprüchen, Orakeln oder Omen entspricht. Georges Devereux hat die Träume in den griechischen Tragödien mit den Mitteln der Psychoanalyse entschlüsselt (*Dreams in Greek Tragedy*, 1976). Dies setzt voraus, dass sie, auch wenn sich ihre Bedingungen historisch verändern, epochen- und kulturübergreifend zu verstehen sind – im Sinn einer ‚Ethnopsychoanalyse'.

So ist der Albtraum der Klytaimestra in Aischylos' *Chorephoren*, von dem der Chor berichtet (Verse 31–40, 523–550), als Ausdruck ihres schlechten Gewissens zu verstehen, weil sie ihre Kinder vernachlässigt hat und dafür nun ihre Bestrafung befürchtet: Sie träumt, sie gebäre und stille eine Schlange, die Blut aus ihr sauge. Die Schlange steht als Metapher für den Sohn, Orestes, der sie umbringen wird. Ihr Biss in die Brust ist eine Perversion des Stillens, das die Königin einer Amme überlassen hat. Ähnlich erscheinen im folgenden Stück, den *Eumeniden*, die Erinyen dann als Albtraum Orests, sie verkörpern seine Gewissensqualen, die Furcht vor der Rache der getöteten Mutter (Verse 10 ff.). Und die Erinyen wiederum träumen von Klytaimestra, die sie zur Rache anspornt (Verse 94–178) – als Traum im Traum.

Ödipus und Hamlet

Sein bekanntestes Theorem entwickelte Freud in der Auseinandersetzung mit Theaterstücken: Sophokles' *König Ödipus* und Shakespeares *Hamlet*. Für den „Ödipuskomplex" erwog er zunächst die Bezeichnung „Hamletkomplex".

Im Abschnitt der *Traumdeutung* über „Die Träume vom Tod teurer Personen" erklärt Freud einen kindlichen Todeswunsch gegen den Vater mit einer Eifersucht um die Zärtlichkeit der Mutter. Diese Kinderwünsche werden später überwunden, als peinlich verdrängt, sie wirken aber im Unbewussten fort, bleiben latent und können jederzeit wieder zum Vorschein kommen.

Die Dramen von Sophokles und Shakespeare üben eine epochenübergreifende Faszination aus, so Freud, weil sie von „allgemeingültiger Wirksamkeit" sind und uns psychische Prozesse vor Augen führen, die nach wie vor gültig sind. Allerdings besteht ein gradueller Unterschied. Denn Ödipus tötet seinen Vater und heiratet seine Mutter tatsächlich (jeweils ohne zu wissen, um wen es sich handelt), und er muss dann die schreckliche Wahrheit seiner Taten und seiner Vergangenheit aufdecken. Hamlet dagegen ist nicht imstande, die Ermordung seines Vaters am Onkel zu rächen, der sich der Krone bemächtigt und seine Mutter geheiratet hat. Aber warum? Denn Hamlet ist durchaus handlungsfähig. (Er tötet Polonius, Rosencrantz und Guildenstern und duelliert sich mit Laertes.) „Hamlet kann alles, nur nicht die Rache an dem Mann vollziehen, der seinen Vater beseitigt und bei seiner Mutter dessen Stelle eingenommen hat, an dem Mann, der ihm die Realisierung seiner verdrängten Kinderwünsche zeigt."

Der Unterschied zwischen Ödipus und Hamlet liegt, so Freud, im Maß der Verdrängung: „Im *Ödipus* wird die zugrundeliegende Wunschphantasie des Kindes wie im Traum ans Licht gezogen und realisiert; im *Hamlet* bleibt sie verdrängt". Die beiden Stücke trennen zweitausend Jahre eines Fortschrittsprozesses, der das „Fortschreiten der Verdrängung" bedeutet. Zivilisation heißt Triebverzicht, gesteigerte Sublimation. Die Konstellation ist bei Sophokles und bei Shakespeare die gleiche, aber das moderne Drama ist sublimierter. Nur die Verfilmungen von Laurence Olivier (1948) und Franco Zeffirelli (1990) haben das ödipale Drama im *Hamlet* publikumswirksam *expliziert* und damit entsublimiert.

Freuds Kulturtheorie

Den individualpsychologischen Ödipuskomplex hat Freud in *Totem und Tabu* (1913) kollektiv erweitert und kulturgeschichtlich ausgedeutet, wiederum in Analogie zwischen Onto- und Phylogenese. Die „Urhorde" tötet den ‚Hordenvater', der die ‚Weibchen' für sich beansprucht hatte – wie wir das aus der Primatologie kennen, wo die heranwachsenden ‚Männchen' gemeinsam den alternden ‚Alpha Male' stürzen, bei den Gorillas etwa den sogenannten ‚Silberrücken'. Anschließend wird die Gruppe von Gewissensbissen geplagt, weil sie die Autorität der Vaterfigur verinnerlicht hatte und nun gegen das Tabu der Tötung verstoßen hat. Zum Gedenken an den getöteten Vater errichtet sie ihm ein Totem und verehrt ihn in einem (geopferten) Totemtier. Aus der Gewalt entsteht Kultur. (Insofern entspricht diese Kulturgeschichte den Theorien von Walter Burkert oder René Girard, die wir im dritten Theoriekurs zur rituellen Form der Tragödie besprochen haben.)

Freuds „Bundesgenossen"

Literarische Texte wie Sophokles' *König Ödipus* und Shakespeares *Hamlet* halfen Freud, seine wichtigsten Thesen zu entwickeln. Die Literatur hat für die Psychoanalyse eine heuristische, erkenntnisfördernde Funktion. Freud sah in den Dichtern „wertvolle Bundesgenossen", die seine Theorie „intuitiv" oder „unbewußt" vorweggenommen hätten (wie er im Aufsatz über Wilhelm Jensens Novelle *Gradiva* schrieb). Er nannte sie „die tiefsten Kenner des menschlichen Seelenlebens". Psychoanalytiker und Dichter schöpften „aus der gleichen Quelle". Umgekehrt sind Freuds Krankengeschichten („Rattenmann", „Wolfsmann", Anna O., Schreber) ihrerseits wie ‚Novellen' lesbar. Freud schrieb selbst Studien zu literarischen Werken. Und er tat dies in einer literarisch geschulten Kunstprosa.

Wilhelm Tell

Noch lange nach Freud wurde die Psychoanalyse für die Lektüre literarischer Texte fruchtbar gemacht. So hat der Schweizer Literaturwissenschaftler Peter von Matt Friedrich Schillers Drama *Wilhelm Tell* (1805) mit Freuds Theorie interpretiert (*Literaturwissenschaft und Psychoanalyse*, 1972, 2001). Das „psychodramatische Substrat" des Stücks, gleichsam seine mentale Grundlage, sei die Handlung der ‚Urhorde'. Ein „Volk von Brüdern" begeht einen Vatermord – am autoritären Vogt Gessler. Den historischen Hintergrund von Schillers Stück bildet die Hinrichtung Ludwigs XVI. während der Französischen Revolution (1793). Eine böse Vaterfigur nahm den ‚Brüdern' bei Schiller die Frauen weg – und schändete sie. Die Tat selbst führt aber Tell allein aus. Es kommt daher nicht, wie es nach *Totem und Tabu* zu erwarten wäre, zu einem gemeinschaftlichen Schuldgefühl und zur Errichtung eines Totems. Als Sündenbock dient im Drama stattdessen der Herzog von Schwaben, „Parricida", der den ‚Vatermord' im Namen trägt (‚Patrizid'). Die Funktion der geliebten Mutter erhält – gleichsam als sublimierte Inzestphantasie – die Natur der Schweiz.

Psychoanalyse und Literaturwissenschaft

Aus Freuds Psychoanalyse hat sich eine literaturwissenschaftliche Methode herausgebildet, die nun im Folgenden genauer erläutert werden soll. In der psychoanalytischen Literaturwissenschaft können wir drei Erkenntnisrichtungen unterscheiden, die sich auf den Autor, auf die Leser und auf den Text beziehen. Wir werden sie zunächst theoretisch skizzieren und anschließend an Beispielen aus Freuds eigener Beschäftigung mit der Literatur veranschaulichen.

1. Autor

Eine Psychoanalyse des Autors zu betreiben, bedeutet: Man legt gleichsam die Dichterin ‚auf die Couch'. Die Schriftstellerin wird zur Patientin, ihr Kunstwerk zum Symptom, die Künstlerbiographie zur Krankengeschichte. Das Genie ist ein pathologischer Fall. Was wir in seinem Werk diagnostizieren, ist die Verarbeitung seiner Traumata. Der Künstler erscheint als Narziss, der in der Fiktion seine Allmachtsphantasien auslebt. (So soll im künstlerischen Schaffen von Männern zugleich ein Gebärneid kompensiert werden.)

Diese Art der Betrachtung läuft hinaus auf eine Pathologisierung der Kunst. Man untersucht einen literarischen Text wie einen Traum oder einen Tagtraum (beziehungsweise deren Erzählung) auf entstellte Wünsche, inszenierte Verbote, verdrängte Begierden oder nachwirkende Traumata. Der Text entspricht dabei dem manifesten Traum*inhalt*, und wir als Philologinnen entziffern nun den latenten Traum*gedanken*, der ihm zugrunde liegt.

Das ist Biographismus, aber kein intentionaler. Denn was an einem Kunstwerk psychoanalytisch interessant ist, kommt ja unbewusst zustande, es entzieht sich den Absichten seiner Schöpferin. Was sein Text *wirklich* bedeutet, erklären dem Autor die Philologen, als wären sie seine Analytiker oder Therapeutinnen. Hermeneutisch geht es darum, die ‚eigentliche', die unbewusste Bedeutung eines Texts zu entschlüsseln.

Ein Schriftsteller, bei dem eine psychoanalytische Deutung besonders gut zu funktionieren scheint, ist Goethe. Die Theorie geht bei seiner Persönlichkeit aufgrund einer familiären Konstellation idealtypisch auf. Der Altersabstand zwischen Vater und Mutter war bei Goethe größer als jener zwischen Mutter und Sohn (Johann Caspar Goethe *1710, Catharina Elisabeth *1731, Johann Wolfgang *1749). In Studien zu Goethe oder Dostojewski verfolgte Freud seinen Ansatz im Hinblick auf einzelne Künstlerpersönlichkeiten („Eine Kindheitserinnerung aus *Dichtung und Wahrheit*", 1917, über eine Schlüsselepisode in Goethes Autobiographie, in der sich magisches Denken gegen die Geschwister richtete; „Dostojewski und die Vatertötung", 1928, über *Die Brüder Karamasow* als ödipale Erzählung). Belegen aber diese Fallbeispiele die universelle Wahrheit der Theorie oder nur die besonderen Bedingungen, die bei bestimmten Autoren zufällig erfüllt waren?

2. Leser

Anstelle des Autors können wir die Leser ‚auf die Couch' legen. Wir interessieren uns dann für die Rezeption. Die Frage ist: Warum lesen wir einen Text überhaupt? Woher kommt unser Interesse? Was motiviert unsere Lektüre? Von welchen unbewussten Wünschen wird sie geleitet? Welche Wunscherfüllungen werden uns in einem Text angeboten? Warum identifizieren wir uns mit bestimmten Figuren? Warum faszinieren uns Ödipus und Hamlet oder auch Dracula? Warum sind bestimmte Werke erfolgreich? Aus einer psychoanalytischen Perspektive setzt sich ein Text in der Literaturgeschichte evolutionär durch, wenn er die (unbewussten) Wünsche zahlreicher Menschen bedient (ohne sie in der Lektüre bewusst zu machen). Kanonische Texte erfüllen unsere Phantasien subtil, triviale Texte erfüllen sie offensichtlicher.

Im Anschluss wäre zu fragen: Wie verläuft die Lektüre? Welche Effekte und Affekte löst sie aus? Wie wirkt der Text auf uns? Wie werden wir illusioniert? Wie ergibt sich ein *flow*, eine Immersion? Warum reagieren Menschen auf Literatur unterschiedlich? Und wie können wir unsere eigene Reaktion auf einen Text analysieren? Ein Modell für diese Fragestellung ist die psychoanalytische ‚Gegenübertragungsanalyse'. Der Leser verhält sich zum Text wie eine Analytikerin zu ihrem Patienten. Nicht nur der Patient reagiert auf die Therapeutin mit Emotionen und Projektionen, sondern auch umgekehrt sie auf ihn. Sie antwortet auf seine ‚Übertragung' mit einer ‚Gegenübertragung', die sie bei ihrer Arbeit zu berücksichtigen hat, indem sie ihre Affekte und Abwehrmechanismen auf deren Aussagekraft befragt. Folgt ihr Verhalten in der Analyse womöglich einem Verhalten des Patienten, das auf diesem Weg zu verstehen wäre? Und entsprechen unsere Reaktionen beim Lesen analog bestimmten Strategien des Texts?

3. Figuren

Anstelle des Autors oder der Leser können wir schließlich auch die Figuren ‚auf die Couch' legen. Die Psychoanalyse liefert diagnostische Begriffe, die wir auf literarische Charaktere anwenden können – zum Beispiel wenn jemand Emma Bovary als hysterisch bezeichnet oder Jean Genet (die autofiktionale Figur oder sogar den Autor selbst) als Soziopathen. Sie bietet Erklärungen für das Verhalten an – zum Beispiel von Rebecca West in Ibsens *Rosmersholm* (1866), die sich für einen Inzest mit dem Vater selbst bestrafe.

Anhand psychischer Prozesse können wir literarische Werke verstehen – sei es als Deutung vollständiger Texte, zum Beispiel ihrer Figurenkonstellationen, oder als Deutung einzelner Elemente, zum Beispiel bestimmter Symbole.

Freuds Schriften zur Literatur

Sigmund Freud hat seine Theorie auf die Literatur angewandt – beziehungsweise aus der Literatur entwickelt. Er arbeitete neben seiner medizinischen Praxis gewissermaßen selbst als Literaturwissenschaftler. Für die drei beschriebenen Fragerichtungen wollen wir Beispiele herausgreifen: für autor-, leser- und textbezogene Studien.

1. Freuds Autoren

Freud entwirft eine Theorie der Kreativität und des künstlerischen Schaffensprozesses, indem er das Dichten mit dem Spiel, dem Tagtraum, dem Phantasieren oder einer Neurose gleichsetzt. Produktionsästhetisch führt dies zu einer Pathographie des Autors. Wie im Traum werden im literarischen Werk Kindheitstraumata symbolisiert und dabei entstellt.

In „Der Dichter und das Phantasieren" (1908, nach einem Vortrag von 1907) hat Freud die Analogie ausgeführt zwischen Kinderspiel, Tagtraum, Phantasien und Fiktionen, das heißt: Literatur. Die *Dichtungs*arbeit entspricht der *Traum*arbeit: Entstellung, Symbolisierung, Verdichtung, Verschiebung, Verkehrung. Und die *Text*deutung entspricht der *Traum*deutung.

Wenn der literarische Text auf diese Weise als verkappte Wunscherfüllung erscheint, so fragt sich allerdings, warum solche privaten Phantasien ein allgemeines Publikum überhaupt interessieren sollten. Freud erklärt dies damit, dass die „Abstoßung" durch fremde Phantasien, die uns eigentlich nichts angehen, von der künstlerischen Gestaltung, die uns fasziniert, überwunden wird. Wenn wir Literatur lesen, „besticht uns" ein „ästhetischer Lustgewinn" als „*Verlockungsprämie*" – beziehungsweise als „*Vorlust*". Der „eigentliche Genuß des Dichtwerkes" nämlich sei eine „Befreiung von Spannungen in unserer Seele" – eine Art Katharsis.

2. Freuds Leser

Rezeptionsästhetisch interessiert sich Freud für die Wirkung literarischer Texte auf die Leser, und er fragt, was sie uns über diese verrät – analog zur Aussagekraft des Lachens über einen „Witz".

Im Aufsatz über „Das Unheimliche" (1919) geht Freud von einer Lektüre von E. T. A. Hoffmanns Novelle „Der Sandmann" (1816) aus, in der er eine Blendung als Kastration deutet und eine Spaltung in bedrohliche und gütige Vaterfiguren ausmacht. Freud dekonstruiert den Gegensatz von ‚heimlich' und ‚*un*heimlich', indem er nachweist, wie der Begriff ‚unheimlich' in sein Gegenteil übergeht. Das „*Un*heimliche" ist nicht das *Un*vertraute, sondern im Gegenteil: das ehemals Vertraute, das eigentlich „Heimische", „Heimliche". „Das Unheimliche ist [...] das ehemals Heimische, Altvertraute. Die Vorsilbe ‚un' an diesem Worte ist aber die Marke der Verdrängung."

Kollektiv – phylogenetisch – ist das Unheimliche das überwundene Primitive (der ‚böse Blick', Animismus, Magie). Individuell – ontogenetisch – ist es das verdrängte Infantile (die Kinderangst vor dem ‚Sandmann', der Kastrationskomplex, die Ambivalenz gegenüber dem Vater, das Puppen-Spiel im naiven Glauben an die Belebtheit von Unbelebtem, der Narzissmus unmittelbarer Wunscherfüllung und die Angst vor dem ‚Doppelgänger').

Das ‚Unheimliche' ist die Wiederkehr des Überwundenen beziehungsweise Verdrängten: ‚Unheimlich' wirkt die überraschende Möglichkeit des als unmöglich Entsorgten.

„Wir – oder unsere primitiven Urahnen – haben dereinst diese Möglichkeiten für Wirklichkeit gehalten, waren von der Realität dieser Vorgänge überzeugt. Heute glauben wir nicht mehr daran, wir haben diese Denkweisen *überwunden*, aber wir fühlen uns dieser neuen Überzeugungen nicht ganz sicher, die alten leben noch in uns fort und lauern auf Bestätigung. Sowie sich nun etwas in unserem Leben *ereignet*, was diesen alten abgelegten Überzeugungen eine Bestätigung zuzuführen scheint, haben wir das Gefühl des Unheimlichen, zu dem man das Urteil ergänzen kann: Also ist es doch wahr [...]."

Die Deutung des ‚Unheimlichen' gibt so Aufschluss über infantile oder primitive, individuell verdrängte oder historisch überwundene Phänomene, die latent in uns fortleben, aber nicht nur im Alltag zur Geltung kommen können, sondern auch wenn wir einen literarischen Text lesen oder einen Film sehen. Das Prinzip ist: Sage mir, was Du unheimlich findest, und ich sage Dir, was Du verdrängst! So überrascht es nicht, dass zahlreiche psychoanalytische Beiträge zu einem unheimlichen Roman wie *Dracula* vorgelegt wurden.

3. Freuds Figuren

Wenn er die Psychologie literarischer Figuren betrachtet, geht Freud davon aus, man könne diese behandeln, „als wären sie wirkliche Individuen".

Der erste Text, dem Freud eine psychoanalytische Deutung widmete, ist Conrad Ferdinand Meyers Novelle *Die Richterin* (1885). Im Aufsatz „Psychopathische Personen auf der Bühne" (1905/1906 entstanden, 1942 veröffentlicht) analysiert Freud Charaktere, die geisteskrank *sind*; Hamlet dagegen *wird* erst neurotisch. In „Einige Charaktertypen aus der psychoanalytischen Arbeit" (1916) schreibt Freud unter anderem über Shakespeares Richard III., der seine Behinderung mit Aggression kompensiert.

In einer umfassenden Studie zu Wilhelm Jensens Novelle *Gradiva* (1903), „Der Wahn und die Träume in W. Jensens *Gradiva*" (1907), liest Freud die von einem Vulkanausbruch zerstörte antike Stadt Pompeji als Symbol des Unbewussten und die Archäologie als Allegorie der Psychoanalyse: Die Verschüttung und das Ausgraben des Verschütteten, das gleichwohl vorhanden blieb, entsprechen der Verdrängung und der Wiederkehr des Verdrängten beziehungsweise seiner Aufklärung durch Analyse. Das Altertum steht dabei für Kindheit und Jugend. (In der Novelle kehrt eine frühe Liebe des Helden als barfüßig schreitende Relieffigur wieder – und symbolisiert so seinen Fußfetischismus.) Aber die Geschichte nimmt ein gutes Ende. Denn die Träume und Wahnvorstellungen werden schließlich von den Figuren erkannt und behandelt. Die Geliebte wird zur Therapeutin.

„Das Motiv der Kästchenwahl" (1913) in Shakespeares *Merchant of Venice* entschlüsselt Freud – weniger naheliegend – nach dem Konzept der Wunschverkehrung. Ein Mann (Bassanio) soll zwischen drei Kästchen wählen: Gold, Silber und Blei. Die Kästchen stehen (vaginalsymbolisch) für Frauen. Das bedeutet: Ein Mann wählt eine von drei Frauen – wie Paris Aphrodite und der Prinz Aschenputtel wählt Bassanio Portia, indem er sich für das Kästchen aus Blei entscheidet. Aber warum fällt die Wahl ausgerechnet auf Blei?

In Shakespeares *King Lear* muss König Lear ebenfalls zwischen drei Frauen wählen, in diesem Fall zwischen seinen drei Töchtern: Goneril, Regan, Cordelia. Er wählt zu Beginn falsch und löst damit die Tragödie aus, bevor er schließlich mit seiner (auf-)richtigen Tochter zusammenfindet. So wie das Blei („dull lead") im *Merchant of Venice* Blässe und Stummheit bedeutet („Thy paleness moves me more than eloquence."), ist Cordelia in *King Lear* schweigsam: „love and be silent." Das Blei und die Frau, für die es steht, symbolisieren, so Freuds These, den Tod. Cordelia ist eine Tote, am Ende hält Lear ihren Leichnam in seinen Armen. Sie wird gleichsam zur Todesgöttin, zur dritten der Schicksalsdämoninnen, der Moiren: Atropos, die ‚Unerbittliche'.

Dass ausgerechnet das Blei und der Tod gewählt werden (müssen), versteht Freud als ironische „Wunschverkehrung", als „Ersetzung durchs Gegenteil". Die Todesgöttin wird zur Liebesgöttin. Die Phantasie wehrt, was wir fürchten, ab, indem sie es als unseren Willen erklärt. „So überwindet der Mensch den Tod." Das Schicksal wird zur Wahl verklärt. Aber die Literatur deutet an, was dabei auf „unheimliche" Weise verdrängt wird.

Die Psychoanalyse erkennt in der Literatur die Träume, Phantasien und Pathologien der Autoren, ihrer Leser und ihrer Figuren. Darüber hinaus werden dabei im literarischen Text jedoch kollektive Vorstellungen symbolisiert, die unseren archaischen Bewusstseinsformen entsprechen.

Das Lachen

In seinen Studien *Der Witz und seine Beziehung zum Unbewußten* (1905) sowie „Der Humor" (1927) hat Freud den Witz und das Lachen als Zugang zum Unbewussten ins Auge gefasst. Auch der Humor bietet Einblicke in verdrängte Triebenergien – analog zum Traum, zum Versprecher, zum Kunstwerk. Das Lachen ist ein Symptom des Unbewussten und mithin ein Medium seiner Erkenntnis. Der Witz überwindet im Wortspiel die Zensur des Bewusstseins und verwandelt verdrängte Affekte in lustvolle Erfahrungen. Witzige Wortspiele funktionieren dabei über eine „Verdichtung" von Ambivalenzen, eine Vereinigung von Gegensätzen.

Humor und Witz, Komik und Lachen sind alles andere als triviale Phänomene, deren rhetorische, soziale und psychologische Funktionen in zahlreichen Studien und Theorien seit der Antike beschrieben wurden, die wir ergänzend zur psychoanalytischen Theorie des Witzes heranziehen können.

Die Rhetorik sah Witze als Mittel der Persuasion, die ihre Wirkung innerhalb der rednerischen Affektdramaturgie entfalten. Cicero sprach in *De oratore* vom Erkenntnisvergnügen an der Entschlüsselung ‚witziger' Verbindungen – etwa in Wortspielen, als Wortwitz.

Stendhal beschrieb in einem Kapitel mit dem Titel „Le rire" in seinem Werk über *Racine et Shakespeare* (1823–1825) eine kathartische Dynamik der Komödie, die jener der Tragödie gleichkommt. Zunächst empfinden wir einen Genuss an unserer Selbstgewissheit, unserem Mehrwissen als Zuschauer oder als Leser, wenn wir die lächerlichen Fehler beobachten, die eine Figur in ihrem Sozialverhalten begeht, so dass sie beim Versuch ‚sozialer Mimikry' scheitert; aber dann erkennen wir, dass wir mitgemeint sind oder sein könnten, wir beziehen das, worüber wir lachen, auf uns selbst und identifizieren uns mit dem Belachten. Überlegenheit schlägt um in Nachdenklichkeit.

Henry Bergson hat in *Le rire* (1900) das Mechanische im ‚Lebendigen' als Grundprinzip des Komischen aufgefasst – etwa als steife Wiederholung, einen ‚Springteufel-Effekt' oder *running gag*, wie beispielsweise die Reihe der Verwechslungen in Shakespeares *Comedy of Errors* oder die Serie der Streiche in den *Merry Wives of Windsor*. Das Lachen dient dabei als soziales Korrektiv, das abweichendes Verhalten beziehungsweise eine scheiternde Anpassung bestraft.

In seinen Ausführungen über Humor und Witz in *The Act of Creation* (1964, deutsch: *Der göttliche Funke. Der schöpferische Akt in Kunst und Wissenschaft*) beschrieb Arthur Koestler die komische Vermengung (*blending*) unterschiedlicher Register als ‚Bisoziation'. Ein Widerspruch zwischen semantischen Ebenen – zum Beispiel zwischen Metaphorik und Buchstäblichkeit – wird im Witz aufgehoben (*Incongruency resolution*). Humor eignet sich so als Mittel zur Lösung von Spannungen, zur Bewältigung prekärer Situationen.

Im Theater bietet ein *Comic relief* die Möglichkeit, sich von schrecklichen Szenen zu erholen – zum Beispiel beim Auftritt des lustigen Pförtners nach dem Mord in *Macbeth*. Auch Mephisto im *Faust* ist durchaus eine komische Figur. Im Lachen über den Teufel bewältigen wir ihn.

Psychologien *nach* Freud

Nach Sigmund Freud (im doppelten Sinn) entstanden weitere psychoanalytische und psychologische Ansätze für die Lektüre literarischer Texte, die als Fortsetzung oder als Alternativen zu seiner Theorie zu verstehen sind.

Das Phantastische

Der bulgarisch-französische Literaturwissenschaftler Tzvetan Todorov hat (1939–2017) in seiner *Introduction à la littérature phantastique* (1970) ein Konzept entwickelt, das wir mit Freuds ‚Unheimlichem' vergleichen können: das ‚Phantastische'. Es bezeichnet einen Zustand der Ungewissheit, der vorübergehenden Mehrdeutigkeit. Beim Phantastischen besteht ein Zweifel („hésitation") über den Status des Erzählten: „réalité ou rêve? Vérité ou illusion?" Ist es ‚sonderbar' („étrange") oder ‚wunderbar' („merveilleux")? Wenn eine Auflösung folgt, wird das Übernatürliche entweder akzeptiert oder expliziert, als solches bestätigt oder aber auf eine natürliche Erklärung zurückgeführt. Das Konzept des ‚Phantastischen' ist poetologisch, ontologisch und erkenntnistheoretisch – es bezeichnet eine literarische Darstellungsweise und eine entsprechende Wahrnehmungsform. Wir können es als alternative Beschreibung des gleichen Phänomens auffassen, das Freud das ‚Unheimliche' nannte. Ist, was uns unheimlich vorkommt, erklärbar oder in der Tat (beziehungsweise in der Kunst) übernatürlich?

Idealtypisch findet sich der phantastische Modus am Beginn von Bram Stokers *Dracula* (1897), in Jonathan Harkers Reise zum Schloss der Titelfigur. Gibt es für das, was wir in Harkers Tagebuch über Vampire lesen, eine *realistische* Erklärung? Ist es vielleicht das Protokoll eines Albtraums? Eine Fieberphantasie? Ein Wahn? Eine erotische Wunschvorstellung? Spielt jemand dem Engländer einen Streich? Oder erzählt der Roman *tatsächlich* von etwas, das es in unserer Wirklichkeit gar nicht gibt, aber in der Wirklichkeit des Romans vielleicht schon, nämlich von Untoten? Wie lange währt dieser Zweifel über den Status des Phantastischen im Roman? Wann und wie wird er aufgelöst?

Einflussangst

Der US-amerikanische Literaturwissenschaftler Harold Bloom (1930–2019) verstand die Literaturgeschichte als ödipales Drama. Ein junger Autor steht zu seinem klassischen Vorläufer in dem gleichen ambivalenten Verhältnis von Bewunderung und Rivalität wie der Junge zum Vater in Freuds Theorie. Diese Ambivalenz ist eine Triebkraft der künstlerischen Kreativität. Bloom will so intertextuelle Beziehungen in der Geschichte der Literatur, vor allem der Lyrik, erklären.

Das Hauptmotiv ist die ‚Einflussangst' (*The Anxiety of Influence*, 1973). Um sie abzuwehren, entstellen jüngere Autoren die Werke ihrer Vorläufer in kreativen ‚Fehllektüren' (*A Map of Misreading*, 1975). Mit anderen Worten: Um die Position ihres Vorbilds übernehmen zu können, eignet sich der jüngere Autor dessen Schreiben auf veränderte Weise an. Er beerbt und überwindet seine Vaterfigur durch willkürliche Umdeutungen. Bloom unterscheidet mehrere Varianten oder Phasen der Aneignung und Bearbeitung, die er in eigenwilliger Terminologie als *Clinamen*, *Tessera*, *Kenosis*, *Daemonization*, *Askesis* und *Apophrades* bezeichnet. Die Beziehungen auf die Vorbilder sollen jeweils möglichst verborgen werden, damit der jüngere Autor sich nicht verrät.

Zorn

Welches ist das erste Wort der europäischen Literatur? Es ist das Wort „Zorn" – mit ihm beginnt Homers *Ilias*.

> Μῆνιν ἄειδε, θεά, Πηληϊάδεω Ἀχιλῆος
> (*Menin aeide, thea, Peleïadeo Achileos*)

Wörtlich lautet die Stelle auf Deutsch: „Den Zorn besinge, Göttin, des Peleussohnes Achilleus". Johann Heinrich Voß übersetzt: „Singe den Zorn, o Göttin, des Peleiaden Achilleus". Raoul Schrott überträgt den Begriff mit „Bitternis". Im griechischen Original sieht man, dass das Substantiv „Zorn" (Μῆνιν) ohne Artikel am Anfang steht und so hervorgehoben wird.

Aus dieser hervorgehobenen Stellung leitet Peter Sloterdijk (*1947) in *Zorn und Zeit* (2006) die zentrale Bedeutung dieser Emotion ab, indem er in ausdrücklichem Gegensatz zu Freud feststellt: Die eigentliche Triebkraft des Menschen ist nicht die Sexualität, sondern der Zorn, das Ressentiment: Thymos statt Eros, Thymotik statt Erotik.

Als modernes literarisches Beispiel führt Sloterdijk Alexandre Dumas' Roman *Der Graf von Monte Christo* (*Le Comte de Monte-Cristo*, 1844–1846) an: Der Rachefeldzug des zu Unrecht Eingekerkerten war überaus populär. Sloterdijk liest ihn als „profanierte Heilsgeschichte": „ein[] Messias [...], der wiederkehrte, um Rache zu üben". Die Feinde des zornigen Rächers sind Repräsentanten der herrschenden Klasse. Hierin sieht er eine Analogie zum – fast zeitgleich entstandenen – *Kommunistischen Manifest*.

Politisch veranschaulicht Sloterdijk die Bedeutung des Zorns beziehungsweise des Ressentiments am Kommunismus, in der Empörung über die Verhältnisse und dem Willen zur Abschaffung der Ausbeutung, oder am Christentum, im Motiv des strafenden Gottes; wir können aber auch an Islamismus denken, an *angry white men*, ‚Wutbürger', ‚Querdenker' und andere Akteure des Zorns.

Begehren aus zweiter Hand

Weder Liebe noch Zorn sieht René Girard (1923–2015) als vorrangige Triebkraft, sondern die Nachahmung (*La violence et le sacré*, 1972). Der menschliche Grundtrieb ist für ihn die Mimesis. Auch diese Theorie versteht sich als Alternative zu Freud. Entscheidend für die Psychologie ist hier nicht mehr die kindliche Fixierung auf die Eltern in der Vergangenheit, sondern das Verhältnis zu anderen Menschen in der Gegenwart. Ödipus hatte gar keinen Ödipus-Komplex. (Er war seinem Vater und seiner Mutter noch nie begegnet.) Der König und seine Rivalen, Kreon und Teiresias, seien, so Girard, einander vielmehr in ihrer Rivalität immer ähnlicher geworden, und die Situation eskaliert. (Wir haben im dritten Theoriekurs mit Girard erklärt, wie Imitation zu Rivalität und Konflikt führt, bevor die Krise durch das Opfer eines Sündenbocks befriedet wird. Dieser Sündenbock ist bei Sophokles Ödipus selbst.)

In seiner Studie zum europäischen Roman, *Mensonge romantique et vérité romanesque* (1961), zeigt Girard, wie hinter der ‚romantischen Lüge', ein Verlangen richte sich direkt auf ein Objekt, die ‚romaneske Wahrheit' zutage tritt: Das Verlangen ist eigentlich eine Nachahmung im Dreieck, das heißt: indirekt und vermittelt, ein Begehren aus zweiter Hand. Don Quijote liest Amadís de Gaula und verliebt sich deshalb in Dulcinea.

In *A Theater of Envy* (1991) wendet Girard seine Theorie auf Shakespeares Werk an. Er unterscheidet zwei Modelle der Imitation, die trianguläre und die binäre. Die trianguläre Imitation zwischen Subjekt, Objekt und einem Modell, das zugleich Vermittler und Rivale ist (A ahmt die Liebe von B für C nach), ist zum Beispiel im *Midsummer Night's Dream* zwischen den vier ‚Verliebten' am Werk (Lysander, Demetrius, Helena und Hermia), die fortwährend neue Verbindungen eingehen, weil sie die Anderen in ihrem Begehren jeweils neu nachahmen. Die binäre Imitation zwischen Subjekt und Objekt, das Modell und Vermittler zugleich ist (A ahmt die Liebe von B für B nach), weil sich sein Begehren narzisstisch auf das Objekt selbst bezieht, lässt sich zum Beispiel an *Twelfth Night* veranschaulichen: Orsino verliebt sich in Olivia, weil diese nur sich selbst zu lieben scheint. – Wir kennen die Wirkung des Narzissmus als selbsterfüllende Prophezeiung aus dem politischen Populismus, dessen Anhänger/innen die demonstrative Selbstherrlichkeit ihrer Führer bestätigen.

Die Psychopathologie des Kolonialismus

Der franko-karibische Psychiater Frantz Fanon (1925–1961) entwarf in *Peau noire, masques blancs* (1952, deutsch: *Schwarze Haut, weiße Masken*) eine postkoloniale Psychologie, indem er das Verhältnis von Kolonisatoren und Kolonisierten als pathologisch und beiderseits neurotisch beschrieb. Mit Hilfe einer ganzen Reihe psychoanalytischer Konzepte diagnostiziert er Traumata, Tabus und Komplexe, Phobien, Projektionen, Paranoia und Narzissmus, die Internalisierung von Vorurteilen, Überkompensation, Schuldgefühle und Selbsthass, Entfremdung, Nervosität und Zwangshandlungen. Fanon zeigt, wie der Kolonialismus in Form psychischer Störungen in die Sprache, in die Erotik, in die Träume und in die Literatur eindringt. (Wir werden auf Fanon im zehnten Theoriekurs über Postkoloniale Studien zurückkommen.)

Geschlecht

In seiner zweibändigen Studie über *Männerphantasien* (1977–1978) hat Klaus Theweleit (*1942) anhand der Frontkämpfer-Literatur vom Ersten Weltkrieg (rund 250 Freikorps-Texte) die militärische Prägung, die soldatischen Phantasien und das faschistische Bewusstsein ihrer Autoren psychoanalytisch untersucht – als Mentalitätsgeschichte des Nationalsozialismus.

Im zweiten Band, „Männerkörper. Zur Psychoanalyse des Weißen Terrors", betrachtet Theweleit die Vorstellungen von soldatischer Männlichkeit und nicht-soldatischer Weiblichkeit, Bilder von Müttern, Huren und Krankenschwestern sowie misogyne Phantasien von weiblicher Weichheit, die den krampfhaft verfestigten männlichen ‚Körperpanzer' bedroht.

Theweleit bezieht Freuds Methode auf einen Gegenstand, der bei Freud selbst zu kurz kommt: die Ideologie der Geschlechterrollen. Freuds Theorie versagte geradezu vor der weiblichen Sexualität – die er selbst als „dark continent" bezeichnete. Theweleit macht die Psychoanalyse anschlussfähig für die *Gender Studies*, die mit verschiedenen Methoden die soziale, diskursive Verhandlung von ‚Geschlecht' untersuchen.

Die *Gender Studies* kritisieren die klassische Psychoanalyse mit deren eigenen Mitteln, indem sie fragen, welche patriarchalen Wünsche oder Ängste sich hinter dem Phallozentrismus von Freuds Theorie verbergen. Sie greifen dabei die Idee der Psychoanalyse auf, dass Geschlechterverhältnisse nicht naturgegeben, sondern von familiären und gesellschaftlichen Bedingungen bestimmt werden; und sie gehen kritisch über die Psychoanalyse hinaus, indem sie Geschlecht nicht mehr in seiner frühkindlichen Prägung nach patriarchalem Muster verstehen, sondern als Ergebnis gesellschaftlicher Verhandlungen und Inszenierungen. Judith Butler (*1956) unterschied in *Gender Trouble* (1990) die biologische Kategorie „sex" und die soziale Kategorie „gender". Als diskursive Konstruktion wird Geschlecht zum Gegenstand identitätspolitischer ‚Performanz'.

Die Geschlechterforschung untersucht asymmetrische Geschlechterverhältnisse und deren Manifestationen in literarischen, künstlerischen, medialen und anderen Darstellungen als historische Frauen- oder Männerbildforschung oder als *Queer Studies*. Erschließungsfeministisch oder in der Perspektive einer *Queer History* revidiert sie den Kanon. Sie kritisiert patriarchale Strukturen in Texten. Und sie fragt nach einer *écriture féminine* (Hélène Cixous, Luce Irigaray, Julia Kristeva): Schreiben Frauen oder auch queere Personen anders? Und lesen sie anders? Oder beruhen solche Unterscheidungen auf essentialistischen Zuschreibungen?

Kritik

Gegen psychoanalytische Literaturwissenschaft, die sich an Freud orientiert, wurde eingewendet, dass ihre epigonalen Lektüren bisweilen vorhersehbare, allzu naheliegende Beobachtungen hervorbringen. Terry Eagleton sprach spöttisch von einer „Fahndung nach dem Phallussymbol". Man identifiziert einfach alles, das länger als breit ist, und der Erkenntnisgewinn ist dann vergleichsweise schmal.

Auch wenn sie für *bestimmte* Kunstwerke durchaus plausibel sein mögen, müssen psychoanalytische Befunde zudem kaum allgemeingültig sein. Peter Handkes *ready made* vom 1. FC Nürnberg zum Beispiel oder ein dadaistisches Lautgedicht wären psychoanalytisch weniger gut zu erklären als ein Vampirroman oder ein Frontkämpfertext.

Die empirische Psychologie und die experimentelle Neurowissenschaft stellten die theoretischen Annahmen der Psychoanalyse auf neuer Grundlage in Frage, indem sie die psychischen Wirkungen rhetorischer, poetischer, ästhetischer Sprache mit sozial- und naturwissenschaftlichen Versuchsanordnungen erforschten. (Auf diese neueren Methoden werden wir im dreizehnten Theoriekurs eingehen.)

Seit einigen Jahren wird Literatur nicht mehr nur darauf befragt, wie sie Geschlechter oder auch Kulturen verhandelt, sondern wie sie andere Arten behandelt (*Animal Studies*, *Posthumanism*) und die Natur inszeniert (*Nature Writing*, *Eco Criticism*). Raoul Schrott erzählt in *Erste Erde. Epos* (2016) von der Welt vor der Entstehung des Menschen; Alexandra Kleeman in *Something New Under the Sun* (2021) von dem Planeten nach seiner Selbstauslöschung. In dem Maß, in dem Menschen aus der Literatur verschwinden, entzieht sie sich einer psychoanalytischen Betrachtung. Oder sie fordert dazu heraus, die Psychoanalyse über ihren Bezug auf den Menschen hinaus weiterzudenken.

Shakespeare als Traumapatient

Eine kritische Auseinandersetzung mit der Psychoanalyse können wir abschließend anhand eines Beispiels aus der Literatur selbst vorführen. Im neunten Kapitel von James Joyces *Ulysses* (1922) stellt Stephen Dedalus in der Nationalbibliothek in Dublin eine umfassende psychoanalytische Shakespeare-Deutung vor, die verblüffend aufzugehen scheint.

Shakespeare habe unter drei Traumata gelitten: der sexuellen Demütigung durch seine erfahrene Ehefrau, deren Untreue ausgerechnet mit seinem eigenen Bruder und in der Folge seinem einsamen Exil in London – wo er seine Dramen schrieb, um seine existenziellen Erfahrungen in der Kunst zu verarbeiten. Shakespeares Dramen sind seine Symptome. In ihnen kommen regelmäßig vier Akteure vor, die sich auf die Traumata des Autors zurückführen lassen, zum Beispiel in *Hamlet*: Der Vater, Hamlet der Ältere, ist Shakespeare selbst; der Sohn, Hamlet, ist Shakespeares Sohn Hamnet; die Ehefrau, Gertrude, ist Shakespeares Frau, Anne Hathaway; und der Bruder, Claudius, ist Shakespeares Bruder, Richard oder Edmund. Shakespeare selbst habe im Theater daher nicht die Rolle Hamlets, sondern die Rolle des Geistes gespielt. So habe er selbst, als Hamlets Vater, die Anklage gegen seinen Bruder und seine Frau ausgesprochen: „*Hamlet, I am thy father's spirit*", was Stephen Dedalus bei Joyce wie folgt ausdeutet: „you are the dispossessed son: I am the murdered father: your mother is the guilty queen. Anne Shakespeare, born Hathaway".

In dieser Konstellation liege der Schlüssel für das Gesamtwerk. Immer wieder finden wir in Shakespeares Dramen eine dominante Frau und einen Mann, den sie beherrscht: Cleopatra und Antony, Cressida und Troilus, Adriana und Antipholus of Ephesus in *The Comedy of Errors*, Mistress Ford und John Falstaff in *The Merry Wives of Windsor*, Katherina und Petruchio in *The Taming of the Shrew*, Lady Anne und Henry VI oder Lady Elizabeth und Edward IV in *Richard III*, ganz zu schweigen von Lady Macbeth und Macbeth.

Immer wieder sei der Bruder der Schurke. Und zuweilen heißt dieser auch noch so wie Shakespeares eigene Brüder, Richard und Edmund. „What's in a name?" So stellt sich Richard gegen Edward in *Richard III* oder Edmund gegen Edgar in *King Lear*. Die gleiche Rolle spielen Iago gegen Othello, Proteus gegen Valentine in *The Two Gentlemen of Verona*, Don John gegen Don Pedro in *Much Ado About Nothing*, Duke Senior gegen Duke Frederick in *As You Like It*, Oliver gegen Orlando ebenfalls in *As You Like It* oder Antonio gegen Prospero in *The Tempest*.

Erst in den späteren Stücken kommt eine Tochter als Hoffnungsträgerin hinzu – die auf die Geburt von Shakespeares Enkeltochter zurückzuführen sei: Marina für Pericles, Imogen für Cymbeline, Perdita für Leontes in *The Winter's Tale*, Rosalind für Duke Senior in *As You Like It*, Miranda für Prospero in *The Tempest* und in gewisser Weise auch Cordelia für King Lear.

Stephen Dedalus trägt eine mustergültige Globaltheorie zu Shakespeares Gesamtwerk vor. Sie wirkt überraschend schlüssig, aber sie ist nicht ernst gemeint. Denn es handelt sich um die Parodie eines psychoanalytischen Biographismus, der komplexe Werke auf wenige Grundmuster reduziert, indem er über die Psyche des Autors spekuliert. „Do you believe your own theory?" wird Stephen Dedalus von einem der Anwesenden gefragt. „No, Stephen said promptly."

Achte Lesewerkstatt – Warum träumt Jonathan Harker von einem Vampir?

Vampire faszinieren. Sie gruseln uns und ziehen uns zugleich in ihren Bann. Seit Jahrhunderten sind sie Teil unseres kulturellen Gedächtnisses, zunächst in Europa, inzwischen global. Sie sind Gegenstand der Literatur und der visuellen Künste, aber auch anderer Diskurse wie etwa der Medizin, der Religion und des Nationalismus. Vampire beschäftigen unser kollektives Unbewusstes. Wie sind diese unheimlichen Figuren zu deuten? Welche Ängste oder Wünsche verkörpern sie? Wie kann die Psychoanalyse dabei helfen, die Vorstellungen von Vampiren zu verstehen, die wir in literarischen Texten, Bildern und Filmen vorfinden? Diesen Fragen wollen wir mit einer psychoanalytischen Lektüre des berühmtesten aller Vampirromane nachgehen, der zugleich einer der wirkungsreichsten Texte der Weltliteratur ist: Bram Stokers *Dracula* (1897).

Literarischer Vampirismus

Als eine der ersten Erwähnungen eines Vampirs in der Literatur gilt das gleichnamige Gedicht des deutschen Dichters Heinrich August Ossenfelder (1725–1801), das 1748 in der Zeitschrift *Der Naturforscher* erschien. Es handelt von einem verschmähten Liebhaber, der von einem frommen Mädchen zurückgewiesen wurde. Er droht ihr, sie nachts betrunken heimzusuchen, sie nach Art eines Vampirs zu küssen, ihr Blut zu trinken und ihr so zu beweisen, dass seine unheiligen „Lehren" besser seien als der christliche Glaube.

> **Heinrich August Ossenfelder**
> **Der Vampir**
>
> Mein liebes Mägdchen glaubet
> Beständig steif und feste,
> An die gegebnen Lehren
> Der immer frommen Mutter;
> Als Völker an der Theyse
> An tödtliche Vampiere
> Heyduckisch feste glauben.

> Nun warte nur Christianchen,
> Du willst mich gar nicht lieben;
> Ich will mich an dir rächen,
> Und heute in Tockayer
> Zu einen Vampir trinken.
> Und wenn du sanfte schlummerst,
> Von deinen schönen Wangen
> Den frischen Purpur saugen.
> Aldenn wirdst du erschrecken,
> Wenn ich dich werde küssen
> Und als ein Vampir küssen:
> Wenn du dann recht erzitterst
> Und matt in meine Arme
> Gleich einer Todten sinkest
> Alsdenn will ich dich fragen,
> Sind meine Lehren besser,
> Als deiner guten Mutter?

Hinter dem Gedicht die Angst vor Vergewaltigung (aus weiblicher Sicht) beziehungsweise den Wunsch nach alkoholisch enthemmter Sexualität und dem Ausleben sadistischer Gewaltphantasien (aus männlicher Sicht) zu erkennen, fällt nicht schwer. Mit dem südosteuropäischen Lokalkolorit (die „Theyse" beziehungsweise Theiß oder Tisza ist ein ungarischer Nebenfluss der Donau, die Heiducken sind ungarische Krieger, der Süßwein „Tockayer" beziehungsweise Tokajer ist nach der Stadt Tokaj in Nordungarn benannt), dem Motiv des Blutsaugens und der Bedrohung durch sexualisierte Gewalt enthält das Gedicht entscheidende Elemente literarischer Vampirdarstellungen.

Dass Ossenfelders *Vampir* ausgerechnet in einer Zeitschrift mit dem Titel *Der Naturforscher. Eine physikalische Wochenschrift* erschien, mag auf den ersten Blick überraschen, passt der übernatürliche Inhalt doch wenig zu einem naturwissenschaftlichen Journal. Tatsächlich aber ist dieser paradoxe Veröffentlichungskontext ein wichtiges Merkmal dieses frühen literarischen Vampirismus in der Mitte des 18. Jahrhunderts. Die phantastische und die Schauerliteratur stellten sich, indem sie monströse, magische und okkulte Mächte betonten, in direkten Gegensatz zum wissenschaftlichen Fortschritt, gleichsam als poetische Kehrseite des Rationalismus. Die dunkle Ästhetik der Vampire bildet so einen Kontrast zur Lichtsymbolik der Aufklärung.

Weitere deutschsprachige Vampirtexte dieser Zeit sind die Schauerballaden *Lenore* von Gottfried August Bürger (entstanden 1773) und *Die Braut von Corinth* von Johann Wolfgang von Goethe (entstanden 1797). Beide Texte greifen wiederum ost- beziehungsweise südeuropäische Schauplätze auf und betten die Begegnung mit den schaurigen Gestalten, wie es auch Ossenfelder bereits andeutete, in einen Religionskonflikt ein. Neben der ästhetischen Opposition zur Vernunft der Aufklärung war die Kritik an der christlichen Kirche, die an Einfluss und Autorität einbüßte, einer der Hauptantriebe dieser frühen Vampirdarstellungen. Anders als bei ihrem Vorgänger steht in diesen Gedichten aber weniger das Merkmal des Blutsaugens als das Motiv der Untoten im Zentrum.

Bei Bürger geht es um die titelgebende junge Frau Lenore, die ihren Verlobten Wilhelm, einen Soldaten, vermisst. Wilhelm ist aus der Schlacht um Prag, die Preußen und die Habsburgermonarchie 1757 austrugen, nicht zurückgekehrt. Lenore glaubt ihren Geliebten daraufhin tot und beklagt ihr Schicksal in gotteslästerlichen Flüchen, gemaßregelt durch ihre Mutter, die die christlichen Vorstellungen vom gütigen und unfehlbaren Schöpfer verteidigt.

> Die Mutter lief wol hin zu ihr: –
> „Ach, daß sich Gott erbarme!
> Du trautes Kind, was ist mit dir?" –
> Und schloß sie in die Arme. –
> „O Mutter, Mutter! hin ist hin!
> Nun fahre Welt und alles hin!
> Bei Gott ist kein Erbarmen.
> O weh, o weh mir Armen!" –
>
> „Hilf Gott, hilf! Sieh uns gnädig an!
> Kind, bet' ein Vaterunser!
> Was Gott thut, das ist wolgethan.
> Gott, Gott erbarmt sich Unser!" –
> „O Mutter, Mutter! Eitler Wahn!
> Gott hat an mir nicht wolgethan!
> Was half, was half mein Beten?
> Nun ist's nicht mehr vonnöten." –
>
> „Hilf Gott, hilf! wer den Vater kent,
> Der weis, er hilft den Kindern.
> Das hochgelobte Sakrament
> Wird deinen Jammer lindern." –
> „O Mutter, Mutter! was mich brent,
> Das lindert mir kein Sakrament!
> Kein Sakrament mag Leben
> Den Todten wiedergeben." –

Als Wilhelm schließlich doch wiederkehrt, wird rasch klar, dass er in der Tat nicht mehr zu den Lebenden gehört. Er nimmt Lenore mit auf einen geisterhaften Totenritt, der beide ins Grab und ins Totenreich führt:

> „Las sausen durch den Hagedorn,
> Las sausen, Kind, las sausen!
> Der Rappe schart; es klirt der Sporn.
> Ich darf alhier nicht hausen.
> Kom, schürze spring' und schwinge dich
> Auf meinen Rappen hinter mich!
> Mus heut noch hundert Meilen
> Mit dir ins Brautbett' eilen." –
>
> „Ach! woltest hundert Meilen noch
> Mich heut ins Brautbett' tragen?
> Und horch! es brumt die Glocke noch,
> Die elf schon angeschlagen." –
> „Sieh hin, sieh her! der Mond scheint hell.
> Wir und die Todten reiten schnell.
> Ich bringe dich, zur Wette,
> Noch heut ins Hochzeitbette." –

„Sag an, wo ist dein Kämmerlein?
Wo? Wie dein Hochzeitbetchen?" –
„Weit, weit von hier! -- Stil, kühl und klein! --
Sechs Bretter und zwei Bretchen!" –
„Hat's Raum für mich?" – „Für dich und mich!
Kom, schürze, spring und schwinge dich!
Die Hochzeitgäste hoffen;
Die Kammer steht uns offen." –

[…]

Ha sieh! Ha sieh! im Augenblik,
Huhu! ein gräslich Wunder!
Des Reiters Koller, Stük für Stük,
Fiel ab, wie mürber Zunder.
Zum Schädel, ohne Zopf und Schopf,
Zum nakten Schädel ward sein Kopf;
Sein Körper zum Gerippe,
Mit Stundenglas und Hippe.

Hoch bäumte sich, wild schnob der Rapp',
Und sprühte Feuerfunken;
Und hui! war's unter ihr hinab
Verschwunden und versunken.
Geheul! Geheul aus hoher Luft,
Gewinsel kam aus tiefer Gruft.
Lenorens Herz, mit Beben,
Rang zwischen Tod und Leben.

Nun tanzten wol bei Mondenglanz,
Rund um herum im Kreise,
Die Geister einen Kettentanz,
Und heulten diese Weise:
„Gedult! Gedult! Wenn's Herz auch bricht!
Mit Gott im Himmel hadre nicht!
Des Leibes bist du ledig;
Gott sey der Seele gnädig!"

Bürgers schaurige *Lenore* wurde vertont, illustriert und vielfach adaptiert. Im englischsprachigen Raum wurde sie breit rezipiert und zu einem beliebten Motiv der Schwarzen Romantik. Edgar Allan Poe griff den Namen der Hauptfigur in seinen Gedichten *Lenore* (1843) und *The Raven* (1845) auf, und Bram Stoker zitierte die Worte „Denn die Todten reiten schnell" („For the dead travel fast") in seinem *Dracula* (S. 13).

In seiner Ballade *Die Braut von Corinth* verlegt Goethe das unheimliche Aufeinandertreffen mit Untoten in die frühe christliche Antike in Griechenland: Ein Jüngling aus Athen kommt nach Korinth, um die ihm seit Kindertagen versprochene Braut kennenzulernen. Die Beziehung steht abermals im Zeichen eines religiösen Gegensatzes: „Er ist noch ein Heide mit den Seinen, / Und sie sind schon Christen und getauft." Der Jüngling trifft allerdings nicht auf die erhoffte Braut, sondern auf deren untote Spukgestalt, die durch den Glaubenseifer ihrer Mutter ums Leben gekommen ist („Durch der guten Mutter kranken Wahn"), auf ihn aber gleichwohl eine große Anziehung ausübt. Gegenüber Ossenfelder und Bürger vertauscht Goethe also die Geschlechterrollen und schildert die Begegnung noch deutlicher als erotische Szene, in der beide Figuren ambivalent zwischen Verführung und Liebesflehen, Anziehung und Verweigerung, Zärtlichkeit und Gewalt schwanken:

> Eben schlug die dumpfe Geisterstunde
> Und nun schien es ihr erst wohl zu seyn.
> Gierig schlürfte sie mit blassem Munde
> Nun den dunkel blutgefärbten Wein,
> Doch vom Waizenbrot
> Was er freundlich bot,
> Nahm sie nicht den kleinsten Bissen ein.
>
> Und dem Jüngling reichte sie die Schale,
> Der wie sie nun hastig lüstern trank,
> Liebe fordert er beym stillen Mahle,
> Ach! sein armes Herz war Liebekrank,
> Doch sie widersteht,
> Wie er immer fleht,
> Bis er weinend auf das Bette sank.
>
> Und sie kommt und wirft sich zu ihm nieder:
> Ach! wie ungern seh ich dich gequält!
> Aber ach! berührst du meine Glieder,
> Fühlst du schaudernd was ich dir verheelt.
> Wie der Schnee so weiß,
> Aber kalt wie Eis
> Ist das Liebchen, das du dir erwählt.
>
> Heftig faßt er sie mit starken Armen
> Von der Liebe Jugendkraft durchmannt:
> Hoffe doch bey mir noch zu erwarmen
> Wärst du selbst mir aus dem Grab gesandt!
> Wechselhauch und Kuß!
> Liebesüberfluß!
> Brennst du nicht und fühlest mich entbrannt?
>
> Liebe schließet fester sie zusammen,
> Thränen mischen sich in ihre Lust,
> Gierig saugt sie seines Mundes Flammen
> Eins ist nur im andern sich bewußt;
> Seine Liebeswuth
> Wärmt ihr starres Blut,
> Doch es schlägt kein Herz in ihrer Brust.

Der Untertitel der Ballade – „Romanze" – offenbart sich in diesen Schilderungen in seiner ganzen Abgründigkeit. Der Braut gibt Goethe durch die Abwesenheit des Lebensorgans („kein Herz in ihrer Brust"), die Körperkälte, die Blässe, die Ernährung von blutrotem Wein, das gierige Saugen beim Küssen und die Geisterstunde unzweifelhaft die Züge eines Vampirs. Entsprechend überlebt der Jüngling die Liebesnacht nicht. Als die fromme Brautmutter das Paar stört, ist es bereits zu spät. Es entsteht aber ein neuer Konflikt: Die Untote macht der Mutter schwere Vorwürfe und erklärt die eigentlichen Motive für ihre Wiederkehr aus dem Grab:

Dieser Jüngling war mir erst versprochen,
Als noch Venus heitrer Tempel stand.
Mutter habt ihr doch das Wort gebrochen
Weil ein fremd, ein falsch Gelübd euch band!
Doch kein Gott erhört,
Wenn die Mutter schwört
Zu versagen ihrer Tochter Hand.

[...]

Schöner Jüngling, kannst nicht länger leben,
Du versiechest nun an diesem Ort,
Meine Kette hab ich dir gegeben,
Deine Locke nehm ich mit mir fort.
Sieh sie an genau,
Morgen bist du grau,
Und nur braun erscheinst du wieder dort.

Höre Mutter nun die letzte Bitte:
Einen Scheiterhaufen schichte du,
Oefne meine bange kleine Hütte,
Bring in Flammen Liebende zur Ruh.
Wenn der Funke sprüht,
Wenn die Asche glüht,
Eilen wir den alten Göttern zu.

Die Braut beruft sich auf die Rechte der griechischen „alten Götter[]", die ihren Bund mit dem Jüngling gestiftet hätten, von der radikalchristlichen Mutter aber missachtet worden seien. Ihre Rückkehr von den Toten ist also zugleich der Erfüllung erotischer Wünsche mit dem „schönen Jüngling" wie der Rache an der Mutter geschuldet, die das Begehren der Tochter unterdrückt hat. Die Auflehnung gegen die elterliche Autorität, die die eigene Sexualität unterbindet, geschieht hier also analog zum Freudschen Modell der Urhorde, bei dem die Söhne das Fortpflanzungsmonopol des Vaters durchbrechen, nur umgekehrt gegendert als Widersetzung der Tochter gegen die repressive Sexualkontrolle der Mutter. Ob die unheimliche Braut tatsächlich aus dem Jenseits zurückgekehrt ist oder es dem Jüngling, der sich bereits schlafen gelegt hatte, nur im Traum so scheint („er schlummert fast"), lässt der Balladentext offen. Diese Ambivalenz entspricht der ontologischen Unsicherheit, die Tzvetan Todorov als den Modus des Phantastischen beschrieben hat. Sicher ist hingegen, dass das Vampirische in der *Braut von Corinth* eine unheilvolle, dämonische Macht darstellt und die Konfrontation mit ihm ausschließlich Beschädigte und traumatisierte Opfer zurücklässt: Jüngling, Braut und Mutter.

In der dichterischen Auseinandersetzung mit dem Dunklen, Abgründigen und Bösen findet sich das Motiv der Untoten in der deutschen Romantik anschließend unter anderem bei E. T. A. Hoffmann, Heinrich Heine und Novalis. Gegen Mitte des 19. Jahrhunderts griffen Nikolai Gogol (*Der Wij*, 1835) und Alexei Tolstoi (*Die Familie des Wurdalak*, 1839) den Stoff in Russland auf. In der britischen Literatur hatten Vampire eine besondere Konjunktur zunächst in der Lyrik, unter anderem in Samuel Taylor Coleridges unvollendeter Ballade *Christabel* (entstanden 1797–1800), John Staggs Gedicht *The Vampyre* (1810) und Lord Byrons Langgedicht *The Giaour* (1813).

Byron war auch beteiligt an der Entstehung der ersten umfangreicheren Vampirerzählung, die ihm zeitweilig sogar zugeschrieben wurde. Im Jahr 1816, das als ‚Jahr ohne Sommer' bezeichnet wird, weil die enorme Aschewolke des im April 1815 ausgebrochenen indonesischen Vulkans Tambora eine globale Klimaabkühlung, düsteres Wetter und Ernteausfälle verursachte, richteten Byron, Percy Bysshe Shelley und Mary Shelley am Genfersee einen Dichterwettstreit aus, bei dem Letztere ihren weltberühmten Horrorroman *Frankenstein* entwarf (veröffentlicht 1818). Byrons Arzt, John William Polidori (1795–1821), nahm an dem Zirkel ebenfalls teil und verfasste die Schauergeschichte *The Vampyre*, die von einem Entwurf Byrons inspiriert war und 1819 zunächst unter dessen Namen veröffentlicht wurde. Nicht nur schuf Polidori damit die erste umfangreiche Prosadarstellung eines Vampirs, sondern er veränderte dessen Image und stattete seine Hauptfigur, Lord Ruthven, mit vornehmen, charismatischen, verführerischen Zügen aus. In Abkehr von den mystischen, kreatürlich-wilden Vampiren, die die Schauerliteratur zuvor bevölkert hatten, entwarf Polidori so den modernen Archetypus des Gentleman-Vampirs, der in der Folge äußerst wirkmächtig wurde und auch Bram Stokers *Dracula* maßgeblich beeinflusste.

Oberflächlich kultiviert und domestiziert, verloren die Vampire dieses neuen Prototyps allerdings nichts von ihrer erotischen Attraktivität und ihrem blutdürstigen Schrecken. Psychoanalytisch betrachtet, zeigt sich an ihnen der Gegensatz zwischen äußerlich-ästhetischer Sublimierung und dem ins Unbewusste Verdrängten, das in der Gestalt des untoten Wiedergängers nur umso monströser wiederkehrt.

Historische Hintergründe

Durch Abwandlung der volkstümlichen Vorstellungen schuf Polidori einen neuen, literarischen Vampirtypus. Worin aber bestanden die Mythen, woher stammten sie, und wie wurden sie überliefert?

Der Volksglaube an Vampire entstand vermutlich in Südosteuropa, in den Karpaten und im Balkan, in der Region von Ungarn und Rumänien über Bulgarien und Serbien bis nach Albanien und Griechenland. Er wird zurückgeführt auf mythisch-folkloristische Erklärungen für bedrohliche und gemeinschaftsschädigende Ereignisse wie Krankheiten und Missernten. Kernelement des Vampirmotivs war ursprünglich die Wiederkehr von den Toten, zum Beispiel als Wiedergänger eines bösen Wesens oder einer Hexe. Die volkstümlichen Erzählungen beschreiben Vampire sehr unterschiedlich und verwenden je nach Sprachraum diverse Bezeichnungen (*vapir*, *dhampir*, *wukodalak*, *wrukolaka*, *upir*, *strigoi* etc.). Typischerweise enthalten sie Angaben zu den Merkmalen von Untoten, zum Schutz vor ihnen (durch fluchabwendende, sogenannte apotropäische Mittel wie Knoblauch oder Senfkörner, christliche Symbole wie Kruzifixe oder Rosenkränze etc.) und zu ihrer Bekämpfung (zum Beispiel durch Pfählung mit einem Holzpflock oder Enthauptung, mitunter auch durch Sonnenlicht). Diese Vorstellungen wurden schriftlich aufgezeichnet und wanderten in Folge von Kriegen ab dem 18. Jahrhundert über Südeuropa hinaus in den übrigen Kontinent, wo sie kollektive Verunsicherungen auslösten, die sich epidemisch verbreiteten – wie die Seuchen, für die sie im Aberglauben der Zeit die Scheingründe lieferten. Die massenpsychologischen Unruhen trugen wahnhafte Züge, die später als Manien oder Hysterien bezeichnet wurden. Vampirismus war schon immer mit Gemeinschaftsängsten verbunden.

Um 1720 beschäftigten zahlreiche Vampirsichtungen die ostpreußischen und habsburgischen Behörden, die keine übernatürlichen Phänomene feststellen konnten. Stattdessen begann eine wissenschaftliche Aufarbeitung der Mythen im Zeichen der Aufklärung, die sich zum Teil bis in die moderne Medizin fortsetzt. Für alle wesentlichen Elemente des Vampirmythos wurden auf diese Weise nach und nach sachliche Erklärungen gefunden: Die chemischen Prozesse bei der Verwesung von Leichen – einschließlich Skelettierung und ausbleibende Zersetzung unter bestimmten Umständen – sowie Fälle von lebendigem Begraben haben die Vorstellung von Untoten aufkommen lassen. Gestiegene Todesraten und der Austritt von Blut bei Gestorbenen können durch Infektionskrankheiten wie die Beulenpest verursacht worden sein. Und auch die typische Vampirphysiognomie mit blasser Haut, roten Lippen, hervortretenden Zähnen und Lichtempfindlichkeit wird inzwischen auf Symptome einer seltenen Stoffwechselkrankheit, der Porphyrie, zurückgeführt, die auch mit Wahnzuständen und Depression einhergehen kann. Auch Milzbrand und Tollwut wurden als mögliche Auslöser identifiziert, übertragen nicht zuletzt durch Fledermäuse, die sich von Blut ernähren.

Neben pathologischen hat der Vampirmythos auch politische und soziale Ursachen. Außergewöhnliche Mordserien und Fälle von Kannibalismus werden bis heute in den Medien mit Vampirismus in Verbindung gebracht. Vampire können außerdem verstanden werden als Indikator sozial besonders ungleicher Gesellschaften, etwa in Feudalsystemen und im Absolutismus. Der Typus aristokratischer und überlegener, zugleich aber parasitärer und blutsaugender Ausbeuter spiegelt ständische beziehungsweise kapitalistische Machtverhältnisse wider. Mitunter fallen geographische, kriminologische und soziologische Entstehungsmuster sogar zusammen, etwa bei der ungarischen Gräfin Elisabeth Báthory (1560–1614), die sehr wahrscheinlich zahlreiche junge Frauen umgebracht hat, als Serienmörderin verurteilt wurde und als ‚Blutgräfin' in die Geschichte einging – und in die Fiktion.

Die wissenschaftliche Entzauberung des Volksglaubens hat allerdings keineswegs zum Verschwinden des Vampirs geführt. Wie produktiv und einflussreich die Mythen blieben, können wir uns am Beispiel von Bram Stokers *Dracula* vor Augen führen. Eine psychoanalytische Lektüre wird uns dabei helfen, die Gründe für die anhaltende Faszination der Vampire und ihre tiefere Bedeutung zu verstehen.

Dracula auf der Couch

Angesichts der realen Hintergründe und der zahlreichen Vorläufer aus der Literatur kann nicht behauptet werden, dass der irische Autor Bram Stoker (1847–1912), der ab 1872 vornehmlich *Gothic Stories* veröffentlichte, mit seinem 1897 erschienenen Roman *Dracula* den Vampirmythos erfunden hat. Sein Ungeheuer, das zu einer der berühmtesten Schreckensgestalten der Kulturgeschichte wurde, hat sogar ein ganz konkretes Vorbild. Den Namen ‚Dracula' übernahm Stoker von dem rumänischen Fürsten Vlad III. (ca. 1431–1477), auch genannt Vlad Țepeș (Vlad, der Pfähler) und Vlad Draculea beziehungsweise Dracula. Vlad war zwar nicht direkt mit dem Vampirglauben verknüpft, doch seine Grausamkeit und Vorliebe für drastische Hinrichtungen durch Pfählungen wurden ebenfalls in Schauergeschichten mystifiziert. Der studierte Historiker Stoker, der im Viktorianischen Zeitalter in Dublin aufgewachsen war und ab 1878 in London lebte, erlangte Kenntnis von Vlad und anderen faktualen Elementen seines Stoffs durch ein intensives Quellenstudium, ganz ähnlich seinem Protagonisten Jonathan Harker, der anfangs erläutert, dass er sich auf seine Reise im British Museum vorbereitet hat (vgl. S. 5). Das heute rumänische, damals österreichisch-ungarische Transsilvanien (zu deutsch ‚Siebenbürgen'), in dem Dracula zu Beginn des Romans sein Unwesen treibt, hat Stoker selbst nie bereist, aber durch Reiseberichte, Landkarten und Fahrpläne dokumentarisch für sich erschlossen. Dass die Handlung in einem historischen Zentrum des volkstümlichen Vampirglaubens beginnt, dessen Motive Stoker verarbeitete und zusammenführte, ist daher eindeutig eine literarische Strategie. Doch der aus britischer Sicht exotische Schauplatz dient nicht nur dem Anschluss an die überlieferten Mythen und der geschichtlichen Authentizität der Schilderung, sondern er lässt sich auch psychoanalytisch deuten.

Reise ins Unbewusste

Die Reisestationen, mit denen Jonathan Harkers Tagebuch zu Beginn des Romans eröffnet (5 f.), zeichnen eine Bewegung vom Zentrum in die Peripherie, von London, der Metropole des britischen Weltreichs, ostwärts über die wichtigen europäischen Residenz- und Großstädte München und Wien bis nach Budapest an das Ufer der Donau, die Harker als Grenze zwischen Westen und Osten, zwischen unterschiedlichen Welt- und Herrschaftsgebieten beschreibt: „The impression I had was that we were leaving the West and entering the East; the most Western of splendid bridges over the Danube, which is here of noble width and depth, took us among the traditions of Turkish rule." (5) Weiter gen Osten, gleichsam in Richtung des türkischen Orients, gelangt Harker in die karpatische Provinzstadt „Klausenburgh" (ebd., das heutige Cluj in Rumänien) und schließlich nach Bistritz, das letzte Örtchen mit Poststation vor seinem Ziel, dem Schloss, in das „Count Dracula" (ebd.) ihn als Rechtsanwalt bestellt hat, um einen Hauskauf in London vertraglich abzuschließen. Hier nun ist Harker in „Transylvania" (ebd.) angekommen, das nicht zuletzt wegen des Ursprungs des Namens – lateinisch für ‚jenseits des Waldes' – buchstäblich als hinterwäldlerisch zu verstehen ist. Selbst innerhalb Transsilvaniens liegt Bistritz „in the extreme east of that country" (ebd.). Die „exact locality of Castle Dracula" (ebd.) habe Harker nicht einmal ermitteln können, da es keine ausreichend präzisen Karten der Gegend gebe. Seine Fahrt wird also beschrieben nicht nur als eine Reise in einen exotischen Orient, einen äußersten Osten, an dem andere Gesetze und Regeln gelten („rule"), sondern regelrecht in ein jenseitiges Gefilde, eine *terra incognita*, eine nicht verortbare Stätte, einen Ort ohne

Ort. Dracula wohnt in der Fremde, in einer unbekannten, unwegsamen, schwer zugänglichen Region, in die uns der Beginn des Romans hineinzieht. Hier löst sich alles auf, unsere politischen und moralischen Normen, unser Wissen von der Welt. Wie Harker sich mühsam an – und über – diese Grenze bewegt („on the borders", ebd.), schiebt auch der Roman unsere Aufmerksamkeit an diesen Rand – und *ver*schiebt die Maßstäbe unseres Bewusstseins. Diese Verschiebung entspricht dem Prozess der Traumarbeit, den Freud mit diesem räumlichen Begriff bezeichnet hat. Mit Harker betreten wir „one of the wildest and least known portions of Europe" (ebd.) und gleichzeitig eines der ungezügeltsten und geheimsten Gebiete unserer Psyche. Wie die Herrschaft des weltumspannenden britischen Empire in Transsilvanien nicht mehr wirkt, so haben wir über unser Unbewusstes keine Kontrolle. Im Unbewussten scheint – metaphorisch gesprochen – nicht das aufgeklärte Licht der Vernunft, sondern es herrscht Finsternis. So taucht auch Harker in Transsilvanien in die Dunkelheit ein: „It was on the dark side of twilight when we got to Bistritz" (7). Das Unbewusste ist nicht zivilisiert, nicht domestiziert, nicht kartiert, nicht illuminiert, es folgt der Willkür einer alteritären, rätselhaften Instanz, die Freud das ‚Es' nennt und die unsere Triebe, Wünsche, Ängste repräsentiert. Im Roman repräsentiert sie der Vampir. Draculas Reich ist unser Unbewusstes. Jonathan Harker reist nicht nur in ein unbekanntes Land, sondern in unsere unbekannte Psyche.

Traumdeutung

Freud hat in seinen theoretischen Schriften betont, dass die Literatur viele der psychischen Prozesse, die er beschreibt, bereits lange vorher dargestellt habe und dass Dichtung häufig nach denselben Prinzipien funktioniere wie Träume und sich daher mit den entsprechenden psychoanalytischen Werkzeugen deuten lasse. Dass Stokers *Dracula* zu diesen Texten gehört und auf Freuds nur wenige Jahre später publizierte Theorie vorausgreift, zeigt sich derweil nicht nur an der Verschiebung an die Grenze zwischen Bewusstsein und Unbewsstem, die der Romanbeginn inszeniert, sondern auch an der Rolle, die Träume ganz ausdrücklich darin spielen. Noch in seinem ersten Tagebucheintrag beschreibt Harker, dass er auf seiner vorletzten Reisestation in Klausenburgh schlecht geschlafen habe und dass ihn seltsame Träume geplagt hätten: „I did not sleep well, though my bed was comfortable enough, for I had all sorts of queer dreams." (6) Die Inhalte dieser Träume beschreibt Harker nicht – oder doch? Ob er seine Schilderung anschließend mit dem nächsten Tag fortsetzt oder ob alles Folgende sich eigentlich im Traum abspielt, bleibt narrativ absichtlich uneindeutig. Als Lesende können wir deshalb nicht sicher sein, ob die apotropäischen Schutzmittel, mit denen ihn die Landbevölkerung auf dem Weg zu Dracula ausstattet (Kruzifix, Rosenkranz, Talismane, Segenssprüche, Knoblauch, vgl. 8–12, 29), eine reale Gefahr abwenden sollen oder ob sie nur die Gespinste einer nächtlichen Phantasie sind, ausgelöst durch die bange Erwartung eines wichtigen beruflichen Treffens mit einem unbekannten, anspruchsvollen Klienten. Wir wissen auch nicht, ob Harker, als er dem Vampir, noch ohne es zu wissen, erstmals begegnet, dessen Physiognomie getreu wiedergibt – „with a hard-looking mouth, with very red lips and sharp-looking teeth, as white as ivory" (13) – oder ob sich hier im Albtraum die bekannten Versatzstücke eines volkstümlichen, regionalen Vampirglaubens, von dem er bei seinen Reisevorbereitungen oder unterwegs erfahren haben könnte, zu einer Schreckensgestalt zusammenfügen. In Harkers Traum würden sich dann genau jene Mechanismen vollziehen, die Freud in seiner *Traumdeutung* beschrieben hat: ‚Tagesreste' des zuvor Erlebten würden sich durch ‚Verdichtung' in einem ‚entstellten' ‚Trauminhalt' manifestieren. Und würde es sich bei Harkers Schilderungen nicht um seine erhitzte Phantasie handeln, sondern um die Realität der Erzählwelt, so wäre es der Roman selbst, der diese Operationen analog zur ‚Traumarbeit' in der Fiktion durchführen würde – nicht anhand von erlebten Tageseindrücken, sondern mit den Motiven einer nunmehr jahrhundertealten Literaturgeschichte des Vampirismus, auf die Stoker mit dem Zitat aus Gottfried August Bürgers *Lenore* selbst explizit anspielt (13).

Diese Uneindeutigkeit zwischen Faktualität und Fiktionalität, die Todorov als Modus des Phantastischen beschrieben hat, setzt sich in Harkers Tagebucheinträgen konsequent fort, immer wieder ist von Träumen und albtraumhaften Eindrücken die Rede, bei denen er selbst nicht weiß, ob er wacht oder schläft: „I think I must have fallen asleep and kept dreaming of the incident, for it seemed to be repeated endlessly, and now, looking back, it is like a sort of awful nightmare" (15); „I must have been asleep" (17); „I began to rub my eyes and pinch myself to see if I were awake. It all seemed like a horrible nightmare to me, and I expected that I should suddenly awake" (18). Als Dracula sich am ersten Abend von ihm verabschiedet, um bis zur nächsten Dämmerung nicht wieder zu erscheinen, wünscht er Harker vielsagend gute Träume: „[S]o sleep well and dream well!" (21)

Durch diese Traumhaftigkeit geraten der Wahrheitsgehalt von Harkers Journal und der ontologische Status seiner Schilderungen zunehmend in Zweifel. Es ist fraglich, ob Dracula, wie Harker es beschreibt, in der Verkleidung seines eigenen Kutschers tatsächlich schaurige Werwölfe allein mit der Kraft seiner Stimme und seiner Gesten vertreiben kann (16). Es ist unklar, ob Dracula über wundersame Körperkraft verfügt („prodigious strength", 17), ob seine Hand eiskalt („it seemed as cold as ice – more like the hand of a dead than a living man", 18) und seine Handfläche behaart ist („hairs in the centre of the palm", 20), ob er außergewöhnlich blass aussieht („extraordinary pallor", 20) und ungewöhnlich vorstehende Zähne aufweist („protuberant teeth", 21) – oder ob Harker all dies nur so scheint. Auch Harkers Eindruck, Dracula esse und trinke nie (28), habe in seinem großen Schloss keinen einzigen Diener (29), und er selbst sei der einzige Lebende darin – „I fear I am myself the only living soul within the place" (27) –, könnte ihn täuschen, zumal er einräumt, dass ihm alles fremd vorkomme und er sich unwohl fühle („there is something so strange about this place and all in it that I cannot but feel uneasy", 27).

Immer seltsamer werden Harkers Beobachtungen, ohne dass sich entscheiden würde, ob sie wahr oder eingebildet sind. Eines Nachts, nachdem er bereits begriffen hat, dass er im Schloss eingesperrt und Dracula ausgeliefert ist („I am a prisoner!", 28, vgl. auch 33), beschreibt er, wie sein Gastgeber beziehungsweise Entführer wie ein Tier aus einem Fenster und eine Mauer hinab klettert:

> What I saw was the Count's head coming out from the window. I did not see the face, but I knew the man by the neck and the movement of his back and arms. In any case I could not mistake the hands which I had had so many opportunities of studying. I was at first interested and somewhat amused, for it is wonderful how small a matter will interest and amuse a man when he is a prisoner. But my very feelings changed to repulsion and terror when I saw the whole man slowly emerge from the window and begin to crawl down the castle wall over that dreadful abyss, *face down* with his cloak spreading out around him like great wings. At first I could not believe my eyes. I thought it was some trick of the moonlight, some weird effect of shadow; but I kept looking, and it could be no delusion. I saw the fingers and toes grasp the corners of the stones, worn clear of the mortar by the stress of years, and by thus using every projection and inequality move downwards with considerable speed, just as a lizard moves along a wall. (35)

Harker gibt sich alle Mühe, Zweifel an seiner Darstellung auszuräumen („no delusion") – und betont damit paradoxerweise nur umso mehr ihre Zweifelhaftigkeit. Wie kann man seiner Schilderung glauben? Beschreibt sein Tagebuch in Wirklichkeit den geistigen Verfall eines einsamen, von seiner Aufgabe und einem anstrengenden Mandanten überforderten, in der fremden Umgebung desorientierten Kranken? Ist es nicht gerade der Symptombericht einer „delusion", einer Sinnestäuschung, eines Wahns? Noch aberwitziger ist eine Episode, in der er behauptet, Dracula habe kein Spiegelbild:

> I only slept a few hours when I went to bed, and feeling that I could not sleep any more, got up. I had hung my shaving glass by the window, and was just beginning to shave. Suddenly I felt a hand on my shoulder, and heard the Count's voice saying to me, „Good-morning." I started, for it amazed me that I had not seen him, since the reflection of the glass covered the whole room behind me. In starting I had cut myself slightly, but did not notice it at the moment. Having answered the Count's salutation, I turned to the glass again to see how I had been mistaken. This time there could be no error, for the man was close to me, and I could see him over my shoulder. But there was no reflection of him in the mirror! The whole room behind me was displayed; but there was no sign of a man in it, except myself. This was startling, and, coming on the top of so many strange things, was beginning to increase that vague feeling of uneasiness which I always had when the Count is near; but at the instant I saw that the cut had bled a little, and the blood was trickling over my chin. I laid down the razor, turning as I did so half round to look for some sticking plaster. When the Count saw my face, his eyes blazed with a sort of demoniac fury, and he suddenly made a grab at my throat. I drew away, and his hand touched the string of beads which held the crucifix. It made an instant change in him, for the fury passed so quickly that I could hardly believe that it was ever there. (27)

Ohne Kenntnis der typischen Vampirmerkmale – kein Spiegelbild, Blutdurst – und ohne unabhängige Bestätigung durch eine Instanz außerhalb von Harkers Tagebuch wäre selbst hier noch immer keine eindeutige Beurteilung möglich. Wäre es nicht zuletzt sogar denkbar, dass sich der psychisch angeschlagene Protagonist Dracula vollständig einbildet, dass es sich um eine schizophrene Halluzination handelt, um die äußere Projektion eines verborgenen, gefürchteten Teils seiner eigenen Psyche, seiner eigenen Identität – die dann als Wahnvorstellung freilich keine Entsprechung in der Realität hätte und sich nicht im Spiegel zeigen würde? Dass die Szene sich nach zu kurzem Schlaf und in einem Zustand zunehmender Müdigkeit und Umnachtung abspielt, erhärtet diese Bedenken.

Ein entscheidender Hinweis darauf, dass Dracula als triebhaftes Element von Harkers Persönlichkeit zu verstehen ist und in seinem Inneren existiert, findet sich buchstäblich bereits an der Schwelle zum Schloss, wenn der Vampir seinen Gast folgendermaßen empfängt:

> „,Welcome to my house! Enter freely and of your own will!' He made no motion of stepping to meet me, but stood like a statue, as though his gesture of welcome had fixed him into stone. The instant, however, that I had stepped over the threshold, he moved impulsively forward, and holding out his hand grasped mine with a strength which made me wince, an effect which was not lessened by the fact that it seemed as cold as ice – more like the hand of a dead than a living man." (18)

Wie Mephisto in Goethes *Faust* (1808), der vom Titelhelden ausdrücklich zum Eintreten aufgefordert werden muss, muss auch Dracula von Harker bewusst angenommen werden. Die Bejahung, der Schritt „over the threshold", bedeutet den Übertritt ins Dämonische, Übernatürliche, Imaginäre. Harker schließt einen Pakt mit sich selbst. Wer sich mit Teufeln und Vampiren einlässt, tut dies auf eigene Verantwortung – und auf eigenen Wunsch.

In den folgenden Tagebucheinträgen verschärfen sich Harkers mentaler Zustand und die ontologische Unsicherheit der Romanhandlung. Harker beschreibt seine geistige Angespanntheit: „It is destroying my nerve." (35) Er hat Angst: „I am in fear – in awful fear" (ebd.). Er sorgt sich um seine psychische Gesundheit: „God preserve my sanity, for to this I am reduced." (37) Er fürchtet sogar, bereits wahnsinnig geworden zu sein: „Whilst I live on here there is but one thing to hope for: that I may not go mad, if, indeed, I be not mad already." (ebd.) Neben Psychose und Wahn wird sein Realitätssinn vom Schlafmangel infolge der mit seinem Klienten durchwachten Nächte beeinträchtigt. Schlaf ist für Harker derweil nicht mehr nur wegen der Albträume angstbesetzt, sondern auch wegen Draculas ausdrücklicher Warnung, in den nicht für ihn autorisierten Räumen des Schlosses keinesfalls einzuschlafen: „Let me advise you, my dear young friend – nay, let me warn you with all seriousness, that should you leave these rooms you will not by any chance go to sleep in any other part of the castle. It is old, and has many memories, and there are bad dreams for those who sleep unwisely. Be warned!" (34) Diese Drohung zerrüttet Harkers strapazierte Psyche derart, dass es ihm kaum mehr möglich ist, zwischen Realität und Traum zu unterscheiden: „[M]y only doubt was as to whether any dream could be more terrible than the unnatural, horrible net of gloom and mystery which seemed closing around me." (ebd.) Wieder und wieder betont der Text seine eigene Traumhaftigkeit.

Dracula warnt seinen Gast vor bestimmten Räumen des Schlosses, deren Türen verschlossen sind: „You may go anywhere you wish in the castle, except where the doors are locked, where of course you will not wish to go." (23) Wenn wir das Schloss psychoanalytisch als psychischen Apparat verstehen und Draculas Herrschaftsbereich als dessen Unbewusstes, dann tritt der Vampir hier nicht nur als bedrohliche Angstgestalt auf, sondern auch als Autorität, die Harker selbst in den verborgenen, seiner bewussten Kontrolle entzogenen Regionen seines Geistes noch die grenzenlose Entfaltung verwehrt. Dracula ist der Torwächter, der *gate keeper* von Harkers Unbewusstem. In traumhafter Verkehrung führen die Verbote und Warnungen bei Harker aber nicht zu Gehorsam, sondern zu Trotz und Widersetzung. Obwohl er um sein Leben fürchtet, treibt es ihn zur Übertretung der Vorschrift: „The Count's warning came into my mind, but I took a pleasure in disobeying it." (37) Dass der Ungehorsam ein Vergnügen auslöst, offenbart, welches triebhafte Verlangen Dracula in Harker zu unterbinden versucht. Die Verbote stören Harkers ‚Lustprinzip', die unmittelbare Befriedigung seiner Bedürfnisse. Seine unbewussten Triebe wehren sich gegen ihre Einhegung und ihren Einschluss. Entsprechend löst der Regelverstoß in ihm Lust aus.

Welches animalisch-triebhafte Begehren Harkers Lustbefriedigung fordert, ist psychoanalytisch nicht schwer zu erraten und wird vom Roman keineswegs verhohlen. Es offenbart sich, als Harker tatsächlich in einem der verbotenen Zimmer einschläft. Plötzlich findet er sich in der Gesellschaft dreier attraktiver Frauen wieder, die sich ihm nähern. Abermals bleibt offen, ob das Ereignis tatsächlich geschieht oder im Traum imaginiert wird: „I suppose I must have fallen asleep; I hope so, but I fear, for all that followed was startingly real [...], I cannot believe in the least it was all sleep. [...] I thought at the time that I must be dreaming when I saw them" (38). Keinen Zweifel hingegen lässt der Tagebucheintrag an der sexuellen Aufladung dieser Begegnung: Durchaus zweideutig beschreibt Harker erotische Signale wie „wavy masses of golden hair" und „voluptuous lips" (ebd.) und „the moisture shining on the scarlet lips" (39). Das Verhalten der Frauen wird umso eindeutiger geschildert: „The fair girl went on her knees and bent over me" (ebd.). Harker empfindet ein „burning desire that they would kiss me with those red lips" (38). Sein sexuelles Verlangen führt in paradoxaler Wunschverkehrung aber nicht zu Aktivität und Eroberungsdrang, sondern zu Unterwerfung und völliger Untätigkeit. In kindlicher Regression schließt Harker die Augen und erwartet die Befriedigung seiner Wünsche „in an agony of delightful anticipation" (ebd.), nur um verklemmt-kokett doch unter seinen Augenlidern hindurch die Objekte seiner Lust zu betrachten: „I was afraid to raise my eyelids, but looked out and saw perfectly under the lashes." (39) Kurz vor dem Höhepunkt, in einem Zustand der wohligen Extase („languorous extasy", ebd.), als die weiblichen Lippen – und Zähne („sharp teeth", 39) – schon Harkers Hals berühren, wird die Szene jäh unterbrochen von Dracula, der den Frauen Einhalt gebietet und ihr Opfer für sich reklamiert: „How dare you touch him, any of you? How dare you cast eyes on him when I had forbidden it? Back, I tell you all! This man belongs to me!" (39) In psychoanalytischer Übercodierung fungiert Dracula hier zum einen als väterliche Kontrollinstanz, die gemäß dem Konzept der Urhorde die geschlechtsreifen Frauen monopolisiert und dem jüngeren Mann verweigert, und zum anderen zugleich als homosexueller Liebhaber, der sich als Ersatz für die Frauen in Stellung bringt: „Yes, I too can love" (40), entgegnet er den eifersüchtigen Frauen. Dass er sie mit einem „half-smothered child" (ebd.) besänftigt und buchstäblich abspeist, betont bei aller Erotik zuletzt aber umso drastischer den Schrecken der albtraumhaften Erfahrung und die kannibalistischen Tendenzen, die bereits im Motiv des Kuss-Bisses zum Ausdruck kommen. Für Harkers Psyche erweist sich das Erlebnis letztlich als Überforderung, eine Ohnmacht, die völlige Ausschaltung des Bewusstseins, ist der einzige Ausweg: „Then the horror overcame me, and I sank down unconscious." (ebd.) Er erwacht in seinem Bett, abermals unsicher, ob er nur geträumt hat: „I awoke in my own bed. If it be that I had not dreamt, the Count must have carried me here." (ebd.)

Das Unheimliche

Harker verbringt noch Wochen auf Schloss Dracula. In dieser Zeit macht er weitere grauenvolle Entdeckungen. Er erkennt, dass die Vampire sich von Blut ernähren (41). Er beobachtet, wie Werwölfe auf Draculas Geheiß eine Frau töten (46). Im Untergeschoss des Schlosses, gleichsam am Grund des Unbewussten, findet er in einer Krypta Dracula in seinem mit Erde gefüllten Sarg, in dem er tagsüber als Untoter ruht (48). Das ganze Schloss mit seinen wenigen zugänglichen Bereichen und den vielen verschlossenen Räumen lässt sich als topographische Metapher für das Freudsche Modell des psychischen Apparats erfassen. Harkers Stube repräsentiert sein ‚Ich'; die Bibliothek, in der er sich mit Dracula ausdrücklich über gesellschaftliche und rechtliche Normen austauscht und in der Gesetzestexte stehen („law", 22), ist als ‚Über-Ich' lesbar; und die verbotenen, verschlossenen Räume im Keller des Schlosses stehen für das triebhafte ‚Es'.

In seiner Haft muss Harker mitansehen, wie der Vampir bei seinen nächtlichen Gräueltaten seine Kleidung trägt und so als böser Doppelgänger den Verdacht auf ihn lenkt (44). Auch in dieser Verdopplung liegt ein Hinweis darauf, dass Dracula als rein innerlicher Prozess in Harkers Psyche zu verstehen sein könnte, als Abspaltung eines verdrängten und in der unheimlichen Gestalt des Vampirs wiederkehrenden Teils der Persönlichkeit. In der Figur des imaginierten Doppelgängers lässt Harker womöglich Wünsche und Phantasien – und ihre gewaltsame Umsetzung – zu, die er unter der Kontrolle seines Bewusstseins nicht ausleben kann. Der berühmte schottische Schriftsteller Robert Louis Stevenson hatte nur rund ein Jahrzehnt vor Dracula mit *Strange Case of Dr Jekyll and Mr Hyde* (1886) eine vielgelesene literarische Vorlage für diese Form der Persönlichkeitsspaltung geschaffen.

Während seiner restlichen Zeit in Schloss Dracula bemerkt Harker außerdem Vorkehrungen, mit denen Dracula seine Abreise aus Transsilvanien vorbereitet, nicht zuletzt mithilfe einer blutigen Verjüngungskur (51). Er kennt Draculas Reiseziel, schließlich hat er selbst in London ein Haus für ihn gekauft. Nach allem Schrecken, der Harker persönlich durch Dracula widerfahren ist, besteht in dieser Entgrenzung die eigentliche Gefahr des Vampirs: die unkontrollierte Verbreitung, die pandemische Ansteckung, das Vordringen von der Provinz in die soziale und politische Metropole der britisch-viktorianischen Gesellschaft: „This was the being I was helping to transfer to London, where, perhaps for centuries to come, he might, amongst its teeming millions, satiate his lust for blood, and create a new and ever widening circle of semi-demons to batten on the helpless." (51) Hilflos muss Harker zusehen, wie dieser Ausbruch sich vollzieht. In unheilvoller Umkehr seiner eigenen Reise begibt sich sein Peiniger an deren Ausgangspunkt. Indem er von seinem Schloss nach London reist, verkehrt Dracula die Bewegung zwischen Innen und Außen, Zentrum und Peripherie, die der Romanbeginn so mehrdeutig vollzogen hatte. Verstanden als Verschiebung, als psychoanalytische Metonymie und als Metapher für einen psychischen Vorgang, ließ sich Harkers Reise als Übergang ins Unbewusste verstehen. Aus diesem bricht sich Dracula nun Bahn ins Bewusstsein.

Dracula entspricht damit genau jenem psychischen Phänomen, das Freud als das ‚Unheimliche' beschrieben hat – und das auch im Roman mit dem englischen Äquivalent als „uncanny" (16) bezeichnet wird. Mit dem Unheimlichen kommt zum Vorschein, was vergessen, verabschiedet, verleugnet schien – mit einem Wort: verdrängt. Mit ihm kehrt zurück, was einst vertraut war. Der Vampir lässt sich nicht unbegrenzt unterdrücken. Die Auslagerung und Abschiebung in magisch-provinzielle Mythen duldet er nur vorübergehend. Aus seiner tabuisierten, marginalisierten, ins Unbewusste verdrängten Position drängt er in den Fokus der Aufmerksamkeit. Das Triebhafte lässt sich nicht abtreiben. Das, was buchstäblich wegrationalisiert, durch Aufklärung und Vernunft überwunden geglaubt war, bricht mit aller irrationalen Gewalt von Neuem in die sublimierte, regulierte, domestizierte Moderne ein. Davon erzählt *Dracula*.

Wofür steht Dracula?

Der anhaltende Erfolg des Romans und die zahllosen Bearbeitungen, Verfilmungen und Medialisierungen, die Dracula bis heute zu einer der meistadaptierten Figuren der Literaturgeschichte machen, belegen, dass diese unheimliche Wiederkehr des Verdrängten keineswegs nur das Viktorianische Großbritannien umtrieb. Was genau aber tritt zu Tage, wenn der Vampir über uns hereinbricht? Welche verdrängten Triebe, Wünsche und Ängste verkörpert er?

Der Vampir ist eine Projektionsfläche für alle möglichen psychischen und physischen Bedrohungen. Stokers Roman ist gelesen worden als Auseinandersetzung seines Autors mit frühkindlichen Krankheits- und traumatischen Therapieerfahrungen; Draculas Schloss wäre dann eine Klinik, Harker der Patient, der Vampir ein sadistischer Arzt, der mit spitzen Nadeln Blut abzapft oder mit Skalpellen zur Ader lässt, seine Vampirinnen wären bedrohliche Krankenschwestern. *Dracula* ist auch interpretiert worden als politische Angstvision eines Kolonialreichs, das sich dem Vergeltungsbegehren all jener Fremden ausgesetzt sieht, die es erobert und beherrscht hatte.

Am deutlichsten aber wird Dracula mit verdrängter Sexualität in Verbindung gebracht. Dracula repräsentiert alle Formen ungebändigter Geschlechtlichkeit und sexueller Perversion. Tatsächlich entfaltet der Text ein äußerst breites Spektrum an Paraphilien und Abweichungen von der heteronormativ-bürgerlichen Sexualmoral. An der Szene zwischen Harker und den Vampirinnen, aber auch später an der phallischen Pfählung der zum Vampir verwandelten Lucy, die sich an Kindern vergeht (Kapitel XVI), an der Bluthochzeit zwischen Dracula und Mina (Kapitel XXI) und an zahlreichen anderen Details lassen sich unter anderem folgende sexuelle Merkmale, Praktiken und Gewalttaten ablesen: Vergewaltigung, Entjungferung,

Oralsex, Homoerotik und Bisexualität, Promiskuität und Polygamie, Orgien und Gruppensex, ödipale und inzestuöse Tendenzen verbunden mit transsexueller Geschlechterumkehr (Ersatz der Muttermilch durch Blut aus einer männlichen Brust), Phallussymbole (Zähne, Holzpflöcke), Menstruationsfetisch, Kastrationsangst, Nekrophilie, Pädophilie, Zoophagie (Verzehr von Lebewesen), Geschlechtskrankheiten, Sadismus und Masochismus, Impotenz und Omnipotenz. Dracula steht für Normbrüche, für Devianz, für sexuelle Alterität schlechthin.

Wie wird man ein solches Monster wieder los? Wie lässt sich bekämpfen, was sich nicht dauerhaft unterdrücken lässt? Wie wird man des Verdrängten Herr, wenn man das Unbewusste nicht beherrscht? Wie drängt man den Eindringling zurück, wie schickt man das Unheimliche heim? Der Roman führt dafür Werkzeuge ins Feld, die gar nichts mit Aberglauben, Mystik und Mythos zu tun haben, sondern mit modernen Technologien und Medien. Wir werden sie in der nächsten, neunten Lesewerkstatt mit den Methoden der Diskursanalyse untersuchen.

Visuelle Vampire

Der Vampirmythos hat neben der Literatur auch die Bildenden Künste angeregt, insbesondere die Malerei und die Graphik. Auch diese Bilder lassen sich psychoanalytisch deuten. Schon vor Bram Stokers Roman erschienen etliche Vampirtexte mit Illustrationen, unter anderem Bürgers *Lenore* (mit besonders zahlreichen Bildmotiven) sowie Joseph Thomas Sheridan Le Fanus Novelle *Carmilla* (1872), die auch *Dracula* beeinflusst hat. Kurz vor dessen Erscheinen hat der norwegische Maler Edvard Munch 1893 bis 1895 eine Serie von sechs motivgleichen Bildern geschaffen, die er zunächst *Liebe und Schmerz* nannte, die aber unter dem Titel *Vampir* in die Kunstgeschichte eingegangen sind (siehe Abb. 1). Die ursprüngliche Benennung des Motivs, das neben *Der Schrei* zu Munchs berühmtesten gehört, zeugt von der Ambivalenz der Vampirfigur zwischen Verführung und Leid beziehungsweise, um mit Freud zu sprechen, zwischen Eros und Thanatos, Lebenstrieb und Todestrieb. Munch zeigt eine Vampirin in leuchtenden Farben, gebeugt über einen blassen Mann, umgeben von einem bedrohlichen Schatten. Der Biss in den Nacken ihres männlichen Opfers zeigt die Vampirin als aktive Figur, in Umkehr der Geschlechterstereotype der Zeit. Verstärkt wird dieser Effekt durch ihr herabhängendes feuerrotes Haar, das den Mann umschließt und teilweise verdeckt. In ihrem fließenden Verlauf erinnern die roten Strähnen an Blutströme und versinnbildlichen so die Gewalt des dargestellten Akts. Die *Um*schlingung mit Haar und Armen wirkt wie eine *Ver*schlingung, fast scheint es, als ob die Vampirin sich den Mann kannibalistisch einverleibt, zugleich libidinös und tödlich.

Als berühmtester Vertreter der Vampirliteratur ist Stokers Roman rasch auch verfilmt worden, Dracula gehört zu den im Kino am häufigsten adaptierten Figuren überhaupt. Stilprägend war bereits die erste Filmfassung, *Nosferatu. Eine Symphonie des Grauens* (1922) des deutschen Regisseurs Friedrich Wilhelm Murnau. Weil die Produktionsfirma nicht über die Rechte an der literarischen Vorlage verfügte, wurden Figurennamen und Details abgewandelt und der Schauplatz unter anderem

Abb. 1 Edvard Munchs *Vampir* (1895)

in die fiktive deutsche Stadt Wisborg (Wismar) verlegt; im Kern aber folgt die Handlung Stokers Roman. Der Stummfilm gilt als Klassiker des Horrorkinos, der gerade nicht, wie die Filme des Expressionismus, auf artifizielle Kulissen und verfremdende Perspektiven setzt, sondern den Schrecken des Vampirs durch Natur- und Außenaufnahmen in unserer bekannten Welt verortet. In unserer heimischen Umgebung tritt das Unheimliche umso heimtückischer auf. Zur nachhaltigen Wirkung des Films trug maßgeblich das zugleich reduzierte und bedrohliche Schauspiel des Hauptdarstellers, Max Schreck, bei, das ebenso als Vorbild für folgende Verfilmungen wirkte wie Nosferatus Kostümierung und besonders seine Maske. Das bleiche Gesicht, die Glatze, der starre Blick, die spitzen Ohren und besonders die beiden mittig hervorstehenden Fangzähne wurden zu filmischen Erkennungszeichen. Diese prototypische Darstellung wurde nicht nur in Werner Herzogs Remake mit Klaus Kinski in der Hauptrolle aufgegriffen, *Nosferatu. Phantom der Nacht* (1979), sondern zum Beispiel auch in der Verfilmung von Stephen Kings Roman *Salem's Lot* (1979) unter der Regie von Tobe Hooper (siehe Abb. 2). Obwohl dieser Fernsehzweiteiler mit Stokers *Dracula* und Murnaus Verfilmung inhaltlich wenig mehr gemein hat als das Vampirmotiv, orientiert er sich an der ikonisch gewordenen Gruselgestaltung aus dem Stummfilm.

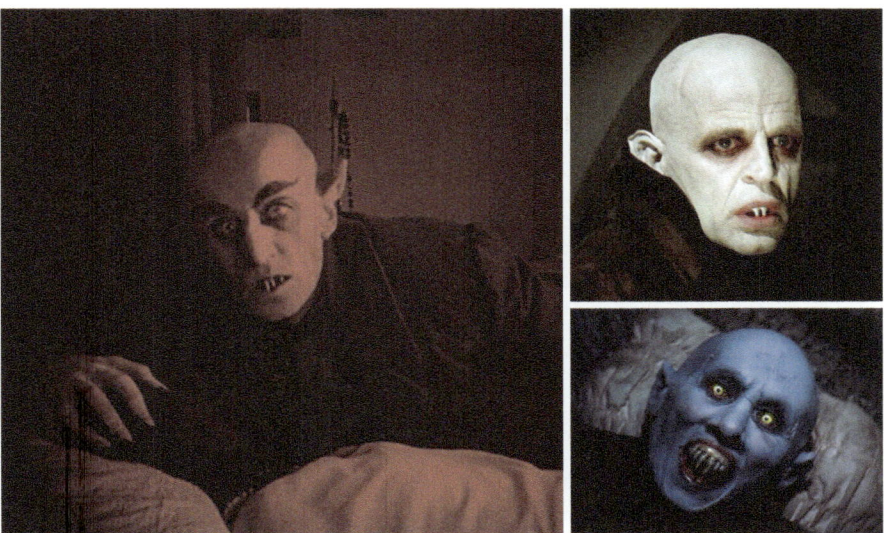

Abb. 2 Die Vampire in den Filmen von Murnau (1922), Herzog (1979) und Hooper (1979)

Eine erste offiziell lizenzierte Verfilmung von Stokers Roman kam 1931 in die Kinos (*Dracula*, Regie: Tod Browning). Ihr Hauptdarsteller, Bela Lugosi, blieb ebenso lebenslang mit der Vampirrolle verbunden wie Christoper Lee, der Dracula ab 1958 in einer ganzen Reihe von Fortsetzungsfilmen verkörperte. Im Gegensatz zur unheimlichen Schreckensgestalt bei Murnau, die eher an den volkstümlichen Mythen der Vor-Aufklärung orientiert ist, entwerfen Lugosi und Lee ihre Rollen nach dem Modell von Polidori als attraktive, gepflegte, charismatische Gentlemen mit Frack, Lackschuhen, vollem Haar und sonorer Stimme (siehe Abb. 3). Dass diese charmanten Verführer ihre weiblichen Opfer nicht ausschließlich mit Gewalt erobern, sondern von ihnen durchaus freiwillig empfangen werden, wirkt entsprechend glaubwürdiger.

Lugosi und Lee stehen für eine visuelle Erotisierung des Vampirs, die, obwohl in der Verfilmung von 1958 auch eine Vampirin im ausgeschnittenen Abendkleid auftritt, zunächst eher die männlichen Protagonisten betrifft. Psychoanalytisch gesehen, verkehrt sich in diesen Figuren die weibliche Todesangst vor dem vergewaltigenden Monster in ein paradoxales Begehren nach einem virilen Liebhaber. Trotz seiner Gefahr scheint Dracula mancher frustrierten Gattin eine sinnliche Abwechslung zum Ehealltag zu bieten. Diese Angstlust, diese Mischung aus Abstoßung und Anziehung wird in der Geschichte des Vampirfilms bis heute unterschiedlich nuanciert. Im einen Extrem führt sie ins Horror- und Splatter-Genre, im anderen zu Filmen wie der starbesetzten Romanadaption *Interview with the Vampire* (1994, Regie: Neil Jordan), in der Brad Pitt, Tom Cruise und Antonio Banderas einander in melancholisch-schmachtender Attraktivität überbieten. Vor weiblichen Angeboten

Abb. 3 Bela Lugosi und Christopher Lee als Dracula in den Verfilmungen von 1931 und 1958

Abb. 4 Verführungsszenen aus *Interview with the Vampire* (1994)

können sie sich kaum retten, und sie leben daher zunehmend homoerotische und pädophile Neigungen aus (siehe Abb. 4).

Freilich gibt es auch filmische Vampir-Darstellungen, die eher einen heterosexuell männlichen Blick bedienen, etwa Tony Scotts *The Hunger* (1983) mit einer lesbischen Sexszene zwischen Catherine Deneuve und Susan Sarandon, bis hin zur Pornographie. All diesen Visualisierungen ist gemein, dass sie das Schreckens- und Gewaltmoment der Vampire zurückdrängen zugunsten einer demonstrativen

Schaulust. Gegenüber den literarischen Vorlagen wie Stokers Roman handelt es sich dabei um eine erotische Vereindeutigung: Draculas textliche Mehrdeutigkeit wird im Medium des Films eingeebnet, die Verdrängung, die er repräsentiert, wird von vornherein explizit gemacht, das Verdrängte wird ans Licht gezogen beziehungsweise auf die Leinwand projiziert. In diesen bildlichen Adaptionen steht der Vampir nicht mehr symbolisch für eine unterdrückte Sexualität, sondern trägt sie offen zur Schau. Seine Bedeutung liegt nicht im Unbewussten, sondern ist überbewusst. Psychoanalytische Tiefendeutungen sind hier gar nicht mehr nötig, weil alles offen zu Tage liegt.

Die filmischen Explizierungen lassen sich als Versuche der Verharmlosung verstehen. Wenn der Vampir nur noch anziehend wirkt, verliert er von seinem Schrecken. Er ist erotisch, aber seine Erotik stellt keine Bedrohung mehr dar. Er ist nicht mehr unheimlich, weil Sexualität gesellschaftlich nicht mehr in dem Maße verdrängt wird, dass wir ihre triebhafte Wiederkehr fürchten müssten.

Die Banalisierung des Bösen

Diese Verharmlosungstendenz der jüngeren Vampirdarstellungen lässt sich auch an zwei weiteren Typen von Adaptionen nachvollziehen. Spätestens mit Roman Polanskis Komödie *Dance of the Vampires* (1967), die auch unter dem Titel *The Fearless Vampire Killers, or Pardon Me, But Your Teeth Are in My Neck* veröffentlicht wurde, setzt sich eine parodistische Strömung durch. Zu ihr gehören Mel Brooks' *Dracula: Dead and Loving It* (1995) mit Leslie Nielsen in der Hauptrolle sowie Taika Waititis *What We Do in the Shadows* (2014) über eine neuseeländische Vampirwohngemeinschaft. Diese Vampire sorgen nicht für Angst, sondern für Gelächter. Der Grusel wird in ihnen eingehegt und durch Lachen gebannt. Dieses Lachen sorgt, mit Freud gesprochen, für eine Lusterfahrung und eine Spannungsabfuhr. Der Vampir wird so geradezu befreiend. Von einer Gefahr wird er zu einem psychischen Gewinn.

Die zweite Form der Bagatellisierung besteht in der Umdeutung des Vampirs zu einem Gegenstand der Kinder- und Jugendliteratur. Im deutschsprachigen Raum ist Angela Sommer-Bodenburgs Kinderbuchreihe *Der kleine Vampir* (ab 1979) sehr verbreitet, auch in Form von Hörspielen und Fernsehserien. International besonders erfolgreich sind die Jugendromane der *Twilight*-Tetralogie von Stephenie Meyer, die in mehr als 35 Sprachen übersetzt wurden und sich über 150 Millionen Mal verkauft haben. Sie handeln von einer Kleinstadt-Teenagerin, die sich in einen Vampir verliebt, und wurden in fünf Spielfilmen mit Kristen Stewart and Robert Pattinson adaptiert (2008–2012). Als eine der verbreitetsten Young-Adult-Buchreihen der Gegenwart haben sie das Vampirbild einer ganzen Generation geprägt.

Erotisierung, Ridikülisierung, Banalisierung – lässt sich der Vampir so bändigen? Oder müssten diese Methoden, ihm seinen Schrecken zu nehmen, nicht ihrerseits als Verdrängungsversuche verstanden werden? Was genau wird dabei unterdrückt? Worin besteht das eigentliche, unbewusste Motiv dieser Verharmlosung? In welcher Form wird das Unheimliche des Vampirs wiederkehren? Welche Gestalt hat der Dracula der Zukunft? Oder wollen wir das lieber gar nicht wissen?

Neunter Theoriekurs – Historisch lesen

Kontextualisierung

Wie können wir einen literarischen Text aus seinem historischen *Kon*text heraus verstehen? Und umgekehrt eine historische Epoche oder eine Gesellschaft durch ihre Literatur? Welche anderen Ergebnisse kann eine solche Lektüre hervorbringen gegenüber einer *text*immanenten (zum Beispiel Strukturalismus, Dekonstruktion), einer *autor*interessierten (zum Beispiel Psychoanalyse) oder einer *leser*orientierten (zum Beispiel Rezeptionsästhetik)?

Godot 1943

Beginnen wir mit einem Text, der lange Zeit überhaupt nicht historisch verstanden wurde: Samuel Becketts ‚absurdes' Theaterstück *Warten auf Godot*, im französischen Original: *En attendant Godot* (1948–1949, uraufgeführt 1953).

Zwei Figuren warten, und es geschieht nichts. Worum soll es dabei gehen, wenn nicht um die Sinnlosigkeit menschlicher Existenz? Was wäre dieses Szenario sonst, wenn nicht eine Allegorie, eine Parabel, das Bild einer allgemeinen Philosophie, die an einem unbestimmten Ort in einer unbestimmten Zeit spielt und das vergebliche Warten auf einen Sinn, auf „Godot", auf ‚Gott' darstellt?

Gegenüber dieser Lektüre, die lange Zeit vorherrschte, hat Pierre Temkine einen neuen Ansatz vorgeschlagen, indem er Becketts Stück historisch und politisch liest (*Warten auf Godot. Das Absurde und die Geschichte*, 2008). Ihm zufolge findet die Handlung beziehungsweise die vermeintliche Nicht-Handlung des Stücks zu einer bestimmten Zeit an einem bestimmten Ort statt: nämlich im Frühjahr 1943 in den Voralpen im Südosten Frankreichs. Becketts Figuren, Vladimir und Estragon („Didi" und „Gogo"), seien jüdische Flüchtlinge, die, als die Deutschen das Territorium der Kollaborationsregierung von Vichy im November 1942 besetzt haben, über die Alpen nach Italien oder in die Schweiz entkommen wollen und nun auf Godot warten: auf ihren Schleuser.

Für diese Deutung gibt es einige Anhaltspunkte vor allem im französischen Originaltext. Plötzlich werden viele Elemente im vermeintlichen Nonsens sinnvoll und verständlich: Die Namen Vladimir und Estragon sind russisch beziehungsweise orientalisch. Die Figuren sprechen über das „Heilige Land" und über die rue „La Roquette", wo eine Synagoge steht und viele Pariser Juden lebten. Man lässt sie nicht mehr auf den Eiffelturm, der nach der deutschen Invasion 1940 für Juden gesperrt wurde. Estragon fragt: „Haben wir keine Rechte mehr?" Und Vladimir sagt: „was wohl aus dir geworden wäre ... ohne mich ... Du wärst nur noch ein Häufchen Knochen [...]!" Vladimir: „Woher kommen all diese Leichen?" Estragon: „Diese Gebeine?"

Der Schauplatz ist ein „Plateau", eine Hochebene. Die beiden anderen Figuren, die plötzlich auftauchen, Pozzo und Lucky, scheinen ein Landbesitzer und ein Intellektueller zu sein, die mit der Besatzungsmacht zusammenarbeiten. Sie treiben mit den Flüchtlingen ein sadistisches ‚Katz-und-Maus-Spiel'. Vladimir verheimlicht seinen exotischen Namen vor ihnen und gibt sich als „Monsieur Albert" aus.

Beckett nicht (mehr) als unpolitischen Autor zu lesen, liegt vor dem Hintergrund seiner Erfahrungen nahe. Er hielt sich 1936/1937 ein halbes Jahr in Deutschland auf, wo er seine Beobachtungen täglich protokollierte. (Seine *German Diaries* werden nach 90 Jahren zum ersten Mal herausgegeben.) Im Krieg schloss er sich der *Résistance* an und ging in die ‚freie Zone' (Vichy), wo er Flüchtlingen begegnete, deren Geschichten in das Stück eingegangen sein dürften. Wenn wir sie im geschichtlichen Zusammenhang sehen, nimmt seine Literatur neue Bedeutungen an.

Historismen

Literatur in ihren historischen und sozialen Zusammenhängen zu lesen, ist eigentlich nichts Neues. Im Anschluss an den historischen Materialismus (Karl Marx, Friedrich Engels) gab und gibt es verschiedene Varianten, Literaturwissenschaft zu historisieren: Sozialgeschichte (Theodor W. Adorno, Max Horkheimer, Walter Benjamin), Literatursoziologie (Pierre Bourdieu), *Intellectual History*, Geistesgeschichte, Ideengeschichte, Kulturgeschichte, *Cultural Materialism*. Einige Möglichkeiten wollen wir uns im Folgenden vergegenwärtigen.

Marxismus

Die Grundannahme des historischen Materialismus lautet: „Das Sein bestimmt das Bewußtsein." Die Basis spiegelt sich im Überbau. Die Basis – das sind die materiellen Verhältnisse, die „ökonomische Struktur", „Produktivkräfte" und „Produktionsverhältnisse". Der Überbau – das sind die rechtlichen und politischen „Einrichtungen des Staates" sowie die religiösen, philosophischen, künstlerischen „Bewußtseinsformen" der Menschen. Die Theorie der ‚Widerspiegelung' besagt: Die materiellen Lebensbedingungen werden in den kulturellen Institutionen und Erzeugnissen abgebildet. Veränderungen der ökonomischen Basis werden im Überbau nachvollzogen. Jede Gesellschaftsformation bringt die ihr entsprechende Kultur hervor.

Das Problem ist: Die Literaturgeschichte vollzieht den allgemeinen Fortgang der Geschichte nicht einfach nur nach. Es gibt historische Faktoren, aber auch ästhetische Moden und Eigengesetzlichkeiten. Viele Kunstwerke, zum Beispiel Homer, Shakespeare oder Kleist, üben eine Faszination aus, *nachdem* die Bedingungen ihrer Entstehung längst verschwunden sind. Wenn unsere Kunstproduktion und -rezeption von der gesellschaftlichen und wirtschaftlichen Ordnung der Zeit, in der wir leben, bestimmt sind, wie ließe sich dann erklären, dass wir uns *immer noch* mit Werken aus einer weit zurückliegenden Vergangenheit auseinandersetzen?

Es wurde daher versucht, das Modell von Basis und Überbau durch Denkfiguren zu ergänzen oder zu ersetzen, die das Verhältnis materieller und kultureller Faktoren angemessener beschreiben: zum Beispiel ‚Diskurs', ‚System' oder ‚Zirkulation' in der Diskursanalyse, in der Systemtheorie und im *New Historicism*, die wir uns etwas genauer anschauen wollen.

Eines der wichtigsten Konzepte der marxistischen Auseinandersetzung mit dem kulturellen Überbau einer Gesellschaft ist die Ideologiekritik. In kulturellen Erzeugnissen verbergen sich, ob bewusst oder unbewusst, die Interessen derer, die sie hervorbringen oder konsumieren. Autoren teilen in aller Regel die Annahmen der Gruppen, denen sie angehören, Klasse, Nation, Hautfarbe, Geschlecht, beziehungsweise jener, für die sie tätig sind, Hof, Kirche, Unternehmen, Sponsorinnen.

Die Interessen sind wirksam, aber sie werden in der Kunst verklärt. Einen Text ideologiekritisch zu lesen, bedeutet, ihn auf die Interessen durchsichtig zu machen, denen er dient; auf die materiellen Bedingungen, denen er entspricht; und auf die gesellschaftliche Verblendung, in welcher er konsumiert wird, als ‚falsches Bewusstsein' seines Publikums. Lessings *Emilia Galotti* zum Beispiel ist nicht einfach nur ein Drama der unschuldigen ‚Tugend' im Kampf gegen das übergriffige ‚Laster', sondern ein Konflikt des aufstrebenden Bürgertums mit dem dekadenten Adel. Hinter der Moral steht ein Klasseninteresse.

Sozialgeschichte der Literatur

In Abkehr von der Vorstellung, Geschichte werde maßgeblich von mächtigen Individuen und deren Entscheidungen bestimmt, durch Herrscher und Schlachten, konzentriert sich die Sozialgeschichte (*Social History*, Gesellschaftsgeschichte) nicht auf ‚große Ereignisse' und die Taten ‚großer Männer' (oder eher selten noch ‚großer Frauen'), sondern auf die Entwicklung gesellschaftlicher Strukturen in Wirtschaft, Verwaltung und Alltag. Wichtige Autoren dieses Ansatzes sind Theodor W. Adorno, Max Horkheimer, Walter Benjamin, Georg Lukács, Siegfried Kracauer, Leo Löwenthal sowie ihre Nachfolger Jürgen Habermas, Pierre Bourdieu, Lucien Goldmann und Frederic Jameson.

Das Institut für Sozialforschung, an dem einige dieser Soziologen, Historiker, Kulturwissenschaftler und Philosophen tätig waren, wurde, privat finanziert, im Krisenjahr 1923 (mit Inflation und Hitler-Putsch) in Frankfurt gegründet – nach dem Trauma des Ersten Weltkriegs, in Zeiten wirtschaftlicher Verarmung, politischer Polarisierung und eines zunehmenden Antisemitismus. Ab 1932 gab es die *Zeitschrift für Sozialforschung* heraus. Die nach dem Standort des Instituts benannte ‚Frankfurter Schule' oder auch ‚Kritische Theorie' leistet eine Analyse der bürgerlich-kapitalistischen Gesellschaft und ihrer Ideologien: der Bürokratisierung und der autoritären Persönlichkeit sowie der Kulturindustrie.

Eine berühmte Figur aus dem Umfeld des Instituts ist der Berliner Literatur- und Kulturwissenschaftler, Schriftsteller und Übersetzer Walter Benjamin (der 1919 in Bern mit einer Arbeit über den *Begriff der Kunstkritik in der deutschen Romantik* promovierte). Seine bekannte Studie „Das Kunstwerk im Zeitalter seiner technischen Reproduzierbarkeit" schrieb Benjamin 1935 im Pariser Exil, sie erschien zuerst 1936 in einer französischen Fassung in der *Zeitschrift für Sozialforschung*, bevor er sie in den folgenden Jahren weiter ausarbeitete. Schon der Titel macht deutlich, dass es Benjamin darum geht, künstlerische und technologische Entwicklungen zusammenzudenken und Kunst vor ihrem historischen Hintergrund zu verstehen. So beobachtet er, dass die Photographie und der Sozialismus, die Möglichkeit technischer Reproduktion und die politische Massenbewegung, zur gleichen Zeit aufkamen; oder auch der Tonfilm und der moderne Nationalismus, nachdem der Stummfilm noch unabhängig von einer bestimmten Sprache hatte international wirken können.

Theodor W. Adorno und Max Horkheimer verfassten ihrerseits im Exil in Los Angeles die *Dialektik der Aufklärung* (1944). Wie war es möglich, fragten die jüdischen Emigranten, dass im ‚zivilisierten' Deutschland die Verbrechen der Nationalsozialisten verübt wurden? Offenbar war die europäische Aufklärung keine unumkehrbare Geschichte des Fortschritts und der Emanzipation, sondern sie konnte ihr eigenes Gegenteil hervorbringen. Die Aufklärung dialektisch zu denken, bedeutet: Sie kann umschlagen in Barbarei. Und umgekehrt schlägt Mythologie in Aufklärung um. Literarische Beispiele, an denen Adorno und Horkheimer ihre Theorie veranschaulichen, sind einerseits Marquis de Sade, der Aufklärer, der seine Gewaltphantasien niederschrieb, und andererseits Odysseus in Homers *Odyssee*, der antike Held, der schon innerhalb des Mythos wie ein modernes Individuum seinen Verstand gebrauchte. In einem Kapitel mit dem Titel „Elemente des Antisemitismus" analysieren die Autoren den modernen Wahnsinn des pseudo-wissenschaftlichen Judenhasses, der den Antisemiten vor allem eine affektive Befriedigung bietet. In weiteren Studien erkannte Adorno die Verbindung von Esoterik und Faschismus in Irrationalität und Verschwörungsglauben.

Historisches Handwerkszeug

Wie informieren wir uns als Literaturwissenschaftlerinnen über die Sozialgeschichte, wenn wir die Literatur in ihrem historischen Zusammenhang erforschen wollen? Als Nachschlagewerke und Überblicksdarstellungen stehen uns zum Beispiel zur Verfügung: *Hansers Sozialgeschichte der deutschen Literatur* (12 Bände, 1980–2004), herausgegeben von Rolf Grimminger, oder Hans-Ulrich Wehlers

Deutsche Gesellschaftsgeschichte (5 Bände, 1987–2008), die Zeitschrift *iasl – Internationales Archiv für Sozialgeschichte der deutschen Literatur* oder auch die Veröffentlichungen der *Annales*-Schule, die eine französische Alltags- und Mentalitätsgeschichte schreibt, zum Beispiel, herausgegeben von Philippe Ariès und Georges Duby, *Histoire de la vie privée* (5 Bände, 1985–1987).

Literatursoziologie

Der französische Soziologe Pierre Bourdieu entwickelte eine Theorie des ‚literarischen Feldes', die wir im ersten Theoriekurs erwähnt haben, als es um die Voraussetzungen der Literatur ging (*Les règles de l'art. Genèse et structure du champ littéraire*, 1992). Sie beschreibt die Produktion, Distribution und Rezeption von Literatur als soziale Vorgänge unter den materiellen Bedingungen eines ‚Literaturbetriebs', in dem neben ökonomischem auch symbolisches Kapital eingesetzt wird. Mit Bourdieu können wir die Literatur von ihren wirtschaftlichen und gesellschaftlichen Umständen her denken.

Dabei spielen zahlreiche Faktoren und Institutionen eine Rolle: Schriftstellervereinigungen (zum Beispiel der PEN Club), Kongresse (zum Beispiel germanistische Tagungen), Literaturfestivals (zum Beispiel das Internationale Literaturfestival Berlin), Literaturzeitschriften (zum Beispiel *Buchkultur*), das Rezensionswesen im Feuilleton (wie es vom Online-Dienst *Perlentaucher* ausgewertet wird), literarische Lesungen, die Vermarktung von Autorinnen durch Medienauftritte und Podcasts, mit Hilfe von Agenturen und Verlagen, Hörspielproduktionen im Rundfunk, Literatursendungen im Fernsehen, Preise, Stipendien, Schullektüren, universitäre Lehrpläne, Poetik-Vorlesungen von Schriftstellerinnen an Hochschulen, Übersetzungen und ihre Förderung durch Übersetzerhäuser sowie schließlich Buchmessen (etwa in Frankfurt, Leipzig oder Wien). Darüber hinaus lassen sich sozial eingeübte Verhaltensweisen im Umgang mit Literatur in Bourdieus Begriff als ‚Habitus' beschreiben (zum Beispiel das Literaturzitat auf der Cocktailparty, die Erstausgabe auf dem Beistelltisch oder der Rollkragenpullover der Existenzialisten).

Drei Theorien und ihre Methoden

Wenn die marxistische Widerspiegelungstheorie als zu mechanisch angesehen wurde, wie lässt sich das Verhältnis der Literatur zu ihrem historischen Umfeld angemessener beschreiben? Drei Ansätze wollen wir etwas genauer betrachten: die Diskursanalyse – mit Michel Foucault, die Systemtheorie – mit Niklas Luhmann und den *New Historicism* – mit Stephen Greenblatt.

Diskursanalyse

Die Diskursanalyse wurde von dem französischen Philosophen Michel Foucault (1926–1984) begründet. Das Verb *dis-currere* bedeutet eigentlich hin- und herlaufen, im übertragenen Sinn bezeichnet es ein hin und her gehendes Gespräch. Unter ‚Diskurs' verstehen wir ein (unbewusst) regelgeleitetes Sprechen, Schreiben und Denken in einem bestimmten thematischen, institutionellen oder praktischen Zusammenhang – zum Beispiel: politischer Diskurs, juristischer Diskurs, Kunstdiskurs. Jeder Diskurs folgt mehr oder weniger impliziten Regeln, die von den Akteurinnen befolgt werden, wenn sie an ihm teilnehmen. Das können fachliche Kenntnisse sein, ohne die man sich zum Beispiel in der Medizin sofort disqualifiziert; es können aber auch Üblichkeiten des Umgangs, Konventionen des Ausdrucks oder moralische Vorgaben sein, die weniger eindeutig ausformuliert werden, aber genauso verbindlich sein können. Häufig beruhen Diskurse auch auf dem Ein- oder Ausschluss bestimmter Signalwörter. In einem antifaschistischen Diskurs etwa sind bestimmte Wörter, die einen rassistischen Diskurs kennzeichnen, tabu. ‚Diskurs*analyse*' ist das Aufdecken dieser Regeln, denen Aussagen und Texte unterliegen. ‚Diskurs*theorie*' ist die Reflexion über das Vorgehen der Diskursanalyse. Es geht darum, zu erklären, wie eine Aussage an einem bestimmten Ort zu einer gegebenen Zeit auftauchen konnte oder musste und wie sie im Zusammenhang eines übergreifenden Diskurses zu verstehen ist.

Unausgesprochen geregelt werden in einem Diskurs die folgenden Fragen: Wer darf am Diskurs teilnehmen – und wer nicht? Was kann gesagt werden – und was nicht? Wie, in welcher Form – und in welcher nicht? Wo, an welchen Orten – und wo nicht? In welchen Medien – und in welchen keinesfalls?

Im Diskurs der Literaturwissenschaft bedeutet das für uns heute zum Beispiel: Wer teilnehmen darf, wird durch universitäre Auswahlverfahren geregelt: durch Studium, Benotung, Masterabschluss, Promotion, Habilitation und Berufung. Was gelehrt und erforscht wird, welcher Kanon, welche Texte, welche Themen, Fragestellungen, Theorien und Methoden, wird von den Beteiligten fortlaufend ausgehandelt. Wie wir veröffentlichen, in welcher Wissenschaftsprosa, mit welcher Terminologie, in welchen Formaten, lernen wir, wenn wir Hausarbeiten, Bachelor- und Masterarbeiten, Dissertationen, Aufsätze und Monographien schreiben und zur Begutachtung (*peer review*) einreichen. Wo Forschung stattfindet, entscheidet sich in Institutionen wie Forschungsministerien, Universitäten, akademischen Gesellschaften, Kongressen, wissenschaftlichen Zeitschriften, Verlagen und Feuilletons und nicht zuletzt in öffentlicher Diskussion.

Die Diskursteilnehmerinnen werden durch die Regeln so eingestellt, dass sie gar nicht mehr *außerhalb* des Diskurses denken und, was sie nicht sagen *sollen*, auch nicht sagen *können*. Die Gegenprobe, mit der sich die Regeln eines Diskurses *ex negativo* feststellen lassen, können wir in Form eines Gedankenexperiments unternehmen, indem wir uns fragen: Mit welchen Aussagen würde man sich in einem Diskurs unmöglich machen? Zum Beispiel im Studium der Literatur, wenn man eine Hausarbeit astrologisch begründet, mit Schimpfwörtern versieht oder durchweg im Paarreim formuliert und in roter Schrift auf rosafarbenem Papier abgibt.

Literatur

Welche Rolle spielt dabei die Literatur? Foucault hatte ihr zunächst einen Sonderstatus als ‚Gegendiskurs' zugedacht, weil ihre poetische Sprachqualität die Möglichkeit der Selbstreflexion und der Subversion zu eröffnen schien, bevor sie auf den Status eines Diskurses unter vielen beziehungsweise auf den Status einer Schnittstelle von Diskursen eingeschränkt wurde. In der Literatur gibt es weniger kommunikative Vorschriften, sie kann unterschiedliche Diskurse, gleichsam interdiskursiv, in sich aufnehmen. Entsprechend überschneiden sich im literarischen Text verschiedene Diskurse, zum Beispiel in *Sherlock Holmes* ein kriminologischer, ein soziologischer und ein medizinischer. Diskursanalytische Literaturwissenschaft untersucht, wie solche Diskurse in den literarischen Text eingegangen sind.

Begriffe

Wichtige Begriffe der Diskursanalyse sind: ‚Diskurs', ‚Archiv', ‚Episteme', ‚Dispositiv', ‚Heterotopie' und ‚Archäologie'.

Ein ‚Diskurs' (ein Begriff, den Foucault unterschiedlich verwendet hat) ist ein Zusammenhang des Denkens, Sprechens und Schreibens, „eine Menge von Aussagen, die dem gleichen Formationssystem angehören".

Ein ‚Archiv' bilden sämtliche Diskurse und ihr Regelwerk in einer Epoche.

Eine ‚Episteme' ist eine Wissensordnung, die das Wissen und die Diskurse in einer Epoche bedingt beziehungsweise ‚formatiert' – vergleichbar mit Thomas Kuhns Begriff des ‚Paradigmas', das in größeren Abständen in einem ‚Paradigmenwechsel' durch ein neues Paradigma ersetzt wird.

Der Begriff ‚Dispositiv' bezeichnet die Rahmenbedingungen der Diskurse in der sozialen Praxis: zum Beispiel Kliniken, Psychiatrien, Gefängnisse. Die Perspektive wird dadurch erweitert auf nicht mehr nur sprachliche Faktoren.

Mit dem Begriff ‚Heterotopie' bezeichnet Foucault abgegrenzte ‚andere Orte' beziehungsweise ‚Gegen-Orte' mit geregeltem Zugang und eigenen Gesetzen (die wir im siebenten Theoriekurs bereits als Räume der Erzähltheorie betrachtet haben) – zum Beispiel Klinik, Psychiatrie, Gefängnis, Kaserne, Hospital, Altenheim, Friedhof, Bordell oder Bibliothek.

‚Archäologie' ist die historische Untersuchung der Diskurse, Archive, Epistemai und Dispositive, die sich im zeitlichen Verlauf gleichsam wie Schichten überlagern.

In einem Diskurs werden wir unmerklich beeinflusst. Alles Wissen ist bedingt durch Strukturen der Macht. Aber ‚Macht' wird nicht persönlich oder institutionell gedacht, es geht nicht um einen König oder um seine Polizei. Die Macht ist überall. Denn sie ist in der Sprache. Und sie wirkt nicht nur repressiv, sondern produktiv; sie hindert uns nicht am Sprechen, sondern sie bringt uns – auf bestimmte Weise – zum Sprechen, um sich so – als Diskurs – zu verstetigen.

Michel Foucault

In *L'archéologie du savoir* (1969, deutsch: *Archäologie des Wissens*) entwickelt Foucault seine Theorie und Geschichte der Diskurse und Archive. In seinem Hauptwerk *Les mots et les choses. Une archéologie des sciences humaines* (1966, deutsch: *Die Ordnung der Dinge*) beschreibt er die großen Formationswechsel in der Organisation des Wissens (‚Episteme') um 1600 und um 1800. Im 16. Jahrhundert, so Foucaults Beobachtung, wurde das Wissen von der Welt nach Beziehungen der Ähnlichkeit gedacht: Der ‚Mikrokosmos' entsprach dem ‚Makrokosmos'. Im 17. und 18. Jahrhundert dachte man dann in Klassifikationen, man stellte Taxonomien auf, in denen die Objekte nach ihren Gemeinsamkeiten und Unterschieden, nach Identitäten und Differenzen sortiert wurden. Im 19. Jahrhundert schließlich wurde das Wissen verzeitlicht. Hatte Carl von Linné die Lebewesen noch nach Arten klassifiziert (*Systema Naturae*), interessierte sich Alexander von Humboldt für ihre Verbreitung (Pflanzengeographie), bevor Charles Darwin ihre Entwicklung (Evolution) über sehr lange Zeiträume in den Blick nahm. Was für die Kenntnis der natürlichen Organismen der Übergang von der ahistorischen Naturgeschichte zur evolutionären Biologie bedeutete, war für die Wirtschaft der Wandel von der merkantilistischen Verteilung statischer Reichtümer zur Lehre der Produktivität und des Wachstums sowie für die Sprache die Wende von der Grammatik zur historischen Philologie.

Um seine Theorie zu veranschaulichen, wählt Foucault ein Beispiel aus der Literatur: Cervantes' Don Quijote (1605, 1615) handelt noch nach der Episteme der Ähnlichkeiten, die er aus alter Abenteuerliteratur kennt, während die Welt um ihn herum bereits nach anderen Regeln funktioniert. Er glaubt noch, dass Wort und Welt, Ritterroman und Realität einander entsprechen. „Sein ganzer Weg ist eine Suche nach Ähnlichkeiten." Er hat nicht mitbekommen, dass inzwischen das neue Zeitalter der Identitäten und Differenzen angebrochen ist.

Konstruktivismus

Wenn ein ‚Diskurs' ein regelgeleitetes Sprechen und Schreiben ist, so schafft sich dieses Sprechen und Schreiben seine Gegenstände und seine Anweisungen fortgesetzt selbst. Menschliche ‚Rassen' zum Beispiel gibt es in der Wirklichkeit nicht, sie werden in einem – rassistischen – Diskurs sprachlich erfunden und entfalten so – als Fiktion, als Konstrukt – Wirkungen in der sozialen Realität. Die Gegenstände eines Diskurses sind nicht einfach naturgegeben vorhanden, sondern wir bringen sie hervor, indem wir über sie sprechen. Diese Einsicht bezeichnen wir mit dem Begriff ‚Konstruktivismus'. Anders als Theologen oder Fundamentalisten, die von ewigen Wahrheiten ausgehen, sieht die Diskursanalyse überall Menschengemachtes.

Wir befinden uns in der Zeit nach dem *linguistic turn*, der ‚Wende zur Sprache' und mithin nach der Erkenntnis, dass gesellschaftliche Gegebenheiten sprachlich verfasst sind. Es gibt keine bedeutenden sozialen Tatsachen, die unabhängig wären von Sprache, die Gültigkeit hätten, ohne dass sie gesprochen und geschrieben, gehört und gelesen würden. Das gilt für politische Programme, Gesetze, Verträge, Kontoauszüge, Kündigungsschreiben oder Social-Media-Posts. Unsere Wirklichkeit ist im Wesentlichen sprachlich und schriftlich.

Sprachliche Diskurse und soziale Dispositive sind also gemacht und veränderlich. Sie haben eine Geschichte. Dies zeigt Foucault in einer Reihe von Studien über die Erfindung und den Wandel von Phänomenen wie Krankheit, Wahnsinn, Kriminalität und Sexualität.

Naissance de la clinique: une archéologie du regard médical (1963, deutsch: *Geburt der Klinik*) beschreibt, wie sich die Vorstellungen von Krankheit historisch veränderten. *Folie et déraison. Histoire de la folie à l'âge classique* (1961, deutsch: *Wahnsinn und Gesellschaft*) zeigt, dass der Wahnsinn zunächst durchaus seinen Platz hatte in einem kosmologischen Weltbild, als Sinnbild der *vanitas* der Welt, bevor man ihn als das ‚Andere' der Vernunft (*dé-raison*) ansah und die Betroffenen in Anstalten hospitalisierte.

Die Literatur als ‚Gegen-Gedächtnis' gibt dem Wahnsinn eine Stimme. *Surveiller et punir. Naissance de la prison* (1975, deutsch: *Überwachen und Strafen*) wiederum zeigt, wie Kriminalität kultur- und zeitbedingt neu konzipiert wurde. Das gilt auch für die Anlage von Gefängnissen. Sinnbildlich für eine neue Form der Kontrolle war im 18. Jahrhundert Jeremy Benthams Gefängnismodell des Panopti-

Abb. 1 Die Macht sieht alles: Jeremy Benthams Panopticon, Illinois State Penitentiary, Stateville, 1925

kums, mit einem zentralen Beobachtungsturm, von dem aus alle Insassen überwacht wurden, so dass sie das Gefühl, einer allgegenwärtigen Macht ausgesetzt zu sein, allmählich verinnerlichten (siehe Abb. 1).

In *Histoire de la sexualité* (3 Bände, 1976–1984, deutsch: *Sexualität und Wahrheit*) widerspricht Foucault der sogenannten ‚Repressionshypothese', der zufolge Sexualität vor allem unterdrückt und verdrängt werde. Die Menschen würden im Gegenteil aufgefordert, über ihre Sexualität zu sprechen, sie stünden geradezu unter einem Sprechzwang, von der katholischen Beichte bis zur Psychoanalyse – und zu den *Gender Studies*. In diesem permanenten Sprechen werde Sexualität erzeugt und verwandelt. Die Vorstellung von Homosexualität zum Beispiel werde durch Schreiben und Reden verhandelt. Geschlecht, als *gender*, wird sprachlich gemacht und sozial inszeniert.

Krankheit, Wahnsinn, Kriminalität und Sexualität werden also im Diskurs hergestellt. Wie das Gleiche für das Konzept ‚Rasse' gilt, untersuchen die *Postcolonial Studies*, denen wir uns im nächsten Theoriekurs zuwenden wollen.

Wenn wir uns mit bestimmten Themen in der Literatur beschäftigen, tun wir gut daran, uns jeweils zu fragen, wie sie in ihrer Zeit diskursiv wirksam waren und in einen Text eingegangen sind.

Systemtheorie

Das Verhältnis von Text und Kontext können wir aber auch anders denken und beschreiben. Anstatt von ‚Episteme' und ‚Diskurs' spricht die Systemtheorie von ‚Systemen' und ‚Codes'. Ähnlich wie in der Diskursanalyse nimmt sie gesellschaftliche Zusammenhänge und historische Veränderungen in den Blick.

Die Systemtheorie beruht auf einem biologischen Modell lebender Organismen, die sich selbst regulieren, indem sie Umgebungsreize filtern und in ihrer Wahrnehmung die Komplexität der Umwelt verringern. Indem sie das Recht, die Wirtschaft oder die Kunst mit der gleichen Terminologie beschreibt, macht sie unterschiedliche Systeme miteinander vergleichbar. Die Literatur wird analog zu anderen Systemen analysier- und beschreibbar.

Niklas Luhmann

In seinen Monographien über *Soziale Systeme* (1984) oder *Die Kunst der Gesellschaft* (1995) hat Niklas Luhmann (1927–1998) beschrieben, wie sich Systeme in Abgrenzung von ihrer Umwelt – in der Gesellschaft – organisieren und Subsysteme ausdifferenzieren: Recht, Kunst, Literatur. Ein autonomes System der Literatur bildete sich im 18. Jahrhundert heraus, nicht etwa auf Befehl eines Fürsten, sondern eigendynamisch. Eine solche Selbsterschaffung und Selbsterhaltung eines Systems nach einer jeweiligen Eigenlogik bezeichnet die Systemtheorie als ‚Autopoiesis'.

Die ‚Kommunikation' innerhalb eines Systems funktioniert als ‚Code' nach bestimmten Regelmäßigkeiten entlang einer Leitdifferenz – in der Kunst ist es die

Unterscheidung von schön und hässlich oder interessant und langweilig, in der Wissenschaft von wahr und falsch, in der Wirtschaft von solvent und insolvent, in der Moral von gut und böse.

Aber schauen wir uns ein Beispiel etwas genauer an: Analog zu Sexualität, Krankheit oder Verbrechen als diskursiven Effekten bei Foucault zeigt Luhmann in *Liebe als Passion. Zur Codierung von Intimität* (1982), wie die Liebe als ein historisch veränderlicher Modus der Kommunikation zu verstehen ist. ‚Liebe' ist ein „symbolischer Code, der darüber informiert, wie man in Fällen, wo dies eher unwahrscheinlich ist, dennoch erfolgreich kommunizieren kann." Dieser historische ‚Code' – mit Foucault könnten wir sagen: der ‚Diskurs' der Liebe – bringt das, was wir ‚Liebe' nennen, überhaupt erst hervor. „Der Code ermutigt, entsprechende Gefühle zu bilden." Was wir für naturgegeben halten könnten, erweist sich als Konstruktion: „jedermann bekommt die Möglichkeit, sich in copierte Bedürfnisse hineinzusteigern."

„Die Semantik der Liebe kann jedem die Worte und Gefühle liefern, die er abrufen möchte." Aber diese Semantik und mit ihr die Gefühle verändern sich. Historisch vollziehen sich Übergänge zwischen größeren Formationen – vergleichbar Foucaults ‚Archäologie' der Diskurse und Epistemai. Luhmann unterscheidet folgende Phasen in der Codierung der Liebe: Ideal, Paradox und Passion sowie gegenwärtig die Partnerschaft. Im Mittelalter äußerte sich die Liebe in Idealisierungen (‚die Schönste', ‚die Holdeste'), im 17. Jahrhundert in Paradoxien (‚süßer Schmerz', ‚grausame Angebetete'), in der Folge wurde umgestellt auf Passion (die ‚Leidenschaft' erschien als etwas, das man wie eine Krankheit ‚erleidet'): „Aktivität wird als Passivität", wie Luhmann schreibt, „getarnt".

In Shakespeares *Romeo and Juliet* tauchen alle drei Formen auf: Ideal, Paradox und Passion. Das Stück, das unsere Vorstellung von Liebe wesentlich mitgeprägt hat, zeigt zugleich, wie sie als kommunikativer Code funktioniert, indem sie (wie wir im Theoriekurs zur Dekonstruktion angedeutet haben und im Theoriekurs zur Lyrik noch genauer betrachten werden) das Lieben als Lesen in einem Text, als Auswendiglernen und Aufsagen vorgefundener Formen darstellt: „You kiss by th' book", sagt Julia zu Romeo: „Du küsst nach dem Lehrbuch."

New Historicism

Der *New Historicism* versteht sich als Antithese zum *New Criticism*, dessen immanente Interpretationen sich auf den Text konzentrierten und von seinen Kontexten absahen, indem er eine neue Form der Kontextualisierung entwickelt – neu insofern, als der *New Historicism* das marxistische Theorem der Widerspiegelung auf seine Art überarbeitet. Fiktionale Medien spiegeln eine materielle, soziale Wirklichkeit nicht einfach nur ab. Die Kulturindustrie ist Teil der ökonomischen Basis ebenso wie des Überbaus. Bereits Shakespeares Theater war ein wirtschaftliches Unternehmen, das mit anderen Bereichen der Gesellschaft sich austauschte beziehungsweise ‚verhandelte'. Der literarische Text, auch der aus heutiger Sicht kanonischste, ist Teil eines Netzwerks von Wechselwirkungen und Austauschprozessen. Die gesamte Kultur ‚schreibt' so am literarischen Text mit. Stephen Greenblatt spricht von einer ‚Kulturpoetik', *poetics of culture*.

Für die Lektüre von Literatur bedeutet dies, dass sie in eine möglichst genaue Betrachtung ihres gesellschaftlichen, kulturellen Kontexts eingebettet sein soll. Diesen Kontext haben wir so eingehend zu erfassen, wie Clifford Geertz es für die „dichte Beschreibung" (*thick description*) einer Kultur durch Ethnographien gefordert hat (*The Interpretation of Cultures*, 1973), indem wir nicht nur einzelne Akteure und ihre Handlungen beobachten, sondern auch so gründlich wie möglich ihre Zusammenhänge beleuchten.

Der erste Jahrgang der Zeitschrift *Representations*, der Leitpublikation des *New Historicism*, wurde von Stephen Greenblatt 1983 herausgegeben. Sie eröffnete Greenblatts eigener Beitrag mit dem Titel „Murdering Peasants", der Darstellungen von Rebellionen in Shakespeares Historiendrama *Henry VI* (1591), in Edmund Spensers Versepos *The Faerie Queene* (1590) und in Philipp Sidneys Romanze *Arcadia* (1593) mit Denkmalentwürfen Albrecht Dürers vergleicht und kulturelle Zeugnisse von vornherein in ihren historischen Zusammenhang einbettet, indem er fragt: Wie äußerten sich die Verachtung und die Furcht der Besitzenden angesichts von Aufständen der Unterklasse in der Kunst der Renaissance?

Wichtige Konzepte des *New Historicism* sind: die Zirkulation (*circulation*), der Austausch (*exchange*) und die Aneignung (*appropriation*) von kulturellen Artefakten nach dem Modell wechselseitiger Verhandlung (*negotiation*), die wir als Verausgabung sozialer Energie (*social energy*) zwischen unterschiedlichen gesellschaftlichen Bereichen in einer umfassenden Poetik der Kultur (*poetics of culture*) beschreiben können. Wechselwirkungen zwischen den Künsten und anderen Diskursen beeinflussen die Literatur und in ihr die Art, wie Individuen ihre Identität ausbilden (*self-fashioning*) und wie Mächtige sich darstellen und dabei auch vermeintlichen Widerspruch aufnehmen (*containment of subversion*). Wir werden die Bedeutung dieser Konzepte aus den Arbeiten von Stephen Greenblatt an einigen Beispielen erschließen.

Stephen Greenblatt

Stephen Greenblatt (*1943) unterrichtete englische Literatur zunächst in Berkeley und dann in Harvard. Bekannt wurde er durch seine Studien zur Frühen Neuzeit, insbesondere zu Shakespeare, aber auch als Theoretiker des *New Historicism*.

In *Renaissance Self-Fashioning. From More to Shakespeare* (1980) untersucht Greenblatt die Selbstentwürfe, die Identitätsbildung und die Machtdarstellung des modernen Individuums – insbesondere auf Entdeckungsreisen, wo Strategien der Anpassung, Einfühlung und Manipulation gegenüber den Einheimischen eingesetzt werden.

In *Learning to Curse. Essays in Early Modern Culture* (1990) geht es unter anderem um die Funktion des Ekels in der Fremderfahrung und das Verhältnis von Kolonialismus und Sprache – in Shakespeares *The Tempest*, wo der einsame Inselbewohner Caliban dem Europäer Prospero vorwirft: „You taught me language; and my profit on't / Is, I know how to curse."

Shakespearean Negotiations. The Circulation of Social Energy in Renaissance England (1988) beschreibt Shakespeares Dramen in ihrer Verbindung mit zeitgenössischen Diskursen, mit Reiseberichten aus der ‚Neuen Welt', Traktaten zum Exorzismus, Erzählungen von Transvestitismus oder theatralischen Inszenierungen aristokratischer Macht, die jeweils bestimmte Aspekte der Texte erhellen: etwa den Umgang mit schwarzen oder indigenen Figuren, Hexen und ihre magischen Praktiken, Kostümwechsel und Verwechslungen zwischen den Geschlechtern oder die Darstellung der Monarchin. In *Hamlet in Purgatory* (2001) deutet Greenblatt den Geist des toten Vaters in *Hamlet* nach der katholischen Vorstellung vom Fegefeuer.

The Swerve. How the World Became Modern (2011) schildert die Wiederentdeckung des Manuskripts von Lukrez' *De rerum natura* als Schlüsselmoment der Renaissance – und als unvorhersehbare ‚Neigung' des Verlaufs der Geschichte, für die der Begriff des *clinamen* („swerve"), der scheinbar zufälligen Ablenkung von Teilchen, aus Lukrez' Atomtheorie als Metapher dient.

An drei Aufsätzen können wir die Methodik des *New Historicism* beispielhaft nachvollziehen: „Resonance and Wonder", „Improvisation and Power" und „Invisible Bullets".

In „Resonance and Wonder" (1990) erzählt Greenblatt die Geschichte des Hutes von Kardinal Wolsey, der in Folge der Reformation mehrfach die Eigentümer und seinen Gebrauch wechselte. Der Schauspieler Charles Kean soll ihn getragen haben, als er Wolsey in Shakespeares *Henry VIII* spielte. Heute ist er in einem College in Oxford ausgestellt (siehe Abb. 2). Die Reformation verkaufte Requisiten des Katholizismus an die Theater, um sie damit zu entweihen und den päpstlichen Pomp als ‚Schauspiel' zu entlarven. Zugleich aber erwarben die Theater auf diese Weise auratische Objekte, die nach wie vor eine gewisse magische ‚Energie' ausstrahlten. Der Transfer hatte daher eine ambivalente Wirkung. Kulturelle Artefakte ‚zirkulieren', wie das Beispiel zeigt, durch verschiedene Zonen (Kirche, Theater, Museum), ebenso wie sich Begriffe, Bilder und Motive durch verschiedene Texte und Diskurse bewegen, dabei jeweils neu angeeignet werden und sich in ihrer Bedeutung verändern – wie *Memes* heute im Internet.

In „Improvisation and Power" (1980) interpretiert Greenblatt Shakespeares *Othello*, indem er das Stück mit Peter Martyrs Berichten von der Entdeckung der ‚Neuen Welt', *De orbe novo* (1525), vergleicht – beziehungsweise er geht umgekehrt von diesem außerliterarischen Zeugnis aus, um seine Beobachtungen anschließend auf den literarischen Text zu beziehen. Martyr berichtet, wie die Spanier von ihrer karibischen Kolonie Hispaniola aus eine Expedition zu den Bahamas unternahmen, um Arbeiter zu verschleppen. (Wir kommen auf die Kolonialgeschichte im zehnten Theoriekurs und in der entsprechenden Lesewerkstatt zurück.) Als sie durch ihre Dolmetscher erfuhren, dass die Eingeborenen glaubten, sie würden einst in einem Paradies ihre verstorbenen Ahnen wiedersehen, machten sich die Spanier diesen Glauben zu nutze, um ihnen einzureden, sie selbst kämen dorther und würden sie dorthin mitnehmen. Eine solche Fähigkeit, sich in die Indigenen

Abb. 2 Aus der Kirche über das Theater ins Museum: Kardinal Wolseys Hut in Oxford (Christ Church)

hineinzuversetzen, um sie desto besser manipulieren zu können, gab laut Tzvetan Todorov den Ausschlag bei der Eroberung Mexikos.

Aus dieser Episode leitet Greenblatt eine allgemeine Machttechnik der europäischen Renaissance ab, die er „Improvisation" nennt – und die er dann auf kanonische Literatur überträgt, in diesem Fall auf Shakespeares *Othello*. Iagos Bosheit, die Othello vernichte, entspreche, so die These, dieser Kultur- und Machttechnik, die bei der Kolonisierung der eingeborenen Völker in der ‚Neuen Welt' angewandt worden sei. Shakespeares Bösewicht ebenso wie die spanischen Kolonialisten nutzten ihre „Einfühlung" in die Denkweise Anderer, um sie mit entsprechender „Improvisation" zu manipulieren, ihrer „Macht" zu unterwerfen und zu beherrschen. Die rationale Fähigkeit, die Vorstellungen fremder Menschen als Konstruktionen, als bloße Fiktionen aufzufassen, befähigte die Spanier wie die Engländer dazu, sie kritisch zu analysieren und in ihre eigenen Pläne einzubeziehen. Qua Analogie erklärt Greenblatt, wie Iago die Moralvorstellungen oder auch den Taschentuchfetisch von Othello durchschaue, um ihn dazu zu bringen, seine Frau Desdemona zu töten.

Ein Einwand liegt auf der Hand: Warum sollte Shakespeares Drama die gleichen Mechanismen zeigen wie ein beliebiger Reisebericht? Es wäre ebenso gut lesbar als Tragödie des Rassismus und des Außenseiters Othello, für dessen Selbstzweifel Iago, wie es im Text heißt, lediglich ein „Echo" ist.

Der Aufsatz „Invisible Bullets" (1981) verfährt ähnlich, indem hier Thomas Harriots *A Briefe and True Report of the New Found Land of Virginia* (1588) auf Shakespeares Königsdramen *Henry IV* und *Henry V* bezogen wird. Gegenüber den Indigenen in Nordamerika wird seitens der Engländer wie seitens der Spanier auf den Bahamas abermals ein zynisch-instrumentelles Verständnis von Religion deutlich, das in der Heimat eigentlich Gotteslästerung wäre. In ihrem Aberglauben nehmen die Indigenen an, die Europäer besäßen die Kraft, „unsichtbare Kugeln" zu verschießen, und die Europäer bestärken sie darin. Aber was subversiv sein könnte, die Manipulation des Glaubens, dient letztlich doch nur der Macht.

Diese These wird auf Shakespeares Dramen übertragen: Auch was in der ‚Henriade' subversiv zu sein scheint, der Umgang des jungen Prinzen und Königs mit seinen Saufkumpanen, deren Verhalten er dabei „studiert", wie die Engländer in Übersee die ‚Eingeborenen' studierten, steht eigentlich im Dienst monarchischer Herrschaft.

Erneut liegt ein Einwand nahe: Warum sollte *Henry V* nicht komplexer sein als ein Kolonialreport? Einen Befund, der an einem einzelnen Text gewonnen wurde, als „interpretive model" auf die Dramen zu übertragen, stellt keinen zwingenden Zusammenhang dar.

Die Methode ist jeweils die gleiche: Ein ungefähr zeitgenössisches Zeugnis aus anderen Textsorten – Reiseberichte oder auch Traktate, Prozessakten, Enzyklopädien, Lehrbücher, Sexualkunde, theologische Zeugnisse vom Aberglauben, Berichte von Exorzismen – wird auf einen kanonischen Text abgebildet – und zwar selektiv, nicht umfassend, in einer Art Kurzschluss.

Kritik an Greenblatts Methode bezog sich daher auf die allzu dünne Materialbasis. Eine Diskursanalyse wäre eigentlich viel aufwendiger. Einen Diskurs wirklich umfassend zu rekonstruieren, würde eine wesentlich breitere Archivarbeit voraussetzen. Greenblatt liefere keine „thick description", sondern eher eine schmale Stichprobe. Er leiste nicht wirklich einen „new historicism", so ein pointierter Vorwurf, sondern eher einen einnehmend erzählten, aber flach dokumentierten ‚new anecdotalism'. Und selbst wenn ein Diskurs wirklich umsichtig aufgearbeitet wäre, würde sich immer noch die Frage stellen, ob ein literarischer Text ihn zwangsläufig reproduzieren muss und nicht überschreiten oder infrage stellen kann.

Mikrohistorie

Den historisch orientierten Kulturwissenschaften verwandt ist die sogenannte *Microhistory* in der Geschichtswissenschaft. Einer Fragestellung wird hier anhand eines sehr eingehend beschriebenen Fallbeispiels nachgegangen.

Carlo Ginzburg zum Beispiel hat in *Il formaggio e i vermi. Il cosmo di un mugnaio del '500* (1976, deutsch: *Der Käse und die Würmer. Die Welt eines Müllers um 1600*) die Vorstellungswelt eines einfachen Mannes, Domenico Scandella aus Montereale im Friaul, genannt Menocchio, anhand von Verhörprotokollen der Inquisition vergegenwärtigt.

Natalie Zemon Davis hat in *The Return of Martin Guerre* (1984, deutsch: *Die wahrhaftige Geschichte von der Wiederkehr des Martin Guerre*) einen spektakulären Rechtsfall behandelt, der zum Gegenstand mehrerer Verfilmungen wurde: *Le Retour de Martin Guerre* (1982), mit Gérard Depardieu und Nathalie Baye; *Sommersby* (1993), mit Richard Gere und Jodie Foster. Als Martin Guerre, ein französischer Bauer im 16. Jahrhundert, aus dem Krieg nach Hause zurückkehrt, lebt unter seinem Namen ein anderer Mann mit seiner Frau zusammen. Wie kann er vor Gericht beweisen, dass er der richtige Martin Guerre ist – ohne Photographien, Fingerabdrücke, Reisepass oder DNA-Test? Am Ende wird der Hochstapler aufgrund von Zeugenaussagen hingerichtet. Der Fall macht anschaulich, wie historisch bedingt und veränderlich die Auffassungen von menschlicher Identität sind. Stephen Greenblatt hat ihn auf Shakespeares Verwechslungskomödien bezogen.

Fragen an Diskurse

Wenn wir literarische Texte mit den Methoden der Diskursanalyse lesen, verbinden wir sie mit außerliterarischen Zeugnissen, um sie in ihrem historischen Zusammenhang zu verstehen. Typische diskursanalytische beziehungsweise kulturgeschichtliche Fragestellungen zielen etwa auf das medizinische Wissen, Hygienevorschriften, Sexualität, Körperkultur, Essgewohnheiten und -tabus, Feste und Rituale, Strafrecht, Religion, Aberglaube, Magie, Kleidung und Mode. So macht es einen Unterschied für das Verständnis von Flauberts Roman, wenn man erkennt, dass der Stil der Kleider, für die Emma Bovary sich verausgabt, seinerzeit bereits *passé* war.

Nicht nur Verkehrsmittel wie Kutsche und Eisenbahn oder Medien wie Phonograph und Schreibmaschine verändern sich historisch (Wolfgang Schivelbusch, *Geschichte der Eisenbahnreise*, 1977; Friedrich Kittler, *Aufschreibesysteme 1800/ 1900*, 1985), sondern sogar Gerüche und ihre Wahrnehmung (Alain Corbin, *Le miasme et la jonquille, l'odorat et l'imaginaire social, xviiie–xixe siècles*, 1982, deutsch: *Pesthauch und Blütenduft. Eine Geschichte des Geruchs*).

Bram Stokers Roman *Dracula* (1897) zum Beispiel ist das Schnittfeld zahlreicher Diskurse und Dispositive: Psychoanalyse (verhandelt werden symbolisch zu deutende Albträume), Psychiatrie (das Wegschließen und die Behandlung eines Infizierten in einer Klinik), Medizin (der Vampirismus steht für ansteckende Krankheiten, Epidemien und Seuchenbekämpfung), Kriminologie (der verbrecherische Charakter des Vampirs, Fahndungsmethoden, Gefängnisse), Recht (Dracula kauft ein Grundstück mit Hilfe eines Notars und steht unter Fremdenrecht), Kolonialismus (Draculas Fremdheit, sein Expansionsdrang, sein Versuch, Großbritannien zu kolonisieren), Rassismus (Migration, Fremdenfurcht, Exogamieverbot, Antisemitismus und Antiziganismus), Religion (Aberglaube, Christentum, magische Praktiken), Sexualität (Ehe, Keuschheit und Promiskuität im Viktorianischen England), die Rolle der Frau (als berufstätige ‚New Woman'), Transportmittel (Eisenbahn, Schiff, Kutsche) und Medien (Telegraphie, Phonographie, Stenographie, Schreibmaschine). In der neunten Lesewerkstatt werden wir nachvollziehen, wie sich diese historischen Phänomene und Diskurse im Roman niederschlagen.

Anderswo lesen

Eine Herausforderung für jede Schule, die literarische Texte innerhalb ihrer Epoche verstehen will, ist die Tatsache, dass sie auch außerhalb dieser Epoche gelesen und anderswo, weit über sie hinaus, wertgeschätzt werden. Warum fasziniert uns Kunst fernab ihres Entstehungszusammenhangs? Warum können wir sie auch aus großem Abstand von ihrem Kontext verstehen? Die Perspektive der eigenen Lektüre, der Standort der eigenen Forschung ist immer nachträglich. Die Vertreter eines historischen Literaturbegriffs haben auffälligerweise versucht, dieses theoretische Problem zu lösen, indem sie in Zirkelschlüssen argumentierten.

In einem Essay von Stendhal aus dem frühen 19. Jahrhundert finden wir bereits ein Beispiel für eine solche Argumentation. Für den französischen Romancier bedeutet „Romantik" gegenwärtige und „Klassik" ehemalige Zeitgemäßheit. Aber Stücke, die nach dem aristokratischen Zeitgeschmack von 1670 geschrieben wurden, finden 150 Jahre später, zu seiner Zeit, noch immer Gefallen und müssten demnach ebenfalls und immer noch als ‚zeitgemäß' gelten. In *Racine et Shakespeare* (1823–1825) schreibt Stendhal:

> „Je réponds: telle est la puissance de l'art dramatique sur le cœur humain, que quelle que soit l'absurdité des règles auxquelles les pauvres poètes sont obligés de se soumettre, cet art plaît encore."
> („Ich entgegne: Die Kraft der dramatischen Kunst über das menschliche Herz ist so groß, daß die Kunst, wie absurd die Regeln auch seien, denen die armen Dichter sich unterwerfen müssen, immer noch gefällt.")
>
> „[L]es tragédies faites par des hommes de génie plairaient encore. Pourquoi? C'est qu'en dépit de la règle [...] l'homme de génie aurait trouvé le secret d'accumuler dans sa pièce une richesse de pensées, une abondance de sentiments qui nous saisissent d'abord..."
> („Die von genialen Männern gemachten Tragödien gefallen noch immer. Warum? Weil der geniale Mensch als Ausnahme von der Regel das Geheimnis gefunden hat, in seinem Stück eine Fülle von Gedanken und Gefühlen zu versammeln, die uns vornehmlich ergreifen...")

Die Argumentation bestätigt sich selbst: Romantik bedeutet Zeitgemäßheit. Sie beruht auf dem ‚Genie der Autoren' und der ‚Kraft der Kunst'. Klassik bedeutet Unzeitgemäßheit. Aber Klassik, die fortlebt, ist eigentlich Romantik. Denn auch sie beruht auf Genie und Kraft. Das Überleben des Unzeitgemäßen belegt so die Theorie der Zeitgebundenheit.

Karl Marx setzte sich in einem unveröffentlichten Entwurf mit dem gleichen Problem auseinander. In der „Einleitung zu den Grundrissen" (1857) bemerkt er, dass das „unegale Verhältniß der Entwicklung der materiellen Production zum Beispiel zur künstlerischen" das Modell von ‚Basis' und ‚Überbau' in Frage stellt.

> „Nehmen wir zum Beispiel das Verhältniß der griechischen Kunst und dann Shakespeares zur Gegenwart. [...] Die Schwierigkeit ist, daß sie uns noch Kunstgenuß gewähren und in gewisser Beziehung als Norm und unerreichbare Muster gelten."

Um diese „Schwierigkeit" zu lösen, greift Marx auf zwei fragwürdige Metaphern zurück, die noch dazu miteinander nicht vereinbar sind: die „Kindheit" der Menschheit, im Sinn eines organischen Geschichtsverlaufs; und das Fortschreiten in „Stufen", im Sinn einer dialektischen Entwicklung in langfristigen Formationen:

> „Warum sollte die geschichtliche Kindheit der Menschheit, wo sie am schönsten entfaltet, als eine nie wiederkehrende Stufe nicht ewigen Reiz ausüben?"

Selbst wenn der Erklärungsversuch schlüssig wäre, könnte er jedoch nicht für Sophokles *und* Shakespeare zugleich gelten, weil beide nicht auf derselben „Stufe" stehen – nämlich in den Begriffen des historischen Materialismus in der antiken ‚Sklavenhaltergesellschaft' und im spätmittelalterlichen ‚Feudalismus' beziehungsweise im frühbürgerlichen ‚Kapitalismus'; und weil keiner von beiden der frühesten Gesellschaftsformation angehörte, der ‚Urgesellschaft', die als „Kindheit" der Menschheit gelten könnte. Marx' Text endet in einer Aporie. Wenige Zeilen später bricht die Niederschrift ab.

Bertolt Brecht stieß im *Kleinen Organon für das Theater* (1948) auf die gleiche Schwierigkeit, nämlich auf „unsere Fähigkeit [...], uns an Abbildungen aus so verschiedenen Zeitaltern zu ergötzen". Aus dieser Tatsache schließt er, „daß wir die speziellen Vergnügungen, die eigentliche Unterhaltung unseres eigenen Zeitalters gar noch nicht entdeckt haben." Im „Vorwort zum ‚Antigonemodell 1948'" kündigt er aus sozialistischer Perspektive dann eine neue, gemeinschaftliche Kunstproduktion an: „Der Schöpfungsakt ist ein kollektiver Schöpfungsprozeß geworden".

Aber warum sollten Sophokles und Shakespeare „noch Kunstgenuß gewähren" (Marx) beziehungsweise „Vergnügungen" bereiten (Brecht), während dies zum Beispiel für Corneille und Seneca kaum noch der Fall ist? Brecht fasst die „alten Werke", die „Alten", die „klassischen Werke", die „Klassiker" pauschal. Dies impliziert, erstens, dass alle ‚Klassiker' derselben Epoche angehörten; dass diese, zweitens, noch andauern würde, bis eine sozialistische Gesellschaft begonnen hätte; dass es, drittens, einen literarischen Fortschritt gäbe, der zum ökonomischen parallel verliefe und sich als Widerspiegelung einer neuen Gesellschaftsordnung in einer neuen Kunst zeigen würde; und dass, viertens, wenn erst einmal das ‚neue Zeitalter' angebrochen sei, dieses seine eigene, eine kollektive Kunst hervorbringen und die ‚Klassiker' damit endlich hinter sich lassen würde. Als „anti-aristotelische Dramatik" sollte erst Brechts ‚Episches Theater' – nach seinem Selbstverständnis – über die ‚Klassiker' und die Kunst der „Einfühlung" hinausgehen.

Stephen Greenblatt versucht umgekehrt, die überzeitliche Nachwirkung alter Kunst („art's genius for survival") mit seiner Theorie der sozialen Austauschprozesse („negotiation", „social energy") zu verstehen, in die das Kunstwerk eingebunden ist:

> „I try to make a virtue of necessity and rethink the elusiveness that troubles me. That elusiveness is, I would argue, at once the sign and the consequence of the fact that neither the work of art nor the person experiencing the work of art nor the historical situation in which the work of art is produced or received fully ‚possesses' the pleasure that is art's principal reason for being and its ticket to survival. Virtually every form of aesthetic pleasure [...] is located in an intermediate zone of social transaction, a betwixt and between. It is this mobility, a mobility that includes the power of ready mutation, rather than disinterestedness or stability, that enables the pleasures provoked by certain works of art to seem to endure unchanged for centuries." („Introduction" zu *Learning to Curse*, 1992)

Weil der literarische Text historisches Material aufnimmt, soll er seinen historischen Entstehungszusammenhang überdauern können:

> „Collective actions, ritual gestures, paradigms of relationship, and shared images of authority penetrate the work of art and shape it from within. [...] This absorption – the presence

within the work of its social being – makes it possible [...] for art to survive the disappearance of its enabling social conditions." („The Cultivation of Anxiety: King Lear and His Heirs", 1982)

Mit anderen Worten: Die „soziale Energie", die aus seinem Umfeld in den Text einging, verleiht ihm eine ‚Lebendigkeit' und ‚Langlebigkeit'.

„The ‚life' that literary works seem to possess long after both the death of the author and the death of the culture for which the author wrote is the historical consequence, however transformed and refashioned, of the social energy initially encoded in those works." („The Circulation of Social Energy", in: *Shakespearean Negotiations*, 1988)

Auch diese Argumentation dreht sich im Kreis: Kunst entsteht kollektiv in einem historischen Kontext, also überdauert sie diesen Kontext. Kunst überdauert ihre Produktionsbedingungen, also ist sie Ergebnis kollektiver Produktion.

Die Vertreter des Historismus versuchen, wie Greenblatt zugibt, „aus der Not eine Tugend zu machen" und das Problem der Theorie in eine Bestätigung für die Theorie zu verwandeln: Stendhal für den romantischen Genie-Begriff, Marx für die dialektische Geschichtsphilosophie, Brecht für das Epische Theater und Greenblatt für die kollektive Praxis kultureller Kreation. Das Problem der Langlebigkeit von Kunst wird an die zentralen Kategorien der jeweiligen Schule verwiesen.

Ausgerechnet der Historismus fragt dabei nicht nach *historischen* Gründen für die langfristige Attraktivität *bestimmter* ‚Klassiker'. Sie könnte immerhin damit begründet werden, dass die griechische Tragödie als Medium der attischen Polis für das Massenpublikum einer demokratischen Öffentlichkeit unterschiedliche Angebote zugleich machen musste, damit sich verschiedene Gruppen in ihr wiedererkennen konnten; oder dass Shakespeares Theater im elisabethanischen England, um sein gewerbliches Geschäftsmodell aufrechterhalten zu können, verschiedene Publika ansprechen musste, indem es mehrfach lesbare Stücke anbot, die anspruchsvoll und unterhaltsam zugleich waren. So könnte die Nachhaltigkeit *bestimmter* Kunstwerke durchaus auf die historischen und sogar auf die ökonomischen Voraussetzungen ihrer Entstehung zurückgeführt werden.

Innerhalb des *New Historicism* bleibt die epochen- und kulturübergreifende Rezeption als unerklärlicher Rest, ein blinder Fleck einer Theorie und Methode, die von der prinzipiell historischen Bedingtheit und Erklärbarkeit von Kunst und Literatur ausgeht. Diese Grenzen haben wir zu bedenken, wollen wir die Stärken der historistischen Methode nutzen. Sie zeigt uns, wie eine Kultur am literarischen Text auf unerwartete Weisen ‚mitschreibt', und sie eröffnet uns durch die Literatur einen Zugang zu vergangenen Epochen – oder in Stephen Greenblatts Worten: Sie gibt uns die Möglichkeit, „mit den Toten zu sprechen".

Neunte Lesewerkstatt – Wie lässt sich Dracula historisch besiegen?

Zeitgebundenheit und Aktualität

Texte werden in ihrer Entstehung beeinflusst von ihrem historischen Kontext. Anders ist es kaum denkbar. Denn wie könnte ein literarischer Text verfasst werden, ohne dass die Geschichte in ihn eingingen? Wie könnte man sich als Verfasserin oder Verfasser frei machen von der eigenen Gegenwart? Wie könnte man sich lösen vom eigenen historischen Umfeld, von den Umständen, unter denen man aufgewachsen ist, von dem Wissen, das man erlangt hat, von weltanschaulichen Grundsätzen, die tief in der Identität verinnerlicht sind, von den sozioökonomischen und politischen Bedingungen einer Gesellschaft, deren Teil man ist? Wie könnte man eine völlig geschichtslose Haltung einnehmen? Wie könnte man verhindern, dass man anhand von Kenntnissen und Denkmustern (wie den von Foucault beschriebenen Epistemai) seine Sozialisation verrät, ganz zu schweigen von Sprachstand und literarischen Ausdrucksformen? Wie könnte man verhüten, dass unbewusst Spuren der Gegenwart im eigenen Schreiben enthalten wären, gleichsam historische Fährten, die man selbst gar nicht als epochenspezifisch wahrnimmt, die sich aber mit zeitlichem Abstand als Kennzeichen einer Ära herausstellen werden? Wie könnte man seine Zeitlichkeit, seine Historizität umgehen oder unterdrücken?

Und warum würde man das überhaupt wollen? Schriftstellerinnen und Autoren schreiben ja für ihr zeitgenössisches Publikum. Vergangene und künftige Zielgruppen kaufen in der Gegenwart keine Bücher, bringen keinen Umsatz, keine Aufmerksamkeit, keine Besprechungen, keine Literaturpreise. Von Lesenden in der Zukunft kann niemand leben. Auf sie zu spekulieren, ist riskant. Wie wir in der zweiten Lesewerkstatt zur Literaturgeschichte gesehen haben, stehen sehr viele Hürden zwischen einem Text und seiner Überlieferung. Freilich mag es Literatur geben, die mit einer Perspektive auf Nachruhm geschrieben worden ist, zum Beispiel Alterswerke bekannter Autorinnen. Aber postumer Erfolg beruht, wenn er sich überhaupt einstellt, in aller Regel auf Berühmtheit zu Lebzeiten. Die gegenwärtige Leserschaft wird angesprochen, aus wirtschaftlichen Gründen, aber auch aus künstlerischen. Schriftsteller wollen sich im Hier und Jetzt mitteilen, sie wenden sich zuallererst an ihre Zeitgenossinnen (oder höchstens an ein Publikum in der nahen Zukunft, von dem sie sich vielleicht einen gewandelten Geschmack und ein besseres Verständnis erhoffen – und wiederum einen breiteren Absatzmarkt). Aufgrund dieser zeitgenössischen Ausrichtung der Literatur macht es beim Schreiben keinen Sinn, die Zeitgenossenschaft mit dem Publikum zu verschleiern. Die literarische Kreativität unterliegt im Gegenteil sogar starken Anreizen, Anknüpfungspunkte für die gegenwärtige Leserschaft zu schaffen. Neben der Epik gilt dies besonders für das Theater. Die Poetiken des Dramas, die wir kennengelernt haben, beschreiben die Wirkung auf ein zeitgenössisches Publikum: Aristoteles' *katharsis*, Horaz' *prodesse aut delectare*, Lessings Mitleidsethik. Diese Gegenwartsbezüge machen die Aktualität eines Texts aus – eine Eigenschaft, die von Autorinnen und Autoren aktiv angestrebt wird und als literaturkritisches Merkmal von Qualität gilt.

Unzeitgemäßheit hingegen ist verpönt. Sie ist höchstens in der Form eines Eskapismus anerkannt, der Bezüge zur Gegenwart gezielt vermeidet – gerade dadurch aber *ex negativo* an genau diese Gegenwart gebunden bleibt. Auch Literatur, die sich von ihrer Entstehungszeit distanziert, ist in diesem Sinn zeitgebunden. Verbreiteter ist ohnehin Literatur, die sich darum bemüht, Aktualität herzustellen und ihrem Publikum Bezüge zu seiner eigenen Gegenwart zu bieten. Das lässt sich selbst bei Texten beobachten, deren Handlung sich weit entfernt in der Vergangenheit oder in der Zukunft abspielt. Historische Romane stellen eine vergangene Epoche so dar, dass sie eine zeitgenössische Leserschaft anspricht. Science Fiction kann gar nicht ausschließlich von erfundenen, künftigen Gegenständen handeln, ohne dass sie Gefahr laufen würde, in der Gegenwart unverständlich zu sein. Soll eine Fiktion nachvollziehbar sein, sind ihr historische Grenzen gesetzt.

Nicht nur haben Autorinnen und Autoren kaum Interesse daran, die Geschichtlichkeit ihrer Texte zu verschleiern und absichtlich unzeitgemäß zu schreiben, sondern es würde ihnen auch schwer fallen. Sie selbst müssten – als Vermittlungsinstanz zwischen historischer Realität und literarischer Fiktion – verhindern, dass ihre Gegenwart ihr Schreiben beeinflusst. Sie müssten gleichsam als geschichtlicher Abschirmdienst fungieren. Gewisse Optionen stellt die Literatur dafür durchaus zur Verfügung. An Textsorten wie das Märchen werden geringe Erwartungen gestellt, was Realismus und geschichtliche Verortung angeht. Gattungen mit großen dichterischen Freiheiten wie die Lyrik erlauben einen subjektiven Ausdruck ohne Außenbezüge. Die Literatur kann anthropologische Aspekte der *condition humaine* verhandeln, die durch alle Epochen hindurch unser Dasein bestimmen. Was überzeitlich wirkt, offenbart sich bei genauerem Hinschauen aber doch häufig als historisch bedingt. Märchen wie die von den Brüdern Grimm aufgezeichneten können in Hinsicht auf ihre Moral und ihre Didaktik konkretisiert werden; offensichtlich warnen sie nicht wirklich vor einem bösen Wolf, einer eifersüchtigen Königin oder einer gemeinen Stiefmutter, sondern durch diese Figuren hindurch vor realen Gefahren (zum Beispiel vor außerehelicher oder gewaltsamer Sexualität, wenn der Wolf als Liebhaber oder Vergewaltiger verstanden wird; oder vor Ungleichbehandlung in Patchwork-Familien, wenn wir sie auf unsere gesellschaftliche Gegenwart beziehen). Biographisch verschlüsselte Texte können durch Forschung zur Autorin oder zum Autor aufgeschlossen werden; selbst in absichtlich intransparenter, sogenannter hermetischer Dichtung finden sich oft Spuren der historischen Wirklichkeit. Und der vermeintlich zeitlose Ausdruck allgemein menschlicher Empfindungen ist, wie Niklas Luhmann am Beispiel der Liebe gezeigt hat, letztlich doch historisch veränderlich und epochenspezifisch codiert. Jedes Zeitalter vermittelt Emotionen anders.

Zeugnis und Deutung

Aus all diesen Gründen gibt es im Grunde keine ahistorischen Texte. Selbst verwegene Zukunftsvisionen erscheinen nach einer gewissen Zeit altbacken, weil sie von der Historie überholt wurden. Es gibt kaum ein sichereres Mittel, dereinst obsolet zu werden, als die Zukunft zu imaginieren. Unerfüllte Prophezeiungen und futuristische Visionen aus der Vergangenheit interessieren uns nur in Ausnahmefällen. Wie in vergangenen Epochen die eigene Gegenwart dargestellt wurde, wie zeitgenössische Bezüge hergestellt wurden, wie eine historische Situation Eingang in die Literatur gefunden hat – und sich aus ihrer Lektüre entsprechend rekonstruieren lässt –, all das interessiert uns hingegen durchaus. Mitunter hat die Literatur als historisches Zeugnis einen mindestens ebenso großen Wert wie als ästhetisches Kunstwerk, vor allem wenn sich aus lang vergangenen Epochen wenig andere Überreste erhalten haben. Als geschichtliches Dokument kann ein literarischer Text Einblicke ermöglichen, die auf andere Weise kaum möglich sind. Das gilt für die Literatur der Antike, aber auch für das Mittelalter, wo Minnelieder und Versepen zum Teil die einzigen Quellen für das Leben ihrer mitunter sogar anonymen Autoren sind. Sie enthalten Informationen über die Lebensbedingungen der Bevölkerung abseits von Höfen und Klöstern, die sonst kaum je dokumentiert wurden. Bei älterer Literatur ist es durchaus nicht metaphorisch, sondern wörtlich zu verstehen, wenn Foucault von einer Archäologie des Wissens spricht: Geschichte wird vergegenwärtigt und aus ihrer Verschüttung geborgen, nur nicht anhand von Ruinen und Grabungen, sondern anhand von Texten. Diesen Zeugnischarakter behält Literatur auch, wenn in der Neuzeit zunehmend andere Dokumente für die Geschichtsschreibung zur Verfügung stehen. Für die Rekonstruktion des literarischen Diskurses selbst bleiben literarische Kunstwerke ohnehin immer die wichtigste Quelle.

Literatur ist nicht nur bedeutend, weil wir durch sie hindurch Rückschlüsse auf die Geschichte ziehen, sondern auch in umgekehrter Blickrichtung, weil sich die Geschichte in ihr niedergeschlagen hat. Diese Perspektive ist für die literaturwissenschaftliche Deutung vorrangig. Historische Methoden der Interpretation gehen davon aus, dass man ein literarisches Kunstwerk besser oder überhaupt erst verstehen kann, wenn man seine Zeitgebundenheit, seinen Entstehungshintergrund und seine historischen Inhalte berücksichtigt. Es handelt sich um Ansätze, die Literatur nicht aus sich selbst oder von ihren Verfasserinnen aus interpretieren, sondern Text und Kontext gemeinsam lesen. Diese Methoden sollen Bedeutungen erfassen, die sich aus dem Zusammenhang zwischen historischer Wirklichkeit und literarischer Darstellung ergeben. Weil ein solcher Zusammenhang in der Literatur grundsätzlich besteht, ist das historische Deutungspotenzial groß. Das ist die allgemeine

Grundlage aller geschichtlichen Textinterpretationen, bevor sich unterschiedliche Ansätze nach ihren konkreten Erkenntnisinteressen auf Herrschafts- oder ökonomische Machtverhältnisse, soziale Bedingungen, bestimmte gesellschaftliche Diskurse oder die Beziehungen zu anderen historischen Quellen fokussieren.

Dracula in der Geschichte

Wie eine historische Perspektive zur Deutung eines Texts beitragen kann, können wir uns im Folgenden erneut anhand von Brams Stokers vielgelesenem Roman *Dracula* (1897) veranschaulichen. Wir haben den Roman in der achten Lesewerkstatt unter psychoanalytischen Gesichtspunkten betrachtet und dabei insbesondere die Vampirfiguren und die Traumstruktur des Texts als Ausdruck individueller psychischer Prozesse und kollektiver Wunsch- und Angstvorstellungen verstanden. Hier wird es nun darum gehen, den Text in Beziehung zu seiner Zeit zu deuten. Wir knüpfen dabei an die Frage an, mit der wir unsere psychoanalytische Interpretation abgeschlossen hatten, nämlich: Wenn Dracula eine unheimliche Bedrohung darstellt und als Wiedergänger des Verdrängten in unser Bewusstsein dringt, welche Mittel führt der Text dann vor, sich gegen ihn zur Wehr zu setzen? Und was haben diese Werkzeuge mit der Geschichte zu tun? Bevor wir eine Interpretation beginnen, sollten wir uns allerdings – als Voraussetzung aller historischen Arbeit – einen Überblick über die Epoche verschaffen, in der dieser Roman entstand, in der seine Handlung spielt und in der sein Autor lebte.

Viktorianisches Zeitalter

Die Ära in der britischen Geschichte, die den historischen Hintergrund zu *Dracula* bildet, wird als Viktorianisches Zeitalter bezeichnet, benannt nach Königin Victoria (1819–1901) (siehe Abb. 1), deren Herrschaft von 1837 bis zu ihrem Tod die längste Regierungszeit der britischen Monarchie darstellte, bis sie von Elizabeth II. (1926–2022) überholt wurde. Die Epoche war jedoch nicht nur wegen ihrer Dauer bedeutend, sondern weil sie im Übergang zur industriellen Moderne politische, wirtschaftliche und gesellschaftliche Veränderungen mit sich brachte, die das Vereinigte Königreich bis heute bestimmen.

Die Industrialisierung machte Großbritannien zu einer der führenden Wirtschaftsmächte. Neue Maschinen und Techniken führten zu einer erheblichen Steigerung der Produktivität und erwirtschafteten für die Fabrikbesitzer und Unternehmer, aber auch für eine wachsende Mittelschicht großen Wohlstand. Die Lebensbedingungen der britischen Arbeiterklasse, die Karl Marx und Friedrich Engels als Grundlage ihrer historisch-ökonomischen und gesellschaftstheoretischen Arbeiten dienten, blieben hingegen lange prekär. Es kam zu Unruhen, die Gewerkschaftsbewegung setzte nach und nach Sozialreformen durch. Ein Nebenprodukt der Industriellen Revolution war die Verstädterung. Mit der Aussicht auf entstehende Arbeitsplätze zogen große Teile der Landbevölkerung in urbane Zentren

Abb. 1 Königin Victoria, Namenspatronin des Viktorianischen Zeitalters, anlässlich ihres 60-jährigen Thronjubiläums 1897, in dem Jahr, in dem *Dracula* erschien

wie Manchester, Birmingham, Sheffield und London. Die Städte wuchsen, und es entstanden ausgedehnte Arbeiterviertel, in denen sich ein Klassenbewusstsein herausbildete, die aber auch von Verelendung betroffen waren. Dass es trotz der schwierigen Lebensbedingungen und einer Verdopplung der Bevölkerungszahl innerhalb weniger Jahrzehnte anders als in Kontinentaleuropa nicht zu revolutionären Bewegungen kam, lag unter anderem an der Reform des Wahlrechts und seiner Ausweitung auf größere Teile der (männlichen, bürgerlichen) Bevölkerung und an der Stärkung demokratischer Instanzen wie des Parlaments, des Regierungskabinetts unter Führung eines Premierministers sowie der Ministerien. Die Macht der Monarchie wurde eingeschränkt. Während Königin Victoria also an politischer Kontrolle einbüßte, behielt sie als Repräsentantin der Nation eine wichtige Identifikationsfunktion. Sie nutzte diesen Einfluss, um strikte Moralvorstellungen und konservative Werte zu befördern. Evangelikale Dogmen und puritanisches Arbeitsethos verbanden sich mit einer repressiven Sexualmoral. Die Rechtsprechung zur Homosexualität wurde verschärft; Oscar Wilde war eines der prominentesten

Opfer dieses Verbots, 1895 wurde er zu zwei Jahren Zuchthaus und Zwangsarbeit verurteilt. Unterdrückt wurde auch die weibliche Selbstbestimmung, in sexueller wie in politischer Hinsicht. Die Frauenbewegung erreichte erst gegen Ende des 19. Jahrhunderts, dass bürgerliche Frauen, die zuvor in die heimisch-familiäre Sphäre verbannt waren, öffentliche Rollen einnehmen konnten und eine gewisse Freiheit bei der Berufswahl erlangten.

Außenpolitisch war das Viktorianische Zeitalter bestimmt von einem zunehmenden Imperialismus, der die militärische Vormachtstellung, den Zugriff auf Rohstoffe, den weltweiten Handel und die christliche Missionierung sichern sollte. Nachdem eine aggressive Expansionspolitik in den 1850er Jahren zu Kriegen mit Russland (unter anderem um die Vorherrschaft über den Balkan) und China geführt hatte, setzte Großbritannien seinen globalen Kolonialismus – in Konkurrenz zu den anderen Großmächten – vor allem in Nord- und Südafrika sowie in Süd- und Zentralasien fort. Ab 1876 trug Königin Victoria zusätzlich den Titel Kaiserin von Indien. Das British Empire war in dieser Epoche das größte und mächtigste Weltreich.

Die Viktorianische Kultur wurde vom literarischen Realismus beeinflusst, unter anderem durch Charles Dickens, George Eliot (eigentlich Mary Anne Evans) und die Brontë-Schwestern. Weitere wichtige Schriftsteller waren Oscar Wilde, Lewis Carroll (*Alice's Adventures in Wonderland*, 1865) und Robert Louis Stevenson, der mit *Strange Case of Dr Jekyll and Mr Hyde* 1886 eine bedeutende Schauernovelle veröffentlichte, die auch *Dracula* beeinflusste. Wissenschaftlich überwogen Fortschritte in der Biologie – fundamental zum Beispiel durch Charles Darwins Evolutionslehre –, in der Chemie und in der Physik. Sie schufen die Grundlage für neue Technologien vor allem in der Industrie, im Verkehr und in der Kommunikation. Die Verbreitung der Eisenbahn und der Ausbau des Postwesens erleichterten den Waren- und Nachrichtentransport. Die Telegraphie, eingeführt in Victorias Krönungsjahr 1837, elektrifizierte die Telekommunikation, bis Ende des 19. Jahrhunderts bildete sich ein globales Netzwerk. Die Erfindung des Telephons ermöglichte ab 1876 sogar die Übertragung gesprochener Sprache. Gerade dieser Medienwandel spielt in Stokers *Dracula* eine entscheidende Rolle.

Bram Stoker

Geboren wurde der Autor von *Dracula* am 8. November 1847, mitten ins Viktorianische Zeitalter hinein, in der Nähe von Dublin, also in Irland, das damals noch vollständig zum Vereinigten Königreich gehörte. Einer vorrangig naturwissenschaftlichen Universitätsbildung schloss sich zunächst eine Tätigkeit im höheren Behördendienst an, unter anderem im Justizsystem. Als Verwaltungsbeamter war Stoker mit Buchhaltung, Aktenführung und Korrespondenz bestens vertraut. Neben journalistischen Publikationen als Theaterkritiker und erster literarischer Prosa veröffentlichte er 1879 sein erstes Buch, das Manual *The Duties of Clerks of Petty Sessions in Ireland*, das auf 247 Seiten die ‚Pflichten der Bediensteten an den Magistratsgerichten Irlands' erläutert, von allgemeinen Dienstvorschriften über Formulare und Stempel bis zur Lohn- und Gebührenordnung sowie Bußgeldern. Es handelt sich um die sorgfältige Sammlung verschiedenster Informationen und Dokumente aus zahlreichen Quellen – ähnlich wie sein berühmtester Roman. Und wie dieser wurde das Bürokratenhandbuch zu einem Erfolg – als weitverbreitetes Referenzwerk für Behörden.

Nachdem er den seinerzeit berühmten Schauspieler und Intendanten Henry Irving kennengelernt hatte, der großen Eindruck auf ihn machte und von dem er Züge für die Figur des Dracula übernommen haben soll, zog Stoker mit seiner Familie nach London und übernahm 1878 die Geschäftsführung von Irvings *Lyceum Theater* und bald auch dessen persönliches Management. Außerdem absolvierte er, wie seine Figur Jonathan Harker, eine Ausbildung zum Rechtsanwalt. Daneben veröffentlichte er Kurzgeschichtensammlungen, zwei längere Novellen und zehn Romane, außerdem Sachbücher, darunter seine Erinnerungen an den 1905 verstorbenen Irving. Sein eigener Tod 1912 verhinderte, dass er den großen internationalen Erfolg von *Dracula* noch erlebte.

Diskurse

Sämtliche Gesellschaftsbereiche des späten Viktorianischen Zeitalters, über die wir uns nun einen Überblick verschafft haben, finden sich in *Dracula* wieder: als ‚Diskurse' (Foucault) beziehungsweise ‚Systeme' (Luhmann), aus denen Elemente in den literarischen Text hinein ‚zirkulieren' (Greenblatt). Der Text ist, neben einer Vampir- und einer Abenteuergeschichte, auch ein Gesellschaftsroman, der diverse Facetten seiner Epoche spiegelt. In welchem Maße Realia, also Elemente der außerliterarischen Wirklichkeit, in *Dracula* eingeflossen sind, lässt sich an der Diversität der Diskurse ablesen, die er geradezu systematisch auffächert. Der Roman bildet eine Schnittmenge unterschiedlicher Themen, Kommunikationspraktiken und Wissensordnungen, er ist in hohem Maße interdiskursiv angelegt.

Das beginnt bei den Berufen und Tätigkeiten der Hauptfiguren. Jonathan Harker ist, wie sein Autor, Rechtsanwalt. In seinen Gesprächen mit Dracula zu Beginn des Romans geht es um „legal matters" (31), um einen Hauskauf und Vertragsschluss, die den Zweck seiner Reise darstellen, anschließend aber auch um Details juristischer Vertretung durch mehrere Anwälte und notarieller Beauftragung an unterschiedlichen Standorten (31–33). Das Gespräch findet in der Schlossbibliothek statt, die Bücher über britisches Recht („law", 22) und die „Law List" (ebd.) enthält, ein jährliches Verzeichnis von Anwälten, Notaren und Richtern. Ganz offensichtlich hat sich Dracula als Ausländer in das Rechtssystem seines künftigen Wohnorts eingearbeitet. Der Roman enthält damit zahlreiche Anteile (1.) des juristischen Diskurses.

John Seward ist der Leiter einer psychiatrischen Klinik. Als Arzt hat er Teil (2.) an einem medizinischen Diskurs, in dem die Gefahr, die von Dracula ausgeht, als epidemische Infektionskrankheit aufgefasst wird, die mit den Mitteln der Seuchenbekämpfung eingedämmt werden muss, da sie sexuell übertragbar ist (wie Syphilis, mit der sich Bram Stoker eventuell angesteckt hat). Lucys Zustand nach der Begegnung mit Dracula wird als Krankheit diagnostiziert. Das seinerzeit moderne Behandlungsmittel der Bluttransfusion wird angewandt, um ihren Blutverlust auszugleichen und ihr vampirisch kontaminiertes Blut zu waschen, hier vermengt sich die moderne Medizin mit rassistischen Vorstellungen der ‚Verunreinigung' und der ‚Degeneration' durch sexuellen Kontakt und ‚Vermischung' mit dem Fremden.

Seward ist außerdem (3.) mit dem medizinischen Spezialdiskurs der Psychiatrie verbunden, etwa im Zusammenhang mit seinem Patienten Renfield, der unter Draculas Einfluss steht. Als einen seiner ersten Einträge in dessen Krankenakte notiert Seward in der damaligen Terminologie seines Fachs: „R. M. Renfield, aetat 59 – Sanguine temperament; great physical strength; morbidly excitable, periods of gloom, ending in some fixed idea which I cannot make out. I presume that the sanguine temperament itself and the disturbing influence end in a mentally-accomplished finish, a possibly dangerous man, probably dangerous if unselfish." (60) Die Gefährdung wird hier also aufgrund psychiatrischer Begutachtung eingeschätzt. Kurz darauf diagnostiziert Seward Renfields Psychose als Zoophagie und als Manie („zoophagous [life-eating] maniac", 68 f.). Auch unabhängig von Seward fallen Begriffe aus dem psychiatrischen Diskurs häufig, etwa „hysterical", „depression", „mania", „delusion" etc. Dass diese Begriffe und Konzepte auch als Teile (4.) eines psychoanalytischen Diskurses verstanden werden können und mit einem ethischen, medizinischen und psychologischen Diskurs über (5.) Sexualität und Paraphilien verknüpft sind, haben wir in der achten Lesewerkstatt analysiert.

Durch den universalgelehrten Vampirjäger Abraham Van Helsing, der mit seinem Autor den Vornamen teilt (Bram ist die Kurzform des Geburtsnamens Abraham), wird zusätzlich (6.) der Diskurs der Parapsychologie in den Roman eingetragen. Aufgrund seiner Kenntnisse übernatürlicher und dämonischer Phänomene erkennt Van Helsing, dass er und seine Kameraden es mit einem Vampir zu tun haben – und weiß, wie man ihn zu bekämpfen hat. Dass er dabei traditionelle apotropäische Schutzmittel (Knoblauch) ebenso wie christliche Symbole (Kruzifix) verwendet, weist außerdem auf die Diskurse (7.) der kirchlichen Religion und (8.) des volkstümlichen Aberglaubens hin. Van Helsing selbst wird durch sein „golden crucifix" (153 f.), mit dem er die Lippen der toten Lucy berührt, und den Einsatz einer Hostie zum Verschluss eines Grabes („host", 194) als Katholik gezeichnet, er beschreibt seine Verfolgung des Vampirs als Kreuzzug. Der Rest der Gruppe ist anglikanisch-evangelikal beziehungsweise protestantisch, in Transsilvanien begegnen Harker orthodoxe Christen, der Islam ist präsent durch die Türken des Osmanischen Reichs, von denen sich Dracula als ehemaliger walachischer Woiwode abgrenzt. Entsprechend ist der Roman auch zu verstehen als Austragungsort eines religiösen Konflikts, in dem es um die Verteidigung des europäischen Christentums geht – ein Anliegen besonders der konservativen Kräfte im Viktorianischen Großbritannien. Im Klinikinsassen Renfield fallen die Diskurse der Religion, des Aberglaubens und der Psychiatrie sogar zusammen, wenn Seward vermutet, sein Patient sei von einer „religious mania" (95) befallen. Gerade aus dieser interdiskursiven Überschneidung ergibt sich die Bedrohung: „The combination is a dreadful one." (ebd.)

Im Kampf gegen Dracula verlassen sich die Vampirjäger aber nicht auf traditionelle und mythische Abwehrmittel, sondern auf moderne Verfahren (9.) der

Kriminologie. Die Suche nach Dracula wird geschildert wie die Fahndung nach einem Verbrecher. Sie beruht auf zeitgenössischer kriminologischer Forschung zu Delinquenz sowie zur Physiognomie und Psychologie von Straftätern. Mina Harker bezieht sich auf die Theorien des Kriminalanthropologen Cesare Lombroso (1835–1909), dessen Buch *L'uomo delinquente* (1875, *Der delinquente Mensch*) wenige Jahre vor dem Erscheinen von *Dracula* europaweit als Gründungstext einer modernen Kriminalwissenschaft rezipiert worden war. Entsprechend wird Dracula als „a criminal and of criminal type" (317) eingestuft. Damit ist gegen Ende des Romans eine entscheidende Erkenntnis im Kampf gegen den Vampir formuliert – der fortan kein Wort mehr spricht und zurück in seine Heimat flieht, wo er zur Strecke gebracht wird. Die kriminologische Einordnung als Straftäter macht Dracula zu einem gewöhnlichen Verbrecher und bannt seinen mystischen Schrecken.

Die Reduktion Draculas auf einen bloßen Triebtäter hat auch eine soziale Dimension, nämlich innerhalb (10.) eines Klassendiskurses. Dracula wird durch den Roman hindurch als adeliger ‚Count' bezeichnet, er selbst verwendet seinen walachischen Feudaltitel ‚boyar' und erklärt: „Here I am noble; I am *boyar*, the common people know me, and I am master." (23) Dieser hierarchische Unterschied zwischen Herrscher und Beherrschten, zwischen dem Adel und dem Rest der Bevölkerung begründet einen Klassismus, der den gesamten Roman bestimmt. Die modernen bürgerlichen Vampirjäger kämpfen gegen die Vorherrschaft der alten Aristokratie, wie im Viktorianischen Zeitalter die britische Mittelschicht sich politische Geltung gegenüber der Monarchie verschaffte und demokratische Regierungsformen durchgesetzt hat. *Dracula* handelt auch von diesem politischen Prozess.

Identitätspolitik

Mit der politischen Geschichte des Empire, vor allem mit seiner Außenpolitik, haben Diskurse zu tun, die an der Verhandlung angelsächsisch-britischer Identität teilhaben. So äußert sich der imperiale Weltanspruch Großbritanniens (11.) in einer kolonialistischen Perspektive auf die transsilvanische Provinz. Diese periphere Region lag seinerzeit im Grenzgebiet zum Osmanischen Reich und zur russisch-slawischen Einflusssphäre, also den nächsten östlichen Großmächten. In Rivalität zu ihnen hatte das Vereinigte Königreich in der Frühphase des Viktorianismus Kriege geführt, sowohl in der Orientkrise 1839 als auch den Krimkrieg 1853 bis 1856, in dem es nicht zuletzt um die Vormachtstellung auf dem Balkan ging, also in Draculas Heimat. Kolonialistisch ist entsprechend auch der Blick auf Dracula selbst, zum einen als zu eroberndes und zu beherrschendes Subjekt, zum anderen aber, umgekehrt, in seiner Bedrohung für das britische Imperium. Draculas Schrecken besteht in der Angst vor einer umgekehrten Kolonisierung, vor einer Gegenwehr und möglichen Invasion der Kolonisierten. Auf dem Spiel steht also nicht weniger als die Integrität des britischen Kolonialreichs – und Dracula droht, sie zu zerstören.

Deshalb sind mit dem Vampir (12.) Diskurse der Xenophobie und des Rassismus verbunden. Dracula ist der Fremde, der aus der britischen Gesellschaft ferngehalten und ausgeschlossen werden soll. Er wird mit Schädlingen wie Ratten und Ungeziefer sowie mit Raubtieren wie Wölfen assoziiert und auf diese Weise in rassistischen Stereotypen verfremdet und entmenschlicht. Die Obsession des Romans mit Blut ist daher zu verstehen innerhalb (13.) eines Diskurses der genetischen Reinheit. Die Verunreinigung des Bluts, die Vermischung von ‚Rassen', die ‚Entartung' der britischen Bevölkerung sind die Angstphantasmagorien, die hier aufgerufen und literarisch bedient werden. Wenn die Vampirjäger verhindern, dass Dracula eine Verbindung mit Lucy und Mina, stellvertretend für die weibliche britische Bevölkerung, eingeht, ist dies historisch lesbar als Verhinderung der Exogamie, also der Außenheirat und Fortpflanzung mit fremden, nicht zur eigenen Gesellschaft gehörenden Personen. Die gesellschaftstheoretische Grundlage für diese Vision einer kulturellen Dekadenz, gegen die Maßnahmen ergriffen werden müssten, hatte unter anderem der ungarisch-österreichische Mediziner Max Nordau gelegt, den Mina Harker namentlich zitiert (317). Inspiriert vom Sozialdarwinismus, von Lombroso und dem Neurologen Jean-Martin Charcot, der auch Freuds Psychoanalyse beeinflusste, veröffentlichte Nordau 1892 bis 1893 die sozialkritische Abhandlung *Entartung*, in der er sogenannte ‚entartete' Kunst (unter anderem Baudelaire, Wilde, Wagner, Ibsen, Nietzsche) und andere kulturelle sowie soziale Entwicklungen (Verstädterung, Spiritualismus, Krankheiten) für eine Degeneration des modernen Menschen verantwortlich macht. Der Kampf gegen Dracula lässt sich vor diesem Hintergrund als ein Versuch verstehen, die geistig-moralische Gesundheit der Viktorianischen Kultur zu verteidigen beziehungsweise wiederherzustellen. (Dass der assimilierte Jude Nordau, der zusammen mit Theodor Herzl den Zionismus begründete, sich gegen den Antisemitismus aussprach, verhinderte nicht, dass die Nazis sich in ihrer Kulturpolitik auf das Konzept der ‚Entartung' bezogen, das er popularisiert hatte.)

Einen weiteren Kontext für die Diskussion nationaler Identität, die in Großbritannien und in Kontinentaleuropa geführt wurde, bildete der Niedergang des Osmanischen Reichs in der ersten Hälfte des 19. Jahrhunderts, im politischen Diskurs der Zeit versinnbildlicht als ‚Kranker Mann am Bosporus'. Die türkische Herrschaft in Südosteuropa wurde durch Aufstände und Autonomiebewegungen angefochten, die das Osmanische Reich gewaltsam niederzuschlagen versuchte. Für die europäischen Großmächte stellte sich die ‚Orientalische Frage' einer neuen Mächteordnung. Die Konflikte des Osmanischen Reichs im Balkan führten zu einer massenhaften Migration. Großbritannien reagierte gegen Ende des 19. Jahrhunderts mit der außenpolitischen Strategie der *splendid isolation*, einer nationalistischen Abschottung gegenüber fremden Einflüssen und Allianzen. Die in Großbritannien ankommenden Flüchtlinge befeuerten dort reaktionäre Kampagnen gegen unkontrollierte Einwanderung und Überfremdung, die 1905 in den sogenannten *Aliens Act* mündeten.

Ein Großteil der aus Osteuropa einwandernden Migranten waren Jüdinnen und Juden. Der Fremdenhass äußert sich in Stokers Roman entsprechend auch (14.) in Antisemitismus. Judenfeindliche Stereotype wie die Hakennase (ein Zoowärter beschreibt den Vampir in seinem Jargon als „a tall, thin chap, with a 'ook nose", 129) und das Horten von Geld und Gold („a great heap of gold", 47, „a bundle of banknotes and a stream of gold", 284) verknüpfen Dracula mit dem Judentum ebenso wie antisemitische Ritualmordlegenden von kindertötenden Juden. Weil es den Juden anders als den Christen aufgrund der koscheren Speisevorschriften verboten sei, Blut zu sich zu nehmen, wurde ihnen in der Folklore seit dem Mittelalter Blutdurst nachgesagt. In tatsächlichen Fällen von Kindstötungen wurden Juden als Sündenböcke vertrieben, indem ihnen unterstellt wurde, sie würden das kindliche Blut für ihre Pessachfeiern verwenden. Darauf spielt die Szene an, in der Dracula den drei Vampirinnen ein Kind zum Fraß vorwirft (40). (Die Nazis griffen solche Legenden wenige Jahrzehnte nach dem Erscheinen von *Dracula* zur antisemitischen Volksverhetzung auf.) Dass Dracula Geschäfte mit einem Juden macht und dieser sich in seine Machenschaften einspannen lässt, ist ein weiteres Element dieses Diskurses. So ist auch die Beschreibung des Helfersehelfers „Immanuel Hildesheim" voll von antisemitischen Klischees, von der Form der Nase bis zur Geldgier: „We found Hildesheim in his office, a Hebrew of rather the Adelphi type, with a nose like a sheep, and a fez. His arguments were pointed with specie [i.e. Geld] – we doing the punctuation – and with a little bargaining he told us what he knew." (324)

Juden sind indes nicht die einzigen Fremden, mit denen Dracula im Bunde ist. Er verdingt einen korrupten Mittelsmann mit dem slawisch anmutenden Namen „Petrof Skinsky" (ebd.), der wiederum mit „Slovaks" (ebd.) zusammenarbeitet, die mit Verbrechen in Verbindung gebracht werden: „[T]he murder was the work of a Slovak" (327). Dieser (15.) Antislawismus wird diskursiv ergänzt durch (16.) Antiziganismus: In Transsilvanien lässt sich Dracula von einer „band of Szgany" (41) unterstützen, sogenannten „Zigeunern". Harker beschreibt diese ungarische Minderheit in seinem Tagebuch folgendermaßen: „These Szgany are gipsies [...]. They are peculiar to this part of the world, though allied to the ordinary gipsies all the world over. There are thousands of them in Hungary and Transylvania, who are almost outside all law. [...] They are fearless and without religion, save superstition, and they talk only their own varieties of the Romany tongue." (42) Aus einer überschaubaren Gruppe von Draculas Helfern wird in Harkers hyperbolischer Darstellung eine riesige heidnische Volksmenge, die global vernetzt ist und eine regelrechte Weltverschwörung zu bilden scheint. Innerhalb weniger Sätze wird ihre Alterität durch ethnische, religiöse und sprachliche Unterschiede hergestellt – und damit ein weiteres Drohszenario für die Viktorianische Gesellschaft entworfen.

Alle diese Diskurse sind Teil der britischen – oder genauer: angelsächsischen – Identitätspolitik. Sie sind eingebettet in eine Debatte darüber, wie mit Fremden umzugehen sei, wie die eigene Identität bewahrt und verteidigt werden könne und wie diejenigen, die als Störelemente identifiziert werden, abgehalten oder vertrieben werden sollen. In diese viktorianische Selbstverständigung, die heute ausgesprochen aktuell wirkt, schreibt sich *Dracula* ein. Seine Zielgruppe ist Stokers heimische Leserschaft, ihre exkludierenden und diskriminierenden Perspektiven sind es, die im Text zum Ausdruck gebracht werden.

Dabei trägt der Roman weniger aktiv oder offensiv zu den politischen Diskursen bei, sondern greift die vorhandenen Debatten und Klischees auf, vermengt und verwebt sie zu einem übercodierten, mehrdeutigen Geflecht, das vielfach lesbar ist. Es ist nicht auf eine übergeordnete, durchgängig schlüssige Botschaft ausgerichtet, sondern enthält durchaus Widersprüche und Uneindeutigkeiten. Das hat Folgen für die Interpretation. Je nachdem, innerhalb welcher Diskurslogik wir Dracula erfassen, wird der finale Sieg über ihn zu einer medizinischen Heilung und zu einer Immunisierung gegen eine pandemische Infektion, zu einer gelungenen Psychotherapie, zu einer Verbrechensaufklärung und zu einer Triebtäterüberführung, zu einer Durchsetzung von Recht und Ordnung, zu einer Austreibung oder einem Exorzismus, zu einer fortpflanzungsbiologischen Verhütung oder gar einer Abtreibung, zu einer Dialyse beziehungsweise Blutwäsche, zu einer Reinigung, zu einer Regeneration, zu einer Eroberung und Inbesitznahme von Kolonien, zu einer Verteidigung des Empire, zu einer Abschirmung, zu einem Schutz, zu einer Restitution des Eigenen, zu einer Verbannung, zu einer migrationspolitischen Abschiebung – oder zu allem zugleich.

Geschichte und Geschlecht

In *Dracula* geht es nicht nur, wie wir in unserer psychoanalytischen Lesewerkstatt gesehen haben, um Sexualität, sondern auch um Geschlecht. Dies ist ein weiterer wichtiger Diskurs des Texts. Vordergründig scheint der Roman Stereotype zu reproduzieren und die viktorianischen Geschlechterrollen zu bestätigen. Die männlichen Hauptfiguren – Jonathan Harker, Abraham Van Helsing, John Seward, Arthur Holmwood und Quincey Morris – sind in leitenden Funktionen berufstätig, gebildet und wissenschaftlich qualifiziert, angesehene Bürger und mutige, aktive, geradezu heldenhafte Persönlichkeiten, die im Kampf gegen Dracula kameradschaftlich zusammenhalten. Die beiden weiblichen Hauptrollen – Mina Murray beziehungsweise Harker (nach ihrer Heirat mit Jonathan) und Lucy Westenra – sind von diesem männlichen Rollenbild unterschieden. Mina ist Waise und arbeitet in der Schulverwaltung, Lucy stammt aus wohlhabendem Elternhaus und geht keinem Beruf nach. Ihre Rolle als *socialite* hat ihr drei Verehrer eingebracht, die um ihre Hand anhalten – Seward, Morris und Holmwood, den sie erwählt, ohne dass sich die solidarischen Männer zerstreiten. Die beiden Frauen sind Draculas prädestinierte Opfer, auf sie hat er es abgesehen. Der Kampf der Vampirjäger kann sinnbildlich verstanden werden als Schutz britischer Frauen vor übergriffigen Ausländern oder als Verteidigung der weiblichen Tugend, wie sie Gentlemen obliegt.

Bei genauerem Hinsehen und im weiteren Verlauf des Romans werden diese Geschlechterrollen allerdings aufgebrochen. Alle männlichen Hauptfiguren erfahren psychische Zusammenbrüche und durchleben Krisenmomente, in denen sie schwach erscheinen. Nach Lucys Tod etwa bricht Arthur Holmwood in Tränen aus: „He grew quite hysterical, and raising his open hands, beat his palms together in a perfect agony of grief." (214) Er wird von seinen Emotionen übermannt – und entmannt. Denn das psychologische Konzept der ‚Hysterie' und ihre Diagnose waren bis Ende des 19. Jahrhunderts auf Frauen beschränkt, als Ursache galt eine Störung der Gebärmutter, von deren griechischer Bezeichnung ὑστέρα (*hystéra*) sich der Name herleiten soll. Dass es mit Mina eine weibliche Figur ist, die einen Mann als „hysterical" charakterisiert, deutet die Umkehr der Geschlechterrollen an. Seine Trauer verweiblicht Holmwood – und macht ihn zum Kind: „With a sob he laid his head on my shoulder, and cried like a wearied child, whilst he shook with emotion." (ebd.)

Ausgerechnet der erfahrene Anführer der Vampirjäger, Van Helsing, wird ebenfalls mehrfach als Hysteriker bezeichnet: „I thought that the Professor was going to break down and have hysterics, just as he had when Lucy died, but with a great effort he controlled himself" (316), erklärt der Psychiater Seward mit seiner fachlichen Autorität. Er bezieht sich dabei auf Van Helsings nervlichen Zusammenbruch nach Lucys Tod: „The moment we were alone in the carriage he gave way to a regular fit of hysterics. [...] He laughed till he cried, and I had to draw down the blinds lest any one should see us and misjudge; and then he cried, till he laughed again; and laughed and cried together, just as a woman does." (162 f.) Wieder wird die männliche Figur verweiblicht; das Zuziehen der Vorhänge zeigt, dass dieser emotionale Zustand mit dem öffentlichen Männlichkeitsbild des Viktorianischen Zeitalters nicht vereinbar ist. Van Helsing muss von Seward vor äußeren Blicken geschützt werden, damit er sein Gesicht nicht verliert. Der Roman überblendet hier Stereotype von weiblicher Schwäche und Krankheit, von männlicher Ehre und Unerschütterlichkeit. Die Unterscheidung der Geschlechter wird infrage gestellt, tendenziell sogar aufgelöst. Die stereotyp weiblichen Attribute, die den männlichen Figuren zugeschrieben werden, sind zwar abwertend (Überreizung, Emotionalität, Kontrollverlust), diese überkommene Misogynie wird hier aber gleichsam in ausgleichender Gerechtigkeit auf die Männer rückübertragen. Die emotionalen Szenen dienen außerdem keineswegs dazu, die Protagonisten verächtlich zu machen, sondern stehen im Dienst eines psychologischen Realismus, der alle Figuren einschließt.

Am deutlichsten mit Weiblichkeit assoziiert wird Jonathan Harker, unter anderem durch seine homoerotischen Begegnungen mit Dracula, seine unterwürfige Passivität gegenüber den dominanten Vampirinnen und seine lange Rekonvaleszenz nach der Flucht aus Transsilvanien. Noch in Schloss Dracula schreibt er selbst über seine Geschlechterrolle: „Here I am, sitting at a little oak table where in old times possibly some fair lady sat to pen, with much thought and many blushes, her illspelt love-letter, and writing in my diary in shorthand all that has happened since I closed it last. It is nineteenth century up-to-date with a vengeance. And yet, unless my senses deceive me, the old centuries had, and have powers of their own which mere ‚modernity' cannot kill." (37) Harker versetzt sich hier in die Gestalt einer „fair lady" – oder doch zumindest in ihre Nachfolge, als sei sie sein Vorbild. Tatsächlich spielt er zu Beginn des Romans die für die *Gothic Novel* typische Rolle einer in Not geratenen, rettungsbedürftigen Dame, einer *damsel in distress*, die nicht nur sprichwörtlich, sondern auch gattungsgeschichtlich stets weiblich besetzt war. In dieser dramaturgischen Funktion wird Stokers Held androgyn.

Harkers Überlegungen zum Geschlecht gehen in diesem Tagebucheintrag unmittelbar über in Gedanken zur Geschichte. Harker setzt sich ins Verhältnis zu seiner Gegenwart („nineteenth century") und zur Vergangenheit („old centuries"), er nimmt sich selbst als historisches Wesen wahr, er wird sich seiner Historizität bewusst. Dieses Bewusstsein geht hervor aus der Beobachtung seiner Geschlechterrolle und der Erkenntnis ihrer Veränderlichkeit. Harker erkennt die Geschichtlichkeit von Geschlecht. Er erfasst damit die soziale Gemachtheit geschlechtlicher

Identitätszuschreibungen, die man – im Unterschied zum biologischen *sexus* – heute als *gender* bezeichnet.

Nicht nur die männlichen Figuren sind von der Historisierung und Diskursivierung von Geschlecht betroffen, die der Roman unternimmt. Lucy und Mina sind keineswegs allein auf die Funktion beschränkt, einen weiblichen Kontrast zu den mutigen Vampirjägern zu bieten. Sie sind nicht bloße Exemplare eines femininen Typus oder eines viktorianischen Weiblichkeitsideals, sondern entwickeln durchaus individuell eigene Persönlichkeiten. Die überkommene Aufteilung in die Klischees der Heiligen (unschuldig, keusch, sittsam) und der Hure (abweichend, ausschweifend, unmoralisch) lässt der Roman dabei weitgehend hinter sich. Vielmehr ist der Unterschied zwischen den beiden Frauen wiederum historisch zu verstehen. Er spiegelt eine gesellschaftspolitische Debatte des Viktorianischen Zeitalters, die mit dem Schlagwort der ‚New Woman' bezeichnet wird. Dieses feministische Programm setzte dem traditionellen Frauenbild, wie es Lucy verkörpert, das Ideal der autonomen, wahlberechtigten, in der Öffentlichkeit auftretenden, sexuell selbstbestimmten, gebildeten und beruflich qualifizierten, werktätigen und damit finanziell unabhängigen Bürgerin entgegen. Die berufstätige Mina, die in der Vampirjagd eine zentrale Rolle einnimmt, indem sie die Erkenntnisse und Daten verarbeitet und die Unternehmungen der Gruppe koordiniert, trägt eindeutig die Züge einer professionalisierten ‚Neuen Frau'. In ihren Aufzeichnungen bezieht sie sich ausdrücklich auf diese Bewegung: „Some of the ‚New Women' writers will some day start an idea that men and women should be allowed to see each other asleep before proposing or accepting. But I suppose the New Woman won't condescend in future to accept; she will do the proposing herself." (85) Mina ergänzt die frauenpolitischen Forderungen hier um das Recht auf voreheliche Sexualität, auf freie Partnerwahl und auf selbstbestimmte Eheschließung. Das männliche Vorrecht auf den Heiratsantrag, der die Erwählte zur Passivität zwinge, will sie auch Frauen einräumen. Auch Mina fasst hier also eine fortschrittliche Umkehr beziehungsweise eine Auflösung der traditionellen Rollen ins Auge. Der Diskurs in *Dracula* öffnet sich für einen historischen Wandel der Geschlechterverhältnisse – und er trägt selbst zu ihm bei.

Der Vampir im Zeitalter seiner technischen Besiegbarkeit

Um Dracula im Finale des Romans unschädlich zu machen, durchschneiden ihm die Vampirjäger die Kehle und stechen ihm ein Messer ins Herz:

> But, on the instant, came the sweep and flash of Jonathan's great knife. I shrieked as I saw it shear through the throat; whilst at the same moment Mr. Morris's bowie knife plunged into the heart.
> It was like a miracle; but before our very eyes, and almost in the drawing of a breath, the whole body crumbled into dust and passed from our sight. (350)

Erstaunlicherweise bleibt ausgerechnet die Pfählung mit einem Holzpflock aus, die Van Helsing für die Überwindung des Vampirs angeordnet hatte („burn his heart or drive a stake through it", 190) und die an Lucy zuvor eindringlich vorgeführt worden war (Kapitel XVI). Dracula wird letztlich gar nicht mit den mythischen und religiösen Mitteln besiegt, wie sie in den „old centuries" verwendet wurden, über die Harker zu Beginn des Romans im Vampirschloss nachdenkt. Stattdessen sind es allerneueste Techniken der „modernity", mit denen, wie sich zeigen wird, die Vampirjäger obsiegen. Der Roman ist historisch lesbar, weil er einen historischen Konflikt beschreibt: zwischen archaischem Monster und modernen Technologien. Nicht mit Knoblauch und Kruzifix wird Dracula überwunden, sondern durch den Einsatz neuer Medien, Kommunikationstechniken und Transportmittel. Diese drei Diskurse sind der Schlüssel für den Roman, da in und mit ihnen der eigentliche Kampf gegen den Vampir geführt wird. Nicht zuletzt anhand von ihnen lässt sich der Text aus seiner Zeit heraus verstehen.

Mystisch ist Dracula nicht beizukommen, besiegbar ist er durch Technik – allerdings keine beliebige: Schusswaffen sind es nicht, die Dracula töten, Quincey Morris' Winchester-Gewehre bleiben ohne Wirkung. Stattdessen sind es Techniken der Produktion und Übermittlung von Texten und Daten, die ihm den Garaus machen. Mina Harkers Schreibmaschine, mit der sie alle Erkenntnisse der Gruppe zusammenträgt und in einen zusammenhängenden Text überführt, der, wie sich am Schluss herausstellt, den Roman selbst bildet, wird zum zentralen Kampfwerkzeug. Ein Blick in die Technikgeschichte verrät, dass es sich dabei um ein Fabrikat des Herstellers Remington gehandelt haben muss, der ab der Mitte der 1870er Jahre die ersten weit verbreiteten *typewriter*-Modelle industriell fertigte (siehe Abb. 2). Remington war eigentlich ein Waffenproduzent. Als medienhistorischer Prozess

Abb. 2 Die Schreibmaschine des Typs Remington 2, eingeführt 1878, war eines der ersten weit verbreiteten Modelle (*Remington 2 typewriter, The Martin Howard Collection*)

Abb. 3 Weltkarte der globalen Telegraphen-Verbindungen kurz nach Erscheinen von *Dracula* (*Carte générale des grandes communications télégraphiques du monde*, Bern 1901/1903)

gelesen, führt der Roman vor: Wo Gewehre versagen, übernimmt die Schreibmaschine. Sie ist die eigentliche Waffe gegen den Vampir.

Die bloße Produktion und Vervielfältigung von Text reicht allerdings noch nicht aus, zumal die Vampirjäger sich mobil an unterschiedlichen Standorten aufhalten und Dracula zum Schluss bis zurück in seine Heimat verfolgen. Die Funktion, die Gruppe medial und kommunikativ zusammenzuhalten, übernimmt eine weitere seinerzeit hochmoderne Technologie, ein Verfahren der Textübertragung: die Telegraphie. Dieses Übermittlungsverfahren – buchstäblich eine ‚Fern-Schrift' –, dessen Leitungen sich in der zweiten Hälfte des 19. Jahrhunderts über die ganze Erde spannten, bildet das Netz, in dem der Vampir gefangen wird (siehe Abb. 3). In diesem Sinn ist der Holzpflock für die finale Pfählung gar nicht mehr nötig. Dracula ist technisch bereits überwunden – und den Pfahl ersetzt metaphorisch der Telegraphenmast.

Die medialen Diskurse der Textproduktion und der Kommunikation sind im Roman keineswegs auf die Schreibmaschine beschränkt, sondern dermaßen ausdifferenziert, dass sie zum bestimmenden Thema werden. Neben der mechanisierten Schreibtechnik des *typewriter* kommt selbstverständlich auch die Handschrift zum Einsatz, und zwar in der modernen, in Bürokratie und Verwaltung verbreiteten Kurznotation der Stenographie. In dieser Abbreviaturschrift verfasst schon Johnathan Harker ganz zu Beginn sein Reisejournal und seine geheimen Briefe – und bezeugt damit eine medienhistorische Überlegenheit über Dracula, der keine

Stenographie lesen kann. In der Technikmoderne ist der mythische Vampir ein Analphabet.

Der Psychiater Seward zeichnet seine Journaleinträge sogar mithilfe eines Phonographen auf, eines auditiven Speichermediums auf der Basis von Tonwalzen, das erst Ende der 1870er Jahre patentiert worden war. Noch jünger waren die von Jonathan Harker verwendeten Kameras des Herstellers Kodak, dessen Markenname erst 1888 eingetragen worden war. Wo sie in Ämtern und Geschäften bereits zur Verfügung standen, nutzen Stokers Protagonisten außerdem Telephone, um sich fernmündlich auszutauschen. Telegraphie und Telephonie, Phonographie und Photographie – modernste Spitzentechnologie steht im Dienst der Vampirjagd.

Durch die individuelle Textproduktion der Figuren und die Integration weiterer Quellen und Zeugnisse entsteht im Verlauf des Romans eine Vielzahl einzelner Dokumente in diversen Textsorten. Erwähnt werden unter anderem: Tagebuch- und Journaleinträge, Manuskripte, Transkripte, Notizen, Memoranden, Berichte, ein Logbuch, Landkarten, Stadt- und Fahrpläne, Diagramme, Reiseberichte, Lexika und andere Nachschlagewerke, Gesetze, Urteile, Urkunden, Verträge, Schecks, Rechnungen, Quittungen und Zeitungsartikel, Briefe und Telegramme. Indem sie im Romantext reproduziert werden, bestimmen sie dessen Form. In ihrer Wiedergabe machen sie *Dracula* zu einem polyphonen, fragmentarischen, stellenweise auch alinearen Text ohne auktoriale Erzählinstanz, was maßgeblich seine literarische Modernität ausmacht.

Gebündelt und organisiert werden diese Schriftstücke von Mina Harker, sie bildet die Zentrale der beschriebenen Textmaschinerie. Sie fungiert als Sekretärin („secretary", 220), darüber hinaus aber auch als Verwalterin, Archivarin, Kopistin, Kanzlistin, Agentin, Rechercheurin, Detektivin, Korrespondentin und Journalistin (orientiert am neuen Berufszweig der „lady journalists", 53). Sie sorgt dafür, dass die Textproduktion nicht zum Erliegen kommt beziehungsweise dass das Aufgezeichnete bewahrt, überliefert und ausgewertet werden kann. Dafür vervielfältigt sie unentwegt die Dokumentensammlung, so dass trotz Draculas Versuchen, die gegen ihn verfassten und gesammelten Texte zu vernichten, immer ein Exemplar überlebt.

Stokers Roman ist eine diskursive Feier der Schrift. Hinter den Orgien der Vampire findet eine Orgie der Verschriftlichung statt. Wenn Dracula bei seinen Jägern eine „Manie" auslöst, dann eine Schreibmanie. Alle Figuren stellen andauernd Text her und nutzen dafür die allerneuesten Technologien – alle außer Dracula. Der Vampir ist obsolet, weil er mit dem Medienwandel nicht Schritt halten kann. Seine Schwachstelle ist seine fehlende Technikkompetenz. Im Umkehrschluss bedeutet die Aufzeichnung aller über ihn zusammengetragenen Informationen seine Überwindung. Dracula aufzuschreiben, heißt ihn zu bannen. Ihn anschließend auch außerhalb ihrer Textsammlung dingfest zu machen, stellt für die Vampirjäger keine echte Schwierigkeit mehr dar, zumal sie sich auch für die räumliche Verfolgung bis zurück nach Transsilvanien einer Vielzahl moderner Transportmittel bedienen: Fahrrad, Schlitten, Kutsche, Schiff, Eisenbahn und sogar die erst wenige Jahre vor Erscheinen des Romans in London weltweit erstmals eröffnete *Underground*-Bahn.

Nach Versand eines Telegramms in der U-Bahn dem Monster hinterherfahren und es mit akribischer Datenverarbeitung in doppelter Abschrift unschädlich machen – das ist das Modell des modernen Vampirjägers, das Stoker mit den technischen Diskursen seines Romans entwirft.

Der Sieg der Bürokratie

Wenn die Protagonisten den Vampir mit ihrer zeitgemäßen Mediennutzung, ihren innovativen Technologien und ihrer überlegenen Kommunikation besiegen, was setzt sich damit eigentlich durch? Was tritt – historisch gesehen – an die Stelle des archaischen Ungeheuers? Welches Element der Viktorianischen Kultur trägt im Kampf zwischen Tradition und Moderne den Sieg davon? Und wieso war es Stoker, der ihm dazu verhilft?

Es ist gleichermaßen dem historischen Kontext wie dem Autor zu verdanken, dass der mythische Vampir am Schluss des Romans sinnbildlich unter einem Stoß maschinengeschriebener Korrespondenzstücke untergeht. Es ist durchaus kein Zufall, dass in einer demokratisierten, verbürgerlichten, professionalisierten, mediatisierten, mobilen, vernetzten und technologisch fortgeschrittenen Gesellschaft ein Spezialist für Behördenverwaltung auf die Idee kommt, einen Vampir ausgerechnet mit den Mitteln der Aktenführung und der Buchhaltung auszutreiben. Was sich in Stokers Roman durchsetzt und Dracula zur Strecke bringt, ist die Bürokratie. Insofern verhandeln beide Erfolgsbücher Stokers, *The Duties of Clerks of Petty Sessions in Ireland* und *Dracula*, letztlich denselben Gegenstand: die Bürokratisierung der Welt in der Moderne.

Zehnter Theoriekurs – Postkolonial lesen

Kolonialismus

Was ist Kolonialismus? Wir können zunächst versuchen, diese Frage etymologisch zu beantworten. Denn bereits die Begriffsgeschichte ist aufschlussreich. Was bedeutet eigentlich ‚Kolonialismus‘, und welche Vorstellungen sind in dieses Wort eingegangen?

Eine Kolonie ist im Griechischen eine ἀποικία (*apoikía*), eine ‚*Außen*siedlung‘. Das setzt eine räumliche Wahrnehmung voraus, ein konzentrisches Weltbild. Es gibt ein Zentrum, die eigene Polis (als Wohnort, οἰκία), und diese errichtet Außenposten an der Peripherie, sei es in Sizilien oder am Schwarzen Meer, jedenfalls in größerer Entfernung. Im 8. bis 5. Jahrhundert v. Chr. gründeten die griechischen Stadtstaaten Kolonien im gesamten Mittelmeerraum und darüber hinaus. (Wir kamen darauf schon im fünften Theoriekurs im Zusammenhang mit der Rhetorik zu sprechen, die in der sizilianischen Kolonie entstand und von dort aus nach Griechenland gelangte.)

Der Begriff der ‚Außensiedlung‘ ist auf einen zweiten bezogen, auf den der μητρόπολις (*metró*polis), der ‚*Mutter*stadt‘, von der die Neugründung abhängig ist. Das läuft auf ein alternatives Verständnis hinaus, das mit dem räumlichen aber durchaus vereinbar ist, nämlich auf ein Familienmodell. Die Kolonien, die ‚Außensiedlungen‘, sind die ‚Kinder‘ einer ‚Mutter‘ – eine Idee, die in unserem Begriff vom ‚Mutterland‘ nachdämmert, so wie der Begriff des ‚Vaterlands‘ ein inneres Verhältnis der Bevölkerung zu ihrem Land beschreibt. Die Mutter hat über ihre Kinder eine gewisse Autorität – aber eines Tages werden sie, wenn wir die Allegorie weiterdenken, selbständig werden.

Im Lateinischen ist die Begrifflichkeit weder räumlich noch familiär, sondern sie beruht auf Landwirtschaft und Landnahme. Das Verb *colere* bedeutet ‚beackern‘ und ‚bevölkern‘. Eine Kolonie, *colonia*, ist also eine landwirtschaftliche Erschließung und zugleich eine Besiedelung. Ihr Akteur, ein Kolonist, *colonus*, ist Ackerbauer und Auswanderer.

Das Partizip Perfekt Passiv des Verbs *colere*, *cultus*, wurde zur Bezeichnung des Kultes, das heißt: der religiösen, rituellen Praktiken, die in einem Land durchgeführt werden. Das Partizip Futur Aktiv, *cultura*, wurde zum Begriff der Kultur, zu der dieser Kultus sich weiterentwickelt. Aus der Pflege des Landes, dem Ackerbau, wird der religiöse Kult abgeleitet und aus ihm die Kultur insgesamt.

Die Besiedelung eines Landes bedeutet allerdings in der Regel *Neu*besiedelung, wenn es vorher bereits bewohnt war, also Eroberung, Vertreibung, Vernichtung oder Unterdrückung der einheimischen, indigenen Bevölkerung. Wenn damit die Vorstellung von Kult und Kultur verbunden wird, bedeutet, ein Land zu besetzen, zu besiedeln und zu beackern, zugleich, dass man die Fremden, die dort leben und überleben, missioniert, ihnen die eigene Religion aufzwingt. Damit geht der Anspruch einer, nicht nur einen Kult zu bringen, sondern auch eine Kultur, das bedeutet: eine ‚zivilisatorische Mission' auszuüben – und eine bereits vorhandene Kultur gewaltsam zu verdrängen. Ideologisch ist der Kolonialismus ein agro-territorial-religiös-kultureller Komplex von enormer Langlebigkeit.

Postkolonialismus – „Das Imperium schreibt zurück"

Postkoloniale Studien (*Postcolonial Studies*) setzen sich mit Phänomenen des Kolonialismus in Geschichte, Gesellschaft, Politik, Wissenschaft, Kultur, Kunst und Literatur auseinander. Sie schreiben eine kritische Geschichte des Kolonialismus, seiner Ideologien und seiner kulturellen Spuren. Sie unternehmen die Neulektüre europäischer Texte, indem sie deren koloniale Implikationen aufzeigen. Sie widmen sich künstlerischen und literarischen Beiträgen aus ehemaligen Kolonien, die (noch) nicht zum westlichen Kanon gehören. Und sie entwerfen kulturtheoretische Modelle, die hegemoniale, hierarchische Beziehungen, aber auch wechselseitige Durchdringungen in Rechnung stellen.

Als interdisziplinäre Praxis bringt der Postkolonialismus Beiträge auf mehreren Ebenen hervor: als Kulturgeschichte, Textanalyse, Kanondebatte und Kulturtheorie.

1. Er schreibt die Kulturgeschichte um (*re-writing*), indem er wissenschaftliche Disziplinen (zum Beispiel die Archäologie), literarische Werke (zum Beispiel Gottfried Kellers Novelle *Die Berlocken*) oder auch die Inszenierung von Opern (zum Beispiel Giuseppe Verdis *Aida*) im Zusammenhang des Kolonialismus beleuchtet.

2. Er liest koloniale Diskurse neu (*re-reading*), in denen Europäer ihr Verhältnis zu fremden Kulturen verhandelten (zum Beispiel Reiseliteratur, Geographie, Anthropologie, Ethnographie). Neben faktualen Berichten, zum Beispiel von Kolumbus oder Cortés, geraten dabei auch fiktionale Klassiker in den Blick: von Shakespeares *The Tempest* bis zu Joseph Conrads *Heart of Darkness*.

3. Er schafft Aufmerksamkeit für Äußerungen, die unter europäischer Herrschaft unterdrückt oder ausgeschlossen waren (*Subaltern Studies*), beziehungsweise für Stimmen, die von der ‚Peripherie' ausgehen: als ‚Geschichte von unten' beziehungsweise ‚vom Rand'. Salman Rushdie brachte diesen Vorgang 1982 auf den Begriff: „The Empire writes back." Das Imperium schreibt zurück. Autoren aus früheren Kolonien treten ins Zentrum der Diskussion: zum Beispiel V. S. Naipaul aus Trinidad und Tobago (1932–2018), Derek Walcott aus Saint Lucia (1930–2017) oder Maryse Condé aus Guadeloupe (1934–2024). Postkoloniale Studien stellen so

den westlichen Kanon in Frage, wie er Lehrplänen an Universitäten, Konzeptionen von Museen, kulturpolitischen Entscheidungen und Kunstmärkten zugrunde liegt. In Erweiterung einer eurozentrischen Komparatistik beziehen sie sich auf nicht-metropolitane Literaturen (*emerging literatures*) oder auf hybride Sprachformen (zum Beispiel *créole* oder *patois*).

In der Bildenden Kunst trat der Postkolonialismus auf der elften *documenta* (2002) prominent in Erscheinung, die deren nigerianischer Leiter Okwui Enwezor auf politische Arbeiten nicht-westlicher Künstler ausrichtete. Für den Film hat Hamid Naficy das Konzept eines *Accented Cinema* (2001) vorgeschlagen, in dem nicht nur stereotype Figuren mit ‚Akzent' sprechen.

4. Der Postkolonialismus hat in der Konsequenz eine kulturtheoretische Dimension. Er deckt koloniale Muster in traditionellen Kulturbegriffen auf. Die Frage, was eine Kultur sei und wie sie sich zu anderen Kulturen verhalte, hat er neu gestellt, indem er die Vorstellung fester Eigenheiten verwirft und vielmehr von (machtbestimmten) Wechselwirkungen und Wechselbeziehungen ausgeht. Er kritisiert essentialistische Definitionen vermeintlich unwandelbar wesenhafter Merkmale, die sich in scheinbar stabilen Entgegensetzungen von ‚Eigenem' und ‚Fremdem' manifestieren (*othering*). Er vertritt gleichsam einen ‚non-binären' Kulturbegriff.

Im weitesten Sinn setzt sich Postkolonialismus mit hierarchischen Haltungen gegenüber dem ‚Fremden' beziehungsweise dem ‚Anderen' (*otherness*) auseinander, wie sie in allen Bereichen interkultureller Begegnungen wirksam werden.

Mit dem Blick auf Gegenstände der Ästhetik stellen postkoloniale Studien folgende Fragen: Wie inszenieren westliche Literaturen, Künste und Medien Alterität, also die Abweichung vom Eigenen? Welche Auffassungen eigener Identität entwickeln sie dabei durch Abgrenzung, *ex negativo*? Welcher Kulturbegriff liegt ihnen zugrunde – und wie soll er verändert werden? Wie werden Minderheiten repräsentiert? Wie artikulieren sich außereuropäische Stimmen? Wie lassen sich akademische und künstlerische Diskurse dekolonisieren?

Geschichte

Postkoloniale Studien bewegen sich mithin in einem sehr weiten Feld. Einer viel zitierten Definition zufolge umfasst der Begriff ‚postkolonial' „die gesamte vom imperialen Prozess beeinflusste Kultur vom Zeitpunkt der Kolonialisierung bis heute" (Bill Ashcroft, Gareth Griffiths und Helen Tiffin in *The Empire Writes Back*, S. 2).

Wenn unter ‚Kolonialismus' die Besetzung und Besiedelung ferner Territorien und die Unterwerfung fremder Völker sowie die damit einhergehenden Denkweisen und Darstellungsformen verstanden werden, kann sich postkoloniale Kritik bereits auf die griechischen und römischen Expansionen im Altertum beziehen. Der kongolesische Theoretiker V. Y. Mudimbe hat sogar die These entwickelt, in der Antike habe sich ein „griechisches Paradigma" der Fremdwahrnehmung herausgebildet, das westliche Denkmuster langfristig prägte. Werke griechischer und lateinischer Autoren (Mudimbe bezieht sich auf Herodot, Diodor, Strabo und Plinius d. Ä.), die von Reisen handeln oder Beschreibungen entlegener Kulturen enthalten, entwerfen konzentrische Topographien von Andersheiten, die sich mit zunehmendem Abstand vom eigenen Ausgangspunkt (Athen, Rom) immer stärker verfremden und jenseits der Regionen, über die noch einigermaßen zuverlässige Informationen zur Verfügung standen, in Fabelwesen oder mythische Monstrositäten übergehen (zum Beispiel Amazonen oder unförmige Erdrandsiedler).

Ein weiteres Kapitel europäischer Machterweiterung begann 1492 mit der Fahrt des Kolumbus (dessen Hypothese, westwärts nach Indien gelangen zu können, ihrerseits Vorläufer in antiken Quellen hatte). Die Geschichte des amerikanischen Kontinents wurde für mindestens drei Jahrhunderte eine Geschichte der Kolonisierung, die zunächst durch Spanien und Portugal, aber auch durch das Vereinigte Königreich und Frankreich bestimmt wurde.

Noch mehr als für die Antike und die Frühe Neuzeit interessieren sich postkoloniale Kulturtheoretikerinnen und Literaturwissenschaftler für die Hochphase des (vor allem britischen und französischen) Imperialismus vom 18. bis zum 20. Jahrhundert (siehe Abb. 1 und 2). Texte und Artefakte aus dem Zusammenhang dieser Geschichte unterziehen sie einer kritischen Revision: seien es Phantasien von exo-

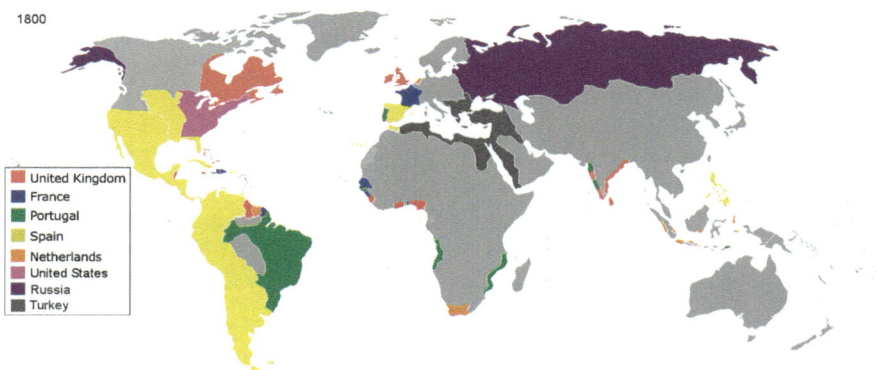

Abb. 1 Die europäischen Kolonialreiche 1800

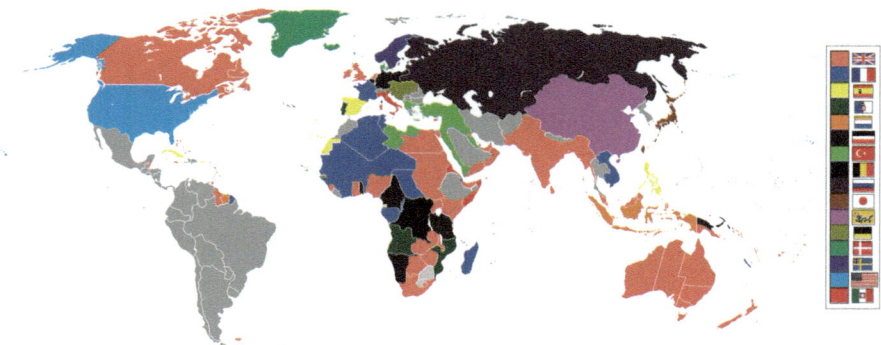

Abb. 2 Die europäischen Kolonialreiche 1898

tischen Ländern (zum Beispiel Daniel Defoes Roman *Robinson Crusoe*, 1719) oder Berichte von tatsächlichen Reisen (zum Beispiel Gustave Flauberts Tagebuch *Voyage en Égypte*, 1851).

Einen wichtigen Impuls für die Herausbildung postkolonialer Studien gab die Dekolonisierung der 1940er bis 1960er Jahre in Afrika und Asien. Mit Blick auf die folgende historische Phase interessieren sich postkoloniale Forscher für den Umgang mit dem Erbe des Imperialismus und für die Identitätsbildung in den unabhängig gewordenen, ‚postkolonialen' Ländern.

Diese Nationen beruhen, wie Benedict Anderson in seiner Theorie der *Imagined Communities* (1983) feststellte, paradoxerweise auf Elementen, die von der Kolonialmacht vorgegeben und hinterlassen worden waren und nun angeeignet wurden, aber der Ausbildung eines unabhängigen Selbstverständnisses im Wege standen: vor allem Sprachen, Landesgrenzen und archäologische Ausgrabungen und Ausstellungen.

Postkoloniale Studien sind politisch: Vom Marxismus beeinflusst, untersuchen sie internationale Ausbeutungsverhältnisse, die gegenwärtig als sogenannte ‚Globalisierung' diskutiert werden. So hat der uruguayische Schriftsteller Eduardo Galeano in seiner vielgelesenen Studie über *Die offenen Adern Lateinamerikas* (1971) die Geschichte kolonialer und neokolonialer Hegemonie als bruchlose Kontinuität betrachtet.

Aktuell widmen sich zahlreiche Theoretiker und Kritikerinnen Erfahrungen *nach* dem Ende des historischen Kolonialismus („post-"), die gleichwohl im Verhältnis oder in Analogie zu diesem zu sehen sind, weil in ihnen die gleichen Mechanismen und Ideologien der Fremdwahrnehmung wirksam bleiben: Rassismus, Exil, Migration, Krieg, Flucht, Multikulturalität, Mehrsprachigkeit, der sogenannte ‚Kampf der Kulturen' (*Clash of Civilizations*, Samuel Huntington, 1996), der ‚Krieg gegen den Terror' (2001) und ‚Islamophobie'.

Vorgeschichte

Die gegenwärtigen Debatten postkolonialer Theorien lassen leicht in Vergessenheit geraten, dass diese eine lange (Vor-)Geschichte haben. Zahlreiche Fragestellungen, die aktuell diskutiert werden, wurden längst an anderer Stelle behandelt oder vorbereitet. Insbesondere in den bereits in den 1810er und 1820er Jahren von der Kolonialmacht befreiten Ländern Lateinamerikas (fast anderthalb Jahrhunderte vor Indien und den meisten Ländern in Afrika) besteht eine lange Tradition der kulturwissenschaftlichen und identitätspolitischen Fragen, wie sie später in den anglophonen postkolonialen Studien erörtert werden.

So betrachtete der Argentinier Domingo Faustino Sarmiento (1811–1888) in *Facundo. Civilización i barbarie* (1845) die Krisen und Konflikte seiner Nation nach der Unabhängigkeit und ihre Zerrissenheit zwischen der Ausrichtung auf urbane europäische ‚Zivilisation' und der Faszinationskraft gauchesker ‚Barbarei' mit ihren charismatischen populistischen Führern (*caudillos*) in der *Pampa*.

Ein Jahrhundert später analysierte der Mexikaner Octavio Paz (1914–1998) in *El laberinto de la soledad* (1950) die schwierige Identitätsbildung seines Landes als kulturpsychologische Nachwirkung des spanischen Kolonialismus: von der Eroberung (*Conquista*) über die spanische Herrschaft (*Colonia*) bis zur Unabhängigkeit (*Independencia*). Als Kernproblem begreift Paz das Trauma der Vergewaltigung, die Abstammung von Kolonisatoren *und* Kolonisierten, für die stellvertretend der Eroberer Hernán Cortés und dessen indigene ‚Geliebte' „La Malinche" stehen. Er diagnostiziert eine zu Verschlossenheit führende Selbstsuche – die Frage nach der *mexicanidad* – und eine zum Selbsthass neigende Selbstverleugnung („der Mexikaner will weder Indio noch Spanier sein"), und er beschreibt eine Reihe ersatzweise aus Europa importierter universalistischer Weltbilder: Katholizismus, Liberalismus, Sozialismus.

Der Kubaner Alejo Carpentier (1904–1980) erklärte die „Wunderbare Wirklichkeit" Lateinamerikas (*lo real-maravilloso*) im Vorwort seines Romans über die Revolution in Haiti, *El reino de este mundo* (1949), zu einer eigenen Wahrnehmungsform und zum poetischen Prinzip einer entschieden außer- oder sogar anti-europäischen Schreibweise. Weltweit erfolgreich wurde als Folgebewegung im Zuge des „Boom" der lateinamerikanischen Literatur seit den 1960er Jahren der Magische Realismus, *realismo mágico*, besonders in den Romanen des Kolumbianers Gabriel García Márquez wie *Hundert Jahre Einsamkeit* (*Cien años de soledad*, 1967) und *Die Liebe in den Zeiten der Cholera* (*El amor en los tiempos del cólera*, 1985). Als Vorläufer werden der Mexikaner Juan Rulfo und der Argentinier Jorge Luis Borges betrachtet.

Vorläufer des Postkolonialismus sind des weiteren in der Bewegung der *Négritude* um den karibischen Schriftsteller Aimé Césaire (1913–2008) und den senegalesischen Autor – und späteren Staatspräsidenten – Léopold Sédar Senghor (1906–2001) in den 1930er Jahren zu sehen.

Der US-amerikanische Historiker und Soziologe W. E. B. Du Bois (1868–1963) beschrieb die Folgen der Sklaverei und entwickelte in *The Souls of Black Folk* (1903) das Konzept des doppelten Bewusstseins, „double consciousness", um die Psychologie der schwarzen Amerikaner zu beschreiben, die sich als Angehörige einer versklavten und unterdrückten Minderheit nach den Maßstäben der Mehrheit beurteilen und es deshalb schwer haben, ein unabhängiges Selbstbewusstsein, eine eigene Identität zu entwickeln.

Der aus Martinique stammende Frantz Fanon (1925–1961) erforschte, wie wir im achten Theoriekurs gesehen haben, als Psychiater die Psychopathologie der kolonialen Machtverhältnisse (in *Peau noire, masques blancs*, 1952) und engagierte sich in Algerien für den anti-kolonialen Befreiungskampf (*Les damnés de la terre*, 1961).

Theoretische Einflüsse erhielten postkoloniale Studien aus einer Reihe von Denkschulen. Der Marxismus kritisiert ökonomische Herrschaftsverhältnisse und deren ideologische Verklärung in der Literatur. Die Psychoanalyse dagegen beschreibt das Verhältnis von Herrschern und Beherrschten mit Konzepten wie Trauma, Projektion, Narzissmus, Internalisierung und Minderwertigkeitskomplex als krankhaft und krankmachend. Die Narratologie fragt, wie fremde Kulturen dargestellt werden und inwiefern die erzählerische Form dabei symptomatisch ist. Die Diskursanalyse macht historische Zeugnisse und unser Wissen auf Machtstrukturen hin durchsichtig und weist nach, wie Literatur durch den kolonialen Diskurs formatiert wird. Der Poststrukturalismus problematisiert das Denken in Identitäten und Differenzen und zeigt, welche Widersprüche der koloniale Diskurs hervorbringt. Die *Gender Studies* beleuchten den Zusammenhang patriarchaler und kolonialer Ideologien. Studien zur ‚Intersektionalität' untersuchen, wie Menschen von Diskriminierung in mehr als einer Hinsicht betroffen sein können (zum Beispiel geschlechtlich, ethnisch, religiös, sozial und körperlich). Die philosophische Postmoderne stellt den Universalitätsanspruch der westlichen Moderne und die ‚großen Erzählungen' der europäischen Aufklärung vom ‚Fortschritt' in Frage.

Varianten für die Literaturwissenschaft

Welche Rolle spielt nun aber der literarische Text im postkolonialen Diskurs? Literatur erscheint entweder als Element in übergreifenden Strukturen kolonialer Macht oder als Schauplatz von deren Widersprüchlichkeit und des Widerspruchs gegen sie. Nachdem ein älteres Paradigma an der Diskursanalyse orientiert war (Said), sind neuere Beiträge durch den Poststrukturalismus beeinflusst (Bhabha). Zwischen diesen beiden Optionen bewegen sich semiotische und dialektische Ansätze, die basale Möglichkeiten der Fremdwahrnehmung unterscheiden (Todorov, Greenblatt) beziehungsweise gegenläufige Tendenzen in einem Text am Werk sehen (Berman).

Literaturtheoretisch und -wissenschaftlich können wir also mindestens vier Ansätze unterscheiden – und in der folgenden Lesewerkstatt exemplarisch an einem literarischen Text wie Heinrich von Kleists Novelle „Die Verlobung in St. Domingo" (1811) durchspielen: 1. diskursanalytische, 2. typologische, 3. dialektische und 4. poststrukturalistische – sowie außerdem grundsätzlich dynamische.

1. Diskurs

Mit seiner Studie über *Orientalism* (1978) schuf der palästinensische Literaturtheoretiker Edward Said (1935–2003) ein Paradigma, das lange Zeit maßgeblich blieb. Said kritisiert Schriften von Europäern und Nordamerikanern über den ‚Orient' als einen Diskurs der Macht, dessen Strukturen und Klischees sie realitätsunabhängig fortschrieben, immer schon und offenbar unausweichlich. Said bezieht sich auf die Diskursanalyse, räumt jedoch der Literatur – anders als der frühe Foucault – (zunächst) kein subversives Potential ein. ‚Wissen' und ‚Macht' sieht er in enger Verbindung. Dies wird idealtypisch deutlich am Ägyptenfeldzug (1798), in den Napoleon Bonaparte Orientalisten als nützliche Experten einbezog.

In seinem Hauptwerk *Orientalism* schildert Said die Kontinuität eines orientalistischen Diskurses im Westen – von Homer (*Ilias*), Aischylos (*Perser*) und Euripides (*Medea*) über Ariost, Cervantes und Shakespeare bis ins 18., 19. und 20. Jahrhundert. An den englischen und französischen Texten, mit denen er sich auseinandersetzt (Voltaire, Chateaubriand, Lamartine, Nerval, Flaubert, Renan, Scott, Burton), identifiziert Said eine Reihe von Techniken zur Darstellung des ‚Orients', die von seinen Schülern auf zahlreiche weitere Werke angewandt werden konnten.

- Panopsis: Der souveräne Blick des Reisenden umfasst die Fremde von einem erhöhten Standpunkt aus.
- Feminisierung: Der Orient wird als weiblich dargestellt und erotisiert.
- Synekdoche: Jeder beliebige Teil kann die gesamte Region repräsentieren. (Als Schlüssel zum Verständnis dient in der Regel der Islam.)
- Selbsttherapie: Der Weg in die Ferne verjüngt den Reisenden, er heilt seine Leiden an der Zivilisation.
- Medikalisierung: Der Europäer betrachtet den Orient mit medizinischem Blick – wie ein Arzt seinen Patienten (der „kranke Mann am Bosporus").
- Komparatismus: Vergleiche werden gezogen, zum Beispiel mit der europäischen Antike, die in Wertungen übergehen.
- Verzeitlichung: Das Andere wird, zumal es unwandelbar sein soll, in seiner Vergangenheit wahrgenommen.

In ihrer Studie zur Reiseliteratur, *Imperial Eyes* (1992), hat Mary Louise Pratt – im Anschluss an Said – prägnant und polemisch folgende weitere Strategien herausgearbeitet:

- Archäologisierung: Die exotische Kultur wird wahrgenommen in ihrer Verfallsform anhand ihrer Ruinen: als abgestorben („tot"), versteinert, verewigt – und verfügbar.
- Naturalisierung: Das Fremde erscheint als reine Natur, kulturlos, geschichtslos – als ausbeutbare Ressource.

In jedem Fall gehe die koloniale Darstellung, die auf diese Weise perspektiviert wird, an der Wirklichkeit vorbei.

In seiner Studie über *Culture and Imperialism* (1993) untersucht Edward Said einzelne Werke der Literatur (Joseph Conrad, Jane Austen, Albert Camus) im Zusammenhang der politischen und ideologischen Geschichte des europäischen Imperialismus. An der Oper *Aida* von Giuseppe Verdi (1871 in Kairo uraufgeführt) zeigt er, wie der ‚orientalistische' Diskurs sie prägte und welche Rolle sie bei der ‚Orientalisierung' Ägyptens spielte. Material wie die napoleonische *Description de l'Égypte* und Jean François Champollions Hieroglyphen-Studien sowie archäologische Projekte und Publikationen fanden über den Ägyptologen Auguste Mariette, der Handlung und Libretto mitentwickelte, Eingang in Verdis ‚ägyptische' Schöpfung. Diese ist im Kontext der Pariser Weltausstellung (1867), der feierlichen Eröffnung des Suez-Kanals (1869) und des ebenfalls kurz zuvor (mit Verdis *Rigoletto*) eingeweihten Kairoer Opernhauses (1869) zu sehen – ebenso wie vor dem Hintergrund der Herrschaft Ismails (1863–1879) und dessen europäisierender Stadtplanung in Kairo sowie zeitgenössischer britisch-französischer Rivalitäten im Nordosten Afrikas. Das Kunstwerk ist ein Teil der Kolonialgeschichte.

Gewisse Veränderungen des Feldes postkolonialer Studien lassen sich an den Vor- beziehungsweise Nachworten ablesen, mit denen Said sein Hauptwerk *Orientalism* im Verlauf eines Vierteljahrhunderts versehen hat: (1.) In der Einführung zur ersten Ausgabe (geschrieben 1977) charakterisierte er den „Orientalismus" als machtdurchwirktes System der Repräsentation. (2.) Im Nachwort zu einer Neuausgabe (1994) betonte er die Heterogenität, Hybridität und Wechselbeziehung der Kulturen. (3.) Im Nachwort zur 25-jährigen Jubiläumsausgabe (2003) schließlich legte er den Akzent auf den Widerstand gegen einen zeitgenössischen Orientalismus, wie er ihn in der US-amerikanischen Außen- und Kriegspolitik im Nahen Osten erkannte. Said vollzog den allmählichen Übergang von der Diagnose eines umfassenden und unwiderstehlichen Diskurses der Macht zum Postulat ihrer Subversion.

Eine diskursanalytische Lektüre kann in Kleists Novelle „Die Verlobung in St. Domingo" ohne Weiteres Spuren eines rassistischen Diskurses nach der ersten erfolgreichen Sklavenrevolte von 1804 ausmachen. Es finden sich zahlreiche zeitgenössische Zeugnisse, Reiseberichte, Zeitungsartikel, ethnographische Traktate, die vergleichbare Vorstellungen von Hautfarbe und Charakter enthalten und Kleists Text so von seinen Kontexten her erschließen können.

2. Typologie

Alternative Modelle entwickelten der bulgarisch-französische Semiotiker Tzvetan Todorov und der US-amerikanische Anglist Stephen Greenblatt, indem sie Texte (über Amerika) schematisch in basale Typen unterschieden und dabei immerhin die Möglichkeit offen ließen, dass Literatur sich *anders* als komplizenhaft zu kolonialer Macht verhalte.

Unterschieden werden Texte, die sich einem Verstehen der fremden Kulturen verschließen, und solche, die ein Verstehen der fremden Kulturen erreichen wollen – wobei beide den Interessen kolonialer Beherrschung und Ausbeutung dienen können. Diese grundsätzliche Unterscheidung nach Verstehen und Nicht-Verstehen wird auf einer weiteren Ebene ausdifferenziert, indem beide Gruppen von Texten jeweils noch einmal unterteilt werden: die erste in eine verfremdende (die Fremdheit der Anderen übertreibende, verabsolutierende) und eine anpassende (die Fremdheit der Anderen leugnende) Variante; und die zweite Gruppe in eine instrumentelle (der Unterwerfung dienende) und eine nicht-instrumentelle (mit dem kolonialen Projekt nicht in Mittäterschaft handelnde) Variante des Verstehens und der Erforschung, die als einzige nicht-hegemonial sei. Das bedeutet, ideologisch paraphrasiert: Die ‚Anderen' hätten entweder (a) gar keine Sprache, weil sie eigentlich gar keine Menschen seien, oder (b) sie verstünden ‚unsere' Sprache ohne Probleme, so dass wir die Abtretung ihres Landes mit ihnen sprachlich besiegeln können. Ihre Kultur wollen wir verstehen, (c) um sie desto besser manipulieren und ausbeuten zu können, oder (d) wir möchten sie verstehen um ihrer selbst willen.

Tzvetan Todorov arbeitete nach den Kategorien des Verstehens und der Kolonialität in entsprechender Kombinatorik vier Haltungen zu kultureller Fremdheit an klassischen Texten der frühen Kolonialgeschichte Amerikas (von Cristóbal Colón beziehungsweise Christoph Kolumbus, Hernán Cortés und Bartolomé de las Casas) heraus: Unverständnis für die andere Kultur als Verabsolutierung ihrer Andersheit (Colón, der Entdecker) oder als Leugnung ihrer Andersheit (Colón, der Enteigner) sowie Verständnis als Machtstrategie (Cortés, der Eroberer) oder als Anerkennung (Las Casas, der Verteidiger der Indigenen).

Stephen Greenblatt unterscheidet entsprechend eine ‚metonymische' und eine ‚metaphorische' Haltung zur Andersheit: Cristóbal Colón, Bernal Díaz del Castillo und Martin Frobisher liest er als Beispiele einer imperialen Wahrnehmung, die an fremde Kulturen den Maßstab der eigenen anlege (wie in einer metonymischen Operation, die auf Angleichungen beruht); Herodot, Mandeville und Michel de Montaigne hingegen versteht er als Beispiele eines nicht-imperialen Interesses am Anderen, das Gemeinsamkeiten und Unterschiede gleichzeitig anerkenne (wie eine Metapher, bei der stets beide Seiten der Übertragung mitgedacht werden).

Am Beispiel von Kleists Novelle ist zu fragen, welcher Kategorie „Die Verlobung in St. Domingo" in diesem Schema zuzuordnen wäre – oder ob sie sich einer schematischen Zuordnung entzieht. Leugnet Kleists Text die Eigenheit der afrokaribischen Kultur, oder übertreibt er ihre Fremdheit? Ist der Text um Verstehen bemüht, und stünde dieses Verstehen im Dienst eines kolonialen Wissens, oder wäre es ein Interesse ohne ideologische Motive und politische Hintergedanken?

3. Dialektik

Der US-amerikanische Germanist Russell Berman arbeitete nach dem Modell einer *Dialektik der Aufklärung* (Adorno und Horkheimer, 1944) einerseits das imperiale und andererseits das emanzipatorische Potential der europäischen Aufklärung heraus – zwei Tendenzen, die nicht nur (wie bei Todorov und Greenblatt) auf *verschiedene* Texte verteilt werden (James Cook und Georg Forster), sondern auch in *ein und demselben* Text gegenläufig am Werk sein können – zum Beispiel im Fall eines feministischen Kolonialismus (bei Frieda von Bülow).

Ein Vorläufer dieses dialektischen Verständnisses ist die erste ‚postkoloniale' Theorie der deutschen Literaturgeschichte: Alexander von Humboldt skizzierte im zweiten Band seines *Kosmos* (1847) eine „Geschichte der physischen Weltanschauung" als Dialektik des Kolonialismus, in der er die Geschichte der Wissenschaften parallel zur Geschichte der Eroberungen las und den Zusammenhang von Kolonialismus und Kultur historisch und theoretisch begründete. Expeditionen, Heerzüge und Eroberungen erschlossen gewaltsam die Welt. Der Fortschritt der Forschung ging, so weist Humboldt nach, mit imperialer Expansion einher oder stand in deren Dienst. Eroberer brauchten Landkarten und Messdaten, Kenntnisse von Sprachen und Kulturen, Nautik und Klimatologie, Verwaltungen und Verkehrswege; Eroberungen eröffneten neue Räume für Botanik und Zoologie, für die Ausbeutung von Landwirtschaft und Bodenschätzen. Um diese Dialektik hintersinnig zu pointieren, nutzt Humboldt Homonyme wie jenes des „Einfalls", der sowohl als intellektuelle Eingebung wie auch als gewaltsames Eindringen in ein Territorium zu verstehen ist; und er macht sich den Doppelsinn des Namens „Alexander" zu nutze, den er als Forscher mit dem makedonischen Eroberer teilt, so dass er auf beide bezogen werden kann.

Humboldt fasst hier einen Gedanken, den Walter Benjamin in seinen geschichtsphilosophischen Thesen („Über den Begriff der Geschichte", 1940) auf eine bekannte Sentenz bringen wird: „Es ist niemals ein Dokument der Kultur, ohne zugleich ein solches der Barbarei zu sein."

Stehen auch bei Kleist Rassismus und Emanzipation in einem dialektischen Verhältnis? Gibt es eine Dynamik von These, Antithese und Synthese? Wird zunächst eine rassistische Position eingeführt und dann durch eine rassismuskritische Gegenposition aufgehoben? Oder wird eine dialektische Lösung durch das katastrophale Ende ausgeschlossen?

4. Dekonstruktion

Das vorläufig komplexeste und nach Edward Said einflussreichste Modell vertritt Homi Bhabha – und in gegenläufiger Weise Jacques Derrida. Der poststrukturalistisch weitergeführte Postkolonialismus und die postkolonial sich wendende Dekonstruktion interessieren sich nicht mehr für die Geschlossenheit westlicher Macht und Ideologie, sondern für ihre Brüche und Widersprüche.

Die Vorzüge und Schwächen von Saids beziehungsweise von Bhabhas Theorie sind komplementär verteilt. Während der Reiz von Saids Modell in einer gewissen Vereinfachung liegt, besteht die Attraktivität von Bhabhas Modell in ihrer Komplikation. Während Said zwar Lektüren unternimmt, diese jedoch einseitig orientiert (und seinen Gegenstand damit womöglich selbst ungewollt ,orientalisiert'), entfaltet Bhabha ein Textverständnis, das der Mehrdeutigkeit literarischer Werke Rechnung trägt, ohne es jedoch an Beispielen im Detail nachvollziehbar zu machen.

Jacques Derrida enthüllte die Vorstellung von ,Identität' (etwas, das in sich selbst gleich und eindeutig bleibt) von jeher als essentialistische Fiktion, als „Metaphysik der Präsenz" – bis er sich ausdrücklich postkolonialen Fragestellungen zuwandte. Es gibt, Derrida zufolge, weder selbständige Eigenheiten noch gesonderte Fremdheiten. Kulturen und auch Sprachen formieren sich aneinander unablässig neu. In seinem Essay *Le monolinguisme de l'autre* (1996, deutsch: *Die Einsprachigkeit des Anderen*) nimmt Derrida seine jüdisch-algerische Herkunft und vor allem sein schwieriges Verhältnis zur französischen Sprache, die seine einzige „Muttersprache" und dennoch als Sprache des Kolonialismus und der antisemitischen Ausgrenzung nicht „seine eigene" ist, zum Ausgangspunkt weitreichender Überlegungen. Die „postkoloniale" Situation des franko-maghrebinischen Juden, der keiner sprachlichen, nationalen oder kulturellen ,Identität' habhaft werden kann, wird zu einer Allegorie der Dekonstruktion: Es gibt keine Einsinnigkeiten, keine eindeutigen Zeichen, keine stabilen Bedeutungen. Die postkoloniale Dekonstruktion läuft auf denselben Befund hinaus wie der dekonstruktive Postkolonialismus: „Une identité n'est jamais donnée." („Eine Identität ist niemals gegeben.") Indem Derrida von seiner eigenen Biographie ausgeht, wendet er die *condition postcoloniale* zu einer *condition humaine.* Denn was an seinem Sonderfall deutlich wird, gilt eigentlich für jedermann, für jedwede Sprache, für alle Kultur. Sprache ist *immer* das Ergebnis historischer Gewalt; Kultur überall das Produkt von Kriegen, Wanderungen, Besatzungen und Verbindungen.

Homi Bhabha nimmt Bewegungen *zwischen* den Kulturen zum Anlass, vermeintlich geschlossene und gleichförmige Größen wie ‚Kultur' oder ‚Nation' einer grundsätzlichen Kritik zu unterziehen. Die koloniale Begegnung ist für ihn stets eine Wechselwirkung, die alle Beteiligten betrifft. Der koloniale Diskurs bringt fortwährend Widersprüche hervor: Europäische Zeichen, die in die Kolonien übertragen oder von dort aus angeeignet werden, bleiben in ihrer Bedeutung und Autorität keineswegs unberührt.

Homi Bhabhas Werk hat drei Dimensionen: In seinen Essays entwickelt er eine Theorie (1.) der Kultur, (2.) des kolonialen Diskurses und (3.) der postkolonialen Kritik. Dabei bedient er sich einer metaphorischen Sprache, deren zentrales Motiv die Verräumlichung ist. Der Titel seines Hauptwerks lautet: *The Location of Culture* (1994, deutsch: *Die Verortung der Kultur*).

„Where do you draw the line", fragt Bhabha rhetorisch, „between languages? between cultures? between disciplines? between peoples?" Seine Antwort lautet: Es gibt keine scharfen Grenzen. Die produktiven „Orte" der Kultur befinden sich an der ‚Peripherie'. Die Schauplätze ihrer Bedeutungen sind Zwischenräume (*interstice*, ‚in-between' space, Third space). Was wir eine ‚Kultur' nennen, *re*organisiert sich *de*zentral. Sie wird unablässig neu verhandelt und verändert. Beispielhaft dafür sind die diasporischen Erfahrungen von Menschen mit einer Migrationsgeschichte.

Aus dieser Verortung im Dazwischen ergibt sich Bhabhas kulturtheoretisches Kernkonzept: die „Hybridität". Sie bedeutet zweierlei: Kulturen sind weder einheitlich noch dauerhaft. Es handelt sich nicht um eindeutige Eigenheiten, die sich in genauem Gegensatz zu anderen beschreiben ließen. Sie können weder positiv bestimmt noch negativ abgegrenzt werden. („Cultures are never unitary in themselves, nor simply dualistic in the relation of Self to Other.") Es gibt keine klaren Identitäten – und keine festen Differenzen. An die Stelle essentieller Eigenschaften setzt Bhabha dynamische Vorgänge und wechselseitige Einflüsse. Diese Vorstellung ist eine Herausforderung für Fundamentalisten. So richtete sich, wie Bhabha nebenbei bemerkt, der iranische Mordaufruf gegen Salman Rushdie (*The Satanic Verses*, 1988) weniger gegen eine vermeintliche Entheiligung des Koran als gegen die viel gefährlichere Infragestellung der Bedingungen von dessen kultureller Autorität überhaupt: nämlich gegen die Darstellung transkultureller Vermischung und des Verlusts von Eindeutigkeit: „Hybridity is heresy." („Unreinheit ist Gotteslästerung.")

Bhabha erklärt den binären Gegensatz von Identität und Alterität, wie er Saids Theorie noch zugrunde gelegen hatte (Orient versus Okzident), für überholt. Er argumentiert gegen die Vorstellung ‚multikultureller' Koexistenz als ‚Diversität' vorhandener Größen, die sich voneinander unterscheiden. An die Stelle eines strukturalistischen Kulturmodells der Unterschiede (*différence*) setzt er eine *post*strukturalistische Kulturtheorie der Einflüsse, Verweise und Zusammenhänge (*différance*). Kulturen sind wie Texte, die keine gegebenen Gegensätze, sondern

4. Dekonstruktion

fortwährende Bedeutungsaufschübe erzeugen, die auf Verweisen und Verbindungen beruhen, Veränderung und Unentscheidbarkeit mit sich bringen – ein nicht stillzustellender Vorgang der Herstellung neuer Bedeutungen (Signifikation).

In Anlehnung an Jacques Derrida dekonstruiert Homi Bhabha das Konzept der Kultur, die vermeintliche Repräsentation stabiler Präsenzen, indem er sich des Instrumentariums des Poststrukturalismus bedient: *textuality, écriture, displacement, closure, dissemination, indeterminacy, undecidability, aporia*. Insbesondere die dekonstruktivistische Denkfigur, dass die Wiederholung eines Zeichens dessen Bedeutung verändert (*itérabilité*), zumal wenn es in einen anderen Kontext übertragen wird, setzt Bhabha ein, um die Wandelbarkeit vermeintlicher Gewissheiten zu zeigen: Alle kulturellen Zeichen können verschoben, angeeignet, übersetzt, neu verhandelt und umgedeutet werden.

Im Sinn von Jean-François Lyotard stellt Bhabha westlich-hegemoniale ‚Erzählungen' in Frage: Neben dem Begriff der Kultur dekonstruiert er den der Nation, der Geschichte und der Moderne. Das Verfahren ist stets das gleiche: Auch Nationen formieren sich keineswegs entlang geradliniger Erzählungen als geschlossene Einheiten in sich und gegen andere. Auch wenn die Vergangenheit als unwandelbarer Mythos, gemeinschaftliche Erinnerung oder in Gestalt von Symbolen inszeniert und fixiert wird, behält sie doch den Charakter eines Zeichens, das wiederholbar und daher veränderbar ist. „Modernity as a *sign* [...] is iterative."

Wie Kultur, Nation, Moderne, Geschichte oder Erinnerung ist auch der koloniale Diskurs keineswegs als homogene Äußerung aufzufassen. Seine Dokumente und Zeichen sind ebenso prozessual, hybrid und dekonstruierbar wie alle kulturellen Konstrukte. Der koloniale Text ist folglich ambivalent. Er befindet sich in jenem Raum zwischen den Kulturen, in dem sich die Bedeutungen verändern.

Bhabha kritisiert Saids Konzept des „Orientalismus" als geschlossenes System von Bedeutungen: Es wäre die Widersprüchlichkeit des kolonialen Diskurses zu beschreiben – und nicht seine ideologische Kohärenz. Bhabha leistet dies an einer Reihe von Beispielen postkolonialer Dekonstruktion. Obwohl es sich kaum um zusammenhängende Lektüren eines genau dokumentierten Materials handelt, sondern um anekdotische und spekulative Entwürfe, lässt sich das Modell einer poststrukturalistisch-postkolonialen Kritik herausbilden, das für die Analyse literarischer Texte weiterentwickelt werden kann. Wir wollen seine wichtigsten Konzepte im Folgenden nachvollziehen.

Ein ‚Stereotyp' ist eigentlich eine mehrdeutige Darstellung von Andersheit. *Per definitionem* scheint es festzustehen – und muss doch immer von neuem bestätigt werden. Diese tendenziell paranoide Wiederholung gefährdet seine Eindeutigkeit als Zeichen. „Ein Stereotyp", schreibt Bhabha, „ist ein komplexer, ambivalenter, widersprüchlicher Modus der Darstellung, ebenso auftrumpfend wie ängstlich."

Die ‚Mimikry' an die Kultur der Kolonialmacht, die von den Kolonisierten eingefordert wird, ist ähnlich zweideutig. Denn wenn die Unterschiede schwinden, bedroht dies die Hierarchie, welche den Herrschaftsanspruch der hegemonialen Kultur begründet. Zugleich kann die Nachahmung als aufmüpfige Parodie verstanden werden. So entsteht eine Spannung zwischen Narzissmus und Verfolgungswahn. Die Kolonialherren erwarten (einerseits, narzisstisch), dass die Kolonisierten (oder heute: die Zugewanderten) sie imitieren; dabei ist dies gerade das, wovor sie (andererseits, paranoid) Angst haben. Sie verlangen daher in widersprüchlicher Weise, dass sich die Anderen an ihnen orientieren mögen und dennoch ihre Fremdheit bewahren sollen – „*almost the same, but not quite*" sollen sie sein. Das Ergebnis ist weder Identität noch Alterität, sondern eine abweichende Wiederholung, die beunruhigend wirkt.

Eine historische Anekdote vom Umgang mit einem englischen Buch in Indien, auf das die kolonialen Autoritäten misstrauisch reagierten, hat Bhabha als Beispiel für die Aneignung kolonialer Symbole durch die Kolonisierten gewählt. Europäische Zeichen bewahren im Raum der Kolonie keineswegs eine stabile, kontrollierte Semantik. Sie können angeeignet, umgewertet, parodiert und ironisiert werden. Sie gelangen in ungeahnte Zusammenhänge und nehmen dabei neue Bedeutungen an („*différance* of the colonial presence"). Der koloniale Diskurs verliert seine Geschlossenheit und Autorität: „the words of the master become the site of hybridity."

Als entsprechendes Beispiel schildert Bhabha eine seltsame Anekdote von landestypischen Broten (*chapatis*) in einer aufrührerischen Region in Indien, die von den Engländern für Mittel rebellischer Botschaften gehalten wurden. Auch hier wird ein scheinbar eindeutiges Symbol zu einem angeeigneten Zeichen, das im Verlauf seiner Weitergabe neue Bedeutungen annimmt und regelrecht Panik auslösen kann. Die Kolonialmacht reagiert verstört auf ein harmloses Objekt. Ihre repressive Antwort bestätigt den subversiven Charakter kolonialer Wiederholung als irritierende Destabilisierung kolonialer Macht.

Die Eingeborenen sollen, so stellen es sich die Herrschenden vor, den Kolonialherren als ‚Informanten' dienen. Der Aufforderung „zu erzählen" begegnen sie oft jedoch ausweichend, mit einer „schelmischen Höflichkeit" („*sly civility*"). Auch dieses Verhalten verunsichert die koloniale Macht.

Minderheiten können darüber hinaus „Gegen-Erzählungen" (*counter-narratives*) in die „Narration der Nation" einschreiben. Aber Bhabha unterzieht auch ihre theoretischen oder künstlerischen Äußerungen und ihr politisches Handeln einer poststrukturalistischen Beschreibung: Widerstand ist dekonstruktiv *und* dekonstruierbar.

Homi Bhabha verbindet postkoloniale mit poststrukturalistischer Theorie. Diese Fusion einer politisch engagierten mit einer philologisch raffinierten Denkweise kann sehr fruchtbar sein. Wenn der (post)koloniale Diskurs prinzipiell ambivalent und dekonstruierbar ist, dann muss eine Methodik der Textanalyse zu entwickeln sein, die keine diskursanalytischen Reduktionen vornimmt (und auch keine binären Schematisierungen vollzieht oder dialektische Entgegensetzungen und Aufhebungen), sondern die Mehrdeutigkeiten und Widersprüche möglichst genau dort zu beschreiben versucht, wo sie auftauchen: im Text. Die literaturtheoretische und literaturwissenschaftliche Herausforderung, die von postkolonialen Studien ausgeht, besteht darin, die Beobachtungen, die Homi Bhabha skizziert hat, für die Untersuchung beispielsweise von Werken der Reiseliteratur produktiv zu machen: „in the very practice of domination the language of the master becomes hybrid."

Am Beispiel Kleists führt uns dies zu der Frage: Dekonstruiert der Text den Rassismus oder die vermeintlichen Gegensätze der ‚Rassen'? Werden die zentralen

Begriffe des rassistischen Diskurses – wie ‚Hautfarbe' und ‚Fremdheit' – in ihm uneindeutig, fragwürdig und widersprüchlich?

5. Dynamik

Die Frage, wie ein Text Andersheit konstruiert, erscheint durchaus falsch, oder zumindest unvollständig gestellt. Denn es ergibt sich eine Anschlussfrage, die diese Frage verkompliziert: Wie stabil ist diese Konstruktion? Wie kann das ‚Fremde' überhaupt *als solches* festgeschrieben werden? Oder entzieht es sich einer begrifflichen Festlegung? Entgleitet es im Prozess seiner Beschreibung?

Eine erweiterte Hypothese, die dieser Vermutung Rechnung trägt, könnte lauten: Literarische Texte, die eine gewisse Fremdheit zu inszenieren scheinen, verhalten sich oft weniger eindeutig, als zunächst zu vermuten wäre. Sie ‚konstruieren' (affirmieren) eine ‚Fremdheit' zunächst, um sie im Verlauf des Schreibens dann zu ‚de(kon)struieren' (zu ‚subvertieren') – sei es beabsichtigt oder nicht.

Wie wäre eine Lektüre zu unternehmen, die den Versuchungen von diskursiver Reduktion, typologischem Schematismus, Dialektik und Abstraktion entgehen möchte? Mit welchem methodischen Instrumentarium können wir den Verhandlungen von Alterität angemessener begegnen? Wie lässt sich die Ambivalenz, die Hybridität von Diskursen der Andersheit beschreiben, und in welcher Weise zeigt sie sich bereits auf der formalen Ebene am Text?

Identität, Differenz und Andersheit sind heuristische Konzepte, die allenfalls am Anfang der Analysen stehen können und als Ausgangspunkt oder Kontrastfolie dienen.

Die Herausforderung lautet: Wie lässt sich der kritische Ansatz postkolonialer Studien dekonstruktivistisch weitertreiben und dynamisieren, und zwar nicht allgemein in der Theorie, sondern konkret und praktisch in der Lektüre? Wie lassen sich die Fehler der Vereinfachung und der Polarisierung vermeiden, ohne dabei die Übersicht zu verlieren?

Einer der bekanntesten Denker, die sich für eine postkoloniale Lektüre anbieten, wird seit einigen Jahren wiederentdeckt: der deutsch-französische Naturwissenschaftler und Reiseschriftsteller Alexander von Humboldt, der 1799 bis 1804 eine Expedition durch die spanischen Kolonien in Amerika unternahm und 1829 das russische Reich in Asien bis nach China durchquerte. An Humboldts Reiseberichten ist zu beobachten, was Homi Bhabha allgemein beschrieben hat: die Veränderung kolonialer Muster im Verlauf der kolonialen Erfahrung. So stehen am Beginn seiner Texte durchaus zeitgenössische eurozentrische Denkmodelle und Darstellungsweisen (orientalistische Motive, klassizistische Maßstäbe), die im Fortgang jedoch unterlaufen, kritisiert und aufgegeben werden. Humboldt bediente sich experimentell offener Formen der Darstellung (Essay, Fragment, Skizze, Montage, Mehrstimmigkeit), in denen er die bereisten Länder, Völker und Kulturen möglichst angemessen zu fassen versuchte. Reiseliteratur funktioniert bei ihm wie ein Experiment, quasi naturwissenschaftlich, in dessen Verlauf die eigenen Ausgangsannahmen falsifiziert werden. An Humboldts Texten können wir beobachten, wie das Reisen das Denken verändert.

Für Kleists Novelle wiederum bedeutet das, dass sie inhaltliche und formale Entwicklungen aufweisen könnte. Verändern sich diskursive Annahmen (etwa von der Lesbarkeit der Hautfarben oder von der Unvereinbarkeit der Ethnien) sowie literarische Darstellungsweisen (etwa der Einsatz von Tropen oder auch Syntax und Stil) im Fortgang des Texts? Oder wären in der kurzen Novelle, die in vergleichsweise kurzer Zeit entstand, keine dramatischen Veränderungen auf der Ebene des Inhalts oder der Form festzustellen?

Virtueller Kolonialismus: Deutsche Literatur

Auch europäische Länder, die keine bedeutenden Kolonialmächte waren, haben mindestens einen Anteil an einem *imaginären* oder *sekundären* Kolonialismus: an einem Kolonialismus ohne Kolonien.

Durchaus reiches Material bietet die deutsche, österreichische und schweizerische Geistes- und Literaturgeschichte, die Edward Said aus seinem „Orientalismus" ausgeklammert hatte (trotz der einschlägigen Beiträge von Goethe im *West-östlichen Divan*, 1819, oder von Friedrich Schlegel zu Indien).

Das umfangreiche Corpus deutscher Literatur, das sich für postkoloniale Lektüren anbietet, umfasst Reiseberichte ebenso wie Fiktionen: Georg Forsters *A Voyage Round The World* (1777, *Reise um die Welt*), Alexander von Humboldts *Ansichten der Natur* (1808) und *Relation historique* (1814–1831), Adelbert von Chamissos *Reise um die Welt in den Jahren 1815–1818* (1836) und *Peter Schlemihls wundersame Geschichte* (1814), Heinrich von Kleists „Die Verlobung in St. Domingo" (1811), E. T. A. Hoffmanns Briefnovelle „Haimatochare" (1819), Joseph von Eichendorffs Novelle „Eine Meerfahrt" (1836, postum 1864), Adalbert Stifters „Abdias" (1842), „Die Narrenburg" (1844) und „Katzensilber" (1853), Heinrich Heines Gedicht „Vitzliputzli" (in: *Romanzero*, 1851), Gottfried Kellers „Don Correa" und „Die Berlocken" aus dem Novellenzyklus *Das Sinngedicht* (1881) sowie „Pankraz, der Schmoller" aus *Die Leute von Seldwyla* (1856), Theodor Storms Novelle „Von Jenseit des Meeres" (1865), Wilhelm Raabes *Abu Telfan* (1867) und *Stopfkuchen* (1890) sowie die Abenteuergeschichten von Charles Sealsfield [Carl Anton Postl], *Das Cajütenbuch* (1841), und von Karl May, *Winnetou* (1893), sowie in der Moderne zum Beispiel Robert Müllers *Tropen* (1915).

In der Germanistik begannen postkoloniale Studien mit gewisser Verspätung. Susanne Zantop liest die deutsche Literaturgeschichte als virtuelle Kolonialgeschichte (*Colonial Fantasies*, 1997), indem sie eine Abfolge sexistischer und familialer Vorstellungen rekapituliert: Die imperiale Aggression wurde in zahlreichen Texten als freiwillige Verlobung einer indigenen Frau mit einem europäischen Mann verklärt und als Heirat legitimiert. Aufstände erschienen als Trennungen beziehungsweise Scheidungen und das folgende verschärfte Vorgehen der Kolonialmacht als Vergewaltigung. Unter dem Eindruck von Saids diskurskritischem Modell sprach Zantop sogar Werken von Kleist, Heine oder Keller, die ihr zunächst widersprüchlich vorkamen, grundsätzlich die Möglichkeit ab, den kolonialen Diskurs zu unterlaufen oder zu kritisieren. Was nicht sein darf, kann nicht sein.

Russell Berman hingegen beleuchtete gegenüber der kolonialen die nicht-koloniale Dimension deutschsprachiger Texte. Wenn er zum Beispiel den Bericht des englischen Kapitäns James Cook mit dem seines deutschen Begleiters Georg Forster vergleicht, erscheint die europäische Aufklärung, deren Komplizenschaft beziehungsweise Übereinstimmung mit dem imperialen Projekt kritisiert worden ist, doppelgesichtig: In den Kolonien konnte sowohl ihr instrumentelles Potential (Cook) wie auch ihr befreiendes (Forster) zur Geltung kommen. Die deutsche Kulturgeschichte enthält zahlreiche Zeugnisse einer aufgeklärten Kritik am Kolonialismus – die jedoch auch als Kritik an den europäischen Konkurrenzmächten verstanden werden kann, wenn sich Deutsche ihnen gegenüber als potentiell bessere Welteroberer in Szene setzten. Auch Kolonialismuskritik ist nicht immer unproblematisch.

Der Reiseschriftsteller und Theoretiker Hans Christoph Buch bezog (in *Die Nähe und die Ferne. Bausteine zu einer Poetik des kolonialen Blicks*, 1991) die Phantasien deutscher Autoren von exotischer Ferne auf die Beschreibungen der eigenen Provinz, denen sie in verblüffender Weise gleichen (zum Beispiel Humboldt und Goethe, Chamisso und Hebel).

Nach kolonialen oder postkolonialen Perspektiven in der deutschsprachigen Gegenwartsliteratur fragte Paul Michael Lützeler: beispielsweise bei Hubert Fichte, Uwe Timm, Hugo Loetscher oder Peter Schneider. Wir können ergänzen: Christian Kracht, Raoul Schrott oder Christoph Ransmayr.

Inzwischen gibt es sogar Studien über die *Koloniale Schweiz* (2011) beziehungsweise die *Postkoloniale Schweiz* (2012): am Beispiel der Handelsstadt Singapur und der Plantagen in Sumatra, im Migrationsdiskurs oder in der Gegenwartsliteratur – zum Beispiel in Lukas Bärfuss' Ruanda-Roman *Hundert Tage* (2008).

Eurozentrismus oder Allozentrismus?

Kritik an neueren postkolonialen Studien wird aus philologischer, politischer, historischer und theoretischer Perspektive geübt. Ihnen wird vorgeworfen, dass sie entweder zu einfach seien oder zu kompliziert. Europäischen Autorinnen und Autoren werde ein ‚kolonialer Blick' unterstellt und willkürlich belegt. Das ideologiekritische Ergebnis der Lektüre sei von Anfang an absehbar. Kritische Einsicht in Mechanismen der Macht werde erkauft durch eine schematische Vereinfachung. Die künstlerische Eigenheit vieler Werke gehe dabei verloren. Kunstwerke dienten oft eher dazu, eine ideologische Annahme oder eine komplexe Theorie zu illustrieren, als umgekehrt diese dazu, methodisch neue Zugänge zur Kunst zu eröffnen. Die Literatur werde durch den Postkolonialismus geradezu ‚kolonisiert'. Das Präfix ‚post-' stehe selbst in der Tradition einer teleologischen Aufklärung, die als eurozentrisch zu kritisieren wäre. Es suggeriere fälschlicherweise, dass der Kolonialismus der Vergangenheit angehöre und überwunden sei. Ökonomische Prozesse würden zugunsten von Fragen der Sprache und des ‚Überbaus' vernachlässigt. Postkoloniale Studien seien eher interessiert an textlicher als an tatsächlicher Ausbeutung. Der Postkolonialismus blende die Lebenswirklichkeit in den früheren Kolonien allzu oft aus. Der Begriff ‚kolonial' sei zu allgemein, als dass er die Vielfalt der Erfahrungen, auf die er bezogen wird, fassen könnte. Wirkliche Unterdrückte (‚Subalterne') kämen weder zu Wort noch als Adressierte in Betracht. Die Sprache vieler Beiträge sei (vor allem bei Homi Bhabha) bis zur Unverständlichkeit kompliziert und unnötig jargonlastig. *Postcolonial Studies* seien anglozentrisch beschränkt, allenfalls nordamerikanisch und westeuropäisch. Ihr Fokus sei zu sehr eingeengt auf den englischen (und französischen) Kolonialismus, vor allem in Indien und im arabischen Raum. Sie seien insofern nicht wirklich komparatistisch oder global. Sie gingen aus von den führenden Universitäten in den USA und in Großbritannien. Es handele sich um einen elitären intellektuellen Diskurs.

Zuletzt wurde aus ‚postkolonialer' Perspektive eine obsessive und einseitige Kritik an Israel als stellvertretendem ‚Kolonialstaat' geübt, die fließende Übergänge zwischen Kolonialismuskritik, Antizionismus und Antisemitismus erkennen ließ. Die Aufmerksamkeit für das Leiden der einen – *Postcolonial Studies* – wurde dabei gegen jene für das Leiden der anderen – *Holocaust Studies* – ausgespielt. Die Rede ist sogar von einem neuen ‚Historikerstreit'. Der US-amerikanische Literaturwissenschaftler Michael Rothberg hat dagegen eine Erinnerung vorgeschlagen, die mehrere Perspektiven zugleich zulässt, „Multidirectional Memory" (2009), um Polarisierung zu vermeiden und verschiedene Gedächtniskulturen miteinander zu versöhnen. Und er hat W. E. B. Du Bois als Modell gesehen, der den Völkermord an den Juden als Schwarzer mit großer Empathie zugleich in seiner Vergleichbarkeit und in seiner Unvergleichlichkeit wahrgenommen hat.

Tzvetan Todorov formulierte bereits mit Blick auf den kolonialen Diskurs der spanischen *Conquistadores* die These, die machtpolitische Überlegenheit der europäischen Zivilisation habe darin bestanden, immer schon ‚allozentrisch' gewesen zu sein, aus der Erforschung fremder Kulturen und der Fähigkeit zum distanzierten Blick auf die eigene Kultur strategische Vorteile gezogen zu haben; aber auch beim Postkolonialismus handelt es sich letztlich um einen weiteren Diskurs des Westens über das ‚Andere', der Selbstkritik immer schon mitdenkt und gerade dadurch eine ideologische Dominanz verstetigt.

Zehnte Lesewerkstatt – Wie kolonialistisch ist „Die Verlobung in St. Domingo"?

Im Zusammenhang mit den Forderungen nach einer Rückgabe von Raubkunst an Länder vor allem in Afrika geriet die deutsche Kolonialgeschichte in den letzten Jahren zunehmend in den Fokus öffentlicher Debatten. Lange war sie kaum aufgearbeitet worden, und sie hatte im Schatten europäischer Nachbarn wie Frankreich und Großbritannien, Spanien und Portugal, aber auch Belgien und den Niederlanden gestanden, deren längere, umfangreichere und folgenreichere Kolonialgeschichte im kollektiven Bewusstsein präsenter ist und näher an unsere Gegenwart heranreicht beziehungsweise zum Teil sogar noch andauert. Die Zeit, in der das Deutsche Kaiserreich Kolonien in Afrika, Asien, Ozeanien und Mikronesien besaß, begann in den 1880er Jahren und endete nach dem Ersten Weltkrieg mit dem Versailler Vertrag 1919. Hat sich der Kolonialismus jedoch nur während dieser vergleichsweise kurzen Phase auf die Kultur in Deutschland und in dessen Kolonien niedergeschlagen? Gab es davor und danach keine kolonialistische deutsche Literatur? Muss ein Text von Deutsch-Südwestafrika (heute Namibia), Togoland (heute Togo), Kiautschou (heute Teil Chinas), den Deutschen Samoa-Inseln (heute Samoa), Kaiser-Wilhelms-Land oder dem Bismarck-Archipel (beide heute Teil Papua-Neuguineas) handeln, um dem deutschen Kolonialismus zugeordnet zu werden? Oder wäre umgekehrt alle Literatur aus Deutschland während dieser Zeit, als das Kaiserreich eine globale Kolonialmacht war, kolonialistisch? Muss Literatur, um als kolonialistisch beurteilt zu werden, direkt in die politische und wirtschaftliche Kolonisierung eingebunden gewesen sein oder ist es ausschlaggebend, wie weit sie gedanklich und ideologisch am Kolonialismus partizipierte?

Wie verhält es sich mit deutschsprachiger Literatur aus anderen Ländern? Sind Werke aus Österreich und der Schweiz grundsätzlich *nicht* kolonialistisch, weil diese Länder nie nennenswerte Kolonien besaßen? Sind sie gleichsam noch präkolonial oder immer schon postkolonial? Ist die Habsburgermonarchie weniger kolonialistisch, weil ihre Kolonialpolitik, die sich durch Expeditionsfahrten bis nach „Franz-Josef-Land" und an den Nordpol erstreckte, wenig erfolgreich war? Oder ist der Imperialismus, der über Jahrhunderte zum österreichisch-ungarischen Vielvölkerstaat führte, seinerseits ein kontinentaler Kolonialismus, der ebenso auf der Herrschaft über fremde Kulturen beruhte, nur nicht in Übersee, sondern innerhalb von Europa?

Hat Österreich nicht, ähnlich wie die Schweiz, an der internationalen Kolonialwirtschaft teilgenommen und sich an ihr bereichert, ohne selbst außereuropäische Gebiete zu besitzen? Immunisierte die Schweizer Neutralitätspolitik gegen den Kolonialismus oder gegen das Bewusstsein kolonialer Mittäterschaft? Oder war die Verstrickung in den kolonialen Waren- und Menschenhandel sowie in gewaltsame Eroberungen (durch Söldner) nicht gerade in der Schweiz derart ausgeprägt, dass man von einem ‚Kolonialismus ohne Kolonien' sprechen muss? Setzt sich eine kolonialistische Haltung, wie es der Schweizer Schriftsteller Lukas Bärfuss in seinem Ruanda-Roman *Hundert Tage* (2008) darstellt, in der Entwicklungshilfe fort, lange nach der offiziellen Abschaffung der Kolonien? Oder ist die deutschsprachige Literatur heute zunehmend postkolonial, weil mehr Menschen aus ehemaligen Kolonien in deutschsprachigen Ländern leben und hier zu Kultur und Kunst beitragen?

Je nachdem, wie man diese Fragen beantwortet, ist lediglich ein kleiner Teil der Literatur, die aus einem begrenzten Abschnitt der deutschen Geschichte stammt, eindeutig kolonialistisch oder aber die ganze deutschsprachige Literatur der Neuzeit ist, zusammen mit einem Großteil der europäischen Kunst, Teil eines kolonialistischen Denkens. Diesem Dilemma ist schwer zu entkommen. Und was ist, darüber hinaus, mit der Literatur aus den ehemaligen deutschen Kolonien, die sich mit dem deutschen Kolonialismus auseinandersetzt, wie die Romane des Literaturnobelpreisträgers von 2021, Abdulrazak Gurnah aus Tansania (*Afterlives*, 2020)? Wäre sie indirekt und wider Willen ein Teil der deutschen Literaturgeschichte?

Um uns diesen Fragen zu nähern, beschäftigen wir uns im Folgenden exemplarisch mit einer Novelle aus der Hochzeit des Kolonialismus, Heinrich von Kleists „Die Verlobung in St. Domingo" (1811), die von einer antikolonialen Revolution in der Karibik handelt und deren Held ein Schweizer ist. (Zitate werden direkt im Text nachgewiesen nach der Ausgabe *Sämtliche Erzählungen, Anekdoten, Gedichte, Schriften* von Heinrich von Kleist im Deutschen Klassiker Verlag, herausgegeben von Klaus Müller-Salget.)

Fremde bei Kleist

Der deutsche Schriftsteller Heinrich von Kleist (1777–1811) hat den Ruf, bei der Darstellung von Fremden nicht besonders feinfühlig zu sein. Als eine Art preußischer Staatsdichter wurde er für seinen intellektuellen und literarischen Kampf gegen die französische Fremdherrschaft verehrt, zumindest postum, nachdem er sich als Journalist im Konflikt mit den staatlichen Behörden aufgerieben und das Leben genommen hatte. Nationalistische Tendenzen finden sich in einigen seiner Texte in der Tat, sein Drama *Prinz Friedrich von Homburg* (1809/10) endet mit den Worten: „In Staub mit allen Feinden Brandenburgs!" Seine *Hermannsschlacht* (1808), die den Sieg der Germanen gegen die römischen Invasoren in der Schlacht im Teutoburger Wald (9 n. Chr.) darstellt, haben die Nationalsozialisten derart für ihre fremdenfeindlichen Zwecke missbraucht, dass das Stück nach dem Ende des ‚Dritten Reichs' für Jahrzehnte kontaminiert war und erst gegen Ende des 20. Jahrhunderts wieder aufgeführt werden konnte.

Besonders scharf richtete Kleist sich gegen Frankreich, vor allem in seinen politischen Schriften. In seinem *Katechismus der Deutschen* (1809) lässt er einen Vater fragen: „Wer sind deine Feinde, mein Sohn?", worauf dieser antwortet: „Napoleon, und so lange er ihr Kaiser ist, die Franzosen." (482) In der Ode *Germania an ihre Kinder* (1809) ruft Kleist zur Gewalt gegen die „Franken" (Franzosen) auf:

Chor
Zu den Waffen! Zu den Waffen!
Was die Hände blindlings raffen!
Mit der Keule, mit dem Stab,
Strömt in's Tal der Schlacht hinab!

[…]

Chor
So verlaßt, voran der Kaiser,
Eure Hütten, eure Häuser;
Schäumt, ein uferloses Meer,
Über diese Franken her!

§ 4
Alle Plätze, Trift' und Stätten,
Färbt mit ihren Knochen weiß;
Welchen Rab' und Fuchs verschmähten,
Gebet ihn den Fischen preis;
Dämmt den Rhein mit ihren Leichen;
Laßt, gestäuft von ihrem Bein,
Schäumend um die Pfalz ihn weichen,
Und ihn dann die Grenze sein! (426–430)

Der Franzosenhass dieser Verse ist nicht subtil. Aber er hat einen Kontext. Die französischen Truppen unter Napoleon hatten Preußen im Vierten Koalitionskrieg 1806 bis 1807 besiegt und der preußischen Armee in der Doppelschlacht bei Jena und Auerstedt eine vernichtende Niederlage beigebracht. Der preußische Staat brach zusammen, der Hof floh nach Ostpreußen. Das Land musste die Hälfte seiner Gebiete unter französische Kontrolle abtreten, verlor einen Großteil seiner Bevölkerung sowie seinen Rang als europäische Großmacht und musste immense Reparationszahlungen leisten. Die französische Besatzung Preußens endete erst mit den Befreiungskriegen ab 1813 und schließlich mit Napoleons Niederlage bei Waterloo 1815. Da lebte Kleist, der in seiner Jugend eine Offizierslaufbahn eingeschlagen und 1793 bis 1795 im Ersten Koalitionskrieg selbst gegen Frankreich gekämpft hatte, schon seit vier Jahren nicht mehr.

Als er Ende der 1800er Jahre seine frankophoben Schriften verfasste, tat er dies also nicht aus einem Gefühl der Überlegenheit, sondern als Bürger eines besetzten Staats, gleichsam als Subalterner, der hegemonialer Kontrolle und Zensur unterlag. Seine Stücke und Pamphlete durften nicht veröffentlicht werden, sie zirkulierten in handschriftlichen Kopien. Ist die Franzosenfeindlichkeit in Kleists Texten also Chauvinismus oder Widerstand, nationalistisch oder antikolonial? Und ändert die Antwort auf diese Fragen etwas an der Art, wie wir sie heute beurteilen? Kann Kleists politische Lage als Erklärung oder Entschuldigung dienen? Inwieweit sollte überhaupt der historische Kontext berücksichtigt werden bei der Auseinandersetzung mit etwas, das wir aus heutiger Sicht moralisch beurteilen? Ist es das Recht, die Aufgabe, die Pflicht der Literaturwissenschaft, aktuelle ethische Maßstäbe an historische Texte und ihre Autorinnen und Autoren anzulegen?

Solche Fragen zur Bewertung von Texten aus vergangener und gegenwärtiger Sicht können in moralische und politische Diskussionen münden, sogar in weltanschauliche Grundsatzdebatten. Sie führen heraus aus dem fiktionalen Gebiet der Literatur, weil sie unsere Haltung in der Wirklichkeit betreffen. Es gibt Gegenstände der Philologie, die von solchen Fragen unberührt sind. Und es gibt Ansätze der Interpretation, die eine politische Positionierung meiden. Zugleich gibt es literaturwissenschaftliche Arbeiten, die Deutungen mit ethischen Stellungnahmen oder sogar Aktivismus verknüpfen. Die Bedeutung der Literaturwissenschaft beruht auch auf einer Verbindung von Literatur und Welt. Die Literaturwissenschaft kann durchaus als eine politische Disziplin betrachtet und betrieben werden. Sie hat ein gesellschaftliches Potenzial. Das Teilgebiet ihrer postkolonialen Studien ist in dieser Hinsicht eindeutig ausgerichtet. Als literatur- und kulturwissenschaftliche Theorie beschäftigen sie sich mit der ideologischen Dimension von literarischen Werken, anderen Künsten und Zeugnissen nicht-ästhetischer Diskurse. Die postkoloniale Perspektive auf Literatur ist eine politische. Wir werden sie mit Blick auf Kleists Novelle im Folgenden beispielhaft einnehmen.

Die Bedeutung des Titels

An der wichtigen Schwelle zwischen Text und Nicht-Text üben die Titel literarischer Werke einen entscheidenden Einfluss auf unsere Rezeption aus. Sie rufen Erwartungen hervor, bringen Vermutungen in Gang, aktivieren Erinnerungen und Kenntnisse aus unserer Lesebiographie und unserem Weltwissen. Von Beginn an bestimmen sie unsere Lektüre.

Der Titel von Kleists Novelle, „Die Verlobung in St. Domingo", macht dabei keine Ausnahme. Er enthält zwei entscheidende Informationen beziehungsweise Ankündigungen zum Inhalt. Die eine betrifft den Handlungsverlauf und die narrativen Muster, die mit dem Motiv der Verlobung aufgerufen werden. Wir können davon ausgehen, dass es im Zentrum der Erzählung um zwei Personen geht, die zu einem Paar werden. Wir rechnen eventuell mit einem glücklichen Ende, weil wir aus der Theatergeschichte wissen, dass Verlobungen ein dramaturgisches Muster für Komödien sind. Bedenken könnten höchstens aufkommen, weil nicht von einer Heirat oder Ehe die Rede ist.

Die zweite Information betrifft den Schauplatz der Handlung, das narrative Setting. Wir verstehen, dass es sich bei St. Domingo um einen geographischen Raum handelt, auch wenn wir ihn vielleicht nicht genau kennen und verorten können. Dabei ist der Ort einer Erzählung ein entscheidender Faktor, und wenn er im Titel eines Werks genannt wird, uns aber – wie manchen Teilen von Kleists zeitgenössischem Publikum – zunächst nicht viel sagen mag, dann erhöht das die Spannung wie ein Rätsel.

Dass „St. Domingo" kein uns geläufiger Begriff ist, liegt daran, dass es nicht mehr existiert und durch etwas anderes ersetzt wurde. Genau genommen existierte es bereits, als Kleists Erzählung 1811 erschien, nicht mehr. Weil es aber unerlässlich ist, die Geschichte von „St. Domingo" zu kennen, um den kolonialen Kontext der Erzählung zu verstehen, der uns hier interessiert, sollten wir sie uns zumindest kurz veranschaulichen.

Von Santo Domingo über Saint-Domingue zu Haiti

Zu den ersten Gebieten der sogenannten ‚Neuen Welt', die Europäer erschlossen, eroberten und erzählten, gehörte die Insel Hispaniola, eine der Großen Antillen in der Karibik. Bereits auf seiner ersten Fahrt über den Atlantik entdeckte Christoph Kolumbus sie 1492, nachdem er weiter nördlich, wohl auf den heutigen Bahamas, erstmals an Land gegangen war und ‚westindischen' beziehungsweise ‚amerikanischen' Boden betreten hatte. Schon die Bezeichnung ‚La Isla Española' (die spanische Insel) beziehungsweise ‚Hispaniola' (Kleinspanien), welche die Insel seit ihrer Entdeckung trägt, verweist auf die Kolonialpolitik, in deren Auftrag Kolumbus unterwegs war. Hispaniola steht am Beginn der spanischen Kolonisierung Amerikas.

Nach der Versklavung und weitgehenden Vernichtung der indigenen Bevölkerung wurden auf der Insel afrikanische Sklaven angesiedelt, die auf den spanischen Zuckerplantagen Zwangsarbeit verrichten mussten. Mitte des 17. Jahrhunderts gründeten Franzosen im Westteil der Insel eine eigene Kolonie, die nach einer Einigung mit Spanien den Namen ‚Saint-Domingue' trug. Der spanische Teil Hispaniolas wurde von nun an Santo Domingo genannt, nach der 1498 im Osten der Insel gegründeten Stadt. (Sie ist heute Hauptstadt der Dominikanischen Republik, die auf dem Gebiet der ehemaligen spanischen Kolonie liegt.) Im Gegensatz zum spanischen Teil der Insel prosperierte die französische Kolonie durch Handel und den Import von Sklaven, die bis zu 90 % der Bevölkerung ausmachten, und gewann bis Ende des 18. Jahrhunderts so sehr an Bedeutung, dass Frankreich zur vorherrschenden Kolonialmacht auf der Insel wurde (siehe Abb. 1). Saint-Domingue war in dieser Zeit die reichste überseeische Besitzung Frankreichs.

Unter dem Einfluss der Französischen Revolution und der Ausrufung der Menschenrechte 1789 sowie der Abschaffung der Sklaverei in den französischen Kolonien durch den revolutionären Nationalkonvent 1794 kam es ab 1791 in Saint-Domingue zu einer Reihe von Sklavenaufständen. Unter der Führung des ehemaligen Sklaven François-Dominique Toussaint Louverture (1743–1803) weiteten sie sich zur Haitianischen Revolution aus. Die massenhafte Erhebung der schwarzen Bevölkerung gegen die französische Kolonialherrschaft ging einher mit Massakern an der weißen Minderheit, die vom französischen Militär, das unter Napoleon Truppen aus dem Mutterland entsandte, drastisch vergolten wurden, aber auch mit gewaltsamen Auseinandersetzungen zwischen versklavten Schwarzen und freieren sogenannten ‚Mulatten' (Menschen mit weißen und schwarzen Vorfahren). Im Verlauf des Konflikts, der über ein Jahrzehnt andauerte, wurde die Sklaverei abgeschafft, wiedereingeführt und erneut abgeschafft. Toussaint Louverture wurde

Abb. 1 Die französische Kolonie Saint-Domingue um 1789

1802 von den französischen Truppen gefangen genommen und nach Frankreich deportiert, wo er im folgenden Jahr in Haft umkam – in derselben Festung, Fort de Joux nahe der Grenze zur Schweiz, in der Heinrich von Kleist vier Jahre später als vermeintlicher preußischer Spion für einige Wochen inhaftiert wurde, nachdem er während des Vierten Koalitionskriegs von den Franzosen auf dem Weg von Berlin nach Dresden aufgegriffen worden war. In einem Brief vom 23. April 1807 an seine Schwester Ulrike von Kleist berichtete er davon, dass einer seiner Kameraden in derselben Zelle saß, in der Toussaint Louverture gestorben war. In Saint-Domingue übernahm anschließend General Jean-Jacques Dessalines (1756–1806), ebenfalls ehemaliger Sklave und für seine Härte und Durchschlagskraft bekannt, die Führung der Aufständischen. Dessalines besiegte Napoleons Armee und rief am 1. Januar 1804 die Unabhängigkeit aus. Der neue Staat wurde benannt nach der indigenen Bezeichnung der Insel: Haiti (siehe Abb. 2).

Haiti wurde als erste Kolonie in Lateinamerika unabhängig. Und es wurde zum Vorbild für weitere Emanzipationsbewegungen in Venezuela, Peru und Kolumbien und nicht zuletzt im östlichen Teil von Hispaniola, der sich 1844 emanzipierte, nachdem er abwechselnd unter spanischer Kolonialherrschaft und haitianischer Kontrolle gestanden hatte. Haiti blieb durch ethnische und politische Konflikte, Misswirtschaft und Autokratie instabil. Der Reichtum der französischen Kolonie hat sich nicht bewahrt, das Land gehört heute zu den ärmsten Regionen der Erde.

Abb. 2 Der Staat Haiti auf der Insel Hispaniola um 1820

Kleists „St. Domingo"

Kleists Novelle schildert eine fiktive Handlung, die in den Sklavenaufstand am Vorabend der haitianischen Unabhängigkeit eingebettet ist. Sie beschreibt den historischen Konflikt mit zahlreichen Details recht genau. Die Handlung spielt „im Jahr 1803" (223), kurz bevor Dessalines, den Kleists Erzählung erwähnt, die Kolonialherrschaft beendet und alle Weißen vertrieben oder getötet haben wird.

Das ist der koloniale Kontext der „Verlobung in St. Domingo". Wenn Kleist in Titel und Text seiner Novelle die Bezeichnung „St. Domingo" verwendet, wissen wir also, worauf sie sich bezieht. Und wir wissen es doch wieder nicht, denn die Schreibweise ist uneindeutig. Die Abkürzung für das spanische ‚Santo' als Beiname des heiligen Dominikus (ca. 1170–1221), spanisch Domingo, des Gründers der Dominikaner, nach dem die Kolonie benannt wurde, wäre eigentlich ‚Sto.'. Die Abkürzung ‚St.' hingegen wird im Französischen verwendet; und tatsächlich spielt sich die Handlung in der Gegend um Port-au-Prince ab, der heutigen Hauptstadt Haitis, „auf dem französischen Anteil der Insel" (222), wie Kleist gleich im ersten Satz festhält. (Port-au-Prince liegt in der östlichsten Bucht der Westküste Hispaniolas.) Nur passt die französische Lesart der Abkürzung nicht zur spanischen Namensform des Heiligen. Konsequent müsste es „Santo Domingo" („Sto. Domingo") oder „Saint Domingue" („St. Domingue") heißen. Mehrdeutig ist die Abkürzung „St." überdies dadurch, dass sie auch im Deutschen verwendet wird, also nicht unbedingt als frankophon verstanden werden muss. Schon in der Ortsbezeichnung im

Titel überlagern sich also mehrere Deutungen und politische Perspektiven: auf eine zunächst spanische, dann französische Kolonie, die 1811 zum Zeitpunkt der Veröffentlichung eines Texts gar nicht mehr existierte, der von einem preußischen Autor für ein deutschsprachiges Publikum verfasst wurde.

Dass die Leserschaft keineswegs nur aus Preußen stammte, zeigt sich an der Druckgeschichte der Erzählung. Kurz bevor Kleist im Herbst 1811 den Text in einer überarbeiteten Fassung im zweiten Band seiner gesammelten *Erzählungen* in Buchform veröffentlichte, wurde die Novelle in zwei Zeitschriften publiziert. Nach dem Erstdruck in Berlin (im April 1811 in der Zeitschrift *Der Freimüthige*) erschien die zweite Fassung im Juli 1811 im Journal *Der Sammler* in Wien, erreichte also auch ein österreichisches Publikum. Und noch eine deutsche Sprachgemeinschaft ist zu berücksichtigen, nämlich die der Schweiz, nicht nur, weil Kleist einen Teil seines Lebens in Thun im Kanton Bern verbracht und dort erste literarische Texte verfasst und publiziert hatte, sondern vor allem wegen der Nationalität einer der Hauptfiguren seiner haitianischen Novelle, die sich selbst folgendermaßen vorstellt: „[I]ch bin ein Offizier von der französischen Macht, obschon, wie ihr wohl selbst urteilt, kein Franzose; mein Vaterland ist die Schweiz und mein Name Gustav von der Ried" (226).

Gustav wird also mit einer doppelten nationalen Loyalität – wir könnten auch sagen: Identität – eingeführt. Seine „Macht" und Autorität vor Ort rührt von seiner Zugehörigkeit zum französischen Militär, in dem er als Söldner beziehungsweise als Bürger eines französischen Vasallenstaats dient. In der Schweiz wiederum liegt seine kulturelle Herkunft (er deutet in seiner Vorstellung an, dass man ihn an der deutschen Sprache als Nicht-Franzosen erkennt), und zu ihr gehört er als staatsbürgerliches Subjekt. Seine Einbindung in den Konflikt zwischen Haitianern und Franzosen, so gibt er damit zu verstehen, ist nicht politischer oder gar ideologischer, sondern professioneller Natur, da er die Kolonie und die Sklaven nicht als Besitz seines Heimatlands ansieht.

Er gibt diese vorsichtigen Hinweise, weil er sich mit seiner Familie, die versteckt auf ihn wartet, auf der Flucht befindet. Auf seiner Suche nach Rettung findet er vorübergehend Unterschlupf in einem Haus, das von der alten Babekan und ihrer Tochter Toni bewohnt wird, deren Haltung zum Aufstand er hier anfangs noch nicht einschätzen kann. Babekan ist es, der Gustav sich bei der ersten Begegnung so bedacht vorstellt. Während er seine Position im Kolonialkonflikt kulturell und national differenziert, ist für Babekan hingegen ein anderer Unterschied ausschlaggebend, nämlich jener der Hautfarben. Gustavs Nationalität interessiert sie wenig, für sie ist entscheidend, dass er ein Weißer ist und damit ein Feind der Schwarzen, denen sie sich zugehörig fühlt. Als sie ihn zum Schein ins Haus einlässt, um ihn später umzubringen, stellt sich Babekan vor, indem sie ihre Ethnizität bestimmt: „[H]ier wohnt eine Mulattin, und die Einzige, die sich außer mir noch im Hause befindet, ist meine Tochter, eine Mestize!" (224) Babekan definiert Identität nach zeitgenössischer Klassifikation als ‚Rasse': sich selbst als ‚Mulattin', abstammend von Weißen und Schwarzen, Toni als ‚Mestize', womit eigentlich die Abstammung von Schwarzen und Indigenen, hier aber das Kind einer Mulattin und eines Weißen gemeint ist. Ihre Loyalität mit den ehemaligen Sklaven begründet indes nicht nur ihre Hautfarbe, sondern auch ihre Liaison mit einem Schwarzen, Congo Hoango.

Damit ist das Spektrum der Hautfarben in Kleists „Verlobung" umrissen – und zugleich die Linien dieses Kolonialkonflikts, der nationale, militärische, ethnische, familiäre, soziale und wirtschaftliche Kategorien umfasst. Wie zeigt sich dies in der „Verlobung in St. Domingo"? In welcher Form kommt Kolonialismus darin zum Ausdruck? Und welche Position nimmt der Text zu ihm ein? Wir werden im Folgenden in einem ersten Schritt untersuchen, wie Kleists Erzählung das Kolonialsystem in Haiti darstellt – und womöglich affirmiert.

Verfestigung

Die Erzählung führt sofort in den Kolonialkonflikt ein. Die Schilderung ist dabei keineswegs überparteilich, sie enthält moralische Wertungen und einseitige Schuldzuweisungen. Wir zitieren den Textanfang etwas ausführlicher:

> Zu Port au Prince, auf dem französischen Anteil der Insel St. Domingo, lebte, zu Anfange dieses Jahrhunderts, als die Schwarzen die Weißen ermordeten, auf der Pflanzung des Herrn Guillaume von Villeneuve, ein fürchterlicher alter Neger, namens Congo Hoango. Dieser von der Goldküste von Afrika herstammende Mensch, der in seiner Jugend von treuer und rechtschaffener Gemütsart schien, war von seinem Herrn, weil er ihm einst auf einer Überfahrt nach Cuba das Leben gerettet hatte, mit unendlichen Wohltaten überhäuft worden. Nicht nur, daß Herr Guillaume ihm auf der Stelle seine Freiheit schenkte, und ihm, bei seiner Rückkehr nach St. Domingo, Haus und Hof anwies; er machte ihn sogar, einige Jahre darauf, gegen die Gewohnheit des Landes, zum Aufseher seiner beträchtlichen Besitzung, und legte ihm, weil er nicht wieder heiraten wollte, an Weibes Statt eine alte Mulattin, Namens Babekan, aus seiner Pflanzung bei, mit welcher er durch seine erste verstorbene Frau weitläufig verwandt war. Ja, als der Neger sein sechzigstes Jahr erreicht hatte, setzte er ihn mit einem ansehnlichen Gehalt in den Ruhestand und krönte seine Wohltaten noch damit, daß er ihm in seinem Vermächtnis sogar ein Legat auswarf; und doch konnten alle diese Beweise von Dankbarkeit Herrn Villeneuve vor der Wut dieses grimmigen Menschen nicht schützen. Congo Hoango war, bei dem allgemeinen Taumel der Rache, der auf die unbesonnenen Schritte des Nationalkonvents in diesen Pflanzungen aufloderte, einer der Ersten, der die Büchse ergriff, und, eingedenk der Tyrannei, die ihn seinem Vaterlande entrissen hatte, seinem Herrn die Kugel durch den Kopf jagte. Er steckte das Haus, worein die Gemahlin desselben mit ihren drei Kindern und den übrigen Weißen der Niederlassung sich geflüchtet hatte, in Brand, verwüstete die ganze Pflanzung, worauf die Erben, die in Port au Prince wohnten, hätten Anspruch machen können, und zog, als sämtliche zur Besitzung gehörige Etablissements der Erde gleich gemacht waren, mit den Negern, die er versammelt und bewaffnet hatte, in der Nachbarschaft umher, um seinen Mitbrüdern in dem Kampfe gegen die Weißen beizustehen. (222 f.)

In diesem Erzählbeginn wird auf zahlreiche Tatsachen der Kolonialgeschichte angespielt: Versklavung, Unfreiheit, Zwangsarbeit, Verschleppung aus Afrika, Sklavenhandel (in Kuba), Trauma der Entwurzelung („seinem Vaterlande entrissen"), hohe Sterblichkeit der schwarzen Bevölkerung („seine erste verstorbene Frau"), Überwachung („Aufseher"), Herrschaft, Landwirtschaft („Pflanzung", „Gehalt"), Reichtum der Kolonisatoren („seiner beträchtlichen Besitzung"), Gewohnheitsrecht der

Mächtigen („gegen die Gewohnheit des Landes"), Recht („Legat" als testamentarische Zuwendung), dynastische Fortsetzung der Machtverhältnisse („Erben") sowie durchweg Gewalt. Gerade weil der Kolonialismus hier in wenigen Sätzen so umfassend angesprochen ist, fallen die Wertungen umso stärker ins Gewicht, die eine eindeutige Parteinahme zu bedeuten scheinen. Gleich im ersten Satz wird der Aufstand der Sklaven als Verbrechen verurteilt („ermordeten"). Congo Hoango wird als „fürchterlich[]" und „grimmig" bezeichnet und als undankbar und ungerecht charakterisiert, wenn er die „unendlichen Wohltaten", mit denen ihn sein „Herr" bedacht hat, mit Gewalt zurückzahlt. Seine „Rache" kennt keine Grenzen, wenn er nicht nur den französischen Gutsbesitzer, sondern auch dessen gesamte Familie tötet und die Plantage „verwüstet[]". Der Begriff „Neger" hat in diesem historischen Text um 1800 zwar noch nicht eindeutig die rassistische Bedeutung, die er später annahm, aber die Darstellung, die zwischen weißen Unschuldigen und schwarzen Verbrechern unterscheidet, ist auch ohnedies fraglos diskriminierend. Es entsteht der Eindruck, dass Congo Hoango von Kleists Erzähler auch deshalb verurteilt wird, weil er schwarz ist, während sein „Herr" in Schutz genommen wird, weil er weiß ist. Die Bewertung beruht also nicht auf Charakter und Verhalten, sondern auf essentialistischen Konzepten von *race*, also auf stereotypischen Vorstellungen, die mit ethnischer Herkunft und Hautfarbe bestimmte Eigenschaften verknüpfen und insbesondere nicht-weiße Personen stigmatisieren. Durch die Erzählhaltung wird diese Wirkung bestärkt, denn es handelt sich nicht etwa um die Sicht einer beteiligten und parteiischen Figur, sondern um die Schilderung eines heterodiegetischen Erzählers, der scheinbar eine übergeordnete, auktoriale und objektive Perspektive einnimmt (Null-Fokalisierung).

Die anschließende Handlung ist als Fortsetzung dieses rassistisch gefärbten Anfangs lesbar, als Folge des Kolonialkonflikts, in dem die Sympathien des Erzählers von Beginn an klar verteilt zu sein scheinen. In Abwesenheit ihres Partners, Congo Hoango, übernimmt Babekan dessen Racheplan und hält Gustav hin, um ihn zu töten. Sie weitet ihre mörderischen Absichten sogar auf die ganze Familie des Schweizers aus. Als Congo Hoango zurückkehrt, bricht die Gewalt offen aus. Kolonialen Stereotypen entsprechend, scheinen die nicht-weißen Figuren nicht anders zu können als zu hassen und zu morden.

So bildet sich ein semantisches System, das wir, mit Edward Said, als Struktur beschreiben können, die sich entlang einer Reihe ideologischer Oppositionen bildet: schwarz/weiß, böse/gut, Täter/Opfer, Schuld/Unschuld, Wilde/Zivilisierte, Undankbarkeit/Wohltaten, Gewalt/Friedfertigkeit, Hass/Liebe, Verrat/Treue, Rache/Mitleid, Misstrauen/Vertrauen, Täuschung/Arglosigkeit, Aggressivität/Hilfsbedürftigkeit, Irrationalität/Rationalität, Emotionalität/Nüchternheit. Eindeutiger könnte das Bild des Kolonialismus kaum gezeichnet werden.

Den Grundoperationen kolonialistischer Literatur, die in den *Postcolonial Studies* herausgearbeitet wurden, entspricht diese Darstellung mindestens in den folgenden vier Hinsichten. Der Standpunkt des Erzählers ist der einer (1.) Panopsis, eines souveränen Überblicks über einen als eindeutig beschrieben Konflikt. Indem die Kolonisierten – in Congo Hoangos Abwesenheit – vor allem von zwei weiblichen Figuren repräsentiert werden, Babekan und Toni, werden sie (2.) feminisiert.

Durch ihr irrational-triebhaftes Verhalten, das auf ihre Hautfarbe und Eigenschaften ihrer ‚Rasse' zurückgeführt wird, werden die Schwarzen (3.) naturalisiert. Selbst Congo Hoangos Name ist in dieser Hinsicht sprechend, indem er auf zwei Flüsse verweist (den afrikanischen Kongo und den chinesischen Hoangho). Er erscheint so als Naturmensch und als globales Kolonialsubjekt. Schließlich wird das koloniale Verhältnis (4.) erotisiert, die Kolonie erscheint als weibliches, begehrtes Objekt, während die Weißen als männliche Subjekte auftreten. Diese sexualisierte Konstellation kommt am deutlichsten zum Ausdruck in der Szene zu Beginn, in der Toni Gustav die Füße wäscht:

> Das Mädchen [i.e. Toni] hatte mittlerweile, aus der nahbelegenen Küche, ein Gefäß mit warmem Wasser, von wohlriechenden Kräutern duftend, hereingeholt, und forderte den Offizier [i.e. Gustav], der sich in das Fenster gelehnt hatte, auf, sich darin zu erquicken. Der Offizier ließ sich, während er sich schweigend von der Halsbinde und der Weste befreite, auf den Stuhl nieder; er schickte sich an, sich die Füße zu entblößen, und während das Mädchen, auf ihre Knie vor ihm hingekauert, die kleinen Vorkehrungen zum Bade besorgte, betrachtete er ihre einnehmende Gestalt. Ihr Haar, in dunkeln Locken schwellend, war ihr, als sie niederkniete, auf ihre jungen Brüste herabgerollt; ein Zug von ausnehmender Anmut spielte um ihre Lippen und über ihre langen, über die gesenkten Augen hervorragenden Augenwimpern; er hätte, bis auf die Farbe, die ihm anstößig war, schwören mögen, daß er nie etwas Schöneres gesehen. [...] Er ergriff sie, als sie in den Geschäften, die sie betrieb, aufstand, bei der Hand, und da er gar richtig schloß, daß es nur ein Mittel gab, zu prüfen, ob das Mädchen ein Herz habe oder nicht, so zog er sie auf seinen Schoß nieder [...]. (235)

Die Sexualisierung durch Signalwörter („Brüste", „Schoß"), durch Entkleidung und Entblößung und vor allem durch den männlich-begehrenden Blick (*male gaze*), mit dem der Erzähler Gustavs Perspektive darstellt, übernimmt und auf uns Lesende überträgt, verknüpft sich über die Hautfarbe hinaus mit einer symbolischen Oben-Unten-Ordnung, welche die koloniale Machthierarchie spiegelt. Toni ist „hingekauert", niedergekniet, gebeugt, Gustav thront über ihr. Sie ist die Dienerin, er der Bediente. Sie ist Sexualobjekt, er ihr Betrachter.

Mit all diesen Darstellungsweisen übernimmt Kleists Erzählung den seinerzeit herrschenden Kolonialdiskurs. Sie erzeugen einen Eindruck der Kolonie „St. Domingo" und des haitianischen Sklavenaufstands, der einer eurozentristischen Ideologie entspricht. Auf diese Weise wird das kolonialistische Denken in der „Verlobung" aufgenommen und fortgeschrieben.

Oder ist es doch komplizierter?

Verunsicherung

Am Ende des zitierten Ausschnitts erhebt sich Toni. Das ist durchaus symbolisch zu verstehen, denn ihre Selbständigkeit, ihre Handlungsmacht und ihr Einfluss auf Gustav nehmen im Verlauf der Erzählung stark zu. Von der unselbständigen Tochter wird sie zu einer selbstbewussten Persönlichkeit mit eigenständiger Identität und individuellen Entscheidungen. Nun steht sie also vor dem sitzenden Gustav, der sie zu sich „nieder" zieht. Die Rollen kehren sich um. Die Choreographie der Körper und Bewegungen, die Kleist inszeniert, ist raffiniert. Wenn Toni auf Gustavs Schoß sitzt, begegnen sie sich auf Augenhöhe. Die Annäherung verläuft von diesem Moment an auf derselben Ebene, ohne Hierarchie. Ihre Beziehung verändert sich. Toni interessiert Gustav nicht mehr nur physisch, sondern emotional, er fragt nach ihrem „Herz[en]". Erotisches Begehren ist nicht das Einzige, was sie in ihm weckt. Er entwickelt Gefühle für sie, deren Aufrichtigkeit die Erzählung nie in Frage stellt – und die von Toni erwidert werden.

Die Liebe zwischen Toni und Gustav ist das Zentrum der Novelle und die Grundlage für den Handlungsverlauf. Sie erklärt Tonis Übertritt von ihrer Familie zu Gustavs Familie, von den Schwarzen zu den Weißen. Sie ist das psychologische Fundament ihrer Selbstbehauptung gegenüber der Mutter Babekan, die ihre Loyalität einfordert, und die Motivation für Gustavs Rettung vor Congo Hoango. Vor allem ist sie der Anlass für das titelgebende Handlungselement: Toni und Gustav vollziehen ihre Verlobung in einer Liebesnacht. Als Symbol überreicht er ihr anschließend ein Schmuckstück seiner verstorbenen früheren Braut, deren Stellung Toni damit übernimmt: „Er nahm sich das kleine goldene Kreuz, ein Geschenk der treuen Mariane, seiner abgeschiedenen Braut, von der Brust; und, indem er sich unter unendlichen Liebkosungen über sie neigte, hing er es ihr als ein Brautgeschenk, wie er es nannte, um den Hals." (238) Auch Toni erachtet Gustav als ihren Bräutigam, und sie fühlt sich an das gemeinsame Versprechen gebunden: „Denn sie sah den Jüngling, vor Gott und ihrem Herzen, nicht mehr als einen bloßen Gast, dem sie Schutz und Obdach gegeben, sondern als ihren Verlobten und Gemahl an [...]." (245) Im Gebet erklärt sie, sie habe sich ihm „zu eigen gegeben" (247), sie erkennt die Verbindung vor der höchsten Autorität an, die es für sie gibt – und die sie mit den christlichen Europäern verbindet.

Die Verlobung zwischen Toni und Gustav überwindet die Grenze der ‚Rassen', die der Beginn des Texts so deutlich gezogen hatte. Die Erzählung entwickelt eine subversive, anti-koloniale Dynamik, die sich vor allem auf die Figurenzeichnung von Toni auswirkt, die ursprünglich zum Lager der Schwarzen gehörte und zusammen mit diesen so eindeutig mit abwertenden Stereotypen assoziiert zu sein schien. Tatsächlich aber entspricht Toni keineswegs den kolonialistischen Klischees, die wir zunächst in Kleists Schilderung identifiziert haben. Vielmehr wird sie mit positiven Eigenschaften gekennzeichnet: Sie ist klug, erfindungsreich, mutig, liebevoll und loyal. Ihre Charakterisierung und ihre Verlobung mit Gustav widersetzen sich einer kolonialistischen, rassistischen Logik. Sie gehorchen den Regeln des Diskurses nicht. Sie unterlaufen die klaren Gegensätze, auf denen er beruht, und vereindeutigen die Unterscheidung von Schwarz und Weiß. Dass Toni die koloniale Polarisierung überwindet, kommt sogar in der Semantik der Hautfarben zum Ausdruck, die dem Kolonialismus so deterministisch zugrunde liegt. Toni durchbricht die Dichotomie der Farben, in der die Bevölkerung von St. Domingo scheinbar alternativlos ge- und befangen ist, und sie erhält einen eigenen Teint. Denn als einzige Figur hat sie eine „ins Gelbliche gehende Gesichtsfarbe" (223). Sie nimmt damit eine mittlere Position zwischen den Gegensatzfarben ein – ein Ausnahmefall, der das koloniale System erschüttert.

Die Liebe zwischen Toni und Gustav verunsichert den Kolonialismus. Sie stellt seine Bedeutung in Frage. Und sie ist damit keineswegs allein. Denn es gibt zahlreiche Elemente im Text, die an dieser Verunsicherung mitwirken. So ist die Verlobung keineswegs die einzige interethnische Beziehung, die in der Novelle vorkommt. Babekan berichtet, wie sie ihre Tochter Toni in Frankreich mit einem weißen „reiche[n] Marseiller Kaufmann" (231), Herrn Bertrand, gezeugt habe, dass dieser die Vaterschaft aber geleugnet und sie damit ins Elend gestoßen habe: „Herr Bertrand leugnete mir, während meiner Schwangerschaft zu Paris, aus Scham vor einer jungen reichen Braut, die er heiraten wollte, die Vaterschaft zu diesem Kinde vor Gericht ab. Ich werde den Eidschwur, den er die Frechheit hatte, mir ins Gesicht zu leisten, niemals vergessen, ein Gallenfieber war die Folge davon, und bald darauf noch sechzig Peitschenhiebe, die mir Herr Villeneuve geben ließ, und in deren Folge ich noch bis auf diesen Tag an der Schwindsucht leide." (232) Bertrands verantwortungslose Lüge weckt unser Mitgefühl für Babekan, deren Hass auf Weiße dadurch in neuem Licht erscheint. Die Ausnutzung und Verstoßung durch Bertrand haben sie sozial stigmatisiert, juristisch verurteilt und pathologisch beeinträchtigt. Als biographischer Einschnitt hat die Beziehung zu Bertrand, die ein Ausweg aus der Sklaverei hätte sein können, Babekans Unfreiheit in Villeneuves Plantage nur umso mehr verfestigt. Im kolonialen System gehen sexuelle und ökonomische Ausbeutung miteinander einher.

Bertrands Verrat an Babekan samt seiner ungeborenen Tochter und Villeneuves erbarmungslose Bestrafung, die im Widerspruch zu seiner vermeintlichen Großherzigkeit gegenüber Congo Hoango steht, sind Beispiele für die Vergehen von Weißen, die am Beginn der Erzählung noch verschwiegen worden waren. Indem kolonisierte Figuren wie Babekan hier nun ihre eigene Geschichte erzählen, öffnet sich die Novelle für nicht-weiße Perspektiven – sie wird mehrstimmig. Zu diesen Erfahrungen von Schwarzen gehört auch ein weiteres Beispiel einer interethnischen Beziehung, die als Kontrast zur Ausnutzung Babekans durch Bertrand dient (233): Gustav berichtet von einem Sklavenmädchen, das sich mit Gelbfieber angesteckt hatte und die tödliche Krankheit nutzte, um sich an ihrem weißen Peiniger zu rächen, indem sie den Plantagenbesitzer bei einer vermeintlichen Liebesnacht damit infizierte. Das schwarze Mädchen kehrte die sexuelle Ausbeutung also um und gewann so Macht über den weißen Kolonisator.

So kommt schließlich auch der eigentliche Grund für den Kolonialkonflikt zur Sprache, für den am Beginn der Erzählung allein eine irrationale Wut der Schwarzen verantwortlich gemacht worden war. Auf Tonis Frage, „wodurch sich denn die Weißen [...] so verhaßt gemacht hätten" (233), antwortet Gustav kleinlaut, aber zutreffend: „durch das allgemeine Verhältnis, das sie, als Herren der Insel, zu den Schwarzen hatten, und das ich, die Wahrheit zu gestehen, mich nicht unterfangen will, in Schutz zu nehmen; das aber schon seit vielen Jahrhunderten auf diese Weise bestand! Der Wahnsinn der Freiheit, der alle diese Pflanzungen ergriffen hat, trieb die Neger und Kreolen, die Ketten, die sie drückten, zu brechen, und an den

Weißen wegen vielfacher und tadelnswürdiger Mißhandlungen, die sie von einigen schlechten Mitgliedern derselben erlitten, Rache zu nehmen." (233) Gustav räumt damit ein, dass das kolonialistische Herrschafts- und Unterdrückungssystem der Grund des Aufstands ist, dass es sich moralisch nicht rechtfertigen lässt und dass die Weißen über die ökonomische Ausnutzung hinaus sich an den Schwarzen „vielfach[]" schuldig gemacht hätten. Das Bild des Brechens der Ketten, das Kleist Gustav in den Mund legt, ist in der Philosophie der Aufklärung in der zweiten Hälfte des 18. Jahrhunderts häufig verwendet worden im Zusammenhang mit der Forderung allgemeiner Menschenrechte und der Befreiung der Bürger von absolutistischer Herrschaft. So beginnt das erste Kapitel von Jean-Jacques Rousseaus *Du contrat social* (1762), mit dem sich Kleist auseinandergesetzt hat, mit dem Satz: „L'Homme est né libre, & partout il est dans les fers." („Der Mensch ist frei geboren, und überall liegt er in Ketten.") Mit Gustavs Antwort stellt Kleist also eine Parallele her zwischen dem Befreiungskampf der schwarzen Sklaven in den Kolonien und den Emanzipationsbewegungen des weißen Bürgertums in den europäischen Monarchien.

Kleist hatte als preußischer Adeliger die Folgen der Französischen Revolution in Form der Koalitionskriege und der Machtergreifung Napoleons erlebt, am eigenen Leib durch Krieg und Festungshaft. In der „Verlobung" spart er nicht mit Kritik an den „unbesonnenen Schritte[n] des Nationalkonvents" (222) im revolutionären Frankreich und am „furchtbaren Revolutionstribunal" (237), dem Gustavs erste Braut „auf dem Gerüste der Guillotine" (238) zum Opfer fällt. Man wird Kleist schwerlich als Verfechter einer vollständigen Umkehrung der politischen Verhältnisse bezeichnen können. Umso bemerkenswerter ist die Engführung zwischen schwarzem und weißem, anti-kolonialem und anti-absolutistischem Freiheitskampf, die er hier mit der Metapher des Kettenbrechens vollzieht.

Die Ambiguisierung der Kolonialverhältnisse erfolgt in der „Verlobung" nicht nur durch die Übertretung der ‚Rassen'-Trennung, durch politische Bezüge zu europäischen Revolutionsbewegungen und durch philosophische Vorstellungen allgemeiner Menschen- und Freiheitsrechte, sondern auch durch die Charakterisierung weiterer Figuren. Babekan etwa zeichnet sich durch eine besondere psychologische Kompetenz und durch großes Simulations- und Dissimulationstalent aus, wenn sie Gustav trotz seiner Vorsicht täuschen und auch Tonis Gegenmanöver durchschauen kann. Sie verfolgt damit zwar gewaltsame Ziele, die durch den kolonialen Kontext aber zumindest teilweise gerechtfertigt werden. In jedem Fall stehen Babekans Intelligenz und Einfühlungsvermögen im Widerspruch zum kolonialistischen Stereotyp.

Eine entscheidende Rolle als uneindeutige Figur, die Klischees herausfordert, spielt schließlich Congo Hoango, der am Beginn der Erzählung der Gegenstand rassistischer Darstellungen war. Zwar rückt er von seiner Haltung im Befreiungskampf nicht ab und trachtet Gustav nach dem Leben. Er verhält sich bei seiner Rückkehr aber keineswegs unbeherrscht und triebgesteuert, sondern lässt sich zunächst besonnen von Babekan in Kenntnis setzen und macht sich ein eigenes Bild von der Situation. Dem Bericht von Tonis Verrat glaubt er nicht blindlings, da er „die Treue des Mädchens schon in ähnlichen Fällen erprobt hatte" (249). Dass sie den schlafenden Gustav nur zum Schein gefesselt hat, um den zurückgekehrten Aufständischen ihre anhaltende Loyalität vorzutäuschen, durchschaut er deshalb nicht, sondern „nannte sie sein liebes Mädchen; klopfte ihr auf die Wangen, und forderte sie auf, ihm den übereilten Verdacht, den er ihr geäußert, zu vergeben" (251). Er gibt der emotionalen und gleichsam verwandtschaftlichen Beziehung zur Ziehtochter damit den Vorrang vor seiner ideologischen Wut. Und er bringt genau jenes Vertrauen auf, an dem es Gustav kurz darauf auf fatale Weise mangeln wird.

Congo Hoangos Vertrauen steht im Gegensatz zum tödlichen Misstrauen, das den Untergang der Verlobten verursacht. Sein Irrtum, sich von Toni täuschen zu lassen, weckt daher unsere Sympathie. Unser Verständnis und unser Mitgefühl wachsen, wenn Herr Strömli, Gustavs Onkel, mit dem Rest der Familie, von Toni gewarnt, in den Konflikt eingreift. Der nächtliche Überfall trifft Congo Hoango „halbnackt und hülflos" (254), er wird „mit Stricken [...] gebunden" (255), also durch Fesseln in den Zustand der Unfreiheit zurückversetzt, aus dem er sich erhoben hatte. Um ihn weiter unter Druck zu setzen, werden seine zwei Söhne als Geiseln genommen: Toni „schloß [...] nicht unrichtig, daß der Besitz beider Knaben, als eine Art Unterpfand [...] von großem Vorteil sein würde" (254). Die Erpressung wirkt, denn die Kinder sind Congo Hoango „sehr teuer" (ebd.). Er willigt in einen Waffenstillstand ein und gewährt den Weißen freien Abzug bis zum Erreichen der französischen Armee in Sainte Lüze, wo Herr Strömli die gefangenen Söhne aus der Geiselhaft freizugeben verspricht. An diese Abmachung hält sich Congo Hoango auch dann noch, als Gustav, im Glauben, Toni hätte ihn letztlich doch an die Schwarzen verraten, erst sie und dann sich selbst erschießt. Als die Schweizer um Herrn Strömli aufbrechen, beschwert mit zwei Geiseln und zwei Leichen, greift Congo Hoango beschwichtigend ein und beruhigt die Lage: „Die Neger, da sie den Haufen so schwach erblickten, traten mit Spießen und Gabeln aus ihren Wohnungen hervor, und schienen Miene zu machen, angreifen zu wollen; aber Hoango, den man die Vorsicht beobachtet hatte, loszubinden, trat auf die Treppe des Hauses hinaus, und winkte den Negern, zu ruhen. ‚In Sainte Lüze!' rief er Herrn Strömli zu, der schon mit den Leichen unter dem Torweg war. ‚In Sainte Lüze!' antwortete dieser; worauf der Zug, ohne verfolgt zu werden, auf das Feld hinauskam und die Waldung erreichte." (260) Aller Gewalt zum Trotz hat diese Vereinbarung Bestand: Die Schweizer können fliehen, die Söhne werden wie verabredet freigelassen. Das Herrschaftsverhältnis zwischen Schwarz und Weiß, Kolonisierten und Kolonisierenden, wird so ersetzt durch eine Übereinkunft, durch einen Pakt.

In der Gegenüberstellung mit Herrn Strömli, von Familienoberhaupt zu Familienoberhaupt, erscheint Congo Hoango am Schluss als besorgter, liebe- und verantwortungsvoller Vater. Von der kolonialistischen Ächtung als rasender Gewalttäter zu Beginn der Erzählung hat sich seine Charakerisierung am Schluss vollständig umgekehrt. Selbst die stereotype Naturalisierung als Wilder in seinem Namen relativiert sich in der Konfrontation mit Herrn Strömli, trägt dieser doch gleichfalls einen Fluss im Namen. Im unterlegenen Diminutiv deutet sich an, dass die Schweizer nach Tonis und Gustavs Tod in „ihr Vaterland" (260) zurückkehren und die Weißen dem schwarzen Befreiungskampf nicht mehr lange standhalten werden.

Verkehrung

An Congo Hoangos Beispiel zeigt sich, dass die scheinbar unumstößlichen Wertungen, die die Erzählung zunächst festzulegen scheint, von Kleist nicht nur verunsichert werden, sondern sich sogar in ihr Gegenteil verkehren können. Eine Reihe solcher Umkehrungen, die das essentialistische koloniale Denken vollends als ideologisches Gespinst entlarven, können wir uns abschließend vor Augen führen.

Eine entscheidende Umkehrung betrifft die Zuschreibung von Fremdheit aus einer eurozentristischen Perspektive. Denn in der „Verlobung" ist von Beginn an Gustav „der Fremde". Bei seiner ersten Erwähnung, als er an Babekans Haustür klopft, wird er so bezeichnet (224) – und zuletzt noch, wenn er „Blicke voll Verachtung" (252) auf Toni wirft, die ihn zu seinem eigenen Schutz gefesselt hat. Insgesamt wird Gustav in der Erzählung rund 80 Mal als der „Fremde" bezeichnet, weit häufiger als mit seinem eigentlichen Namen, der nur elf Mal erwähnt wird. Wahrnehmung und Herstellung von Alterität, die für den Kolonialismus eine zentrale Rolle spielen, erfolgen in der „Verlobung" also nicht in erwarteter Weise, sondern umgekehrt. Indem der weiße Europäer als alteritär erscheint, nimmt die Novelle eine postkoloniale Perspektive ein, aus der Sicht der schwarzen Kolonisierten. Für diese ist St. Domingo nicht fremd, sondern vertraut. Die Insel ist nicht verfügbar, sondern bewohnt.

Die Erzählung vertritt damit die Auffassung, dass die schwarzen Sklaven – die, wie Congo Hoangos Verschleppung „von der Goldküste von Afrika" (222) deutlich macht, auf Hispaniola selbst nicht indigen sind – mehr Recht haben, die Kolonie als Heimat zu beanspruchen, als die europäischen ‚Pflanzer'. Das zeigt sich besonders im Verhalten von Toni, die als eine der wenigen Figuren in St. Domingo aufgewachsen ist. Weil sie in der Kolonie zu Hause ist, nimmt sie dort auch die Pflicht der Gastgeberin wahr. Entsprechend beherbergt sie Gustav, auch wenn sie ihn bald „nicht mehr als einen bloßen Gast" sieht, „dem sie Schutz und Obdach gegeben" (245). Auch gegenüber ihrer Mutter, die Gustav umbringen will, argumentiert sie mit dem Gebot der Gastfreundschaft: „Toni, halb im Bette aufgerichtet, indem die Röte des Unwillens ihr Gesicht überflog, versetzte: ‚daß es schändlich und niederträchtig wäre, das Gastrecht an Personen, die man in das Haus gelockt, also zu verletzen'. Sie meinte, daß ein Verfolgter, der sich ihrem Schutz anvertraut, doppelt sicher bei ihnen sein sollte; und versicherte, daß, wenn sie den blutigen Anschlag, den sie ihr geäußert, nicht aufgäbe, sie auf der Stelle hingehen und dem Fremden anzeigen würde, welch eine Mördergrube das Haus sei, in welchem er geglaubt habe, seine Rettung zu finden." (240) Mit deutlichen Worten widersetzt Toni sich Babekan in einer ersten offenen Konfrontation, indem sie Gustavs „Gastrecht" verteidigt. Toni als pflichtbewusste Gastgeberin, Gustav als schutzbedürftiger und -berechtigter Gast – die Kolonie wird aus dieser Perspektive zum Asyl für Europäer. Die Weißen werden zu Flüchtlingen und Unbehausten wie die entwurzelten Sklaven, die sie ihren Heimatländern entrissen haben. Die Verhältnisse kehren sich um. Das Prinzip der Gastfreundschaft überschreitet den Kolonialkonflikt, weil es ein zwischenmenschliches Verhalten gebietet, das nicht auf ideologischen Interessen, sondern auf einer humanitären, egalitären Ethik gründet – jenseits von Hautfarbe, Eigentum und Herrschaft.

Es ist deshalb gar nicht so offensichtlich, wie die „Verlobung" in dem typologischen Schema von Todorov und Greenblatt, das im Theoriekurs vorgestellt wurde, einzuordnen wäre. Dem Typus des Nicht-Verstehens kann Kleists Text kaum zugeordnet werden; weder leugnet er die Fremdheit der Kolonie noch übertreibt er sie. Ebenso wenig aber scheint es sein zentrales Anliegen, das Fremde zu verstehen, jedenfalls nicht in einem instrumentellen Sinne, zumal Preußen in Haiti nicht politisch involviert war. Als völlig neutral, unideologisch und anti-hegemonial kann man die Erzählung mit ihren starken Wertungen vor allem zu Beginn hingegen auch nicht klassifizieren. Es scheint vielmehr, dass Kleist sich der Typologie entzieht, vor allem durch die Umkehr der Perspektive: Fremdheit, so zeigt er, ist im Kolonialismus nicht ausschließlich eine Eigenschaft der Kolonisierten. Bei Kleist, dessen Werke die „gebrechliche Einrichtung der Welt" („Michael Kohlhaas", „Die Marquise von O....") widerspiegeln, sind einander alle Menschen gleichermaßen fremd.

In der Auseinandersetzung mit ihrer Mutter überschreitet Toni das rassistische Kolonialsystem etwas später in einer weiteren Weise, die vor dem Hintergrund gegenwärtiger identitätspolitischer Debatten radikal erscheint. Toni lässt sich auf äußere Zuschreibungen von *race* nicht mehr festlegen, sondern wählt im Konflikt der Loyalitäten zwischen Schwarz und Weiß ihre Hautfarbe selbst: „Babekan, welcher Toni sich näherte und zum Abschied in einer Rührung, die sie nicht unterdrücken konnte, die Hand geben wollte, stieß diese heftig von sich. Sie nannte sie eine Niederträchtige und Verräterin, und meinte, indem sie sich am Gestell des Tisches, an dem sie lag, umkehrte: die Rache Gottes würde sie, noch ehe sie ihrer Schandtat froh geworden, ereilen. Toni antwortete: ,ich habe euch nicht verraten; ich bin eine Weiße, und dem Jüngling, den ihr gefangen haltet, verlobt; ich gehöre zu dem Geschlecht derer, mit denen ihr im offenen Kriege liegt, und werde vor Gott, daß ich mich auf ihre Seite stellte, zu verantworten wissen.'" (256) Tonis Selbstidentifizierung als Weiße setzt sich darüber hinweg, dass sie vom Kolonialsystem als Mestizin als solche nicht akzeptiert würde. (Noch heute würde Toni wohl in den meisten Kontexten als *person of color* gelten.) In der Selbstfestlegung der ethnischen Zugehörigkeit, die man mit jungen, umstrittenen Begriffen aus unseren aktuellen Debatten als *transracial* oder als *passing* bezeichnen könnte, emanzipiert sich Toni von kolonialer Fremdbestimmung. Durch diese Selbstermächtigung ist Hautfarbe kein unveränderliches, äußeres Identitätsmerkmal mehr, das zu juristischer, ökonomischer und politischer Beherrschung berechtigt, sondern eine freie Entscheidung, ein performativer Akt.

Subtiler und weniger selbstbestimmt werden essentialistische Identitäten auch von Gustav unterlaufen. Sowohl in der ersten Fassung der Erzählung, die im April 1811 in der Zeitschrift *Der Freimüthige* erschien, als auch in der überarbeiteten, im Herbst desselben Jahres veröffentlichten Buchfassung in Kleists *Erzählungen* wird Gustav an vier Stellen unvermittelt als ‚August' bezeichnet. In den meisten Editionen wird dieser Namenswechsel als Fehler emendiert (auch in der hier zitierten Ausgabe von Klaus Müller-Salget, vgl. den entsprechenden Kommentar, S. 852).

Er ist aber auch als absichtliches Anagramm gedeutet worden (das Lateinische, aus dem beide Namen stammen, kennt ursprünglich keine Unterscheidung zwischen u und v, August und Gustav bestehen daher aus demselben Buchstaben). Kleist mache mit dieser Verstellung der Lettern eine innere Verrückung der Figur kenntlich: Der Namenswechsel setzt zu dem Zeitpunkt ein, in dem der Verlobte sich von Toni, die ihn seinen Feinden ausgeliefert zu haben scheint, verraten fühlt. In diesem Zustand tötet Gustav/August Toni, nachdem ihn Herr Strömli und seine Verwandten – mit ihrer Hilfe, aber ohne sein Wissen – befreit haben:

> Aber Vetter Gustav [im Original: August], halb im Bette aufgerichtet, drückte ihnen freundlich die Hand; im übrigen war er still und zerstreut, und statt die Pistolen, die sie ihm darreichten, zu ergreifen, hob er die Rechte, und strich sich, mit einem unaussprechlichen Ausdruck von Gram, damit über die Stirn. Die Jünglinge, die sich bei ihm niedergesetzt hatten, fragten: was ihm fehle? und schon, da er sie mit seinem Arm umschloß, und sich mit dem Kopf schweigend an die Schulter des Jüngern lehnte, wollte Adelbert sich erheben, um ihm im Wahn, daß ihn eine Ohnmacht anwandle, einen Trunk Wasser herbeizuholen: als Toni, den Knaben Seppy auf dem Arm, an der Hand Herrn Strömli's, in das Zimmer trat. Gustav [im Original: August] wechselte bei diesem Anblick die Farbe; er hielt sich, indem er aufstand, als ob er umsinken wollte, an den Leibern der Freunde fest; und ehe die Jünglinge noch wußten, was er mit dem Pistol, das er ihnen jetzt aus der Hand nahm, anfangen wollte: drückte er dasselbe schon, knirschend vor Wut, gegen Toni ab. Der Schuß war ihr mitten durch die Brust gegangen; und da sie, mit einem gebrochenen Laut des Schmerzes, noch einige Schritte gegen ihn tat, und sodann, indem sie den Knaben an Herrn Strömli gab, vor ihm niedersank: schleuderte er das Pistol über sie, stieß sie mit dem Fuß von sich, und warf sich, indem er sie eine Hure nannte, wieder auf das Bette nieder. „Du ungeheurer Mensch!" riefen Herr Strömli und seine beiden Söhne. (257)

Kleist lässt die anagrammatische Namensveränderung hier sogar mit einem symbolischen Farbwechsel zusammenfallen: „August wechselte bei diesem Anblick die Farbe". Beide Abweichungen von Gustavs Normalzustand sind mehr als bloße Hinweise auf den Schock des vermuteten Verrats und die physiologische Reaktion darauf. Im kolonialen Kontext der Erzählung sind sie ein weiterer Beleg für die Veränderlichkeit der Identitäten, die sich nicht von außen fest- und zuschreiben lassen, sondern sich wandeln und verkehren können – nicht zuletzt durch traumatische Erfahrungen. Erst nach dem Mord wechselt der Name zu Gustav zurück, die entsetzten Verwandten müssen ihn gleichsam mit Naturgewalt ins Bewusstsein zurückrufen: „Sie donnerten ihm: Gustav! in die Ohren [...]." (258) Wieder zu sich gekommen und von seinen Angehörigen informiert, wie Toni ihm mit ihrer Täuschung vor Congo Hoango und Babekan das Leben gerettet hat, begreift Gustav, was er getan hat:

> Gustav legte die Hände vor sein Gesicht. Oh! rief er, ohne aufzusehen, und meinte, die Erde versänke unter seinen Füßen: ist das, was ihr mir sagt, wahr? Er legte seine Arme um ihren Leib und sah ihr mit jammervoll zerrissenem Herzen ins Gesicht. „Ach", rief Toni, und dies waren ihre letzten Worte: „du hättest mir nicht mißtrauen sollen!" Und damit hauchte sie ihre schöne Seele aus. Gustav raufte sich die Haare. Gewiß! sagte er, da ihn die Vettern von der Leiche wegrissen: ich hätte dir nicht mißtrauen sollen; denn du warst mir durch einen Eidschwur verlobt, obschon wir keine Worte darüber gewechselt hatten! [...] – Inzwischen war Gustav ans Fenster getreten; und während Herr Strömli und seine Söhne unter stillen

Tränen beratschlagten, was mit der Leiche anzufangen sei, und ob man nicht die Mutter herbeirufen solle: jagte Gustav sich die Kugel, womit das andere Pistol geladen war, durchs Hirn. Diese neue Schreckenstat raubte den Verwandten völlig alle Besinnung. Die Hülfe wandte sich jetzt auf ihn; aber des Ärmsten Schädel war ganz zerschmettert, und hing, da er sich das Pistol in den Mund gesetzt hatte, zum Teil an den Wänden umher. (259)

Wenige Monate nach Erscheinen der „Verlobung in St. Domingo", am 21. November 1811, nahm sich Heinrich von Kleist zusammen mit Henriette Vogel auf ganz ähnliche Weise das Leben. Der krebskranken Freundin schoss Kleist in die Brust und anschließend sich selbst in den Kopf. Es scheint, als habe der Dichter in einem seiner letzten Werke sein Lebensende vorweggenommen.

Verurteilung

Kleists „Verlobung" entwirft ein scheinbar schlüssiges System rassistischer und kolonialistischer Denkmuster, um diese dann zu unterlaufen, infrage zu stellen und zu desavouieren. Vereinfachende Gleichsetzungen zwischen weiß und gut einerseits, schwarz und schlecht andererseits werden so gründlich verkehrt und durchkreuzt, dass sie jede Bedeutung verlieren. Die Novelle handelt von der Differenz zwischen Sein und Schein. Sie führt die Unhaltbarkeit essentialistischer wie konventioneller Erklärungsmuster für menschliche Eigenschaften und Verhaltensweisen vor Augen. Selbst die Hautfarbe wird von einer angeborenen Eigenschaft zu einem Symptom ideologischer und sozialer Verhältnisse und schließlich zum Ausdruck psychischer Vorgänge und identitärer Vorstellungen des einzelnen Menschen.

Vor allem aber spielt Hautfarbe gar keine entscheidende Rolle. Sie sagt nichts über den Charakter der Figuren, ihr Verhalten, ihre Entscheidungen oder ihre Emotionen aus. ‚Rasse' und kolonialistische Unterscheidungen sind nicht der Grund für den fatalen Verlauf der Erzählung. Die Verlobung scheitert weder an ethnischer Unvereinbarkeit noch an politischer Feindschaft, sondern an einem Mangel an Vertrauen und Kommunikation und einem Überschuss von Verstellung und Misstrauen. Sie endet tödlich nicht *aufgrund* des Kolonialismus, sondern *unter den Bedingungen* des Kolonialismus.

Gustav wird vom Liebenden zum „unbegreiflich gräßlichen Mörder" (258) und unterscheidet sich dadurch weder von den revoltierenden Sklaven, die der Beginn der Erzählung so harsch verurteilte, noch von den Kolonialherren, an denen sie Rache nahmen. Das Kolonialsystem beschädigt alle gleichermaßen.

So besteht denn das vernichtende Urteil der Erzählung in der Erkenntnis: Im Kolonialismus sind Frieden und Liebe unmöglich. Was als Verlobung begann, endet als Scheidung. Die Schwarzen erobern ihre unfreiwillige Heimat, die Weißen verlassen die unhaltbare Kolonie. Der utopischen Vision einer multikulturellen Gesellschaft erteilt Kleist mit dieser Segregation eine Absage. Eine dialektische Entwicklung oder gar ein Fortschritt ist in der Novelle daher nicht festzustellen. Indem er die anfangs so drastisch entfalteten rassistischen Stereotypen nach und nach dekonstruiert, unterläuft Kleist zwar die kolonialistische Aufteilung in Eigenes und Fremdes,

Weiß und Schwarz. Der Text positioniert sich nicht ideologisch. Zugleich verfestigt die finale Katastrophe aber die kolonialen Gegensätze und verhindert jede Synthese. Der Kolonialismus wird nicht aufgehoben, sondern entlarvt.

Auf Dauer verbunden werden die Verlobten, Toni und Gustav, erst im Grab, mit getauschten Ringen gemeinsam beerdigt. Die Grabstätte wird symbolisch aufgeteilt: Die Leichen werden in St. Domingo beigesetzt, ein „Denkmal" (260) errichtet ihnen Herr Strömli in der Schweiz. In der Erzählung „Die Verlobung in St. Domingo" finden die Kolonie und Europa nur im Tod zusammen. Eine postkoloniale Welt ist für Kleist noch nicht vorstellbar.

Elfter Theoriekurs – Lyrisch lesen

Lyrik

Von den drei großen Gattungen, die Goethe als „Naturformen der Dichtung" bezeichnete, haben wir uns bereits mit dem Drama befasst (mit seiner Entstehung in der griechischen Tragödie, mit der Poetik des Aristoteles und mit der weiteren Entwicklung der Theatergeschichte vom klassischen Drama bis zum Epischen Theater und darüber hinaus) sowie mit dem Epos (mit der Erzähltheorie im Hinblick auf alle möglichen erzählenden Genres, von Homers *Odyssee* bis zu James Joyces *Ulysses* und zu den Romanen unserer Gegenwart). Jetzt wollen wir uns der Lyrik zuwenden, nach dialogischen und erzählenden Texten nunmehr sprachlichen Kunstwerken in Form von Gedichten. Der Begriff der Lyrik geht zurück auf die λυρική ποίησις (*lyriké poíesis*), das zum Spiel der Lyra passende Lied, die musikalische Dichtung, wie sie zunächst in kultischen Kontexten vorgetragen wurde.

Anthropologie

Warum gibt es Lyrik? Warum gibt es Verse? Historisch sind sie das Erbe einer vorschriftlichen Tradition. Sie gehen zurück auf rituelle Praktiken der Beschwörung und Trance. Physiologisch und psychologisch erleichtern sie die regelmäßige Atmung und die Selbstregulation der Vortragenden. Neurologisch dienen sie dem Kurzzeitgedächtnis als Erinnerungsspeicher.

Die Neurowissenschaftler Frederick Turner und Ernst Pöppel haben in einem Aufsatz mit dem Titel „The Neural Lyre" (1983) eine neurowissenschaftliche Theorie der Lyrik, das heißt: metrischer, musikalischer Sprache, skizziert. Sie stellen fest, dass der dreisekundige Vers universell vorkommt. An seiner Prozessierung sind verschiedene Hirnareale beteiligt. Poesie befördere so die Ausbildung kognitiver Fähigkeiten. Ihre anspruchsvolle Verarbeitung diene daher der Vorbeugung gegen eine bürokratische Weltsicht, totalitäre Ideologien und manipulative Werbung. „Eine poetische Ausbildung wird Bürger hervorbringen, die ihre Gehirne ganzheitlich einsetzen können" („An education in verse will tend to produce citizens capable of using their full brains coherently", S. 307).

Der Dichter Raoul Schrott und der Neurowissenschaftler Arthur Jacobs schreiben in ihrem Buch *Gehirn und Gedicht* (2011) über die Mitteilungsfunktion der Verse: „Informationstheoretisch lässt sich dies als kommunikativer Kode verstehen: Die 3-Sekunden-Einheit des Verses bildet das Medium; er ist sozusagen die ‚Trägerwelle', die sich vom ‚Rauschen' abhebt" (S. 373). Der Vers von drei Sekunden hat also eine physiologische, eine anthropologische Grundlage.

Warum finden wir Verse schön? Poesie hat ein hohes Maß an Selbstähnlichkeit. Sie ist besonders reich an Äquivalenzen, die ein komplexes Merkmals- und Beziehungsgeflecht bilden. Sie zu erfassen, bereitet ein Erkenntnisvergnügen. Ihre Komposition und ihre Wiederholungsmuster steigern die Eingängigkeit und Einprägsamkeit. Dadurch stellt sich ein positiver Effekt der Vertrautheit ein. Verse haben ästhetische, affektive, kognitive und memorative Funktionen. Ihre regelmäßige und gereimte Form erleichtert die Arbeit des Rhapsoden oder Schauspielers. Der Rhythmus erzeugt aber auch einen *flow*, tendenziell eine Trance.

Warum gibt es Reime? Es gab sie nämlich nicht immer. In der griechischen und lateinischen Lyrik kannte man keine Reime, das heißt: keine Endreime bei Versen. Die deutsche Literatur kennt sie seit dem Mittelalter. Eine wichtige Funktion des Reims ist mnemotechnisch: Reime lassen sich leichter einprägen, weil Äquivalenzen einen zusätzlichen Anhaltspunkt bieten.

Wir werden im letzten Theoriekurs auf die kognitiven Mechanismen der Verarbeitung poetischer Texte zurückkommen, wenn es um Rezeptionsästhetik und Neuropoetik, um empirische und experimentelle Methoden geht.

Merkmale der Lyrik

Es ist gar nicht so leicht zu sagen, was ein Gedicht generell ausmacht. Denn kein Merkmal scheint die Lyrik für sich exklusiv zu haben; und keines bietet eine hinreichende Definition, die für sämtliche Gedichte gelten würde. In Frage kommen: Musikalität und Singbarkeit (Lyrik leitet sich eben von *lyra* her, Leier und Lied), Verse (von *vertere*: zeilenweise umkehren, anstelle von Prosa, *pro(vo)rsus*: linear vorwärts verlaufend), Metrum und Rhythmus (Regelmäßigkeit, Alternieren), Strophen (Gruppierung, Segmentierung), Reime (Gleichklänge, Lautähnlichkeiten), graphische Darstellung (Flattersatz, Leerzeilen, Weißraum, Großbuchstaben am Versanfang), Subjektivität (‚Selbstaussprache'), Einzelrede (Monolog) anstelle von Wechselrede (Dialog, Aufführung; ausgenommen Gedichte in Dramen oder Epen) oder anstelle der vermittelten Rede (Epik, Handlung), des weiteren eine gewisse Verdichtung (Überdeterminierung, hohe Frequenz von Merkmalen), Rhetorizität (hohe Frequenz von Stilmitteln), Bildlichkeit (Metaphern, Allegorien), Verfremdung (Abweichung von der Alltagssprache, in Hinsicht auf den Satzbau wie auf das Vokabular), Kürze und Vieldeutigkeit. Alle diese Merkmale können wir in einem *close reading* beschreiben. Aber nicht auf jedes Gedicht treffen sie zu.

Lyrik in Drama und Epos

Wenn wir uns der Lyrik zuwenden, können wir an verschiedene Beobachtungen anschließen, die wir bereits an dramatischen oder epischen Texten gemacht haben. Lyrische Formen gibt es auch innerhalb von Dramen und Epen. Und wir können das Instrumentarium der Rhetorik sowie der Narratologie auf sie anwenden.

In der griechischen Tragödie bilden die Chor-Partien lyrisch-musikalische Einlagen – zum Beispiel das berühmte Chorlied der thebanischen Alten über die Ambivalenz des Menschen in Sophokles' *Antigone* (1. Stasimon, Verse 332–333):

> πολλὰ τὰ δεινὰ κοὐδὲν ἀν-
> θρώπου δεινότερον πέλει.
> (*pollà tà deinà koudèn an-*
> *thrópou deinóteron pélei.*)
> Friedrich Hölderlin (1804) übersetzt wie folgt:
> „Ungeheuer ist viel. Doch nichts
> Ungeheuerer als der Mensch."

Friedrich Dürrenmatt hat die existenzielle Aussage in *Der Besuch der alten Dame* (1956) sozialkritisch variiert:

> Chor I: „Ungeheuer ist viel"
> Chor II: „Doch nichts ist ungeheurer als die Armut"

Wie die Tragödie ist auch das Epos ursprünglich in Versen verfasst – zum Beispiel Homers *Odyssee*, hier in der Übersetzung von Johann Heinrich Voß (1781):

> Ἄνδρα μοι ἔννεπε, Μοῦσα, πολύτροπον, ὃς μάλα πολλὰ
> πλάγχθη, ἐπεὶ Τροίης ἱερὸν πτολίεθρον ἔπερσε
> „Sage mir, Muse, die Taten des vielgewanderten Mannes,
> Welcher so weit geirrt nach der heiligen Troja Zerstörung,
> Vieler Menschen Städte gesehn und Sitte gelernt hat
> Und auf dem Meere so viel unnennbare Leiden erduldet,
> Seine Seele zu retten und seiner Freunde Zurückkunft."

Nachdem wir diesen Anfang narratologisch als Musenanruf betrachtet und die erzählerischen Instanzen des epischen Sängers, der Muse und des Helden untersucht haben, können wir es auch poetisch beschreiben in seiner metrischen Form: dem Hexameter.

In der Rhetorik haben wir darüber hinaus Tropen und Figuren kennengelernt, wie sie ebenfalls am Anfang der *Odyssee* eingesetzt werden: die Apostrophe („Sage mir, Muse"), das Epitheton („des vielgewanderten"), die Inversion („der heiligen Troja Zerstörung", „seiner Freunde Zurückkunft"), das Isokolon beziehungsweise den Parallelismus („Städte gesehn und Sitte gelernt"). Auch Dichtung in Versen ist rhetorisch analysierbar.

Aus Sicht der Narratologie stellt sich auch für lyrische Formen, die nicht unbedingt erzählerisch sein müssen, die Frage: Wer spricht in einem Gedicht eigentlich?

In der Tragödie ist es vor allem der Chor als Kollektiv, im Epos der epische Sänger – beziehungsweise der Rhapsode – als extra- und heterodiegetischer Erzähler, der eine Muse anruft und von einem Helden berichtet. Ist das ‚lyrische Ich' im Gedicht eine autobiographische Instanz oder ebenfalls eine Figur, eine Fiktion? Der Sprecher in der Lyrik entspricht dem Erzähler in der Epik jedenfalls insofern, als beide nicht mit dem Autor zu verwechseln sind.

In Goethes Ode „Prometheus" (1789, 1827) gibt es ein sprechendes Ich, das nicht Goethe ist, sondern Prometheus, und ein angesprochenes Du, das nicht der Leser ist, sondern Zeus:

> „Bedecke deinen Himmel, Zeus,
> Mit Wolkendunst,
> Und übe, dem Knaben gleich,
> Der Disteln köpft,
> An Eichen dich und Bergeshöhn;
> Mußt mir meine Erde
> Doch lassen stehn,
> Und meine Hütte, die du nicht gebaut,
> Und meinen Herd,
> Um dessen Gluth
> Du mich beneidest."

Auch ein Gedicht ist keineswegs nur das autobiographische Bekenntnis seines Autors.

Äquivalenzen

Was ist poetisch an einem Gedicht? Roman Jakobson bestimmte als Merkmal der poetischen Sprachfunktion die Herstellung von Ähnlichkeiten, die wir im ersten Theoriekurs erörtert haben: „Die poetische Funktion projiziert das Prinzip der Äquivalenz von der Achse der Selektion auf die Achse der Kombination." Wie werden Äquivalenzen in einem Gedicht hergestellt? Wir können sie zunächst strukturell auf unterschiedlichen Ebenen feststellen: als Reim, Versfuß, Vers, Strophe und Gedichtform.

1. Reime sind klangliche Entsprechungen am Versende (in der Regel: der Gleichklang zweier Wörter ab dem Vokal der letzten betonten Silbe). Sie können unter anderem nach dem Muster des Paarreims erzeugt werden, indem sich jeweils zwei aufeinander folgende Verse am Versende reimen: *aabb*. Zum Beispiel in Goethes „Erlkönig" (1782):

> „Wer reitet so spät durch Nacht und Wind?
> Es ist der Vater mit seinem Kind;
> Er hat den Knaben wohl im Arm,
> Er fasst ihn sicher, er hält ihn warm."

Je nach Abfolge der Reimwörter am Versende ergeben sich unterschiedliche Reimtypen: neben dem „Paarreim" (*aabb*) zum Beispiel ein „Kreuzreim" (*abab*) oder ein „umarmender Reim" (*abba*).

2. Vers*füße* sind die einzelnen Einheiten, aus denen sich Verse zusammensetzen. Ein Jambus zum Beispiel besteht aus einer unbetonten Silbe (Senkung) und einer betonten Silbe (Hebung), die in der Notation als Kürze und Länge wiedergegeben werden: ⌣—. In Matthias Claudius' „Abendlied" (1779) bilden drei Jamben zusammen einen „Jambischen Dreiheber", also einen Vers, der aus drei jambischen Versfüßen besteht und daher drei Hebungen (betonte Silben) umfasst:

> „Der Mond| ist auf|gegan|gen,
> Die gold|nen Stern|lein pran|gen"

Weitere Versfüße wären zum Beispiel der Trochäus —⌣, der Daktylus —⌣⌣, der Anapäst ⌣⌣— und der Spondeus — —. Trochäus und Daktylus sind im Deutschen die häufigsten Metren. (Als Eselsbrücke kann man sich merken: Das Wort ‚Jambus' ist, weil es vorn betont wird, metrisch gesehen ein Trochäus; und umgekehrt ist das Wort ‚Trochäus', weil es auf der zweiten Silbe betont wird, ein Jambus.)

3. Mehrere Versfüße ergeben zusammen einen Vers, und zwar nach einem bestimmten Vers*maß*. So setzt sich ein Blankvers aus fünf Jamben zusammen, als „Jambischer Fünfheber": ⌣— ⌣— ⌣— ⌣— ⌣— (⌣). Goethes Drama *Iphigenie auf Tauris* (1787), das er zuerst in Prosa schrieb und dann versifizierte, beginnt mit einem Monolog der Heldin, in dem diese mit folgenden Worten ‚heraustritt':

> „Heraus in eure Schatten, rege Wipfel
> Des alten heil'gen, dichtbelaubten Haines".

Den Blankvers übernahmen die deutschen Autoren seit Lessing von Shakespeare, um sich vom französischen Klassizismus zu distanzieren, der den Alexandriner vorschrieb. Weitere Versmaße wären zum Beispiel der Madrigal- oder der Knittelvers.

4. Mehrere Verse wiederum bilden zusammen eine Strophe – sei es zu zweit ein Distichon, zu dritt ein Terzett oder zu viert ein Quartett und so weiter. Goethes „Zauberlehrling" (1798) besteht als Ballade aus sieben Strophen mit je acht Versen und sieben Refrain-Strophen mit je sechs Versen. Eine Abbildung des Texts (oder auch nur eines Teils) zeigt auf einen Blick die geometrische Regelmäßigkeit seiner Form (siehe Abb. 1). Jakobsons „Äquivalenz" wird hier graphisch sichtbar.

Verschiedene Strophenformen wären zum Beispiel die Stanze, die Volksliedstrophe oder die Vagantenstrophe.

5. Mehrere Strophen schließlich bilden ein Gedicht. Eine Gedichtform kann sich aus Äquivalenzen auf allen Ebenen ergeben: Reimschema, Versfüße, Versmaß und Strophenform sowie deren Kombinationen. Bekannte Gedichtformen, für die jeweils eigene ‚Spielregeln' gelten, sind die Elegie, die Ode, die Hymne, die Ballade oder das Epigramm. Populäre Formen sind der Bänkelsang, das Chanson oder der Limerick (eine fünfzeilige irische Scherzlyrik). Ein Elegisches Distichon etwa besteht aus einem Hexameter und einem Pentameter – zum Beispiel das berühmte Epigramm auf die Gefallenen der Schlacht bei den Thermopylen, das Friedrich Schiller (1795) ins Deutsche übersetzt hat:

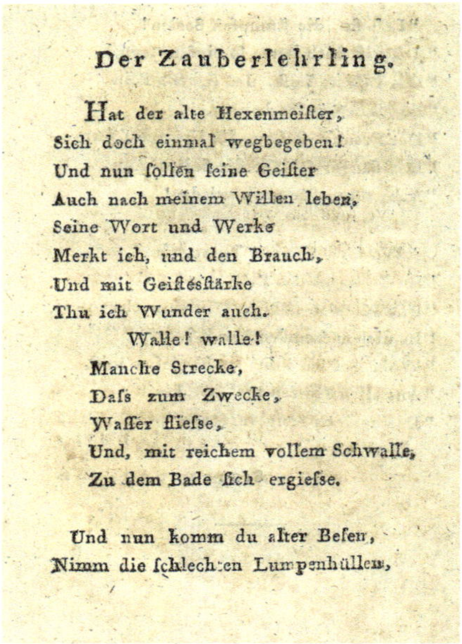

Abb. 1 Der Anfang von Johann Wolfgang von Goethes „Der Zauberlehrling" (1798)

Der Zauberlehrling.

Hat der alte Hexenmeister,
Sich doch einmal wegbegeben!
Und nun sollen seine Geister
Auch nach meinem Willen leben,
Seine Wort und Werke
Merkt ich, und den Brauch,
Und mit Geistesstärke
Thu ich Wunder auch.

Walle! walle!
Manche Strecke,
Dass zum Zwecke,
Wasser fließe,
Und, mit reichem vollem Schwalle,
Zu dem Bade sich ergieße.

Und nun komm du alter Besen,
Nimm die schlechten Lumpenhüllen,

Ὦ ξεῖν᾽, ἀγγέλλειν Λακεδαιμονίοις ὅτι τῇδε
κείμεθα, τοῖς κείνων ῥήμασι πειθόμενοι.
„Wanderer, kommst du nach Sparta, verkündige dorten, du habest
Uns hier liegen gesehn, wie das Gesetz es befahl."
—◡◡ —◡◡ —◡◡ —◡◡ —◡◡ —◡
—— —◡◡ —|— ◡◡ —◡◡ —

Zusätzliche wichtige Merkmale, die ihrerseits poetische Entsprechungen innerhalb eines Gedichts herstellen, sind klangliche Übereinstimmungen über den Reim und den Rhythmus hinaus (zum Beispiel zahlreiche dunkle Vokale oder die Wiederholung von Zischlauten) und Sprachbilder – zum Beispiel Metaphern, die sich aufeinander beziehen und zu einer Allegorie fügen.

Verslehre und Lyrikanalyse

Die Kategorien, die wir unter dem Gesichtspunkt der poetischen Äquivalenz betrachtet haben, können wir nun nicht nur identifizieren, sondern auch interpretieren: 1. Reim, 2. Versfuß, 3. Versmaß, 4. Strophen und 5. Gedichtform. Die formalen Merkmale werden zum Ausgangspunkt der Gedichtanalyse.

1. Reim

Ein Reim ist eine Entsprechung von Wörtern mit ähnlichem Klang. Diese Klangähnlichkeit kann an unterschiedlichen Stellen auftreten.

Beim *Stab*reim befindet sich die Übereinstimmung am Wort*anfang*. Dies entspricht der *Alliteration* in der Rhetorik, dem gleichen *An*laut. Richard Wagner liebte Stabreime, im *Rheingold* zum Beispiel verbindet er an einer Stelle, um die hinfälligen Götter zu bezeichnen, drei Wörter, die in gleichem Missklang mit „gr" anfangen: „grau, greis und grämlich". Auch aus der Werbung kennen wir dieses Verfahren: „Milch macht müde Männer munter." Und es hat sich in formelhaften Wendungen eingeprägt: „Haus und Hof", „Kind und Kegel".

Beim *End*reim befindet sich die Übereinstimmung am Wort*ende*. Dies entspricht dem *Homoioteleuton* in der Rhetorik, dem gleichen *Aus*laut. Genau genommen ist ein Endreim die Identität des phonetischen Materials ab der letzten betonten Silbe, das heißt: ab dem Vokal oder Diphthong in der letzten betonten Silbe, auf die noch eine oder sogar zwei unbetonte Silben folgen können. Ein End*silben*reim dagegen ist die Übereinstimmung nur in der letzten Silbe, die auch unbetont sein kann.

Nach dem Maß der Äquivalenz unterscheiden wir einen ‚armen Reim', der eine geringere Übereinstimmung hat (nur eine Silbe als Endsilbenreim), und einen ‚reichen Reim', der eine größere Übereinstimmung hat (drei Silben, eine betonte, auf die zwei unbetonte folgen: „singenden" – „klingenden").

Bei einem ‚Binnenreim' befinden sich die Reimworte im Versinneren. Bei einem ‚Zäsurreim' befinden sie sich genau in der Versmitte. Bei einem ‚Schlagreim' folgen die reimenden Wörter direkt aufeinander – zum Beispiel in Rainer Maria Rilkes Gedicht „Der Panther" (1902/1903): „Ihm ist, als ob es tausend Stäbe gäbe". Der Schlagreim mit dem doppelten „-äbe" übersetzt die Eintönigkeit der Gefangenschaft in Laute.

Ein ‚identischer Reim' wiederholt nicht nur einzelne Laute, sondern ein ganzes Wort – wie in einer rhetorischen *Epipher*. Das wirkt poetisch unelegant oder absichtlich komisch – zum Beispiel in H. C. Artmanns „allerleirausch" (1958): „lerne was, so hast du was".

Nach der Qualität des Gleichklangs unterscheiden wir ‚reine Reime', die *genau* übereinstimmen, von ‚unreinen Reimen', die nur *ungefähr* übereinstimmen, indem die Reimwörter zum Beispiel lange und kurze Vokale oder harte und weiche Konsonanten aufeinander beziehen (zum Beispiel: Luft–ruft, Weg–weg, sehen–Krähen, zieh'n–grün, Blick–Glück). Bei ‚dialektalen Reimen' können wir zu den geschriebenen Wörtern ihre mundartliche Aussprache hinzudenken. In der Szene „Zwinger" des *Faust* reimt der im hessischen Frankfurt aufgewachsene Goethe „neige" auf „Schmerzenreiche". Ein bekanntes Beispiel sind auch die Jiddizismen in der Aussprache bei Heinrich Heine, die von den Nazis verhöhnt wurden, etwa im „Lied von der Loreley" (1824):

> „Ich weiß nicht, was soll es bedeuten,
> dass ich so traurig bin;
> ein Märchen aus alten Zeiten,
> das kommt mir nicht aus dem Sinn."

2. Versfuß

Ein Versfuß ist die kleinste Einheit eines Verses – und damit eines Gedichts. Er besteht aus einer bestimmten Abfolge betonter und unbetonter Silben.

Die antike Metrik funktioniert nach der Unterscheidung langer und kurzer Silben, die deutsche Metrik dagegen nach der Unterscheidung betonter und unbetonter. Eine Betonung entsteht durch Akzentuierung, Tonhöhe und Lautstärke.

Notiert wird eine betonte Silbe (Hebung) mit einem Strich, der ursprünglich eine Länge bezeichnete, und eine unbetonte Silbe (Senkung) mit einem nach oben offenen Halbkreis, der ursprünglich für eine Kürze stand.

Die wichtigsten Versfüße sind der Jambus: ◡ — (unbetont, betont), der Trochäus: — ◡ (betont, unbetont), der Anapäst: ◡ ◡ — (unbetont, unbetont, betont), der Amphibrach: ◡ — ◡ (unbetont, betont, unbetont), der Spondeus: — — (betont, betont) und der Daktylus: — ◡ ◡ (betont, unbetont, unbetont). Der Begriff ‚Daktylus' kommt vom griechischen Wort für den ‚Finger', der hier mit einem langen und zwei kurzen Gliedern dem Versfuß entspricht. Martin Opitz legte in seiner barocken Regelpoetik nahe, dass der metrische *Vers*akzent mit dem natürlichen *Wort*akzent zusammenfallen soll. Er schrieb außerdem für die deutsche Dichtung das Alternieren zwischen betonten und unbetonten Silben vor, akzeptierte also nur noch jambische und trochäische Verse.

Der Versschluss, die sogenannte ‚Kadenz', kann einsilbig, zweisilbig oder dreisilbig ausfallen. Bei einer einsilbigen Kadenz ist die letzte Silbe eine Hebung (‚stumpfe Kadenz'). Solche betonten Versenden werden ‚männliche' genannt. Bei einer zweisilbigen Kadenz ist die letzte Silbe – nach der letzten Hebung – eine Senkung (‚klingende Kadenz'). Solche unbetonten Versenden werden ‚weibliche' genannt. Bei einer dreisilbigen Kadenz folgen auf die letzte Hebung zwei Senkungen (‚reiche Kadenz').

3. Versmaß

Mehrere Versfüße werden zu einem Vers kombiniert, und zwar regelmäßig – nach einem Versmaß. So ergibt sich ein metrisches Schema aus der Anzahl der Silben und der Abfolge von Hebungen und Senkungen.

Ein Blankvers zum Beispiel ist ein fünfhebiger Jambus: ◡— ◡— ◡— ◡— ◡— (◡). ‚Blank' bedeutet: nicht zwingend gereimt. Der Blankvers ist der klassische Dramenvers im Englischen und im Deutschen, befördert durch die Shakespeare-Rezeption. Der Jamben-Rhythmus wirkt im Deutschen natürlich. (Der Spondeus dagegen ist im Deutschen selten.)

In der Gegenwartsliteratur hat Anne Weber in *Annette, ein Heldinnenepos* (2020) die Form des antiken Epos aufgenommen und dabei Verse in Jamben eingesetzt:

„Der Krieg ist aus, der Krieg geht weiter."
„Wer Fortschritt wollte, hat jetzt Gleichschritt."

3. Versmaß

Die Aktualisierung des Epos vermittelt hier den Eindruck einer Gleichförmigkeit des Laufs der Geschichte, die durch die regelmäßige Verwendung des Jambus metrisch verstärkt wird.

Ein Hexameter dagegen besteht aus sechs Daktylen (— ⏑ ⏑) beziehungsweise Spondeen (— —): —⏑⏑ —⏑⏑ —⏑⏑ —⏑⏑ —⏑⏑ —⏑⏑. Er ist der Vers der griechischen Epik. Der erste Vers der *Odyssee* zum Beispiel lautet und klingt im Original wie folgt:

Ἄνδρα μοι ἔννεπε, Μοῦσα, πολύτροπον, ὃς μάλα πολλὰ
(Ándra moi énnepe, Moúsa, polýtropon, hós malla pólla)
— ⏑ ⏑ — ⏑ ⏑ — ⏑ ⏑ — ⏑ ⏑ — ⏑ ⏑ — ⏑ [⏑].

In diesem Fall sind es sechs Daktylen (der letzte davon katalektisch, das heißt: ‚abgeschlagen', der letzte Versfuß wurde verkürzt).

In der deutschen Übersetzung von Voß, ebenfalls im Hexameter, folgen auf drei Daktylen ein Spondeus und dann zwei weitere Daktylen. Der letzte Daktylus ist ebenfalls katalektisch.

„Sage mir, Muse, die Taten des vielgewanderten Mannes"
— ⏑ ⏑ — ⏑ ⏑ — ⏑ ⏑ — (—) — ⏑ ⏑ — ⏑ [⏑].

Der Alexandriner, benannt nach dem *Roman d'Alexandre* (ca. 1180) über Alexander den Großen, in dem dieser Versfuß erstmals durchgehend verwendet wurde, ist zwölf- oder dreizehnsilbig in regelmäßigem Metrum mit einer Mittelzäsur, paar- oder kreuzgereimt und wirkt eher künstlich beziehungsweise höfisch: ⏑— ⏑— ⏑— | ⏑— ⏑— ⏑— (⏑). Er wurde zum Vers der französischen Klassik.

‚Heterometrische' Versmaße bestehen aus verschiedenen Versfüßen (zum Beispiel Daktylus und Spondeus), ‚isometrische' Versmaße bestehen aus gleichartigen Versfüßen (zum Beispiel Alexandriner).

Eine Zäsur ist ein Einschnitt im Vers, der als Pause hörbar wird. Ein Hebungsprall ist das Aufeinandertreffen zweier Hebungen, das ebenfalls eine gewisse Pause erfordert.

Eine Katalexe ist die Verkürzung des letzten Versfußes. Katalektisch ist ein Vers demnach, wenn beim letzten Versfuß eine unbetonte Silbe *abgeschlagen* wird; *a*katalektisch, wenn der letzte Versfuß *vollständig* bleibt; und *hyper*katalektisch, wenn beim letzten Versfuß im Gegenteil eine unbetonte Silbe *angehängt* wird.

In bestimmten Gattungen herrschen bestimmte Versmaße vor – im Drama der Blankvers, im Epos der Hexameter.

Die Herkunft und die Geschichte der Versmaße haben eine Bedeutung, die über das rein Formale hinausgeht. Antike Versmaße wie der Hexameter wurden in Übersetzungen nachgebildet und angeeignet. Autochthone Versmaße ohne antike Vorbilder dagegen wurden als volkstümliche Formen zum Beispiel in der Romantik geschätzt. Wenn die Schriftsteller der Aufklärung den französischen Klassizismus bekämpften, bezog sich diese Ablehnung auch auf dessen Metrik, insbesondere auf den Alexandriner, als kleinstteilige und hörbarste Vorschrift. Als Gegenmodelle zu den streng regulierten französischen Formen setzte die deutsche Aufklärung freie Rhythmen, reimlos und unmetrisch. Die Metrik wurde befreit, sie näherte sich der Prosa. Auch lyrische Formen sind politisch.

4. Strophenformen

Verse werden zu Strophen kombiniert. So ergibt sich zum Beispiel ein Distichon (ein Vers-Paar), ein Terzett (Dreizeiler), ein Quartett (Vierzeiler), eine Vagantenstrophe, eine Volksliedstrophe, eine Kirchenliedstrophe, eine Stanze etc.

Geht das Versende einer mit einem syntaktischen Einschnitt, sprechen wir von einem ‚Zeilenstil'. Aber ein Vers muss keineswegs immer einen vollständigen Satz enthalten. Stimmen syntaktische und metrische Einschnitte *nicht* überein, sprechen wir von einer ‚Versbrechung', einem ‚Zeilensprung', einem ‚Enjambement'. Ein ‚glattes' Enjambement liegt vor, wenn zwar der Satz oder die Sinneinheit durch das Versende getrennt wird, das grammatische Syntagma aber gewahrt bleibt; ein ‚hartes' Enjambement dagegen, wenn ein Syntagma beziehungsweise eine syntagmatische Einheit getrennt wird (zum Beispiel zwischen einem Artikel und dem entsprechenden Substantiv); und ein ‚morphologisches' Enjambement, wenn die Trennung sogar mitten im Wort vorkommt. Entsprechendes gilt für einen ‚Strophensprung', wenn ein Satz nicht nur über das Ende eines Verses, sondern über das Ende einer Strophe hinausläuft.

5. Gedichtformen

Strophen werden zu Gedichten kombiniert. Jede Gedichtform hat einen kulturellen Hintergrund und eine Geschichte, die in der Interpretation mitgedacht werden. Das Haiku, zum Beispiel, ein japanischer Dreizeiler ohne Endreim, ist eine der kürzesten Gedichtformen, die klassischerweise nur 17 Silben hat. In Ian Flemings *You Only Live Twice* (1964) versucht sogar James Bond, ein Haiku zu schreiben, da er sich als Agent in der japanischen Kultur zu orientieren hat, im Stil des japanischen Dichters Matsuo Basho aus dem 17. Jahrhundert, wenn auch nicht ganz silbengetreu: „You only live twice: / Once when you are born / And once when you look death in the face." („Du lebst nur zweimal: / Wenn du zur Welt kommst / Und wenn du dem Tod ins Angesicht blickst.")

Besonders formstreng ist in der europäischen Lyrik das Sonett. Ein Sonett in der italienischen und deutschen Tradition hat vierzehn Verse in vier Strophen, davon zwei Quartette (‚Oktett') und zwei Terzette (‚Sextett'). Ein englisches *Sonnet* verteilt die vierzehn Verse auf drei Quartette und ein abschließendes Verspaar. Das Reimschema ist: *abab cdcd efef gg*.

Die Sonett-Matrix

In der Interpretation literarischer Texte ganz allgemein, besonders aber der oft hochverdichteten Lyrik geht es darum, formale Merkmale nicht nur genau zu beschreiben, sondern auch ihre inhaltlichen Bedeutungen zu erkennen. Ein bekanntes Beispiel soll diese Verbindung von Form und Inhalt veranschaulichen. Wir wählen dafür ein Gedicht, das im Rahmen eines Dramas vorkommt, damit wir die Bedeutung seiner Form im Zusammenhang einer Handlung interpretieren können.

Als sich Romeo und Julia, im englischen Original Juliet, bei Shakespeare begegnen, spielt die Lyrik eine entscheidende Rolle. Vom ersten Wort bis zum ersten Kuss benötigen sie lediglich 14 Zeilen – beziehungsweise 14 Verse. Wie kommt es dazu?

Schauen wir uns zunächst die bekannte Übertragung von August Wilhelm Schlegel (1797) an, der Shakespeares Text nachdichtete:

ROMEO *tritt zu Julien.*	Entweihet meine Hand verwegen dich,
	O Heil'genbild, so will ich's lieblich büßen.
	Zwei Pilger, neigen meine Lippen sich,
	Den herben Druck im Kusse zu versüßen.
JULIA	Nein, Pilger, lege nichts der Hand zu schulden
	Für ihren sittsam-andachtsvollen Gruß.
	Der Heil'gen Rechte darf Berührung dulden,
	Und Hand in Hand ist frommer Waller Kuß.
ROMEO	Hat nicht der Heil'ge Lippen wie der Waller?
JULIA	Ja, doch Gebet ist die Bestimmung aller.
ROMEO	Oh, so vergönne, teure Heil'ge, nun,
	Daß auch die Lippen wie die Hände tun.
	Voll Inbrunst beten sie zu dir: erhöre,
	Daß Glaube nicht sich in Verzweiflung kehre!
JULIA	Du weißt, ein Heil'ger pflegt sich nicht zu regen,
	Auch wenn er eine Bitte zugesteht.
ROMEO	So reg' dich, Holde, nicht, wie Heil'ge pflegen,
	Derweil mein Mund dir nimmt, was er erfleht.
Er küßt sie.	Nun hat dein Mund ihn aller Sünd' entbunden.
JULIA	So hat mein Mund zum Lohn sie für die Gunst?
ROMEO	Zum Lohn die Sünd'? O Vorwurf, süß erfunden!
	Gebt sie zurück!
Küßt sie wieder.	
JULIA	Ihr küßt recht nach der Kunst.

Um die inhaltliche Bedeutung und die Bildlichkeit des Texts möglichst genau erfassen zu können, betrachten wir vor Shakespeares Original nun eine Übersetzung, die den Text nicht poetisch in Versen, sondern wörtlich in Prosa wiedergibt (I.v.92–109).

Was passiert hier eigentlich? Inhaltlich geht es darum, dass die beiden Figuren einander auf einem Fest begegnen und sich ineinander verlieben. Romeo geht auf Julia zu, um sie zu berühren und dann zu küssen. Und sie geht darauf ein.

Rhetorisch wird dies in die Vorstellung übertragen, dass ein Pilger eine Heiligenfigur berühre und küsse. Romeo lanciert eine Metaphorik, die Julia aufgreift. Bild-Empfänger (grün) ist der Körper, die Erotik: „Hand" („hand"), „Lippen" („lips"), „Kuß" („kiss"). Bild-Spender (gelb) ist die Religion, die Anbetung einer Heiligen, die Pilgerfahrt zu ihrer Statue: „Pilger" („pilgrim"), „Schrein" („shrine"), „heilig" („holy"), „entweihen" („profane"), „Sünde" („sin"), „Hingabe" („devotion"), „Glaube" („faith"), „Gebet" („prayer"), „Heilige" („saints") und „Wallfahrer" („palmers").

Die Fassung von Herbert Geisen in der zweisprachigen Reclam-Ausgabe lautet (1986) wie folgt:

ROMEO.	Wenn ich mit meiner unwürdigsten Hand diesen heiligen Schrein entweihe, ist die sanfte Sünde dies. Meine Lippen, zwei errötende Pilger, stehen bereit, um diese rauhe Berührung mit einem zarten Kuß zu glätten.
JULIA	Guter Pilger, Ihr tut Eurer Hand wirklich zu sehr Unrecht, die hierin gesittete Hingabe zeigt. Denn Heilige haben Hände, die Pilgerhände berühren, und Handfläche auf Handfläche ist heiliger Wallfahrer Kuß.
ROMEO	Haben nicht Heilige Lippen, und heilige Wallfahrer auch?
JULIA	Ja, Pilger, Lippen, die sie im Gebet benutzen müssen.
ROMEO	Oh, dann, liebe Heilige, laß Lippen tun, was Hände tun! Sie beten: gewähre du, damit Glaube sich nicht in Verzweiflung verwandelt.
JULIA	Heilige regen nicht an, wenn sie auch um der Gebete willen gewähren.
ROMEO	Dann rege dich nicht, während ich das Ergebnis meines Gebets nehme.
Er küßt sie.	
	So ist von meinen Lippen durch deine meine Sünde getilgt.
JULIA	Dann haben meine Lippen die Sünde, die sie genommen haben.
ROMEO	Sünde von meinen Lippen? Oh, süß vorgebrachtes Vergehen! Gib mir meine Sünde wieder.
Er küßt sie.	
JULIA	Ihr küßt nach dem Buch.

Das genaue Zusammenspiel dieser beiden Bildlichkeiten, die Berührung der Körper im Verlauf einer ‚Wallfahrt', soll nun der Originaltext deutlich machen, in dem die

Wörter aus den Bereichen des Bild-Spenders (Religion) und des Bild-Empfängers (Erotik) ebenfalls farbig markiert sind:

1	ROMEO	If I profane with my unworthiest hand
2		This holy shrine, the gentle sin is this:
3		My lips, two blushing pilgrims, ready stand
4		To smooth that rough touch with a tender kiss.
5	JULIET	Good pilgrim, you do wrong your hand too much,
6		Which mannerly devotion shows in this;
7		For saints have hands that pilgrims' hands do touch,
8		And palm to palm is holy palmers' kiss.
9	ROMEO	Have not saints lips, and holy palmers too?
10	JULIET	Ay, pilgrim, lips that they must use in prayer.
11	ROMEO	O, then, dear saint, let lips do what hands do:
12		They pray: grant thou, lest faith turn to despair.
13	JULIET	Saints do not move, though grant for prayers' sake.
14	ROMEO	Then move not, while my prayer's effect I take.
		Thus from my lips, by thine, my sin is purged.
	JULIET	Then have my lips the sin that they have took.
	ROMEO	Sin from thy lips? O trespass sweetly urged!
		Give me my sin again.
	JULIET	You kiss by th' book.

Berühren und Küssen werden sprachbildlich in Pilgern und Beten übersetzt. Romeo und Julia ergänzen dieselbe Metaphorik in ihrem Dialog zu einer gemeinsamen Allegorie.

Schließlich fasst Julia zusammen, was die beiden dabei vollzogen haben: eine Performance nach einem literarischen Muster, nach einem poetischen Modell. „You kiss by th' book." Das bedeutet: Die Liebe funktioniert als kultureller Code. Er wird hier aktiviert als geteilte lyrische Form. Das „book" lässt sich dabei sowohl erotisch (als Sammlung von Liebesgedichten) wie auch religiös (als Bibel) verstehen, so dass die beiden Bildbereiche am Ende zusammenfallen.

Wie aber geschieht dies nun formal? Poetisch geht es darum, zusammen ein bestimmtes Muster auszufüllen. Romeo eröffnet mit seinen ersten vier Versen nicht nur eine sprachliche Bildlichkeit, sondern zugleich auch ein lyrisches Format: nämlich ein *Sonnet*. Julia greift nicht nur seine Metaphorik auf, sondern auch diese Gedichtform. Im Original sprechen Romeo und Julia *gemeinsam* ein Gedicht – von ihrer ersten Begegnung bis zu ihrem ersten Kuss.

Es handelt sich um ein englisches *Sonnet*, genau 14 Verse, verteilt auf vier Strophen, nach dem Reimschema: *abab cdcd efef gg*.

1	ROMEO	If I profane with my unworthiest hand
2		This holy shrine, the gentle sin is this:
3		My lips, two blushing pilgrims, ready stand
4		To smooth that rough touch with a tender kiss.
5	JULIET	Good pilgrim, you do wrong your hand too much,
6		Which mannerly devotion shows in this;
7		For saints have hands that pilgrims' hands do touch,
8		And palm to palm is holy palmers' kiss.
9	ROMEO	Have not saints lips, and holy palmers too?
10	JULIET	Ay, pilgrim, lips that they must use in prayer.
11	ROMEO	O, then, dear saint, let lips do what hands do:
12		They pray: grant thou, lest faith turn to despair.
13	JULIET	Saints do not move, though grant for prayers' sake.
14	ROMEO	Then move not, while my prayer's effect I take.
		Thus from my lips, by thine, my sin is purged .
	JULIET	Then have my lips the sin that they have took.
	ROMEO	Sin from thy lips? O trespass sweetly urged!
		Give me my sin again.
	JULIET	You kiss by th' book.

Romeo und Julia ergänzen also dieselbe Gedichtform: nach einem bestimmten Reimschema, in drei Quartetten und einem abschließenden Vers-Paar, alles im Blankvers (◡— ◡— ◡— ◡— ◡—). In vierzehn Versen vollenden sie so ein *Sonnet* und gelangen zur Erfüllung. Dabei wird die erotische und poetische Übereinstimmung noch zusätzlich dadurch betont, dass der zweite Reim im zweiten Quartett wiederholt wird („this" – „kiss"), so dass sich nicht nur das Schema abab cdcd, sondern sogar abab cbcb ergibt.

Auf das Gedicht folgen vier Verse, abwechselnd gesprochen, im Kreuzreim.

Den letzten Vers sprechen Romeo und Julia sogar gemeinsam, verteilt auf zwei Figuren – als *Antilabe*:

> ROMEO „Give me my sin again.
> JULIET You kiss by th' book."
> (◡— ◡— ◡— / ◡— ◡—).

Ein Gedicht entscheidet über die Liebe, es verändert ein Leben. Dieses Leben endet tragisch – und folgt auch damit einem literarischen Muster. Wie heute bisweilen vermittelt durch Pop Songs, die Beziehungen stiften – nach einem künstlerischen Code. Übersetzungen, die das Sonett nicht nachbilden, lassen die lyrische Dimension, die für Shakespeares Drama zentral ist, verschwinden.

Semantik der Form

Die Form eines Gedichts hat eine Bedeutung. Das Sonett bei Shakespeare dient der Codierung der Liebe. Die Terzine bei Dante spiegelt die Dreifaltigkeit. Die freien Rhythmen bei Goethe stehen für das Freiheitspathos des Sturm und Drang. Die Formstrenge bei Stefan George reagiert auf die ‚unruhigen Zeiten' der Moderne.

Winfried Menninghaus hat ein ganzes Buch über ein einziges Gedicht geschrieben, über Friedrich Hölderlins „Hälfte des Lebens" (1804) (siehe Abb. 2), in dem er dessen formale Eigenschaften ausdeutet (*Hälfte des Lebens*, 2005).

In seiner Analyse geht Menninghaus davon aus, dass die lyrischen Formen eine historische Semantik haben. Sie vermitteln inhaltliche Bedeutungen. Menninghaus spricht von einer „allegorischen Metrik". So gelangt er von einem bestimmten Versfuß, dem Adoneus (— ᴗ ᴗ — ᴗ, „Hälfte des Lebens", „klirren die Fahnen"), zu Adonis und mit ihm zum männlichen Schönheitsmythos; von der sapphischen Strophe zu Sappho, der lesbischen Dichterin, und mit ihr zur Mythologie der Geschlechterrollen; und von den Metaphern und Motiven wie „Wasser" und „See" zum Mythos von Narcissus und mit ihm zum Narzissmus. Der Rhythmus selbst ist bedeutend, er löst Affekte aus, als „metrische Affektsteuerung". In Hölderlins Gedicht erkennt Menninghaus die manisch-depressive Dramaturgie einer „*midlife-crisis*".

Weitere bekannte Gedichtanalysen sind Roman Jakobsons und Claude Lévi-Strauss' strukturalistische Studie zu Charles Baudelaires „Les chats", Peter Szondis „Eden" über Paul Celans Berlin-Gedicht „Du liegst" oder Hans Christoph Buchs spielerische ‚Verbesserung' von Albrecht von Hallers „Die Alpen".

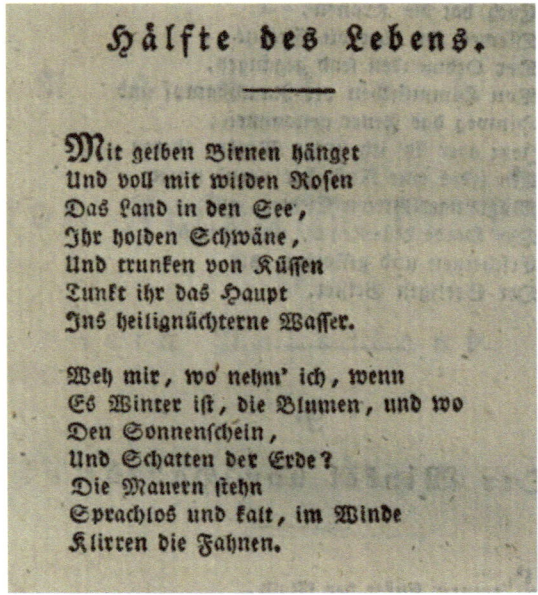

Abb. 2 Friedrich Hölderlin, „Hälfte des Lebens" (1804)

Literaturgeschichte als Lyrikgeschichte

Die Geschichte der Poesie können wir von ihren Anfängen aus komparatistisch in den Blick nehmen, indem wir griechische, römische, altägyptische und weitere Lyrik lesen – etwa mit Raoul Schrotts Anthologie *Die Erfindung der Poesie* (1997).

Anthologien (,Blütenlesen') sind Sammlungen von Gedichten, die jeweils einem bestimmten Programm folgen, wie es in ihren Paratexten, vor allem den Einführungen, ausgeführt wird. In ihnen können wir lyrische Entdeckungen machen – für die deutsche Dichtung zum Beispiel im *Buch deutscher Gedichte*, herausgegeben von Karl Otto Conrady (1977).

Wenn wir uns auf die Geschichte der deutschen Lyrik beschränken, können wir sie entlang der Epochen lesen, deren Übersicht wir uns im zweiten Theoriekurs erarbeitet haben – gewissermaßen als Literaturgeschichte im Kleinen. Dabei begegnen uns im Mittelalter und in der Frühen Neuzeit der Minnesang, der Meistersang und die höfische Auftragslyrik; im Barock *Vanitas*-Lyrik und Sonette zum Dreißigjährigen Krieg, die dem Chaos künstlerische Formen entgegensetzen; im Sturm und Drang freie Rhythmen zur Emanzipation aus autoritären Regeln; während der Aufklärung Lehrgedichte und während der Empfindsamkeit Erlebnislyrik; im Zeitalter der Klassik eine neue Orientierung am Ideal der Antike, aber auch eine Auseinandersetzung mit der Naturgeschichte – Goethe zum Beispiel schrieb zum selben Thema eine Elegie und eine wissenschaftliche Abhandlung: „Metamorphose der Pflanzen" (1797); in der Romantik Naturgedichte, Balladen und Lieder (eine sehr deutsche Tradition in der Lyrik und in der Musik); die *poésie engagée* der Befreiungskriege (1813), des Vormärz (1848) und im 20. Jahrhundert, zum Beispiel bei Brecht; dagegen die *poésie pure* als subjektlose, hermetische Lyrik oder dadaistischer Nonsens; in der Moderne Naturalismus, Symbolismus, Expressionismus und weitere Avantgarde-Bewegungen; und in der Gegenwart schließlich Pop, Rap, Slam Poetry und digitale Poesie. Nach der Schoa stellte sich die Frage, wie überhaupt noch zu dichten sei. Adorno erklärte: „Nach Auschwitz ein Gedicht zu schreiben, ist barbarisch." Andererseits dichtete Paul Celan, als Überlebender, die „Todesfuge" (1948).

Tendenzen der Lyrik zur bildenden Kunst und zur Musik können wir anhand von Figurengedichten seit dem 17. Jahrhundert, Lautgedichten des Dadaismus, konkreter und visueller Poesie sowie in Collagen nachvollziehen, für die abschließend ein paar Beispiele nicht nur genannt, sondern gezeigt werden (siehe Abb. 3, 4, 5 und 6).

Literaturgeschichte als Lyrikgeschichte 423

Abb. 3 Barockes Figurengedicht: Theodor Kornfeld, „Ein Sand-Uhr" (1686)

Abb. 4 Dadaistische Lautpoesie: Hugo Ball, „Karawane" (1917, *Dada Almanach* 1920)

Abb. 5 Visuelle und Konkrete Poesie: Eugen Gomringer, „ciudad" (1951, Alice-Salomon-Hochschule, Berlin, 2011–2018)

Abb. 6 Collage, Bild und Text: Kurt Schwitters, „Untitled" (1930)

Elfte Lesewerkstatt – Wie interpretieren wir Gedichte?

Gemeinhin gelten Gedichte zugleich als besonders ästhetische wie anspruchsvolle Texte, als ebenso reizvoll wie komplex. Weil ihre Lektüre durch die Kürze und durch die Geschlossenheit zur gründlichen Beschäftigung und zur Versenkung einlädt, zu einer langsameren und eingehenderen Rezeption als viele Erzähltexte und Theaterstücke, haben Gedichte das Potenzial, uns besonders stark zu affizieren, eine persönliche Nähe herzustellen. Viele Menschen haben Lieblingsgedichte und kennen lyrische Texte auswendig, weil sie ihnen besonders nah sind. Erleichtert wird das Einprägen nicht nur durch das affektive Verhältnis zum Gedicht, sondern auch durch dessen formale Merkmale. Der Vers als syntaktische und strukturelle Gliederungseinheit hat, so die Erkenntnis der modernen Neurowissenschaften, eine gleichsam ideale Informationsdichte. Als effizientes sprachliches Vehikel für ästhetische und semantische Inhalte entspricht er besonders genau der Funktionsweise unseres Gehirns, unserer kognitiven Sprachverarbeitung. Unterstützt wird die Einprägsamkeit lyrischer Texte, ihre Memorabilität, durch den Rhythmus, der häufig als regelmäßiges Metrum realisiert ist und damit zur Gliederung und zur einheitlichen Gestaltung beiträgt. Der Reim, der sich seit Beginn der Neuzeit in vielen Gedichten der europäischen Literaturen findet, hat eine ähnliche Funktion, indem er klangliche Entsprechungen schafft und damit Anhaltspunkte für das Gedächtnis bereitstellt.

Sprachliche Muster und geordnete Strukturen lassen sich grundsätzlich besser merken als ungeregelte Alltagssprache oder auch literarische Prosa. Vor der Verwendung von Schrift zum Festhalten, Verbreiten und Überliefern von Literatur waren Vers und Metrum in allen drei großen Gattungen formgebend. Mündliche Überlieferung beruht wesentlich auf der Einprägsamkeit der Texte, die im Gedächtnis gespeichert werden müssen. Spätestens seit der Durchsetzung des Buchdrucks und der Möglichkeit, Literatur massenhaft in Schriftform zu veröffentlichen, haben Vers und Metrum besonders in der Dramatik und der Epik an Bedeutung verloren. In beiden Gattungen hat sich im Verlauf der Jahrhunderte ungebundene Sprache weitgehend durchgesetzt. Die Lyrik ist von dieser Entwicklung nicht im selben Maß betroffen. Zwar wird seit Jahrhunderten immer wieder auf Reim und regelmäßiges Metrum verzichtet, aber ein Großteil der Lyrik ist weiterhin davon bestimmt. Und der Vers als Gliederungseinheit ist nach wie vor fast in der gesamten Lyrik anzutreffen. Die Gliederung in Verse, also das Verfassen in gebundener Sprache, bleibt ein Hauptmerkmal der Lyrik. Bei aller formalen Freiheit, die Lyrikerinnen und Lyriker sich beim Gestalten ihrer Texte durch die Epochen immer wieder genommen haben, bei aller spielerischen oder kämpferischen Abweichung von Vorgaben und Regeln, lässt sich ein Gedicht sehr allgemein auffassen als ein Text, bei dem das Zeilenende nicht durch die Buchseite bestimmt wird, sondern durch die Verfasserin oder den Verfasser. Zwar gibt es auch sogenannte Prosagedichte; besonders in der französischen Literatur des 19. Jahrhunderts haben durchaus prominente Autoren wie Charles Baudelaire, Stéphane Mallarmé und Arthur Rimbaud mit dieser Auflösung des Verses experimentiert. Anders als bei Theaterstücken und Erzähltexten hat sich Prosa in der Lyrik aber nie weithin durchgesetzt. Und es ist bis heute nicht unumstritten, ob Prosagedichte überhaupt dazu gezählt werden sollten.

Durch das ganz überwiegende Festhalten am Vers ist in der lyrischen Dichtung eine besondere Kontinuität der Form zu beobachten. Während die Epik sich vom Versepos zum Roman und anderen neuen Erzählgattungen gewandelt und ausdifferenziert hat und das Drama, wie wir mit Peter Szondi in der vierten Lektion gesehen hatten, selbst innerhalb der Moderne mehrere Phasen und formale Erneuerungen durchlaufen hat, ist die Lyrik erstaunlich formstabil. Metrum, Vers, Strophe – all das hat sich von den Anfängen der Dichtung bis heute erhalten. Wir kennen, lesen und schreiben nach wie vor jahrtausendealte Gedichtformen der Antike, wie Oden und Hymnen, und tradieren sie auf diese Weise in die Zukunft. Das Sonett, eine der nach wie vor wichtigsten und populären Gedichtgattungen, entstand im 13. Jahrhundert in Italien und hat sich weitgehend unverändert erhalten. Die Lyrik scheint von allen großen literarischen Gattungen das größte formale Beharrungsvermögen zu besitzen, eine überzeitliche Adaptionsfähigkeit, vielleicht auch ein historisches Widerstandspotenzial, das sie vom gesellschaftlichen Wandel stärker abschirmt als andere Literatur.

Visuelle Wirkung

Der Zeilenverlauf wird bei einem Gedicht also nicht dem Zufall des Buchsatzes, der Schriftgröße und des Papierformats überlassen, sondern ist ein konstitutiver und untrennbarer Bestandteil der Textform. Er beruht auf einer ästhetischen und semantischen Entscheidung der Autorin oder des Autors und ist deshalb für das Gedicht nicht gleichgültig, sondern bedeutungstragend. Es ist bei einem lyrischen Text nicht egal, in welcher typographischen Gestaltung er uns entgegentritt, und wir sind daran gewöhnt, Gedichte auf den ersten Blick – gleichsam schon von Weitem – daran zu erkennen, dass sie auf der Buchseite von viel leerem Weißraum umgeben sind. Diese visuelle Präsentation der Texte, die sich aus der Versform ergibt, trägt zu ihrer Wirkung bei. In vielen Gedichtbänden steht auf einer Buchseite nie mehr als ein Gedicht, als wäre es eine Art Frevel, lyrische Texte optisch zu vermischen, sie einzuengen, ihnen nicht genug Raum zu geben. Gedichten wird visuell häufig ein ganz eigener, ungestörter Auftritt, eine absolute Präsenz eingeräumt, die unsere ungeteilte Aufmerksamkeit verdient und einfordert. Gedichte erhalten durch diese Präsentation eine herausgehobene, erhabene Erscheinung, die sich auch als Behauptung einer besonderen Qualität auswirken kann. Sie werden auf diese Weise als Texte inszeniert und rezipiert, die es wert sind, dass wir sie ganz bewusst, fokussiert und ohne Ablenkung lesen. Auf einer ansonsten leeren Buchseite ermöglicht das Gedicht unsere maximale Konzentration – und verlangt sie uns ab.

Diese Sonderstellung kann auch einschüchtern. Die Wertschätzung, die der Lyrik durch ihre typographische Präsentation entgegengebracht wird, kann auch überfordern. Wir fragen uns, ob wir einem Gedicht, das offenbar nur unter Ausschluss aller Störungen und Zerstreuungen gelesen werden soll, mit unserer Lektüre überhaupt gerecht werden können. Die Isolation, die monolithische Blockhaftigkeit der Gedichte kann abschreckend wirken, als Hemmnis oder Hürde. Der Lyrik kann dadurch eine Aura der Unzugänglichkeit anhaften. Neben Menschen, die Gedichte gerade wegen ihrer Prägnanz und ihrer persönlichen Zugewandtheit schätzen, gibt es daher auch Menschen, die Lyrik als schwierig, unnahbar, abgehoben wahrnehmen. Der Beschäftigung mit Gedichten kann daher elitär wirken, weltfremd oder egozentrisch.

Unpraktische Lyrik?

Das Image der Lyrik kann ganz handfeste Auswirkungen haben. In aller Regel stehen auf unseren Buchregalen zu Hause mehr Romane und Theaterstücke als Gedichtbände. Tendenziell lesen wir weniger Texte in Versen als in Prosa. Im Buchhandel spielt die Lyrik eine geringe Rolle. Lyrikerinnen und Lyriker erhalten seltener Buchpreise. Und sie verdienen häufig weniger Geld als Romanciers oder Theaterautorinnen. Dabei kann man sicher nicht behaupten, dass Lyrik grundsätzlich unbeliebt ist, einen geringeren kulturellen Stellenwert hat oder weniger Anerkennung verdient als andere Literatur. Von den drei großen Gattungen ist Lyrik dennoch diejenige, mit der wir uns insgesamt wahrscheinlich am wenigsten beschäftigen, zumindest was die Lektürezeit betrifft. Man kann das bedauern – oder nach den Gründen dafür fragen. Freilich gibt es eine Vielzahl von Gedichten, die in ihrer Entstehungszeit hochgradig aktuell waren und auch in unserer Gegenwart noch ihre Aussagekraft bewahren. Politische Lyrik hat ganz fraglos den Anspruch, Einfluss zu nehmen auf ihr Publikum, die Gesellschaft und die Wirklichkeit. Nichtsdestotrotz schränkt die Eigenschaft der Lyrik, sich von der Wirklichkeit abschotten zu können, in ihrer Absolutheit auf Gegenwartsbezüge nicht angewiesen zu sein und sie auch nicht unbedingt anzubieten, gegen die Anwürfe der Zeit bis zu einem gewissen Grad immun zu sein und in subjektiver Versenkung rezipiert zu werden, ihre gesellschaftliche Relevanz womöglich ein. Gedichte lesen wir zur Einkehr, zur Sammlung, zum Genuss, weniger zum Ansporn oder zur Handlungsanleitung. Gedichte aktivieren uns nach innen, nicht nach außen. Gedichte lesen wir aus Interesse, aber nicht mit Interessen, also nicht vorrangig zu praktischen oder sozialen Zwecken. Von aller Beschäftigung mit der Literatur ist die Lektüre von Lyrik vielleicht die am wenigsten utilitaristische, funktionsgebundene.

Lyrik und Musik

Alle vorangehenden Aussagen über die verhältnismäßig geringe Verbreitung und Frequenz der Gedichtrezeption gelten nur unter einem großen Vorbehalt, nämlich mit der Einschränkung auf rein literarische, textliche Lyrik. In der intermedialen Verbindung mit Musik sieht unsere Lyrikexposition nämlich ganz anders aus. Dann kehren sich die Verhältnisse womöglich sogar um. Denn in vertonter Form begegnen uns Gedichte überall. Als Teil von Liedern und Songs ist Lyrik in unserer Populärkultur allgegenwärtig, vom Schlager bis zum Pop, vom Rap bis zur Volksmusik, von Hobbymusikern in den Sozialen Medien bis zu den professionellsten Produktionsstudios, von der Supermarktbeschallung bis zur heimischen Plattensammlung, vom Open Mic in der kleinsten Kellerbar bis zum Stadionkonzert vor Zehntausenden. Sobald Gedichte vertont werden, führen sie keineswegs ein Nischendasein für ein kleines passioniertes Publikum auf dem heimischen Lesesessel, sondern sprengen alle Klischees und sozialen Grenzen. Sobald Lyrik zu *lyrics* wird, steht sie quantitativ an der Spitze unserer Kunstrezeption und überwiegt wohl selbst unsere Romanlektüre bei Weitem. Im Zusammenhang mit Musik kennen viele Menschen zahlreiche Texte auswendig – vom Kinderlied über den aktuellen Radio-Hit bis zum Jazz-Standard – und sind sich womöglich gar nicht bewusst, dass es sich dabei auch um Gedichte handelt. Dabei ist der Einfluss der Lyrik in der Populärmusik mitunter so groß, dass die musikalische Gattung den Namen der lyrischen übernimmt, zum Beispiel bei der Rock- und der Power-Ballade.

Gedichte sind in der Populärmusik keineswegs nur Beiwerk, sondern elementarer Bestandteil, der für viele Rezipientinnen und Rezipienten einen großen Teil des Reizes ausmacht. Song-Texte selbst zu verfassen, bildet auch im Pop symbolisches Kapital und gehört zu den Distinktionsmerkmalen in der Musikindustrie, aktuell etwa bei Taylor Swift. Spätestens seit der Vergabe des Literaturnobelpreises an den US-amerikanischen Singer-Songwriter Bob Dylan 2016 sind Liedtexte auch aus Sicht einer breiten Öffentlichkeit im Bereich der Hochkultur anerkannt und eröffnen den Zugang zu höchsten literaturkritischen Auszeichnungen. Schon weit vor Dylan und in anderen Musikgattungen gab es zahlreiche musikalisch-dichterische Doppelbegabungen, sogenannte Dichterkomponisten, von Minnesängern wie Walther von der Vogelweide über Martin Luther, der Kirchenlieder zu eigenen Texten komponierte (*Ein feste Burg ist unser Gott*, ca. 1529), bis zu Richard Wagner, der für seine Opern die Libretti verfasste (u. a. *Der fliegende Holländer*, 1843, *Der Ring des Nibelungen*, 1848–1874). Gegenwärtig feiert Lin-Manuel Miranda mit seinen selbstverfassten Musicals weltweit Erfolge (u. a. *Hamilton*, 2020).

Dass Gedichte als Vorlage für Vertonungen verwendet werden, ist nicht neu. Die Lyrik hat ihren Namen von einem Musikinstrument, der Leier. Schon die lyrischen Chorpartien der griechischen Tragödie wurden wahrscheinlich als Gesang mit Instrumentalbegleitung vorgetragen. Sangbarkeit und Liedhaftigkeit gelten grundsätzlich als Merkmale von Gedichten. Es kommt sogar vor, dass Lyrik, obwohl sie zunächst nicht zum Zweck der Vertonung verfasst wurde, später gar nicht mehr unabhängig davon überliefert wird. Die Einbettung in Musik kann die Texte dann vor dem Vergessen retten. So ist es fraglich, ob wir den von Heinrich Heine geschätzten

Volksliederdichter Wilhelm Müller (1794–1827) heute noch kennen und seine Gedichte noch zur Kenntnis nehmen würden, wenn sie nicht von Franz Schubert als Liederzyklen vertont worden wären (*Die schöne Müllerin*, 1823, *Die Winterreise*, 1827).

Die enge Beziehung zur Musik zeigt, wie breitgefächert das Spektrum lyrischer Produktion und Rezeption heute ist. Pauschale ästhetische Werturteile über Gedichte aufgrund ihrer mehr oder weniger prestigeträchtigen Stellung im Kulturbetrieb zu fällen, wird ihrer Vielfalt nicht gerecht. Die Abwertung von Songtexten wegen ihres populärkulturellen Einsatzes ist ebenso wenig gerechtfertigt wie die Annahme, Petrarca sei nur etwas für Snobs. Es ist fraglos etwas anderes, sich in innerer Versenkung im stillen Kämmerlein über ein hochkomplexes Sonett zu beugen, als einen Liedtext aus vollem Hals im Chor mit dem Publikum vor der Bühne der Lieblingsband mitzusingen. Aber beides ist eine Beschäftigung mit Lyrik.

Gedichtinterpretation

Die wissenschaftlich-fachliche Beschäftigung mit der Lyrik besteht vor allem in ihrer Deutung. Die Methoden dafür unterscheiden sich nicht kategorial von der Interpretation von Erzähltexten und Theaterstücken, insofern man die formalen Merkmale von Gedichten identifizieren und unterscheiden kann und die Terminologie für ihre Analyse beherrscht, die wir im Theoriekurs vorgestellt haben. Dass die Gedichtinterpretation gegenüber der Auseinandersetzung mit anderen Gattungen dennoch ihre Eigenheiten hat, liegt an einem Merkmal der Lyrik, das man als ‚Überdeterminiertheit' bezeichnen kann. Wir können auch einfacher von ‚Verdichtung' sprechen. (Volksetymologisch wird das Wort ‚Gedicht' mitunter auf ‚dicht' zurückgeführt; tatsächlich stammt es aber vom althochdeutschen Verb ‚tihton' ab, was nichts anderes heißt als ‚schreiben', ‚verfassen'.) Diese Überbestimmtheit als hoher semantisch-ästhetischer Informationsgehalt verdichtet sich in der Versform und lässt sich kognitiv besonders gut verarbeiten. In den oftmals sehr kurzen Texten ist eine Vielzahl bedeutungstragender Elemente gebündelt und zusammengefasst, die jedes für sich (singulativ), aber auch in Kombination (additiv) und im gegenseitigen Wechselspiel (interaktiv) zur Semantik und zur Wirkung des Gedichts beitragen können: von den im engeren Sinn lyrischen Eigenschaften (Gedichtgattung, Strophenform, Vers, Reimschema, Metrum etc.), über die Lexik (Vokabular, Wortbedeutungen, Wortfelder, Etymologie etc.), die Grammatik (Wortarten, Tempus, Syntax etc.), die Rhetorik (Figuren und Tropen, Sprachbildlichkeit, Wirkungsintention, Persuasionsstrategien etc.), die Klanglichkeit (Prosodie, Rhythmus, Assonanzen, Onomatopoesie) und die Visualität (Schriftbildgestaltung, typographische Dispositive, Weißraum) bis hin zur Kommunikationssituation (lyrisches Ich, Rollen- und Sprechergedicht, Adressierung, Widmung), zum Sprachregister (Stilistik, Archaismen, Barbarismen, Fachsprache) und zur Pragmatik (Anlass des Gedichts, Einbindung in soziale Praktiken). Hinzu kommen semantische Bezüge zur Entstehungszeit, zur Epoche der Darstellungsinhalte und zur Lektüregegenwart. Dabei können sich nicht nur kongruente, ineinandergreifende, sich gegenseitig bestärkende Sinnbeziehungen zwischen einzelnen Textelementen auf allen Bedeutungsebenen ergeben, sondern auch gegenläufige und widersprüchliche Tendenzen. Letztere können in der Interpretation mit den Hauptachsen der Bedeutungskonstitution möglichst verbunden und versöhnt, eingeebnet oder umgedeutet oder aber in ihrer Widerständigkeit und Divergenz dekonstruktiv hervorgehoben werden. Erstere, also die übereinstimmenden Bedeutungselemente, können wir mit Roman Jakobson als Äquivalenzen auffassen, als ästhetische Entsprechungen, welche die poetische Funktion der Sprache aktivieren und die Poetizität des Gedichts erhöhen.

Keines dieser Merkmale ist exklusiv nur relevant für die Deutung von Gedichten. Durch ihre Dichte weist Lyrik aber besonders viele solcher bedeutungsgenerierenden Elemente auf engstem Raum auf. Das semantische Potenzial von Gedichten ist besonders hoch. Jede Strophe, jeder Satz, jeder Vers, jedes Wort, jede Silbe, jeder Laut ist eingebunden in eine Vielzahl sich überlappender und unterlaufender Bedeutungsbeziehungen und semantischer Netzwerke. Jeder bedeutungstragende Bestandteil ist nie nur auf eine Weise bestimmt und interpretierbar, sondern in besonders hohem Maße mehrfach determiniert, überdeterminiert.

Was folgt aus all dem für die Interpretation? Wie kann man mit der lyrischen Bedeutungsdichte praktisch umgehen? Vor aller konkreten Textarbeit kann bereits die mentale Einstellung helfen: Alle Interpretinnen und Interpreten stehen bei der Auseinandersetzung mit Lyrik vor denselben Herausforderungen, niemand wirft nur einen Blick auf ein Gedicht und hat alles erfasst. Die semantische Komplexität von Gedichten sollte nicht als Einschüchterung oder als Zumutung verstanden werden, sondern als Antrieb, als ästhetischer Reiz, als Quelle vielfältiger Deutungsmöglichkeiten. Denn Gedichte sind nicht nur besonders bedeutungsdicht, sondern auch besonders bedeutungsoffen, nicht nur deutungspflichtig, sondern auch deutungsbedürftig. Mit der Zahl potenziell bedeutungstragender Elemente und ihrer Verflechtungen steigt auch die Möglichkeit, sie unterschiedlich zu interpretieren. Diese Offenheit entlastet von der Vorstellung, eine einzige richtige, allumfassende, anhaltend gültige Deutung entwickeln zu müssen.

Für jegliche Deutung literarischer Texte gilt, dass man sich nicht mit der bloßen Feststellung und Aufzählung formaler Verfahren begnügen kann. Ein Reimschema zu erkennen und zu benennen, ist keine Interpretation, sondern nur deren Voraussetzung. Die fundamentale Frage lautet immer, was das Merkmal, das man vorfindet, bedeutet. Die Vielzahl terminologisch genau bezeichneter Formeigenschaften lyrischer Texte kann dazu verführen, den bloßen Befund poetischer Merkmale bereits für eine Deutung zu halten. Ein dreihebiger Jambus mit Endreim bei weiblicher Kadenz mit Hyperkatalexe bedeutet aber nichts an sich, wie präzise er auch bestimmt ist und wie eindrucksvoll die lyrischen Fachbegriffe auch zunächst klingen mögen. Erst wenn man sich fragt, was das auf diese Weise identifizierte Versmaß bedeutet und welchen Sinn es im Zusammenhang mit den anderen formalen und inhaltlichen Merkmalen des Gedichts entfaltet, gelangt man zu einer Interpretation.

Für die interpretative Auseinandersetzung mit einem Gedicht bietet es sich außerdem an, grundsätzlich folgende Frageperspektive einzunehmen: Warum steht da, was da steht? Warum steht da nicht etwas anderes? Warum wird etwas auf eine bestimmte Weise und nicht anders ausgedrückt? Diese Fragen gehen von der Grundannahme aus, dass gerade in Gedichten, die von ihren Autorinnen in aller Regel ja nicht in einem Zug heruntergeschrieben werden, sondern, wie man an Entwurfshandschriften nachvollziehen kann, häufig in einem sehr aufwändigen und langwierigen Prozess bis ins letzte Detail durchkomponiert werden, nichts dem Zufall überlassen ist. Wir können unterstellen, dass alle Elemente des Texts wohlüberlegt und nach Abwägung anderer Ausdrucksoptionen gewählt wurden. Um diese ästhetischen Entscheidungen nachzuvollziehen, können wir uns bei der Interpretation stets fragen, wie das, was im Gedicht steht, womöglich auch auf andere Weise hätte ausgedrückt werden können, und was es bedeutet, dass es nicht anders, sondern genau auf die vorliegende Weise verfasst wurde. Wir können die Bedeutung dessen, was im Gedicht steht, abgrenzen von dem, was nicht da steht, aber da stehen könnte. Diese Perspektive *ex negativo*, aus der ein Text interpretiert wird in der gedanklichen Differenz zu den in ihm *nicht* realisierten Ausdrucksoptionen, hilft dabei, ein Gedicht nicht für selbstverständlich, für zwangsläufig oder für zufällig zu halten, sondern als Produkt eines künstlerischen Akts zu verstehen. Was ein Gedicht aussagt, hätte immer auch auf andere Weisen formuliert werden können. Zu interpretieren haben wir aber genau die im Gedicht verwirklichte Form.

Ein vereinfachtes Beispiel kann diese Deutungsmaxime veranschaulichen: Wenn ein Vers dreihebig ist, dann ist er weder zweihebig noch vierhebig, er hätte theoretisch aber beides sein können. Es gibt keinen zwingenden Grund für die Dreihebigkeit. Der Vers ist nicht dreihebig, weil es nicht anders ging oder weil es sich spontan so ergeben hat, sondern, so unterstellen wir, weil er genau so sein sollte. Die Interpretation sollte daher versuchen, eine schlüssige Erklärung dafür zu finden, warum er weder zwei- noch vierhebig ist und was es bedeutet, dass er genau dreihebig ist. Dabei sind ein einzelner Vers und die Anzahl seiner Hebungen bei der Gedichtinterpretation nur ein Detail, das in einer Gesamtbetrachtung unter Umständen kaum ins Gewicht fällt. Aber eine Deutung setzt sich immer zusammen aus einer Reihe solcher Detailbeobachtungen. Und jedes dieser Mosaikstücke sollte mit Hilfe einer Methode gewonnen werden.

Auch bei Reimen ist es evident, dass sie nicht aus Versehen oder mit Glück zustandekommen, sondern als Resultat einer ästhetischen Formgebung. Ein Reim entsteht im Schreibprozess in aller Regel nicht dadurch, dass ein fertiger Vers schlicht mit einem Wort endet und für den nächsten Vers irgendwie ein passender Gleichklang gefunden werden muss. Stattdessen geht häufig die Findung eines Reimpaars voraus, das dann in aufeinander abgestimmten Versen (als Paarreim, Kreuzreim, umarmender Reim etc.) in einen syntaktisch-metrischen Zusammenhang gebracht wird, um eine inhaltliche Aussage zu vermitteln. Dieser Vorgang, der sich in entsprechender Form bei allen ästhetischen Entscheidungen in der Textproduktion wiederholt, ist ebenso komplex wie individuell. Und bevor an seinem Ende eine Anzahl Verse, eine Strophe oder ein ganzes Gedicht steht, besteht er vor allem darin, zahlreiche andere Gestaltungsmöglichkeiten zu verwerfen. Man kann den dichterischen Schaffensprozess als Entscheidung für einen bestimmten Ausdruck verstehen; man kann ihn aber auch verstehen als Entscheidung gegen alle Alternativen.

Lyrik-Reader

Um Ansätze zur Gedichtinterpretation an Beispielen zu veranschaulichen und einen Überblick über die deutschsprachige Lyrik seit dem Mittelalter zu geben, schlagen wir Ihnen ein Spiel vor. Auf den folgenden Seiten werden wir Ihnen 15 mehr oder weniger bekannte Gedichte präsentieren, allerdings anonym und undatiert – und nicht in chronologischer Reihenfolge, sondern literaturgeschichtlich frei durchgemischt (siehe Abbildungen 1–15). Ihre Aufgabe ist es, anhand der Texte Indizien für die Autorschaft und vor allem für die Entstehungszeit zu ermitteln, so dass Sie die Gedichte in die richtige zeitliche Ordnung bringen können. Außerdem können Sie sich in der formalen Analyse üben (zum Beispiel Reimschema, Metrum und Kadenzen bestimmen) und Hypothesen für die Deutung formulieren. Im Anschluss an den Lyrik-Reader folgen die Auflösung mit der richtigen Reihenfolge der Gedichte sowie Angaben zur Form und Ansätze zur Interpretation.

Merkmale, die Ihnen bei der zeitlichen Einordnung der Texte als Anhaltspunkte dienen können, sind unter anderem: Sprachstand (Mittelhochdeutsch, Frühneuhochdeutsch, veraltete Begriffe, modisches Vokabular), literaturgeschichtliche Epochenkennzeichen (Minne, *vanitas*, Sentimentalität, Sachlichkeit, Sekundenstil), formale und Gattungsmerkmale (Übereinstimmung mit Regelpoetiken vs. Entgrenzung der Form, Metrum vs. Freirhythmik, ältere und jüngere Gedichtformen, Ganzheit und Fragmentarik, Sprachspiele, Abstraktion, visuelle Poesie), historische Konzepte und Diskurselemente (Rationalität, Antikenrezeption, Nationalismus, Dekadenz), politische und ideologische Indizien (Feudalismus, Absolutismus, kommunistische Weltanschauung, Konsumkritik), Realien und Wirklichkeitsbezüge (Kriege, Alltagsgegenstände, Personennamen). Und natürlich wird Ihnen Ihre eigene Kenntnis der Lyrikgeschichte helfen. Sicher erkennen Sie ein paar Gedichte sofort wieder.

Die ausgewählten Gedichte sind einer großen Gedichtsammlung entnommen, die einen Überblick bietet über wichtige Vertreterinnen und Vertreter der deutschsprachigen Lyrik seit ihren Anfängen im 9. Jahrhundert bis in die Gegenwart: *Der neue Conrady. Das große deutsche Gedichtbuch* (2000), herausgegeben von Karl Otto Conrady. Wenn Sie noch keine umfassende Lyriksammlung besitzen, wäre dieses Buch eine Empfehlung.

1. Fragen eines lesenden Arbeiters

Wer baute das siebentorige Theben?
In den Büchern stehen die Namen von Königen.
Haben die Könige die Felsbrocken herbeigeschleppt?
Und das mehrmals zerstörte Babylon –
Wer baute es so viele Male auf? In welchen Häusern
Des goldstrahlenden Lima wohnten die Bauleute?
Wohin gingen an dem Abend, wo die Chinesische Mauer fertig war
Die Maurer? Das große Rom
Ist voll von Triumphbögen. Wer errichtete sie? Über wen
Triumphierten die Cäsaren? Hatte das vielbesungene Byzanz
Nur Paläste für seine Bewohner? Selbst in dem sagenhaften Atlantis
Brüllten in der Nacht, wo das Meer es verschlang
Die Ersaufenden nach ihren Sklaven.

Der junge Alexander eroberte Indien.
Er allein?
Cäsar schlug die Gallier.
Hatte er nicht wenigstens einen Koch bei sich?
Philipp von Spanien weinte, als seine Flotte
Untergegangen war. Weinte sonst niemand?
Friedrich der Zweite siegte im Siebenjährigen Krieg. Wer
Siegte außer ihm?

Jede Seite ein Sieg.
Wer kochte den Siegesschmaus?
Alle zehn Jahre ein großer Mann.
Wer bezahlte die Spesen?

So viele Berichte.
So viele Fragen.

2. Morituri

Du hast ein dunkles Lied mit meinem Blut geschrieben,
Seitdem ist meine Seele jubellahm.
Du hast mich aus dem Rosenparadies vertrieben,
Ich musst sie lassen, Alle, die mich lieben.
Gleich einem Vagabund jagt mich der Gram.

Und in den Nächten, wenn die Rosen singen,
Dann brütet still der Tod – ich weiss nicht was –
Ich möchte Dir mein wehes Herze bringen,
Den bangen Zweifel und mein müh'sam Ringen
Und alles Kranke und den Hass!

3. Patrouille

Die Steine feinden
Fenster grinst Verrat
Äste würgen
Berge Sträucher blättern raschlig
Gellen
Tod.

4. Es ist alles eitel

Du siehst, wohin du siehst, nur Eitelkeit auf Erden,
Was dieser heute baut, reißt jener morgen ein;
Wo itzund Städte stehn, wird eine Wiesen sein,
Auf der ein Schäferskind wird spielen mit den Herden.

Was itzund prächtig blüht, soll bald zutreten werden.
Was itzt so pocht und trotzt, ist morgen Asch und Bein;
Nichts ist, das ewig sei, kein Erz, kein Marmorstein.
Itzt lacht das Glück uns an, bald donnern die Beschwerden.

Der hohen Taten Ruhm muß wie ein Traum vergehn.
Soll denn das Spiel der Zeit, der leichte Mensch, bestehn?
Ach, was ist alles dies, was wir vor köstlich achten,

Als schlechte Nichtigkeit, als Schatten, Staub und Wind,
Als eine Wiesenblum, die man nicht wiederfind't!
Noch will, was ewig ist, kein einig Mensch betrachten!

[*einig:* einziger.]

5. schweigen

schweigen schweigen schweigen
schweigen schweigen schweigen
schweigen   schweigen
schweigen schweigen schweigen
schweigen schweigen schweigen

6. Ein Jüngling liebt ein Mädchen

Ein Jüngling liebt ein Mädchen,
Die hat einen andern erwählt;
Der andre liebt eine andre,
Und hat sich mit dieser vermählt.

Das Mädchen heiratet aus Ärger
Den ersten besten Mann
Der ihr in den Weg gelaufen;
Der Jüngling ist übel dran.

Es ist eine alte Geschichte,
Doch bleibt sie immer neu;
Und wem sie just passieret,
Dem bricht das Herz entzwei.

7. Prometheus

Bedecke deinen Himmel, Zeus,
Mit Wolkendunst!
Und übe, Knaben gleich,
Der Diesteln köpft,
An Eichen dich und Bergeshöhn!
Mußt mir meine Erde
Doch lassen stehn,
Und meine Hütte,
Die du nicht gebaut,
Und meinen Herd,
Um dessen Glut
Du mich beneidest.

Ich kenne nichts Ärmer's
Unter der Sonn' als euch Götter.
Ihr nähret kümmerlich
Von Opfersteuern
Und Gebetshauch
Eure Majestät
Und darbtet, wären
Nicht Kinder und Bettler
Hoffnungsvolle Toren.

Da ich ein Kind war,
Nicht wußt', wo aus, wo ein,
Kehrte mein verirrtes Aug'
Zur Sonne, als wenn drüber wär'
Ein Ohr, zu hören meine Klage,
Ein Herz wie meins,
Sich des Bedrängten zu erbarmen.

Wer half mir wider
Der Titanen Übermut?
Wer rettete vom Tode mich,
Von Sklaverei?
Hast du's nicht alles selbst vollendet,
Heilig glühend Herz?
Und glühtest, jung und gut,
Betrogen, Rettungsdank
Dem Schlafenden dadroben?

Ich dich ehren? Wofür?
Hast du die Schmerzen gelindert
Je des Beladenen?
Hast du die Tränen gestillet
Je des Geängsteten?
Hat nicht mich zum Manne geschmiedet
Die allmächtige Zeit
Und das ewige Schicksal,
Meine Herrn und deine?

Wähntest du etwa,
Ich sollte das Leben hassen,
In Wüsten fliehn,
Weil nicht alle Knabenmorgen-
Blütenträume reiften?

Hier sitz' ich, forme Menschen
Nach meinem Bilde,
Ein Geschlecht, das mir gleich sei,
Zu leiden, weinen,
Genießen und zu freuen sich,
Und dein nicht zu achten,
Wie ich.

8. Die Wahrheit

Tritt ihr nicht nahe,
sie könnte dich blenden
mit einem Strahl, der im Nu
durchbrennt all
deine Sicherungen.

Erwarte kein Urteil von ihr.
Beiden Lagern steift sie die Fahne.
Bis zum Jüngsten Tag wird vertagt
der Prozeß, den sie dir anhängt.

Sie setzt sich aus Teilchen zusammen,
die zugedeckt werden von faßbaren Sachen,
Tatsachen, leicht zu beweisen.

Spurlos kommt sie, wie Luft –
erscheint und legt, einmal bewegt,
die Häuser nieder, in denen
wir ihre auswechselbaren
Abbilder horten.

Vorläufig auch
die tödliche Wahrheit.
Laut einer überlieferten Hoffnung
erweist sich, im Bunde mit ihr,
das Übel als Heilsplan.

9. Todesfuge

Schwarze Milch der Frühe wir trinken sie abends
wir trinken sie mittags und morgens wir trinken sie nachts
wir trinken und trinken
wir schaufeln ein Grab in den Lüften da liegt man nicht eng
Ein Mann wohnt im Haus der spielt mit den Schlangen der schreibt
der schreibt wenn es dunkelt nach Deutschland dein goldenes Haar Margarete
er schreibt es und tritt vor das Haus und es blitzen die Sterne er pfeift seine Rüden herbei
er pfeift seine Juden hervor läßt schaufeln ein Grab in der Erde
er befiehlt uns spielt auf nun zum Tanz

Schwarze Milch der Frühe wir trinken dich nachts
wir trinken dich morgens und mittags wir trinken dich abends
wir trinken und trinken
Ein Mann wohnt im Haus der spielt mit den Schlangen der schreibt
der schreibt wenn es dunkelt nach Deutschland dein goldenes Haar Margarete
Dein aschenes Haar Sulamith wir schaufeln ein Grab in den Lüften da liegt man nicht eng

Er ruft stecht tiefer ins Erdreich ihr einen ihr andern singet und spielt
er greift nach dem Eisen im Gurt er schwingts seine Augen sind blau
stecht tiefer die Spaten ihr einen ihr andern spielt weiter zum Tanz auf

Schwarze Milch der Frühe wir trinken dich nachts
wir trinken dich mittags und morgens wir trinken dich abends
wir trinken und trinken
ein Mann wohnt im Haus dein goldenes Haar Margarete
dein aschenes Haar Sulamith er spielt mit den Schlangen

Er ruft spielt süßer den Tod der Tod ist ein Meister aus Deutschland
er ruft streicht dunkler die Geigen dann steigt ihr als Rauch in die Luft
dann habt ihr ein Grab in den Wolken da liegt man nicht eng

Schwarze Milch der Frühe wir trinken dich nachts
wir trinken dich mittags der Tod ist ein Meister aus Deutschland
wir trinken dich abends und morgens wir trinken und trinken
der Tod ist ein Meister aus Deutschland sein Auge ist blau

er trifft dich mit bleierner Kugel er trifft dich genau
ein Mann wohnt im Haus dein goldenes Haar Margarete
er hetzt seine Rüden auf uns er schenkt uns ein Grab in der Luft
er spielt mit den Schlangen und träumet der Tod ist ein Meister aus Deutschland

dein goldenes Haar Margarete
dein aschenes Haar Sulamith

10. ode an kahn

wenn er beim eckball wie
eine blonde katze aus dem
tor stürmt auf einer welle
der begeisterung durch die
blauen lüfte fliegt – jetzt
müsste man eigentlich die
beach boys einspielen – &
im sprung er hört gar nicht
mehr auf zu fliegen seinen
teleskoparm über den
rotierenden rasurköpfen &
dauerwellen ausfährt dann
ist es für einen moment ach
könnte er doch verweilen als
wollte er die sonne aus ihrer
laufbahn fausten & die flügel
stürmer in einem schwarzen
loch zurücklassen als wäre die
welt nur zwischen seinen zwei
handschuhen zu fassen &
kein planet der halbaffen der
auf der gegengeraden hinter
seinem schon wieder zum
sprung gekrümmten rücken
durchdrehte & sich die brust
haare raufte wenn er der flash
gordon der strafräume in die

neue angriffsflut hechtet
abtaucht in ein meer von
strudelnden schienbeinen &
sich mit bloßen händen die
kugel fischt niemand schifft
sie an ihm vorbei ohne in das
haupt der medusa zu schauen
seine arme sind wie skylla &
charybdis & wer könnte diese
enge passieren ohne um sein
leben zu fürchten selbst seine
mannen macht er rund &
schreit sie an als hätten sie
wachs in den ohren & könnten
ihn nicht hören den rauhen
aufbrausenden sirenensang
ihres felsen in der brandung

11. Reklame

Wohin aber gehen wir
ohne sorge sei ohne sorge
wenn es dunkel und wenn es kalt wird
sei ohne sorge
aber
mit musik
was sollen wir tun
heiter und mit musik
und denken
heiter
angesichts eines Endes
mit musik
und wohin tragen wir
am besten
unsre Fragen und den Schauer aller Jahre
in die Traumwäscherei ohne sorge sei ohne sorge
was aber geschieht
am besten
wenn Totenstille

eintritt

12. Under der linden

›Under der linden
an der heide,
dâ unser zweier bette was,
Dâ mugt ir vinden
schône beide
gebrochen bluomen unde gras.
Vor dem walde in einem tal,
tandaradei,
schöne sanc diu nahtegal.

Ich kam gegangen
zuo der ouwe:
dô was mîn friedel komen ê.
Dâ wart ich enpfangen,
hêre frouwe,
daz ich bin sælic iemer mê.
Kuste er mich? wol tûsentstunt:
tandaradei,
seht wie rôt mir ist der munt.

Dô het er gemachet
alsô rîche
von bluomen eine bettestat.
Des wirt noch gelachet
inneclîche,
kumt iemen an daz selbe pfat.
Bî den rôsen er wol mac,
tandaradei,
merken wâ mirz houbet lac.

Daz er bî mir læge,
wessez iemen
(nu enwelle got!), sô schamt ich mich.
Wes er mit mir pflæge,
niemer niemen
bevinde daz wan er und ich –
Und ein kleinez vogellîn,
tandaradei,
daz mac wol getriuwe sin.‹

Übersetzung

»Unter der Linde
auf der Heide,
wo unser beider Lager war,
da kann man sehn
liebevoll gebrochen
Blumen und Gras.
Vor dem Wald in einem Tal
tandaradei
sang schön die Nachtigall.

Ich kam gegangen
zu der Wiese,
da war mein Liebster schon vor mir gekommen.
Da wurde ich empfangen
– Heilige Jungfrau! –
daß es mich immer glücklich machen wird.
Ob er mich küßte? Wohl tausendmal,
tandaradei,
seht wie rot mein Mund ist.

Da hatte er bereitet
in aller Pracht
von Blumen ein Lager.
Daran wird sich freuen
von Herzen,
wer daran vorübergeht.
An den Rosen kann er noch
– tandaradei –
sehen wo mein Kopf lag.

Daß er bei mir lag,
wüßte es jemand
(da sei Gott vor!), so schämte ich mich
Was er tat mit mir,
niemals soll jemand
das erfahren als er und als ich –
und die liebe Nachtigall,
tandaradei;
die wird gewiß verschwiegen sein.«

13. Mann und Frau gehn durch die Krebsbaracke

Der Mann:
Hier diese Reihe sind zerfallene Schöße
Und diese Reihe ist zerfallene Brust.
Bett stinkt bei Bett. Die Schwestern wechseln stündlich.

Komm, hebe ruhig diese Decke auf.
Sieh, dieser Klumpen Fett und faule Säfte,
das war einst irgendeinem Mann groß
und hieß auch Rausch und Heimat.

Komm, sieh auf diese Narbe an der Brust.
Fühlst du den Rosenkranz von weichen Knoten?
Fühl ruhig hin. Das Fleisch ist weich und schmerzt nicht.

Hier diese blutet wie aus dreißig Leibern.
Kein Mensch hat so viel Blut.
Hier dieser schnitt man
erst noch ein Kind aus dem verkrebsten Schoß.

Man läßt sie schlafen. Tag und Nacht. – Den Neuen
sagt man: Hier schläft man sich gesund. – Nur Sonntags
für den Besuch läßt man sie etwas wacher.

Nahrung wird wenig noch verzehrt. Die Rücken
sind wund. Du siehst die Fliegen. Manchmal
wäscht sie die Schwester. Wie man Bänke wäscht.

Hier schwillt der Acker schon um jedes Bett.
Fleisch ebnet sich zu Land. Glut gibt sich fort.
Saft schickt sich an zu rinnen. Erde ruft.

14. Im Moose

Als jüngst die Nacht dem sonnenmüden Land
Der Dämmrung leise Boten hat gesandt,
Da lag ich einsam noch in Waldes Moose.
Die dunklen Zweige nickten so vertraut,
An meiner Wange flüsterte das Kraut,
Unsichtbar duftete die Heiderose.

Und flimmern sah ich, durch der Linde Raum,
Ein mattes Licht, das im Gezweig der Baum
Gleich einem mächt'gen Glühwurm schien zu tragen.
Es sah so dämmernd wie ein Traumgesicht,
Doch wußte ich, es war der Heimat Licht,
In meiner eignen Kammer angeschlagen.

Ringsum so still, daß ich vernahm im Laub
Der Raupe Nagen, und wie grüner Staub
Mich leise wirbelnd Blätterflöckchen trafen.
Ich lag und dachte, ach so manchem nach,
Ich hörte meines eignen Herzens Schlag,
Fast war es mir als sei ich schon entschlafen.

Gedanken tauchten aus Gedanken auf,
Das Kinderspiel, der frischen Jahre Lauf,
Gesichter, die mir lange fremd geworden;
Vergeßne Töne summten um mein Ohr,
Und endlich trat die Gegenwart hervor,
Da stand die Welle, wie an Ufers Borden.

Dann, gleich dem Bronnen, der verrinnt im Schlund,
Und drüben wieder sprudelt aus dem Grund,
So stand ich plötzlich in der Zukunft Lande;
Ich sah mich selber, gar gebückt und klein,
Geschwächten Auges, am ererbten Schrein
Sorgfältig ordnen staub'ge Liebespfande.

Die Bilder meiner Lieben sah ich klar,
In einer Tracht, die jetzt veraltet war,
Mich sorgsam lösen aus verblichnen Hüllen,
Löckchen, vermorscht, zu Staub zerfallen schier,
Sah über die gefurchte Wange mir
Langsam herab die karge Träne quillen.

Und wieder an des Friedhofs Monument,
Dran Namen standen die mein Lieben kennt,
Da lag ich betend, mit gebrochnen Knieen,
Und – horch, die Wachtel schlug! Kühl strich der Hauch –
Und noch zuletzt sah ich, gleich einem Rauch,
Mich leise in der Erde Poren ziehen.

Ich fuhr empor, und schüttelte mich dann,
Wie einer, der dem Scheintod erst entrann,
Und taumelte entlang die dunklen Hage,
Noch immer zweifelnd, ob der Stern am Rain
Sei wirklich meiner Schlummerlampe Schein,
Oder das ew'ge Licht am Sarkophage.

15. An Anna Blume

O, du Geliebte meiner siebenundzwanzig
Sinne, ich liebe dir! – Du deiner dich dir,
ich dir, du mir. – Wir?
Das gehört (beiläufig) nicht hierher.
Wer bist du, ungezähltes Frauenzimmer? Du
bist – bist du? – Die Leute sagen, du
wärest – laß sie sagen, sie wissen nicht,
wie der Kirchturm steht.
Du trägst den Hut auf deinen Füßen und
wanderst auf die Hände, auf den Händen
wanderst du.
Hallo deine roten Kleider, in weiße Falten
zersägt. Rot liebe ich Anna Blume, rot liebe
ich dir! – Du deiner dich dir, ich dir, du
mir. – Wir?
Das gehört (beiläufig) in die kalte Glut.
Rote Blume, rote Anna Blume, wie sagen die
Leute?
Preisfrage: 1. Anna Blume hat ein Vogel.
                2. Anna Blume ist rot.
                3. Welche Farbe hat der Vogel?
Blau ist die Farbe deines gelben Haares.
Rot ist das Girren deines grünen Vogels.
Du schlichtes Mädchen im Alltagskleid, du
liebes grünes Tier, ich liebe dir? – Du
deiner dich dir, ich dir, du mir. – Wir?
Das gehört (beiläufig) in die Glutenkiste.
Anna Blume! Anna, a-n-n-a ich träufle
deinen Namen. Dein Name tropft wie weiches Rindertalg.
Weißt du es Anna, weißt du es schon?
Man kann dich auch von hinten lesen, und
du, du Herrlichste von allen, du bist von hinten wie von vorne: »a-n-n-a«.
Rindertalg träufelt streicheln über meinen
Rücken.
Anna Blume, du tropfes Tier, ich liebe dir!

Auflösung (in chronologischer Reihenfolge)

12: Walther von der Vogelweide (ca. 1170–1230): Under der linden
4: Andreas Gryphius (1616–1664): Es ist alles eitel (1643)
7: Johann Wolfgang von Goethe (1749–1832): Prometheus (1777)
6: Heinrich Heine (1797–1856): Ein Jüngling liebt ein Mädchen (1827)
14: Annette von Droste-Hülshoff (1797–1848): Im Moose (1842)
2: Else Lasker-Schüler (1869–1945): Morituri (um 1900)
13: Gottfried Benn (1886–1956): Mann und Frau gehn durch die Krebsbaracke (1912)
3: August Stramm (1874–1915): Patrouille (postum, 1919)
15: Kurt Schwitters (1887–1948): An Anna Blume (1919)
1: Bertolt Brecht (1898–1956): Fragen eines lesenden Arbeiters (1935)
9: Paul Celan (1920–1970): Todesfuge (entstanden 1944–1945)
11: Ingeborg Bachmann (1926–1973): Reklame (1956)
5: Eugen Gomringer (1925–2025): schweigen (1960)
8: Erika Burkart (1922–2010): Die Wahrheit (1973)
10: Albert Ostermaier (geb. 1967): Ode an Kahn (2014)

Zu den Gedichten (in der Reihenfolge ihres Abdrucks)

1: Bertolt Brecht (1898–1956): Fragen eines lesenden Arbeiters (1935)
Form: unregelmäßiger Strophenaufbau mit abnehmender Verszahl, reimlose Verse ohne festes Metrum, aber tendenziell abnehmender Silbenzahl; auffällig viele Fragen.

Deutungsansatz: Bereits mit dem Titel erklärt Brecht, der dem Kommunismus nahestand und sich als engagierter Autor in seiner politischen Kunst mit Klassenkampf, Herrschaftskritik und Machtstrukturen auseinandersetzte, wessen Perspektive dieses Gedicht einnimmt: Hier spricht ein Mitglied der Arbeiterklasse. In dieser sozialen Zugehörigkeit des lyrischen Sprechers und seiner Weltanschauung liegt denn auch der deutlichste Hinweis für die Datierung. Der Arbeiter hat sich durch Lektüre historische Kenntnisse angeeignet (womöglich in einem Lesekreis, wie ihn Gewerkschaften und andere Arbeiterorganisationen in Fabriken und Betrieben zur Bildung der Belegschaft einführten – ein Hinweis auf die realen Hintergründe des Gedichts). In der Geschichtsschreibung, die nur von Herrschern berichtet, findet er sich nicht repräsentiert. Das weckt seinen Widerspruch, der sich in der Form systematischer Fragen äußert. „Fragen" ist das erste Wort des Gedichts und das letzte, dazwischen wimmelt es von Fragezeichen: Nicht weniger als 14 Mal hakt der Arbeiter ein, stellt die offizielle Darstellung „[i]n den Büchern" in Frage, fragt nach der historischen Situation seiner Klasse, die keinerlei Berücksichtigung findet. Er weist zu Recht darauf hin, dass der alleinige Fokus auf die Herrschenden die Historiographie in Paradoxien und Implausibilitäten führt. Eine Behauptung wie „Alexander eroberte Indien" ist mindestens verkürzt, wenn nicht falsch, weil er es keineswegs „allein" tat. Der Arbeiter – und durch ihn hindurch der kapitalismus- und feudalismuskritische Autor – führt uns vor Augen, dass Geschichte nicht nur von den Siegern geschrieben wird, sondern auch von den Mächtigen. In der Darstellung und Erklärung unserer Vergangenheit wird damit nicht nur die Erfahrung der Bevölkerungsmehrheit ignoriert, sondern auch ihr Beitrag, ihre Leistung – und ihre Kosten, menschlich wie ökonomisch, auf die der Arbeiter mit der Frage nach den „Spesen" abschließend hindeutet.

Die letzten beiden Verse enden zwar mit der Feststellung, dass die geschichtlichen Berichte fragwürdig sind, sie sind aber selbst nicht mehr als Fragen formuliert, sondern als Aussagesätze. Sie bilden das Fazit des Arbeiters aus seiner Lektüre. Sie lesen sich als Urteil, als Verurteilung der offiziellen Zivilisations- und Nationalgeschichte. Auf dieses Verdikt läuft das ganze Gedicht zu, indem die Strophen und die Verse sich zunehmend verkürzen. Im selben Maß, so soll hier vielleicht angedeutet werden, verkürzt sich die zunehmend unzufriedene Lektüre des Arbeiters. Die ignoranten Bücher empören ihn so sehr, dass er sie schließlich beiseitelegt. Auf welche Aktivitäten sich der belesene, wütende Arbeiter in seiner Freizeit verlegen könnte, wenn weder die Entwicklung der Gesellschaft noch deren Erforschung die Situation seiner Klasse verbessern, lässt das Gedicht offen. Wir wissen aber natürlich, dass der Klassenkampf auch andere Maßnahmen kennt als Lesen und Fragen. Wird es den Arbeiter, von dem das Gedicht spricht, künftig mit seinen Kameraden auf die Straße ziehen, auf die Barrikaden, in die „Paläste" der Reichen und Mächtigen, um sich und seiner Klasse dereinst zum „Sieg" zu verhelfen?

An Aktualität und Brisanz hat das Gedicht in den 90 Jahren seit seiner Entstehung nicht eingebüßt. An der Verteilung von Macht und Herrschaft hat sich nichts Grundsätzliches geändert, wenn auch die Lebensbedingungen der unterdrückten Klassen in der marxistischen und in der sozialgeschichtlichen Historiographie seit einigen Jahrzehnten größere Beachtung finden. Mit nur leicht anderen Vorzeichen spiegelt sich die Erfahrung von Brechts lesendem Arbeiter heute zum Beispiel im Protest junger Klimaaktivistinnen und -aktivisten. Unzufrieden mit den kurzsichtigen und passiven Reaktionen auf den Klimawandel, die ihnen von Politik und Bildungsinstitutionen als vermeintliche Lösungen präsentiert werden, haben auch sie das Infragestellen zum Teil bereits aufgegeben und andere Maßnahmen ergriffen. Der Arbeiter aus Brechts Gedicht würde sich ihnen heute vielleicht anschließen.

2: Else Lasker-Schüler (1869–1945): Morituri (um 1900)
Form: zwei fünf-versige Strophen (Reimschema *abaab cdccd*), jambisches Versmaß meist mit fünf Hebungen.

Deutungsansatz: Dieses Gedicht der deutsch-jüdischen Dichterin Else Lasker-Schüler lässt sich viel weniger konkret in einen geschichtlichen Zusammenhang einordnen als Brechts „Fragen eines lesenden Arbeiters". Es enthält kaum direkte historische oder realweltliche Bezüge. Sein Titel weist zurück in die römische Antike und auf Arenenkämpfe, bei denen die Gladiatoren mit den Worten *morituri te salutant* (die Todgeweihten grüßen Dich) den Kaiser begrüßt haben sollen. Innerhalb der Lyrikgeschichte weckt der Titel womöglich auch Assoziationen zur Barockdichtung und ihrem Motiv des *memento mori*, des Gedenkens der eigenen

Sterblichkeit. Bei Lasker-Schüler wird aus der wehmütigen Erinnerung und dem Abschied jedoch eine Anklage. Und ihr Gedicht handelt nicht von toten Menschen, sondern von einer toten Beziehung. Es beginnt mit dem Adressaten, mit einer Apostrophe, mit einem „Du", zu dem das lyrische Ich spricht. Dieses persönliche Zweierverhältnis bestimmt das Gedicht. Topoi der romantischen Liebeslyrik wie das „Herze", die „Seele" und die „Rosen" weisen darauf hin, dass es sich um ein Liebesverhältnis handelt, das so intensiv und erfüllend war, dass es Freunde und Familie, „Alle, die mich lieben", ausgeblendet und verdrängt hat, wie auch in die beiden Strophen und in das Paarreimschema sich jeweils ein weiterer Vers drängt, der den Anfangsreim der Strophen aufgreift und verstärkt, den regelmäßigen Ablauf der Verse aber auch hemmt, stört. War das geliebte Du ein solcher Eindringling, der das lyrische Ich aus seinem Umfeld, seinem „Rosenparadies", vertrieben hat, so dass es nun einsam („wie ein Vagabund") und voll „Gram" ist? Jedenfalls hat die Beziehung keinen guten Verlauf genommen. Nach Verletzungen („wehes Herze"), Verunsicherungen („Zweifel") und Konflikten („Ringen") steht am Ende der vollständige Bruch: Die Beziehung ist Vergangenheit, nur noch ein schmerzhaftes „dunkles Lied mit meinem Blut". Das lyrische Ich ist vom ehemals geliebten Du getrennt und entfernt (das Verb „bringen" deutet auf räumliche Distanz) und fühlt sich dem „Tod" nahe. Mit biblischer Symbolik (Paradies, Sündenfall) zeichnet es das Bild einer leidvollen Passion.

So weit, so verhängnisvoll, so bekannt. Das Finale des Gedichts aber durchbricht die Konventionalität, der letzte Vers hat es in sich. Im Verhältnis mit den vorangehenden Versen um eine Hebung verkürzt, zieht der Schlussvers auch metrisch einen Schlussstrich, betont durch das finale Ausrufungszeichen. Alle Brücken werden damit abgebrochen, weil das, was das lyrische Ich zu überbringen hätte, nur noch „alles Kranke" und „Hass" ist. Einige Jahrzehnte früher in der Lyrikgeschichte hätte sich ein lyrisches Ich auf diese Weise vielleicht noch nicht geäußert, sondern sein Leiden romantisch ausgekostet oder empfindsam verinnerlicht. Hier aber vollzieht das Schlusswort „Hass" einen ausdrücklichen Bogen zum „Du" des Textbeginns und bringt die aggressive Emotion gegen sein Objekt zum Ausdruck. Darin liegt eine Selbstermächtigung des lyrischen Ichs, das sich nicht zum Opfer eines vereinnahmenden, womöglich übergriffigen („mit meinem Blut") Du machen und sich nicht vom „Gram" über die gescheiterte Beziehung überwältigen lassen will, sondern sich mit seinem Zorn und seinem Hass widersetzt. Mit Blick auf das Geschlecht der Autorin können wir diese emotionale Emanzipation durchaus als eine feministische lesen.

3: August Stramm (1874–1915): Patrouille (postum, 1919)
Form: sehr freie, avantgardistische Form ohne Reim oder festes Metrum; Sekundenstil.

Deutungsansatz: Dieses postum veröffentlichte Gedicht gehört zur berühmten Kriegslyrik August Stramms, der wie viele andere Dichter des Expressionismus im Ersten Weltkrieg gefallen ist. Vor diesem Hintergrund erschließt sich der Inhalt als autobiographisch gefärbter Erfahrungsbericht eines Frontsoldaten auf „Patrouille" durch eine kriegsversehrte Landschaft. Die Wahrnehmung ist durch das Schreckenserlebnis des Weltkriegs verzerrt und beeinträchtigt, mit Neologismen („feinden" als Verb) und ungewöhnlichen Wortverbindungen („Fenster grinst") wird unbeschreiblichen Ereignissen Ausdruck verliehen, für die eine konventionelle Sprache nicht ausreicht. Überall droht Verhängnis, Alltagsgegenstände werden zur Bedrohung („Fenster grinst Verrat"), die Natur scheint gegen die Grausamkeit zu revoltieren („Äste würgen"). Es gibt nicht einmal mehr ein erkennbares Subjekt der Wahrnehmung, ein lyrisches Ich, das dem sprachlichen Ausdruck eine existenzielle Grundlage geben könnte, sondern nur noch fragmentarische Eindrücke, die im Sekundenstil lakonisch, aufs Äußerste verknappt, aber mit aller Härte registriert werden, wie Feldnote eines Soldaten in einer kurzen Feuerpause. Lyrisch ästhetisiert und durch sprachliches Ebenmaß des Rhythmus oder der Verse erträglich gemacht ist hier nichts mehr. Und doch ist „Patrouille" literarisch durchgearbeitet und sorgsam komponiert, sichtbar und hörbar zum Beispiel an den klanglichen Übereinstimmungen der Vokale („St__ei__ne f__ei__nden") und der Konsonanten („Fen__st__er grin__st__", „Ä__st__e"). Besonders die drastische Reduktion des Ausdrucks am Schluss verfehlt ihre affektive Wirkung nicht. Nach den Schmerzensschreien („Gellen") tritt Stille ein, das Gedicht endet fatal. Der letzte Vers umfasst nur noch das eine Wort „Tod", ohne Subjekt, ohne Prädikat, ohne Veränderung, ohne Bewegung, als reinen Zustand, als unausweichliche Präsenz – und als Absenz alles Lebendigen. Entsetzlicher kann ein Gedicht kaum enden. Mit Stramm starben im Ersten Weltkrieg rund neun Millionen Menschen im Militär und sechs Millionen Zivilistinnen und Zivilisten.

4: Andreas Gryphius (1616–1664): Es ist alles eitel (1643)
Form: Sonett mit zwei Quartetten und zwei Terzetten, Reimschema *abba abba ccd eed*, Alexandrinervers (6-hebiger Jambus).

Deutungsansatz: Dass dieses Gedicht schon ein paar Jahrhunderte alt ist, zeigt auf den ersten Blick der Sprachstand. Tatsächlich gehört Andreas Gryphius' Sonett „Es ist alles eitel" zu den berühmtesten Gedichten der Barockliteratur, bringt es doch das für diese Epoche prägende Konzept der *vanitas* in höchster Konzentration zum Ausdruck. Kunstvoll und mit beispielhafter Regelmäßigkeit arrangiert, folgt der Text in seiner lyrischen Gestaltung und mittels Alexandrinervers dem klassizistischen französischen Vorbild (häufig sogar mit Mittelzäsur als Pause mitten im Vers, verdeutlicht durch ein Komma). Die beiden anfänglichen Quartette meistern sogar die zusätzliche dichterische Herausforderung, die Reime aus der ersten Strophe in der zweiten zu wiederholen. Die ersten acht Verse, die eine trostlose Bilanz über den Zustand der Welt ziehen, werden auf diese Weise noch stärker zusammengebunden und intensiviert: Vergänglichkeit in Reinfom – und in Reimform. In dieser Gestalt hat die *vanitas* ihre eigene Flüchtigkeit bis heute überlebt.

Strukturbestimmend ist der Gegensatz zwischen Gegenwart („itzt", jetzt) und naher, katastrophaler Zukunft („bald"), der in den Quartetten zunächst konstituiert und in den Terzetten gedanklich überbrückt und dialektisch aufgehoben wird: Durch diesen temporalen Kurzschluss zwischen Jetzt- und Folgezeit verdirbt der bevorstehende Untergang vorausgreifend selbst das gegenwärtig (noch) Intakte so sehr, dass kein Genuss, keine Lebensfreude mehr möglich scheint. Die Schönheit der Natur („prächtig blüht"), die Errungenschaften der Kultur („Städte", „Ruhm"), das pulsierende Leben („pocht und trotzt") – all dies ist schon jetzt und prospektiv nichts als „schlechte Nichtigkeit", nur „Schatten, Staub und Wind". Gryphius bringt mit dieser Absage an die Welt nicht so sehr eine persönliche, subjektive Haltung zum Ausdruck als eine Epochenerfahrung um die Mitte des 17. Jahrhunderts, die geprägt war vom Dreißigjährigen Krieg (1618–1648), der in großen Teilen Europas Armut, Hungersnot, Krankheit und Tod verbreitete und den zivilisatorischen Fortschritt zum Erliegen brachte. Wie Stramms „Patrouille" ist auch Gryphius' „Es ist alles eitel" ein Kriegsgedicht.

5: Eugen Gomringer (1925–2025): schweigen (1960)
Form: Konkrete Poesie, graphische Anordnung des Wortmaterials.

Deutungsansatz: Als avantgardistisches Formspiel und sprachskeptische Reflexion offenbart dieses Gedicht auf den ersten Blick, dass es relativ jungen Datums ist. Sein bolivianisch-schweizerischer Autor, Eugen Gomringer, gehörte zu den Begründern der Konkreten Poesie, einer Strömung, welche die Ausdrucks- und Vermittlungsfähigkeit poetischer Sprache grundsätzlich in Frage stellt und das sprachliche Material in graphischen ‚Konstellationen' selbst zum Gegenstand der Lyrik macht. „schweigen" war wahrscheinlich Gomringers berühmtestes Gedicht, bis 2017 eine Kontroverse um sein spanischsprachiges Gedicht „ciudad (avenidas)" entbrannte, das aus politischen Gründen von der Fassade einer Hochschule in Berlin entfernt wurde.

Die Aussage von Gedichten der Konkreten Poesie ist aufgrund der visuellen Ausdrucksmittel oft unmittelbar ersichtlich und einerseits so eingängig und plakativ, dass sie fast keiner Erläuterung bedarf, andererseits mitunter sprachphilosophisch und literaturgeschichtlich so voraussetzungsreich, dass Interpretationen sehr umfangreich werden können. Das gilt auch für „schweigen". Seine Funktionsweise erschließt sich unmittelbar. Zugleich ist es gar nicht trivial zu beschreiben, dass hier ein Sprechakt vollzogen wird – das Schweigen –, indem das Sprechen gerade verweigert wird; dass dieses Schweigen mit graphischen Mitteln erzeugt wird und dass es in der visuellen Konstellation des Gedichts just dort verortet ist, wo gar nichts steht, wo die leere Seite durchs Gedicht scheint; dass also das Schweigen hier performativ vor allem durch den Gegensatz zum verbal und schriftlich realisierten, um das Zentrum herum angeordneten 14-fachen „schweigen" entsteht, das dadurch zum Gegenteil des Schweigens wird, zu einem Nicht-Schweigen; dass letztlich also die ästhetische Wirkung eines Schweigens entsteht, obwohl und indem das Gedicht aus Sprache und Schrift besteht. Schweigen durch Sprache ist ein Paradox – und Gomringers Gedicht bringt es zur Anschauung.

6: Heinrich Heine (1797–1856): Ein Jüngling liebt ein Mädchen (1827)
Form: drei Strophen mit je vier drei-hebigen Versen, deren tendenziell jambisches Metrum durch zusätzliche Senkungen immer wieder anapästisch alterniert wird, Reim nur in jedem zweiten Vers, Reimschema: *xaxa xbxb xcxc*.

Deutungsansatz: Wie Lasker-Schülers *Morituri* enthält dieses Gedicht kaum Anzeichen für seine Datierung. Es erzählt eine so zeitlose und alltägliche Geschichte auf so zeitlose und alltägliche Weise, dass es immer aktuell erscheint. Nicht zuletzt deshalb gehört „Ein Jüngling liebt ein Mädchen" von Heinrich Heine zu den berühmtesten Gedichten deutscher Sprache überhaupt. Es handelt ebenfalls von einer Liebesbeziehung, diesmal aber nicht in einer Paarkonstellation, sondern in einem unheilvollen Dreieck, das durch Einführung immer neuer unwillkommener Liebespartner zum Viereck und schließlich sogar zum Fünfeck wird: eine Vorabend-Soap in Gedichtform. Allerdings verzichtet Heine auf jede Sentimentalität. Er benennt negative Konsequenzen und Affekte („Ärger", „übel dran") im selben unaufgeregten Protokollstil, mit dem er positive Emotionen und Ereignisse notiert („liebt", „vermählt"). Obwohl zur Zeit der Romantik entstanden, ist sein Gedicht keine emotionale Klage eines lyrischen Ichs über seinen Liebeskummer, sondern ein nüchterner Bericht eines externen Beobachters. Oder zumindest gibt es das vor. Der meisterhafte Lyriker Heine gibt sich alle Mühe, sein Gedicht formal so simpel und prätentiös wie möglich zu halten, geradezu unpoetisch. Er verzichtet auf ein durchgehendes Reimschema und reimt nur jeden zweiten Vers; er nimmt sich metrische Freiheiten zwischen Jambus und Anapäst; und er scheut sich nicht vor eintönigen Wortwiederholungen („Die hat einen andern erwählt; / Der andre liebt eine andre"). Diese Abweichungen vom dichterischen Ideal unterlaufen Heine keineswegs, sondern sind Resultat kalkulierter Wirkungsabsichten und sorgsamer Komposition. Das Gedicht vermittelt so den Eindruck des Volksliedhaften und des Ungekünstelten. Es gibt sich alle Mühe, beiläufig zu erscheinen, als Nebensache, Petitesse, Banalität. Es betreibt Aufwand, um zu untertreiben. Das ganze Gedicht ist ein Understatement. Auch wenn wir den autobiographischen Hintergrund und Heines eigene Enttäuschung in einer ähnlichen Beziehungskiste außer Acht lassen, entlarvt sich die poetische Tiefstapelei des Gedichts doch als Strategie, nämlich der Distanzierung, der Affektverweigerung, der Ernüchterung. Hier *soll* nichts gefühlt werden. Weil es sonst schmerzt? Weil die Verletzung sonst aufbricht? Weil sonst die Fassade bröckelt? Den entscheidenden Hinweis auf ein nur mühsam übertünchtes Leiden gibt das Gedicht schließlich selbst. Der Reim in der dritten Strophe ist unrein, unharmonisch, er irritiert die scheinbare Unaufgeregtheit und sperrt sich gegen die Bagatellisierung. Das erste Reimwort – „neu" – offenbart, dass die Schilderung einer vermeintlich „alte[n] Geschichte" in Wirklichkeit eine Ablenkung ist, mit der eine Selbstberuhigung betrieben wird, eine Selbsteinordnung in die lange Geschichte unglücklicher Lieben. Die Gemeinschaft anderer Verschmähter soll Trost spenden, soll zur Verarbeitung beitragen, zur Bewältigung einer unerwiderten Liebe, die ganz und gar nicht „alt" ist, sondern „neu" und schmerzlich frisch. Das zweite, unreine Reimwort, „entzwei", gibt vollends Einblick in die innere Verfassung desjenigen, der seinen Schmerz hier poetisch-unpoetisch am Beispiel des armen Jünglings von sich fernzuhalten versucht. Tatsächlich ist sein Herz gebrochen. Da hilft weder Beschönigung noch Selbsttäuschung. Banal mag es sein – aber dafür nicht weniger qualvoll.

7: Johann Wolfgang von Goethe (1749–1832): Prometheus (1777)
Form: unregelmäßige, freirhythmische Form mit variablen Strophen.

Deutungsansatz: Dieses Gedicht, Goethes „Prometheus", ist wohl noch berühmter als Heines „Jüngling", obgleich es sich viel weniger gut einprägen lässt, nicht nur wegen seiner Länge (58 Verse), sondern wegen seiner freien, unregulierten Form, charakteristisch für die Epoche des Sturm und Drang, in der es entstand und die es zusammen mit anderen Werken seines Autors maßgeblich mitgeprägt hat. Es handelt sich um ein Rollengedicht, vorgestellt aus der Sicht der griechisch-mythischen Sagengestalt Prometheus, die sich gegen die Herrschaft des Göttervaters Zeus auflehnt und einer Variante des Mythos zufolge sogar den Menschen selbst geschaffen hat, wie es die letzte Strophe des Gedichts andeutet. Die Interpretationen dieses literaturgeschichtlich äußerst bedeutsamen Gedichts füllen Bücherregale. Häufig wird Prometheus' Rebellion gegen die göttliche Autorität in Bezug gesetzt zu den von aufklärerischen Ideen beförderten bürgerlichen Autonomie- und Emanzipationsbewegungen und der Entwicklung der Menschenrechte am Vorabend der Französischen Revolution. Herrschaftskritik („Ich dich ehren? Wofür?") sowie Religions- und Kirchenkritik („Ich kenn nichts Ärmer's / Unter der Sonn' als euch Götter") verbinden sich hier. Sprachlich wird die Widersetzung zum einen durch die weitgehende Auflösung der lyrischen Form realisiert, die sich von allen regelpoetischen Vorgaben befreit, zum anderen durch die blasphemisch-frechen Imperative in der ersten Strophe sowie die herausfordernd-skeptischen rhetorischen Fragen in der vierten bis sechsten Strophe. Der einzige Reim findet sich an strategischer Stelle am Schluss des Gedichts (sich – ich) und stellt die Verbindung her zwischen dem Menschen und dem Vorbild des Prometheus. Das Gedicht endet mit dem Kernkonzept des „ich", des Individuums und freien Subjekts, das sich selbst autonom setzt gegenüber einer nicht mehr anerkannten Obrigkeit.

8: Erika Burkart (1922–2010): Die Wahrheit (1973)
Form: fünf Strophen mit drei bis fünf Versen, freirhythmisch und reimlos.

Deutungsansatz: Dieses Gedicht der vor etwas mehr als einem Jahrhundert geborenen Schweizer Autorin Erika Burkart ist, wie ein Großteil ihrer Lyrik, zunächst eher rätselhaft, zugleich klar und anspielungsreich, verdichtet und eingängig. Dem Text Indizien für seine Datierung zu entnehmen, fällt nicht leicht. Die „Sicherungen" in der ersten Strophe geben zunächst nur einen sehr ungefähren Hinweis darauf, dass der Text im Zeitalter der Elektrizität entstanden sein muss. Als Anspielungen auf Bibel und Christentum lesbare Formeln („Heilsplan", „Laut einer überlieferten Hoffnung") weisen hingegen in die ferne Vergangenheit beziehungsweise in die ferne Zukunft („zum Jüngsten Tag") oder ganz in metaphysische Sphären jenseits des Irdischen. Der Titel des Gedichts gibt die Deutung dessen vor, was hier beschrieben wird. Die „Wahrheit" wird im Text personifiziert, zu einer nahbaren Instanz gemacht, von der man sich gleichwohl, so die einleitende Warnung, tunlichst fernhalten soll (Strophe 1). In einer abstrakten, metaphorischen Sprache werden der Wahrheit Eigenschaften zugewiesen: Sie sei unparteiisch und ließe sich gerade dadurch für alle Seiten instrumentalisieren (Strophe 2); und sie sei konstruiert aus einzelnen Bestandteilen, die gleichermaßen evident wie verdeckt sind, sie scheint damit in ihrer Gesamtheit durchaus nicht absolut zu sein, sondern abhängig von einzelnen Fakten (Strophe 3). Die letzten beiden Strophen werden in ihrer Bildlichkeit zunehmend geheimnisvoll: Strophe 4 scheint auf die Ungreifbarkeit und Unverfügbarkeit der Wahrheit hinzudeuten, die dennoch eine große Kraft entfalten und Institutionen, die sie festzuhalten versuchen, bezwingen kann. Strophe 5 erschwert das Verständnis zusätzlich durch grammatische Auslassungen (im ersten Satz fehlt ein Verb) und Mehrdeutigkeiten (bezieht sich „mit ihr" auf die Wahrheit oder die Hoffnung?). Die Wahrheit scheint hier nicht mehr nur ambivalent zwischen Nähe und Unnahbarkeit, Ganzheit und Einzelheit, Zugänglichkeit und Flüchtigkeit, sondern gänzlich paradox: sowohl Übel als auch Heil. Diese skeptische Haltung zur Wahrheit ist angesichts heutiger Debatten um *fake news* und postfaktische Ideologien aktuell.

Greift man die semantischen Fäden auf, die das Gedicht durch unterschiedliche Wortfelder knüpft, und berücksichtigt man die Entstehungszeit Anfang der 1970er Jahre, auf der Höhe des Kalten Kriegs und des Wettrüstens in den verfeindeten politischen Blöcken, ergibt sich neben der Wahrheit als Abstraktum womöglich eine zweite, konkrete Lesart. Wenn das Gedicht vor der Strahlung der Wahrheit warnt („Strahl"), die „blenden" könne; wenn es darauf hinweist, dass die Wahrheit „beiden Lagern" zur Verfügung stehe und den Tod bringe („Bis zum Jüngsten Tag wird vertagt", „tödliche Wahrheit"); wenn die Wahrheit aus „Teilchen" bestehe, die sich messen ließen („leicht zu beweisen"), aber abgeschirmt werden könnten („zugedeckt [...] von faßbaren Sachen"); wenn sie ohne Ankündigung erscheine („Spurlos") und Einrichtungen („Häuser") zerstören könne, in denen ihre baugleichen Kopien („auswechselbare Abbilder") aufbewahrt würden („horten"); und wenn mit dem „Übel", das sie darstellt, zugleich eine fragwürdige „Hoffnung" auf Rettung oder zumindest Verteidigung verknüpft wird („Heilsplan") – dann lässt sich die Wahrheit, von der der Text spricht, mutmaßlich als Metapher für Radioaktivität und die Atombombe deuten. Damit entfaltet das Gedicht eine politische Dimension, die man der vermeintlich bezuglosen Textoberfläche zunächst nicht ansieht.

9: Paul Celan (1920–1970): Todesfuge (1945)
Form: reimlose und freirhythmische Verse in unregelmäßigen Strophen, Verzicht auf Interpunktion.

Deutungsansatz: Dieses Gedicht des deutsch-jüdischen Dichters Paul Celan, eines der wichtigsten Autoren der Zeit nach dem Zweiten Weltkrieg, ist zwar in Teilen chiffriert und hochgradig verdichtet, gibt mit Signalwörtern („Juden", „Deutschland", „mit bleierner Kugel") und Sprachbildern („Grab in den Lüften", „Eisen im Gurt") aber durchaus zu erkennen, worauf es sich inhaltlich bezieht. Der noch während des ‚Dritten Reichs' um 1944/45 entstandene Text gehört zu den berühmtesten Holocaust-Gedichten in deutscher Sprache und steht dank seiner großen internationalen Ausstrahlung am Beginn einer umfassenden künstlerischen Auseinandersetzung mit der nationalsozialistischen Judenvernichtung. Er ist als vorweggenommene Antwort auf den Satz des deutsch-jüdischen Philosophen Theodor W. Adorno verstanden worden, der 1951 geschrieben hatte: „Nach Auschwitz ein Gedicht zu schreiben, ist barbarisch". Adornos Aussage wurde unterschiedlich interpretiert, unter anderem als allgemeines Verbot jeglicher Darstellung von Konzentrationslagern mit den Mitteln der Kunst. Dass Adorno selbst sich vor allem auf die Lyrik bezog, liegt an deren besonderer poetischer Qualität, die jeden Gegenstand so sehr ästhetisiere, dass sie das Leid der Schoa zwangsläufig beschönige und verharmlose und für seine Darstellung deshalb aus moralischer Sicht nicht infrage komme. Celans „Todesfuge" gilt als poetische Widerlegung von Adornos Urteil – gerade wegen seines Gegenstands.

Semantisch-rhetorisch arbeitet das Gedicht vor allem mit Paradoxien („spielt mit Schlangen", „wir schaufeln ein Grab in den Lüften", „Milch der Frühe wir trinken dich nachts", „spielt süßer den Tod", „er schenkt uns ein Grab") und Oxymora („Schwarze Milch", „aschenes Haar"). Diese seltenen, ungewohnten Wortverbindungen und Sprachbilder irritieren die Lektüre, hemmen das Verständnis und verhindern ein affektives Einfühlen oder gar ein ästhetisches Vergnügen. Auf diese Weise werden Erfahrungen aus einem KZ zur Sprache gebracht (Wärter, Wachhunde, Erschießungen, Zwangsarbeit, Gräber, Leichenverbrennung), ohne dass sie ihren Schrecken und ihre Unbegreiflichkeit verlieren. Die Identifikation mit dem Kollektiv der jüdischen Opfer – als sprechende „Wir"-Gruppe im Gegensatz zum deutschen Täter als „er" – unterbindet zudem jede moralische Ambivalenz. Welche Haltung zum Holocaust hier zum Ausdruck kommt, ist völlig unzweifelhaft. Selbst der inhaltliche Hinweis auf die Musik, die in zahlreichen Lagern von zwangsrekrutierten Häftlingsorchestern aufgeführt wurde, hat dadurch keinerlei künstlerisch-ästhetische Wirkung, sondern fügt dem Grauen ein weiteres Element hinzu. Der Titel des Gedichts selbst ist bereits eine intermediale Anspielung auf die Musik, auf die Gattung der Fuge, eine musikalische Form, die auf der mehrstimmigen Wiederholung und Variation eines Themas beruht. Und so ist auch die „Todesfuge" strukturiert durch das stetige Wiederaufgreifen und Reformulieren syntaktischer Fragmente und sprachlicher Bilder. Für die systematische genozidale Wiederholung von Tod und Leid in der Schoa und in den Konzentrationslagern findet das Gedicht damit einen zugleich dichterischen und beklemmenden Ausdruck, der den Schrecken nicht ästhetisch abmildert, sondern präsent hält.

10: Albert Ostermaier (geb. 1967): ode an kahn (2014)
Form: reimlose und freirhythmische Ode ohne Stropheneinteilung und Interpunktion, antikisierende Kleinschreibung.

Deutungsansatz: Albert Ostermaiers „Ode an Kahn" offenbart ihr junges Entstehungsdatum nicht nur durch Anspielungen auf zeitgenössische Popmusik („Beach Boys") und Technik („Teleskoparm"), sondern macht auf der Inhaltsebene auch durch ihr Fußballsujet und die heroisierende Beschreibung eines Torwarts schnell klar, dass der Titel sich auf den ehemaligen deutschen Nationalspieler Oliver Kahn bezieht, der jahrelang als einer der besten Torhüter der Welt galt. Kahn, für seinen unbedingten Siegeswillen und seine Unerschrockenheit bekannt, hatte schon während seiner aktiven Laufbahn einen legendären Status erreicht und wurde von der Presse regelmäßig als „Torwart-Titan" bezeichnet. Ostermaiers Gedicht knüpft an diese Mythisierung an, formal wie inhaltlich: Als Ode greift es eine aus der griechischen Antike stammende lyrische Gattung mit langer Tradition auf, die sich durch einen sehr feierlichen Stil auszeichnet, sich also zum Besingen eines Helden besonders eignet. Der Dichter Pindar zum Beispiel würdigte zu Beginn des 5. Jahrhunderts v. Chr. in seinen Oden unter anderen die Sieger der antiken Olympischen Spiele. Kahns Heldenstatus bringt das Gedicht außerdem durch zahlreiche intertextuelle und intermediale Bezüge zum Ausdruck, mit denen der Torwart in die Kulturgeschichte des Heroismus eingegliedert wird. Neben populärkulturellen Anspielungen auf Kinofilme („planet der halbaffen") und Science-Fiction-Figuren („flash gordon") sowie einem nur geringfügig verschleierten Hinweis auf Goethes *Faust* („moment", „verweilen", „fausten") werden vor allem in der zweiten Hälfte des Gedichts vermehrt Bezüge zu antiken Heroen hergestellt: Das „haupt der medusa" hat Perseus abgeschlagen, „skylla & charybdis" und „sirenengesang" hat Odysseus überwunden. Indem sie ihn in diese heroische Ahnenreihe stellt, überhöht die Ode Kahn zu einer Sagengestalt von mythischer Größe. Das hat zum einen durchaus eine komische Wirkung, Ostermaiers Gedicht hat in seiner Übertreibung satirische Züge, etwa wenn Kahn als „blonde Katze" und Mitspieler als „rasurköpfe[] & dauerwellen" bezeichnet werden. Zum anderen formuliert die Ode mit Kahns Mythisierung einen reflektierten Kommentar zum Ort und zum Stellenwert des Heroischen in unserer Gegenwart, zum Zusammenhang zwischen Mythos und sportlichem Wettbewerb, Dichtung und Sportberichterstattung, und zur massenpsychologischen Verehrung von Fußballstars. Ostermaier ist mit Kahns Rolle übrigens bestens vertraut, er ist Torwart der deutschen Autorennationalmannschaft und stand im Tor, als sie 2010 Europameister wurde.

11: Ingeborg Bachmann (1926–1973): Reklame (1956)
Form: freirhythmisch, ohne Strophengliederung und mit Versen sehr unterschiedlicher Länge, Kursivierung jedes zweiten Verses.

Deutungsansatz: Dass das Gedicht „Reklame" der österreichischen Lyrikerin Ingeborg Bachmann in einer Zeit omnipräsenter Warenwerbung und entfesselter Kommerzialisierung entstand, ist seinem Titel und seinem Text sofort zu entnehmen. Seine Kritik an der hochkapitalistischen Konsumgesellschaft im Allgemeinen und an marktschreierischer Produktpropaganda im Besonderen formuliert es auf besondere Weise, nämlich zweistimmig: Der Text ist unterteilt in zwei Sprecherinstanzen, zum einen ein lyrisches Wir, zum anderen subjektlose Aussagen in repetitiver Werbesprache. Die beiden Ebenen wechseln sich von Vers zu Vers ab und sind im Schriftbild durch Kursivierung und Kleinschreibung klar voneinander abgegrenzt. Das Gedicht, gemeinhin Ausdrucksmedium eines individuellen, subjektiven Ichs, wird hier zur Wechselrede, zu einer Konversation. Dieses Gespräch nimmt keinen einvernehmlichen Verlauf. Auf die bangen, drängenden, existenziellen „Fragen" des Wir gibt die Reklame nur immer wieder dieselben Antworten. Die Wiederholung ist Strategie: Die Monotonie soll betäuben, die andauernde Beschwichtigung („*sei ohne sorge*", „*mit musik*", „*heiter*") soll einlullen. Die zirkuläre Slogan-Litanei soll von den eigentlichen Problemen der Menschen ablenken und die Kundinnen und Kunden in einen Konsumkreislauf ohne Entrinnen hineinführen. Das neologistische Heilsversprechen der „*Traumwäscherei*" (des einzigen großgeschriebenen Worts auf der Ebene der Werbesprache) hat nicht von ungefähr eine lexikalische Nähe zur Gehirnwäsche. In Bachmanns Gedicht setzt sich die Stimme der Werbung letztlich allerdings nicht durch. Bei der Konfrontation mit dem Tod, „[a]ngesichts eines Endes", kommt auch die Kommerzialisierung an ihr Ende. Wenn „Totenstille" eintritt, verstummt das Marketing – ersichtlich am leeren vorletzten Vers. Über die wirklich entscheidenden Dinge, wie das richtige Handeln („was sollen wir tun"), das Vergehen der Zeit („Schauer aller Jahre") und die Endlichkeit des Lebens, hat die Reklame nichts zu sagen, hier bietet sie keine Orientierung. Diese Fragen unterliegen keiner ökonomischen Logik, sie fallen nicht in den Gegenstandsbereich des Markts, sondern der Kunst. Das zweifelnde, fragende Wir widersteht den Verheißungen der Werbung – und mit ihm die Lyrik. Die Literatur reklamiert – auch diese Bedeutung steckt im Titel – auf diese Weise ihre Autonomie innerhalb einer immer stärker durchökonomisierten Welt.

12: Walther von der Vogelweide (ca. 1170–1230): Under der linden
Form: Minnelied von vier Strophen mit je neun Versen, durchgehendes Reimschema mit Refrain (*abcabcdxd* etc.).

Deutungsansatz: Auf Mittelhochdeutsch verfasst, verrät dieses Gedicht des Minnesängers Walther von Vogelweide auf den ersten Blick sein Alter. Rund 800 Jahre lang wird es inzwischen überliefert und gehört damit zu den ältesten Texten der deutschsprachigen Literatur, mit denen wir uns heute noch beschäftigen. Es gehört zu Walthers sogenannten Mädchenliedern, weil es als Rollengedicht die Perspektive einer jungen Frau einnimmt. In der Form des Minnelieds berichtet es von einem erotischen Erlebnis. Im Gegensatz zur sogenannten Hohen Minne, einer hochgradig konventionalisierten Kunstform des höfischen Mittelalters, in der die Liebe zwischen Sänger und verehrter adeliger Dame sich wegen des Standesunterschieds nie körperlich realisiert, kommt es „[u]nder der linden" zu einer gleichberechtigten, erfüllenden Begegnung. Walther war mit seiner Lyrik für die Verbreitung und Beliebtheit dieses Konzepts der ‚ebenen Minne' maßgeblich verantwortlich.

Er lässt die junge Frau ihr Liebesglück in Naturbildern ausdrücken: Die „linden" im Autal bezeichnen den idyllischen Ort (gemäß dem literaturgeschichtlichen Topos des *locus amoenus*); die „rôsen" schmücken die improvisierte Bettstatt auf der Wiese; das Brechen der Blumen („gebrochen bluomen") deutet metaphorisch auf die Defloration, die Entjungferung. Das Liebespaar handelt im Einklang mit der Natur, die Tier- und Pflanzenwelt wird nicht nur zum Schauplatz, sondern zu vertrauten Zeugen und zu Komplizen, etwa die Nachtigall, die das Geheimnis „getriuwe" bewahren wird. Das „vogellîn" und die liebliche Umgebung scheinen sogar zum Adressaten des Gedichts zu werden, wenn die junge Frau sich an ein ungenanntes Publikum richtet („seht") und mit ihrem jubilierend-lautmalerischen Refrain („tandaradei") den Vogelgesang nachahmt. Dass die Liebesstätte in der Natur im Kontrast zur menschlichen Gemeinschaft und allemal zur höfischen Ständegesellschaft steht und die Frau sonst niemandem von ihrem Erlebnis berichten kann, offenbart die letzte Strophe: Schämen würde sich die Frau, würde jemand von ihrem Erlebnis erfahren. Die Natur ist hier also auch ein Schutzraum, ein Rückzugsort, in welchem gesellschaftliche Tabus umgangen, soziale Regeln außer Kraft gesetzt und Liebesbeziehungen ausgelebt werden können. Rollen-, Natur- und Liebeslyrik greifen hier raffiniert ineinander.

13: Gottfried Benn (1886–1956): Mann und Frau gehn durch die Krebsbaracke (1912)

Form: sieben Strophen mit je drei bis vier freirhythmischen und reimlosen Versen.

Deutungsansatz: Dass Gottfried Benn selbst jahrzehntelang als praktizierender Arzt tätig war, ist diesem expressionistischen Gedicht leicht abzulesen. Der medizinisch-pathologische Hintergrund bildet die thematische Kulisse für eine poetische Darstellung, die aber durchaus nicht nur wegen ihres Sujets provokant ist. Die Überschreitung lyrischer Konventionen beginnt bereits am Beginn des Gedichts: Die Sprecherangabe „Der Mann:", die allein den ersten Vers bildet, kennzeichnet das restliche Gedicht als Rede des bereits im Titel Erwähnten. Er wendet sich damit an die ebenfalls titelgebende Frau, die er mit seinen Imperativen („Komm, hebe", „Sieh", „Komm, sieh" etc.) und Fragen („Fühlst du") direkt anspricht, die aber ansonsten vollkommen stumm bleibt. Formal betrachtet, ist der „Mann" weder lyrisches Ich noch Rolle einer impliziten Sprecherinstanz des Gedichts, sondern Teil der dargestellten Welt. Der erste Vers erhält dadurch gleichsam die Funktion einer Bühnenanweisung, einer dramatischen Figurenbezeichnung – und das ganze folgende Gedicht rückt an die Grenze von der Lyrik zur theatralen Szene.

Durch die zahlreichen Demonstrativpronomen und Ortsadverbien (zum Beispiel „Hier diese" gleich zu Beginn) haben die Äußerungen des Mannes einen zeigenden, deiktischen Charakter. Er führt durch die Krebsstation, und seine monologische Aneinanderreihung medizinischer Befunde in derber Alltagssprache macht aus den Patientinnen und Patienten eine bloße Liste. Er erzählt nicht, sondern zählt auf. Die ärztlich routinierte Schilderung der wunden und verfallenden Körper verdinglicht die Kranken, wie auch die „Schwester" sie als leblose Gegenstände behandelt („Wie man Bänke wäscht"). Diese Entmenschlichung ist freilich eine Zumutung, ein kalkulierter Bruch mit lyrischen Lesegewohnheiten.

Der poetische Durchgang durch das Patientenregister gleicht nicht nur einer geschäftsmäßig-unpersönlichen Arztvisite, sondern hat auch eine raummetaphorische Richtung, nämlich hinab. Das Gedicht beginnt auf der Vertikalebene des „Bett[s]" und vollzieht in der zweiten Strophe zunächst sogar eine Bewegung nach oben: „Komm, hebe ruhig diese Decke auf." Über das Bild des in Strömen zu Boden fließenden „Blut[s]" senkt sich die Darstellungsebene anschließend aber unnachgiebig hinab, bis sie in der letzten Strophe „Acker" berührt und sich zu „Land" „ebnet". Dieser bildliche Abstieg vollzieht den Niedergang der Sterbenskranken nach. Das Gedicht ist ein Gang in die „Erde", in den Tod. Es erschien in Benns berühmtester Gedichtsammlung, die mit dem Titel *Morgue* (Leichenschauhaus) diese Todesmotivik schon vorgibt.

Auf dem Weg durch die Krebskrankheit in den Tod verändern sich die Körper der Kranken. Schonungs- und schamlos stellt das Gedicht den physischen Zerfall bloß („zerfallene Schöße", „zerfallene Brust"), spart weder an organischen Details

(„Klumpen Fett", „faule Säfte", „weiche Knoten") noch an sinnlichen Eindrücken („stinkt", „Du siehst die Fliegen"). Poetisch beschönigt wird nichts. Stattdessen entwirft das Gedicht eine Ästhetik des Hässlichen, des Widerwärtigen, des Abjekten, wie sie Charles Baudelaire Mitte des 19. Jahrhunderts in seiner berühmten Gedichtsammlung *Les Fleurs du Mal* (1857) erstmals prominent in die Lyrik eingeführt hatte. Das Renommee des literaturgeschichtlichen Vorläufers nimmt Benns Darstellung nichts von ihrem Ekel und von ihrer Provokation. Geradezu voyeuristisch führt sie uns vor, wie das „Fleisch" erst zum „Saft" wird und dann zur „Erde". Doch auch diese Obszönität wird noch überboten, wenn die Schaulust am Fleischlichen zur Fleischeslust wird: Das ganze Gedicht weist eine erotische Struktur auf, der zufolge der aktive, zeigende Mann die passive, rezeptive Frau führt und verführt. Er entblößt Körper, und was er zum Vorschein bringt, sind Sexualmerkmale und Geschlechtsteile („Brust", „Schöße", „Schoß"). Bis in die Schlussstrophe setzt sich die Sexualmetaphorik fort („schwillt", „Bett", „Fleisch", „Glut") und vermengt sich hier mit den Bildern des Todes zur größtmöglichen ästhetischen Grenzüberschreitung. „Mann und Frau gehn durch die Krebsbaracke" ist ein avantgardistisches Gedicht, das in seiner Pathologie, seinem Voyeurismus und seinem Exhibitionismus die Grenzen des Geschmacks und des literarisch Darstellbaren auslotet und verschiebt. Lyrik ist keineswegs nur zu Schönheit und Harmonie fähig. Auch Hässliches und Abseitiges kann lyrisch sein.

14: Annette von Droste-Hülshoff (1797–1848): Im Moose (1842)
Form: acht sehr regelmäßige 6-versige Strophen im Blankvers (fünfhebiger Jambus), Reimschema mit Paar- und Schweifreim *aabccb ddeffe* etc.
Deutungsansatz: Selbst wenn wir Ähnlichkeiten zu einem anderen unheimlichen Naturgedicht Annette von Droste-Hülshoffs, „Der Knabe im Moor", das wir in der siebenten Lesewerkstatt behandelt haben, zunächst außer Acht lassen, lässt sich „Im Moose" anhand einiger Merkmale der (Spät-)Romantik zuordnen: regelmäßige formale Komposition, Schlüsselmotive („Nacht", „Linde", „Traumgesicht"), Personifizierungen von Naturgeschehen („der Dämmrung leise Boten", „flüsterte das Kraut"), Introspektion („Ich lag und dachte, ach so manchem nach", „hörte meines eignen Herzens Schlag", „Gedanken"), Melancholie. Wie beim „Knaben im Moor" werden auch hier Eindrücke in direktem Kontakt zur Natur beschrieben, ausgelöst von der Dämmerung und dem Unsicherwerden der Umgebung. Und wie auf dem Heimweg des Knaben übernimmt auch hier eine Lampe, die aus dem heimischen Haus leuchtet, eine Orientierungsfunktion. (Mit dem Begriff „Hage" teilen sich die beiden Gedichte sogar ein Reimwort.) Anders als der „Knabe" ist „Im Moose" aber nicht narrativ durch Handlung strukturiert, sondern reflektiv durch Innenschau, keine Ballade, sondern gleichsam Gedankenlyrik. Es ist deshalb nicht aus der externen Sicht einer Erzählinstanz geschildert, sondern von einem lyrischen Ich. Ermattet vom Tag und entspannt im Moos liegend, gerät es in einen Zustand zwischen Wachen und Schlafen, in dem ihm „Traumgesichte" begegnen und sich zu einer regelrechten Vision ausweiten. Im Zeitraffer sieht das lyrische Ich die eigene Entwicklung von der Vergangenheit als Kind über die Gegenwart als Erwachsene

bis hin in eine Zukunft als Greisin („gar gebückt und klein, / Geschwächten Auges"). Nicht aber die Spanne eines erfüllten Lebens steht dem lyrischen Ich vor Augen, sondern das eigene Lebensende – und das der „Lieben", an deren Gräbern es sich stehen und trauern sieht. Künftiger Abschied und Verlustschmerz werden im Traum melancholisch vorweggenommen, während die Gegenwart dafür eigentlich noch keinen Anlass bietet. Zuletzt gerät die geträumte Friedhofsszene vollends zur Todesvision, wenn das Ich sich in die Erde übergehen sieht („Mich leise in der Erde Poren ziehen"). Das jähe Ende des Traums löst den Zustand des „Scheintod[s]" auf, und das lyrische Ich kehrt, der heimischen Lampe folgend, nach Hause zurück. Wie der Knabe im Moor hat es die erlebten Bedrohungen glücklich überstanden, zumal diese nicht einmal mehr aus äußeren Eindrücken zum Spuk gesponnen, sondern gänzlich aus sich heraus imaginiert sind. Mehr noch als die Ballade führt „Im Moose" die Fähigkeit der Lyrik zur Darstellung inneren Erlebens vor Augen – das deshalb nicht weniger unheimlich sein muss.

15: Kurt Schwitters (1887–1948): An Anna Blume (1919)
Form: Dada-Gedicht, absichtlicher Bruch mit formalen Konventionen der Lyrik, Annäherung an Prosa, zum Beispiel durch Worttrennungen am Versende.

Deutungsansatz: Die literarische, insbesondere lyrische Strömung des Dadaismus, zu der dieses Gedicht gehört, beruhte maßgeblich auf der Ablehnung bürgerlich-konventioneller Kunstformen. Das Dada-Lautgedicht zum Beispiel, das nicht aus regulären Wörtern besteht, sondern aus einer Aneinanderreihung von Lauten ohne herkömmliche Bedeutung, emanzipierte den lyrischen Ausdruck von der Einbindung in traditionelle Sinnzusammenhänge und habituelle Distinktionspraktiken. Ganz so weit geht Kurt Schwitters' „An Anna Blume" in seiner Absage an Semantik und sprachliche Mitteilung nicht. Der Text besteht weitestgehend aus gebräuchlichen Wörtern. Dennoch können hier keine üblichen Interpretationsmethoden angewandt werden. Denn mit einer ganzen Reihe innovativer sprachspielerischer Verfahren erzielt das Gedicht durchaus eine disruptive Wirkung, die lyrische Gewohnheiten und die Funktionsweise literarischer Bedeutungsproduktion infrage stellt und durchbricht.

Auf inhaltlicher Ebene etwa löst sich das Gedicht von einer realistischen Ontologie: Dass ein „Hut auf deinen Füßen" getragen und „auf den Händen" gewandert wird, gehört dabei noch zu den milderen Irritationen. Darüber hinaus kann das lyrische Ich „siebenundzwanzig Sinne" besitzen, „ungezählt" ebenso zum Attribut einer Person werden wie „rot", Glut „kalt" sein, Kleider mit „Hallo" begrüßt und in „Falten zersägt" werden, ein Name ‚tropfen' und ‚geträufelt' werden und „die Farbe deines gelben Haars" zugleich blau sein. Dieser kalkulierte Nonsens lässt sich auch metaphorisch nicht ohne Weiteres deuten oder auflösen, denn ein *tertium comparationis* zwischen Bildspender und Bildempfänger ist nicht zu erkennen. Das strophenlose Gedicht folgt außerdem keiner linearen Struktur, die man als Sinnentwicklung nachvollziehen könnte, sondern bildet eine rekursive Schleife, indem der letzte Vers die Formulierung aus dem ersten Satz wieder aufgreift. Auf die beidseitige Lesbarkeit des Namensanagramms weist der Text selbst hin: „du bist von hin- /

ten wie von vorn: ‚a-n-n-a'". (Die Stuttgarter Hip-Hop-Band Freundeskreis zitiert diese Verse in ihrem Song „A-N-N-A".) Auch aus der Identität der Adressierten ergibt sich also keine Richtung für die Deutung. Das Gedicht hat kein Telos, kein Aussageziel, sondern ist zyklisch auf sich selbst zurückbezogen und semantisch in sich geschlossen.

Auf formaler Ebene gewährleistet nicht einmal mehr die Grammatik die Vermittlung von Bedeutung. Gleich die emotionale Kernaussage des Gedichts ignoriert die Regeln der Flexion: „ich liebe dir". Das Spiel mit den grammatikalischen Funktionsmechanismen der Sprache, auf denen Kommunikation beruht, wird durch Schwitters nicht nur für punktuelle semantische Verunsicherungen eingesetzt, etwa durch Adjektivierung eines Substantivs („du tropfes Tier"), durch scheinbar fehlerhafte Wortwiederholungen („sie sie wissen nicht") oder durch Satzabbrüche („Die Leute sagen, du / wärest –"). Es wird sogar in Form von reinen Deklinationsreihen vorgeführt: „Du deiner dich dir, / ich dir, du mir. – Wir?" Durch die rein grammatisch-mechanische Operationalisierung des Sprachmaterials wird Sinn kategorisch unterlaufen. Zugleich steckt in den beiden Personalpronomen der ersten und zweiten Person Singular und in ihrer fragenden Verbindung im Plural ein Bedeutungsschlüssel, der dann doch das kommunikative Zentrum des Gedichts erschließt: Selbstverständlich ist „An Anna Blume" jenseits aller dadaistischen Konventionsbrüche ein Liebesgedicht, eine Liebeserklärung an die Adressierte. Viel häufiger als das Ich, sind das Du und sein Name im Text omnipräsent: „Anna Blume! Anna, a-n-n-a". Fast alle Aussagen und Fragen gelten der Geliebten, sie ist der ausschließliche Gegenstand des Gedichts.

Nicht zu vernachlässigen ist schließlich, dass „An Anna Blume" neben aller Liebesmonomanie und aller beabsichtigten Bedeutungsvermeidung ein hochgradig komischer Text ist, der durch seine verquere Logik, seine ungewöhnlichen Sprachbilder und seinen spielerischen Umgang mit dem Wortmaterial für Belustigung und Unterhaltung sorgt. Auch darin steckt eine Revolte gegen Konventionen, denn Lyrik ist in der Literaturgeschichte selten mit Komik, Scherz und Unernst assoziiert. Nach satirischen Spottgedichten, die es seit Jahrtausenden gibt, hat sich etwa in der deutschen Literatur eine Tradition dezidiert humoristischer Lyrik erst ungefähr seit Beginn des 19. Jahrhunderts herausgebildet (u. a. Wilhelm Busch, Christian Morgenstern, Joachim Ringelnatz, Kurt Tucholsky, Robert Gernhardt). Nicht zuletzt in diesem selten beleuchteten Gattungszusammenhang, der es auch von den restlichen Beispieltexten dieser Lektürewerkstatt unterscheidet, stellt Schwitters' Dada-Gedicht eine Herausforderung für die Deutung dar, die Interpretationsroutinen und Rezeptionsgewohnheiten unterläuft.

„An Anna Blume" bildet daher einen passenden Abschluss unseres Parcours durch eine kleine Auswahl deutschsprachiger Lyrik. Wir sollten es als Aufforderung verstehen, unsere eigenen Deutungsmethoden zu hinterfragen und beständig zu erweitern – vor allem aber als Einladung, uns mit Lyrik zu beschäftigen und weitere Gedichte kennenzulernen.

Zwölfter Theoriekurs – Quantitativ lesen

Quantitative Methoden

Zwei Revolutionen zeichnen sich ab, die unser Verständnis von Texten, vom Lesen, von Literatur grundlegend verändern: die digitale und die neurobiologische. Mit Hilfe von Computern und Computerprogrammen können wir Texte, die uns digital vorliegen, automatisiert auswerten. Mit Hilfe von Verfahren der Experimentalpsychologie und der Hirnforschung können wir die kognitiven, affektiven und ästhetischen Prozesse, die in unseren Gehirnen und Körpern ablaufen, wenn wir Texte lesen, immer genauer nachvollziehen.

Wir wollen uns zuerst mit der Frage beschäftigen, welche neuen ‚digitalphilologischen' Möglichkeiten uns zur Verfügung stehen. Dabei bedeutet ‚digital', von lateinisch *digitus*, der Finger, zunächst ganz einfach: ‚mit den Fingern' zählbar, quantifizierbar. Wir sprechen deshalb auch von ‚quantitativen' Verfahren. Zählen können wir entweder selbst oder mit Hilfe von Computern, was bei längeren Texten oder größeren Textmengen unerlässlich wird. Welche hermeneutischen (qualitativen) Fragestellungen der Literaturwissenschaft können wir am besten digitalphilologisch (quantitativ), besonders mit Hilfe von Computern, an digitalisierten, elektronisch vorliegenden Texten beantworten?

Pluralismus

Das Anliegen dieser gesamten Einführung ist, Ihnen einen methodischen Pluralismus zu vermitteln, nicht nur eine einzige Literaturwissenschaft dogmatisch zu vertreten, sondern verschiedene Literaturwissenschaft*en* anzubieten. So können wir je nach Interesse, Fragestellung und Material abwägen und entscheiden, welche Methode (oder welche Kombination von Methoden) für ein bestimmtes Projekt angemessen, sinnvoll und vielversprechend ist.

Zur Verfügung stehen uns, wie wir in den bisherigen Theoriekursen gesehen haben, zahlreiche Ansätze, die wir auf mehrere Weisen unterscheiden können: text-, kontext-, autor- oder leser-orientierte, deren Erkenntnisinteressen verschieden ausgerichtet sind; antike und moderne, deren historische Entstehungen weit auseinanderliegen (etwa Poetik und Rhetorik aus dem fünften Jahrhundert v. Chr., Dekonstruktion oder Postkolonialismus aus dem zwanzigsten Jahrhundert). Wir können aber auch *qualitative* und *quantitative* Verfahren unterscheiden und entweder ‚qualitativ' lesen und deuten oder Daten ‚quantitativ' erfassen und auswerten, wofür zunehmend elektronische Hilfsmittel zur Verfügung stehen. Dabei ist der Übergang fließend, denn ein quantitativer Zugang setzt nicht unbedingt automatisierte oder mithilfe des Computers erhobene Daten voraus, und umgekehrt muss qualitative Forschung nicht ausschließlich an analogen Daten mit rein qualitativen Verfahren durchgeführt werden. Gerade wo qualitative und quantitative Fragestellungen und Methoden miteinander verbunden werden, sind sie in der Regel besonders vielversprechend.

Quantitative Ansätze sind dabei in verschiedenen Hinsichten interdisziplinär angeregt: Ihre Methoden der Analyse von Texten – als Daten – werden übernommen aus Informatik und Statistik, Sozial- und Naturwissenschaften, beispielsweise Demographie, Geographie oder Biologie. Ihre Modelle zur Darstellung der Befunde – als Karten, Kurven oder Diagramme – orientieren sich an Datenvisualisierung, Infographik und Graphikdesign.

Wie bei jeder Methode haben wir ihre Vorteile und Nachteile kritisch zu bedenken. Vorbehalte beziehen sich darauf, dass die vergleichsweise junge Methodik noch explorativ sei, technologisch noch nicht ausgereift und in der Literaturwissenschaft weder sehr erprobt noch verbreitet. Vorteile dagegen liegen darin, dass die Studien prinzipiell replizierbar sind, das Vorgehen und die Ergebnisse können andere Personen objektiv nachvollziehen und überprüfen. Und sie sind innovativ, denn neue Methoden bringen neue Perspektiven, neue Erkenntnisse und neue Fragen hervor.

Zwei Anwendungsbereiche quantitativer Verfahren in der Literaturwissenschaft können wir grundsätzlich unterscheiden: Mit Hilfe von Computern können wir entweder einzelne Texte in *Mikro*skopie lesen, nicht mehr nur in einem hermeneutischen *close reading*, sondern in einem digitalen *very close reading*, und damit die Genauigkeit der Lektüre erheblich steigern; aber wir können auch größere Corpora als ‚Big Data' in *Makro*skopie auswerten, in einem *distant reading*, aus gewissem Abstand, um Überblicke über die Literaturgeschichte zu erlangen.

‚Messen' ist allerdings kein Selbstzweck, sondern ein Mittel der Forschung, eine Möglichkeit zur Analyse von Literatur – neben und zusammen mit vielen anderen. Die Herausforderung lautet: Wie können wir neue quantitative Methoden mit bewährten qualitativen Deutungen sinnvoll verbinden, anstatt sie gegeneinander auszuspielen?

In diesem Theoriekurs geht es uns um folgende Ziele: Wir wollen, erstens, aktuelle Ansätze, Möglichkeiten und Studien quantitativer Literaturwissenschaft kennenlernen – am Beispiel vor allem ihres prominenten Vertreters, Franco Moretti. Wir wollen, zweitens, selbst digitalphilologisch zu denken versuchen. Denn allein schon das gedankliche Experiment ist fruchtbar: sich zu fragen, welches Problem *könnte* mit Hilfe welcher quantitativen Untersuchung gelöst werden? Auch wenn wir selbst (noch) nicht einen entsprechenden Algorithmus entwickeln, eine

Anwendung programmieren oder auch nur professionell nutzen können, so sind wir theoretisch und konzeptionell doch in der Lage, uns zu überlegen: Welche literaturwissenschaftlichen Fragestellungen können wir mit Hilfe von Computern beantworten, denen wir sonst nicht oder nicht mit gleicher Genauigkeit nachgehen könnten? Und sofern wir bereits über digitale Kompetenzen verfügen, können wir sie ins Studium der Literatur einbringen. Philologie und Informatik müssen nicht zwei getrennte Welten sein oder bleiben. Heutzutage gibt es außerdem für viele Fragen und Anwendungsfälle bereits frei zugängliche Programme und Tools im Netz, so dass man nicht alles selbst entwickeln muss.

Anknüpfungen

Die Digitalphilologie ist gleichwohl nichts absolut Neues, sie kann an Entwicklungen anknüpfen, die lange vor der Erfindung von Computern begonnen haben. So ist bereits die antike Rhetorik ein System von Verfahren beziehungsweise von Merkmalen wirksamer Sprache, die sich grundsätzlich quantifizieren lassen. Tropen und Figuren können wir in einem Text erkennen, zählen und in ihrer Verteilung beobachten. So können wir ihre Frequenz und die rhetorische Dichte eines Texts beschreiben, ihre Sequenz und die auffällige Abfolge bestimmter Merkmale oder Gruppen von Merkmalen, die Typologie, die Art der eingesetzten Mittel und insgesamt ihre Varianz, die mehr oder weniger große Vielfalt innerhalb eines Texts. Beispielsweise können wir Pathosformeln herausgreifen, etwa Aposiopesen, Ellipsen, Concessiones, Exclamationes und Hyperbeln (Abbrüche, Auslassungen, Eingeständnisse, Ausrufe und Übertreibungen), um der Frage nachzugehen: Wie affektiv ist eine Rede? Wir können Adressierungen betrachten, etwa die Figuren der Erotesis, der Hypophora und der Apostrophe (rhetorische Fragen, selbst beantwortete Fragen und Anreden), um nachzuvollziehen: Wie interaktiv ist eine Rede? Wie stark, wie häufig bezieht sie ihr Publikum ein? Wir können analysieren, wie sich Metonymien und Synekdochen zueinander verhalten, und so weiter. Sämtliche Stilmittel, welche die Rhetorik definiert hat, lassen sich quantitativ auswerten.

Das Gleiche gilt für die Elemente, wie sie zweieinhalb tausend Jahre später der Formalismus oder der Strukturalismus an einem Text oder an einer Gruppe von Texten analysierte – etwa die ,Rollen' und ,Funktionen' in Märchen, die Wladimir Propp untersuchte, oder die ,Lexien' und ,Codes' in Erzählungen, die Roland Barthes interessierten, oder auch die formalen Äquivalenzbeziehungen in der Lyrik, wie sie Roman Jakobson und Claude Lévi-Strauss an Charles Baudelaires Gedicht „Les chats" noch ohne elektronische Hilfsmittel herausarbeiteten. Eine genaue Lektüre nach systematischen Kriterien erzeugt eine hohe Dichte an Evidenz – die sich digital steigern lässt.

Auch aus poststrukturalistischer Perspektive können wir Merkmale von Texten in ihren Spannungsverhältnissen, in ihrer Uneindeutigkeit quantitativ erfassen. Wenn wir zum Beispiel die Sprachbilder in Ernst Jüngers Kriegsdarstellung, *In Stahlgewittern*, ausdifferenzieren, indem wir Hunderte von Metaphern in 32 Codes unterteilen, beobachten wir ihre Ambivalenz (etwa die ,Vertierung' einerseits als

Sozialdarwinismus oder andererseits als Antikriegsmotiv), ihre Widersprüchlichkeit (zum Beispiel das unmoralische Wetter gegenüber dem moralischen Sport) und ihre relative Häufigkeit oder Dichte: ihre Zunahme in der Beschreibung von Ereignissen an der Front, ihr Nachlassen bei Passagen im Hinterland und ihr Aussetzen nach einem *shell shock*. Aber wir könnten die Genauigkeit und die Anschaulichkeit einer solchen Lektüre erhöhen, wenn wir die Metaphern an einer digitalen Ausgabe des Texts vollständig erfasst hätten und auf dieser Grundlage ihren Verlauf insgesamt, aber auch den Verlauf einzelner Bilder oder Gruppen von Bildern graphisch darstellen würden.

Die Frage lautet: Wie lassen sich rhetorische oder lyrikanalytische, strukturalistische oder poststrukturalistische Analysen mit Hilfe digitaler Technologie und statistischer Verfahren verfeinern und weiterführen?

Digitale Codierung

Quantitative Studien müssen kein ‚Hexenwerk' sein. Es bedarf durchaus keiner besonderen Computer- oder Programmierkenntnisse. Eher kommt es auf die wissenschaftliche Fragestellung an, auf eine gewisse Kreativität des Lösungsansatzes und auf Genauigkeit in der Ausführung. Einfache Beispiele aus eigenen Projekten können dies illustrieren.

In einer sozial- und literaturwissenschaftlichen Studie über „Emotionen in Wirtschaftskrisen" haben wir für ein Jahr, August 2008 bis September 2009, die einschlägigen Artikel der Zeitschrift DER SPIEGEL und die Reden des deutschen Finanzministers Peer Steinbrück miteinander verglichen, um anhand von Tausenden qualitativ codierter Metaphern („Kernschmelze", „Sturm", „Schiffbruch" usw.) den Wandel der in ihnen angelegten Deutungsmuster (höhere Gewalt, Schuld der Banken, Lebensgefahr) sowie der affektiven Reaktionen (Angst oder Wut) im öffentlichen Diskurs nachzuvollziehen, der die Emotionen der Wahlbevölkerung ebenso wie der wirtschaftlichen Akteure beeinflusst und deshalb politische und ökonomische Folgen hat.

Die Forschungsfragen lauteten: Welche Sprachbilder werden verwendet? Welche Deutungen der Krise implizieren sie? Welche Handlungsspielräume suggerieren sie (*coping potential*)? Welche Affekte vermitteln sie (positive oder negative Valenz)? Wie verändert sich ihr Gebrauch im Verlauf der Krise (quantitativ und qualitativ)? Wie verhalten sich die Diskurse von Regierung und Medien zueinander?

Zur digitalen Erfassung von Tropen in Texten (oder auch von Figuren oder anderen rhetorischen Merkmalen, je nach Fragestellung) eignet sich eine Codierungs-Software, zum Beispiel das Programm MAXQDA. Am digitalen Text können wir mit ihrer Hilfe die Sprachbilder selbst indizieren und klassifizieren, um dann die Häufigkeit und Abfolge oder die Verteilung bestimmter Bilder oder Gruppen von Bildern mit Hilfe der Software auszuwerten und abzubilden. Im gewählten Corpus (Artikel im journalistischen Leitmedium und Reden des verantwortlichen Ministers) haben wir auf diese Weise insgesamt 6673 Sprachbilder erfasst (siehe Abb. 1).

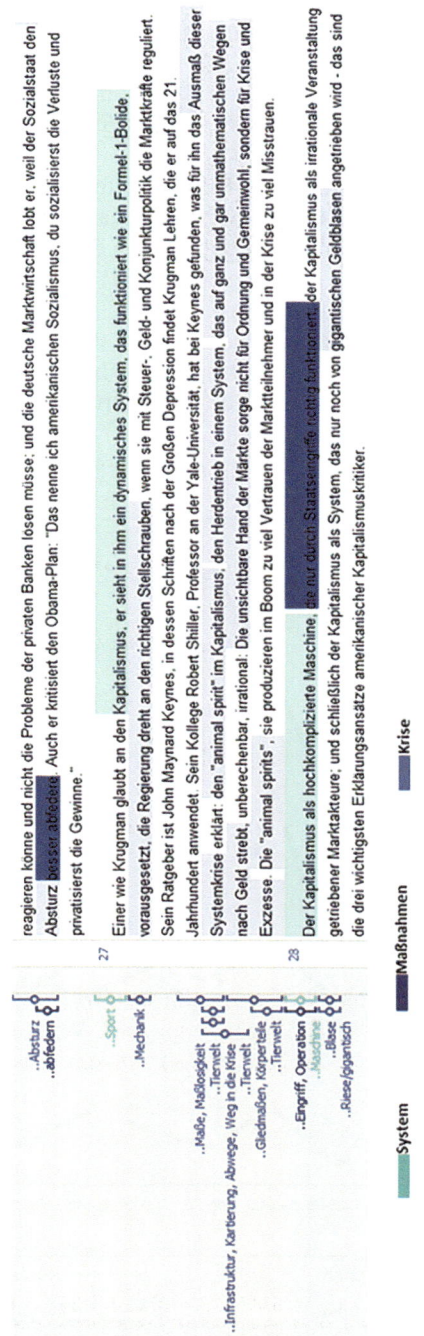

Abb. 1 „Emotionen in Wirtschaftskrisen" (2008–2009): Codierung von Sprachbildern. (Christian von Scheve, Veronika Zink, Oliver Lubrich, Christine Knoop, Nina Peter)

Die Auswertung des Materials ergab folgende qualitative und quantitative Befunde. Wir können insgesamt vier Bildfelder unterscheiden: Natur (zum Beispiel „Sturm"), Körper („Infarkt"), Praxis („Casino") und Metaphysik („Apokalypse"). Die Anzahl der Sprachbilder in den Feldern Natur und Körper verhält sich gegenüber denen im Feld menschlicher Praxis ausgewogen, während metaphysische Bilder selten sind.

In den Ministerreden ist eine geringere Bilddichte festzustellen als in den Zeitschriftenartikeln (in drei von vier Feldern ist sie nur halb so groß). Und unter den insgesamt weniger zahlreichen Sprachbildern kommen eher solche mit Praxisbezug vor, die offenbar Handlungsfähigkeit anzeigen sollen (zum Beispiel „Leitplanken" als Metapher aus dem Bereich Straßenverkehr).

Wir interpretieren diesen Befund so, dass seitens der Politik nicht unbedingt ‚Panikmache' betrieben wurde, was durchaus erwartbar gewesen wäre, um mit schockierenden Bildern die Zustimmung der Bevölkerung zu milliardenschweren Bankenrettungen zu erhöhen.

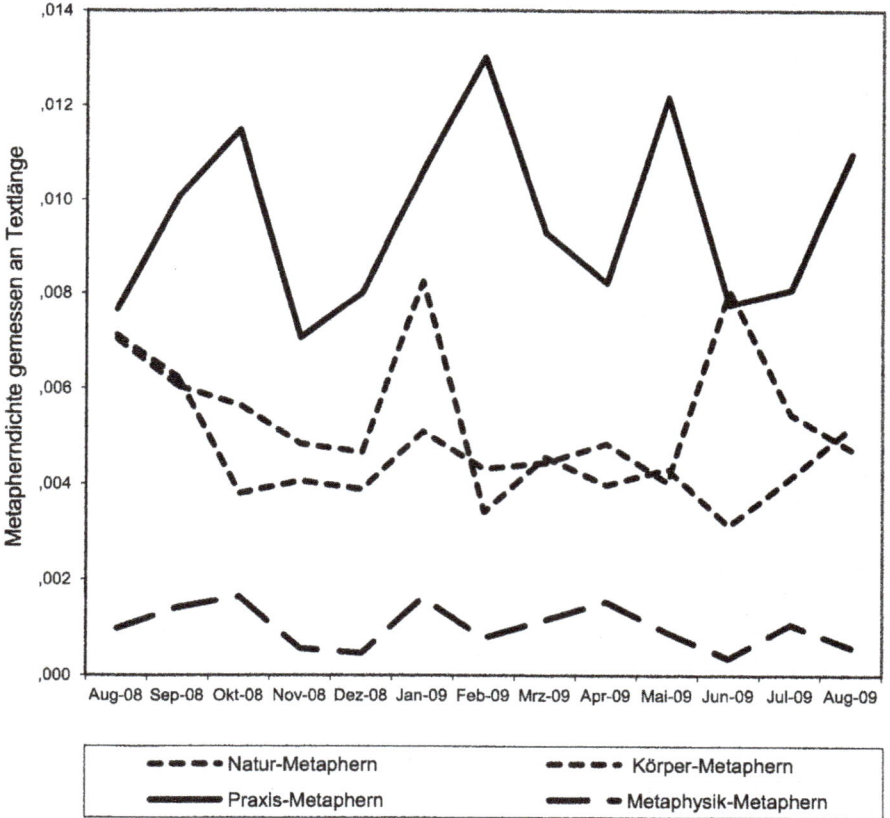

Abb. 2 „Emotionen in Wirtschaftskrisen": Bildfelder im Zeitverlauf (2008–2009). (Christian von Scheve, Veronika Zink, Oliver Lubrich, Christine Knoop, Nina Peter)

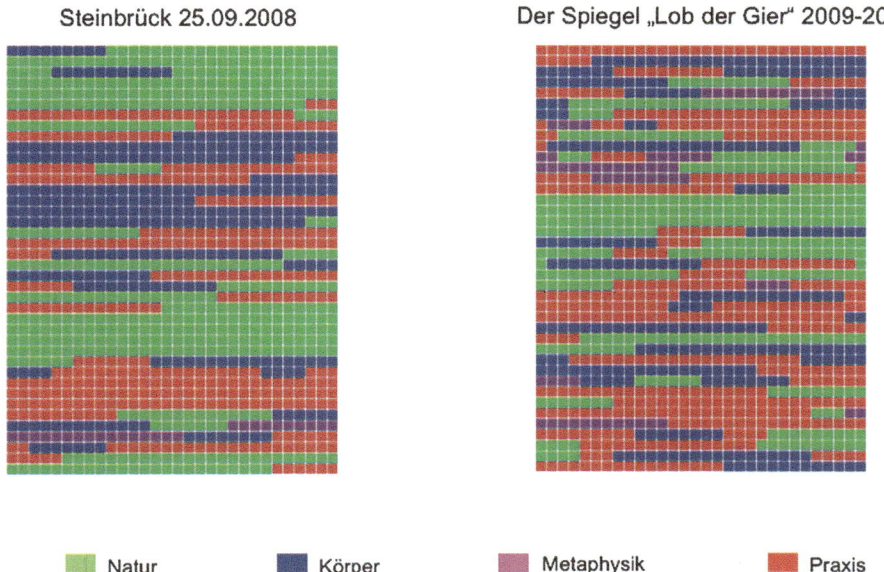

Abb. 3 „Emotionen in Wirtschaftskrisen": Die metaphorische Struktur einzelner Texte. (Veronika Zink, Oliver Lubrich, Christine Knoop, Nina Peter, Christian von Scheve)

Indem wir die Verteilung der Sprachbilder im zeitlichen Verlauf mit einer Kurve graphisch veranschaulichen, zeigt sich, dass sich die Praxismetaphern im Umfeld politischer Maßnahmen (‚Gipfeltreffen', ‚Konjunkturpakete') verdichten (siehe Abb. 2). Die Metaphorik des Diskurses entspricht den Ereignissen der Politik.

Mit den erhobenen Daten können wir aber auch die metaphorische Struktur einzelner Texte visualisieren, so dass sie als farbiges Mosaik auf einen Blick vor Augen tritt. Sichtbar werden Zusammensetzung, Abwechslung und Heterogenität der bildlichen Codes. Je bunter das Farbmuster wirkt, desto höher ist die Frequenz der Registerwechsel – und damit implizit der affektiven Reize und der Angebote der Deutung. Im folgenden Beispiel wird so auf einen Blick sichtbar, dass die Politikerrede weniger Registerwechsel enthält als der journalistische Artikel (siehe Abb. 3).

Das Modell und das Verfahren lassen sich auf andere Ereignisse und Zeiträume übertragen. Wie könnten wir zum Beispiel analog die „Sprachbilder der Krise" während der Corona-Pandemie (2020–2022) erfassen?

Vorläufer und Entwicklungen

Methodisch können quantitative Verfahren in der Literaturwissenschaft vor allem auf drei Vorläufer beziehungsweise Entwicklungen zurückgreifen: 1. Stilometrie, 2. Korpuslinguistik und 3. Technologien der Textanalyse.

1. Die Stilometrie, die ‚Messung' eines sprachlichen Stils mit den Mitteln der Statistik, wird seit dem neunzehnten Jahrhundert unternommen. Sie geht von der

Frage aus: Welche Merkmale der Sprache beziehungsweise eines literarischen Texts sind quantifizierbar? Was können wir ohne hermeneutischen Aufwand ‚messen'? In Frage kommen zum Beispiel Interpunktionsmuster, die Satzlänge, die Wortlänge, die Größe des Wortschatzes, die Häufigkeit oder Seltenheit der verwendeten Wörter, die Frequenz bestimmter Wörter in einem gegebenen Text (*most frequent words*), Wort*wiederholungen*, Wort*verbindungen* und die verwendeten Wort*arten*. (So können wir einen eher verbalen oder einen eher nominalen Stil anhand der Anzahl der Verben geteilt durch die Anzahl der Wörter beschreiben – gewissermaßen als *Action*-Quotient.)

Die Anwendungsbereiche der Stilometrie sind teilweise überraschend. In der Forensik werden anonyme Erpresser- oder Bekennerschreiben anhand ihrer sprachlichen ‚DNA' ihren wahrscheinlichen Absendern zugeordnet. In der Psychiatrie dienen stilistische Besonderheiten der Sprache von Patientinnen dazu, ihre Erkrankungen zu diagnostizieren.

In der Literaturgeschichte helfen sie, eine stilistische ‚Handschrift' zu bestimmen und damit Fragen der Autorschaft zu klären (*authorship attribution*). So wurde die Diskussion um die Autorschaft von Shakespeares Dramen immer wieder auch stilometrisch geführt. Ein anderer berühmter Fall ist die Corneille-Molière-Kontroverse. Pierre Louÿs stellte 1919 die These auf, Corneille sei der Verfasser der Stücke ‚Molières'. Dominique Labbé bekräftigte sie 2003 anhand quantitativer Textähnlichkeiten. Dagegen argumentierten 2019 Cafiero und Camps ihrerseits in einer quantitativen Vergleichsstudie, die neben Molière und Corneille drei weitere Autoren einbezog. Neuere Fälle sind der anonym erschienene Schlüsselroman *Primary Colors* (1996) über Bill Clintons ersten Präsidentschaftswahlkampf und der unter Pseudonym erschienene Kriminalroman *The Cuckoo's Calling* (2013), die dem Journalisten Joe Klein beziehungsweise der *Harry Potter*-Autorin Joanne K. Rowling stilometrisch zugeschrieben werden konnten.

Mit den gleichen Methoden wurde versucht, das Geschlecht des Autors beziehungsweise der Autorin von Texten zu bestimmen. Oder sie wurden eingesetzt, um Texte zu datieren. So dienten metrische Merkmale dazu, die Chronologie griechischer Tragödien zu bestimmen. Des weiteren lassen sich ganze Genres stilometrisch unterscheiden und identifizieren (*genre recognition*). Das Prinzip ist jeweils das gleiche: Anhand quantifizierbarer Merkmale werden relative Ähnlichkeiten zwischen Texten oder Gruppen von Texten festgestellt. Tausende von Details werden zu Maßen der Gemeinsamkeit oder des Unterschieds, der Nähe oder Distanz. Literaturgeschichtlich angewandt, lassen sich so historische Veränderungen in größeren Corpora nachvollziehen: als Metamorphosen von Stilen oder von Gattungen.

2. Linguistisch können wir zum Beispiel die Worthäufigkeit erfassen. Wie oft tauchen die Vokabeln eines Texts im Gesamtwortschatz beziehungsweise in einem Referenz-Corpus auf? (Zum Beispiel im Wortschatz der deutschen Sprache, wie ihn die Universität Leipzig zusammengestellt hat: http://wortschatz.uni-leipzig.de.) Wie gewöhnlich oder ungewöhnlich ist also das Sprachmaterial?

Neben der Häufigkeit einzelner Wörter können wir aber auch die Häufigkeit der Verbindung mehrerer Wörter messen. Linguistisch sprechen wir von der Kollokation oder Kookkurrenz, der Übergangswahrscheinlichkeit beziehungsweise der

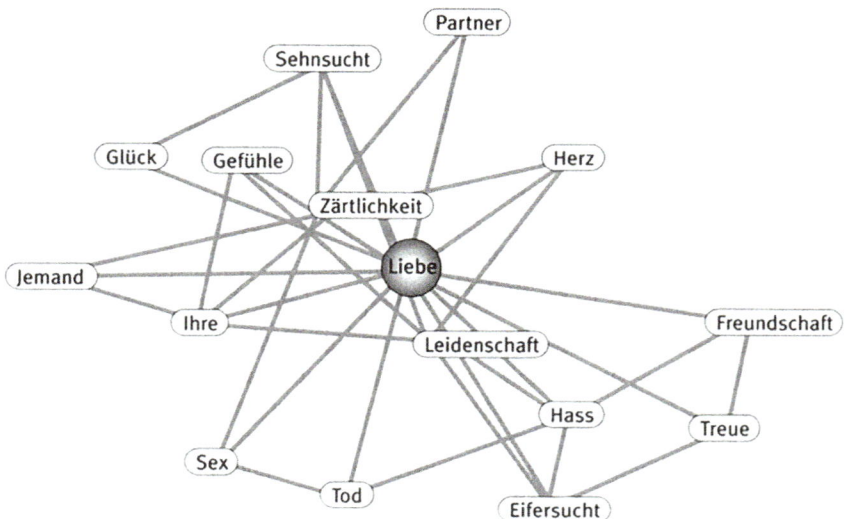

Abb. 4 Häufige Kollokationen um das Wort „Liebe". (Raoul Schrott und Arthur Jacobs, *Gehirn und Gedicht. Wie wir unsere Wirklichkeiten konstruieren*, 2011)

Wahrscheinlichkeit des gemeinsamen Auftretens (siehe Abb. 4). Solche Werte bilden die Grundlage zum Beispiel für die automatische Wortergänzung, wie sie uns Nutzerinnen bei Eingaben in Google angeboten werden, oder für *Large Language Models*, die für verschiedene Anwendungen künstlicher Intelligenz auf Sprache eingesetzt werden. Wenn wir die Häufigkeit oder Seltenheit, mit der zwei Wörter zusammen auftreten, messen, können wir die Ungewöhnlichkeit beziehungsweise die Kreativität von Wortverbindungen in der Literatur erfassen. So ist die Häufigkeit, mit der die Wörter „Herz" und „Schmerz" in stereotypen Gedichten auftreten, wesentlich höher als die der Verbindungen, welche Paul Celan gefunden hat, um eine Sprache für das Unsagbare der Schoa zu finden: „schwarze Milch der Frühe", „ein Grab in den Lüften", „der Tod ist ein Meister aus Deutschland". (Wir gehen auf das Gedicht in der elften Lesewerkstatt zur Lyrik genauer ein.)

Die Werte der Kookkurrenz ergeben sozusagen einen Konventionalitätskoeffizienten – der in anspruchsvoller Literatur deutlich über ‚normal null' liegt, weil die Wortkombinationen hier in der Regel origineller und ungewöhnlicher sind als in der Alltagssprache. Wir können aber auch noch kleinteiliger die Anzahl besonders seltener Wortverbindungen pro Seite ermitteln oder Durchschnittswerte für ein größeres Corpus bilden. Referenzcorpora finden Sie unter https://www.dwds.de (Digitales Wörterbuch der Deutschen Sprache). Kollokationen beziehungsweise Konkordanzen können Sie zum Beispiel mit der sogenannten ConcApp (*Concordancer*) ermitteln.

Die Merkmale bestimmter Corpora unterscheiden sich historisch und ideologisch. So hat der Philologe Victor Klemperer in seiner berühmten Studie *LTI* für die Sprache des ‚Dritten Reiches' einen Rückgang des bedächtigen Semikolons und des zweifelnden Fragezeichens und dafür eine Zunahme sarkastischer Anführungszeichen festgestellt.

Für eine Corpus-Analyse sind grammatische Formen (zum Beispiel Passiv-Konstruktionen), syntaktische Strukturen (zum Beispiel Para- oder Hypotaxe) oder auch Wortarten (zum Beispiel Modalverben) von Interesse, die sich als Anzeichen eines konkreten Diskurses verstehen lassen. Ein Forschungsprojekt an der Universität Bremen zur ‚Koloniallinguistik' (von Ingo Warnke) untersuchte deutsche Kolonialzeitschriften aus dem 19. Jahrhundert auf signifikante Eigenschaften (etwa den Gebrauch des bestimmten Artikels wie in „*der* Afrikaner" oder Pronomen wie „wir" und „sie"), um die sprachliche Signatur imperialistischer Texte zu identifizieren.

3. Automatisierte Verfahren der Textanalyse sind heutzutage nicht zuletzt von kommerziellem und politischem Interesse. Wie arbeiten die Suchmaschinen von Google? Wie funktionieren die Algorithmen von Facebook? Wie stellt die ‚Künstliche Intelligenz' von ChatGPT aus vorhandenen Massen von Texten nach Bedarf neue Texte zusammen? Wie arbeiten Spam-Filter bei Apple Mail? Wie betreiben Unternehmen Marktforschung in den Sozialen Medien? Wie wertet die NSA unsere E-Mail-Nachrichten aus? Wie sollen russische Bots unsere Online-Kommunikation und unser Wahlverhalten beeinflussen?

Große Softwareunternehmen bieten Technologien zur Textanalyse an, als *Content Analytics*. Mittels *Text Mining* können Corpora und Datenbanken ausgewertet werden, etwa zur Patentrecherche oder zur Suche in medizinischer Fachliteratur (zum Beispiel zur Forschung an Impfstoffen). Mit Hilfe von *Social Media Analytics* werten Unternehmen Kundenfeedback im Internet aus. Durch *Sentiment-Analyse* kann die Tonalität von Beiträgen erfasst werden. So lassen sich bestimmte Attribute des Produkts oder heikle Verbindungen von Schlüsselwörtern auswerten – zur „Shit Storm"-Früherkennung („Gaspedal" + „Toyota" + „Problem"; „Volkswagen" + „Diesel" + „Betrug"; „Crédit Suisse" + „Schwarzgeld" + „Singapore").

Technologien zur Textanalyse leisten Informationsextraktion, automatische Textzusammenfassung, sogenannte *Named Entity Recognition* (zum Beispiel von Personen oder Ortsnamen) und *Content Enrichment* (die Verlinkung mit Zusatzinformationen). Diese Verfahren sind anwendbar auf wissenschaftliche Editionen, etwa zur Erstellung von Registern, zur Auszeichnung digitaler Ausgaben mit Hyperlinks oder zur Wortschatzanalyse.

Franco Moretti

Einer der prominentesten Vertreter quantitativer Literaturwissenschaft ist der italienische Komparatist Franco Moretti, der lange Zeit an der Stanford University in Kalifornien lehrte. Moretti entwickelte seine Verfahren in einer Reihe von Monographien: *Atlas of the European Novel* (1998), *Graphs, Maps, Trees: Abstract Models for a Literary History* (2005), *Distant Reading* (2013) und *The Bourgeois: Between History and Literature* (2013). Aber er erarbeitete in dem so genannten *Stanford LitLab* (seit 2011), einem „Labor der Literatur", auch eine Vielzahl von Studien im Team, die online als *Pamphlets* erschienen – ungewöhnlich für geisteswissenschaftliche Forschung: in kollektiver Autorschaft.

Bereits 2003 hielt Moretti in Berlin einen ebenso herausfordernden wie richtungweisenden Vortrag mit dem Titel „How to Talk About Literature Without Ever Reading a Single Book?". Wie können wir über Literatur sprechen, wie können wir Literatur erforschen, ohne sie auf konventionelle Weise zu lesen? Dem traditionellen *close reading* setzt Moretti das Konzept des *distant reading* entgegen, die Auswertung großer Corpora aus dem Abstand digitaler Datenverarbeitung. Sein ‚Quantitativer Formalismus' beobachtet die historische Entwicklung literarischer Genres anhand massenhaft quantifizierbarer Details, ohne einzelne Bücher in herkömmlicher Form zur Hand zu nehmen.

In seiner Monographie über *Graphs, Maps, Trees* hat Moretti drei Modelle erprobt: *Kurven, Karten, Stammbäume*. Er übernimmt sie aus den Sozial- und Naturwissenschaften, aus Geschichte, Geographie und Evolutionstheorie. Die entsprechende Datenvisualisierung funktioniert mittels quantitativer, topographischer und morphologischer Diagramme. Diese drei sowie drei weitere Ansätze aus den Arbeiten von Franco Moretti wollen wir etwas genauer anschauen: 1. Kurven, 2. Karten, 3. Stammbäume, 4. Netzwerke, 5. Titel und 6. Stil.

1. *Graphs*, Kurven oder Balkendiagramme, können Daten großer Corpora veranschaulichen und so eine ungelesene Masse von Texten, ‚The Great Unread', sichtbar machen. *Book History* wird statistisch erfasst und damit lebendig: etwa in Form der Zahlen veröffentlichter oder aus Bibliotheken ausgeliehener Romane. Auf diese Weise können wir Literatur in einem großen Umfang analysieren, den wir durch Lektüre gar nicht bewältigen könnten. Indem Moretti zum Beispiel die britische Romanproduktion zwischen 1700 und 1840 visualisiert, ergibt sich eine generelle Zunahme, aber auch eine vorübergehende Abnahme: „The rise of the novel" und „The fall of the novel" (siehe Abb. 5).

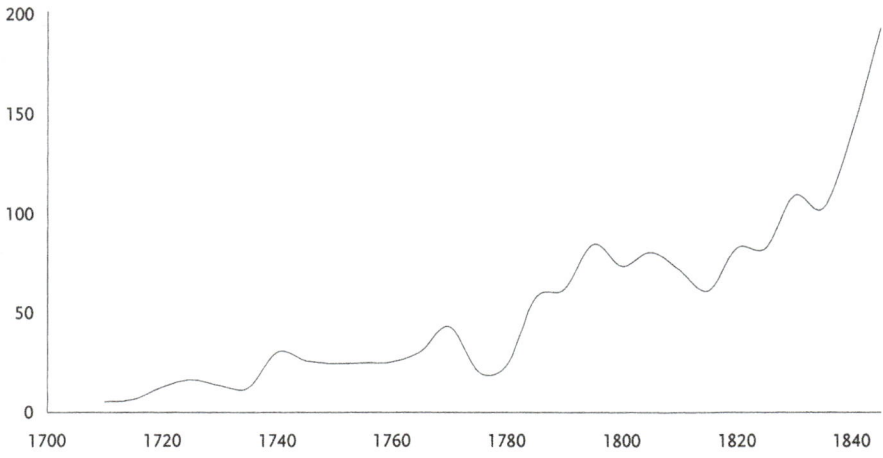

New novels per year, by 5-year average. Sources: McBurney, *Check List of English Prose Fiction, 1700–39*; Beasley, *The Novels of the 1740s*; Raven, *British Fiction 1750–70*; Peter Garside, James Raven and Rainer Schöwerling, eds, *The English Novel 1770–1829*, 2 vols, Oxford 2000; Andrew Block, *The English Novel, 1740–1850*, London 1961.

Abb. 5 Franco Moretti, Der Aufstieg des Romans. (*Graphs, Maps, Trees*, S. 7)

Im Vergleich zeigt sich ein internationales Muster mit Phasen der Öffnung, Veränderung und Ausdifferenzierung des Buchmarktes für Romane. Die Entwicklung, die in der Kurve sichtbar wird, können wir auf politische Ereignisse beziehen (zum Beispiel auf die Französische Revolution 1789), auf staatliche Maßnahmen (Zensur), aber auch auf soziale Entwicklungen (Alphabetisierung) und auf ökonomische Faktoren (Papierkosten).

Die Gattung des Romans lässt sich im zeitlichen Verlauf und anhand getrennter Kurven weiter ausdifferenzieren. Als zeitweise vorherrschende Genres betrachtet Moretti den Brief-, den Schauer- und den historischen Roman, die nacheinander ihre Konjunktur hatten (siehe Abb. 6).

Die relativen Marktanteile einzelner Genres nehmen zwischen 1760 und 1850 insgesamt ab (siehe Abb. 7) – vergleichbar den Einschaltquoten der Fernsehsender, deren Konkurrenz mit der Zeit immer größer wurde.

Die Lebensdauer eines Genres beträgt etwa 25 bis 30 Jahre, bevor es von einem anderen Genre abgelöst wird (siehe Abb. 8). Das entspricht der Dauer einer Generation. Dann hat sich sein Innovationspotential erschöpft – beziehungsweise, mit Viktor Schklowski gedacht, sein Verfremdungspotential.

Die Ausfuhr von Büchern aus einer Metropole in ihre Kolonie spiegelt die Verhältnisse imperialer Macht. So zeigt sich an den Buchexporten von England nach Indien, dass die kulturelle Hegemonie infolge einer Krise (nach dem Aufstand von 1857) verschärft wurde – und dann wieder nachließ (siehe Abb. 9).

Ein Blick auf die Verbreitung von Literatur zwischen verschiedenen Nationen beziehungsweise Sprachen macht die relative Übersetzbarkeit und Vermittelbarkeit verschiedener Genres deutlich, aber auch politische, ökonomische und kulturelle Dominanzverhältnisse. Moretti untersuchte die internationale Verbreitung von Hollywood-Filmen und stellte fest, dass sich Action-Filme wesentlich einfacher exportieren lassen als Komödien.

Die statistische Auswertung des britischen Buchmarkts nach Geschlecht ergibt einen überraschenden Befund: Es gab Phasen weiblicher Vorherrschaft, in denen mehr Bücher von Frauen als von Männern veröffentlicht wurden (siehe Abb. 10). Vor diesem Hintergrund wird deutlich: Jane Austen gehörte zu ihrer Zeit einer Mehrheit an, Walter Scott einer Minderheit.

2. *Maps*, Karten oder Raumdiagramme, machen die symbolischen Spielfelder, die Handlungsräume von Romanen sichtbar. Es ergeben sich topographische Muster: linear, polar, triangulär, zirkulär, konzentrisch oder polyzentrisch. Diese Muster, so Morettis Annahme, bilden eine Mentalität, eine Ideologie ab.

Als Beispiel wählt Moretti Dorfromane – unter anderem Mary Mitfords *Our Village* (fünf Bände, 1824–1832) (siehe Abb. 11).

Was sehen wir in diesem Diagramm, in dem Moretti die Räume, Figuren und Episoden der Texte abstrahiert dargestellt hat? Die Topographie ist konzentrisch. Äußere Einflüsse spielen in ein Idyll hinein: Arbeitsteilung, Zentralisierung, Märkte, Zeitungen, Imperien, Kolonialwaren, ein ländlicher Klassenkampf. Ein Dorf scheint sich gegen die historische Tendenz zu behaupten, denn überregionale Verbindungen nahmen seinerzeit zu: Handelswege, Migration, Institutionen des Staates.

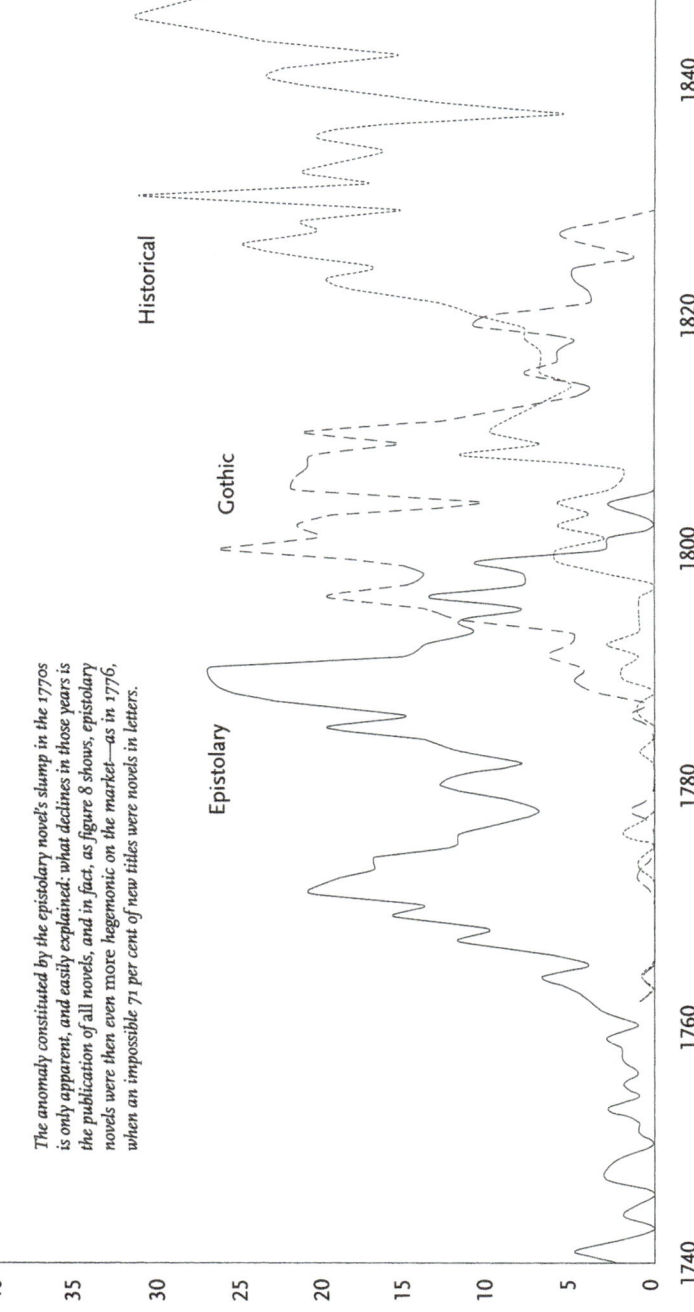

New novels per year. Sources: For the epistolary novel: James Raven, 'Gran Bretagna 1750–1830', in *Il romanzo*, vol. III, pp. 311–12. For the gothic novel: Maurice Lévy, *Le roman 'gothique' anglais*, Paris 1995. For the historical novel, I have taken as the basis the checklist provided by Rainer Schöwerling ('Sir Walter Scott and the Tradition of the Historical Novel before 1814', in Uwe Böker, Manfred Markus, Rainer Schöwerling, eds, *The Living Middle Ages*, Stuttgart 1989), and subtracted those texts that also appear in Lévy's bibliography of the gothic; for the later period, I have also used Block, *The English Novel, 1740–1850*.

Abb. 6 Franco Moretti, Konjunkturen ‚hegemonialer' Genres. (*Graphs, Maps, Trees*, S. 15)

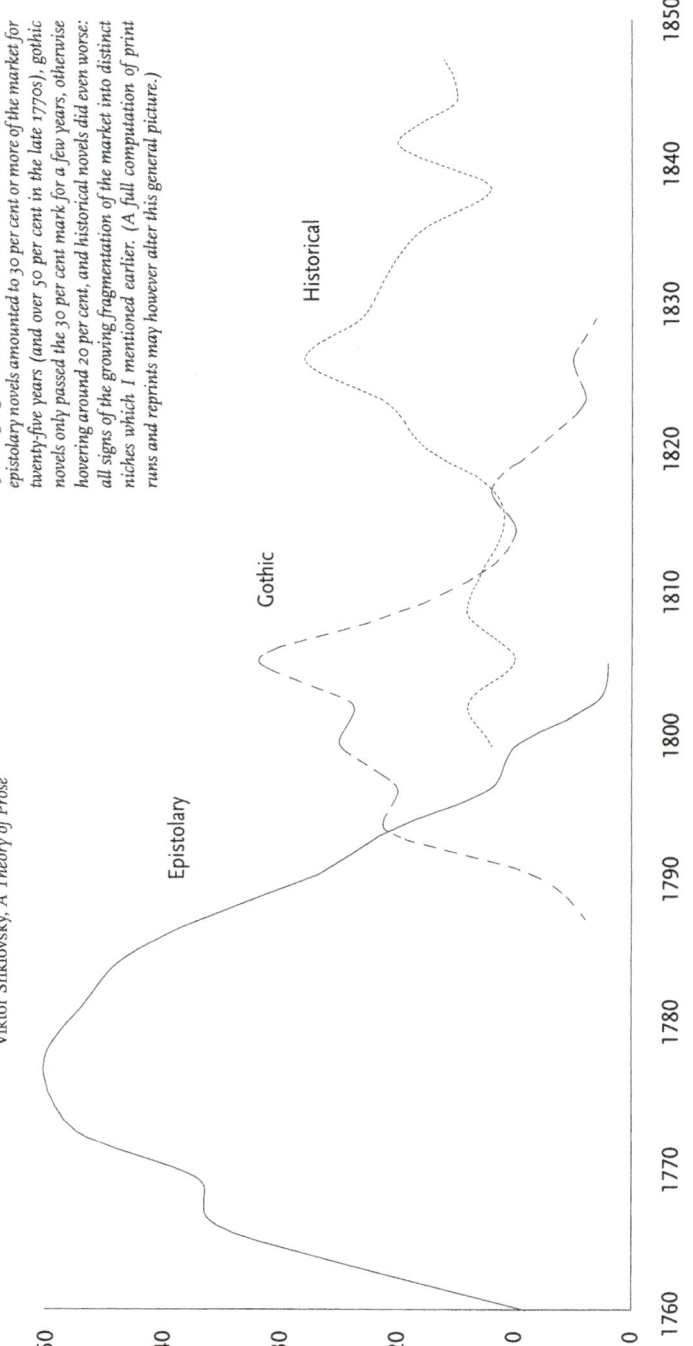

Abb. 7 Franco Moretti, Marktanteile von Genres. (*Graphs, Maps, Trees*, S. 16)

Abb. 8 Franco Moretti, Lebenszyklen von Genres. (*Graphs, Maps, Trees*, S. 19)

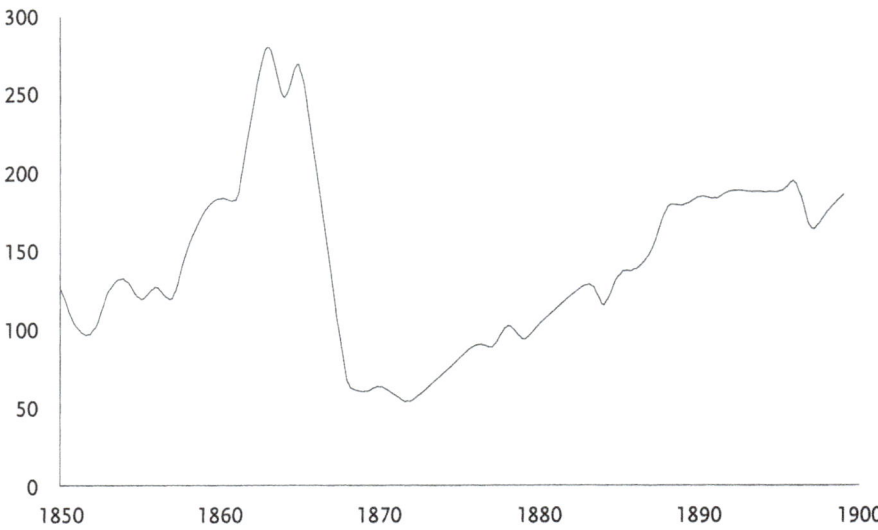

Thousands of pounds sterling. Source: Priya Joshi, *In Another Country: Colonialism, Culture, and the English Novel in India*, New York 2002.

Abb. 9 Franco Moretti, Buch-Importe nach Indien. (*Graphs, Maps, Trees*, S. 12)

In den *Schwarzwälder Dorfgeschichten* (1843–1853) des jüdischen Schriftstellers Berthold Auerbach werden drei Räume sichtbar: ein regionaler (das Dorf), ein nationaler (Deutschland) und ein internationaler (die Welt) (siehe Abb. 12). Das Dorf als ‚Heimat' ist positiv besetzt; die Einbindung in eine entstehende Nation wird abgelehnt, der Staat erscheint repressiv, er tritt in Erscheinung in Form von Gericht, Gefängnis und Kaserne; die weitere Welt bedeutet Krieg oder Auswanderung. Die literarische Form bildet auf diese Weise ein „Kräfte-Diagramm", wie Moretti feststellt: als „conflict between local forces and national ones" (S. 57).

In den Paris-Romanen von Balzac dagegen erkennt Moretti kein konzentrisches, sondern ein binäres Muster: Aufstrebende junge Männer wohnen auf der einen Seite der Seine – der *rive gauche* als traditionellem Stadtgebiet der Künstler- und Akademikerkreise – und ihre arrivierten Geliebten auf der anderen – der *rive droite* als altem Zentrum des Adels und des Wohlstands (siehe Abb. 13). Den Sinn dieser Verteilung fasst Moretti wie folgt zusammen: „Balzac's divided Paris, the battlefield between old wealth and ambitious petty bourgeois youth" (S. 57).

Seine literarische Topographie hat Franco Moretti im *Atlas of the European Novel* vorgestellt. In der Schweiz hat Barbara Piatti einen digitalen „Literaturatlas" online veröffentlicht (https://www.literaturatlas.eu), in dem sie unter anderem die Fiktionen um den Vierwaldstättersee kartiert.

3. Das Modell für *Trees*, Stammbäume oder Dendrogramme, bietet Charles Darwins Evolutionstheorie mit ihren Vorgängen der Selektion, Divergenz und Diversifizierung, mit Ursprung, Abstammung, Verzweigung und Auseinanderentwicklung.

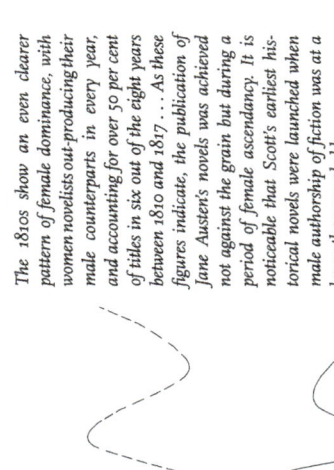

The 1810s show an even clearer pattern of female dominance, with women novelists out-producing their male counterparts in every year, and accounting for over 50 per cent of titles in six out of the eight years between 1810 and 1817 ... As these figures indicate, the publication of Jane Austen's novels was achieved not against the grain but during a period of female ascendancy. It is noticeable that Scott's earliest historical novels were launched when male authorship of fiction was at a lower than usual ebb.

Peter Garside, 'The English Novel in the Romantic Era'

Source: Garside, Raven and Schöwerling, eds, *The English Novel 1770–1829*.

Abb. 10 Franco Moretti, Autoren und Autorinnen. (*Graphs, Maps, Trees*, S. 28)

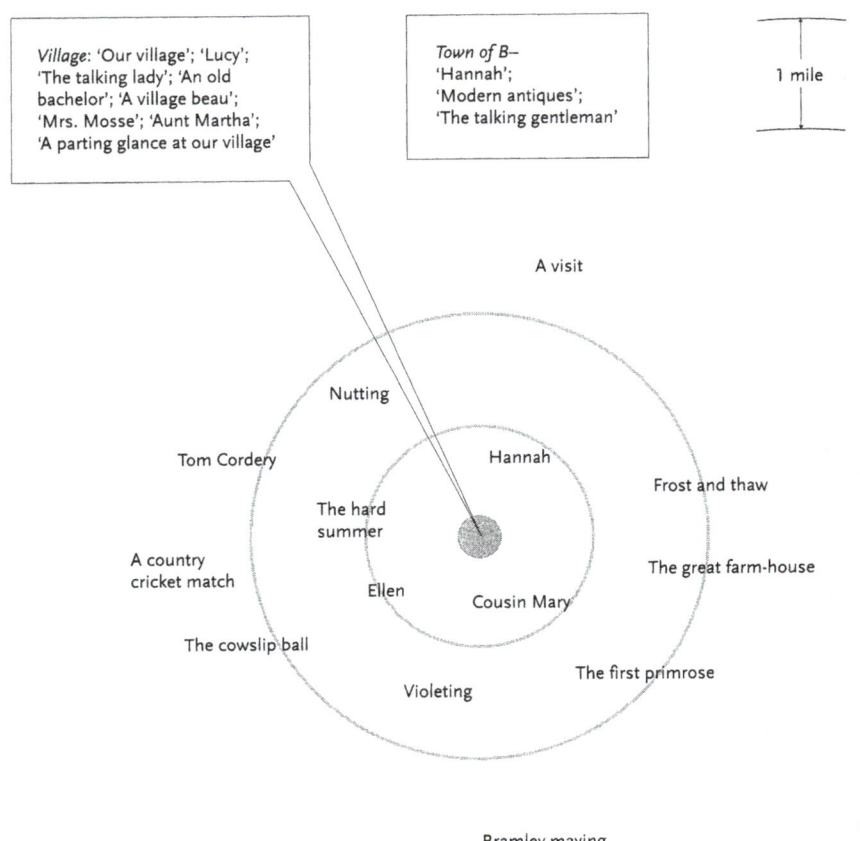

Abb. 11 Franco Moretti, Raumdiagramm von Dorfromanen (Mary Mitford, *Our Village*, 5 Bände, 1824–1832: die 24 Geschichten des ersten Bandes). (*Graphs, Maps, Trees*, S. 37)

Was für die Genetik und die Linguistik oder auch für die Stemmatologie (die Erforschung von Abstammungs- und Abhängigkeitsverhältnissen innerhalb von Textüberlieferungen) längst adaptiert wurde, wendet Moretti nun auf die Literatur an: die Idee der Evolution als „cultural selection". In einem Markt herrscht Wettbewerb, er führt zu „innovation" oder „extinction", ein Produkt setzt sich durch oder verschwindet, die Kanonisierung ist der Erfolg evolvierter Formen.

Am Genre der Detektivgeschichten etwa beobachtet Moretti, wie sich ein bestimmtes Modell evolutionär herausbildet: das Vorhandensein von Indizien („clues'), die für die Aufklärung eines Falls notwendig sind (siehe Abb. 14). Für die Lesenden sind diese Hinweise sichtbar und entschlüsselbar, so dass sie gleichsam mit dem Detektiv zusammen ,ermitteln' können. Das erfolgreiche Muster, das sich durchsetzte und kanonisiert wurde, bilden Arthur Conan Doyles Erzählungen von *Sherlock Holmes*, während seine ‚Rivalen' den nicht-kanonisierten Rest ausmachen

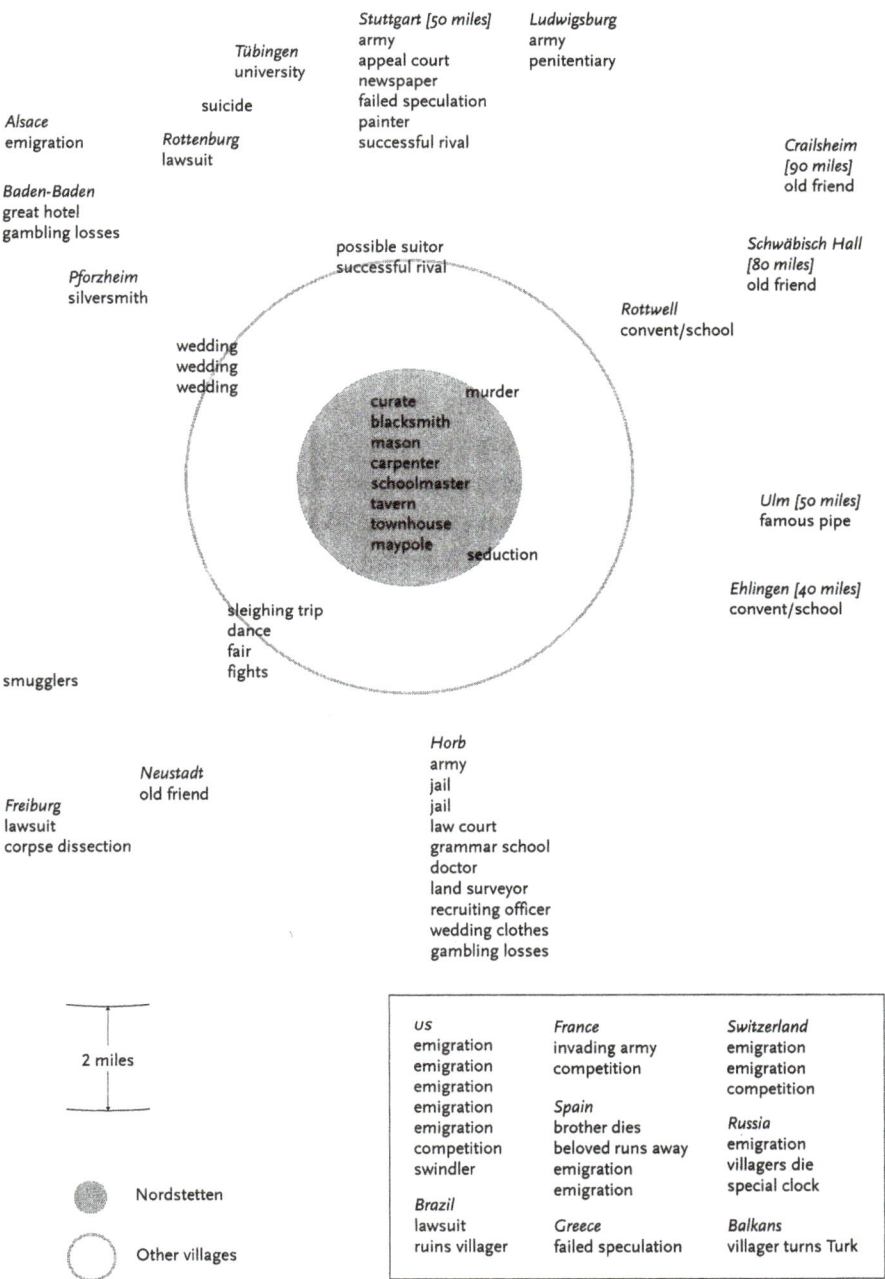

Abb. 12 Franco Moretti, Raumdiagramm von Dorfromanen (Berthold Auerbach, *Black Forest Village Stories*, 1843–1853). (*Graphs, Maps, Trees*, S. 50)

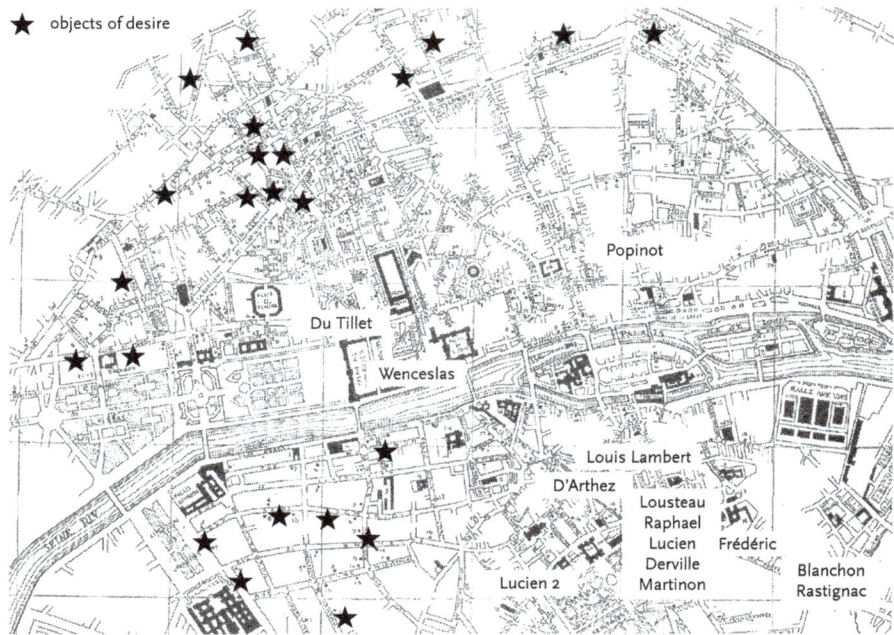

Abb. 13 Paris als soziales „Schlachtfeld": Franco Moretti, Balzacs Protagonisten und ihre ‚Objekte'. (*Graphs, Maps, Trees*, S. 55)

(99,5 %) und im Wettbewerb um Markterfolg ‚ausstarben', als ‚Sackgassen' der Evolution, die heute niemand mehr kennt. Morettis Studie hat den kapitalismuskritischen Titel „The Slaughterhouse of Literature".

Selbst innerhalb von Arthur Conan Doyles eigenen Detektivgeschichten lässt sich das Experimentieren mit der Form und mit unterschiedlichen Arten von Indizien nachvollziehen, gleichsam Mutationen im evolutionsbiologischen Sinn, aus denen sich schließlich das bestangepasste Erzählmuster herausgebildet hat, das sich im Wettbewerb auf dem Markt und in der Literaturgeschichte durchgesetzt hat.

4. *Networks*, Netzwerke oder Konstellationen, erfassen die Kommunikation von Figuren in einem literarischen Text. So visualisiert Moretti das Geflecht der Interaktionen für Shakespeares *Hamlet*, indem er die Wortwechsel zwischen den Figuren in Form von Linien darstellt. Wer redet mindestens einmal mit wem? Graphisch werden so Aspekte des Dramas sichtbar, die sich in einer gewöhnlichen Lektüre nicht ohne Weiteres offenbaren würden. Das Netzwerk als Diagramm leistet eine simultane Veranschaulichung des *Plot* (siehe Abb. 15). Wir sehen in ihm nicht nur die Beziehungen der Figuren, sondern auch die Verteilung der Macht: als Bipolarität zwischen den Antagonisten Hamlet und Claudius. So ergeben sich in der Dramaturgie wie in der Spielwelt des Stücks verschiedene ‚Regionen'. Die Macht verdichtet sich am Hof und löst sich auf an der Peripherie. Zwischen den Gegenspielern, Hamlet und Claudius, entsteht eine ‚Todeszone', in der sich jene Charaktere bewegen,

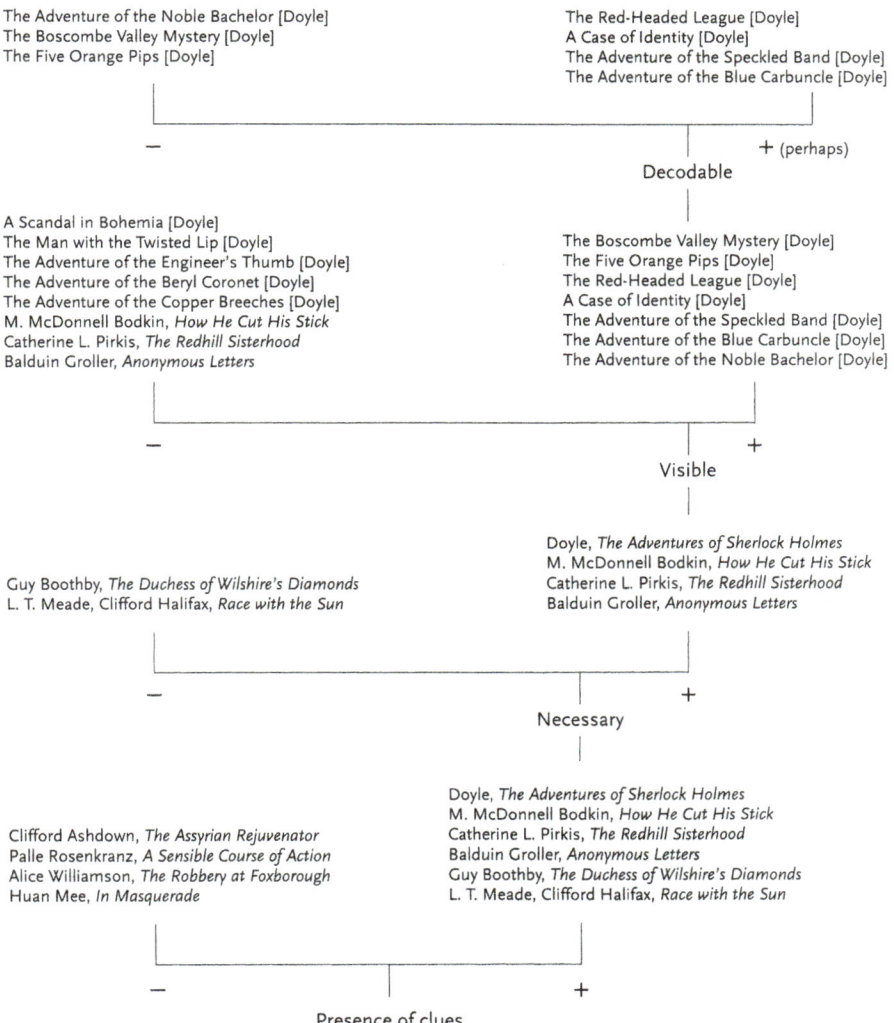

Abb. 14 Franco Moretti, Evolution von Detektivgeschichten. (*Graphs, Maps, Trees*, S. 73)

die mit beiden kommunizieren – und deshalb fast alle sterben. In verschiedenen Regionen des Netzwerks werden verschiedene Sprachen gesprochen. Nur Horatio bewegt sich außerhalb der beiden Familien und Machtkreise, er hat einen weiteren Radius, und er spricht anders, so Morettis These: die bürokratische Sprache der Nachrichten und Anweisungen. Er ist nicht mehr eine Figur des feudalen Hofes, sondern des modernen Staates.

Die Entfernungen zwischen den Figuren lassen sich dabei graduell unterscheiden: nach „degrees of separation". Über wie viele Kontakte ist eine Figur von

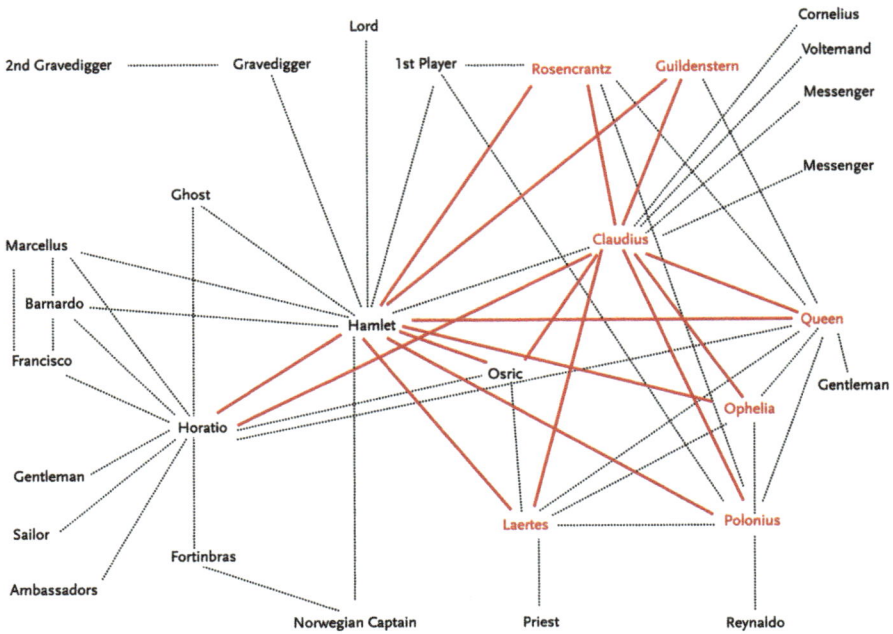

Abb. 15 Die „Todeszone": Franco Moretti, Netzwerk der Figuren von *Hamlet*. (*Distant Reading*, S. 218)

einer anderen entfernt – und insgesamt von allen anderen? Aus der Summe der Verbindungen und Entfernungen ergibt sich ihre relative Zentralität. Hamlets durchschnittliche Distanz zu den anderen Figuren beträgt, wie Moretti errechnet, 1,45, Claudius' 1,62. Hamlet ist mit dem Personal enger verbunden als der unrechtmäßige König. So lässt sich auch die Protagonalität quantitativ erfassen: nicht mehr durch den Namen, den Titel oder den Redeanteil einer Figur, sondern durch ihre Netzwerkposition.

5. Die Titel von Romanen versteht Moretti in Analogie zu Werbeslogans als „coded message, in a market situation". Anhand einer selbst erstellten Datenbank untersucht er 7000 Titel englischer Romane zwischen 1740 und 1850 in einer Studie zu „quantitativer Stilistik" unter der ökonomischen Überschrift „Style, Inc." Der erste Befund lautet: Die Titel werden im zeitlichen Verlauf immer kürzer (siehe Abb. 16). Es besteht eine Korrelation zwischen der zunehmenden Zahl der Veröffentlichungen und der abnehmenden Länge der Titel, die im Barock noch die ganze Titelseite füllten und im Verlauf der Gattungsgeschichte immer prägnanter wurden. Der Grund liegt in der schwindenden Ressource der Aufmerksamkeit für jedes einzelne Buch, seinem „smaller ‚window' of visibility".

Die alte Funktion eines Titels war es gewesen, eine Inhaltsangabe zu liefern, eine Art *Abstract*. Zum Beispiel bei Daniel Defoes *Robinson Crusoe* (1719), dessen vollständiger Titel lautet: *The Life and Strange Surprizing Adventures of Robinson*

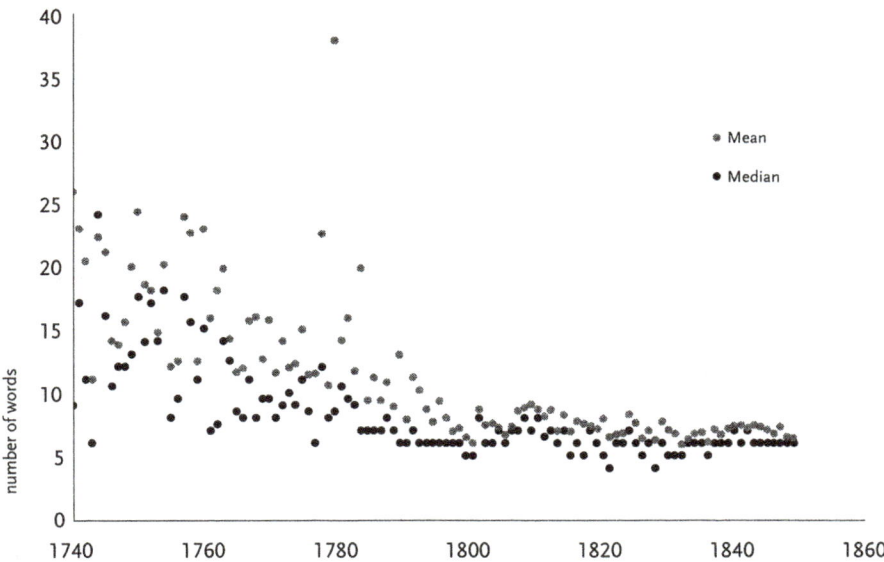

Abb. 16 Franco Moretti, Länge von Romantiteln. (*Distant Reading*, S. 183)

Crusoe of York, Mariner: Who lived Eight and Twenty Years, all alone in an uninhabited Island on the Coast of America, near the Mouth of the Great River of Oroonoque; Having been cast on Shore by Shipwreck, wherein all the Men perished but himself. With An Account how he was at last as strangely deliver'd by pyrates. Written by Himself (siehe Abb. 17). Hier wird sogar eine Episode erwähnt, die zum Kauf des Buches verleiten soll, im Text selbst aber nicht wirklich vorkommt: „Piraten".

Die neue Funktion der Titel besteht zunehmend darin, in einem umkämpfteren Marktumfeld prägnantere Marketingsignale zu senden. Hinzu kommen weitere praktische Bedingungen: Die Leserschaft gewöhnte sich an den Konsum von Romanen und brauchte daher weniger ‚Anleitung' in Form ausführlicher Titel. Das aufblühende Rezensionswesen machte Zusammenfassungen entbehrlich. In den Katalogen der Leihbüchereien war der verfügbare Raum für jeden Eintrag begrenzt. Auf den Buchrücken, die in den Regalen der Buchhandlungen standen, wären längere Titel weniger gut lesbar gewesen. Und hätte ein Buch die Zensur zu fürchten, würde sie sein sichtbarstes Element, der Titel, am ehesten herausfordern.

Historisch beobachtet Moretti verschiedene Typen von Titeln. Und er fragt: Wie können wir sie deuten und ihre Konjunkturen verstehen? Doppelte Titel, mit einem „oder" verbunden, repräsentieren einen Kompromiss zwischen alter Narrativität und neuer Reduktion: *The Egg, Or the Memoirs of Gregory Giddy* (1772). Die Verbindung eines Nomens mit einem Artikel weckt das Interesse der Leserschaft durch aufsehenerregende Figuren: *The Vampyre, The Smuggler, The Rebel, The Pirate*. Ein Nomen mit einem Artikel und einem Adjektiv dagegen weckt das Interesse

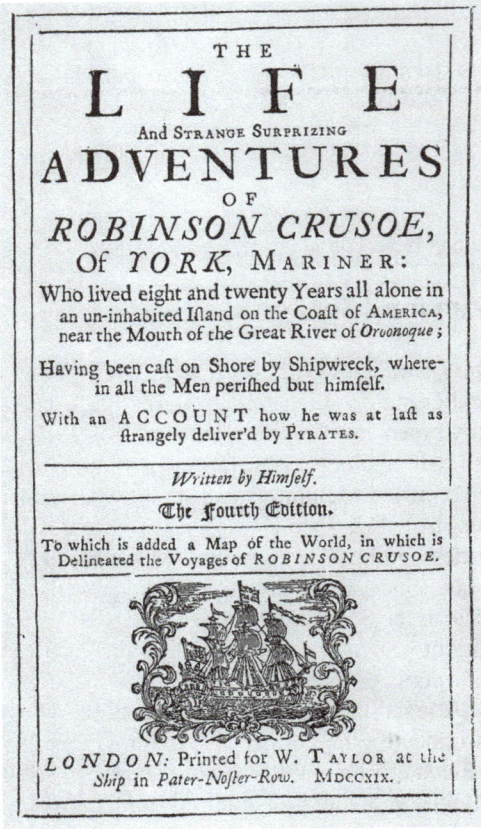

Abb. 17 Daniel Defoe, *Robinson Crusoe*: Titelblatt der Erstausgabe (1719)

durch ungewöhnliche Attribute, die eine Abweichung vom Alltäglichen anzeigen: *The Invisible Gentleman*, *The Discarded Daughter*. Moretti pointiert die These: „Without adjectives, we are in a world of adventures; with adjectives, in a destabilized domesticity" (S. 195).

Titel, in denen nur weibliche Vornamen vorkommen, beziehen sich auf Protagonistinnen, die einen Ehemann und mithin einen Nachnamen brauchen: *Emma*, *Emily*. Es handelt sich demnach um einen „Marriage plot". Titel hingegen, in denen weibliche Vornamen und Nachnamen vorkommen, deuten an, hier bewegen sich die Protagonistinnen vom privaten in den öffentlichen Raum: *Jane Eyre*, *Mary Barton*.

Eine weitere Kategorie von Titeln bilden Abstraktionen, sei es einzeln wie in *Generosity*, *Indiscretion* und *Discipline* oder zweifach wie in *Pride and Prejudice*. Abstrakte Nomina bringen den Sinn eines Romans auf den Punkt: als Werte oder Wertekonflikte – vor dem Hintergrund der Ethik des Viktorianischen Zeitalters. Verschwunden sind dabei Verben, die erzählerische Dynamik andeuten könnten.

Wenn Artikel eingesetzt werden, macht es einen Unterschied, ob es sich um bestimmte oder unbestimmte Artikel handelt: *The Vagabond* oder *A Daughter of Today*. Das Subjekt ist entweder bekannt, aus der Vergangenheit (konservativ), oder unbekannt, mit Blick in die Zukunft (progressiv). Metaphern wie *Heart of Darkness* fordern die Leserinnen dazu heraus, den Roman zu entschlüsseln. Der Titel wird zum Rätsel und damit zu einer neuen Form des Reizes. Titel nach dem Muster „The X of Y" schließlich, *The Castle of Otranto* (1764), entsprechen auch insofern dem Genre des Schauerromans, dem *Gothic Horror*, als hier etwas klaustrophob verschachtelt wird: als unheimlicher Raum, aus dem es kein Entkommen gibt. Es ergibt sich eine Literaturgeschichte der Romantitel, die mittels quantitativer Auswertung und qualitativer Deutung erschlossen wird.

6. Den Stil literarischer Texte können wir stilometrisch ‚messen' – Moretti spricht von „Quantitative Formalism". Ein einfaches Maß bildet die Häufigkeit von Wörtern („Most Frequent Words") oder Wortarten. Allein auf diese Weise lassen sich Schauerromane, *Gothic Novels*, identifizieren. Es sind nicht Geister, Schlösser oder Grüfte, die das Genre ausmachen, sondern Pronomen der dritten Person, Verben im *past tense*, örtliche Präpositionen, zeitliche Konjunktionen („when he", „whilst") und Artikel: „less talk and more action". *Jacobin Novels* dagegen (so genannt nach englischen Jakobinern von den 1780er Jahren bis 1805) weisen vornehmlich Pronomen der zweiten Person (als Adressierungen in Dialogen), Fragen, adversative und konditionale Konjunktionen („but", „if"), das Hilfsverb „would" in Verbindung mit dem Adverb „never" und unpersönliche Pronomen („it") auf: mehr Reflexion, Gespräche über Prinzipien und Ideologie.

Die theoretischen Konsequenzen einer solchen Studie sind weitreichend: Mit Hilfe von Computern können wir literarische Gattungen erkennen (siehe Abb. 18). Literarische Genres können anhand mikrostruktureller Merkmale nach ihrer relativen Nähe beziehungsweise Distanz zueinander ‚kartiert' werden. Genremerkmale sind auf mehreren Ebenen vorhanden: nicht nur als bevorzugte Motive, sondern auch als häufige Wörter und als linguistische Kategorien.

In seinem Buch *The Bourgeois* hat Moretti in vergleichbarer Weise die Prosa der bürgerlichen Klasse zum Beispiel in Daniel Defoes *Robinson Crusoe* untersucht. Sie charakterisieren Schlüsselbegriffe wie ‚useful', ‚efficiency', ‚comfort', ‚influence', ‚serious' und ‚earnest'. Aber auch hier ist die Grammatik bezeichnend: Es dominieren Finalsätze („to look"), die Zielstrebigkeit anzeigen; das Perfekt, *past gerund* („having secured"), als Ausdruck der Vollendung und eines entsprechenden Arbeitsethos. So ergibt sich eine vorwärts gerichtete Grammatik, die das kapitalistische Fortschrittsdenken vermittelt: *past gerund* + *past tense* + *final clause*: „*having stowed* my boat very safe, *I went* on shore *to look* about me". Vergangenheit, Gegenwart und Zukunft vollziehen sich nach zweckgerichtetem Handeln in einer folgerichtigen Abfolge. Die Ideologie durchdringt die Sprache – mikrostrukturell, beinahe unmerklich.

Abb. 18 Merkmale der Schauerliteratur: „the most ‚gothic'" – anhand von Ann Radcliffe, *A Sicilian Romance* (1790). (Allison, Heuser, Jockers, Moretti, Witmore, „Quantitative Formalism", 2011)

a **moment** deserted him. An invincible curiosity, however, **subdued his** TERROR, and he determined to *pursue*, if possible, the way the figure had taken. He passed over loose stones through a sort of court, **till he** came to the arch-way; here he stopped, FOR FEAR *returned* UPON HIM. **Resuming** his courage, however, he **went on**, still endeavouring to follow the way the figure had passed, and SUDDENLY found himself in an enclosed part of the ruin, whose appearance was more wild and desolate than any he had yet seen. Seized with unconquerable APPREHENSION, he was *retiring*, when the low voice of a distressed person **struck his** ear. His heart *sunk* at the sound, his limbs trembled, and he was utterly unable to move. The sound which appeared to be the last groan of a dying person, was repeated. Hippolitus *made* a strong effort, and sprang forward, when a light burst upon him from a shattered casement of the building, and AT THE SAME INSTANT he **heard the** voices of men! He *advanced* softly to the window, and beheld in a small room, which was less decayed than the rest of the edifice, a group of men, who from the savageness of their looks, and from their dress, appeared to be banditti. They surrounded a man who lay on the ground wounded, and bathed in blood, and who it was very evident had **uttered the** groans heard by the count. The obscurity of the place prevented Hippolitus from distinguishing the features of the dying man. From the blood which **covered him**

bold = Narrative Verbs, Time Shifts, Time Intervals
italics = Reporting Events
dotted underline = Projecting Back
solid underline = Person Pronoun
SMALL CAPS = Fear, Sadness

Zwischenfazit

Als Zwischenfazit können wir festhalten:

1. Quantitative Verfahren erfassen Merkmale, die wir in herkömmlicher Lektüre nicht mit gleicher Genauigkeit herausfiltern könnten.
2. Eine entscheidende Voraussetzung ist dabei eine zuverlässige Datengrundlage, insbesondere in Form korrekt digitalisierter Texte, präzise aufbereiteter Metadaten und sorgfältig durchgeführter Auswertungen.
3. Die Studien beruhen auf theoretischen Annahmen und literaturwissenschaftlichen Fragestellungen, auf hermeneutischen Hypothesen, ohne die sie gar nicht möglich und sinnvoll wären.
4. Sie machen Verhältnisse sichtbar, die neue Fragen aufwerfen und damit neue Forschung ermöglichen. Sie münden in weitere hermeneutische Überlegungen. Denn quantitative Methodik und graphische Visualisierung bedürfen ihrerseits der Interpretation. Keine Messung ist für sich selbst bedeutend. (Das Gleiche gilt, wie wir im letzten Theoriekurs sehen werden, für neurowissenschaftliche Experimente. Auch *brain scans* sind Zeichen, die der Erklärung bedürfen.)

Farben

Vergleichbare quantitative Ansätze wie Franco Moretti entwickelten Matthew Jockers in *Macroanalysis* (2013) und viele andere Forscher und Forscherinnen.

Der Einsatz von Farben zum Beispiel kann buchstäblich über die ‚Färbung' oder ‚Tönung' eines Texts Aufschluss geben – sei es explizit als Gebrauch von Farbwörtern (rot, blau, grün) oder implizit durch einschlägig konnotierte Objekte (Rose, Himmel, Gras). Insgesamt ergibt sich, spektral angeordnet, ein Muster, das für das jeweilige Werk charakteristisch ist – beispielsweise für Shakespeares *Romeo and Juliet* in der Analyse von Jaz Parkinson aus ihrer Reihe „Colour Signatures" (siehe Abb. 19). Es ließe sich darüber hinaus aber auch ein Verlauf darstellen, der die Farbdramaturgie eines Texts veranschaulicht. Wird diese zum Beispiel immer bunter oder im Gegenteil monochrom? Hat sie eine Tendenz der Verdunkelung oder der Aufhellung? Lassen sich Gattungen, zum Beispiel Tragödien, an ihrem Farbmuster erkennen?

Abb. 19 Jaz Parkinson, Das Farbspektrum von *Romeo und Julia*

Paratexte

Die unscheinbarsten Merkmale eines Texts können Bedeutungen haben. Das gilt auch für die Elemente einer Publikation, die den eigentlichen Haupttext ‚nur' rahmen. Gérard Genette hat in *Seuils* (1987, „Schwellen") darauf hingewiesen, dass Paratexte wesentliche und alles andere als selbstverständliche Bestandteile eines Werks sind.

Titel und Untertitel, Autorname, Widmung, Vor-, Nach- und Geleitworte, Register und Glossare, Epigraph und Klappentext können mehr oder weniger konventionell oder kreativ sein und in jedem Fall Aussagen vermitteln. Bereits der Titel und der Untertitel sowie die Gestaltung des Umschlags steuern die Erwartungshaltung der Lesenden. Die Poetik, die Politik und die Wissenschaftlichkeit, aber auch die Emotionalität eines Texts ist an seinen Paratexten ablesbar.

Wie aussagekräftig ist allein das Vorhandensein bestimmter Paratexte und das Fehlen anderer, etwa in Hinsicht auf ihre Sachlichkeit? Widmungen oder Autorenporträts zum Beispiel subjektivieren einen Text, Register oder Endnoten objektivieren ihn. Die eine Gruppe von Merkmalen eröffnet einen Raum für eine persönliche Stimme, die andere für einen fachlichen Diskurs. In zwei Studien zu einem Corpus von Ethnographien beziehungsweise Primatographien, Feldforschungsberichten über fremde Kulturen und andere Arten, sind wir der Frage nachgegangen, wie die Paratexte die Veröffentlichungen in beiden Fächern formatieren, welche Unterscheidungen von Subgenres sie nahelegen und wie sich ihr Einsatz mit der Zeit verändert hat.

Wenn wir das Vorhandensein der Paratexte tabellarisch erfassen, ergibt sich für das Corpus der Ethnographien folgender Befund (siehe Abb. 20): Gegenüber den objektivierenden nehmen die subjektivierenden Beiwerke im Zeitverlauf zu. Allographe, von Dritten verfasste Vorworte verschwinden und werden durch persönliche Danksagungen ersetzt. An die Stelle fremder Autorität tritt das eigene Netzwerk. Es findet ein Wechsel der Erzählperspektive hin zu Ich-Erzählungen statt, ein Übergang zur Autobiographie und damit ein Wandel der Objektivität zum sichtbaren Forschungssubjekt. Die Verfasserinnen oder Verfasser bieten ihren Leserinnen und Lesern einen ‚ethnographischen Pakt' an: Die Zuverlässigkeit der berichteten Forschung wird durch die eigene Erfahrung und Zeugenschaft beglaubigt.

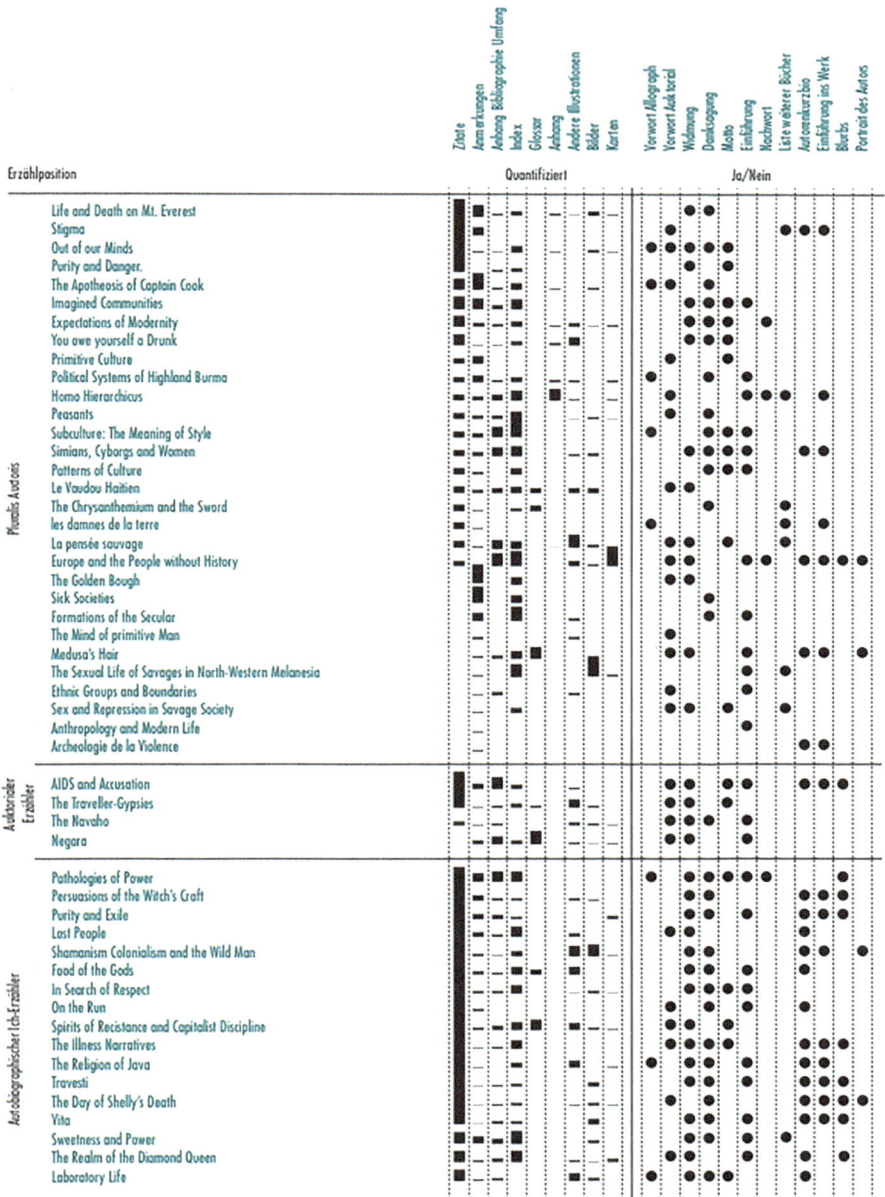

Abb. 20 Paratexte und Erzählpositionen in einem Corpus von Ethnographien. (Corpus-Analyse von Jörg Lehmann, Oliver Lubrich und Thomas Stodulka im Projekt „Die Affekte der Forscher", Graphik: Charlotte Driessen, 2019)

Fazit

Sprachbilder, Wortverbindungen, Stilmerkmale, Buchgeschichte, Literaturgeographie, Gattungsevolution, Figurennetzwerke, Titel, Farben, Paratexte und Satzzeichen – all das und vieles mehr können wir quantitativ untersuchen, infographisch darstellen und auf diese Weise neu denken und deuten.

Ein reiner Datenpositivismus, das Messen um des Messens willen, ist dabei genauso verfehlt wie die grundsätzliche Ablehnung quantitativer, digitalphilologischer Verfahren. Wir können qualitative und quantitative Interessen und Methoden miteinander verbinden.

Der Mensch, der Fragen stellt, Beobachtungen anstellt und Thesen aufstellt, bleibt unverzichtbar. Wie alle Ansätze, die wir in den Theoriekursen vorgestellt und in den Lesewerkstätten ausprobiert haben, sind auch quantitative Verfahren ein Mittel zur Erkenntnis. Das Erkenntnisinteresse und die Deutung der Befunde liefern sie (absehbar) nicht.

Zwölfte Lesewerkstatt – Wie interpunktiert Kleist?

Die Literaturwissenschaft hat kein intuitives Verhältnis zu Zahlen. In weiten Teilen der philologischen Theorie und Praxis ist es unüblich, Zahlen und Statistiken zum Gegenstand der Untersuchung zu machen beziehungsweise als Stütze für Argumente, als Werkzeug der Analyse oder als Resultat von Deutungen zu nutzen. Auch Visualisierungsverfahren wie Infographiken, Diagramme oder Kurven, mit denen Zahlen und Daten aufbereitet, ausgewertet und veranschaulicht werden können, werden in der philologischen Forschung nur selten verwendet. Es gibt jedoch Ausnahmen: Die quantitative Literaturwissenschaft und Stilometrie, die empirische Leseforschung, innovative Ansätze wie Franco Morettis *distant reading* sowie Verfahren der Computerphilologie beziehungsweise der *Digital Humanities* beruhen auf Methoden, die das Zählen als Analyseinstrument in das Studium der Literatur einbeziehen. Wir knüpfen an solche Herangehensweisen an, und zwar anhand eines literaturwissenschaftlich ebenfalls kaum untersuchten Gegenstands: der Zeichensetzung, am Beispiel von Heinrich von Kleists Erzählung „Die Marquise von O...." (1810). Die Interpunktion soll hier statistisch erfasst und graphisch dargestellt werden, um ihre Bedeutung zu erschließen und um aus der Analyse eine Interpretation für den Text zu entwickeln. Die quantitative Untersuchung erfolgt dabei weder um einer positivistischen Verdatung von Literatur willen noch zu bloß heuristischen Zwecken, sondern als genuine Interpretationsmethode – gemäß der Devise: Die Daten dienen der Deutung.

Interpunktion bei Kleist

Kleist ist bekannt für seine eigenwillige und reichliche Interpunktion, die eher stilistisch-expressiven als syntaktisch-grammatischen Prinzipien gehorcht. Der Herausgeber Klaus Müller-Salget etwa spricht von Kleists „eigentümliche[r] Zeichensetzung, die oft eher den Vortragsduktus als die grammatische Untergliederung zu akzentuieren sucht und den Rhythmus wesentlich mitbestimmt" (Heinrich von Kleist: *Sämtliche Erzählungen, Anekdoten, Gedichte, Schriften*, herausgegeben von Klaus Müller-Salget, Frankfurt am Main: Deutscher Klassiker Verlag 2005, S. 681;

auf diese Ausgabe beziehen sich auch die folgenden Seitenangaben). Frühere Untersuchungen haben sich in der Regel auf die editorische Rekonstruktion seiner Zeichensetzung konzentriert. Auch zu bestimmten Satzzeichen bei Kleist – insbesondere Gedankenstrich und Komma – gibt es Forschungsarbeiten. Fallstudien, die in einzelnen Texten das gesamte Zeichenmaterial quantitativ in den Blick nehmen, gibt es hingegen kaum. Mit dieser erweiterten Perspektive lassen sich Bandbreite, Menge, Frequenz und Dynamik der Interpunktion erkennen und Fragen nach ihrem Zusammenhang mit der Handlungsebene, ihrer Rolle beim Affekttransport und der Bedeutung von Ballung und Verknappung, Vielfalt und Einförmigkeit der Zeichensetzung beantworten.

Der berühmteste Gedankenstrich der deutschen Literatur

Dass in der „Marquise von O...." die Zeichensetzung eine wichtige Rolle spielt, merkt man beim Lesen sofort, etwa an den zahlreichen Auslassungen. Das beginnt schon beim Titel, der in den beiden von Kleist herausgebrachten Originalfassungen 1808 und 1810 nicht mit drei Auslassungspunkten gesetzt ist (wie in manchen modernen Ausgaben), sondern mit vier. Im Text selbst sind die allermeisten Orts- und Personennamen auf diese Weise abgekürzt und verrätselt. Wer genau liest, merkt, dass manche Identitäten durchgehend mit vier Punkten ausgelassen sind (Marquise von O....), manche mit drei (Graf F...) und manche mit einer wechselnden Anzahl (Frau von G..../G....). Erkennen Sie dabei ein System?

Die „Marquise" weist außerdem zahlreiche Gedankenstriche auf, von denen einer besonders bekannt ist. Es heißt, er sei der berühmteste Gedankenstrich der deutschen Literatur überhaupt. Obwohl er nur ein einzelnes Interpunktionszeichen ist, also eine denkbar kleine Menge, mit der sich noch keine quantitativen Analysen anstellen lassen – gleichsam $N = 1$ –, wollen wir uns mit diesem einen Gedankenstrich zunächst etwas näher befassen, um zu verstehen, welche Bedeutung Interpunktion in einem literarischen Text durch ihren kreativen Gebrauch gewinnen kann.

Der Satz, in dem der berühmte Gedankenstrich relativ am Anfang der Erzählung steht, trägt zunächst wenig zur Erhellung seiner Bedeutung bei. Die Novelle beginnt mit der Schilderung eines militärischen Angriffs russischer Truppen auf eine Festung in Italien. Die Marquise von O...., als Witwe in den Haushalt ihres Vaters, des Kommandanten der Festung, zurückgekehrt, wird in die Kampfhandlung verwickelt und von Soldaten angegriffen. Ein russischer Offizier, der Graf F..., beschützt sie und bringt sie, da sie in Ohnmacht gefallen zu sein scheint, in Sicherheit. An dieser Stelle folgt der Satz mit dem berühmten Gedankenstrich: „Hier – traf er, da bald darauf ihre erschrockenen Frauen erschienen, Anstalten, einen Arzt zu rufen; versicherte, indem er sich den Hut aufsetzte, daß sie sich bald erholen würde; und kehrte in den Kampf zurück." (145) Im ersten Moment wird nicht einmal deutlich, dass hier eine Auslassung von etwas Unausgesprochenem vorliegen könnte, denn der Satz ist grammatikalisch vollständig. Auch einen Redeabbruch (Aposiopese), für den der Gedankenstrich häufig eingesetzt wird, lässt er hier, weil der Erzähler seine Äußerung schlüssig zu Ende führt, nicht vermuten. Es gibt zunächst überhaupt keine Anhaltspunkte für eine mögliche Bedeutung. Bei der ersten Begegnung gilt daher: Der Gedankenstrich kann an dieser Stelle der Erzählung nicht gedeutet werden. Er ist eine Leerstelle, ohne dass wir uns dessen bewusst sind. In der Regel *über*lesen wir ihn.

Das ändert sich im Verlauf der weiteren Lektüre, in der sich herausstellt, dass die Marquise schwanger geworden ist, ohne sich erklären zu können, wie es dazu kam. Graf F... bekennt sich schließlich zur Vaterschaft des Kindes. Dieses Geständnis ist brisant: Denn wenn die Marquise in der Szene der Rettung ohnmächtig war, handelte es sich dann um eine Vergewaltigung? Sobald sich am Ende der Erzählung die Vaterschaft des Grafen offenbart, beginnen wir uns zu fragen, wie es dazu kam, hat uns der Erzähler doch über diese Begebenheit im Dunkeln gelassen. Die ‚unerhörte Begebenheit', von der die Novelle erzählt, ist an ihrem Ende also keineswegs ganz gelöst. Der Grund für die Schwangerschaft ist geklärt, doch die Umstände der Schwängerung bleiben ungeklärt. Auf der Suche nach Passagen, in denen die Lösung für das Rätsel versteckt sein könnte, stoßen wir nun wieder auf den Gedankenstrich. Hier erst, in der nachträglichen, rückwärtigen Lektüre, nehmen wir ihn tatsächlich wahr. Vom Ende der Erzählung aus, an dem sich die Notwendigkeit eines Handlungselements ergibt, das bisher verborgen war, gewinnt die Stelle, die der Gedankenstrich markiert, an Bedeutung, ohne dass er selbst bedeutsam würde. Er dient als leeres Zeichen, als Platzhalter für ein Element der Erzählung, dessen Existenz sich erst am Schluss erweist. Als zunächst unscheinbares, aber doch vorhandenes Indiz bestätigt er, dass sich hier das vom Grafen eingestandene Geschehen ereignet hatte, das der Erzähler ausgelassen hat. Und dennoch verhindert gerade der Gedankenstrich die letzte Gewissheit: Indem er nur zeigt, nicht erzählt, indem er nur die bloße Tatsache, nicht jedoch den genauen Hergang preisgibt, erteilt er unserer Neugier eine Absage. Es bleibt Spekulation, das Geschehen ‚hinter' dem Gedankenstrich zu rekonstruieren. Kleist verweigert die Aufklärung. Es geht in der „Marquise", so gibt er uns zu verstehen, letztlich nicht um die Frage der mutmaßlichen Vergewaltigung, sondern darum, wie die Figuren je auf ihre Weise mit dem Rätsel der Schwangerschaft und ihrer Ursache umgehen: ungläubig oder gläubig, schicksalsergeben oder inquisitorisch, aggressiv oder erfreut, gelähmt oder pragmatisch. So endet die „Marquise" offen in einem doppelten Sinne: In der Geschichte bleibt ein unaufklärbarer Rest. Und das Buch wehrt sich selbst in seiner Materialität gegen ein gedankliches Abhaken. Es bleibt offen liegen – aufgeklappt auf der Seite mit dem Gedankenstrich. Nicht der Schluss des Texts, sondern der Gedankenstrich ist das eigentliche Ende der Erzählung.

Interpunktion in Mengen

Die Methode, die dieses berühmte Beispiel illustriert, können wir anhand der gesamten Interpunktion des Texts fortsetzen, als eine Hermeneutik der Zeichensetzung, nun allerdings mit quantitativen Verfahren, da es sich um größere Mengen handelt. Was bedeutet das für unsere Untersuchung?

Notwendige Vorarbeit zur Erhebung eines quantitativen Befunds ist das Zählen und Sortieren: Die statistische Erfassung der Interpunktion nach Art, Anzahl und Ort des Auftretens ermittelt, welche Zeichen im Verlauf des Texts wo und wie häufig vorkommen. Die auf diese Weise gewonnenen Daten liegen in Form von Mengen und Fundstellen vor, sind jedoch in dieser Rohform für die Interpretation noch kaum handhabbar oder verständlich. Deshalb wird der quantitative Ansatz hier mit einem visuellen Darstellungsverfahren kombiniert: Statt in umständlichen Zahlenkolonnen aufzuzählen, wie viele Kommata, Semikola, Punkte etc. auf den einzelnen Seiten der „Marquise" zu finden sind, werden diese Daten mittels Informationsgraphiken aufbereitet (welche die Graphikerin Fabienne Kilchör erstellt hat). Diese Datenvisualisierung dient nicht nur der Sichtbarmachung und Erfassbarkeit statistischer Informationen, sondern wird auch als Analysemethode fruchtbar gemacht. Eine sinnvolle Veranschaulichung zeichnet sich dadurch aus, dass sie mehr als bloße Daten erkennbar macht. Vielmehr soll sie Zusammenhänge aufdecken, Bezüge ermöglichen und auf Unbemerktes aufmerksam machen, das zur Grundlage erweiterter Deutungen werden kann. In anderen Worten: Sie soll Evidenz erzeugen.

Für die Untersuchung der Zeichensetzung in Kleists Erzählung „Die Marquise von O...." ist die Wahl der Textgrundlage entscheidend: Interpunktion hat in vielen Textausgaben einen prekären Status und ist Gegenstand zahlreicher editorischer Eingriffe. Daher greifen wir für unsere Untersuchung auf das ‚Original' des Texts zurück, den Druck im ersten Band der *Erzählungen* von 1810, der Kleists Zeichensetzung authentisch wiedergibt. Die Wahl dieser Textgrundlage macht die Interpunktionsanalyse nicht unbedingt einfacher: Der historische Druck kann als physisches Exemplar in Archiven und Bibliotheken eingesehen werden, er kann in einer Faksimile-Ausgabe gedruckt oder als Scan in Online-Sammlungen konsultiert werden. Inzwischen kann er auch in einer zuverlässigen Digitalausgabe gelesen werden (unter https://www.kleist-digital.de), steht dort aber nicht zum Download zur Verfügung. Andere elektronische Fassungen, die man online findet, geben hingegen nicht getreu den historischen Druck wieder. Die Menge der Interpunktionselemente in der „Marquise" ist noch gerade so ohne Hilfe eines Computers handhabbar. Wir können sie also manuell zählen. Mitunter ist es, gerade bei alten Texten und wenn es auf eine ganz bestimmte Textfassung ankommt, nicht anders möglich. Größere Textmengen sind freilich nur noch maschinell zu bewältigen, womöglich aber zu Lasten der Genauigkeit, wenn die elektronischen Dateien nicht exakt mit den Vorlagen übereinstimmen. Wir können das Ganze aber auch positiv sehen: Der Mensch hat die längste Zeit im Kopf gerechnet und sich per Hand Notizen gemacht. Und die detektivische Suche nach den kleinsten Textelementen kann durchaus Vergnügen bereiten.

Erste Annäherung

Einen Überblick über den in Fraktur gesetzten Originaldruck gibt eine Graphik, die ihn vollständig in einem verkleinerten Faksimile präsentiert (siehe Abb. 1). Sie stellt eine erste Form des Zugangs dar, indem sie die Erzählung anhand ihrer Textgestalt medienhistorisch einordnet und einen Eindruck ihrer Gesamtlänge verschafft: Dieses Ausgangsmaterial – 91 Textseiten mit rund 14.750 Wörtern –

Erste Annäherung

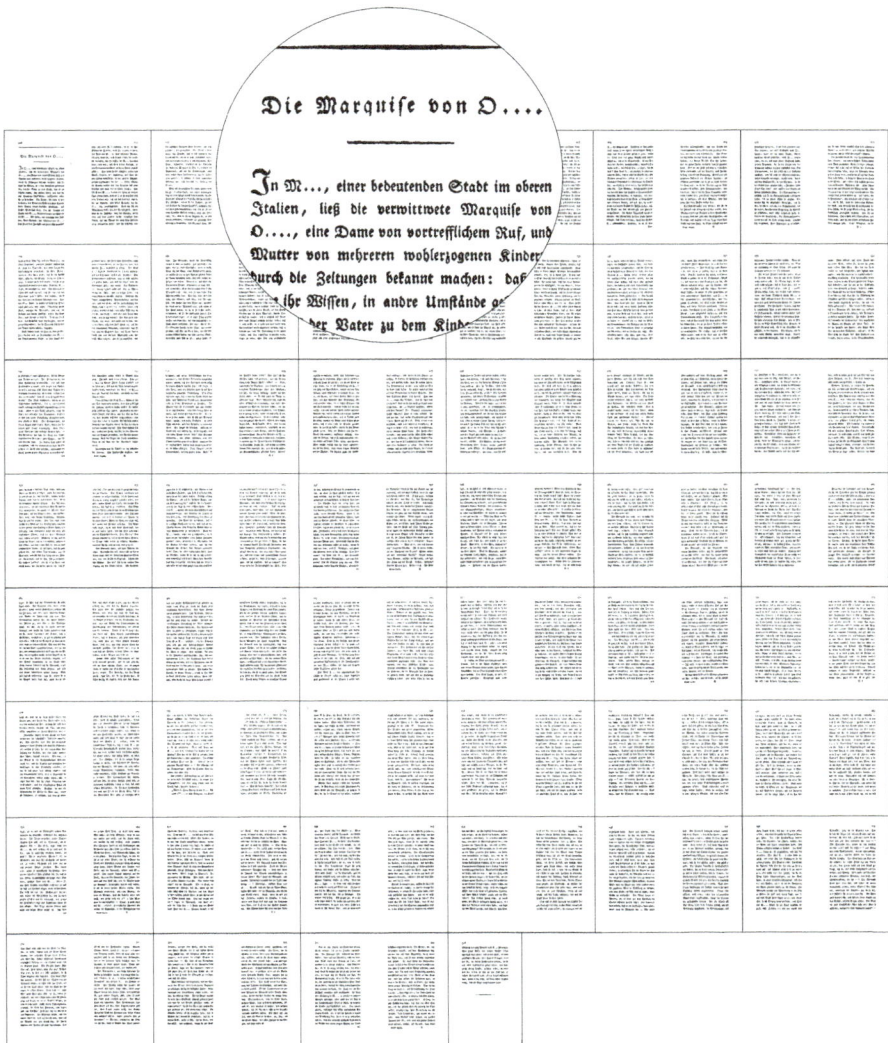

Abb. 1 „Die Marquise von O...." im Original von 1810 (91 Seiten)

wird im Folgenden ausgewertet werden. Der anschließende Schritt zur Systematisierung dieses Materials in Hinsicht auf die Zeichensetzung besteht in der Isolation des Interpunktionsmaterials. Eine weitere Darstellung präsentiert daher die aus ihrem Textumfeld herausgelöste Zeichensetzung, beginnend mit dem Titel der Erzählung und einschließlich der zahlreichen Auslassungen und der Sperrungen (siehe Abb. 2). Letztere sind visuelle Hervorhebungen durch vergrößerte Abstände zwischen den Buchstaben, funktional analog zu unserer heutigen Kursive. Sie wurden in diese Graphik integriert, weil sie als typographische Auszeichnungen in

Abb. 2 Sämtliche Auslassungen, Satzzeichen und Sperrungen in Kleists „Marquise"

Kleists Schreiben in enger Verwandtschaft zur Interpunktion stehen und zu ähnlichen Zwecken eingesetzt werden: Kleists freier Umgang mit der Zeichensetzung orientiert sich, wie sein Einsatz typographischer Textmerkmale, eher an der rhetorischen Wirkung und zielt auf die Vermittlung von Bedeutung, statt stur grammatischen Regeln zu folgen. Der Gedankenstrich etwa gehört formal zu den Interpunktionszeichen; wenn er aber kreativ und literarisch eingesetzt wird, kann er zu einem semantischen Gestaltungselement werden. Interpunktion und Typographie bilden ein Kontinuum bedeutungstragender Schriftbildelemente, deren Funktionen

Hand in Hand gehen können, wie wir anhand der Sperrungen und der Affektzeichen (zum Beispiel Ausrufungszeichen, die Emotionen vermitteln) noch sehen werden.

Kleists unkonventionelle Interpunktionspraxis wird illustriert durch ein Merkmal (oder, genau genommen, durch dessen Fehlen), das alle seine Erzählungen prägt und das bereits in der summarischen Darstellung der Abbildung auffallen kann: Obwohl in der „Marquise" viel direkte Rede vorkommt, finden sich nur sehr wenige Anführungszeichen im Text. Dies liegt daran, dass Kleist in seinen Texten sehr häufig auf die Anführung verzichtet. Oft stehen die Anführungszeichen auch nur bei einer der an einem Gespräch beteiligten Figuren. In der „Marquise" ist die Anführung besonders selten. Wird sie einmal doch gesetzt, stellt sie daher bereits eine Auffälligkeit dar.

Ordnung

Die vollständige Statistik über Anzahl und Mengenverhältnis der in der „Marquise" enthaltenen Interpunktion bietet eine weitere Visualisierung (siehe Abb. 3). Sie kategorisiert das noch ungeordnete Material der vorangehenden Graphik und stellt auf diese Weise ein Arrangement her, das in seiner Anschaulichkeit einen visuellen, ästhetischen Eigenwert hat. Nach Arten sortiert, listet sie – in quantitativ absteigender Ordnung – alle insgesamt 3309 Satzzeichen auf. Durch die Verwendung einer nichtproportionalen, sogenannten Monospace-Schrift mit gleichbleibenden Abständen zwischen den Schriftzeichen ergibt diese Anordnung zugleich ein Histogramm, das die Mengen der einzelnen Satzzeichen direkt miteinander vergleichbar macht. Hier zeigt sich nun genauer, in welchem Missverhältnis die zehn Anführungszeichen zum restlichen, reichlicheren Interpunktionsspektrum stehen. (Das nicht-paarige Verhältnis der Anführungszeichen – sieben öffnende, drei schließende – ist darauf zurückzuführen, dass die Zeitungsannonce des Grafen gemäß der um 1800 noch anhaltenden typographischen Tradition mit öffnenden Anführungszeichen am Beginn jeder Zeile gesetzt ist. Dass an zwei Stellen des Texts Bindestriche statt Satzschlusspunkte stehen, ist hingegen wohl tatsächlich auf Setzerfehler des Originaldrucks zurückzuführen.)

Anhand dieser Visualisierung können das Zeichensetzungsrepertoire und die Mengenverhältnisse zwischen den einzelnen Zeichen beurteilt werden: Zunächst ist zu bemerken, dass das Interpunktionsspektrum nicht sehr umfangreich ist. Kleist nutzt neben der Anführung nur die drei zu seiner Zeit längst konventionalisierten Satzschlusszeichen Punkt, Frage- und Ausrufungszeichen, die ebenfalls sehr gebräuchlichen Pausenzeichen Komma und Semikolon sowie den Doppelpunkt als Strukturzeichen vor allem bei der Einleitung von direkter Rede. Das schrifthistorisch jüngste Zeichen, das er gebraucht, ist just der Gedankenstrich, der jedoch beim Erscheinen des Texts 1810 im deutschsprachigen Schriftraum ebenfalls bereits fest etabliert war. Im Gegensatz zu Kleists unkonventionellem Gebrauch der Interpunktion beschränkt sich deren Bandbreite also auf die gebräuchlichen Satzzeichen seiner Zeit.

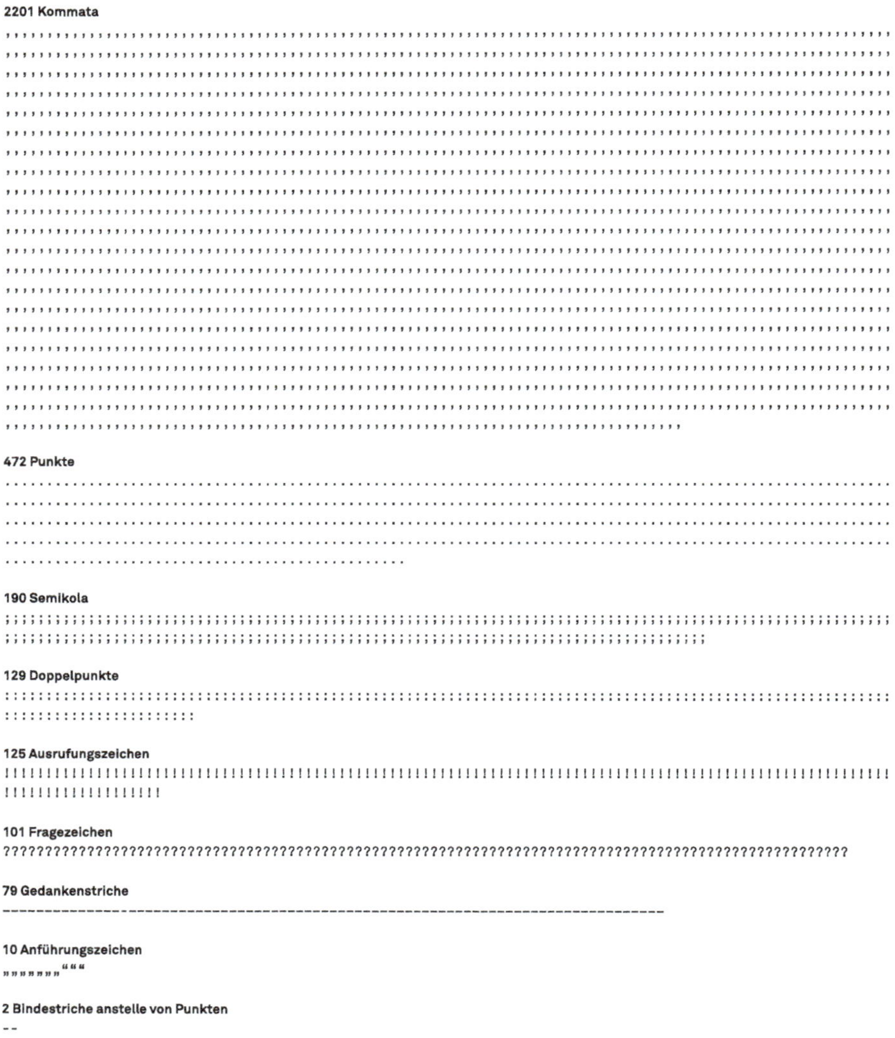

2201 Kommata

,,
,,
[... weitere Zeilen mit Kommata ...]

472 Punkte

....
[... weitere Zeilen mit Punkten ...]

190 Semikola

;;;
;;;

129 Doppelpunkte

::
:::::::::::::::::::::::::

125 Ausrufungszeichen

!!
!!!!!!!!!!!!!!!!!!!!!!

101 Fragezeichen

???

79 Gedankenstriche

----

10 Anführungszeichen

„„„„„„„" " "

2 Bindestriche anstelle von Punkten

--

Abb. 3 Interpunktion in der „Marquise" – nach Art und Zahl geordnet

Die geordnete quantitative Übersicht über die Interpunktion erlaubt bereits erste Erkenntnisse. An den proportionalen Verhältnissen der Satzzeichen lassen sich weitere subtilere Einsichten in Kleists Stil gewinnen, zum Beispiel in Hinsicht auf die syntaktische Strukturierung seiner Texte: Auffällig ist die hohe Zahl an Kommata, die mehr als zwei Drittel der gesamten Zeichensetzung ausmachen und die Zahl der Satzschlusszeichen um ein Vielfaches übertreffen. Die „Marquise" umfasst insgesamt 588 Sätze. (Dass die Gesamtzahl der im Text vorkommenden Satzschlusszeichen größer ist – 700, einschließlich der zwei anstelle von Punkten gebrauchten Bindestriche –, rührt daher, dass Kleist Frage- und Ausrufungszeichen zur Unterstützung des Ausdrucks vielfach auch innerhalb von Sätzen gebraucht, dass sie also nicht immer einen Satz beenden.) Im Verhältnis zur Gesamtzahl abgeschlossener Sätze wird Kleists extrem hypotaktischer Stil augenfällig: Zählt man zu den 2201 Kommata noch die 190 Semikola hinzu, enthält jeder Satz der „Marquise" durchschnittlich vier Strukturzeichen, die ihn untergliedern. Sätze, die nur aus einem ununterbrochenen Hauptsatz ohne Komma oder Semikolon bestehen – zum Beispiel „Das ist nicht möglich." (157) oder „Besinne dich." (163) – sind sehr selten. Im Gegensatz dazu sind Perioden, also komplexe hypotaktische Sätze mit Nebensätzen und Einschüben, vielfach zu finden: Sätze mit über 15 Binnensatzzeichen sind keine Rarität, das Maximum beträgt eindrucksvolle 34 Satzzeichen innerhalb eines Satzes:

> Der Graf setzte sich, indem er die Hand der Dame fahren ließ, nieder, und sagte, daß er, durch die Umstände gezwungen, sich sehr kurz fassen müsse; daß er, tödlich durch die Brust geschossen, nach P... gebracht worden wäre; daß er mehrere Monate daselbst an seinem Leben verzweifelt hätte; daß während dessen die Frau Marquise sein einziger Gedanke gewesen wäre; daß er die Lust und den Schmerz nicht beschreiben könnte, die sich in dieser Vorstellung umarmt hätten; daß er endlich, nach seiner Wiederherstellung, wieder zur Armee gegangen wäre; daß er daselbst die lebhafteste Unruhe empfunden hätte; daß er mehrere Male die Feder ergriffen, um in einem Briefe, an den Herrn Obristen und die Frau Marquise, seinem Herzen Luft zu machen; daß er plötzlich mit Depeschen nach Neapel geschickt worden wäre; daß er nicht wisse, ob er nicht von dort weiter nach Constantinopel werde abgeordert werden; daß er vielleicht gar nach St. Petersburg werde gehen müssen; daß ihm inzwischen unmöglich wäre, länger zu bleiben, ohne über eine notwendige Forderung seiner Seele ins Reine zu sein; daß er dem Drang bei seiner Durchreise durch M..., einige Schritte zu diesem Zweck zu tun, nicht habe widerstehen können; kurz, daß er den Wunsch hege, mit der Hand der Frau Marquise beglückt zu werden, und daß er auf das ehrfurchtsvollste, inständigste und dringendste bitte, sich ihm hierüber gütig zu erklären. (150–151)

Nicht weniger als 15 jeweils mit „daß" eingeleitete Nebensätze (siehe Markierungen) reiht der Erzähler hier in einer regelrechten syntaktischen Kanonade aneinander. Solche Höchstwerte sind bei Kleist keine Seltenheit. Mit 14 Kommata enthält der folgende Satz kurz vor dem Ende der „Marquise" die längste ununterbrochene Reihung desselben Satzzeichens: „Er fing, da sein Gefühl ihm sagte, daß ihm von allen Seiten, um der gebrechlichen Einrichtung der Welt willen, verziehen sei, seine Bewerbung um die Gräfin, seine Gemahlin, von neuem an, erhielt, nach Verlauf eines Jahres, ein zweites Jawort von ihr, und auch eine zweite Hochzeit ward gefeiert, froher, als die erste, nach deren Abschluß die ganze Familie nach V... hinauszog." (186) Mit diesem holprig-stolpernden, ununterbrochen unterbrochenen Stottersatz deutet der Schluss der Erzählung durchaus an, dass das Happy End zwischen Marquise und Grafen mit erheblichen Zweifeln einhergeht und entscheidende Fragen offen lässt.

In Kleists hochkomplexen Satzperioden sind die syntaktischen Zeichen in rascher Folge gesetzt, zwischen ihnen stehen oft wenige, manchmal nur einzelne Wörter. Der Effekt dieses Interpunktionsdauerfeuers ist die Zergliederung des Satzbaus, die Hinderung des Sprachflusses, das Stocken der Rede – stilistische Maßnahmen, die Kleist gezielt einsetzt, um die Schwierigkeiten von Kommunikation und Verständigung zum Ausdruck zu bringen.

Die Abbildung zeigt schließlich außerdem, dass Kleist in recht hohem Maße Frage- und Ausrufungszeichen verwendet. Durchschnittlich mehr als jeder dritte Satz enthält eines dieser Satzzeichen, die Kleist nicht ausschließlich als Satzschlusszeichen, sondern teilweise in enger Reihung innerhalb eines Satzes gebraucht, um ihre Wirkung zu vergrößern. Gereihte Fragezeichen können zum Beispiel als interpunktionelles Sinnbild für die Verwirrung der Figuren stehen: „Aber, wer? wer? Sagen Sie mir nur: wer? [...] Was erschrickt dich? fragte die Obristin. Hast du Gründe, daran zu zweifeln? – Wie? Wo? Wann? fragte die Marquise verwirrt." (177) Die Häufung von Ausrufungszeichen steht für emotional aufgeladene, zum Beispiel entrüstete oder zornige Äußerungen: „O die Schändliche! versetzte der Commendant, und stand auf; o die verschmitzte Heuchlerin! Zehnmal die Schamlosigkeit einer Hündin, mit zehnfacher List des Fuchses gepaart, reichen noch an die ihrige nicht! Solch eine Miene! Zwei solche Augen! Ein Cherub hat sie nicht treuer! – und jammerte und konnte sich nicht beruhigen." (173 f.) Auch die Anzahl der Gedankenstriche, so zeigt sich in dieser Aufstellung, ist verhältnismäßig hoch – der berühmteste Gedankenstrich der deutschen Literatur steht in der „Marquise" keineswegs allein.

Affektive Zeichensetzung

Der zu Kleists Zeit einflussreichste Grammatiker, Johann Christoph Adelung, hat Frage- und Ausrufungszeichen als „Affect-Zeichen" und als „Zeichen der Gemüthsstellung" bezeichnet, namentlich das Ausrufungszeichen als Ausdrucksmittel „eines jeden lebhaften Affectes". Auch die Gedankenstriche, die laut Adelung „eine Auslassung", eine „unterbrochene" oder „abgebrochene Rede", etwas „Unerwartete[s]" oder Wichtiges bezeichnen, können eine emotionale Konnotation aufweisen. Von Kleist besonders häufig innerhalb von Figurenrede eingesetzt, signalisieren sie unter anderem Gefühlsausbrüche, die die Figuren am Sprechen hindern und ihre Kommunikation hemmen. Durch diesen Bezug zu affektiver Rede wird der Zusammenhang mit der typographischen Auszeichnung durch Sperrung deutlich: Frage- und Ausrufungszeichen, Gedankenstriche und Sperrungen vermitteln allesamt Nachdruck, Intensität und Emotionalität der Rede und haben gemeinsam Anteil am schriftbildlichen Affekttransport – sie bilden eine Schrift der Affekte. In einer Darstellung, welche die Fundstellen dieser Signale im Originaltext wie auf einer Landkarte verortet (siehe Abb. 4), lassen sich stilistische Strategien der Affektzeichensetzung erkennen: Zunächst ist hier – als weiterer Analyseschritt gegenüber den vorangehenden Graphiken – neben der Gesamtmenge auch die Verteilung der Zeichen über den Text hinweg sichtbar, so dass deren Frequenz und Dyna-

Affektive Zeichensetzung

Abb. 4 Die Schrift der Affekte in der „Marquise von O...."

mik anschaulich werden. Die genannten Durchschnittswerte erweisen sich dabei nur als halbe Wahrheit, denn die Fundstellen der Affektzeichen sind keineswegs gleichmäßig verteilt: Vielmehr ist anhand der Kartierung eine Tendenz zur Ballung ersichtlich, zur punktuellen Akkumulation und zur Verknüpfung zwischen Interpunktionszeichen und typographischer Auszeichnung: Während die Affektzeichen auf zahlreichen Seiten völlig fehlen, treten sie andernorts gehäuft und in Kombination miteinander auf. Dieser Befund wird dadurch differenziert, dass die Affekt-Cluster selbst nicht gleichmäßig auftreten, sondern ebenfalls eine Tendenz zur Verdichtung aufweisen, vor allem kurz vor Mitte der Erzählung und im letzten Drittel, wo sie inhaltlich den emotionalsten Auseinandersetzungen zwischen den Figuren entsprechen, zum Beispiel dem Streit und der Versöhnung der Marquise mit ihren

Eltern. Zwischen diesen Passagen konzentrierter Affektzeichensetzung liegen eher beschreibende, narrative Passagen, die emotional neutral sind und entsprechend kaum Affektzeichen aufweisen.

Diese Dynamik der affektiven Zeichensetzung und Typographie, das Aufeinanderfolgen angereicherter und beruhigter Sequenzen wird noch deutlicher illustriert von einer Darstellung, welche die Verortung der Affektschrift vor blankem Hintergrund präsentiert (siehe Abb. 5). Der Weißraum zwischen den zusammengedrängten Markierungen lässt das Interpunktionsmuster in der „Marquise" noch klarer vor Augen treten; es erscheint wie eine Sternenkarte der Affektzeichen, in dem sich das Nichts und die Galaxien abwechseln. Durch diesen steten Wechsel unterlegt Kleist seine Erzählung mit einem Rhythmus, der die Lektüre zwischen emotionaler An- und Entspannung taktet und so durch den Text leitet. Von besonderer Bedeutung

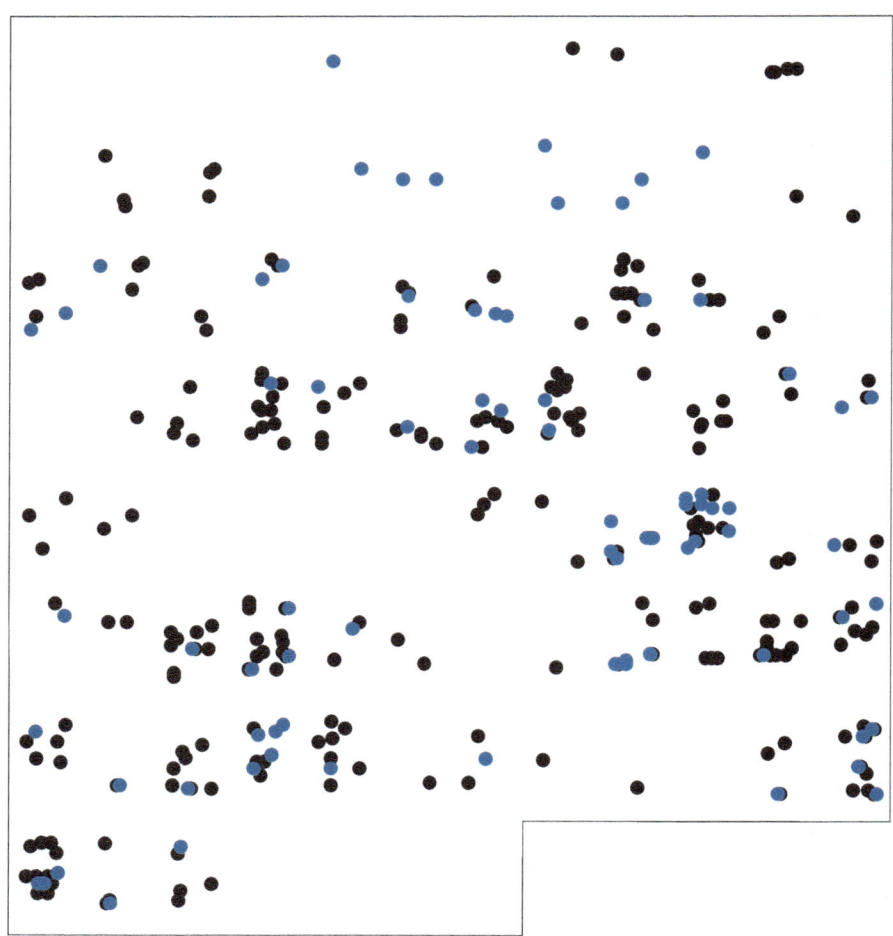

Abb. 5 Die Schrift der Affekte (ohne Faksimile)

ist diese Rhythmisierung im Fall des Gedankenstrichs: Der berühmte Gedankenstrich (vgl. den ersten blauen Punkt) steht isoliert am Anfang der Erzählung und ist als erstes Affektzeichen überhaupt der zunächst noch unscheinbare Hinweis auf ein verborgenes Geschehen, das Figuren und Lesende gleichermaßen beschäftigen – und affizieren – wird. Dieser erste Hinweis bleibt lange ohne Echo: Die nächsten zwölf Seiten weisen keinen einzigen Gedankenstrich auf. Diese abwesende Interpunktion – gleichsam eine Zeichensetzung *ex negativo* – wirkt an der Verdrängung des Ereignisses mit, das der erste Gedankenstrich verdeckt hat. Dass diese Verdrängung scheitert, bezeugt abermals die Interpunktion, wenn sich die Gedankenstriche spätestens in der Gartenszene, in der die Marquise die Offenbarungsversuche des Grafen heftig abwehrt, verdichten: 13 Gedankenstriche auf zwei Seiten (vgl. 170 f.). Das Skandalon, das zwischen den Figuren ungesagt bleibt, wird so in der Schrift umso deutlicher vor Augen gestellt.

Dynamische Mengen

Die Strukturierung des Texts durch rhythmisierte Affektzeichensetzung führt vor, welche Bedeutung der Verteilung der Interpunktion zukommt. Freilich bieten sich die recht frei und situativ einsetzbaren Affektzeichen (! · ? · –) zu diesem Zweck besonders an. Aber auch bei den syntaktischen Satzzeichen (, · ; · : · .), bei denen man eine regelmäßigere Verteilung erwarten würde, nimmt sich Kleist Freiheiten. Eine standardisierte Rechtschreibung gibt es zu seiner Zeit ohnehin noch nicht. Kleist macht sich diese Unverbindlichkeit zunutze. Erwartbare Kommata setzt er mitunter nicht, während er an anderen Stellen Satzteile durch Kommata oder Semikola abgrenzt, bei denen dies nicht notwendig wäre. Auf diese Weise erreicht er eine absichtsvoll variierte Interpunktionsfrequenz, deren Amplitude sich durch die Erzählung hindurch stark verändert. Eine weitere Infographik liefert dafür einen Beleg: Sie stellt die Seite mit den wenigsten Satzzeichen derjenigen mit den meisten gegenüber (siehe Abb. 6). (Aus dieser Zählung – wie aus allen kommenden statistischen Angaben – ausgenommen sind die erste und letzte Seite der „Marquise", die nicht vollständig bedruckt sind.) Während Seite 227 des Originaldrucks nur 26 Satzzeichen aufweist und deren Spektrum mit Punkt, Komma, Semikolon und Doppelpunkt recht begrenzt und unauffällig ist, findet sich auf Seite 286 mit insgesamt 52 die genau doppelte Anzahl an Satzzeichen, die zudem durch die zusätzlichen Affektzeichen deutlich vielfältiger und expressiver ausfallen. Die beiden markierten Faksimiles führen diesen Unterschied vor Augen: Auf der einen Seite enthalten die Textzeilen nur ein oder höchstens zwei Satzzeichen; auf der anderen weisen etliche Zeilen bis zu fünf Satzzeichen auf. Der Lesefluss auf Seite 227 ist durch die zurückhaltende Zeichensetzung kaum beeinträchtigt; die narrative Schilderung der Ruhe nach dem Festungssturm, in der „[a]lles [...] nun in die alte Ordnung der Dinge zurück[kehrt]" (148), kann gleichmütig rezipiert werden. Seite 286 hingegen ist syntaktisch, rhythmisch und schriftbildlich zerklüftet; die Lesenden müssen sich durch die überbordende und affektiv aufgeladene Interpunktion, die die „Verzweiflung" und die „Verwirrung" der Marquise vermittelt,

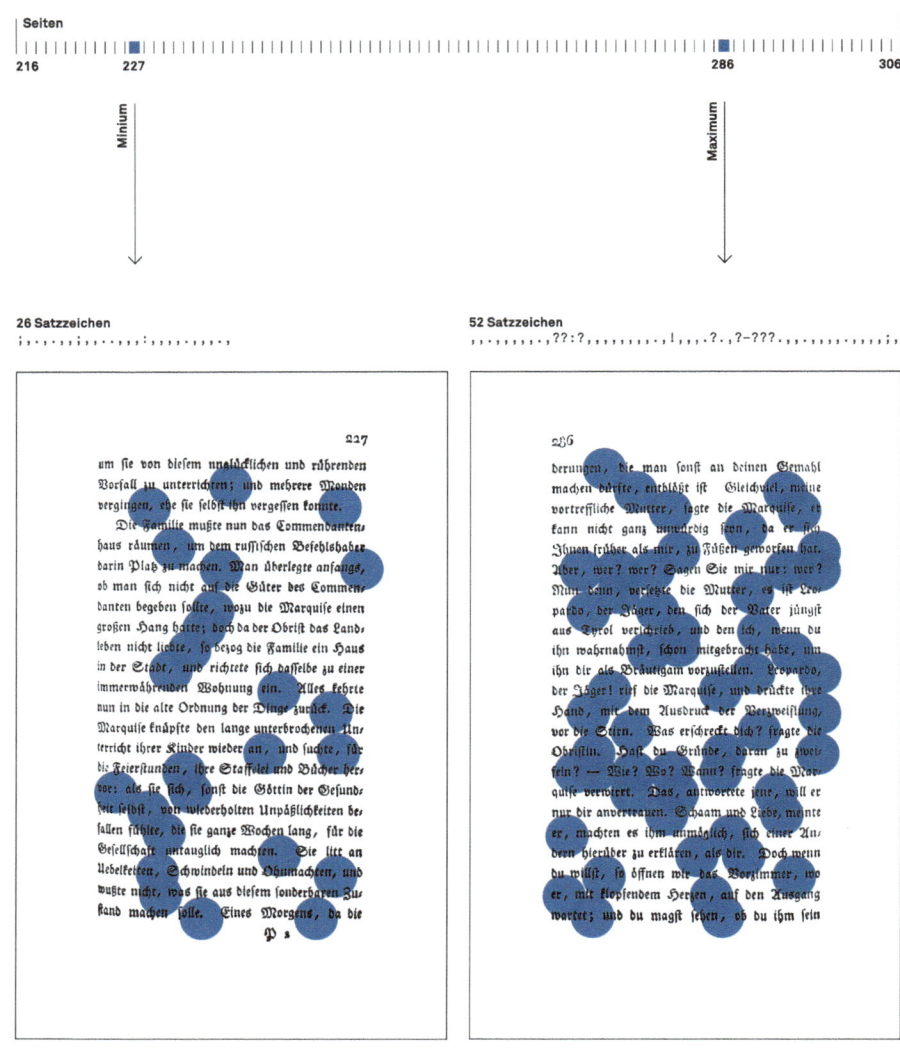

Abb. 6 Satzzeichen pro Seite in der „Marquise von O...." (Minimum/Maximum)

regelrecht hindurcharbeiten (vgl. 176 f.). Die Zeichensetzung vermittelt zwischen Inhalt und Form.

Dass sich das Interpunktionsminimum relativ am Anfang der Erzählung befindet, das Interpunktionsmaximum hingegen erst gegen Ende auftritt – ersichtlich am Zeitstrahl auf der Abbildung –, ist dramaturgisch gesehen nicht überraschend, hat die Zeichensetzung in der „Marquise" doch insgesamt eine Tendenz zur Ballung in der zweiten Texthälfte. Auch insofern also stehen diese beiden Höchst- und Tiefstwerte stellvertretend für die quantitative Dynamik der Interpunktion, die sich

Dynamische Mengen

an der nächsten Graphik ablesen lässt (siehe Abb. 7): Durch die Erzählung hindurch liegt der Durchschnitt bei knapp 37 Interpunktionszeichen pro Seite. Von diesem Mittelwert abweichend gibt es Ausschläge nach oben und nach unten, bei denen die Zahl der Satzzeichen auf über 50 steigt oder unter 30 fällt. Statistisch ausgedrückt: Der Mittelwert liegt genauer bei 36,69 Interpunktionszeichen pro vollständig bedruckter Seite, die Standardabweichung (Streuungsmaß für die Abweichung vom Durchschnitt) beträgt rund 5,35. Damit stellen die immerhin dreimal vorkommenden Spitzenwerte jenseits von 48, die mehr als zwei Standardabwei-

Abb. 7 Anzahl und Art der Satzzeichen

chungen über dem Mittelwert liegen (> 36,69 + (2 × 5,35)), auch mathematisch gesehen signifikante Extremwerte dar. Dass die extremen Minima und Maxima keine zufälligen Ausreißer, sondern im Gegenteil wohlkalkulierte Strategien sind, wird an der Tatsache ersichtlich, dass sie jeweils in Abschnitte eingebettet sind, die sich allgemein durch ein gemindertes oder erhöhtes Satzzeichenaufkommen auszeichnen. Diese Phasen gedrosselter oder intensivierter Interpunktion zeichnen sich dadurch aus, dass die Menge der Satzzeichen über mehrere Seiten hinweg konstant vom Mittelwert abweicht. (Phasen geminderten Interpunktionsaufkommens finden sich in der Abbildung unter anderem auf den Seiten 222–225, 231–234, 238–245 und 266–270 des Originaldrucks. Abschnitte mit sehr reichlicher Zeichensetzung bilden die Seiten 255–259, 272 f., 285 f. und 299 f.) Die interpunktionsarmen Sequenzen sind dabei durchschnittlich länger als die Spitzenphasen. Dieses Pendeln zwischen affektberuhigten Episoden und emotionalen Ausbrüchen trägt zur erzählerischen Dynamik und zur psychologischen Nachvollziehbarkeit der „Marquise" bei.

Zeichensetzung als Ausdrucksmittel

Auch in der Gesamtmenge lässt sich also ein charakteristisches Höhenprofil mit Tälern verknappter und Gipfeln verdichteter Zeichensetzung feststellen. Zwei weitere Graphiken zeigen diese Verlaufskurven für jedes der in der „Marquise" gebrauchten Satzzeichen; dargestellt ist deren Aufkommen auf den einzelnen Seiten des Originaldrucks (siehe Abb. 8 und 9). So lässt sich für jedes Interpunktionselement seitengenau nachvollziehen, in welcher Anzahl es an einer bestimmten Textstelle vorliegt, ob es eine Hausse oder eine Baisse erfährt und ob es im Verhältnis zu den anderen Satzzeichen – relativ und absolut – in erhöhter oder verringerter Quantität vorkommt. Indem sie also den quantitativen und proportionalen Vergleich zwischen den Satzzeichen ermöglicht, differenziert diese Visualisierungsform die bisherigen Befunde. Sie macht unter anderem die – erwartbare – negative Korrelation sichtbar, die zwischen Satzschlusspunkt einerseits, Komma und Semikolon andererseits besteht: Spitzen in der einen Kurve korrespondieren mit Senken in den anderen; hypotaktische Abschnitte lassen sich so von syntaktisch weniger komplexen unterscheiden. Bei den Affektzeichen erweist sich außerdem, dass die beobachteten Ballungen in der Zusammensetzung durchaus variieren: Nicht überall, wo Affektzeichen sich häufen, treten sie untereinander im gleichen Mengenverhältnis auf. So finden sich in der Kurve der Fragezeichen Ausschläge, wo die Kurve der Ausrufungszeichen und Gedankenstriche keine aufweist, und *vice versa*. Kleist setzt die Affektzeichen nicht pauschal, sondern situativ differenziert ein.

Die letzte Graphik dient abschließend dazu, die bisherigen Befunde in einem noch engeren Zusammenhang mit der Handlung darzustellen (siehe Abb. 10). Als Synthese der vorangegangenen Einzelbeobachtungen erlaubt diese panoptische Graphik sowohl Überblick als auch Fokussierung auf den Gebrauch von Interpunktion in der „Marquise". Die Kreisform dient der konzentrierten und konzentrischen Darstellung der Daten: Auf die drei inneren Kreise sind die Satzschlusszeichen aller

Zeichensetzung als Ausdrucksmittel

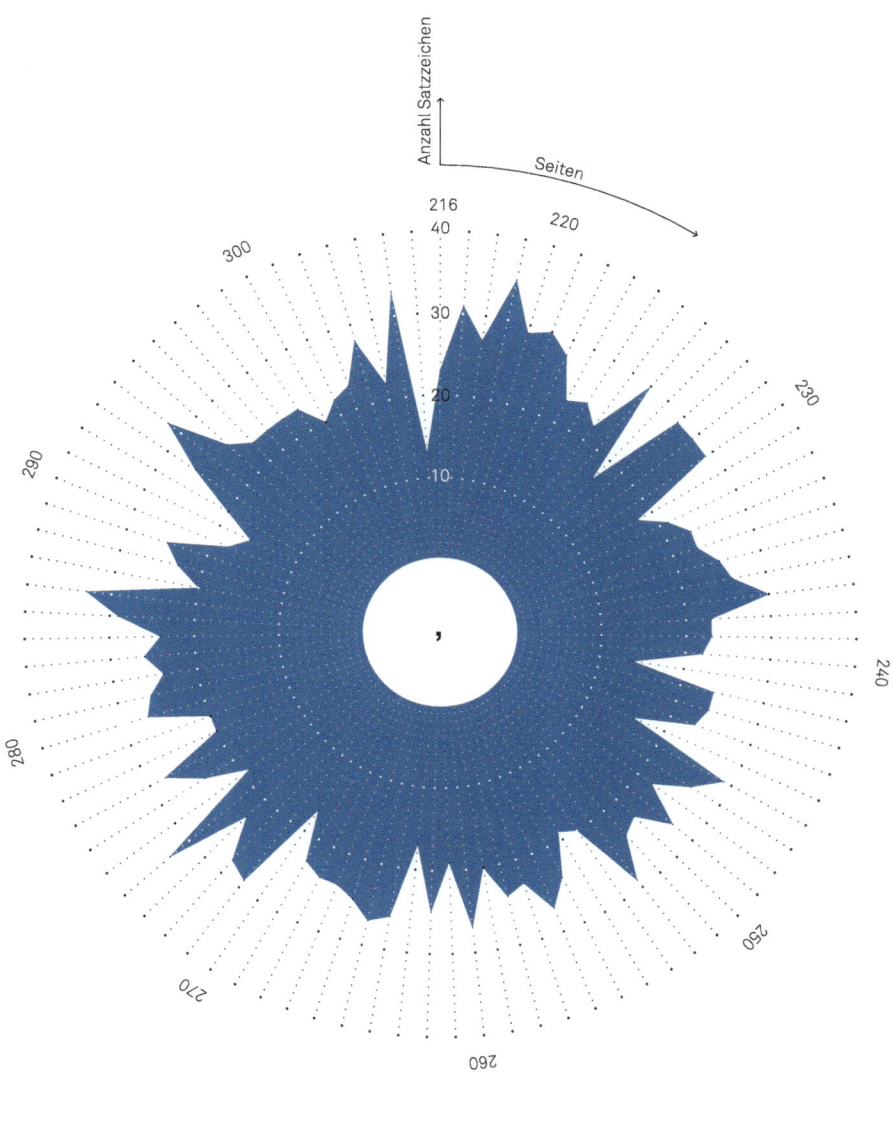

2201 Kommata

Abb. 8 Verteilung der Kommata pro Seite

588 Sätze der Erzählung aufgetragen, auf den äußeren beiden Kreisen werden die zusätzlich innerhalb dieser Sätze vorkommenden Frage- und Ausrufszeichen verzeichnet. Im Zentrum sind sieben Kreissegmente markiert, die den in der Legende zusammengefassten Handlungsabschnitten entsprechen. Diese Passagen, zu denen die intensiven Szenen zwischen der Obristin und der von ihr inquisitorisch

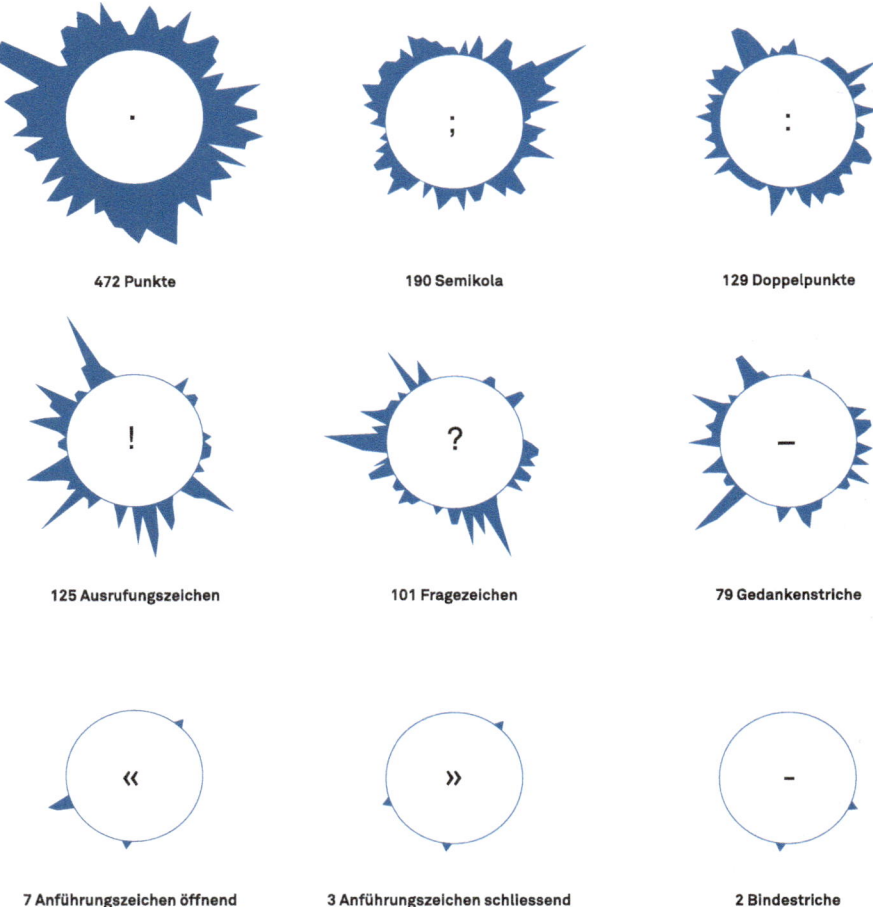

Abb. 9 Verteilung der restlichen Satzzeichen pro Seite

befragten Marquise sowie das zunächst gescheiterte und dann doch erfolgende Bekenntnis des Grafen gehören, sind bestimmt von Auseinandersetzungen und Konflikten, aber auch von Versöhnung und Zuneigung zwischen den Figuren. Insgesamt zeichnen sich diese Abschnitte durch hohe Emotionalität aus, was sich im Einsatz von Frage- und Ausrufungszeichen innerhalb und am Schluss der Sätze ablesen lässt. Die einzige Ausnahme bildet das syntaktisch zwar hochkomplexe, doch in der Affektzeichensetzung unauffällige Streitgespräch zwischen dem Obristen und dem Grafen im Anschluss an dessen überstürzten Heiratsantrag (vgl. Abschnitt 1): Diese Auseinandersetzung, die für den Grafen enttäuschend endet, ist eher der Auftakt einer sich anschließenden, grundsätzlich affektintensivierten Phase, zu der auch Abschnitt 2 (die Debatte, die der Abreise des Grafen vorangeht) und Abschnitt 3 (der Streit zwischen Marquise und Obristin über die Möglichkeit

Zeichensetzung als Ausdrucksmittel 507

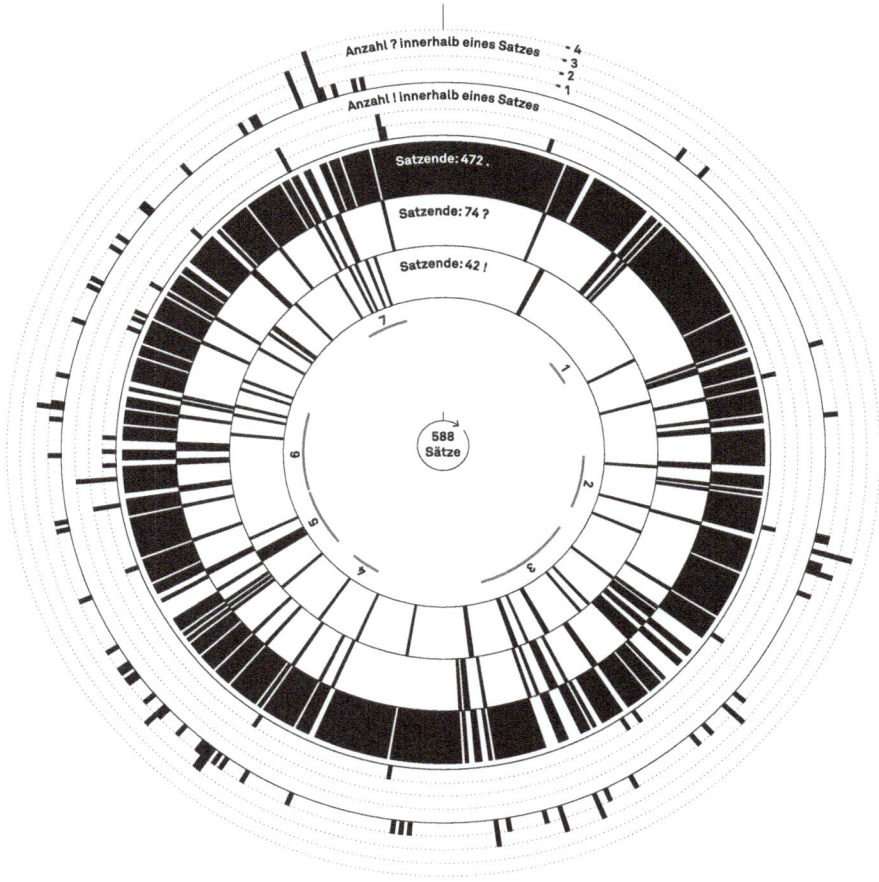

1 Zunehmend heftiges Wortgefecht zwischen Graf und Obrist über den zunächst abgelehnten Hochzeitsantrag
2 Debatte über Lösung der Situation; rasche Abreise des Grafen
3 Streitgespräch zwischen Marquise und Obristin über Möglichkeit der Schwangerschaft
4 Versuch des Grafen, sich der Marquise zu offenbaren, den sie vehement abwehrt
5 Streit der Eltern über das Verhalten der Tochter; Plan der Obristin, sie der Lüge zu überführen
6 Unschuld der Marquise wird offenbar; Versöhnung zwischen Mutter und Tochter
7 Bekenntnis des Grafen; Entrüstung der Marquise

Abb. 10 Interpunktion und Affekte – Streitgespräche und emotionale Auseinandersetzungen in der „Marquise von O...."

einer Schwangerschaft) gehören. Diese beiden Passagen sind, wie alle anderen markierten Handlungssegmente, durch den vermehrten Einsatz der Affektzeichen nicht nur als Satzschlusszeichen, sondern auch innerhalb von Sätzen gekennzeichnet. Dies gilt vor allem für Abschnitt 7, in dem der Graf sich zur Vaterschaft bekennt und die Marquise ihn entrüstet abweist. Am Schluss dieser Passage kommen in enger Folge bis zu vier Ausrufungszeichen innerhalb einzelner Sätze vor: „Liebe! Gnädigste! Verehrungswürdigste! flüsterte er: eine Thräne rollte ihm die Wangen herab. [...] Doch diese –: gehn Sie! gehn Sie! gehn Sie! rief sie, indem sie aufstand; auf einen Lasterhaften war ich gefaßt, aber auf keinen – – – Teufel! öffnete, indem sie ihm dabei, gleich einem Pestvergifteten, auswich, die Thür des Zimmers, und sagte: ruft den Obristen!" (183 f.) Dass der Satz der Marquise auch drei gereihte Gedankenstriche und eine Fülle syntaktischer Satzzeichen enthält, belegt die Interpunktionsdichte der Szene, die in der Abbildung nur zum Teil wiedergegeben werden kann. Eine einzelne Visualisierung stößt bei dieser Komplexität an ihre Grenzen.

Aus den hier zusammengetragenen Befunden wird ersichtlich, dass Kleist die Interpunktion in der „Marquise" nicht allein als grammatisches Strukturelement, sondern als literarisch-kreatives Ausdrucksmittel, als eine Form der Rhetorik verwendet. Er variiert sowohl die syntaktische als auch die affektive Zeichensetzung und zielt durch Häufung und Verknüpfung der einzelnen Satzzeichen auf Simultaneitäts- und Kombinationseffekte – zumal wenn typographische Textmerkmale wie Sperrungen oder Auslassungen hinzutreten. Auf diese Weise steigert Kleist die Wirkung der erzählten Ereignisse, dirigiert den Lesefluss zwischen ruhig atmender Schilderung und atemlos zergliederter Affektrede und überträgt die Emotionen der Figuren auf die Lesenden.

Digitale Werkzeuge

Die bis hierhin vorgestellten Auswertungen beruhen auf manuell erhobenen Daten, mit Stift und Papier. Die Diagramme wurden mit professioneller Graphik-Software erstellt. Aber auch mit üblichen Text- und Datenverarbeitungsprogrammen, mit kostenloser Freeware und mit Anwendungen im Internet lassen sich Analyseergebnisse ohne größere Einarbeitungszeit sehr gut visualisieren. Für statistische Berechnungen, die sich nicht mehr leicht im Kopf oder mit einem Taschenrechner bewerkstelligen lassen, gibt es spezialisierte, frei zugängliche Werkzeuge im Netz. Mit einem davon, den sogenannten *Voyant Tools*, können wir uns abschließend noch weitere Möglichkeiten veranschaulichen, die „Marquise" mit den Verfahren der *Digital Humanities* zu untersuchen.

Die *Voyant Tools* sind eine open-source-basierte Internetanwendung, die unter *voyant-tools.org* zur freien Verfügung steht und in den digitalen Geisteswissenschaften etabliert ist. Sie erlaubt es, einzelne Texte oder ganze Gruppen von Texten (Corpora) in verschiedenen Dateiformaten hochzuladen und automatisiert auszuwerten. (Voraussetzung ist eine hinreichend zuverlässige elektronische Textfassung.) Für die quantitative Auswertung stellt sie eine Reihe vorprogrammierter Analysewerkzeuge zur Verfügung, die in einem konfigurierbaren Raster angezeigt werden (siehe Abb. 11). Sie sind um eine zentrale Leseansicht herum angeordnet, die den eingespeisten Text zeigt, und lassen sich optional gegen andere Untersuchungs- und Visualisierungsmethoden austauschen. Zum Teil sind sie miteinander verknüpft, so dass Änderungen der Auswahl oder der Parameter in einem Tool entsprechende Anpassungen in den anderen Anzeigefenstern nach sich ziehen. Informationstexte zu den Analyseformaten erläutern alle wesentlichen Funktionalitäten

Digitale Werkzeuge

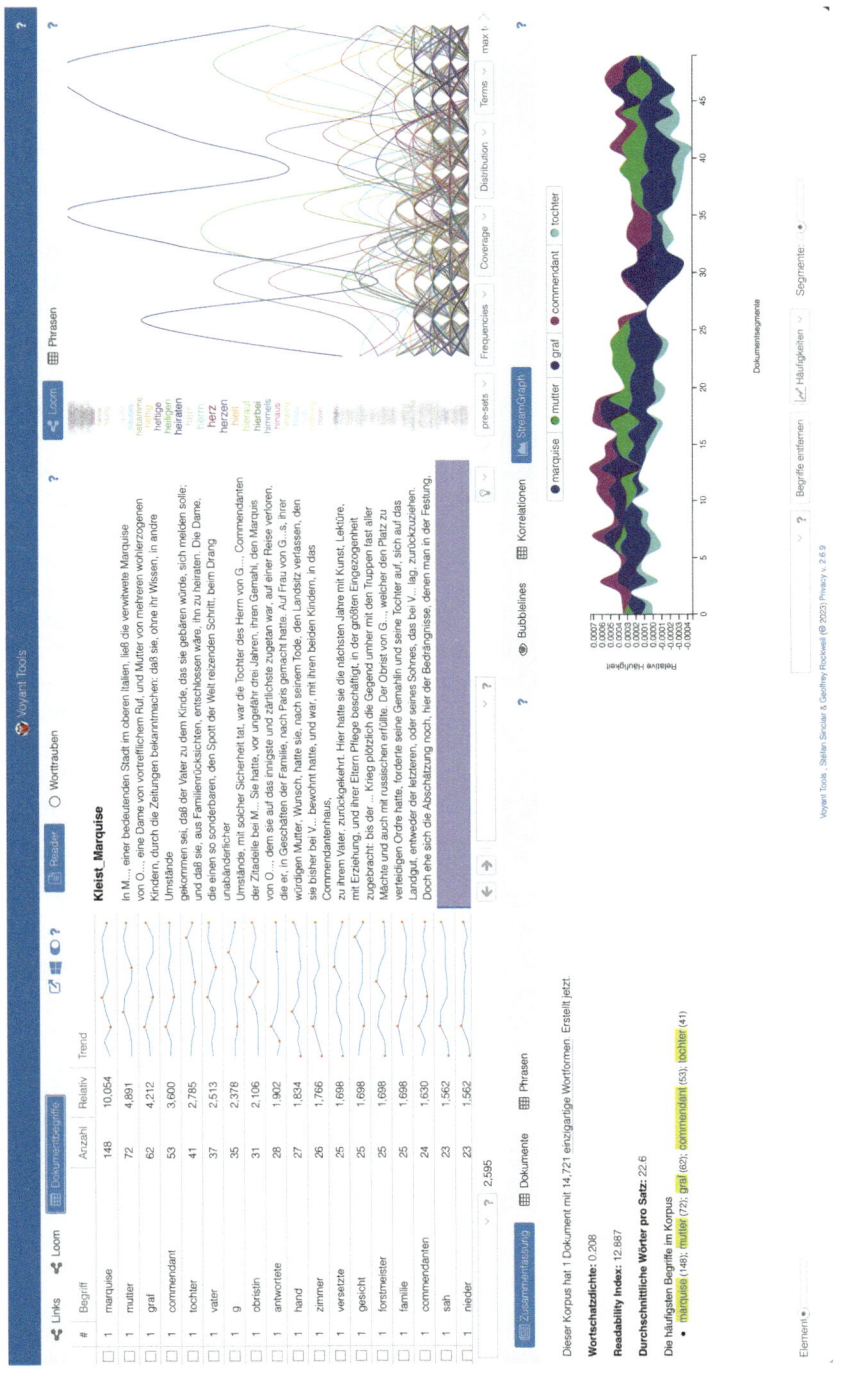

Abb. 11 Die Browser-Ansicht der *Voyant Tools*

und geben Hilfestellung für den Einstieg in die Web-Applikation, so dass sie auch für Neulinge gut zugänglich ist.

Wenn wir den Text der „Marquise" auf diese Weise auswerten, erfahren wir zum Beispiel ohne nennenswerten Aufwand sofort, dass der Text aus 14.721 einzelnen Wörtern besteht, von denen ‚Marquise' (148 Mal), ‚Mutter' (72), ‚Graf' (62), ‚Commendant' (53) und ‚Tochter' (41) die häufigsten relevanten Substantive sind – ein Ergebnis, für das wir durch manuelles Zählen sehr viel Zeit gebraucht hätten. Der Algorithmus unterscheidet dabei von selbst zwischen reinen Funktionswörtern wie Artikeln oder Pronomina, die im Text insgesamt natürlich noch häufiger vorkommen, in dieser Zählung aber ignoriert werden (genauso wie die Interpunktion), und den bedeutungstragenden Konzepten, die für die Interpretation von Interesse sein könnten. Dass ‚Marquise' und ‚Tochter' in diesem Fall dieselbe Figur bezeichnen, versteht der Algorithmus hingegen nicht.

Eine ähnliche Methode, sich einen ersten Überblick über den Inhalt eines Texts und wichtige semantische Elemente zu verschaffen, ist die Wortwolke (die *Voyant Tools* nennen dieses Werkzeug ‚Cirrus'). Dabei handelt es sich um eine bekannte Darstellungsform, welche die häufigsten Begriffe eines Texts je nach Menge kleiner oder größer anzeigt. Themen, Figuren und Handlungselemente sowie mitunter bereits literarische Motive werden auf einen Blick sichtbar – ohne dass man den Text lesen müsste. Dass dabei, wie im Fall der „Marquise", vor allem die Hauptfiguren in der Wortwolke erscheinen, ist kein überraschendes Ergebnis – und für die Deutung kein besonders hilfreicher Anhaltspunkt. Insofern sind die interpretativen Grenzen einer solchen Darstellung rasch erreicht. Im Vergleich zwischen Texten lässt sich aber durchaus feststellen, inwiefern die vordergründige Präsenz der Figuren ein Charakteristikum darstellen kann. Vergleicht man zum Beispiel die Wortwolken der „Marquise" mit denen zweier weiterer Erzählungen Kleists, „Michael Kohlhaas" (1810) und „Die Heilige Cäcilie oder die Gewalt der Musik" (1811), zeigen sich durchaus Unterschiede (siehe Abb. 12).

Im „Kohlhaas" etwa hat der Protagonist eine ähnlich zentrale Stellung wie die Marquise in der nach ihr benannten Novelle; alle anderen Begriffe sind in ihrer Häufigkeit nachrangig. Allerdings gibt es im „Kohlhaas" vergleichsweise wenig Nebenfiguren, die eine ähnlich wichtige Rolle einnehmen wie das restliche Personal

Abb. 12 Wortwolken unterschiedlicher Erzählungen von Kleist im Vergleich („Marquise", „Kohlhaas", „Heilige Cäcilie").

der „Marquise". Michael Kohlhaas ist noch ausschließlicher der Mittelpunkt einer Handlung, die viel umfang-, figuren- und schauplatzreicher ist als das Rätsel um die Schwangerschaft der Marquise. Dafür nehmen ‚Pferde' beziehungsweise ‚Rappen' eine wichtige Stellung in der Wortwolke des „Kohlhaas" ein – ein Hinweis auf die leitmotivische Bedeutung dieser Tiere, die in der Erzählung um den Pferdehändler fast selbst die Rolle von Protagonisten einnehmen.

Die Wortwolke der „Heiligen Cäcilie" unterscheidet sich deutlicher von den beiden anderen Texten. Sie weist dieselbe (einstellbare) Anzahl an Begriffen auf, diese sind in ihrer Größe (Häufigkeit) aber homogener, es gibt weniger Begriffe, die sich in den Vordergrund drängen. Auch beziehen sich weniger hochfrequente Begriffe auf Figuren der Erzählung. Stattdessen dominieren Schauplätze wie ‚Stadt', ‚Kloster', ‚Aachen', ‚Kirche', ‚Dom'. Anhand dieser ersten statistischen Annäherung könnte man daher fragen, ob die Erzählweise der „Cäcilie" von jener der anderen beiden Erzählungen womöglich stärker abweicht und weniger personal anhand von Protagonisten als lokal anhand von Orten organisiert ist. Selbst auf der Grundlage dieser schematischen Gegenüberstellung, die noch keine mathematischen Verfahren anwendet, sondern nur Mengen miteinander vergleicht, kann man also durchaus erste Ansätze für die Interpretation gewinnen, die anschließend mit weiteren Analysen verfolgt werden kann, seien sie quantitativ oder auch qualitativ.

Die *Voyant Tools* bieten noch zahlreiche weitere Möglichkeiten der Text- und Corpusauswertung (Kollokationen, Korrelationen, *topic modelling*) sowie der Visualisierung (Diagramme, Kurven, Raster, Stemmata, selbst geographische Verortung von Ortsnamen auf einer Weltkarte). Mit dem ‚Phrasen'-Werkzeug kann man wiederholt auftretende Wortkombinationen identifizieren, ähnlich den von Franco Moretti in *The Bourgeois* beschriebenen stilistisch-formelhaften Konstruktionen, die wir im Theoriekurs kennengelernt haben. Moretti versteht solche charakteristischen syntaktischen Strukturen als thematische Schlüssel oder Kernaussagen ganzer Texte. Drei der häufigsten 2-Wort-Phrasen in der „Marquise" (mit jeweils sechs Vorkommnissen) sind „der Mutter" (bezogen auf die Obristin, aus Sicht der Marquise), „seiner Tochter" (aus Sicht des Commendanten) und „daß ihm" (bezogen auf den Grafen); sie deuten abermals auf die unterschiedlichen, in Konflikt stehenden Figurenperspektiven. Immerhin jeweils zweimal tauchen die 5-Wort-Phrasen „aus dem Haus zu schaffen" und „der Commendant erwiderte, indem er" auf, dreimal auf engem Raum die 4-Wort-Phrase „nicht von der Stelle". Sie verweisen auf das Entfernen des Eindringlings aus dem Haus, auf Entgegnungen im Redestreit und auf den Versuch der Eltern, die Tochter unter Kontrolle zu halten. Insofern verdichtet sich in solchen rekurrierenden Formeln die konflikthafte, von Dialogen bestimmte Erzählhaltung der Novelle. Im „Kohlhaas" gibt es eine mit sechs Worten sehr umfangreiche Phrase, die sogar sieben Mal vorkommt, nämlich „gegen den Junker Wenzel von Tronka". Die Konfrontation zwischen Kohlhaas und dem Junker, von der die Erzählung handelt, drückt sich in dieser wiederkehrenden sprachlichen Formel aus. Die sechs Mal wiederholte Phrase „es traf sich, daß" hingegen deutet auf die von zufälligen Verwicklungen bestimmte Dramaturgie der Erzählung.

Figurenrhythmen

Wir können zum Schluss noch einmal auf die Figurenkonstellation in der „Marquise" zurückkommen und eine bisher nicht beleuchtete Dynamik nachvollziehen. Die Interpunktionsanalyse hatte affektive Passagen identifiziert, die mit Streitgesprächen und Figurenkonflikten zusammenhingen. Welche Figuren an diesen Auseinandersetzungen beteiligt sind und wie sich ihre Präsenz über den Text verteilt, ließ sich allein anhand der Zeichensetzung allerdings schwer feststellen. Dafür bietet sich eine weitere Darstellungsform der *Voyant Tools* an, die sich ‚Trends' nennt. Sie zeigt in einer Kombination aus Kurven- und Balkendiagramm die Häufigkeit, mit der ausgewählte Begriffe, hier die Figurennamen, über den Text hinweg verteilt sind. So wird die relative Präsenz und Dominanz der Protagonisten ersichtlich (siehe Abb. 13).

Dabei zeigt sich, dass die Auftritte der Marquise und ihrer Mutter nahezu synchron verlaufen, sie haben gleichsam denselben Rhythmus. Die beiden Figuren sind in denselben Abschnitten der Erzählung präsent oder absent, erscheinen trotz ihrer vorübergehenden Auseinandersetzungen weitgehend als Einheit. Die Erwähnungen des Grafen verlaufen zur Präsenz der Marquise hingegen genau gegenläufig. Wo die Marquise am häufigsten erwähnt wird, fehlt der Graf völlig. Erst am Ende finden

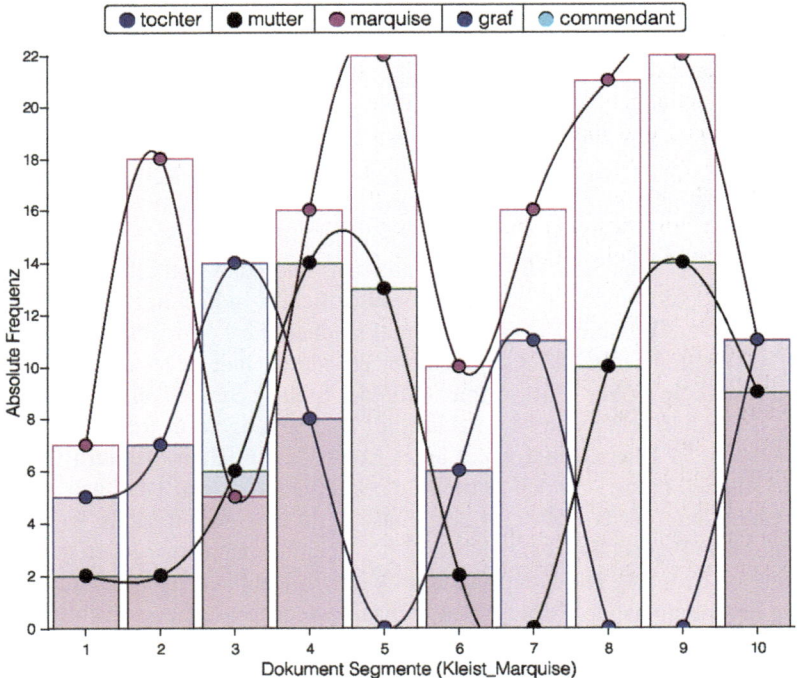

Abb. 13 Die Präsenz der Figuren im Verlauf der „Marquise"

sie eine Balance. Obwohl die beiden Figuren schließlich heiraten, existieren sie, so könnte man zugespitzt sagen, über die Erzählung hinweg aneinander vorbei. Auch auf diese Weise kommt ihre problematische Beziehung zum Ausdruck, die von den Nachwirkungen der ersten Begegnung überschattet und durch die zunächst forcierte Ehe nur mit Mühe verfestigt wird. Es bleibt letztlich fraglich, ob dieser Schluss ein Happy End darstellt. Die Novelle ist so strukturiert, dass sie abwechselnd eine der beiden Figuren in den Fokus rückt, Marquise und Graf sich aber sehr selten zur selben Zeit am selben Ort aufhalten. Nur an zwei Stellen in der Erzählung sind sie miteinander allein, an der ersten kommt es zur Schwängerung, an der zweiten wehrt sie mit den Worten „Ich *will nichts* wissen!" (171) seinen Geständnisversuch vehement ab. Beide Abschnitte sind von Gedankenstrichen geprägt, einerseits durch den einen berühmten, andererseits durch eine hohe Anzahl auf engem Raum. So schließt sich der Kreis zur Untersuchung der Zeichensetzung – und es zeigt sich, dass man mit qualitativen und quantitativen Methoden zu einander ergänzenden Deutungen gelangen kann.

Probieren Sie die *Voyant Tools* oder andere digitalphilologische Verfahren doch einmal selbst aus. Gerade durch die experimentelle, heuristische, spielerische Herangehensweise an Texte gewinnt man mit ihnen einen frischen Blick und macht neue Beobachtungen. Mithilfe der Visualisierungen erlangen die Analysen eine Evidenz, der man sich schwer entziehen kann. Auch die Literaturwissenschaft kann mit Zahlen, Diagrammen und Algorithmen betrieben werden – heute einfacher denn je.

Dreizehnter Theoriekurs – Empirisch lesen

Rezeption, Empirie, Experiment

In den vergangenen zwölf Theoriekursen haben wir Theorien und Methoden vorgestellt, die sich vorrangig für den literarischen Text selbst interessieren (Strukturalismus, Dekonstruktion) oder für seinen Kontext (Diskursanalyse, *New Historicism*) oder für seine Autorinnen und Autoren (Psychoanalyse). Abschließend wollen wir die Aufmerksamkeit nun auf diejenigen richten, die einen Text rezipieren. Wie wirkt Literatur auf ihre Leserinnen und Leser?

Die Erfahrung, dass literaturwissenschaftliche Theorien mit ihren verschiedenen Methoden verschiedene Ergebnisse hervorbringen, hat einen einfachen Grund: Literatur ist mehrdeutig, sie ist ‚mehrfach lesbar'. Aber warum ist das so? Warum gibt es nicht nur eine ‚richtige' Interpretation? Man könnte naiv annehmen, wir würden herausfinden wollen: ‚Was wollte uns der Autor damit sagen?' Aber so einfach ist es nicht. Es ist das Ziel einer ganzen Schule, der ‚Rezeptionsästhetik', die Mehrdeutigkeit der Literatur zu erfassen, indem sie den Vorgang der Lektüre beschreibt. Sie will gleichsam das Verstehen verstehen. Der Begriff ‚Rezeptionsästhetik' verbindet die *aisthesis*, das griechische Wort für Wahrnehmung, und die ‚Ästhetik', die Lehre von der Schönheit, mit der ‚Rezeption', der Aufnahme von Kunst und von Literatur aus der Perspektive ihrer Leser und Betrachterinnen (im Englischen wird die ‚Reception Theory' auch als ‚Reader Response Theory' bezeichnet).

Die Rezeptionsästhetik wird nach dem Ort ihres Entstehens auch ‚Konstanzer Schule' genannt. Ihre Begründer waren der Anglist Wolfgang Iser und der Romanist Hans Robert Jauß. Jauß hielt 1967 seine programmatische Antrittsvorlesung an der Universität Konstanz, „Was heißt und zu welchem Ende studiert man Literaturgeschichte?", die zur Publikation dann den noch wirkungsvolleren Titel „Literaturgeschichte als Provokation der Literaturwissenschaft" erhielt. Hier schlug er vor, die Geschichte der Literatur nicht mehr als Abfolge von Autoren oder von Werken, sondern entlang ihrer Rezeption durch die Lesenden beziehungsweise ihrer Wirkung auf diese zu schreiben. Weitere Grundlagentexte sind Isers *Die Appellstruktur der Texte* (1970) und *Der implizite Leser* (1979).

Warum entstand diese Schule in den 1960er und 1970er Jahren? Und warum gerade in Deutschland? Eine politische Erklärung liegt nahe, wenn wir den Pluralismus der möglichen Lektüren eines mehrdeutigen Texts auf den Pluralismus der Nachkriegsdemokratie beziehen. Verschiedene Meinungen stehen gleichberechtigt nebeneinander, sie folgen unterschiedlichen Ansätzen, und sie wetteifern um den schlüssigsten Nachweis. Willy Brandts Regierungserklärung 1969 hatte das Motto: „Mehr Demokratie wagen!" Das könnte auch das Motto der Rezeptionsästhetik sein. (Jauß' frühere Mitgliedschaft in der SS wurde erst 1995 enthüllt.)

Fünf Begriffe

Eine erste Vorstellung vom Programm der Rezeptionsästhetik gewinnen wir, wenn wir fünf Begriffe verstehen: ‚Unbestimmtheitsstelle' und ‚Leerstelle', ‚Appellstruktur', ‚Konkretisation' und ‚Erwartungshorizont'.

Unbestimmtheitsstellen und Leerstellen sind Informationslücken in literarischen Texten. Im Englischen werden beide Begriffe als *indeterminacy* übersetzt. Aber im Deutschen unterscheiden wir sie: Eine Leerstelle ist eine Lücke, an der eine *erwartbare* Information fehlt. Erwarten könnten wir zum Beispiel, dass uns von der Erzählinstanz mitgeteilt werden würde, was durch den Gedankenstrich in Kleists „Marquise von O...." verdrängt worden ist; nicht jedoch, wie die Frisur von Gustav von der Ried in „Die Verlobung in St. Domingo" aussieht. Das wäre keine Leerstelle, sondern eine einfache Unbestimmtheitsstelle.

Leerstellen und Unbestimmtheitsstellen appellieren gleichsam an die Lesenden, in ihrer eigenen Phantasie auszufüllen und selbst zu ergänzen, was im Text ausgespart wurde. Zusammen bilden sie eine Appellstruktur. Der literarische Text fordert uns dazu auf, an seiner Vervollständigung mitzuwirken.

Dies tun wir in einer je eigenen Konkretisation. Der literarische Text entsteht in jedem ‚Akt des Lesens' neu – wie ein Musikstück, das immer wieder neu aufgeführt, anders ‚interpretiert' wird. Denn Leerstellen können unterschiedlich gefüllt werden. Die Strukturen eines literarischen Texts werden von den Lesenden individuell aktualisiert. Die Lektüre von Literatur ist keineswegs eine bloß passive Informationsaufnahme, sondern ein konstruktiver, ein kreativer Akt.

Es gibt dabei keine unvoreingenommene Lektüre. Konkretisationen sind nie völlig spontan, sondern stets bedingt: durch Alter, Geschlecht, sexuelle Orientierung, ethnische Zugehörigkeit, Kultur, Klasse, Weltanschauung, die literarische Sozialisation und die entsprechenden Erwartungen der Lesenden. Diese Erwartungen sind historisch veränderlich. Die Lektüren geschehen jeweils vor einem Erwartungs*horizont*. Den Begriff prägte Hans Robert Jauß im Anschluss an Hans Georg Gadamers *Wahrheit und Methode. Grundzüge einer philosophischen Hermeneutik* von 1960. Das Ausfüllen der Leerstellen erfolgt vor dem Hintergrund der Erwartungen in einem ‚hermeneutischen Zirkel'. Die Bedeutung des Ganzen ergibt sich aus dem Verständnis seiner Teile. Und das Verständnis eines Teils ist abhängig vom Vorverständnis des Ganzen. Denn jeder Text gehört zu verschiedenen Gruppen von

Texten – zu einem Gesamtwerk, einer Nationalliteratur, einer Epoche und einer Gattung. In seiner Konkretisation wird er auf andere Texte bezogen, mit denen er Merkmale teilt. Wir lesen ihn im Anschluss an frühere Lektüren, innerhalb einer Rezeptionsgeschichte. Mit Jauß können wir dies am Beispiel von Sophokles' Tragödie *König Ödipus* veranschaulichen, die wir nach Freud nicht mehr an Freud *vorbei* lesen.

Wie viele Leerstellen hat ein Kunstwerk? Der kanadische Medientheoretiker Marshall McLuhan (*Understanding Media*, 1964) unterschied „hot media" und „cool media", die mehr oder weniger Beteiligung von ihren Rezipientinnen fordern. Ein ‚heißes' Medium, so können wir im Anschluss an McLuhan folgern, hat weniger Leerstellen und Unbestimmtheitsstellen, die wir in der Rezeption ausfüllen müssen; in einem ‚kühlen' Medium bleibt viel mehr unbestimmt oder ungesagt, so dass die Lesenden es sich hinzudenken können beziehungsweise müssen.

Innerhalb eines Mediums oder einer Kunst können wir die Anzahl der Leerstellen und Unbestimmtheitsstellen als Kriterium für die Qualität eines Werks annehmen. Ein literarischer Text ist anspruchsvoller, wenn er die Lesenden dazu herausfordert, sich in der Rezeption aktiv zu beteiligen, und dagegen trivialer, wenn er dies nicht tut, so dass wir ihn einfach nur konsumieren.

Theorie und Praxis

Die Rezeptionsästhetik ist eine Theorie der Wirkung von Literatur. Aber sie ist keine Empirie. Als theoretisches Modell bemüht sie sich nicht um die Erforschung *tatsächlicher* Rezeptionsprozesse unter Laborbedingungen. Und das könnte sie mit ihrer Methode auch gar nicht. Um dies leisten zu können, müssen Literaturwissenschaftlerinnen mit Spezialistinnen aus anderen Disziplinen zusammenarbeiten – insbesondere aus der Psychologie und der Neurowissenschaft. Die neurowissenschaftliche ist neben der digitalphilologischen die zweite der beiden Revolutionen, von denen wir im letzten Theoriekurs gesprochen haben, die gegenwärtig das Verständnis von Texten und vom Lesen verändern. Wir beschließen diese Einführung mit einem Ausblick auf neuere Entwicklungen empirischer und experimenteller Literaturwissenschaft.

Das Paradox der Interdisziplinarität

Eine politische Vorbemerkung ist dazu nötig. Sie betrifft die Praxis der Interdisziplinarität. Die Geisteswissenschaften sind gerne bereit, sich abstrakt zur ‚Interdisziplinarität' zu bekennen. Der Begriff darf in keinem Antrag oder Forschungsprogramm fehlen. Aber in der Praxis besteht eine Scheu gegen ihre Umsetzung. Viele Philologen pflegen vor allem eine Abneigung gegen empirische und experimentelle Verfahren – gegen alles, was außerhalb der Geisteswissenschaften liegt. Es ist dann rasch von ‚Ausverkauf' die Rede, von ‚Unterordnung' unter die Naturwissenschaften oder von ‚neoliberaler' Quantifizierung.

Die zuverlässigste Methode, Literaturwissenschaftler gegen sich aufzubringen, ist, ihnen vorzuschlagen, sie könnten empirisch oder experimentell arbeiten – etwa in Verbindung mit der Evolutionsbiologie oder den Neurowissenschaften. Wenig scheint Geisteswissenschaftlerinnen mehr zu provozieren als Charles Darwin oder ein *brain scan*. Sogar mehr noch als Computer, mit deren Hilfe wir Texte lesen.

Warum eigentlich? Was ist so schlimm an der Vorstellung, nicht nur allein und in ‚Handarbeit', sondern auch gemeinsam mit Kolleginnen aus anderen Fächern und mit Hilfe technischer Verfahren zu forschen? Und sollten wir diese Haltung nicht überdenken? Die Frage, wie Literatur tatsächlich rezipiert wird, kann uns als Philologinnen nicht gleichgültig sein. Neben so vielen anderen Möglichkeiten, die wir zur Verfügung haben, von der Poetik bis zur Dekonstruktion, sollten wir uns für neue Versuche öffnen. Das einzige Kriterium sollte sein, ob eine Methode einen Erkenntnisgewinn erbringt oder nicht.

In Frankfurt am Main wurde 2012 das Max-Planck-Institut für empirische Ästhetik gegründet, in dem Philologinnen, Musikologinnen und Neurowissenschaftler zusammenarbeiten. Ein Vorläufer ist der Exzellenzcluster „Languages of Emotion" an der Freien Universität Berlin, an dem die Zusammenhänge von Sprache und Emotion von 2007 bis 2014 in einer noch weiter fächerübergreifenden Konstellation erforscht wurden, zu der auch Soziologinnen, Anthropologen und Primatologinnen gehörten.

Einige Ansätze empirischer und experimenteller und insofern in der Regel auch interdisziplinärer Literaturwissenschaft möchten wir abschließend nun vorstellen, damit wir darüber nachdenken können, wie sie sich sinnvoll einsetzen lassen, aber auch darüber, wo ihre Grenzen liegen. Bereits diese konzeptionelle Überlegung, wie man Literatur empirisch und experimentell erforschen *könnte*, ist reizvoll und aufschlussreich. (Ebenso wie wir im letzten Theoriekurs der Frage nachgegangen sind, welche quantitativen Auswertungen wir mit Hilfe von Computern vornehmen können beziehungsweise könnten.)

Empirische und experimentelle Methoden

Der Dichter Raoul Schrott und der Psychologe Arthur Jacobs schreiben in ihrer neuro-poetologischen Monographie *Gehirn und Gedicht* (2011): „[D]as Lesen ist [...] eine milde Form psycho-somatischer Erkrankung." Denn es hat körperliche Auswirkungen. Das Lesen hat eine biologische, eine physiologische, eine neuronale und mithin eine medizinische Dimension. Daraus folgt: Wenn es sich beim Lesen um eine ‚Erkrankung' handelt, können wir auch ihre ‚Symptomatik' untersuchen. Wir können Texte nicht nur individuell lesen und hermeneutisch interpretieren oder mit Hilfe von Computern automatisiert auswerten und entsprechend als Daten darstellen, sondern wir können zunehmend auch ihre körperlichen Wirkungen ‚diagnostizieren'.

Wie also können wir die Rezeption von Literatur empirisch und experimentell erfassen? Welche neuen Möglichkeiten und Forschungsansätze gibt es? Es stehen zahlreiche Methoden für Experimente der empirischen Leseforschung beziehungsweise der Medienwirkungsforschung zur Verfügung: subjektive Befragung, physiologische Messung und neuronale Bildgebung.

Ein Dutzend Ansätze wollen wir uns vor Augen führen: 1. Anhand von Fragebögen können wir Auskünfte erheben, 2. mit Hilfe von Schiebereglern können wir Reaktionen in Echtzeit aufzeichnen. 3. Die Pupillometrie misst Veränderungen der Konzentration, 4. die Blickbewegungsmessung erfasst die Richtung der Aufmerksamkeit. Die Aufzeichnung peripherphysiologischer Daten kann Auskunft über den Verlauf der Erregung während der Lektüre geben: 5. Herzfrequenz, 6. Blutdruck und 7. Elektrokardiographie liefern Anzeichen der körperlichen Aktivierung, ebenso 8. die elektrodermale Aktivität an den Fingern und 9. die elektromyographisch aufgezeichnete Mikromimik im Gesicht. 10. Sogar Stresshormone können entnommen und ausgewertet werden. 11. Die Elektroenzephalographie erfasst die neuronale Verarbeitung im zeitlichen Ablauf, während räumliche Aktivierungsmuster im Gehirn mit Hilfe 12. der Funktionellen Magnetresonanztomographie als *brain scan* abgebildet werden.

Schauen wir uns diese Verfahren etwas genauer an, um eine Vorstellung davon zu gewinnen, wie sie sich zur Analyse literarischer Texte einsetzen lassen. (Englische Fachbegriffe werden, zum Anschluss an die internationale Forschungsliteratur, in Klammern hinzugesetzt.)

1. Befragung (*rating*): An bestimmten Stellen eines Texts, Theaterstücks oder Films können die Rezipierenden zur Art und Stärke ihrer emotionalen Reaktionen befragt werden. Das kann während einer Aufführung oder Filmvorführung mit Hilfe eines kleinen Computers geschehen oder bei der Lektüre am Bildschirm während kurzer Unterbrechungen. In einer solchen Studie kann zum Beispiel gefragt werden: ‚Wie sympathisch oder unsympathisch finden Sie gerade die Protagonistin X?' Quantitativ können Sie nach der emotionalen Bewertung (*valence*) und der Intensität (*arousal*) Ihrer Reaktionen befragt werden: ‚Wie positiv/negativ, wie erregend/ weniger erregend finden Sie X?' Die Antworten werden in der Regel entlang einer Skala gegeben. Das Problem besteht darin, dass es sich um *bewusste* Selbstauskünfte der Leserinnen und Leser handelt, die von diesen absichtsvoll oder unbewusst in Richtung des sozial Erwünschten ‚zensiert' werden können.

2. Schieberegler (*joystick*): Eine kontinuierliche Messung der Zuschauerreaktionen mittels eines einfachen Geräts, das in zwei Richtungen zu regulieren ist, ergibt eine graphische Kurve, die sich zwischen positiven und negativen Extremen bewegt. Ein solches Verfahren wird zum Beispiel während der Debatten in US-amerikanischen Wahlkämpfen im Fernsehen mit Hilfe von möglichst repräsentativen Testgruppen (*focus groups*) in Echtzeit visualisiert. So sehen die Fernsehzuschauer, wie sich die Reaktionen des Testpublikums verändern, während ein Kandidat oder eine Kandidatin spricht (siehe Abb. 1).

Anhand der digital erfassten Reaktionen ihrer Nutzerinnen können Streaming-Anbieter in vergleichbarer Weise nachvollziehen, an welchen Stellen die Zuschauer die Übertragung einer Sendung abbrechen, unterbrechen oder wiederholen, um daraus Rückschlüsse auf die Wirkung bestimmter Dramaturgien oder Inszenierungsverfahren für künftige Produktionen zu ziehen.

Abb. 1 Zuschauer-Reaktionen bei einer Wahl-Debatte auf CNN (2016)

Abb. 2 Pupillometrie

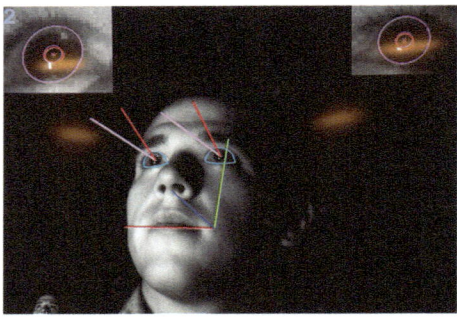

3. Erweiterungen der Pupille sind Anzeichen für Erregung, aber auch für Aufmerksamkeit (siehe Abb. 2). Ein Problem für ihre Messung, die Pupillometrie, besteht darin, dass die Pupille auch auf Helligkeitsunterschiede reagiert, so dass beim experimentellen Einsatz des Verfahrens die Lichtverhältnisse kontrolliert werden müssen.

4. Mit Hilfe von Blickbewegungsmessern (*eye-tracking*) können wir die Ausrichtung der Pupillen beim Lesen am Bildschirm verfolgen (siehe Abb. 3). So ergeben sich Muster der Lesebewegungen, die langsamer oder schneller verlaufen, voraus- oder zurückspringen, an bestimmten Stellen anhalten oder wiederholt werden (siehe Abb. 4). Nachvollziehen zu können, auf welches Objekt oder welche Stelle eine Person ihren Blick richtet, kann dabei helfen, den Gegenstand ihrer kognitiven oder physiologischen Reaktion auszumachen. Bei der Messung der Blickbewegungen

Abb. 3 Blickbewegungsmessung

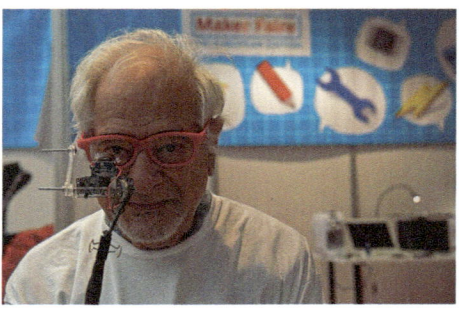

Empirische und experimentelle Methoden 521

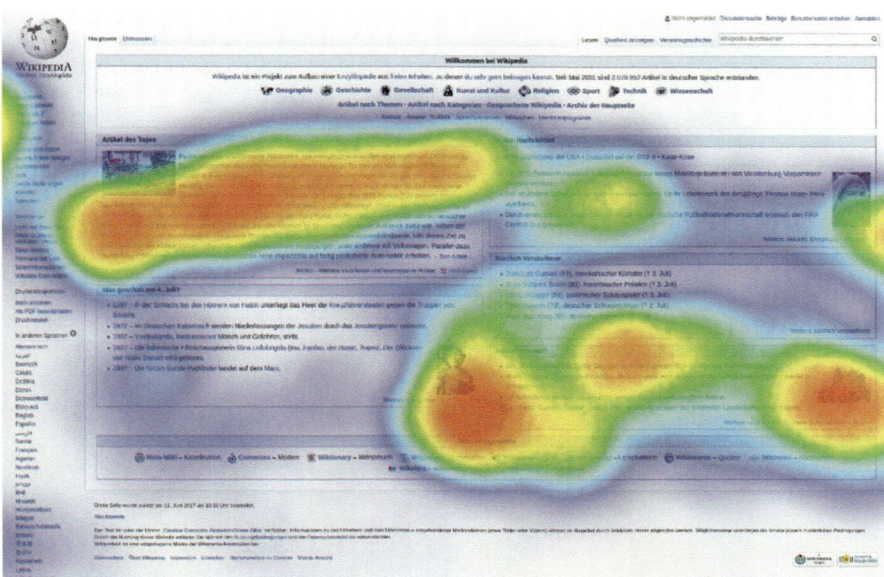

Abb. 4 Ergebnis einer Blickbewegungsmessung, das zeigt, wie lange die Textstellen betrachtet wurden

muss der Abstand zwischen Auge und Zielpunkt indes möglichst gleich bleiben, weshalb ein auf einem Bildschirm präsentierter Text oder Film eher in Frage kommt als eine Aufführung im Theater.

5. Der Puls beziehungsweise die Herzschlagfrequenz lässt sich zum Beispiel mit einem Messfühler am Finger erfassen. Eine Verlangsamung der Herzrate – während der Lektüre oder der Wahrnehmung audiovisueller Kunst – ist zum Beispiel als Zeichen der Entspannung festzustellen.

6. Die Herzrate steht in Zusammenhang mit dem Blutdruck. Emotionale Belastung geht mit einem Anstieg einher. Der Blutdruck wird meist mit dem Manschettendruckverfahren gemessen. Wie Pulsmessungen oder das EKG führt allerdings auch dieses Verfahren zu eher unspezifischen Ergebnissen, wenn es um die Rezeption von Kunst oder Literatur geht.

7. Die Elektrokardiographie (EKG), die Aufzeichnung der elektrischen Aktivität der Herzmuskelfasern, wird über Elektroden am Brustkorb abgeleitet (siehe Abb. 5). Es bietet für unsere Zwecke ähnliche Informationen wie die Herzrate.

8. Die elektrodermale Aktivität (EDA, die Hautleitfähigkeit) gibt Aufschluss über die Intensität der Emotionen eines Menschen (das emotionale *arousal*), die sich auf der Haut bemerkbar machen. Sie wird meist an der Handinnenfläche gemessen, und das Gerät zur Aufzeichnung ist – wie ein ‚Lügendetektor' – mobil einsetzbar (siehe Abb. 6), prinzipiell auch im Theater oder in einer Gruppenstudie zur Wirkung von Rhetorik.

Abb. 5 EKG: Elektrokardiogramm

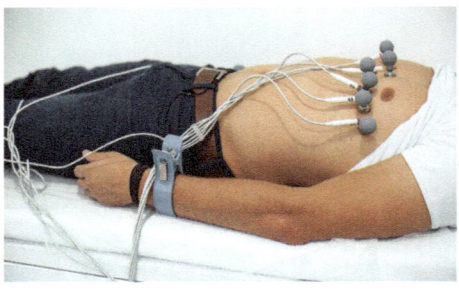

Abb. 6 EDA: Messung elektrodermaler Aktivität

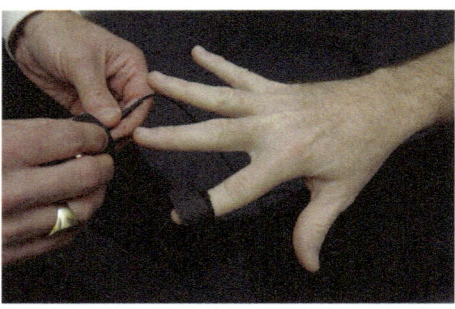

9. Die Fernsehserie *Lie to Me* (2009) handelt von einem Wissenschaftler, der über die seltene Fähigkeit verfügt, kaum merkliche Veränderungen der Gesichtsmuskulatur bei anderen Menschen zu erkennen, die ihre Affekte verraten, und der auf diese Weise die Polizei bei ihrer kriminalistischen Arbeit unterstützt. Das reale Vorbild der Figur ist der Emotionsforscher Paul Ekman (*1934), der sich auf nichtsprachliche Kommunikation spezialisierte und davon ausging, dass sich affektive Regungen unwillkürlich auch mimisch auswirken und messbar sind. Ein Elektromyogramm (EMG) macht minimale Reaktionen der Gesichtsmuskulatur lesbar, eine Mikromimik unterhalb der normalen menschlichen Wahrnehmungsschwelle, die Rückschlüsse auf entsprechende Emotionen, zum Beispiel Freude und Ärger, zulässt. Das EMG wird mit kleinen aufgeklebten Elektroden an bestimmten Stellen im Gesicht abgeleitet – am *Zygomaticus*, dem ‚Lachmuskel', oder am *Corrugator*, dem ‚Stirnrunzler' (siehe Abb. 7).

10. Die Konzentration des Stresshormons Cortisol kann durch Speichelproben bestimmt werden, die beispielsweise mit Wattestäbchen entnommen werden. Wie etwa auch beim Blutdruck könnte dies vor und nach einer Rede oder einer Aufführung oder an neuralgischen Stellen der Dramaturgie eines Films oder Texts geschehen. Die auf diese Weise ermittelten Daten geben nur punktuell Aufschlüsse über das Stresslevel zu einem bestimmten Augenblick.

11. Die Elektroenzephalographie (EEG) misst die elektrische Aktivität des Gehirns anhand der Spannungsschwankungen auf der Oberfläche des Kopfes (siehe Abb. 8). Es wird mit Elektroden am Schädel aufgenommen, um die Gesamtaktivität des Gehirns, den Prozessierungsaufwand nach einem Reiz quantifizieren zu

Abb. 7 EMG: Elektromyogramm

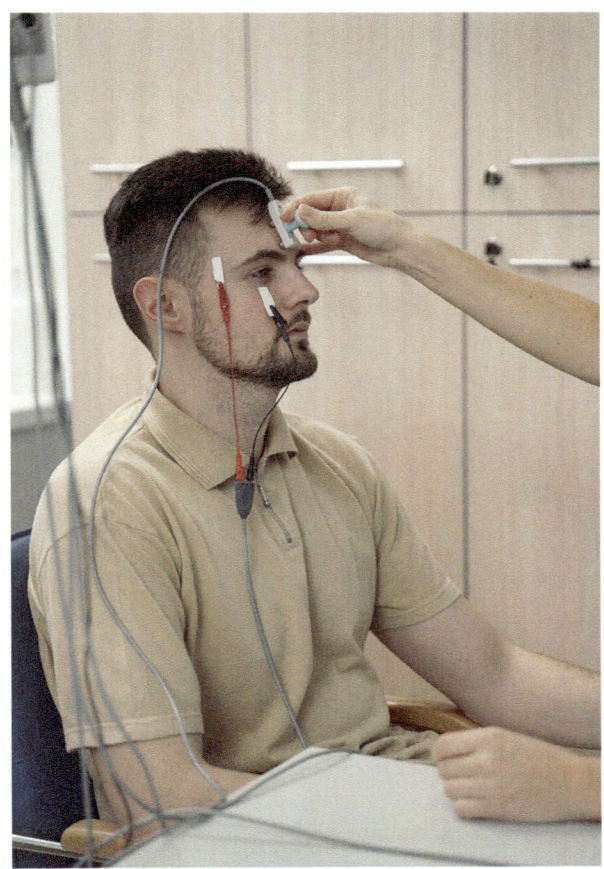

können. Der Vorteil des Verfahrens liegt darin, dass es sehr zeitgenau ist, auf Millisekunden. Längere Stimuli, zum Beispiel Texte oder Filme, sind für diese Methode zu komplex, so dass allenfalls mit Ausschnitten gearbeitet werden kann. Typischerweise treten gewisse Effekte der neuronalen Verarbeitung eines Reizes nach 400 und 600 ms ein. Man spricht dann von einer „N400" als Negativierung der elektrischen Aktivität des Gehirns nach 400 ms beziehungsweise von einer „P600" als Positivierung nach 600 ms.

An den Amplituden der Ausschläge können wir zum Beispiel das Ausmaß der Reaktion auf überraschende, unwahre oder verstörende Aussagen messen, die unser Gehirn zu verarbeiten hat, und damit den neuronalen Aufwand gleichsam als Verwunderungseffekt auffassen (siehe Abb. 9). Eine entsprechende Studie werden wir uns in der dreizehnten Lesewerkstatt genauer anschauen.

12. Die Funktionelle Magnetresonanztomographie (fMRT) oder auch *functional magnetic resonance imaging* (fMRI) (siehe Abb. 10) ist in der zeitlichen Auflösung weniger genau als das EEG, räumlich jedoch viel präziser. Mit ihrer Hilfe können

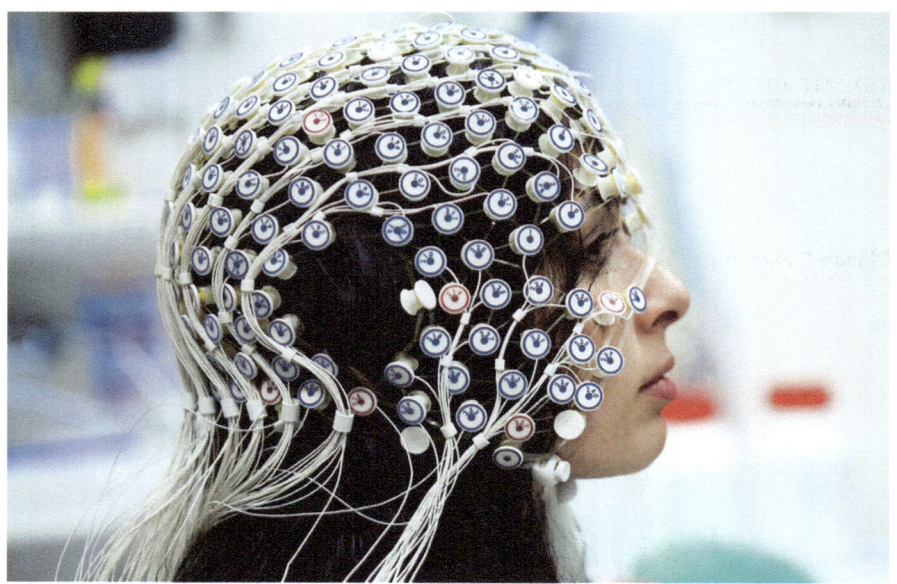

Abb. 8 EEG: Elektroenzephalogramm

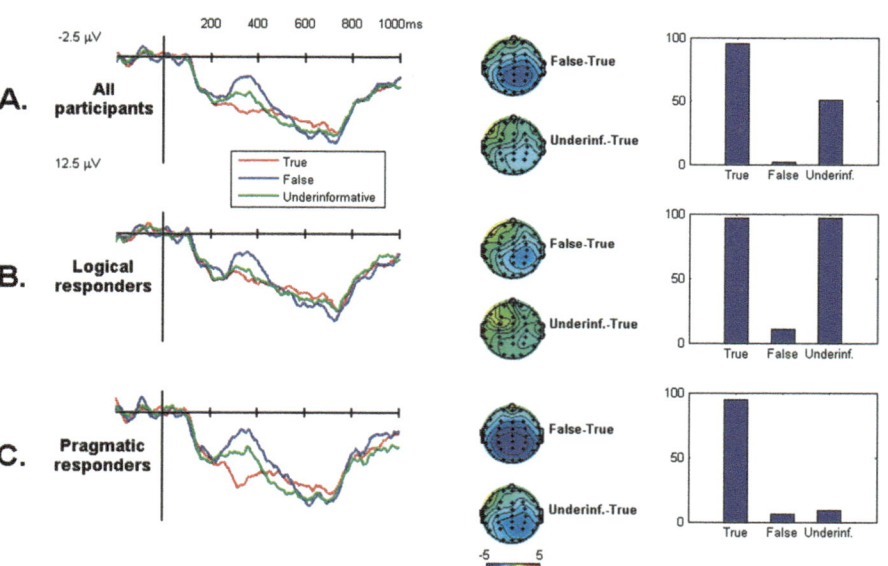

Abb. 9 EEG: Verarbeitungsaufwand (zeitlich)

wir die Aktivierungen neuronaler Netzwerke im Gehirn anhand der lokalen Veränderungen der Durchblutung (Blutoxygenierung) mit Verfahren der Bildgebung (*neuro-imaging*) sichtbar machen (siehe Abb. 11). Am einfachsten können wir uns

Empirische und experimentelle Methoden 525

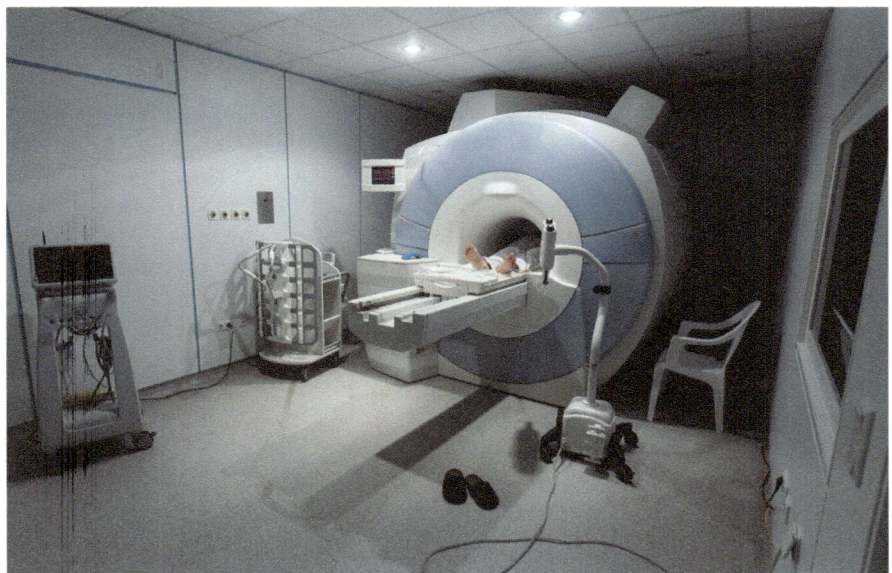

Abb. 10 fMRT: Funktionelle Magnetresonanztomographie

Abb. 11 Neuro-imaging

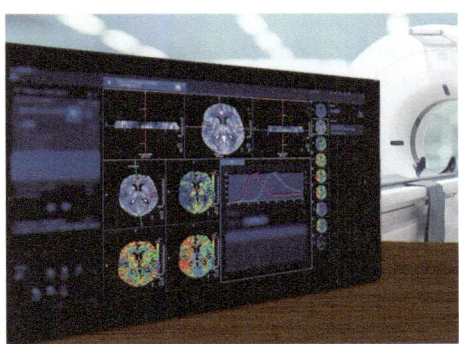

das Verfahren vorstellen, indem einer Testperson zum Beispiel plötzlich das Bild einer Schlange gezeigt und dabei aufgezeichnet wird, an welchen Stellen im Gehirn in Reaktion auf diesen visuellen Reiz eine Veränderung eintritt. Eine eher unnatürliche und unbequeme Rezeptionshaltung im Inneren des MRT-Tunnels sowie störende Nebengeräusche beeinträchtigen allerdings die ästhetische Erfahrung bei einer solchen Untersuchung erheblich. Wer liest schon gerne ein Gedicht in einer Scanner-Röhre? In jedem Fall kann bislang nur mit relativ kurzen Texten oder Auszügen gearbeitet werden.

In Experimenten werden oft mehrere Methoden miteinander verbunden, um ihre jeweiligen Stärken zu nutzen und ihre Schwächen auszugleichen, etwa indem bewusste Befragungen mit physiologischen Messungen kombiniert werden.

Fact versus Fiction

Im ersten Theoriekurs haben wir eine Studie vorgestellt, in der wir untersucht hatten, welchen Einfluss Gattungsangaben auf unsere Verarbeitung kürzerer Prosatexte haben: *Fact versus Fiction*. Die Forschungsfrage lautet: Wie beeinflussen paratextuelle Informationen unsere Lektüre? Wird ein Text neuronal anders verarbeitet, wenn wir ihn mit unterschiedlichen generischen Labels versehen? Die Testpersonen lasen jeweils die gleichen kurzen Texte, die einer Gruppe mit dem Hinweis „Fakt" und der anderen mit dem Hinweis „Fiktion" präsentiert wurden. Als Methode setzten wir die Funktionelle Magnetresonanztomographie ein. Die Bildgebung zeigte, dass dieselben Texte je nach Rahmung nicht in den gleichen Hirnarealen verarbeitet wurden. Die Neurowissenschaftlerinnen unterschieden in ihrer Interpretation der Ergebnisse einen ‚Fakten-Modus' von einem ‚Fiktions-Modus', die sich im Gehirn räumlich verschieden abbilden.

Experimentelle Rhetorik

Im Anschluss an den fünften Theoriekurs hatten wir einige Fragen notiert, die aus Sicht der klassischen Rhetorik offen gebliebenen waren, weil sie die Empirie rhetorischer Wirkung betreffen. Mit neueren Methoden wie denen, die wir soeben skizziert haben, können wir nunmehr versuchen, sie zu beantworten. Seit zweieinhalbtausend Jahren werden die Devisen der klassischen Rhetorik überliefert – samt ihren Unschärfen und Lücken. Inzwischen aber verfügen wir über die Mittel, sie zu überprüfen und zu verfeinern. Es bildet sich ein neues Forschungsfeld heraus, in dem Philologie und Psychologie zusammenarbeiten: die experimentelle Rhetorik.

Wie also können wir Annahmen der klassischen Rhetorik oder Poetik empirisch testen und weiterführen? Welchen ihrer Fragen können wir mit Methoden der experimentellen Psychologie nachgehen? Und welche Beiträge kann die Philologie dabei leisten?

Überraschungen

Vieles, das wir seit Aristoteles und Quintilian zu wissen glaubten, ist keineswegs ausgemacht. Die persuasive Wirkung einer Rede beziehungsweise eines Texts, so stellte das *Historische Wörterbuch der Rhetorik* noch 2003 mit Bedauern fest, schien „in einer gewissen theoretischen Grauzone" zu verbleiben und sich einer „rhetorischen Erfolgskontrolle" zu entziehen.

Der Komparatist Winfried Menninghaus, der zunächst den Berliner Exzellenzcluster „Languages of Emotion" und dann das Frankfurter Max-Planck-Institut für empirische Ästhetik leitete, hat in seinem Buch *Wozu Kunst? Ästhetik nach Darwin* (2012) einige Ergebnisse neuer experimenteller Forschung zusammengefasst, die durchaus unerwartet ausfallen: „Experimentelle Studien [...] zeigen: dass rhetorische Elaborierung den Fokus auf semantische Prozessierung [...] zum Teil erheblich reduziert; dass an die Stelle des reduzierten sinnentnehmenden Verstehens ein Rhythmus- und Klang-orientiertes Mitgehen tritt, eine Art Surfen auf der Musik der Worte, [...] eine kognitive Trance; dass Klangfiguren zusätzlich zu ihrem ästhetischen Reiz auch eigene semantische Suchbewegungen initiieren, welche das ‚normale' Satzverstehen weiter einschränken, ja stören; dass rhetorisch kunstvolle Sätze spontan oft schlechter zu verstehen sind [...] und trotzdem weit überzufällig für Überredungsaufgaben gewählt werden; dass rhetorisch kunstvolle Sätze in Erinnerungstests weit öfter fälschlich für bekannt gehalten werden [...] und daher von den psychologischen Effekten der Vertrautheit (einfachere, hedonisch gefärbte Prozessierung, höhere Akzeptanz) profitieren." Menninghaus bezieht sich hier auf eingebildete ‚falsche Erinnerungen' (sogenannte *false memory effects*): Was rhetorisch eingängig formuliert ist, kommt uns vertraut vor, auch wenn wir es noch nie gelesen oder gehört haben; und weil es uns vertraut vorkommt, ist es positiv besetzt – und wirkt daher überzeugend.

Cicero im Labor

Anregungen für eine experimentelle Rhetorik finden wir schon in der Antike. So schreibt Cicero (im *Orator*, 46 v. Chr., Abschnitt 232) über die Bedeutung der Wortstellung und des Rhythmus in rednerischer Prosa:

> „Wieviel es ausmacht, in gutem Rhythmus zu reden, läßt sich erfahren, wenn man die wohlgeordneten Strukturen eines sorgfältig formulierenden Redners durch die Umstellung von Wörtern zur Auflösung bringt. Dann geriete nämlich das Ganze durcheinander, wie zum Beispiel in der folgenden Passage und allem Anschließenden aus meiner Rede für Cornelius: ‚Neque me divitiae movent, quibus omnes Africanos et Laelios *multi venalicii mercatoresque superarunt*.' Verändere nur ganz wenig, so daß es heißt ‚*multi superarunt mercatores venaliciique*' – und sofort ist alles hin!" (Die entscheidende Stelle lautet auf Deutsch mit entsprechend überschaubarer Umstellung: „Die Reichtümer beeindrucken mich nicht, an denen viele <u>Kaufleute und Sklavenhändler</u> [oder: <u>Sklavenhändler und Kaufleute</u>] sämtliche Africani und Laelii übertroffen haben.")

Aus Ciceros Beobachtung können wir einen vielversprechenden Ansatz ableiten: die experimentelle Variation und die differenzielle Wirkungsforschung. Wir manipulieren in einem Text bestimmte Details, um empirisch ihre Effekte zu testen. Wir tun dies, indem wir die Reaktionen von Versuchspersonen (etwa Leserinnen oder Hörer einer Rede) auf das unveränderte Original und auf die veränderte Fassung miteinander vergleichen. Die Unterschiede der Reaktionen wären demnach auf die manipulierten Merkmale zurückzuführen. Nach Ciceros Beispiel müsste dies bedeuten, dass die gleiche Rede, in der eine semantisch ganz unbedeutende syntaktische Umstellung vorgenommen wurde, welche nur an einer Stelle den Rhythmus stört, weniger wirksam, weniger persuasiv wäre, obwohl sich in der Sache gar nichts geändert hat und das Wortmaterial in beiden Varianten identisch ist. „Verändere nur ganz wenig, und sofort ist alles hin!"

Figuralität und Persuasion

Wie können wir Ciceros Hinweis folgen und herausfinden, inwiefern die Wirkung einer Rede oder eines Texts von formalen Details der sprachlichen Gestaltung abhängt?

Eine einfache empirische Methode bestünde darin, die Reaktionen der Zuschauer in der Live-Situation oder anhand einer Aufzeichnung zu beobachten und festzuhalten, wann, wie lange und wie laut sie applaudieren, wo sie lachen oder wo es zu Buhrufen kommt. Aber wir wüssten dabei nicht genau, worauf diese Reaktionen zurückzuführen wären.

Welche Ansatzpunkte können wir finden, um die Wirkungen rhetorischer Sprache noch genauer *experimentell* zu messen, gewissermaßen im Labor? Erinnern wir uns an den fünften Theoriekurs, dort haben wir das System der Rhetorik skizziert, das mehrere Dimensionen der Wirkung unterscheidet. Die Theorie kennt zahlreiche Faktoren, von denen die Wirkungen einer Rede abhängen. Sie lassen sich von den fünf Arbeitsschritten des Redners her denken (*officia oratoris*): durch klug recherchierte Sachargumente (*inventio*), durch einen geschickten dramaturgischen Aufbau (*dispositio*), durch eine vollendete Ausarbeitung (*elocutio*), durch eine zuverlässige Gedächtnisleistung für den freien Vortrag (*memoria*) und durch eine virtuose Präsentation (*actio*).

Abgesehen von den inhaltlichen, dramaturgischen, mnemotechnischen und performativen Faktoren sowie von äußeren Gegebenheiten wie dem Charisma des Redners, dem gegebenen Zeitpunkt, Schauplatz und Anlass der Rede (*kairos*), der Zusammensetzung und der Massenpsychologie des jeweiligen Publikums, ist die Gestaltung des Rede*texts* (*elocutio*) literaturwissenschaftlich besonders ergiebig und experimentalpsychologisch einer nachträglichen Analyse am ehesten zugänglich.

Neben grammatischer Korrektheit (*latinitas*), sprachlicher Verständlichkeit (*perspicuitas*) und stilistischer Angemessenheit (*aptum*) besteht die rhetorische Kunst der Ausgestaltung in erster Linie im sogenannten Schmuck (*ornatus*). Im Bereich des Redeschmucks wiederum unterscheidet die Theorie zwei Kategorien rhetorischer Formen: Trope (*tropos, tropus*) und Figur (*schema, figura*). Tropen (von griechisch *trepein*, wenden) sind ‚Wendungen' eines Ausdrucks in eine uneigentliche Bedeutung, Verfahren der Ersetzung zur indirekten Bezeichnung. Ein Signifikant wird auf ein Signifikat bezogen, mit dem er einen bestimmten Vorstellungsinhalt teilt. Aristoteles definierte die Metapher (*metaphora*) im Wortsinn als „Übertragung" (*Poetik*, 21), die einen gewissen Grad an „Fremdheit" (*xenikon*) beziehungsweise eine gewisse Distanz zwischen ‚Bildspender' und ‚Bildempfänger' zu wahren hat, um dem Hörer (oder der Leserin) ein kognitives Vergnügen an ihrer Entschlüsselung zu gewähren, ohne zu banal oder unverständlich zu sein. Als Tropen gelten Metapher, Metonymie, Synekdoche, Antonomasie, Periphrase, Emphasis, Hyperbel, Litotes und Ironie. Die Rhetorik empfiehlt bildliches Sprechen als vorzügliches Mittel zur Emotionalisierung (sowohl des Publikums wie auch des Redners selbst). Diesem attraktiven Gegenstand der übertragenen Rede, der Semantik und Bildlichkeit miteinander vereint und nicht nur ästhetisch, sondern auch affektiv als besonders wirksam gilt, haben sich in den letzten Jahren linguistische und psychologische Studien gewidmet, insbesondere der empirischen Forschung zur Metaphorik.

Dagegen gibt es nur wenige Untersuchungen, die sich dem scheinbar spröderen Gegenstand rhetorischer Figuren zuwenden – wobei sie sich noch dazu meist auf sehr kurze Texte beschränken beziehungsweise aus der Sicht der Marketing-Forschung mit Slogans beschäftigen. Dabei eignen sich zahlreiche Figuren besonders gut für eine experimentelle Untersuchung, weil sie sich ohne Rücksicht auf Semantik und Bildlichkeit manipulieren lassen, während sprachliche Bilder stets Bedeutungsüberschüsse mittransportieren, deren Streu-Effekte kaum zu kontrollieren sind. Die historische Typologie klassifiziert Dutzende von Figuren. Cicero spricht davon, dass sie „fast zahllos" seien (*De oratore*, III.200–207). Das *Handbuch der literarischen Rhetorik* von Heinrich Lausberg widmet ihnen 310 Paragraphen (§ 600–910). Grundlegend zu unterscheiden sind inhaltliche Gedankenfiguren (*figurae sententiae*) (§ 754–910) und formale Wortfiguren (*figurae elocutionis*) (§ 604–754). Bei letzteren handelt es sich um Verfahren sprachlicher Anordnung und klanglicher Gestaltung.

Genau auf diesen Gegenstand können wir unsere Forschungsfrage nun konzentrieren: In welchem Maß hängt die Wirkung literarischer Texte oder politischer Reden von Details der sprachlichen Gestaltung ab, von Phänomenen der *elocutio*? Genauer gesagt: vom rednerischen Schmuck, vom *ornatus*? Und noch genauer: vom Einsatz rhetorischer *Figuren*? Insbesondere solcher, die rein *formale* Merkmale haben? Anders gesagt: Welchen Anteil haben formale rhetorische Figuren an dem Eindruck, den eine Rede auf ihre Adressaten macht? Wie verhält sich die Figuration zur Persuasion?

Obama im Labor

Um dieser Frage experimentell nachzugehen, haben wir in einem interdisziplinären Team von Philologen und Neurowissenschaftlerinnen eine politische Rede in Berlin im Labor untersucht.

Nach der klassischen Rhetorik nehmen wir an, dass eine gut gemachte Rede fünf Ziele erreicht: *docere, movere, conciliare, delectare, memoria*. Sie belehrt in der Sache, bewegt das Publikum, nimmt ein für den Redner, gefällt in ihrer Ausführung und bleibt nachhaltig in Erinnerung. Aber stimmt das überhaupt? Woher wissen wir, ob und inwiefern die zahlreichen Mittel, die im System der Rhetorik beschrieben werden, wirklich zu diesen Wirkungen beitragen? Welche Rolle spielen dabei zum Beispiel rhetorische Figuren? Warum finden wir sie schön? Welche subliminalen, unmerklichen Effekte haben sie? Inwiefern tragen sie dazu bei, dass wir eine Aussage überzeugend finden? Dienen rhetorische Figuren alle gleichermaßen dem Zweck der Persuasion? Bedingt rhetorische Figuration die verschiedenen Wirkungen einer Rede in unterschiedlichem Maße – oder verlaufen die Wirkungen parallel?

Welchen Unterschied macht es also, ob in einer Rede formale Figuren vorkommen oder nicht? Das wollten wir empirisch und experimentell testen. Als Material haben wir die ‚Acceptance Speech' gewählt, die Barack Obama am 28. August 2008 auf der Democratic National Convention im Mile High Stadium von Denver hielt, um die Nominierung der Demokratischen Partei für die Präsidentschaftswahlen anzunehmen und den Wahlkampf gegen den Kandidaten der Republikanischen Partei, John McCain, zu eröffnen. Es handelte sich um eine sehr wichtige politische Rede, die große Aufmerksamkeit erfuhr, von einem der brillantesten Redner unserer Zeit.

Der Ansatz der experimentellen Manipulation, den wir von Cicero übernehmen, bedeutet im vorliegenden Fall: Wir greifen auch hier kontrolliert in den Text ein. Um herauszufinden, in welchem Maß rhetorische Figuren die Wirkungen eines Texts bedingen, haben wir diese Figuren in einer alternativen Fassung systematisch *defiguriert*; anschließend haben wir das rhetorische Original und die *derhetorisierte* Version des gleichen Texts Probandinnen und Probanden vorgelegt, aus deren Reaktionen wir im Vergleich erfahren wollten, um wie viel überzeugender, mitreißender, ansprechender und sympathischer sowie einprägsamer politische Aussagen wirken, wenn sie einen höheren formalen Figurationsgrad aufweisen.

Der erste Schritt ist die Analyse: Eine ‚gut geschriebene' politische Rede von einer dreiviertel Stunde Vortragszeit und 5000 bis 6000 Wörtern Länge enthält hunderte rhetorischer Figuren, die wir – als geschulte Philologinnen – identifizieren und klassifizieren können.

Der zweite Schritt ist die Manipulation: Durch minimal-invasive Eingriffe haben wir so viele Figuren wie möglich deaktiviert, ohne die Bedeutung oder die Bildlichkeit des Texts anzutasten. Dies ist möglich durch eine Umstellung, die einen Chiasmus aufhebt; durch eine Tilgung redundanter Konjunktionen, die ein Polysyndeton auflöst; oder durch eine behutsame Ersetzung, die eine Alliteration oder einen Endreim vermeidet.

So wird aus einem Polysyndeton (die Wiederholung desselben Bindewortes zwischen gereihten Gliedern) eine gewöhnliche Aufzählung, wenn wir ein „und" durch ein Komma ersetzen: „Democrats and Republicans and Independents" verändern wir zu: „Democrats, Republicans and Independents". Aus einer Anapher (der Wiederholung des Anfangs eines Gliedes) wird eine unauffällige Reihung gleichbedeutender Sätze, wenn wir ein wiederholtes und daher eigentlich überflüssiges „nicht" weglassen. Im Original sagt Obama: „America, we cannot turn back. Not with so much work to be done; not with so many children to educate, and so many veterans to care for; not with an economy to fix, and cities to rebuild, and farms to save". Wir verändern den Text, indem wir die Anapher herauslösen: „Not with so much work to be done; so many children to educate, and veterans to care for; with an economy to fix, cities to rebuild, and farms to save".

Auf diese Weise konnten wir in Obamas ‚Acceptance Speech' mehr als 250 Stellen identifizieren und vorsichtig variieren, ohne die Semantik oder die Bildlichkeit zu beeinträchtigen. Das Wortmaterial blieb weitgehend gleich, aber seine Anordnung wurde verändert. Probanden, die den bearbeiteten Text lasen, bemerkten die Manipulation nicht.

Die englischsprachigen Versuchspersonen, die aufgrund ihrer US-amerikanischen Staatsbürgerschaft an der Wahl teilnehmen konnten, lasen Obamas Rede (1.) in der originalen beziehungsweise (2.) in der derhetorisierten oder (3.) in einer teilweise derhetorisierten Fassung, in der nur die Hälfte der manipulierbaren

Figuren gleichmäßig aufgelöst wurde, damit wir überprüfen konnten, ob sich die rhetorischen Wirkungen proportional zur Figurativität der Texte verhielten.

Das Experiment erfolgte in fünf Schritten, die – vereinfachend zusammengefasst – wie folgt durchgeführt wurden:

1. In einer knappen Vorbefragung wurden von allen Personen, die an der Studie teilnahmen, soziodemographische Daten erhoben, um für eine gewisse Ausgewogenheit sorgen und diese Daten anschließend statistisch auf die Ergebnisse beziehen zu können.

2. In einer ausführlichen Befragung wurden (anonymisiert) genauere Daten zu Gruppenzugehörigkeiten und Einstellungen erhoben: Parteimitgliedschaft, ideologische Selbstverortung, Wahlverhalten, Wertschätzung der Kandidaten, politisches Interesse, Meinungen zu relevanten Themen, Mediennutzung, Religion, soziodemographisches Profil, Persönlichkeit. Diese Daten sollten später zu den Ergebnissen des Experiments ins Verhältnis gesetzt werden, so dass die Ergebnisse auch soziologisch und politologisch beschrieben werden könnten.

3. Der Laborversuch begann mit einem ‚Wahlbarometer'. Mit einem Schieberegler zeigten die Teilnehmer feinskaliert an, wie wahrscheinlich es sei, dass sie Barack Obama wählen würden: „If presidential elections were held today, how likely would you vote for Barack Obama?"

Dann fand das eigentliche Experiment statt. Die Probanden lasen den Text der Rede – in jeweils einer der drei Versionen: original, defiguriert oder teildefiguriert. Der Text wurde in gleich lange Segmente zerlegt, die nacheinander am Bildschirm präsentiert wurden. Nach jedem Segment beantworteten die Teilnehmer möglichst spontan vier Fragen, die sich auf die unmittelbaren Wirkungen der Rhetorik bezogen, und zwar entlang einer Skala:

(a) *lógos*, *docere*: „Diesen Abschnitt finde ich überzeugend – nicht überzeugend." (b) *éthos*, *conciliare*: „In diesem Abschnitt wirkt der Redner auf mich positiv – negativ." (c) *páthos*, *movere*: „Dieser Abschnitt hat mich emotional berührt – nicht berührt." (d) *delectare*: „Die Art, wie dieser Abschnitt verfasst ist, mochte ich – mochte ich nicht."

Um den Verlauf anschaulich zu machen, wurden die Angaben zu den vier wiederkehrenden Fragen in Kurven übersetzt, welche die Werte für die einzelnen Segmente miteinander verbinden. Auf diese Weise wurden nicht nur die Linien der vier Reaktionen (*docere*, *conciliare*, *delectare*, *movere*) jeweils für sich durch die gesamte Rede hindurch sichtbar gemacht, sondern auch ihr Verhältnis zueinander. Die Frage war, ob die rhetorische Figuration gleiche oder unterschiedlich starke Konsequenzen für diese vier Wirkungen hat. (Steigert sie beispielsweise den ästhetischen Eindruck stärker als die inhaltliche Überzeugungskraft?) Und ob sich die Wirkungen parallel oder gegenläufig bewegen. (Geht eine Steigerung der einen Wirkung mit einer Absenkung der anderen einher?) Im Ergebnis verliefen die vier kontinuierlich gemessenen Wirkungen parallel.

Um die subjektiven Selbstauskünfte auf objektive Daten beziehen zu können und dabei mögliche Abweichungen festzustellen, die auf unbewusste Reaktionen schließen lassen, haben wir während des Experiments bei allen Probanden peripherphysiologische Messungen durchgeführt. Der am Finger gemessene Puls (BVP,

Blutvolumenpuls) zeigte Veränderungen der Herzrate. Die elektrodermale Aktivität (EDA, der Hautleitwiderstand) gab Aufschluss über den Erregungszustand. Die Elektromyographie (EMG, die Aktivität der Gesichtsmuskulatur) erkannte mikromimische Reflexe, die sich als Erheiterung (am Lachmuskel, *Zygomaticus*) beziehungsweise als Verwunderung oder Befremden (am Stirnrunzler, *Corrugator*) interpretieren lassen (siehe Abb. 12).

Abschließend folgte noch einmal das Wahlbarometer, das die Probanden bereits vor Beginn des Experiments bedient hatten. Der Vergleich der Daten, vorher und nachher, sollte Aufschluss darüber geben, ob sich ihre Einstellungen durch die Lektüre der Rede verändert hatten (*attitude change*). Konkretisiert wurde dieses unmittelbare Ergebnis, indem Fragen zu politischen Einstellungen aus der ausführlichen Vorbefragung nun noch ein weiteres Mal gestellt wurden, so dass sogar der Effekt in Bezug auf in der Rede behandelte Themen erkennbar werden würde.

4. Nachdem sie bei der Lektüre der Rede die Fragen zu den einzelnen Segmenten beantwortet hatten, wurden die Probanden in einer Nachbefragung rückblickend zur Rede insgesamt um Auskunft gebeten. Das Erkenntnisinteresse war hierbei ein mehrfaches: Welchen Gesamteindruck hatten die Probanden von der Rede? Weicht dieses Gesamtergebnis vom Durchschnitt der Daten zu den einzelnen Segmenten ab? Wie verhält sich der spontane subjektive Eindruck zur nachträglich überlegten Verallgemeinerung?

5. Abschließend haben wir nach etwas zeitlichem Abstand in zwei Gedächtnistests geprüft, wie gut sich die Probanden an Aussagen und Formulierungen des gelesenen Texts erinnern konnten. Zu diesem Zweck wurde einerseits ein *multiple choice*-Test durchgeführt, der auf eine Reihe von Fragen jeweils drei denkbare Antworten anbot, von denen aber nur eine in der Rede tatsächlich vorkam. („Which of the following messages are part of the speech that we presented to you?" Zum Beispiel: „What did Barack Obama suggest regarding the future of US troops in Iraq? (a) They should be withdrawn within his first election period. (b) They will be brought home. (c) They have to be kept safe.") Andererseits wurden mehrzeilige Textauszüge in den drei Stufen der Rhetorizität präsentiert, wobei die Probanden diejenige auswählen sollten, die sie tatsächlich gelesen haben. Das Erkenntnisinteresse dabei war folgendes: Würde sich herausstellen, dass die Erinnerbarkeit von Aussagen durch den Grad ihrer rhetorischen Figuration bedingt wird? Steigert Figuralität eher die Erinnerbarkeit von Inhalten oder eher von Formulierungen? Und stellen sich vielleicht sogar täuschende Erinnerungseffekte (*false memory effects*) ein, wenn die Probanden glauben, sich an Aussagen zu erinnern, weil diese rhetorisch gestaltet sind, obwohl sie sie gar nicht gelesen hatten?

Ein Ergebnis des Experiments lautet: Die Einprägsamkeit der Aussagen wurde durch die rhetorische Gestaltung mit formalen Figuren erheblich gesteigert beziehungsweise durch deren Entfernung (Derhetorisierung, genauer gesagt: Defigurierung) entsprechend verringert – obwohl die sachlichen Aussagen die gleichen blieben.

Anhand der Ergebnisse der kontinuierlichen Befragung zu den vier Wirkdimensionen der Rede können wir aus philologischer Sicht zudem diskutieren, ob die empirisch ermittelten Reaktionskurven unseren Erwartungen entsprechen, wie sie

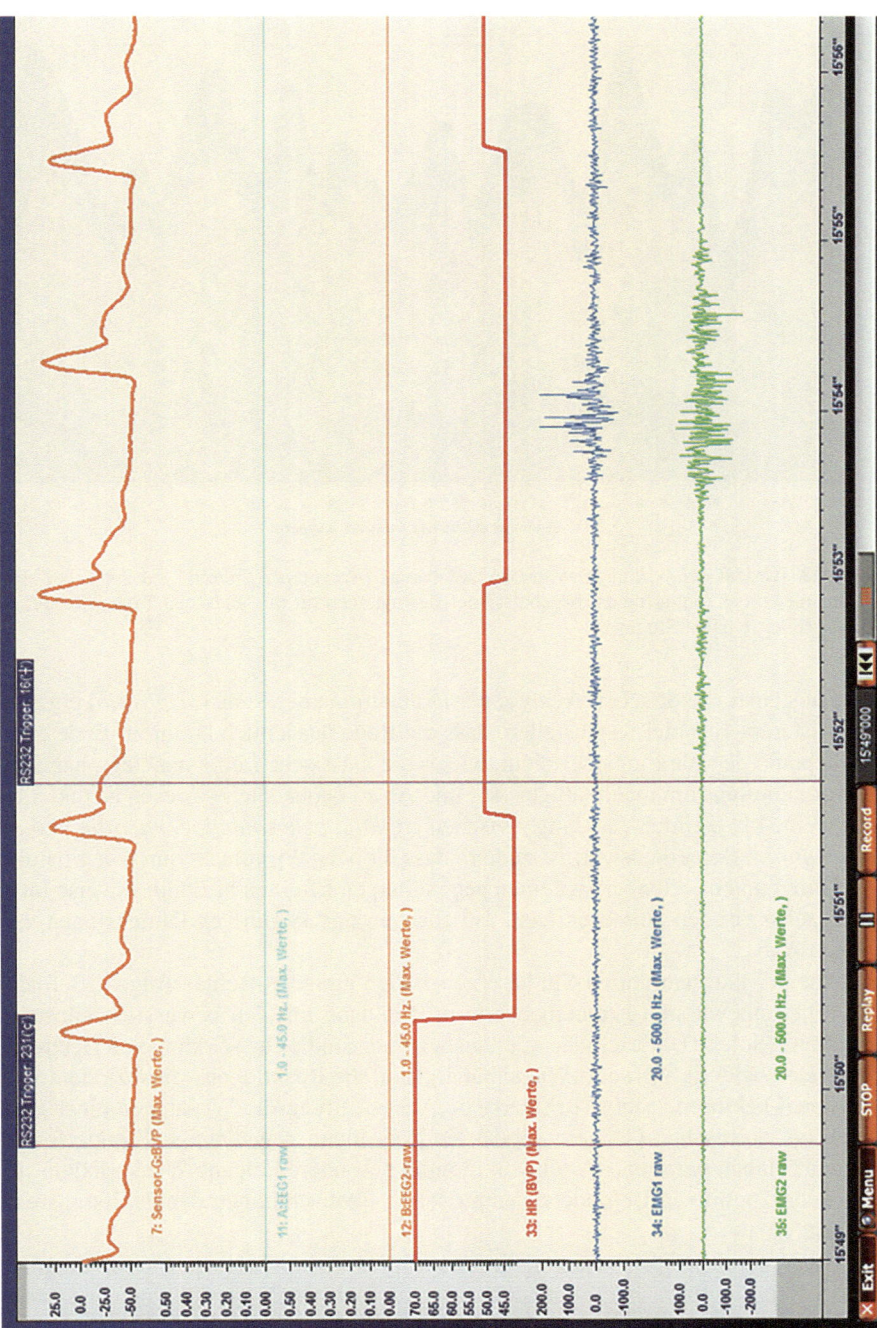

Abb. 12 Peripherphysiologische Messungen der Berliner ‚Obama-Studie': EMG (Elektropmyographie) und BVP (Blutvolumenpuls)

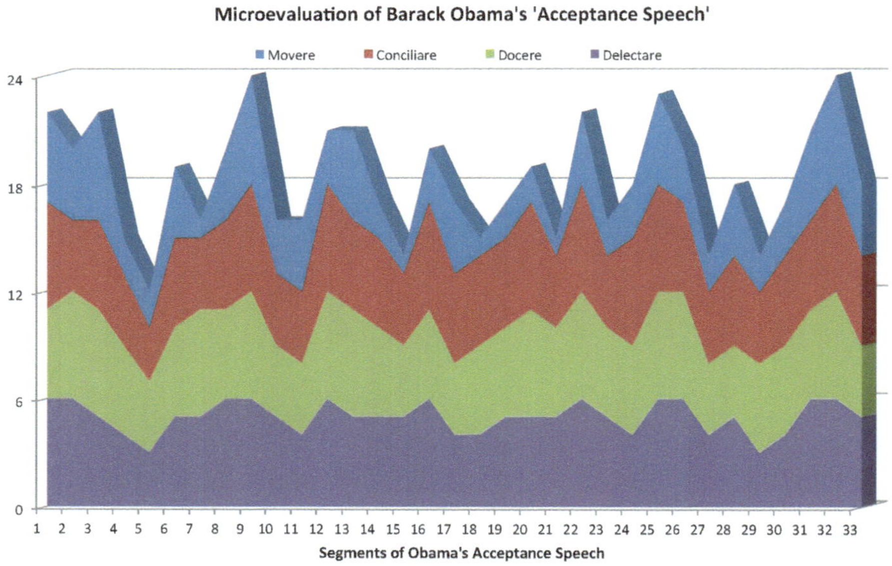

Microevaluation of Barack Obama's 'Acceptance Speech'

■ Movere ■ Conciliare ■ Docere ■ Delectare

Segments of Obama's Acceptance Speech

Abb. 13 Verlauf der Wirkungen von Barack Obamas ‚Acceptance Speech' von 2008: bewegen, einnehmen, belehren, erfreuen. Ergebnisse der Befragungen für die gelesenen Textsegmente, aus der Berliner ‚Obama-Studie'

sich aus einer rhetorischen Analyse der Dramaturgie der Rede (*dispositio*) ergeben. Hier ist zum Beispiel festzustellen, dass die Rede tatsächlich an ihrem Ende einen Höhepunkt der Wirkungen erreicht, wie es die klassische Lehre nahelegt; nachdem zuvor allerdings ein regelmäßiges Auf und Ab zu beobachten gewesen ist und nicht etwa eine klare Unterscheidung zwischen *captatio benevolentiae*, *narratio* und *argumentatio*. Bemerkenswert ist zudem, dass die vier Wirkungen durchweg parallel verlaufen und es offenbar zu keinen gegenläufigen Effekten beziehungsweise Interferenzen zwischen den affektiven, ästhetischen und kognitiven Dimensionen kam (siehe Abb. 13).

Aus der durchgeführten Studie ergeben sich einige Anschlussfragen: Befinden sich die unbewussten Erregungswerte im Einklang mit den bewussten Selbstauskünften? (Solche Unterschiede könnten bei einer Studie zur Wirkung von Hetzreden besonders wichtig werden.) Wie abhängig sind die Reaktionen von soziodemographischen Faktoren? Steigert rhetorische Ausgestaltung die Wirkungen einer Rede auch bei politischen Gegnern – oder sind bei ihnen gegenläufige Effekte festzustellen? Haben *bestimmte* Arten von Figuren besondere Folgen? Wie verhalten sich die neurokognitiven Befunde zu empirischen Beobachtungen der Publikumsreaktionen?

Hier ging es lediglich darum, ein Experiment zu beschreiben, um die mögliche Anwendung empirischer Methoden auf philologische Fragestellungen zu veranschaulichen. Die experimentelle Rhetorik ist ein noch junges Feld, in dem in den nächsten Jahren neue Entwicklungen und Erkenntnisse zu erwarten sind.

Dreizehnte Lesewerkstatt – Wie wirken Wunder?

Es ist nicht ganz einfach, empirische Literaturwissenschaft umzusetzen und hier vorzuführen. Von allen in diesem Buch vorgestellten Methoden lebt die empirisch-experimentelle Textanalyse am meisten von interdisziplinärer Zusammenarbeit. Sie ist in aller Regel auf die Expertise von Neurowissenschaftlerinnen und Psychologen angewiesen, die physiologische und neurokognitive Experimente im Labor unter streng kontrollierten Bedingungen durchführen, die Messergebnisse aufbereiten und für die Interpretation auswerten.

Empirische Literaturwissenschaft setzt deshalb auch eine technische Ausstattung voraus. Je nach Untersuchungsmethode und Erkenntnisziel können das relativ einfache Untersuchungsgeräte sein, wie etwa ein Pulsmesser, der heute bereits in viele Mobiltelefone und Digitaluhren integriert ist. Hier liegt die Schwelle für die technische Machbarkeit inzwischen recht niedrig, so dass einfache empirische Versuche auch zum Beispiel für Studierende möglich wären.

Für anspruchsvollere Analysen vor allem der Hirnaktivität ist hingegen sehr großes, teures und kompliziertes Equipment nötig, etwa Elektroenzephalographie- oder Magnetresonanztomographie-Geräte (EEG und MRT), die ganze Räume füllen und nur von geschultem Personal bedient werden können. Sie ermöglichen als sogenannte bildgebende Verfahren die graphische Darstellung von neurologischen Prozessen. Sie zeichnen die Hirnströme auf beziehungsweise messen die Hirndurchblutung und übersetzen sie in Abbildungen, die von Spezialistinnen und Experten interpretiert werden können. Auf diese Weise können wir gleichsam ins Gehirn schauen, während es *live* arbeitet. Aber unser kognitives Zentralorgan ist äußerst komplex und bis heute nur zum Teil verstanden. Es gibt seine Geheimnisse nicht so leicht preis. Um sie ihm zu entlocken, braucht es ‚schweres Gerät'. Es ist durchaus vorstellbar, dass sich dies durch technischen Fortschritt in der Zukunft ändern wird. Wie es Messgeräte für den Blutdruck oder den Sauerstoffgehalt im Blut heutzutage zu moderatem Preis in kompakter Form gibt, werden wir dereinst vielleicht auch unsere Hirnaktivität mit kleineren Apparaten erfassen können. Bis es so weit ist, sind für empirische Arbeiten vorerst noch die gegenwärtigen Großapparate erforderlich.

Die Notwendigkeit interdisziplinärer Kooperation und der Bedarf an technischer Infrastruktur führen dazu, dass empirisch-experimentelle Literaturwissenschaft häufig in Verbundforschung betrieben wird, also in größeren Institutionen, in denen die fächerübergreifende Kompetenz, das Personal, die Ausstattung und die nötigen Ressourcen zur Verfügung stehen. Die größte entsprechende Forschungseinrichtung im deutschsprachigen Raum ist das Max-Planck-Institut für empirische Ästhetik in Frankfurt am Main, an dem zahlreiche Forschende in mehreren Abteilungen nicht nur literaturwissenschaftliche Fragen untersuchen, sondern zum Beispiel auch musikwissenschaftliche und allgemein ästhetische.

Versuchspersonen

Eine weitere pragmatische Herausforderung für Experimentalstudien besteht in der Auswahl der Versuchspersonen. Zuvorderst braucht es für verlässliche Messergebnisse eine ausreichende Anzahl an Probandinnen und Probanden, damit zufällige oder individuelle Abweichungen im Durchschnitt kein großes Gewicht haben und sich ‚herausmitteln'. Erst durch eine hinlängliche Menge einzelner Messungen, aus denen ein durchschnittliches Ergebnis aggregiert wird, lassen sich allgemeine Aussagen über die Funktionsweise des menschlichen Nervensystems beziehungsweise über unsere Reaktion auf Literatur und Texte treffen.

Selbst bei renommierter, aufwändiger Spitzenforschung steht die Allgemeingültigkeit der Ergebnisse dennoch unter einem gewissen Vorbehalt, da sie in aller Regel eben doch an einem recht kleinen Kreis von Versuchspersonen erhoben werden und diese außerdem vorrangig aus den Regionen stammen, in denen diese Form der Wissenschaft betrieben werden kann, also zum Beispiel aus Europa und Nordamerika. Dieser mögliche Mangel an Diversität und Verallgemeinerbarkeit wird mit dem Akronym WEIRD bezeichnet: Die Probandengruppen stammen in der Regel aus demographischen Kontexten, die als *Western, Educated, Industrialized, Rich, and Democratic* eingeordnet werden können. Weil für universitäre Forschung oft Studierende als Versuchspersonen dienen, beruhen die Messungen außerdem auf relativ jungen, akademisch gebildeten Personen. Vergleichsstudien mit Personen aus anderen demographischen Gruppen und Weltregionen haben durchaus Anhaltspunkte dafür geliefert, dass es eine größere psychisch-neurologische Varianz gibt, als im Großteil der bisherigen Forschung berücksichtigt wurde. Die Neurowissenschaft ist sich dieser Einschränkung ihrer Ergebnisse bewusst und versucht, ihr bei der Auswahl von Versuchspersonen und durch Replikationsstudien – also der Wiederholung von Experimenten in anderen Kontexten – entgegenzuwirken. Man bezeichnet solche Verzerrungen von Messergebnissen als *biases*. Sie bei der Erhebung und Interpretation von Daten zu vermeiden, ist eines der größten Anliegen allgemeingültiger, sachlicher und neutraler Wissenschaft – und zugleich eine der großen Schwierigkeiten. Mögliche Unterschiede zwischen den Geschlechtern – als *gender bias* – und zwischen Altersgruppen – als *age bias* – werden in der Forschung bereits seit Längerem berücksichtigt. Das Geschlecht und das (mittlere) Alter der Versuchspersonen werden in neurologischen Studien daher stets angegeben, obwohl die Identitäten der Versuchspersonen ansonsten strengen Datenschutzregeln unterliegen und konsequent anonymisiert werden.

Auch physiologische Eigenschaften wie zum Beispiel Einschränkungen der Seh- und Hörfähigkeit müssen bei der Auswahl von Versuchspersonen und der Auswertung von Experimenten in Betracht gezogen werden, weil die unterschiedliche sinnliche Wahrnehmung der audiovisuellen Reize – sogenannte Stimuli –, die in Experimenten eingesetzt werden, natürlich einen Einfluss auf die körperliche Reaktion und die neuronale Verarbeitung haben kann. All diese Faktoren machen die Gewinnung von Probandinnen und Probanden zu einem anspruchsvollen Bestandteil experimenteller Wissenschaften beziehungsweise schränken deren Aussagekraft ein, wenn sie nicht kontrolliert, das heißt im Forschungsprozess ausgeglichen, dokumentiert und reflektiert werden.

Universalismus

Es gibt in der Literaturwissenschaft Methoden und Theorien, die einen gewissen Universalismus beanspruchen, also eine Gültigkeit für alle Menschen und für alle zeitlichen wie räumlichen Kontexte. Dazu gehört die Rhetorik, die ein sehr genaues Gespür für zielgruppengerechte Kommunikation in einer konkreten Redesituation vermittelt, zugleich aber davon ausgeht, dass Sprache auf alle Personen grundsätzlich ähnlich wirkt. Wenn eine Zuhörerin eine Rede anders auffasst als ihr Nebenmann, dann, so die Grundannahme der Rhetorik, nicht aufgrund körperlich-physiologischer Merkmale, sondern zum Beispiel aufgrund gegensätzlicher politischer Einstellungen, einer anderen Affektlage oder abweichender Moralvorstellungen – die man wiederum mit rhetorischen Strategien beeinflussen kann. Die Funktionsweise der Rhetorik halten wir für universell und die Empfänglichkeit für rhetorische Effekte – und Manipulationen – für eine anthropologische Konstante, für allgemein menschlich.

Ähnlich verhält es sich mit dem Verhältnis des Menschen zu Ästhetik. Künste und ästhetische Praktiken gibt es überall und zu allen Zeiten auf der Welt. Das Bedürfnis nach Literatur scheint universell zu sein, die Menschen erzählen sich immer schon Geschichten, inszenieren auf die eine oder andere Weise Aufführungen oder singen Lieder. Die großen Gattungen der Literatur finden sich in mehr oder weniger ähnlicher Form über viele Kulturen hinweg, ebenso rhythmisierte Rede und der Vers als literarisches Transportmittel für Informationen und einprägsames Speichermedium. Die Auseinandersetzung mit fiktiven Gegenständen und fiktionalen Texten scheint, soweit archäologische, ethnologische, historische und literaturgeschichtliche Belege vorliegen, ebenfalls ein humanes Grundmerkmal.

Auch die Psychoanalyse nimmt für sich eine allgemeine Anwendbarkeit in Anspruch. Sie berücksichtigt die konkrete Lebensgeschichte eines Menschen, seine Entwicklung vom Kind zum Erwachsenen, seine Beziehungen zu anderen, seine Enttäuschungen und Wünsche, seine sexuellen Präferenzen und besonders seine Träume – allesamt Eigenschaften, die hochgradig individuell sind und oft überhaupt den Anlass für eine Analyse oder eine Behandlung bilden. Andererseits nimmt die Psychoanalyse an, dass bestimmte tiefenpsychologische Vorgänge sich in allen Menschen ähnlich abspielen, zum Beispiel die Interaktion von Bewusstem und Unbewusstem, die Steuerung durch Triebe, die Verarbeitung von Erfahrungen im Traum, die Auswirkung von Traumata, der psychische Mechanismus der Verdrängung und letztlich auch die Therapie von Störungen.

Die Narratologie hat ebenfalls den Anspruch, mit ihrem Instrumentarium das gesamte Spektrum menschlicher Erzählungen und narrativer Techniken abzudecken. Ein Volksmärchen aus dem deutschsprachigen Raum funktioniert nach ähnlichen erzählerischen Prinzipien wie eines aus Russland oder aus Kenia. Ein Roman einer argentinischen Autorin ist nicht völlig anders erzählt als der eines Japaners. Sagen, mythische Erzählungen und andere Gattungen der Epik gibt es überall auf der Welt; um sie zu verstehen, müssen wir nicht jedes Mal das Erzählen neu oder ganz anders erlernen. Wie wir in der siebenten Lesewerkstatt gesehen haben, gelten die von der Erzähltheorie beschriebenen Grundsätze auch für andere Künste, etwa für den Film. Die Narratologie beschäftigt sich außerdem nicht nur mit ästhetischen, fiktionalen Darstellungen, sondern zum Beispiel mit historiographischen und politischen. Auch in der Geschichtsschreibung werden erzählerische Verfahren angewandt. Erzählen ist universell.

Kulturalismus

Die Neurowissenschaften und die Experimentalpsychologie, auf deren Methoden die empirische Literaturwissenschaft beruht, streben ebenfalls allgemeingültige Aussagen an. Sonst wären *biases* nicht solch ein Problem. Neben den bereits angesprochenen Herausforderungen, denen die Forschung mit Versuchspersonen unterliegt, kann in der empirischen Literaturwissenschaft allerdings noch ein weiterer Faktor hinzukommen. Denn die Auseinandersetzung mit Texten folgt keineswegs immer universellen Mustern, sondern kann von einzelnen Kulturen beeinflusst werden.

Wir können mit empirischen Methoden die gleichen Erkenntnisinteressen verfolgen, die wir uns für die universalistischen Ansätze der Literaturwissenschaft veranschaulicht haben, also zum Beispiel die Wirkung rhetorischer Mittel, die Unterscheidung zwischen Fakt und Fiktion oder den Einfluss der Erzählperspektive. Dies sind die Gegenstände einer *allgemeinen* Literaturwissenschaft. Sobald wir aber den Bereich der *vergleichenden* Literaturwissenschaft betreten oder uns mit den Fragen einzelner Philologien beschäftigen (also etwa mit Gegenständen der französischen Literatur im Unterschied zur englischen), haben wir es tendenziell nicht mehr mit generellen, sondern mit kulturspezifischen Gegenständen zu tun.

Das beginnt bei der Sprache. Will man Aussagen über die Verarbeitung und das Verständnis von Sprache und Texten treffen, muss man Versuchspersonen Material präsentieren, das sie lesen und verstehen können. Sofern nicht Übersetzungen verwendet werden sollen, die allerdings literaturwissenschaftlich gesehen ihre ganz eigenen Tücken haben und vom Originaltext in jedem Fall abweichen, sind die empirischen Fragestellungen auf bestimmte Sprachkompetenzen begrenzt. Diese wiederum sind mit kulturellen Kontexten verbunden. In Deutschland Versuchspersonen für eine Studie zur lyrischen Gattung des Haiku im japanischen Original oder zu den Sanskrit-Versen der Veden zu finden, wird nicht ganz einfach sein, jedenfalls schwieriger als für eine Studie zu deutschsprachigen Kinderliedern, österreichischer Prosa oder aber auch zu US-amerikanischem Rap. Im deutschsprachigen Raum Probandinnen und Probanden zu gewinnen, die türkische Zeitungstexte lesen können, wird wahrscheinlich einfacher sein. Für die im Theoriekurs vorgestellte Obama-Studie genügend Versuchspersonen in Berlin zu finden, die amerikanisches Englisch verstehen und in den USA wahlberechtigt sind, war zum Beispiel gut möglich. Weil empirische Wissenschaft die Forschung an individuellen, vor Ort getesteten, also experimentell vermessenen Menschen voraussetzt, hängt sie vom kulturellen, sozialen und mitunter sogar vom historisch-politischen Umfeld ab, in dem sie stattfindet.

Nicht nur reine Sprachkompetenz beeinflusst die empirische Literaturwissenschaft, sondern auch kulturelle Kenntnisse und Erfahrungen, die Einbettung in ein kulturgeschichtliches Umfeld. Dass jemand eine Zeitung auf Englisch lesen kann, bedeutet noch nicht, dass er mit Theaterstücken von Oscar Wilde, George Bernard Shaw oder Sarah Kane etwas anfangen kann beziehungsweise dass er sie versteht wie ein Brite oder eine Irin. Und selbst für Muttersprachlerinnen sind Shakespeares Stücke aufgrund des historischen Sprachwandels inzwischen zum Teil nicht mehr ohne Weiteres verständlich. Sollen also nicht nur allgemeine Phänomene der Literaturverarbeitung wie zum Beispiel die Reaktion auf ein Metrum oder die Erinnerbarkeit von Versen untersucht werden, sondern ginge es zum Beispiel um die volksliedhafte, absichtlich einfache dichterische Gestaltung von Gedichten Heinrich Heines, zumal im Vergleich mit tatsächlicher Volksdichtung, oder ginge es darum, wie gut sich Erwachsene an Kinderreime erinnern, dann wären Versuchspersonen, die keine tiefere Verbindung mit der deutschen Kultur haben, eher ungeeignet. Oder zumindest wären andere Ergebnisse von ihnen zu erwarten als von Deutschen.

Solche kulturellen Differenzen können ihrerseits durchaus von Interesse für empirische Studien sein. Reagieren Schweizerinnen auf Wilhelm Tell, mit dem sie von klein auf vertraut sind und der in ihrer Heimat den Status eines Nationalhelden hat, anders als Deutsche, die ihn vielleicht eher als literarische Figur kennen und ihm erst im Deutschunterricht in Friedrich Schillers Stück begegnet sind, oder Österreicherinnen, für die weder der Tell-Mythos noch Schiller auf dieselbe Weise in der nationalen Kulturgeschichte verankert sind? Und auch innerhalb desselben Kulturkontexts macht es einen Unterschied, ob literarische Texte als Stimulusmaterial verwendet werden, die zum Schulkanon gehören und deshalb in der breiten Bevölkerung als bekannt vorausgesetzt werden können, oder ob es sich um weitgehend unbekannte Werke handelt. Solche Unterschiede würden sich verringern oder fielen ganz weg, wenn wir dieselben Texte außerhalb ihres kulturellen Umfelds an Personen testen würden, die zwar die Sprache beherrschten, aber die kulturelle Bedeutung, den literarischen Rang oder den politischen Kontext nicht einschätzen könnten.

Weil literarische Kunstwerke kulturelle Gegenstände sind, die nicht überall und zu jeder Zeit gleich verstanden werden, muss die empirische Literaturwissenschaft stets selbstreflexiv hinterfragen, ob die Erkenntnisinteressen, die sie verfolgt, auf universelle neurologische Prozesse abzielen oder ob sie kulturspezifische Differenzen betreffen. Davon hängen auch die fachliche Anbindung und das wissenschaftliche Zielpublikum ab. Die vorangehende Forschung, die als Grundlage zu berücksichtigen und zu der die eigene Arbeit ins Verhältnis zu setzen ist, wird im einen Fall eher allgemein-ästhetisch beziehungsweise neuro- und kognitionswissenschaftlich ausgereichtet sein, im anderen eher kulturwissenschaftlich-philologisch. Zu entscheiden ist ferner, an welchen Probandengruppen die Studien durchgeführt werden sollen. Die Suche nach geeigneten Personen ist entsprechend offen oder eingeschränkt.

Dabei kann es, um sich von hohen Ansprüchen an Anzahl und Repräsentativität der Versuchspersonen, zumal bei ungewissem Ergebnis, zu entlasten, hilfreich sein, zunächst mit einer sogenannten explorativen Studie zu beginnen. Solche Explorationen dienen dazu, ein Forschungsfeld erst einmal versuchsweise auszukundschaften, einen Gegenstand zu erschließen und durch heuristische Annäherungen Hypothesen für umfassendere Analysen zu bilden. Weil dafür bereits eine kleinere Menge stichprobenartiger Messungen ausreicht, bieten sich solche Ansätze für das Studium eher an.

Literaturwissenschaft und Empirie

Welche Fragen lassen sich in Hinblick auf die empirische Auswertung von Literatur stellen und untersuchen? Welche Beispiele gibt es für solche Studien? Und worin genau besteht der Beitrag der Literaturwissenschaft zu den Experimenten, die im EEG- oder im MRT-Labor durchgeführt werden?

Man kann auch andersherum fragen: Woran sind die Literaturwissenschaftlerinnen und Kulturwissenschaftler in solchen interdisziplinären Projekten nicht oder in geringerem Umfang beteiligt? Typischerweise sind sie nicht direkt in die Durchführung der Experimente involviert. Die Rekrutierung von Versuchspersonen, die Durchführung der individuellen Experimentaldurchgänge, die vorbereitet und technisch betreut werden müssen, sowie die Dokumentation, die statistische Auswertung und ggf. die bildliche Darstellung der Messergebnisse gehören in der Regel nicht zu den Arbeitsgebieten der Philologinnen und Philologen, weil sie dafür meist nicht ausgebildet sind. Dafür ist die Kollaboration mit Psychologinnen und Neurowissenschaftlern erforderlich. Dass sie an den konkreten Laborversuchen nicht mitwirken, heißt allerdings nicht, dass die Beteiligung der geisteswissenschaftlichen Forschenden geringer wäre. Empirische Studien umfassen viel mehr Aufgaben und Untersuchungsschritte als die Arbeit mit den Versuchspersonen – und bei allen anderen werden ihre Kompetenzen gebraucht.

Die literaturwissenschaftliche Expertise kommt ganz wesentlich bei der Bestimmung und Bearbeitung des Gegenstands zum Tragen, der untersucht werden soll. Empirische Messungen könnten gar nicht stattfinden, wenn nicht geeignete Stimuli zur Verfügung stünden. Und ihre Aussagekraft wäre erheblich gemindert, wenn das untersuchte Material nicht auf die Fragestellung und das Erkenntnisinteresse abgestimmt wäre. Durch ihre Kenntnis literarhistorischer Entwicklungen, poetischer Verfahren und ästhetischer Wirkprinzipien, durch ihre Vertrautheit mit kulturellen Kontexten und mit stilistischen Eigenheiten individueller Autorinnen und Schriftsteller, grundsätzlich aber auch durch ihren Überblick über eine größere Zahl literarischer Werke in verschiedenen Epochen kann die Literaturwissenschaft dazu beitragen, passende Texte für die Experimentalstudien bereitzustellen. Dieser Beitrag kann in der Auswahl geeigneter Stimuli bestehen – oder in deren Erstellung.

Nicht immer können für die Untersuchung an Versuchspersonen literarische Originale verwendet werden. Die Anforderungen an die Validität des Experimentalmaterials machen es mitunter erforderlich, dass man relativ viele Stimuli derselben Art testet, um Randomisierung zu gewährleisten (also die zufällige Zuordnung und Reihenfolge der Stimuli innerhalb der Probandengruppen) und um genügend Messdaten für signifikante Mittelwerte zu erheben. Selbst wenn man genügend Ausschnitte aus literarischen Werken findet, die eine gewünschte Eigenschaft aufweisen, sind sie für diesen Zweck in der Regel nicht gleichförmig und einheitlich genug. Sie sind nicht verfasst worden, um eine bestimmte Texteigenschaft in Reinform zu präsentieren, sondern weisen zusätzliche formale oder inhaltliche Merkmale auf, die das Messergebnis verzerren und die Vergleichbarkeit beeinträchtigen können. Man spricht von unkontrollierten beziehungsweise Störvariablen, also Faktoren, die nicht zu denjenigen Eigenschaften des Stimulusmaterials gehören, die im Experiment unter kontrollierten Bedingungen variiert und geprüft werden können und die allein die Grundlage für die Auswertung der Studie bilden sollen.

In diesen Fällen kann literatur-analoges Textmaterial zu Experimentalzwecken hergestellt werden, um die untersuchten Charakteristika zu simulieren und gleichzeitig Störfaktoren aus dem Material auszuschließen. Nur so kann sichergestellt werden, dass die Kausalbeziehung zwischen Ursache und Wirkung, die man mit dem Experiment festzustellen beabsichtigt, von den erzielten Ergebnissen tatsächlich auf die vermuteten Eigenschaften zurückzuführen ist. Die literaturwissenschaftliche Expertise kann dafür sorgen, dass die für das Experiment erzeugten Stimuli echten literarischen Werken möglichst nahekommen. Andernfalls sind Rückschlüsse vom Experiment auf die Literatur nicht oder nur sehr eingeschränkt möglich. Als Beitrag zur (empirischen) Literaturwissenschaft hätte die Studie dann ihren Zweck verfehlt.

Selbst wenn man mit literarischem Originalmaterial arbeiten kann, ist häufig noch eine zusätzliche, bearbeitete Fassung erforderlich. Denn wenn einzelne Eigenschaften der Texte auf ihre empirische Wirkung hin untersucht werden sollen, braucht es eine Experimentalversion, die diese Eigenschaften nicht aufweist und mit deren Messung das Original verglichen werden kann. Für diese Gegenprobe muss das untersuchte Merkmal aus den ursprünglichen Texten gezielt entfernt werden, möglichst ohne als ungewünschten Nebeneffekt irgendwelche anderen formalen oder inhaltlichen Änderungen im Kontrollmaterial zu verursachen, die als Störvariablen das Ergebnis beeinflussen könnten. Sonst könnte man die festgestellten Unterschiede in den Messergebnissen wiederum nicht eindeutig auf das Vorhandensein oder die Abwesenheit des untersuchten Merkmals zurückführen. Für das sensible Herauslösen der untersuchten Eigenschaft unter Beibehaltung der restlichen Textcharakteristika sind Literaturwissenschaftlerinnen am besten geeignet, weil sie die bedeutungstragenden und wirksamen Elemente von Texten besonders gut beurteilen können.

Aber nicht erst bei der Materialauswahl ist literaturwissenschaftliche Expertise gefragt. Noch grundlegender gibt sie oft überhaupt den Ausschlag für die Ausrichtung der experimentellen Untersuchung. Das Erkenntnisinteresse zahlreicher empirischer Studien geht von der Auseinandersetzung mit literarischen Texten beziehungsweise von prinzipiellen Fragen aus, die sich dabei stellen und die mit anderen philologischen und kulturwissenschaftlichen Methoden nicht beantwortet werden können. In etlichen Experimenten wurden daher zunächst traditionelle Annahmen überprüft, auf denen die Literaturwissenschaft zum Teil seit sehr langer Zeit aufbaut und die sich als Erklärmodelle bewährt haben, die aber bisher nie zweifelsfrei hatten belegt werden können. Wenn in der erwähnten Obama-Studie etwa die Wirkung rhetorischer Figuren gemessen wurde, dann auch als Probe auf die jahrtausendealten Doktrinen der antiken Rhetoriktheorie – die nunmehr als empirisch bestätigt gelten dürfen. Die Empirie dient auf diese Weise als interdisziplinäre Ergänzung des klassischen Methodenspektrums der Literaturwissenschaft, durch die andere Gegenstände in den Blick genommen werden und überlieferte Vorstellungen neu perspektiviert werden können. Neben althergebrachten Lehren zur Wirkung von Literatur wie etwa der Rhetorik oder dem Katharsis-Konzept aus Aristoteles' Tragödienpoetik hat in der zweiten Hälfte des 20. Jahrhunderts etwa die sogenannte Rezeptionsästhetik ein besonderes Augenmerk darauf gelegt, wie literarische Bedeutung im Prozess der Lektüre und im Verhältnis zwischen Text und Lesenden entsteht. Wo sie allerdings Aussagen über die konkrete Wirkung einzelner Texteigenschaften machen wollte, war diese Methode auf Spekulation angewiesen, solange sie ihre Behauptungen nicht experimentell belegen konnte. Die empirische Literaturwissenschaft kann als Fortführung und Radikalisierung solcher Ansätze verstanden werden.

Neben der Fragestellung und dem Stimulusmaterial kann die Literaturwissenschaft ein weiteres Element beitragen, ohne das empirische Experimente nicht sinnvoll möglich wären, nämlich Hypothesen. Weil philologische, poetologische und ästhetische Arbeiten schon seit der Antike der Frage nachgehen, wie literarische Kunstwerke wirken und wie sie Bedeutungen erzeugen, kann die moderne Literaturwissenschaft dazu Annahmen formulieren, die sich in Laborversuchen verifizieren oder falsifizieren lassen. Und nach Durchführung und Auswertung der physiologischen Versuche kann sie die Messergebnisse gemeinsam mit den Psychologinnen und Neurowissenschaftlern ins Verhältnis zu den untersuchten Annahmen setzen. Die Deutung der erhobenen Daten – also die Diskussion der Resultate und ihre Einordnung als Bestätigung oder Widerlegung der untersuchten Hypothesen – erfolgt idealerweise in interdisziplinärer Zusammenarbeit aller Projektmitglieder und unter Einbezug aller beteiligten Fachperspektiven.

In all diesen Hinsichten ergänzen literaturwissenschaftliche und experimentalpsychologische Kompetenzen einander. Weder ist die Literaturwissenschaft in empirischen Studien nur Stichwortgeberin für die eigentlichen Interessen der Neurowissenschaften, noch hat die Überprüfung an Versuchspersonen einzig den Zweck, philologische Vermutungen zu validieren. Entsprechend werden die Veröffentlichungen zu solchen Forschungsprojekten nicht getrennt aus Sicht der einzelnen Disziplinen verfasst, sondern entstehen in fächerübergreifender Co-Autorschaft. Und sie erscheinen möglichst nicht einseitig in Publikationsorganen, die nur von einem Teil der beteiligten Forschungsbereiche wahrgenommen werden, sondern die ein möglichst interdisziplinäres Publikum ansprechen. Zu solchen Fachzeitschriften, die gemäß internationalen Standards in der Regel auf Englisch erscheinen, gehören unter anderem *Poetics: Journal of Empirical Research on Culture, the Media and the Arts*; *Psychology of Aesthetics, Creativity, and the Arts*; *Projections: The Journal for Movies and Mind*; *Language, Cognition and Neuroscience*; *Journal of Memory and Language*; *Brain and Language* und *PLOS ONE*.

Wie Wunder wirken

Als Beispiel für die Themen, Ergebnisse und Forschungsabläufe der empirischen Literaturwissenschaft können wir zwei Studien etwas näher betrachten, die aus einem interdisziplinären Forschungsprojekt an der Freien Universität Berlin und der Humboldt-Universität zu Berlin hervorgegangen sind. Sie untersuchen unsere Verarbeitung kontrafaktischer, wunderbarer, nicht-realer Elemente in literarischen und rhetorischen Texten. Durchgeführt wurden sie als EEG-Experimente, bei denen die kognitiven Reaktionen der Versuchspersonen anhand der Hirnströme gemessen werden.

Am Ausgangspunkt der beiden Studien steht die Beobachtung, dass verwunderliche, unrealistische, semantisch unmögliche Konzepte in der Literatur erstaunlich oft vorkommen. In populären Textsorten und bekannten Erzählformaten haben wirklichkeitswidrige Elemente in Form von ontologischen Brüchen eine lange Tradition. Handlungselemente, die der Realität und unserem Weltwissen widersprechen, sind sehr häufig anzutreffen: belebte Gegenstände, sprechende Tiere, Mischwesen, Verwandlungen etc. In antiken Mythen, Fantasy-Romanen, Superhelden-Comics und Science-Fiction-TV-Serien sind wir daran gewöhnt, solchen kontraintuitiven Inhalten zu begegnen. Auch in religiösen Texten treten sie oft auf. Wir können diese Phänomene als Wunder auffassen. Der Modus des Wunderbaren ist geradezu konstitutiv für eine Reihe literarischer Gattungen, etwa Märchen, Sage und Legende. Wunder sind in diesen Textsorten in der Tat gar nicht verwunderlich, sondern gehören fest zu deren charakteristischer Erzählwelt.

Es stellt sich die Frage, warum der Mensch sich mit solchen irrealen Elementen beschäftigt, warum er sich Geschichten mit entsprechenden Inhalten erzählt, die für seine Wirklichkeit keinen praktischen Nutzen zu haben scheinen, was ihren Reiz für ihn ausmacht und wie er sie verarbeitet. In Hinsicht auf die Literatur- und Gattungsgeschichte können wir uns fragen, warum zahlreiche langlebige und beliebte Genres solche erfahrungswidrigen Konzepte aufweisen und welche Faktoren ihre kulturelle Verbreitung und ihren Überlieferungserfolg ausmachen. In Zeiten kontrafaktischer Rhetorik und Politik ist die kognitive Reaktion auf Verstöße gegen eine vernünftige Auffassung unserer Welt aber auch in gesellschaftlicher Hinsicht bedeutsam. Wie gelingt es manchen Politikerinnen und Demagogen, Widersprüche zur Wirklichkeit in ihren Aussagen zu verdecken und Fehlinformationen erfolgreich zu vermitteln?

Um diese Fragen in einem empirischen Experiment zu untersuchen, mussten wir sie in ein Versuchsdesign übersetzen und Hypothesen entwickeln, die mithilfe von kontrolliertem Stimulusmaterial überprüft werden konnten. Außerdem mussten wir die spezifische Art wirklichkeitswidriger Informationen, wie sie zum Beispiel im Märchen auftritt und uns hier interessierte, als messbare kognitive Reaktion operationalisieren. Im Anschluss an bestehende neuropsychologische und anthropologische Forschung haben wir Wunder zu diesem Zweck als sogenannte ‚minimal kontraintuitive Konzepte' gefasst (*minimally counterintuitive concepts*, kurz MCI) und von anderen Formen unrealistischer Textelemente unterschieden. MCI stellen eine bestimmte Art der ontologischen Verletzung dar. Ein minimal kontraintuitives Konzept ist dadurch gekennzeichnet, dass es der Realität und unserem gewohnten Weltwissen weitgehend entspricht, außer in jeweils genau einer Hinsicht. MCIs basieren auf semantischen Konzepten und Kategorien unseres Langzeitgedächtnisses (Personen, Pflanzen, Artefakte usw.), sie sind also nicht völlig absurd, bizarr oder unkenntlich, nicht ‚maximal kontraintuitiv'. Sie teilen die meisten ihrer Eigenschaften mit den übrigen Elementen der semantischen Kategorie, zu der sie gehören, weisen darüber hinaus aber ein Merkmal einer anderen Objektklasse auf und stellen daher einen Kategorienbruch dar. Ein Beispiel wäre ein Pferd, das alle üblichen Charakteristika dieser Spezies besitzt, zusätzlich aber auch ein Attribut aufweist, das eine Grenze unseres semantischen Kernwissens überschreitet beziehungsweise mit einer intuitiven Ontologie in Konflikt steht: In einer mythischen Erzählung könnte das Pferd mit den üblichen vier Beinen, Hufen, Fell und Mähne dargestellt werden, wiehern, Gras fressen und von Menschen geritten werden, zudem aber auch sprechen können – oder fliegen, wie Pegasus – aber nicht beides. Genau diese einzelne Kategorienverletzung, so lautet eine These des Psychologen und Anthropologen Pascal Boyer, mache MCIs besonders auffällig und führe zu einer größeren Einprägsamkeit (*The naturalness of religious ideas: A cognitive theory of religion*, 1994). Diese kognitiven Vorteile in Hinsicht auf die Aufmerksamkeit und die Erinnerbarkeit könnten dafür gesorgt haben, dass minimal kontraintuitive Konzepte und die Textgattungen, in denen sie vorkommen, kulturgeschichtlich sehr erfolgreich waren.

Affekt als Anästhetikum

Wie aber lässt sich diese Vermutung experimentell überprüfen? Und wieso sollte ausgerechnet Kontraintuitives – und sei es auch minimal – leichter zu verarbeiten und zu merken sein als realistische Inhalte? Wie sehr hängt der kognitive Prozessierungsaufwand vom Kontext ab, in dem die Kategorienverletzung auftritt beziehungsweise in dem uns wirklichkeitswidrige Informationen entgegentreten?

Einen ersten Hinweis hierzu gibt bereits die antike Rhetorik. Sie ging davon aus, dass die Emotionalität einer Aussage deren persuasive Wirkung beeinflusst und dass Überzeugung durch Affekte befördert werden kann. Wie wir in der fünften Lektion gesehen haben, betonten schon Gorgias und Aristoteles in ihren Rhetoriklehren, welche große Rolle die emotionale Aufladung bei der Kommunikation und Rezeption von Redeinhalten spielt und wie durch geschickte affektive Manipulation die Skepsis und die kritischen Widerstände des Publikums überwunden werden können. Dieser Zusammenhang zwischen mentaler Verarbeitung und Affektgehalt lässt sich im Sinne unserer Fragestellung literaturgeschichtlich erhärten. Auch in den langanhaltend überlieferten Gattungen, in denen MCIs häufig auftreten, sind diese wirklichkeitswidrigen Elemente in aller Regel in einen emotionalen Kontext eingebettet, negativ etwa als Antagonist (zum Beispiel eine Hexe) oder positiv als Helferfigur (ein sprechendes Tier o. Ä.) beziehungsweise als Wundertat (in Form einer Verwandlung oder göttlicher, metaphysischer Einflussnahme etc.).

Das Experiment unserer ersten Studie verfolgte deshalb zwei Untersuchungsfragen. Erstens sollten die kognitiven Mechanismen bei der Verarbeitung von MCIs identifiziert und von anderen Formen des Kategorienbruchs beziehungsweise der semantischen Verletzung unterschieden werden. Zweitens sollte ermittelt werden, welche Rolle dabei die Emotionalität des Textumfelds spielt. Bei beiden Erkenntnisinteressen ging es also zunächst um eine universalistische Perspektive auf die neuropsychologischen Prozesse, die sich bei der Reaktion auf erfahrungswidrige Elemente in einem emotionalen Textumfeld abspielen.

Der Versuch, der auf der kontrollierten Variation textlicher Stimuli beruhte, war entsprechend aufgebaut: Den Versuchspersonen (30 Studierenden der Psychologie mit Deutsch als Muttersprache und einem Durchschnittsalter von 24,8 Jahren) wurden drei Arten von Testsätzen präsentiert: erstens Aussagen, die MCIs enthielten, grammatisch realisiert als semantischer Widerspruch zwischen dem Subjekt und dem Prädikat (z. B. „Der kahle Birkenbaum spricht mit dem Mädchen."); zweitens Aussagen, die bloße semantische Erwartungsverletzungen (SEV) enthielten, bei denen ontologische Grenzen nicht überschritten wurden, grammatisch realisiert als semantischer Widerspruch zwischen dem Adjektivattribut und dem Prädikat (z. B. „Der kahle Birkenbaum blüht über dem Mädchen."); drittens semantisch unauffällige, plausible Aussagen ohne Verletzungen (z. B. „Der kahle Birkenbaum knarrt im Wind.").

Um die Auswirkungen der emotionalen Kontextualisierung auf die Verarbeitung dieser semantischen Varianten zu überprüfen, wurde jedem Testsatz eine Kurzgeschichte vorangestellt, die entweder emotional neutral gehalten war oder aber starke negative Emotionen enthielt. Eine negative Emotionalisierung – der psychologische Fachbegriff lautet ‚Valenz' – wurde gewählt, weil sie in Experimenten in der Regel eine stärkere Wirkung erzielt und sich deshalb zu Versuchszwecken besser eignet. In der politischen Rhetorik oder in Verschwörungserzählungen werden entsprechend häufig negative Affekte und agonale, kontroverse Kontexte zur Einbettung kontrafaktischer Aussagen verwendet, zum Beispiel ökonomische Krisen oder Kriege. Und in der Literatur treten wunderbare Elemente häufig ebenfalls in gefährlichen Situationen und Konflikten auf.

Um über eine genügende Anzahl randomisierbarer Stimuli zu verfügen, wurden insgesamt 61 solcher Kontextgeschichten in jeweils einer neutralen und einer emotionalen Variante verfasst, gefolgt von den drei semantisch variierten Bedingungssätzen. Um Störvariablen zu vermeiden und das Stimulusmaterial so einheitlich wie möglich zu gestalten, wurden für die Erstellung der Texte Regeln definiert: Neutraler und negativer Kontext bestehen jeweils aus zwei Sätzen und sind gleich lang. Der erste Satz gibt die Emotion vor, der zweite Satz ist in neutralem und emotionalem Kontext identisch. Er steht im Präsens, ebenso wie die Bedingungssätze. Weil sich die – plausible oder erfahrungswidrige – Bedeutung in den Bedingungssätzen maßgeblich durch das Prädikat ergibt, wir aber sicherstellen wollten, dass die gemessene kognitive Reaktion nicht von einzelnen Vokabeln der Testsätze, sondern tatsächlich von den Kontextgeschichten bestimmt wird, kommen alle verwendeten Verben in allen drei semantischen Varianten vor (MCI, SEV, plausibel). Jede Versuchsperson bekommt jedes Verb in allen sechs Messbedingungen präsentiert (neutral + plausibel, neutral + SEV, neutral + MCI; emotional + plausibel, emotional + SEV, emotional + MCI). Hinzu kamen 120 emotional und semantisch unauffällige Füll-Geschichten, die dazu dienen, für einen neutralen Ausgleich im Experiment zu sorgen und eine Gewöhnung an die semantisch und affektiv außergewöhnlichen Stimuli zu vermeiden. Mithilfe dieses aufwändigen Studiendesigns konnte jeder Bedingungssatz zufällig über alle Versuchspersonen hinweg mit jeder Kontextvariante verknüpft werden, um individuelle Unterschiede innerhalb der Stimuli und der Versuchspersonen einzuebnen. Insgesamt wurden jeder Versuchsperson 486 Geschichten präsentiert. Die Variation der textlichen Stimuli und die zufällige Verteilung über die Messungen hinweg veranschaulicht eine schematische Darstellung (siehe Abb. 1).

Als empirische Messmethode diente die Elektroenzephalographie (EEG). Der Messzeitpunkt war jeweils das Verb der Bedingungssätze, weil sich dort die Art der semantischen Verletzung realisierte (MCI, SEV oder plausibel). Die Messergebnisse werden dargestellt als sogenannte ereigniskorrelierte Potentiale, also als

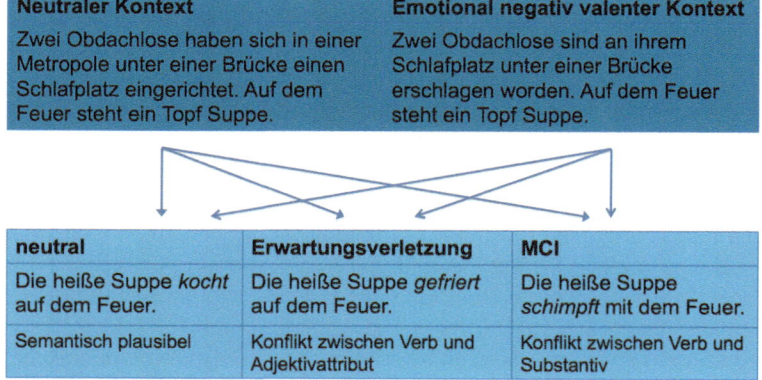

Abb. 1 Ein Beispiel für die emotional und semantisch variierten Textstimuli

Wellenform in der EEG-Kurve, die die Ladung der Hirnströme mit sehr hoher zeitlicher Auflösung erfasst. Von besonderem Interesse für das Experiment war ein Element dieser Verlaufskurven, das etwa nach 400 Millisekunden auftritt (um ganz genau zu sein: in der zentro-parietalen Schädelregion, also auf der mittleren Oberseite des Kopfes) und sich als negativer Amplitudenausschlag zeigt. Diese sogenannte N400-Komponente deutet in der Neurowissenschaft allgemein auf die Schwierigkeit hin, die eine Versuchsperson damit hat, ein Wort in seinen sprachlichen Kontext zu integrieren. Je größer der negative Ausschlag, umso größer der Prozessierungsaufwand. In unserem Zusammenhang diente die N400-Komponente daher als Indikator für die Tiefe der semantischen Verletzung.

Die Hypothese der Studie ging davon aus, dass erstens MCIs im Allgemeinen einen höheren semantischen Verarbeitungsaufwand erzeugen als plausible Aussagen oder bloße Erwartungsverletzungen; dass zweitens emotionale Kontexte im Vergleich zu neutralen Kontexten diesen Aufwand zur Prozessierung von MCIs aber verringern. Erwartet wurde daher eine entsprechende Veränderung der N400-Komponente, das heißt ein verringerter negativer Ausschlag nach kontraintuitiven Aussagen, die im Anschluss an einen negativ valenten Kontext präsentiert wurden.

Diese Annahmen konnten durch die Messergebnisse bestätigt werden (siehe Abb. 2). In den durch das Verb der Bedingungssätze ausgelösten ereigniskorrelierten Potentialen zeigte sich ein charakteristischer N400-Effekt für alle semantischen und Kontextbedingungen. Gemäß der Hypothese unterschieden sich die Amplituden zwischen MCI, SEV und plausiblen Aussagen (gelbe Markierung zwischen 300 und 500 Millisekunden). Die MCIs – unser experimentelles Konzept für kontrafaktische Informationen und literarische Wunder – konnten damit von anderen Formen der semantischen Inkongruenz abgegrenzt werden. Der untersuchte Haupteffekt erwies sich außerdem dadurch, dass MCIs größere N400-Amplituden als plausible Aussagen nur dann hervorriefen, also nur dann einen erhöhten Verarbeitungsaufwand erforderten, wenn ihnen neutrale Kontextgeschichten vorausgingen, nicht aber im Anschluss an negative Kontextgeschichten. Sobald MCI-haltige Bedingungssätze in einem emotionalen Kontext präsentiert wurden, war ihr Verarbeitungsaufwand deutlich verringert und von dem plausibler und erwartungsverletzender Aussagen statistisch nicht mehr signifikant zu unterscheiden.

Die negative Valenz des Textumfelds kann die erschwerte Verarbeitung kontraintuitiver Inhalte also kompensieren – ein Mechanismus, der für den Erfolg literarischer Gattungen gesorgt haben könnte, die mit ihren wirklichkeitswidrigen Elementen Aufmerksamkeit auf sich ziehen, aber keine kognitiven Prozessierungskosten beziehungsweise Einprägsamkeitseinbußen dafür in Kauf nehmen müssen. Diese Vermutungen müssten wiederum in weiteren Experimenten überprüft werden, die etwa die Memorabilität von MCIs genauer untersuchen, idealerweise anhand von literarischem Originalmaterial.

Vielleicht mehr noch als in kulturgeschichtlicher Sicht sind die Ergebnisse der Studie für die Rhetorik relevant. Negative Emotionen sind, so zeigen die Resultate, ein sehr wirksames Mittel, um die Tiefe der semantischen Verarbeitung zu verringern beziehungsweise um die logisch-rationale Reaktion der Menschen auf kontrafaktische oder sogar unsinnige Inhalte zu betäuben. Die Studie liefert empi-

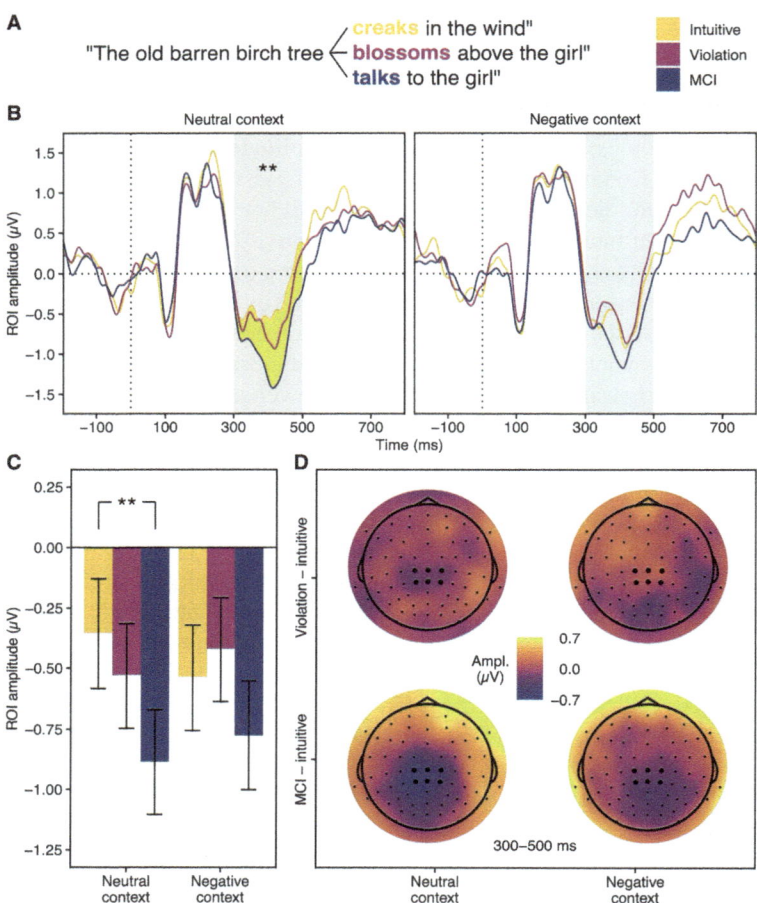

Abb. 2 Ergebnisse der EEG-Messungen

rische Hinweise darauf, dass negativ emotionalisierte Darstellungen als rhetorische Strategie verwendet werden können, um kontraintuitive, wirklichkeitswidrige Aussagen akzeptabel erscheinen zu lassen. Der Affekt dient als Anästhetikum. Diese Manipulationstechnik ist offensichtlich von großer Bedeutung in politischen und anderen sozialen Kontexten. Um unlogische Argumente, *fake news*, ‚alternative Fakten' und andere Unwahrheiten zu vermitteln, werden in der Regel negative emotionale Kontexte genutzt oder erzeugt, die das kritische Bewusstsein des Publikums reduzieren. In Studien, die auf Material aus tatsächlicher politischer Kommunikation beruhen, könnte anschließend untersucht werden, wie sich solche Strategien langfristig auf die Rezeption und Erinnerbarkeit kontrafaktischer Inhalte auswirken – und auf politische Einstellungen.

Gewöhnliche Wunder

Im Anschluss an diese erste Studie, die ein universales Erkenntnisziel verfolgte, haben wir ein zweites Experiment durchgeführt, das eher einen kulturspezifischen Fokus hatte. Es ging von der Beobachtung aus, dass die literarischen Gattungen, in denen wunderbare Elemente regelmäßig auftreten, nicht nur häufig durch Emotionen gekennzeichnet sind, sondern auch durch einen wiedererkennbaren Sprachmodus, durch einen spezifischen Stil. Diese auffälligen stilistischen Merkmale, die wir häufig bereits in unserer Kindheit erlernen, spielen eine große Rolle bei der Einordnung eines Texts in eine literarische Gattung. Diese Genreerkennung wiederum bestimmt unsere Erwartungen an die Ontologie des Texts, ganz maßgeblich zum Beispiel in Hinsicht auf das Vorkommen wirklichkeitswidriger Elemente. Wenn wir bereits aufgrund des Stils erwarten, dass in einem Text etwas Wunderbares vorkommt, erzeugt das Wunder weniger Überraschung und macht weniger Eindruck. Das Wunder wird erwartbar, es wird gewöhnlich. Es ist schwer vorstellbar, dass diese Gewöhnung und diese Erwartung keinen Einfluss auf die kognitive Verarbeitung von kontrafaktischen Textelementen haben. Diesem Zusammenhang ist die zweite Studie gewidmet, die wir uns im Folgenden veranschaulichen wollen.

Nirgends innerhalb der deutschen Literatur und Kultur ist der Zusammenhang zwischen Stil und Wirklichkeitswidrigkeit stärker ausgeprägt als in der Gattung des Märchens. Die sprachlichen Merkmale und der charakteristische Klang der „Kinder- und Hausmärchen", wie sie die Brüder Grimm zu Beginn des 19. Jahrhunderts schriftlich festgehalten haben, sind uns seit frühester Jugend bekannt. Und sie lösen die Erwartung an bestimmte wunderbare Handlungselemente aus. Das Wunder sorgt im Märchen daher nicht für Verwunderung; verwunderlich wäre nur, wenn kein Wunder vorkäme. Die Ontologie des Märchens unterscheidet sich daher von vornherein von der Wirklichkeit. Und wir akzeptieren diese Wunderwelt und tauchen in sie ein, sobald wir einen Text als Märchen erkennen – was anhand des Stils meist in sehr kurzer Zeit möglich ist. Die sprachliche Gestaltung von Märchen ruft bei uns also eine besondere Rezeptionshaltung hervor.

Diesen Einfluss des Märchenstils auf die Verarbeitung erfahrungs- und wirklichkeitswidriger Textelemente sollte die zweite Studie untersuchen. Das Wunderbare wurde dabei erneut als *minimally counterintuitive concepts* (MCIs) operationalisiert. Auch der Aufbau des Experiments war dem der ersten Studie sehr ähnlich. Wieder wurden Bedingungssätze mit MCIs, semantischen Erwartungsverletzungen und plausiblen Aussagen im Anschluss an kurze Geschichten präsentiert. Diese Kontextgeschichten wurden hier nun aber nicht in Hinsicht auf ihre Emotionalität variiert, sondern in Hinsicht auf ihren Sprachstil. Die eine Variante der Kontexte war jeweils in einem zeitgenössischen Alltagsdeutsch formuliert, die andere war im Stil der Grimm-Märchen gehalten. Empirisch gemessen wurde abermals im EEG die elektrophysiologische Hirnaktivität, die vom Verb in den Bedingungssätzen ausgelöst wurde. Und analog zur ersten Studie lautete die leitende Hypothese, dass der neurokognitive Verarbeitungsaufwand der MCIs im Gegensatz zu plausiblen Aussagen oder nicht-kategorialen semantischen Inkongruenzen verringert wird, wenn sie in einen Märchenkontext eingebettet sind, erkennbar maßgeblich an der reduzierten N400-Komponente in den ereigniskorrelierten Potentialen.

Im Unterschied zur ersten Studie mit ihrem universal-rhetorischen Untersuchungsgegenstand war das kulturelle Umfeld dieses an Gattungspoetik und Sprachstil interessierten Experiments allerdings keineswegs von geringer Bedeutung. Das Funktionieren des Experiments setzte die Kenntnis von Märchen und ihren stilistischen Merkmalen voraus – sowohl bei den Versuchspersonen als auch für die Erstellung des Stimulusmaterials. Bei der Rekrutierung der 24 Probandinnen und Probanden wurde entsprechend die muttersprachliche Beherrschung des Deutschen gewährleistet, die mit dem literarischen Gattungswissen einhergeht, das erforderlich ist, um Märchen anhand des Stils zu erkennen.

Es gibt zwar eine für Experimentalzwecke ausreichende Menge deutscher Volksmärchen, diese sind aber zu umfangreich und personell, dramaturgisch und formal zu heterogen, als dass sie sich für die kontrollierte empirische Überprüfung eignen würden. Statt mit literarischem Originalmaterial musste das Experiment deswegen mit künstlich erstellten Stimuli durchgeführt werden. Deren Ähnlichkeit mit authentischen Märchen war allerdings von allergrößter Bedeutung. Sonst wäre zum einen nicht garantiert, dass die Versuchspersonen die Texte tatsächlich als Märchen erkennen würden. Zum anderen wären nur eingeschränkt Rückschlüsse auf die Verarbeitung der echten literarischen Gattung außerhalb des Experiments möglich. Die Märchenhaftigkeit der Stimuli und ihre Entsprechung mit dem volkstümlich-romantischen Sprachstil der Grimm-Märchen wurde daher vor dem Versuch in einer separaten Befragung überprüft.

Zuvor mussten die Stimulustexte aber verfasst werden. Dabei kam die Expertise der Literaturwissenschaften zum Tragen, Gattungsmerkmale identifizieren und in möglichst kontrollierter Form reproduzieren zu können. Im Anschluss an literaturgeschichtliche und -typologische Forschung (zum Beispiel André Jolles' Konzept der ‚einfachen Formen') wurden dafür folgende Kriterien des Märchenstils bestimmt, die nicht allein das Sprachregister betreffen, sondern eine ganze Reihe von Textmerkmalen:

1. Erzählperspektive: Das Innenleben der Handelnden wird in Märchen normalerweise nicht gezeigt. Die Figuren sind extern fokalisiert und treffen keine bewussten Entscheidungen, die den Lesenden mitgeteilt würden, sondern folgen Aufgaben, Rätseln, Ratschlägen oder Bitten, die von außen an sie herangetragen werden. Anstelle von Gefühlen wird der entsprechende physische Ausdruck geschildert (z. B. „sie weinte" statt „sie war traurig"). Persönlichkeitsmerkmale werden durch Handlungen dargestellt.

2. Schauplatz: Märchen werden von der Handlung bestimmt. Sie beschreiben weder den Raum und die Zeit, in denen die Handlung stattfindet, noch beziehen sie sich auf eine außerliterarische Historie.

3. Typologie: In Märchen gibt es eine Reihe typischer Figuren: die Stiefmutter, die Stiefschwester, das jüngste Kind, den König und die Königin, den Prinzen und die Prinzessin, arme Menschen, Zwerge, Riesen, Drachen, sprechende Tiere oder lebendige Objekte.

4. Symbole: In Märchen haben bestimmte Mineralien, Farben und Zahlen symbolische Qualitäten. Zum Beispiel steht Gold für Glück, Erfolg, Schönheit oder auch Edelmut. Rot kann Liebe versinnbildlichen, aber auch Tapferkeit und Wildheit, während Weiß für Unschuld und Reinheit steht und Schwarz für tiefe Charakterfehler oder bevorstehenden Tod. Die Zahl Drei evoziert die Heilige Dreifaltigkeit, oft aber auch die intakte Familie (Vater–Mutter–Kind), während Vier ein Symbol für Ordnung und Rationalität ist. Ihre Kombinationen, Sieben (3 + 4) und Zwölf (3 × 4), stehen für Vollständigkeit und Harmonie, während die Dreizehn eine gefährliche Störung dieser Eintracht darstellt, wie beispielsweise die dreizehnte Fee im Märchen *Dornröschen*.

5. Oppositionen: Märchen behandeln moralische Gegensätze, die häufig auch in visuellen Gegensätzen ausgedrückt werden (gut/böse, reich/arm, hell/dunkel, schön/hässlich, jung/alt, usw.).

6. Detailgrad: Das Aussehen von Figuren wird nur vage beschrieben und auch nur dann, wenn es für die Handlung relevant ist (Hässlichkeit ist beispielsweise meist ein Zeichen für Bosheit, Schönheit hingegen ein Zeichen für Güte).

7. Formelhaftigkeit: Märchen weisen eine Reihe eigener sprachlich-stilistischer Merkmale auf, die sie von anderen Gattungen abheben, etwa triadische Wiederholungen, das Wiederaufgreifen von Schlüsselphrasen, die Verwendung von Diminutiven sowie historische Vokabeln und veraltete Wortmorphologie („ward" statt „wurde" etc.). (Den allzu plakativen Märchen-Beginn „Es war einmal", der in etwa 40 % der von den Brüdern Grimm gesammelten Märchen vorkommt, haben wir in unserem Stimulusmaterial allerdings vermieden, um eine implizitere Gattungserkennung herbeizuführen.)

8. Grammatik: Märchen vermeiden den Konjunktiv. Die einzigen Ereignisse und Handlungen, die berichtet werden, sind diejenigen, die tatsächlich stattfinden, und sie werden in der Reihenfolge erzählt, in der sie sich ereignen.

9. Syntax: Märchen sind in einfachen, kurzen, parataktischen Sätzen geschrieben, die keine komplexen Nebensätze enthalten. Darüber hinaus zeichnen sich die Märchen der Brüder Grimm durch eine altertümliche Syntax aus, insbesondere durch nach vorn verschobene Verben in Relativsätzen („Sie hatte eine goldene Kugel, die war ihr liebstes Spielwerk.").

All diese Merkmale wurden bei der Erstellung der Stimuli berücksichtigt, zusammen mit experimentalpsychologischen Vorgaben etwa zur Länge der Texte, zur Anzahl der Sätze und zur Vermeidung von Störvariablen. Zu beachten war im Unterschied zur ersten Studie insbesondere, dass die Geschichten keine ausgeprägte Emotionalität aufwiesen, um das Messergebnis nicht durch affektive Effekte zu verzerren. Hier folgen zwei Beispiele für eine Kontextgeschichte im Märchenstil, die dazugehörige stilistisch neutrale Alltagsvariante und die drei Bedingungssätze (plausibel, SEV und MCI):

> Märchen: In einem tiefen Tale, zwischen sieben hohen Bergen, lebte einmal ein altes Mütterchen, das braute in seiner Stube die wunderlichsten Säfte. Eines späten Abends klopfte ein Händler drei Mal laut und vernehmlich an seiner Tür. Er wollte dem Mütterchen tausend goldene Taler und eine gute Kuh geben, wenn es ihm eine Arznei ganz nach seinen Wünschen brauen würde.

Alltag: In einem Dorf im Siebengebirge lebte eine Apothekerin, die in ihrem Geschäft auch ein kleines Labor hatte, wo sie Arzneien auf naturheilpflanzlicher Basis herstellte. Eines Abends kam kurz vor Geschäftsschluss der Vertreter eines Pharmakonzerns in die Apotheke. Er bot der Apothekerin tausend Euro Provision und eine gute Umsatzbeteiligung, wenn sie sich bereiterklärte, an der Entwicklung einer neuen Arznei mitzuwirken.
Plausibel: Die köchelnde Arznei dampfte stark.
SEV: Die köchelnde Arznei erstarrte plötzlich.
MCI: Die köchelnde Arznei schlenderte umher.
Märchen: Es lebte einmal ein Kutscher, der diente einem mächtigen König. Auf Geheiß des Herrschers putzte er das edelste Pferd bis tief in die Nacht so blank, dass es über und über im Licht der Fackeln glänzte. Doch als er das Ross am nächsten Morgen anspannen wollte, da sah der Mann, dass es auf einem Bein lahmte.
Alltag: Ein Chauffeur im Staatsdienst bekam von höchster Stelle den Auftrag, einen wichtigen Diplomaten zu befördern. Bis tief in die Nacht polierte er seine beste Limousine so blank, dass man sich in ihrem Lack spiegeln konnte. Aber als er am nächsten Morgen aus der Garage fahren wollte, bemerkte der Mann, dass der Wagen einen platten Reifen hatte.
Plausibel: Der erschöpfte Mann schimpfte vor sich hin.
SEV: Der erschöpfte Mann tänzelte durch die Gegend.
MCI: Der erschöpfte Mann verflüssigte sich langsam.

Insgesamt wurden 50 solcher Stimulussets erstellt, hinzu kamen erneut neutrale Filler-Geschichten, um Gewöhnungseffekten entgegenzuwirken. Den Aufbau des Experiments und die randomisierte Zuordnung zeigt ein weiteres Diagramm (siehe Abb. 3). Und die Messergebnisse werden auf der folgenden Abbildung dargestellt.

Die Resultate der EEG-Messungen bestätigen die Hypothesen. Bei Alltagskontexten ist ein signifikanter Unterschied in der neurokognitiven Reaktion auf MCIs im Vergleich mit bloßen Erwartungsverletzungen zu beobachten, erkennbar an der typischen, deutlich vergrößerten N400-Komponente (siehe Abb. 4).

Dieser Befund bestätigt die erste Studie, wo ebenfalls ein gesteigerter Prozessierungsaufwand für kontraintuitive Aussagen festgestellt wurde. Wie dort bei den emotionalen Kontextgeschichten wird der Unterschied in der Verarbeitung aber auch hier neutralisiert, wenn den Bedingungssätzen ein Kontext im Märchenstil vorangeht. Dass dieser Effekt erzeugt werden konnte, obwohl insbesondere die kontraintuitiven Bedingungssätze aufgrund der Experimentalerfordernisse teilweise völlig unsinnig waren und in einem echten Volksmärchen nie vorkämen, belegt die außerordentliche Wirkungskraft, die literarische Gattungen auf die Rezeption von Texten haben. Durch den nachgeahmten Stil wurden die Stimuli der Märchengattung zugeordnet und die Rezeptionshaltung an die damit einhergehende Ontologie angepasst, nicht absichtlich und bewusst, aber so stark, dass die gesamte neurokognitive Verarbeitung sich danach ausgerichtet hat.

Die Studie liefert damit einen empirischen Beleg für den Umgang von Lesenden mit der Fiktionalität von Literatur, die der englische Literat Samuel Taylor Coleridge (1772–1834) schon zu Beginn des 19. Jahrhunderts mit einer berühmt gewordenen Formulierung als „willing suspension of disbelief" bezeichnet hat („willentliche Aussetzung der Ungläubigkeit'). Sobald Rezipierende erkennen und akzeptieren, dass sie es mit Literatur zu tun haben, legen sie ihre alltäglichen Vorstellungen von Wirklichkeit gleichsam ab und nehmen eine andere Haltung zur Erzählwelt der Texte ein, einen ästhetisch-fiktionalen Modus. Im Fall der Märchen

Gewöhnliche Wunder

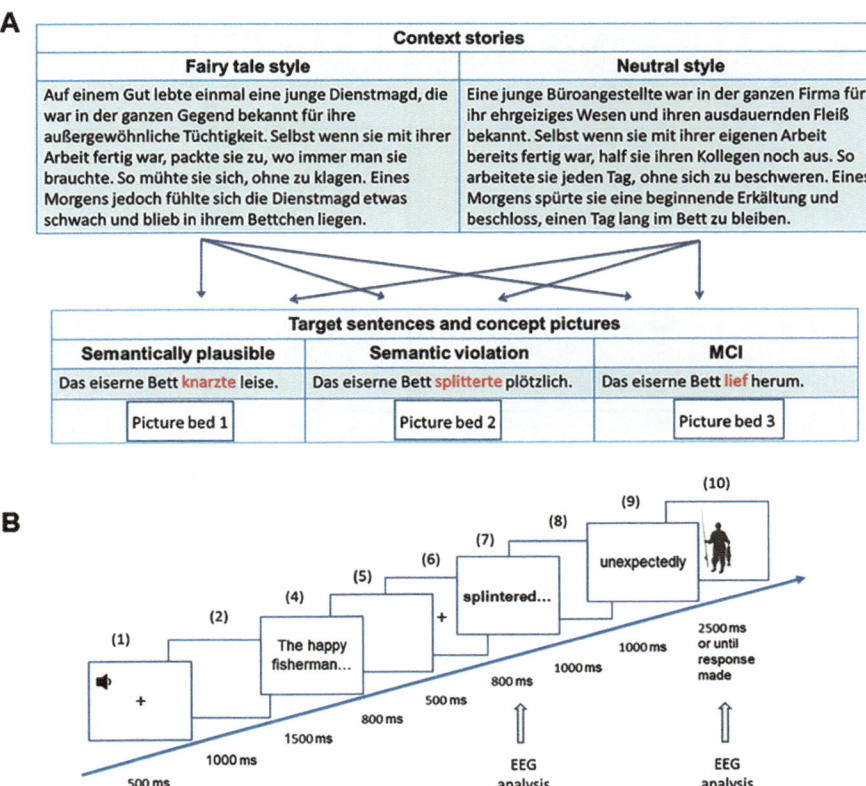

Abb. 3 Die randomisierte Präsentation des Stimulusmaterials in der Märchen-Studie

werden Wunder dann nicht mehr als ontologische Ausnahmen wahrgenommen, die sie in der außerliterarischen Wirklichkeit wären, sondern als übliche, herkömmliche Handlungselemente. Das Wunderbare wird durch die Gattung habitualisiert. Dieser Prozess lässt sich, so zeigt unser Experiment, künstlich simulieren – und er hängt neben anderen literarischen Eigenschaften ganz maßgeblich vom Sprachstil ab. Stil ist in dieser Hinsicht ein literarisches Indiz für den Wahrheitsgehalt von Texten und zugleich ein Träger für wirklichkeitswidrige Inhalte – zumindest in einem kulturellen Kontext, in dem Märchen hinreichend verbreitet sind, um an ihrem Stil erkannt zu werden.

Abgesehen von der Gattungspoetik und -ontologie der Märchen hat das Ergebnis dieser Studie schließlich aber auch in universaler Perspektive eine Bedeutung. Wer es darauf anlegt, kontrafaktische Aussagen zu vermitteln, könnte dafür einen Märchenstil verwenden oder, allgemeiner gesprochen, einen literarischen Stil adaptieren, der von den Rezipierenden – womöglich unbewusst – mit erfahrungswidrigen, kontraintuitiven Inhalten verknüpft und nicht mit dem Wahrheitsanspruch der Wirklichkeit gemessen wird. Die ontologische Skepsis gegenüber den Inhal-

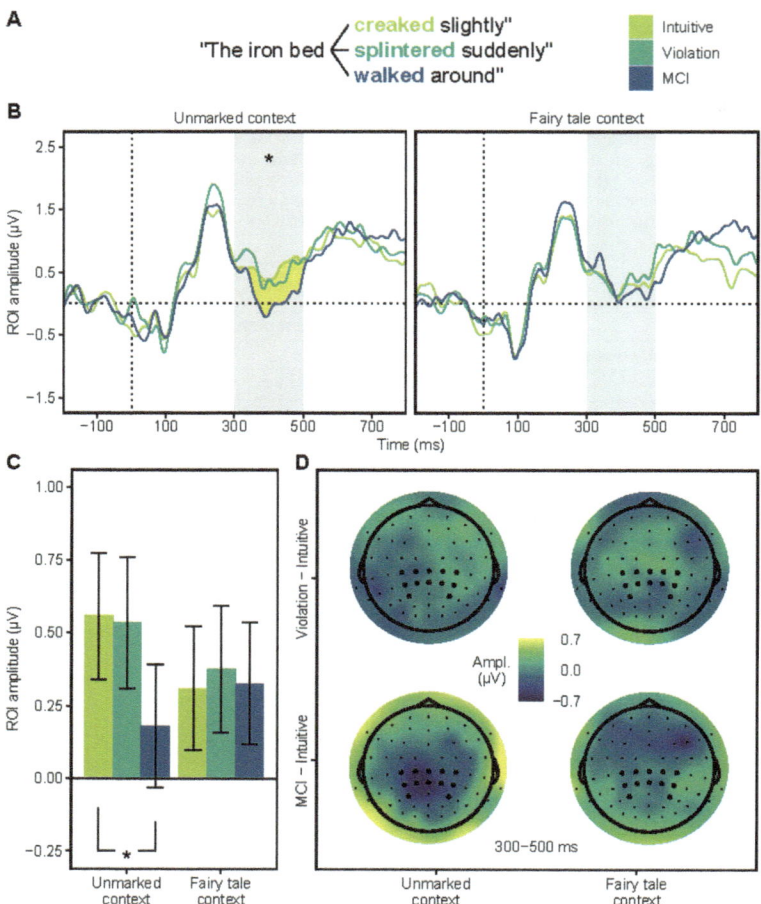

Abb. 4 Die Mess-Ergebnisse der EEG-Studie

ten etwa einer politischen Rede oder einer Verschwörungserzählung könnte so auf dieselbe Weise ausgesetzt oder aufgehoben werden wie bei der Rezeption von Literatur. Unsere Ungläubigkeit, unser kritischer Verstand wäre dann, um mit Coleridge zu sprechen, suspendiert. Zugleich könnte, umgekehrt betrachtet, in der Vertrautheit mit den Merkmalen fiktionaler Literatur – wie Gattung und Stil – ein Gegenmittel gegen solche Manipulationen liegen. Wer den Versuch, Falschinformationen durch stilistische Inszenierung zu bemänteln, als solchen erkennt, wäre dagegen womöglich besser geschützt. Literarische Bildung wäre aus dieser Sicht ein Schutz gegen Demagogie – und zwar nicht bloß in einem idealistischen Sinn, sondern empirisch nachgewiesen, neurophysiologisch, im Gehirn.

Ausblick – Lesemündigkeit

In dreizehn Lektionen haben wir nun ‚gelernt', Texte auf unterschiedliche Weisen zu lesen: literarisch und literaturgeschichtlich, tragisch und dramatisch, rhetorisch, formal und erzählerisch, psychologisch, historisch und postkolonial, lyrisch, quantitativ und empirisch.

Die Vielfalt der Lektüren, der Theorien und Methoden, die wir diskutiert haben, entspricht dem Pluralismus einer demokratischen Gesellschaft. Ein zeitgemäßes Lesen ist so offen und divers wie die Gesellschaft, in der wir es üben. Und umgekehrt: Wo freie Lektüren und unterschiedliche Perspektiven auf Texte öffentlich möglich sind, herrscht auch gesellschaftliche Liberalität.

Das Lesen von Texten wird neuerdings, wie wir gesehen haben, mit digitalen Verfahren automatisiert. Aber auch das Schreiben von Texten übernehmen inzwischen Computer und Software – sogenannte künstliche Intelligenz. Sprachmodelle wie ChatGPT verfassen Texte für uns. Programme wie DeepL übersetzen sie für uns. Werden wir Texte alsbald auch von Maschinen für uns deuten lassen? Werden wir das Lesen als Kulturtechnik aufgeben, weil es uns zu anspruchsvoll ist und zu viel Zeit verlangt?

Wenn wir die Fähigkeit zu lesen verlieren, verlieren wir eine Voraussetzung unserer menschlichen Selbständigkeit und unserer staatsbürgerlichen Souveränität. Wir verlieren unsere Urteilskraft, und wir werden manipulierbar. Lesemüdigkeit gefährdet unsere Demokratie, mit Lesemündigkeit bewahren wir sie.

Abbildungsverzeichnis

Umschlagabbildungen

1. **Literarisch lesen**: Marilyn Monroe liest James Joyces *Ulysses*. (Photo: Eve Arnold, Magnum Photos, Long Island 1955.)
2. **Literaturgeschichtlich lesen**: Literaturgeschichte verläuft in Wellen und Konjunkturen. (Franco Moretti, „British hegemonic forms, 1760–1850", in: *Graphs, Maps, Trees: Abstract Models for a Literary History*, London/New York: Verso 2005, S. 15.)
3. **Tragisch lesen**: Aristoteles ist der Begründer der Tragödientheorie. (Marmorbüste von Aristoteles, römische Kopie nach dem griechischen Original in Bronze von Lysippos, um 330 v. Chr.; der Alabaster-Mantel ist eine moderne Ergänzung. Museo nazionale romano di palazzo Altemps, https://commons.wikimedia.org/wiki/File:Aristotle_Altemps_Inv8575.jpg)
4. **Dramatisch lesen**: Die Bedingungen seiner Aufführung formen das Drama, zum Beispiel in Shakespeares Globe Theatre in London. (Photo: Oliver Lubrich.)
5. **Rhetorisch lesen**: Barack Obama ist einer der bedeutendsten politischen Redner unserer Zeit. (https://pxhere.com/es/photo/826138.)
6. **Formal lesen**: Volksliteratur wird strukturiert von wiederkehrenden Elementen. (Wladimir Propp, „Strukturformeln der Märchen", in: *Morphologie des Märchens* [1928], herausgegeben von Karl Eimermacher, übersetzt von Christel Wendt, München: Hanser 1972, S. 136–137.)
7. **Erzählerisch lesen**: Nausikaa, die Prinzessin der Phäaken, lauscht Odysseus' Erzählung von seinen Irrfahrten. (Frederic Leighton, *Nausicaa*, Ölgemälde, ca. 1878, https://commons.wikimedia.org/wiki/File:1878_Frederick_Leighton_-_Nausicaa.jpg.)
8. **Psychologisch lesen**: Sigmund Freud ist der Begründer der Psychoanalyse. (Photo: Max Halberstadt, ca. 1921, https://commons.wikimedia.org/wiki/File:Sigmund_Freud,_by_Max_Halberstadt_(cropped).jpg.)
9. **Historisch lesen**: Der Vampir steht für die Ängste und Wünsche seiner Zeit. (Friedrich Wilhelm Murnau, *Nosferatu – Eine Symphonie des Grauens*, 1922.)
10. **Postkolonial lesen**: Große Teile des Globus waren von Weltreichen kolonialisiert. (https://commons.wikimedia.org/wiki/File:Imperios\protect_Español\protect_y\protect_Portugués\protect_1790.svg.)
11. **Lyrisch lesen**: Gedichte begegnen uns in typographisch gestalteter Form. (Hugo Ball, „Karawane", in: *Dada Almanach*, Berlin: Erich Reiss 1920, S. 53, https://commons.wikimedia.org/wiki/File:Hugo_ball_karawane.png.)

12. **Quantitativ lesen**: Netzwerke zeigen die Kontakte und die Stellung der Figuren in Dramen. (Franco Moretti, „Hamlet: the region of death", in: *Distant Reading*, London/New York: Verso 2013, S. 218.)
13. **Empirisch lesen**: Im Gehirnscan zeigt sich die neuronale Verarbeitung von Literatur. (https://stock.adobe.com/ch_de/images/a-brain-scan-highlighting-regions-of-activity-symbolizing-medical-science-and-discovery/1027486516.)

Umschlagentwurf: Andrés Fischer.

Abbildungsnachweise im Text

Erster Theoriekurs
Abbildung 1: Peter Handke, „Die Aufstellung des 1. FC Nürnberg vom 27.01.1968", in: *Die Innenwelt der Außenwelt der Innenwelt*, Frankfurt am Main: Suhrkamp 1974, Umschlag und S. 59.
Abbildung 2: Marcel Duchamp, „Fontaine" (1917), Musée Picasso, Paris, Foto: PA Images/Alamy/Geoff Caddick.
Abbildung 3: „Brain areas activated when comparing reading facts with reading fiction", in: Ulrike Altmann, Isabel Bohrn, Oliver Lubrich, Winfried Menninghaus und Arthur Jacobs, „Fact versus Fiction – How paratextual information shapes our reading processes", in: *Social Cognitive and Affective Neuroscience* 9:1 (Januar 2014), S. 22–29.
Abbildung 4: Martin Bormann, Erlass zum Verbot der Frakturschrift vom 3. Januar 1941, https://commons.wikimedia.org/wiki/File:Schrifterlass_Antiqua1941.gif, vgl. *Blackletter: Type and National Identity*, herausgegeben von Peter Bain und Paul Shaw, New York: Princeton Architectural Press 1998, S. 48.

Erste Lesewerkstatt
Abbildung 1: Adelbert von Chamisso, *Peter Schlemihl's wundersame Geschichte*, Nürnberg: Johann Leonhard Schrag 1814, S. 5, http://resolver.staatsbibliothek-berlin.de/SBB00018B5500000000.

Zweiter Theoriekurs
Abbildung 1: *Der Nibelungen Lied in der Ursprache mit den Lesarten der verschiedenen Handschriften*, herausgegeben von Friedrich Heinrich von der Hagen, Berlin: Julius Eduard Hitzig 1810, Titelblatt und Vorbemerkung [S. VI].
Abbildung 2: Heimrad Bäcker, „dokumente zur geschichte der frankfurter juden 1933–1945, kapitel I 1–XIV 15" (1989), aus: *Epitaph*, Linz: Maerz 1989, in: *visuelle poesie*, herausgegeben von Eugen Gomringer, Stuttgart: Reclam 1996, S. 17.
Abbildung 3: Tillmann Severin, „My white male bookshelf" (2019), https://literaturwissenschaft-berlin.de/my-white-male-bookshelf-tillmann-severin/.

Dritter Theoriekurs
Abbildung 1: Pier Paolo Pasolini, *Medea*, Italien 1969.
Abbildung 2: Das Dionysos-Theater in Athen, https://commons.wikimedia.org/wiki/File:Athen_Akropolis_(18512008726).jpg.

Dritte Lesewerkstatt
Abbildung 1: Das Theater in Epidauros, Photo: Oliver Lubrich.
Abbildung 2: Das Odeon des Herodes Atticus in Athen, https://commons.wikimedia.org/wiki/File:Odeon_of_Herodes_Atticus_(34580450331).jpg.

Vierter Theoriekurs

Abbildung 1: Die Laokoon-Gruppe als antike Skulptur in den Vatikanischen Museen, Foto: Adam Eastland/Alamy.
Abbildung 2: Lars von Trier, *Dogville*, Dänemark 2003.

Fünfter Theoriekurs

Abbildung 1: Adolf Hitler bei Rhetorik-Übungen, Bundearchiv, Fotograf Heinrich Hoffmann, 1925:
    a) Bild 102-13774, https://www.bild.bundesarchiv.de/dba/de/search/?query=Bild+102-13774
    b) Bild 102-10460, https://www.bild.bundesarchiv.de/dba/de/search/?query=Bild+102-10460
Abbildung 2: Heinrich Lausberg, *Handbuch der literarischen Rhetorik. Eine Grundlegung der Literaturwissenschaft*, Stuttgart: Franz Steiner 2008[4], S. 14–15 (Auszug aus dem Inhaltsverzeichnis).
Abbildung 3: Giovanni Trapattoni während seiner Rede vom 10. März 1998, https://www.youtube.com/watch?v=ub1zsUD7UNQ.

Sechster Theoriekurs

Abbildung 1: Ferdinand de Saussure, *Cours de linguistique générale* (1916), herausgegeben von Charles Bailly und Albert Séchehaye mit Albert Reidlinger, Anmerkungen von Tullio de Mauro, Paris: Payot und Rivages 1995, S. 99.
Abbildung 2: Wladimir Propp, Taxonomie der Funktionen, in: *Morphologie des Märchens* (1928), herausgegeben von Karl Eimermacher, übersetzt von Christel Wendt, München: Hanser 1972, S. 148–149 (aus dem „Verzeichnis der Abkürzungen").
Abbildung 3: Wladimir Propp, Formel eines Märchens, in: *Morphologie des Märchens* (1928), herausgegeben von Karl Eimermacher, übersetzt von Christel Wendt, München: Hanser 1972, S. 97.
Abbildung 4: Wladimir Propp, „Strukturformeln der Märchen", in: *Morphologie des Märchens* (1928), herausgegeben von Karl Eimermacher, übersetzt von Christel Wendt, München: Hanser 1972, S. 136–137.
Abbildung 5: Roland Barthes, „Lexies", in: *S/Z*, Paris: Seuil 1970, S. 36 (die Codes von Balzacs *Sarrasine*).
Abbildung 6: *Roland Barthes par Roland Barthes*, Paris: Seuil 1975, S. 171 (Auszug aus dem Inhaltsverzeichnis).

Sechste Lesewerkstatt

Abbildung 1: Ernst Jünger, *In Stahlgewittern. Aus dem Tagebuch eines Stoßtruppenführers*, Hannover: Selbstverlag 1920, Titelblatt.
Abbildung 2: Ernst Jünger, *In Stahlgewittern. Aus dem Tagebuch eines Stoßtruppenführers*, Hannover: Selbstverlag 1920, Portrait des Autors, S. I.
Abbildung 3: Ernst Jünger, *In Stahlgewittern*. Historisch-kritische Ausgabe, herausgegeben von Helmuth Kiesel, 2 Bände, Stuttgart: Klett-Cotta 2013, S. 26 (mit Markierung der Sprachbilder).
Abbildung 4: Oliver Lubrich, „Textur metaphorischer Felder und Codes", in: „Sprachbilder des Krieges. Zur ersten Fassung von Ernst Jüngers *In Stahlgewittern*", in: *Pandaemonium Germanicum* 16:2 (2010), S. 53–88, hier: S. 66.

Siebenter Theoriekurs

Abbildung 1: „Gattungssystematik", in: *Handbuch der literarischen Gattungen*, herausgegeben von Dieter Lamping, Stuttgart: Alfred Kröner 2009, S. 763–764.

Siebente Lesewerkstatt
Abbildung 1: Die Erzählstruktur von Christopher Nolans *Memento* (2001), https://commons.wikimedia.org/wiki/File:Memento_Timeline.png.
Abbildung 2: Die Erzählebenen von Christopher Nolans *Inception* (2010), © Daniel Wang, https://www.chartgeek.com/inception-explained/.
Abbildung 3: Die Erzählstruktur von Christopher Nolans *Tenet* (2020), © quantana.design, https://scifiempire.net/wordpress/tenet-explained-nolans-brilliant-time-inversion-revealed/tenet-diagram-by-quantana-design/.

Achter Theoriekurs
Abbildung 1: Johann Heinrich Füssli, Der Nachtmahr (1790–1791), Frankfurter Goethe-Haus, Freies Deutsches Hochstift, Gemälde: FM Archive/Alamy.
Abbildung 2: Francisco de Goya, El sueño de la razón produce monstruos (ca. 1797–1799), in: *Los Caprichos*, Madrid 1799, Blatt 43, Radierung: UtCon Collection/Alamy.

Achte Lesewerkstatt
Abbildung 1: Edvard Munch, *Vampir* (1895), Munch Museum, Oslo, https://commons.wikimedia.org/wiki/File:Edvard_Munch_-_Vampire_(1895)_-_Google_Art_Project.jpg.
Abbildung 2: Die Vampire in den Filmen von Friedrich Wilhelm Murnau (*Nosferatu – Eine Symphonie des Grauens*, 1922), Werner Herzog (*Nosferatu – Phantom der Nacht*, 1979) und Tobe Hooper (*Salem's Lot*, 1979).
Abbildung 3: Bela Lugosi und Christopher Lee als Dracula in den Verfilmungen von 1931 (*Dracula*, Regie: Tod Browning) und 1958 (*Dracula*, Regie: Terence Fisher).
Abbildung 4: Verführungsszenen aus *Interview with the Vampire* (1994, Regie: Neil Jordan).

Neunter Theoriekurs
Abbildung 1: Jeremy Benthams Panopticon, Illinois State Penitentiary, Stateville, 1925, Foto: Underwood Archives, Inc/Alamy.
Abbildung 2: Kardinal Wolseys Hut in Oxford, Christ Church, https://www.chch.ox.ac.uk/news/cardinal-wolseys-hat-ipswich.

Neunte Lesewerkstatt
Abbildung 1: Königin Victoria anlässlich ihres 60-jährigen Thronjubiläums 1897, https://commons.wikimedia.org/wiki/File:Queen_Victoria_60._crownjubilee.jpg.
Abbildung 2: Die Schreibmaschine des Typs Remington 2, eingeführt 1878. Remington 2 typewriter, The Martin Howard Collection: http://antiquetypewriters.com. https://www.antiquetypewriters.com/typewriter/remington-2-typewriter/.
Abbildung 3: *Carte générale des grandes communications télégraphiques du monde*, Bern 1901/1903, Map reproduction courtesy of the Norman B. Leventhal Map & Education Center at the Boston Public Library, https://collections.leventhalmap.org/search/commonwealth:7h149w11c.

Zehnter Theoriekurs
Abbildung 1: Die europäischen Kolonialreiche 1800, https://en.m.wikipedia.org/wiki/File:Colonisation_1800.png
Abbildung 2: Die europäischen Kolonialreiche 1898, https://commons.wikimedia.org/wiki/File:World_1898_empires_colonies_territory.png.

Zehnte Lesewerkstatt
Abbildung 1: Die französische Kolonie Saint-Domingue um 1789, https://commons.wikimedia.org/wiki/File:SaintDomingue.360.jpg.
Abbildung 2: Der Staat Haiti auf der Insel Hispaniola um 1820, https://www.davidrumsey.com/luna/servlet/detail/RUMSEY~8~1~83~10145:Hayti-or-Saint-Domingo.

Elfter Theoriekurs

Abbildung 1: Johann Wolfgang von Goethe, „Der Zauberlehrling" (1798), in: *Musen-Almanach für das Jahr 1798*, herausgegeben von Friedrich Schiller, Tübingen: J. G. Cotta 1798, S. 32–37, hier: S. 32.

Abbildung 2: Friedrich Hölderlin, „Hälfte des Lebens" (1804), in: *Taschenbuch für das Jahr 1805. Der Liebe und Freundschaft gewidmet*, herausgegeben von Stephan Schütze, Frankfurt am Main: Friedrich Wilmans 1805, S. 85.

Abbildung 3: Theodor Kornfeld, „Ein Sand-Uhr" (1686), in: *Selbst-Lehrende Alt-Neue Poësie Oder Vers-Kunst Der Edlen Teutschen-Helden-Sprache*, Bremen: Herman Brauer 1685, S. 83.

Abbildung 4: Hugo Ball, „Karawane" (1917), in: *Dada Almanach*, herausgegeben von Richard Huelsenbeck, Berlin: Erich Reiß 1920, S. 53.

Abbildung 5: Eugen Gomringer, „ciudad" (1951), Alice-Salomon-Hochschule, Berlin, 2011–2018.

Abbildung 6: Kurt Schwitters, „Untitled" (1930), Foto: Shim Harno/Alamy.

Elfte Lesewerkstatt

Abbildung 1: Bertolt Brecht, „Fragen eines lesenden Arbeiters" (1935), in: Karl Otto Conrady (Herausgeber), *Der neue Conrady. Das große deutsche Gedichtbuch. Von den Anfängen bis zur Gegenwart*, Düsseldorf: Artemis & Winkler 2000 (1977), S. 702.

Abbildung 2: Else Lasker-Schüler, „Morituri" (um 1900), in: Karl Otto Conrady (Herausgeber), *Der neue Conrady. Das große deutsche Gedichtbuch. Von den Anfängen bis zur Gegenwart*, Düsseldorf: Artemis & Winkler 2000 (1977), S. 575.

Abbildung 3: August Stramm, „Patrouille" (postum, 1919), in: Karl Otto Conrady (Herausgeber), *Der neue Conrady. Das große deutsche Gedichtbuch. Von den Anfängen bis zur Gegenwart*, Düsseldorf: Artemis & Winkler 2000 (1977), S. 593.

Abbildung 4: Andreas Gryphius, „Es ist alles eitel" (1643), in: Karl Otto Conrady (Herausgeber), *Der Große Conrady. Das Buch deutscher Gedichte. Von den Anfängen bis zur Gegenwart*, erweiterte Neuausgabe, Düsseldorf: Artemis & Winkler 2000 (1977), S. 168.

Abbildung 5: Eugen Gomringer, „schweigen" (1960), in: Karl Otto Conrady (Herausgeber), *Der Große Conrady. Das Buch deutscher Gedichte. Von den Anfängen bis zur Gegenwart*, erweiterte Neuausgabe, Düsseldorf: Artemis & Winkler 2000 (1977), S. 862.

Abbildung 6: Heinrich Heine, „Ein Jüngling liebt ein Mädchen" (1827), in: Karl Otto Conrady (Herausgeber), *Der Große Conrady. Das Buch deutscher Gedichte. Von den Anfängen bis zur Gegenwart*, erweiterte Neuausgabe, Düsseldorf: Artemis & Winkler 2000 (1977), S. 446.

Abbildung 7: Johann Wolfgang von Goethe, „Prometheus" (1777), in: Karl Otto Conrady (Herausgeber), *Der Große Conrady. Das Buch deutscher Gedichte. Von den Anfängen bis zur Gegenwart*, erweiterte Neuausgabe, Düsseldorf: Artemis & Winkler 2000 (1977), S. 275.

Abbildung 8: Erika Burkart, „Die Wahrheit" (1973), in: Karl Otto Conrady (Herausgeber), *Der Große Conrady. Das Buch deutscher Gedichte. Von den Anfängen bis zur Gegenwart*, erweiterte Neuausgabe, Düsseldorf: Artemis & Winkler 2000 (1977), S. 829.

Abbildung 9: Paul Celan, „Todesfuge" (1948), in: Karl Otto Conrady (Herausgeber), *Der Große Conrady. Das Buch deutscher Gedichte. Von den Anfängen bis zur Gegenwart*, erweiterte Neuausgabe, Düsseldorf: Artemis & Winkler 2000 (1977), S. 812.

Abbildung 10: Albert Ostermaier, „ode an kahn" (2014), in: *Der Torwart ist immer dort, wo es weh tut*, Frankfurt am Main: Suhrkamp 2006, S. 11–12.

Abbildung 11: Ingeborg Bachmann, „Reklame" (1956), in: Karl Otto Conrady (Herausgeber), *Der Große Conrady. Das Buch deutscher Gedichte. Von den Anfängen bis zur Gegenwart*, erweiterte Neuausgabe, Düsseldorf: Artemis & Winkler 2000 (1977), S. 843.

Abbildung 12: Walther von der Vogelweide, „Under der linden" (nach 1200), in: Karl Otto Conrady (Herausgeber), *Der Große Conrady. Das Buch deutscher Gedichte. Von den Anfängen bis zur Gegenwart*, erweiterte Neuausgabe, Düsseldorf: Artemis & Winkler 2000 (1977), S. 109.

Abbildung 13: Gottfried Benn, „Mann und Frau gehn durch die Krebsbaracke" (1912), in: Karl Otto Conrady (Herausgeber), *Der Große Conrady. Das Buch deutscher Gedichte. Von den Anfängen bis zur Gegenwart*, erweiterte Neuausgabe, Düsseldorf: Artemis & Winkler 2000 (1977), S. 680–681.

Abbildung 14: Annette von Droste-Hülshoff, „Im Moose" (1842), in: Karl Otto Conrady (Herausgeber), *Der Große Conrady. Das Buch deutscher Gedichte. Von den Anfängen bis zur Gegenwart*, erweiterte Neuausgabe, Düsseldorf: Artemis & Winkler 2000 (1977), S. 431–432.

Abbildung 15: Kurt Schwitters, „An Anna Blume" (1919), in: Karl Otto Conrady (Herausgeber), *Der Große Conrady. Das Buch deutscher Gedichte. Von den Anfängen bis zur Gegenwart*, erweiterte Neuausgabe, Düsseldorf: Artemis & Winkler 2000 (1977), S. 610.

Zwölfter Theoriekurs

Abbildung 1: Codierung von Sprachbildern mit MAXQDA. (Christian von Scheve, Veronika Zink, Oliver Lubrich, Christine Knoop, Nina Peter, Projekt „Emotionen in Wirtschaftskrisen", Freie Universität Berlin 2008–2009.)

Abbildung 2: „Bildfelder im Zeitverlauf" (2008–2009), in: Nina Peter, Christine Knoop, Catarina von Wedemeyer und Oliver Lubrich, „Sprachbilder der Krise. Metaphern im medialen und politischen Diskurs", in: *Krise, Crash und Kommunikation. Die Finanzkrise in den Medien*, herausgegeben von Anja Peltzer, Kathrin Lämmle und Andreas Wagenknecht, Konstanz: UVK 2012, S. 49–69, hier: S. 59.

Abbildung 3: Die metaphorische Struktur einzelner Texte. (Christian von Scheve, Veronika Zink, Oliver Lubrich, Christine Knoop, Nina Peter, Projekt „Emotionen in Wirtschaftskrisen", Freie Universität Berlin 2008–2009.)

Abbildung 4: „Veranschaulichung der häufigsten Nachbarn des Wortes *Liebe* (nach www.wortschatz.de)", in: Raoul Schrott und Arthur Jacobs, *Gehirn und Gedicht. Wie wir unsere Wirklichkeiten konstruieren*, München: Hanser 2011, S. 170; vgl. https://wortschatz.uni-leipzig.de.

Abbildung 5: Franco Moretti, „The three rises of the British novel", in: *Graphs, Maps, Trees: Abstract Models for a Literary History*, London/New York: Verso 2005, S. 7.

Abbildung 6: Franco Moretti, „British hegemonic forms, 1760–1850", in: *Graphs, Maps, Trees: Abstract Models for a Literary History*, London/New York: Verso 2005, S. 15.

Abbildung 7: Franco Moretti, „Market quotas of British hegemonic forms, 1760–1850", in: *Graphs, Maps, Trees: Abstract Models for a Literary History*, London/New York: Verso 2005, S. 16.

Abbildung 8: Franco Moretti, „British novelistic genres, 1740–1900", in: *Graphs, Maps, Trees: Abstract Models for a Literary History*, London/New York: Verso 2005, S. 19.

Abbildung 9: Franco Moretti, „Book imports into India", in: *Graphs, Maps, Trees: Abstract Models for a Literary History*, London/New York: Verso 2005, S. 12.

Abbildung 10: Franco Moretti, „Authorship of new novels, Britain 1800–1829: gender breakdown (percentage)", in: *Graphs, Maps, Trees: Abstract Models for a Literary History*, London/New York: Verso 2005, S. 28.

Abbildung 11: Franco Moretti, „Mary Mitford, *Our Village*, volume I (1824)", in: *Graphs, Maps, Trees: Abstract Models for a Literary History*, London/New York: Verso 2005, S. 37.

Abbildung 12: Franco Moretti, „Berthold Auerbach, *Black Forest Village Stories* (1843–53)", in: *Graphs, Maps, Trees: Abstract Models for a Literary History*, London/New York: Verso 2005, S. 50.

Abbildung 13: Franco Moretti, „Protagonists of Parisian novels, and objects of their desire", in: *Graphs, Maps, Trees: Abstract Models for a Literary History*, London/New York: Verso 2005, S. 55.

Abbildung 14: Franco Moretti, „Presence of clues and the genesis of detective fiction", in: *Graphs, Maps, Trees: Abstract Models for a Literary History*, London/New York: Verso 2005, S. 73.

Abbildung 15: Franco Moretti, „Hamlet: the region of death", in: *Distant Reading*, London/New York: Verso 2013, S. 218.

Abbildung 16: Franco Moretti, „Length of Titles", in: *Distant Reading*, London/New York: Verso 2013, S. 183.
Abbildung 17: Daniel Defoe, *Robinson Crusoe*, London: W. Taylor 1719, Titelblatt der Erstausgabe.
Abbildung 18: Sarah Allison, Ryan Heuser, Matthew Jockers, Franco Moretti und Michael Witmore, „Docuscope screenshot of tokens differentiating the gothic from several other genres" (anhand von Ann Radcliffe, *A Sicilian Romance*, 1790), in: „Quantitative Formalism: an Experiment", *Literary Lab Pamphlet* 1, 15. Januar 2011, S. 8.
Abbildung 19: Jaz Parkinson, „Romeo and Juliet – William Shakespeare", in: *Colour Signatures*, http://jazparkinson.tumblr.com/post/51564177677/romeo-and-juliet.
Abbildung 20: Paratexte und Erzählpositionen in einem Corpus von Ethnographien, Corpus-Analyse von Jörg Lehmann, Oliver Lubrich und Thomas Stodulka im Projekt „Die Affekte der Forscher", Graphik: Charlotte Driessen, in: Oliver Lubrich und Thomas Stodulka, *Emotionen auf Expeditionen. Ein Taschenhandbuch für die ethnographische Praxis*, Bielefeld: transcript 2019, S. 130.

Zwölfte Lesewerkstatt

Abbildung 1: „Die Marquise von O...." im Original von 1810 (91 Seiten), in: Thomas Nehrlich und Fabienne Kilchör (Graphiken), „Interpunktion und Textanfänge. Stilmerkmale von Kleists Prosa in der Datenvisualisierung", in: *Gedankenstriche* 3 (2013/2014), S. 12–39, hier: S. 15.
Abbildung 2: „Die Marquise von O....": Sämtliche Auslassungen, Satzzeichen und Sperrungen, ebda., S. 16.
Abbildung 3: „Die Marquise von O....": Interpunktion – nach Art und Anzahl geordnet, ebda., S. 17.
Abbildung 4: „Die Marquise von O....": Schrift der Affekte, ebda., S. 18.
Abbildung 5: „Die Marquise von O....": Schrift der Affekte (ohne Faksimile), ebda., S. 19.
Abbildung 6: „Die Marquise von O....": Satzzeichen pro Seite – Minimum/Maximum, ebda., S. 20.
Abbildung 7: „Die Marquise von O....": Anzahl und Art der Satzzeichen, ebda., S. 21.
Abbildung 8: „Die Marquise von O....": Verteilung der Kommata pro Seite, ebda., S. 22.
Abbildung 9: „Die Marquise von O....": Verteilung der restlichen Satzzeichen pro Seite, ebda., S. 23.
Abbildung 10: „Die Marquise von O....": Interpunktion und Affekte – Streitgespräche und emotionale Auseinandersetzungen, ebda., S. 24.
Abbildung 11: Die Browser-Ansicht der *Voyant Tools*, https://voyant-tools.org.
Abbildung 12: Wortwolken unterschiedlicher Erzählungen von Kleist im Vergleich („Marquise", „Kohlhaas", „Heilige Cäcilie"), erstellt von Thomas Nehrlich mit https://voyant-tools.org.
Abbildung 13: Die Präsenz der Figuren im Verlauf der „Marquise", erstellt von Thomas Nehrlich mit https://voyant-tools.org.

Dreizehnter Theoriekurs

Abbildung 1: Zuschauer-Reaktionen bei einer Wahl-Debatte auf CNN (2016).
Abbildung 2: Pupillometrie, Foto: Military Collection/Alamy.
Abbildung 3: Blickbewegungsmessung, Foto: Andrea Sabbadini/Alamy.
Abbildung 4: Ergebnis einer Blickbewegungsmessung, das zeigt, wie lange die Textstellen betrachtet wurden, https://commons.wikimedia.org/wiki/File:Eyetracking_heat_map_Wikipedia.jpg.
Abbildung 5: EKG: Elektrokardiogramm, Foto: Myron Standret/Alamy.
Abbildung 6: EDA: Messung elektrodermaler Aktivität, Foto: The Washington Post/Kontributor/Getty Images.
Abbildung 7: EMG: Elektromyogramm, Foto: Svitlana Hulko/Alamy.
Abbildung 8: EEG: Elektroenzephalogramm, Foto: BSIP SA/Alamy.

Abbildung 9: EEG: Verarbeitungsaufwand (zeitlich), Graphik: Lamar Hunt III, Stephen Politzer-Ahles, Linzi Gibson, Utako Minai, Robert Fiorentino: „Pragmatic inferences modulate N400 during sentence comprehension: Evidence from picture–sentence verification", in: *Neuroscience Letters* 534 (2013), S. 246–251, hier S. 249. Copyright © 2012 Elsevier Ireland Ltd. All rights reserved.

Abbildung 10: fMRT: Funktionelle Magnetresonanztomographie, Foto: Zlikovec/Alamy.

Abbildung 11: Neuro-imaging, Foto: Samunella/Alamy.

Abbildung 12: Peripherphysiologische Messungen zur Wirkung von Barack Obamas „Acceptance Speech" von 2008: EMG (Elektromyographie) und BVP (Blutvolumenpuls). Forschungsprojekt „Affektive und ästhetische Prozesse beim Lesen" (Winfried Menninghaus, Arthur Jacobs, Oliver Lubrich, Ulrike Altmann, Isabel Bohrn, Christine Knoop), Freie Universität Berlin 2008–2011.

Abbildung 13: Verlauf der Wirkungen von Barack Obamas „Acceptance Speech" von 2008: bewegen, einnehmen, belehren, erfreuen. Ergebnisse der Befragungen für die gelesenen Textsegmente. Forschungsprojekt „Affektive und ästhetische Prozesse beim Lesen" (Winfried Menninghaus, Arthur Jacobs, Oliver Lubrich, Ulrike Altmann, Isabel Bohrn, Christine Knoop), Freie Universität Berlin 2008–2011.

Dreizehnte Lesewerkstatt

Abbildung 1: Ein Beispiel für die emotional und semantisch variierten Textstimuli, erstellt von Thomas Nehrlich.

Abbildung 2: Ergebnisse der EEG-Messungen, in: Sabrina Aristei, Christine Knoop, Oliver Lubrich, Thomas Nehrlich, Alexander Enge, Kirsten Stark, Werner Sommer und Rasha Abdel Rahman, „Affect as Anaesthetic: How Emotional Contexts Modulate the Processing of Counterintuitive Concepts", in: *Language, Cognition and Neuroscience* 38:10 (2022), S. 1514–1530. https://doi.org/10.1080/23273798.2022.2085312, S. 9 (1513).

Abbildung 3: Die randomisierte Präsentation des Stimulusmaterials in der Märchen-Studie, in: Christine Knoop, Thomas Nehrlich, Sabrina Aristei, Oliver Lubrich, Kirsten Stark, Alexander Enge, Werner Sommer und Rasha Abdel Rahman, „The usual miracles. The usual miracles: How narrative style affects the processing of counterintuitive concepts", in: *Psychology of Aesthetics, Creativity, and the Arts*. Advance online publication 2024. https://doi.org/10.1037/aca0000730, S. 4.

Abbildung 4: Die Mess-Ergebnisse der EEG-Studie, ebda., S. 9.

Ausführliche Inhaltsübersicht

Einleitung – Plurale Lektüren
Lesen als Grundfertigkeit • Vielfalt der Methoden • Kunst der Deutungen • Theorie und Praxis

Erster Theoriekurs – Literarisch lesen
Literatur • Objet trouvé • Autor • Leser • Kontext • Paratext • Text • Fakt und Fiktion • Faktual und fiktional • Poetische Funktion • Etymologie • Wozu Literatur? • Literaturwissenschaft • Interdisziplinarität • Theorien und Methoden • Körper • Lesen • Sprache • Schrift • Buch • Edition • Literaturbetrieb

Erste Lesewerkstatt – Was ist ein Text, ein Buch, eine Edition?
Buch • Text • Medium • Werk • Ausgabe • Fassung • Überlieferung • Edition • Textkonstitution • Apparat • Kommentierung • Arten von Ausgaben

Zweiter Theoriekurs – Literaturgeschichtlich lesen
Germanistik • Komparatistik • Intertextualität • Weltliteratur • Kanon • Erinnerungsorte • Literaturgeschichten • Großepochen: Antike, Mittelalter, Frühe Neuzeit, 18./19. Jahrhundert, 20./21. Jahrhundert • Epochen: Reformation, Barock, Aufklärung, Sturm und Drang, Klassik, Romantik, Biedermeier und Vormärz, Realismus, Naturalismus, Fin de siècle, Klassische Moderne, ‚Drittes Reich' und Exil, Nachkriegszeit, DDR, Postmoderne und Gegenwart

Zweite Lesewerkstatt – Wie geschieht Literaturgeschichte?
Literaturgeschichte als Wanderung durch die Zeit • Arno Schmidts „Tina oder die Unsterblichkeit" • Erinnern und Vergessen • Überlieferung • Voraussetzungen • Gedächtnisinstitutionen • Was wird überliefert? • Textträger • Autorinnen und Autoren • Paratexte • Geschichte • Stoffe und Motive • Formen • Rezeption • Adaption • Epochenbildung • Intertextualität

Dritter Theoriekurs – Tragisch lesen
Ritual • Mythos • Tragödie • Mimesis • Spielekritik • Aristoteles' *Poetik* • Tragischer Held • Tragischer Fehler • Glücksumschwung • Katharsis • Theater, Architektur und Dramaturgie • Mauerschau und Botenbericht • Ekkyklema und Mechane • Agon und Stichomythie • Chor und Szene • Wettbewerb und Politik • Friedrich Nietzsches *Geburt der Tragödie*

Dritte Lesewerkstatt – Wie inszeniert Aischylos die Entstehung der Demokratie?
Aischylos' *Orestie* • Handlung • Opferritual und Mord • Jagd • Die *Orestie* als Kulturgeschichte • Matriarchat und Patriarchat • Religion • Säkularisierung • Demokratie • Rechtsstaatlichkeit • Agamemnon als tragischer Held • Die *Orestie* als literaturgeschichtliches Muster • Odysseus, Orestes, Hamlet

Vierter Theoriekurs – Dramatisch lesen
Deskription und Präskription • Klassizismus und Deregulierung • Rom (Horaz) • Laokoon und die Kunst • Frankreich (Boileau) • Spanien und Italien • England (Shakespeare) • Deutschland (Lessing gegen Gottsched) • Klassische Dramenlehre: Stände, Akte, Einheiten • Theorie des modernen Dramas (Peter Szondi) • Episches Theater (Bertolt Brecht) • Theater nach Brecht

Vierte Lesewerkstatt – Was ist episch an Brechts *Dreigroschenoper*?
Absolutes Drama • Episches Theater als Paradoxie? • Unterschiede zwischen Epik und Dramatik • Darstellung • Zeit • Raum • Aisthesis • Rezeptionsmodus • Bertolt Brechts *Dreigroschenoper* • Entstehung • Epische Inhalte • Personal und Milieu • Epische Formen und Verfremdungseffekte • Stil • Beschriftung der Bühne • Prolepsen • Bruch der Publikumserwartungen • Veränderlichkeit der Bühne • Songs und Musik • Rollenbrüche • Theater im Theater • Kein Mitleid • Nonsens-Finale • Gesellschaftskritik • Ein zwiespältiger Erfolg

Fünfter Theoriekurs – Rhetorisch lesen
Warum Rhetorik? • Manipulationen • Stile • Gattungen • Teile der Rede • Arbeitsschritte des Redners • Wirkungen • Psychagogie • Emotionen • Elocutio, Ornatus • Tropen • Figuren • Dichte • Kalkulation und Spontaneität • Geschichte der Rhetorik • Perspektiven und Fragen

Fünfte Lesewerkstatt – Wie manipulieren uns Gorgias und St. Just?
Die Erfindung der Rhetorik • Gorgias als Rhetoriklehrer • Rhetorische Höchstschwierigkeit • Gorgias' *Enkomion auf Helena*: spielerische Manipulation • Verteidigung • Argumentation • Die Wahl der Mittel • Produktpräsentation und Theoriemanifest • Georg Büchners *Dantons Tod*: Rhetorik des Schreckens • Durch Reden töten • Revolutionäre Gewalt als Naturereignis • Verharmlosungen • Zynische Tropen • Widersprüche: Pelias-Test

Sechster Theoriekurs – Formal lesen
Rhetorik als Taxonomie • Linguistik und Semiotik • Formalismus • New Criticism • Morphologie des Märchens (Wladimir Propp) • Strukturalismus (Roland Barthes) • Poststrukturalismus (Paul de Man, Jacques Derrida) • Dekonstruktion • Nutzen und Nachteil

Sechste Lesewerkstatt – In welchen Metaphern beschreibt Ernst Jünger den Krieg?
Ernst Jünger als kontroverser Autor • Jüngers Frontbericht *In Stahlgewittern* • Krieg als Darstellungsproblem • Autobiographie und Autofiktion • Die Bedeutung der Paratexte • Strukturalistische Lektüre • Sprachbilder • Strukturen in 32 Codes • Funktionen • Dekonstruktivistische Lektüre • Widersprüche • Grenzen der Bedeutungsstiftung • Bildfrequenz und Bildversagen

Siebenter Theoriekurs – Erzählerisch lesen
Der erzählende Mensch • *Odyssee* • Unzuverlässiger Erzähler • Vorläufer der Erzähltheorie: Rhetorik, Poetik, Formalismus, Strukturalismus • Story und Plot • Zeit und Tempo • Erzähler und Leser • Grammatik • Ebene • Stellung • Fokalisierung • Distanz • Erzählte Räume • Historische Innensichten • Gattungen des Erzählens • Autobiographie und Autofiktion • Experimentelle Narratologie

Siebente Lesewerkstatt – Wie erzählt Odysseus?
Erzählen als literarische Grundoperation • Erzählen im Drama • Erzählen in Epen • Endloses Erzählen? • Erzählende Gedichte • Balladen von Schiller, Droste-Hülshoff und Fontane • Narrativ • Erzählen in den Künsten • Lessings *Laokoon* • Erzählen im Film (Christopher Nolan) • Ebenenbrüche • Odysseus als Erzähler in der *Odyssee* • Die Gründe des Erzählens: Identität, Trauma, Gemeinschaft, Dank, Gedenken, Ruhm, Selbstbild • Unzuverlässiges Erzählen

Achter Theoriekurs – Psychologisch lesen
Psychologie und Literatur: Poetik, Rhetorik, Narratologie • Narzisstische Kränkungen • Sigmund Freud • Ich, Es, Über-Ich • Ontogenese und Phylogenese • Verdrängung und Wiederkehr des Verdrängten • Traumdeutung • Psychologie der Tropen (Jacques Lacan) • Ödipus und Hamlet • Totem und Tabu: Urhorde • Wilhelm Tell • Drei Erkenntnisinteressen: Autor, Leser, Figuren • Das Unheimliche • Das Lachen • Das Phantastische (Tzvetan Todorov) • Einflussangst (Harold Bloom) • Zorn (Peter Sloterdijk) • Nachahmung (René Girard) • Die Psychopathologie des Kolonialismus (Frantz Fanon) • Männerphantasien (Klaus Theweleit) • Parodie (James Joyce)

Achte Lesewerkstatt – Warum träumt Jonathan Harker von einem Vampir?
Faszination Vampir • Literarischer Vampirismus (Ossenfelder, Bürger, Goethe, Schauerliteratur) • Historische Hintergründe • Bram Stokers *Dracula* auf der Couch • Reise ins Unbewusste • Vampirische Traumdeutung • Das Unheimliche • Wofür steht Dracula? • Visuelle Vampire • Vampire in der Kunst (Munch) • Vampire im Film (*Nosferatu*) • Die Banalisierung des Bösen

Neunter Theoriekurs – Historisch lesen
Kontextualisierung • Godot 1943 • Historismen • Marxismus • Sozialgeschichte • Literatursoziologie • Diskursanalyse (Michel Foucault) • Systemtheorie (Niklas Luhmann) • New Historicism (Stephen Greenblatt) • Mikrohistorie • Das Problem epochenübergreifender Rezeption

Neunte Lesewerkstatt – Wie lässt sich Dracula historisch besiegen?
Geschichtlichkeit und Gegenwärtigkeit • Zeitgebundenheit und Aktualität • Ahistorische Literatur • Viktorianisches Zeitalter • Bram Stoker • Diskurse in *Dracula* (Recht, Medizin, Sexualität, Klasse etc.) • Identitätspolitik (Kolonialismus, Fremdheit, Antisemitismus) • Geschlecht • Gender-Rollenbilder • Technologien • Triumph der Bürokratie

Zehnter Theoriekurs – Postkolonial lesen
Colonia, Colere, Cultus, Cultura • Postkolonialismus • Das griechische Paradigma (V. Y. Mudimbe) • Geschichte und Vorgeschichte • Lateinamerikanischer Identitätsdiskurs (Domingo Faustino Sarmiento, Alejo Carpentier, Octavio Paz) • Négritude (Aimé Césaire, Léopold Sédar Senghor) • Bürgerrechtsbewegung (W. E. B. Du Bois) • Befreiungskampf (Frantz Fanon) • Diskursanalyse (Edward Said, Mary Louise Pratt) • Typologie (Tzvetan Todorov, Stephen Greenblatt) • Dialektik (Alexander von Humboldt, Walter Benjamin, Russell Berman) • Dekonstruktion (Homi Bhabha, Jacques Derrida) • Dynamik • Imaginärer Kolonialismus • Eurozentrismus oder Allozentrismus?

Zehnte Lesewerkstatt – Wie kolonialistisch ist „Die Verlobung in St. Domingo"?
Kolonialismus und deutsche Literatur • Fremde bei Kleist • Kleists „Die Verlobung in St. Domingo" • Die Bedeutung des Titels • Historische Hintergründe: St. Domingo und Haiti • Verfestigung (Rassismus, Hautfarbe, Gewalt) • Verunsicherung (Annäherungen, Farbmischung) • Verkehrung (Emanzipation, Identität) • Verurteilung

Elfter Theoriekurs – Lyrisch lesen
Warum dichten? • Was ist Lyrik? • Lyrik in Drama und Epos • Äquivalenzen • Reim • Versfuß • Versmaß • Strophe • Gedicht • Sonett-Matrix (William Shakespeare) • Semantik der Form (Friedrich Hölderlin) • Literaturgeschichte als Lyrikgeschichte

Elfte Lesewerkstatt – Wie interpretieren wir Gedichte?
Gebundene Sprache und Vers • Visualität • Musikalität • Gedichtinterpretationen • Lyrik-Reader • Walther von der Vogelweide, Andreas Gryphius, Johann Wolfgang von Goethe, Heinrich Heine, Annette von Droste-Hülshoff, Else Lasker-Schüler, Gottfried Benn, August Stramm, Kurt Schwitters, Bertolt Brecht, Paul Celan, Ingeborg Bachmann, Eugen Gomringer, Erika Burkart, Albert Ostermaier

Zwölfter Theoriekurs – Quantitativ lesen
Zwei Revolutionen • Qualitative und quantitative Ansätze • Vorläufer: Rhetorik und Strukturalismus • Digitale Codierung • Stilometrie • Korpuslinguistik • Technologien der Textanalyse • Franco Moretti: Kurven, Karten, Stammbäume, Netzwerke, Titel, Stil • Farben • Paratexte

Zwölfte Lesewerkstatt – Wie interpunktiert Kleist?
Kleists Interpunktion • „Die Marquise von O...." • Der berühmteste Gedankenstrich der deutschen Literatur • Quantifizierung und Visualisierung • Ordnung • Affekte • Verteilung • Ausdruck • Digitale Werkzeuge (*Voyant Tools*) • Figurenrhythmen

Dreizehnter Theoriekurs – Empirisch lesen
Rezeptionsästhetik • Paradox der Interdiziplinarität • Lesen als psycho-somatische Erkrankung • Empirische Methoden: Befragung, Schieberegler, Pupillometrie, Blickbewegung, Puls, Blutdruck, EKG, EDA, EMG, Stresshormon, EEG, fMRT • Fakt vs. Fiktion • Experimentelle Rhetorik (Cicero, Barack Obama)

Dreizehnte Lesewerkstatt – Wie wirken Wunder?
Zusammenarbeit • Versuchspersonen • Universalismus • Kulturalismus • Empirische Literaturwissenschaft • Wie Wunder wirken – im EEG • Märchen im Labor • Kontraintuitive Konzepte • Affekt als Anästhetikum • Stil als Ablenkung • Falschinformationen

Ausblick – Lesemündigkeit
Menschliche und künstliche Intelligenz • Lesemündigkeit • Literarischer und politischer Pluralismus • Lesen und Demokratie

Glossar

Abbildungsverzeichnis

Literaturverzeichnis

Glossar

Absurdes Theater Theater der Nachkriegszeit (Samuel Beckett, Eugène Ionesco), das die Sinnlosigkeit menschlicher Existenz zum Ausdruck bringt.
Achronie Auflösung der zeitlichen Ordnung.
Actio Fünfter Arbeitsschritt eines Redners, der Vortrag der Rede.
Adoneus Antikes Versmaß mit fünf Silben, einem Daktylus und einem Trochäus.
Agon Wettkampf; Rededuell in der Tragödie, dramatischer Wettstreit zwischen den Figuren.
Akatalektisch Der letzte Versfuß ist vollständig und wird nicht verkürzt.
Aktorial Erzählung aus der ‚Mitsicht' einer beteiligten Figur.
Alexandriner (Französisches) Versmaß mit sechs Hebungen beziehungsweise 12 bis 13 Silben sowie einer Zäsur in der Mitte.
Alterität Andersartigkeit, Fremdheit.
Allegorie Verbindung gleichartiger Metaphern, Trope, die über ein Einzelwort hinausgeht.
Alliteration Gleicher Anlaut aufeinanderfolgender Wörter.
Allograph Von fremder Hand verfasst.
Ambiguität Uneindeutigkeit, Mehr- oder Doppeldeutigkeit.
Ambivalenz Widersprüchlichkeit, Zwiespältigkeit.
Anachronie Abweichungen von der zeitlichen Ordnung.
Anadiplosis Wiederholung des letzten Elements eines Satzes zu Beginn des folgenden Satzes.
Anagnorisis Erkenntnis, Wiedererkennung in der antiken Tragödie.
Analepse Rückblende.
Anapäst Versfuß, der aus zwei Senkungen (Kürzen) und einer Hebung (Länge) besteht.
Anapher Wiederholung am Beginn aufeinander folgender Sätze beziehungsweise syntaktischer Glieder.
Antagonist Gegenspieler des Helden oder der Heldin im Drama.
Anthologie Sammlung von Texten.
Antilabe Verteilung eines gesprochenen Verses auf mehrere Figuren.
Antithese, Antithesis Gegensatz.

Antiqua Klassische, runde Schrift nach römisch-antikem Vorbild.
Antonomasie Rhetorische Trope, bei der ein Eigenname durch eine Eigenschaft ersetzt wird.
Appellstruktur Grundannahme der Rezeptionsästhetik, der zufolge Texte die Lesenden dazu auffordern, sie gedanklich zu vervollständigen.
Aporie Unmöglichkeit, Ausweglosigkeit der Deutung.
Apostrophe Anrede einer bestimmten Instanz.
Appropriation Aneignung.
Aptum Angemessenheit in der Rhetorik.
Archäologie Nach Michel Foucault die historische Rekonstruktion von Diskurszusammenhängen.
Archiv Einrichtung zur Sammlung, Aufbewahrung und Erschließung von Dokumenten.
Argumentatio Ausdeutung eines dargelegten Sachverhalts in einer Rede.
Ästhetik Lehre der Künste und des Schönen, im weiteren Sinne auch Lehre der sinnlichen Wahrnehmung.
Asyndeton Unverbundene Aufzählung, ohne Konjunktionen.
Aufklärung Epoche des 18. Jahrhunderts, welche die kritische Vernunft zum Ideal erhebt.
Auktorial Den Autor oder die Autorin betreffend.
Auktorialer Erzähler Allwissender Erzähler.
Aura Eigenschaft, die das Original eines Kunstwerks von Nachahmungen unterscheidet.
Auszeichnung Typographische Hervorhebung durch Kursivierung, Fettung oder Sperrung.
Authorship attribution Identifikation des Autors anhand von Merkmalen eines Texts.
Autobiographie Erzählung des eigenen Lebens.
Autobiographischer Pakt Annahme, dass Autor, Erzähler und Hauptfigur in einer Autobiographie identisch seien.
Autodiegetisch Stellung einer Erzählfigur, die zugleich die Hauptfigur ist.
Autofiktion Fiktionale Literatur, in der deren Autor vorzukommen scheint.
Autograph Von eigener Hand verfasst.
Autopoetisch Selbsterzeugend.
Autopoiesis Begriff der Systemtheorie, Selbsterschaffung und -erhaltung eines Systems.
Avantgarden Künstlerische Strömungen, die eine Vorreiterrolle für sich beanspruchen.
Avant la lettre Rückwirkende Anwendung eines Begriffs.
Barock Epoche höfischer Repräsentation im 17. Jahrhundert.
Basis Im Marxismus die gesellschaftlichen Bedingungen im Verhältnis zum kulturellen Überbau.
Bewusstseinsbericht (psycho-narration) Erzählende Wiedergabe der inneren Vorgänge einer Figur.

Bewusstseinsstrom (stream of consciousness) Darstellung der Gedanken und Gefühle einer Figur aus deren Innensicht in ihrer Spontaneität und Zusammenhangslosigkeit.
Bias Verzerrung oder Voreingenommenheit, die zu ungenauen Messergebnissen führt.
Biedermeier Unpolitische Epoche der Literatur in der ersten Hälfte des 19. Jahrhunderts.
Bildungsroman Schildert den Bildungs- und Reifeprozess der Hauptfigur.
Biographie Lebensdarstellung.
Bitterfelder Weg Kulturprogramm in der DDR, das unter anderem die Ausbildung einer sozialistischen Nationalliteratur befördern sollte.
Blankvers (Englisches) Versmaß bestehend aus fünf Jamben.
Book history Erforschung der materiellen und wirtschaftlichen Geschichte des Buchs.
Brecht-Gardine Halbhoher Theatervorhang, der den Blick auf die Bühne teilweise offenlässt.
Briefroman Roman, der aus (fiktiven oder fiktionalisierten) Briefen besteht.
Buch Trägermedium für Texte.
Bürgerliches Trauerspiel Form der Tragödie seit der Aufklärung, in der die Hauptfiguren dem bürgerlichen Stand angehören.
Captatio benevolentiae Versuch des Redners, zu Beginn seiner Rede die Neigung des Publikums zu gewinnen.
Captatio malevolentiae Provokation des Publikums durch den Redner.
Chiasmus Rhetorische Anordnung von Elementen nach dem Muster a-b-b-a, Überkreuzstellung.
Chor Tanzendes, singendes und kommentierendes Kollektiv in der griechischen Tragödie.
Choreuten Angehörige des Chors einer antiken Tragödie.
Chronologie Zeitliche Reihenfolge, Erzählung nach der natürlichen Abfolge der Ereignisse.
Circulation Bewegung von Bedeutungen zwischen verschiedenen Bereichen einer Gesellschaft einschließlich der Literatur, nach Stephen Greenblatt.
Close reading Mikroskopisch genaue Lektüre.
Code Bedeutungsdimension eines Texts nach Roland Barthes beziehungsweise systematisch vorgeprägte Kommunikationsmuster nach Niklas Luhmann.
Computerphilologie Textwissenschaft mit digitalen Hilfsmitteln.
Concessio Rhetorisches Zugeständnis.
Conciliare Einnehmen für den Redner durch Rhetorik.
Containment of subversion Was an einem Text kritisch oder subversiv zu sein scheint, dient indirekt doch der Stärkung der Macht.
Cool media Medien und Künste, die wenig sinnliche Informationen vermitteln und daher mehr gedankliche Beteiligung der Rezipierenden erfordern, zum Beispiel Texte und Radio.
Corpus, Korpus Gruppe von Texten.
Correctio Absichtsvolle Selbstkorrektur des Redners.

Dadaismus Literarische Strömung, die das Absurde der Welt sprachlich vermittelt.
Daktylus Versfuß, der aus einer Hebung (Länge) und zwei Senkungen (Kürzen) besteht.
Dekadenz Epoche um 1900, Verfall und Niedergang als Themenschwerpunkt.
Dekonstruktion Prozess, durch den Texte Widersprüche erzeugen und uneindeutig werden.
Delectare Ästhetisches Erfreuen durch Redekunst oder Dichtung.
Denotation Bezeichnung.
Desis Verknüpfung der Handlung.
Deskription Beschreibung.
Deus ex machina Künstliche Auflösung einer Handlung durch das Erscheinen einer Gottheit.
Diachronie Zeitverlauf.
Dialektik Philosophische Lehre zur Beschreibung und Aufhebung von Gegensätzen.
Dialektik der Aufklärung Theorie von Adorno und Horkheimer, der zufolge Aufklärung in Barbarei umschlägt, während Mythologie Keime des Fortschritts enthält.
Diegese Erzählerisch dargestellte Welt.
Diegesis Erzählerische Darstellung.
Différance Wortschöpfung von Jacques Derrida, die einen fortgesetzten Bedeutungsaufschub bezeichnet.
Digital Humanities Geisteswissenschaften mit computergestützten Verfahren.
Digitalphilologie Textwissenschaft mit digitalen Hilfsmitteln.
Direkte Rede Wörtliche Wiedergabe der Rede einer Figur.
Diskurs Implizit regelgeleiteter Zusammenhang des Sprechens, Schreibens und Denkens, nach Michel Foucault.
Diskursanalyse Beschreibung bestimmter Diskurse anhand ihrer Zeugnisse.
Diskurstheorie Systematische Beschreibung der Funktionsweise von Diskursen.
Dispositio Zweiter Arbeitsschritt eines Redners, das Anordnen des Materials.
Dispositiv Institutionelle Bedingungen von Diskursen.
Dissemination Streuung des Sinns, nach Jacques Derrida.
Distant reading Automatisierte Analyse größerer Textmengen.
Distichon Strophenform aus zwei Versen, Zweizeiler.
Docere Sachliche Belehrung durch Rhetorik.
Dokumentartheater Theaterstück, das ein Ereignis anhand historischer Zeugnisse vermittelt.
Drama Theaterstück.
Dramatische Ironie Äußerung einer Dramenfigur, deren wahre Bedeutung nur das Publikum versteht.
Dramaturgie Aufbau und Verlauf der dramatischen Handlung.
Dubitatio Gespielter Zweifel des Redners.
Duplicatio Rhetorische Figur der Wortwiederholung.
Écriture automatique Automatisches, unbewusstes Schreiben.
Edition Textausgabe beziehungsweise Herstellung einer solchen.

Editionsphilologie Wissenschaft des Edierens von Texten.
Einflussangst Nach Harold Bloom die ödipale Rivalität eines Autors mit seinen literarischen Vorbildern.
Einheit der Handlung Regel, der zufolge ein Theaterstück nur einen Handlungsstrang haben darf.
Einheit der Zeit Regel, der zufolge die Handlung eines Theaterstücks nicht länger als einen Tag dauern darf.
Einheit des Ortes Regel, der zufolge ein Theaterstück nur an einem Schauplatz spielen darf.
Eisodos Zugang zum Theater der griechischen Tragödie.
Ekkyklema Rollbühne in der griechischen Tragödie.
Eleos Jammer, laut Aristoteles einer der beiden Tragödienaffekte, welche die Katharsis auslösen.
Ellipse Rhetorische oder erzählerische Auslassung.
Elocutio Dritter Arbeitsschritt eines Redners, die sprachliche Ausgestaltung.
Emendation Editorischer Eingriff zur Korrektur eines Textfehlers.
Emerging literatures Literaturen, die in entkolonisierten Ländern beziehungsweise Kulturen entstehen.
Emphase Nachdrückliche Betonung, nach Quintilian durch Untertreibung.
Emplotment Nach Hayden White die historiographische Vermittlung in einem bestimmten Erzählmuster.
Enjambement Zeilensprung, Fortführung eines Satzes über das Versende hinweg.
Epeisodion In der griechischen Tragödie ein Abschnitt der Bühnenhandlung zwischen zwei Chorliedern.
Epigramm Kurzes, meist aus zwei Versen (Distichon) bestehendes Gedicht, oft zum Spott.
Epigraph Inschrift.
Epik Gattung der Erzählliteratur.
Epipher Wiederholung am Ende aufeinander folgender Sätze beziehungsweise syntaktischer Glieder.
Episches Theater Nach Bertolt Brecht Theater mit Elementen der Epik, das seinem Publikum Einfühlung und Illusion verwehrt.
Episteme Historische Wissensformation nach Michel Foucault.
Epoche Zeitabschnitt der Geschichte beziehungsweise Kunst- oder Literaturgeschichte.
Epos Gattung umfangreicher Erzählungen, in der Antike und im Mittelalter in Versen.
Erinnerungsort Symbolisches Element des kulturellen Gedächtnisses.
Erlebte Rede Wiedergabe der Gedankengänge einer Figur zwischen direkter und indirekter Rede.
Erotesis Rhetorische Frage.
Erwartungshorizont Erwartungen bei der Lektüre, Vorannahmen zu einem Text.
Ethos In der Rhetorik die Selbstdarstellung des Redners.
Evidentia Veranschaulichung, Vor-Augen-Führen.

Exchange Austauschprozesse zwischen Gesellschaftsbereichen, die auch die Kunst und die Literatur betreffen.
Exclamatio Ausruf.
Exilliteratur Insbesondere aus Nazi-Deutschland ausgewanderte Schriftsteller.
Exodos Auszug am Ende einer griechischen Tragödie.
Exordium Einleitung einer Rede.
Experimentelle Rhetorik Forschung zur Rhetorik mit empirischen Methoden.
Expressionismus Stilrichtung und Epoche zu Beginn des 20. Jahrhunderts, subjektive Ausdruckskunst.
Extradiegetisch Rahmenhandlung, Erzählung erster Ordnung.
Fabel Allegorische Erzählung von Tieren.
Faktisch Den Tatsachen entsprechend.
Faktual Darstellung, die eine Übereinstimmung mit der Wirklichkeit beansprucht.
False memory effects Erzeugung einer eingebildeten Erinnerung.
Fassung Eigenständige Version eines Texts, zum Beispiel nach einer Überarbeitung.
Feld Forschungsraum der Ethnologie oder Soziologie.
Fibel Schreib- und Leselehrbuch für Kinder.
Figur Rhetorisches Muster.
Figuration Einsatz rhetorischer Figuren.
Figura etymologica Rhetorische Figur, bei der Wörter mit demselben Wortstamm, aber in unterschiedlichen Wortarten kombiniert werden.
Figurae elocutionis Formale rhetorische Figuren.
Figurae sententiae Inhaltliche rhetorische Figuren.
Figurengedicht Gedicht in graphischer Form.
Fiktion Erfindung.
Fiktional Darstellung, die keine Übereinstimmung mit der Wirklichkeit beansprucht.
Fiktiv Erfunden.
Fin de siècle Ende des 19. Jahrhunderts.
Fokalisierung Verfahren der Perspektivierung von Erzähltexten, das bestimmt, wie viel die Lesenden über die Erzählwelt erfahren.
Formalismus Werkimmanente Deutungsmethode, die sich auf die Form eines Texts konzentriert.
Fraktur Sogenannte gebrochene Schrift im deutschen Sprachraum.
Freie Rhythmen Unregelmäßige Betonungsmuster in Versen.
Freie Verse Verse ohne Metrum und Reim.
Frühe Neuzeit Epoche zwischen Mittelalter und Moderne (15. bis 18. Jahrhundert).
Fuge Musikstück, bei dem die Melodie versetzt in unterschiedlichen Stimmen auftaucht.
Futurismus Kunstrichtung der Avantgarde, Technik und Dynamik als Themenschwerpunkte.
Geisteswissenschaften Fächer, die geistige Erzeugnisse erforschen, im Unterschied vor allem zu den Naturwissenschaften.
Gender Studies Fachgebiet, das Geschlechterverhältnisse erforscht.
Genre Kunstgattung, Textsorte.

Genre recognition Erkennung literarischer Gattungen anhand charakteristischer Merkmale.
Genus Gattung, Redegattung in der Rhetorik.
Germanistik Wissenschaft der deutschen Sprache und Literatur.
Glossar Wörterverzeichnis mit Erläuterungen. (Sie befinden sich gerade in einem.)
Gothic Novel Schauerroman.
Grammatik Lehre der Regeln, nach denen Sprachen funktionieren.
Grammatologie Dekonstruktivistische Methode der Sprachbeschreibung, nach Jacques Derrida.
Grauwert Anteil von Schrift auf einer Druckseite.
Gruppe 47 Literatengruppe in Deutschland nach dem Zweiten Weltkrieg.
Habitus Auftreten, Umgangsformen, Selbstinszenierung.
Haiku Japanische Gedichtform.
Hamartia Tragischer Fehler.
Hebung Betonte Silbe im Vers.
Hebungsprall Aufeinanderstoßen zweier Hebungen, Spondeus.
Hendiadyoin Betonung durch Verwendung von zwei Synonymen.
Hermeneutik Deutungslehre.
Hermeneutischer Zirkel Abhängigkeit der Deutung eines Texts von der Deutung jedes einzelnen Elements des Texts, und umgekehrt.
Hermetik Undurchdringlichkeit, Verweigerung gegen Deutung.
Heterodiegetisch Stellung einer Erzählfigur, die nicht Teil der Handlung ist.
Heterometrie Strophenform mit wechselndem Versmaß.
Heterotopien Andere Orte nach Michel Foucault.
Heuristik Methode, mit begrenztem Wissen zu praktikablen Lösungen zu gelangen.
Hexameter Vers der griechischen Epik, der aus sechs Daktylen beziehungsweise Spondeen besteht.
Historiographie Geschichtsschreibung.
Historischer Materialismus Marxistische Kultur- und Geschichtstheorie.
Historischer Roman Roman mit historischem Sujet.
Homodiegetisch Stellung einer Erzählfigur, die Teil der Handlung ist.
Homoioteleuton Gleicher Auslaut, Reim.
Hot media Medien und Künste, die viele sinnliche Informationen vermitteln und daher weniger gedankliche Beteiligung der Rezipierenden erfordern, zum Beispiel Filme.
Humanismus Epoche im 16. Jahrhundert.
Humanities Geisteswissenschaften.
Hybridität Kulturelle Durchdringung und Wechselwirkung.
Hybris Hochmut, der in der griechischen Tragödie regelmäßig zum Fall des tragischen Helden führt.
Hyperbaton Rhetorische Figur, bei der ein Einschub zusammenhängende Glieder trennt.
Hyperbel Übertreibung.
Hyperkatalektisch Der letzte Versfuß ist um eine Senkung verlängert.

Hypophora Eine Frage, die ein Redner stellt, um sie selbst zu beantworten.
Hypotaxe Unterordnung von Nebensätzen und Satzgliedern.
Impact Messbare Wirkung vor allem wissenschaftlicher Publikationen.
Impliziter Leser Vorstellung einer vom literarischen Text vorausgesetzten Leseinstanz.
Impressionismus Stilrichtung und Epoche zu Beginn des 20. Jahrhunderts, Vermittlung von Eindrücken.
Indeterminacy Unbestimmtheit.
Indirekte Rede Berichtende Wiedergabe der Rede einer Figur, zum Beispiel durch eine Erzählinstanz.
Innerer Monolog Zusammenhängende Wiedergabe der Gedanken einer Figur.
Intradiegetisch Binnenhandlung, Erzählung zweiter Ordnung.
Inventio Erster Arbeitsschritt eines Redners, das Finden von Material.
Ironie Rhetorische Aussage, in der das Gesagte vom Gemeinten abweicht.
Isokolon Ein Satz oder mehrere Sätze mit syntaktisch gleichartigen Gliedern, Parallelismus.
Isometrie Strophenform mit durchgängigem Versmaß.
Itération, itérabilité Wiederholung beziehungsweise Wiederholbarkeit eines Zeichens, durch die es seine Bedeutung verändert.
Jambus Versfuß, der aus einer Senkung (Kürze) und einer Hebung (Länge) besteht.
Jargon Sondersprache einer (Berufs-)Gruppe, die für Außenstehende schwer verständlich ist.
Jugendstil Kunstgeschichtliche Epoche um 1900.
Kanon Verbindliche Auswahl klassischer Texte.
Katachrese Abgenutzte Metapher.
Katalexe Der letzte Versfuß ist um eine Senkung verkürzt.
Katharsis Affektive Reinigung der Zuschauer gemäß Aristoteles' Tragödientheorie.
Kirchenliedstrophe Strophenform aus vier paargereimten Versen.
Klappentext Text auf der Innenseite des Buchumschlags mit Inhaltsangabe und Werbung.
Klassik Im deutschsprachigen Raum Epoche um 1800 mit Orientierung an der griechisch-römischen Antike.
Klassische Moderne Epoche im frühen 20. Jahrhundert.
Klimax Steigerung.
Kollation Abgleich zwischen Texten beziehungsweise zwischen einer Transkription und einer Vorlage.
Kollokation Benachbartes Auftreten von Wörtern.
Komikotragödie Theaterstück mit komischem Beginn und tragischem Ausgang.
Komödie Lustspiel.
Komparatistik Vergleichende Wissenschaft, insbesondere Literaturwissenschaft.
Konjektur Vermutung, insbesondere bei fehlenden oder unleserlichen Textstellen.
Konkrete Poesie Strömung der Lyrik in der zweiten Hälfte des 20. Jahrhunderts, in der das Sprachmaterial selbst zum Gegenstand von Gedichten wird.

Konkretisation Individuelle Füllung von Leerstellen durch die Lesenden.
Konnotation Mitschwingende, assoziative Bedeutung, die nicht explizit ausgedrückt wird.
Konstruktivismus Denkschule, nach der soziale Phänomene nicht naturgemäß, sondern sprachlich konstruiert sind.
Kontext Zusammenhang, in dem ein Text steht, Textumfeld.
Kookkurrenz Gemeinsames Vorkommen verschiedener Wörter.
Korpus, Corpus Ausgewählte Gruppe von Texten.
Korpuslinguistik Sprachwissenschaftliche Forschung auf der Basis umfangreicher Textsammlungen.
Kult, Kultus Zusammenhängende religiöse Handlungen.
Kulturpoetik Vorstellung von einer Kultur als Gesamttext, der nicht nur ihre literarischen Erzeugnisse umfasst.
Kursivierung Typographische Textauszeichnung.
Kyklos Wiederholung am Anfang und am Ende eines Satzes beziehungsweise syntaktischen Glieds.
Lakonie Knappe, wortarme, prägnante Ausdrucksweise.
Langage Sprachvermögen (nach Ferdinand de Saussure).
Langue Sprachsystem (nach Ferdinand de Saussure).
L'art pour l'art Kunst als Selbstzweck.
Latenz Phase des unterschwelligen, verzögerten Auftretens, vor der Manifestation.
Leerstelle Informationslücke eines Texts, die von den Rezipierenden gefüllt werden muss.
Licentia Rhetorischer Vorwurf ans Publikum.
Limerick Scherzgedicht mit fünf Versen und dem Reimschema *aabba*.
Literacy Lese- und Schreibfähigkeit, literarische Kompetenz.
Literarisches Feld Gesellschaftlicher Zusammenhang, in dem Literatur entsteht und vermittelt wird.
Literarizität Literaturhaftigkeit eines Texts.
Literaturbetrieb Wirtschaftlicher und institutioneller Zusammenhang, in dem Literatur entsteht und vermittelt wird.
Litotes Rhetorische Verneinung des Gegenteils.
Littérature engagée Politisch engagierte Literatur.
Logos Rationales Überzeugungsmittel, nach Aristoteles.
Lysis Auflösung der Handlung.
Magischer Realismus Literarische Strömung vor allem in Lateinamerika in der zweiten Hälfte des 20. Jahrhunderts.
Manifestation Zu-Tage-Treten, Sichtbarwerden.
Märchen Alte Erzählgattung mit Elementen des Wunderbaren.
Mechane Theaterkran in der griechischen Tragödie.
Mediävistik Mittelalterforschung.
Medium Kommunikationsmittel, Träger für Informationen und künstlerischen Ausdruck.
Memoria Vierter Arbeitsschritt eines Redners, das Einprägen der Rede.
Metabasis Wende in der Tragödie.

Metadiegetisch Binnenhandlung innerhalb einer Binnenhandlung, Erzählung höherer Ordnung.
Metalepse Erzählerischer Ebenenbruch (zum Beispiel zwischen Rahmen- und Binnenhandlung). Außerdem: Rhetorische Trope der Ersetzung durch ein unpassendes Scheinsynonym.
Metapher Rhetorische Trope, bei der eine Bedeutung von einem Bildspender auf einen Bildempfänger übertragen wird.
Methode Regelgeleitetes Verfahren, zum Beispiel zur wissenschaftlichen Erforschung.
Methodologie Lehre von den Methoden.
Metonymie Rhetorische Trope, bei der ein Ausdruck durch einen zeitlich, örtlich oder kausal benachbarten ersetzt wird.
Metrum Versmaß, rhythmisches Schema.
Mikrohistorie Möglichst genaue Darstellung eines repräsentativen Fallbeispiels in der Geschichtswissenschaft.
Mimesis Nachahmung.
Mimikry Täuschende Nachahmung, Vorspiegelung.
Mise en abyme (Bildliche) Darstellung, die sich selbst enthält.
Morphologie Sprachwissenschaftliche Lehre vom Aufbau der Wörter.
Movere Emotionale Einwirkung durch Rhetorik.
Muse Schutzgöttin einer Kunst, Inspiration.
Musenanruf Bitte eines epischen Sängers um Inspiration.
Mythos Kollektiv verbindliche Erzählung mit übernatürlichen Elementen, die mündlich überliefert wird.
Narratio Darlegung eines Sachverhalts in einer Rede.
Narration Erzählung.
Narrativ Erzählerisches Muster.
Narrative Economics Forschung zur Rolle von Erzählungen in der Ökonomie.
Narratologie Erzählforschung, -theorie.
Naturalismus Wirklichkeitsgetreue Darstellung, einschließlich der Lebenswelt des Proletariats, mit quasi-wissenschaftlichen Mitteln.
Negotiation Austauschprozesse zwischen Literatur und anderen Diskursen nach Stephen Greenblatt.
Neue Sachlichkeit Literarisches Programm einer reportagehaften Nüchternheit in den 1920er Jahren.
Neue Subjektivität Literarisches Programm einer privaten Innerlichkeit in den 1960er und 1970er Jahren.
Neuromantik Wiederaufnahme von Merkmalen der Romantik seit Ende des 19. Jahrhunderts.
New Criticism Schule formaler Textanalyse Mitte des 20. Jahrhunderts.
New Historicism Schule historisierende Textanalyse Ende des 20. Jahrhunderts.
Nicht-Orte Räume ohne kulturellen Zusammenhang zu ihrer Umwelt nach Marc Augé.
Normpoetik Regelwerk für Dichtung.
Novelle Erzählgattung mittleren Umfangs.

Objet trouvé Alltagsgegenstand, der zum Kunstwerk erklärt wird.
Ode Lyrische Gattung, in der Antike üblicherweise als Lied zu Musik vorgetragen.
Officia oratoris Aufgaben beziehungsweise Arbeitsschritte des Redners.
Onomatopoesie Lautmalerei.
Ontologie Lehre des Seins, der Wirklichkeit.
Opposition Entgegensetzung.
Orchestra Tanzplatz des Chors im Theater der griechischen Tragödie.
Orientalismus Westliche Klischee-Reproduktion über die Länder des sogenannten Orients.
Ornatus Redeschmuck.
Othering Abgrenzung des Eigenen vom Fremden, Andersartigen.
Paradigma Denkmuster, Erklärungsmodell, Weltanschauung.
Paradigmenwechsel Ablösung bestehender Denkmodelle durch revolutionäre Erkenntnis.
Parallelismus Syntaktische Übereinstimmung aufeinander folgender Sätze oder Satzglieder, Isokolon.
Parataxe Nebenordnung von Sätzen oder Satzgliedern.
Paratext Alle textlichen Bestandteile eines Buchs außer dem Haupttext.
Parodos Einzugslied des Chors in der griechischen Tragödie.
Parole Sprechakt, Sprachgebrauch (nach Ferdinand de Saussure).
Pars pro toto Ein Teil für das Ganze (als Synekdoche).
Pathos Emotionale Wirkung der Rhetorik.
Peer review Begutachtung von Forschungsarbeiten durch Kollegen.
Pentameter Antikes Versmaß mit sechs Daktylen.
Peripetie Wende der Handlung.
Periphrase Umschreibung.
Peroratio Affektive Steigerung am Schluss einer Rede.
Persuasion Gesamtwirkung der Rhetorik, Überzeugung.
Phantastisches, Phantastik Literarischer Modus, bei dem uneindeutig ist, ob das Dargestellte übernatürlichen Ursprungs ist oder realistisch erklärt werden kann, nach Tzvetan Todorov.
Philologie Textwissenschaft.
Phobos Furcht als Reaktion des Publikums im Theater der griechischen Tragödie, neben Eleos einer der beiden Affekte, welche die Katharsis auslösen.
Pikareske Schelmenerzählung, Abenteuerhandlung mit einer naiven Hauptfigur.
Poesie Dichtung.
Poésie pure Dichtung ohne Wirklichkeitsbezug.
Poetik Dichtungslehre.
Poetische Funktion Verfahren, um Sprache zu künstlerischen Zwecken einzusetzen.
Poetologie Dichtungslehre.
Poiesis Das ‚Machen', die künstlerische Hervorbringung, Dichtung.
Polyptoton Rhetorische Figur, bei der ein Wort in deklinierter Form wiederholt wird.
Polysyndeton Wiederholung identischer Konjunktionen.

Popliteratur Literarische Strömung seit Mitte des 20. Jahrhunderts, Infragestellung des bürgerlichen Lebensstils als Themenschwerpunkt.
Postdramatisches Theater Zur Aufführung bestimmte Texte ohne Figuren, Dialoge und Handlung.
Postmoderne Epoche nach dem Ende der großen Erzählungen.
Poststrukturalismus Kritische Weiterentwicklung des Strukturalismus, die an Texten ihre Nichteindeutigkeit hervorhebt.
Präskription Vorschrift.
Praeteritio Gespieltes Übergehen in der Rhetorik, das auf das Übergangene gerade aufmerksam macht.
Prodesse Nützlichkeit als Zweck von Dichtung nach Horaz.
Prolepse Vorwegnahme.
Prolog Szenischer Monolog oder Dialog vor dem Einzug des Chores in der Tragödie.
Prosopopoiia Verlebendigung, Personifikation.
Protagonist Hauptfigur, Held einer Handlung.
Psychagogie Seelenlenkung, von Platon zur Beschreibung der Rhetorik verwendet.
Psychologie Wissenschaft der Psyche, des menschlichen Erlebens und Verhaltens.
Psychoanalyse Psychologische, therapeutische und kulturgeschichtliche Theorie nach Sigmund Freud.
Quartett Strophenform mit vier Versen, Vierzeiler.
Raumsemantik Die Bedeutung, die Räume in einem Text entfalten.
Readymade Verwendung eines Alltagsgegenstands als Kunstwerk.
Realismus Wirklichkeitsgetreue Darstellung der Lebenswelt des Bürgertums.
Reim Gleichklang am Wortende, ab dem letzten betonten Vokal.
Reflektorfigur Eine Figur, in der sich das Geschehen spiegelt.
Reformation Spaltung der christlichen Kirchen, maßgeblich beeinflusst durch Martin Luther.
Regelpoetik Regelwerk für Dichtung.
Register Stilebene oder Verzeichnis.
Re-reading Neulektüre klassischer Texte.
Re-writing Neuschreibung einer litararischen Tradition.
Rezeption Aufnahme von Kunstwerken, Lektüre literarischer Texte.
Rezeptionsästhetik Theorie zur Beschreibung des Verhältnisses zwischen Text und Lesenden.
Rhapsode Epischer Sänger.
Rhetorik Redekunst.
Rhythmus In der Literatur Klangmuster, das sich durch die Abfolge betonter und unbetonter Silben (Hebungen und Senkungen) ergibt.
Ritual, Ritus Kollektive Praxis in ursprünglich religiösem Zusammenhang.
Roman Erzählgattung großen Umfangs.
Romantik Epoche um 1800, mit rationalismuskritischen Tendenzen.
Romantische Ironie Kunstwerke, die ihren eigenen Kunstcharakter herausstellen.
Sapphische Strophe Antike Strophenform mit vier Versen, benannt nach der griechischen Dichterin Sappho.

Satire Kunstform der Kritik, des Spotts.
Schauerroman, Schauerliteratur Literarische Gattung mit unheimlichen, übernatürlichen Sujets.
Schelmenroman Abenteuererzählung mit einer naiven Hauptfigur, Pikareske.
Schwabacher Schriftart aus der Familie der gebrochenen Schriften, konnte in Frakturdrucken zur Betonung verwendet werden.
Sekundenstil Deckung zwischen Erzählzeit und erzählter Zeit in genauen Beschreibungen des Naturalismus.
Self-fashioning Selbstentwürfe und Machttechniken des frühneuzeitlichen Individuums.
Semantik Bedeutungslehre.
Semiotik, Semiologie Zeichentheorie.
Senkung Unbetonte Silbe im Vers.
Sententia Allgemeingültige Aussage.
Sermocinatio Rhetorische Gesprächssimulation.
Skene Bühnenaufbau als Kulisse im Theater der Tragödie.
Social energy Anzeichen gesellschaftlicher Erzeugung in einem Kunstwerk.
Sonett Gedichtform aus zwei Quartetten und zwei Terzetten (italienisch-deutsches Modell) oder aus drei Quartetten und einem Zweizeiler (englisches Modell).
Sozialistischer Realismus Dogma von Kunst und Literatur im Realsozialismus, insbesondere in der Sowjetunion und der DDR.
Sperrung Typographische Hervorhebung durch Vergrößerung des Abstands zwischen den Buchstaben.
Spondeus Versfuß, der aus zwei Längen (Hebungen) besteht.
Ständeklausel Vorschrift, nach der als Helden einer Tragödie nur Adelige in Frage kommen, als Figuren einer Komödie hingegen nicht.
Stanze Strophenform mit acht jambischen Versen.
Stasimon Standlied des Chors in der griechischen Tragödie.
Stationendrama Episodisches Theaterstück.
Stereotyp Feststehende Vorstellung von einer Gruppe, deren auffällige Wiederholung Homi Bhabha als widersprüchlich analysierte.
Stichomythie Wechselrede in der Tragödie.
Stilometrie Messung eines sprachlichen Stils anhand charakteristischer Merkmale.
Strophe Lyrische Gliederungseinheit, Gruppe von Versen in einem Gedicht.
Strophensprung Fortsetzung eines Satzes über die Strophengrenze hinweg.
Struktur Anordnung von Elementen, Gliederung, Aufbau.
Strukturalismus Methode zur Untersuchung der Bedeutungen, die von Strukturen erzeugt werden.
Sturm und Drang Epoche im 18. Jahrhundert zwischen Aufklärung und Klassik.
Subaltern Studies Interesse für die Marginalisierten und Unterdrückten, vor allem unter kolonialen Bedingungen.
Subiectio Rhetorische Simulation eines Dialogs mit der Gegenseite.
Subtext Unausgesprochener Gehalt eines Texts.
Surrealismus Künstlerische Bewegung zu Beginn des 20. Jahrhunderts, von der Psychoanalyse angeregt.

Suspension of disbelief Der Zweifel am Realitätsgehalt einer künstlerischen Darstellung wird in der Rezeption ausgeschaltet.
Symbolismus Stilrichtung Ende des 19. Jahrhunderts.
Symploke Kombination von Anapher und Epipher, Wiederholung am Anfang und am Ende aufeinander folgender Sätze oder Satzglieder.
Synchronie Gleichzeitigkeit.
Synekdoche Trope, die einen Teil für ein Ganzes oder umgekehrt setzt.
Syntagma Syntaktische Einheit.
Syntax Lehre vom Satzbau.
System Kommunikationszusammenhang, nach Niklas Luhmann.
Systemtheorie Beschreibung der Funktionsweise verschiedener Kommunikationszusammenhänge.
Szene Dramatische Gliederungseinheit, Abschnitt der Bühnenhandlung eines Theaterstücks.
Szenographie Künstlerische Bühnengestaltung, Kulissenmalerei.
Taxonomie Systematische Einteilung in Kategorien.
Teichoskopie ‚Mauerschau' im Theater als Bericht vom Geschehen abseits der Bühne.
Terminologie Fachwortschatz eines Feldes oder einer Disziplin.
Terzett Strophenform mit drei Versen, Dreizeiler.
Text Zusammenhängende sprachliche Äußerung.
Textkonstitution Herstellung eines Texts zu editorischen Zwecken.
Textkritik Editionsphilologisches Verfahren zur Überprüfung eines Texts und seiner Varianten.
Theatron Zuschauerraum im Theater des antiken Griechenlands.
Topik Rhetorisches System zum Auffinden von Argumenten.
Topographie Beschaffenheit eines Geländes.
Topos Gemeinplatz, vorgefertigte Idee.
Totum pro parte Das Ganze für einen Teil (als Synekdoche).
Tragik Darstellungsmodus und Handlungsmuster von Tragödien.
Tragikomödie Theaterstück mit tragischer Gemengelage und glücklichem Ausgang.
Tragische Ironie Äußerung einer tragischen Figur, deren wahre Bedeutung nur das Publikum versteht.
Tragischer Held Hauptfigur einer Tragödie, die aufgrund eines eigenen Fehlers einen Glücksumschwung und den Untergang erleidet.
Tragödie Dramengattung mit (meist) unglücklichem Ausgang.
Transkription Abschrift eines Texts, insbesondere einer Handschrift, heute auch mit digitalen Hilfsmitteln.
Trauerspiel Tragödie.
Traumarbeit Psychischer Prozess, durch den der Traumgedanke in den Trauminhalt umgewandelt wird.
Traumdeutung Psychoanalytisches Verfahren zur Interpretation von Trauminhalten.

Traumgedanke Verborgener, latenter Sinn eines Traums.
Trauminhalt Erinnerter, manifester Verlauf eines Traums.
Trochäus Versfuß, der aus einer Hebung (Länge) und einer Senkung (Kürze) besteht.
Trope Rhetorische Form uneigentlichen Sprechens.
Trümmerliteratur Literarische Strömung in Deutschland nach 1945.
Typographie Schriftgestaltung.
Typologie Typenlehre, Einteilung in Typen.
Überbau Im Marxismus die kulturellen Vorstellungen im Verhältnis zur wirtschaftlichen Basis.
Übergangswahrscheinlichkeit Statistisches Maß für die Häufigkeit, mit der ein Wort auf ein anderes folgt.
Unbestimmtheitsstelle Aussparung von Informationen.
Unbewusstes Dem wachen Bewusstsein des Menschen nicht direkt zugängliche Elemente der Psyche.
Undecidability Unentscheidbarkeit der Bedeutung eines widersprüchlichen Texts.
Unheimliches Als unheimlich empfinden wir die Wiederkehr des Verdrängten.
Unzuverlässiger Erzähler Erzählinstanz, der die Leser nicht vertrauen können.
Vagantenstrophe Strophenform mit vier oder acht Versen.
Validität Gültigkeit von Messergebnissen, Angemessenheit eines Testverfahrens.
Vanitas Symbolik der Vergänglichkeit und Eitelkeit der Welt im Barock.
Vehikel Übertragungs- und Transportmittel.
Verbum dicendi Verb des Sprechens, das eine Aussage vermittelt.
Verdrängung Psychischer Prozess der Verlagerung ins Unbewusste, nach Sigmund Freud.
Verfremdung, Verfremdungseffekt Absichtsvolles Durchbrechen der Kunstillusion, insbesondere im Epischen Theater nach Bertolt Brecht.
Vers Gliederungseinheit der Lyrik, der Versepik und vieler Dramen.
Versbrechung Zeilensprung, Enjambement.
Versepos Große Erzählgattung in Versen, besonders in Antike und Mittelalter.
Versfuß Kleinste rhythmische Einheit im Vers.
Versmaß Rhythmisches Muster des Verses, in der deutschen Metrik regelmäßige Abfolge von Hebungen und Senkungen.
Visuelle Poesie Gedichte, deren visuelle Gestaltung zum künstlerischen Ausdruck gehört.
Volksliedstrophe Einfache, wenig regulierte Strophenform der Volksdichtung.
Vormärz Politische Literatur vor der Märzrevolution von 1848.
Weltliteratur Vorstellung einer Literatur jenseits nationaler oder sprachlicher Grenzen, nach Goethe.
Werk Literarischer Text mit künstlerischem Anspruch.
Widerspiegelung Marxistisches Konzept, nach dem sich die materiellen Bedingungen einer Gesellschaftsform in ihrem kulturellen Überbau abbilden.
Wiederkehr des Verdrängten Erzeugt den Effekt des Unheimlichen.
Worthäufigkeit Statistisches Maß für das Vorkommen einzelner Wörter.
Writing Culture Debatte über den literarischen Charakter der Ethnographie.

Wunderbare Wirklichkeit Programm der lateinamerikanischen Literatur nach Alejo Carpentier.
Zäsur Einschnitt, rhythmische Pause im Vers.
Zeilenstil Übereinstimmung von Versende und Satzende.
Zeilensprung Enjambement, Fortführung eines Satzes über das Versende hinweg.
Zeitdehnung Eine Erzählung dauert länger als die erzählte Handlung.
Zeitraffung Eine Erzählung dauert weniger lange als die erzählte Handlung.
Zeugma Rhetorische Figur, bei der sich ein Verb auf zwei Ausdrücke bezieht, häufig mit einem komischen Effekt.
Zweischriftigkeit Die zeitgleiche Verwendung von zwei Schriftsystemen im Deutschen, Antiqua und Fraktur.

Literatur

Erster Theoriekurs

Primärquellen und Theorietexte

Gérard Genette, *Seuils*, Paris: Seuil 1987.
Georg Philipp Harsdörffer, *Poetischer Trichter. Die Teutsche Dicht- und Reimkunst ohne Behuf der Lateinischen Sprache in VI. Stunden einzugiessen*, Nürnberg: Wolfgang Endter 1648–1653. (Erste Auflage: 1647.)
Alexander von Humboldt, *In den Urwäldern und Llanos von Südamerika*, herausgegeben von Hans Wohlbold, Köln: Hermann Schaffstein 1942.
Roman Jakobson, „Linguistik und Poetik" (1960), übersetzt von Tarcisius Schelbert, in: *Poetik. Ausgewählte Aufsätze 1921–1971*, herausgegeben von Elmar Holenstein und Tarcisius Schelbert, Frankfurt am Main: Suhrkamp 1989, S. 83–121.
Ernst Jünger, *In Stahlgewittern, historisch-kritische Ausgabe*, herausgegeben von Helmuth Kiesel, Stuttgart: Klett-Cotta 2013.
Karl Kraus, „Tagebuch", in: *Die Fackel* 10:259–260 (13. Juli 1908), S. 35–56, hier: S. 47.
Viktor Schklowski [Šklovskij], „Искусство как приём" / „Die Kunst als Verfahren" (1916), übersetzt von Rolf Fieguth, in: *Texte der Russischen Formalisten*, 2 Bände, herausgegeben von Jurij Striedter, München: Wilhelm Fink 1969/1972, Band 1, S. 2–35.
C. P. Snow, *The Two Cultures* (1959), Cambridge: Cambridge University Press 2001.

Forschungsliteratur

Blackletter: Type and National Identity, herausgegeben von Peter Bain und Paul Shaw, New York: Princeton Architectural Press 1998.
Terry Eagleton, *Literary Theory: An Introduction*, Minneapolis: University of Minnesota Press 2008 (1983).
Markus Fauser, *Einführung in die Kulturwissenschaft*, Darmstadt: Wissenschaftliche Buchgesellschaft 2003.
Anthony Grafton, *The Footnote*, Cambridge/USA: Harvard University Press 1997.
Harald Haarmann, *Geschichte der Schrift*, München: C. H. Beck 2009 (2002).
Jost Hermand, *Geschichte der Germanistik*, Reinbek: Rowohlt 1994.

Oliver Jahraus und Stefan Neuhaus (Herausgeber), *Kafkas „Urteil" und die Literaturtheorie. Zehn Modellanalysen*, Stuttgart: Reclam 2010 (2002).
Oliver Jahraus (Herausgeber), *Zugänge zur Literaturtheorie. 17 Modellanalysen zu E. T. A. Hoffmanns „Der Sandmann"*, Stuttgart: Reclam 2016.
Mario Klarer, *Einführung in die neuere Literaturwissenschaft*, Darmstadt: Wissenschaftliche Buchgesellschaft 1999.
Hans-Albrecht Koch, *Neuere deutsche Literaturwissenschaft*, Darmstadt: Wissenschaftliche Buchgesellschaft 1997.
Matthias Luserke-Jaqui, *Einführung in die Neuere deutsche Literaturwissenschaft*, Göttingen: Vandenhoeck & Ruprecht 2002.
Alberto Manguel, *A History of Reading*, New York: Penguin 1996.
Manon Maren-Grisebach, *Methoden der Literaturwissenschaft*, Tübingen: Francke 1992 (1970, 10. Auflage).
Deirdre McCloskey, *The Rhetoric of Economics*, 2. Auflage, Madison: University of Wisconsin Press 1998 (1985).
Deirdre McCloskey, *Economical Writing*, 3. Auflage, Chicago: University of Chicago Press 2019 [1987 unter dem Titel *The Writing of Economics*].
Lothar Müller, *Weiße Magie. Die Epoche des Papiers*, München: Hanser 2012.
Thomas Nehrlich, *„Es hat mehr Sinn und Deutung, als du glaubst." Zu Funktion und Bedeutung typographischer Textmerkmale in Kleists Prosa*, Hildesheim: Olms 2012.
Richard Rorty, *Contingency, Irony, and Solidarity*, Cambridge: Cambridge University Press 1989.
Ulrich Schmid (Herausgeber), *Literaturtheorien des 20. Jahrhunderts*, Stuttgart: Reclam 2010.
Robert J. Shiller, *Narrative Economics: How Stories Go Viral and Drive Major Economic Events*, Princeton: Princeton University Press 2019.
Peter Stein, *Schriftkultur. Eine Geschichte des Schreibens und Lesens*, Darmstadt: Wissenschaftliche Buchgesellschaft 2010 (2006, 2. Auflage).
Susanne Wehde, *Typographische Kultur*, Berlin: de Gruyter 2000.
David E. Wellbery (Herausgeber), *Positionen der Literaturwissenschaft. Acht Modellanalysen am Beispiel von Kleists „Das Erdbeben in Chili"*, 5. Auflage, München: C. H. Beck 2007 (1985).
Hayden White, „The Historical Text as Literary Artifact", in: *Clio* 3:3 (1974), S. 277–303.
Hayden White, *The Content of the Form. Narrative Discourse and Historical Representation*, Baltimore: Johns Hopkins University Press 1990 (1987).

Hilfsmittel

Ästhetische Grundbegriffe, 7 Bände, herausgegeben von Karlheinz Barck, Martin Fontius, Dieter Schlenstedt, Burkhart Steinwachs und Friedrich Wolfzettel, Stuttgart: Metzler 2000–2005.
Jacob Grimm und Wilhelm Grimm, *Deutsches Wörterbuch* (1838–1961), 33 Bände, München: dtv 1999.
Grundzüge der Literaturwissenschaft, herausgegeben von Heinz Ludwig Arnold und Heinrich Detering, München: dtv 2008 (1996, 8. Auflage).
Handbuch Komparatistik, herausgegeben von Rüdiger Zymner und Achim Hölter, Stuttgart: Metzler 2013.
Handbuch Literaturwissenschaft, 3 Bände, herausgegeben von Thomas Anz, Stuttgart: Metzler 2007.
Informationshandbuch Deutsche Literaturwissenschaft, von Hansjürgen Blinn, Frankfurt am Main: S. Fischer 2005 (1982, 3. Auflage).
Kindlers Literatur Lexikon, 18 Bände, herausgegeben von Heinz Ludwig Arnold, Stuttgart: Metzler 2009 (1965–1972, 1988–1992, 3. Auflage).
Der kleine Pauly. Lexikon der Antike, 5 Bände, herausgegeben von Konrat Ziegler und Walther Sontheimer, München: dtv 1979.
Komparatistik, herausgegeben von Evi Zemanek und Alexander Nebrig, Berlin: Akademie 2012.

Die Leseliste, herausgegeben von Sabine Griese, Hubert Kerscher, Albert Meier und Claudia Stockinger, Stuttgart: Reclam 2010 (1994, 2. Auflage).
Lexikon literaturtheoretischer Werke, herausgegeben von Rolf Günter Renner und Engelbert Habekost, Stuttgart: Alfred Kröner 1995.
Metzler Lexikon Literatur- und Kulturtheorie. Ansätze – Personen – Grundbegriffe, herausgegeben von Ansgar Nünning, Stuttgart: Metzler 2013 (1998, 5. Auflage).
MLA International Bibliography, online.

Erste Lesewerkstatt

Quelle

Peter Schlemihl's wundersame Geschichte. Mitgetheilt von Adelbert von Chamisso und herausgegeben von Friedrich Baron de la Motte Fouqué. Mit einem Kupfer, Nürnberg: Johann Leonard Schrag 1814.

Editionsphilologie

Bodo Plachta, *Editionswissenschaft. Handbuch zu Geschichte, Methode und Praxis der neugermanistischen Edition*, Stuttgart: Anton Hiersemann 2020.
Rüdiger Nutt-Kofoth und Bodo Plachta (Herausgeber), *Editionen zu deutschsprachigen Autoren als Spiegel der Editionsgeschichte*, Tübingen: Niemeyer 2005.

Beispiele für unterschiedliche Ausgabentypen

Historisch-kritische Ausgaben
Ludwig Achim von Arnim, *Werke und Briefwechsel. Historisch-kritische Ausgabe*, in Zusammenarbeit mit der Stiftung Weimarer Klassik und Kunstsammlungen herausgegeben von Roswitha Burwick, Sheila Dickson, Lothar Ehrlich, Heinz Härtl, Renate Moering, Ulfert Ricklefs und Christof Wingertszahn, Tübingen: Niemeyer 2000–[laufend].
Georg Büchner, *Sämtliche Werke und Schriften. Historisch-kritische Ausgabe mit Quellendokumentation und Kommentar (Marburger Ausgabe)*, herausgegeben von Burghard Dedner und Thomas Michael Mayer, Darmstadt: Wissenschaftliche Buchgesellschaft 2000–[laufend].
Annette von Droste-Hülshoff, *Werke und Briefwechsel. Historisch-kritische Ausgabe*, herausgegeben von Winfried Woesler, 14 Bände in 28 Teilen, Tübingen: Niemeyer 1978–2000.
Jeremias Gotthelf, *Historisch-kritische Gesamtausgabe*, herausgegeben von Barbara Mahlmann-Bauer und Christian von Zimmermann, Hildesheim: Olms 2012–[laufend].
Heinrich Heine, *Historisch-kritische Gesamtausgabe der Werke*, herausgegeben von Manfred Windfuhr, 16 Bände in 23 Teilen, Hamburg: Hoffmann und Campe 1973–1997.
Friedrich Hölderlin, *Sämtliche Werke. Frankfurter Ausgabe. Historisch-kritische Ausgabe*, herausgegeben von Dietrich E. Sattler, 20 Bände und 3 Supplementbände, Basel und Frankfurt am Main: Stroemfeld/Roter Stern 1975–2008.

Studienausgaben
Historia von D. Johann Fausten. Text des Druckes von 1587. Kritische Ausgabe, herausgegeben von Hans Joachim Kreutzer und Stephan Füssel, Stuttgart: Reclam 1988.
Heinrich von Kleist, *Sämtliche Werke und Briefe in vier Bänden*, herausgegeben von Ilse-Marie Barth, Klaus Müller-Salget, Stefan Ormanns und Hinrich C. Seeba, 4 Bände, Frankfurt am Main: Deutscher Klassiker Verlag 1987–1997.

Einzelausgaben

Alexander von Humboldt, *Kosmos. Entwurf einer physischen Weltbeschreibung*, herausgegeben von Ottmar Ette und Oliver Lubrich, Frankfurt am Main: Die Andere Bibliothek 2004.
Johann Wolfgang Goethe, *Faust*, herausgegeben von Albrecht Schöne, 2 Bände, Frankfurt am Main: Deutscher Klassiker Verlag 2005 (1994, 6. Auflage).

Faksimile-Ausgaben

Heinrich von Kleist, *Erzählungen*, herausgegeben von Thomas Nehrlich, Nachdruck der Ausgabe Berlin 1810/11, 2 Bände, Hildesheim: Olms 2011.

Leseausgaben mit philologischem Anspruch

Reihe „Suhrkamp BasisBibliothek".

Zweiter Theoriekurs

Primärquellen und Theorietexte

Theodor W. Adorno und Max Horkheimer, *Dialektik der Aufklärung* (1944), Frankfurt am Main: S. Fischer 1988.
Peter Bürger, *Theorie der Avantgarde*, Frankfurt am Main: Suhrkamp 1974.
Margaret Cohen, *The Sentimental Education of the Novel*, Princeton: Princeton University Press 1999.
Arno Holz, *Die Kunst. Ihr Wesen und ihre Gesetze*, Berlin: Wilhelm Issleib (Gustav Schuhr) 1891.
Rafael Horzon, *Das weisse Buch*, Berlin: Suhrkamp 2010.
Matthias Koeppel, *Starckdeutsch. Oine Orrswuuhl dürr schtahurcköstn Gedeuchten*, Berlin: Klaus Wagenbach 1983.
Jean François Lyotard, *La condition postmoderne*, Paris: Minuit 1979.
Helmuth Plessner, *Die verspätete Nation* (1935), Frankfurt am Main: Suhrkamp 2001.
Zé do Rock, *fom winde ferfeelt. ain Buch fon Zé do Rock*, Berlin: Edition diá 1995.
Clemens J. Setz, *Die Bienen und das Unsichtbare*, Berlin: Suhrkamp 2020.
Max Weber, „Wissenschaft als Beruf" (1919), in: *Schriften 1894–1922*, herausgegeben von Dirk Kaesler, Stuttgart: Alfred Kröner 2002, S. 474–513, hier: S. 488 („die Entzauberung der Welt").
Feridun Zaimoglu, *Kanak Sprak – 24 Mißtöne vom Rande der Gesellschaft*, Hamburg: Routbuch 1995.

Forschungsliteratur

A New History of German Literature, herausgegeben von David Wellbery, Cambridge/USA: Harvard University Press u. a.
Wolfgang Beutin u. a., *Deutsche Literaturgeschichte*, Stuttgart: Metzler 2019 (1979, 9. Auflage).
Helmut de Boor und Richard Newald, *Geschichte der deutschen Literatur*, 12 Bände, München: C. H. Beck 1949–2009.
Deutsche Erinnerungsorte, herausgegeben von Étienne François und Hagen Schulze, 3 Bände, München: C. H. Beck 2001.
Claus J. Gigl, *Deutsche Literaturgeschichte*, Freising: Stark 2012 (1999).
Rolf Grimminger (Herausgeber), *Hansers Sozialgeschichte der deutschen Literatur*, 12 Bände, München: Hanser/dtv 1980–2004.
Werner Kohlschmidt, Herbert Lehnert und Max Wehrli, *Geschichte der deutschen Literatur*, 5 Bände, Stuttgart: Reclam 1965–1980.

Peter von Matt, *Die tintenblauen Eidgenossen. Über die literarische und politische Schweiz*, München: Hanser 2001.
Peter von Matt, *Das Kalb vor der Gotthardpost. Zur Literatur und Politik der Schweiz*, München: Hanser 2012.
Franco Moretti, „Modern European Literature: A Geographical Sketch", in: *New Left Review* 1/1994, S. 86–109.
Franco Moretti, „Conjectures on World Literature", in: *New Left Review* 1/2000, S. 54–68.
Sandra Richter, *Eine Weltgeschichte der deutschsprachigen Literatur*, München: C. Bertelsmann 2017.
Heinz Schlaffer, *Die kurze Geschichte der deutschen Literatur*, München: Hanser 2002.
Schweizer Erinnerungsorte, von Georg Kreis, Zürich: NZZ Libro 2010.
Wolf Wucherpfennig, *Deutsche Literaturgeschichte*, Stuttgart: Klett 2010.

Hilfsmittel

Daten deutscher Dichtung, von H. A. Frenzel und E. Frenzel, 2 Bände, München: dtv 1977 (1952, 1962, 13. Auflage).
dtv-Atlas Deutsche Literatur, von Horst Dieter Schlosser, München: dtv 2006 (1983, 10. Auflage).
Handbuch Kanon und Wertung, herausgegeben von Gabriele Rippl und Simone Winko, Stuttgart: Metzler 2013.
Kindlers Literatur Lexikon, 18 Bände, herausgegeben von Heinz Ludwig Arnold, Stuttgart: Metzler 2009 (1965–1972, 1988–1992, 3., gänzlich neu bearbeitete Ausgabe).
Die Leseliste, herausgegeben von Sabine Griese, Hubert Kerscher, Albert Meier und Claudia Stockinger, Stuttgart: Reclam 2010 (1994, 2. Auflage).
Metzler Literatur Chronik, von Volker Meid, Stuttgart: Metzler 2006 (3. Auflage).

Zweite Lesewerkstatt

Quellen

Arno Schmidt, „Tina oder über die Unsterblichkeit", in: *Bargfelder Ausgabe*, herausgegeben von der Arno-Schmidt-Stiftung, Frankfurt am Main: Suhrkamp 2013, Band I/2.1, S. 165–187.

Dritter Theoriekurs

Primärquellen und Theorietexte

Aristoteles, *Poetik*, griechisch/deutsch, übersetzt und herausgegeben von Manfred Fuhrmann, Stuttgart: Reclam 1982.
Walter Benjamin, *Ursprung des deutschen Trauerspiels*, Berlin: Rowohlt 1928.
Walter Burkert, *Homo Necans. Interpretation altgriechischer Opferriten und Mythen*, Berlin: de Gruyter 1997 (1972, 2. Auflage).
Walter Burkert, *Wilder Ursprung. Opferritual und Mythos bei den Griechen*, Berlin: Wagenbach 1990.
René Girard, *La violence et le sacré*, Paris: Grasset 1972.
Hugo von Hofmannsthal, „Über Gedichte", in: *Die neue Rundschau* 15:1 (1904), S. 129–139.
Konrad Lorenz, *Das sogenannte Böse. Zur Naturgeschichte der Aggression* (1963), München: dtv 1983.

Friedrich Nietzsche, *Die Geburt der Tragödie aus dem Geiste der Musik*, Leipzig: E. W. Fritzsch 1872.
Friedrich Nietzsche, *Die Geburt der Tragödie aus dem Geiste der Musik*, in: *Kritische Studienausgabe*, 15 Bände, herausgegeben von Giorgio Colli und Mazzino Montinari, Berlin/München: de Gruyter/dtv 1988, Band 1, S. 9–156.
Platon, *Ion*, in: *Werke*, griechisch/deutsch, übersetzt von Friedrich Schleiermacher, herausgegeben von Günther Eigler, Darmstadt: Wissenschaftliche Buchgesellschaft 1990, Band 1, S. 1–39.
Friedrich Schiller, „Über den Gebrauch des Chors in der Tragödie" (1803), in: *Sämtliche Werke*, 5 Bände, Darmstadt: Wissenschaftliche Buchgesellschaft 1980, Band 5, S. 815–823 (Anhang: S. 1275 ff.).
Tertullian, *De spectaculis / Über die Spiele*, lateinisch/deutsch, herausgegeben und übersetzt von Karl-Wilhelm Weeber, Stuttgart: Reclam 1988.

Forschungsliteratur

Roland Barthes, „Le théâtre grecque", in: *L'obvie et l'obtus*, Paris: Seuil 1982, S. 63–85.
Horst-Dieter Blume, *Einführung in das antike Theaterwesen*, Darmstadt: Wissenschaftliche Buchgesellschaft 1991.
Simon Critchley, *Tragedy, the Greeks, and Us*, New York: Vintage 2020 (2019).
Manfred Fuhrmann, *Die Dichtungstheorie der Antike. Aristoteles – Horaz – ‚Longin'. Eine Einführung*, Darmstadt: Wissenschaftliche Buchgesellschaft 1992.
Bernhard Greiner, *Die Tragödie. Eine Literaturgeschichte des aufrechten Ganges. Grundlagen und Interpretationen*, Stuttgart: Alfred Kröner 2012, S. 20–34.
Joachim Latacz, *Einführung in die griechische Tragödie*, Göttingen: Vandenhoeck & Ruprecht/UTB 2003.
Hans-Thies Lehmann, *Theater und Mythos. Die Konstitution des Subjekts im Diskurs der antiken Tragödie*, Stuttgart: Metzler 1991.
Oliver Lubrich, „Die Modernität der Tragödie", in: Euripides, *Die großen Stücke*, übertragen von Raoul Schrott, München: dtv 2021, S. 379–405.
Christian Meier, *Die politische Kunst der griechischen Tragödie*, München: C. H. Beck 1988, 2022.
Siegfried Melchinger, *Das Theater der Tragödie. Aischylos, Sophokles, Euripides auf der Bühne ihrer Zeit*, München: dtv 1990.
Nancy Sorkin Rabinowitz, *Greek Tragedy*, Malden: Blackwell 2008.
Wolfgang Schadewaldt, *Die griechische Tragödie*, Frankfurt am Main: Suhrkamp 1991.
Peter Szondi, „Versuch über das Tragische" (1961, 1964), in: *Schriften*, 2 Bände, Frankfurt am Main: Suhrkamp 1978, Band 1, S. 149–260.
Jean-Pierre Vernant und Pierre Vidal-Naquet, *Mythe et tragédie en Grèce ancienne*, Paris: La Découverte 1989.
Bernhard Zimmermann, *Die griechische Tragödie*, Stuttgart: Alfred Kröner 2018.

Hilfsmittel

The Cambridge Companion to Greek Tragedy, herausgegeben von P. E. Easterling, Cambridge: Cambridge University Press 2005.
Michael Grant und John Hazel, *Lexikon der antiken Mythen und Gestalten*, übersetzt von Holger Fließbach, München: dtv 1987.
Benjamin Hederich, *Gründliches mythologisches Lexikon* (1770), Darmstadt: Wissenschaftliche Buchgesellschaft 1996 [Reprint].

Der kleine Pauly. Lexikon der Antike, 5 Bände, herausgegeben von Konrat Ziegler und Walther Sontheimer, München: dtv 1979.
Robert von Ranke-Graves, *Griechische Mythologie. Quellen und Deutung*, übersetzt von Hugo Seinfeld, Reinbek: Rowohlt 1990.

Dritte Lesewerkstatt

Quelle

Die Orestie des Aischylos, übersetzt von Peter Stein, herausgegeben von Bernd Seidensticker, 2. Auflage, München: C. H. Beck 2007.

Vierter Theoriekurs

Primärquellen und Theorietexte

Aristoteles, *Dichtkunst*, übersetzt und kommentiert von Michael Conrad Curtius, Hannover: Johann Christoph Richter 1753.
Walter Benjamin, *Ursprung des deutschen Trauerspiels* (1928), Frankfurt am Main: Suhrkamp 1993.
Nicolas Boileau, *L'Art Poétique* (1674), herausgegeben von August Buck, München: Fink 1970.
Bertolt Brecht, *Schriften zum Theater*, Frankfurt am Main: Suhrkamp 1985.
Lodovico Castelvetro, *La poetica d'Aristotele vulgarizzata e sposta* (1570), 2 Bände, herausgegeben von Werther Romani, Rom/Bari: Giuseppe Laterza 1978.
Gustav Freytag, *Die Technik des Dramas* (1863), Darmstadt: Wissenschaftliche Buchgesellschaft 1992.
Johann Wolfgang von Goethe, „Zum Schäkespears Tag" (1777), in: *Goethes Werke* (Weimarer Ausgabe), Band 37, Weimar: Hermann Böhlau 1896, S. 129–135 (Anhang: S. 286–287).
Johann Wolfgang von Goethe, „Shakespeare und kein Ende!" (1813), *Goethes Werke* (Weimarer Ausgabe), Band 41, Weimar: Hermann Böhlau 1902, S. 52–71 (Anhang: S. 417–426).
Johann Christoph Gottsched, *Versuch einer Critischen Dichtkunst vor die Deutschen*, Leipzig: Bernhard Christoph Breitkopf 1730 [1729].
Johann Christoph Gottsched, *Versuch einer Critischen Dichtkunst vor die Deutschen* (1729), Darmstadt: Wissenschaftliche Buchgesellschaft 1962.
Horaz, *Ars poetica / Die Dichtkunst*, herausgegeben und übersetzt von Eckart Schäfer, Stuttgart: Reclam 1984.
Hans-Thies Lehmann, *Postdramatisches Theater*, Frankfurt am Main: Verlag der Autoren 1999.
Gotthold Ephraim Lessing, *Laokoon* (1766), herausgegeben von Friedrich Vollhardt, Stuttgart: Reclam 2012.
Gotthold Ephraim Lessing, *Hamburgische Dramaturgie*, 2 Bände, Hamburg/Bremen: J. H. Cramer 1769.
Gotthold Ephraim Lessing, *Hamburgische Dramaturgie* (1767–1769), herausgegeben von Klaus Berghahn, Stuttgart: Reclam 1999.
Gotthold Ephraim Lessing, *Briefe, die neueste Literatur betreffend* (1759), herausgegeben von Wolfgang Albrecht, Leipzig: Reclam 1987, „Siebzehnter Brief": S. 51–55 (Anhang: S. 532–533).
Lope de Vega, *Arte nuevo de hacer comedias* (1609), herausgegeben von Enrique García Santo-Tomás, Madrid: Cátedra 2009.

Winfried Menninghaus, *Ekel. Theorie und Geschichte einer starken Empfindung*, Frankfurt am Main: Suhrkamp 1999.
Martin Opitz, *Buch von der Deutschen Poeterey* (1624), herausgegeben von Cornelius Sommer, Stuttgart: Reclam 1991.
Karl Rosenkranz, *Ästhetik des Häßlichen* (1853), Leipzig: Reclam 1990.
Viktor Schklowski [Šklovskij], „Искусство как приём" / „Die Kunst als Verfahren" (1916), übersetzt von Rolf Fieguth, in: *Texte der Russischen Formalisten*, 2 Bände, herausgegeben von Jurij Striedter, München: Wilhelm Fink 1969/1972, Band 1, S. 2–35.
Stendhal, *Racine et Shakespeare* (1823–1825), Paris: Kimé 1994.
Peter Szondi, *Theorie des modernen Dramas (1880–1950)*, Frankfurt am Main: Suhrkamp 1963 (1956).
Anton Tschechow, *Drei Schwestern*, übersetzt von August Scholz, Berlin: J. Ladyschnikow [o. J.], S. 37 ff., zitiert in: Peter Szondi, *Theorie des modernen Dramas*, a. a. O., S. 37–39.

Forschungsliteratur

Manfred Fuhrmann, *Die Dichtungstheorie der Antike. Aristoteles – Horaz – ‚Longin'*, Darmstadt: Wissenschaftliche Buchgesellschaft 1992.
Manfred Pfister, *Das Drama*, München: Fink 2000 (1977, 10. Auflage).

Vierte Lesewerkstatt

Quellen

Peter Szondi, *Theorie des modernen Dramas (1880–1950)*, Frankfurt am Main: Suhrkamp 1963 (1956).
Bertolt Brecht, *Die Dreigroschenoper. Der Erstdruck 1928*. Mit einem Kommentar von Joachim Lucchesi, Berlin: Suhrkamp 2004 (Suhrkamp Basisbibliothek Band 48).

Fünfter Theoriekurs

Primärquellen und Theorietexte

Aristoteles, *Rhetorik*, herausgegeben und übersetzt von Gernot Krapinger, Stuttgart: Reclam 1999.
Cicero, *De oratore / Über den Redner*, lateinisch/deutsch, übersetzt und herausgegeben von Harald Merklin, Stuttgart: Reclam 1986.
Gorgias, „Enkomion auf Helena", in: *Die Sophisten*, griechisch/deutsch, herausgegeben und übersetzt von Thomas Schirren und Thomas Zinsmaier, Stuttgart: Reclam 2003, S. 78–89 (Anmerkungen: S. 368–369).
Longinus, *Vom Erhabenen*, griechisch/deutsch, herausgegeben und übersetzt von Otto Schönberger, Stuttgart: Reclam 1988.
Platon, *Gorgias*, übersetzt von Friedrich Schleiermacher, bearbeitet von Heinz Hofmann, in: *Werke in acht Bänden*, griechisch/deutsch, herausgegeben von Gunther Eigler, Darmstadt: Wissenschaftliche Buchgesellschaft 1990 (1973, 3. Auflage), Band 2, S. 269–503.
Platon, *Phaidros*, übersetzt von Friedrich Schleiermacher und Dietrich Kurz, in: *Werke in acht Bänden*, griechisch/deutsch, herausgegeben von Gunther Eigler, Darmstadt: Wissenschaftliche Buchgesellschaft 1990 (1973, 3. Auflage), Band 5, S. 1–193.

Marcus Fabius Quintilianus, *Ausbildung des Redners* [*Institutio oratoria*], lateinisch/deutsch, 2 Bände, herausgegeben und übersetzt von Helmut Rahn, Darmstadt: Wissenschaftliche Buchgesellschaft 2006.
William Shakespeare, *Julius Caesar*, herausgegeben von T. S. Dorsch, London: Routledge / Arden Shakespeare 1989 (1955).
Giovanni Trapattoni, Rede vom 10. März 1998 in München, https://www.youtube.com/watch?v=nCvsz1Z6N8w.

Forschungsliteratur

Roland Barthes, „L'ancienne rhétorique. Aide-mémoire", in: *L'aventure sémiologique*, Paris: Seuil 1985, S. 85–165.
Hans Blumenberg, *Paradigmen zu einer Metaphorologie*, Frankfurt am Main: Suhrkamp 1999 (1969).
Hans Blumenberg, *Schiffbruch mit Zuschauer*, Frankfurt am Main: Suhrkamp 1993 (1979).
Hans Blumenberg, *Die Lesbarkeit der Welt*, Frankfurt am Main: Suhrkamp 1983 (1979).
Emma Brant, „So Red Bull doesn't actually ‚give you wings'", BBC online, 9. Oktober 2014.
Werner Eisenhut, *Einführung in die antike Rhetorik und ihre Geschichte*, Darmstadt: Wissenschaftliche Buchgesellschaft 1995.
James George Frazer, *The Golden Bough: A Study in Comparative Religion*, London: Macmillan 1890 (2 Bände), 1900 (3 Bände), 1906–1915 (12 Bände).
Manfred Fuhrmann, *Die antike Rhetorik*, Düsseldorf: Patmos 2007.
Karl-Heinz Göttert, *Einführung in die Rhetorik*, München: Fink 1998.
Stephen Greenblatt, *Marvelous Possessions. The Wonder of the New World*, Chicago: University of Chicago Press 1991.
Lothar Kolmer und Carmen Rob-Santer, *Studienbuch Rhetorik*, Paderborn: Schöningh 2002.
George Lakoff und Mark Johnson, *Metaphors We Live By*, Chicago: University of Chicago Press 1980.
Charles Sanders Peirce, *Collected Papers*, 2 Bände, herausgegeben von Charles Hartshorne und Paul Weiss, Cambridge: Harvard University Press 1932.
Gert Ueding, *Klassische Rhetorik*, München: C. H. Beck 2005.

Hilfsmittel

The Cambridge Companion to Ancient Rhetoric, herausgegeben von Erik Gunderson, Cambridge: Cambridge University Press 2009.
Historisches Wörterbuch der Rhetorik, 10 Bände, herausgegeben von Gert Ueding, Tübingen: Niemeyer 1992–2010.
Heinrich Lausberg, *Handbuch der literarischen Rhetorik*, Stuttgart: Franz Steiner 2008 (1960, 4. Auflage).

Fünfte Lesewerkstatt

Quellen

Gorgias, „Enkomion auf Helena", in: *Die Sophisten. Ausgewählte Texte*, herausgegeben und übersetzt von Thomas Schirren und Thomas Zinsmaier, Stuttgart: Reclam 2003, S. 78–89.
Georg Büchner, *Dantons Tod. Ein Drama*, Stuttgart: Reclam 2002. (St. Justs Rede in Akt 2, Szene 7, S. 47–49.)

Forschungsliteratur

Jonas Schollmeyer, *Gorgias' ‚Lobrede auf Helena'. Literaturgeschichtliche Untersuchungen und Kommentar*, Berlin/Boston: de Gruyter 2021.

Sechster Theoriekurs

Primärquellen und Theorietexte

Karl-Otto Apel, *Auseinandersetzungen in Erprobung des transzendentalpragmatischen Ansatzes*, Frankfurt am Main: Suhrkamp 1998.
Roland Barthes, *Mythologies*, Paris: Seuil 1957.
Roland Barthes, *Sur Racine*, Paris: Seuil 1963 (1960).
Roland Barthes, „La mort de l'auteur" (1968), in: *Œuvres complètes*, herausgegeben von Éric Marty, Paris: Seuil 1994, Band 2, S. 491–495.
Roland Barthes, *S / Z*, Paris: Seuil 1970.
Roland Barthes, *Roland Barthes*, Paris: Seuil 1975.
Roland Barthes, *Fragments d'un discours amoureux*, Paris: Seuil 1977.
Jacques Derrida, *L'écriture et la différence*, Paris: Seuil 1967.
Jacques Derrida, *De la grammatologie*, Paris: Minuit 1967.
Jacques Derrida, *La dissémination*, Paris: Seuil 1972.
Jacques Derrida, *Glas*, Paris: Galilée 1974.
William Empson, *Seven Types of Ambiguity*, London: Chatto and Windus 1930.
Roman Jakobson, „Randbemerkungen zur Prosa des Dichters Pasternak" (1935), in: *Poetik. Ausgewählte Aufsätze 1921–1971*, herausgegeben von Elmar Holenstein und Tarcisius Schelbert, Frankfurt am Main: Suhrkamp 2016 (1979), S. 192–211.
Roman Jakobson und Claude Lévi-Strauss, „‚Les chats‘ de Charles Baudelaire", in: *L'Homme* 2:1 (1962), S. 5–21.
Jean-François Lyotard, *La condition postmoderne*, Paris: Minuit 1979.
Paul de Man, *Allegories of Reading*, New Haven: Yale University Press 1979.
Friedrich Nietzsche, „Ueber Wahrheit und Lüge im aussermoralischen Sinne" (1873), in: *Kritische Studienausgabe*, 15 Bände, herausgegeben von Giorgio Colli und Mazzino Montinari, Berlin/München: de Gruyter/dtv 1988, Band 1, S. 873–890.
Wladimir Propp, *Morphologie du conte* (1928), übersetzt von Marguerite Derrida, Paris: Seuil 1970 (S. 5–170).
Wladimir Propp, *Morphologie des Märchens*, herausgegeben von Karl Eimermacher, übersetzt von Christel Wendt, München: Hanser 1972.
Ferdinand de Saussure, *Cours de linguistique générale* (1916), herausgegeben von Charles Bailly und Albert Séchehaye mit Albert Reidlinger, Anmerkungen von Tullio de Mauro, Paris: Payot & Rivages 1995.
Viktor Schklowski [Šklovskij], „Искусство как приём" / „Die Kunst als Verfahren" (1916), übersetzt von Rolf Fieguth, in: *Texte der Russischen Formalisten*, 2 Bände, herausgegeben von Jurij Striedter, München: Wilhelm Fink 1969/1972, Band 1, S. 2–35.
Viktor Schklowski, *Theorie der Prosa* (1925), herausgegeben und übersetzt von Gisela Drohla, Frankfurt am Main: S. Fischer 1966.

Forschungsliteratur

Jonathan Culler, *On Deconstruction*, Ithaca: Cornell University Press 1982.
Terry Eagleton, *Literary Theory. An Introduction*, Minneapolis: University of Minnesota Press 2008 (1983).

Terry Eagleton, *Einführung in die Literaturtheorie*, übersetzt von Elfi Bettinger und Elke Hentschel, Stuttgart: Metzler 1992.
Peter V. Zima, *Die Dekonstruktion*, Tübingen: Francke 1994.

Sechste Lesewerkstatt

Quellen

Ernst Jünger, *In Stahlgewittern. Aus dem Tagebuch eines Stoßtruppenführers*, Hannover: Selbstverlag 1920.
Ernst Jünger, *In Stahlgewittern*. Historisch-kritische Ausgabe, herausgegeben von Helmuth Kiesel, 2 Bände, Stuttgart: Klett-Cotta 2013.

Forschungsliteratur

Helmuth Kiesel, „*In Stahlgewittern* (1920) und Kriegstagebücher", in: Matthias Schöning (Herausgeber), *Ernst Jünger Handbuch. Leben – Werk – Wirkung*, Stuttgart: Metzler 2014, S. 41–59.
Oliver Lubrich, „Sprachbilder des Krieges. Zur ersten Fassung von Ernst Jüngers *In Stahlgewittern*", in: *Pandaemonium Germanicum* 16:2 (2010), S. 53–88.
Oliver Lubrich, *Das Schwinden der Differenz. Postkoloniale Poetiken*, Bielefeld: Aisthesis 2004, S. 148–224.

Siebenter Theoriekurs

Primärquellen und Theorietexte

Benedict Anderson, *Imagined Communities*, London/New York: Verso 1991 (1983).
Erich Auerbach, *Mimesis*, Tübingen: Francke 2001 (1946).
Michail Bachtin, *Probleme der Poetik Dostoevskijs* (1929, 1963), übersetzt von Adelheid Schramm, München: Hanser 1985.
Michail Bachtin, *Rabelais und seine Welt* (1965), übersetzt von Gabriele Leupold, Frankfurt am Main: Suhrkamp 1995.
Mieke Bal, *Narratology*, Toronto: University of Toronto Press 2002 (1985).
Roland Barthes, „Introduction à l'analyse structurale des récits" (1966), in: Roland Barthes, Wolfgang Kayser, Wayne C. Booth und Philippe Hamon, *Poétique du récit*, Paris: Seuil 1977, S. 7–57.
Wayne C. Booth, *The Rhetoric of Fiction*, Chicago: University of Chicago Press 1961, S. 158–159.
Jorge Luis Borges, *Obras completas*, Buenos Aires: Emecé 1974.
Joseph Campbell, *The Hero With a Thousand Faces*, New York: Pantheon 1949.
Gérard Genette, *Discours du récit*, Paris: Seuil 2007 (1972).
Gérard Genette, *Nouveau discours du récit*, Paris: Seuil 2007 (1983).
René Girard, *Mensonge romantique et vérité romanesque*, Paris: Hachette 1999 (1961).
Johann Wolfgang von Goethe, *West-östlicher Divan*, Stuttgart: Cotta 1819.
Wolf Haas, *Wackelkontakt*, München: Hanser 2025.
Käte Hamburger, *Die Logik der Dichtung*, Stuttgart: Klett-Cotta 1994 (1957).
Albrecht Koschorke, *Wahrheit und Erfindung*, Frankfurt am Main: S. Fischer 2013.
Eberhard Lämmert, *Bauformen des Erzählens*, Stuttgart: Metzler 1991 (1955).
Philippe Lejeune, *Le pacte autobiographique*, Paris: Seuil 1996 (1975).

Pedro Lenz, *Der Goalie bin ig*, Luzern: Der gesunde Menschenversand 2010.
Jurij M. Lotman, *Die Struktur literarischer Texte*, übersetzt von Rolf-Dietrich Keil, München: Fink 1972.
Leo Löwenthal, „Gottfried Keller – die bürgerliche Regression", in: *Erzählkunst und Gesellschaft. Die Gesellschaftsproblematik in der deutschen Literatur des 19. Jahrhunderts,* Neuwied: Luchterhand 1971, S. 206–225.
Georg Lukács, *Die Theorie des Romans* (1920), München: dtv 2000.
Franco Moretti, *Atlas of the European Novel, 1800–1900*, London/New York: Verso 1998.
Jürgen H. Petersen, *Erzählsysteme*, Stuttgart: Metzler 1993.
Karl Schlögel, „Narrative der Gleichzeitigkeit oder Die Grenzen der Erzählbarkeit von Geschichte", in: *Merkur* 65:746 (Juli 2011), S. 583–595.
Arthur Schnitzler, *Lieutenant Gustl* (1900), Berlin: Suhrkamp 2023 (2007).
Franz K. Stanzel, *Typische Formen des Romans*, Göttingen: Vandenhoeck & Ruprecht 1993 (1964).
Franz K. Stanzel, *Theorie des Erzählens*, Göttingen: Vandenhoeck & Ruprecht 2008 (1979).
Jobst Welge, *Genealogical Fictions*, Baltimore: Johns Hopkins University Press 2014.
Hayden White, *The Content of the Form. Narrative Discourse and Historical Representation*, Baltimore: Johns Hopkins University Press 1990 [1987].

Forschungsliteratur

Oliver Lubrich, „Mengele-Fiktionen. Der KZ-Arzt in der Literatur", in: *Der Fall Eichmann transnational. Gesellschaftliche und kulturelle Wirkungen in Deutschland, Israel und Südamerika,* herausgegeben von Christian Ernst und Patrick Eser, Berlin: de Gruyter 2024, S. 285–305.
Oliver Lubrich, Christine Knoop und Arthur Jacobs, „Jean Genet und die Ästhetisierung des Abweichenden. Ein interdisziplinäres Experiment", in: *Jean Genet und Deutschland*, herausgegeben von Matthias Lorenz und Oliver Lubrich, Gifkendorf: Merlin 2014, S. 393–411.

Hilfsmittel

Handbuch der literarischen Gattungen, herausgegeben von Dieter Lamping, Stuttgart: Alfred Kröner 2009.
Matías Martínez und Michael Scheffel, *Einführung in die Erzähltheorie*, München: C. H. Beck 2009 (1999, 8. Auflage).
„Narratio" (J. Knape), in: *Historisches Wörterbuch der Rhetorik*, 10 Bände, herausgegeben von Gert Ueding, Band 6, Tübingen: Niemeyer 2003, S. 98–106.

Siebente Lesewerkstatt

Quellen

Annette von Droste-Hülshoff, „Der Knabe im Moor", in: *Morgenblatt für gebildete Leser* 40 (16. Februar 1842), S. 159–160.
Theodor Fontane, „Die Brück' am Tay. 28. December 1879", in: *Die Gegenwart* 17:2 (10. Januar 1880), S. 20–21.
Marc Forster, *Stranger than Fiction*, USA 2006.
Homer, *Ilias. Odyssee*. In der Übersetzung von Johann Heinrich Voß, Frankfurt am Main: Insel 1990.

Christopher Nolan, *Memento*, USA 2001.
Christopher Nolan, *Inception*, USA 2010.
Christopher Nolan, *Tenet*, USA 2020.
Friedrich Schiller, „Der Handschuh. Erzählung", in: *Musen-Almanach für das Jahr 1798*, Tübingen: Cotta 1797, S. 41–44.

Achter Theoriekurs

Primärquellen und Theorietexte

Henri Bergson, *Le rire*, Paris: Félix Alcan 1900.
Harold Bloom, *The Anxiety of Influence*, Oxford: Oxford University Press 1973.
Harold Bloom, *A Map of Misreading*, Oxford: Oxford University Press 1975.
André Breton, *Manifeste du surréalisme*, Paris: Simon Kra / Éditions du Sagittaire 1924.
Judith Butler, *Gender Trouble: Feminism and the Subversion of Identity*, New York: Routledge 1990.
Georges Devereux, *Dreams in Greek Tragedy. An Ethno-Psycho-Analytical Study*, Oxford: Basil Blackwell 1976.
Frantz Fanon, *Peau noire, masques blancs*, Paris: Seuil 1952.
Sigmund Freud, *Studienausgabe*, 11 Bände, herausgegeben von Alexander Mitscherlich, Angela Richards und James Strachey, Frankfurt am Main: S. Fischer 2000.
Sander L. Gilman, *Freud, Race, and Gender*, Princeton: Princeton University Press 1993.
René Girard, *Mensonge romantique et vérité romanesque*, Paris: Hachette 1999 (1961).
René Girard, *A Theater of Envy*, Oxford: Oxford University Press 1991.
Hugo von Hofmannsthal, „Vienna Letter" [übersetzt von Kenneth Burke], in: *The Dial* 73:4 (1922), S. 425–433.
Hugo von Hofmannsthal, „Wiener Brief" [II], in: *Reden und Aufsätze*, Band II: 1914–1924, herausgegeben von Bernd Schoeller mit Rudolf Hirsch, Frankfurt am Main: S. Fischer 1979 (*Gesammelte Werke*, 10 Bände, herausgegeben von Bernd Schoeller mit Ingeborg Beyer-Ahlert und Rudolf Hirsch, Frankfurt am Main: S. Fischer 1979–1980, Band 9), S. 185–196.
Arthur Koestler, *The Act of Creation*, London: Hutchinson 1964.
Richard von Krafft-Ebing, *Psychopathia sexualis. Eine klinisch-forensische Studie*, Stuttgart: Ferdinand Enke 1886.
Jacques Lacan, „Le stade du miroir comme formateur de la fonction du Je: telle qu'elle nous est révélée dans l'expérience psychanalytique", in: *Revue française de psychanalyse*, Oktober–Dezember 1949, S. 449–455.
Jacques Lacan, „Das Spiegelstadium als Bildner der Ichfunktion" (1949), übersetzt von Peter Stehlin, in: *Schriften I*, herausgegeben von Norbert Haas, Olten/Freiburg: Walter 1973, S. 61–70.
Jacques Lacan, „Le Séminaire sur ‚La Lettre volée'", in: *La Psychanalyse* 2 (1957), S. 1–44.
Jacques Lacan, „Das Seminar über E. A. Poes ‚Der entwendete Brief'" (1957), übersetzt von Rodolphe Gasché, in: *Schriften I*, herausgegeben von Norbert Haas, Olten/Freiburg: Walter 1973, S. 7–60.
Jacques Lacan, „L'instance de la lettre dans l'inconscient ou la raison depuis Freud", in: *La Psychanalyse* 2 (1957), S. 47–81.
Jacques Lacan, „Das Drängen des Buchstabens im Unbewußten oder die Vernunft seit Freud" (1957), übersetzt von Chantal Creusot und Norbert Haas, in: *Schriften II*, herausgegeben von Norbert Haas, Olten/Freiburg: Walter 1975, S. 15–59.
Jacques Lacan, „L'inconscient freudien et le nôtre", in: *Séminaire*, herausgegeben von Jacques-Alain Miller, Livre XI: *Les Quatre Concepts fondamentaux de la psychanalyse* (1964), Paris: Seuil 1973, S. 21–30, hier: S. 23 („*l'inconscient est structuré comme un langage.*").

Jacques Lacan, „Le rat dans le labyrinthe" (1973), in: *Séminaire*, Livre XX: *Encore* (1972–1973), Paris: Seuil 1975, S. 125–133.
Jacques Lacan, „La méprise du sujet supposé savoir" (1967), in: *Autres écrits*, Paris: Seuil 2001, S. 329–339, hier: S. 333.
Claude Lévi-Strauss, „L'efficacité symbolique", in: *Revue de l'histoire des religions* 135:1 (1949), S. 5–27.
Claude Lévi-Strauss, „L'efficacité symbolique", in: *Anthropologie structurale*, Paris: Plon 1958, S. 213–234.
Peter Sloterdijk, *Zorn und Zeit*, Frankfurt am Main: Suhrkamp 2008.
Peter Sloterdijk, *Mein Frankreich*, Berlin: Suhrkamp 2013.
Stendhal, *Racine et Shakespeare* (1823–1825), Paris: Kimé 1994.
Klaus Theweleit, *Männerphantasien* (1977–1978), 2 Bände, München: dtv 1995.
Tzvetan Todorov, *Introduction à la littérature phantastique*, Paris: Seuil 1970.

Forschungsliteratur

Dominic Angeloch, *Die Beziehung zwischen Text und Leser. Grundlagen und Methodik psychoanalytischen Lesens. Mit einer Lektüre von Flauberts „Éducation sentimentale"*, Gießen: Psychosozial 2014.
Thomas Anz, „Praktiken und Probleme psychoanalytischer Literaturinterpretation – am Beispiel von Franz Kafkas Erzählung ‚Das Urteil'", in: *Kafkas „Urteil" und die Literaturtheorie. Zehn Modellanalysen*, herausgegeben von Oliver Jahraus und Stefan Neuhaus, Stuttgart: Reclam 2010 (2002), S. 126–151.
Terry Eagleton, *Literary Theory. An Introduction*, Minneapolis: University of Minnesota Press 2008 (1983).
Terry Eagleton, *Einführung in die Literaturtheorie*, übersetzt von Elfi Bettinger und Elke Hentschel, Stuttgart: Metzler 1992.
Freud-Handbuch. Leben – Werk – Wirkung, herausgegeben von Hans-Martin Lohmann und Joachim Pfeiffer, Stuttgart/Weimar: Metzler 2013.
Handbuch Literatur & Psychoanalyse, herausgegeben von Eckart Goebel und Frauke Berndt, Berlin/Boston: de Gruyter 2017.
Jean Laplanche und Jean-Bertrand Pontalis, *Vocabulaire de la psychoanalyse*, Paris: Puf 1967.
Jean Laplanche und Jean-Bertrand Pontalis, *Das Vokabular der Psychoanalyse*, übersetzt von Emma Moersch, 2 Bände, Berlin: Suhrkamp 2022 (1973).
Peter von Matt, *Literaturwissenschaft und Psychoanalyse* (1972), Stuttgart: Reclam 2001.

Achte Lesewerkstatt

Quellen

Gottfried August Bürger, „Lenore", in: *Gedichte*, Göttingen: Johann Christian Dieterich 1778, S. 81–96.
Johann Wolfgang von Goethe, „Die Braut von Corinth", in: *Musen-Almanach für das Jahr 1798, herausgegeben von Schiller*, Tübingen: Cotta 1797, S. 88–99.
Heinrich August Ossenfelder, „Der Vampir", in: *Der Naturforscher. Eine physikalische Wochenschrift* 48 (25. Mai 1748), S. 380–381.
Bram Stoker, *Dracula*, London: Archibald Constable & Co. 1897.
Bram Stoker, *Dracula*, herausgegeben von Roger Luckhurst, Oxford: Oxford University Press 2011.

Forschungsliteratur

Thomas M. Bohn, *Der Vampir: Ein europäischer Mythos*, Köln/Weimar/Wien: Böhlau 2016.
Oliver Lubrich, „Dracula – James Bond. Zur Kontinuität und Variation mythischer Phantasie in der Moderne", in: *KulturPoetik* 3:1 (März 2003), S. 81–95.
Oliver Lubrich, „Dracula vertextet. Bram Stoker und Adolf Loos entsorgen ein archaisches Monster", in: *arcadia* 40:1 (2005), S. 2–29.
Oliver Lubrich, *Das Schwinden der Differenz. Postkoloniale Poetiken*, Bielefeld: Aisthesis 2004, S. 99–147.
Stefan Keppler und Michael Will (Herausgeber), *Der Vampirfilm. Klassiker des Genres in Einzelinterpretationen*, Würzburg: Königshausen & Neumann 2006.
Rainer M. Köppl, „Der Vampir sind wir", in: *Der unsterbliche Mythos von Dracula bis Twilight*, St. Pölten und Salzburg: Residenz 2010.
Gunther Reinhardt, *Vampire*, Stuttgart: Reclam 2018.

Neunter Theoriekurs

Primärquellen und Theorietexte

Theodor W. Adorno und Max Horkheimer, *Dialektik der Aufklärung* (1944), Frankfurt am Main: S. Fischer 1988.
Walter Benjamin, „L'œuvre d'art à l'époque de sa reproduction mécanisée", übersetzt von Pierre Klossowski, in: *Zeitschrift für Sozialforschung* 5:1 (1936), S. 40–66.
Walter Benjamin, *Das Kunstwerk im Zeitalter seiner technischen Reproduzierbarkeit* (1935–1939), in: *Gesammelte Schriften*, herausgegeben von Rolf Tiedemann und Hermann Schweppenhäuser, Band 1/2, Frankfurt am Main: Suhrkamp 1977, S. 471–508.
Pierre Bourdieu, *Les règles de l'art. Genèse et structure du champ litteraire*, Paris: Seuil 1992.
Michel Foucault, *Folie et déraison*, Paris: Gallimard 1961.
Michel Foucault, *Naissance de la clinique*, Paris: Gallimard 1963.
Michel Foucault, *Les mots et les choses*, Paris: Gallimard 1966.
Michel Foucault, *L'archéologie du savoir*, Paris: Gallimard 1969.
Michel Foucault, *Archäologie des Wissens*, übersetzt von Ulrich Köppen, Frankfurt am Main: Suhrkamp 1973.
Michel Foucault, *Surveiller et punir*, Paris: Gallimard 1975.
Michel Foucault, *Histoire de la sexualité*, 3 Bände, Paris: Gallimard 1976–1984.
Stephen Greenblatt, *Renaissance Self-Fashioning*, Chicago: University of Chicago Press 1980.
Stephen Greenblatt, *Shakespearean Negotiations*, Berkeley: University of California Press 1988.
Stephen Greenblatt, *Learning to Curse*, New York: Routledge 1992.
Stephen Greenblatt, *Hamlet in Purgatory*, Princeton: Princeton University Press 2001.
Stephen Greenblatt, *The Swerve. How the World Became Modern*, New York: Norton 2011.
Stephen Greenblatt, *The Rise and Fall of Adam and Eve*, New York: Norton 2017.
Thomas S. Kuhn, *The Structure of Scientific Revolutions*, Chicago: University of Chicago Press 1962
Niklas Luhmann, *Liebe als Passion*, Frankfurt am Main: Suhrkamp 1982.
Niklas Luhmann, *Soziale Systeme*, Frankfurt am Main: Suhrkamp 1984.
Niklas Luhmann, „Das Medium der Kunst", in: *Delfin* 4:1 (Dezember 1986), S. 6–15.
Niklas Luhmann, *Die Kunst der Gesellschaft*, Frankfurt am Main: Suhrkamp 1995.
Karl Marx, „Einleitung zu den ‚Grundrissen der Kritik der politischen Ökonomie'" (1857), in: *Marx-Engels-Gesamtausgabe*, herausgegeben unter der Leitung von Günter Heyden und Anatoli Jegorow, Berlin (DDR): Dietz 1976, Band 2.1.1. (Ökonomische Manuskripte 1857/58), S. 17–45, vor allem: S. 43–45.
Stendhal, *Racine et Shakespeare* (1823–1825), Paris: Kimé 1994.

Forschungsliteratur

Carolin Amlinger, *Schreiben. Eine Soziologie literarischer Arbeit*, Berlin: Suhrkamp 2021.
Pascale Casanova, *La République mondiale des Lettres*, Paris: Seuil 1999.
Alain Corbin, *Le miasme et la jonquille, l'odorat et l'imaginaire social, xviiie –xixe siècles*, Paris: Aubier Montaigne 1982.
Friedrich Kittler, *Aufschreibesysteme 1800/1900* (1985), München: Wilhelm Fink 2003.
Wolfgang Schivelbusch, *Geschichte der Eisenbahnreise. Zur Industrialisierung von Raum und Zeit im 19. Jahrhundert* (1977), Berlin: Klaus Wagenbach 2023.
Pierre Temkine, Valentin Temkine, Raymonde Temkine, Francois Rastier und Denis Thouard, *Warten auf Godot. Das Absurde und die Geschichte*, herausgegeben von Denis Thouard, übersetzt von Tim Trzaskalik, Berlin: Matthes & Seitz 2008.

Hilfsmittel

Hansers Sozialgeschichte der deutschen Literatur, herausgegeben von Rolf Grimminger, 12 Bände, München: Hanser/dtv 1980–2004.
Histoire de la vie privée (1985–1987), herausgegeben von Philippe Ariès und Georges Duby, 5 Bände, Paris: Points 1999.
Hans-Ulrich Wehler, *Deutsche Gesellschaftsgeschichte*, 5 Bände, München: C. H. Beck 1987–2008.

Neunte Lesewerkstatt

Quellen

Bram Stoker, *The Duties of Clerks of Petty Sessions in Ireland*, Dublin: John Falconer 1879.
Bram Stoker, *Dracula* (1897), herausgegeben von Roger Luckhurst, Oxford: Oxford University Press 2011.

Forschungsliteratur

Werner von Eye, *Kurzgefasste Geschichte der Schreibmaschine und des Maschinenschreibens*, 2. Auflage, Berlin-Lichterfelde: Achterberg 1958.
Oliver Lubrich, „Dracula vertextet. Bram Stoker und Adolf Loos entsorgen ein archaisches Monster", in: *arcadia* 40:1 (2005), S. 2–29
Carol A. Senf, „*Dracula*: Stoker's Response to the New Woman", in: *Victorian Studies* 26:1 (1982), S. 33–49.

Zehnter Theoriekurs

Primärquellen und Theorietexte

Russell Berman, *Enlightenment or Empire. Colonial Discourse in German Culture*, Lincoln: University of Nebraska Press 1998.
Martin Bernal, *Black Athena. The Afroasiatic Roots of Classical Civilization*, 3 Bände, New Brunswick: Rutgers University Press 1994/1996/2006.

Homi Bhabha, *The Location of Culture*, London/New York: Routledge 1994.
Alfredo Bosi, *Dialética da colonização* (1992), São Paulo: Companhia das Letras 2009.
Hans Christoph Buch, *Die Nähe und die Ferne. Bausteine zu einer Poetik des kolonialen Blicks*, Frankfurt am Main: Suhrkamp 1991.
Alejo Carpentier, *El reino de este mundo* (1949), Santiago de Chile: Editorial Universitaria 1973, Prólogo: S. 9–16.
Jacques Derrida, *Le monolinguisme de l'autre ou la prothèse d'origine*, Paris: Galilée 1996.
W. E. B. Du Bois, *The Souls of Black Folk*, Chicago: McClurg 1903.
Frantz Fanon, *Peau noire, masques blancs*, Paris: Seuil 1952.
Frantz Fanon, *Les damnés de la terre*, Paris: Maspero 1961.
Eduardo Galeano, *Las venas abiertas de América Latina*, Montevideo: Universidad de la República 1971.
Stephen Greenblatt, *Marvelous Possessions. The Wonder of the New World*, Chicago: University of Chicago Press 1991.
Alexander von Humboldt, „Geschichte der physischen Weltanschauung", in: *Kosmos. Entwurf einer physischen Weltbeschreibung*, 5 Bände, Stuttgart/Tübingen: Cotta 1845–1862, Band 2, S. 135–520.
V. Y. Mudimbe, *The Idea of Africa*, Bloomington: Indiana University Press 1994.
Octavio Paz, *El laberinto de la soledad* (1950), Madrid: Cátedra 1993.
Mary Louise Pratt, *Imperial Eyes. Travel Writing and Transculturation*, New York: Routledge 1992.
Salman Rushdie, „The Empire writes back with a vengeance", in: *The Times*, 3. Juli 1982, S. 8.
Edward Said, *Orientalism*, New York: Pantheon 1978.
Edward Said, *Culture and Imperialism*, New York: Knopf 1993.
Domingo Faustino Sarmiento, *Facundo. Civilización i Barbarie*, Santiago: El Progreso 1845.
Gayatri Spivak, „Can the Subaltern Speak?", in: *Wedge* 7/8 (1985), S. 120–130.
Dieter Thomä, *Post-. Nachruf auf eine Vorsilbe*, Berlin: Suhrkamp 2025.
Tzvetan Todorov, *La conquête de l'Amérique. La question de l'autre*, Paris: Seuil 1982.
Susanne Zantop, *Colonial Fantasies. Conquest, Family, and Nation in Precolonial Germany, 1770–1870*, Durham: Duke University Press 1997.

Forschungsliteratur

Bill Ashcroft, Gareth Griffiths und Helen Tiffin, *The Empire Writes Back. Theory and practice in post-colonial literatures*, London/New York: Taylor & Francis 2001 (1989).
Bill Ashcroft, Gareth Griffiths und Helen Tiffin, *Post-Colonial Studies. The Key Concepts*, London/New York: Taylor & Francis 2002 (1998).
Oliver Lubrich, „Postcolonial Studies", in: *Literaturtheorien des 20. Jahrhunderts*, herausgegeben von Ulrich Schmid, Stuttgart: Reclam 2010, S. 351–376.
Oliver Lubrich, *Humboldt oder Wie das Reisen das Denken verändert*, Berlin: Matthes & Seitz 2022.
Michael Rothberg, „W. E. B. Du Bois in Warsaw: Holocaust Memory and the Color Line", in: *Multidirectional Memory. Remembering the Holocaust in the Age of Decolonization*, Stanford: Stanford University Press 2009, S. 111–134 (Anmerkungen: S. 334–337).
Patrick Williams und Laura Chrisman (Herausgeber), *Colonial Discourse and Post-Colonial Theory. A Reader*, New York: Columbia University Press 1994.

Zehnte Lesewerkstatt

Quelle

Heinrich von Kleist, „Die Verlobung in St. Domingo", in: *Sämtliche Erzählungen, Anekdoten, Gedichte, Schriften*, herausgegeben von Klaus Müller-Salget, Frankfurt am Main: Deutscher Klassiker Verlag 2005, S. 222–260.

Forschungsliteratur

Hans Christoph Buch, *Die Scheidung von San Domingo. Wie die Negersklaven von Haiti Robespierre beim Wort nahmen*, Berlin: Wagenbach 1976.
Barbara Gribnitz, *Schwarzes Mädchen, weißer Fremder. Studien zur Konstruktion von ‚Rasse' und Geschlecht in Heinrich von Kleists Erzählung* Die Verlobung in St. Domingo, Bielefeld: Königshausen & Neumann 2002.
Klaus Müller-Salget, „August und die Mestize. Zu einigen Kontroversen um Kleists Verlobung in St. Domingo", in: *Euphorion* 92:1 (1998), S. 103–113.
Patricia Purtschert, Barbara Lüthi und Francesca Falk (Herausgeberinnen), *Postkoloniale Schweiz. Formen und Folgen eines Kolonialismus ohne Kolonien*, Bielefeld: transcript 2012.
Roland Reuß, „,Die Verlobung in St. Domingo'. Eine Einführung in Kleists Erzählen", in: *Berliner Kleist-Blätter* 1 (1988), S. 3–44.

Elfter Theoriekurs

Primärquellen und Theorietexte

Karl Otto Conrady (Herausgeber), *Der Große Conrady. Das Buch deutscher Gedichte. Von den Anfängen bis zur Gegenwart*, erweiterte Neuausgabe, Düsseldorf: Artemis & Winkler 2000 (1977).
Raoul Schrott, *Die Erfindung der Poesie. Gedichte aus den ersten viertausend Jahren*, Frankfurt am Main: Die Andere Bibliothek 1997.
Raoul Schrott und Arthur Jacobs, *Gehirn und Gedicht. Wie wir unsere Wirklichkeiten konstruieren*, München: Hanser 2011.
Frederick Turner und Ernst Pöppel, „The Neural Lyre: Poetic Meter, the Brain and Time", in: *Poetry* 142:5 (1983), S. 277–309.

Forschungsliteratur

Hans Christoph Buch, „Albrecht von Haller: *Die Alpen*", in: *Ut pictura poesis. Die Beschreibungsliteratur und ihre Kritiker von Lessing bis Lukács*, München: Hanser 1972, S. 97–115 (Anmerkungen: 286–290).
Roman Jakobson und Claude Lévi-Strauss, „,Les chats' de Charles Baudelaire", in: *L'Homme* 2:1 (1962), S. 5–21.
Benedikt Jeßing und Ralph Köhnen, „Lyrik", in: *Einführung in die Neuere deutsche Literaturwissenschaft*, 4. Auflage, Stuttgart: Metzler 2017, S. 135–155.
Dieter Lamping, „Lyrikanalyse", in: *Handbuch Literaturwissenschaft*, 3 Bände, herausgegeben von Thomas Anz, Stuttgart: Metzler 2013, Band 2: *Methoden und Theorien*, S. 139–155.

Oliver Lubrich, „,You kiss by th'book'. Der Mythos der ‚wahren Liebe' und seine Dekonstruktion in William Shakespeares *Romeo and Juliet*", in: *Poetica* 33:1–2 (2001), S. 69–98.
Katja Mellmann, „Versanalyse", in: *Handbuch Literaturwissenschaft*, 3 Bände, herausgegeben von Thomas Anz, Stuttgart: Metzler 2013, Band 2: *Methoden und Theorien*, S. 81–97.
Winfried Menninghaus, *Hälfte des Lebens. Versuch über Hölderlins Poetik*, Frankfurt am Main: Suhrkamp 2005.
Burkhard Moenninghoff, „Metrik", in: *Grundzüge der Literaturwissenschaft*, herausgeben von Heinz Ludwig Arnold und Heinrich Detering, München: dtv 2008 (1996, 8. Auflage), S. 272–286.
Dirk von Petersdorff, *Geschichte der deutschen Lyrik*, München: C. H. Beck 2008.
Peter Szondi, „Eden", in: *Celan-Studien*, herausgegeben von Jean Bollack mit Henriette Beese, Wolfgang Fietkau, Hans-Hagen Hildebrandt, Gert Mattenklott, Senta Metz und Helen Stierlin, Berlin: Suhrkamp 2016 (1972), S. 113–125.

Elfte Lesewerkstatt

Quelle

Karl Otto Conrady (Herausgeber), *Der neue Conrady. Das große deutsche Gedichtbuch. Von den Anfängen bis zur Gegenwart*, Düsseldorf: Artemis & Winkler 2000 (1977).

Forschungsliteratur

Dieter Burdorf, *Einführung in die Gedichtanalyse*, Stuttgart: Metzler 2015 (1997, 3. Auflage).
Hans-Georg Kemper, *Komische Lyrik – Lyrische Komik. Über Verformungen einer formstrengen Gattung*, Tübingen: Niemeyer 2009.

Zwölfter Theoriekurs

Primärquellen und Theorietexte

Sarah Allison, Ryan Heuser, Matthew Jockers, Franco Moretti und Michael Witmore, „Quantitative Formalism: an Experiment", *Literary Lab Pamphlet* 1, 15. Januar 2011.
Victor Klemperer, *LTI. Notizbuch eines Philologen*, Berlin: Aufbau 1947.
Franco Moretti, *Atlas of the European Novel, 1800–1900*, London/New York: Verso 1998.
Franco Moretti, „How to Talk About Literature Without Ever Reading a Single Book", Vortrag, Wissenschaftskolleg zu Berlin, 29. Januar 2003.
Franco Moretti, *Graphs, Maps, Trees: Abstract Models for a Literary History*, London/New York: Verso 2005.
Franco Moretti, *Distant Reading*, London/New York: Verso 2013.
Franco Moretti, *The Bourgeois*, London/New York: Verso 2013.
Franco Moretti, „Network Theory, Plot Analysis", *Literary Lab Pamphlet* 2, May 1, 2011.
Stanford *LitLab – Pamphlets* (seit 2011).

Forschungsliteratur

Katherine Bode, „The Equivalence of ‚Close' and ‚Distant' Reading; or, Toward a New Object for Data-Rich Literary History", in: *Modern Language Quarterly* 78:1 (2017), S. 77–106.

Florian Cafiero und Jean-Baptiste Camps, „Molière est bien l'auteur de ses œuvres", in: *Pour la science* 507 (Januar 2020), S. 54–58.

Florian Cafiero und Jean-Baptiste Camps, „Why Molière most likely did write his plays", in: *Science Advances* 5:11 (November 2019).

Adam Hammond (Herausgeber), *The Cambridge Companion to Literature in a Digital Age*, Cambridge: Cambridge University Press 2024.

Matthew L. Jockers, *Macroanalysis. Digital Methods & Literary History*, Urbana/Chicago/Springfield: University of Illinois Press 2013.

Dominique Labbé, *Corneille dans l'ombre de Molière. Histoire d'une découverte*, Paris/Brüssel: Les Impressions Nouvelles 2003.

Oliver Lubrich und Nina Peter, „Emotionen im Feld – Emotionen in der Wissenschaft: Tagebuch und Monographie bei Bronisław Malinowski", in: *Kulturwissenschaftliche Zeitschrift* 6:2 (2021), S. 57–77.

Oliver Lubrich und Thomas Stodulka, *Emotionen auf Expeditionen. Ein Taschenhandbuch für die ethnographische Praxis*, Bielefeld: transcript 2019.

Thomas Nehrlich und Fabienne Kilchör (Graphiken), „Interpunktion und Textanfänge. Stilmerkmale von Kleists Prosa in der Datenvisualisierung", in: *Gedankenstriche* 3 (2013/2014), S. 12–39.

Jaz Parkinson, „Colour Signatures", https://jazparkinson.tumblr.com.

Nina Peter, Christine Knoop, Catarina von Wedemeyer und Oliver Lubrich, „Sprachbilder der Krise. Metaphern im medialen und politischen Diskurs", in: *Krise, Crash und Kommunikation. Die Finanzkrise in den Medien*, herausgegeben von Anja Peltzer, Kathrin Lämmle und Andreas Wagenknecht, Konstanz: UVK 2012, S. 49–69.

Reading Graphs, Maps, Trees. Critical Responses to Franco Moretti, herausgegeben von Jonathan Goodwin und John Holbo, Anderson: Parlor 2011.

Liz Stinson, „Infographics: The Colors Mentioned Most in 10 Famous Books", in: *Wired*, 12. September 2013, https://www.wired.com/2013/09/data-visualization-the-color-signatures-of-famous-books/.

Hilfsmittel

MAXQDA: https://www.maxqda.com/de/.

Zwölfte Lesewerkstatt

Quellen

Johann Christoph Adelung, *Grammatisch-kritisches Wörterbuch der Hochdeutschen Mundart*, 4 Bände, Leipzig: Breitkopf 1793–1801, Band 1, S. 174.

Johann Christoph Adelung, *Vollständige Anweisung zur Deutschen Orthographie*, Leipzig/Frankfurt [ohne Verlagsangabe] 1788, S. 364–365, 388–392.

Heinrich von Kleist, „Die Marquise von O....", in: *Erzählungen*, 2 Bände, Berlin: Realschulbuchhandlung 1810–1811, Band 1, S. 216–306.

Heinrich von Kleist, *Sämtliche Erzählungen, Anekdoten, Gedichte, Schriften*, herausgegeben von Klaus Müller-Salget, Frankfurt am Main: Deutscher Klassiker Verlag 2005.

Forschungsliteratur

Peter Bekes, „Kleists Zeichensetzung. Anekdoten auf dem Prüfstand", in: *Deutschunterricht* 62:3 (2009), S. 26–30.
Tim Kammasch, „Der Gedankenstrich", in: Christine Abbt und Tim Kammasch (Herausgeber), *Punkt, Punkt, Komma, Strich. Geste, Gestalt und Bedeutung philosophischer Zeichensetzung*, Bielefeld: transcript 2009, S. 119–138.
Ralf Klausnitzer, „‚(die Schriftgelehrten mögen ihn erklären)'. Zum Kommagebrauch des Heinrich von Kleist", in: Alexander Nebrig und Carlos Spoerhase (Herausgeber), *Die Poesie der Zeichensetzung. Studien zur Stilistik der Interpunktion*, Bern: Peter Lang 2012, S. 203–238.
Thomas Nehrlich, „*Es hat mehr Sinn und Deutung, als du glaubst.*" Zu Funktion und Bedeutung typographischer Textmerkmale in Kleists Prosa, Hildesheim: Olms 2012.
Thomas Nehrlich, „Nachwort", in: Heinrich von Kleist, *Erzählungen*. Nachdruck der Ausgabe Berlin 1810/11, herausgegeben von Thomas Nehrlich, 2 Bände, Hildesheim: Olms 2011, Band 2, S. 245–321.
Thomas Nehrlich, „Interpunktion und Textanfänge. Stilmerkmale von Kleists Prosa in der Datenvisualisierung", in: *Gedankenstriche – Ein Journal des Kleist-Museums* 3 (2013/2014), S. 12–39. (Mit 11 Graphiken von Fabienne Kilchör.)
Bettine Menke, „‚– Gedankenstriche –", in: Bernhard Metz und Sabine Zubarik (Herausgeber), *Am Rande bemerkt. Anmerkungspraktiken in literarischen Texten*, Berlin: Kadmos 2008, S. 169–190.
Helmut Sembdner, „Kleists Interpunktion. Zur Neuausgabe seiner Werke", in: *Jahrbuch der deutschen Schiller-Gesellschaft* 6 (1962), S. 229–252.
Jürgen Stenzel, *Zeichensetzung. Stiluntersuchungen an deutscher Prosadichtung*, Göttingen: Vandenhoeck & Ruprecht 1966.

Dreizehnter Theoriekurs

Primärquellen und Theorietexte

Aristoteles, *Rhetorik*, herausgegeben und übersetzt von Gernot Krapinger, Stuttgart: Reclam 2007 (1999).
Cicero, *De oratore / Über den Redner*, lateinisch/deutsch, übersetzt und herausgegeben von Harald Merklin, Stuttgart: Reclam 1986 (1976).
Cicero, *Orator / Der Redner*, lateinisch/deutsch, herausgegeben und übersetzt von Bernhard Kytzler, München: Artemis & Winkler 1998 (1988).
Wolfgang Iser, *Der implizite Leser*, München: Fink 1994 (1972, 3. Auflage).
Wolfgang Iser, *Der Akt des Lesens*, München: Fink 1994 (1976, 3. Auflage).
Hans Robert Jauß, *Literaturgeschichte als Provokation der Literaturwissenschaft*, Konstanz: Verlag der Druckerei und Verlagsanstalt Konstanz Universitätsverlag 1967.
Hans Robert Jauß, *Ästhetische Erfahrung und literarische Hermeneutik*, Frankfurt am Main: Suhrkamp 1991.
Marshall McLuhan, *Understanding Media*, New York: McGraw-Hill/London: Routledge and Kegan Paul 1964.
Winfried Menninghaus, *Das Versprechen der Schönheit*, Frankfurt am Main: Suhrkamp 2003.
Winfried Menninghaus, *Wozu Kunst? Ästhetik nach Darwin*, Berlin: Suhrkamp 2011.
Barack Obama, *Inspire A Nation. Barack Obama's Most Electrifying Speeches of the 2008 Election*, herausgegeben von Jaclyn Easton, Leipzig: Publishing 180 2008, S. 121–138.
Barack Obama, „Acceptance Speech", Denver, 28. August 2008, https://www.youtube.com/watch?v=ato7BtisXzE.

Barack Obama, „Acceptance Speech" [Transcript], Denver, 28. August 2008, http://www.nytimes.com/2008/08/28/us/politics/28text-obama.html.

Barack Obama, *Speeches 2002–2006*, herausgegeben von Maureen Harrison und Steve Gilbert, Carlsbad: Excellent Books 2007.

Raoul Schrott und Arthur Jacobs, *Gehirn und Gedicht. Wie wir unsere Wirklichkeiten konstruieren*, München: Hanser 2011.

Forschungsliteratur

Ulrike Altmann, Isabel Bohrn, Oliver Lubrich, Winfried Menninghaus und Arthur Jacobs, „Fact versus Fiction – How paratextual information shapes our reading processes", in: *Social Cognitive and Affective Neuroscience* 9:1 (Januar 2014) S. 22–29, https://doi.org/10.1093/scan/nss098.

Sabrina Aristei, Christine Knoop, Oliver Lubrich, Thomas Nehrlich, Alexander Enge, Kirsten Stark, Werner Sommer und Rasha Abdel Rahman, „Affect as Anaesthetic. How Emotional Contexts Modulate the Processing of Counterintuitive Concepts", in: *Language, Cognition and Neuroscience* 2022, Article ID: PLCP 2085312, https://doi.org/10.1080/23273798.2022.2085312.

Jan Bosman und Louk Hagendoorn, „Effects of Literal and Metaphorical Persuasive Messages", in: *Metaphor and Symbolic Activity* 6 (1992), S. 271–292.

Rachel Giora, Ofer Fein, Ann Kronrod, Idit Elnatan, Noa Shuval und Adi Zur, „Weapons of Mass Distraction: Optima Innovation and Pleasure Ratings", in: *Metaphor and Symbol* 19:2 (2004), S. 115–141.

Joseph Glicksohn und Chanita Goodblatt, „Metaphor and Gestalt: Interaction Theory Revisited", in: *Poetics Today* 14:1 (1993), S. 83–97.

Chanita Goodblatt, „Semantic Fields and Metaphor: Going Beyond Theory", in: *Empirical Studies of the Arts* 14:1 (1996), S. 65–78.

Chanita Goodblatt, „Adding an empirical dimension to the study of poetic metaphor", in: *Journal of Literary Semantics* 30 (2001), S. 167–180.

Chanita Goodblatt und Joseph Glicksohn, „Metaphor Comprehension as Problem Solving: An Online Study of the Reading Process", in: *Style* 36:3 (2002), S. 428–445.

Marco Guerini, Carlo Strapparava und Oliveiro Stock, „CORPS. A Corpus of Tagged Political Speeches for Persuasive Communication Processing", in: *Journal of Information Technology & Politics* 5:1 (2008), S. 19–32.

Historisches Wörterbuch der Rhetorik, 10 Bände, herausgegeben von Gert Ueding, Tübingen: Niemeyer 1992–2011 / Darmstadt: Wissenschaftliche Buchgesellschaft 1992–2011.

Christine Knoop, Thomas Nehrlich, Sabrina Aristei, Oliver Lubrich, Kirsten Stark, Alexander Enge, Werner Sommer und Rasha Abdel Rahman, „The Usual Miracles: How Narrative Style Affects the Processing of Counterintuitive Concepts", in: *Psychology of Aesthetics, Creativity, and the Arts*, 12. Dezember 2024, https://doi.org/10.1037/aca0000730.

Don Kuiken und Arthur M. Jacobs (Herausgeber), *Handbook of Empirical Literary Studies*, Berlin/Boston: de Gruyter 2021.

Heinrich Lausberg, *Handbuch der literarischen Rhetorik. Eine Grundlegung der Literaturwissenschaft*, Stuttgart: Franz Steiner 2008 (1960, 4. Auflage).

R. Brooke Lea, David N. Rapp, Andrew Elfenbein, Aaron D. Mitchel und Russell Swinbirne Romine, „Sweet Silent Thought. Alliteration and Resonance in Poetry Comprehension", in: *Psychological Science* 19:7 (2008), S. 709–716.

Jonah Lehrer, *Proust Was a Neuroscientist*, Boston/New York: Mariner 2008.

Oliver Lubrich, „Figuralität und Persuasion. Barack Obamas Redekunst als Gegenstand interdisziplinärer und experimenteller Forschung", in: *Paragrana* 20:2 (2011), S. 248–265.

Oliver Lubrich, „Gegenläufige Affektsteuerung und paradoxaler Antisemitismus", in: *Shylock nach dem Holocaust: Zur Geschichte einer deutschen Erinnerungsfigur*, herausgegeben von Sabine Schülting und Zeno Ackermann, Tübingen: Max Niemeyer 2011, S. 171–188.

Oliver Lubrich, Christine Knoop und Arthur Jacobs, „Jean Genet und die Ästhetisierung des Abweichenden. Ein interdisziplinäres Experiment", in: *Jean Genet und Deutschland*, herausgegeben von Matthias Lorenz und Oliver Lubrich, Gifkendorf: Merlin 2014, S. 393–411.

N. Mashal und Miriam Faust, „The Effects of Metaphoricity and Presentation Style on Brain Activity During Text Comprehension", in: *Metaphor and Symbol* 25 (2010), S. 19–33.

Sebastiaan Mathôt, „Pupillometry: Psychology, Physiology, and Function", in: *Journal of Cognition*, 1(1):16 (2018), S. 1–23, https://doi.org/10.5334/joc.18.

Edward F. McQuarrie und David Glen Mick, „Figures of Rhetoric in Advertising Language", in: *Journal of Consumer Research* 22 (1996), S. 424–438.

David L. Mothersbaugh, Bruce A. Huhman und George R. Franke, „Combinatory and Separative Effects of Rhetorical Figures on Consumers' Effort and Focus in Ad Processing", in: *Journal of Consumer Research* 28 (2002), S. 589–602.

Loren J. Naidoo und Robert G. Lord, „Speech imagery and perceptions of charisma: The mediating role of positive affect", in: *The Leadership Quarterly* 19 (2008), S. 283–296.

Gerard J. Steen, „Identifying Metaphor in Language: A Cognitive Approach", in: *Style* 36:3 (2002), S. 386–407.

Frederick Turner und Ernst Pöppel, „The Neural Lyre: Poetic Meter, the Brain, and Time", in: *Poetry* 5 (1983), S. 277–309.

Dreizehnte Lesewerkstatt

Quelle

Kinder- und Hausmärchen. Gesammelt durch die Brüder Grimm, 2 Bände, Berlin: Realschulbuchhandlung 1812.

Forschungsliteratur

Sabrina Aristei, Christine Knoop, Oliver Lubrich, Thomas Nehrlich, Alexander Enge, Kirsten Stark, Werner Sommer und Rasha Abdel Rahman, „Affect as Anaesthetic: How Emotional Contexts Modulate the Processing of Counterintuitive Concepts", in: *Language, Cognition and Neuroscience* (2022), S. 1–17. https://doi.org/10.1080/23273798.2022.2085312.

Pascal Boyer, *The naturalness of religious ideas: A cognitive theory of religion*, Berkeley: University of California Press 1994.

Christine Knoop und Thomas Nehrlich, „Wunder als minimal kontraintuitive Konzepte. Ein Beitrag zur Klassifikation von Erfahrungswidrigkeit in den Grimm'schen *Kinder- und Hausmärchen*", in: Claudia Brinker-von der Heyde, Holger Ehrhardt, Hans-Heino Ewers und Annekatrin Inder (Herausgeber), *Märchen, Mythen und Moderne. 200 Jahre Kinder- und Hausmärchen der Brüder Grimm*, 2 Bände, Frankfurt am Main: Peter Lang 2015, Band 2, S. 703–720.

Christine Knoop, Thomas Nehrlich, Sabrina Aristei, Oliver Lubrich, Kirsten Stark, Alexander Enge, Werner Sommer und Rasha Abdel Rahman, „The Usual Miracles: How Narrative Style Affects the Processing of Counterintuitive Concepts", in: *Psychology of Aesthetics, Creativity, and the Arts*, 12. Dezember 2024, https://doi.org/10.1037/aca0000730.

Allgemein

Einführungen

Alo Allkemper und Norbert Otto Eke, *Literaturwissenschaft*, Paderborn: Wilhelm Fink 2004 (3. Auflage).
Heinz Ludwig Arnold und Heinrich Detering (Herausgeber), *Grundzüge der Literaturwissenschaft*, München: dtv 2008 (1996, 8. Auflage).
Doris Bachmann-Medick, *Cultural Turns. Neuorientierungen in den Kulturwissenschaften*, Reinbek: Rowohlt 2014 (5. Auflage).
Heinrich Bosse und Ursula Renner (Herausgeber), *Literaturwissenschaft. Einführung in ein Sprachspiel*, Baden-Baden: Rombach 2021 (3. Auflage).
Patrick Durdel, Florian Gödel, Christian Lamp, Lena Pfeifer, Annika M. Schadewaldt, Julius Thelen und Zoe Zobrist (Herausgeber), *Literaturtheorie nach 2001*, Berlin: Matthes & Seitz 2020.
Terry Eagleton, *Literary Theory. An Introduction*, Minneapolis: University of Minnesota Press 2008 (1983).
Markus Fauser, *Einführung in die Kulturwissenschaft*, Darmstadt: Wissenschaftliche Buchgesellschaft 2003.
Jochen Hörisch, *Theorieapotheke. Eine Handreichung zu den humanwissenschaftlichen Theorien der letzten fünfzig Jahre, einschließlich ihrer Risiken und Nebenwirkungen*, Berlin: Suhrkamp 2017 (2010).
Jochen Hörisch, *Eine Geschichte der Medien. Von der Oblate zum Internet*, Berlin: Suhrkamp 2010 (2004).
Mario Klarer, *Einführung in die neuere Literaturwissenschaft*, Darmstadt: Wissenschaftliche Buchgesellschaft 1999.
Hans-Albrecht Koch, *Neuere deutsche Literaturwissenschaft. Eine praxisorientierte Einführung für Anfänger*, Darmstadt: Wissenschaftliche Buchgesellschaft 1997.
Tilmann Köppe und Simone Winko, *Neuere Literaturtheorien*, Stuttgart/Weimar: Metzler 2013 (2. Auflage).
Matthias Luserke-Jaqui, *Einführung in die Neuere deutsche Literaturwissenschaft*, Göttingen: Vandenhoeck & Ruprecht 2002.
Manon Maren-Grisebach, *Methoden der Literaturwissenschaft*, Tübingen: Francke 1992 (1970, 10. Auflage).
Rolf-Günter Renner und Engelbert Habekost (Herausgeber), *Lexikon literaturtheoretischer Werke*, Stuttgart: Alfred Kröner 1995.
Ulrich Schmid (Herausgeber), *Literaturtheorien des 20. Jahrhunderts*, Stuttgart: Reclam 2010.
Texte zur Literaturtheorie der Gegenwart, herausgegeben von Dorothee Kimmich, Rolf G. Renner und Bernd Stiegler, Stuttgart: Reclam 2008 (1996).
Hubert Zapf, *Kurze Geschichte der anglo-amerikanischen Literaturtheorie*, München: Wilhelm Fink 1991.
Evi Zemanek und Alexander Nebrig (Herausgeber), *Komparatistik*, Berlin: Akademie 2012.
Peter V. Zima, *Literarische Ästhetik*, Tübingen: Francke 1991.

Modellanalysen

David E. Wellbery (Herausgeber), *Positionen der Literaturwissenschaft. Acht Modellanalysen am Beispiel von Kleists „Das Erdbeben in Chili"*, München: C. H. Beck 2007 (1985, 5. Auflage).
Oliver Jahraus (Herausgeber), *Zugänge zur Literaturtheorie. 17 Modellanalysen zu E. T. A. Hoffmanns „Der Sandmann"*, Stuttgart: Reclam 2016.
Oliver Jahraus und Stefan Neuhaus (Herausgeber), *Kafkas „Urteil" und die Literaturtheorie. Zehn Modellanalysen*, Stuttgart: Reclam 2010 (2002).

Literaturgeschichte

Wolfgang Beutin, Matthias Beilein, Wolfgang Emmerich, Christine Kanz, Bernd Lutz, Volker Meid, Michael Opitz, Carola Opitz-Wiemers, Ralf Schnell, Peter Stein und Inge Stephan, *Deutsche Literaturgeschichte. Von den Anfängen bis zur Gegenwart*, Stuttgart/Weimar: Metzler 2019 (1979, 9. Auflage).
Helmut de Boor und Richard Newald, *Geschichte der deutschen Literatur*, 12 Bände, München: C. H. Beck 1949–2009.
Herbert A. Frenzel und Elisabeth Frenzel, *Daten deutscher Dichtung. Chronologischer Abriß der deutschen Literaturgeschichte*, 2 Bände, München: dtv 1977 (1952, 1962, 13. Auflage).
Claus J. Gigl, *Deutsche Literaturgeschichte*, Freising: Stark 2012 (1999).
Rolf Grimminger (Herausgeber), *Hansers Sozialgeschichte der deutschen Literatur*, 12 Bände, München: Hanser/dtv 1980–2004.
Werner Kohlschmidt, Herbert Lehnert und Max Wehrli, *Geschichte der deutschen Literatur*, 5 Bände, Stuttgart: Reclam 1965–1980.
Fritz Martini, *Deutsche Literaturgeschichte. Von den Anfängen bis zur Gegenwart*, Stuttgart: Alfred Kröner 1984 (1952, 18. Auflage).
Volker Meid, *Metzler Literatur Chronik*, Stuttgart: Metzler 2006 (1993, 3. Auflage).
Dirk von Petersdorff, *Literaturgeschichte der Bundesrepublik Deutschland. Von 1945 bis zur Gegenwart*, München: C. H. Beck 2011.
Heinz Schlaffer, *Die kurze Geschichte der deutschen Literatur*, München: Hanser 2002.
Horst Dieter Schlosser, *dtv-Atlas zur deutschen Literatur*, mit Graphiken von Uwe Goede, München: dtv 1987 (1983, 3. Auflage).
David E. Wellbery (Herausgeber), *A New History of German Literature*, Cambridge/USA: Harvard University Press 2004.
Wolf Wucherpfennig, *Deutsche Literaturgeschichte. Von den Anfängen bis zur Gegenwart*, Stuttgart: Klett 2010.

Kanon

Sabine Griese, Hubert Kerscher, Albert Meier und Claudia Stockinger (Herausgeber), *Die Leseliste*, Stuttgart: Reclam 2010 (1994, 2. Auflage).
Gabriele Rippl und Simone Winko (Herausgeberinnen), *Handbuch Kanon und Wertung*, Stuttgart: Metzler 2013.

Fachgeschichte

Jost Hermand, *Geschichte der Germanistik*, Reinbek: Rowohlt 1994.

Handbücher

Thomas Anz (Herausgeber), *Handbuch Literaturwissenschaft*, 3 Bände, Stuttgart/Weimar: Metzler 2013.
Hansjürgen Blinn, *Informationshandbuch Deutsche Literaturwissenschaft*, Frankfurt am Main: S. Fischer 2005 (1982, 3. Auflage).
Roland Borgards, Harald Neumeyer, Nicolas Pethes und Yvonne Wübben (Herausgeber), *Literatur und Wissen. Ein interdisziplinäres Handbuch*, Stuttgart/Weimar: Metzler 2013.
Rüdiger Zymner und Achim Hölter (Herausgeber), *Handbuch Komparatistik*, Stuttgart/Weimar: Metzler 2013.

Lexika

Ästhetische Grundbegriffe, 7 Bände, herausgegeben von Karlheinz Barck, Martin Fontius, Dieter Schlenstedt, Burkhart Steinwachs und Friedrich Wolfzettel, Stuttgart/Weimar: Metzler 2000–2005.
Jacob Grimm und Wilhelm Grimm, *Deutsches Wörterbuch*, 33 Bände, München: dtv 1999 (1838–1961).
Kindlers Literatur Lexikon, 18 Bände, herausgegeben von Heinz Ludwig Arnold, Stuttgart: Metzler 2009 (1965–1972, 1988–1992, 3., völlig überarbeitete Ausgabe).
Metzler Lexikon Literatur- und Kulturtheorie, herausgegeben von Ansgar Nünning, Stuttgart: Metzler 2013 (1998, 5. Auflage).
Der kleine Pauly. Lexikon der Antike, 5 Bände, herausgegeben von Konrat Ziegler und Walther Sontheimer, München: dtv 1979.

Geschichte des Lesens und des Papiers

Harald Haarmann, *Geschichte der Schrift*, München: C. H. Beck 2009 (2002).
Alberto Manguel, *A History of Reading*, New York: Penguin 1996.
Lothar Müller, *Weiße Magie. Die Epoche des Papiers*, München: Hanser 2012.
Peter Stein, *Schriftkultur. Eine Geschichte des Schreibens und Lesens*, Darmstadt: Wissenschaftliche Buchgesellschaft 2010 (2006, 2. Auflage).
Irene Vallejo, *El infinito en un junco. La invención de los libros en el mundo antiguo*, Barcelona: Debolsillo 2022 (2019).

GPSR Compliance

The European Union's (EU) General Product Safety Regulation (GPSR) is a set of rules that requires consumer products to be safe and our obligations to ensure this.

If you have any concerns about our products, you can contact us on ProductSafety@springernature.com

In case Publisher is established outside the EU, the EU authorized representative is:

Springer Nature Customer Service Center GmbH
Europaplatz 3
69115 Heidelberg, Germany

Batch number: 10091344

Printed by Printforce, the Netherlands